中文沂星电动汽车

SHANDONG YIXING ELECTRIC AUTO CO.,LTD.

「中文品牌汽车的世界化
世界品牌汽车的中文化」

引领低碳生活
共建绿色家园

WWW.YXDDQC.COM

东中文沂星电动汽车有限公司 地址：山东省临沂市高新技术产业开发区
话/传真：0539-2776966 销售热线：0539-2776977 售后服务电话：0539-2776988

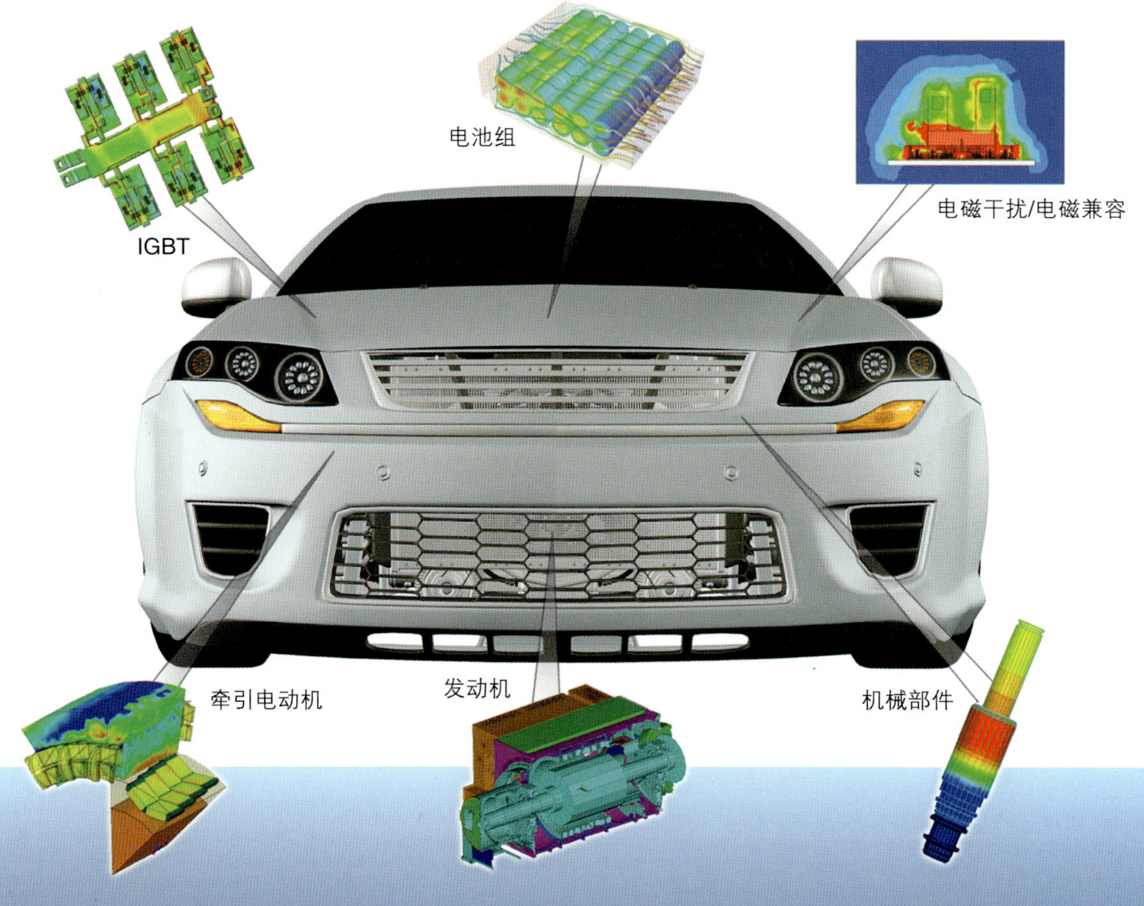

混合动力电动汽车动力总成的设计

时不我待

形成完善的常规内燃机动力总成经历了漫长的一个世纪，那么从零开始**设计混合动力汽车、电动汽车的动力总成需要多长时间？**

答案是：只争朝夕！

率先将产品投入市场才能在汽车开发领域驰骋疆域、驾驭未来，斩获丰厚利润。

如何才能推出性能卓越的技术，快速领占市场先机？

ANSYS工程仿真软件是您最佳的选择，您可在各种环境中对各种设计方案进行仿真，并优化其中最具竞争优势的方案。

ANSYS集成平台可让您在流体、结构应力、热、机电等各种物理条件下，同时对单个部件和子系统以及它们在系统级上相互之间的影响进行检验和评估。

ANSYS的混合动力电动汽车动力总成解决方案涉及：

- 电池组
- 发电机
- 电力电子
- 牵引电动机
- 电磁干扰/电磁兼容
- 系统集成

ANSYS 北京分公司
北京市海淀区中关村科学院南路 2 号融科资讯中心 C 座南楼 1112 室　邮编：100190
电话：+86-10-82861716　传真：+86-10-82861613

ANSYS 上海分公司
上海市延安东路 222 号外滩中心 2204 室　邮编：200002　电话：(021) 63351885　传真：(021) 63350008

ANSYS 成都分公司
四川省成都市人民南路 2 段 18 号川信大厦 14F-B-2　邮编：610016　电话：(028) 86200675　传真：(028) 86200677

ANSYS 深圳分公司
深圳市福田区中心四路 1 号嘉里建设广场 2 座 1511 室　邮编：518048　电话：(0755) 33043133/35 传真：(0755) 33043322

网址：www.ansys.com.cn　技术支持邮件：china-tech-all@ansys.com　市场活动：china-mkt-all@ansys.com

ANSYS, ANSYS Workbench, Ansoft, AUTODYN, CFX, FLUENT 和任何与 ANSYS 公司的品牌、产品、服务和特征有关的名称、徽标和口号是 ANSYS 公司或其在美国或其他国家的子公司的注册商标或使用商标。ANSYS 公司拥有 ICEM CFD 商标使用许可。所有其它品牌、产品、服务和功能名称或商标属于其各自的所有者。

深圳市五洲龙汽车有限公司是广东省和深圳市认定的高新技术企业。自2005年以来先后5次承担实施国家“863”节能与新能源汽车计划，同时参与国家新能源汽车准入和国家新能源汽车财政补贴等标准的制定，是国家发改委定点整车控制系统模块化单位。目前五洲龙公司已拥有新能源客车控制系统、电源管理系统，形成年产钛锰聚合物动力锂电池5000台套的生产能力，拥有20多项国家专利技术。五洲龙已发展成为国内新能源客车领军企业。

五洲龙从2000年开始研发混合动力客车。2002年第一辆混合动力客车研制成功。2005年，由7台五洲龙混合动力车组成的全国第一条商业化新能源客车示范线路在深圳启动。2008年，五洲龙的新能源客车开始在深圳市大规模投放运营。2011年，深圳第26届世界大学生运动会将投放2011辆各类新能源汽车，投放数量超过2008年北京奥运会、2010年上海世博会的总和。其中，五洲龙承担1511辆，占新能源汽车总数75%以上。五洲龙实现了历史性的跨越，成为名副其实的新能源客车领军企业。

五洲龙目前已开发出混合动力双层城市公交车，纯电动低入口城市公交车、纯电动团体旅游车等列入国家汽车公告的70多种产品。预计至2013年后各类新能源汽车和环保客车生产能力达4万辆，并拥有动力电池、储能电池生产线及其管理系统，新能源汽车控制器模块化生产线等新能源汽车上游两大核心关键产业，整车和电池产业产销值将突破“双百亿”，成为我国新能源客车主要骨干企业之一。

五洲龙

深圳新能源汽车研发中心

地　址：深圳市龙岗区宝龙工业城宝龙二路103号
电　话：0755-89933333
传　真：0755-89933019
邮　编：518116
网　址：www.wzlmotors.com

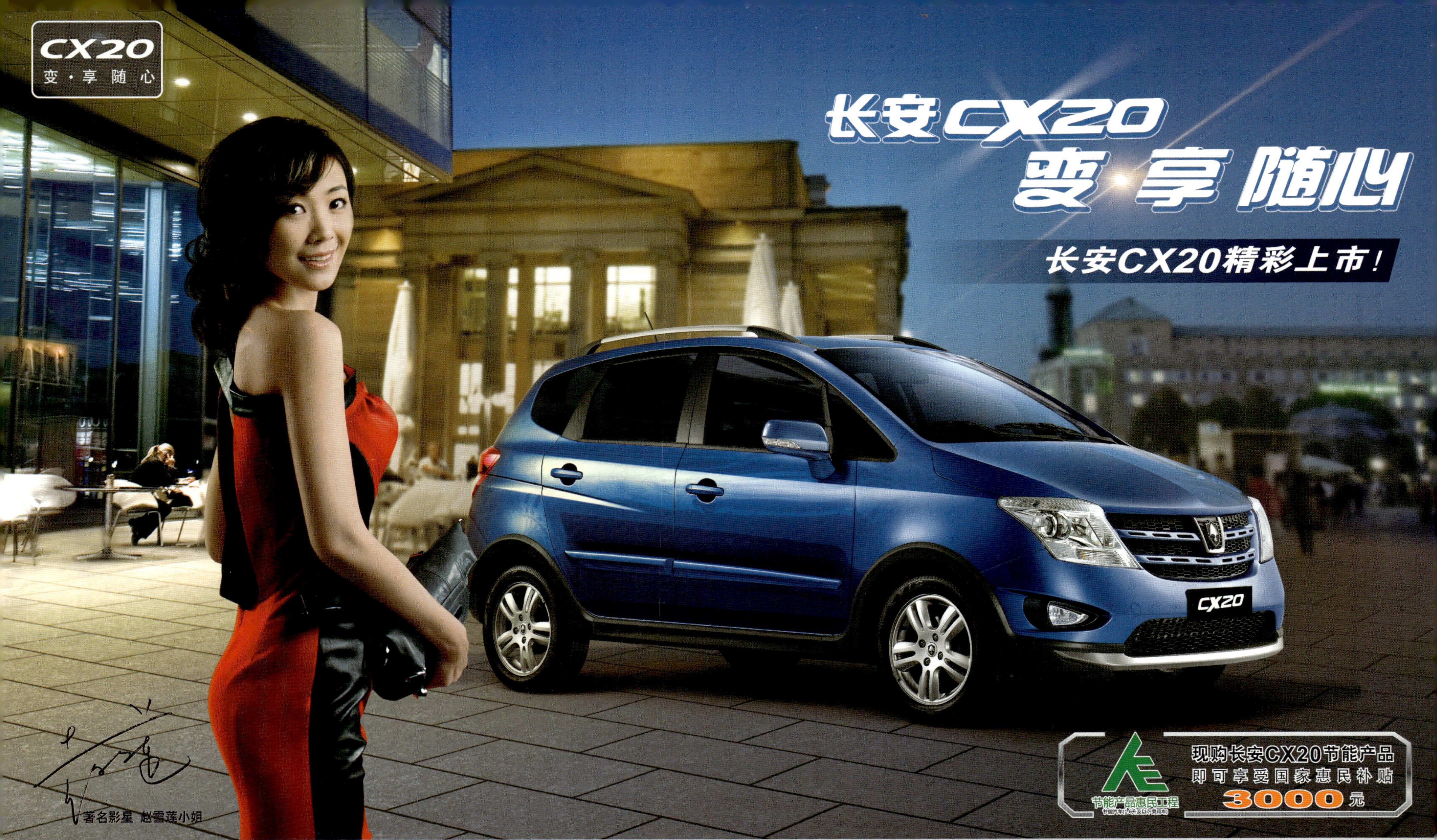

CX20
变·享随心

长安CX20 变享随心

长安CX20精彩上市！

现购长安CX20节能产品
即可享受国家惠民补贴
3000元

节能产品惠民工程

著名影星 赵雪莲小姐

城市生活一成不变？是时候一起改变！长安CX20的酷变外观，源于日本潮流设计，以刚毅现代的都市cross风，唤醒心中激情！灵活空间加超长尺寸设计，带来多变功能，无论都市扮酷，亦或郊外撒野，你想扮演的角色，都能轻松胜任！想变，不如马上享变，现在就和CX20一起，变享随心！

个性前脸

自动变速器

超高底盘

超宽视野豪华内饰

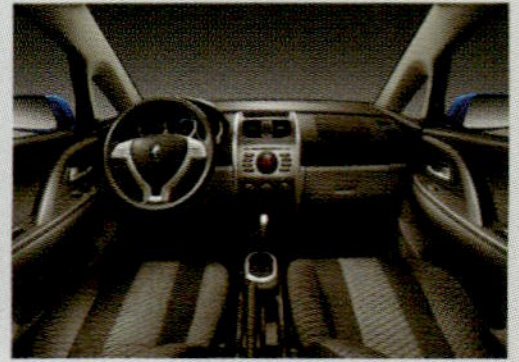

长安汽车品牌新战略全面启动

长安汽车

长安商用

新能源/新生活/新起点

奇瑞新能源

——引领绿色产业化发展之路

低碳、环保的新能源汽车无疑将成为未来汽车的发展方向，最终将会为城市生活、交通带来一场颠覆的变革。奇瑞新能源作为一家代表着远见和创新的公司，主动承担起引领新能源汽车产业化发展之路的责任，致力于促进人、车、自然性的和谐发展。

奇瑞新能源汽车继2009年初A5 BSG投产后，2010年奇瑞公司还先后推出了纯电动小型轿车以及A级ISG混合动力轿车，可以满足个人或营运车辆需求。新能源核心零部件也均由奇瑞公司自主研发生产，以支持整车的批量化示范试点应用。同时，奇瑞公司积极与相关基础设施及运营商进行合作，共同探讨和示范有关PLUG IN 和充电技术的发展，如电网公司，国内外众多运营商公司等。奇瑞公司有关新能源汽车的销售和服务网点已在逐步建设，奇瑞新能源在山东、安徽、河南、江苏等地区的经销商已经开始对个人用户进行销售服务。

目前，奇瑞公司已经有7款新能源汽车上榜了工信部公告目录和新能源车推荐目录，包括1款燃料电池车、2款混合动力轿车和4款纯电动轿车。

其中，旗云3 ISG作为奇瑞新能源混合动力汽车家族中节能环保先锋，并示范运营，服务了2008年北京奥运会，备受世人瞩目。旗云3 ISG是一种单轴并联式中度混合动力汽车，利用1.3升发动机和10kW电机扭矩叠加方式进行动力混合，以发动机为整车主动力源，电机辅助发动机驱动起“平峰补谷”的作用。车辆具有怠速启停、ISG电机辅助驱动、制动能量回收、巡航发电四大功能，实现了整车油耗较低，排放较好的性能。旗云3 ISG的城市工况可节油20%。在节能减排方面的提升，更符合国家当前对汽车产业的长远规划。

纯电动车方面，M1EV表现突出，并于2010年11月在深圳电动车大会上宣布上市。整车搭载了336V 40kW大功率电驱动系统，强大的扭矩稳定输出使得整车获得极佳的加速性能。价格方面，享受国家6万元补贴政策，且使用成本远远低于传统汽车，M1纯电动汽车曾在2009年9月夏季达沃斯接受示范考验，也是目前中国最早接受示范试点城市运营的车辆。随着国家的支持、科技的发展、奇瑞新能源产业化生产的推进，其售价也最终会与消费者的心理价位趋于一致。

中国汽车的“未来”，需依靠“绿色”走势，也需依靠自主品牌的发展。奇瑞新能源所提供的节能、低碳、环保新能源汽车技术与产品，必将与消费者共创一个干净、清洁、人车自然和谐相处的绿色世界。

地址：中国安徽省芜湖高新技术产业开发区花津南路226号　　邮编：241002
传真：0553-7535795　　电话：0553-7535786

北京八恺电气科技有限公司

北京八恺电气科技有限公司（以下简称“八恺电气”）成立于2002年，致力于开发、制造、推广电动运输工具，提供具有世界先进水平的电动客车设计及制造技术、电动乘用车整车控制技术、动力电池模组及检测技术、电动汽车智能充/放电技术，以及新能源汽车相关核心部件。

八恺电气注册于北京海淀新技术开发区，在电池成组及管理技术、汽车传动系统设计和集成、电动客车整车设计、电动乘用车整车控制技术、电动汽车智能充/放电技术等方面集中了一批领先的国内外技术专家。清华大学汽车工程系主任陈全世教授担纲公司首席科学家。八恺电气在新能源汽车的诸多关键技术和世界性难题方面拥有深厚的技术积累并拥有相关知识产权，如：电池组管理系统、电池组散热管理、低温管理、电池组充放电管理、安全预测管理、电磁干扰屏蔽、高内阻电池维护、高电压充放电管理、动态降噪、驱动系统效率管理、动力辅助、整车控制和智能充/放电等。

电池管理系统和电池成组技术为北京八恺电气科技有限公司的核心产品和技术。同时公司配套有电池检测技术、整车CAN通讯模块、智能充放电管理技术，形成了完整的电池组系统级产品和服务。八恺电气拥有国际一流水平的、成熟的电池管理系统（BMS）。该系统提供了电池组级别的控制功能，并与车辆控制系统进行通信，提供有关电池状态信息，执行车辆的控制命令。电池组级别的控制功能具体包括对电池组电流、电压和温度测量、费用计算、充电和放电极限的计算、对热管理系统的控制和对安全系统的控制。此外，BMS系统还包括一个数据记录和远程监控模块，记录电池数据，并通过手机蜂窝网络或WIFI网络传输到远程服务器，以便进行实时监测或进一步的离线处理。同时，八恺在电池成组管理方面，开发了一种热量调节系统，该系统控制每个单体电池的温度使使他们处于同一水平。通过补偿、冷却或加热等方法，温度调节系统使整个电池组处于最佳的运行温度中。在电池箱体散热设计方面，八恺拥有三项专利技术，针对不同电池形态、应用环境，从物理上很好地解决了箱体内的散热问题。

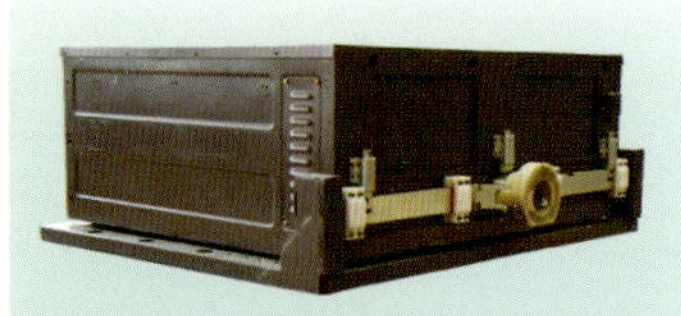

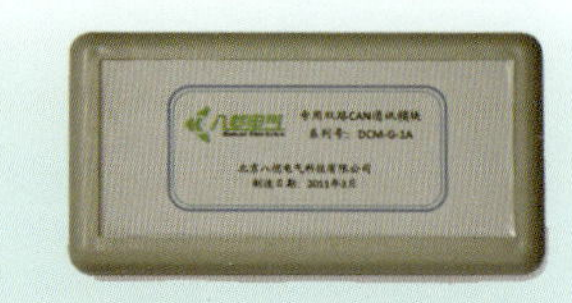

金宏威
GOLDEN HIGHWAY

金宏威致力于智能电网、绿色能源领域，让人们用上可靠的、清洁的能源。

充换电站整体解决方案

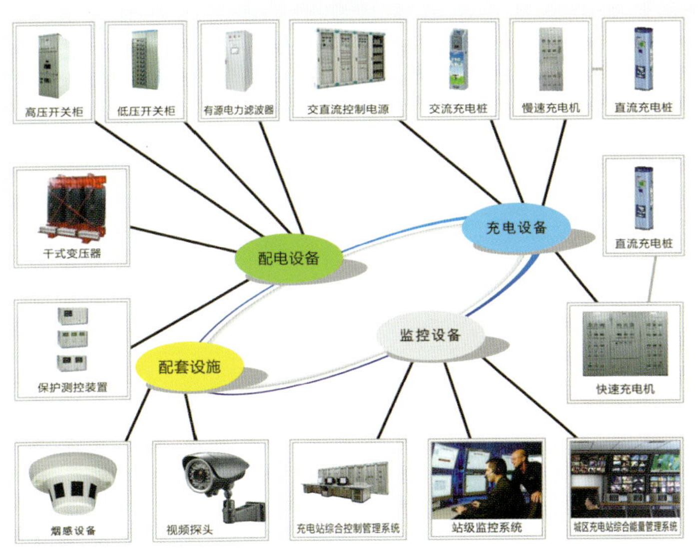

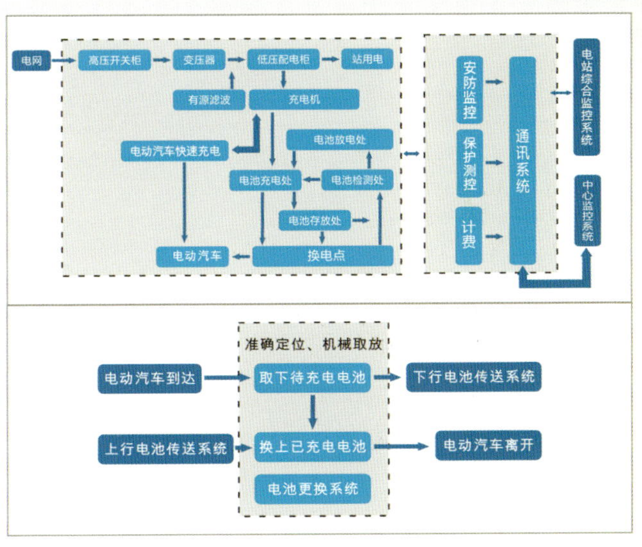

将单纯的充电站升级为以换电池为主、插充为辅的充换电站，推行“换电为主、插充为辅、集中充电、统一配送”的商业模式，将极大地推进电动汽车产业向规模化、集约化方向发展，同时有利于推动电动汽车进入千家万户。

充换电站系统

- 配电系统：高压配电系统、低压配电系统
- 充电系统：电池充电系统、电池放电系统、电池监测系统、电动汽车快速充电系统
- 换电系统：电池传送系统（上行电池传送、下行电池传送）、电池搬运系统
- 配套系统：安防监控、保护测控、计费、通讯系统

深圳市金宏威实业发展有限公司
深圳总部　地址：深圳市南山区高新区高新南九道9号威新软件园8号楼
客户服务热线：400-888-0018　WWW.JHW.COM.CN
电话：0755-26506655　传真：0755-26955898　邮编：518057

Potevio 中国普天

普天新能源有限责任公司简介

普天新能源有限责任公司（以下简称“普天新能源公司”），是根据国资委对中国普天产业发展的要求及中国普天公司自身在新能源电动汽车产业的战略部署，以整合旗下现有的新能源汽车产业相关企业及资源成立的大型新能源企业。普天新能源公司未来发展整体思路为围绕普天创造的新能源汽车产业发展商业模式“裸车销售、电池租赁、充换兼容、刷卡消费、智能管理”，以普天新能源公司为业务和投资平台，发展中国普天新能源汽车产业运营及配套产品制造与服务产业。

普天新能源公司发展战略定位为整合现有新能源汽车产业相关资源，发展成为全国性新能源汽车运营整体解决方案提供商，致力于为城市电动汽车规模化发展提供充换电能源供给网络的专业化、智能化的运营服务及配套产品，以有效推动中国电动汽车产业商业化的可持续发展。公司未来将发展成为国内优秀、国际知名的新能源汽车能源供给网络运营商及配套产品制造商。

普天新能源公司及新能源产业链

普天新能源公司积极贯彻国家新能源发展战略，以运营服务为龙头，以工程技术中心为平台，在动力电池芯、电池成组、整车改装、充（换）电配套设备、运营服务等领域进行了整体布局，打造了新能源电动汽车动力系统运营产业完整的产业链，具备雄厚的技术、资本和产品支撑，并以此为产业基础支撑国家新能源汽车产业化，提供城市新能源汽车动力供给网络运营整体解决方案。

普天新能源公司城市新能源汽车动力供给网络产业链布局图

普天新能源有限责任公司　地址：北京市海淀北二街6号　电话：010-62684039　邮箱：mafengqiao@potevio.com

创新新能源汽车产业发展商业模式

中国普天作为中央企业电动车产业联盟核心成员，在积极推进中国新能源汽车产业标准化发展，加快技术研究和产品研发的同时，创新地提出了“裸车销售、电池租赁、充换兼容、智能管理、刷卡消费”的二十字商业模式，为中国新能源汽车实现商业化、可持续发展提出了创新路径，这也成为普天新能源公司发展新能源汽车产业的商业模式。

该商业模式以提供新能源汽车动力供给服务为核心，通过动力电池充换兼容，使新能源汽车、动力电池、充换电装备的生产制造商按照统一的技术和产业标准进行设计生产，实现产业链有序协同，实现集约化规模发展；通过对城市充换电基础设施的联网智能化管理，使新能源汽车使用者享受到安全、便利、快捷的充换电服务。

该商业模式已经在深圳成功实践并得到了系统论证。在深圳市政府的大力推动和组织下，普天新能源公司作为新能源汽车基础设施运营商，电网公司作为供电方、汽车厂及电池厂作为电动车供应方、公交公司作为使用方，共同构建了电动汽车商业化应用的完整产业链，并将公司的商业模式与深圳现实相结合，成功实践了新能源汽车产业化发展的深圳模式—“车电分离、融资租赁、充维结合”，破解了新能源汽车难以实现规模化和商业化的产业发展难题，对城市新能源汽车产业推广具有示范意义。

研发成功新能源汽车充换电网络智能管理系统

为使新能源汽车畅行天下，普天新能源公司建立了全国性的城市新能源汽车加电站网络运营智能管理系统。该系统以城市为单位、智能管理为核心，融合综合客服系统和安全决策系统，实现了电动车动力系统和加电站网络间高度的智能化运行和专业化管理，使网络运营更安全高效。

该系统参照通信网络“全程全网”的管理理念，由普天新能源公司自主研发成功并经实地运营验证后投入使用，得到业界专家“技术研发领先，运营模式创新，具有较强的可实施性”的肯定。该系统可对入网电动车动力系统运行状况、车辆在途信息、充电设施工作情况及动力电池等实时监控，自动采集信息并分析各类异动数据，增强电动车充电和运营的安全性，提高动力电池的使用效率和寿命，提高运营服务质量。

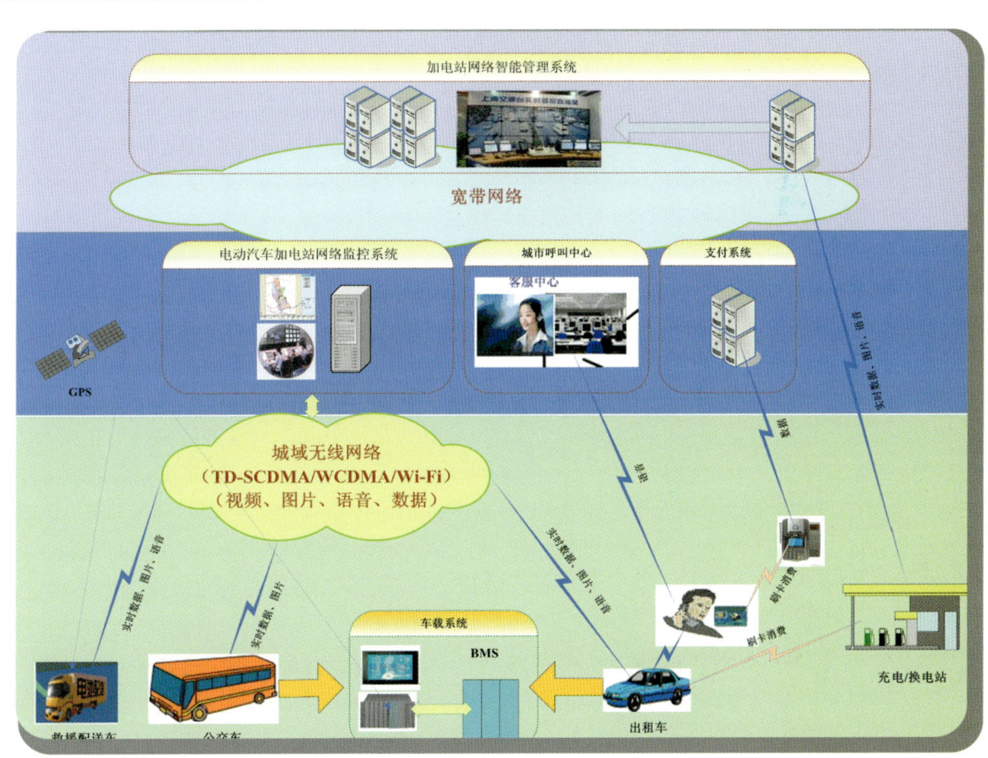

普天新能源公司城市电动汽车动力供给智能管理系统

商业化运营服务体系

普天新能源公司建立的新能源汽车商业化运营服务体系，可以为城市新能源汽车运行提供动力供给运营服务的整体解决方案，帮助城市建立新能源汽车生态能源网络，向实现低碳宜居城市迈出坚实步伐。

普天新能源公司的运营服务体系以用户需求为本，可为城市提供从新能源汽车发展整体规划、网络设计与投资建设、网络运营与服务、电池提供与回收等一体化整体解决方案。除可为用户提供常规充换电服务外，还为用户提供车辆及场站信息、动力系统维护、故障应急救援等多种贴心的配套服务和安全保障，使消费者获得更环保、更便利、更舒适的电动车驾乘体验，推动我国新能源汽车产业发展。

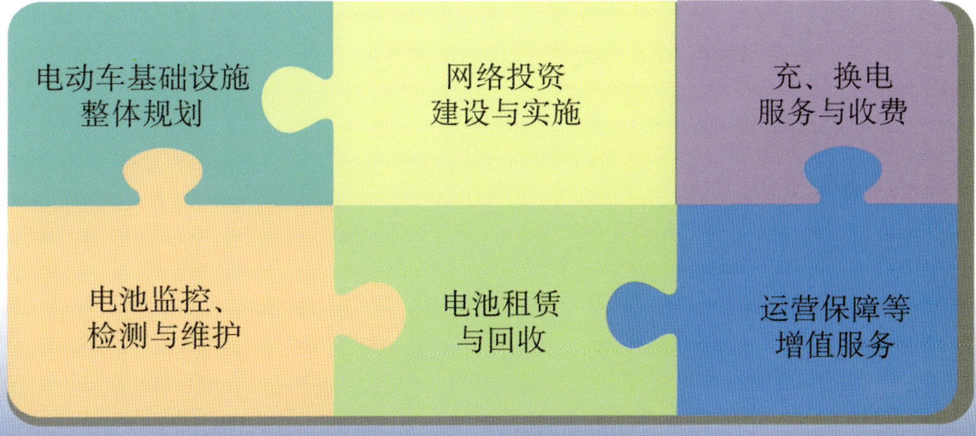

普天新能源公司城市电动汽车动力供给网络整体解决方案

精进能源

ENERGY Advanced Electronics Energy Limited

ISO 14001 ISO 9001 TÜV UL CE RoHS COMPLIANT

动力电池

★高安全性、高一致性；
★独特防爆技术；
★先进的BMS控制系统；
★出货数量大。
★磷铁电池循环寿命平稳保持2000次以上。

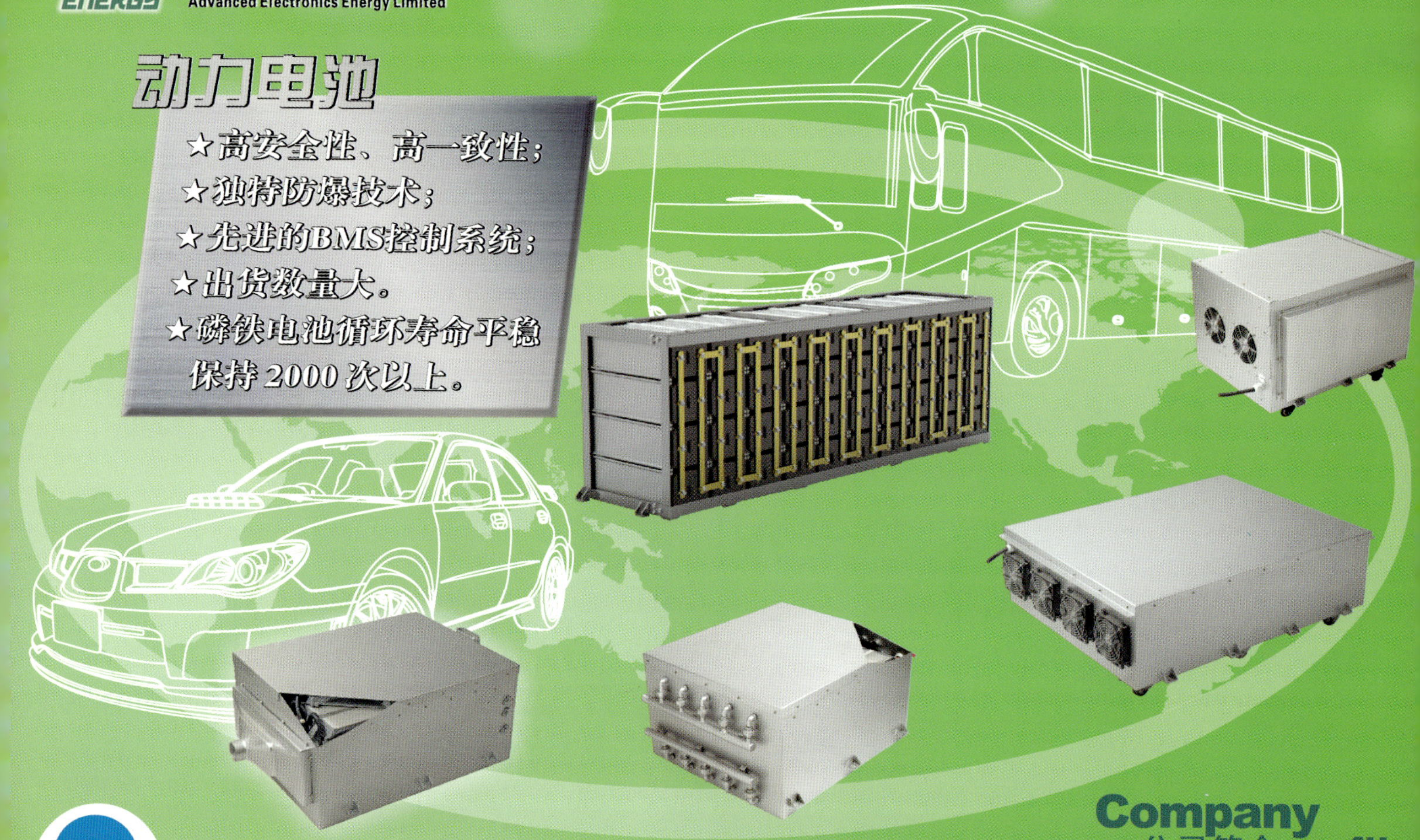

9大优势

- 资金优势
- 高安全性和寿命长
- 国际化团队
- 动力电池市场化推进较为成功。
- 技术先进
- 电池一致性能好
- 高适应性自动化设备
- 电池模块化设计
- 和多家汽车厂家紧密配合

Company 公司简介 profile

佛山市顺德区精进能源有限公司（简称AEE）成立于2000年，是全球较早、较大以锂离子聚合物电池为主，集研发、生产、贸易服务于一体的技术创新型高新技术企业，公司座落于交通发达的珠江三角洲经济圈核心、拥有顺德千亿大镇美誉的容桂高新科技工业园内。用地面积约30,000平方米，厂内引进全球先进的自动化生产设备、精密的检测仪器等。每年产量达3000多万颗，动力电池年出货量位居世界前列。员工2000余人，并在广西、深圳设立分厂公司拥有一支高素质的国际化研发队伍以及国外有一支强大的售后服务队伍，由资深的电池博士、专家、高级工程师、分析师等组成。

精进能源成功解决了动力电池的核心技术问题：高一致性和高安全性，产品性能指标位居国内领先地位，达到国际先进水平。远销世界各地达100多个国家和地区，并在东南亚、欧洲、中东等地设有销售和服务网络，全心全意为每位客户带来优质的产品和满意的服务。为了扩大影响，更计划在国内外投资多个重大项目。

AEE以技术为先，适应市场变化，对现有厂区增加1.2万平方米的扩建，同时计划在国内外扩建分厂，并与重庆市两江新区签署协议，投资35亿，建设西部最大、年销售值超过70亿的锂离子电池项目，规划圆柱电池日产能10万支/天，动力电池32万支/天。以实现三年成为国内电池行业前三甲，五年之内成为全球电池行业前6名的发展目标。

深圳市立业集团有限公司（简称“立业集团”）于2009年成为精进能源的母公司，为日后的发展提供充实的资金支持，把精进能源打造成锂电池的航母企业。

香港办事处
地址：香港九龙湾宏开道8号其士商业大厦12字楼1207室。
Tel：00852-27986183
Fax：00852-31187199

深圳办事处
地址：深圳市福田区益田路3013号南方国际广场A座1310-1311室。
Tel：0755-82824461 82824462 0755-82824017
Fax：0755-82824081

华东办事处
地址：浙江省金华市八一南街1888号钻石轩B栋2801室
Tel：0579-82494770
Fax：0579-82494771

工厂
地址：广东省佛山市顺德区高新（容桂）华天南一路6号。
Tel：0757-28307929
Fax：0757-28305901

www.aeenergy.com

中信国安盟固利动力科技有限公司

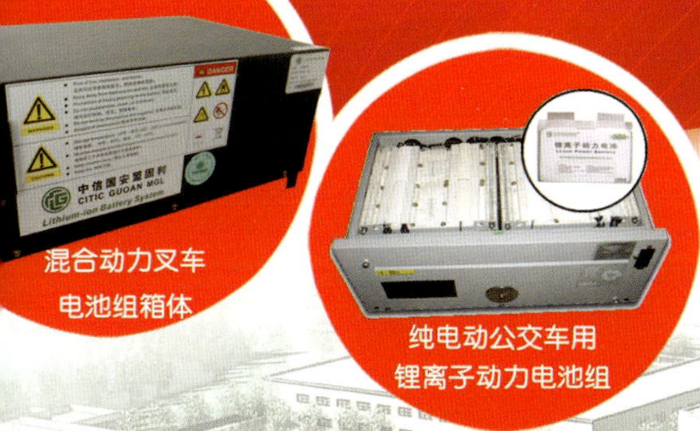

混合动力叉车电池组箱体

纯电动公交车用锂离子动力电池组

中信国安盟固利动力科技有限公司是目前国内唯一实现规模化生产大容量锰酸锂体系动力电池的生产企业，并在世界上率先实现了规模化应用。

公司坚持自主研发，多次获得国家科学技术进步奖和北京市科学技术奖。已获得数十项国内和国际专利授权。在新能源汽车用锂离子动力电池和储能用锂离子电池的研发和产业化方面，拥有完全自主知识产权的核心技术体系。

公司高度重视产品质量和环境保护，已通过了ISO9001:2008质量管理体系认证和ISO14001:2004环境管理体系认证，正在导入ISO/TS16949质量管理体系。相关产品已通过美国UL认证、欧盟CE认证、ROHS认证。公司生产的锂离子动力电池已连续8年通过了国家权威机构全面的安全性能和电化学性能检测。

中信国安盟固利动力科技有限公司与北京大学、清华大学、北京理工大学、北京交通大学和中国科学院等国内高等院校和科研机构，与多个省市地方政府和十几家汽车整车制造企业，与欧洲、美国以及亚洲等多家跨国企业在信息、人才培养、技术攻关、系统设计测试、市场开发等方面保持密切的沟通和协作。

2008年北京奥运会，50辆装载有盟固利公司锂离子动力电池的纯电动公交车，成功实现了全球第一次大规模"零排放"、"零故障"运行。奥运会结束后，这些纯电动公交车在北京81路、84路公交线路上投入运营，近三年来累计安全运行超过430多万公里。

2010年上海世博会，60辆装载有盟固利公司锂离子动力电池的纯电动公交车再次展现在世人面前，6个月累计安全运行220多万公里，承担了上海世博园内主要的载客运营任务。

2010年广州亚运会，35辆装载有盟固利公司锂离子动力电池的新能源汽车为盛会提供绿色能源交通服务。

中信国安盟固利公司是唯一一家同时为北京奥运会、上海世博会和广州亚运会三大盛会提供锂离子动力电池的企业，为我国新能源汽车的大规模商业示范运营积累了宝贵经验，也为我国节能与新能源汽车产业发展做出了应有的贡献。

世博公交车

奥运用大巴车

地址：北京市昌平区白浮泉路18号
邮编：102200
电话：8610-89747477、89743388、89743399
网址：WWW.mgl.com.cn

新乡市格瑞恩新能源材料股份有限公司

格瑞恩——锂离子电池隔膜、磷酸亚铁锂、锰酸锂专业制造商

锂离子电池隔膜

销售电话：13462377044 0373-2515256

网　　站：www.xxgreen.com

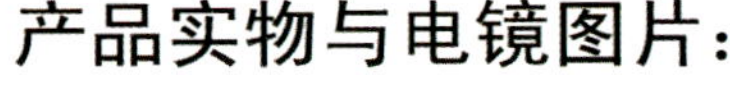

产品实物与电镜图片：

20 微米　25 微米　32 微米　40 微米

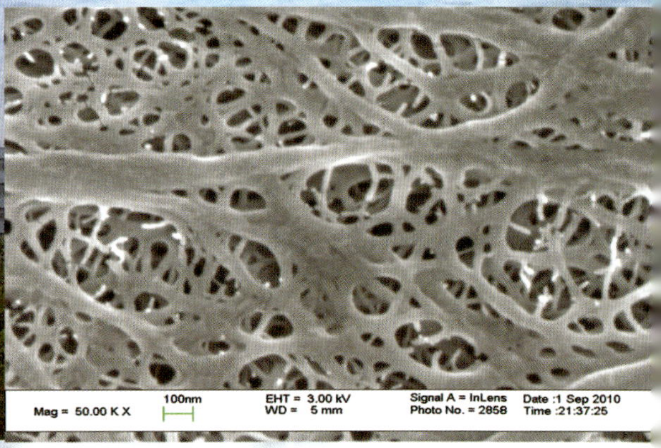

隔膜产品说明书

概述

格瑞恩公司拥有自主知识产权，生产的锂离子电池隔膜为单层聚烯烃膜，它采用独特的技术、优良的配方、先进的造孔与拉伸工艺，性能达到国外同类产品的水平，更具有以下特点：

1. 厚度范围可达16～18微米
2. 高透气性
3. 优异的孔隙率
4. 高吸液保液能力
5. 优异的拉伸和穿刺强度
6. 优异的离子透过性
7. 耐酸碱及电解液腐蚀能力强
8. 耐正极氧化剂的氧化能强
9. 安全及循环性能良好等特点

产品性能参数

项目		检测指标
厚度偏差（μm）		±2
宽度偏差（mm）		+0.5
孔隙率（%）		33-60（可根据客户需求进行设计）
透气性能(美国材料协会标准)(sec/100ml)		200-600(可根据客户需求进行设计)
抗拉强度（Mpa）GB 13022	纵向	≥100
	横向	≥30
热收缩率（%）在90±2℃下恒温1小时	纵向	≤1
	横向	≤1
穿刺强度（N）		≥3

SANTROLL松正®

松正新能源汽车动力总成技术

混合动力公交车动力总成Ⅲ代技术

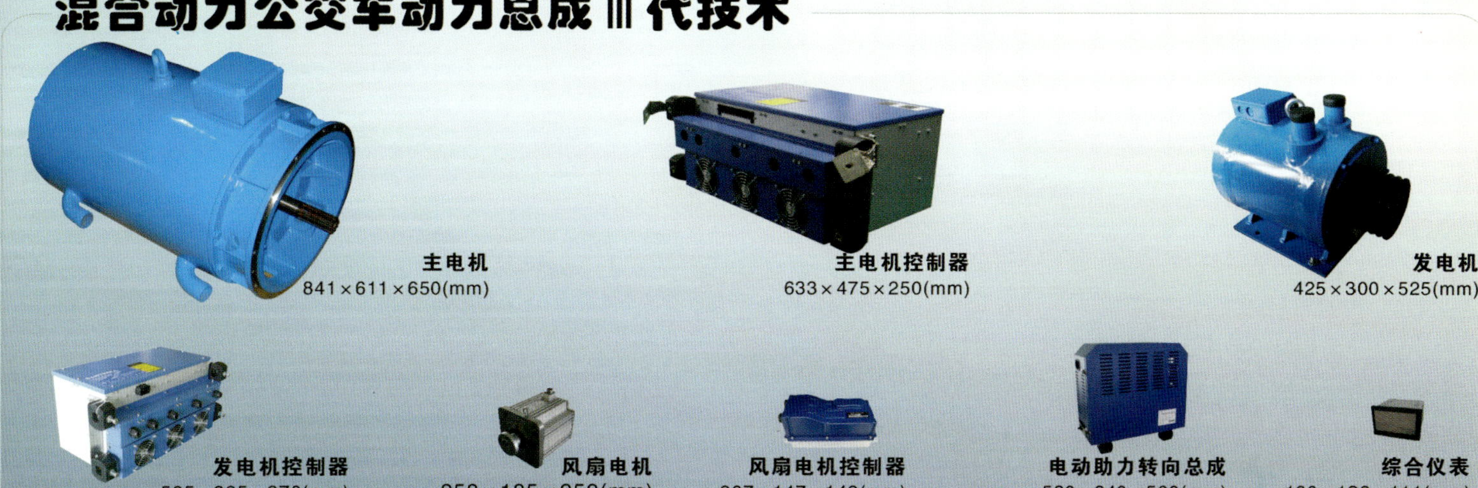

- 自主创新的混联式系统，集串、并联之优点，节油率更高、系统故障点更少；
- 汽车专用驱动器及94%的高效电机，刹车能量回收可达75.8%；
- 闭环式纯电动助力转向，智能转向控制，方向盘不转动不耗能；
- 真正的怠速停机，车辆静音出入站点，节能、环保、无噪音污染；
- 超过50万次的超级电容作为储能器，使用寿命达8年以上。

纯电动客车动力总成

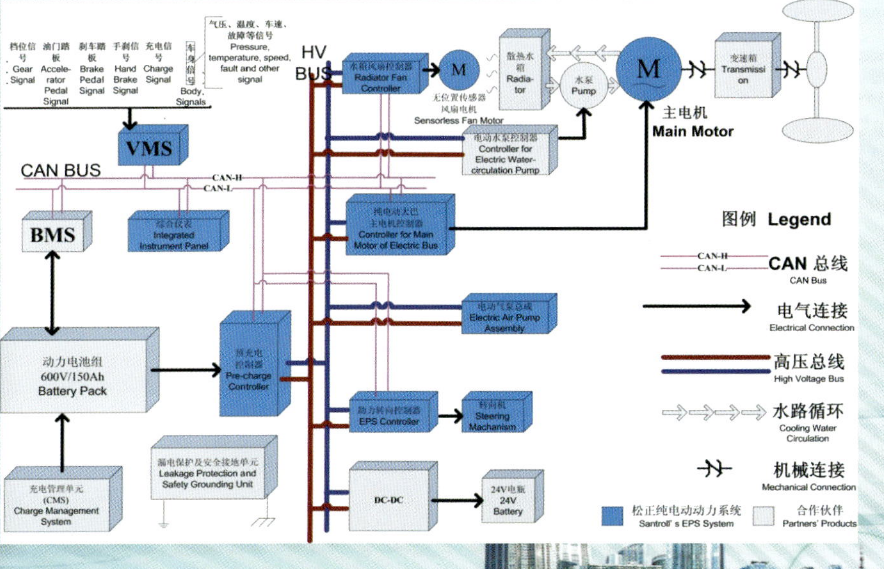

- 主电机
- 主电机控制器
- 风扇电机
- 风扇电机控制器
- 电动助力转向系统
- 电动空气压缩机及控制器
- 综合显示仪表
- ……

纯电动乘用车动力总成

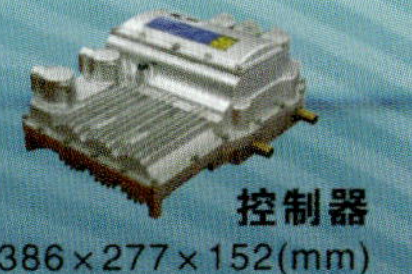
控制器
386×277×152(mm)

电机
φ252×292(mm)

整车控制器
175×125×41(mm)

- 系统功率密度大，体积小，重量轻；
- 多等级安全保护功能，保证产品的可靠性和稳定性；
- 参数可标定功能使整车的匹配性更好；
- 故障诊断功能便于系统的保养及维护。

天津市松正电动汽车技术股份有限公司 地址:天津市空港经济区西十道1号(300308) 电话:(8622)58218688 网址:www.santroll.com E-Mail:evmarket@santroll.com

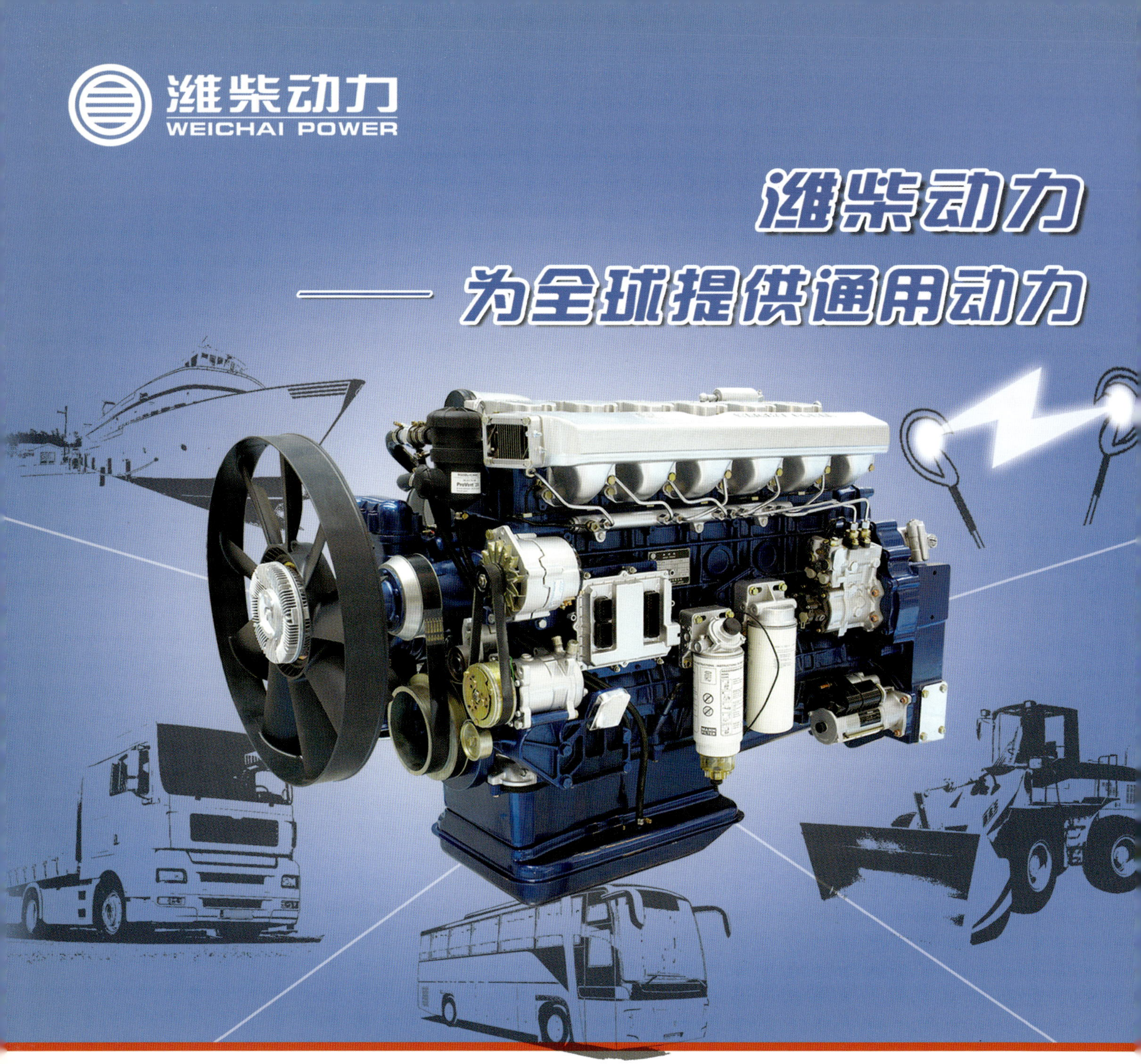

潍柴动力
——为全球提供通用动力

潍柴动力——全系列提供全球通用动力

潍柴集团，创建于1946年，一直致力于为全球解决各种动力和动力相关性问题。是目前中国规模领先的汽车零部件集团，2010年实现营业收入911亿元，集团主营业务涵盖整车、动力总成、汽车零部件以及船舶动力、发电设备等五大板块。

以先进科技打造节能减排新产品

潍柴动力以领先的绿色科技为全球提供清洁动力，产品主要有蓝擎系列、WD615系列、WD12系列、226B系列、160/170系列、200系列，广泛应用于卡车、客车、发电、船舶、工程机械和农用机械等领域，产品通过ISO9000质量认证、TS16949国际汽车体系认证、TUV排放认证、CE认证等国内外权威机构的标准认证。

潍柴动力全力打造以“专享服务、专有配件、专用油品、专属设备、专业再制造”为核心的5P服务工程，为全球用户提供“说道、做到、更周到”的个性化服务。

www.weichai.com

7x24小时 服务热线 800 860 3066（固话可拨打）
400 618 3066（手机固话均可拨打）

广西玉柴机器股份有限公司

玉柴混合动力系统示意图

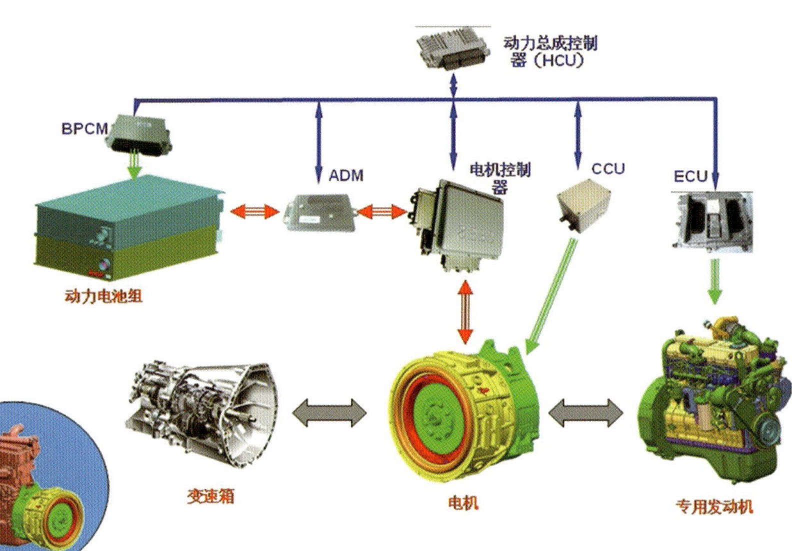

国家科技部对玉柴新能源系统寄予厚望

系统配套情况

扬子江柴电
节油率：28%

广客柴电
节油率：22.64%

广客气电
节气率：22.64%

江淮柴电
节油率：25.2%

中通柴电
节油率：23.4%

苏州金龙柴电
节油率：25.79%

恒通气电
节气率：29%

SCHAEFFLER GROUP

并联式混合动力系统示意图

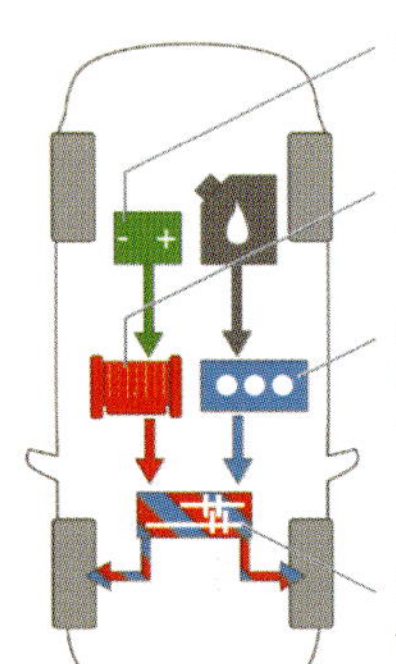

电池用作电机的储能设备。

电机可以帮助内燃机(至少在混合动力系统中)。

如同在传统汽车中，内燃机在并联式混合动力系统中起主要驱动作用。

变速器控制内燃机和电机向车轮传输动力。

串联式混合动力系统示意图

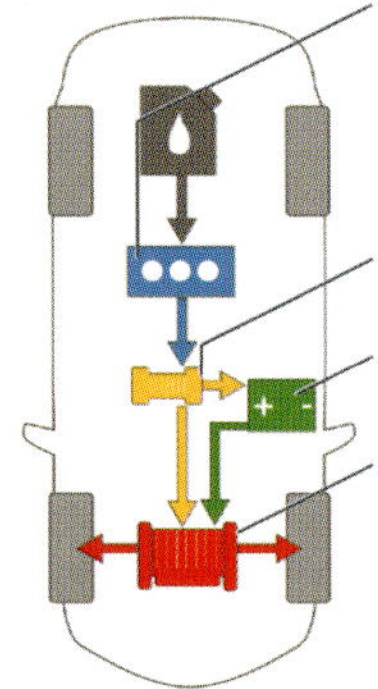

内燃机：内燃机与发电机单独共同工作，可产生电流。

发电机：由内燃机驱动，可产生电流供驱动电机使用。

电池可储存能量，供全电动操作所用。

驱动电机在汽车运行期间作为电机使用，而在制动(制动能量回收)期间又可以作为发电机使用，用于回收能量。

Grafik:www.josekdesign.de

Schaeffler Hybrid

Schaeffler Hybrid是一种“概念车”，可以采用不同的混合动力配置，并进行比较。这种配置可以实现从使用传统内燃机的并联或串联混合动力系统，到纯电驱动。内燃机也可以作为增程器为车辆提供动力，延长行驶里程。

除了内燃机，Schaeffler Hybrid还配备了中央电动机，并在后桥上配备了两个轮边电机驱动装置。

此外，Schaeffler Hybrid还使用了舍弗勒旗下LuK品牌的离合器，以满足混合动力车辆的特殊要求。锂离子电池作为储能装置，可以通过制动能量回收，或内燃机，或外部电源(插电式混合动力)进行充电。

中央装置是通过位于手自动变速器一端的齿形链连接的，该装置驱动前轮。中央单元配有液冷式电机，功率为50kW/68hp，扭矩为95Nm，由舍弗勒的子公司IDAM设计和生产。轮边驱动，即“eWheelDrive”也是由位于Herzogengenaurach的舍弗勒集团开发的。

Schaeffler Hybrid每个电机的输出功率约为50kW/68hp，从而扭矩约为530Nm。

SCHAEFFLER GROUP

ACTIVeDRIVE

ACTIVeDRIVE是一种电动概念车，是纯电动的，其中主动电动差速器(eDifferential)可以主动对扭矩进行分配。

eDifferential将电驱动和对每个车轮驱动功率的控制结合在一起，可以进行扭矩矢量控制(将扭矩分配至驱动桥的各个车轮)，有助于提高操控性、安全性和舒适性。此外，采用两个eDifferential可纵向分配驱动扭矩。

eDifferential可通过选择性动力供给对驱动力进行干预，而不是像传统的ESP系统那样，通过制动减小能量进行干预。这种主动扭矩分配控制意味着可以通过对单个车轮作用力实现对汽车的实际控制，而无需使用转向和制动。eDifferential集合了两个不同尺寸的水冷式永磁同步电机(PMSM)、一个行星齿轮、一个主动扭矩分配变速器和一个重要元件——舍弗勒轻量化差速器。

由于这种概念车采用了两个主动电动差速器，因此其总输出功率可达210kW，采用四轮驱动。储能装置采用锂离子电池，容量为18kWh。由于其性能和牵引能力，测试平台可以在8.5秒内从0加速至100km/h。汽车配有最高车速电子限制(150km/h)。上述配置的车辆的续航里程可达100公里。

如同CO_2ncept-10%和Schaeffler Hybrid，ACTIVeDRIVE是一款“概念车”，也是各种部件和系统进行实际测试的平台。

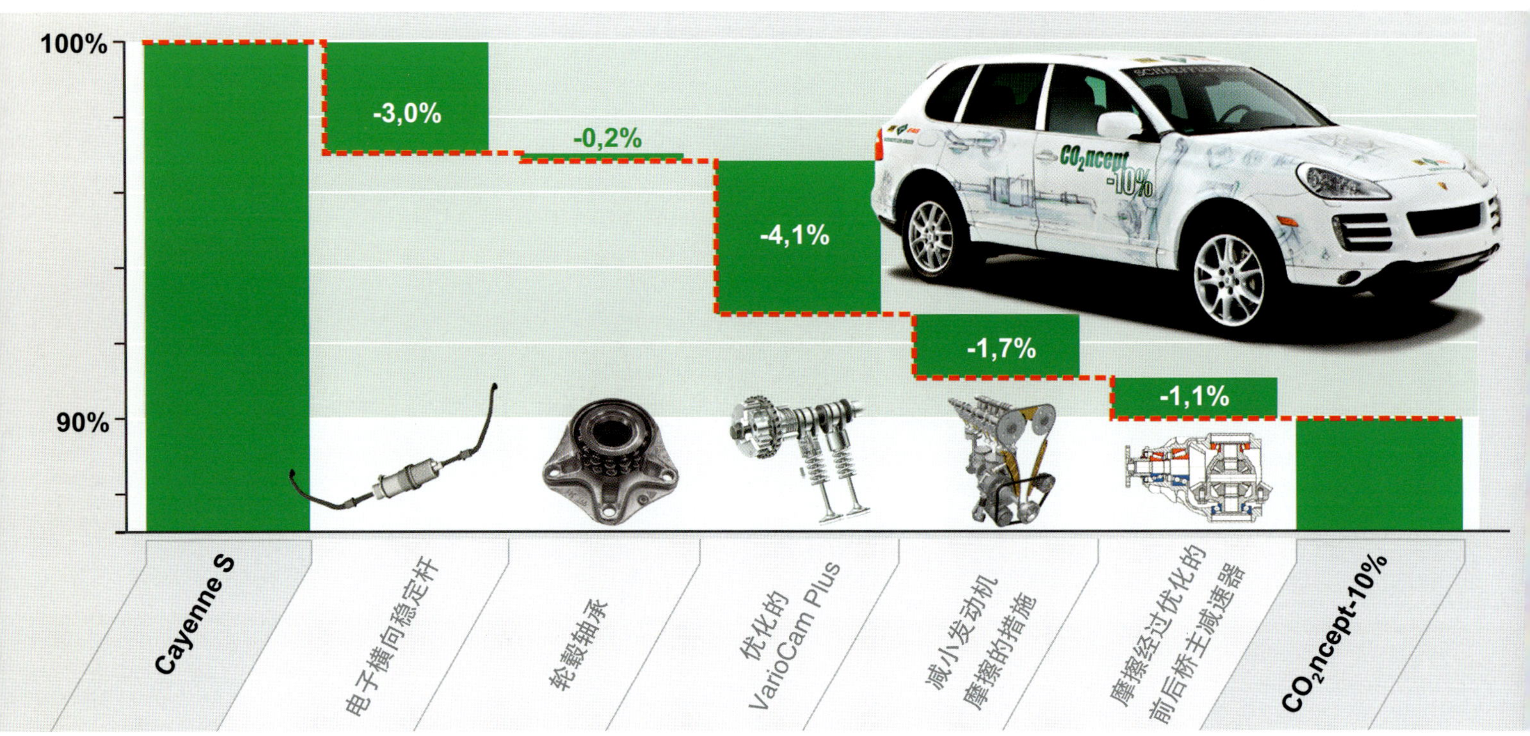

CO_2ncept-10%

是保时捷公司和舍弗勒集团联合开发并实施的项目，通过利用新的优化组件将油耗和二氧化碳排放量降低了10%。

示范车基于采用V8引擎的保时捷卡宴系列，配备来自舍弗勒集团产品组合中优化的传动系统和底盘部件；与其它排量的汽车相比，显著降低了油耗。

舍弗勒集团负责设计和验证单体部件。保时捷公司负责系统协调工作和验证整车。总体来说，这种概念车在理论上(根据复合模拟计算)和试验中(保时捷公司通过大量工作台测试进行验证)实现了约为10%的节油量的优化。模拟计算基于规范的NEDC(新欧洲行驶循环)标准。

该项目是汽车制造商和供应商成功合作的典范。该项目采用网络合作模式，减少了开发次数，避免冗余开发带来的高昂成本，并且极大地提高了竞争力。

2011
节能与新能源汽车年鉴

中国汽车技术研究中心
北京国能赢创能源信息技术有限公司　　编
《节能与新能源汽车年鉴》编制办公室

中国经济出版社
CHINA ECONOMIC PUBLISHING HOUSE
北 京

图书在版编目（CIP）数据

节能与新能源汽车年鉴.2011/中国汽车技术研究中心，北京国能赢创能源信息技术有限公司，《节能与新能源汽车年鉴》编制办公室编

北京：中国经济出版社，2011.12

ISBN 978-7-5136-1069-8

Ⅰ.①节… Ⅱ.①中… ②北… ③节… Ⅲ.①节能—新能源—汽车—中国—2011—年鉴 Ⅳ.①U469.7-54

中国版本图书馆 CIP 数据核字（2011）第 198068 号

责任编辑　张玲玲

责任审读　贺　静

责任印制　张江虹

封面设计　华子图文

出版发行　中国经济出版社

印 刷 者　北京金华印刷有限公司

经 销 者　各地新华书店

开　　本　889mm×1194mm　1/16

印　　张　28.75

字　　数　946 千字

版　　次　2011 年 12 月第 1 版

印　　次　2011 年 12 月第 1 次

书　　号　ISBN 978-7-5136-1069-8/Z·984

定　　价　580.00 元

中国经济出版社 **网址** www.economyph.com **社址** 北京市西城区百万庄北街 3 号 **邮编** 100037

本版图书如存在印装质量问题，请与本社发行中心联系调换（联系电话：010-68319116）

版权所有　盗版必究（举报电话：010-68359418　010-68319282）

国家版权局反盗版举报中心（举报电话：12390）　　服务热线：010-68344225　88386794

2011年《节能与新能源汽车年鉴》编审委员会

主 任 委 员:(按姓氏笔画排列)

王秉刚　“十一五”863计划节能与新能源汽车重大项目监理组
衣宝廉　中国科学院大连化学物理研究所
李　钢　国家发展改革委产业协调司
李万里　工业和信息化部产业协调司
武　平　科技部高新技术及产业化司
欧阳明高　清华大学
胡　群　工业和信息化部产业协调司
赵　航　中国汽车技术研究中心
钱明华　工业和信息化部装备工业司

副主任委员:(按姓氏笔画排列)

任晓常　中国汽车工程研究院股份有限公司
孙逢春　北京理工大学
贡　俊　上海电驱动有限公司
李　骏　中国第一汽车股份有限公司
肖成伟　中国电子科技集团第十八研究所
吴志新　中国汽车技术研究中心
余卓平　同济大学
汪正胜　重庆长安汽车股份有限公司
张书林　中国汽车技术研究中心
张进华　中国汽车工程学会
陆建辉　奇瑞汽车股份有限公司
黄佳腾　东风汽车公司
甄子健　科技部电动汽车重大项目管理办公室

委　　员:(按姓氏笔画排列)

1. 各省、自治区、直辖市、计划单列市:

弓鸿午　广州市科技和信息化局
马兴发　上海市科学技术委员会
马丽岩　银川市科技局
邓志伟　西安市科学技术局
刘燕琨　昆明市科学技术局
孙明安　武汉市科技局
朱建国　呼和浩特市科技局

许心超　北京市科学技术委员会
何　礼　成都市经济和信息化委员会
何秀林　杭州市经济委员会
余熙鸣　厦门市科学技术局
吴　崑　乌鲁木齐市燃气管理办公室
张　军　济南市发展改革委员会
张亚敏　四川省清洁汽车工作协调领导小组办公室
李北宁　西宁市工程咨询院
李晓军　唐山市科技情报研究所
李康荣　湛江市交通运输局
李维宾　大连市经济和信息化委员会
杜凤臣　河南省电动汽车领导小组办公室
陈　清　甘肃省工业和信息化委员会
陈洪基　湖北省襄阳市汽车工业办公室
苗晋琦　郑州市科学技术局
郑大治　沈阳市发展和改革委员会
查晓芳　河南省电动车辆工程协会
胡向萍　南昌市科技局
荣华磊　廊坊市科学技术局
徐　青　重庆市科学技术委员会
郭广强　西安市发展和改革委员会
陶建华　苏州市交通运输局
高　宁　天津市科学技术委员会
管　青　合肥市科学技术局
黄新亮　湖南省科技厅
蔡　羽　深圳市节能与新能源汽车示范推广领导小组办公室

2. 企事业单位

马　宪　中大集团
孔昭松　天津市松正电动汽车技术股份有限公司
毛焕宇　比克国际(天津)有限公司
王文兵　郑州宇通客车股份有限公司
王雅和　中信国安盟固利动力科技有限公司
申宇翔　湖南南车时代电动汽车股份有限公司
孙少军　潍柴动力股份有限公司
余　平　精进电动科技(北京)有限公司
吴永智　北京公共交通控股(集团)有限公司
张　禾　北京清能华通科技发展有限公司
张建平　上海电巴新能源科技有限公司
张海杰　大连普传科技股份有限公司
李　剑　江西博能上饶客车有限公司

李　强　长春汽车燃气发展有限公司
李　强　长城汽车股份有限公司
杨永忠　昆明云内动力股份有限公司
杨志远　深圳市五洲龙汽车有限公司
杨建中　海马轿车有限公司
陈　杰　上海神舟汽车设计开发有限公司
陈光森　佛山市顺德区精进能源有限公司
卓　斌　广西玉柴机器股份有限公司
周方明　厦门金龙联合汽车工业有限公司
周晓波　哈尔滨巨容新能源有限公司
赵景光　北汽福田汽车股份有限公司
赵福全　浙江吉利控股集团有限公司
殷天明　北京通大华泉科技有限公司
贾秉成　山东中文沂星电动汽车有限公司
曹宏斌　普天新能源有限责任公司
曹国栋　四川汽车工业集团有限公司
黄　平　宁波拜特测控技术有限公司
黄尔佳　湖南科霸汽车动力电池有限责任公司
曾令鹏　奇瑞新能源汽车技术有限公司
詹文章　北京汽车新能源汽车有限公司
熊良平　安徽安凯汽车股份有限公司
薛兴海　济南市公共交通总公司

3. 科研院所

王子冬　中国北方车辆研究所试验测试部动力电池试验室
王冬梅　北京交通大学
左曙光　国家燃料电池汽车及动力系统工程技术研究中心
任瑞铭　大连交通大学
张纪鹏　青岛大学机电学院
李　君　吉林大学汽车工程学院
侯　明　中国科学院大连化学物理研究所燃料电池研究室
钱国刚　国家轿车质量监督检验中心
黄中荣　国家机动车产品质量监督检验中心(上海)
黄启忠　中南大学粉末冶金研究院
谢　辉　天津大学内燃机燃烧学国家重点实验室
潘　牧　武汉理工大学

2011 年《节能与新能源汽车年鉴》特约编辑

1. 各省、自治区、直辖市、计划单列市名单（按姓氏笔画排列）

马春燕　大连市节能技术服务中心
尤启萌　西宁市工程咨询院
王　辉　唐山市科技情报研究所
任志魁　河南省电动汽车领导小组办公室
刘先卿　郑州市科学技术局
刘法武　西安市发展和改革委员会
安　勇　银川市科技信息研究所
朱　刚　上海清洁能源研究与产业促进中心
汤和平　厦门市科学技术局
齐　鹏　天津市科学技术委员会
佀　海　北京市科学技术委员会
吴亚琳　甘肃省工业和信息化委员会
吴安平　成都市经济和信息化委员会
陆象桢　深圳市节能与新能源汽车示范推广领导小组办公室
陈发茂　湛江市交通运输局
洪京武　湖北省襄阳市汽车工业办公室
赵晓曦　广州市科技和信息化局
姬卫东　呼和浩特市生产力促进中心
耿继富　河南省电动车辆工程协会
盛会隆　南昌市科技局
黄　静　武汉市科技局
黄中荣　四川省清洁汽车产业协会
黄凯歌　湖南省科技厅
黄燕南　乌鲁木齐市燃气管理办公室
谢　堃　济南市发展改革委员会
谢从波　重庆市科学技术委员会
谢铁生　苏州市交通运输局
戴　兵　合肥市科学技术局
魏兆宏　杭州市经济委员会
魏国栋　廊坊市生产力科技发展有限公司

2. 主要企事业单位（以姓氏笔画为序）

王　谦　北京汽车新能源汽车有限公司
王晓广　长城汽车股份有限公司
邓学军　四川汽车工业集团有限公司

艾　群　佛山市顺德区精进能源有限公司
边　玲　天津一汽丰田汽车有限公司
刘　日　一汽吉林汽车有限公司
刘　凌　湖南南车时代电动汽车股份有限公司
刘　楠　哈尔滨巨容新能源有限公司
刘国霞　上海神舟汽车设计开发有限公司
刘婷婷　奇瑞新能源汽车技术有限公司
吕　彪　上海万象汽车制造有限公司
孙　伯　海马轿车有限公司
朱光海　郑州宇通客车股份有限公司
冷少敏　精进电动科技(北京)有限公司
吴　俊　安徽安凯汽车股份有限公司
吴　展　北汽福田汽车股份有限公司
张国强　北京清能华通科技发展有限公司
张鹏飞　江西昌河汽车有限责任公司
杨　敏　普天新能源有限责任公司
陈　钊　厦门金龙联合汽车工业有限公司
陈卫刚　上海电巴新能源科技有限公司
陈江萍　江西凯马百路佳客车有限公司
周　霞　东风悦达起亚汽车有限公司
巫绍宁　上汽通用五菱汽车股份有限公司
范宗武　山东中文沂星电动汽车有限公司
胡　婧　江西江铃控股有限公司
胡　蓉　湖南科霸汽车动力电池有限责任公司
赵子亮　中国第一汽车股份有限公司技术中心
钟爱民　天津市松正电动汽车技术股份有限公司
贾爱萍　上海电驱动有限公司
崔克顶　中信国安盟固利动力科技有限公司
富　军　浙江吉利控股集团有限公司
惠　群　昆明云内动力股份有限公司
董建华　大连普传科技股份有限公司
蒋志强　江西博能上饶客车有限公司
谢正良　广西玉柴机器股份有限公司
翟克宁　东风柳州汽车有限公司

3. 科研院所(按姓氏笔画排列)

马永志　青岛大学机电学院
王　芳　国家轿车质量监督检验中心
王震坡　北京理工大学电动车辆国家工程实验室
石绍滕　济南市公共交通总公司
张　浩　中国汽车工程研究院股份有限公司

李　军　北京公共交通控股(集团)有限公司
李晓争　北京交通大学
陈觉晓　国家燃料电池汽车及动力系统工程技术研究中心
胡道中　中国北方车辆研究所试验测试部动力电池试验室
陶志军　中国汽车技术研究中心
高　莹　吉林大学汽车工程学院
谢志勇　中南大学粉末冶金研究院
詹志刚　武汉理工大学
颜文胜　昆明理工大学交通工程学院

2011年《节能与新能源汽车年鉴》编制办公室

主　　任： 郑贺悦
副 主 任： 李宏刚　王　成　王云龙
编　　辑： 樊春艳　李光凯　李　君　任美林　胡学丹　耿超杰　黄　莉
傅栩晗　李海靖　刘　頔　张　博　尤可为　潘春雷　任丽丽
任秋森　周国桢　吕志刚
广告编辑： 王同辉　刘晓蕊

2011 年《节能与新能源汽车年鉴》支持单位

中国第一汽车集团有限公司
上海汽车工业(集团)总公司
重庆长安汽车股份有限公司
北京汽车新能源汽车有限公司
北汽福田汽车股份有限公司
奇瑞汽车有限公司
深圳市比亚迪汽车有限公司
厦门金龙联合汽车工业有限公司
安徽安凯汽车集团有限公司
湖南南车时代电动汽车股份有限公司
郑州宇通客车股份有限公司
深圳市五洲龙汽车有限公司
四川汽车工业集团有限公司
安徽华菱汽车股份有限公司
江苏常隆客车有限公司
天津清源电动车辆有限责任公司
四川空分设备(集团)有限责任公司
广西玉柴机器股份有限公司
潍柴动力股份有限公司
菲亚特动力科技研发(上海)有限公司
大陆汽车亚太管理(上海)有限公司
昆明云内动力股份有限公司
加拿大西港创新公司北京代表处
德尔福派克电气系统有限公司
ANSYS 上海分公司
精进电动科技(北京)有限公司
上海电驱动有限公司
大连普传科技股份有限公司
福建尤迪电机制造股份有限公司
扬州飞驰动力科技有限公司
华霆(合肥)动力技术有限公司
微宏动力系统(湖州)有限公司
南京邦奇自动变速箱有限公司
意昂神州(北京)科技有限公司
北京晶川电子技术发展有限责任公司
天津市松正电动汽车技术股份有限公司
舍弗勒投资(中国)有限公司
西门子(中国)有限公司电动汽车研发部
北京 ABB 电气传动系统有限公司
施耐德电气(中国)投资有限公司
深圳市金宏威实业发展有限公司
中航光电科技股份有限公司
上海交大神舟汽车设计开发有限公司
高瞻电动车有限公司
深圳星华港实业发展有限公司
北京八恺电气科技有限公司
普天新能源有限责任公司
新乡市格瑞恩新能源材料股份有限公司
中信国安盟固利新能源科技有限公司
佛山市顺德区精进能源有限公司
北京普莱德新能源电池科技有限公司
北京中航长力能源科技有限公司
湖南科霸汽车动力电池有限责任公司
上海燃料电池汽车动力系统有限公司
北京清能华通科技发展有限公司
上海电巴新能源科技有限公司
超威电源有限公司
上海万宏动力能源有限公司
波士顿电池(深圳)有限公司
哈尔滨巨容新能源有限公司
秦皇岛市芯驰光电科技有限公司
山东润峰集团新能源科技有限公司
青岛海霸能源集团有限公司
天津大学内燃机燃烧学国家重点实验室
国家机动车产品质量监督检验中心(上海)
国家轿车质量监督检验中心
珠海泰坦科技股份有限公司
江苏中大汽车销售有限公司

编辑出版说明

《节能与新能源汽车年鉴》为年度出版物，每年跟踪上年度我国节能与新能源汽车行业的各方面发展情况，是全面反映我国节能与新能源汽车行业的实事性、连续性、综合性及权威性大型工具书，为我国节能与新能源汽车行业的规划、科研、生产、销售及新产品开发等提供较好的支持与服务，自2010版创刊号推出后，受到广大读者关注和欢迎。

2011年《节能与新能源汽车年鉴》是总第二版，在2010版的基础上，2011版在整体架构有所调整，并同期出版2011年《节能与新能源汽车年鉴》英文版，力求数据更翔实、内容更全面，为政府、企业、院校提供更深层次的交流平台。

为组织好2011版《节能与新能源汽车年鉴》的编制工作，在相关领导和单位的支持下，成立了年鉴编审委员会，建立了特约编辑队伍，编审委员和特约编辑来自国家相关部门、各试点城市领导小组办公室、骨干企业（院校）、行业组织，建立了与科研、生产一线的直接通道，增加了年鉴材料的全面、客观和权威性。

2010年是我国第十一个五年计划收官之年，也是我国节能与新能源汽车研发以及产业化加大投入的一年，2011年《节能与新能源汽车年鉴》正文共有七个版块：2010年节能与新能源汽车产业发展综述；分领域发展情况；国家、地方政府及国外主要国家2010年颁布的节能与新能源汽车支持政策；国内外主要节能与新能源汽车整车、零部件生产企业、科研院所、测试中心等2010年度的研发进展及生产经营情况；电动汽车和燃气汽车试点城市示范推广工作进展；电动汽车和燃气汽车产销量及示范推广数量的统计数据；2010年节能与新能源汽车大事记和相关附录。

2011年《节能与新能源汽车年鉴》增加了节能与新能源汽车分领域的发展综述版块，邀请了“十一五”863计划节能与新能源汽车重大项目总体专家组的专家及相关行业专家，针对混合动力汽车、纯电动汽车、燃料电池汽车、天然气汽车、动力电池、驱动电机、燃料电池、汽车电子控制、下一代动力电池、电动汽车示范推广、天然气发动机、汽车节能技术、小型电动汽车政策、智能电网V2G等领域，就国内进展、国际趋势、国内外差距等问题进行分析，盘点我国节能与新能源汽车在2010年的成绩与不足，提出下一步发展建议。

2011年《节能与新能源汽车年鉴》加大了节能与新能源汽车关键数据的收集与分析，在原有分车型（以乘用车、商用车划分）的产销量数据的基础上，增加了电动汽车试点城市和燃气汽车示范城市的实际推广车辆数量（以纯电动、混合动力、燃料电池、天然气汽车划分），可为政府决策、企业规划、投融资战略提供依据。

2011年《节能与新能源汽车年鉴》收集了59家主要节能与新能源汽车产学研单位在2010年的发展概况、科研能力建设、产销、合资合作等情况，由于部分企业未提供产销经营数据，故本版年鉴未能汇总我国节能与新能源汽车工业主要经济指标。

附录部分，重点收集了标准、公告车型目录、节能与新能源汽车示范推广推荐车型目录及车型参数、充电站建设情况等内容。其中：收集整理的2010年发布的节能与新能源汽车国家、行业、企业标准的目录及内容简介，便于浏览和检索；共收录2010年发布的122个节能与新能源汽车示范推广推荐车型的参数，该参数由各企业提供，供试点城市进行选型参考。

2011年《节能与新能源汽车年鉴》（英文版）同期推出，集中收录了中文版的主要内容，包括产业发展综述及分领域发展情况、重点城市节能与新能源汽车发展概况、产销及示范推广数据统计、节能与新能源汽车示范推广工程推荐车型目录及参数等，供国内外同行查阅参考。

2011年《节能与新能源汽车年鉴》由中国汽车技术研究中心组织编写，北京国能赢创能源信息技术有限公司负责出版发行等事宜，在征集资料及编辑过程中，得到了国家有关部门，各省、自治区、直辖市、计划单列市节能与新能源汽车行业主管部门，各节能与新能源汽车示范推广试点城市领导小组，燃气汽车示范推广试点城市领导小组，各汽车工业企业集团（公司），各生产企业、科研院所及其他有关部门的大力支持，特别得到了《节能与新能源汽车年鉴》各位特约编辑及所在单位的支持与协助，在此表示诚挚的谢意。

由于时间仓促和水平所限，书中不足之处在所难免，恳请读者批评指正。希望今后能够继续得到有关方面及广大读者的大力支持，欢迎对本书的改进提出建设性意见和建议，编制办公室同人将不胜荣幸。

《节能与新能源汽车年鉴》编制办公室

2011 年 9 月

目　录 |CONTENTS|

第一篇　2010 年中国节能与新能源汽车发展情况

第二篇　节能与新能源汽车行动计划及支持政策

第三篇 节能与新能源汽车主要企业发展情况

第四篇　重点城市节能与新能源汽车发展情况

第五篇　产销量数据统计

第六篇　大事记

第七篇　合资合作项目

第八篇　附　录

企业形象专版目录

后 插 页

充电10分钟便能续航100公里？

当然能实现。

ABB快速充电站使电动汽车的充电变得和汽车加油一样快捷和简便。ABB凭借其在电网基础设施及电力电子方面的丰富经验，使利用基础设施以合理的成本建造快速充电站的方案变得切实可行，进而促使电动汽车成为大众化的交通工具。欲了解ABB快速充电站如何引领电动汽车时代的到来，欢迎访问：www.abb.com.cn。

ABB电气传动系统有限公司
市朝阳区酒仙桥北路甲10号D区1号
：100015
：(010) 58217788
：(010) 58217518

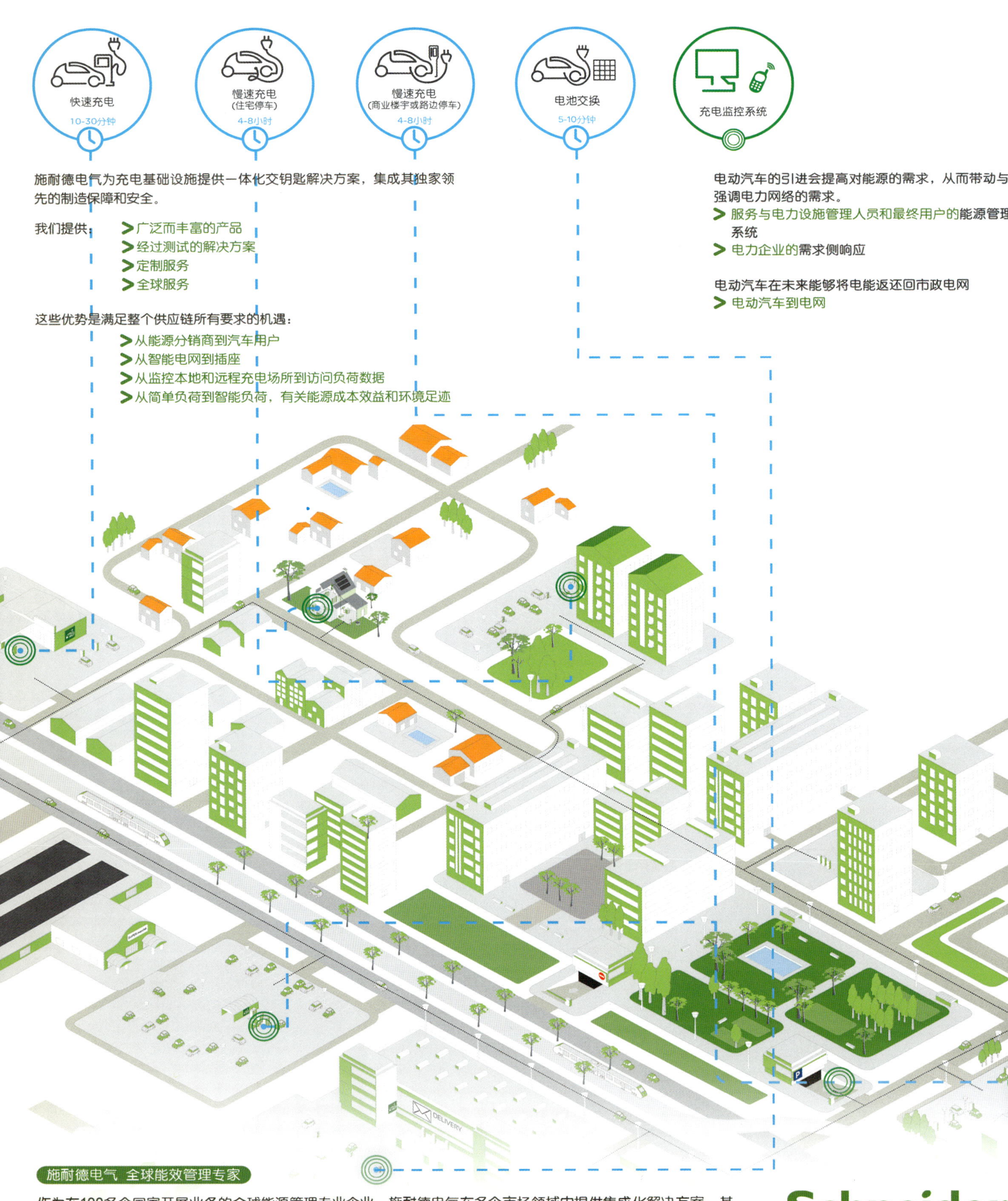

施耐德电气 全球能效管理专家

作为在100多个国家开展业务的全球能源管理专业企业，施耐德电气在多个市场领域中提供集成化解决方案，其中在能源和基础设施、工业过程、楼宇自动化以及数据中心/网络领域居于领导地位，在住宅应用方面也有广泛的业务。公司重点是使能源更安全、更可靠、更高效，其11万多名员工积极致力于协助个人和机构“最充分地利用能源”，2010年实现销售额超过196亿欧元。

公司网址：www.schneider-electric.com

Schneider Electric
施耐德电气

LSIS EV Solution

Company Profile

LS产电是从 LG集团分离出来后、2005年公司正式更名为LS集团。LS产电是韩国国内工业电力自动化领域的领先企业，以“成为世界级的电力自动化企业”为未来发展方向，以追求效率最大化、建立良好的组织文化为经营方针。

Business Profile

LS产电以新成长动力事业、在电动汽车零部件领域中集中培养实力、正向着引导“低碳绿色成长”时代的全球企业跳跃。LS产电动汽车事业部专注于整合电动汽车相关的高校的解决方案、我们开发高电压 EV Relay、电力控制器(Power Control Unit)、车载充电器(On Board Charger)，这些产品可以定做按照特定车辆的技术要求，可安装在各类车型、如电动、混合动力汽车。此种设计的灵活性有助于加快客户的产品上市速度、降低开发成本。

EV继电器 & PRA

GER 010 (10A)

GER 040 (40A)

GER 100 (100A)

GER 150 (150A)

GER 250 (250A)

GER 400 (400A)

PRA (Power Relay Assembly)

特点：

高电压DC电力继电器 | 紧凑型、低噪声、可信的性能。

功能：

主要是on/off电流的开关功能。 | 能够在瞬间切断或急停时保护组件。

EV逆变器 (PCU)

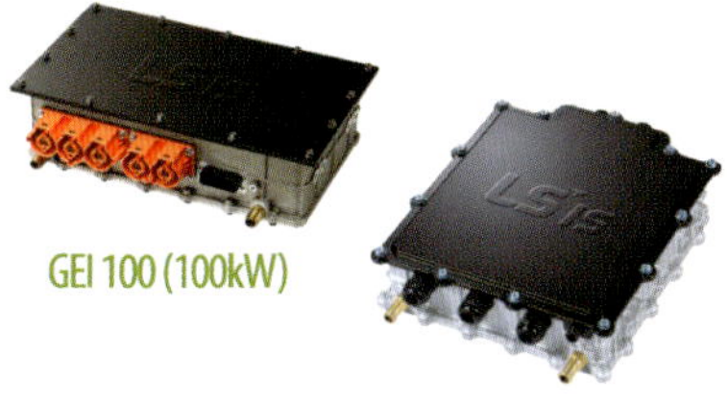
GEI 100 (100kW)

GEI 030/060 (30/60kW)

特点：

设计灵活、大功率密度、质量保证体系

功能：

PCU将DC电力变为AC电力，能够给电机传达电力和控制电机的速度。

车载充电器

OBC (On Board Charger)
3.3kW

功能：

OBC将从充电桩输入的AC电力变为DC电力，能够给充电电池。

慢速充电桩

特点：

以220V充电6个小时就可以充满。

功能：

能够充电长时间停驶的电动汽车的装置。

Slow Speed Charging Stand

www.lsis.biz

LSIS EV Solution

Head Office LS Tower, 1026-6 Hogye-dong, Dongan-gu, Anyang-si, Gyeonggi-do 431-848, Korea

ASIA Tel : +82-2-2034-4093 Fax : +82-2-2034-4622 Email : jpkima@lsis.biz

CHINA Tel : +82-2-2034-4354 Fax : +82-2-2034-4622 Email : steng@lsis.biz

USA Tel : +82-2-2034-4349 Fax : +82-2-2034-4622 Email : wslima@lsis.biz

EUROPE Tel : +82-2-2034-4356 Fax : +82-2-2034-4622 Email : sjkim@lsis.biz

www.titans.com.cn

泰坦科技 永恒动力

交流充电桩

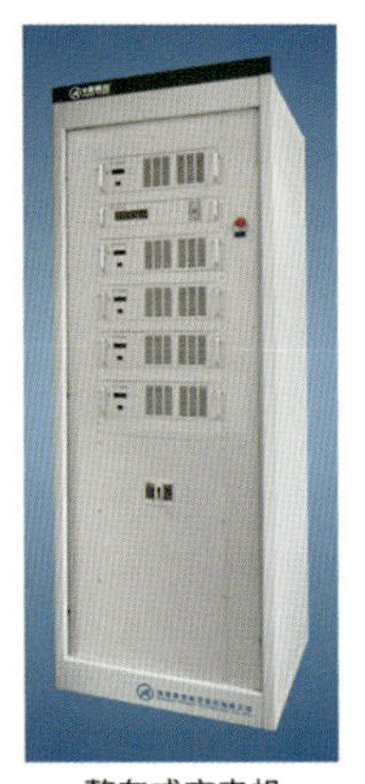
整车式充电机

分箱式充电机

TQC系列 最大功率20KW

TEV系列 最大功率15KW

公司简介：

“中国泰坦能源技术集团有限公司”为香港联交所主板上市企业（股票代码2188），成立于1992年，下属“泰坦科技股份有限公司”一直致力于电力电子、自动控制、新能源供电等技术研究和产品开发。自2005年以来，公司自主开发的系列电动汽车充电设备在北京、上海、山东、河南、湖南、宁夏、重庆、广东和广西等多个省（自治区）市已投入运行的就超过5000台/套，先后参与了上海世博园充换电站、广州亚运会充换电站项目的建设，并为目前正在运营的特大型电动汽车充电站—山东临沂充电站提供了整体规划、设计、建设及工程服务。现电动汽车充电设备产品类型有整车式充（放）电机、分箱式充电机、一体化充电机（户外型）、电池维护系统、TBMS电池管理系统、便携式充电机、交（直）流充电桩等。产品的系列化、先进性、可靠性得到用户的肯定，其中“车充王”产品在2010年被认定为“广东省高新技术产品”。新一代TEV系列产品全面采用三相有源PFC技术，谐波总量不超过5%，功率因数达到0.99，功率为5-400kW，在国内车充行业中处于领先地位。

中国泰坦能源技术集团有限公司
CHINA TITANS ENERGY TECHNOLOGY GROUP CO.,LTD
珠海泰坦科技股份有限公司
ZHUHAI TITANS TECHNOLOGY CO.,LTD

通信地址：广东省珠海市石花西路60号泰坦科技园　邮编：519015
电子信箱：titans@titans.com.cn
总　　机：(0756)3325899　　传　真：(0756)3325889

TZGEV
高瞻电动车

电话:+8621 3899 1559
传真:+8621 6876 1101
邮箱:info@tzgev.com

高瞻电动车有限公司（TZGEV LIMITED）是合伙制国际财团，由高瞻有限公司和在电动车充电基础设施、电网和充电管理软件、客户管理工具、电池和能源管理系统、物业管理、电动车制造和金融服务等方面的世界领先供应商合作成立的。高瞻电动车的竞争优势和业务亮点：

◆ 树立电动汽车服务“第一品牌”

高瞻电动车通过提供“统一界面、统一售前售后服务体系、统一交易对象”的一站式综合服务，为消费者提供电动汽车购买使用的一揽子优化解决方案。以创新的业务模式和务实的平台整合能力，在电动汽车产业发展早期，占据下游产业链稳固、独特地位。

◆ 打造全国首家“汽车智能化”研发中心

高瞻电动车引进全球最先进和成熟的电动车管理系统核心专利，成立全国首家专注于“汽车智能化”和“智能电网”的国家级研发中心。该管控系统通过精确、海量的数据采集、传输、存贮和分析，实现城市汽车智能化管理。信息处理的准确度、速率和规模都是目前传统车队管理系统无法匹敌的。高瞻电动车与美国领先的电动车充电网络技术提供商合作，致力于搭建一个革新性智能电网技术平台，通过该平台，更高效、便捷地调控电力的供需平衡并提高电网的稳定性。并与美国能源部共同实施了大规模电动车测试项目，由电动汽车领域全球领导级的研究中心牵头，测试电动汽车对环境的影响以及对电网的影响。

◆ 建立关键方战略合作关系

和当地政府紧密合作，依托政府在产业导向和政策扶持上的主导优势，高瞻电动车以其专业化的商业操作帮助地方政府大力推进新能源项目的推广和长期发展。同时，高瞻电动车作为全国首家专注于电动汽车的整合服务商采用了新颖的经销模式：以租代售、租售结合的多品牌实体店经销模式。目前已经和国内多家领先电动汽车生产企业合作，创办多品牌实体店。

◆ 出众的团队和雄厚的资本

高瞻电动车的创始人具备多年的创业和公司运营经验，具备世界领先的管理理念并掌握高效的运营模式，尤其在创办并运营多家金融和服务型企业方面，具备世界领先的管理理念和高效的实务经验。此外，高瞻电动车的股东高瞻公司是一家具有国际财团背景，投资中国创新性业务的私募投资公司。公司拥有充足的资本以支持项目的启动和发展，目前掌管30亿人民币以上的资产。

高瞻电动车将致力于通过创建中国一流、世界领先的电动车服务和研发企业，催化电动车市场和技术的成熟，从而引领电动车产业链各环节的长足发展，为中国在电动车领域取得世界领先地位作出贡献。

消费者的困扰

如何选车？ 如何获得补贴？ 如何充电？ 如何贷款？ 如何获得保险优惠？

一站式综合运营服务平台
TZGEV
高瞻电动车

创新的技术方案、精益的生产过程、卓越的产品服务，秉承一百六十多年的专业精神，西门子竭诚履行对绿色环保的承诺，始终坚持从客户角度出发，致力于为纯电动及混合动力汽车提供安全可靠的驱动系统，在全球范围内成为电动汽车领域的最佳合作伙伴。

西门子(中国)有限公司 工业业务领域 驱动技术集团 电动汽车事业部
免费电话：4008104288　网址：www.ad.siemens.com.cn/ecar
电话：(021) 2408 5860　传真：(021) 2408 5620

www.ad.siemens.com.cn/ecar

专注于新能源汽车技术，创造绿色未来

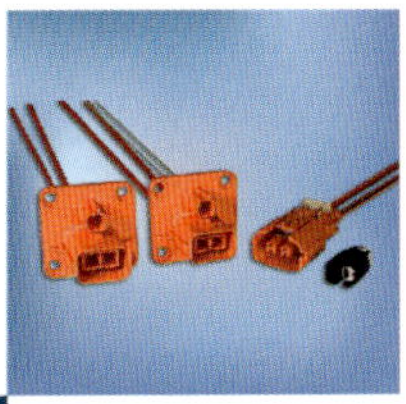

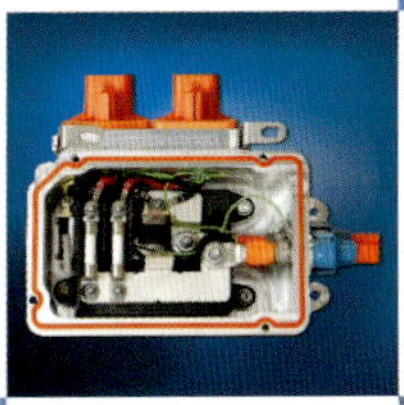

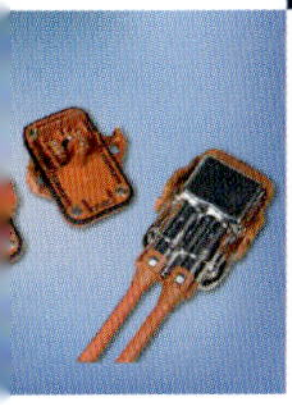

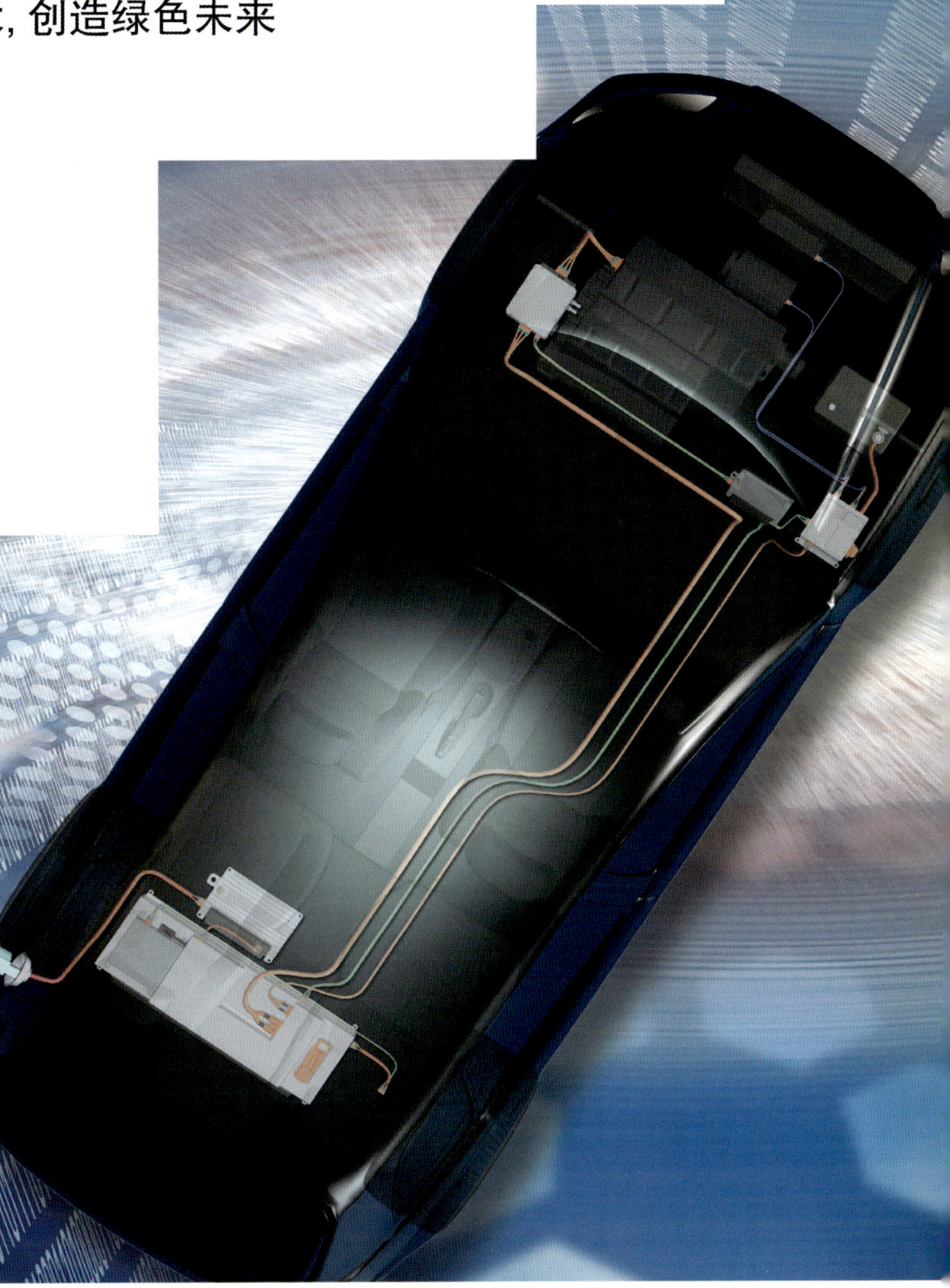

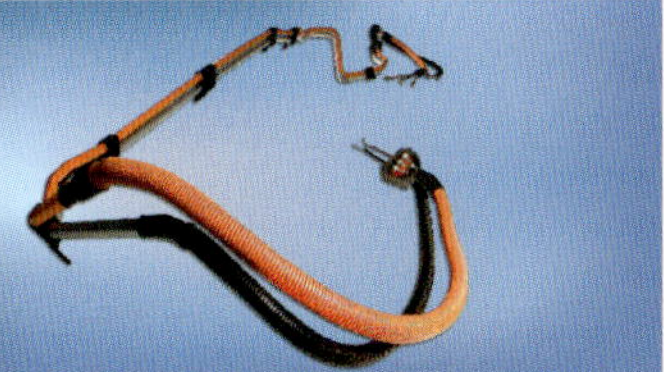

德尔福丰富的汽车系统开发经验，零部件设计及整合技术，能够协助主机厂设计，开发混合动力 / 纯电动汽车。我们拥有完备的零部件产品线，能够根据客户的需求定制解决方案，使您的混合动力 / 纯电动汽车具备更多样化的功能，更高可靠性，更节能环保.

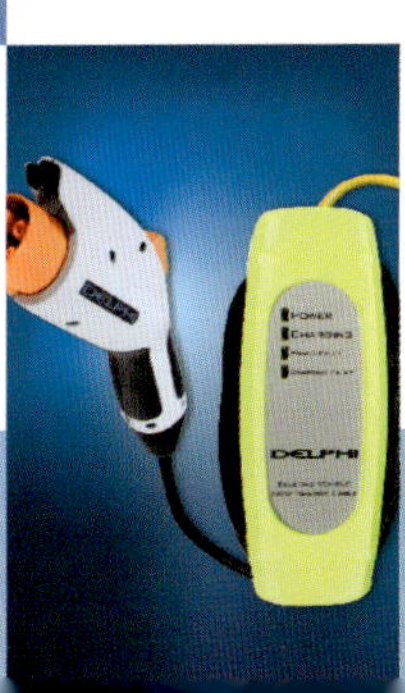

DELPHI

Innovation for the Real World

北京清能华通科技发展有限公司

北京清能华通科技发展有限公司，是在科技部、北京市政府、清华大学的大力支持下，从事新能源汽车领域技术研发及应用的高新技术企业，是北京清华节能与新能源汽车工程中心的产业化实体。

经过多年努力，公司已在多种形式新能源汽车整车设计、动力系统研发、电子控制系统开发、车用加氢站的建设运行等方面，取得了深入进展和重要成果。公司完成了五代燃料电池城市客车的开发、设计和系统集成。为北汽福田、北京公交、上汽集团、苏州金龙、新加坡南洋理工大学等单位研发的燃料电池客车先后于2008年北京奥运会、2008—2009年北京公交示范、2010年上海世博会、2010年新加坡青奥会期间投入使用。

围绕新能源汽车核心技术，公司开发了电动汽车多能源整车控制器、永磁电机控制器、“新能源汽车运行数据远程实时监控系统”等新能源汽车关键零部件产品，匹配于多款燃料电池汽车、混合动力汽车、纯电动汽车；开发的“机动车污染物排放远程实时监测系统”，为在用机动车节能减排状态的实时监测提供了有效的技术手段。公司在新能源汽车核心技术方面获得多项发明专利和实用新型专利。

为了新能源汽车产业的可持续发展，公司建成并运营中国第一座以新能源交通为主题的示范园及国内第一座车用加氢站，为新能源车辆的示范提供了运行保障。

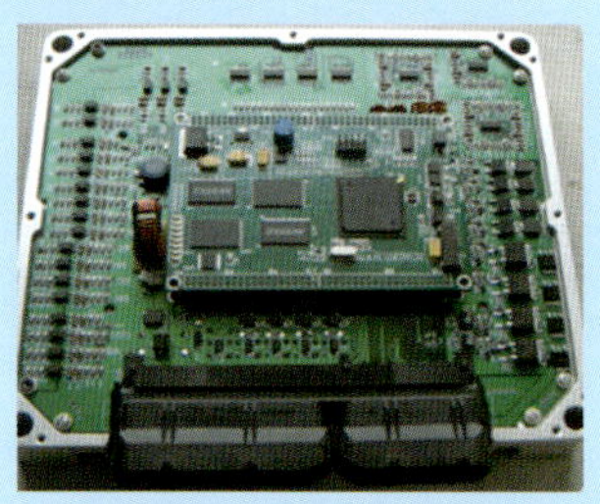
多能源一体化整车控制器

机动车污染物排放远程实时监测系统

整车产品—燃料电池客车

整车产品—增程式电动客车

整车产品—混合动力客车

车用加氢站

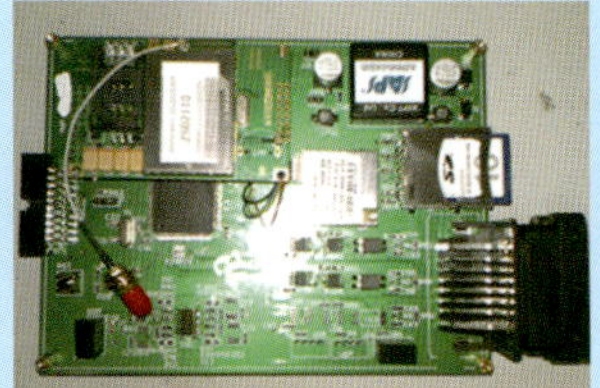
新能源汽车运行数据远程实时监控系统

地址：北京市海淀区清华园液晶大厦4500室　邮编：100084　电话：86-10-62796417～21
传真：86-10-62794725　邮箱：sinohytec@tsinghua.edu.cn　网址：http://www.sinohytec.com

上海燃料电池汽车动力系统有限公司

SHANGHAI FUEL CELL VEHICLE POWERTRAIN CO.,LTD.

动力系统集成与控制

新能源汽车动力系统集成及控制策略开发

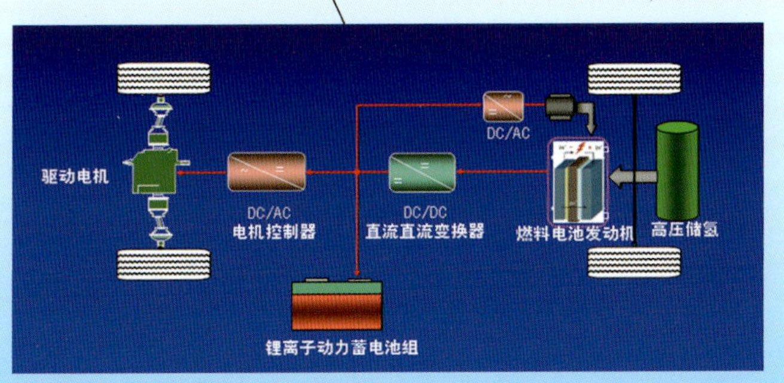

电动汽车动力底盘集成开发服务

高性能纯电动车动力底盘匹配测试

平台化车载动力总成控制器

平台化、系列化动力总成（氢管理、动力电池管理、动力系统控制）控制单元，支持图形化编程。
产品通过ISO/16949质量体系认证

车用燃料电池发动机系统集成

应用范围可涵盖场馆车、微型车、轿车、巴士以及各种特种车辆
由燃料电池电堆、气体供应系统、加湿系统、冷却系统等组成

5KW燃料电池发动机
用于2010年上海世博会
11座场馆车

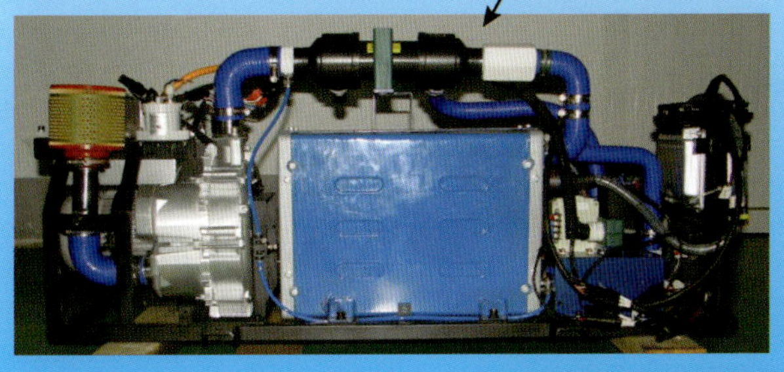

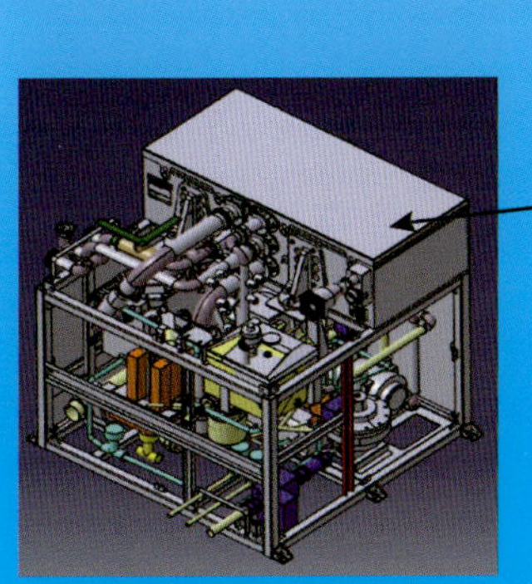

50KW燃料电池发动机应用与
“GEF/UNDP中国燃料电池公共汽车
商业化示范”项目

地址：上海嘉定区嘉松北路6655号（201804）　　电话：021-51650025
传真：021-51650002　　主页：www.fcv-sh.com

上海电驱动有限公司

上海电驱动有限公司由上海安乃达驱动技术有限公司、中科院北京中科易能新技术有限公司、宁波韵升股份有限公司和核心团队共同发起成立，集中国内优势资源，主要从事新能源汽车电机及其控制器的研发、生产和销售。

公司是国家863计划节能与新能源汽车重大专项总体专家组成员单位，同时也是“上海汽车电驱动工程技术研究中心”的依托单位。公司2010年被评为上海市高新技术企业。

公司技术力量雄厚，拥有一支老、中、青结合的技术研发团队，目前有研发人员80名，其中博士2名，硕士研究生22名，技术开发能力强。

公司成功研制了一系列拥有自主知识产权的、适用于燃料电池与纯电动轿车/客车、混合动力轿车/客车、微型纯电动轿车、轮毂驱动电动轿车等不同车型的四大车用永磁电机驱动系列产品，分别在一汽、上汽、东风、长安、奇瑞、吉利、华普、华晨、夏利、万向等国内汽车企业的整车中成功地进行了示范应用，应用客户几乎涵盖了国内全部汽车厂商。

公司车用永磁电机驱动系列产品的成功开发，大大推动了我国十城千辆工程。公司车用永磁电机驱动系统配套于奇瑞A5轿车、大众帕萨特领驭燃料电池轿车为2008年奥运会成功提供了场馆服务。公司的车用永磁电机驱动系统产品配套于大众帕萨特领驭、上汽荣威、奇瑞东方之子、一汽奔腾、长安志翔等电动汽车，还为2010世博会成功地提供了观光服务。

公司车用永磁电机驱动系统项目2009年被评为高新成果转化项目，该项目还先后被授予了2010汽车零部件低碳经济和谐社会技术进步创新奖、上海市科技进步一等奖，公司车用永磁电机驱动系统产品先后被评为了上海市自主创新产品、上海市重点新产品。由于车用永磁电机驱动系统在世博会上的成功配套应用，2011年1月，公司车用永磁电机驱动系统项目负责人被授予“世博科技先进个人”荣誉称号，公司被授予“世博科技先进集体”荣誉称号。

公司拥有一个车用电机驱动系统产品性能测试实验室，该实验室是上海机动车检测中心的一个加盟实验室，可以承接国内车用电机系统研发企业的委托测试。该实验室具有较完备的测试仪器，用于测试大功率高转速交流永磁电机性能以及可靠性。实验室测试能力达到24000rpm@300N·m、2000N·m@4000rpm范围，是一个多功能交流永磁电机驱动系统测试平台，拥有适用于不同电动车辆不同电机类型的台架。实验室的研发检测能力在国内同行业中处于领先地位，为研发人员提供了一个设备完善、设施齐全的试验平台，大大提高了研发人员的工作效率，也为进一步推进车用电机驱动系统产业化提供了充分的试验条件保障。

为了积极配合国家新能源汽车工业的发展战略，顺利融入未来新能源汽车工业关键零部件（电机）供应商的配套体系，公司注重车用电机及其控制系统产业化生产能力的建设，组建了两条车用电机驱动系统柔性化生产线，其中一条用于车用电机的批量生产，另一条用于车用电机驱动器批量生产线，达到了年产12000台套的生产能力，为车用电机驱动系统进一步产业化提供了充足的生产条件保障。

公司注重知识产权保护，在车用永磁电机驱动系统方面已形成了专利12项，其中发明专利3项。

公司负责名称为“电动汽车用驱动电机系统技术条件”的国家标准修定，负责了名称为“电动汽车用电机及其控制器接口”的汽车行业标准制定。

公司以市场为导向，以产品为纽带，以自主创新为动力，不断提高公司的核心竞争力。公司成立以来，发展迅速，公司在车用永磁电机驱动系统产品方面，销售收入连年迅速递增。

公司在国内外已形成了很好的知名度，综合实力位居行业前列，已具有一定的市场竞争优势。

公司将继续努力，进一步提高自己的综合实力和竞争能力，力争成为行业领袖并可持续发展。

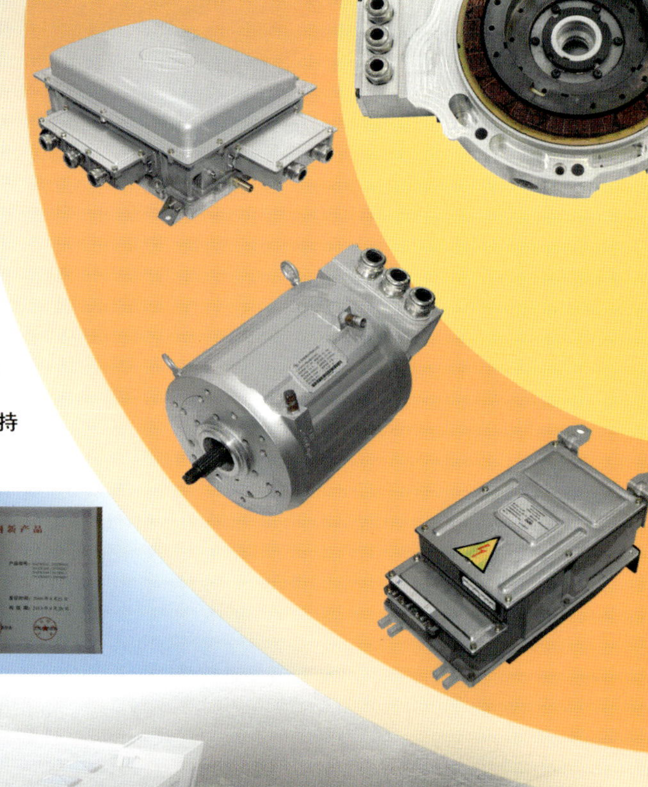

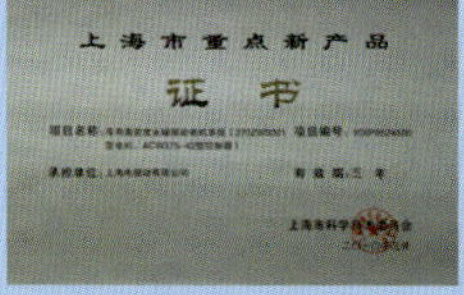

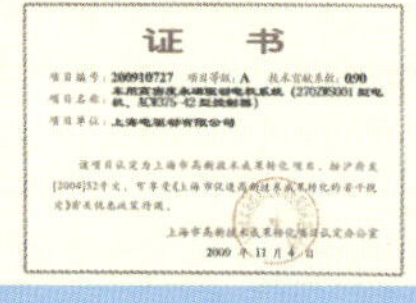

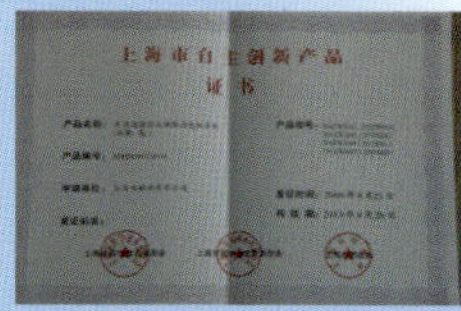

地址：上海市闵行区剑川路953弄154号
邮编：200240
电话：（021）64358622
http://www.chinaedrive.com

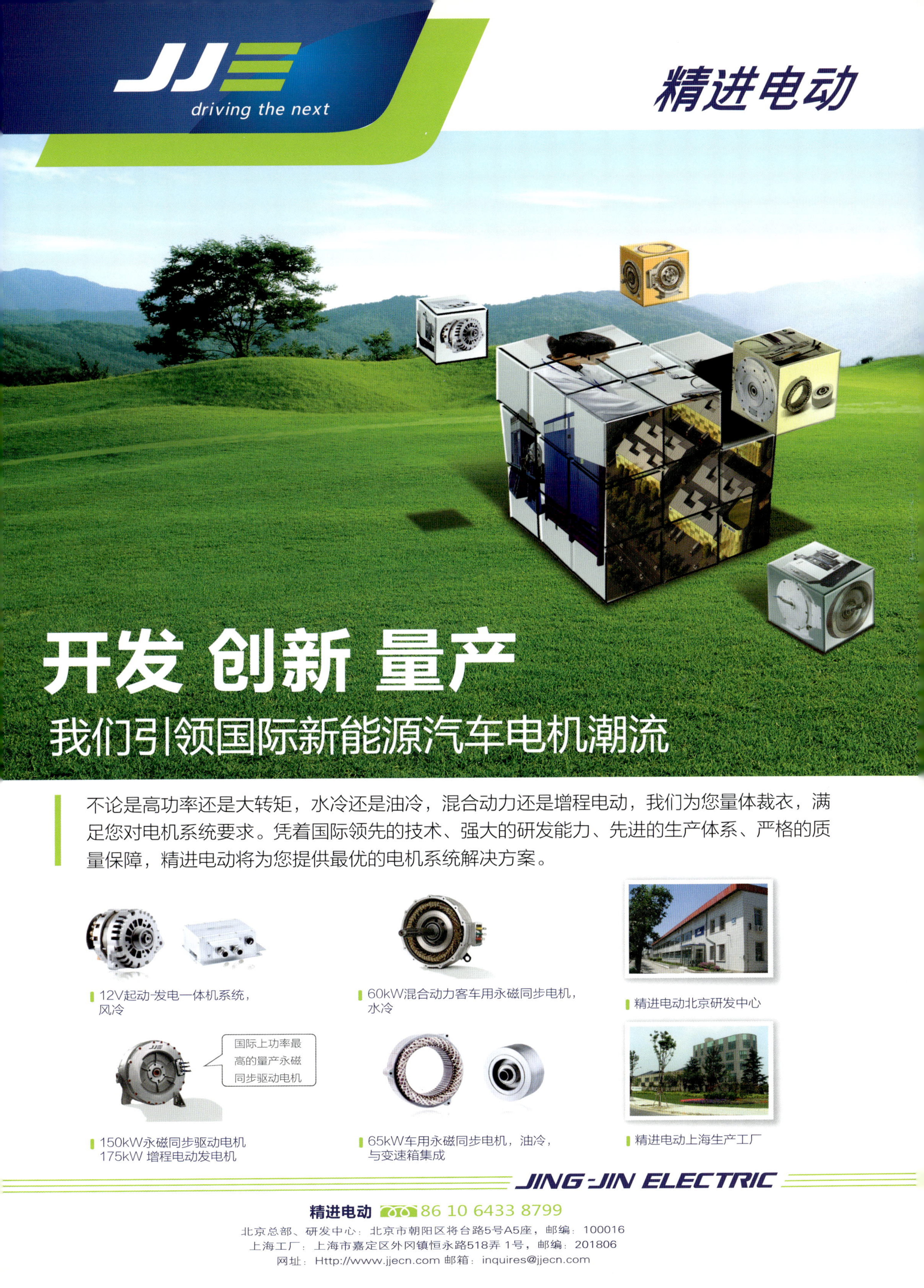

精进电动

开发 创新 量产

我们引领国际新能源汽车电机潮流

不论是高功率还是大转矩，水冷还是油冷，混合动力还是增程电动，我们为您量体裁衣，满足您对电机系统要求。凭着国际领先的技术、强大的研发能力、先进的生产体系、严格的质量保障，精进电动将为您提供最优的电机系统解决方案。

12V起动-发电一体机系统，风冷

60kW混合动力客车用永磁同步电机，水冷

精进电动北京研发中心

国际上功率最高的量产永磁同步驱动电机

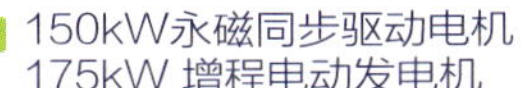

150kW永磁同步驱动电机
175kW 增程电动发电机

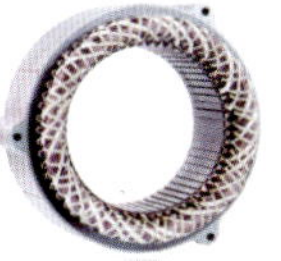

65kW车用永磁同步电机，油冷，与变速箱集成

精进电动上海生产工厂

JING-JIN ELECTRIC

精进电动 86 10 6433 8799

北京总部、研发中心：北京市朝阳区将台路5号A5座，邮编：100016

上海工厂：上海市嘉定区外冈镇恒永路518弄 1号，邮编：201806

网址：Http://www.jjecn.com 邮箱：inquires@jjecn.com

863计划 汽车新动力车用电机驱动系统

New energy for vehicle- motor and controller for EV/HEV/FCEV

863计划"节能与新能源汽车"关键技术课题

科技部技术创新基金项目

北京理工大学电动车辆工程研究中心检验。

* 高效：全转速运行范围内的效率最优化(电机效率>95%、系统效率>80%的区域范围≥全部电机工作范围的60%)；
* 过载倍数大：电机系统过载转矩大（3倍）；动态性能好，转速响应时间快；
* 高性能电机控制策略，建立与车辆其他系统的CANBUS通讯系统，具有良好的参数辨识和死区补偿等专门功能；
* 电机功率密度高、满足整车的模块化要求，良好的环境适应性和高可靠性；
* 特殊冷却及多种保护功能：具有过流、过压、过载、过热、欠压等保护功能；
* 电机采用永磁同步电机（PMSM）和感应异步电机（IM）两种形式；
* 电机峰值功率：9、15、30、90、120、150、180kW。

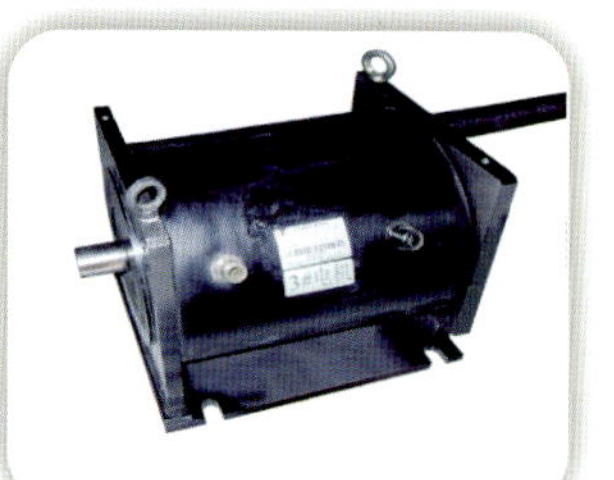

高端驱动 PI8000/8100矢量控制变频器

Top Class Drives --PI8000/8100 Series Vector Control Inverter

技术指标：功率范围为0.4－630kW　频率范围：0.00～2000.00Hz

电压等级：220V／380V／460V／575V／660V／1140V

基于电机运行与控制最新理论和技术成果，采用美国TI公司最新款高性能32位电机控制专用数据处理器DSP，高速、准确完成复杂的异步电机磁通电流和转矩电流的解耦控制算法，实现磁场定向电流闭环矢量控制，满足电机高精度宽范围的调速运行和转矩控制，为高端控制领域提供全面的解决方案。全新的硬件平台、时尚工业化外观设计、科学的生产工艺和完备的检测设备，保证了该产品高效、稳定和可靠性。

* 低频大转矩输出：具有死区补偿与自动转差补偿功能，实现0.5Hz下180%转矩输出，且运行平稳，响应速度快；
* 多种速度控制方式：无速度传感器PG矢量控制（SVC)、有PG矢量控制（VC）和V／F控制；调试和设定简单；
* 自动识别电机参数，自整定到最佳控制模式；
* 独特键盘设计："一键飞梭"键盘，可自定义飞旋，两路自定义按键，根据需求扩展；人性化显示菜单，中文高亮OLED+LED，同时显示3组状态参数；
* 支持热插拔，可存储、拷贝4组运行参数程序；
* 独特的EMC设计，使变频器对电源的污染降到最低。

大连普传科技股份有限公司

大连市高新技术园区任贤街11号

电话：0411-84820088 传真：0411-84821978

www.powtran.com

扬州飞驰动力科技有限公司

电动汽车用锂电池管理系统

电动汽车用整车控制器

纯电动公交客车动力系统集成

纯电动轿车动力系统集成

扬州飞驰动力科技有限公司是专业研制新能源汽车动力系统总成及核心部件产品的民营科技企业，目前已开发成功电动汽车整车控制器、电池管理系统、电机控制器、整车动力系统总成，拥有动力系统机电耦合方案、控制策略和算法设计技术、网络通讯和控制技术、电磁兼容性技术、热管理等新能源汽车方面的相关核心技术。

公司以清华大学汽车工程系为技术依托，2007年成立了“扬州市电动车工程技术研究中心”，目前已建成电动客车、电动轻型卡车的动力系统综合测试平台，同时建成整车控制器、电池管理系统、驱动电机控制器的生产线及检测中心，拥有电动汽车相关核心技术专利16件。

早在2007年，公司研制的纯电动客车动力系统总成就成功应用到电动公交客车上出口中东，开创了我国电动客车出口国外的先河；2009年10月，研制的整车控制器、电池管理系统以及第三代纯电动客车动力系统总成用于扬州城市公交线路的示范运行，整车实现了全数字智能化控制，技术指标符合甚至超越了国家863计划指南要求，至今成功运行5.6万公里。

通过几年的研发和试制以及在不同车型上的运用，我公司的整车控制器、电机控制器和电池管理系统技术已经成熟，动力系统集成技术的适用性较强，能满足城市客车、轻型卡车、商务车等各类电动汽车动力系统的匹配。

公司自主研发的Plug-in“B+C”动力系统——“动力电池组-电源变换器-超级电容组” 功率自适应混合电源系统，能够有效减小动力电池组的峰值放电电流，提高其安全使用性能和循环使用寿命，降低了电动汽车配置动力电池组容量和整车制造成本，项目产品对我国新能源汽车行业尽快实现产业化具有推动作用。

欢迎各新能源汽车厂家来人来电洽谈咨询，我们期待与您共同努力开创新能源汽车的新篇章！

联系电话：0514-85123883

History and general information历史及简介

Punch Powertrain's history started in 1972 as "DAF" opened it's subsidiary in Sint-Truiden., Belgium
邦奇动力的历史自1972年DAF公司于比利时圣图登市建立其子公司拉开序幕。
In the following years several acquisitions took place. In 2006 Punch Powertrain took over the CVT factory and R&D centre from German manufacturer, " ZF ". This resulted in a very productive cooperation and fast development of CVT (Continuously Variable Transmission) technology. In 2007 Punch Powertrain was proud to present to the world its second factory, located in Nanjing in China.
历经几年数次并购，邦奇动力于2006年从德国制造商"采埃孚"接管CVT工厂以及研发中心。从而促成了非常富有成效的合作，并使得CVT（无级变速器）技术快速发展。2007年，邦奇动力自豪地向全球介绍其第二间工厂在中国南京建成。
Today Punch Powertrain assembles CVT transmissions and manufactures it's own control units and CVT pulleys. Annual capacity in St-Truiden is about 240.000 units and 300.000 transmission units in Nanjing.
今天，邦奇动力装配CVT变速箱总成，并生产自己的控制单元以及CVT锥轮。圣图登工厂的年产能为24万件，而南京工厂的年产能为30万变速箱。
Punch will achieve SOP of CVT for its 7th customers in Asian-Pacific area by the end of 2011, and is experiencing very fast development with many more new customers worldwide and new projects kick in.
2011年底邦奇公司将为其在亚太地区的第七个客户实现无级变速箱量产。随着世界范围内更多新客户和新项目的签定，邦奇正在经历极为迅速的发展。

Fuel saving technology节能技术

R&D team in Sint-Truiden is constantly looking ahead to invent and develop next-generation CVTs, hybrid and electric powertrains covering torque ranges from 140 Nm – 230 Nm. Activities include concept investigation, design, product development, prototype building and testing, with a clear focus on high performance density, customer satisfaction and minimising fuel consumption and emissions.
位于圣图登市的研发团队一直致力于创新和开发新一代CVT, 混合动力及纯电动动力总成，扭矩范围涵盖140N•m至230N•m。工作内容包括概念研究，设计、产品开发、样件制作与测试，聚焦于高性能、客户满意度以及油耗和排放最小化。

Full Hybrid完全混合动力

Parallel to the CVT transmission, Punch Powertrain also developed Hybrid and EV powertrains which will be ready for serial production to be ready by end 2012. Driving prototypes demonstrating these technologies are already available.
邦奇动力在做CVT变速箱的同时也开发混合动力和纯电动总成，并将于2012年底实现量产。已有可驾驶的样车用以展示以上技术。
The HT1 transmission combines the VT3 hardware with a Switch Reluctance (SR) Electric Motor and forms the basis plug-in ready hybrid powertrain for B, C and D segment. Due to the high peak torque, the SR motor can be linked to the output side of the variator. As a result, it does not suffer from transmission losses during boosting or regeneration. Combined with the CVTs ability to have the engine operate in or near its optimum operating point, the HT1 is able to provide a fuel economy benefit which is far ahead of the competition. The HT1 transmission can be used in following hybrid powertrains: Power hybrid, Economy hybrid, Plug-in hybrid, EV with range extender.
HT1变速箱结合了配备开关磁阻的电机的VT3硬件，便形成了基础可插电式混合动力总成，适用于B级、C级和D级车型。由于开关磁阻电机具有高峰值扭矩，可连接至变速器的输出端，因此在助力或能量回收时避免了变速箱上的损耗。由于CVT使发动机位于或邻近最佳工作点运行，HT1具有遥遥领先的燃油经济性优势。HT1变速箱可用于以下混合动力总成：动力型混动，经济型混动，插电式混动，增程式电动。

EV Electric 电动汽车之电力

The technology of the Switch Reluctance (SR) motor has been developed by Punch Powertrain. Due to its balanced torque characteristic the SR motors from only require a single ratio. This allows a simple and robust gearbox design. For this transfer case Punch Powertrain opted for a flexible solution allowing one or two motors on a single transfer case.
Another goal of this technology is absence of permanent magnets. This allows Punch Powertrain to keep the cost low and makes the company less dependent on it's Chinese supplier.
邦奇动力开发了开关磁阻电机技术。基于其平衡扭矩的特征，开关磁阻电机仅要求单一的传动比。因此使得简单坚固的变速箱设计得以可行。在这种情况下邦奇动力提供灵活的方案，一个变速箱可配合一个或两个电机。
该技术不需要永磁体，使邦奇动力得以保持低成本，减少对其中国供应商的依赖。
Currently LiFePO4 Battery Pack is being used which is based on cylindrical cells. This 15 kWh battery allows trips up to 100 kilometres, accordingly the car is agile and clean for city traffic, moreover a cost effective solution. Punch Powertrain is constantly working on the technology to prolong the range.
目前正在使用的磷酸锂铁电池组基于柱形电池。15千瓦时的电池可驾驶100公里，相应地车更轻盈，城市交通更为清洁，并且是一个高效的解决方案。邦奇动力一直致力于此项技术以使之拓展延伸。

For more information visit our website :
www.punchpowertrain.com
Company address : No.19 Hengguang Road, Xingang Development Zone, Nanjing, China. 210038
E-mail: info@punchpowertrain.com
更多资讯，请访问网站：www.punchpowertrain.com
地址：中国南京新港开发区恒广路19号。邮编210038
邮箱：info@punchpowertrain.com

华霆(合肥)动力技术有限公司系美国SinoElectric Powertrain Corporation响应国家“十二五”大力扶持新能源汽车产业发展的政策，在合肥创立的外商独资企业，位于合肥市繁华西路桃花工业园立恒工业广场。本公司是一个主要从事纯电动汽车动力系统及关键零部件的技术研发、工程设计、生产及销售的高科技企业。具体业务涵盖纯电动汽车动力系统总成；电机及驱动与变速箱动力总成；以及电池组及管理系统总成。

华霆(合肥)动力技术有限公司及美国研发中心拥有强大的核心技术团队。公司发起人为美国硅谷电动汽车技术专家周鹏博士。周鹏博士毕业于斯坦福大学机械工程系（博士）和中国科学技术大学近代力学系（学士，硕士）。周鹏博士曾任美国知名电动汽车先驱企业特斯拉汽车（Tesla Motors, TSLA）动力系统总工程师及研发总监。在特斯拉汽车任职期间，周鹏博士主持开发了三款纯电动汽车的动力系统。公司工程副总裁Brian Dillard曾任美国汽车零部件巨头江森自控（Johnson Controls，JCI）全球电动汽车电池组业务总经理。公司核心技术团队集聚了由Tesla Motors (TSLA), Johnson Controls (JCI), Magna Powertrain (MGA), Tyco Electronics (TEL)等核心技术骨干及其他硅谷资深专家，在电动汽车动力系统研发方面经验丰富。公司在美国拥有17项专利，在中国拥有3项专利。

华霆动力的纯电动汽车高比能锂离子电池组，成组后比能密度最高可达150Wh/kg以上，大幅度领先于国内外现有技术。该电池组装备有独特的被动/主动多重保护，最大限度地保证了电池组的电气、机械及温度安全性和稳定性。产品已通过信息产业部化学物理电源产品质量监督检验中心“强制性检验”。公司的内永磁同步驱动电机功率密度最高可达3kW/kg以上，处于国际领先水平。

公司已和多个国内外知名整车企业达成战略性伙伴关系，已经形成初步市场竞争力。

华霆(合肥)动力技术有限公司
公司地址：合肥市繁华大道西“立恒•工业广场”A-2栋3层
联系方式：0551-8778738、8778740　　传真：0551-8778750

infineon

完整的xEV电驱动系统产品家族

HybridPACK™1, HybridPACK™1 Pin-Fin和HybridPACK™2

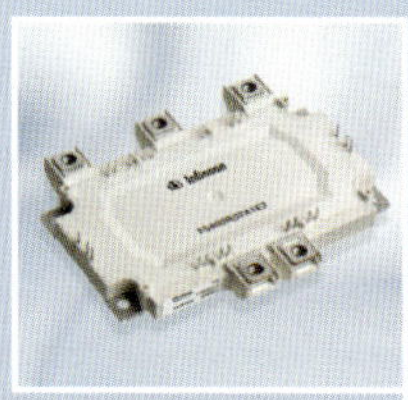

HybridPACK™1

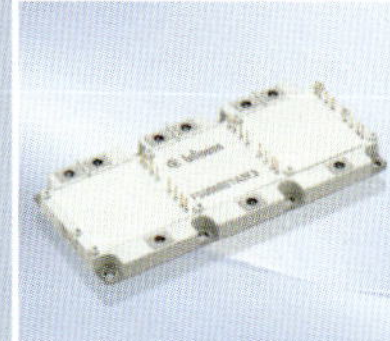

HybridPACK™2

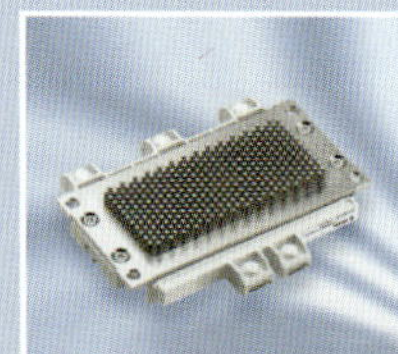

针床式结构
（以HybridPACK™1为例）

Easy 1B

随着新的HybridPACK™1 Pin-Fin(针床式HybridPACK™1，简称HP1 Pin-Fin)功率模块的推出，英飞凌拓展了HybridPACK™产品家族，从而完整覆盖从混合动力到纯电动汽车的驱动系统所需的所有功率等级。在此之前，该家族已经有HybridPACK™1(非针床式，简称HP1)和HybridPACK™2(针床式，简称HP2)，而针床式HybridPACK™1的功率范围介于这两者之间。针床式基板能够提供直接水冷，从而大大提高模块的工作功率。

HybirdPACK™家族的设计节温高达150°C，电路拓扑结构为三相桥驱动。其中的IGBT晶片是以先进的第三代Trench-Field-Stop IGBT技术制造，可以提供最低的导通损耗和开关损失。

目前200A和400A的HP1已经量产；400A的HP1 Pin-Fin将于2011年九月量产；800A的HP2 2011年初量产；600A的HP2则将于2011年十一月量产。以上均为650V模块，此外1200V模块正在积极研发中。

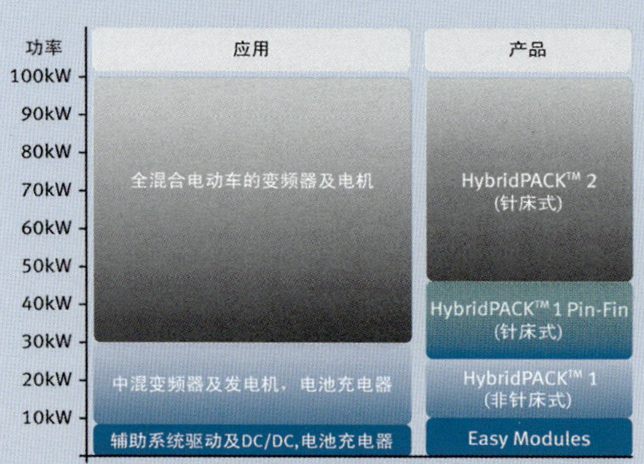

除了驱动系统，英飞凌还提供针对新能源汽车辅助系统的功率模块—全新的汽车级认证的Easy 1B和Easy 2B。这是以广受客户欢迎的已投放市场数年的工业级Easy功率模块为基础开发的，能够为xEV中6kW以下的辅助系统提供经济、紧凑而灵活的方案平台。这些辅助系统包括空调压缩机、油泵、冷却泵、动力转向、加热器、充电器以及高压到低压的DC/DC。

为了帮助客户快速启动新能源汽车电机驱动项目，以HybridPACK™1和HybridPACK™2为基础，我们为客户准备了设计工具包—HybridKIT。HybridKIT包括控制板，驱动板以及电机驱动Demo软件和详细的设计文档。

访问以下网址了解更多

[www.infineon.com/hybridpack_ehv]

Thinking Forward.
Powering Now.
澎湃动力.创想未来.

High Power, Ultra Long Lifespan - Microvast Innovative Power Battery
高功率 超长寿命 - 微宏动力电池的创新之作

Survived from strict tests in hybrid bus system;
For the first time of commercial operation of 10 minutes rapid charge electric city bus
Get into volume testing stage for the electric car project

通过混合动力巴士严苛的路面考验
十分钟快充公交巴士首次实现商业化运营
纯电动乘用车已进入批量测试阶段

Thinking Forward. Powering Now. is truly the dream that Microvast is chasing. Based on its vertical integration strategy and unwavering commitment to innovation and quality, Microvast provides customers advanced power systems and solutions from material development to final deliverables; and maintaining a focus on staying environmentally responsible and aware. 3A philosophy (Advanced, Applicable, Accurate) is what defines us on new product development processes; 4C principle (Clean environments, Correct operation, Consistent products, and Continuous improvement) is what guiding us on products manufacturing that ensures high quality deliverables.
On August 2010, Microvast 47,950 sqm new facility (37,000 sqm built-up area) officially opened in Huzhou, Zhejiang, China. Until now, Microvast has delivered high quality products to our customers in different areas. On April 2011, a fleet of rapid charge city buses, equipped with Microvast innovative Clean City Transit (CCT) solution, put into trial operation in Chongqing, which is a milestone for us in new energy field.

澎湃动力 创想未来，这正是微宏人正为之奋斗的梦想。秉承垂直整合的战略思路与对产品创新与品质的坚定信念，微宏为客户提供从原材料开发到最终产品的先进动力系统与解决方案，并时刻保持对环境的关注与责任感。微宏以3A原则(Advanced, Applicable, Accurate)指导新产品开发流程，用科学严谨的态度确保产品的先进，准确与适用；微宏所有产品制造均遵循4C原则（Clean environments, Correct operation, Consistent products, and Continuous improvement），确保产品的高品质交付。
2010年8月，微宏新能源产业化基地占地47,950平米、建筑面积37,000平米的一期工程在湖州市西南开发区投入运行，到目前，微宏已在多项领域为我们的客户提供了高品质的产品交付。2011年4月，装配微宏创新的清洁城市交通（CCT）解决方案的快速充电巴士在重庆正式开始试运行，这是微宏在新能源领域的里程碑。

微宏动力系统(湖州)有限公司
MICROVAST POWER SYSTEMS CO., LTD.
www.microvast.com

China
浙江省湖州市红丰路2198号
邮编 313000
电话 (0572) 275 6888
传真 (0572) 275 6889

U.S.A. Corporate Offices
12603 Southwest Freeway, Suite 210 Stafford, Texas 77477 USA
电话 +1 281 491 9505
传真 +1 281 491 9520

© 2011 Microvast, Inc. All rights reserved.

PRIDE

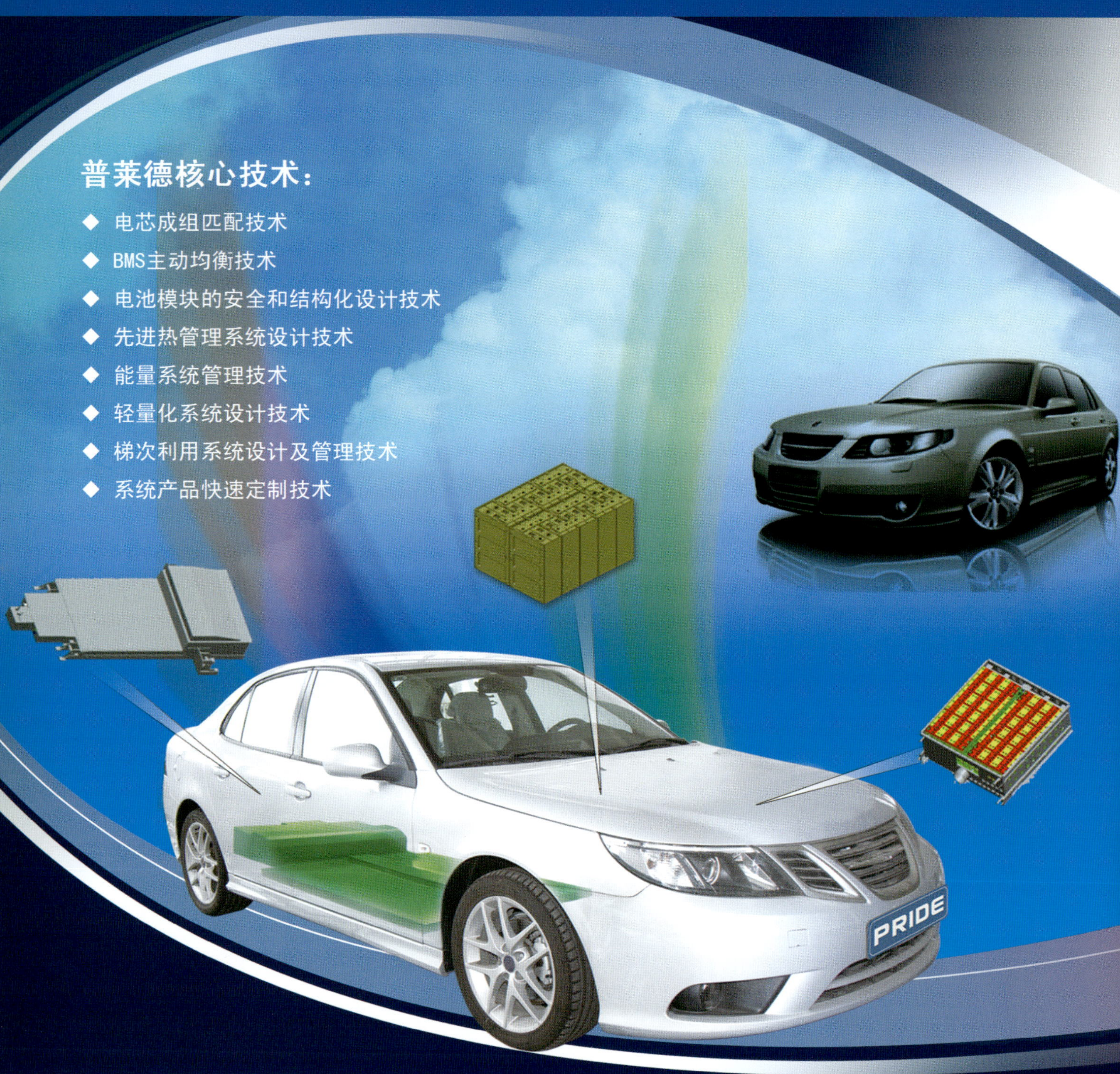

普莱德是一家新能源电池系统方案设计及生产供应商，公司生产的锂离子电池包及管理系统具有安全、优质、高效、环保等优势。产品按照TS16949品质系统要求在自主研发的全自动生产线上生产，并经过公司自建的国家标准实验室的严格测试和验证。目前，我公司产品已广泛应用于2008年纯电动奥运大巴、北京延庆迷迪纯电动出租车项目，北京市纯电动环卫车项目等，并与北汽新能源、长安汽车等共同开发即将服务于北京公安、邮政、出租系统的多款纯电动、增程式、混合动力车的电池系统，已陆续提供近百套产品。此外，公司与北京大学、北京理工大学、美国加州大学、亿能、北汽福田、美国AEV公司等国内外多家院校及企业广泛合作，本着追求卓越，产业报国的理念，正逐步发展成为技术领先、管理一流、以人为本、以客为尊的国际化清洁能源企业。

CORUN 科力远 | CPEV

湖南科霸汽车动力电池有限责任公司　湖南 长沙

湖南科霸汽车动力电池有限责任公司成立于2008年8月18日，生产方形动力电池及能量包集成，拥有自主研发的BMS。

湘南CORUN Energy株式会社　日本 神奈川

湘南CORUN Energy株式会社前身为日本松下公司旗下专门从事汽车动力电池生产的企业，是全球最早实现镍氢汽车动力电池规模化生产的企业，为丰田第一代PRIUS和本田CIVIC等车型提供动力电池，自1997年以来，累计生产销售动力电池38万台套，目前生产能力为8万台套/年。

CPEV主导产品

公司主导产品为汽车动力电池能量包（电动汽车用镍氢动力电池模块单元及能源管理系统），为混合动力汽车及纯电动汽车提供完整的电池能量包解决方案。

CPEV系列产品

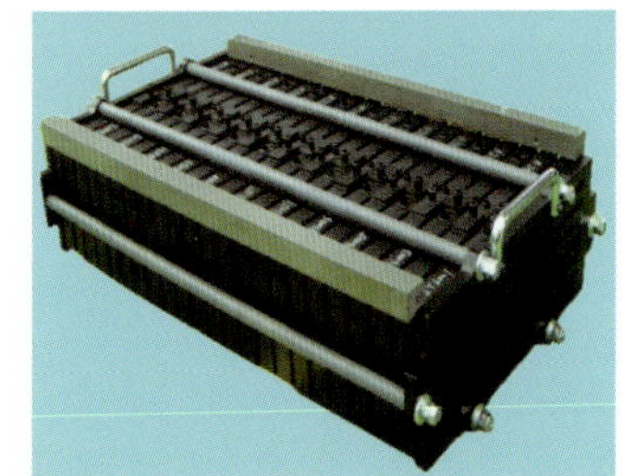

CPEV洁净生产线

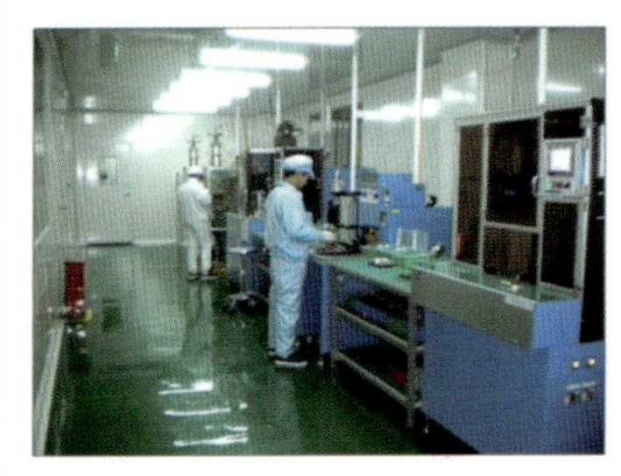

北京中航长力能源科技有限公司

Beijing AVIC ChangLi Energy and Technology Ltd.co

北京中航长力能源科技有限公司，注册资金5000万元人民币。是由中航国际（香港）集团有限公司在北京长力联合能源技术有限公司的基础上，打造的又一个以锌空气金属燃料电池项目产业化为己任的高新技术企业。

公司是第一批“中关村科技园区百家创新型试点企业”之一。拥有包括国际、国内发明专利、实用新型专利共 30余项。公司的“车用锌空气电池研发”项目被列入国家863计划。“动力型机械插块式锌--空气金属燃料电池”被列入了北京市首批20家政府首购自主创新产品目录。

CL-1000WS大型锌空气电池移动充电站

项目	参数	项目	参数
整备质量	35T	输出电压	300~500V
储电能量	1000kWh	输出功率	35kW x 4
该车可以同时为 4 辆电动公交车和 4 辆电动环卫车充电，累计可完成对 9 辆电动公交车或 18 辆电动环卫车充电。			

锌空气电池移动充电站可在任意时间，任意场地对电动公交车，电动环卫车进行现场充电，无噪音不扰民，对环境无污染，彰显机动灵活，解决了政府在短期内难以大规模建设充电场站、电网改造等基础配套设施投入及建设问题。

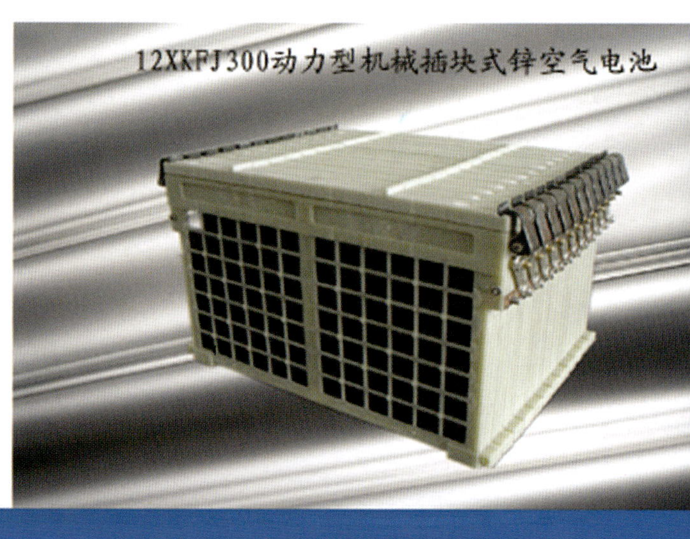
12XKFJ300动力型机械插块式锌空气电池

项目	参数	项目	参数
标称电压	12V	环境适应	-10~+55℃
额定功率	0.8kW	重　　量	20kg
储电能量	2.4kWh	外形尺寸	380x260x220

12XKFJ300 动力型机械插块式锌空气金属燃料电池区别于传统电池的最大特点是容量大、使用安全，可以广泛应用在以电能为动力的各类电动车辆、备用电源、大型储能电站及军工产品。

联系地址：北京市门头沟区中门寺街33号　　联系电话：010-61691818
邮　　编：102300　　传　　真：010-61891819
网　　址：www.avic-changli.com　　邮　　箱：avicchangli@126.com

源承科技，能载万家

CREATE CLEAN ENERGY SOLUTIONS FOR PEOPLE

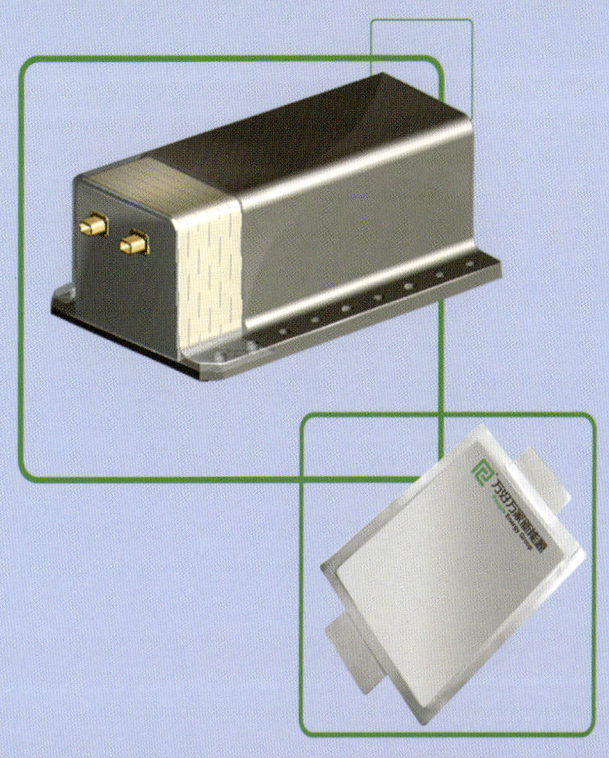

万好万家新能源集团（杭州）有限公司

People Energy (Hangzhou)Group Co., Ltd.

万好万家新能源集团（杭州）有限公司系中美合资的新能源产业集团，注册资本1亿元，总投资6.3亿元人民币。集团位于杭州市钱江经济开发区内，占地105亩，拥有动力电池、燃料电池、储能电池、电池材料、超级电容器、碳减排技术六大研发实验室与生产基地。

公司拥有世界顶级的开发设计团队，为国内外客户提供最先进的汽车动力电源系统技术和最完备的一体化解决方案。从单体电芯、电池模块、整个动力电池组的开发，到电池管理系统（BMS）的软硬件设计，包括准确的SOC预测，输出输入功率预测，电池储量预测，电池老化预估以及系统故障诊断。

地址：钱江经济开发区兴国路503号钱江创新创业园7号楼　　电话：+86-571-8902 6636

网址：www.cnpeg.cn　　邮箱：sales@cnpeg.cn　　传真：+86-571-8902 6633

海霸能源集团是集储能电池、启动电源、UPS电源、消费电子及新能源车辆核心部件电池、电机、电控系统和新能源整车研发、生产、销售于一体的高新技术企业。

海霸能源集团是国内最早研发、生产磷酸铁锂电池的公司之一，拥有行业最为齐全的产品种类。作为国家火炬计划参与者，公司确立了高标准、高起点的长远发展目标，并组织建立了集团研发中心，取得了多项国家发明专利和实用新型专利。公司研发生产的磷酸铁锂圆柱形、方形电池在国内最早实现产业化，并远销欧美等几十个国家和地区。

海霸集团于2010年投资20亿元建设年产10亿安时磷酸铁锂电池生产基地，这将成为行业内最大的磷酸铁锂电池产能。

新型能源的广泛应用，是实现节能减排和保证国家能源安全的根本途径。 海霸能源集团将紧紧抓住难得的历史机遇，整合行业资源，“志存高远，脚踏实地，孜孜以求，坚持不懈”，为实现产业报国， 为实现我国新能源产业的健康发展贡献自己的力量。

销售热线：400-6948-699　服务热线：400-6402-099

www.haiba.net.cn

NBT 公司简介

aTe Technology Company Profile

宁波拜特测控技术有限公司是一家拥有多项专利技术，致力于燃料电池检测系统和动力电池检测设备的研发和生产，专业开发各类燃料电池包括质子交换膜燃料电池（PEMFC），固体氧化物高温燃料电池（SOFC）及直接甲醇燃料电池（DMFC）的测试检测设备的研发和生产，及燃料电池系统的集成。公司还领先研发了燃料电池汽车台架测试评估台架，为燃料电池汽车系统研发评估提供有效测试手段。公司还进行新型动力电池与新型储能电池系统，电池管理系统（BMS），新型储能电站（如新能源汽车充电站、充电桩）等新能源相关业务领域的系统集成和产品开发，在相关行业中拥有丰富的技术积累和良好的行业口碑。

公司成立于2006年，是以新技术开发、产品设计、生产、销售为一体的高新技术企业，总部设于浙江宁波，在北京、深圳、上海等多个大中城市均设立办事处。公司与中国宝安集团股份有限公司、宁波东元投资有限公司建立投资合作关系，以其强大的资金实力、投资机制及资本运作经验支持公司成长，积极推进科技成果向现实生产力转变。

公司与燃料电池国际技术领先的加拿大BALLARD燃料电池公司建立了深层次的技术和商务合作关系，并完成了150KW燃料电池系统应用的项目集成。公司还与美国AeroVironment公司建立了商务合作关系。

公司的愿景是成为氢能源燃料电池的测试系统和集成应用的行业先行者；并在其他新能源领域动力电池新型动力电池与新型储能电池系统，电池管理系统成为领导者。

NBT with highly talent R & D teams focus on fuel cells test stations and fuel cell integration, including a variety of fuel cells as PEMFC, SOFC and DMFC.NBT has also engaged in new power energy battery test device and system integration as BMS (Battery Management System).

NBT has been set up in 2006, situated at the highly vibrant Dealt Yangtze river area with branch office at Beijing, Shanghai, and Shenzhen. China BaoAn Group Co. Ltd., a public listed company, has invested in NBT.

NBT has also built up strategy relationships with a variety of company in fuel cell industry, battery test system and battery management system, power charger and control system.

NBT's vision is to become an innovative leading company in fuel cell testing and integrating area to accelerate and implement commercialization and industrialization of new alternative energy industry.

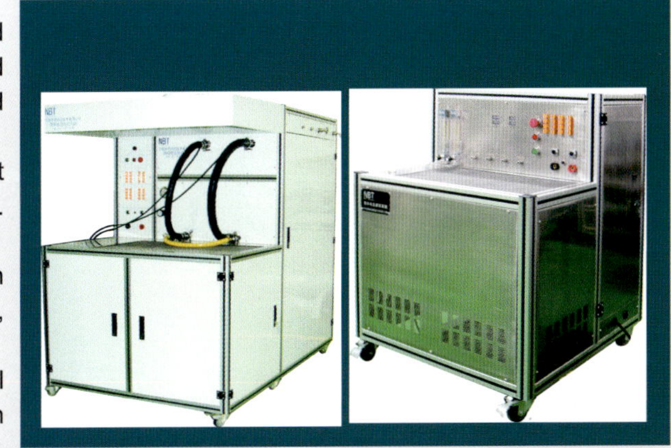

NBT产品

FC系列 PEFC燃料电池测试系统	SFC系列 SOFC燃料电池测试系统	DFC系列 DMFC燃料电池测试系统
BTS(电芯或单电池)生产系列	BTS(电芯或单电池)检测系列	BTS(电池组或电池包或电源)检测系列
BTS(电池材料)检测系列	BMS系列	BTB系列
BSS系列	ABC系列	IT系列

NBT Products

Model	Function	Power Ranger
FC Series	PEMFC Testing Stations	From Single cell to 100w to 5kw,to 50kw
SFC Series	SOFC Testing Stations	From Single cell to 100w to 5kw
DFC Series	DMFC Testing Stations	From 10w to100w to 5kw
BTS Series	Battery Testing Station	Channel:2-196 200A/200
BMS Series	Battery Management System	8Ah 2.7-4.2V
BSS Series	Battery Safety Testing	Lithium-Ion Battery Safety Standard

地址(Add)：宁波市保税东区港东大道6号1幢3楼 Level 3, N0. 1 Bldg, No.6 Gangdong Avenue, East Free Trade Zone, NingBo, Zhejiang, China
电话(Tel)：+86-574-26875188 传真(Fax)：+86-574-26875925 E-mail：edphuang@yahoo.ca Http://www.NBTtech.com.cn 邮编(P.C)：315800

中国宝安集团 CHINA BAOAN GROUP

国家机动车产品质量监督检验中心(上海)暨上海机动车检测中心

国家机动车产品质量监督检验中心（上海）暨上海机动车检测中心（以下简称中心）是在整合上海地区原有汽车、摩托车的检测资源基础上，采用多元投资方式组建，是第三方公正性地位的国家级机动车产品权威检测机构。中心座落于上海安亭国际汽车城内，占地面积18万平方米，初期投资超过7亿元，具有投资规模大、检测门类全、技术水平高、综合技术服务能力强等特点。

中心经过数年发展，已经获得汽车、摩托车产品的全部国家授权，包括国家工信部车辆《公告》检测、国家环保部车辆环保目录检测、国家交通部车辆油耗检测、国家认监委车辆及零部件产品3C认证检测等。同时中心也是国家质检总局缺陷车产品召回鉴定检测机构和国家进口小批量汽车检验机构。

中心还依托上海国际汽车城汽车零部件产品出口基地，打造汽车及零部件产品出口认证检测服务平台，不仅提供车辆及零部件产品出口欧盟国家、海湾地区、澳大利亚、南非、美国及台湾等国家和地区的认证检测服务，同时还依托车辆灯具及摩托车等国家标准归口管理的优势，全面开展各类车辆标准的制修订及研究，向国内外企业提供各类标准法规的咨询和对比分析服务。

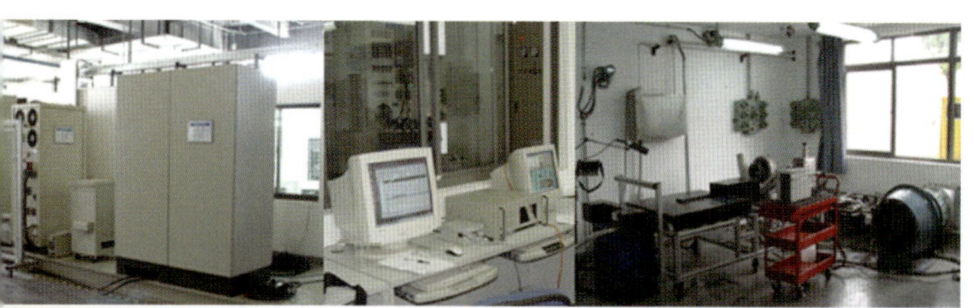

中心的检测技术服务能力覆盖汽车、摩托车、新能源汽车、各类零部件产品，开展车辆安全、环保、节能和防盗等各项强制性项目的检测，各类研发性的检测试验及技术研究，开展包括车辆碰撞安全性、NVH、发动机系统匹配、车辆道路综合性能及可靠性、电磁兼容性（EMC）、各类零部件及材料的环境及耐候性等研发检测试验。

中心还是国家授权、国内唯一的汽车专用器具计量检定站，开展各类车辆专用检测试验仪器及碰撞试验假人及传感器的检定，为各类汽车及零部件企业开展长度、力学和电学等领域的测试仪器的检定，并对各类部件产品开展尺寸精密测量、材料物理和化学性能测试。

随着国家汽车新能源战略开展，中心为适应新能源汽车产业发展的要求，成立了国家新能源汽车产品质量监督检验中心（筹），十二五初期，中心将不断的加大投入，积极打造新能源汽车检测平台，在传统汽车检测能力的基础上，开展新能源汽车、关键零部件、电池、电控系统和电机系统的专项检测，全面提升中心的综合技术服务能力，适应和满足我国汽车产业发展的要求。

地址：上海市嘉定区安亭镇于田南路68号 （201805）
总机电话：021-69502222
传真：021-69502111
网址：www.smvic.com.cn

提 供 全 方 位 的 汽 车 技 术 检 测

国家轿车质量监督检验中心

National Passenger Car Quality Supervision and Inspecction Center

——新能源汽车检测能力介绍

CMA证书　CAL证书　CNAS证书

· 新能源汽车整车（GB/T 18385、GB/T 18386 、GB/T 18388、GB/T 19750、GB/T 19752等）
· 动力电池（QC/T 741–744，“863”测试规范等）
· 驱动电机及其控制器（GB/T 18488.1–18488.2等）
· 新能源汽车相关附件（GB/T 20234、QC/T 841等）
· 燃料电池发动机（GB/T 24554、GB/T 24549等）

整车检测能力

整车碰撞试验台

EMC测试试验仓

整车转鼓试验台架

动力电池检测能力

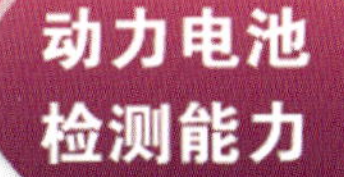

电性能测试设备
覆盖电池单体/模块/包

环境适应性测试设备
包括温湿度、振动、盐雾环境等

安全性能测试设备
包括挤压针刺、短路、跌落等

驱动电机检测能力

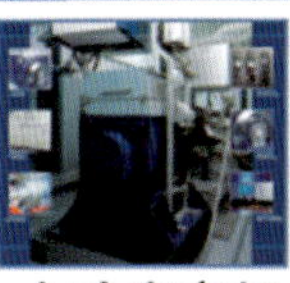
大功率电机测试试验台

大功率电机测试试验台

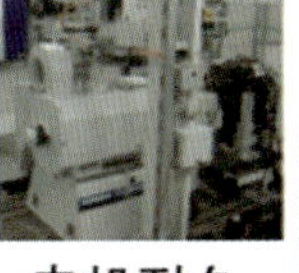
电机耐久测试试验台

高速电机测试试验台

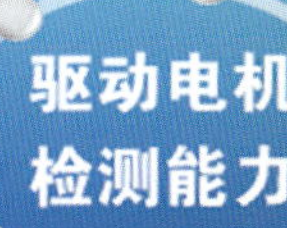

相关附件检测能力

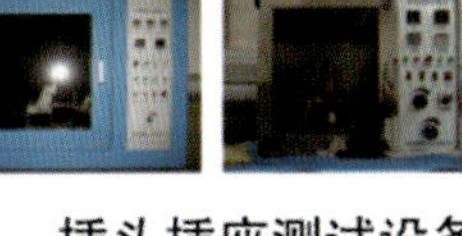
插头插座测试设备
包括耐漏电起痕、灼热丝测试设备等

氢燃料电池电性能测试设备

燃料电池检测能力

国家轿车质量监督检验中心

地　址：天津市河东区成林道天山路口　　邮　编：300162
电　话：022–84771821/1872　　传　真：022–24375350
联系人：钱国刚　　E-mail：qianguogang@catarc.ac.cn

节油好帮手　省钱大管家

汽车油耗计量仪

JDSZ-EP-1-3型汽车油耗计量仪是一种车载固定式汽车油耗计量仪，能动态测试并显示汽车行驶中的瞬时油耗、累计油耗测量仪器，由油耗仪主机和CPU显示器两部分组成，能消除发动机回油脉动，能消除燃油温度及黏度变化的影响，流量系数范围宽，制造精密高，为公交、客运、货运及工程等车辆进行精确的油耗统计与油料定额管理，为驾驶员提高节油操作技能，为国家推动节能减排战略，提供了一个有效的油耗测试手段。油耗测量范围为0.5～300升/小时，测量精度为1毫升，测量误差小于0.5%。

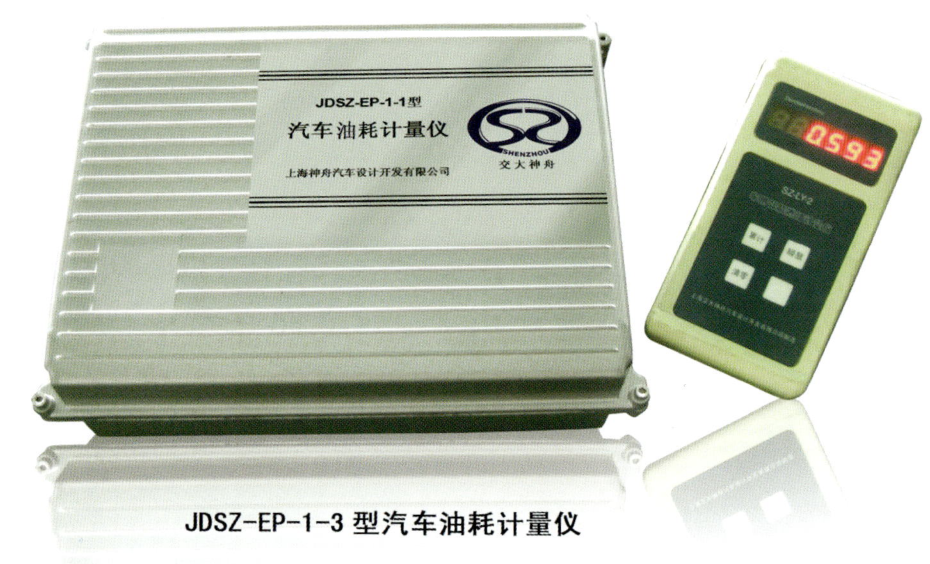

JDSZ-EP-1-3 型汽车油耗计量仪

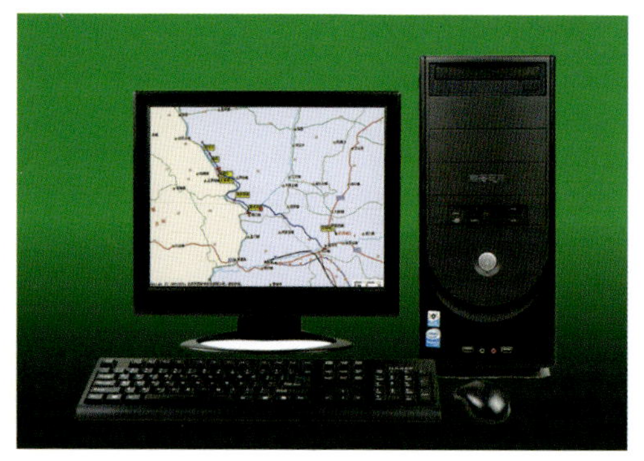

JDSZ-EP-1-4 型汽车油耗计量仪

JDSZ-EP-1-4型汽车油耗计量仪，是在JDSZ-EP-1-3型汽车油耗计量仪基础上，增加了油耗数据和车辆位置的GPRS/GPS远程传输及定位功能，管理人员可以在办公室里通过网络监控汽车的位置、运行路线、运行线路回放、瞬时油耗以及班、月、年等累计油耗的曲线。油耗测量范围为0.5～300升/小时，测量精度为1毫升，测量误差小于0.5%。

JDSZ-EP-2-2 型汽车油耗计量仪

JDSZ-EP-2-2型流量仪是具有精确流量测量、流量显示、流量脉冲输出和流量控制功能的流量传感器，为用户利用流量的脉冲数据或流量的电压数据进行二次处理和控制带来了方便。采用高精度流量增益齿轮结构及脉冲增益补偿电路等先进技术，可用于柴油、汽油、液压油等脂类流体的精确测量，受环境温度、流体黏度的影响很小，是目前国内外精度最高、用途最广的流量仪。油耗测量范围为0.5～300升/小时，测量精度为1毫升，测量误差小于0.5%。

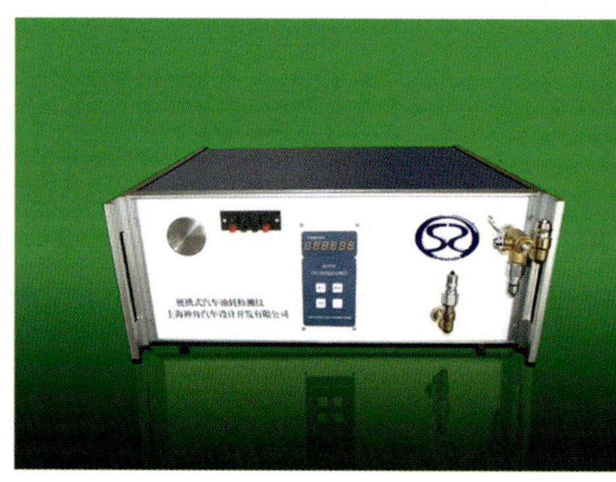

JDSZ-EP-4-1 型汽车油耗计量仪

JDSZ-EP-4-1型汽车油耗快速检测仪，内置油箱、滤清器、流量传感器、单片机、流量显示仪、软硬件补偿装置、进回油管快换接头等，与汽车发动机的进油管和回油管联接后，即可直接测量和显示汽车行驶中的瞬时油耗、累加油耗，配合汽车里程表可计算出各时间段百公里油耗、小时油耗等，为各汽车检测站、柴油机制造企业、发动机研究所、大专院校及节油产品开发单位提供了一个方便、准确的快速油耗测试仪器。油耗测量范围为0.5～300升/小时，测量精度为1毫升，测量误差小于0.5%。

上海神舟汽车设计开发有限公司
WWW.SHAUTOSZ.COM
交大神舟
地址：上海市春申路 2328 弄张慕工业基地 3 号
热线：021-54995729　手机：13916916788
传真：021-54995721
网站：www.shautosz.com

省油又省电 更是新能源

节能型新能源汽车

YF 型 液压混合动力公交车

发动机动力 + 液压动力（HHV）=YF 型

结构

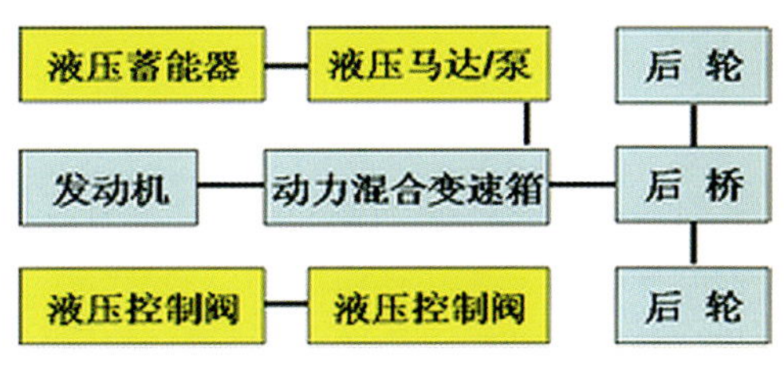

产品优势：

1. 制动时，回收车辆的动能，转化成液压能并贮存，用于车辆起步；
2. 起步时，用回收的液压能驱动车辆，节省油耗、减少排放；
3. 怠速时，将怠速空转能量转化成液压能贮存，用于车辆起步；
4. 堵车时，利用回收液压能驱动车辆小步爬行，节能减排效果更加明显；
5. 可空挡起步或4挡起步，驾驶省力、减少离合器片和刹车片磨损。

技术指标

1. 正常公交工况，节油大于25%；
2. 堵车公交工况，节油大于35%；
3. 减排大于30%；
4. 消除起步黑烟；
5. 每次液力起步节油31毫升。

YD 型 液电混合纯电动公交车

电动机动力 + 液压动力 （EHHV） =YD 型

结构

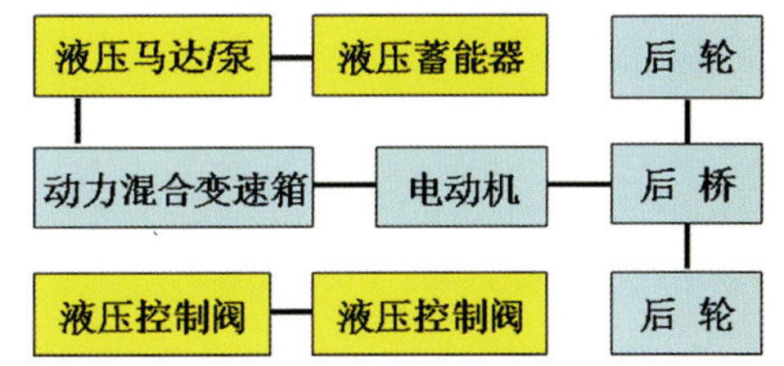

产品优势：

1. 制动时，回收车辆的动能，转化成液压能并贮存，无大电流充电；
2. 起步时，用回收的液压能驱动车辆，节省电能，无大电流放电；
3. 堵车时，利用回收液压能驱动车辆小步爬行，节能效果更加明显；
4. 为纯电动汽车解决电池瓶颈问题提供了技术支撑。

技术指标

1. 正常公交工况，节电大于20%；
2. 堵车公交工况，节电大于25%；
3. 提高电池寿命（无大电流放电及大电流充电）；
4. 提高续驶里程；
5. 每次液力起步节电0.11度。

上海神舟汽车设计开发有限公司
WWW.SHAUTOSZ.COM
交大神舟
上海神舟汽车设计开发有限公司
地址：上海市春申路 2328 弄张慕工业基地 3 号
热线：021-54995729 手机：13916916788
传真：021-54995721 网站：www.shautosz.com

典型产品

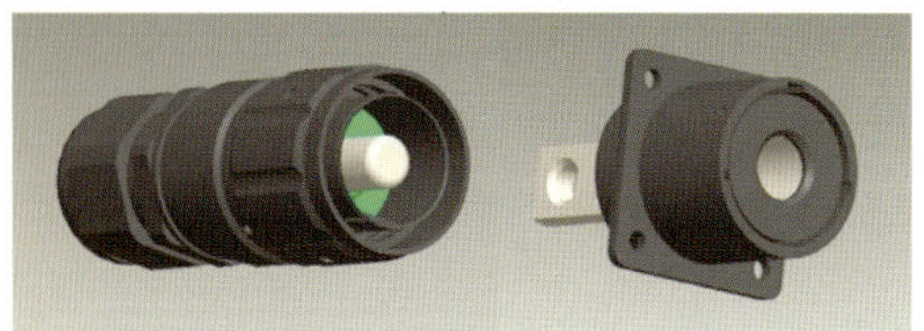
200、300A连接器

130A连接器

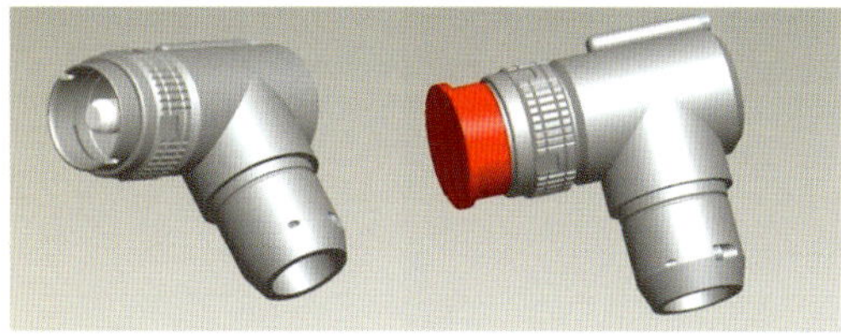
推拉式300A连接器

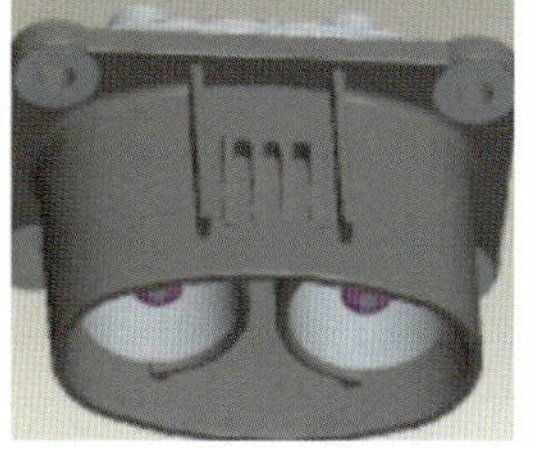

矩形高压互锁连接器

技术优势：

1. 具备专业研发团队；
2. 参与编制电动汽车相关电气接口标准
3. 可以提供高压互锁连接器及解决方案
4. 具备提供电动汽车高压配电、控制及电力连接全套解决方案能力
5. 拥有换电及充电两种模式接口
6. 具有80A\130A\200A\300A\450A等多种规格系列高压连接器以及信号控制连接器
7. 目前成功配套多款公告车型

JONHON

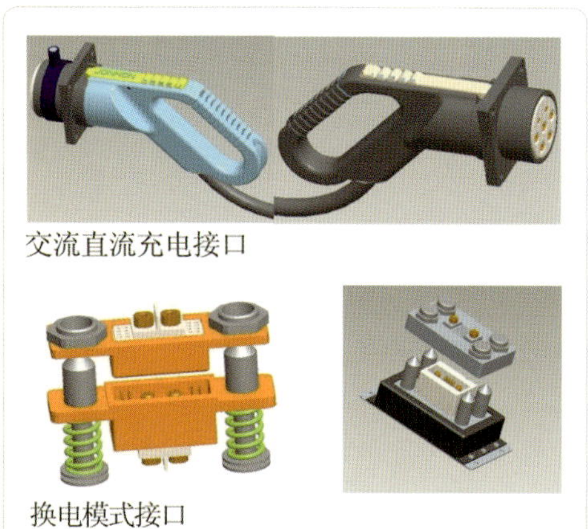
交流直流充电接口

换电模式接口

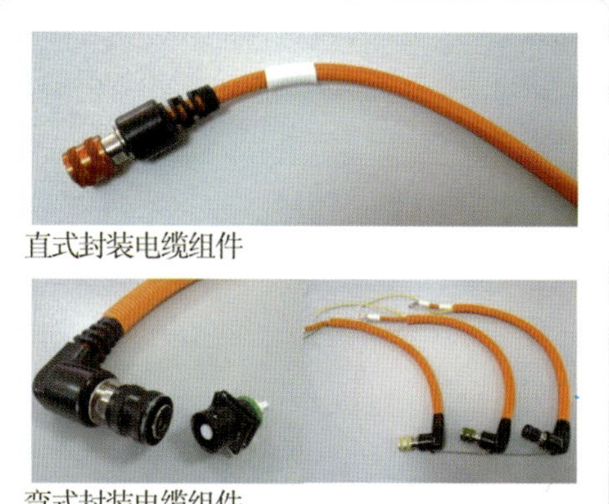
直式封装电缆组件

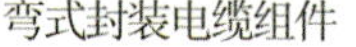
弯式封装电缆组件

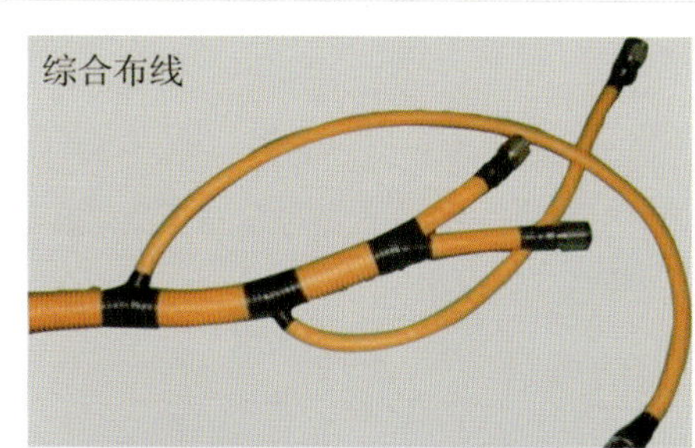
综合布线

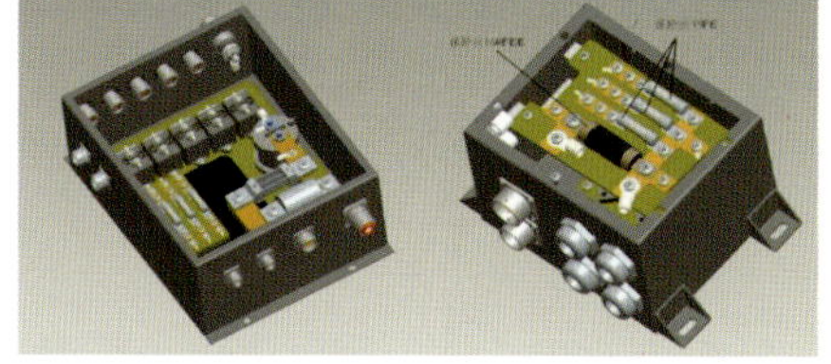
高压分配盒

电话：86-0379-64323017　　网址：http://www.jonhon.cn

香港华港集团有限公司

Hongkong China Group LIMTEO

——新能源汽车电子元件和整车高压线束技术方案分销商

香港华港集团有限公司是日本 HITACHI 电容、德国 SEMIKRON 功率器件、日本 OMRON 继电器、韩国 LS 电动汽车用连接器、台湾铁石旋转变压器、Belton 超级电容等产品的授权代理商。目前在国内深圳、上海、北京、成都、无锡等地设立了办事处。公司致力于节能降耗，新能源，绿色能源产品的应用和发展，目前公司产品在电动汽车、风力发电、太阳能、变频器等行业领域得到广泛应用。

一、HITACHI（日立）电容产品简单介绍：

HITACHI 电容，包括电解电容，薄膜电容等。高温度长寿命电解电容已经在国内和国际的许多车型上应用。

二、SEMIKRON（赛米控）IGBT 产品简单介绍：

SEMIKRON 的 IGBT 等产品广泛应用在电动汽车，混合动力，纯电动等。

三、LS 电动汽车用连接器电缆产品：

LS公司成立于1962年，在韩国和全球都设有工厂和研发中心。LS卓越的技术和尖端的制造设备，在其质量和稳定性方面被认为是达到了世界水平。

LS的主要业务内容包括：

1、汽车连接器：300A，900V、100A，600V等，可用在燃料电池电动车和电动汽车上的连接器。

2、汽车电线：具有150~200℃的耐热性和优秀的耐久性/耐噪音性，具备了生产所有汽车用电线的生产线。

全球主要客户：现代、KIA、丰田、日产、福特、通用、克莱斯勒。

四、LS 电动汽车用继电器产品：

高压DC功率继电器:

小型，低可听噪声及可信的性能

比统一性能的继电器尺寸小
- 可制造超小型电路板
- 由于费用低，可用于各种产业

低可听噪声及防冲击设计
- 追求舒适环境的无噪音运行
- 适当控制机械冲击与震动的可信设计

汽车环境保证优秀的可信度
- 极寒环境条件下的安全运行
- 具备电器及机械耐久性的卓越性能

LS 产电的主要产品，主要有高压大电流继电器产品，从 10A~400A 电流等级，工作电压达到 450V，线圈电压有 12VDC，24VDC。

五、台湾铁石旋转变压器产品：

超薄型角度/旋转变压器
- 性价比高
- 高旋转速度
- 超薄尺寸安装位置小容易安装
- 能在恶劣的环境中应用
- 无接触，采用无刷设计
- 高可靠性与长寿命

六、Belton 超级电容产品：

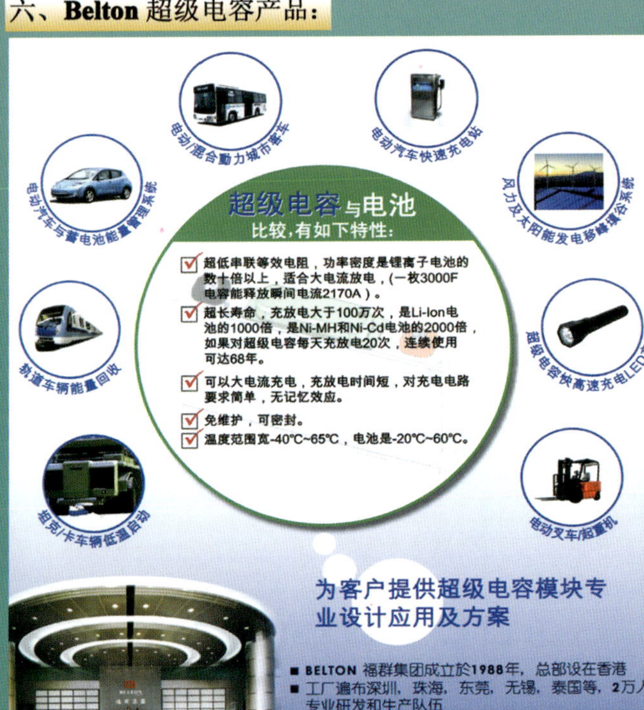

联系方式：

深圳：深圳市福田区新闻路 1 号中电信息大厦东座 1717 室

电话：0755-83733328/83733226 传真：+86 755-83833798

北京：北京市昌平区回龙观龙冠大厦 119 室

电话：+86 10-52571968/69/66 传真：+86 10-52571966

上海：上海市长宁区娄山关路 85 号 B 座 202 室

电话：+86 21-62098757/55 传真：+86 21-62097858

无锡：无锡市新区梅村镇太阳城 15 号 601 室

电话：+86 510-82136205 传真：+86 510-81155066

重庆：重庆市江北区勤俭二村30-6室

电话：023-67914356 传真：023-67121156

芜湖：安徽省芜湖市弋江区江南春城51号一单元202室

电话：0553-4830116 传真：0553-4821386

武汉：武汉市经济开发区博学路博学华府3栋1单元1106

电话：027-84799247 传真：027-84799247

公司网站：www.hk-china.com.cn

电动汽车智能充电及管理系统

由河北凯翔电气科技股份有限公司自主研发、生产的电动汽车智能充电及管理系统具有均衡充电、快速充电、单体检测、整组维护保养等功能，真正实现了智能化充电，也为延长电动汽车使用寿命提供科学检测手段和可靠的技术保障，在业内备受关注，好评不断。2010年，其自主研发的“电动汽车电池智能充放检系统”荣获“第十届中国专利高新技术产品博览会金奖”。

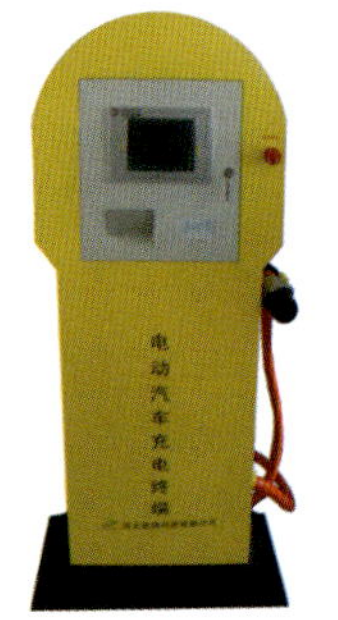

电动汽车充电站

电动汽车充电桩

车载式充电机

电动汽车充电站智能测试负载

三大优势：

- **强大的充电技术支持**

结合公司专利技术，该系统真正实现了电动汽车智能化充电，无论恒流充电，还是快速充电，均可有条不紊地进行。

- **全面的电池检测维护**

为电动汽车电池做高深度、全方位、立体感的“周身体检”，并利用公司现有除硫养护专利技术，更加快速便捷地实现对铁锂、铅酸、镍氢等电动汽车电池的充电及维护，提高电池使用寿命。

- **人性化的设计理念**

大屏幕触摸数字液晶屏，充电过程中可显示IC卡卡号、计费单价、充电模式、充电电压、充电电流、充电电量、已充电量、所剩余额、消费金额等，支持单据打印。

详情点击：www.chongdianzhuang.net

北京凯翔高科科技有限公司
地　　址：北京市海淀区西三旗安宁庄路11号院
电　　话：010-59790690　　15133173256
咨询热线：400-668-661
邮　　箱：sale@kxdqkj.com

生产基地：河北凯翔电气科技股份有限公司
地　　址：河北石家庄市建设南大街68号3302军工厂6号楼
销售专线：0311-86132878 / 79 / 80/ 81
总　　机：0311-86132885　　86132481
传　　真：0311-86125381　　邮　　编：050021

四川空分设备(集团)有限责任公司

SICHUAN AIR SEPARATION PLANT (GROUP) CO.,LTD.

四川空分集团是以四川空分设备（集团）有限责任公司为核心企业，集科工贸为一体的跨行业、跨地区的大型企业集团，2009年末拥有直属产品事业部和分公司8个、控股子公司17个、参股企业11个。公司占地1000多亩，厂房建筑面积20万平方米，在册员工2000余人。公司总资产达26亿元，年生产规模超过20亿元。

四川空分设备（集团）有限责任公司（以下简称公司）主要从事大、中、小型空气分离设备生产，包括低温液体（液态氧、氮、氩、二氧化碳、乙烯、液化天然气、液氢等）贮槽、集装槽、槽车及汽化设备，超级绝热气瓶和输液管道，天然气（油田气）液化分离设备，各种透平膨胀机、中小型活塞压缩机、低温液体泵，低温阀门和常温专用阀门，医用集中供氧装置和中心吸引装置，手术室净化系统，溶解乙炔设备、环保设备等上千个品种、规格的产品设计、制造、销售和安装以及工业气体生产和销售。

公司技术力量雄厚，拥有工程技术人员400余人，其中中、高级职称工程师200人，享受政府特殊津贴专家和国家级突出贡献专家十余名；拥有国家二类所四川深冷设备研究所、省级技术中心、焊接研究所、空分工程技术研究院等研究机构；拥有上千台先进的自动化生产设备，在国内率先开辟了水运通道，拥有带码头的满足特大型设备及重装设备生产、组装和运输的基地。公司检测手段完善，主要产品技术水平和性能均达到当代先进水平，已取得了国家质检总局A1、A2、C2、C3、B3级压力容器设计、制造许可证，美国ASME许可证和U、U2钢印，通过了ISO9001～2000质量体系认证，获得了军工质量体系认证，产品曾获得国家和四川省优秀新产品、高效节能产品、重大科技成果和优质产品等多项荣誉称号。50万N·m3/d天然气分离成套设备获国家质量金奖，主导产品川牌大、中型空分设备，川牌低温液体贮运设备系列获得并连续十余年保持“四川省名牌产品”称号。公司在产品开发中先后取得专利23项，20多项产品填补了国内空白。人才的汇聚带动了科技和管理创新的发展，实现了产品的开发和市场领域的开拓，成就了企业经济的快速发展。

新能源汽车领域产品简介

2000年以来，由于天然气作为清洁能源广泛受到重视和青睐，也由于国家能源安全的需要，国内对LNG需求量增大，这推动了国内LNG技术装备技术进步，四川空分等企业在LNG技术装备的技术研究也得到了较好的发展。在20世纪70年代中期，四川空分开始进行天然气分离液化技术的研究和产品的开发，并承担了原机械工业部气体分离液化行业中的多组份气体（主要指天然气、石油气）分离液化技术与设备研究的归口管理工作。通过三十余年的发展和积累，无论产品设计水平还是制造水平均达到了国内领先水平，同时带动LNG技术装备相关产业的发展。特别在新能源汽车领域，通过完成国家“十五”科技攻关计划项目“LNG汽车超级绝热气瓶研究开发及产业化”课题，开发出62升、100升、275升、375升、450升等LNG车用气瓶系列产品。该系列产品还获得了2007年度“国家级新产品”称号，并获得“中国机械工业科学技术奖”三等奖。且在公司已建成年产3000台LNG车用气瓶的生产线，市场份额达到了70%左右。

上海汽车工业(集团)总公司

SHANGHAI AUTOMOTIVE INDUSTRY CORPORATION (GROUP)

“十一五”期间，上汽确定了公司发展新能源汽车的技术路线：贯彻国家能源战略，瞄准汽车驱动电力化趋势，重点加快推进混合动力和电动汽车产业化，并推动燃料电池汽车研发升级和示范运行。在此基础上，上汽明确了新能源汽车产业化发展目标：2010年，节油率达20%的荣威750混合动力轿车投产；到2012年，节油率达50%的荣威550插电式混合动力轿车投产，自主品牌纯电动轿车实现量产。

建立国内领先的核心技术研发和产业链，是上汽实现新能源产业化的重要保障。按照“自主创新，内外结合，两条腿走路”的原则，上汽攻坚新能源核心技术瓶颈，已经初步构建了新能源汽车关键零部件体系，为产业化工作打下了坚实基础。

同期，上汽承担了国家863项目“节能与新能源汽车”的两个整车研发课题，上海市科教兴市重大专项和科技奥运、科技世博等项目，先后开发了自主品牌“上海牌”燃料电池轿车、上海大众“领驭”燃料电池轿车、上海通用君越混合动力轿车等8款新能源功能样车，取得了较好的社会反响和示范效应。

作为2010年上海世博会全球合作伙伴，上汽向世博会提供了1125辆新能源汽车，上汽世博新能源车具体车型包括：纯电动方面，世博园区内越江线公交用车——申沃纯电动大巴，世博园区内工作车——申驰纯电动场馆车；超级电容方面，世博浦明线公交用车——申沃超级电容大巴；燃料电池方面，世博浦明线公交用车——联合国UNDP项目燃料电池大巴，世博VIP接待用车——上海牌燃料电池轿车、上汽通用燃料电池轿车、863项目燃料电池轿车、帕萨特领驭燃料电池轿车，世博园区内观光用车——申驰燃料电池观光车；混合动力方面，世博园区外公交用车——申沃混合动力大巴，世博园区外出租车——别克君越混合动力轿车。帮助世博会交通实现“园区零排放，周围低排放”的绿色目标。

2011年5月18 日，在德国柏林举行的第十一届必比登挑战赛上，上海汽车集团股份有限公司率领旗下“上海牌”Plug-in燃料电池轿车、“上海牌”燃料电池轿车及荣威350电动汽车等三款新能源汽车，组团参加了此次挑战赛的各项角逐，取得了总共6A的优异成绩，并在燃料电池汽车组拉力赛中，逐鹿群雄，位列总分第三，仅次于丰田和奥迪。这是上汽参加必比登挑战赛以来取得的最好成绩。

四川汽车工业集团有限公司

四川汽车工业集团有限公司成立于1994年，位于成都经济技术开发区北京路625号，属国家汽车产品公告内大二型整车和底盘生产企业，拥有20多年各型客车、越野车、乘用车的研发、生产历史，现生产的野马牌8大系列60余个品种的产品均已通过国家工信部产品公告。

公司总资产逾10亿元人民币，占地面积270余亩，具有先进完备的冲压、焊装、涂装、总装四大汽车制造工艺生产线和自动化终端检测线，具有年产各型客车5000辆、乘用车30000辆和发动机50000台的能力。

2009年8月公司成功开发出了11米SQJ6111B1CH纯电动城市客车产品，2010年5月28日首批4辆SQJ6111B1CH纯电动城市客车交付成都市公交集团示范运营。2010年10月，11辆SQJ6111B1CH纯电动城市客车在大连、银川两城市示范运营。

公司已规划布局打造新能源汽车研发及生产基地，启动了位于成都经济技术开发区（国家级）的技术改造项目，项目总投资5亿元，占地200余亩，预计2011年8月开工建设，2012年建成投产，形成年产3000辆各型新能源汽车生产线。

四川汽车工业集团有限公司2011年1月成立了以董事长为组长的新能源汽车领导小组，积极推动公司新能源汽车研发、生产和销售工作，现正在开发12米纯电动城市客车，采用一级踏步，自动变速，空气悬架等技术，全面提升纯电动城市客车技术水平和档次。

四川汽车工业集团有限公司2011年1月也开始了电动出租车开发项目，预计年底投放成都市场。

富临集团

四川汽车工业集团有限

公司地址：成都经济技术开发区北京路625号
联系人：曹国栋、邓学军、李荣
电话：028-65987858
传真：028-65987858
邮编：610100
网址：www.yemaauto.cn

湖南南车时代电动汽车股份有限公司

HUNAN CSR TIMES ELECTRIC VEHICLE CO., LTD.

/源自铁路 原创动力/

公司简介

湖南南车时代电动汽车股份有限公司作为中国南车打造新能源装备产业的重要业务单元，由中国南车旗下的南车株洲电力机车研究所有限公司控股，是我国第一家专门从事电动汽车整车、电气系统及关键零部件研发、试验和制造的汽车产业新军，也是我国目前唯一一家成功将高铁动车组电传动及控制技术应用于新能源汽车领域的高科技企业。

依托母公司中国南车株洲所在电传动及变流技术方面雄厚的研发实力，2001年以来，公司先后承担了20个国家“863”计划电动汽车研发课题，并一举奠定了公司在我国电动汽车核心技术方面的领跑者地位。公司是中央企业电动车产业联盟成员之一，已与一汽、二汽、长安建立了紧密的战略合作关系。在国资委的组织下，牵头或合作承担十余项电动车共性技术的研究。目前，公司拥有电机驱动系统开发技术、储能系统集成技术、整车控制与网络集成技术、动力系统总成技术及电动整车开发技术等五大核心技术，并具有完全的自主知识产权。在此基础上，搭建起了国内最齐全的串联、并联、混联、增程式以及纯电动五大整车及系统关键零部件产品系列。

公司紧紧抓住国家推行“十城千辆”节能与新能源汽车示范推广应用工程的历史机遇，累计向长株潭三市、昆明、天津等城市投放混合动力公交客车1600多辆。目前，公司投放节能与新能源车辆行驶里程累计达到8700多万公里，出勤率达到98%，平均实际节油率在15%上。

公司先后成为北京奥运会、上海世博会、广州亚运会、天津达沃斯论坛、德州世界太阳能大会所用纯电动商用车（含客车）、驱动电机系统、电池管理系统、地面充电机产品唯一或最大的供应商。目前，公司驱动电机系统等关键零部件已经成为众多厂家和用户的首选，已累计实现销售2400多台套，市场占有率在国内同行中遥遥领先。

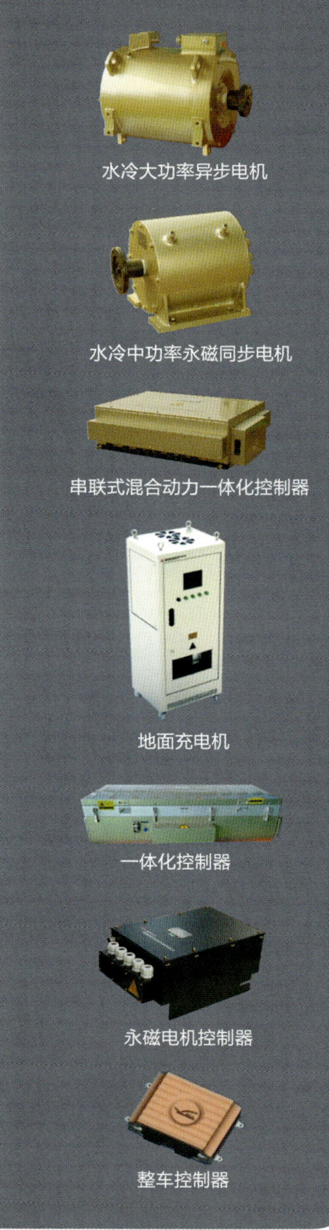

湖南省电动汽车电传动系统

工程技术研究中心

湖南省科学技术厅

地址：湖南省株洲市高新技术开发区栗雨工业园五十七区

电话：0731-22611244　传真：0731-28493788　邮编：412007　网址：www.csrev.com

中国客车专家

厦门金龙联合汽车工业有限公司（业内简称“大金龙”）成立于1988年12月，专门致力于客车整车研发、生产和销售。公司总部三个生产基地，年产客车能力达5万辆，产品涵盖从4.8米到18米各型客车，广泛应用于客运、旅游、团体、公交和专用车等领域。2010年，公司总部销售各型客车23561辆，销售收入超过65亿元人民币。

新型混合动力城市客车——XMQ6127GH

中国城市路况下的最佳环保、节能公交车

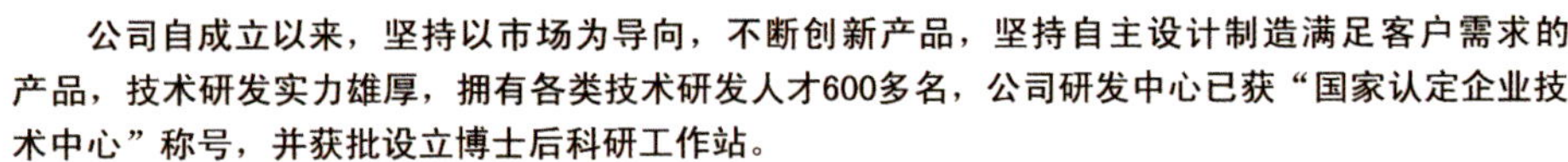

公司自成立以来，坚持以市场为导向，不断创新产品，坚持自主设计制造满足客户需求的产品，技术研发实力雄厚，拥有各类技术研发人才600多名，公司研发中心已获“国家认定企业技术中心”称号，并获批设立博士后科研工作站。

大金龙是国内较早涉足新能源领域的客车企业之一。早在2001年，大金龙就与湘潭机电股份有限公司技术合作成功研发了XMQ6120G混合动力城市客车。截至目前，大金龙已销售新能源客车200多辆，销售额达2亿元。

在新能源客车的示范运营方面，大金龙有不少亮点。2005年，大金龙5辆混合动力公交车投入长沙市载客示范运营；2008年北京奥运期间，15辆混合动力城市客车投入奥运服务专线，运营期间实际节油率超过20%；2009年初，大金龙与东风电动汽车公司联合研制的30辆混合动力客车成功交付武汉公交；2009年，北京公交向大金龙采购了20辆混合动力客车；2010年3月，20辆XMQ6127GH5混合动力公交车在厦门批量上路运营。此外，大金龙纯电动客车XMQ6126YE目前也已经在上海投入试运行。

在国外市场，大金龙的新能源客车也有斩获。2009年11月，大金龙混合客车XMQ6121GH正式在新加坡上市发售，实现了国内首辆自主品牌混合动力客车出口海外发达国家市场。目前，这辆混合动力客车运行良好，节油率超过25%。

近年来，大金龙在新能源客车的研发方面注重核心技术和关键零部件的开发，公司的博士后科研工作站已自主研发出整车控制系统和电池管理系统。同时，大金龙还积极联合相关企业对整车及相关配套产业诸如电机、电控、电池和科学仪器等核心技术进行攻关，鼎力打造具有自主知识产权的新能源汽车产业链。

混合动力产品 ››››

厦门金龙联合汽车工业有限公司

宇通天然气公交，不遗余力进行安全技术革新。

宇通深知，世界上没有任何东西比生命更值得珍惜，所以我们不遗余力的进行天然气公交安全技术革新。我们从每一处微小细节入手，从加大车裙边与加气口间距，到实施高于国家标准的气瓶检验标准，再到升级漏气报警系统，我们相信，这种苛刻的自我要求，不仅呵护的是一辆车上乘客的安全，更是千万个幸福的家庭。

郑州宇通客车股份有限公司 中国郑州管城区宇通路 宇通工业园（450061） 网址：www.yutong.com E-mail: ytkf@yutong.com
客户服务热线（24小时固话、手机均可拨打）：400-659-6666

江西博能上饶客车有限公司

江西博能上饶客车有限公司，前身为江西鑫新实业股份有限公司上饶客车厂，始建于1969年，拥有悠久的客车制造传统，为原国家机械工业部客车生产定点企业、骨干企业，曾以首创客车汽油发动机后置技术、率先引进全承载车身技术、成功承制江西省国庆50周年、60周年游行彩车著称。

2007年，公司在德国客车专家指导下，在上饶市经济技术开发区设计建造成占地面积365亩、建筑面积6余万平方米的新工厂。公司专业设计、生产大中型客车，单班具备年产4000辆客车整车产能，产品涵盖6～12米大中轻型客车，包括校车、团体、公交、旅游客运、新能源和专用车六大系列40多个品种，销售及售后服务网络遍布全国各大城市和海外地区。目前公司总人数700余人，专业技术人员占总人数30%以上，且公司技术中心为江西省唯一一家省级客车技术研发中心。公司已通过ISO9001:2008质量体系认证，所有产品全部通过国家认监委的“3C”强制认证；相关配套企业也全部通过ISO9001:2008质量体系认证，关键零部件全部通过“3C”强制认证。

2009年，在不断扩大传统客车和海外市场份额的基础上，公司全力进军新能源汽车领域。2010年，公司引进战略投资者—中国科学院和江西出版集团，与中国科学院在资金、技术、品牌上进行全方位合作，开展自主研发和技术创新，建设新能源汽车研发和产业化基地，力争将上饶客车打造成全国新能源汽车第一品牌。

与中科院签约战略合作协议

SR6700HBEV纯电动客车

SR6700SHEV增程式电动客车

SR6110CHEV混合动力城市客车

SR6110HBEV纯电动城市客车

应急指挥车

公司地址：江西省上饶市经济技术开发区凤凰西大道18号　　邮编：334100

电话：（0793）8469522　　传真：（0793）8469567　　网址：http://www.srkc.com.cn

江苏中大汽车销售有限公司
地址：中国江苏省盐城市开放大道100号
电话：+86（515）66666666 传真：+（86）88333777
网址：www.zonda.com 邮箱：info@zonda.com

JIANGSU ZHONGDA AUTOMOBILE SALES CO.LTD
Add:No.100KaiFang DaDao,YanCheng,JiangSu,China
Tel:+86(515)66666666 Fax:+86(515)88333777
HTTP://www.zonda.com E-mail:info@zonda.com

了解更多信息请登录 www.zondabus.com
客户免费订购热线 800-828-8688
未开通800地区或使用移动电话请拨电话：0515-66666666

安徽华菱汽车股份有限公司是安徽星马汽车集团有限公司核心子公司，于2003年5月成立，总资产30亿元，员工2000人，是国家重点支持企业，首批“国家汽车整车出口基地企业”，获得全国精神文明建设单位、全国五一劳动奖状，是国家倡导发展自主品牌、坚持自主创新的典范。

公司设有省级技术中心和国家批准的博士后科研工作站，工程技术人员300人；与日本三菱FUSO卡客车公司、五十铃汽车公司有长期的技术合作关系，并与三菱FUSO签订了长达10年的技术引进协议；与清华大学、湖南大学、合肥工业大学等国内知名高校建立了良好的产学研合作关系，具有很强的产品开发能力。

公司工艺装备先进，拥有建筑面积达100000㎡以上的冲压、焊装、涂装、总装四大工艺生产线，拥有先进的汽车试验检测设备，建成了先进的ERP信息管理系统，现已形成年产50000辆中、重型卡车的生产能力，2009年产销各类中、重型卡车近20000辆，产品远销东欧、北非、中东、中亚、东南亚、南美等六十多个国家和地区。

华菱汽车驾驶室外观大气、稳重；车身首次采用了笼式骨架结构，进一步保证了驾乘人员的人身安全；内部空间宽敞，视野开阔，配置和设计人性化，驾乘更舒适。电气系统率先实现了CAN总线整车数字化控制系统，故障可自行诊断。主要总成均选用国内外成熟的配套总成，发动机配置可选装三菱、康明斯、斯太尔、上海日野、上柴和玉柴等发动机系列。整车产品经过汽车试验场5万公里可靠性试验，并通过AUDIT评审，产品性能稳定，质量可靠，符合国家法规要求和环保标准，已达国际同类汽车产品先进水平。目前已形成以星凯马为代表的高端产品系列、以华菱重卡为代表的中高端产品系列和以华菱之星为代表的轻量化产品系列，能够满足国内外不同层次用户的需求。

公司注重尊重客户、服务客户、满足客户个性化的需求；尊重人才，提倡创新，形成了“以人为本、科技为先、创新为魂、追求卓越”的经营理念；追求“为客户创造价值、为企业创造效益、为社会创造财富、为员工创造机会”的经营宗旨，形成了自我发展、自我完善的具有华菱特色的企业执行力文化。

水泥搅拌车

自卸车

牵引车

油罐车

散装水泥车

仓栅式运输车

压缩式垃圾车

混凝土泵车

天然气车

安徽华菱汽车股份有限公司

地址：安徽省马鞍山市经济技术开发区　　邮编：243061

电话：0555-8323600　　传真：0555-8323531

BYD

K9 纯电动客车

e6 纯电动轿车

F3DM 低碳版

当今世界面临的三大问题：石油安全、二氧化碳过度排放、空气污染严重决定着城市交通电动化迫在眉睫。比亚迪作为国内目前唯一集纯电动大巴、纯电动轿车和动力电池开发制造于一身的高新技术企业，致力于成为城市交通电动化解决方案的设计者、提供商！

城市公交走纯电动大巴路线 K9

★一级踏步全通道低地板结构，无障碍设计方便乘客

★超长续驶里程，城市综合工况下达 250 公里

★充电方便快捷，中充 6 小时充满，快充 3 小时充满

★纯电动、无排放、无污染、无噪音

★车顶布置比亚迪自主研发的太阳能电池，实现辅助充电

城市出租车走纯电动轿车路线 e6

★续驶里程长，满电续驶里程 300 公里

★ 60 分钟充满电，可利用交接班或休息时间充电，满足每天双班运行

★提速快，0-50km/h 加速时间在 6 秒内

★安全舒适，载重力强

★节约能源，使用成本低

★无排放无污染，改善城市空气质量，有利于城市居民身体健康

个人交通走双模电动车路线 F3DM

★可实现“短途用电，长途用油”

★纯电动模式下，续驶里程 ≥60 公里

★购车成本相对低，个人消费容易接受

★不依赖于专业充电站，使用普通家用插座即可充电

★使用成本低：纯电动模式下，耗电 16 度 /100 公里，使用成本仅为用油的四分之一

公司地址：深圳市坪山新区比亚迪路 3009 号　邮编：518118

电话：(0755) 89888888　传真：(0755) 84202222　网址：http://www.bydauto.com

第一篇
2010 年中国节能与新能源汽车发展情况

一、发展综述

2010 年，在国家扩内需、调结构、促转变等一系列政策措施的积极作用下，我国汽车工业延续 2009 年发展态势，保持平稳较快发展，产销量位列世界第一。据中国汽车工业协会统计，我国 2010 年累计生产汽车 1826.47 万辆，同比增长 32.4%，销售汽车 1806.19 万辆，同比增长 32.4%，产销同比增长率较 2009 年分别下降了 15.9 和 13.8 个百分点。其中，乘用车产销 1389.70 万辆和 1375.78 万辆，同比增长 33.8% 和 33.2%，产销同比增长率较 2009 年下降了 20 个百分点；商用车产销 436.76 万辆和 430.41 万辆，同比增长 28.2% 和 29.9%，销量同比增长较 2009 年提高 1.5 个百分点。

在汽车工业保持快速增长的同时，我国政府、地方及企业对节能与新能源汽车的相关投入也不断加大，混合动力汽车、纯电动汽车、燃料电池汽车诸多关键技术得以突破，产业链加速建立。以天然气汽车为代表的清洁汽车保用量达百万辆级，经济效益显著。

2010 年，我国节能与新能源汽车（含混合动力汽车、纯电动汽车、燃料电池汽车、CNG 汽车、LNG 汽车、LPG 汽车）生产 20729 辆，其中乘用车 13377 辆，占 64.53%，商用车 7352 辆，占 35.47%；销售量为 19888 辆，其中乘用车 12271 辆，占 64.21%，商用车 7117 辆，占 35.79%；与 2009 年的生产 5294 辆、销售 5209 辆相比，分别增加 291.56% 和 281.80%。2010 年，共有 180 个节能与新能源汽车车型（含商用车底盘）进入汽车产品公告（其中三类电动汽车 163 个，燃气汽车 17 个），其中三类电动汽车公告车型较 2009 年的 74 个（含商用车底盘）增加 120.27%。截至 2010 年底，三类电动汽车公告车型达到 237 个。

2010 年，公共服务领域节能与新能源汽车示范推广城市从 2009 年的 13 个城市扩大到 25 个，北京、上海等 6 个城市启动私人购买新能源汽车补贴试点工作，在公共服务领域和私人用车领域共推广 6356 辆各类电动汽车。其中上海世博会期间，1147 辆新能源汽车（500 辆混合动力汽车、451 辆纯电动汽车、196 辆燃料电池汽车）进行交通服务，累计行驶达到 2922 万公里。截至 2010 年年底，共有 54 家汽车生产企业的 190 个车型列入《节能与新能源汽车示范推广应用工程推荐车型目录》。

1. 政策

在宏观政策方面，2010 年 10 月 10 日，国务院发布《关于加快培育和发展战略性新兴产业的决定》国发〔2010〕32 号，将新能源汽车产业列为七个战略性新兴产业之一，制定了中长期的发展目标，提出“着力突破动力电池、驱动电机和电子控制领域关键核心技术，推进插电式混合动力汽车、纯电动汽车推广应用和产业化。同时，开展燃料电池汽车相关前沿技术研发，大力推进高能效、低排放节能汽车发展”的路径和发展重点，明确了发展新能源汽车产业作为国家战略的重要地位。

2010 年，我国加大对新能源汽车的扶持力度，2010 年 6 月 1 日起，国家在上海、长春、深圳、杭州、合肥等 5 个城市启动私人购买新能源汽车补贴试点工作。2010 年 7 月，国家将“十城千辆”节能与新能源汽车示范推广试点城市由 20 个增至 25 个。新能源汽车正进入全面政策扶持阶段。由工信部牵头制订的《节能与新能源汽车发展规划》详细列出了中国节能与新能源汽车的发展目标及一系列扶持方法，成为引领中国新能源汽车产业发展的重要政策，中国新能源汽车关键零部件产业将率先迎来高速发展。

2010 年 5 月 26 日，工业和信息化部发布了《汽车产业技术进步和技术改造投资方向（2010 年）》，明确了国家将优先支持其中所列领域产品的技术合作与投资生产。其中纯电动汽车续驶里程不低于 100 公里，最高车速不低于 80 公里，目前国内主流的几款车型都能达到该指标。其中明确了电池等主要部件寿命不低于 10 万公里，电池包的比能量不低于 90Wh/kg，系统的循环寿命不低于 1200 次，单体不低于 2000 次，对电池的可靠性和耐久性提出了较高的要求，值得关注。

2010 年，四部委在“十城千辆”示范工程原 13 个示范城市的基础上，增加天津、海口、郑州、厦门、苏州、唐山、广州等 7 个试点城市，公共服务领域节能与新能源汽车示范城市增加到 20 个，示范规模进一步扩大；同时，四部委发布《关于开展私人购买新能源汽车补贴试点的通知》，新能源汽车示范推广正式进入私家车领域。此外，一些省市（地区）也结合并纷纷出台了新能源汽车产业发展规划，力求发挥自身优势，结合技术升级和产业转型，在新能源汽车产业链上实现完善和突破。

2. 技术与产业

(1) 电动汽车整车

①纯电动汽车

2010 年，清源公司开发了三款纯电动垃圾车、纯电动锂电邮政车、纯电动锂电服务车等车型，并获得工信部电动汽车新产品公告。

2010 年是奇瑞新能源汽车产业体系建设的重要一年，以微型轿车 S18 为基础研发的 QQ3 纯电动汽车已获得国家汽车产品公告，并通过安全碰撞测试，目前正在安徽试运营。首款高速纯电动轿车瑞麒M1EV在世界电动车大会上展出，正式上市接受订单。

比亚迪公司开发的E6纯电动轿车，获得工信部电动汽车新产品公告，已有45辆车作为出租车在深圳运行。

长安公司全新开发纯电动微型轿车奔奔mini采用纯电动驱动模式，已试生产下线，在2010年实现产业化上市。

东风汽车目前已经有21个电动汽车车型获得产品公告，其中13个车型获得节能与新能源汽车推荐车型目录。2010年4月，东风旅行车自主研发的新一代纯电动客车“东风天翼”正式投入城市示范运营。在上海车展上，郑州日产又推出了纯电动东风帅客，其性能完全达到和超过国家工信部提倡的指标。

江淮新能源汽车研发团队基于同悦轿车平台开发的第一代纯电动轿车在广州车展上亮相，目前正在合肥市用于定点出租运行。

②混合动力汽车

一汽逐步走向以深度混合动力汽车为主的新能源汽车发展道路。一汽研发的奔腾B50插电式混合动力汽车集成了混合动力系统技术平台和整车制造方面的最新成果，在2010年上海车展上首次亮相。

奇瑞公司开发的BSG混合动力轿车获得工信部电动汽车新产品公告，并投放到北京、大连、芜湖等地出租公司开展示范运行，并已经在多个省市销售。

比亚迪开发的F3DM双模混合动力轿车获得了工信部电动汽车新产品公告，2010年3月正式面对个人用户销售，同时在深圳市开展公务用车示范运行。

长安汽车拥有国内首款实现产业化的混合动力汽车杰勋，长安新能源汽车进入了公务车领域，在城市出租车领域推广进度较快，现在南昌、昆明和重庆等城市运行。

吉利帝豪插电式混合动力是以帝豪EC系列车型为基础研发的插电式混合动力车型，该车于2010年投产，预计将于2011年上市。

③燃料电池电动汽车

2010年上海世博会期间，由同济大学与国内五大整车厂合作生产的196辆燃料电池汽车，自开园以来已连续运行5个月，整体运营情况良好。其中包括上汽集团的新一代“上海牌”燃料电池轿车、奇瑞SQR7000的燃料电池轿车、5辆长安志翔燃料电池轿车等。良好的安全性能，更高的性价比表现，使燃料电池车在所有的新能源汽车中脱颖而出。

④天然气汽车

2010年，我国天然气汽车（含底盘）产量达到15万辆；累计有450个天然气汽车车型（包括底盘）进入国家机动车新产品公告，整车年产量超过6万辆，产品覆盖客车、轿车、货车、市政专用车等，燃气汽车生产企业的数量也超过了60家；有20多家企业生产了近100款天然气发动机在市场中销售，功率覆盖范围从39～300kW不等；已形成全系列CNG、LNG和LPG气瓶的设计与生产制造技术，产业化能力超过100万只/年；自主开发生产的减压器、电控单元ECU、燃气喷嘴等燃气汽车专用装置，已批量投放市场。

（2）关键零部件

①动力电池

在锂动力电池方面，国内主要锂离子电池生产厂家通过自主研发方式，研制出8～100Ah多个系列产品，已形成产品系列，产品性能已有明显提高，能支持样车和示范车型配套，安全性能指标取得明显进步，具有明显的价格优势。HEV用功率型锂离子电池模块的常规循环寿命达1000次左右；EV用高能量型磷酸铁锂电池的能量密度可达110瓦时/千克以上，电池系统的循环寿命达到了1000次以上。

在镍氢电池方面，国内主要镍氢电池生产厂家通过自主研发或合资方式，研制出6～80Ah多个系列产品，产品性能已有明显提高，部分产品可与量产车型配套。HEV用高功率型锂离子动力电池在85%SOC下采用20～30C放电时，电池的峰值功率可以达到1173瓦/千克。我国研制的镍氢动力电池主要用于混合电动轿车（小容量）和混合电动客车（较大容量）。目前，大部分型号电池的能量密度和功率密度满足了国家“863计划”指南的相关要求，并在自主开发的混合动力汽车上得到实际应用，单车最大运行里程已超过了15万公里。

2010年我国众多新能源汽车动力电池投资项目宣布签约或开始建设，如：青岛海霸能源有限公司和宏耐新能源两个投资10亿元以上的大型企业分别在胶南、即墨开建；合肥国轩高科动力能源有限公司每日产20万安时汽车专用锂电池新生产线8月份奠基开工；内蒙古荣丰新能源有限公司锂电池生产项目10月开工；美国EnerDel公司将与万向在中国合资生产锂电池；新能源汽车电机、电控等核心部件的生产项目也在积极建设中。2010年，国内主要电池生产企业的产能达到21.38亿瓦时。

②驱动电机

我国车用驱动电机生产企业通过采用系统集成设计技术，实现了电机与发动机、变速器在机械、电磁和热管理的一体化设计与应用，同时对车用电机制造工艺进行了有益的研究探索，如拼块式铁心、高密度的绕线技术和整体充磁工艺等已开始用于产品实践；在技术突破方面，采用现代车用电机系统设计理念，初步解决多目标高性能车用电机的极限设计与多领域精确分析以及结合应用控制策略系统集成仿真的技术难题；以高密度永磁电机为代表各类车用电机取得了明显进步，电机的功率密度进一步得到提升，电机系统高效区进一步拓宽，最高效率也进一步提高，系统的最高效率达到94%以上。

③燃料电池

我国的燃料电池技术经过多年研发，目前在低温启动和杂质气体的影响方面进行了试验分析，显著提高了环境适应性，2010年上海世博会上应用的196辆燃料电池汽车，其中100辆观光车是由国内研制，装有5kW燃料电池系统，70辆轿车装载的是国内研发的燃料电池系统，分别是55kW和33kW两种类型的燃料电池发动机，前者是常规电－电混合模式，后者是Plug－in模式，平均单车运行里程4500～5000km，最长的单车运行累积里程达到10191公里。3辆客车装载的是“863计划”节能与新能源汽车重大项目支持的80kW燃料电池发动机，累积运行了15674km，最长单车里程为6600km，可靠性得到初步验证。

④天然气发动机

2010年，商用车天然气发动机技术发展迅速，向大功率方向发展趋势明显，主要天然气发动机生产企业均有超过300PS，乃至400PS以上的发动机产品面市，加之国内天然气加气站等基础设施从城市扩大到煤矿等卡车应用区域，以及国内LNG储罐等燃料供给系统基本成熟，发挥了LNG密度高、自重小的优势，为整车提供了长距离运输的燃料保证，解决了CNG车续驶里程短、自重大的问题，因此，2010年天然气重型卡车的发展迅猛。天然气乘用车方面，已经从以在用车改装为主转化为以OEM生产为主，上海大众、一汽大众、北京现代、长安汽车、悦达起亚、华晨汽车、奇瑞汽车、长城汽车、吉利汽车等公司都推出天然气轿车产品。这些轿车以汽油/天然气两用燃料车为主。

（3）相关标准

2010年电动汽车标准化工作发展较快，启动电动汽车整车、动力蓄电池和驱动电机系统和零部件、充电基础设施相关标准的制修订工作，2010年新发布的标准有6项，包括《混合动力电动汽车类型》《超级电容电动城市客车》《电动汽车用动力蓄电池产品规格尺寸》《电动汽车传导式充电接口》等重要标准。到目前为止，已经发布的、由全国汽标委归口的、和电动汽车相关的国家标准和行业标准共40项（含6项电动摩托车），另有14项电动汽车相关的标准已经报批待发。

3. 重要事件

（1）私人购买新能源汽车补贴政策出台

2010年6月1日，财政部、科技部、工业和信息化部、国家发展改革委联合出台《关于开展私人购买新能源汽车补贴试点的通知》，确定在上海、长春、深圳、杭州、合肥等5个城市启动私人购买新能源汽车补贴试点工作。补贴标准根据动力电池组能量确定，对满足支持条件的新能源汽车，按3000元/千瓦时给予补贴。插电式混合动力乘用车每辆最高补贴5万元，纯电动乘用车每辆最高补贴6万元。

（2）“十城千辆”电动汽车示范运行计划正式启动并不断扩大

截至2010年底，北京、上海、杭州等25个示范城市在公共和私人用车领域共推广新能源汽车超过一万辆，有力推动了新能源汽车的技术进步与产业化发展。其中：东风电动车辆有公司进行产能扩建，已形成年单班生产1000辆混合动力公交车的改装生产能力，电动汽车产业加速形成；深圳市共投入400辆混合动力公交大巴和20辆双模电动公务车和100辆纯电动出租车进行示范运营，并起草制订了深圳地方性充电设施技术规范；长沙、株洲、湘潭三市在示范期间共投入535辆混合动力公交车，累计运营里程达到347.6万公里。

2010年8月18日，由16家中央企业发起的“中央企业电动车产业联盟”成立，从整车制造到电池生产以及充电站基础配套设施建设，覆盖了电动汽车产业链的各个关键环节，促进了我国电动汽车的应用普及与市场发展，全面提升我国电动汽车产业的整体技术水平和全球竞争力，打造我国新能源汽车产业链条。

（3）2010上海世博会新能源汽车示范运行

2010年上海世博会期间，共有纯电动、混合动力、燃料电池等1017辆各类新能源汽车示范运行。其中，纯电动汽车321辆，包括纯电动客车120辆，超级电容客车61辆，纯电动场馆车140辆；混合动力汽车500辆，包括混合动力客车150辆，混合动力轿车350辆；燃料电池汽车196辆，包括燃料电池客车6辆，燃料电池轿车90辆，燃料电池观光车100辆。车辆主要由上汽、一汽、长安、奇瑞、上燃动力、同济、清华等单位共同研制。成功进行规模化、集中化、高强度的示范运行表明，中国自主研发的新能源汽车已具备产业化基础。

（4）各汽车企业相继发布新能源汽车规划

在国家新能源政策的推动下，各大汽车集团都相继发布新能源汽车规划。到2012年，一汽集团新能源轿车的产销量将达到1.1万辆，东风集团规划到2015年，纯电动车的产销量将达到5万辆，长安集团规划到2014年，新能源汽车的产销量将达到15万辆。上汽集团规划，到2015年，其新能源汽车的产能规划将达到30万辆。江淮与正道公司300亿元打造新能源汽车产业基地。众泰汽车也计划建设首期产能为10万辆的新能源汽车生产基地。

（中国汽车技术研究中心　吴志新）

二、混合动力汽车

随着能源紧张、环保压力加大，节能、环保的新能源汽车无疑将成为未来汽车的发展方向。国内外各车企对混合动力、纯电动汽车技术研究方面都投入了极大的热情，但由于目前电池技术及成本等问题尚未得到突破，相关标准体系尚未建立，充电站等基础设施相对缺乏，纯电动汽车的普及受阻，而发展混合动力则需要配套设施较少，推广不受充电设施滞后等因素制约，使用起来较方便。据了解，一汽、奇瑞、华晨、长安等多家汽车企业都明确表示新能源汽车技术路线方面不应忽视混合动力汽车的发展。

混合动力车辆同时采用两种不同的动力源。目前世界各大汽车公司大都已推出了混合动力原型车，例如克莱斯勒公司在20世纪90年代开发的一辆以内燃机为主要动力的原型车中采用飞轮储能，飞轮能直接驱动车轮，能量高、比功率大，但飞轮必须以很高的速度旋转；福特公司、伊顿公司和美国国家环境保护局曾合作开发了一种内燃机和液氮混合动力系统，该系统在车辆起步时能提供相当大的能量，具有很高的效率。虽然混合动力车可有多种动力源复合形式，但是目前只有投放市场的混合动力电动汽车被证明是实际可行的。

1. 2010年我国混合动力轿车的技术进展及主要特点

2010年我国混合动力轿车技术在以往的研究成果基础上，向着平台化、控制系统集成化的方向又迈进了坚实的一步。在控制策略的研究、安全系统研究以及空调转向等附属领域的研究上都取得了较大的成绩。主要的成果如下：

(1)技术平台的结构与方案优化设计与研究

我国的混合动力技术平台多采用并联、单轴式中度混合的ISG混合动力结构形式，此方案具有性能好、成本低等高性价比的优点，同时，由于ISG结构简单、系统紧凑、对整车系统改动不多，因此，ISG混合动力技术平台结构是最具有产业化前景的混合动力方案之一。通过国际合作、借鉴国际先进理念、充分消化与吸收，研究与优化了具有自主知识产权的ISG混合动力技术平台。

(2)混合动力控制策略研究

混合动力控制策略研究是混合动力系统开发的核心内容，它决定了混合动力系统能量流向和扭矩分配、整车安全等重要内容。因此通过对控制策略的优化和匹配，提高了发动机和电机的工作效率，改善了发动机和电机的工作性能，从而提高了整车的燃油经济性和驾驶舒适性。

(3)混合动力控制系统研究与设计

混合动力控制系统是在新增混合动力控制系统的基础上集成传统汽车控制系统形成完整的一体化的混合动力控制系统。借用国际合作经验，进行了消化吸收与自主创新，来研究与优化控制系统的设计，进一步优化控制系统的拓扑结构，进一步优化嵌入式系统的结构设计，提高了混合动力控制系统的效率。

(4)安全控制系统开发

安全控制系统开发是在混合动力系统的基础上考虑整车相关的各种因素设计开发的。控制策略是全部软件设计的关键，它占了全部控制策略开发工作量的90%以上，安全控制策略的程序代码占全部程序代码的80%左右。系统安全控制包括两个部分：系统故障诊断和故障处理、嵌入式软件安全设计。开发过程参照的标准有MISRA - C：2004和MISRA：Development guidelines for vehicle based software - 2004等。

(5)混合动力发动机优化设计

ISG混合动力用发动机高效率区间的研究：为达到最大节油效果，结合混合动力使用工况的需求，根据最佳燃油效率原则进行仿真分析，研究了ISG混合动力用发动机高效率区间，在整个汽车运行循环内发动机最大限度地工作在这区间内，提高了整车的燃油经济性。

混合动力用发动机热管理系统研究：与传统的发动机比，混合动力用发动机使用区间与工况都有较大的改变，对发动机的热管理系统进行了研究与分析，并对一些零部件提出了不同的要求，进行了专门的设计开发工作。

发动机附件系统的研究与优化，主要是发动机进气、排气系统等附件：在进排气系统开发设计中，主要是热力学的循环计算和布置，通过仿真软件在考虑进排气系统的一维动力学特性的基础上模拟发动机的热力学过程，从而对进排气系统的几何尺寸进行优化。确定进排气管路直径和长度；限定进排气系统压力损失，额定转速下，进气压力损失不超过30mbar，排气背压不超过350mbar。

发动机可靠性研究与开发：为了保证发动机的可靠性，需要完成发动机的整机台架试验和零部件的试验工作，主要包括：发动机的全速全负荷试验、变工况试验、模拟整车运行工况试验、发动机振动试验、倾斜试验等，确保了发动机的可靠性。

(6)混合动力系统发动机匹配和优化

为了提高燃油经济性，混合动力系统的设计采取了减小发动机排量和优化变速箱速比的方式来有效的提高燃油经济性。这样就使得发动机的运行区间发生了很大的变化，通过对发动机的匹配和优化，取得了理想的效果。针

对发动机 EMS 进行的匹配设计和优化主要是:

①发动机扭矩分配和扭矩接口设计;

②EMS 部件级安全设计;

③涉及混合动力的数十项功能的修改程序;

④EMS 点火正时和喷油控制匹配设计;

⑤发动机稳定怠速速度优化设计;

⑥发动机自动停机和自动启动控制设计;

⑦发动机 E-OBD 系统重新设计;

⑧发动机效率 MAP 的优化设计。

(7)变速箱匹配设计与优化

变速箱作为动力总成的关键部件,很大程度上决定了动力总成系统的效率。选择一款机械效率高的变速箱是非常重要的,但是混合动力系统由于有两种以上的动力源,并且这两种以上的动力源的工作特性又不一样,所以混合动力系统的匹配就具有相当意义,2010 年这方面的工作也取得了较大的进展。

(8)空调系统、转向系统的匹配设计

空调系统和转向系统与混合动力系统技术平台进行了匹配设计,重新设计和匹配了空调压缩机和动力转向泵以符合通用性技术平台的设计要求。主要研究匹配内容包括:

①空调压缩机优化设计;

②空调系统 CAN 网络化设计;

③动力转向泵优化设计;

④转向系统与混合动力系统集成控制设计;

⑤动力转向系统扭矩安全控制研究;

⑥动力转向系统 CAN 网络化设计;

⑦动力转向系统匹配性能优化设计。

(9)混合动力系统技术平台工程化集成设计

混合动力系统结构方案的优化设计,优化设计混合动力系统平台。进一步优化设计了混合动力系统的参数配置、结构优化和效率优化等。

动力总成结构方案的优化,优化设计动力总成系统轴系和轮系的结构设计,提高了动力总成系统连接的可靠性和耐久性。

通过仿真分析和试验验证,动力耦合方案的优化设计,局部优化动力系统的连接,提高了动力总成系统的传递效率。

研究分析混合动力总成系统的 NVH,优化设计降低动力总成系统的 NVH。优化设计动力总成系统在整车平台中布置,提高了整车平台的可靠性和耐久性,降低了整车 NVH。

(10)混合动力系统台架标定和优化设计

混合动力系统总成台架上的开发和标定是混合动力系统开发的重要平台,台架系统本身包含两个重要的组成部分:混合动力系统的耐久性试验台架和混合动力系统的 MAP 标定台架。混合动力系统耐久性试验台架设计完成了以下内容:

台架的机械系统研究与设计,台架的机械系统连接设计实际上是台架设计关键部分。台架的机械连接结构设计要根据混合动力系统本来的结构特性来设计,多数情况下轴系的连接不能正确的反映出混合动力系统连接的特性关系来,实际上也就考核不了轴系的寿命。所以进行了特殊设计。

台架轴系的设计,根据混合动力系统的特点进行了设计,主要考虑轴系的扭矩、疲劳强度、扭曲强度等。

耐久性考核的特殊工况的构造和设计,研究和构造了适合混合动力系统的考核循环工况。

混合动力系统台架标定和优化的主要研究内容:混合动力系统在台架标定的方法设计,混合动力系统在台架标定的参数设计,混合动力系统在台架标定的 MAP 设计,混合动力系统在台架标定的过程设计。

(11)平台的基本型样车研究

以成熟的传统车整车平台为本技术平台的原型车,具有自主知识产权的混合动力用整车平台是混合动力轿车研发的基础和前提,同时也是实现了混合动力轿车产业化的必要条件。为此,从整车造型到风阻系数、从车身结构到底盘设计、从系统布置到结构设计,都从最轻量化角度出发,进行了最优化设计,体现了混合动力轿车节能的特点;同时还将从以下几个方面对整车平台进行了优化设计:从车身到内饰、从座椅到仪表,都从绿色环保着手,大量使用了新型材料,充分体现了混合动力轿车环保的理念。

2. 目前存在的问题

2010 年中国的混合动力车虽然取得了一定的成绩,但是距离大规模产业化以及向全社会全面普及还有很长的路要走,主要原因是:零部件配套体系还不完善。为什么目前只有日本汽车企业实现了混合动力电动车的产业化,最重要的原因是其关键零部件在其他地区还不足以满足车辆的使用要求;另一方面,国内混合动力系统的可靠性和耐久性还有待于进一步验证和完善;最后则是知识产权及专利技术风险。

(1) 国内零部件的研发水平和配套能力是混合动力汽车实现大规模产业化的基础和前提,国内零部件的技术水平和配套能力必须形成规模化的批量生成能力。

(2) 混合动力系统的某些技术和材料还在开发和优化之中,目前还没有达到国际先进的混合动力汽车水平,性价比还比较低。

（3）混合动力系统的可靠性和耐久性还在进一步的验证之中，特别是关键零部件的首次故障里程和售后保修里程还有待进一步的考验。

（4）知识产权及专利技术风险：由于在混合动力汽车的研发和产业化方面，发达国家具有先发优势。国外公司在国际和我国国内已经注册了大量的专利，这将使项目的研发过程存在一定国外知识产权及专利技术风险，从而给项目的成功实施提出严峻的挑战。因此，必须将专利风险上升到战略的高度予以重视，项目组将成立一个专利研究小组来研究国内外的技术专利，尽量规避风险，同时积极申报自己创新与发明专利，保护自己的知识产权工作。

3. 下一步亟待解决的技术难点及解决办法

（1）整车故障诊断和 E－OBD 系统研究与开发。

（2）混合动力轿车动力性、经济性试验方法研究。

（3）混合动力生产制造工艺研究。

（4）混合动力质量管理体系研究。

4. 国际混合动力轿车的技术发展趋势

国外：纯电动汽车技术相对成熟，在特定区域推广应用，等待发展机遇；混合动力汽车技术渐趋完善，进入商业化推广阶段；燃料电池汽车技术处于新的突破时期，正在成为新的研发热点。已上市的混合动力汽车基本上由日本公司生产销售，包括日本丰田公司 Prius、本田公司 Insight、Civic 和日产公司 Tino 等。混合动力汽车的上市已经为这些公司带来了很大的效益，在快速赢得市场份额的同时，更主要的是树立了很高的技术品牌形象。丰田公司 Prius 汽车于 1997 年首次上市，截至目前已累计销售总量达 100 万辆，占混合动力汽车销售的 75%，其中有一半销售到北美市场。世界各大汽车公司也开始大力发展混合动力汽车，福特、通用、戴克、大众、雪铁龙、雷诺和宝马等公司也在同步开展数十款混合动力汽车的开发，并即将推向市场。

美国政府由能源部牵头包括运输部、国防部，组织各大汽车公司和有关研究部门积极开展混合动力汽车的研究，通用汽车公司投入 1.38 亿美元，克莱斯勒投入 8480 万美元，研究与开发可投产的混合动力汽车。在世界各大国际车展上，通用公司推出了 3.1L/100km 的 Pretect 混合动力概念车，福特公司推出了 3.3L/100km 的 Prodigy 混合动力概念车。目前，福特开始批量生产与销售 Escope 与 Mariner混合动力汽车，通用开始销售 42V 的 ISG 混合动力皮卡车，本田销售 CIVIC IMA 混合动力汽车，INSIGHT 混合动力汽车。

在欧洲，大众、雪铁龙、雷诺和宝马等公司也在同步开展数十款混合动力汽车的开发，并已经开始批量生产或即将推向市场，如法国 PSA 集团的 BSG 弱混合动力雪铁龙 C3、通用的别克 42V 弱混合动力汽车均已批量生产。

国内：经过“十一五”期间，国家电动汽车重大科技专项以开发燃料电池汽车、混合动力汽车、纯电动汽车 3 种整车技术，多能源动力总成、驱动电机、动力电池系统 3 种共性技术为重点，采取整车牵头、零部件配合、产学研相结合的模式，开展电动汽车及关键零部件的研究。经过几年的攻关，我国电动汽车研发能力由弱变强，相继研制了多种不同类型的混合动力技术平台，在这些混合动力技术平台基础上完成了性能样车试制，通过了国家标准规定的考核，部分车型已经进入国家汽车产品公告程序，如比亚迪 F3DM 混合动力汽车、长安杰勋 ISG 混合动力汽车、奇瑞 A5 BSG、ISG 混合动力汽车等均已经达到批量化水平，近期国家也出台了一系列对节能与新能源汽车的补贴政策，并已颁布实施。这些利好政策对国内混合动力汽车研发厂家给予了巨大的促进作用

5. 其他

汽车工业已发展成为一个国家现代化水平的重要标志之一，而混合动力汽车是目前新型清洁动力汽车中最具有产业化和市场化前景的车型，尽管其发展方向是真正零排放、无污染，不消耗燃油的燃料电池车辆。混合动力技术是目前降低车辆能耗和改善环境污染的一个有效途径，当然只是一个过渡阶段，而不是唯一的手段。发动机本身也有很多的节能潜力值得去挖掘，目前在国际上上市的三款混合动力轿车所采用的发动机都是节能和环保优势非常明显的。其次在混合动力汽车的开发过程中不能再出现“一窝蜂、一边倒”的现象。在产业化过程中，企业只有真正具备了自己的开发实力，才可能在激烈的市场竞争中持续发展，最终实现混合动力汽车商品化。

（奇瑞汽车股份有限公司　陆建辉、方运舟）

三、纯电动汽车

1. 国内外纯电动汽车发展现状

（1）国外纯电动汽车发展现状

纯电动汽车的发展受到世界各国的重视，不断投入资金、制定政策来推动纯电动汽车的发展。目前，国外主要汽车公司均积极参与，并在纯电动汽车产品研发、示范运营等方面取得了一定程度的进展和突破。

第一，日本，一直以来，出于对能源危机和环境保护的关注及占领未来世界汽车市场的考虑，日本十分重视纯

电动汽车的研制与开发。从目前世界范围内的整个形势来看，日本是纯电动汽车技术发展速度最快的少数几个国家之一，居于世界领先地位。

第二，美国，美国的汽车公司在纯电动汽车产业化方面比来自日本的同行逊色不少，通用、福特和戴姆勒-克莱斯勒三大汽车公司在纯电动汽车上仅仅小批量生产销售，日本的电动汽车在美国市场上占据了主要地位。目前，美国已有7个州加入了零排放计划，即到规定年限后这些地区只能为纯电动汽车和燃料电动汽车，保持零排放。

第三，法国，是世界上推广应用纯电动汽车最成功的国家之一，成立了电动汽车推广应用协调委员会，建立了比较完善的纯电动汽车充电站基础设施，制定了支持和鼓励纯电动汽车发展的政策，且已经初步形成了纯电动汽车运行体系。

第四，欧洲，各大汽车厂商均争先恐后发展纯电动汽车，并积极争取相应的纯电动汽车支持政策。

表1-3-1　国外纯电动汽车主要产品介绍

区域	典型公司	典型产品	最高车速/续航里程
日本	三菱	i-MiEV	130km/h、160km
	日产	LEAF	140km/h、160km
美国	福特	THINK Global city	第五代104km/h、176km
	通用	雪佛兰 Volt	161km/h、增程式
欧洲	奔驰	Smart Fortwo EV	100km/h、115km
	大众	E-UP	160km/h、130km

目前，国外纯电动汽车发展重点是小型乘用车和大型公交车、市政、邮政等特殊用途车辆。为了满足用户对车辆续航里程和最高车速的需求，也采用增程式方案。国外近期攻关重点仍集中在提高电池性能、降低成本方面。

(2)国内纯电动汽车发展现状

中国纯电动汽车虽然没有欧美国家起步早，但鉴于纯电动汽车的发展在我国具有重大战略意义，其研发工作也在我国受到高度重视。从“八五”开始到现在，纯电动汽车研究一直是国家计划项目。通过组织企业、高等院校和科研机构，集中各方面力量进行联合攻关，我国纯电动汽车现正处于研发势头强劲阶段，部分技术已经赶上甚至超过世界先进水平。

我国“八五”“九五”期间组织了纯电动汽车攻关和示范运行尝试，“十五”“十一五”期间又将纯电动汽车列入“863计划”，促进了纯电动汽车的发展，在小型纯电动汽车和大型公交车方面实现了小规模生产和示范运行。通过研发积累和示范运行，我们已基本掌握了纯电动汽车整车动力系统的匹配与集成设计、整车控制技术。目前，国内各新能源汽车企业均有纯电动轿车和客车通过有关国家和企业规定的标准。

同时，纯电动汽车在我国自主品牌汽车厂商中的研发力度已大大增强，长安等企业均在纯电动汽车研发和创新上投入巨资。

表1-3-2　国内纯电动汽车主要产品介绍

典型公司	典型产品	产品特点
长安汽车	奔奔 LOVE 电动版	动力来源是永磁同步交流电机，替代了汽油发动机，额定功率20kW，峰值功率50kW，转速最高9000转，最大扭矩160Nm，最高车速110km/h，续航里程105km，快充半小时
吉利	全球鹰-EK1、EK2	采用40Ah锂离子电池，340伏系统电压，最高车速为65km/h，续航里程80km，快充1小时
力帆	320 电动版	车身高1430mm，宽1620mm，长3745mm，轴距2340mm
比亚迪	E6	车身尺寸为4554mm ×1822mm ×1630mm，轴距达到2830mm。电池均采用其自主研发生产的ET-POWER铁电池，15分钟左右可充满电池80%
长丰	CS7 电动版	采用的辅动力是288V~30AH的锂电池组，充满电后可用纯电动方式行使50km里程
莲花版	L3 电动版	采用多相永磁无刷电机技术，最高车速可达120km/h

综上所述，国内外纯电动汽车的发展情况分析，可以看出纯电动汽车已成为世界各国汽车产业发展的战略性产品。

2. 中国纯电动汽车发展面临的关键问题

(1)市场售价过高，用户接受度较低

由于纯电动汽车电池技术复杂，成本高，短期内较难实现规模效应，从而大大弱化了个人消费者的购车需求。目前，纯电动轿车成本增加16万~25万元左右，高出其所搭载车型价格的1倍多。虽然耗电成本不足燃油成本的1/4，但昂贵的购车成本还是让个人消费者望而却步。所以如何降低纯电动汽车的成本，以及有效推广，还任重而道远。

(2)电池寿命太短，技术瓶颈亟待突破

电池是纯电动汽车的动力源泉，也是一直制约纯电动汽车发展的关键因素，由于电池与纯电动汽车的制造成本、续航里程和使用寿命等相互制约，从而间接影响到纯电动汽车的市场化。要使纯电动汽车能与燃油汽车相竞

争，关键就是要开发出能量高、功率大、使用寿命长的高效电池。

到目前为止，电动汽车电池主要经历了铅酸电池、镍氢电池、钠硫电池。从长远发展来看，由于铅酸蓄电池过于笨重，且衰减快，所以不具有使用前景；镍氢电池虽然在一些领域应用还比较广泛，但其有记忆性、比容量也一般；而锂离子动力蓄电池具有更高的能量密度，从目前看有较好的前景。

另外，现有纯电动汽车所使用的电池能量密度低，造成现在电池总成体积大、重量高，影响加速性能和最大车速的提高。

(3)整车集成技术提升缓慢

目前，纯电动汽车的开发模式大部分属于二次开发，其动力系统匹配度、底盘设计、车身设计等方面均没有按纯电动汽车整车需求开发，在后期操作上与目标存在差异。同时，在现有资源下，由于开发模式不合理，供应商自身能力不足等因素，导致能够满足纯电动汽车整车要求的零部件无法实现最优化，从而使整车集成技术提升缓慢。

(4)基础配套设施仍不健全

① 充电站不足。按现有的汽车保有量，需要建设大量且布局合理的充电站。然而从现有车用电池本身的充电特性和建设充电站的投入和成本回收来看，情况并不乐观。

② 对电网要求加大。随着我国电动汽车的规模化应用，电动汽车能源供给日益成为电动汽车推广应用的关键因素。如果不能解决好充电方式问题，我国需要重构一个新的城市电网，以满足电动汽车充电的需求。

从长期来看，随着电动汽车的逐步普及，安装在住宅、停车场的分散式慢充充电桩(充电柜)应是电动汽车充电的主流方式，但这种方式必须和国家智能电网的发展同步。另外，推广纯电动汽车主要动因是低碳环保，纯电动汽车的推进步伐要充分考虑国内清洁能源的发展速度。

充电站等基础设施建设的大力建设还需政策支持，因此，中国要想快速发展纯电动汽车，基础设施建设必须加快步伐。

(5)其他方面

除了以上四个方面的问题外，纯电动汽车还在轻量化、车体外形设计、电动车标准以及续航里程方面存在一些不足，电动车标准也需要进一步完善，以便更好地推动行业健康有序发展。

3. 推动我国纯电动汽车发展的重要举措

(1)小型、低速、短程纯电动、增程式轿车汽车是突破口

由于小型纯电动汽车降低了汽车的动力性和续航里程要求，充电过程比较简单，车速不高，成本较低，适用于市内或社区小范围内白领人士使用。该车大多数采用了锂离子电池等高性能电池，车辆性能较有保证，使其在经济上和技术上都可行，更贴近市场，与我国目前的消费水平相当。

(2)优化纯电动汽车关键零部件技术研究，努力攻克核心技术

电池、电机、电控是纯电动汽车发展的关键环节，建立健全以动力电池及其管理系统、充电网络为核心的能源系统；以驱动电机及其控制器和传动系统为核心的动力系统；以协调控制各个系统，保证整车安全、高效、舒适为核心的整车控制系统尤为重要。同时，集中优势，重点突破动力电池一致性、成组匹配和电池管理技术，进一步提高性能和寿命，降低成本，实现动力电池关键材料的自主化生产。

(3)利用财政政策引导，加大新能源汽车补贴力度

目前，我国新能源汽车零部件规模较小，风险承受力弱，整车自主品牌盈利能力不高，政府要从战略角度，实施税收政策帮助企业增强自主创新能力，对传统动力汽车和新能源动力汽车实施差别化的税收政策，将生产和消费引导到新能源方向上来。同时，设立纯电动汽车产业发展专项资金，切实加大财政投入，提高用户购车补贴力度，支持纯电动汽车及其关键零部件共性技术发展，推动纯电动汽车走入千家万户，最终促进纯电动汽车技术、市场完全成熟，实现规模效益。

(4)全面建设纯电动汽车基础设施

研究具有商业可行性的充电站建设和运营模式，抓紧制定相关标准、总体建设规划并组织实施，保障纯电动汽车示范运行的基础设施配套体系。构建纯电动汽车充电站和充电接口等标准体系，争取在优势产品和技术领域发挥主导作用。

4. 结论

面对石油日趋枯竭、温室效应明显加剧这一严峻事实，作为具有能源利用效率高、环境污染小、噪声低等优势的纯电动汽车，是改善能源短缺、环境恶化的支柱产业。然而，新能源汽车的发展不是一蹴而就的，在其技术、市场完全成熟之前，我国纯电动汽车的发展仍会面临一些挑战，这就需要国家、社会甚至消费者给予汽车生产企业一定时间和空间，使新能源汽车行业在经历重重磨炼后逐渐成熟起来。笔者相信，在推行低碳经济和坚持新能源汽车战略布局这个大环境下，通过我国政府的高度重视，积极推动及企业的不懈努力，纯电动汽车的发展无论面临多少问题总会得到一定程度的缓解，加速发展纯电动

汽车势在必行，相信在不远的将来，我国的纯电动汽车将获得突破性成果，我国将有更多更好的自主品牌纯电动汽车驰骋在路上。

(重庆长安新能源汽车有限公司 周安健)

四、燃料电池汽车

1. 国际燃料电池汽车技术正悄悄加速突破，商业化时间指向2015年

随着世界各国的重视与投入，近年来燃料电池技术在各个领域都取得了巨大的进展并逐步开始商业化。据Fuel Cell Today网站统计：2009年，全球燃料电池装置的销售量为22000台（套），比2008年同比增长40%。

日本家用燃料电池系统的发展处于世界领先地位，正在成千上万的日本家庭示范推广。日本大规模家用示范项目为生产商和用户提供补贴，以促进燃料电池热电联供系统的应用，截至2010年3月，已经部署了5000多套系统。2010年政府对固定式燃料电池部署的补贴据估计为7500万美元。韩国政府于2010年宣布实施补贴家用燃料电池热电联供装置成本80%，补贴比例将于2013—2016年下降为50%，于2017—2020年下降为30%。韩国还宣布了另一雄心勃勃的目标：到2025年，实现燃料电池成交量占世界总成交量的20%，并在韩国增加56万个工作岗位。

美国是燃料电池叉车的主要早期使用者，建立了明确的商业案例。继2008年成功示范之后，美国国防后勤局在宾夕法尼亚州供应站安置了40辆燃料电池叉车和室内加氢设施，并着手为另两个供应站购买40辆燃料电池叉车。燃料电池叉车的销售迅速扩展到商业设施，如5个新的能源部项目计划在联邦快递、Genco和Sysco等公司部署300多辆燃料电池叉车。其他燃料电池叉车的客户包括Central Grocers，Nestle Water，Wal - Mart，Whole Foods，Bridgestone和Coca Cola。

在交通运输领域，电动汽车技术路线走向正日益清晰，并达成共识，即混合动力、插电式混合动力汽车技术是近期交通领域节能减排的有效手段，纯电动汽车技术主要在短途交通和小型汽车中获得市场，燃料电池汽车技术则定位在中长途交通和大型车中。三种电动汽车技术将长期并存50年以上。近来最新发布的燃料电池汽车（FCEV）技术包括：现代/起亚展示其运动型多用途车霸锐FCEV，并声明该车将于2012年开始逐步进行商业化生产；梅赛德斯 - 奔驰生产了200辆B级Class燃料电池轿车，2011年1月29日，三辆梅赛德斯 - 奔驰B级F - CELL燃料电池车开启了为期125天的新能源环球旅程，德国总理亲临现场宣布环球之旅始发；通用的“Project Driveway”项目将100辆雪佛兰Equinox FCEVs投入消费者手中进行实际驾驶，这些车2010年已经行驶了140万英里。通用还宣称其下一代燃料电池系统的大小尺寸将减半、重量减少220磅，且用贵金属量现在这一代Equinox FCEVs更少。在这一技术突破的基础上，美国能源部最近将燃料电池用铂金催化剂用量技术目标从0.2克/千瓦下调到0.1克/千瓦。新的技术目标一旦实现，燃料电池汽车的铂金用量将与传统内燃机汽车的废气三元催化器铂金用量相当。2009年，戴姆勒，福特，通用/欧宝，本田，现代/起亚，雷诺/日产和丰田等7家车企联合签署了一封致能源公司和政府机构的公开信，指出2015年起将有显著数量的燃料电池汽车推向市场，因此迫切需要建设氢基础设施，尤其是在欧洲（德国）、美国、日本和韩国等重点市场。同年，德国主要的汽车和能源公司与政府联合启动了H_2 Mobility Initiative计划，旨在于2012年到2015年之间建立起一个全国性综合加氢网络，为实现每年生产并销售10万辆电动和燃料电池汽车的后续项目打下坚实的基础。德国的目标是在2020年使100万辆电动车和50万辆燃料电池汽车投入使用，并计划于2015年开始燃料电池动力汽车的大规模商业化。建设1000座加氢站的计划正在实施之中。同样在2009年，日本13家国内石油和气体公司宣布将在2015年之前共同努力大力发展氢能基础设施。2010年，又宣布了一项要在2025年前实现1000座加氢站和200万辆燃料电池汽车的计划。

2. 我国燃料电池汽车技术研发与应用取得重大进展，具备了较好的发展基础

近年来，在以科技部为主的国家各部门的支持下，我国燃料电池技术也取得了较大的进展。

在燃料电池技术领域，以大学和研究院所为主体的我国研究单位开展了大量研究。在制氢储氢领域开展研究的单位主要有中科院大连化学物理研究所、中科院兰州化学物理研究所、西安交大、华南理工、北京有色金属研究总院、浙江大学、中科院金属研究所、南开大学、哈尔滨工业大学等单位，在生物质制氢，金属氢化物储氢等技术研发上处于国际先进行列。在燃料电池领域开展研究的单位更为众多，其中，大连化物所、上海神力公司和武汉理工大学已经具备了规模生产大功率燃料电池能源系统的能力。在质子交换膜燃料电池的关键材料方面，我国首次突破了全氟磺酸质子交换树脂的制备技术，打破了美国和日本的技术垄断，在山东东岳集团形成了千吨级全氟磺酸质子交换树脂的生产能力。

尤其是在“十五”和“十一五”期间，通过科技部电动汽车重大专项和节能与新能源汽车重大专项的支持，我国在燃料电池汽车及加氢基础设施领域的成果显著。同济大学和清华大学分别研发出了具有我国自主知识产权的燃料电池轿车动力系统平台和燃料电池公交客车动力系统平台，上汽、一汽、长安、奇瑞和北汽在此动力系统平台技术的基础上分别开发出其相应的整车产品。继我国在2008年北京奥运会上成功进行了23辆燃料电池汽车的示范运行（运行里程7.6万公里，执行奥运公务970车次）后，2010年上海世博会投入近200辆燃料电池车辆作为服务用车，行驶里程91万公里，载客183万人次，示范规模和周期在全球范围内名列前茅。运行数据表明，我国自主研发的燃料电池轿车单车每百公里耗氢0.912千克，燃料电池公交客车单车每百公里氢耗9.8千克，均达到国际先进水平。目前，北京和上海两地已建成四座固定加氢站和两座移动加氢站，尤其是在上海，结合化学工业副产氢提纯装置，已形成了国内首个小型燃料电池汽车供氢基础设施网络。

3. 我国燃料电池汽车技术发展仍存在一些问题，面临着严峻挑战

尽管我国燃料电池汽车技术发展取得了重要进展，但也面临严峻的挑战。主要体现在以下几个方面：

（1）氢能和燃料电池汽车战略发展定位亟待明确

我国已把新能源和新能源汽车确立为战略性新兴产业，但氢能在新能源产业，燃料电池汽车在新能源汽车产业中的定位均只有一个未来发展的模糊概念，不利于对企业的研发和生产投入进行正确引导，也无法带动社会力量参与建设。我国产业界对氢能与燃料电池汽车的认识和研发投入与发达国家有较大差距，与发达国家产业界对氢能的加大投入和迫切愿望不同，我国对氢能的研究主要是以大学和研究院所为主体，多由科技部支持研究经费。氢能和燃料电池汽车发展战略的缺失，将直接影响我国氢能和燃料电池的发展速度。

（2）燃料电池汽车关键技术水平亟须提高

我国在燃料电池汽车的一些关键技术上与国际先进水平仍有差距。比如，国际上70MPa的车载超高压储氢罐预计在2~3年内实现商品化，而我国目前只能生产35MPa的高压储氢罐，70MPa的超高压储氢罐技术刚刚起步；美国UTC研制的城市客车用燃料电池发动机系统寿命已经在道路试验条件下超过5000h，而我国作为公交车示范运营的燃料电池客车，运行寿命目前还未超过3000h；我国的燃料电池发动机初步实现了燃料电池系统低温（-10℃）储存与启动，但仍未达到零下30℃的国际先进指标。此外，在质子交换膜、金属双极板、低Pt载量膜电极等燃料电池关键技术方面仍需进一步攻关，在氢安全规范标准制订方面的研究还需要进一步加强。

（3）燃料电池汽车的商业化应用示范亟须加强

我国燃料电池汽车已经通过奥运、世博等重大活动平台开展了示范应用，但是与国外相比，我们缺乏长效的应用推广机制。在加氢站的规划、建设与运行方面与国外相比也存在一定的差距。目前世界范围内的加氢站已有200余个，其中比较典型的日本共计9种不同技术方案的加氢站已建成并投入运行，加州伙伴计划的高速公路加氢站网络也建成示范。此外，在氢能和燃料电池其他应用领域如分布式发电、热电联供、物料搬运（叉车）、便携电源、备用电源等方面我国还鲜有实际应用的案例，这与发达国家在这些领域已初步商业化有着显著差距。

4. 加快我国燃料电池汽车技术发展的建议

（1）制定国家氢能和燃料电池汽车发展战略

研究制定国家氢能和燃料电池汽车发展战略，明确国家氢能和燃料电池汽车发展的战略定位、技术路线和发展目标，制订行动计划，充分发挥战略、规划、产业政策对氢能源和燃料电池汽车产业发展的引导作用，为未来产业发展指明方向，坚定企业的决心和信心，引导社会力量投入。

（2）加强燃料电池汽车技术的科技攻关，持续做好自主创新

当前我们面临的最大机遇是新能源和新能源汽车等战略性新兴产业的发展，最大的挑战则是燃料电池汽车技术领域的自主创新，这直接关系到能否实现我国燃料电池汽车产业的自主发展。因此，建议加强燃料电池汽车技术的科技攻关力度，加快形成燃料电池汽车领域的技术创新体系和持续创新机制。

（3）建立稳步推进燃料电池汽车示范应用推广的长效机制，以示范带应用，促进技术成果产业化

参照“十城千辆”节能与新能源汽车示范推广试点工作方式，选择有条件的城市（区域），建立国家燃料电池汽车示范区，将其建设成为燃料电池汽车技术应用的试验和展示区域，形成探索燃料电池汽车大规模推广应用实践经验的长效机制，充分发挥示范工程对燃料电池汽车技术改进、基础设施和政策环境的带动作用，加强燃料电池汽车技术推广应用宣传力度，提升公众、媒体对燃料电池汽车的认知度，引导消费环境的形成，促进燃料电池汽车产业进入良性循环，尽快步入可持续发展的道路。

（同济大学　余卓平）

五、天然气汽车

天然气汽车由于其排放性能好，可调整汽车燃料结构，运行成本低、技术成熟、安全可靠，被世界各国公认为当前最理想的替代燃料汽车，在我国，天然气汽车占到代用燃料汽车的90%。据测算，到2020年，中国的汽车普及率将达到150～300辆/千人，届时中国汽车保有总量为2.25亿～4.5亿辆，这一数字将使中国成为世界汽车保有量最大的国家，解决汽车能源需求压力巨大。中国政府非常重视能源消费结构调整问题，在国家《节能与新能源汽车产业规划》明确提出因地制宜、适度发展替代燃料汽车，因此，研究天然气汽车的技术和发展趋势是当今主要工作任务之一。

1. 2010年天然气汽车发展概况

(1)产业发展

1999年初，中国政府启动“空气净化工程—清洁汽车行动”，由13个部委成立了全国清洁汽车行动协调领导小组，提出“大力推广燃气汽车，加快关键技术和产品标准化进程，加强在用车改造的指导，加快车用加气站等配套基础设施的建设，加强产学研结合，推进燃气汽车产业化”，首先在北京、上海、重庆、四川等12个示范城市和地区推广。2005年示范城市和地区扩大到19个；到2010年，中国已有30个省、自治区、直辖市的80多个城市推广天然气汽车，初步形成了较为完整的产业链。其中19个重点推广城市(地区)天然气汽车（CNG、LNG）保有量超过60万辆，加气站超过1500座。天然气汽车和加气站主要集中在气源地附近和西气东输管网到达地，如四川、山东、重庆、乌鲁木齐、西安和兰州等，这些地方天然气供应有保障，气价低(仅为油价的50%～70%)是CNG、LNG汽车快速发展的主要驱动力。根据国家相关规划，到2012年，中国的天然气汽车保有量将达到100万辆，到2015年中国天然气汽车保有量将达到150万辆，2020年将达到300万辆。中国正在成为亚太地区，乃至全球极为重要的天然气汽车市场。

2010年，我国天然气汽车（含底盘）产量达到15万辆；累计有450个天然气汽车车型(包括底盘)进入国家机动车新产品公告，整车年产量超过6万辆，产品覆盖客车、轿车、货车、市政专用车等，燃气汽车生产企业的数量也超过了60家；有20多家企业生产了近100款天然气发动机在市场中销售，功率覆盖范围从39kW到300kW不等；已形成全系列CNG、LNG和LPG气瓶的设计与生产制造技术，产业化能力超过100万只/年；自主开发生产的减压器、电控单元ECU、燃气喷嘴等燃气汽车专用装置，已批量投放市场。加气站设备也已经全部实现国产化，国产设备的市场份额占到90%以上。据初步统计，全国示范推广城市燃气汽车行业年产值已超过150亿元，从事燃气汽车生产、维修、燃气供应的企业有800多家，从业人数也已超过20万人，一个依托于清洁汽车及汽车替代燃料的绿色行业正在不断地成长。

液化天然气汽车近年也得到较快发展，LNG公交和重卡已在新疆、内蒙古、贵州、广东、福建、海南、江苏等地推广应用。目前，国内LNG汽车保有量约3000辆，LNG加气站超过100座。国家发改委、工信部、交通运输部、能源局等部委与福建、甘肃、宁夏等地方政府，以及三大石油公司（中国石油、中国石化、中国海油）和新疆广汇、新奥燃气、港华燃气、华润燃气等产业链上游企业均十分重视LNG汽车的发展，“十二五”期间拟发展LNG汽车20万辆，加气站1000座。随着国内LNG来源主要两大渠道的建设和完善（其一是常规天然气/煤层气等液化；其二是通过LNG接收站接受沿海进口的LNG），未来几年液化天然气汽车在我国必将得到快速发展。

(2)技术进展

① 天然气汽车供给控制技术

从化油器发动机汽车到电喷发动机汽车，燃气汽车发动机技术从供给控制方式的变化上大体可分为四个发展阶段，俗称为四代。

Ⅰ：第一代的机械控制燃气系统，主要是应用到化油器汽车的改装上，因排放差而将被淘汰；

Ⅱ：第二代的单点电控燃气系统，因对排放有较好的控制（可达欧Ⅱ水平），目前在国内得到大量应用；

Ⅲ：第三代的多点顺序喷射或电控调压器系统，因对排放控制更精，可达欧Ⅲ及以上排放水平，随着排放法规要求的提高，此技术是目前研发的重点并在市场上得到大力推广应用。

Ⅳ：第四代的缸内直喷，可实现排放、动力性和经济性的最佳组合，CNG缸内直喷的优势：大幅减小甚至消除充量效率损失，提高动力性；加强了对燃烧过程的控制能力，更易于采用不同的燃烧方式，满足不同的应用需求；有利于采用分层稀薄燃烧技术和增压技术，从而提高热效率、并改善排放性能。

②燃气发动机技术现状

• CNG发动机

燃烧速度慢，着火延迟期长，需要加大点火提前角，获得良好的动力性；增大后也有利于降低排温；

CNG抗暴性好，可通过增大发动机压缩比提高动力性和热效率；

着火温度高，稀薄燃烧时需要增大点火能量，以确保可靠点火；

CH_4是饱和H－C结构，难于催化，因此排放控制中HC和NOx是关注重点；

λ为0.98～1时的动力性最好；为1.03～1.05时的燃料经济性最好，但排温高；为1.1时的NOx排放最多。

• 单一ECM技术

独立的空燃比控制：特殊的闭环控制策略，满足严格排放法规；组分自学习控制，适应燃料差异；精确的燃料管理模式控制，即使怠速时也平顺切换。

多种启动控制模式：即兼顾系统和整机耐久性，又确保紧急情况可采用CNG启动。

独立的点火控制：在每一工况下具有最佳的扭矩输出；将排温控制在合理范围。

集成式OBD系统：无需单独的燃气系统诊断设备；可真正实现OBD排放诊断。

• 主从式双ECM技术

技术优势：应用范围广，可适用于改装车和OEM两个市场；黑箱（Black Box）控制，无须汽油标定数据；开发周期短、费用低。

技术局限：控制能力有限；非最优化控制，精度较低。

系统基本原理为：截取汽油喷射脉宽信号，转换后进行燃气喷射控制；喷射仿真器“欺骗”主ECM，使其感知不到燃气系统的存在；燃气喷射控制通过主ECM进行闭环。

③资源供应

近几年，西气东输、忠武线等长输管道的建设投产，大大推动了中国天然气需求的增长，天然气市场消费量呈现爆发性增长。

已探明远景资源量56万亿立方米，煤层气总资源量36.81万亿立方米。

“十五”期间，中国天然气消费量年均增长15%，2007年全国天然气消费量达到675亿立方米，比2006年增长130亿立方米，约占我国一次能源消费的3.4%。

2007年到2010年，天然气探明储量快速增长，连续4年新增探明储量超过6000亿立方米，预计这种快速增长将持续保持到2020年或更长时间，进口量也在逐年增加，估计到2015年可供商品量有望超过2300亿立方米，2020年可供商品量有望超过3500亿立方米，这将为发展天然气汽车提供充足的资源保障。

2. 天然气汽车发展趋势

据统计，在2000年，全球仅有天然气汽车129万辆，但到2010年，有78个国家和地区推广天然气汽车，加气站达到16513座，天然气汽车达到1326万辆，其中，巴基斯坦230万辆、阿根廷180万辆、伊朗170万辆、巴西160万辆、印度100万辆。预计到2020年增加到6500万辆，天然气汽车在全球取得了迅猛的增长，其发展趋势如下。

（1）汽车燃料发展方向

现阶段CNG汽车是主流。LNG汽车在部分地区成为一种新的发展方向。

天然气汽车根据燃料形式的不同可以分为CNG汽车和LNG汽车。CNG汽车将天然气压缩到20兆帕，储存于车载储气瓶中供汽车使用。目前出租车储气规模一般为12～15立方米，公交车可达到60～80立方米，续驶里程较短，200～300千米。从世界范围来看，目前CNG汽车是天然气汽车发展的主流方向。

LNG汽车是将液化天然气（温度为－162℃）直接注入车内储液瓶供汽车使用。LNG密度为标准状态下的600多倍，出租车储气规模一般为30～40立方米，公交车为100～200立方米，续驶里程可达400～800千米，更适于城际客车和货运车。20世纪80年代，美国、加拿大、德国和法国等国家开始研究LNG汽车技术，20世纪90年代初技术已趋成熟，并开始小规模推广。在我国，北京、乌鲁木齐、长沙、贵阳等城市自2003年以来开展了LNG汽车在城市公交车方面的示范应用。目前LNG汽车在我国的发展面临一系列的制约因素，如资源供应不足、储罐价格偏高、低温仪器和设备技术不够先进、汽车及加气站建设国内标准不健全等。因此，在未来一段时间内，我国天然气汽车发展仍然以CNG汽车为主，在沿海进口LNG地区可以适当发展LNG汽车。

（2）汽车发动机发展方向

改装车是一个城市或地区发展初期的过渡。OEM单燃料天然气汽车是主导趋势。

在CNG汽车市场发展的初期，加气站网络建设不完善，为快速启动市场，天然气汽车以改装的两用燃料车为主。

改装的天然气汽车虽然排放量有所降低，但仍不是真正意义上的清洁汽车，而且动力性要下降10%左右。对于出租车来说，一般出租车的寿命周期只有5年，使用3年以上的出租车再改装就失去意义了。随着CNG汽车市场的逐步发展，OEM单燃料逐渐成为主流。在我国天然气汽车发展较早的四川省和重庆市，1998年开始推广天然气汽车，目前天然气汽车的生产方式基本实现了由改装到整车生产的过渡，OEM单燃料车的比例由2006年的32.5%增长到2010年的98%。

虽然天然气/汽油两用燃料汽车在动力性能、排放方面有一定的局限性，但由于我国CNG加气站网络不完善，因此在现阶段我国CNG汽车仍然是以两用燃料车为主。单燃料天然气发动机在节省燃料、增强动力性、排放水平、单次充气行驶里程方面都有很大提升。目前国内OEM单燃料天然气汽车已批量投放市场，购买成本将逐步降低，因此未来天然气汽车发展的趋势将是OEM单燃料车。

(3)汽车车型发展方向

天然气汽车车型发展方向是：首推公交车、出租车，其次，发展市政车、私家车，最后开展区域性应用（公路客车、重型货车；发电机组等）。

天然气汽车应用领域的选择是关系到天然气汽车能否保持持续快速增长的重要因素。

在我国，有相对固定行驶路线的出租车、公交车约占我国汽车保有量的10%，但是其年运行总里程却是私家车的5~10倍，因此出租车、公交车是我国CNG汽车发展的首选目标。对于北京等大城市来说，应以发展公交为主，原产车为主；中小城市则以发展出租车为主，车型初期以改装车为主，逐步过渡到原产车。但由于公交车、出租车的总容量有限，当CNG汽车发展到一定规模后，可能会进入一个相对停滞期。随着加气网络的完善，城市市政车、功能车和私家车会逐步成为天然气汽车的发展方向，四川省和重庆市在这方面已有了较大发展。同时，还应积极开展区域性应用，发展都市物流车、城际客运、区间物流等，形成沿国家主干公路的加气站布局，变“一点”发展为“沿线”发展，最终形成“全面”发展。

可以预见，随着国内天然气管网的逐步完善和全国范围内加气站网络的逐步形成，天然气汽车必将得到大力推广，CNG加气站业务的市场空间将极为广阔。

3. 存在的问题和面临的挑战

(1)存在的问题

①供气体系建设有难度。加气站规模化是发展天然气汽车的支撑条件和关键环节，同时站址选择是否合理得当直接决定着企业的经营效益。目前，出于安全的考虑，国内加气站按照建设要求，必须与周围建(构)筑物保持相当的距离，例如，储气瓶组与站外重要公共建筑物的距离100米，与民用建筑物一类保护物的距离为20~30米。国内大中城市CNG加气站在规划上很难做到合理布局选址，导致城市内加气站站点布置不合理，车辆空驶耗气，影响了CNG汽车发展的积极性。另外，现在许多大中城市CNG站建设用地采用招标的形式出让，土地价格偏高导致加气站建设成本整体升高，经济效益难以得到保证。

②储气瓶占用空间较大，携带不便。要保证相同的续驶里程，天然气汽车储气瓶的体积比汽车油箱就要大许多，相对降低了车辆的承载能力。储气瓶在压力下的携带，技术上不是难题，但毕竟不如汽油和柴油方便。而且气瓶储气量直接关系到续驶的里程。

③汽车用户的初始投资较大。天然气汽车的一些部件如储气瓶、安全阀等，要求严格，成本较高。此外，尚未形成规模效益，使得它们的造价下降受限。对于目前采用的两用燃料车，则要在原车上另加一套价值数千元到数万元不等的天然气供气系统。

(2)面临的挑战

①市场竞争日趋激烈。随着我国天然气长输管道、配气管网等基础设施的建设，天然气市场迅速发展，各地政府都已认识到CNG汽车的环保效益和经济效益，纷纷鼓励发展天然气汽车。CNG加气站由于具有区域垄断性、收益稳定性和良好成长性等特点，正在成为各路资本关注的焦点之一，外资、民资和国有资本纷纷进入。目前，国内从事CNG加气站投资和运营的企业可分为四种类型：一是国有大型企业，如中国石油、华润燃气、中国石化、中国海油等；二是城市燃气公司，如北京燃气、重庆燃气、新奥燃气、中国燃气等；三是地方公交公司，如北京公交、重庆公交、兰州公交等；四是各类民营实体，如中油洁能、富华燃气、民生燃气等。各地政府和多种投资主体的介入，使得目前国内CNG市场竞争激烈。

②安全管理要求高、车辆排放达到更高标准。安全是头等大事。天然气的性质与被压缩后的气体高压力，要求CNG必须严格按照相关标准规范进行设计和建造，并按照规定对设施进行保养和定期检验，对相关操作人员进行严格培训。

谈起天然气汽车，人们可能会认为其环保效益非常好，相对于国Ⅲ标准的燃油车而言，目前市场上改装的双燃料汽车基本上没有环保优势，只是可以达到一些中小城市的国Ⅱ环保标准。对于环保要求较高的城市，如北京要求国Ⅳ标准，改装的两用燃料汽车以及国内两用燃料原产车基本上达不到要求，还需要采用价格高、维修成本高、配件供应周期长的进口天然气发动机，大部分城市望而却步。现阶段国内原产重型燃气发动机、燃气轿车整车排放可满足国Ⅲ、国Ⅳ标准，国Ⅴ轿车和重型天然气发动机处于研发中。

4. 下一步发展建议

国家颁布的《天然气利用政策》中，鼓励天然气大力发展，提升天然气在一次能源结构中的比例，明确规定天然气汽车属于“优先类”用气项目，国家清洁汽车行动已将天然气列为首选的汽车替代燃料。目前中国的天然气工业已进入加快发展阶段，市场需求大幅增长，消费市场由区域市场向全国市场转变。

为了实现“十二五”节能减排的战略目标，国家已经规划在“十二五”期间重点发展清洁能源汽车。发展替代燃料汽车是缓解能源压力、实现节能减排目标的一大举措，而在有条件的地区发展天然气汽车是首选。

随着燃气汽车技术的加速发展，燃气汽车数量不断增加，气质处理、建站改车需要制造的设备配件越来越多，且规格型号、品种也不断增加，只有跨部门、跨行业组织许多科研院所及厂家进行广泛的研究才能满足需要。要组织众多的单位，研究生产同一种设备所需零部件，而且最后组装成套，保证质量合格、若不实行统一的标准，大家各自为政，那么最后加工生产出的产品很难具有互换性、兼容性和通用性。通过实行标准化管理，使每个企事业单位、科研院所和生产环节，都有共同的规范可依；遵循统一的技术标准，可以保证完成的任务是有价值的，而不是仅仅只局限在生产、制造者的小圈子内。因此，为促进和保证燃气汽车的健康、快速发展，经国家技术监督局批准，成立了“全国汽车标准化技术委员会燃气汽车分技术委员会”，负责全国燃气汽车标准化技术归口工作。

CNG汽车技术成熟，推广运用基础设施完善，管理经验丰富，标准法规健全，最适用于短距离运行的公交车、出租车。

LNG汽车具有续驶里程长、安全性好、环保效益突出、建站容易、便于推广应用等许多优点。LNG汽车最适用于600km范围内的城市区间车运行，其次适用于城市公交车运行。

由于我国LNG汽车的研究开发时间较短，生产规模小，实际推广应用效果不尽如人意，在很大程度上影响和制约了我国LNG汽车的健康、快速发展。随着国家新环保法规的实施、经济技术的发展和环保意识的提高，LNG汽车的技术含量应逐步提高。由此，政府要加速推出相关技术标准，注重引导企业加大对于新能源汽车的关键技术和关键零部件的投入，同时，也要在基础研究、公共技术研究方面给予持续的财政支持。

（国家燃气汽车工程技术研究中心　陈万应）

六、动力电池

2010年，我国将新能源汽车列为七个战略性新兴产业之一进行重点支持，着力突破动力电池、驱动电机和电子控制领域关键核心技术，推进插电式混合动力汽车、纯电动汽车推广应用和产业化。在工信部牵头的“节能与新能源汽车研发和产业化专项（2011～2020年）”规划（征求意见稿）中，以纯电驱动为支持重点，2015年纯电驱动汽车保有量预计达到50万辆，2020年纯电驱动汽车保有量预计达到500万辆。科技部在电动汽车科技发展“十二五”专项规划中，继续坚持“三纵三横”的研发布局，重点推进关键零部件技术（电池—电机—电控）、整车集成技术（混合动力—纯电驱动—下一代纯电驱动）和公共平台技术（技术标准法规—基础设施—测试评价技术）的研究与攻关，规划到2015年，电动汽车保有量达100万辆，产值预期超过1000亿元。上述为动力电池的快速发展在技术、应用及政策支持等方面打下了坚实的基础。

1. 国内动力电池研发进展

（1）动力电池总体及技术进展概况

中国政府通过两个五年计划的大力支持，动力电池技术水平得到了很大的提升，自主研发出用于混合电动汽车的高功率型电池和用于纯电动汽车的高能量型电池，形成了镍氢和锂离子6～100安时多个系列车用动力电池，功率密度和能量密度等关键指标明显进步。镍氢电池已经批量用于混合动力轿车和客车开展大规模示范运行，锂离子电池在奥运会、世博会电动汽车大规模应用中得到了验证，目前正在私人购买乘用车领域进行规模应用。

在锂动力电池方面，国内主要锂离子电池生产厂家通过自主研发方式，研制出8～100安时多个系列产品，已形成产品系列，产品性能已有明显提高，能支持样车和示范车型配套，安全性能指标取得明显进步，具有明显的价格优势。HEV用功率型锂离子电池模块的常规循环寿命达1000次左右；EV用高能量型磷酸铁锂电池的能量密度可达110瓦时/千克以上，电池系统的循环寿命达到了1000次以上。

在镍氢电池方面，国内主要镍氢电池生产厂家通过自主研发或合资方式，研制出6～80安时多个系列产品，产品性能已有明显提高，部分产品可与量产车型配套。HEV用高功率型锂离子动力电池在85%，SOC下采用20～30C放电时，电池的峰值功率可以达到1173瓦/千克。我国研制的镍氢动力电池主要用于混合电动轿车（小容量）和混合电动客车（较大容量）。目前，大部分型号电池的能量密度和功率密度满足了国家“863计划”的相关要求，并在自主开发的混合动力汽车上得到实际应用，单车最大运行里程已超过了15万公里。

在锂离子电池领域，我国在尖晶石型锰酸锂及橄榄石型磷酸铁锂正极材料、石墨类负极材料等关键原材料方面掌握核心技术并具备产业化制造技术能力，在动力电池制造技术方面，逐步从半自动中试向全自动大规模制造技术过渡，掌握了动力电池的配方设计、结构设计和制造工艺技术，在系统集成技术和能力方面取得较大进展和突破。

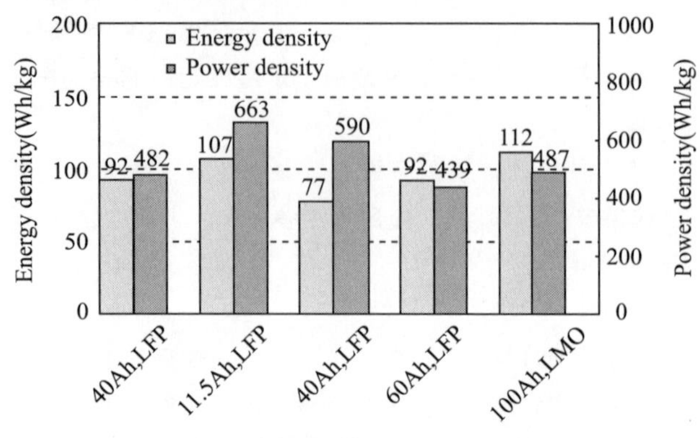

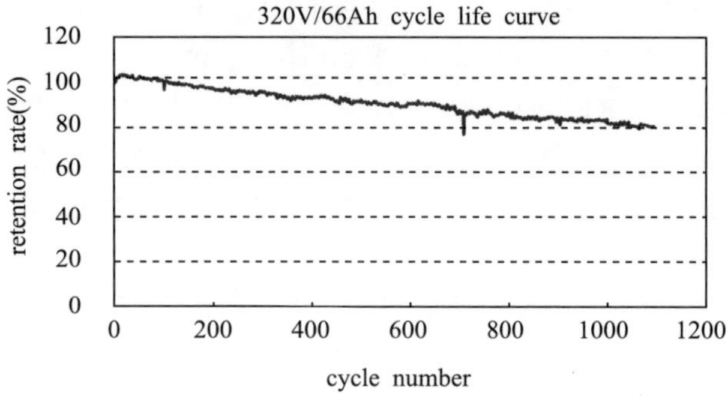

图1-6-1 我国EV用锂离子电池的进展

锂离子动力电池技术水平已经具备支撑电动汽车开展大规模商业化示范运行的技术和产业条件。

在镍氢电池领域，我国完整掌握了材料、电池开发、制造技术等核心技术，并具备了大规模产业化制造技术，具备了产业化基础条件，在系统集成技术和能力方面取得较大进展和突破，有效地支撑了混合动力汽车的大规模示范。

据了解，中国部分主流动蓄电池企业的典型产品技术指标（锂离子动力电池）见表1-6-1。

表1-6-1 中国主流动力电池产品主要技术指标概况

额定容量（Ah）	8	6	20	16.5	35	50	90
标称电压（V）	3.6	3.2	3.2	3.2	3.6	3.2	3.6
能量密度（Wh/kg）	100	50	97	115	135	128	130
功率密度（W/kg）	2300	1600	1890	700	—	1000	600
重量（kg）	0.30	0.38	0.63	0.45	1.004	1.20	2.80
应用范围	HEV	HEV	HEV	EV	EV	EV	EV
结构形式	软包	铝壳	软包	铝壳	软包	铝壳	软包

在价格方面，随着中国电动汽车市场的快速增长，动力电池的规模化效应凸显，动力电池的价格呈现快速下降的趋势。据统计，我国混合电动汽车锂离子动力电池的价格在6~8元/瓦时（不含管理系统），而插电式混合电动汽车及纯电动汽车锂离子动力电池的价格在3~5元/瓦时（不含管理系统）。而混合电动汽车镍氢动力电池的价格10~14元/瓦时（乘用车，不含管理系统），混合电动汽车镍氢动力电池的价格6~8元/瓦时（商用车，不含管理系统）。

在动力电池产业化方面，动力电池企业对产业化的投入大大加强，初步具备了动力电池生产装备设计制造能力，有竞争潜力的大型电池企业正在快速成长。通过对我国动力电池企业的摸底调研，目前国内动力电池企业超过100家，总投资额超过100亿元人民币，形成了以珠江三角洲、长江三角洲以及京津地区三大区域为主的动力电池产业集群带，并得到了中央和地方政府的大力支持，规划的年产能合计超过100亿瓦时。

据统计，2010年中国主流车用镍氢和锂离子动力电池企业的年生产能力分别超过了3.7亿瓦时和21亿瓦时（表1-6-2）。

表1-6-2 中国主流动力电池企业产能情况统计

产品类别	企业名称	2010年产能（亿瓦时）
镍氢动力电池	湖南科霸公司	0.12
	中炬森莱	1.20
	湖南神舟	0.60
	江苏春兰	1.00
	内蒙古稀奥科	0.78
锂离子动力电池	天津力神	7.00
	比克国际（天津）	0.54
	天津捷威	0.90
	深圳比亚迪	2.50
	哈尔滨光宇	4.00
	杭州万向	1.28
	中信国安盟固利	2.16
	苏州星恒	2.52
	上海航天电源	0.48
	合　计	25.08

在动力电池标准化方面，自“九五”以来，组织制定并由标准化主管部门批准发布电动车辆相关的国家标准和行业标准42项（截至2010年年底），见表1-6-3。

表1-6-3 中国电动汽车相关标准统计

类　型		实施项目	标准属性
整　车	纯电动汽车	8项	GB/T
	混合动力汽车	6项	GB/T
	燃料电池汽车	4项	GB/T + QC/T
	电动摩托车	6项	GB + GB/T + QC/T
基础、通用标准		4项	GB/T
关键部件标准	动力电池等	8项	GB/T + QC/T
	电机及控制器	2项	GB/T
	充电机（站）	4项	GB/T

注：GB/T为推荐性国家标准；QC/T为汽车行业标准；GB为国家标准。

在动力电池方面已发布实施的标准见表 1－6－4。

表 1－6－4　动力电池相关标准统计

序　号	标准号	标准名称	备　注
1	GB/T　18332.1—2009	电动道路车辆用铅酸蓄电池	MOD IEC 61982－1:2006
2	GB/T　18332.2—2001	电动道路车辆用金属氢化物镍蓄电池	自主制定
3	GB/Z　18333.1—2001	电动道路车辆用锂离子蓄电池	自主制定
4	GB/Z　18333.2—2001	电动道路车辆用锌空气蓄电池	自主制定
5	QC/T 741－2006	车用超级电容器	自主制定
6	QC/T 742－2006	电动汽车用铅酸蓄电池	自主制定
7	QC/T 743－2006	电动汽车用锂离子蓄电池	自主制定
8	QC/T 744－2006	电动汽车用金属氢化物镍蓄电池	自主制定

目前正在制定的动力电池相关标准内容包括动力电池相关规格尺寸、安全、循环寿命、测试规程等标准；与电池相关的电池管理系统、通信协议、充电接口、充电站等相关标准等（见表 1－6－5）。

表 1－6－5　正在制定的动力电池标准列表

序号	标准名称
1	电动汽车用动力电池产品规格尺寸
2	电动汽车用锂离子电池包/系统测试规程
3	电动汽车用动力电池循环性能要求
4	电动汽车动力电池安全性能要求
5	电动汽车充电站通用要求
6	电动汽车动力电池系统通用要求
7	电动汽车动力电池系统电池箱通用要求
8	电动汽车电池管理系统和充电机之间的通讯协议
9	电动汽车充电接口
10	电池管理系统技术条件和试验方法

其中动力电池规格尺寸标准属于推荐性标准，主要针对镍氢和锂离子动力电池单体，给出了不同规格的最大外形尺寸，不绝对限制容量值，给出的规格尺寸为优选值；制定过程中充分考虑“863”研发和产业化团队以及其他具有行业影响力的电池企业的产品；同时该标准将根据行业发展情况，及时对规格尺寸优选序列进行调整。该标准已于 2011 年 3 月发布实施，具体内容见表 1－6－6、表1－6－7。

表 1－6－6　锂离子动力电池规格尺寸

额定电压（V）	额定容量（Ah）	最大外形尺寸（mm）		
		长(直径)	宽	高
3.6	8	66.0	18.0	148.0
3.6	100	343.0	18.5	254.0
3.2	2	26.0	—	65.0
3.2	15	72.0	29.0	120.0
3.2	15	136.0	8.0	230.0
3.2	20	92.0	34.0	146.0
3.2	20	110.0	25.0	120.0
3.2	50	100.0	28.0	376.0

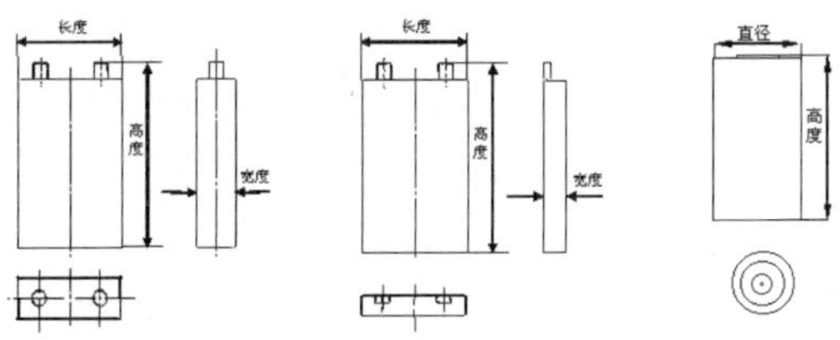

图 1－6－2　锂离子动力电池规格示意图

表 1－6－7　镍氢动力电池规格尺寸

额定电压（V）	额定容量（Ah）	最大外形尺寸（mm）		
		长(直径)	宽	高
1.2	6	33.0	—	61.5
1.2	6	60.0	20.5	83.5
1.2	40	83.0	28.5	158.5
1.2	60	100.5	29.0	184
7.2	6	276.0	22.0	120.0

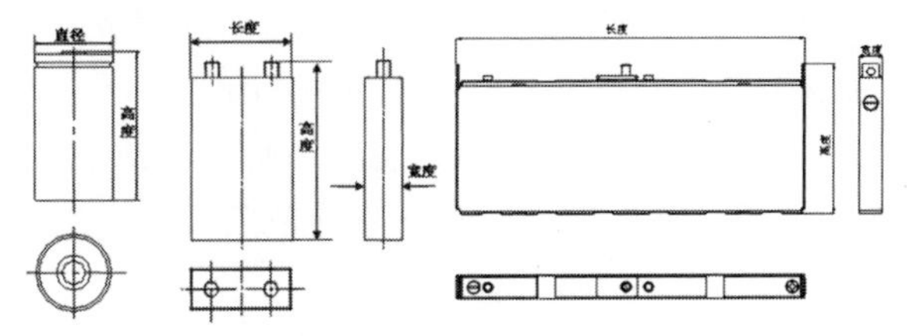

图 1－6－3　镍氢动力电池规格示意图

其中锂离子电池包/电池系统测试规程是第一个针对电池包和电池系统级别的国家标准。起草过程中参考了同步起草的国际标准 ISO 12405，主要包括了基本性能测试、可靠性测试和安全性测试，同时定义了动力电池测试的一些通用条件，如标准放电、标准循环、环境适应、SOC 调整、静置时间等。

其中动力电池安全性能要求规定了在合理的可预见误用或滥用情况下，动力电池的安全要求和试验方法；增加海水浸泡、局部短路、高温充放电等试验项目；针对电池系统增加短路保护、过充电保护和过放电保护等试验项目；对于加热、针刺和挤压等项目的试验方法和试验参数进行了修改、补充或完善。

其中动力电池循环性能要求针对镍氢和锂离子两类动力电池，包括单体、模块和系统三个方面，标准循环寿命（恒流充放电）和工况循环（动态放电）寿命相结合；针对EV轿车和客车、HEV轿车和客车制定不同的循环工况；对于HEV增加功率衰退的失效判据；提高寿命指标要求。

(2)"十二五"863计划大力支持四类储能技术研发

①混合动力汽车用电池及管理系统产业化技术攻关

研究目标：提高功率型动力电池系统的性能指标和产品化水平，形成系列化产品规模配套能力，完善产品生产、供应链和质量控制体系，实现批量化生产。

主要研究内容：研究电池单体结构设计以及体系配比技术，电极涂敷控制技术，单体电池一致性控制技术，电池安全性设计技术；研究电池分选技术；研究系统SOC、SOH和SOF估算和控制技术，电池系统高效管理技术，系统热、电、结构设计一体化集成技术；研究系统试验验证评价技术；研究大规模生产、成本控制和质量控制技术；研究电池回收利用技术。

表1-6-8　镍氢、锂离子电池主要考核指标

项　目	指　标			
	镍氢电池		锂离子电池	超级电容器
	轿　车	客　车		
功率密度，W/kg	≥900	≥700	≥1800	≥4000
能量密度，Wh/kg	≥30	≥40	≥50	≥5
使用寿命	25万km或10年		20万km或10年	40万次或10年

②纯电驱动汽车用锂离子动力电池研发与产业化

研究目标：以能量型动力电池模块和能量功率兼顾型动力电池系统研发为核心，掌握纯电驱动汽车用动力电池单体、模块及系统的设计开发和产业化关键技术，实现电池模块的标准化、系列化、通用化。

主要研究内容：研究电池结构设计和体系配比、电极涂敷性能测量控制、一致性控制、安全性设计、成本控制、分选等技术；研究电池模块（电压24V/36V，容量20Ah/50Ah）设计及组装、可靠性、安全性、轻量化设计、批量化生产、品质控制体系和在线检测等技术；研究电池系统SOC、SOH和SOF估算和控制技术，系统热、电、结构设计一体化集成与高效管理技术；研究系统试验评价技术，研究大规模生产、成本控制和质量控制技术；研究电池全生命周期使用成本与回收利用技术。

主要考核指标：

- 能量型锂离子电池模块：功率密度≥600 W/kg，能量密度≥120Wh/kg，循环寿命≥1600次，安全性满足国家标准或规范；
- 能量功率兼顾型锂离子电池系统：功率密度≥800 W/kg，能量密度≥85Wh/kg，循环寿命≥1500次，可靠性满足整车集成要求，安全性、电磁兼容性满足国家标准或规范。

③超级电容器产业化技术攻关

研究目标：提高功率型超级电容器单体技术水平，开发标准化和模块化的混合动力汽车电源模块，突破产业化关键技术。突破能量型超级电容器核心技术，在保持超级电容器高比功率、长寿命和快充特点的基础上，大幅度提高比能量。

主要研究内容：

功率型超级电容器：研究碳材料、电解液等关键材料技术；研究电极工艺、系统封装，均一性、筛选组合、电均衡、热均衡和系统集成技术等。

能量型超级电容器：研究先进电极等关键材料技术；研究先进制造工艺及电解液配制技术等；研究单体电容电性能设计和结构设计、模块设计，模块均衡及热管理等技术；研究产业化关键技术等。

主要考核指标：

- 功率型超级电容器：功率密度≥8000W/kg，能量密度≥6Wh/kg，循环寿命≥500000次，安全性满足国家标准或规范；
- 能量型超级电容器：功率密度≥3000W/kg，能量密度≥30Wh/kg，循环寿命≥10000次，安全性满足国家标准或规范。

④下一代电池技术研究与开发

研究目标：研发新型电极材料及新型锂离子动力电池，大幅度提高锂离子电池综合性能；开展新体系动力电池电化学机理和电极结构研究，为确立我国下一代车用动力电池技术发展路线提供技术支撑。

主要研究内容：

新型锂离子动力电池：研发高性能正极材料；研发高容量负极材料；研发具有宽电化学窗口、高电导和高安全性的新型电解质体系和新型隔膜；研究应用新型电极材料的高性能电池设计与制造工艺，研究新型锂离子电池安全设计和评价技术。

新体系动力电池：研发能量型新体系二次电池，研究其电化学反应机制，探索新型结构的电极技术和提高循环寿命的技术途径，重点解决电极的循环稳定性和可逆性。

主要考核指标：

重点考核能量密度、功率密度、安全性及循环寿命等关键技术指标的先进性和可行性。

2. 国际发展趋势

动力电池是掌握新能源汽车全球竞争制高点的关键，

各国政府对发展动力电池技术和产业给予了高度的重视。首先是实施大规模的产业补贴政策。如美国政府 2009 年拨款 15 亿美元资助动力电池在美国本土设立制造工厂；日本政府安排 245 亿日元用于下一代汽车电池的开发（2007—2011 年），210 亿日元针对电池创新的先进基础科学研究（2009—2015 年），并制定了动力电池路线图和行动计划，力争保持世界领先地位；欧盟国家也纷纷出台动力电池行动计划和技术路线图，投入巨资开展基础研究和工程示范项目。

其次，在技术路线规划方面，各国都根据自身的产业和技术优势制定颁布动力电池技术路线图，积聚产业和技术资源形成“官产学研”的联盟机制，抢占行业技术制高点。如日本 NEDO 于 2008 年发布“新一代汽车用蓄电池技术开发路线图”，明确了在 2020 年之前三阶段发展锂离子动力电池技术，2030 年之前完成新技术体系电池的开发和产业化；美国通过 USABC 机制，形成了“政府—车企—电池”的联盟，依托技术优势大力发展动力电池产业规模，培育产业国际竞争力；欧美主要车企都在政府支持下积极寻求与电池企业的合资合作，构建产业竞争力。

面对电动汽车需求带来的动力电池产业浪潮，各国政府都在积极推动本国产业、技术资源的联盟，制定产业发展的技术路线图，力图把握未来电动汽车产业的制高点。

为此，世界主要电池企业均对锂离子动力电池进行了较大资金的投入，进行了相应的产品开发和产能规划（见表 1－6－9）。

表 1－6－9　国外动力电池企业典型产品技术参数

参数 企业	电池容量（Ah）	标称电压（V）	能量密度（Wh/kg）	机构形式
LEJ	50	3.7	109	钢壳
AESC	33	3.6	140	软包
A123	20	3.2	135	软包
Li－tec	40	3.6	135	软包
PEVE	12	3.6	74	钢壳
LGC	15	3.6	145	聚合物
Toshiba	4.2	2.4	65	钢壳

表 1－6－10　国外动力电池企业产能规划汇总

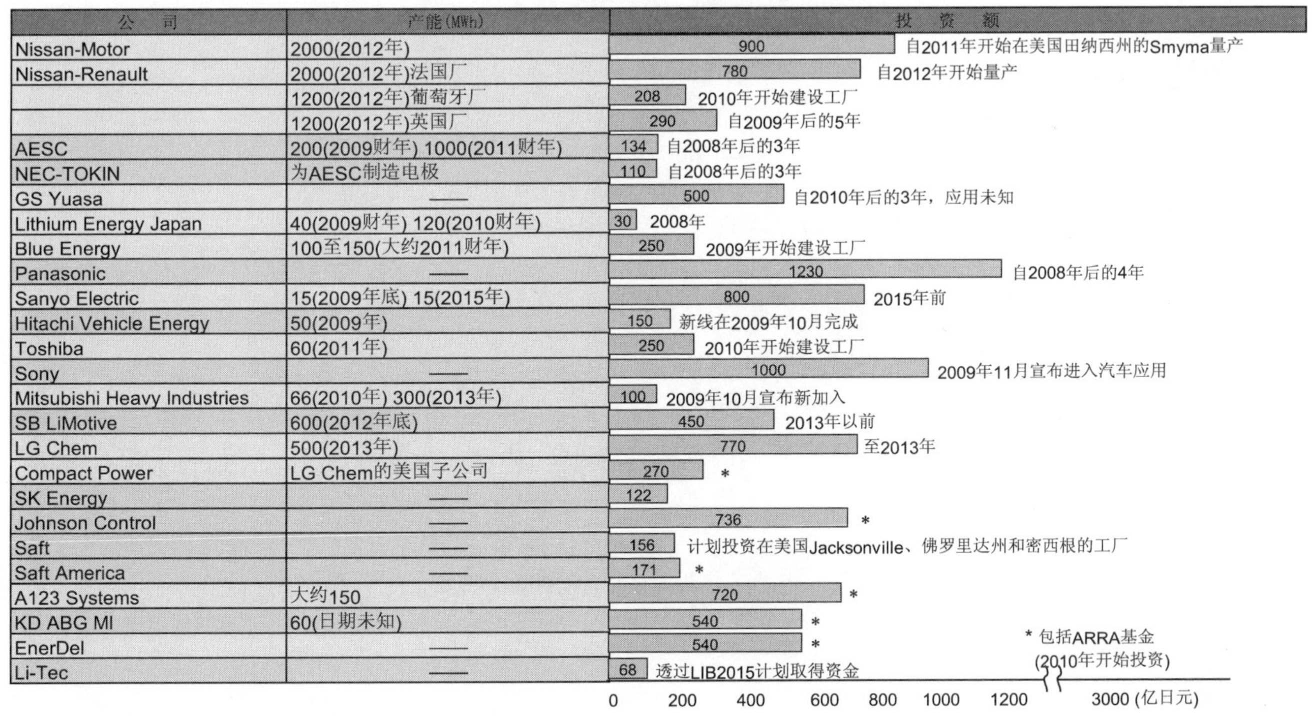

公　司	产能(MWh)	投　资　额	
Nissan-Motor	2000(2012年)	900	自2011年开始在美国田纳西州的Smyma量产
Nissan-Renault	2000(2012年)法国厂	780	自2012年开始量产
	1200(2012年)葡萄牙厂	208	2010年开始建设工厂
	1200(2012年)英国厂	290	自2009年后的5年
AESC	200(2009财年) 1000(2011财年)	134	自2008年后的3年
NEC-TOKIN	为AESC制造电极	110	自2008年后的3年
GS Yuasa	——	500	自2010年后的3年，应用未知
Lithium Energy Japan	40(2009财年) 120(2010财年)	30	2008年
Blue Energy	100至150(大约2011财年)	250	2009年开始建设工厂
Panasonic	——	1230	自2008年后的4年
Sanyo Electric	15(2009年底) 15(2015年)	800	2015年前
Hitachi Vehicle Energy	50(2009年)	150	新线在2009年10月完成
Toshiba	60(2011年)	250	2010年开始建设工厂
Sony	——	1000	2009年11月宣布进入汽车应用
Mitsubishi Heavy Industries	66(2010年) 300(2013年)	100	2009年10月宣布新加入
SB LiMotive	600(2012年底)	450	2013年以前
LG Chem	500(2013年)	770	至2013年
Compact Power	LG Chem的美国子公司	270	*
SK Energy	——	122	
Johnson Control	——	736	*
Saft	——	156	计划投资在美国Jacksonville、佛罗里达州和密西根的工厂
Saft America	——	171	*
A123 Systems	大约150	720	*
KD ABG MI	60(日期未知)	540	*
EnerDel	——	540	*
Li-Tec	——	68	透过LIB2015计划取得资金

车用动力电池是电动汽车产业化的重要支撑和关键瓶颈，经过多年的技术攻关和示范验证，国际上对车用动力电池的发展基本呈现以下趋势：

（1）镍氢电池作为成熟的车载能源系统，是近期混合动力汽车大规模产业化的主要选择，同时锂离子电池的考核验证力度和替代步伐在不断加大。

（2）锂离子动力电池成为中长期的主要发展方向，是推动汽车产业向 PHEV、EV 过渡的关键部件，是产业投资的焦点。

（3）新一代电池技术体系，尤其是新型锂离子动力电池和新体系动力电池的技术攻关是影响未来产业格局的关键制高点。

(4) 整车企业通过合资、参股等形式参与动力电池产业，成为推动蓄电池技术进步和应用推广的重要因素，产业联盟的组织形式成为动力电池产业发展的重要保障。

3. 目前存在的问题

相比日本、美国等发达国家的车用蓄电池技术产业发展情况，我国车用蓄电池产业发展仍存在以下不足：

(1) 尽管有一定的产业规模优势，但是动力电池的性能相比较国际先进水平仍然有差距，如产品综合电性能、均匀一致性、使用寿命等。

(2) 在电池模块化技术，尤其是在电池系统集成技术方面，我国虽处于快速发展阶段，但不能较好地与整车技术需求对接，制约了车用动力电池的规模应用。

(3) 在基础研究方面的积累滞后于企业的制造规模，导致了企业在产品开发上处于劣势，在国际竞争中以低成本竞争，影响产品品质。

(4) 部分关键原材料核心技术缺乏导致产业链的发展不均衡，影响到了产业整体的竞争力。

(5) 资源组织和产业联盟体制须加快建立和完善。

(6) 产业化装备和工程化技术研究需要加强，在小容量锂电池积累的工程经验将会在大容量、高功率、多数量电池成组应用的车用蓄电池产业化过程中面临巨大的考验。

4. 下一步亟待解决的技术难点及研究办法

(1) 突破动力电池及系统的安全性、一致性、可靠性与低成本等关键技术，促进动力电池系统集成和模块技术的快速发展。加强电池单体、模块、电池系统（含管理系统）的安全、运行环境下的可靠性与寿命等的考核。

(2) 加快动力电池相关关键材料和产业化装备等产业的国产化，如高性能单层/复合隔膜、六氟磷酸锂等材料，以及匀浆、涂敷、碾压及分切等产业化装备。

(3) 完善动力电池评价体系软硬件建设，深入开展电池日历寿命、温度适应性（特别是低温下）等的考核。

(4) 加快动力电池循环利用的相关研究和示范。

(5) 动力电池企业加强对整车的了解及与整车企业的配合等。

（中国电子科技集团第十八研究所　肖成伟）

七、燃料电池

在科技部、各级地方政府及企业的支持下，2010 年我国车用燃料电池技术稳步发展，从关键材料、核心部件、系统等各个层次均取得很大进步，“十一五”时期各项课题都相继获得验收。2010 年上海世博会上的燃料电池汽车是“十一五”成果的集中体现，这是规模最大的一次燃料电池演示示范，196 辆燃料电池汽车成为世博会高效的清洁能源展示的重要元素，是燃料电池发展的重要里程碑。在国际上，尽管美国奥巴马政府对燃料电池汽车投入有所缩减，但是各大汽车公司仍然持续进行推进，有计划、有步骤地促进燃料电池电动汽车研发进程，以美国通用公司(GM)、联合技术公司(UTC)与日本的丰田、本田等公司为代表的燃料电池汽车技术进步令人瞩目。从长远来看，燃料电池汽车以其动力性能高、续驶里程长、兼容可再生能源等特点，仍然是电动汽车的理想动力源，但成本、寿命还是现阶段燃料电池汽车商业化的瓶颈问题，国内外研究人员正在为解决这些瓶颈技术而孜孜不倦地努力着。

1. 2010 年国际车用燃料电池进展概况

(1) 燃料电池汽车寿命的突破。美国 UTC 公司与美国 AC Transit 运输公司合作，在加州奥克兰市成功地进行了燃料电池公交车示范运行。截至 2010 年 6 月底，其 120kW 的燃料电池系统（PureMotion Ⓡ Model 120）在没有更换任何部件条件下已经运行了 7000h，远超过美国能源部制定的 2015 年的 5000h 寿命目标。UTC 公司的技术特点是采用自己独特的电堆结构，强化了水管理，使燃料电池在全工况内保持良好的水平衡状态；此外，在控制策略方面，尽量避开不利条件的影响，使燃料电池寿命有了显著的提高。

图 1-7-1　UTC 燃料电池客车

(2) 燃料电池汽车性能的提升。美国 GM 公司是具有世界领先水平的从事燃料电池汽车的研发企业，已经开发了几代燃料电池电动汽车。2010 年 3 月通用汽车公司宣称研制成功了第五代燃料电池车用燃料电池发动机（Chevrolet Equinox FCV），通过对系统与电池结构的改进，发动机尺寸比第四代技术减少了近一半，与传统的四缸内燃机相当；同时重量减轻 100kg。

图1－7－2　GM公司燃料电池客车与发动机

（3）燃料电池成本的降低。在性能提高的同时，美国GM公司也注重成本的降低，通过技术进步，车用燃料电池Pt用量得到大幅度的降低，同样是94kW的发动机，贵金属催化剂Pt的用量从上一代的80g降低到30g（约0.32g/kW），并计划2015年Pt用量再降低1/3（约10g）。日本丰田公司也注重低Pt燃料电池技术的开发，Pt催化剂用量也已经降低到原来的1/3，2015年预计单车成本降低至MYM50000，并计划2015实现燃料电池汽车商业化。

2. 2010年国内车用燃料电池发展概况

（1）示范运行情况

2010年上海世博会上总计196辆燃料电池汽车完成了历时6个月的示范运行，包括100辆观光车、90辆轿车、6辆大巴车（如图1－7－3所示）。其中，100辆观光车是由国内研制，装有5kW燃料电池系统。70辆轿车装载的是国内研发的燃料电池系统，分别是55kW和33kW两种类型的燃料电池发动机，前者是常规电－电混合模式，后者是Plug－in模式，平均单车运行里程4500～5000km，最长的单车运行累积里程达到10191km。3辆客车装载的是“863”“节能与新能源汽车重大项目”支持的80kW燃料电池发动机，累积运行了15674km，最长单车里程为6600km。

Plug－in型的燃料电池轿车是首次参加示范运行，采用中压系统，强调系统集成技术，整个发动机系统质量与体积比功率得到大幅度提升，其性能与外观如表1－7－1和图1－7－4所示。

图1－7－3　燃料电池发动机用于世博示范运行

表1－7－1　燃料电池发动机性能*

参　数	Plug－in轿车
FC额定功率（kW）	33
输出电压（V）	200～290
工作温度（℃）	～67
质量比功率（W/kg）	600
环境温度（℃）	5～45
绝缘电阻（MΩ）	＞2
额定输出效率（%）	49

*数据与图片由新源动力提供

图1－7－4　Plug－in燃料电池发动机

此外，2010年7月1日至9月23日，装有国产燃料电池发动机的客车，还参加了新加坡世青赛的示范运行，累计运行里程了1120km。该次示范运行，是继燃料电池轿车在美国加州后第二次走出国门，使我国燃料电池汽车再一次在国际上引起强烈反响。

(2)燃料电池关键材料与部件的进步

在“十一五”科技部“863”节能与新能源汽车重大项目“国产质子交换膜燃料电池电堆及关键材料的研制开发”课题支持下，国内研发团队进行了国产燃料电池关键材料和部件的开发，成功研制了高导电性及优化孔结构的炭纸、增强型复合质子交换膜、高稳定性/高活性Pt－Pd复合电催化剂、薄型全金属双极板等、高性能MEA。目前，这些国产材料已经完成了批量制备工艺开发，初步实现了材料和部件的小批量供应，经测试性能指标达到了国际同类产品水平。在此基础上，组装了国产化燃料电池电堆（如图1－7－5所示），采用新技术制备的MEA和双极板组装的电堆，性能有了很大的提高，且由于关键材料的国产化和Pt担量的降低，成本降低约50%。电堆的详细参数见表1－7－2所示。

表1－7－2　国产化燃料电池电堆性能

参　数	性　能
额定功率	60kW
最高工作点	0.6V@1250 mA/cm2
电堆Pt用量	0.8g/kW
电堆质量比功率	850W/kg
电堆体积比功率	1130W/L

＊数据与图片由新源动力提供

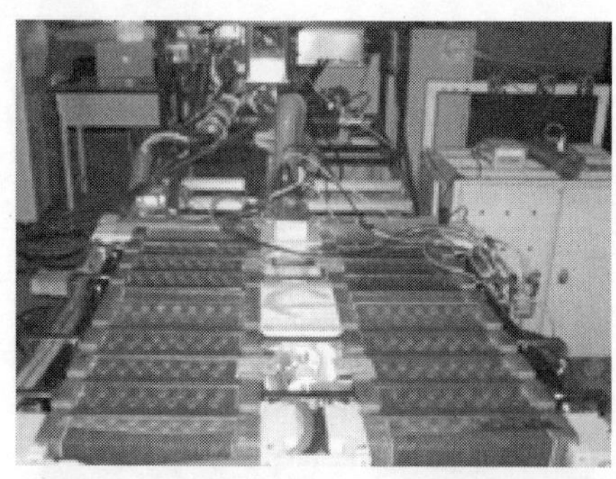

图1－7－5　国产化燃料电池电堆

3. 我国车用燃料电池技术差距与解决对策

目前，我国车用燃料电池技术距离商业化与国际先进水平尚存在一定的差距，主要体现在贵金属用量（成本）、可靠性、耐久性等方面（见表1－7－3）。针对存在的差距，需要从材料、部件与控制策略等方面进行技术改进与创新，从而使车用燃料电池在成本、耐久性等方面缩短与国际先进水平的差距，逐步接近商业化目标。

表1－7－3　车用燃料电池参数对比

参　数	国内水平	国际先进水平
Pt用量(g/kW)	0.8～1.2	0.3～0.5
电堆比功率(W/kg)	800～1000	1500～2000
系统比功率(W/kg)	200～300	650
低温环境(℃)	－10	－30
寿命(h)	2000～3000	7000

(1)燃料电池成本的降低

①研究新型催化剂与MEA制备技术，实现贵金属部分替代

目前车用燃料电池大多采用Pt作催化剂，贵金属Pt的用量是直接导致燃料电池汽车成本提高的重要因素；另外Pt资源的限制，也是必须降低Pt用量的重要原因。采用低Pt或非Pt催化剂是降低Pt用量的有效途径，通过加入第二种或第二种非Pt金属，利用电子或几何效应，达到低Pt情况下在保证高活性的同时、稳定性也相应提高。其中核壳型催化剂引起了学术界的普遍重视，利用非贵金属为支撑核，表面贵金属为壳的结构，可降低Pt用量，提高质量比活性。如采用欠电位沉积方法制备的Pt－Pd－Co/C单层核壳催化剂总质量比活性是商业催化剂Pt/C的3倍，利用脱合金(de－alloyed)方法制备的Pt－Cu－Co/C核壳电催化剂，质量比活性可达Pt/C的4倍。

除了催化剂本身以外，通过燃料电池膜电极组件(MEA)制备方法的改进，也是有效地提高Pt利用率、降低成本的重要技术。国际上已经发展了三代MEA技术路线：一是把催化层制备到扩散层上，通常采用丝网印刷方法，其技术已经基本成熟；二是把催化层制备到膜上（Catalyst Coated Membrane，CCM），与第一种方法比较，在一定程度上提高了催化剂的利用率与耐久性；三是有序化的MEA，把催化剂如Pt制备到有序化的纳米结构上，使电极呈有序化结构，有利于降低大电流密度下的传质阻力，进一步提高燃料电池性能，降低催化剂用量。利用有序化MEA制备技术，3M公司研制的纳米结构薄膜（nanostructured thin film，NSTF）MEA，其Pt担载量可降至0.15～0.25mg/cm^2，并显示了较好的性能。

②提高电堆的一致性

提高电堆的一致性，提升额定工作点电流密度，也是降低燃料电池Pt用量以及其他硬件成本的重要环节。车用燃料电池为了满足一定功率需求，电堆通常都是由数百节单电池组成，电堆内单电池间的一致性是保证燃料电池能够高功率运行的关键。一致性除了与燃料电池材料、部件加工的均一性有关外，还与电堆的水、气、热分配密切相

关，从设计、制备、操作三方面出发进行调控，通过模拟仿真手段研究流场结构、阻力分配对流体分布的影响，找出关键影响因素，重点研究水的传递、分配与水生成速度、水传递系数、电极/流场界面能之间的关系，研究稳态与动态载荷条件对电堆阻力的影响，保证电堆在运行过程中保持均一性，从而可以大幅提升额定点工作电流密度，提升电堆的功率密度，降低成本。

③发展碱性聚合物膜燃料电池，实现贵金属完全替代

碱性聚合物电解质膜燃料电池与质子交换膜燃料电池不同，它是以 OH^- 阴离子传导代替 H^+ 质子传导，使燃料电池由酸性变为碱性环境；另外，与传统的碱性燃料电池 KOH 液态电解质不同，由于没有可移动的金属阳离子，因此不会产生碳酸盐沉淀与电解液流失，给车用燃料电池带来了新的契机。由于碱性环境中的氧还原动力学快于酸性条件，催化剂可实现贵金属替代，使燃料电池成本得到根本性的降低。目前技术难点是研究高离子传导性、高稳定性的碱性离子交换膜，一些学者进行了季胺或季膦型聚合物膜的研究，通过对电解质可溶性溶剂的选择，制备出了带有立体化三相界面的非贵金属催化剂膜电极，但聚合物膜的离子传导性与稳定性还有待于进一步提高。

④发展可批量生产的国产关键材料，降低材料成本

燃料电池关键材料长期依赖进口，也是造成燃料电池成本高的重要原因，因此材料的国产化势在必行。"十一五" 863 计划"节能与系能源汽车重大项目"研究成果已经为车用燃料电池国产化奠定了良好的基础；在"十二五"期间，要巩固与完善"十一五"研究成果，进一步提高关键材料的性能与稳定性，同时，研究批量生产工艺与设备，逐步实现质子交换膜、电催化剂、炭纸等关键材料的国产化，降低车用燃料电池的成本。

(2) 燃料电池耐久性的提高

研究发现，与稳态电输出性能比较，燃料电池动态车载工况会造成燃料电池性能的大幅度衰减，包括关键材料催化剂的溶解、聚集与流失，质子交换膜的机械与化学衰减，以及关键部件 MEA 的结构变化、双极板几何与物性的改变等。其中材料的衰减对整个燃料电池性能衰减起了决定性作用，引起衰减的原因主要是燃料电池车载停车、启动、动态载荷、低载怠速等运行过程形成的高电位、电位动态扫描、操作参数频繁变化及反应过程形成的氢氧自由基等。表 1－7－4 列出了引起催化剂与膜衰减的主要原因。

基于衰减机理，改进燃料电池关键材料是提高耐久性的根本途径，现阶段可通过策略的改进，提高车用燃料电池耐久性。

表 1－7－4　燃料电池催化剂、膜衰减机理

材　料	机　理	原　因
催化剂衰减	1. Pt 溶解、聚集、流失	动态工况引起的电位扫描
	2. 炭载体腐蚀 $C + 2H_2O = CO_2 + 4H^+ + 4e^-$ (0.207V) $C + H_2O = CO + 2H^+ + 2e^-$ (0.518V)	高电位的形成： · 启动/停车氢空界面 · 动态循环燃料饥饿 · 低载、怠速 · 燃料局部饥饿 · 局部热点加剧炭腐蚀
膜的衰减	1. 物理衰减	动态操作引起膜机械性能下降 · 温度波动 · 湿度波动 · 压力波动
	2. 化学衰减	自由基的形成： · 停车开路状态气体渗透 · 金属阳离子杂质的催化作用 · 高温低湿加速自由基的形成 · 膜中 Pt 聚集处衰减加速

①高耐久性、稳定性的燃料电池关键材料与部件

在催化剂方面，采用二元或三元合金催化剂，利用过渡金属 M 与 Pt 之间的电子与几何效应，提高了 Pt 的稳定性及比活性，同时，降低了贵金属的用量，使催化剂成本也得到大幅度降低。如以 Au cluster 修饰 Pt 纳米粒子，提高了 Pt 的氧化电势，起到了抗 Pt 溶解的作用。Pt 3Pd/C 比 Pt/C 抗衰减能力得到较大提高，这是由于加入 Pd 也可提高了 Pt 的氧还原活性，改善其抗氧化能力。

催化剂载体方面，有两条研究路径，一是改进现有的碳载体材料，如采用高温石墨化处理等方法，可以提高高电位下载体的耐腐蚀性；二是采用新的载体材料，其中碳纳米管（carbon nanotube，CNT）或氮掺杂的碳纳米管、Wx-Cy、氧化铟锡（indium tin oxide，ITO）等为代表的新型载体材料是研究的热点，如何在提高耐腐蚀性同时保证其具有较高的比表面积是载体材料研究的难点。

质子交换膜方面，主要从提高机械性能与化学稳定性出发进行改进。采用多孔材料、碳纳米管、TiO_2 纳米管等与全氟磺酸树脂复合的增强膜，可以有效地增强膜的机械性能，使得在动态工况下，膜的稳定性有一个显著的提高；在膜中加入自由基淬灭剂，可以抵抗由于发电过程中氢氧自由基的攻击，提高化学稳定性；此外短侧链膜由于具有较好的质子传导率及高的稳定性也引起了关注，制备具有带自由基淬灭剂的短侧链复合膜是一个比较有前景的发展方向。

膜电极组件 MEA 方面，主流技术是发展有序化的 MEA。传统的 MEA 其催化剂、黏结剂和离子传导树脂都

是无序分布的，离子传导树脂沿曲折孔隙分布，离子传导路径长，极化损失大，反应极限电流密度低。采用组分与孔隙结构有序分布，不但可以提高催化剂的利用率降低成本，还可以减少电化学极化，提高燃料电池的性能。国际上3M公司制备的纳米薄层MEA在这方面进行了成功的探索，但还要深入进一步进行研究工作，完善电极结构与制备方法，提高MEA操作弹性与工况适应性，进一步提高车用燃料电池的性能与稳定性。

②控制策略的改进

燃料电池关键材料的研究需要相对长的时间，近期，可以在现有材料的基础上通过控制策略改变，提高耐久性。

研究发现动态循环工况、启动/停车过程、连续低载或怠速运行等过程是引起燃料电池衰减的主要原因，针对这些工况，提出车用燃料电池的合理控制策略，规避可能引起衰减条件的出现，起到保护材料避免受到侵害的作用。

动态循环工况对材料的主要影响是反应气滞后，造成电压瞬间过低及可能造成的局部燃料电池反极或热点，此外，动态载荷循环工况也会引起燃料电池电位在0.5~0.9V之间频繁变化，会使催化剂及炭载体衰减加剧。采用二次电池、超级电容器等储能装置与燃料电池构建电—电混合动力，既可减小燃料电池输出功率变化速率，又可以避免燃料电池载荷的大幅度波动，这样使燃料电池在相对稳定工况下工作，避免了加载瞬间由于空气饥饿引起的电压波动，减缓由于运行过程中的频繁变载引起的电位扫描导致的催化剂的加速衰减。还可采用“前馈”控制策略，即在加载前预置一定量的反应气，可以减轻反应气饥饿现象。

启动、停车也是造成燃料电池衰减的最常见的工况。研究发现车用燃料电池由于停车后环境空气的侵入，在启动或停车瞬间阳极侧易形成氢空界面，导致阴极高电位的产生，瞬间局部电位可以达到1.5V以上，引起碳载体氧化。

启动/停车过程利用辅助负载限电位法，可有效地抑制高电位产生。此外，碳腐蚀速率与进气速度密切相关，在启动过程中快速进气可以降低高电位停留时间，达到减少碳载体损失的目的。

当低载运行或怠速时，燃料电池电压处于较高范围，阴极电位通常在0.85~0.9V之间，在这个电位下的碳载体腐蚀与铂氧化也会直接导致燃料电池性能衰减。利用混合动力控制策略，在低载时通过给二次电池充电，提高电池的总功率输出，也可起到降低电位的目的。此外，美国UTC公司在一专利中阐述了怠速限电位的方法，他们提出通过调小空气量同时循环尾排空气、降低氧浓度的办法，达到抑制电位过高目的。

燃料电池发电是水伴生的电化学反应过程，水少则膜会干，质子传导率下降；水多则电极会发生“水淹”，使传质极化增大。保持燃料电池内水在一定的合适范围，尤其在动态工况下，使水能够跟踪动态操作变化，除了与电池结构和系统增湿器等部件有关外，还与控制策略密切相关，进行燃料电池内部水管理，实现电池在正常水含量范围内工作，是保证燃料电池正常稳定工作的前提条件。目前，增湿策略、排水策略、停车后水管理策略等方面技术在国内外专利中出现较多，研究电池内水传递、水分布对燃料电池性能与稳定性的影响也是学术界研究的热点问题。

结束语

新能源汽车已被列入国家七大战略性新型产业之一，燃料电池电动汽车作为新能源汽车的重要组成部分，将迎来“十二五”新的发展机遇。我们将“十一五”良好的基础上，继续进行车用燃料电池的研发，从关键材料、关键部件及系统控制策略出发，提高燃料电池耐久性、降低成本，切实可行地推进燃料电池汽车商业化进程。

（中国科学院大连化学物理研究所　衣宝廉、侯明）

八、驱动电机

1. 电动汽车用驱动电机系统发展现状

2010年是“十一五”计划的最后一年，我国经过“十五”和“十一五”电动汽车的科技攻关和产业化发展，围绕“三纵三横”的发展路线，已自主开发了满足各类电动汽车需求的驱动电机系统产品，获得了一大批电机系统的相关知识产权，形成具有核心竞争能力的车用驱动电机系统小批量生产能力。我国自主开发的永磁同步电机、交流异步电机和开关磁阻电机已经实现了与国内整车企业的小批量配套，系列化产品的功率范围覆盖200千瓦以下整车的动力需求，电机系统的主要性能指标达到相同功率等级的国际先进水平。

通过采用系统集成设计技术，实现了电机与发动机、变速器在机械、电磁和热管理的一体化设计与应用；同时对车用电机制造工艺进行了有益的研究探索，如拼块式铁心、高密度的绕线技术和整体充磁工艺等已开始用于产品实践；车用驱动电机系统检测试验手段有了初步的改善，电机测试基地建立了电机及其控制器专用性能测试台架，具备了较齐备的性能检测和初步环境试验检测条件，部分企业单位重视试验能力的建设，建成或正在建设一批试验台架。少数电机研制单位与整车单位共同开展测试规范的研究与制订工作，同时进行典型工况下的动力总成台架可靠性试验考核。

在技术突破方面，采用现代车用电机系统设计理念，初步解决多目标高性能车用电机的极限设计与多领域精确分析以及结合应用控制策略系统集成仿真的技术难题；以高密度永磁电机为代表的各类车用电机取得了明显进步，电机的功率密度进一步得到提升，电机系统高效区进一步拓宽，最高效率也进一步提高，系统的最高效率达到 94% 以上；在关键材料与关键零部件方面，如转速位置传感器的研制、高性能低成本绝缘材料开发、车用电机专用电工钢开发和电机磁性材料的稳定性研究方面，获得了初步成果，其中位置传感器和车用电机专用电工钢已经能完全替代进口，实现批量生产；在新型电机技术方面，国内部分企业、研究单位和高校对一些新原理的电机系统，进行了积极研究探索。在电机系统产业化方面，国内电机企业通过多渠道筹集资金，进行生产能力建设，目前已经具备一定的配套能力，生产规模基本满足目前电动汽车发展需求。

目前不少外资零部件企业正密切关注我国的新能源汽车市场，纷纷带着关键零部件技术，与我国整车企业就配套事宜接洽。该领域国外主要单位有德国的博世、大陆公司，美国德尔福和日本的电装公司等，德国的西门子在 2010 年也开始涉足车用电机领域。在产业化市场推广方面，美国伊顿公司采用并联混合传动技术所开发的面向轻型和中型货车的并联混合传动系统在美国商用卡车领域的运用正在越来越广，在全球范围已达 5000 台套规模，其动力系统集成的电机和电池以前均采用日本日立公司系统，在 2010 年国产的电池和电机系统已经开始通过试车验证，并成功用于济南公交。

日本丰田、本田和日产公司量产的电动车中，主要是自己企业研发和制造的车用驱动电机系统，同时这些公司也已开始和国内的主流电机企业开始交流合作，部分样机正在认证之中。美国的通用、福特和德国的宝马、奔驰、大众等公司也在积极和国内的高校、研究所和车用电机企业进行广泛的交流合作，如通用、福特正在和上海大学进行该领域的前沿技术合作。

在电机标准方面，已有电动汽车用电机系统可靠性国标和电动汽车用驱动电机系统故障分类及判断行业标准送审，另有电动汽车用驱动电机系统技术条件、试验方法两项国标修订和电动汽车用驱动电机系统接口行业标准正在起草过程中。

2. 2010 年我国及各个省市、骨干企业在电动汽车驱动电机系统技术和产品研发方面的情况

国内电机企业通过多渠道筹集资金，加强与上下游企业合作，正在积极完善产业链建设。上海电驱动、南车时代、大洋电机、精进电动、上海大郡、襄樊特种电机、湘潭电机和中纺锐力等企业通过多年技术积累或技术移植，目前纷纷投入进行电机生产能力建设，2010 年具备了一定的配套能力，并基本满足电动汽车发展需求。目前，我国国内市场的电动汽车大部分均由本土电机生产企业进行配套。

在国家“十城千辆”和六个给予私人购买电动汽车补贴示范城市等多个利好政策拉动下的中国电动汽车市场，驱动电机系统几乎全部采用了国内电机生产企业的产品。2010 年上海世博会期间，为世博园区服务的 1000 余辆新能源汽车业也由国内企业进行配套生产。

上海电驱动会聚了国内车用驱动电机系统行业优势资源，电动车辆用高密度永磁电机及其控制系统项目，获得上海市科技进步一等奖，产品分别在一汽、东风、上汽、长安、奇瑞、华普、华晨、吉利、长城、中通、金龙等国内知名汽车企业的整车中成功地进行了示范应用，部分产品已进入批量生产阶段。2010 年积极服务世博会，公司产品分别装载在燃料电池轿车、微型电动观光车、世博巡游花车等车型。公司在上海新能源汽车产业基地购买建筑用地 150 余亩，用于大批量生产能力建设。

南车时代公司对电机驱动系统的关键技术做了针对性的攻关，在电机驱动系统控制算法上、电机本体低噪声、高功率密度的设计上、电机控制器的轻量化设计上取得了突破，并在产品的批量制造工艺技术上、批量产品试验技术上和产品的批量应用技术上都取得了成绩，并应用到了 2010 年上海世博会提供的产品上，为世博会提供了 60 套纯电动车电驱动系统、60 套超级电容车电驱动系统。在“十城千辆”工程上，先后与郑州宇通、浙江青年、北汽福田、厦门金旅、深圳五洲龙、长春一汽、上海申沃、丹东黄海、盐城中大、河南少林、襄樊旅行车等知名商用车企业进行了合作。

大洋电机与北京理工大学电动汽车国家工程实验室正式合作，合作开发的永磁同步电机及驱动系统产品已取得了阶段性成功。大洋电机新动力公司生产的用车永磁同步电机及驱动系统产品功率范围覆盖广，包括 7.5kW、15kW、20kW、30kW、60kW、110kW 和 130kW 等系列，已用于 2T～8T 城市环卫车，12m 纯电动客车、迷迪轿车（福田）、萨博车系等。目前，公司已和北汽控股（含福田汽车）公司成立了合资公司。

北京中纺锐力机电有限公司在“十一五”期间承担了

国家高技术研究发展计划（“863 计划”）车用开关磁阻驱动电机系统课题，并在 2010 年 1 月获得全国企事业知识产权试点单位称号。开关磁阻驱动电机具有结构简单、工作可靠、价格低廉的优点，功率密度低、噪声大、低速转矩脉动大的缺点也在逐步改善之中。由于不使用稀土材料，在要求低成本应用中具有一定优势。

上海大郡以长安志翔混合动力轿车为平台，将重点放在了产业化技术的研究上，并实现了小批量生产。同时为 2010 年上海世博会上汽 plug - in 燃料电池轿车、长安志翔燃料电池提供牵引电机系统。为“十城千辆”工程深圳五洲龙提供 ISG 系统样品，用于昆明和海南“十城千辆”计划新能源客车配套。

精进电动主要也在进行批量生产能力建设，业务主要面向海外客户。襄樊特种电机为上海世博会的纯电动客车配套了 60 余套的交流异步电机系统。

3. 发展趋势和面临的挑战

(1) 发展趋势

在“十二五”规划中，电机系统的发展战略不仅需要满足整车需要，而且在有优势的领域要领先国际水平，突破瓶颈，突出亮点。电机领域的工作要紧密围绕整车发展需要，一方面满足国内需要，同时可以在满足内需市场带动下，尽快将我国有优势的产业推广到全球市场。

从科学规划、系统发展的角度出发，重点发展三类典型重大产品：电机及其控制系统、混合动力发动机总成和机电耦合系统总成。基于以上三种系列化重大产品的研制和产业化，带动关键技术和关键部件的研究，带动新技术攻关和产业化技术攻关，并建立公共服务体系。

由于整车企业对新能源汽车的重视程度日益加深，各整车企业开始在研发层面投入力量，进行技术储备，并由少许企业和国外或国内公司进行合资合作。

(2) 面临的挑战

①技术方面

总体来说，电机系统技术在过去的一年中没有明显的改善，其主要表现在以下几方面：

- 可靠性和环境适应性考核不足
- DC/AC 和 DC/DC 的电力电子总成体积普遍偏大
- 工程化程度和整车的需求尚有较大差距
- 关键电力电子元器件需要进口，成本占到控制器近一半左右
- 上游产业链尚未完全形成，品质没有完全达到汽车工业的需求

②资金和人才

国外大公司开始在电动汽车电机和控制器方面进行较大规模投入，控制器一般内置 DC/DC 转换器；如德国的博世、大陆，日本的电装，美国的德尔福等公司都开发了同类产品。

该领域项目由于和整车同步开发的周期长，各种研发认证的相关费用投入非常多，产业化扩大投资规模时，固定资产投入较大，汽车零部件供应链的回款周期较长，一般需要 6 ~ 9 个月的账期，流动资金需求较大，资金周转难度较大。因此新产品研制及产业化费用高，投入回报周期长。

同时由于该领域是属于边缘和交叉学科，需要有较高的理论知识、较强的实践能力和经验，人才培养的周期也较长。

（上海电子驱动有限公司　贡俊）

九、下一代动力电池研究

1. 下一代动力电池的性能指标要求

电动汽车发展的终极目标是实现纯电驱动的普及，但受到目前二次电池技术水平的限制，电动汽车完全取代传统燃油汽车进入普及应用尚需借以时日。业界认为，只有当纯电驱动的电动汽车的续驶里程达到与燃油车相近的水平时，电动汽车才有可能进入普及期，与此对应的动力电池系统的比能量需要达到 500Wh/kg 以上。而目前正在发展的磷酸铁锂和锰酸锂锂离子动力电池，单体电池比能量仅 110 ~ 120Wh/kg。如果按单体到系统能量密度的实现效率为 70% 计，组合成电池包后，电池系统能量密度还不到 90Wh/kg，与纯电驱动的技术要求相去甚远。因此，在保证电池安全性、使用寿命等性能的前提下，提高动力电池比能量是电动汽车发展的持续应用要求，也是动力电池技术发展的永恒主题和趋势。在《NEDO 下一代汽车用蓄电池技术开发路线图 2008》中，日本明确提出了未来动力电池的发展目标。基于目前二次电池的技术水平和发展趋势，NEDO 路线图规划：到 2015 年，能量型动力电池模块（以 0.3kWh 模块为例）从现有 100Wh/kg 提高至 150Wh/kg（如果按单体到模块能量密度的实现效率为 80% 计，则电池单体的能量密度需要达到 190Wh/kg 左右）；到 2020 年，能量型动力电池单体比能量达到 250Wh/kg；至 2030 年，基于先进体系动力电池的比能量达到 500Wh/kg 以上，纯电动车的续航里程与燃油车相当。对应于上述技术开发目标，NEDO 将动力电池的发展划分为三个阶段，分别为：先进锂离子电池（现在—2015 年），革新性锂离子电池（2015—2020 年）和新体系动力电池（2020—）。由此可见，在未

来相当长的时间内，锂离子电池仍将是动力电池的主流产品。但考虑到锂离子电池的能量密度难题突破300Wh/kg这一极限值，更高比能量的动力电池将寄托于新体系的发展。美国能源部在其动力电池研发路线图中，将150Wh/kg列为动力电池系统的近期开发目标（至2015年），对应的单体电池的能量密度需要达到200Wh/kg以上。在我国科技部“863计划”电动汽车专项的“十二五”规划中，实用化动力电池模块至2015年的发展目标为120Wh/kg，对应的单体电池的能量密度大约为150Wh/kg。德国政府于2009年8月发布了以纯电动车和插电式电动车为重点的《国家电动汽车发展计划》。该计划提出至2015年，电池系统的能量密度在目前基础上提高一倍，达到200Wh/kg。相比于其他国家的动力电池发展规划，德国政府所拟订的动力电池发展目标最为乐观。

由上述国内外动力电池的发展规划可以看出，如果将下一代动力电池的发展分为近期、中期和远期三个阶段，则近期（现在—2015年）规划的目标指标普遍为：单体电池能量密度大约150~200Wh/kg；中期（2015—2020年）的开发目标为250Wh/kg（单体电池）；远期（2020—2030年）：电池的能量密度达到500Wh/kg以上。

2. 下一代动力电池体系及材料

对于锂离子动力电池来说，由于借鉴了小型锂离子电池近20年的大规模产业化经验，电池工艺设计已相对成熟，单纯依靠工艺改进来提高电池比能量的空间已经非常有限。因此，目前采用磷酸铁锂和锰酸锂为正极、碳材料为负极的锂离子动力电池在能量密度上很难有大的突破，即使在满足下一代动力电池的近期目标上也存在不可逾越的困难。由此可见，开发高比能新材料、发展动力电池新体系是未来动力电池比能量大幅度提升的唯一可能途径。那么，基于何种材料体系的锂离子动力电池在理论上可以满足下一代动力电池的近期和中期发展目标呢？而哪些新体系动力电池在理论上可以满足动力电池的远期发展目标呢？我们不妨对此给予简单的分析。

对于一个化学电源体系来说，我们往往可以给出一个电池反应式，根据其正极、负极活性物质的实际比容量、输出电压、反应电子数计算出一个比能量值。由于在此计算过程中仅考虑了正极、负极活性物质的质量，这一比能量值称之为“理论比能量”（用W0表示）。但对于一个实际电池体系来说，除参与电池反应的电极活性物质外，还包含许多其他结构材料，如导电剂、黏结剂、集流体、电解液、隔膜、外壳等。而且，实际电池在设计时出于各种考虑，往往需要某一活性电极材料过量。例如为了避免充电过程中负极析锂和提高电池的安全性，锂离子电池碳负极材料一般过量5%~10%，甚至更多。因此，电池的实际比能量（用W表示）往往大大低于其理论值。如果将电池实际比能量与理论比能量之比定义为“实现效率”（用η表示），则三者之间存在以下关系：W = W0 · η。显然，只要知道了实现效率，我们就可以将拟订的规划目标比能量值作为实际比能量值，反推出所要求的电池理论比能量，从而大致分析出可能的材料体系和电池体系。

影响电池实现效率的因素非常多，事实上，不同材料、不同体系电池，甚至同一材料体系但不同结构的电池，它们的实现效率均不相同，理论上难以给出确定值。但我们可以通过对现有实际电池体系的分析，获得有关电池比能量实现效率的经验值。表1-9-1列出了现有锂离子电池体系的理论比能量与实际比能量。从表中可以看出，电池实际比能量的实现效率大约仅为理论比能量的31%~38%。考虑到电池的工艺技术仍有一定程度的发展，选择40%作为电池比能量的实现效率可能是一个比较恰当的值。

表1-9-1　现有锂离子电池体系的理论比能量与实际比能量

材料体系	理论比能量 W0（$Wh\cdot kg^{-1}$）	实际比能量 W（$Wh\cdot kg^{-1}$）	实现效率 η%
LiCoO2/C	~390	140~150	36~38
LiFePO4/C	~350	110~120	31~34
LiMn2O4/C	~316	110~120	35~38

选择电池比能量的实现效率为40%，则对于下一代动力电池的近期、中期、远期发展目标来说，要求电池的理论比能量分别达到（大约值）：近期——375Wh/Kg~500Wh/Kg；中期——625Wh/Kg；远期——1250Wh/Kg。考虑到近、中期动力电池的发展主要以锂离子电池为主，在假定电池平均工作电压为3.7V的情况下，根据上述理论比能量数据，通过简单的计算，可以获得材料体系的典型比容量要求值。结果见表1-9-2。

表1-9-2　动力电池近期、中期发展目标对材料体系比容量的典型要求值

	电池比能量值（Wh/kg）	材料比容量值（mAh/g）				
近期	150	正极	110	160	180	200
		负极	1200	340	270	235
	200	正极	160	180	200	250
		负极	864	540	415	293
中期	250	正极	200	220	250	300
		负极	1090	730	520	387

从目前锂离子电池正负极材料的技术现状来看，正极方面：锰酸锂的比容量可以达到110mAh/g，镍、钴、锰三元材料（NCM）的比容量~160mAh/g，镍、钴、铝材料（NCA）

的比容量～180mAh/g，而锰基固熔体 [Li_2MnO_3 ·（1－x）$LiMO_2$（M＝Mn，Ni，Co）] 的比容量可以达到250 mAh/g以上，几乎接近了嵌入正极所能达到的理论极限，是目前为止比容量最高的锂离子电池为正极材料。负极方面：目前最为成熟、应用最广泛的仍然是石墨类碳负极（C），其实际比容量已达到340～350mAh/g，非常接近其372mAh/g的理论比容量，因此，进一步提升的潜力有限。从目前负极材料的研究进展来看，开发更高比容量的负极将主要寄托于锡基和硅基材料的发展。其中，硅基材料具有高达4200 mAh/g的理论比容量，发展潜力更大。但即便是硅基负极，由于受到活性组分在储锂－脱锂过程中巨大的体积变化的制约，在保证材料循环稳定性的条件下，实现1000mAh/g以上的比容量值也存在非常大的挑战。

根据正负材料的技术发展现状以及未来可能达到的技术水平，结合表1－9－2所给出的数据，我们可以大致分析出满足下一代动力电池技术发展目标的可能体系（表1－9－3）。当然，最终哪一种技术体系能够进入实用化，还有赖于材料技术的发展。其中，最不确定的材料是高容量、长寿命的锡基和硅基负极。

表1－9－3　满足下一代动力电池近期、中期技术发展目标的可能体系

	电池体系		可能达到的比能量值(Wh/kg)
	正极材料	负极材料	
近期	NCM	C	～160
		硅基、锡基	170～200
	NCA	C	～170
		硅基、锡基	180～200
	锰基固熔体	C	～210
中期	锰基固熔体	硅基、锡基	250～300

*硅基、锡基合金负极容量按500～800mAh/g计。

在分析满足远期目标的可能体系之前，我们不妨首先分析一下锂离子电池可能达到的技术极限。从锂离子电池现在所采用的正极来看，过渡金属氧化物正极在提高电池比能量方面显然较聚阴离子正极（如磷酸亚铁锂）更具优势，其通用分子式可用$LiMO_2$来表示，其中M表示过渡金属。从目前研究结果来看，如果M为单一金属元素，考虑到材料结构的稳定性，正极材料在充放电过程中其电子转移数往往被限制在一个以内；如果为多种过渡金属，则其中一种金属原子的变价可能超过1，但平均电子转移数也基本被限制在一个以内。如果取过渡金属元素的原子量为50，则过渡金属氧化物正极的理论比容量约为300mAh · g^{-1}。这一数值有可能是过渡金属氧化物正极的极限。

从负极来看，碳材料的实际比容量已达到350mAh · g^{-1}以上，非常接近其LiC_6的理论容量。因此，将来负极的发展将主要取决于Si基和Sn基材料所能达到的储锂水平。考虑到Si、Sn在与锂的合金化过程中涉及巨大的体积膨胀，活性组分必须成纳米颗粒并分散在大量的惰性组分之中，以避免体积膨胀积累导致的材料粉化、失活。此外，实际应用过程中，为保持电池外形尺寸的基本稳定，也不容许单位体积的负极中Si、Sn活性组分的含量过高。否则，因负极膨胀引起的电极极片断裂和电池鼓胀在所难免。因此，即使是硅基负极，其实际可利用容量也可能被限制在1000 mAh · g^{-1}以下。

由于硅基负极的电势较石墨正约200～300mV，假定电池电压为3.5V可能是一个比较恰当的数值。依据上述条件，计算出的锂离子电池的极限比能量大约为320Wh/Kg。显然，锂离子电池在理论上难以满足未来动力电池远期发展的技术要求。

在目前为止已有报道的二次电池新体系中，以金属锂为负极、单质硫为正极的锂/硫电池的理论比能量高达2600Wh/kg。其中，锂和硫的理论容量分别为3860mAh/g和1675mAh/g，即使按照20%的比能量实现效率计，其比能量也可达到500Wh/kg以上。因此，在新体系电池研究方面，Li/S电池是有望突破500Wh/kg比能量值的电池体系之一，值得关注。目前Li/S电池的主要研究焦点是提高硫电极的电化学活性，抑制硫中间可溶性产物的溶解流失，改善电极的循环稳定性。

3. 下一代电池材料的主要开发与攻关内容

从表1－9－3中可以看出，达到近期、中期目标的可能体系为：NCM/C、NCM/合金负极、NCA/C、NCA/合金负极、锰基固熔体/C、锰基固熔体/合金负极。涉及的正极材料包括：镍、钴、锰三元材料（NCM），镍、钴、铝材料（NCA），锰基固熔体；涉及的负极包括：石墨类碳材料，硅基、锡基材料。其中，NCM在小型锂离子电池中已广泛使用，材料的制备技术已相对成熟。因此，当前材料开发的重点应当是高容量、长寿命的NCA和锰基固熔体正极，以及高库仑效率、高容量、长寿命的锡基、硅基负极。此外，由于现存的碳酸酯类有机溶剂电解液的抗氧化能力有限，其最高工作电压被限制在4.5V以下（相对于锂电极），而锰基固熔体正极的充电电压需要达到4.8V以上，因此，开发高稳定性的适配电解液体系也是近、中期电池材料攻关的重点。

在新体系研究方面，锂/硫电池不仅具有高的比能量，而且单质硫还具有资源丰富、价格低廉、与环境友好等特性，极具规模应用的开发前景。然而，由于单质硫所固有的一些物化特性和反应性质，严重制约了硫电极的循环性能和电池体系高能量密度的实现。综合来看，锂硫电池开发所遇到的主要技术瓶颈包括：（1）在室温下，单质硫属于典型的电子和离子绝缘体（25℃时电导率为5×10－30 S

cm^{-1}）。因此，单质硫作为电极活性物质的电化学活性差，且其活性物质利用率偏低。（2）硫电极的放电中间产物—锂的多硫化物（Li_2Sx）在有机电解质体系中具有较高的溶解性，导致反应过程中正极活性物质的流失，从而降低硫电极的循环寿命。且溶解于电解液中的多硫离子在随后的充电过程中还可以通过在锂负极还原—正极氧化的循环反应产生“穿梭效应(shuttle)”，影响电池正常充电的完成，并导致充电库仑效率的降低。此外，多硫化物的大量溶解，还会导致电解液黏度的增大及其离子导电性的大幅降低，加速电极性能的衰退。因此，锂/硫电池研究的重点是硫电极材料的设计与构建。近年来采用良导电性多孔碳的强物理吸附作用固定单质硫的方式逐渐受到重视，并在改善硫电极电化学活性和循环稳定性方面取得了显著进展，成为硫电极开发的主导方向。所采用的碳基体材料包括活性炭、碳纳米管、碳纳米纤维、介孔分子筛等。此外，在适配电解液体系的开发，以及锂负极方面也需要开展相应的工作。在锂负极方面，考虑到硫电极放电过程中溶出的多硫化物中间产物容易与锂表面发生腐蚀反应，并沉积到负极表面，导致不可逆容量损失，并同时加剧锂电极循环性能的恶化。因此，需要对锂负极表面进行修饰。目前普遍采用的方式是通过喷镀或溅射等技术在锂负极表明沉积无机或有机固态电解质，如玻璃陶瓷类 $Li_2S-P_2S_2$ 和 Li_2S-SiS_2 等。这类固态电解质对锂离子具有选择性透过作用，可避免多硫化物中间产物在锂电极表面的大量沉积，在一定程度上抑制了穿梭效应，在延长电池循环性的同时，提高了电池的充放电效率及可逆容量。总体来说，锂硫电池作为一种二次电池新体系，其潜在的高比能优势已引起化学电源界的广泛关注。尽管目前在解决硫电极放电中间产物的溶解流失、提高电池循环稳定性方面取得了一定的技术进展，但与实际应用要求相比，仍存在巨大差距。

4. 下一代电池亟待解决的主要技术问题

如果说电池的比能量、比功率、循环寿命、环境适应性、可靠性等技术指标是影响电动车运行状况的因素，那么，动力电池的安全性能则是决定其能否装车应用的先决条件。作为近、中期重点发展的新型锂离子电池来说，电池安全性无疑面临更多考验，并将成为影响其装车应用的关键性技术问题。对于锂离子电池这样一个密闭的反应体系来说，在其内部存在系列电化学和化学反应。除了用于储存和释放电能的正常电极反应外，还存在许多潜在的副反应，如电解质溶液的还原和氧化分解、正极的热分解等。当电池处于正常温度范围和正常电压范围时，这些副反应不会发生，电池内部仅发生正常的充电和放电反应，此时电池安全。但当电池温度过高，或者充电电压过高时，这些副反应被触发，产生大量的热，并释放出有机小分子气体。由于反应剧烈，产生的热量不能有效传递到电池体外，引起电池内部温度和压力的急剧上升。而温度的上升又会极大地加速副反应的进行速度，产生更大量的热和气体产物，此时电池进入无法控制的自加温状态，即俗称的热失控状态，电池有可能发生爆炸、燃烧。

由于镍、钴、锰三元材料（NCM）、镍、钴、铝材料（NCA）和锰基固熔体等正极较磷酸铁锂材料的热稳定性差，在200℃~300℃的温度范围内存在不同程度的分解放热反应，加重了电池的安全隐患，导致电池安全性问题将更加突出。因此，需要加紧发展一些植入式安全性新技术。如，在正极集流体Al箔和活性层之间涂敷一薄层具有正温度敏感特征的PTC涂层。当电池发热温度升高到控制值时，PTC涂层的电阻急剧增大几个数量级，切断集流体与活性层之间的电流，抑制电极反应的进行，防止电池温度的进一步上升，从而防止电池进入到危险的热失控状态；通过在负极表面涂敷一薄层由惰性纳米粉体（如氧化铝）组成的多孔热阻层，采用高熔点、高强度的隔膜材料，以有效防止各种原因导致的电池内部短路，减小电池发生安全性事故的概率；发展电压敏感隔膜和氧化还原电对添加剂，建立电池的可逆过充保护机制，防止过充对电池的电性能和安全性能带来的影响；开发阻燃或不燃性电解液，避免电池的燃烧；研究高稳定性SEI膜成膜添加剂，提高SEI膜的耐温性等。

（武汉大学　艾新平）

十、天然气发动机

1. 2010年我国天然气发动机的技术进展及主要特点

(1)2010年我国天然气发动机的发展现状

随着国内2009年至2010年9次上调汽、柴油价格，汽油和柴油涨幅分别达到48.2%和51.3%，广大汽车用户承担着燃料使用成本不断上涨的巨大压力。用户急需节省燃料使用成本的发动机，天然气以其资源丰富、价格便宜和良好的排放特性受到了市场的追捧。2010年我国天然气发动机进入高速发展时期。

天然气乘用车方面，已经从以在用车改装为主转化为以OEM生产为主，上海大众、一汽大众、北京现代、长安汽车、悦达起亚、华晨汽车、奇瑞汽车、长城汽车、吉利汽车等公司都推出天然气轿车产品。这些轿车以汽油/天然气两用燃料车为主，发动机结构基本不变化，采用气道喷射天然气方式，两个 ECU 控制，满足国家排放法规的要求。采用天然气模式时整车动力性较汽油模式时降低约 10%。总体来说，乘用车发动机的技术发展不显著。

2010 年商用车天然气发动机发展迅速，主要表现在以下几个方面：

①大马力成为趋势

随着经济发展和市场需求的变化，天然气发动机逐步向大功率方向发展已经成为一种趋势。

前几年市场应用的天然气发动机主要集中在 280Ps 以下的中型天然气发动机，2010 年各汽车集团及其发动机厂家陆续开发出大马力天然气发动机。一汽开发的 CA6SL2—31E4N 发动机，排量为 8.6 升，额定功率 310Ps，最大扭矩 1100N · m。CA6SN1—42E4N 发动机，排量为 12.5 升，额定功率 420Ps，最大扭矩 1700N · m，该发动机是目前国内功率最大的天然气发动机。潍柴开发的 WP12NG380E30 发动机，排量为 11.59 升，额定功率 380Ps，最大扭矩 1450N · m。重汽开发的 WT615.95 发动机，排量为 9.7 升，额定功率 334Ps，最大扭矩 1350N · m。玉柴开发的 YC6M340N－30 发动机，排量为 10 升，额定功率 340Ps，最大扭矩 1350N · m。上柴开发的 SC5DT280Q3 发动机，排量为 8.8 升，额定功率 280Ps，最大扭矩 1100 N · m。

②大马力化推动了重型天然气卡车的应用

2010 年，三个因素促成了重型天然气卡车的应用，第一是大马力天然气发动机投放市场，使重型天然气卡车有了动力保证。第二是国内天然气加气站等基础设施从城市扩大到煤矿等卡车应用区域。第三是国内 LNG 储罐等燃料供给系统基本成熟，发挥了 LNG 密度高、自重小的优势，为整车提供了长距离运输的燃料保证，解决了 CNG 车续驶里程短、自重大的问题。因此，2010 年天然气重卡发展一直处于强劲势头，陕汽、一汽、东风、重汽、华菱、上汽依维柯红岩等纷纷推出天然气牵引车、自卸车、水泥搅拌车等车型。陕汽的天然气重卡分为“德龙”“德御”“奥龙”三大品牌，主销车型有 SX3315VN456T、SX3315DT456TL1、SX4255NR384T、SX4255NM384TS、SX4255NT384TL 等，功率从 280 马力到 380 马力不等，2010 年陕汽销售天然气重卡 2000 余辆，遥遥领先于其他企业。陕汽乌海新能源专用汽车项目总投资 10 亿元，于 2010 年 8 月 16 日开工建设。项目分两期实施，预计到 2013 年可实现年产 2 万辆新能源专用车。2015 年达到 5 万辆。一汽的天然气重卡分为解放 J5、J6 两大品牌，主销车型有 CA4252P2T3EM、CA4182P21EM、CA4250P66T1A1E22M、CA3252P31B1T1A6EM 等，功率从 310 马力到 420 马力不等。重汽的天然气重卡主要是 HOWO 品牌，主销车型有 ZZ4257N3847C1L、ZZ4257N3847C1CB、ZZ3257N4147C1L、ZZ3317N4667C1L、ZZ3317N4867C1L 等，功率从 290 马力到 340 马力不等。东风天然气重卡的主销车型有 DFE4250VF、DFL4251A12、DFE3310VF1 等，功率从 290 马力到 340 马力不等。

(2)2010 年我国天然气发动机的技术进展及主要特点

①结构设计专用化

重型天然气发动机多是在重型柴油机的基础上开发而成，很多发动机不再坚持与柴油机共毛坯的设计原则，按天然气的燃料特性设计专用的零部件，追求达到最理想的功能要求。同时，在设计过程中采用有限元分析和 CFD 分析等 CAE 支持手段，使发动机的结构设计更加科学合理。一汽开发的 CA6SL2－31E4N 天然气发动机，基础发动机为四气门发动机，喷油器的位置非常紧凑。在开发天然气发动机时，通过采用有限元分析和冷却 CFD 分析等手段，重新设计了气缸盖冷却水套，保证发动机良好的冷却。天然气发动机的气缸盖与柴油机的缸盖毛坯不通用，生产工艺不同于原柴油机。重汽开发的 WT615.95 天然气发动机，设计了中间进气及加大容积腔的进气管，以减少气流脉动，平衡各缸之间的气流。

②燃烧系统开发精细化

重型天然气发动机的开发难度远远大于中型发动机。各机型不同程度上体现出对燃烧系统开发的精细化。针对天然气的燃烧特性，通过燃烧室形状、气道涡流比和配气相位的优化设计，匹配选择增压器，开发燃烧系统。同时，通过采用线性氧传感器的闭环反馈控制，使发动机的性能达到最佳。从重型天然气发动机体现出的不同气耗水平即可看出对燃烧追求的结果。

③电控系统多元化

2010 年商用车天然气发动机电控系统体现出多元化的发展趋势。在继续保持国外 Woodward 和 Econtrols 系统绝对占有率的情况下，国内发动机厂家自主研发的电控系统逐渐投放市场。一汽自主开发的多点电控气道喷射系统在气电混合动力客车和加气站用运槽车上的成功应用，玉柴自主开发的天然气电控系统在内蒙古运煤车的应用，预示着国内企业正在掌握电控系统核心技术。

④车型匹配专业化

经过几年天然气发动机在整车上的使用实践，整车企业在开发天然气车型时，越来越关注天然气发动机的特点，根据发动机的性能曲线，合理匹配变速箱和后桥，来弥补天然气发动机低速扭矩较柴油机小的弱点，使天然气卡车更好用。一汽的 J5、J6 天然气卡车在开发时，都是根据使用条件，通过整车匹配计算，选择最佳的变速箱和后桥，以达到整车动力性、加速性、爬坡能力和换挡性能最佳化。J5和J6天然气卡车在市场上表现出的动力性强、气耗低的性能正是整车专业化设计的结果。其他整车企业也有进行类似的开发。

⑤排放升级简单化

国家排放法规不断严格，2011年全国实行国Ⅳ标准。升级国Ⅳ天然气重卡比柴油重卡优势显著。在成本方面，柴油重卡升级国Ⅳ技术难度大，升级复杂烦琐；成本高，每一辆柴油重卡从国Ⅲ升级到国Ⅳ的成本高达30000元；而油品升级短期内难度很大，全国范围内普及国Ⅲ和国Ⅳ柴油油品需要较长时间；在配套设施上，尿素液为常耗品，尿素加注站及尿素液的生产均需要社会配套。与之相比，天然气重卡仅需要换装转化效率更高的氧化催化器，更加经济；保养维修上，后处理仅需日常清洗即可完成保养，燃烧不产生积碳，不稀释润滑油，而且售后成本也低。

2. 目前存在的问题

(1)天然气发动机可靠性达不到柴油机的水平

天然气发动机在使用过程中故障率高、可靠性差，达不到柴油机的水平。多数发动机出现过缸盖开裂、活塞烧顶、气门座过度磨损等故障。火花塞、点火线圈失效、寿命短，发动机经常出现放炮、工作不正常的现象。这主要是由于很多发动机企业没有或仅有有限的天然气发动机试验能力，使各企业的天然气发动机没有像柴油机一样进行充分的可靠性考核，很多问题在发动机台架试验中没有出现，都是在进入市场后通过整车用户使用才逐渐体现出来。

(2)天然气发动机达不到基础柴油机同样的动力性

由于天然气发动机的固有特性，燃烧速度较柴油机慢，压缩比较柴油机降低等，使天然气发动机的动力性能达不到基础柴油机同样的水平。同样功率的天然气发动机比柴油机的最大扭矩也有所降低，这就使天然气重卡的动力性达不到同样功率柴油重卡的水平，尤其是整车的超载能力和爬坡能力都有所降低。尤其是在整车配置相同时，差别更加显著。

(3)天然气发动机维修服务网络不完善

虽然各企业不断推出天然气发动机，但是，普遍没有建立起完善的天然气发动机维修服务网络，已有的服务站人员对天然气发动机的维修服务水平较低，发动机出现问题时，需要企业的开发人员到现场排查故障。同时，天然气发动机专用备件短缺，很多服务站无法及时提供备件，给用户造成很大的不便。亟须加强一级和二级经销商网络建设与服务商的维修能力。

3. 国际天然气发动机的技术发展趋势

(1)降低排放的技术

废气再循环（EGR）技术作为满足欧Ⅴ排放的技术受到了广泛的重视。例如，West Virgina大学进行了天然气稀燃和EGR研究。美国德州奥斯丁大学针对天然气系统进行采用EGR降低峰值温度、利用排气氧传感器进行闭环控制、采用三元催化装置的研究。美国西南研究院进行了利用EGR和当量燃烧达到欧Ⅴ、欧Ⅵ排放的研究。

(2)微引燃技术条件下的多点喷射技术

2010年清洁空气动力公司（Clean Air Power）的双燃料系统技术受到关注。重型柴油机主要使用天然气作为燃料，柴油仅用来引燃燃料。改造后柴油机基本不变，并保留其高性能和高效率。清洁空气动力公司与沃尔沃公司合作开发的FM系列甲烷—柴油双燃料整车投放市场，沃尔沃FM系列甲烷—柴油重卡配置13升发动机，最大功率为460马力，最大扭矩为2300N·m。据报道，燃料中，液化天然气达75%，其余的是柴油，但是液化气和柴油的比例会根据重卡使用情况调整。由于天然气通常会比柴油的成本低很多，这款卡车也可以节省大量资金。与传统的天然气动力点燃式发动机相比，沃尔沃的甲烷-柴油技术可以提高30%~40%的效率，从而减少25%的燃油消耗。这就意味着，如果沃尔沃天然气动力重卡使用生物气，二氧化碳的排放量将比传统的柴油发动机降低70%。

(3)缸内直喷技术

缸内直喷技术的代表是康明斯-西港公司发明的HPDI和CNG-DI技术，其中HPDI(缸内高压直喷)技术采用的是双阀机构，内阀喷射柴油进行引燃，外阀喷气进行主燃烧，采用这种技术后，想比于原型柴油机，氮氧化物减少40%~50%，颗粒排放物减少接近80%，温室气体排放减少20%~25%，且可以保持热效率和动力性不降低。CNG-DI缸内直喷技术则是利用温度超过1200℃的电热塞进行点火，在压缩冲程的末期喷入天然气，混合气体到达电热塞时产生点火，进行燃烧。使用CNG-DI技术后，颗粒物的排放几乎为零，相比于同型柴油机，温室气体排放降低20%，相比于火花塞点火时天然气发动机燃油效率提高25%。

目前西港公司正与卡特彼勒合作，评估天然气燃料系统技术应用于卡特彼勒公司所产大型发动机的可行性，以及共同为矿用卡车和大型掘土机开发天然气发动机。

4. 亟待解决的问题

(1)天然气的品质影响了天然气发动机的应用

国内不同地区天然气的成分和品质差异很大，不同成分的天然气直接影响发动机的燃烧特性，甚至会造成发动机爆震。一些地区加气站不够规范，没有所供应天然气的品质检测报告，给天然气发动机的使用带来很大的可靠性风险。

(2)天然气发动机的可靠性不能满足重卡的要求

天然气发动机的可靠性达不到柴油机的水平，在卡车上使用故障率高，影响整车出勤率。各企业需要在发动机的设计上进一步完善，提高发动机的可靠性。同时，火花塞、点火线圈等天然气发动机专用零部件供应商需要开发高性能和长寿命的产品，满足发动机的需要。

(3)高质量天然气润滑油的生产供应问题

天然气发动机需要使用专用的高质量润滑油，而目前很多使用天然气发动机的地区由于发动机的总量不多，天然气专用润滑油需求量小，经营利润小，根本没有天然气专用润滑油销售，用户不得不使用柴油机油。油品生产部门需要研发生产价廉物美的天然气用润滑油产品，满足汽车企业日益增长的需要。

5. 小结

2010 年我国天然气发动机在一系列汽油柴油上调价格的刺激下得到快速发展。发动机结构设计、燃烧系统开发和电控技术等关键技术有所突破。

但也需要看到，我国天然气发动机技术与国外先进技术仍然有较大的距离。例如排放控制技术和缸内直喷技术的研发能力上的差距等。

我们还需要汽车行业投入更大的研发力量来提升天然气发动机的性能和可靠性。

(一汽集团技术中心　窦慧莉)

十一、电子控制

1. 2010 年我国电动汽车电子控制相关技术的发展现状

2010 年我国电动汽车电子控制技术有明显的进步，在研发和产业化方面取得了重要的若干进展，体现在如下几个方面：

(1)整车控制器逐步实现自主产业化

整车企业和 ECU 零部件企业在“十一五”国家“863”专项“新能源汽车动力总成 ECU 研发和产业化”支持的基础上，实现了新能源汽车动力总成 ECU 的研发和产业化，整车企业，例如一汽、奇瑞和比亚迪，以及南车时代等自主研发的 ECU 已经随整车的产业化进入产业化阶段，如南车时代研制的大客车整车控制器已经销售 1000 台以上；专业的零部件企业，例如航盛电子，以及清华大学、同济大学、上海交大、北京理工以及中科院电工所等研究机构也在新能源汽车 ECU 的研发和产业化方面取得了较大的进展。

(2)动力系统综合控制和优化技术的能力得到提升

我国已自主开发了满足各类动力系统产品，获得了一大批电控系统的相关知识产权，初步形成了混合动力系统、纯电驱动系统的小批量生产能力，掌握了网络通信的设计和集成技术，例如 CAN 总线和 LIN 总线的运用等。总体来说，在控制策略的开发方面进步明显，在关键零部件方面，与国际先进的水平差距在缩小，但是在产品集成度、安全与故障容错、标定与诊断、可靠性和系统应用技术方面，仍存在较大的差距。

(3)电动化辅助总成研发取得进展，但系统集成和优化能力尚有欠缺

在电动化总成的集成方面，尽管国内目前已经形成了一定规模的电动空调、电动助力转向、电动空压机等关键零部件的产业规模，但是可靠性和集成度还有待提高，尤其是电机能量回馈制动和传统机械摩擦制动力之间的动态分配和控制，只有清华大学等研究机构进行了较为深入的研究，在目前实际应用的车辆上实现能量回馈制动和防抱死制动协调控制还很少，国外已经实现了产业化。在涉及车辆制动安全和经济性的控制上，国内的研究尚处于起步阶段。

(4)新型机电集成驱动系统的控制和优化进行了探索，但是关键技术突破还待攻关

在四轮驱动的新型车辆的研究方面，清华大学和常州麦科卡电动车辆有限公司已经研制成功了四轮轮毂驱动的微型纯电动车，目前已经进入小批量生产的阶段。同济大学汽车学院成功地试制了由四个直流无刷轮毂电机独立驱动、燃料电池和锂离子蓄电池电—电混合的微型电动汽车动力平台“春晖三号”。但是这些轮毂电机的驱动方案，和国外的同类产品相比，在效率、安全性和高速性能等方面还有一定的差距，完全实用化还有待攻关。

(5)远程监控和终端系统得到初步应用

国内针对新能源汽车，已经研发了用于保障汽车安全运营和对车辆运行情况进行监控的新能源汽车远程监控系统。清华大学、同济大学以及天津大学等高校已经取得相关的研究成果，其中开发的监控系统已有示范应用，目前该类系统主要用于新能源车辆位置、状态信息的远程监控、新能源车辆调度管理等。面向电动汽车的智能交通系统是国家智能交通体系一个重要的局部子系统。新能源汽车的推广与国家智能交通建设是相辅相成的两个方面。由于新能源汽车电控化水平更高，实现了关键零部件的信息

化控制和智能化控制，更加有利于智能交通建设。国内目前基本掌握高速率车载移动数据的发送和接收技术、广域车路通信技术、车载自主导航系统、电子车牌技术、车载远程信息控制器开发技术，车载实时总线控制系统与智能交通相关技术。

2. 目前存在的问题

（1）国内在标准和规范的掌握方面显得不够

目前在电控系统的开发方面国外已经形成一套完整的开发流程和体系，例如系统开发流程的V型开发模式，控制器快速原型和措施，基于ISO－26262的安全性和高可靠性设计规范，软件方面的AUTOSAR架构等；国内完整掌握这些标准和规范，并将其应用在控制器的设计实践还较少。至于电磁兼容（EMC）、环境适应性和可靠性，虽然已经有国家的强制性标准，但是并不是所有的控制器都通过了测试，导致实车上的电磁兼容和可靠性仍然是一个较大的问题。

（2）动力系统和关键零部件的匹配标定和故障诊断重视不够

国外在动力系统控制的匹配标定、故障模拟、故障测试和故障诊断方面进行了大量的验证和测试，并在传统车领域积累了丰富的经验，相比之外，国内在产品集成度、安全与故障容错、标定与诊断、可靠性和系统应用技术方面，仍存在较大的差距，没有在诊断（Diagnosis）、容错（Fault Tolerant）和失效安全（Fail Safe）等三个层次上，对动力系统及其关键零部件，例如电池和电机的控制系统的软硬件设计进行深入的研究，从而难以满足ISO－26262中的高安全性的标准。

（3）远程监控和V2X的信息化水平不够

经过国内在车载多媒体、电动车专用仪表等方面已经有产品应用，但是国内在将整车控制信息和车外的导航、智能交通等信息融合在一起尚有差距，在V2H（汽车到家庭）、V2G（汽车到电网）、V2V（车车通信）等方面，尚处于起步阶段。需要大力发展车网融合技术，推动电动汽车的信息化、网络化水平，解决电动汽车的电网融合、充电计费、智能交通和能量管理优化，促进和推动电动汽车产业化。

（4）关键电子控制的元器件的研究很少，基本是空白

在汽车电子的关键基本元器件—新能源汽车的半导体的研发和产业化方面，国外已经陆续推出电池管理专用芯片、电池均衡专用芯片、电机相位传感器专用处理芯片，以及汽车电子领域通用的各种MCU、传感器接口信号处理芯片、执行器驱动接口芯片、电源接口芯片、通信接口芯片等，而国内在这些方面都还是空白，需要进一步开展汽车电子、微电子技术和新能源汽车的结合，形成完整的汽车电子产业链。

（5）产量小、成本高、功能差，竞争力弱

由于电动汽车的产量低，导致控制器的产量也比较低，元器件采购成功高，导致控制器的研发和硬件成本偏高，和国外企业提供的控制器相比，尚不具备性价比优势，市场竞争能力偏弱。

3. 下一步亟待解决的技术难点及解决办法

（1）改进开发流程和开发模式

新能源汽车动力系统的电控必须满足ISO－26262中的C级或者D级安全性标准，从电控系统的开发流程开始就必须按照该标准实施。ISO－26262从电控系统开发的概念设计、系统设计、硬件设计、软件设计、生产制造、使用维护等整个电控系统产品生命周期定义了系统的安全性设计准则，按照该规范设计的电控系统可以满足最苛刻的安全性标准（失效概率为10～8次/小时），预计从2015年开始，国际上汽车电子将全面实施该标准。目前我们新能源汽车的电控系统，尤其是国内还没有根据该标准和流程设计出真正的产品。

（2）以“十二五”电动汽车重大专项为支点，推动电控技术发展

“十一五”期间电动汽车等新能源汽车列入国家“863计划”，确立了以混合电动汽车、纯电动汽车、燃料电池汽车为“三纵”，以整车控制系统、驱动电机、动力电池及燃料电池等关键零部件为“三横”的研发布局，实施电动汽车电子控制技术研发及产业化项目，对我国电动汽车发展至关重要。“十二五”电动汽车专项规划中，电控系统发展被列为重点支持的目标之一。该规划以混合动力汽车电子控制、纯电动车电子控制和下一代纯电驱动的电子控制关键技术为对象，分别实现产品的规模化、关键技术研究，先进技术探索为目标，目前已经在实施中。

（3）加强关键元器件的研发和产业化，整合产业链和技术链

电控系统的核心关键技术一方面在于软件的集成和开发能力，另一方面在于传感器、执行器和芯片等零部件的研发能力，我国在汽车电子芯片方面还是空白。这使得我国的汽车电子发展呈现空“芯”化得驱动，研发和产业化显得后继乏力。另一方面近年我国的芯片制造企业已经获得较大发展，如何整合芯片制造单位、芯片设计单位、芯片应用和开发单位以及电控系统研发单位，实现我国自主的汽车电子芯片从设计到运用的无缝连接，推动新能源汽车电子芯片的发展，将是一个很值得研究和探索的问题，需要政府组织和推动。

（4）加强产学研合作

电控系统的核心和焦点在于能否实现动力系统各类控

制系统的产业化，在这个过程中，企业是承担的主体。学校可以承担关键技术的研究，以及先进技术和方法和探索，最终需要集成到企业的产品中，但是目前企业和学校都在做电控系统的产品研发，存在一定的重复性和功能重叠，不仅在一定程度上造成了力量的分散，而且重复竞争也使得我国的汽车电子研发能力本来就弱的局面更加分散而显得更弱。应鼓励企业从事产品研发，做好流程、标准和规范，专注于系统集成、匹配标定和生产线质量体系，以及产品应用推广；鼓励学校专门从事关键技术研究和前沿技术探索，专注于单项技术的突破和应用。国外往往是多个企业同时和一个大学（老师）合作，每个企业只拿出较少一部分经费支持一个大学探索关键技术，然后取得的成果所有的企业都可以共享，这点在美国和日本的大学和企业合作中最明显，也是我国国内开展电控系统研发时值得借鉴的地方。

（清华大学　李建秋）

十二、传统汽车节能技术

1. 2010 年我国传统汽车节能技术的发展现状

在国际国内的形势、标准和政策影响下，2010 年我国汽车节能技术有非常大的进步，主要表现在以下几个方面：

(1)“节能产品惠民工程”刺激了企业对车辆节能技术的使用

2010 年，我国发布了“节能产品惠民工程”，对排量在 1.6 升及以下、且达到下一阶段燃料经济性标准的车型予以每辆 3000 元的补贴，这极大地刺激了汽车企业降低汽车油耗的热情。为了达到这样的要求，各企业在短时间内对要申报的车型进行了大量的重新调整标定、技术改造。例如采用新型号低阻力轮胎、进行优化标定、采用高效的附件、重新进行更好的热管理等等。这一工作一直在继续，截至 2011 年年初，在 1.6 升排量以下的几乎所有品牌都有可以达到这一要求的车型。这一方面说明车辆上新技术得到了应用，另外一方面也表明作为我国乘用车销售主流的小型乘用车的燃油经济性得到较为普遍的提高。

(2)汽车发动机技术进步明显

在“汽车与运动”杂志社发布的 2010 年十佳发动机中，获奖汽油发动机几乎全部采用了不同程度的 VVT 技术，其中有 4 款汽油发动机采用了先进的涡轮增压直喷技术。虽然 2009 年的十佳发动机中的汽油机几乎也都采用了 VVT 技术，但只有一款采用了涡轮增压直喷技术。涡轮增压直喷技术可大大提高发动机的燃油效率。同时，全铝发动机机体、塑料进气管都得到了广泛的应用，这对降低整车的车重起到一定的作用，进一步降低了整车燃油消耗。

其中奇瑞的 SQR484J2. 0GDTI 发动机，是一款非常先进的发动机：

①轻量化，SQR484J 发动机为全铝发动机，布置结构紧凑，整机重量轻。

②缸内直喷，精确控制燃油喷入缸内过程，改善缸内汽油雾化效果，最大程度优化缸内燃烧过程并有效降低发动机爆震倾向，另外显著缩短冷启动时间，减少碳氢排放。相比传统进气道喷射发动机，燃油经济提升 10% ~ 20%，动力输出增加 10% ~20%，排放更清洁。

③增压中冷，采用带旁通阀的废气涡轮增压器，大幅度提高功率和扭矩。相比自然吸气发动机最大功率输出提升 40% 以上，同时高效进气补偿，高原地区优势显著，另外采用了进气空冷系统，降低了进气温度，降低了爆震的风险。

④可变气门正时。应用进排气双 VVT 正时系统，实现气门正时连续可变，在任何工况下均能达到最优配气相位。提高进气量，有效改善中低速动力输出；减少泵气损失，有效降低油耗。

⑤SQR484J 发动机动力充沛，最大扭矩输出在 1800 ~ 4000N · m 的宽广区域，并且低速扭矩大（249NM/1500rpm），百公里加速仅需 7.9 秒，综合油耗 8.3L/100km，排放达国 IV 标准，具备快速升级到欧 V 的能力。

2010 年 10 月，集瑞联合重工有限公司配装着玉柴 YC6K10 重型发动机的第一辆联合卡车全工序车 U340 下线。玉柴新开发的新型 YC6K 系列重型商用车发动机集成了当今世界最新技术成果，在发动机设计中运用可靠性技术，引入精确燃烧电子控制技术、发动机逆向横流冷却技术、高强度材料和高效发动机缸内制动技术，大幅度提高了发动机使用寿命，排放可满足欧VI标准，具有欧洲 2012 年最新量产发动机的技术水平。关键性的油耗指标、比重量指标位居世界先进水平前列。

(3)乘用车变速器技术的提高也在逐渐被重视

全年关于变速器方面的研讨会明显比前几年多，会议上报告了一些新型变速器。在国家节能产品惠民工程的汽车产品目录中，我们也可以看到许多采用先进的 AMT、DCT 技术的车型，也可以看到采用 6 挡及以上的手动或自动变速器车型在逐渐增加。

最为明显的就是大众和奥迪的许多车型采用了 7 挡的双离合器变速器。双离合器由两个离合器组成。其中一个离合器和变速箱的奇数挡输入轴相连：1挡、3挡、5挡和7挡；而另一个离合器则控制着偶数挡位输入轴：2挡、4挡、6挡及倒挡。举例来说，当车辆在2挡行驶时，3挡已处于挂挡状态（只是3挡离合器没有啮合）。整个换挡过程将因此可以快速、运动并且平顺地进行，不会出现扭矩中断的现象。DCT的设想早在1933年就已经产生，虽然它具有出众的性能，但复杂的换挡过程是制约其投入实际应用的重要因素之一，近年来电子技术的逐渐成熟促使DCT的发展进入了突飞猛进的阶段。大众早期的6挡DSG的多片式双离合器是“湿式”运行，7挡变速器是干式结构。湿式双离合器的扭矩传递通过浸没在油中的湿式离合器摩擦片来实现，而干式的则通过离合器从动盘上的摩擦片来传递扭矩。由于节省了相关液力系统以及干式离合器本身所具有的传递扭矩的高效性，干式系统很大程度地提高了燃油经济性。配合涡轮增压缸内直喷TSI发动机，相关车型的燃油经济性相当好。

长安福特的蒙迪欧也开始采用DCT+GDI技术，使得其燃料经济性得到大幅度提高。

此外我国乘用车采用CVT变速器也逐渐增多。

但目前我国乘用车仍然是以5挡变速器为主流，挡位数量还不够多，赶不上国际先进水平。

（4）重型商用车采用AMT的趋势明显

在商用车方面，2010年年底，重型商用车燃料消耗量测试方法标准通过了审查。商用车上节能方面的工作一直在持续进行，重型发动机技术在逐渐提高，具有更好燃料经济性水平的发动机在研发和生产当中。采用多挡AMT的重型车在增加，例如重汽，据称装配AMT的比例在增加，相对于手动挡车型，AMT具有如下的优势：

①传递效率高。AMT实际上是机械式变速箱，只是操纵不同于传统意义上的手动操纵，是电控气操纵，动力传递仍然依靠齿轮传递，其传动效率和手动机械式变速箱一样高；而液力自动变速器（AT），靠液力传递动力，其传动损耗比较大，传动效率远低于机械式变速箱。

②优化的换挡逻辑。AMT换挡智能控制系统可以让发动机始终工作在其经济油耗区。AMT系统模拟一个经验丰富的司机来操纵变速箱，系统自动选择最佳换挡时机和最佳挡位，避免了新司机开车时因换挡时机选择不正确、挡位选择错误而引起的油耗问题。

③延长离合器的使用寿命。AMT的智能控制系统能够精确控制离合器的结合和分离，减少了摩擦时间，避免过大的相对摩擦速度差，所以能够减少离合器摩擦片的磨损。

④延长变速箱的使用寿命。只有在齿轮速度达到同步之后才进行换挡，避免了因换挡时机不正确而引起的滑套和齿轮之间的磨损，从而延长了变速箱的使用寿命。

⑤提升整车的寿命。因换挡平顺，减少了冲击，使整个传动系承受的冲击载荷大大减小，从而使传动系的寿命提升。

⑥减轻驾驶员的劳动强度。

（5）研发能力进一步提高

在2010年的内燃机学会年会上，长安汽车介绍了他们的新型发动机研发成果：清洁高效直喷稀燃发动机—智能复合燃烧直喷发动机（ICCS），各方面的指标相当先进，据称这是目前国内高新技术最密集型发动机。

在研发团队上，许多企业的研发中心人数都在数千人，而且开始在国外设点，充分利用国外资源，并进行24小时不间断技术研发。例如长安汽车，在欧洲的意大利、英国都有研发中心，在日本也有研发中心，并正在创办美国中心，这在一定程度上保证了产品对技术的需求。

（6）关键系统有所突破

2010年辽阳新风50万套柴油机高压共轨系统生产能力建成发布会召开，标志着国产高压共轨系统研发上的新突破。同时，新风也在紧锣密鼓地进行配套工作。

2010年4月23日，在北京举行盛瑞传动8AT变速器新闻发布会，同时在北京国际汽车展览会上展出搭载8AT变速器的汽车、匹配8AT变速器的动力传动总成和8AT样机及部分零部件。

（7）标准化工作也在促进技术的进步

2009年通过审查后，2010年，俗称“乘用车第三阶段油耗标准”的“乘用车燃料消耗量评价方法及指标”国家标准正式通报；“重型商用车燃料消耗量测试方法”标准通过审查，这些标准的通过，无疑向企业传达了国家要严格控制汽车产品燃料消耗量的信息，激励企业在产品规划的时候就着手技术的进步。

2. 目前存在的问题

（1）销量大的车型中，新技术采用得不普遍

由于采用新技术一般就意味着成本的增加，所以对于年行驶里程不多的用户来说，具体车型的吸引力就要看其成本效益的综合平衡了。纵观2010年销售量大的车型，我们可以看到，仍然有一些历时悠久的车型和技术。当然，这些车型也在不断进行着技术改革，以适应日益提高的排放和燃料经济性标准的要求。

（2）新技术所使用的零部件、系统大多被垄断在国外大公司手中

汽车企业要采用新技术提高车辆的燃料经济性，但是新技术所涉及的关键（例如燃油供给系统、增压系统等）系统多数仍然由国外大公司垄断。这种状况与我国要成为汽车强国的目标不适应。

(3)自主研发能力有待提高

我国汽车的自主研发能力在逐渐提高，尤其是一些大的企业，一般拥有几千人规模的研发团队，其中不乏海外归来的高技术人才。2010年出现了一批自主研发的高技术车型，例如奇瑞的瑞麒G5、上汽的吉利等。但是，核心关键技术的研发、创新仍然显得经验不足，或多或少需要依靠国外设计公司。

3. 国际发展趋势

在能源价格持续走高的大环境下，汽车产品节能的要求越来越高。

(1)涡轮增压直喷技术得到发展

在美国Ward's Auto World评选出来的2010年度最佳发动机中的汽油机，除一款水平对置发动机外，全部采用了直接喷射，除一款没有增压外，其他全部采用了涡轮增压或机械增压。而直接喷射发动机的燃烧是分层燃烧的方式。分层燃烧可以充分利用涡轮直喷所带来的特点，将汽油机的燃料经济性做到接近柴油机的水平。

(2)气门可变技术开始得到普遍采用

由于汽油机采用可变气门技术以后，可以大大提高充气效率，如果采用可变升程，还可以大大减少发动机泵气损失。这项技术是一项最具成本效益优势的技术，得到了普遍的采用。

(3)变速器多挡化趋势明显

多挡变速器使得发动机工作在最佳区域的机会增加，是节省燃料的非常重要的技术措施。图1-12-1是2011年公布的欧洲市场欧Ⅴ排放标准乘用车新车型中，变速器挡位的统计。可以看出来，6挡变速器已经成为主流，5挡变速器大大减少，4挡AT几乎已经被淘汰。

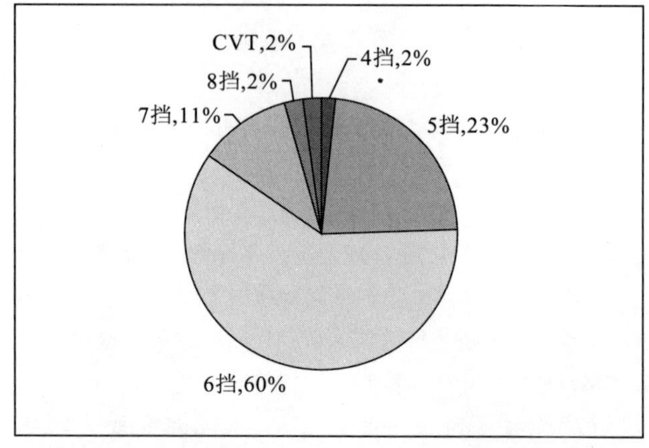

图1-12-1 2011年公布的欧Ⅴ排放新车型中挡位数分布

(4)安装Stop-Start的车型有所增加

还是在欧洲公布的数据中，我们看到安装Stop-Start的车型比上年大大增加。车型数大约占车型总数的3%左右。

目前在欧洲Start-Stop装置有广泛应用的趋势，各大公司的多种品牌纷纷采用此装置。Bosch公司是该Start-Stop装置的最大供应商。2012年之前，EU要求必须将乘用车CO_2排量的平均值在降低到130g/km，预计到时在欧洲销售的新车将有50%会配有Start-Stop系统；随着该项技术的不断应用与成熟，预计2015年可能将达到100%的装车比例。欧洲BMW，Daimler，VW，PSA，Fiat等主要的汽车制造厂和Ford已经发表开发Start-Stop技术，并公布已经应用的车型或计划应用的车型情况。针对欧洲市场，日本的丰田和三菱汽车开始对在欧洲销售的车辆配置Start-Stop系统，马自达和铃木预计也设定适合欧洲使用的系统。韩国现代汽车也开始在捷克和斯洛伐克工厂的车型上增加该装置。

(5)美国制定重型商用车的温室气体排放标准

在温室气体减排的压力下，美国除了制定更加严格的基于脚印面积的轻型车温室气体排放的标准外，还制定了基于模拟法的重型车温室气体排放法规。该法规的草案在2010年颁布，预计2011年年中将颁布正式版本。

即将公布的版本采用了一个相对来说简化的办法，比如在模拟的时候没有考虑具体车型所使用发动机的具体的燃料消耗量（或CO_2排放）MAP图数据。这是为了使这项原本艰巨复杂的工作在短时间内更加容易操作，相信往后将有更加完善的版本。

该法规的颁布无疑将促进美国重型车企业的技术进步。

(6)废气余热利用技术

受内燃机工作原理的限制，燃料热能大约只有1/3转换成机械能输出，大约1/3被冷却水带走或表面散失，还有大约1/3被废气带走。如何利用这废气带走的热量就成为显著提高内燃机能效的重要努力方向。

利用废气余热发电。热电式发电机采用热电导体元件中的温度差产生电压。温差越大产生的电压越大。发动机废气温度通常为300℃~900℃，流过发电机的热边，发动机冷却剂用于冷却发电机温度低边。这种技术的研发一直在持续中。

废气热量用来废气涡轮增压已经应用了多年，是非常成功的废气预热利用。但是在2010年召开北京国际内燃机及配件展览会上，康明斯展出了一种利用废气涡轮将废气热能变成机械能直接输出到飞轮的新产品。这种产品是将涡轮产生的机械能经过复杂的减速机构，传递给飞轮，与曲轴一起向外输出动力。据称，这种装置使得展出的一台12升发动机的燃油经济性提高了大约5%。

(7)停缸技术应用于一些大排量发动机

停缸技术就是发动机部分负荷时切断部分气缸的供油

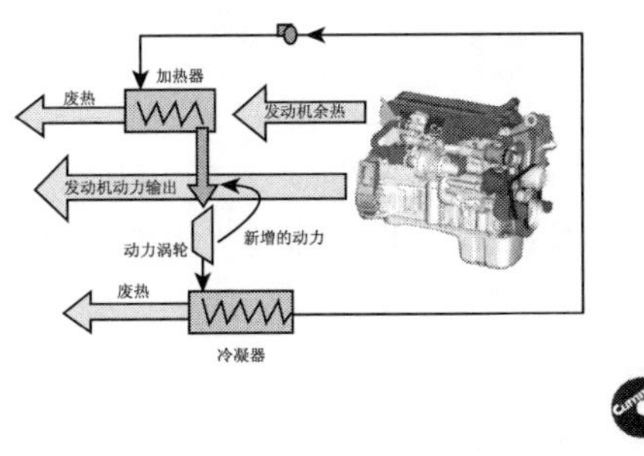

图1-12-2 重型柴油机废热利用-机械输出示意图

而使工作气缸的负荷提高以改善发动机性能。该技术根据汽车动力的需求来实时决定发动机的有效排量，使做功的气缸处于经济负荷状态，从而达到节能环保的目的。这项技术并不是一个新技术，随着计算机技术的发展，对发动机进行更加精确的控制成为了可能，所以最近两年又开始重新被重视。美国市场一些车辆采用这些技术，当然美国汽车一般排量比较大。

(8)低风阻技术的应用被重视

降低风阻系数一直是轿车追求的目标，尤其是当今各地区国家对汽车的燃油经济性提出越来越高的要求的情况下。

此外，由于卡车运行成本的1/3来自燃料消耗，所以卡车节能提到重要日程。美国EPA的SmartWay认证程序中，大量的篇幅鼓励卡车司机给其车辆安装导流罩，以减少空气阻力带来的损失。在美国即将颁布的重型商用车温室气体排放法规中，风阻系数就作为长途运输车辆的一项重要的考核指标。

(9)进气管可变技术

进气管可变技术：在发动机进气过程，进气阀的间歇性和周期性的开启和关闭，使得进气管内产生一定幅度的压力波并以当地声速在进气系统内传播和往复反射。进气道较长、截面积较小的发动机在低速时，有较好的波动充气效果；进气道较短、截面积较大的发动机在高速时，有较好的波动充气效果。可变进气管技术就是改变不同的进气管长度以利用这一波动效应。作为一种成熟技术，国外发动机已经广泛采用。

进气涡流控制技术：合适的发动机进气涡流可加速汽油蒸发、改善油气混合质量、促进燃烧并提高燃烧效率。在发动机上采用涡流控制阀系统，根据发动机的不同负荷为发动机提供合适的涡流，通过改变进气涡流来改善发动机的动力性能和经济性。一般的结构是将进气道纵向分为两个通道，涡流控制阀安装在通道内，由进气歧管负压打开和关闭，控制进气管空气通道的大小。该项技术也得到了比较广泛的应用。

4. 亟待解决的问题

(1)燃料的品质影响了部分高技术的应用

要充分发挥汽油直喷发动机的优势，就需要采取分层稀薄燃烧的方式。而采用稀薄燃烧的方式一般需要采用不同于现有的三效催化剂的催化器，而这种催化器一般对燃油中的硫较为敏感。过大的硫含量会导致催化器中毒。

目前在中国销售的涡轮直喷发动机中，一般都采用当量比燃烧的方式，除了成本上的考虑之外，国内燃料硫含量高也是一个重要的限制因素。

(2)高强度钢的供应不能满足汽车轻量化对高强度钢越来越高的要求

汽车轻量化是汽车节能和安全的重要途径，汽车业对钢铁企业生产价廉物美的高强度钢提出了越来越大的希望。我国这几年高强度钢的生产有一定的突破，但是距离汽车企业持续增长的要求还有一定的差距，距离世界水平也还有一些差距。

(3)高质量润滑油的生产供应问题

在2011年年初上海召开的中日机油研讨会上，从亚洲国家发动机油质量的比较中可以看出，韩国和日本的发动机油以API（美国石油学会）SM和API SL为核心，已不供应API SJ以下的机油；而目前中国的汽车发动机油中API SG及以下质量的机油的依然占到了市场份额的70%，高品质机油的市场份额很少，由此看出中国的机油质量还有待提高。中国普遍使用的机油的黏度要比日本使用的黏度大，且还存在着单数级油的使用，对汽车的燃油经济性提高不利。高质量机油是成本最低、具有良好效果的节能方法之一。油品生产部门要研发生产价廉物美的润滑油产品，满足汽车企业的日益增长的需要。

5. 小结

2010年我国传统汽车节能技术在一系列标准和政策的刺激下得到进一步发展，表现在达到“节能产品惠民工程”的车型持续快速增多、汽车发动机技术提高、一些关键的系统或总成有所突破等方面。与此同时，汽车企业的研发能力也有进一步提升。

但也不可否认，虽然有些产品的技术水平几乎与国外同步，但总体应用上我国汽车产品节能技术仍然有差距。例如变速器挡位数量上的差距、核心关键技术的研发能力上的差距等等。

我们还需要相关行业的技术提升来支持汽车节能技术的采用，例如价廉物美的高强度钢、高品质燃油、高品质的润滑油等等。

(中国汽车技术中心　高海洋、麦华志)

十三、电动汽车示范推广

随着全球汽车工业的高速发展,保有量的不断增加,汽车引发的能源、环境问题日益突出,截至2010年年底,我国汽车保有量超过9000万辆,已经成为国内成品油的主要消费源,节能与新能源汽车的发展已经上升为政府和汽车行业的头等大事。长期以来,国家给予了节能与新能源汽车产业大力扶持和推动,明确了各类车型的具体补贴标准。2010年"十城千辆"工程涉及的试点城市进一步扩大到25个,工信部等四部委又联合发布了《关于开展私人购买新能源汽车补贴试点的通知》,选择6个试点城市启动私人购买新能源汽车(包括纯电动和插电式混合动力汽车)补贴。这一系列政策的意义均是旨在基于《节能与新能源汽车示范推广应用工程推荐车型目录》(以下简称《推广目录》)积极推动满足一定条件的常规混合动力(主要指除插电式混合动力以外的其他技术较成熟的混合动力车型,含BSG车型)和新能源汽车的产业化进程。

1. 示范推广总体情况

2009年全年试点城市节能与新能源汽车总量为5458辆,2010年全年的总量增加为6356辆,主要集中在上海、深圳、合肥、长株潭、大连、杭州、广州、南昌、重庆等城市。试点的新能源车型以纯电动和混合动力为主,比例占到新能源汽车总量的95%。燃料电池的推广示范仅仅在上海、广州为代表的个别城市进行,总量为80辆,占新能源汽车总量的5%。

截至2010年年末,25个试点城市节能与新能源汽车总保有量超过1万辆,其中私人购买新能源汽车超过1000辆。

2. 整体市场概述

2010年《推广目录》公示了13个批次(第6~18批),共计新增车型144款,其中商用车车型数量占到了74.30%。由于我国对节能与新能源汽车产业的推动是从公共服务领域开始的,所以在当前阶段商用车车型依然是市场主体。不过随着私人购买新能源汽车补贴政策的出台,乘用车车型份额有上升趋势。《推广目录》公示(第1~18批)中基本满足《私人购买新能源汽车试点财政补助资金管理暂行办法》相应技术条件的车型已经有20余款,涉及企业十余家,除比亚迪F3 DM为插电式混合动力乘用车以外,其他均为纯电动乘用车。

《推广目录》内所有车型2010年共生产7181辆,超过了之前历年节能与新能源汽车产量的总和,实现了突破性增长。纵观全年发展情况来看,带动国内节能与新能源汽车市场大幅增长的原因除政策拉动影响外,还与国内汽车整体市场,特别是客车市场的发展存在一定联系。2010年上海世博会和广州亚运会对客车市场的拉动作用明显,也为纯电动和混合动力客车示范运行提供了良好空间,这部分车型作为节能与新能源汽车市场的主体带动了整个产业的发展。

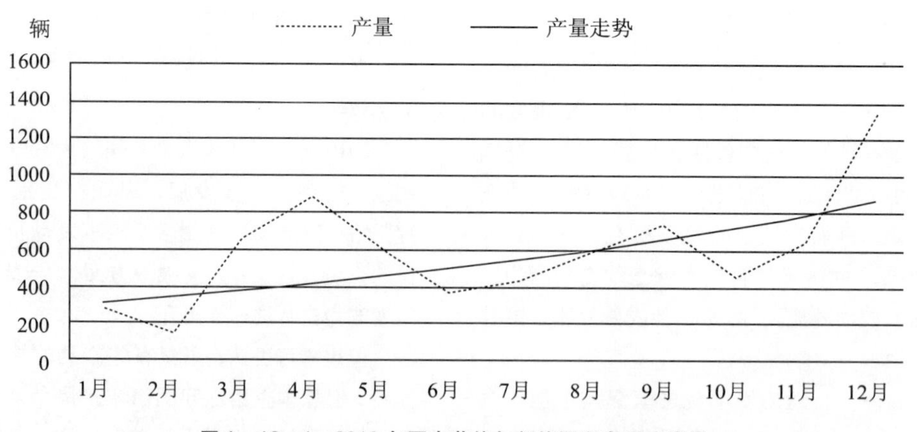

图1-13-1 2010年国内节能与新能源汽车月度产量

3. 细分市场发展情况

(1)纯电动汽车

截至2010年年底,国内共有纯电动车型百余款,其中商用车是主体,乘用车较少。由于纯电动汽车的续驶里程、产品性能等对电池容量依赖程度远较混合动力汽车高,所以现有车型的储能装置除了早期少量采用了铅酸电池,目前78.95%的车型数量直接跨越了镍氢电池阶段,采用大容量的锂离子动力电池,另有少量采用了超级电容路线。

商用车方面,由于电池(电容)技术的不成熟,以及配套措施的局限性,纯电动客车一定时期内只能运行于短途公交或示范场馆等,难以进行大规模推广。截至2010年年底，运营规模最大的是上海申沃客车的60辆搭载超级电容和121辆搭载锂电池的纯电动客车，示范区域是上海世博场馆。至于专用车，增加了使用环境的限制，更是很难占有市场。总体来看，一定时期以内纯电动汽车很难在商用车领域焕发出光彩。

乘用车方面，虽然私人购买纯电动汽车补贴政策已经开始试点实施，但是基于乘用车高安全性以及制造成本等多层次考虑，该政策可能要经过较长的预热期。目前，比亚迪、江淮、奇瑞等都是实现初步量产的乘用车企业。其他企业虽然也相继推出了较成熟的产品，但是受限于市场条件和产品可靠性，大部分尚未实现量产。不过该类车型适合城市交通，也可应用于场馆或园区等短途运行，前景比较广阔。

(2)混合动力汽车

①常规混合动力汽车

“十城千辆”计划推广以来，混合动力客车成为重点车型得到了较大发展，20余家企业推出了自己的整车产品。随着试点城市的增多，补贴范围的扩大，该类车型在公共服务领域还有进一步发展空间。

混合动力轿车因为空间、动力等因素，多采用并联式或混联式。相对客车普遍采用的串联式系统，轿车对技术工艺和电子控制的要求更为复杂。不过，混合动力轿车产业化的时间却远远早于客车，这主要是因为丰田普锐斯、别克君越等国外成熟产品很早就已经进入国内市场，并长期占据了主要市场份额。

②插电式混合动力汽车

当前纳入《推广目录》的插电式混合动力客车只有三家企业的产品，形成一定产能的只有深圳五洲龙。现在该企业淘汰了老款的铅酸电池方案，推出了新款锂电池插电式混合动力客车，技术水平有一定进步。随着政策推动和技术升级，相信未来会有更多的插电式混合动力客车产品进入市场。

至于插电式混合动力轿车，由于面临着与纯电动汽车相同的充电和成本难题，技术上也存在诸多瓶颈，所以产品种类相对插电式客车来讲更加匮乏，量产车型只有在深圳地区初步打开市场的比亚迪F3DM双模电动车。此外，吉利汽车也拥有自己的插电式混合动力轿车公告车型，不过未能纳入《推广目录》，没有大规模投产。国外企业对插电式混合动力轿车也大多停留在探索阶段。

(3)燃料电池汽车

现在国内《推广目录》共收录了5个企业的燃料电池汽车产品，2010年共计生产52辆车，全部用于上海世博会的示范运行。虽然燃料电池汽车近些年来取得了很大进展，但从目前各大汽车公司推出的制造成本动辄上百万美元的燃料电池概念车来看，现阶段燃料电池汽车的推广还面临很大困难。即使在一定程度上实现了商业化，也会是以一种高成本的方式。国内现有的几款燃料电池产品多是作为争夺未来制高点的技术储备，基本停留在样车或试运行阶段。

4. 区域市场发展情况

国内节能与新能源汽车相关试点城市大都集中在东南部沿海经济较为发达的地区。产业的发展与国家政策的补贴扶持有很大关系。其中，广东省和上海市借由亚运会和世博会积极推广节能与新能源汽车，对推动行业的发展起到了积极作用。

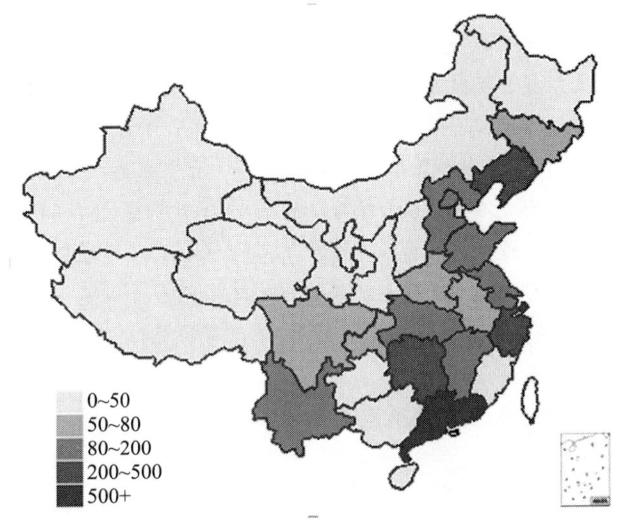

图1-13-2　节能与新能源汽车市场分布示意图

上海、深圳、北京、长春、杭州、合肥等6个城市占据了国内节能与新能源乘用车40.79%的市场份额，最具有产业化发展条件，私人购买新能源补贴试点工作也将持续推动这些城市相关产业的高速发展。此外大连、重庆等部分城市也十分重视地方的节能与新能源乘用车推广工作，并取得了比较显著的成绩，是下一步扩大补贴范围时的主要候选对象。

国内25个公共服务领域试点城市吸纳了全国66.35%的节能与新能源商用车。深圳、长沙等南方城市更是成为2010年该类车型的主要市场。北方四季温差变化过大会对公共服务领域用车，特别是客车的电池充放电能力、电控可靠性等层面造成不同程度的影响。这可能是该类车型南北发展差异过大的一个重要原因。

5. 2011年节能与新能源汽车市场展望

现在我国新能源汽车的技术路线已经基本明确，即“混合动力汽车将成为传统汽车节能技术改造升级换代的主要方向，纯电动和插电式混合动力汽车将成为近期发展战略的主流，燃料电池汽车会成为未来的制高点”。

当前，我国部分企业研发的部分车型已经具备了产业化条件，但是由于存在配套基础设施不完善、产品价格较高、产品可靠性有待检验等问题，部分消费者处于观望状态。随着国家鼓励政策的出台，新能源汽车产业链的不断完善，消费者购车理念的转变，新能源汽车最近几年将在较低的市场基数下实现较大幅度增长。

短期内公共服务领域用车的持续推广仍将是推动新能源汽车产业化的重要切入点，而从长远来看，私人购买新能源汽车将是新能源汽车发展的关键。公共服务领域用车主要包含公交客车、城市出租车和政府采购车辆。随着《关于开展节能与新能源汽车示范推广试点工作的通知》和《关于扩大公共服务领域节能与新能源汽车示范推广有关工作的通知》的出台，已经确定了25个城市为新能源汽车示范推广城市。从实施效果来看，这些城市2011年新能源汽车销量实现了较为快速的增长，同时从这些城市制定的新能源汽车市场推广规划来看，2011年新能源汽车市场将得到进一步扩大。

（中国汽车技术研究中心　杜志彬、张鹏、庄恒国）

十四、智能电网V2G研究综述

摘要：V2G（Vehicle to Grid）技术的发展使电动汽车成为支持能量双向流动的主动负荷，为智能电网运行与控制提出了重要挑战。本文从负荷模型、对电网影响评估、充放电管理、V2G应用等几个侧面梳理了V2G研究现状，并分析了相关的研究难点。从能量管理技术、与新能源互补协调以及与智能交通系统互动等方面对V2G未来研究趋势进行了展望。V2G的核心是电动汽车与电网之间能量与信息的双向互动，随着电动汽车的迅猛发展，势必将日益得到业界和学术界的重视。

关键词：V2G 电动汽车 智能电网

1. 引言

电网是电动汽车能量的来源，随着电动汽车的迅猛发展，其对电网运行的影响也将日益明显。按照工业和信息化部电动汽车发展战略研究报告预测，2030年全国电动汽车保有量将达到6000万辆，以每辆电动汽车充电功率为10千瓦测算，最极端情况下峰值充电功率将达到6亿千瓦，达到2030年全国预计总装机容量23.2亿千瓦的26%，其重要性可见一斑。从电力行业来看，如果不能充分研究电动汽车的特性并统一进行协调控制，势必将威胁电网的安全稳定运行；而从电动汽车行业看，如果不能解决好与电网的协同问题，那么电网规模限制和运行约束就可能成为制约电动汽车发展的瓶颈。因此，电动汽车与电网的互动研究在两个领域内都成为业界关注的重点，一般将此问题表述为V2G问题。

V2G是Vehicle to Grid的缩写，狭义上的V2G特指电动汽车将电能回馈给电网（车到网），即在停车时利用车载电池为电网提供辅助服务。而广义上的V2G涵盖了电动汽车（甚至是整个交通系统）与电网之间的双向互动，从车到网的能量回馈只是其中的环节之一。V2G相关技术的发展，使得电动汽车负荷成为支持能量双向流动的“主动负荷”，为电网运行与实时调控提供了新的挑战和机遇，而如何消纳与利用以电动汽车为代表的主动负荷也成为智能电网的重要特征之一。

2. 研究现状

现有V2G研究可以归结为以下方面：电动汽车负荷模型、电动汽车接入对电网的影响、电动汽车充放电管理以及V2G应用研究。

（1）电动汽车负荷模型

电动汽车负荷模型（充放电模型）是几乎所有V2G相关研究的基础。由于电动汽车对电网的影响具有规模效应，因此研究中更关心其集群模型。电动汽车负荷模型研究的难点在于如何处理其随机性，这种随机性主要由两方面原因造成，一是电动汽车负荷具有广泛随机接入的特性，二是电动汽车充电行为与用户习惯息息相关。

电动汽车负荷的随机特性主要体现在接入时间、接入地点和接入数量。在接入时间随机性上，一种基本思路是认为每台电动汽车在一段时间内的接入时刻服从某种概率分布（比如正态分布），由此得到电动汽车集群的充电负荷总加曲线的时间分布，并在此基础上研究对电网的影响。在空间分布的随机性上，文献引入了马尔科夫随机过程去描述汽车在不同地点的充电行为，而文献将个体车主可能的起始点和终点分为几类（如家、商店、办公楼等），每趟行程又细分为若干个小段，对每个小段的终点是否具备充电设备建立概率模型。在接入数量的随机性方面，一种常见假设是认为电动汽车在一个接入点的数目满足泊松分布，并进一步通过统计数据确定分布特征参数。另一种思路是首先建立每个用户拥有电动汽车数量的概率密度函数pi(x)，利用卷积求出n个用户的拥有电动汽车的数量的概率密度函数f(x)，进一步由概率密度函数f(x)求出电动汽车数量的分布函数。

为充分考虑电动汽车与用户行为的相依性，一些研究从海量历史数据入手，尝试挖掘用户驾驶行为的统计规律，从而避免对用户行为进行不恰当的假设，并在此基础上给出电动汽车负荷模型。比如，文献等基于美国交通部发布的 NHTS（National Household Travel Survey）统计数据库进行研究，将其中常规汽车的驾驶行为转换成电动汽车的行为，并给定其电池容量、效率、充电速率等，根据中心极限定理获得每一时刻总充电功率所满足的高斯分布。由于目前电动汽车数量仍然比较少，统计数据主要以传统燃油汽车为主，这也导致了此类研究仍然必须先对用户充电行为进行一定假设。可以预见，随着未来电动汽车的逐步应用和相关统计数据积累，直接基于电动汽车历史统计数据的负荷建模与辨识将越来越重要。

(2)对电网的影响评估

电动汽车接入后对电网带来的影响研究主要集中在配网。研究的方向可分为元件级的分析和系统级的分析。元件级的分析包括：变压器和线路的热过载、变压器的寿命折损等。系统级的分析包括：系统的负荷曲线、电压偏移率、网损、三相不平衡度、谐波注入等。

电动汽车的充电意味着将有一种新的负荷叠加到原有负荷曲线，如果充电时间和大小可以有序控制，那么对改善负荷曲线的峰谷差将有帮助。但一些研究表明，从配电网的微观层面来看，电动汽车的充电负荷不一定与配电网容量保持同步增长，可能导致居民区的充电负荷重，商业区和工业区较轻。因此在分析电动汽车对负荷曲线影响的时候，不能仅仅局限在整个电网的总加，也必须关注负荷曲线在空间上的分布。热稳定的研究也有类似结论。

电动汽车充电负荷也将影响配电网电压。当电动汽车的充电方式为慢充，并且支持向电网回馈电能时，可通过两种极端方案仿真评估电动汽车引入对电压的影响，即汽车在最大负荷时进入充电模式和最小负荷时进入放电模式。结果表明，当电动汽车市场占有率高于一定比例时，电压可能越限。由于电动汽车充电通常为单相，因此分析电压偏移时有必要从单相电压和线电压两方面分别考虑。文献通过对一个低压配电网仿真建模，发现在有些情况下，电动汽车慢充时的线电压大小符合要求，单相电压越限，这同样也属于电压越限。当采用快速充电时，更有必要研究对馈线末端电压的影响，研究表明快速充电站能同时接纳的电动汽车数量与充电站的位置有关，充电站电压相对越高，可接纳的电动汽车数量越多，反之，则需进行补偿措施。为了减少电动汽车充电对电压的影响，目前也有研究利用车载逆变器做无功电源进行调压，将连在节点上每个 EV 的无功容量聚合在一起，就地提供无功支撑。

电动汽车充放电行为引起的另一个不容忽视的问题是谐波。充电机电流的谐波分量带来的损耗和基波分量本身将引起变压器的过热；畸变率高的电流会导致电缆损耗增加，同时降低使用期限；电流的谐波分量还将影响断路器的开断能力。Staats 和 Grady 等人基于统计学提出一种预测电动汽车集中充电产生的净谐波电流的方法，考虑了充电开始时间和 SOC（State of Charge）的随机性，说明不同充电负荷之间相位的随机分布有助于抑制谐波产生，在此基础上分析了电动汽车充电对配电网电压畸变率的影响，通过统计学规律给出临界电动汽车占有率，高于此占有率，则电压畸变率超标。文献从设备层面入手，将充电机分为 5 种，在充电机随机分布时进行谐波分析，结果表明每种充电机均产生了大量的谐波电流。

(3)电动汽车充放电管理

通过对电动汽车的充（放）电行为进行有序引导和协调控制，可以缓解无序充电对电网产生的不利影响，为将电动汽车负荷统一纳入电网调度提供了可能。

文献提出了以配电网功率损耗最小化为目标的协调充电方案，采用动态规划和二次规划构建了有序充电模型，说明采用有序充电模型可以有效缓解电压偏移和网损。文献通过有序充电，将充电负荷从晚高峰转移到凌晨负荷低谷处，从而起到削峰填谷的作用。文献将电动汽车和配电变压器的规划结合到一起，从而有效地减少网损和变压器的调节频度。文献将充电站的电动汽车负荷纳入机组组合模型中，通过优化最终使负荷曲线更加平缓。文献通过协调调度电动汽车和分布式发电(DG)，促使 DG 输出功率尽量平缓，文献则综合利用启发式方法和超前预测控制(MPC)方法达到相同目标，考虑了电动汽车的 SOC 信息和离开时刻信息，通过规划方法减小配网与输网的交换功率变化代价和电动汽车调度费用。文献设计了一种以充电和放电开始时间为决策变量，以削峰填谷为目标的控制策略，通过电价优惠对充电开始时间进行控制，放电开始时间则是在与电动汽车车主签约后，针对负荷高峰出现的时刻进行控制。

对于有序充电和优化充电的研究目前在国内刚刚起步，由于电力市场和电价机制的不同，如何结合中国国情提出合理的有序充电策略仍在讨论之中，相关研究也得到了科技部“863 计划”的支持。

(4)电动汽车 V2G 应用

在电动汽车支持向电网回馈电能的前提下，现有研究的重点是如何利用集群器（aggregator）将大量的电动汽车组织在一起，以具有 MW 级别的调节容量。集群器的目标有两个：①作为可控负荷时，使集群的 EV 按照有利于电网的方式充电；②作为分布式电源时，为电网提供必需的容量和电能服务。可进行 V2G 应用的电动汽车必须具备以下三个条件：①与电网连接以满足电能流动；②为完成通信，调度员与电动汽车之间存在某种连接；③电动汽车自身具有控制功能和计量电能的能力。文献提出了 V2G 的应用框架，指出实现 V2G 的关键是信息层的建立，即计算机/

通信/控制网络。

V2G 发电量不大，但响应快速（毫秒级），因此一个重要应用是提供调频服务。研究者使用两种不同汽车组成的车队做调频应用，结果表明在开放的电力市场中，V2G 调频有良好的经济效益。Kempton 等人测试了一辆电动汽车的 V2G 调频能力，表明其可以准确的响应调频信号，具有良好的应用前景。文献提出了基于独立电力系统的应用场景，比如利用电动汽车的充放电在孤岛上进行一次调频以有效地吸纳风电。文献则通过集群器模型提出一种利用 V2G 参与调频的最优控制策略，集群器的目标是通过提供调频容量获得最大收入，同时为电动汽车充电提供廉价电能。

一些研究者也讨论了利用 V2G 提供其他类型辅助服务的可能。比如负荷高峰时期的调峰机组，通常需要响应快的电厂担任，但由于每年可能只有几百个小时的发电时间，因此期望尽可能有投资成本较低的发电设备担任。如果电池造价降低、放电深度提高、电池循环次数满足要求，那么利用电动汽车集群提供高峰负荷备用就将具有足够的经济性。但与之对应的，由于基底负荷供电要求长期稳定提供大量电能，则不适合利用 V2G 实现。

V2G 具备作为电网储能的潜力，以目前美国电价体系为例，电动汽车可以在电价低时充电，在电价高时将电卖回给电网，从而赚取差价，但目前考虑电池损耗后，车主每年的年收入非常少，现阶段不具备作为电网储能大规模应用的可行性。V2G 还可作家庭停电备用，当家庭所连的配电网发生故障时，智能电表通过对电压水平的测量感知故障，并及时通过开关将家庭和配电网的连接断开，转为由电动汽车独立供电，并能自动切除不必要的负荷，这种技术可以成为未来智能家居的重要组成部分。

从目前研究进展来看，V2G 相关应用大多处于概念提出、仿真验证和原型系统阶段，目前尚无非常成熟的业界应用。

3. 未来展望

(1)能量管理技术

V2G 的核心是能量交换，一方面，电力系统是超大规模的能量流系统，要求能量时时处处平衡，另一方面，电动汽车的电池是一种储能，其存储的能量将随着车辆的运动而逐渐减少，电网与电动汽车（或电池）一旦相连则可以进行双向能量交换，这种能量交换不仅取决于接入点，而且与整个大电网的运行息息相关。电网侧和电动汽车侧都有相应的能量管理系统（EMS，Energy Management System），如何让运行在控制中心的集中 EMS 和运行在电动汽车内部的广泛分布的 EMS 之间形成互动，最终实现跨越“车—网”的统一能量管理，这将成为一项重要挑战。相关研究涉及大系统分析与优化、分解协调控制、远程通信、集群控制器（aggregator）设计、电力电子设备等诸多方面，最终有望为电动汽车与电网的互动提供支撑平台。

(2)与新能源的互补协调

关于电动汽车是否“低碳”目前业界仍无定论，电动汽车在行驶过程中可以认为是零排放，但其能量来自于电网，判断“低碳”与否必须将电能转化过程中的排放因素考虑在内。牛津大学的最新研究指出对于中国或印度等发电碳排放量较大的国家，如果电动汽车的渗透率增加，其总的 CO_2 排放反而可能比使用传统汽车更高，除非这些国家的电动汽车所需能源的碳浓度能大幅减少。

减少电动汽车碳排放的关键是在电网侧引入更多的清洁能源，在中国，目前发展最快的清洁能源就是风电。然而，风电固有的间歇性特点导致其输出功率具有随机性，在高渗透率情况下，将对电网的有功平衡和频率控制造成巨大挑战，以目前风电渗透率较高的内蒙古电网和吉林电网为例，普遍存在大规模的弃风问题。

发电侧的大规模风电和用电侧的大规模电动汽车，对未来电网的调度运行提出了严峻的挑战，但同时也蕴含着机遇。风电与电动汽车，一个作为能量的发出者，一个作为能量的消耗者，二者具有某种天然的互补性。比如，我国大量地区风电存在反调节特性，在后半夜低谷负荷时段往往出现风电大发，此时如果充分利用电动汽车负荷的有序充电，则可以有效缓解系统调峰的压力。又如，为平抑风电的间歇性，最有效的手段是辅之以储能系统，目前电网公司力推的换电模式下的电池集中充放，以及退役电池的梯次利用，都可以作为一种有效的储能手段，通过能量优化调度，实现与电网之间的双向能量流动，从而提高风电利用率。目前相关领域已有初步研究成果。

(3)与智能交通系统互动

智能交通系统(ITS，Intelligent Transportation Systems)是目前交通领域的研究热点，其目标是在原有道路设施的基础上利用信息技术以缓解交通拥堵，增强驾驶者的安全性以及减少汽车尾气排放。美国、欧洲、日本分别实施各自的 ITS 项目，如 IntelliDriveSM，Smartway 和 CVIS 等，在中国也已经列入交通领域的“十二五”规划。

电动汽车在交通网中行驶，从电网中获取能量，从而使交通网络和电力网络之间发生物理上的交互，作为能量供给的电力网络运行情况将直接影响到交通网，如果某个充电站附近电网处于不正常状态，就无法进一步有效提供充电服务，从这个意义上说，电网的“阻塞”也就意味着交通网的“阻塞”。因此有必要将含大规模电动汽车接入的电网运行风险评估与智能交通中的最优路径规划相结合，利用 ITS 系统将电动汽车引导到最佳充电位置。

已有研究更多的是从电力领域或者交通领域单独一个侧面着眼，缺乏从交通网络和电力网络的共同视角进行统一建模和分析。因此，有必要通过智能电网和智能交通系统之间的双向互动，建立能量在电力网络和交通网络中的统一优化调度模型，利用信息互动优化调控能量互动，实现电网侧能量优化调度与交通网侧车辆优化调度的协调。

4. 总结

电动汽车使电力网络和交通网络这两个复杂的人造系统之间产生了联系，而 V2G 的相关研究从能量和信息两个层面对这种联系进行建模、分析、优化与控制，是沟通两大复杂系统的桥梁。可以预见，随着电动汽车未来的迅猛发展，本领域的研究也将日益受到学者和业界的广泛关注。

（清华大学　郭庆来）

十五、低速电动汽车发展概况及管理思路建议

本文从企业概况、产品性能、市场需求和政策环境等方面分析了我国低速电动汽车的发展现状及存在的主要问题；从产业规模、标准法规、交通管理等方面剖析了国外低速电动汽车的发展概况、管理模式和发展趋势；基于性能优缺点分析，论证了发展低速电动汽车的利弊，提出了规范管理、引导发展的政策思路。

1. 背景

近年来我国纯电动汽车产品的研发取得了长足的进步，但其产业化受到生产成本居高不下和配套设施建设滞后等诸多因素的阻碍和制约，面临着高额补贴下仍无法推广普及的市场困境。与此截然不同的是，目前在山东、湖南等一些省份的二、三级城市和城乡结合部，出现了一类尺寸较小、配置较低、使用铅酸动力电池的小型纯电动汽车（因其最高设计速度较低，通常被称为低速电动汽车），由于购置成本和使用成本较低，能够满足部分出行需求，颇受消费者的欢迎，已形成了一定的市场规模并呈快速发展之势。

巨大的市场潜力吸引了大量企业开始投资，这些企业良莠不齐，大多是高尔夫球车、电动自行车、电动摩托车或零配件制造商等无汽车生产资质的企业。这些企业无法满足现有新能源汽车企业准入要求，其生产的低速电动汽车产品也大都达不到现有新能源汽车产品准入的相关要求，不能进入工信部的《车辆生产企业及产品公告》，因此不能上牌、也不能上路行驶。然而，由于目前没有国家政策法规明确的约束，许多不具备汽车生产资质的企业开始简单拼装低速电动汽车，以“电动观光车、电动代步车、电动助残车”等名义进行生产、销售。而一些地方政府以“支持发展新能源汽车产业”的名义也默许这些低速电动汽车无牌上路行驶。

管理体系的缺失导致一些无资质、低质量的低速电动汽车在部分地区大行其道，影响了市场和交通秩序，亟须规范和引导。

2. 国内发展现状及存在的主要问题

（1）生产企业良莠不齐，大部分不符合投资、准入管理条件

近年来，国内低速电动汽车生产企业的数量迅速增加，据不完全统计，上规模企业已经超过 100 家，主要集中在山东、河北、浙江、广东等地的二、三线城市。规模较大的前 10 家企业 2010 年底形成的总产能已超过 30 万辆，计划年产能更大，已经形成了较大的产业规模。从市场情况来看，这些生产企业大致可分为以山东时风为代表的内销型企业和以浙江康迪为代表的出口型企业。内销型企业大都在当地政府支持下以试点示范的名义生产销售和运营；出口型企业主要利用传统的场地车出口渠道向北美、欧洲市场出口销售。这些企业多为民营企业，大多没有乘用车生产资质，部分有低速汽车或专用车生产资质。投资规模普遍较小，大都达不到现行汽车投资项目的门槛条件。年产能基本在 2 万辆左右，但未来规划产能普遍较大，部分企业计划年产能甚至达到 20 万辆。大部分企业生产能力和条件较差，产品设计开发能力、生产一致性保证能力、产品销售和售后服务能力较弱，难以满足现行的新能源汽车生产企业准入要求。

（2）产品性能参差不齐，大部分难以满足乘用车全部强检要求

目前国内低速电动汽车典型产品大都是参照国外类似产品的标准进行开发设计。从外形来看大部分低速电动汽车是在传统小排量汽车的基础上进行改装。从基本参数来看，国内低速电动汽车外廓尺寸普遍较小（大都小于 3600mm ×1650mm ×1600mm），质量较轻（整备质量大都小于 1000kg），乘员人数多为 4 人或 2 人，呈现小型化、轻量化的特点。从性能参数来看，产品大都以满足基本使用要求为设计诉求；最高设计时速较低，大都在 40 ~ 80km/h 之间；续驶里程较短，大致 100km 左右。为降低成本，结构较为简单，大多采用低功率的直流无刷电机或交流异步

电机，额定功率在3～10kW之间；以初级电路或简单模拟电路控制为主，系统电压较低，在48～72V之间；普遍采用廉价的铅酸动力电池，总能量较低，在6.5～12kWh之间。典型产品基本没有应用制动能量回收、制动助力、转向助力等技术。大多数产品车身采用玻璃钢材料，难以满足碰撞法规等强检要求。

(3)市场规模初现且发展潜力巨大，满足较大消费人群需求

低速电动汽车的产销量近年来快速增长。2010年，以时风集团为代表的18家山东省低速电动汽车企业生产低速电动汽车29731辆，比2009年增长了74.3%；2011年预计产量能达到6万辆，出口1.5万辆。国内低速电动汽车消费人群主要包括四类：一是广大乡镇和农村，日常短途出行人群；二是城乡结合部，城乡往返人群；三是中小城市，上下班的人群、接送小孩上学或者短途购物休闲的家庭妇女和退休老年人群；四是大城市中，住郊区乘公共交通上下班需接驳的人群。这些潜在消费人群占我国总人口的比例很大，市场发展很有潜力。低速电动汽车尽管续驶里程短、行驶速度低，但能够满足大部分城乡居民出行的基本需求，是电动自行车、电动摩托车、低速汽车的理想升级品，替代产品市场规模巨大。

(4)部分地方政府开始立法规范，亟须国家层面法规引导

山东聊城、湖南娄底等一些地方城市为了促进本地低速电动汽车的发展、规范当地低速电动汽车的道路交通秩序，先后出台了一些地方性的管理办法，规定了低速电动汽车的技术条件、使用范围、登记管理、驾驶证管理、报废回收等要求，核心是允许低速电动汽车上路行驶。部分城市还出台了鼓励个人购买本地低速电动汽车的财政补贴实施办法。汽车行业管理和交通管理是全国管理的范畴，地方法规不具备相应的法律效力，亟须制定国家层面的管理法规来规范低速电动汽车的发展。

3. 国外发展概况及趋势

美、日、欧等汽车工业发达国家目前允许低速电动汽车的生产和使用，但主要是为了满足特殊人群或特定区域的特殊需求，适用特殊的法规。大型跨国汽车企业目前基本都不开发生产低速电动汽车。国外低速纯电动汽车保有量非常少，属于非主流、小众化的汽车产品，目前呈现法规要求不断加严、支持力度持续减弱的发展趋势。

(1)市场规模小，补贴力度逐步减弱

美国低速电动汽车生产企业规模较大的是GEM公司和ZAP公司。据美国能源部估计，2008年美国大约有45000辆低速电动汽车在路上行驶。根据《美国复苏与再投资法案》，2009年低速电动汽车可以享受与普通电动汽车同样标准（根据电池能量，乘用车最高7500美元）的税收抵扣政策；在此激励下，低速电动汽车在美销量大幅增长。2010年，低速电动汽车只能享受售价10%的税收抵扣，增速有所回落。

日本主要汽车公司并没有生产低速电动汽车，日产的Leaf、三菱的i-MiEV和富士重工的Plug-in Stella等典型电动汽车产品均具有较高的最高设计车速。日本市场上销售的低速电动汽车主要是以轻自动车为原型而改装的，如昭和飞行机工业公司生产的e-VAN、EDISON POWER公司生产的Echolon E、TAKEOKA公司生产的REVA-CLASSIC，这些车型的共同特点是最高车速低、续驶里程短。韩国CT&T公司2009年开始在日本销售低速电动汽车e-ZONE，低级版本使用铅酸电池。日本从2010年开始，使用铅酸电池的低速电动汽车不再与普通电动汽车一样享受与原型车差价一半的中央政府补贴。

欧盟现有十多家微型汽车制造商，分布在多个成员国内。微型汽车制造商全是中小企业，生产规模普遍很小，多创建在的工业不发达区域（如法国的SavoieVendee，意大利的Abruzzo）。其中规模最大的是法国的AIXAM MEGA公司，2010年销售了27000辆传统能源微型汽车和500辆电动微型汽车。

(2)实施分类管理，法规要求相对较低但有加严的趋势

美国国家公路交通安全管理局（NHTSA）于1998年针对低速车辆（LSV）制定了专门的《联邦机动车安全标准》（FMVSS）第500号法规（49CFR571.500）及相应的测试规范（TP-500-02），并于2005、2006年进行了二次修订，对LSV的最高设计车速（高于20且低于25mph）、总质量（小于3000lbs）、基本装备（前灯、尾灯、停车指示灯、转向灯、反光镜、停车制动器、后视镜、挡风玻璃、车辆识别号码VIN和安全带）及相关试验条件、方法等做出了具体规定。NHTSA认为要求LSV满足全尺寸车辆的安全标准不符合实际，降低了对LSV的FMVSS法规要求，碰撞保护等相关法规都予以豁免。美国高速公路安全保险协会（IIHS）在2010年组织了一系列LSV的撞击安全测试，试验结果显示LSV存在安全隐患，为此建议提高对LSV的联邦机动车安全标准。

日本的低速电动汽车是按照“第一种原动机付自行车”来进行管理的，并不需要满足自动车（包括普通自动车、小型自动车、轻自动车、大型特殊自动车和小型特殊自动车五类）的相关法规要求。

欧盟对低速电动汽车的相关法规要求在2002/24/EC（两轮或三轮机动车认证）有所涉及，此指令也适用于四轮机动车，其中包括轻型四轮机动车（L6e类）和重型四轮机

动车（L7e类）。L6e类要求：空车质量不超过350kg（电动车辆不包括动力电池重量），最高设计速度不超过45km/h，最大连续额定功率不超过4kW（如使用电动机）；L7e类要求：空车质量不超过400kg（用于运输货物的车辆不超过550kg，电动车辆不包括动力电池重量），最大连续额定功率不超过15kW（如使用电动机）。欧洲议会2010年10月发布的法规分析报告提议：将L6e类细分成L6Ae（轻型四轮车）、L6Be（轻型微型车），将L7e类细分成L7Ae（重型四轮车）和L7Be（重型微型车）。欧盟对低速电动汽车的管理法规可能将进一步细化。欧盟在碰撞保护等被动安全方面的认证也降低了对低速电动汽车相关法规要求。

（3）使用区域受限，主要满足特殊需求

美国联邦法规要求LSV主要应用于短途购物、退休人员或者其他规划高尔夫球场社区的社会和康乐用途。但美国车辆的运营规范一般由各州自行拟定。据统计，当前美国已有46个州立法允许LSV上路行驶，有些州将LSV称为社区电动汽车（NEV）或中速电动汽车（MSEV）。在路权方面，大多数州准许LSV在最高限速35mph（56km/h）的公路上行驶（但穿越交叉路口不受限制），德克萨斯、阿拉斯加等个别州放宽到最高限速45mph的公路。有些州要求LSV在醒目位置张贴限制性的标志，以便区分。2008年，提高LSV限速、扩大LSV使用区域或增加中速车分类的相关提案被NHTSA否决，NHTSA声明表示：对LSV的环保效益表示认可，将会更加关注其安全问题。

日本对属于“第一种原动机付自行车”的低速电动汽车，只允许一人驾乘，且不允许上高速公路。欧盟对于最高额定功率不同的电动汽车适用不同的驾驶员管理政策，属于四轮机动车的低速电动汽车主要是满足低龄驾驶者或特殊驾驶者（如吊销驾照者）的出行需求。

4. 利弊分析及管理思路建议

（1）优缺点明显，发展有利也有弊

与高速电动汽车相比，低速电动汽车在市场成熟度、成本合理性、使用经济性、使用便利性和技术适用性等方面具有明显的优势。发展低速电动汽车具有显著的经济和社会效益：可带动电池、电机等关键零部件产业的发展，创造大量的就业机会；可满足我国广大乡镇交通不发达地区的用车需求，解决新农村建设出行难的问题；可带动我国充电设施的滚动发展，有利于促进我国电动汽车与充电设施之间的良性互动；可替代高能耗、高排放的摩托车等交通工具，节能减排效果显著。

低速电动汽车污染可控性和质量可靠性一般，安全保障性、使用舒适性相对较差，如果不加以技术改进和管理规范就盲目发展，可能会影响我国电动汽车行业技术水平的提升、产业结构的优化和产业国际竞争力的提高，不利于我国新能源汽车产业长远、可持续发展。

（2）及时规范引导发展利大于弊

降低最高设计时速可显著降低电动汽车的成本。低速电动汽车产品质量、性能上的问题，可以通过制定相应的强制性技术标准的方式加以控制。提升安全性、可靠性、舒适性等性能水平需要付出相应的成本代价，但改进后的低速电动汽车相对于高速电动汽车依然具有一定的成本优势。优先发展成本低、需求大的低速电动汽车更符合我国的现实国情，也更有利于电动汽车的推广应用。

对低速电动汽车放任不管或坚决抑制，都不符合科学发展观；加强管理引导低速电动汽车规范发展，利大于弊。

（3）管理思路建议

借鉴国外管理经验并立足国情，建议尽早地构建一套行之有效的低速电动汽车管理体系，界定产品概念，实行分类管理，明确准入、投资、交通等管理要求，并完善相关标准加以引导和规范。

在产品界定方面，建议将符合一定技术要求（最高设计速度、乘员数、车辆外廓尺寸、整车整备质量、载质量、动力电池组质量占比、能量消耗效率、续驶里程、加速性能、爬坡性能等）的小型纯电动汽车产品统称为“低速电动汽车”。

在准入管理方面，建议制定专门的生产企业及产品准入管理规则，适当放宽准入条件，明确其产品管理方式。建议单独设立低速电动汽车生产企业资质，参照轻型客车整车企业条件制定相应的生产企业准入条件及审查要求。为保障废旧铅酸电池能够有效回收，建议将履行生产者延伸责任作为低速电动汽车生产企业准入的必要条件之一。建议制定专门的产品专项检验标准目录，严格执行产品技术要求，实施产品准入管理。

在投资管理方面，为防止低水平重复建设，建议要求低速电动汽车生产企业必须具备整车生产资质；没有资质的生产企业应当按照有关投资管理规定，先行办理投资项目批准手续后，方可申请准入；考虑低速电动汽车投资项目的特殊性，建议适当放宽新建投资项目的门槛条件，降低投资总额、生产纲领等方面的要求。

在交通管理方面，建议按照保安全、促畅通、可操作、易监管的原则，在路权、车辆注册登记、牌照管理、驾驶证管理、事故处理和保险等方面对低速电动汽车实施相应的管理制度。为减少交通拥堵和事故发生的几率，建议限定低速电动汽车的使用区域；为区别其他机动车辆、便于交通管理，建议参照国标式样对低速电动汽车的号牌、行驶证、登记证书制作统一规格的特殊样式；为确保交通安全，建议要求驾驶人员必须取得C3及以上驾驶证，严禁无照驾驶；为降低事故发生的风险和造成的财产损失，建议由国家认可的保险机构按有关规定承保。

在标准规范方面，建议重点从安全性的角度出发，参照现行纯电动乘用车的标准体系构建低速电动汽车产品的标准体系；根据低速电动汽车对现有传统能源汽车强制性国家标准和相关电动汽车标准的适应性，针对低速电动汽车的技术特点，按照豁免部分标准项目、调整个别标准试验方法和指标等原则予以制修订。

（中国汽车技术研究中心　黄永和、方海峰）

第二篇
节能与新能源汽车行动计划及支持政策

一、国家宏观政策

1. 国务院关于进一步加大工作力度确保实现"十一五"节能减排目标的通知(节选)

国发〔2010〕12号

各省、自治区、直辖市人民政府，国务院各部委、各直属机构：

2006年以来，各地区、各部门认真贯彻落实科学发展观，把节能减排作为调整经济结构、转变发展方式的重要抓手，加大资金投入，强化责任考核，完善政策机制，加强综合协调，节能减排工作取得重要进展。全国单位国内生产总值能耗累计下降14.38%，化学需氧量排放总量下降9.66%，二氧化硫排放总量下降13.14%。但要实现"十一五"单位国内生产总值能耗降低20%左右的目标，任务还相当艰巨。为进一步加大工作力度，确保实现"十一五"节能减排目标，现就有关事项通知如下：

九、大力推广节能技术和产品。发布国家重点节能技术推广目录（第三批）。继续实施"节能产品惠民工程"，在加大高效节能空调推广的基础上，全面推广节能汽车、节能电机等产品，继续做好新能源汽车示范推广，5月底前有关部门要出台具体的实施细则。推广节能灯1.5亿只以上，东中部地区和有条件的西部地区城市道路照明、公共场所、公共机构全部淘汰低效照明产品。扩大能效标志实施范围，发布第七批能效标志产品目录。落实政府优先和强制采购节能产品制度，完善节能产品政府采购清单动态管理。

各地区、各部门要把节能减排放在更加突出的位置，切实加强组织领导。地方各级人民政府对本行政区域节能减排负总责，政府主要领导是第一责任人。发展改革委要加强节能减排综合协调，指导推动节能降耗工作，环境保护部要做好减排的协调推动工作，统计局要加强能源监测和统计。有关部门在各自的职责范围内做好节能减排工作，加强对各地区贯彻落实本通知精神的督促检查，确保实现"十一五"节能减排目标。

国务院

二〇一〇年五月四日

2. 国务院关于加快培育和发展战略性新兴产业的决定(节选)

国发〔2010〕32号

各省、自治区、直辖市人民政府，国务院各部委、各直属机构：

战略性新兴产业是引导未来经济社会发展的重要力量。发展战略性新兴产业已成为世界主要国家抢占新一轮经济和科技发展制高点的重大战略。我国正处在全面建设小康社会的关键时期，必须按照科学发展观的要求，抓住机遇，明确方向，突出重点，加快培育和发展战略性新兴产业。现作出如下决定：

一、抓住机遇，加快培育和发展战略性新兴产业

战略性新兴产业是以重大技术突破和重大发展需求为基础，对经济社会全局和长远发展具有重大引领带动作用，知识技术密集、物质资源消耗少、成长潜力大、综合效益好的产业。加快培育和发展战略性新兴产业对推进我国现代化建设具有重要战略意义。

（一）加快培育和发展战略性新兴产业是全面建设小康社会、实现可持续发展的必然选择。我国人口众多、人均资源少、生态环境脆弱，又处在工业化、城镇化快速发展时期，面临改善民生的艰巨任务和资源环境的巨大压力。要全面建设小康社会、实现可持续发展，必须大力发展战略性新兴产业，加快形成新的经济增长点，创造更多的就业岗位，更好地满足人民群众日益增长的物质文化需求，促进资源节约型和环境友好型社会建设。

（二）加快培育和发展战略性新兴产业是推进产业结构升级、加快经济发展方式转变的重大举措。战略性新兴产业以创新为主要驱动力，辐射带动力强，加快培育和发展战略性新兴产业，有利于加快经济发展方式转变，有利于提升产业层次、推动传统产业升级、高起点建设现代产业体系，体现了调整优化产业结构的根本要求。

（三）加快培育和发展战略性新兴产业是构建国际竞争新优势、掌握发展主动权的迫切需要。当前，全球经济竞争格局正在发生深刻变革，科技发展正孕育着新的革命性突破，世界主要国家纷纷加快部署，推动节能环保、新能源、信息、生物等新兴产业快速发展。我国要在未来国际竞争中占据有利地位，必须加快培育和发展战略性新兴产业，掌握关键核心技术及相关知识产权，增强自主发展能力。

加快培育和发展战略性新兴产业具备诸多有利条件，也面临严峻挑战。经过改革开放30多年的快速发展，我国综合国力明显增强，科技水平不断提高，建立了较为完备的产业体系，特别是高技术产业快速发展，规模跻身世界前列，为战略性新兴产业加快发展奠定了较好的基础。同时，也面临着企业技术创新能力不强，掌握的关键核心技术少，有利于新技术新产品进入市场的政策法规体系不健全，支持创新创业的投融资和财税政策、体制机制不完善等突出问题。必须充分认识加快培育和发展战略性新兴产业的重大意义，进一步增强紧迫感和责任感，抓住历史机遇，加大工作力度，加快培育和发展战略性新兴产业。

二、坚持创新发展，将战略性新兴产业加快培育成为先导产业和支柱产业

根据战略性新兴产业的特征，立足我国国情和科技、产业基础，现阶段重点培育和发展节能环保、新一代信息技术、生物、高端装备制造、新能源、新材料、新能源汽车等产业。

（一）指导思想

以邓小平理论和“三个代表”重要思想为指导，深入贯彻落实科学发展观，把握世界新科技革命和产业革命的历史机遇，面向经济社会发展的重大需求，把加快培育和发展战略性新兴产业放在推进产业结构升级和经济发展方式转变的突出位置。积极探索战略性新兴产业发展规律，发挥企业主体作用，加大政策扶持力度，深化体制机制改革，着力营造良好环境，强化科技创新成果产业化，抢占经济和科技竞争制高点，推动战略性新兴产业快速健康发展，为促进经济社会可持续发展作出贡献。

（二）基本原则

坚持充分发挥市场的基础性作用与政府引导推动相结合。要充分发挥我国市场需求巨大的优势，创新和转变消费模式，营造良好的市场环境，调动企业主体的积极性，推进产学研用结合。同时，对关系经济社会发展全局的重要领域和关键环节，要发挥政府的规划引导、政策激励和组织协调作用。

坚持科技创新与实现产业化相结合。要切实完善体制机制，大幅度提升自主创新能力，着力推进原始创新，大力增强集成创新和联合攻关，积极参与国际分工合作，加强引进消化吸收再创新，充分利用全球创新资源，突破一批关键核心技术，掌握相关知识产权。同时，要加大政策支持和协调指导力度，造就并充分发挥高素质人才队伍的作用，加速创新成果转化，促进产业化进程。

坚持整体推进与重点领域跨越发展相结合。要对发展战略性新兴产业进行统筹规划、系统布局，明确发展时序，促进协调发展。同时，要选择最有基础和条件的领域作为突破口，重点推进。大力培育产业集群，促进优势区域率先发展。

坚持提升国民经济长远竞争力与支撑当前发展相结合。要着眼长远，把握科技和产业发展新方向，对重大前沿性领域及早部署，积极培育先导产业。同时，要立足当前，推进对缓解经济社会发展瓶颈制约具有重大作用的相关产业较快发展，推动高技术产业健康发展，带动传统产业转型升级，加快形成支柱产业。

（三）发展目标

到2015年，战略性新兴产业形成健康发展、协调推进的基本格局，对产业结构升级的推动作用显著增强，增加值占国内生产总值的比重力争达到8%左右。

到2020年，战略性新兴产业增加值占国内生产总值的比重力争达到15%左右，吸纳、带动就业能力显著提高。节能环保、新一代信息技术、生物、高端装备制造产业成为国民经济的支柱产业，新能源、新材料、新能源汽车产业成为国民经济的先导产业；创新能力大幅提升，掌握一批关键核心技术，在局部领域达到世界领先水平；形成一批具有国际影响力的大企业和一批创新活力旺盛的中小企业；建成一批产业链完善、创新能力强、特色鲜明的战略性新兴产业集聚区。

再经过十年左右的努力，战略性新兴产业的整体创新能力和产业发展水平达到世界先进水平，为经济社会可持续发展提供强有力的支撑。

三、立足国情，努力实现重点领域快速健康发展

根据战略性新兴产业的发展阶段和特点，要进一步明确发展的重点方向和主要任务，统筹部署，集中力量，加快推进。

（七）新能源汽车产业。着力突破动力电池、驱动电机和电子控制领域关键核心技术，推进插电式混合动力汽车、纯电动汽车推广应用和产业化。同时，开展燃料电池汽车相关前沿技术研发，大力推进高能效、低排放节能汽车发展。

四、强化科技创新，提升产业核心竞争力

增强自主创新能力是培育和发展战略性新兴产业的中心环节，必须完善以企业为主体、市场为导向、产学研相结合的技术创新体系，发挥国家科技重大专项的核心引领作用，结合实施产业发展规划，突破关键核心技术，加强创新成果产业化，提升产业核心竞争力。

（一）加强产业关键核心技术和前沿技术研究。围绕经济社会发展重大需求，结合国家科技计划、知识创新工程和自然科学基金项目等的实施，集中力量突破一批支撑战略性新兴产业发展的关键共性技术。在生物、信息、空天、海洋、地球深部等基础性、前沿性技术领域超前部署，加强交叉领域的技术和产品研发，提高基础技术研究水平。

（二）强化企业技术创新能力建设。加大企业研究开发的投入力度，对面向应用、具有明确市场前景的政府科技计划项目，建立由骨干企业牵头组织、科研机构和高校共同参与实施的有效机制。依托骨干企业，围绕关键核心技术的研发和系统集成，支持建设若干具有世界先进水平的工程化平台，结合技术创新工程的实施，发展一批由企业主导，科研机构、高校积极参与的产业技术创新联盟。加强财税政策引导，激励企业增加研发投入。加强产业集聚区公共技术服务平台建设，促进中小企业创新发展。

（三）加快落实人才强国战略和知识产权战略。建立科研机构、高校创新人才向企业流动的机制，加大高技能人才队伍建设力度。加快完善期权、技术入股、股权、分红权等多种形式的激励机制，鼓励科研机构和高校科技人员积极从事职务发明创造。加大工作力度，吸引全球优秀人才来华创新创业。发挥研究型大学的支撑和引领作用，加强战略性新兴产业相关专业学科建设，增加急需的专业学位类别。改革人才培养模式，制定鼓励企业参与人才培养的政策，建立企校联合培养人才的新机制，促进创新型、应用型、复合型和技能型人才的培养。支持知识产权的创造和运用，强化知识产权的保护和管理，鼓励企业建立专利联盟。完善高校和科研机构知识产权转移转化的利益保障和实现机制，建立高效的知识产权评估交易机制。加大对具有重大社会效益创新成果的奖励力度。

（四）实施重大产业创新发展工程。以加速产业规模化发展为目标，选择具有引领带动作用，并能够实现突破的重点方向，依托优势企业，统筹技术开发、工程化、标准制定、市场应用等环节，组织实施若干重大产业创新发展工程，推动要素整合和技术集成，努力实现重大突破。

（五）建设产业创新支撑体系。发挥知识密集型服务业支撑作用，大力发展研发服务、信息服务、创业服务、技术交易、知识产权和科技成果转化等高技术服务业，着力培育新业态。积极发展人力资源服务、投资和管理咨询等商务服务业，加快发展现代物流和环境服务业。

（六）推进重大科技成果产业化和产业集聚发展。完善科技成果产业化机制，加大实施产业化示范工程力度，积极推进重大装备应用，建立健全科研机构、高校的创新成果发布制度和技术转移机构，促进技术转移和扩散，加速科技成果转化为现实生产力。依托具有优势的产业集聚区，培育一批创新能力强、创业环境好、特色突出、集聚发展的战略性新兴产业示范基地，形成增长极，辐射带动区域经济发展。

五、积极培育市场，营造良好市场环境

要充分发挥市场的基础性作用，充分调动企业积极性，加强基础设施建设，积极培育市场，规范市场秩序，为各类企业健康发展创造公平、良好的环境。

（一）组织实施重大应用示范工程。坚持以应用促发展，围绕提高人民群众健康水平、缓解环境资源制约等紧迫需求，选择处于产业化初期、社会效益显著、市场机制难以有效发挥作用的重大技术和产品，统筹衔接现有试验示范工程，组织实施全民健康、绿色发展、智能制造、材料换代、信息惠民等重大应用示范工程，引导消费模式转变，培育市场，拉动产业发展。

（二）支持市场拓展和商业模式创新。鼓励绿色消费、循环消费、信息消费，创新消费模式，促进消费结构升级。扩大终端用能产品能效标志实施范围。加强新能源并网及储能、支线航空与通用航空、新能源汽车等领域的市场配套基础设施建设。在物联网、节能环保服务、新能源应用、信息服务、新能源汽车推广等领域，支持企业大力发展有利于扩大市场需求的专业服务、增值服务等新业态。积极推行合同能源管理、现代废旧商品回收利用等新型商业模式。

（三）完善标准体系和市场准入制度。加快建立有利于战略性新兴产业发展的行业标准和重要产品技术标准体系，优化市场准入的审批管理程序。进一步健全药品注册管理的体制机制，完善药品集中采购制度，支持临床必需、疗效确切、安全性高、价格合理的创新药物优先进入医保目录。完善新能源汽车的项目和产品准入标准。改善转基因农产品的管理。完善并严格执行节能环保法规标准。

六、深化国际合作，提高国际化发展水平

要通过深化国际合作，尽快掌握关键核心技术，提升我国自主发展能力与核心竞争力。把握经济全球化的新特点，深度开展国际合作与交流，积极探索合作新模式，在更高层次上参与国际合作。

（一）大力推进国际科技合作与交流。发挥各种合作机制的作用，多层次、多渠道、多方式推进国际科技合作与交流。鼓励境外企业和科研机构在我国设立研发机构，支持符合条件的外商投资企业与内资企业、研究机构合作申请国家科研项目。支持我国企业和研发机构积极开展全球研发服务外包，在境外开展联合研发和设立研发机构，在国外申请专利。鼓励我国企业和研发机构参与国际标准的制定，鼓励外商投资企业参与我国技术示范应用项目，共同形成国际标准。

（二）切实提高国际投融资合作的质量和水平。完善外商投资产业指导目录，鼓励外商设立创业投资企业，引导外资投向战略性新兴产业。支持有条件的企业开展境外投资，在境外以发行股票和债券等多种方式融资。扩大企业境外投资自主权，改进审批程序，进一步加大对企业境外投资的外汇支持。积极探索在海外建设科技和产业园区。制定国别产业导向目录，为企业开展跨国投资提供指导。

（三）大力支持企业跨国经营。完善出口信贷、保险等政策，结合对外援助等积极支持战略性新兴产业领域的重点产品、技术和服务开拓国际市场，以及自主知识产权技术标准在海外推广应用。支持企业通过境外注册商标、境外收购等方式，培育国际化品牌。加强企业和产品国际认证合作。

七、加大财税金融政策扶持力度，引导和鼓励社会投入

加快培育和发展战略性新兴产业，必须健全财税金融政策支持体系，加大扶持力度，引导和鼓励社会资金投入。

（一）加大财政支持力度。在整合现有政策资源和资金渠道的基础上，设立战略性新兴产业发展专项资金，建立稳定的财政投入增长机制，增加中央财政投入，创新支持方式，着力支持重大关键技术研发、重大产业创新发展工程、重大创新成果产业化、重大应用示范工程、创新能力建设等。加大政府引导和支持力度，加快高效节能产品、环境标志产品和资源循环利用产品等推广应用。加强财政政策绩效考评，创新财政资金管理机制，提高资金使用效率。

（二）完善税收激励政策。在全面落实现行各项促进科技投入和科技成果转化、支持高技术产业发展等方面的税收政策的基础上，结合税制改革方向和税种特征，针对战略性新兴产业的特点，研究完善鼓励创新、引导投资和消费的税收支持政策。

（三）鼓励金融机构加大信贷支持。引导金融机构建立适应战略性新兴产业特点的信贷管理和贷款评审制度。积极推进知识产权质押融资、产业链融资等金融产品创新。加快建立包括财政出资和社会资金投入在内的多层次担保体系。积极发展中小金融机构和新型金融服务。综合运用风险补偿等财政优惠政策，促进金融机构加大支持战略性新兴产业发展的力度。

（四）积极发挥多层次资本市场的融资功能。进一步完善创业板市场制度，支持符合条件的企业上市融资。推进场外证券交易市场的建设，满足处于不同发展阶段创业企业的需求。完善不同层次市场之间的转板机制，逐步实现各层次市场间有机衔接。大力发展债券市场，扩大中小企业集合债券和集合票据发行规模，积极探索开发低信用等级高收益债券和私募可转债等金融产品，稳步推进企业债券、公司债券、短期融资券和中期票据发展，拓宽企业债务融资渠道。

（五）大力发展创业投资和股权投资基金。建立和完善促进创业投资和股权投资行业健康发展的配套政策体系与监管体系。在风险可控的范围内为保险公司、社保基金、企业年金管理机构和其他机构投资者参与新兴产业创业投资和股权投资基金创造条件。发挥政府新兴产业创业投资资金的引导作用，扩大政府新兴产业创业投资规模，充分运用市场机制，带动社会资金投向战略性新兴产业中处于创业早中期阶段的创新型企业。鼓励民间资本投资战略性新兴产业。

八、推进体制机制创新，加强组织领导

加快培育和发展战略性新兴产业是我国新时期经济社会发展的重大战略任务，必须大力推进改革创新，加强组织领导和统筹协调，为战略性新兴产业发展提供动力和条件。

（一）深化重点领域改革。建立健全创新药物、新能源、资源性产品价格形成机制和税费调节机制。实施新能源配额制，落实新能源发电全额保障性收购制度。加快建立生产者责任延伸制度，建立和完善主要污染物和碳排放交易制度。建立促进三网融合高效有序开展的政策和机制，深化电力体制改革，加快推进空域管理体制改革。

（二）加强宏观规划引导。组织编制国家战略性新兴产业发展规划和相关专项规划，制定战略性新兴产业发展指导目录，开展战略性新兴产业统计监测调查，加强与相关规划和政策的衔接。加强对各地发展战略性新兴产业的引导，优化区域布局、发挥比较优势，形成各具特色、优势互补、结构合理的战略性新兴产业协调发展格局。各地区要根据国家总体部署，从当地实际出发，突出发展重点，避免盲目发展和重复建设。

（三）加强组织协调。成立由发展改革委牵头的战略性新兴产业发展部际协调机制，形成合力，统筹推进。

国务院各有关部门、各省（区、市）人民政府要根据本决定的要求，抓紧制订实施方案和具体落实措施，加大支持力度，加快将战略性新兴产业培育成为先导产业和支柱产业，为我国现代化建设作出新的贡献。

国务院

二〇一〇年十月十日

3. 汽车产业技术进步和技术改造投资方向(2010 年)

编号	项目或产品名称	规格和等级
一、电动汽车及部件		
1	利用现有能力生产纯电动汽车改造项目或动力模块建设项目	最高车速≥80km/h；
		工况法续驶里程≥100km；
		动力电池等主要部件寿命≥10 万公里；
		车载充电≤7h (0～100% SOC)；
		快速充电≤0.5h (0～80% SOC)；
		电能量消耗率≤0.16kWh/km；
		提供各种车辆标准法规的检测报告或者上公告目录
2	利用现有能力生产插电式混合动力汽车改造项目或动力模块建设项目	纯电动模式行驶续驶里程：
		≥70km (乘用车，60km/h 匀速)；
		≥50 km (城市公交客车，40km/h 匀速)；
		主要部件使用寿命：
		≥10 万公里 (乘用车)
		≥8 万公里 (城市公交客车)；
		提供各种车辆标准法规的检测报告或者上公告目录
3	先进动力电池系统	工作温度：-20 ℃～55℃；
		储存和运输温度：-40 ℃～80℃
		比能量≥90Wh/kg (以电池包总体计)；
		最大放电倍率≥5C；
		最大充电倍率≥3C；
		循环寿命≥2000 次 (单体)，1200 次 (系统)；
4	电池管理系统	工作温度：-40 ℃～125℃；
		SOC 估算精度偏差＜8%；
		具备电池状态检测、绝缘检测、电池功率计算、电池热管理、电池故障检测、电池安全保护、OBD、CAN 网络信息交互等功能，并满足国家相关标准要求。
5	电机及驱动系统	电机比功率(以定转子重量计)：乘用车≥2kW/kg，客车≥1.5kW/kg；
		系统的高效区 (效率＞80%)≥65%；
		速度控制精度：基速以下 ±50r/min，基速以上 1%；
		30% 额定扭矩以上控制精度：±5%；30% 额定扭矩以下控制精度：±5Nm；
		系统工作环境温度：-40℃～125℃；
		扭矩响应时间：额定扭矩阶跃响应时间≤10ms；
		电磁兼容性满足国家标准。
6	电驱动变速系统	可实现自动换挡，换挡动力中断时间客车＜1.2s，乘用车＜0.9s；
		变速器传动效率≥94%；
		具备 CAN 总线通信功能、自动换挡功能、故障诊断功能、故障安全功能、下线调整 (EOL) 功能、换挡及故障显示功能；
		系统可靠性＞10 万 km。
7	电动车用大功率电子器件或功率模块	电压等级≥600V；
		电流≥300A；
		工作环境温度：-45℃～150℃；
		耐振动 10g；
		寿命＞10 年。

续表

编号	项目或产品名称	规格和等级
8	车用 DC/DC	输入工作电压范围：100 ～400V；
		输出电压可设定；
		输出功率≥1.0kW；
		效率≥85%；
		工作环境温度：－40℃ ～125℃；
		具有过电流、短路、欠压、过热、过载、漏电等保护功能，并满足国家相关标准要求。
9	车载充电机	额定输入电压：单相 220V ±15%；
		功率因数≥0.95；
		充电效率≥90%；
		输出电压：280 ~ 400 VDC；
		输出功率≥3.3kW；
		工作环境温度：－20℃ ～65℃；
		提供 12V DC 电源（≥150W）；
		具有 CAN 总线接口，充电模式可智能化自动控制；
		具有过电流、短路、欠压、过热、过载、漏电等保护功能，并满足国家相关标准要求。
10	混合动力汽车专用动力耦合及传动装置	电机、差速器、减速器、变速器和离合器集成设计，支持纯电动和混合动力驱动模式，机械传动效率 >92%，具有全自动控制无级变速功能。
11	乘用车用空调电动压缩机	额定输入功率≥2kW；
		压缩机转速控制范围 0 ～9000r/min，转速可以实现无级可调；
		工作电压范围：200 ～450V；
		制冷能效比≥2.0；
		噪声≤70dB(A)（10 点平均值，1000 r/min，吸气压力 300kPa，排气压力 1.5MPa）；
		有过热保护、过压过流保护以及故障诊断功能；
		防护等级 IP65、防漏电绝缘性能良好安全可靠。
		电磁兼容性满足国家标准；
		工作环境温度：－40℃ ～125℃。
12	电动汽车专用减速装置	最高输入转速≥10000Rpm；
		峰值扭矩≥260Nm；
		效率≥95%；
		集成电子驻车系统。
13	动力锂离子电池专用隔膜	使用温度－40℃ ~ 70℃，融断温度>170℃，闭孔温度≤135℃；
		高安全性能：高温下横向无热收缩，高拉伸强度，高抗穿刺强度，耐大电流冲击，耐高温性能好，满足动力锂离子电池要求和户外电动汽车工作环境；
		高透过性能：孔隙率 40% ~ 60%，孔曲折度低，透气性好；
		高均匀性能：厚度控制均匀性好，孔径分布均匀；
		高选择性：隔膜厚度 15 ~ 80 μm 可供选择；
		电解质相容性好：吸液率高，持液能力强，内阻小。
二、发动机		
1	自有知识产权电子控制系统的汽油发动机升级	升功率≥50kW/L
		排放满足国Ⅳ要求。
2	自然吸气 1.5L 以下汽油发动机	升功率≥55kW/L；
		排放满足国Ⅳ要求。
3	非直喷增压汽油发动机	升功率 >70kW/L；
		升扭矩 >140Nm/L；
		全负荷状态下燃油消耗率指标≤260g/kWh；

续表

编号	项目或产品名称	规格和等级
4	缸内直喷汽油发动机	排放满足欧V要求；
		升功率，非增压 >60kW/L；增压 75kW/L；
		升扭矩，非增压 >100Nm/L；增压 >160Nm/L；
		比油耗：非增压 250g/kWh （2000r/min），2bar；增压 260g/kWh （2000r/min），2bar。
5	汽油机增压器	最高涡前温度 1000℃；
		涡轮效率≥78%或增压器总效率≥0.55；
		装机全速全负荷500h耐久性考核无故障。
6	汽油机用催化剂	低贵金属含量催化剂：对适用于排量≤1.6L的汽油机，前、后级催化剂贵金属含量≤3.0g/L、1.5g/L；对适用于排量 >1.6L的汽油机，前、后级催化剂贵金属含量≤4.5g/L、1.7g/L；起燃温度≤240℃（新鲜）、300℃（老化后）。装车排放和耐久试验满足欧V要求。
7	自有知识产权共轨系统的柴油机升级	排放达到国Ⅳ标准；
		3L以下柴油机：升功率≥40kW/L，最低燃油耗 <210g/kWh；
		3L以上柴油机：升功率≥30kW/L，外特性最低燃油耗 <195 g/kWh(3～8L)；外特性最低燃油耗 <190 g/kWh(8L以上)。
8	3L以下柴油发动机	升功率≥45kW/L；
		最低燃油耗 <210g/kWh；
		排放达到国V标准。
9	3L以上柴油发动机	升功率≥35kW/L；
		外特性最低燃油耗 <195 g/kWh(3～8L)；
		外特性最低燃油耗 <190 g/kWh(8L以上)；
		排放达到国V标准。
10	柴油机电控系统	12V和24V供电；
		软件可实现柴油机和车辆在各工况下稳态和瞬态控制功能；
		满足国Ⅳ以上排放标准及车载诊断（OBD）要求；
		满足相应机型的可靠性要求；
		满足EMC试验要求。
11	柴油机共轨电控系统	控制器采用32位微处理器；
		兼容12V和24V供电；
		软件除实现柴油机和车辆在各工况下稳态和瞬态控制功能外，具有程序下载、下线调整等功能；
		具备灵活调制燃料喷射能力；
		支持四到六缸机使用；
		满足国Ⅳ以上排放标准及车载诊断（OBD）要求。
		满足相应机型的可靠性要求；
		满足EMC试验要求。
12	高压共轨系统	最高喷射压力≥1600bar；
		容积效率 >80%；可实现每循环5次以上喷射；喷油器喷油开启延时≤500μs（在1600bar喷射压力下）；喷油器关闭延时<1600μs（在1600bar喷射压力下）；
		喷油器循环变动（相对标准偏差）<±1%（怠速点 <±4%），相应机型最大喷射油量时的轨压波动小于5%，稳态轨压波动<1MPa；
		满足相应机型的可靠性要求；
		满足EMC试验要求。
13	柴油机用高速电磁阀	工作温度：-40℃～120℃；
		响应时间 <0.3ms；
		满足相应机型的可靠性要求；
		满足EMC试验要求。

续表

编号	项目或产品名称	规格和等级
14	柴油机排气净化控制系统	满足国Ⅳ以上排放标准要求，自主知识产权的控制策略及软硬件实现，包括：针对 SCR 的尿素喷射量控制功能（控制误差 <1%），针对 DPF 的再生控制功能，EGR 控制； 与后处理相关的 OBD 诊断功能。
15	柴油机排气后处理装置	具备以下特征之一，满足 HJ451 要求，整机（车）排放满足国Ⅳ以上排放标准要求的柴油机排气后处理装置。 (1)柴油车用氧化型催化器（DOC）：贵金属含量 <2g/L；对 THC、CO 的最高转化效率 ≥90%，颗粒物过滤效率≥25%，起燃温度≤200℃；老化后劣化率≤10%； (2)颗粒捕集器（DPF）：颗粒物过滤效率 >90%；再生效率≥90%；载体最大压差 <20kPa；老化后劣化率≤10%；对 CDPF，贵金属含量 <2g/L； (3)选择性还原催化器（SCR）：起燃温度 <220℃；ESC 循环 NOx 还原效率 >90%；ETC 循环 NOx 还原效率 >80%；NH_3 平均溢出浓度 <5ppm，瞬态溢出浓度 <10ppm。
16	柴油机废气再循环（EGR）	电动式；排温 800℃；具有位置闭环反馈功能；EGR 率控制误差 <5%；具有阀门积碳自行清除功能。
三、变速器		
1	乘用车六挡以上手动变速器	前进挡传动效率≥95%，倒挡传动效率≥93%； 质量扭矩≥5.5Nm/kg。
2	乘用车双离合器式自动变速器	挡位数≥6；传动效率≥95%（60km/h） 横置重量在 65kg 以内、纵置在 90kg 以内； 噪声（1m）≤65dB(A)。
3	商用车自动控制机械变速器	选换挡和离合器执行机构为气动执行机构，并实现平台化； 能适应公路车辆、工程车辆及特种车辆使用； 整车燃油经济性比装同挡数手动变速器提高至少 5%； 不带副箱最长换挡时间 0.9s，带副箱最长换挡时间≤1.5s； 具备手自动一体的模式； 噪声（1m）在 85dB(A)以下。
4	小型乘用车自动控制机械变速器	最大传递扭矩不低于 150Nm，能覆盖 A 级以下轿车；最长换挡时间不超过 1 秒；搭载整车后与同扭矩范围手动变速箱比较加速性能不降低，燃油经济性提高 5%；系统重量增加不超过 5%。
5	自动变速器执行器（电磁阀）	工作温度：-40℃ ~150℃，抗自动变速器油腐蚀，电流范围 0 ~1.5A，泄漏、响应时间、迟滞等指标和国际同类产品相当。
6	液力缓速器	最大缓速力矩 >3800Nm（2800r/min），能承受传动轴花键端轴向力 >30000N，允许经过的驱动力矩 >30000Nm，比缓速力矩 >50Nm/kg，独立总成轴向安装长度 <260mm； 适用于 N3 类和 M3 类汽车，并同时考虑和变速器集成方案的通用化、系列化。
7	电涡流缓速器	电压 24V，额定扭矩 650 ~3300Nm。
8	变速器电控单元（TCU）	控制器采用 16 或 32 位微处理器，防护等级 IP66/IPX9K； 软件具备自动换挡功能、手动升/降挡功能、平稳起步功能、发动机通信功能、故障诊断功能、故障安全功能、下线调整（EOL）功能、换挡及故障显示功能。
四、汽车电子控制系统		
1	轮胎气压监测系统（TPMS）	各车轮压力、温度独立显示； 报警时间≤6s； 系统寿命≥10 年或 30 万 km。
2	车载故障诊断仪（OBD）	应具有故障信息的检测和记录，动作测试，数据流的读取，故障冻结帧输数据读取，在线标定，参数配置，车辆相关信息的读取和软件升级等功能。 车载故障诊断仪支持：k 诊断通信协议；CAN 诊断通信协议，兼容标准 ID 和扩展 ID； 自动搜索诊断通信协议功能。

续表

编号	项目或产品名称	规格和等级
3	发动机防盗系统	带有防盗芯片的钥匙、防盗控制器和发动机控制器组成三位一体电子控制系统，应具有完善的加密算法，可实现多层次的加密认证，具备防泄密自我保护功能。 与发动机控制器的通信通过 CAN、K 线方式实现，具备自诊断、报警、下线及售后匹配功能。
4	车身总线控制系统	采用 CAN/LIN 总线实现车身电子系统智能化、人性化控制；
		实现车身系统门锁、玻璃升降器、照明及信号、刮水器、喇叭、后备箱等的网络化控制；具备车窗防夹功能；
		具备加密遥控防盗功能，具有反扫描、自学习等功能；
		具备故障诊断功能，诊断协议要求符合 EOBD 或 OBDII 相关标准；
		具备网络管理功能，实现网络监控识别、节点自监控、软件在线更新和标定等功能；
		具备电源管理功能；具备网关功能，实现高低速网络的信息交互。
		系统休眠电流 <10mA；系统工作范围：-40℃ ~85℃。
5	整车网络系统建设	构建整车网络开发与测试评价平台；整车网络构架设计；整车网络通信协议开发；整车网络底层通信协议栈的开发；整车通信网络测试评价体系建设。
6	随动前照灯系统	系统可以根据车速、车辆转角、载荷及车辆行驶环境状况等实时调整前照灯光轴的照射角度及范围，提前照明增加驾驶员反应时间，提升照明效果；
		系统具有失效保护功能，在系统失效的情况下能保证基本的照明要求；
		前照灯光轴角度在水平和垂直两个方向上可调：水平方向：向外侧旋转角度≥15°，向内侧旋转角度≥8°；垂直方向：向上旋转角度≥3°，向下旋转角度≥4°；
		系统休眠电流≤5mA；
		工作温度：-40℃ ~85℃。
		随动前照灯通过调整照射范围，尽量缩小照射盲区，提高驾驶员的安全性。
7	汽车 LED 前照灯	光色色温≤6000K
		近光 50R≥12Lx，75R≥12Lx，B50L≤0.4Lx；
		远光灯最亮点 48Lx≤ Emax≤240 Lx ；
		LED 模块目标光通量≥1000Lm；
		LED 光源模块功率：远光≤45W，近光≤40W；
		工作温度：-40℃ ~ 85℃；
		应有 LED 光源工作温度报警；
		光度稳定后的测试点照度值不得低于初始照度值的 70%。
8	数字化仪表系统	对车辆基本信息进行数字化显示；
		具有 CAN 总线接口，实现与总线网络通信；
		具有网关功能，实现高速总线网络与低速总线网络信息交互及网络协议解析；
		具有综合信息显示屏：对平均车速、平均油耗、瞬时油耗、累计里程、续航里程、车辆保养信息等进行提示；
		可选择扩展功能包括：具有与娱乐、空调系统的接口，可显示相应信息；
		具有与 TPMS、OBD、ABS、安全带、安全气囊等安全系统的接口，可对其状态进行显示、报警；具有卫星定位导航、摄像头后视、蓝牙通信等功能；
		工作温度：-40℃ ~85℃；
		其中综合信息显示屏工作温度：-30℃ ~75℃。
9	车辆电子稳定控制系统	质量≤2.6kg
		闭环均匀换道时的横摆角速度增加不超过 7 度/秒，后轴侧偏角变化率增加不超过 7 度/秒；
		对开路面方向盘修正应在 ±50°之间；
		开环匀速圆周行驶，汽车平移 <0.5m；
		匀速、加速、制动情况都能拥有转向性；

续表

编号	项目或产品名称	规格和等级
10	驱动力分配系统	前后轮驱动力分配应在 7∶3～3∶7 之间连续可调； 后轴的左右轮驱动力分配在 1∶0～0∶1 之间连续可调； 结构形式：车载 ECU 主动控制；单偏置最大布置角度：30°；总重（含油）：35kg；最大扭矩容量：5110Nm；控制方式（电子/液压）：高精度动态电子控制执行器。
11	制动力分配系统	在不平路面，汽车减速度 ＜0.2g 时不应干预； 车辆方向盘不修正，不能偏离轨迹； 工作期间，ABS 液压泵不能干预； 应具有均匀的车体减速度，波动范围≤0.1g。
12	防抱死制动系统	在均匀路面上制动，应具有中性转向特性； 在干沥青路面上，制动初速度 50km/h，最大抱死时间 ＜200ms； 在不平路面，汽车减速度 ＜0.2g 时不能干预； 在干沥青路面上紧急制动，方向盘修正范围≤ ±20°； 在对开路面上，车辆能保证连续稳定制动，最大允许方向盘修正 ＜90 度/s； 响应时间低于 0.2ms。
13	电子驻车制动系统	如果保持车辆停止所需的制动力不足，驻车制动系统可以主动进行增压； 在行车制动 15 分钟后，自动由驻车制动系统接管； 驻车制动时间上没有限制。
14	自动避撞系统	具备停/起特征的 ACC 功能，系统检测准确率 ＞85%， 单目标探测精度：距离 0.5m、速度 0.15m/s、角度 1°， 多目标辨别精度：距离 2.5m、速度 0.5m/s、角度 5°。
15	自适应巡航控制系统	如果驾驶员的制动需求高于自适应巡航控制系统时，系统的自动制动力应立即释放，对驾驶员的控制加速踏板不应有明显的响应延迟；在各种车速条件下的最小稳态车间时距不小于 1.5m；主动自动控制，不需要人工操纵离合器，对 250m 以上的弯道半径具有适应能力；系统进行正向加速操作的前提是车速在最低巡航速度 5m/s 以上；系统平均减速度不应大于 3.0m/s²；系统减速度的平均变化率不应大于 2.5m/s²；系统的自动加速度不大于 2.0m/s²。
五、其他关键零部件		
1	低地板大型客车专用车桥	适用于低地板客车要求的驱动车桥
2	总质量 ≥ 25t 的重型载货车车桥	桥壳采用低能耗、高强度的冷冲压成型工艺； 桥体重量比同等级铸造桥轻 10% 以上； 使用寿命达 100 万 km 以上，最大输入扭矩 3250kgm，最大轴荷 16000kg/轴；
3	空气悬架	能实现悬架刚度的控制和车身高度的调节； 车身调节范围≥90mm； 满载固有频率≤1.6Hz； 单位质量储能量≥3.3 ×105Nm/kg； 疲劳试验寿命≥400 万次； 前轴空气悬架：额定载荷为 5t/7t； 后轴空气悬架：2 气囊/4 气囊空气悬架系统，控制形式分为机械式和电控式，额定载荷 ＞7t。
4	吸能式转向系统	满足 GB11551，或 ECE R12 或 FMVSS203 要求。 人体模块以 24.1～25.3km/h 的相对速度撞击转向操纵装置时，转向操纵装置作用在人体模块上的力不得超过 11123 N； 撞击头型以 24.1km/h 的相对速度冲击转向操纵装置时，作用在该撞击头型上的减速度超过 80g 的累积作用时间不≤3ms，且最大减速度≤120g。
5	大中型客车变频空调系统	满足大中型客车空调系统要求
6	高强度钢车轮	屈服强度≥500MPa，抗拉强度 600～700MPa，延伸率≥22%。

续表

编号	项目或产品名称	规格和等级
7	电动助力转向系统	(1)电机
		噪声≤68dB(A);
		非工作状态空载转矩≤3Nm，波动量≤0.05 Nm;
		助力电机正反转扭矩Ti特性曲线对称度≥98%;
		电磁兼容达到A级。
		(2)控制器
		工作电压9.6 ~16V（12V电压），过载16V时自动保护;
		输出控制信号波动量对称度≥95%;
		具备启动自检、报警、电流反馈、故障代码存储等功能。
		(3)系统性能
		助力电流特性曲线有明显收敛性，对称度≥85%;
		助力曲线迟滞 <1.3Nm;
		耐冲击试验时电流响应时间≤10ms、转向盘转角≤3°。
8	电控液压助力转向系统	系统效率：≥75%
		布置形式：电泵与液压转向器分体式布置
		设计寿命：10年或50万公里
		整车性能：提高转向灵敏性，改善高速稳定性
		工作温度：-40℃ ~80℃
六、其他		
1	第三方汽车及零部件公共检测机构能力建设	排放检测能力建设：具备满足轻型汽车欧V和重型车用发动机的国V或欧V排放标准检测能力；具备基于整车转毂法进行重型商用车（含混合动力）排放和能耗测试的试验检测能力；
		电磁检测能力建设：具备基于整车转毂法的十米法半电波暗室进行重型商用车车辆辐射及抗扰测试的试验检测能力；
		安全检测能力建设：具备行人碰撞保护试验检测能力；具备基于液压伺服模拟碰撞系统的汽车安全部件动态冲击性能检测能力；
		变速器检测能力建设：具备自动变速器的试验检测能力。
2	第三方新能源汽车及零部件公共检测机构能力建设	新能源汽车检测能力建设： 新能源车辆海拔环境排放试验能力（基于四独立电机的整车转毂）；具备车辆多角度碰撞试验能力；新能源整车及部件的EMC检测能力；具备动力电池、驱动电机、电控系统及电动附件等零部件的试验检测能力。
3	产品开发能力建设项目	《规划》重点任务（三）中的项目
4	零部件技术中心建设项目	“产、学、研”相结合的汽车关键零部件技术中心建设

国家发展和改革委员会

2010年05月26日

4.《节能与新能源汽车产业规划(2011—2020)》征求意见稿

汽车产业是国民经济重要的支柱产业，也是体现国家竞争力的标志性产业。节能与新能源汽车基于驱动技术的重大升级和转型，是汽车产业应对能源安全、气候变化和结构升级问题的重要突破口，将成为推动世界经济增长的重要新兴产业之一。我国已成为世界第一汽车产销国，在今后较长一段时期我国汽车产销量还将保持快速增长势头，预计到2020年汽车保有量将超过2亿辆，按当前汽车燃油经济性水平估计，车用燃油年消耗量将突破4亿吨，由此带来的能源安全和环境问题将更加突出，产业技术转型升级压力巨大。大力发展节能与新能源汽车，加快推进节能与新能源汽车的产业化进程，既是有效应对能源和环境挑战，实现中国汽车产业可持续发展的必然选择，也是把握战略机遇，缩短与先进国家差距，实现汽车产业跨越式发展的重要举措。为落实党中央、国务院关于节能减排和培育战略性新兴产业的总体要求，特制定本规划。规划期为2011—2020年。

一、节能与新能源汽车产业发展现状及面临的形势

我国新能源汽车已具备一定的研发和产业化基础。通过近10年的自主研发和示范运行，我国在动力电池、驱动电机、电子控制和系统集成等关键技术领域取得明显进

步，纯电动汽车和插电式混合动力汽车开始小规模投放市场。燃料电池技术水平不断提高，燃料电池汽车示范考核逐步深入。但是，新能源汽车及核心零部件技术还有待进一步突破，产业化和市场化仍面临着产品成本较高、社会配套体系不完善等诸多挑战。

传统汽车节能技术应用范围不断扩大。通过实施不断严格的乘用车燃料消耗量限值标准，应用先进内燃机、高效变速器、轻量化和优化设计等节能技术，我国汽车平均油耗明显降低。混合动力汽车开始进入市场，极大促进了传统汽车产业的技术升级。天然气汽车技术基本成熟，初步实现产业化，形成了一定市场规模。但是与国际先进水平相比，我国的单车油耗水平仍然偏高，汽车节能核心技术尚未完全掌握，汽车产品结构也有待于进一步调整、优化。

发展节能与新能源汽车已成为全球汽车工业应对能源和环境问题的共同选择。新能源汽车代表汽车工业的发展方向，近年来国际新能源汽车技术加速发展，对未来汽车产业竞争制高点的争夺已全面展开。加强科技攻坚，加快培育新能源汽车产业，是促进我国汽车工业长远发展的必然选择。同时，传统汽车仍将在较长一段时期占据市场主导地位，以混合动力汽车为代表的节能汽车技术基本成熟，当前可以起到明显的节油效果。坚定不移地全面掌握传统汽车节能技术，推广普及节能汽车，是进一步提高我国汽车燃油经济性的现实要求。

二、指导思想与基本原则

（一）指导思想

深入贯彻落实科学发展观，按照国家节能减排和培育战略性新兴产业的总体要求，大力发展节能与新能源汽车，坚持“突出重点，创新驱动，加快应用，协调发展”的指导方针，以纯电动汽车（纯电驱动）为我国汽车工业转型的主要战略取向，重点突破动力电池、电机和电控技术，推进纯电动汽车、插电式混合动力汽车产业化，实现我国汽车工业跨越式发展。近期以混合动力汽车为重点，大力推广普及节能汽车，逐步提高我国汽车燃油经济性水平；加强自主创新，掌握节能与新能源汽车关键核心技术，增强产业自主发展能力；以试点示范为突破口，发挥政策法规对市场的引导作用，逐步提高节能与新能源汽车的应用范围和应用规模；加快培育节能与新能源汽车产业链，完善产业布局，推进充电设施、电池回收利用、资源开发利用等方面的协同发展。

（二）基本原则

坚持推动产业转型与加快技术升级相结合。重点发展纯电动汽车、插电式混合动力汽车，加快推动汽车工业转型。同时，坚持统筹兼顾，大力发展节能汽车，持续跟踪研究燃料电池汽车技术，因地制宜、适度发展替代燃料汽车。

坚持自主发展与开放合作相结合。将技术创新作为推动我国节能与新能源汽车产业发展的主要动力，既要大力推进自主创新，形成具有自主知识产权的技术、标准和品牌，也要充分利用全球创新资源，通过多种合作机制，多层次、多渠道推进国际科技合作与交流。

坚持政策引导与市场推动相结合。在产业培育期，采取财税等一揽子扶持政策，聚集科技和产业资源，引导市场消费，促进节能与新能源汽车的开发、生产和应用。进入产业成熟期后，将主要发挥市场机制作用，以市场为导向配置资源。

坚持产业链培育与应用环境建设相结合。以整车为龙头，培育带动动力电池、电机、电控及其关键材料和元器件、先进内燃机、高效变速器、汽车电子等产业链的发展；以基础设施建设为保障，营造有利于新能源汽车应用推广的使用环境，形成完善的社会配套体系，系统推进节能与新能源汽车产业发展。

三、发展目标

（一）总体目标

经过10年努力，建立起较为完整的节能与新能源汽车产业体系，掌握具有自主知识产权的整车和关键零部件核心技术，具备自主发展能力，整体技术达到国际先进水平。培育形成若干具有较强国际竞争力的节能与新能源汽车整车和关键零部件企业集团。2020年，新能源汽车累计产销量达到500万辆，中/重度混合动力乘用车占乘用车年产销量的50%以上，我国节能与新能源汽车产业规模位居世界前列。

（二）阶段目标

到2015年，新能源汽车初步实现产业化。动力电池、电机、电控等关键零部件核心技术实现自主化；纯电动汽车和插电式混合动力汽车市场保有量达到50万辆以上；初步形成与市场规模相适应的基础设施体系；动力电池系统能量密度达到120瓦时/公斤以上，成本降低至2元/瓦时，循环寿命稳定达到2000次或10年以上；电驱动系统功率密度达到2.5千瓦/公斤，成本降至200元/千瓦。

混合动力汽车实现产业化。基本掌握先进内燃机、自动变速器、汽车电子、轻量化材料等关键技术；具有自动起停功能的微混系统成为乘用车标准配置，中/重度混合动力乘用车保有量达到100万辆；乘用车新车平均油耗达到5.9升/百公里。

到2020年，新能源汽车实现产业化。节能与新能源汽车及关键零部件技术达到国际先进水平；纯电动汽车和插电式混合动力汽车市场保有量达到500万辆；充电设施网络满足纯电动汽车城际间和区域化运行需要；动力电池系统能量密度达到200瓦时/公斤，成本降至1.5元/瓦时；驱动电机平台技术达到国际先进水平；燃料电池汽车技术与国际同步发展。

混合动力汽车大规模普及。具有自主知识产权的先进内燃机、自动变速器、汽车电子、轻量化材料广泛应用；中/重度混合动力乘用车占乘用车年产销量的50%以上；汽车燃油经济性整体水平与国际先进水平接轨，乘用车新车平均油耗达到4.5升/百公里。

四、主要任务

(一)全面构建节能与新能源汽车共性技术研发平台

集中全行业科技资源，共同开展系统集成、动力总成、电磁兼容、高压安全等关键共性技术研究，加快建立先进的整车设计与开发流程。重点支持骨干整车企业联合开发纯电动乘用车和插电式混合动力乘用车共用车型平台、混合动力商用车动力系统平台，以及先进汽车节能共性技术平台，全面提升我国汽车工业整体水平。

建设若干国家级节能与新能源汽车及零部件研究试验基地，加强新能源汽车国家工程实验室建设。建立全行业共享的测试平台和产品开发数据库。

建立有效的共性技术平台共享机制。根据“整合、共享、完善、提高”的原则，借鉴国外成功经验，针对不同类型共性技术平台的特点，采用灵活多样的共享模式，打破目前相互封闭、重复分散的格局。

(二)重点突破动力电池技术瓶颈

突破动力电池核心技术，提高电池性能和寿命，降低成本。开发新型正极材料和高容量合金负极材料，加强电池管理可靠性研究和轻量化设计，提高电池比能量；重点开展电池优化设计、工艺创新和装备改进，提高电池及关键材料的生产一致性；开发电池自激活电压控制和热控制等新技术，提高电池安全性；以改进电极材料循环性为重点开发长寿命电池体系；提升电池材料低成本制备技术，推进电池零配件和系统组合件的标准化和规模化，降低成本。

加快推进动力电池关键材料和生产装备自主化。重点支持具有技术基础和发展潜力的企业，自主研发和生产锂离子电池正负极材料、隔膜、电解质等关键材料。同时，鼓励和支持有条件的装备制造企业，自主研制动力电池及关键材料的生产、控制与检测装备，打破国外垄断。

依托国家级动力电池研究试验基地，建立动力电池技术发展体系，开展下一代高比能动力电池新材料、新体系的前瞻性研究，以及新结构、新工艺等应用技术研究，取得核心知识产权。

(三)建立节能与新能源汽车关键零部件自主发展体系

全面突破和掌握高效动力总成、汽车轻量化、低阻零部件等先进节能技术。掌握柴油机高压共轨，汽油机缸内直喷、稀薄燃烧、涡轮增压等高效内燃机技术；六挡及以上手动和自动变速器、双离合器式自动变速器和无级自动变速器、商用车自动控制机械变速器技术；高强度钢、轻质合金材料、塑料复合材料等材料技术和激光拼焊等先进成型技术。突破机电耦合、能量回收等混合动力汽车关键技术，实现混合动力专用发动机自主研发和生产。

建立和完善新能源汽车关键零部件自主研发能力。重点支持有条件的企业自主研发驱动电机硅钢片、IGBT、关键传感器、高性能绝缘材料和永磁材料等核心零部件技术，以及相关检测、制造装备。突破电动化总成控制系统（电动空调、电动转向、制动能量回馈控制系统）、整车分布式控制系统，掌握基于新型电机集成驱动的底盘动力学控制、整车控制系统、智能交通、车网融合（V2G）等前沿技术。掌握燃料电池电堆、燃料电池发动机及其关键材料、部件等关键技术。

(四)扎实推进节能与新能源汽车试点示范

深入开展节能与新能源汽车试点示范，进行产品试验验证和技术经济评价，提升产品技术水平；研究配套鼓励政策，探索建立具有商业可行性的市场推广模式，协调发展充电设施；努力扩大市场规模，形成试点带动技术进步和产业发展的良性循环机制，建立有利于公平竞争的开放市场环境。

继续做好公共服务领域的节能与新能源汽车示范推广试点，以公交、出租、公务、环卫、邮政、城市物流用车和企业通勤车辆等为重点，加快推广节能与新能源汽车，逐步扩大试点规模，到2015年，试点城市数量达到30个以上。

积极推动私人购买新能源汽车补贴试点。支持探索“裸车”销售、电池租赁、整车租赁等多种推广模式，建立新能源汽车租赁服务、二手车交易、电池梯次利用与回收再利用体系，形成一批优质的新能源汽车服务企业和专业的电池回收企业。适时扩大试点城市数量，到2015年，试点城市数量达到20个以上。

选择2至3个典型城市，组织开展小型低速纯电动汽车示范运行，重点对城市交通体系影响和节能减排效果进行研究评价，同时开展相关政策法规研究。

持续开展燃料电池汽车商业化示范运行，重点考核燃料电池系统的可靠性和耐久性，带动氢的制备、储运、加注技术同步发展。

（五）健全标准体系

加强标准自主研究，健全完善节能与新能源汽车标准体系。研究制定节能与新能源汽车安全、能耗、排放试验评价方法及限值标准；研究制定动力电池系统、动力总成系统、电控系统等关键部件的安全性、可靠性和耐久性评价标准；研究制定各类充电设施、设备的设计规范，及其安全、能耗、电磁兼容等相关技术标准。不断提高乘用车燃料消耗量国家限值标准；制定并实施中重型商用车燃料消耗量检测方法和限值标准。2012 年前，基本建立与产业发展和能源规划相适应的节能与新能源汽车及充电设施标准体系。积极参与节能与新能源汽车国际标准化研究和制定。

（六）开展充电设施建设

根据节能与新能源汽车产业发展规划，制定新能源汽车充电设施总体发展规划，制定充电设施设计和建设规范，推进标准化。在产业发展初期，原则上应集中力量重点在试点城市开展充电设施建设。

试点城市应将充电设施纳入城市总体建设规划，适度超前开展充电网络建设，建立以个人和公共停车位分散慢充为主的充电系统。有步骤地推进现有社会停车场改造，在主要商业区、住宅区和政府部门停车场配套建设慢速充电桩，新建社会公共停车场和住宅区停车场按不低于停车位总量 20% 的比例配套建设慢速充电桩，在城市主要干道和火车站、机场等场所建设公共快速充电场站，依托公交场站建立公交车专用的充换电系统。

开展新能源汽车基础设施关键技术研究，研制与智能电网相融合的能量转换技术与设备。根据燃料电池技术进展，开展制氢、储氢、加氢技术与装备的研发。

（七）实施人才和知识产权战略

加强人才培养与队伍建设，以国家专项工程为依托，培养一批国际知名的领军人才。加强电化学、新材料、汽车电子、车辆工程、机电一体化等相关学科建设，培养技术研究、产品开发及管理人才。培养技术应用型专门人才。实施人才引进计划，鼓励企业、大学和科研机构从国外引进专业人才。广泛开展技术培训，提高相关从业人员的职业技能。

部门合作、统筹规划、系统设计，构建全产业链的专利体系。加强知识产权的应用和保护，激励原创性技术的研究与开发，改进高校和科研机构知识产权的评价使用制度，建立高效的知识产权评估交易办法，加大对创新成果的奖励力度。

（八）加强国际交流与合作

建立“合作开发、技术共享、风险共担”的合作开发机制，在共性基础和前沿技术领域，开展联合研发；在产品技术领域，以掌握核心技术为目标，积极利用国际资源；鼓励外商投资企业在我国设立中外合资的新能源汽车技术研发机构。积极开展新能源汽车示范推广国际合作，选择一个示范城市或在其局部区域，建设国际新能源汽车联合示范区，开展新技术评价、探索基础设施建设和新能源汽车商业化模式。加强政策法规交流，积极参与国际标准的协调、制定。支持企业到境外投资和上市融资，促进新能源汽车产品、技术和服务出口。

五、产业布局

根据产业政策积极引导地方和社会投资，既要鼓励积极性高、具备一定条件的企业从事新能源汽车及零部件生产，又要防止一哄而起，避免低水平盲目投资和重复建设。

结合示范工程，创建新能源汽车产业先导示范基地；依托现有汽车重点企业，重点建设长春、上海、武汉、重庆、北京、广东、安徽、浙江等节能与新能源汽车产业基地。到 2020 年，培育形成 1 ~ 2 家新能源汽车产销规模超过 100 万辆的汽车企业集团，3 ~ 5 家新能源汽车产销规模超过 50 万辆的汽车企业集团。

组建 1 个具有世界先进水平的国家级动力电池研究机构。重点建设京津、珠三角、长三角地区动力电池产业聚集区域。到 2020 年，培育形成 2 ~ 3 家产销规模超过 200 亿瓦时、具有电池关键材料研发和生产能力的动力电池龙头企业，分别形成 2 ~ 3 家锂离子动力电池正负极材料、隔膜、电解质等关键材料骨干生产企业。

重点支持形成若干家具有较强国际竞争力的关键零部件企业集团。重点培育和分别形成 2 ~ 3 家具有自主知识产权的驱动电机、自动变速器骨干生产企业。重点支持整车企业联合新建具有较强国际竞争力的 1 家汽车电子和 1 家电力电子功率元器件专业化企业集团。

六、保障措施

（一）修订《汽车产业发展政策》

调整和完善节能与新能源汽车发展的相关内容。支持企业开发具有自主知识产权的节能与新能源汽车及其关键零部件产品；大力推进新能源汽车关键零部件产业化和基础材料本地化生产；完善节能与新能源汽车整车及关键零部件生产企业及产品准入条件；新建车用动力电池、驱动电机、整车控制系统及电池电机的基础材料等关键零部件合资企业需具有自主研发能力和知识产权，中方股比不得低于 51%。

（二）实施国家节能与新能源汽车研发和产业化专项

2011—2020 年，中央财政安排专项资金，重点支持节能与新能源汽车关键技术研发和技术改造。以实现节能与新能源汽车大规模产业化为专项主要目标，突破和掌握一批节能与新能源汽车关键核心技术，形成一批具有较强国际竞争力的自主品牌纯电动汽车、插电式混合动力汽车、中重度混合动力汽车等节能与新能源汽车产品。创新专项组织实施模式，以企业为主体，形成由整车企业牵头的产业联盟，集中力量，开展联合攻关。

(三)加大财政补贴力度

2011—2015年，中央财政安排专项资金，重点支持新能源汽车示范推广和以混合动力汽车为重点的节能汽车推广。私人购买新能源汽车的示范推广试点城市应安排专项配套资金，主要用于支持私人购买新能源汽车、建设充电设施、开展电池回收，其中对私人购买新能源汽车的财政补贴比例，不得低于中央财政资金的50%。

(四)加大税收政策支持

2011—2020年，纯电动汽车、插电式混合动力汽车免征车辆购置税。2011—2015年，中重度混合动力汽车减半征收车辆购置税、消费税和车船税。

将节能与新能源汽车及其关键零部件列入《国家重点支持的高新技术领域》，享受国家有关高新技术企业所得税税收优惠政策。

2011—2020年，企业销售新能源汽车及其关键零部件的增值税税率调整为13%。新能源及其关键零部件企业在计算应纳税所得额时，可以按照研究开发费用的100%加计扣除。

对节能与新能源汽车及其关键零部件生产、研发企业从事技术转让、技术开发业务和与之相关的技术咨询、技术服务业务所取得的收入，减免营业税。

(五)建立基于燃料消耗量标准的财税奖罚机制

完善汽车燃料消耗量标示管理制度，建立基于乘用车生产企业平均燃料消耗量和车型燃料消耗量目标值的财税奖罚机制。对提前达到下一阶段车型燃料消耗量目标值的节能汽车，给予财政补贴或车辆购置税减免优惠；对未达到车型燃料消耗量目标值的汽车产品，加征车辆购置税；对未达到平均燃料消耗量要求的乘用车生产企业的全部产品加征消费税。

(六)引导社会资金投入新能源汽车产业

设立中央新能源汽车产业投资基金投资于新能源汽车关键零部件企业和项目，鼓励社会资金通过参股或债权等多种方式投资新能源汽车产业。

进一步拓宽企业融资渠道。优先支持符合条件的节能与新能源汽车及关键零部件企业在境内外上市、发行企业（公司）债券等，充分发挥现有上市公司的再融资功能。

(七)营造良好的新能源汽车使用环境

各级地方政府应根据本地情况，对新能源汽车免除现行的限号行驶、牌照拍卖等限制政策，制定实行新能源汽车过路过桥费、停车费减免，充电费优惠等扶持政策。

(八)公共机构采购公务用车向节能与新能源汽车倾斜

将符合条件的节能与新能源汽车产品列入有关节能环保和自主创新产品政府采购清单（目录），享受国家关于自主创新产品、节能产品等政府优先采购的扶持政策。各级政府及公共机构，实行节能与新能源汽车强制性采购，逐步扩大采购规模，至2015年新能源汽车采购比例不得低于10%，节能汽车不得低于50%。

(九)建立完善动力电池回收和资源利用管理制度

制定新能源汽车动力电池回收利用管理办法，设定动力电池回收及再生企业准入条件，明确动力电池收集、存储、运输、再生处理等环节的管理要求。研究制定促进电池再生企业提高技术水平和环保水平的优惠政策。完善行业准入等相关管理办法，合理利用锂、稀土等战略性资源。

七、规划实施

工业和信息化部牵头负责《规划》实施。国务院各有关部门要按照《规划》的工作分工，加强沟通协商，密切配合，尽快制订和完善各项配套政策措施，确保实现节能与新能源汽车产业发展规划目标。有关部门要适时开展《规划》的后评价工作，及时提出评价意见。

工业和信息化部

5. 节能与新能源汽车产业化专项项目简表

《节能与新能源汽车产业化专项》项目简表中共列出了15个专项，对《节能与新能源产业规划》草案进行了细化，包括项目、时间节点和产业化指标、研发内容、组织模式、投入资金等。

节能与新能源汽车产业化专项项目简表

车型	时间节点	主要性能指标与产业化指标	主要研发内容	组织模式
A00 级 纯电动乘用车	2015 年	主要性能指标： 最高车速：≥80km/h 续驶里程（城市工况）：≥80km 电池组寿命：10 年、10 万公里 产业化指标： 成本：≤5 万元 5～6 个车型，年产销量 15 万辆	· 动力电池模块、成组以及电池管理系统开发 · 电机－传动系及控制器的一体化开发，开展效率优化（包括制动能量回收策略优化） · 基于 MOSFET 的电机控制器的可靠性研发 · 辅助电动系统开发 · 电驱动系统以及整车的优化匹配研究 · 全新的纯电动乘用车产品化平台开发 · 特色商业化车型的开发	平台由多个整车企业以及相对集中的优势零部件企业联合开发，特色产品由整车牵头完成每个阶段，每个车型设置 3～4 个子项
	2020 年	主要性能指标： 形成电动化底盘为结构特征的构型 最高车速：≥80 km/h 续驶里程（城市工况）：≥100 km 产业化指标： 整车成本与同级别传统汽车相比，增长小于 30% 6～10 个车型，年产销量 100 万辆	· 电动化底盘开发及相关零部件开发 · 电机驱动系统开发和效率优化 · V2G 以及车与 ITS 的融合开发 · 全新的纯电动乘用车产品化平台开发 · 特色商业化车型的开发 · 电制动系统与牵引力控制系统的融合开发	
A0 级 纯电动 乘用车	2015 年	主要性能指标： 最高车速：≥100km/h 续驶里程（城市工况）：A0≥100km 电池组寿命：10 年、10 万公里 产业化指标： 成本：≤8 万元 4～5 个车型，年产销量 5 万辆	· 动力电池模块、成组以及电池管理系统开发 · 电机－传动系及控制器的一体化开发，开展效率优化（包括制动能量回收策略优化） · 基于 IGBT/IPM 的电机制器开发 · 基于 MOSFET 的电机控制器的可靠性研发 · 辅助电动系统开发 · 电驱动系统以及整车的优化匹配研究 · 全新的纯电动乘用车产品化平台开发 · 特色商业化车型的开发	平台由多个整车企业以及相对集中的优势零部件企业联合开发，特色产品由整车牵头完成每个阶段，每个车型设置 3～4 个子项
	2020 年	主要性能指标： 形成电动化底盘为结构特征的构型 最高车速：≥100km/h 续驶里程（城市工况）：≥120km 产业化指标： 整车成本与同级别传统汽车相比，增长小于 30% 6～10 个车型，年产销量 50 万辆	· 电动化底盘开发及相关零部件开发 · 电机驱动系统开发和效率优化 · V2G 以及车与 ITS 的融合开发 · 全新的纯电动乘用车产品化平台开发 · 特色商业化车型的开发 · 电制动系统与牵引力控制系统的融合开发	

续表

车型	时间节点	主要性能指标与产业化指标	主要研发内容	组织模式
A0 级 A 级 增程式电动 乘用车	2015 年	主要性能指标： 最高车速：A0 ≥ 100km/h，A ≥ 100km/h 续驶里程（城市工况仅用车载电池）：A0≥60km，A≥80km 续驶里程（城市工况含增程）：A0≥120km，A≥150km 经济性（城市工况）：A0 ≤ 13kWh/100km，A≤15kWh/100km 电池组寿命：10 年、20 万公里 产业化指标： 成本：A0≤7.5 万元，A≤10 万元 6~10 个车型，年产销量 10 万辆	·动力电池模块、成组以及电池管理系统开发 ·电机－传动系及控制器的一体化开发，开展效率优化（包括制动能量回收策略优化） ·基于 MOSFET 的电机控制器的可靠性研发 ·辅助电动系统开发 ·电驱动系统以及整车的优化匹配研究。 ·全新的纯电动乘用车产品化平台开发 ·特色商业化车型的开发。	平台由多个整车企业以及相对集中的优势零部件企业联合开发特色产品由整车牵头完成每个阶段，每个车型，设置两个子项
	2020 年	主要性能指标： 形成电动化底盘为结构特征的构型； 续驶里程（城市工况含增程）：A0≥300 km，A0≥400km 产业化指标： 与传统汽车相比，成本增长小于 30% 6~10 个车型，年产销量 100 万辆	·电动化底盘开发及相关零部件开发 ·电机驱动系统开发和效率优化 ·V2G 以及车与 ITS 的融合开发 ·全新的增程式电动乘用车产品化平台开发 ·平台开发和特色商业化车型的开发 ·电制动系统与牵引力控制系统的融合开发	
中高档 插电式 (Plug－in) 深度混合 动力 乘用车	2015 年	主要性能指标： SOC 平衡条件下，整车燃油消耗比传统车降低 40% 具备纯电动行驶功能，50km/h 匀速行驶工况纯电动续驶里程大于 25km 整车平均故障里程不小于 2 万公里； 整车耐久性 >20 万公里（电池 10 万公里） 产业化指标： 实现批量生产，合计产销量不小于 1 万辆/年 成本增加不超过 35%（与基础车相比）	总成和整车产品技术开发，包括： 专用发动机； 耦合变速箱； 电机系统； 电池及管理系统； 充电系统产品开发； 整车控制系统（含能量回馈）； 电动附件； 整车匹配设计。	由整车厂组织完成。设置 2~3 个子项
	2020 年	主要性能指标： 车辆工况燃油消耗在 2015 年基础上再降低 10% 混合动力系统寿命与传统车相当 产业化指标： 实现大批量生产，产销量不小于 15 万辆/年 成本增加不超过基础传统车的 20%	在第一阶段基础上进一步降低油耗和成本的技术开发	

续表

项目	时间节点	主要性能指标与产业化指标	主要研发内容	组织模式
能量型锂离子动力电池（应用于纯电动汽车车与插电式混合动力汽车）	2015年	主要性能指标： 动力电池系统能量密度达到120瓦时/公斤，功率密度高于800瓦/公斤（PHEV）和400瓦/公斤（EV） 日历寿命达到10年以上，深循环寿命达到2000次以上 成本降至2元/瓦时 产业化指标： 形成2～3家动力电池骨干企业，带动关键原材料国产化 具备年产150亿瓦时能量型动力电池系统及配套零部件的生产能力	·单体电池大规模制造技术与质量控制体系 ·电池自己或电压控制和热控制安全性新技术及应用 ·模块标准化设计与优化 ·系统轻量化设计及零配件和系统组合件的标准化和规模化 ·电池管理系统 ·系统集成技术 ·自动化生产设备的国产化 ·新型高容量正负极材料的开发与应用	动力电池企业牵头，联合整车单位、高校和科研院所，打包材料、设备、零部件厂家，每阶段分别设置3个子项目
	2020年	主要性能指标： 动力电池系统能量密度达到200瓦时/公斤 日历寿命达到15年以上，深循环寿命达到3000次以上 产业化指标： 具备年产1500亿瓦时能量型动力电池系统及配套零部件生产能力		
功率型锂离子动力电池（应用于混合动力汽车）	2015年	主要性能指标： 系统能量密度达到70瓦时/公斤；功率密度高于2000瓦/公斤 日历寿命达到10年以上，20万公里 成本降至2元/瓦时以内 产业化指标： 具备年产30亿瓦时功率型动力电池系统及配套零部件的生产能力	·单体电池结构设计与优化，薄型电池的制浆、涂敷及在线测量控制技术 ·大规模生产的产品均匀一致性、可靠性控制技术，单体电池比功率及寿命提升技术，系统SOC和SOH估算和控制技术 ·系统集成技术 ·实用寿命、环境适应性、电磁兼容性、可靠性等试验验证评价技术 ·新型高功率正负极材料的开发与应用 ·新型负荷电源技术 ·高功率电池专用生产设备开发；	动力电池企业牵头，联合整车单位、高校和科研院所，打包材料、设备、零部件厂家，每阶段分别设置3个子项目
	2020年	主要性能指标： 系统功率密度达到3000瓦时/公斤 日历寿命达到15年以上 产业化指标： 具备年产100亿瓦时功率型动力电池系统及配套零部件生产能力		

续表

<table>
<tr><th>项目</th><th>时间节点</th><th>主要性能指标与产业化指标</th><th>主要研发内容</th><th>组织模式</th></tr>
<tr><td rowspan="2">动力电池关键材料国产化及规模化生产</td><td>2015 年</td><td>主要性能指标：
磷酸铁锂正极材料：比容量≥160mAh/g，倍率特性≥40C（功率型）、100C（能量型），循环寿命≥3000 次
负极材料：比容量≥350mAh/g（硬碳）、160mAh/g（钛酸锂），倍率特性≥40C（功率型）、10C（能量型），循环性能≥3000 次（硬碳）、5000 次（钛酸锂），硬碳首次库伦效率≥80%
电解质：纯度≥99.9%，酸含量≤60ppm，水分含量≤20ppm
隔膜：孔隙率 40%～60% 可调，薄膜厚度 25～50 μm 可调，厚度偏差≤±2 μm，闭孔温度 120℃～135℃，熔点≥200℃，热收缩率≤2%，室温拉伸强度≥70MPa
产业化指标：
形成年差 1 万吨以上磷酸铁锂正极材料的生产能力，成本≤6 万元/吨
形成年产 4000 吨以上硬碳负极和 1000 吨以上钛酸锂材料的生产能力，成本≤15 万元/吨（硬碳）、8 万元/吨（钛酸锂）
六氟磷酸锂电解质的年产能≥1000 吨，成本≤50 万元/吨
隔膜年产能≥5000 元平方米，成本≤10 元/平方米</td><td rowspan="2">· 高容量、高功率输出特性、长循环寿命、高填充密度的磷酸铁锂正极材料的产业化
· 高容量、长循环寿命、高安全性的硬碳负极以及高倍率特性的钛酸锂负极的产业化
· 六氟磷酸锂电解质的工业化制备技术及产业化
· 隔膜材料的国产化</td><td rowspan="2">相关材料厂家牵头，动力电池厂家、高校、科研院所参与，设置 3 个子项目</td></tr>
<tr><td>2020 年</td><td>主要性能指标：
动力电池系统能量密度达到 200 瓦时/公斤
日历寿命达到 15 年以上，深循环寿命达到 3000 次以上
产业化指标：
具备年产 1500 亿瓦时能量型动力电池系统及配套零部件生产能力</td></tr>
<tr><td rowspan="2">先进动力电池生产设备的国产化</td><td>2015 年</td><td>主要性能指标：
主要技术指标与国外进口设备相当
产业化指标：
关键自动化设备的基本自给</td><td rowspan="2">· 自动干粉预料机
· 自动混浆、上浆机
· 高精度几篇涂覆设备
· 全自动极耳焊接、贴胶一体机
· 高效全自动卷绕机
· 多层基体超声焊机
· 全自动真空注液机
· 极片涂覆在线检测设备
· 自动化分容设备等</td><td rowspan="2">设备厂家牵头，电池生产厂商、高校、科研院所参与，设置 3 个子项目</td></tr>
<tr><td>2020 年</td><td></td></tr>
</table>

续表

项目	时间节点	主要性能指标与产业化指标	主要研发内容	组织模式
电机控制器关键电力电子功率元件	2015 年	IGBT 电压等级：600V 及 1200V 工作环境温度：－40℃～150℃ 封装行驶：集成封装 电流能力：满足典型车载的功率需求 工作寿命：≥1 万小时 成本：4 元/A 年产销量：100 万片 MOSFET： 电压等级：100V 及 150V 工作环境温度：－40℃～85℃ 封装行驶：全桥集成封装 电流能力：满足典型车载的功率需求 工作寿命：≥1 万小时 成本：3.5 元/A 年产销量：30 万片	IGBT 及 MOSFET 芯片设计、制造和封装技术的研究，包括结构设计、可靠性设计，以及光刻、刻蚀、测试等工艺技术的研究，高产品一致性的批量生产工艺研发	该项目由电机控制器研发和生产企业与电力电子功率元件企业联合实施，计划在两个时间段分别设置 4 个子项，通过竞争择优选择承担单位
	2020 年	与 2015 年相比，成本降低 40% 具有驱动及保护功能的集成芯片的开发 具有超高温工作能力的 SiC（或其他）基板的研发 降低器件的功耗、提高电磁兼容性能，全面支持和满足各类电动汽车的应用要求	新型半导体材料的应用研究，产品一致性的工艺研究，新型材料和封装工艺的研发，集成功率模块的研究	
中度混合动力乘用车（应用于中级以上轿车，4.4 米以上）	2015 年	主要性能指标： 整车油耗与三阶段油耗限值降低 20% 其他性能与传统车相当 产业化指标： 整车故障平均间隔里程大于 1 万公里 寿命里程超过 15 万公里 相比传统车成本增加值不大于 2 万元 年产销量 5 万辆/每企业	·一体化中度混合动力总成的集成技术 ·专用中度混合动力发动机结构优化设计与控制技术 ·整车扭矩动态协调控制、安全控制、失效控制和容错控制技术、制动稳定控制 ·整车电磁兼容技术 ·整车 NVH 技术 ·系列车型共线生产技术 ·建立批量生产物流系统，研究批量化的生产工艺与检测技术 ·建立批量化生产过程中的质量控制工艺和质量管理体系 ·建立售后服务体系和市场营销体系	整车、零部件企业联合开发，设置 3 个子项目
	2020 年	主要性能指标： 整车油耗与三阶段油耗限值降低 25% 其他性能与传统车相当 产业化指标： 整车故障平均间隔里程与传统车相当 寿命里程超过 20 万公里 相比传统车成本增加值不大于 1.5 万元 年产销量 15 万辆/每企业		

续表

车型	时间节点	主要性能指标与产业化指标	主要研发内容	组织模式
Start－Stop（应用于轿车、微车）	2015 年	主要性能指标： 与传统车相比节油率：BSG 系统≥7%，增强启动机系统≥5%（NEDC 工况） 成本增加：BSG 系统≤2500 元，增强启动机系统≤1200 元 快速起停时间≤0.65 秒 产业化指标： 轿车标配，微车部分配置 电机启动次数≥20 万次 年产销量 30 万辆/每企业	· 城乡运行道路研究及零件可靠性 · 发动机起停的控制策略以及其他电器系统的协同控制策略 · 关键零部件的故障诊断处理策略和跛行功能 · 研究蓄电池深度充放电性能特性、老化特性以及状态监测技术 · 起停系统的电磁兼容技术研究 · 起停系统 NVH 分析与优化技术研究	平台：整车企业联合开发 产品：整车、零部件企业联合开发，设置两个子项目
	2020 年	主要性能指标： 与传统车相比节油率：BSG 系统≥7%，增强启动机系统≥5%（NEDC 工况） 成本增加：BSG 系统≤2000 元，增强启动机系统≤1000 元 快速起停时间≤0.5 秒 产业化指标： 电机启动次数≥30 万次 年产销量 100 万辆/每企业		
先进汽油乘用车（应用于整备质量 1660kg 以下车型，考虑 A0\A\B 三个不同质量级别）	2015 年	主要性能指标： 整车油耗比 3 阶段限值降低 10%以上 产业化指标： 年产销量大于 30 万辆（3 个子项合计）	· 增压直喷汽油机燃烧系统开发 · 增压器匹配和控制策略开发 · 整车控制系统的开发和应用 · 直接启停技术的开发和应用 · 整车轻量化技术开发与应用 · 先进传动系优化设计与匹配	整车厂组织实施，设置 3 个子项
	2020 年	主要性能指标： 整车油耗比 3 阶段限值降低 25%以上 产业化指标： 年产销量大于 10 万辆（3 个子项合计）	· VCR · 无凸轮全可变气门 · 四二冲程切换 · HCCI	
先进柴油商用车（应用于轻型车、重型车）	2015 年	主要性能指标： 整车油耗比两阶段限值降低 15% 产业化指标： 年产销量大于 30 万辆（4 个子项合计）	· 燃烧优化与控制技术 · 柴油机电控系统开发及产业化 · 高压共轨燃油喷射系统开发及产业化 · 整车轻量化技术开发与应用	整车厂或者整车厂与发动机厂联合实施，各设置两个子项
	2020 年	主要性能指标： 整车油耗比两阶段限值降低 25%以上 产业化指标： 年产销量大于 50 万辆（4 个子项合计）	· 废气能量回收技术应用 · 高效后处理技术开发应用	

续表

项目	时间节点	主要性能指标与产业化指标	主要研发内容	组织模式
混合动力商用车动力系统（应用于10～12米城市公交客车和市政载货车）	2015年	主要性能指标： 车辆工况油耗比2010年传统车平均水平降低25% 系统平均故障里程>1万公里，为城市公交、市政、邮政改装车提供高性能底盘平台 产业化指标： 实现批量生产，产销量不小于5000辆/年 成本增加不超过基础传统车的20%	开发混合动力商用车总成产品平台技术，包括： 专用发动机 AMT式耦合变速箱 电机系统 电池及管理系统 整车控制系统（含能量回馈） 电动附件 整车匹配设计	整车厂与主要总成供应商商联合开发；整车产业化目标由各整车企业或动力系统企业实现
	2020年	主要性能指标： 车辆工况油耗在2015年基础上再降低10% 混合动力系统寿命与传统车相当 产业化指标： 实现批量生产，产销量不小于2万辆/年 成本增加不超过基础传统车的10%	在第一阶段基础上进一步降低油耗和成本的技术开发	
电动汽车相关标准制定及测试评价能力建设	2015年	电动汽车相关标准： 建立完善的标准体系 制定适应电动汽车大规模产业化、市场化的标准，达到国际先进水平 结合科研和研发进展，关键标准体现中国特色，同时与国际标准协调 测试评价能力： 结合标准体系建立、完成测试能力建设规划 建立具有国际先进水平的、适应本阶段电动汽车大规模产业化、商业化的整车、关键零部件、关键材料、核心元器件的测试评价能力	·标准体系的研究制定不断完善 ·中国行驶工况的研究 ·重型混合动力汽车、插电式混合动力汽车、增程式电动汽车能量消耗和排放试验方法研究等 ·动力电池单体、模块、系统的安全性、性能、寿命、可靠性等相关测试评价方法研究 ·电池、电机系统相关关键材料、核心元器件的测试评价方法研究 ·燃料电池汽车相关标准的研究等 ·相关测试技术研究和测试评价能力建设	标准化工作，由标准化组织，行业单位参与。设置1个子项目；测试评价能力建设，由公共测试机构承担，设置2～3个子项目
	2020年	电动汽车相关标准： 进一步完善标准体系，及时制定需要的标准 电动汽车标准整体水平达到国际先进，部分关键标准达到国际领先，有力推动标准战略实施 测试评价能力： 测试能力全面满足较长时期电动汽车发展需求，总体技术水平达到国际领先		

2010年9月18日

6. 关于印发《"节能产品惠民工程"节能汽车（1.6升及以下乘用车）推广实施细则》的通知

财建〔2010〕219号

各省、自治区、直辖市、计划单列市财政厅（局）、发展改革委、工业和信息化主管部门，新疆生产建设兵团财务局、发展改革委、工业和信息化主管部门：

为贯彻落实国务院《关于进一步加大工作力度确保实现"十一五"节能减排目标的通知》（国发〔2010〕12号）精神，经国务院批准，财政部、国家发展改革委、工业和信息化部将组织开展节能汽车推广工作。根据《财政部国家发展改革委关于开展"节能产品惠民工程"的通知》（财建〔2009〕213号），我们制定了《"节能产品惠民工程"节能汽车（1.6升及以下乘用车）推广实施细则》，现印发给你们，请遵照执行。

附件："节能产品惠民工程"节能汽车（1.6升及以下乘用车）推广实施细则

财政部

国家发展改革委

工业和信息化部

二〇一〇年五月二十六日

附件：　"节能产品惠民工程"节能汽车（1.6升及以下乘用车）推广实施细则

一、节能汽车推广车型及企业条件

（一）发动机排量为1.6升及以下的燃用汽油、柴油的乘用车（含混合动力汽车和双燃料汽车）。

（二）已列入《车辆生产企业及产品公告》和通过汽车燃料消耗量标志备案。

（三）综合燃料消耗量限值如下：

整车整备质量（CM）(kg)	具有两排及以下座椅或装有手动挡变速器的车辆(L/100 km)	具有三排或三排以上座椅或装有非手动挡变速器的车辆(L/100 km)
CM≤750	5.2	5.6
750＜CM≤865	5.5	5.9
865＜CM≤980	5.8	6.2
980＜CM≤1090	6.1	6.5
1090＜CM≤1205	6.5	6.8
1205＜CM≤1320	6.9	7.2
1320＜CM≤1430	7.3	7.6
1430＜CM≤1540	7.7	8.0
1540＜CM≤1660	8.1	8.4
1660＜CM≤1770	8.5	8.8
1770＜CM≤1880	8.9	9.2
1880＜CM≤2000	9.3	9.6
2000＜CM≤2110	9.7	10.1
2110＜CM≤2280	10.1	10.6
2280＜CM≤2510	10.8	11.2
2510＜CM	11.5	11.9

（四）推广企业具有完善的售后服务体系，履行约定的质量及服务；具有完备的产品销售及用户信息管理系统，能够按要求提供相关信息。

二、补助标准和方式

对消费者购买节能汽车给予一次性定额补助，补助标准为3000元/辆，由生产企业在销售时兑付给购买者。

三、推广资格申请和确定

（一）节能汽车生产企业按照有关要求提出推广资格申请（具体格式见附件1）。

（二）所在地省级发展改革委、工业和信息化主管部门、财政部门审核后，上报国家发展改革委、工业和信息化部、财政部。

（三）国家发展改革委、工业和信息化部、财政部根据申请情况组织节能汽车推广资格审查，确定并公告节能汽车推广目录。

四、补助资金申请和拨付

（一）推广企业在月度终了后10日内将月度推广信息（具体格式见附件2）上报财政部。

（二）财政部根据节能汽车月度推广信息，预拨补助资金。各级财政部门按照财政国库管理制度等有关规定，将补助资金及时拨付给推广企业。

（三）年度终了后30日内，推广企业要认真总结全年推广情况，编制补助资金清算报告，由省级财政部门审核后上报财政部。财政部根据清算报告和专项核查情况对补助资金进行清算。

（四）财政部根据节能汽车推广工作进展、资金需求等情况安排一定工作经费，用于目录审查、检查检测、信息管理、宣传培训等工作。

五、标志的加施

推广企业应按本细则规定的样式和内容（见附件3），在推广车辆上加施"节能产品惠民工程"标志。

六、监督管理

工业和信息化部、发展改革委、财政部组织开展节能汽车推广专项核查。其中，燃料消耗量水平检查按照国家标准检测试验方法进行，采取市场抽查的方式，经授权的第三方检测机构抽定待检车辆并明确"车辆识别代号"后，由推广企业提供、运送至指定检测机构并负责回收。

七、附则

本实施细则自2010年6月1日起施行。

附件：（详情略）

1. 节能汽车（1.6升及以下乘用车）推广申请报告

2. 　年　月节能汽车（1.6升及以下乘用车）推广财政补助资金汇总表

3. "节能产品惠民工程"标志内容和样式

7. 关于开展私人购买新能源汽车补贴试点的通知

财建〔2010〕230号

有关省、直辖市、计划单列市财政厅（局）、科技厅（科委）、工业和信息化主管部门、发展改革委：

为贯彻落实国务院第91次常务会议有关决定，加快汽车产业技术进步，着力培育战略性新兴产业，推进节能减排，根据国务院批准的《关于扩大节能与新能源汽车示范推广的请示》（财建〔2010〕41号），财政部、科技部、工业和信息化部、国家发展改革委将开展私人购买新能源汽车补贴试点工作。根据汽车产业基础、居民购买力等情况和有关要求，四部委选择5个城市编制私人购买新能源汽车补贴试点实施方案，并组织专家对实施方案进行论证，论证通过后启动试点。试点补助资金管理按照《私人购买新能源汽车试点财政补助资金管理暂行办法》（见附件）执行。

为保证试点工作的顺利进行，各试点城市及所在省财政、科技、工业和信息化、发展改革等主管部门要依据本通知及有关文件规定，加强组织领导，坚持依靠科技，突出自主创新，切实抓好试点工作。要跟踪新能源汽车试点运行情况，及时将试点效果、补助资金安排使用情况以及试点工作中发现的问题函告四部委。

附件：私人购买新能源汽车试点财政补助资金管理暂行办法

财政部

科技部

工业和信息化部

国家发展改革委

二〇一〇年五月三十一日

附件：　私人购买新能源汽车试点

财政补助资金管理暂行办法

第一章　总则

第一条　为贯彻落实国务院关于培育战略性新兴产业和加强节能减排工作的部署和要求，中央财政安排专项资金，支持开展私人购买新能源汽车补贴试点。为加强私人购买新能源汽车试点财政补助资金（以下简称“补助资金”）管理，提高资金使用效益，特制定本办法。

第二条　本办法所称新能源汽车主要指插电式（plug-in）混合动力乘用车和纯电动乘用车。

第三条　补助资金按照科学合理、公正透明的原则安排使用，并接受社会各方面监督。

第二章　补助范围、对象和方式

第四条　中央财政对试点城市私人购买、登记注册和使用的新能源汽车给予一次性补助，对动力电池、充电站等基础设施的标准化建设给予适当补助，并安排一定工作经费，用于目录审查、检查检测等工作。

第五条　私人购买和使用新能源汽车包括私人直接购买、整车租赁和电池租赁三种形式。

（一）直接购买：中央财政对汽车生产企业给予补助，汽车生产企业按扣除补助后的价格将新能源汽车销售给私人用户。

（二）整车租赁：中央财政对汽车生产企业给予补助，汽车生产企业按扣除补助后的价格将新能源汽车销售给租赁企业。

（三）电池租赁：中央财政对电池租赁企业给予补助，电池租赁企业按扣除补助后的价格向私人用户出租新能源汽车电池，并提供电池维护、保养、更换等服务。

第六条　地方财政安排一定资金，重点对充电站等配套基础设施建设、新能源汽车购置和电池回购等给予支持。

第三章　支持条件

第七条　试点城市政府是私人购买新能源汽车试点的实施主体和责任主体，须满足以下条件：

（一）新能源汽车推广数量达到一定规模，并建设与应用规模相适应的基础设施。

（二）确定新能源汽车商业运营模式，至少建立一种新能源汽车或电池租赁模式。

（三）制定地方财政补助、电价优惠、设置专用停车位等配套政策措施。

（四）注重动力电池和充电站等基础设施相关技术标准的统一，充电站等基础设施建设要与正在制订的国家相关标准相衔接。

（五）建立和完善新能源汽车及电池的报废及回收体系。

（六）建立有利于公平竞争的开放市场环境，不得对补助车辆实施品牌、车型、产地、经销商等限制。

（七）做好与公共服务领域节能与新能源汽车示范推广工作的衔接。

第八条　申请补助的汽车生产企业及其新能源汽车产品须符合下述条件：

（一）新能源汽车产品纳入《节能与新能源汽车示范推广应用工程推荐车型目录》，企业保证销售汽车与目录产品的一致性。

（二）纯电动乘用车动力电池组能量不低于15千瓦时，插电式混合动力乘用车动力电池组能量不低于10千瓦时（纯电动模式下续驶里程不低于50km）。动力电池不包括铅酸电池。

（三）汽车整车和动力电池等关键零部件生产企业具备一定的产能规模和完善的售后服务体系，对动力电池等关键零部件提供不低于5年或10万公里（以先到者为准）的质保，并承诺对整车和动力电池按一定的折旧率进行回收。

（四）汽车企业销售新能源汽车应向消费者提供按照有关国家标准规定的试验方法测定的产品性能参数保证：在纯电动模式下行驶的汽车30分钟最高车速、插电式混合动力汽车的最高时速、0~50公里/小时加速时间、最大爬坡度、百公里耗电量（工况法）、续驶里程（工况法），电机类型和功率、动力电池类型及总储电量、充电（快充、慢充）方式和时间、车载充电机的功率和输入电压等。

第四章　补助标准与规模

第九条　补助标准根据动力电池组能量确定。对满足支持条件的新能源汽车，按3000元/千瓦时给予补助。插电式混合动力乘用车最高补助5万元/辆；纯电动乘用车最高补助6万元/辆。

第十条　财政补助采取退坡机制。试点期内（2010—2012年），每家企业销售的插电式混合动力和纯电动乘用车分别达到5万辆的规模后，中央财政将适当降低补助标准。

第十一条　中央财政根据试点城市私人购买数量和规定的标准给予补助。采用电池租赁方式的企业，补助数量按其服务的新能源汽车数量确定。

第五章　资金申报与下达

第十二条　根据试点城市论证通过的实施方案和资金申请，财政部通过省级财政部门将补助资金预拨给试点城市。

第十三条　试点城市财政部门根据私人购买、使用新能源汽车情况，据实拨付补助资金，并在月度终了后10日内将月度拨付情况上报财政部。补助资金具体管理办法，由试点城市结合本地实际情况自行制定，并报财政部备案。

第十四条　年度终了后30日内，试点城市要认真总结全年推广情况，编制补助资金清算报告，由省级财政部门审核后上报财政部，财政部根据地方上报情况和专项核查结果对补助资金进行清算。

第六章　监督管理

第十五条　有关部门定期组织开展专项检查，对新能源汽车技术水平和运行效果进行评估。

第十六条　企业对申报材料的真实性和产品一致性负责。对产品与申报材料不符，性能指标没达到要求，以及提供虚假信息、骗取补助资金的，将视情节轻重对申请企业给予追缴补助资金、通报批评、取消资格等处罚。

第十七条　补助资金必须专款专用，任何单位不得以任何理由、形式截留、挪用。对违反规定的，将依照《财政违法行为处罚处分条例》（国务院令第427号）等有关规定，依法追究有关单位和人员的责任。

第七章　附则

第十八条　本办法由财政部、科技部、工业和信息化部、国家发展改革委负责解释。

第十九条　本办法自印发之日起施行。

附：1. 试点城市实施方案编制提纲

2.　年　月私人购买新能源汽车财政补助资金汇总表

附1：试点城市实施方案编制提纲

一、试点城市基本情况

内容包括：城市规模与经济发展情况，特别是当地财政状况和居民购买力水平；机动车发展情况，特别是私人领域乘用车保有情况；新能源汽车研发能力、产业基础及推广应用现状等。

二、试点工作总体目标

内容包括：在私人领域推广新能源汽车的总体思路；试点工作目标（2010—2012年），涉及车辆规模、充电站等基础设施建设、商业模式创新、消费和使用环境、节能减排效果及对新能源汽车产业拉动等。

三、试点工作计划

按年度制订工作计划。内容包括：各种商业模式的车辆推广规模；财政预算及使用计划；基础设施建设计划；推动商业模式创新、鼓励租赁企业发展的相关工作安排；日常监督检查计划等。

四、保障措施

内容包括：明确地方政府领导牵头、相关政府部门参加的试点工作组织协调机构并落实职责；明确负责日常组织管理的机构和人员；明确鼓励政策的体系框架；明确车辆使用及充电站等基础设施运行安全管理制度；明确地方财政配套资金规模及用途；明确充电站等基础设施的建设单位及资金来源，并说明拟采用的技术标准；明确新能源汽车租赁、售后服务保障及回收、报废等责任主体、职责及监督管理措施；科普宣传措施等。

附2：　　年　　月私人购买新能源汽车财政补助资金汇总表

编制单位：　　联系人及电话：　　年　月　日

本月拨付补助资金（万元）			本月销售数量（辆）		
累计拨付补助资金（万元）			累计销售数量（辆）		
车辆型号	汽车生产企业	电池组能量（KWh）	补助标准（万元/辆）	销售数量（辆）	拨付补助资金（万元）

8. 关于扩大公共服务领域节能与新能源汽车示范推广有关工作的通知

财建〔2010〕227号

有关省、直辖市、计划单列市财政厅（局）、科技厅（科委）、工业和信息化主管部门、发展改革委：

为贯彻落实国务院《关于进一步加大工作力度确保实现“十一五”节能减排目标的通知》（国发〔2010〕12号）精神，进一步做好扩大节能与新能源汽车示范推广工作，加快推进节能与新能源汽车产业化，现将公共服务领域节能与新能源汽车示范推广有关事项通知如下：

一、在现有13个试点城市的基础上，增加天津、海口、郑州、厦门、苏州、唐山、广州等7个试点城市。财政部、科技部、工业和信息化部、国家发展改革委将组织对新增城市试点方案进行论证，批复后正式实施。

二、根据试点城市实施方案和资金申请，财政部通过省级财政部门将示范推广补助资金预拨给试点城市。

三、试点城市财政部门根据节能与新能源汽车实际推广情况，按规定标准据实拨付补助资金。补助资金的具体管理办法由试点城市结合本地实际情况自行制定，并报财政部备案。

四、试点城市在月度终了后10日内将月度财政补助资金拨付情况和推广信息报财政部。

五、年度终了后30日内，试点城市要认真总结全年推广情况，编制补助资金清算报告，由省级财政部门审核后上报财政部。财政部根据地方上报情况和专项核查结果对补助资金进行清算。

六、充电站等基础设施建设要与正在制定的国家相关标准相衔接。

七、其他有关事项按《财政部科技部关于开展节能与新能源汽车示范推广试点工作的通知》（财建〔2009〕6号）执行。

附件：　　年　　月公共服务领域节能与新能源汽车示范推广财政补助资金汇总表

财政部

科技部

工业和信息化部

国家发展改革委

二〇一〇年五月三十一日

附表：　　年　　月公共服务领域节能与新能源汽车示范推广财政补助资金汇总表

编制单位：　　联系人及电话：　　年　　月

本月拨付补助资金（万元）			本月推广数量（辆）		
累计拨付补助资金（万元）			累计推广数量（辆）		
车　型	车辆运营单位	汽车生产企业	补助标准（万元/辆）	推广数量（辆）	拨付补助资金（万元）

9. 关于做好节能汽车推广补贴兑付工作的通知

财办建〔2010〕75号

各省、自治区、直辖市、计划单列市财政厅（局）、发展改革委、工业和信息化主管部门，有关企业：

节能汽车推广政策实施以来，各地财政、发展改革、工业和信息化等部门及有关企业认真组织实施，积极做好推广工作，政策效果初步显现。根据《财政部国家发展改革委工业和信息化部关于印发“节能产品惠民工程”节能汽车（1.6升及以下乘用车）推广实施细则的通知》（财建〔2010〕219号），为进一步做好节能汽车推广补贴兑付工作，保证推广机制有效运转和消费者真正受益，现将有关事项通知如下：

一、保证推广财政补贴及时兑付。节能汽车推广企业要及时把补贴政策和推广车型等有关情况通知各级经销商，并要求经销商在销售场所明示推广车辆型号、综合燃料消耗量、实际销售价格和补贴标准，认真做好补贴兑付工作，确保纳入节能汽车推广目录的车型自目录公布之日起即可享受国家财政补贴。

在消费者购车时，汽车经销商有义务向消费者介绍汽车节能性能及应享受的财政补贴，在消费者提供个人信息、车牌号码并在销售发票上签字确认后及时兑付补贴。

推广企业要采取多种方式宣传政策内容和目的，介绍操作程序，加深消费者认知，取得消费者配合和支持。

二、严格执行价外补贴政策。节能汽车推广企业及其经销商要把企业销售优惠和政府补贴严格区别开来，先按享受企业优惠后的实际价格出售节能汽车并开具销售发票，再将政府补贴兑付给消费者。不得将财政补贴纳入企业优惠额度，不得以已享受价格优惠等为由拒不兑付补贴，不得因政府补贴提高节能汽车销售价格，切实使消费者享受国家财政补贴。

三、及时报送信息。节能汽车推广企业要在月度终了后10日内将推广车辆型号、价格、车牌号、消费者个人信息、联系方式以及销售网点信息等，通过信息管理系统报送财政部。推广企业要对上报信息的真实性负责，要妥善保存带有消费者签字的销售发票等凭证。

四、加强组织保障。节能汽车推广企业要落实专门人员，负责政策解读、沟通协调、组织管理和检查督办等日常工作，并在本通知下发后尽快将有关机构和人员联系信息向社会公告。要迅速对各级经销商的不规范做法和违规行为进行纠正整改，并结合企业售后服务系统，处理好消费者有关财政补贴方面的投诉，将处理情况及时反馈给消费者，把惠民工程真正办好。

五、加大处罚力度。财政部、国家发展改革委、工业和信息化部将组织开展专项检查和抽查，对把财政补贴与价格混在一起、不及时兑付或拒不兑付补贴、代消费者签名冒领补贴以及变相涨价、哄抬车价的推广企业，视情节给予通报批评、扣减补贴等处罚；情节严重的，将取消节能汽车经销商或生产企业推广资格。

财政部办公厅
发展改革委办公厅
工业和信息化部办公厅
二〇一〇年九月二日

10. 关于进一步加强轻型汽车燃料消耗量通告管理的通知

工信部装〔2010〕529号

有关单位：

2009年7月，工业和信息化部发布了《轻型汽车燃料消耗量标示管理规定》，明确了轻型汽车燃料消耗量检测与申报、标识备案、标示、公布、监督处罚等各项规定。2010年1月，工业和信息化部门户网站开设了“轻型汽车燃料消耗量通告”栏目，建立了我国汽车产品燃料消耗量公示制度。“轻型汽车燃料消耗量通告”的发布得到了社会各界的高度关注和广大消费者的充分肯定。汽车产品燃料消耗量公示制度是实施汽车燃料消耗量评价体系和政策体系的基础，是我国汽车产品节能管理体系的重要组成部分，对于引导节能汽车产品消费，推动汽车产业结构调整、技术进步具有重要意义。

为进一步做好“轻型汽车燃料消耗量通告”管理，完善汽车燃料消耗量公示制度，现就有关事项通知如下：

一、汽车生产企业或进口汽车经销商应于汽车产品上市销售前将不同车型及不同油耗同一车型的《汽车燃料消耗量标识》样本、“汽车燃料消耗量标识备案信息”的文本文件和电子文件（光盘形式），报送工业和信息化部（装备工业司）备案。工业和信息化部将通过“轻型汽车燃料消耗量通告”定期公告汽车燃料消耗量指标。

二、汽车生产企业和进口汽车经销商应保证其汽车产品在销售时都粘贴有《汽车燃料消耗量标识》，并已列入“轻型汽车燃料消耗量通告”。

三、报送备案的汽车燃料消耗量标识，只有燃料消耗量数据不同、其他数据都相同的，汽车生产企业或进口汽车经销商在报送《汽车燃料消耗量标识》样本、《轻型汽车燃料消耗量标识备案信息》材料的同时，需附带企业正式文件说明情况及相关证明材料。

四、已备案的汽车燃料消耗量标识数据信息如发生变化，按新增汽车燃料消耗量标识处理，企业需及时报送备案。其中，只有燃料消耗量数据发生变化而其他数据没有变化的，汽车生产企业或进口汽车经销商在报送《汽车燃料消耗量标识》样本、《轻型汽车燃料消耗量标识备案信息》材料的同时，需附带企业正式文件说明情况及相关证明材料。

五、汽车生产企业或进口汽车经销商应及时将市场上已经停止销售的车型信息，以企业正式文件形式报送工业和信息化部（装备工业司）。工业和信息化部将通过“轻型汽车燃料消耗量通告”发布。

六、工业和信息化部（装备工业司）对汽车生产企业或进口汽车经销商报送的备案材料的完整性进行审核，对于不符合条件的，不予受理，并将及时通知企业。

七、工业和信息化部（装备工业司）每月受理汽车燃料消耗量标识备案材料的截止日期为每月10日。对在截止日以后提交的备案材料将在下月受理。

八、每月中旬，工业和信息化部将通知相关企业对报送备案的汽车燃料消耗量标识信息进行核对。收到核对通知的企业应在2个工作日内完成核对工作，并反馈信息，超过时间没有反馈的则视为无异议。

九、“轻型汽车燃料消耗量通告”原则上每月下旬发布。

十、《轻型汽车燃料消耗量标识备案信息》及《〈轻型汽车燃料消耗量标识备案信息〉填写说明》已经更新，请通过 http://zbs.miit.gov.cn 下载。备案信息要严格按要求填写。

本通知自下发之日起施行。请各有关企业按本通知要求做好相关工作。

工业和信息化部

二〇一〇年十一月一日

二、各省市支持政策

1. 上海市关于促进新能源汽车产业发展的若干政策规定

第一章　总则

第一条　为贯彻落实国务院发布的《汽车产业调整和振兴规划》，市委、市政府《关于进一步推进科技创新加快高新技术产业化的若干意见》和市政府《关于加快推进上海高新技术产业化的实施意见》，加快提升上海新能源汽车产业的自主创新能力和产业竞争力，优化上海新能源汽车产业的创新发展环境，发挥新能源汽车产业对上海经济发展的重要支撑作用，制定本规定。

第二条　本规定适用于在本市进行工商注册、税务登记，并从事新能源汽车及关键零部件开发、生产、应用和服务的企业和机构（以下简称“新能源汽车企业”）及个人。

第三条　本市新能源汽车产业发展的总体目标是，以混合动力汽车、纯电动汽车为主攻方向，以“电池、电机、电控”（以下简称“三电”）关键零部件为突破口，同步支持燃料电池汽车等新能源汽车降低成本、提高性能，加快抢占技术制高点和市场增长点，形成国内领先、具有国际竞争能力的自主产业体系和产业集群。

第二章　技术研发和产业化支持

第四条　在政府科技投入中安排一定资金，支持新能源汽车企业的产学研联合攻关，加快突破“三电”领域关键技术瓶颈，包括动力电池正极和负极材料、电池隔膜、成组技术、电池管理系统等；永磁电机耐高温材料、电力电子模块、电机及其控制系统等；高可靠控制器、传感器、执行器、能量优化管理系统等。

第五条　鼓励和支持新能源汽车企业申报“863 计划”、“973 计划”、科技支撑计划、国家重点新产品、国家级重要科研设施和基地、国家高技术产业发展项目，以及市级重点实验室、企业技术中心、技术改造、人才计划、小巨人计划、新产品等专项支持计划，并按照国家和本市有关规定给予资金支持。

第六条　本市安排专项资金，支持新能源汽车的整车集成开发、关键零部件的技术突破和产业化。列入本市自主创新和高新技术产业发展重大项目的产业化项目，专项资金支持比例一般不超过项目新增总投资的10%；重大产业科技攻关项目，包括“三电”等关键零部件和公共平台建设等项目，专项资金支持比例一般不超过项目新增总投资的30%；具体通过资本金注入（含创业投资引导基金跟进投资）、贷款贴息、投资补助等方式给予支持。

第七条　支持新能源汽车的改扩建项目、引进技术和装备项目、企业收购兼并境外拥有核心技术的企业和研发机构且获得相对控股权的项目，按照本市有关规定给予贷款贴息或无偿资助。

第八条　对新能源汽车企业经认定的拥有自主知识产权的高新技术成果转化项目，按照本市有关规定，由高新技术成果转化专项资金给予支持。

第九条　支持符合条件的新能源汽车企业申报认定国家高新技术企业、技术先进型服务企业，并按照国家规定享受有关税收优惠政策。新能源汽车企业开发新技术、新产品、新工艺发生的研究开发费用可以在计算应纳税所得额时加计扣除；对新能源汽车企业从事技术转让、技术开发业务和与之相关的技术咨询、技术服务业务取得的收入，免征营业税。

第十条　市国资管理部门对本市国资出资监管企业的新能源汽车研发投入，经审核后在出资监管企业产权代表业绩考核时视同实现利润。

第三章　应用推广支持

第十一条　加大新能源汽车的政府采购力度，对经认定纳入《上海市自主创新产品目录》的新能源汽车，同时纳入《上海市政府采购自主创新产品目录》，实施政府优先采购，并逐年扩大采购规模。

第十二条　鼓励和支持国有企业等企事业单位和个人购买和使用新能源汽车，并积极支持公交、出租、公务、环卫和邮政等公共服务领域的单位申请国家节能与新能源汽车示范推广财政补助资金。

第十三条　加强新能源汽车充电站、加氢站等配套设施的规划和建设。有关配套设施建设纳入本市相应专业系统规划。对配套设施的设备投资给予不超过20%且不超过300万元的资金支持。鼓励和支持电力公司等企业参与充电站等配套设施的建设。

第十四条 对从事新能源汽车动力电池租赁业务的企业通过融资方式购置新能源汽车动力电池所发生的贷款利息，给予贴息支持，贴息期限最高不超过3年。

第四章 产业基地和检测服务支持

第十五条 在嘉定等区县加快建设新能源汽车及关键零部件产业基地。鼓励区县政府制定扶持政策，设立区级新能源汽车产业发展专项资金，完善研发、检测、服务等公共服务平台。对符合条件的入驻企业和项目在项目审批、资金、土地、人才和产业配套等方面予以支持。规划国土资源管理部门在经“两规”认定后的产业区块内，支持新能源汽车产业重点项目优先落实用地计划指标和耕地占补平衡指标。

第十六条 加强新能源汽车检测试验、共性技术开发服务等方面的能力建设。对符合条件的检测机构用于新能源汽车检测方面的设备投资，给予不超过检测设备投资总额30%的支持。对新能源汽车企业符合条件的自主研发和创新方面的检测、认证等费用，给予不超过总费用50%的资金支持。鼓励相关区县给予配套支持。

第十七条 鼓励和支持新能源汽车企业将具有自主知识产权的技术创新成果转化为地方和国家标准。市科委、市质量技监局等部门对新能源汽车相关标准化项目优先予以立项和支持，并由市标准化推进专项资金给予资助。

第五章 金融和人才支持

第十八条 本市创业投资引导基金通过参股等方式引导和支持设立新能源汽车产业创业投资机构和创业投资基金。积极支持符合条件的新能源汽车企业在境内外上市，支持符合条件的新能源汽车企业发行企业债券、短期融资券和中期票据等。鼓励新能源汽车企业加大体制机制创新力度，通过战略收购、兼并重组等方式进一步转换经营机制，提升产业能级。

第十九条 鼓励和引导金融机构支持新能源汽车的产业发展和推广应用。金融机构要创新产品，改进服务，对符合条件的新能源汽车研发和产业化项目、产业基地基础设施和公共服务平台项目提供信贷、担保等支持。鼓励金融机构加大对新能源汽车消费信贷、保险等方面的支持力度。通过本市创业投资引导基金，积极探索为符合条件的新能源汽车项目提供融资担保。

第二十条 积极创造条件引入新能源汽车产业领域的国内外优秀领军人才和技术团队，重点实施高层次海外人才“千人计划”。对引进人才可根据相关规定优先解决本市户籍、上海市居住证。建立产学研合作机制，通过校企合作等方式，加强新能源汽车产业人才培养力度。支持高校和科研机构建设新能源汽车的研究基地和创新平台，支持有条件的高等院校设立新能源汽车相关学科和专业。

第六章 附则

第二十一条 本规定由市发展改革委、市经济信息化委会同有关部门解释。市有关部门可根据本规定和工作需要，制定实施细则。有关区县政府可结合实际，制定相关政策和具体工作方案并抓好落实。

上海市发展和改革委员会

上海市经济和信息化委员会

二〇〇九年十一月十一日

2. 吉林省人民政府关于落实国家汽车产业调整和振兴规划的实施意见目录(节选)

各市（州）人民政府，长白山管委会，各县（市、区）人民政府，省政府各厅委办、各直属机构：

为贯彻落实国务院《汽车产业调整和振兴规划》（以下简称《规划》）精神，抓住国内汽车产业调整和振兴机遇，加快我省汽车产业的发展，现制定《落实国家汽车产业调整和振兴规划的实施意见》（以下简称《意见》）。

一、我省汽车产业现状及面临形势

二、指导思想、基本原则和目标

（一）指导思想

全面贯彻落实国务院《规划》精神，抓住机遇，快速发展，以做大做强一汽为核心，以结构调整为主线，以扩大总量为目的，以新能源汽车为突破口，加快技术改造，加强自主创新，积极培育自主品牌，实现我省汽车产业持续、健康、快速发展。

（二）基本原则

（三）规划目标

3. 新能源汽车形成批量生产能力。一汽集团等企业新能源汽车批量生产，形成混合动力轿车3.5万辆、混合动力客车5000辆、纯电动客车5000辆生产能力。在长春、吉林、辽源市推广2000辆纯电动汽车，初步建立电动汽车快速充电、动力电池更换、车辆维护等电动汽车基础设施。积极推动动力电池、驱动电机、集成控制系统等关键核心部件的研发与产业化，初步形成电动汽车配套体系，省内配套率达到30%以上，成为国内重要的新能源汽车生产研发基地。

6. 整车研发水平大幅提升。整车自主研发能力明显提高，小排量轿车在节能、环保和安全性能方面达到国际先进水平；中重型载货车在可靠性、安全性及舒适性能方面接近国际水平；新能源汽车整体技术水平达到国际先进水平；汽车整车研发装备达到国际水平。

7. 零部件自主研发和配套能力显著增强。汽车零部件形成较为完善的、具有一定实力的三级自主研发体系。提高零部件企业研发装备水平，增强自主研发能力。实现汽车发动机、自动变速器、悬挂系统、转向系统、制动系统、总线控制、安全系统及电子控制等关键零部件的自主研发；新能源汽车动力电池、轮毂电机、控制单元技术达到或接近国际先进水平。实现配套零部件与整车同步发展，实现主要零部件的模块化供货。

三、主要任务

（一）加快自主品牌汽车发展。

（二）加速新能源汽车产业化进程。

一是着手制订我省新能源汽车发展规划，促进新能源汽车协调发展。一汽要从国家战略和企业责任的高度，按照《规划》的要求，制订新能源汽车发展规划，积极参与我国新能源汽车的发展。二是要努力推进长春、吉林、辽源三市新能源汽车示范工程，力争三市一体纳入国家新能源汽车“十城千辆”试点推广应用示范城市，积极争取国家财政补助资金支持。2009 年，长春、辽源两市要实现公交示范线的运营。三是要积极促成一汽、吉林大学、东北师范大学、长春华奥等单位组建我省新能源汽车产业联盟，推动混合动力、纯电动汽车的产业化。四是要抓好一汽混合动力客车、轿车及纯电动客车项目和长春、辽源两市车用高性能动力电池及驱动电机的研发，尽快形成产业化。

（三）着重抓好技术改造和技术进步

（四）大力支持企业自主创新能力建设。

（五）推进我省汽车产业重组。

（六）积极鼓励汽车及零部件出口。

（七）加快专用汽车发展，打造国内专用车。

（八）加快现代汽车服务体系建设。

四、政策措施

（一）全力支持一汽保增长。

（二）全力支持一汽整车工程项目建设。

（三）加大项目建设资金筹措力度。

（四）抓紧制定新能源汽车产业发展规划。

汽车行业管理部门要结合我省实际和国家发展新能源汽车的政策，尽快制定新能源汽车整体发展规划。为支持我省新能源汽车的发展，省财政每年要安排新能源汽车专项资金，用于新能源汽车的推广应用、配套设施建设、关键核心部件的研发及产业化，促进我省新能源汽车加快发展。

（五）加快零部件配套体系及研发能力建设。

（六）制定汽车零部件生产企业兼并重组。

（七）调整省内政府公务用车配备标准。

（八）鼓励二手车市场发展。

吉林省人民政府

二〇〇九年六月四日

3. 长春市人民政府关于支持战略性新兴产业发展的若干意见（节选）

各县（市）、区人民政府，市政府各委办局、各直属机构：

为全面贯彻落实国家发展战略性新兴产业的重大决策和市委十一届六次全会精神，围绕我市工业经济发展的“四个一”目标，实施工业产业升级计划，加快经济发展方式转变，促进产业结构调整，提高工业经济质量和效益，推进工业强市进程，实现工业经济的创新发展，现提出如下意见：

一、发展战略性新兴产业，培育工业经济新的增长点

1. 先进制造业重点支持混合动力汽车、纯电动汽车及燃料电池汽车等节能与新能源汽车和光机电一体化制造装备、大规模集成电路制造装备等领域发展。

光电信息重点支持新型平板显示、光伏组件、光通信器件、LED 照明、汽车动力电池和电机及关键车用控制、传感、执行电子器件、嵌入式软件等领域发展，支持关键技术及器件研发和产业化。

二、支持重点项目建设，推进工业经济上水平增效益

2. 鼓励企业在混合动力或纯电动汽车整车领域实施项目建设、新产品开发，对产能在 2000 辆以上，达产后年产值在 15 亿元以上的项目给予重点支持。

3. 鼓励企业在节能与新能源汽车关键零部件领域实施项目建设和新产品开发。对产能达到 5000 万安时以上，达产后年产值在 5 亿元以上的动力电池项目；产能达到 1 万台以上、达产后年产值在 5 亿元以上的电动汽车驱动电机项目；产能达到 1000 台/套以上、达产后年产值在 3 亿元以上的多能源动力总成系统项目给予重点支持。

四、附则

14. 本意见所涉及的资金列入市财政年度预算。（略）

15. 本意见所确定的支持领域与项目，由市工业和信息化局下达专项，企业申报，经市工业和信息化局专家评审委员会评定后，享受相关政策。（略）

16. 本意见自下发之日起实施，由市工业和信息化局负责解释。（略）

长春市人民政府

二〇一〇年一月五日

4. 安徽省人民政府关于加快新能源和节能环保产业发展的意见（节选）

各市、县人民政府，省政府各部门、各直属机构：

近年来，我省新能源和节能环保产业取得长足发展。据统计，全省现有新能源和节能环保企业 784 家，实现主营业务收入 429.7 亿元，但产业规模仍然偏小，产业化程度较低，竞争力还不够强。为切实加快新能源和节能环保产

业的发展，现提出如下意见：

一、指导思想、基本原则和目标任务

（一）指导思想。

（二）基本原则。

（三）目标任务。

二、重点支持领域

为发挥我省新能源和节能环保产业发展的既有优势，对市场潜力大、带动能力强、吸收就业多、综合效益好的新能源和节能环保等新兴产业给予重点支持。

（一）太阳能领域。

（二）生物质能领域。

（三）节能和新能源汽车产业。继续支持江汽、奇瑞等汽车生产企业研发节能环保、混合动力、纯电动等节能和新能源汽车，支持汽车节能和新能源装备及配套设备制造。支持节能和新能源汽车示范推广试点，鼓励各地率先在公交、出租、公务、环卫和邮政等领域运用节能和新能源汽车，做大市场规模。

（四）节能环保技术和装备领域。

（五）循环经济领域。

（六）再利用领域。

（七）节能产品消费领域。

（八）清洁煤技术应用领域。

（九）生态环保和污染治理领域。

（十）核能及风能领域。

（十一）新能源和节能环保服务领域。

三、相关政策措施

（一）大力促进自主创新和技术进步。

（二）积极落实支持新兴产业发展相关政策。

（三）加大财税政策扶持力度。

（四）进一步拓宽投融资渠道。

（五）打造优势企业和产业园区。

（六）加强人才队伍建设。

（七）创造良好的产业发展环境。

四、工作要求

（一）加强领导，落实责任。

（二）勇于探索，创新机制。

（三）协同推进，形成合力。

（四）广泛宣传，营造氛围。

各市政府和省政府有关部门要根据本意见，抓紧制定具体的实施意见、配套政策和工作计划，及时报送省发展改革委、省财政厅。

安徽省人民政府

二〇〇九年十一月十三日

5. 安徽省新能源汽车产业技术发展指南(2010—2015年)(节选)

新能源汽车是指采用非常规的车用燃料，或使用常规车用燃料但采用新型车载动力装置作为动力来源，形成的技术原理先进、具有新技术、新结构的汽车，包括混合动力、纯电动、燃料电池汽车等。为促进我省汽车产业结构调整升级，提升新能源汽车产业的核心竞争力，特编制《安徽省新能源汽车产业技术发展指南》（2010—2015年）。

一、发展现状及趋势

二、发展思路

1. 总体思路。以市场为导向，以奇瑞、江淮、安凯等骨干企业为主体，以新能源轿车、客车整车为目标，以电驱动平台为核心，整合省内外高校、院所创新资源，重点突破整车控制、电机及其控制、电池及其管理、增程器等核心技术，实现产业化技术的跨越发展，推动新能源汽车整车和关键零部件的产业化。到“十二五”末形成10个左右的新能源汽车整车开发平台，取得一批发明专利、国家和行业技术标准，新能源汽车产值500亿元。

2. 技术路线。我省新能源汽车以电驱动技术为主，重点进行纯电动、混合动力的轿车与客车产品研发，实现新能源汽车的核心技术取得重大突破；推动电驱动平台的扩展与应用，进行集成化、平台化、系列化开发，辅以试验验证；跟踪燃料电池技术的发展，做好技术储备。

三、优先领域与发展重点

1. 整车集成技术。以电驱动平台为重点，研究整车系统集成工程化技术、系统设计与性能匹配技术、可靠性与耐久性分析技术、整车控制智能化、小型化与轻量化技术，研究整车电气性能匹配技术、高压系统安全、碰撞安全等主动安全与被动安全技术；研究电动空调、电动助力转向、电动助力制动等电动辅助部件的集成技术；研究各种动力总成系统的性能优化标定技术；研究系统平台的工装工艺技术、检测调试技术等产业化技术。掌握整车集成技术，形成电驱动技术平台，实现技术平台的通用化、标准化与系列化，主要性能指标满足企业整车整车产品产业化生产要求。

2. 控制系统软件技术。开展系统控制方案与控制策略研究，开发具有多任务管理、资源共享、数据访问、数据通信的底层软件；研究满足国际汽车标准要求的操作系统；研究软件代码安全监控技术；研究整车动力系统的能量平衡与监控管理技术，以及动力电池的充放电平衡管理与实时监控技术；研究CAN数据通信的一致性技术，建立整车CAN通信通用体系；研究满足整车控制软件在线刷新的功能和工具以及基于CCP协议在线标定系统。掌握系列化、通用化的新能源整车控制系统的软件平台技术，开发出混合动力整车、纯电动整车以及燃料电池整车的软件平台，实现平台软件技术共享。

3. 控制系统硬件技术。研究控制硬件平台的拓扑结构，进行总体方案设计；研究控制器的硬件控制平台的电源管理需求，开发具有过压、过流、过温保护的电源管理模块；研究新能源整车的控制要求特性，结合硬件平台的扩展性与移植性，设计满足整车控制要求的数据采集通道和输出控制信号；研究控制整车高压的加载和卸载过程，设计高压卸载电路；分析高压系统电磁干扰影响低压控制电路精度，研究高低压电磁屏蔽技术；研究整车故障分级及在线诊断功能。开发出通用化、标准化的控制系统硬件，提高整车控制器的通用性，降低控制器成本，提升产业化技术水平和生产能力。

4. 电机本体技术。研究新型功能材料（如超低损坏硅钢片、稀土永磁磁钢等）在电动汽车电机中的应用，较大幅度提高电机的效率和减小电机体积；研究电动汽车电机本体设计理论与方法及电机运行性能的仿真技术；开展永磁电机的抗退磁设计、减震降噪等失效模式分析与研究；研究电机可靠性和耐久性优化设计以及快速评估方法；开展电机测试标准、试验验证方法、电机整车搭载试验验证研究；研究电机新型转子结构设计及关键生产工艺技术，建立完整的产品质量控制体系。开发出系列高效率、高功率密度、高性价比的电机本体产品，建立电机系统仿真、设计、试制、试验验证的流程与开发平台，形成以电机企业为龙头，省内二级核心零部件供应商为依托的产业链。

5. 电机驱动技术。研究基于复合全数字化控制策略，高速下的电机弱磁控制技术；开展基于模型的超快速响应动态特性的设计与工程应用；开发高比能量密度、高比功率密度、高效率的集成功率模块；开发高集成度和可靠性的电机控制器；研究高压电机驱动器技术，减少电机驱动器工作电流来减小电机体积与提高电机驱动器效率，开展齿轮变速技术研究。形成系统的、符合汽车工业标准的控制器开发能力，电机系统的驱动功能满足整车功能要求，具备高效率区、高可靠性、最优性价比，以及EMC法规要求，建成电机驱动系统产品的供应链，形成批量供货能力。

6. 动力电池本体技术。研究电解液与电解质、功能添加剂、铜箔材料、隔膜材料等新型电池改性材料；开展电池单体结构优化设计，单体布置及电池包结构设计等电池包成组技术研究，提高电池单体的一致性和成组电池的配比率；研究与设计电池组热管理系统与通风散热结构，电池高低温特性改进，开展环境适应性、可靠性和耐久性研究；优化和改进电池的制造设备与工艺，研究电池和电池材料的再生、回收与利用技术。建立锂离子动力电池材料、设计、制造、测试等完善的工艺流程，开发出功率密度高、能量密度高、安全性好的高功率、高能量型动力电池本体，满足新能源汽车使用要求，形成标准化、通用化和规模化的供应能力。

7. 电池管理系统技术。研究电池组的SOC计算技术和SOH指数，研究电池组的在线实时动态均衡的能量平衡技术；研究电池组内阻测量技术，实现单体电池诊断与单体电池之间连接片可靠性诊断；研究电池加热技术、漏电检测技术；开展汽车碰撞保护、控制器失效保护、电池包充放电保护等安全技术研究；开展车载充电机的技术研究，以及对车载充电机的管理与匹配。

控制动力电池组的充放电特性，实现电池组的性能优化，保障电池组的一致性、安全性。电池管理系统安全、可靠，可匹配多种电池组，形成规模化的供应能力。

8. 增程器技术。研究高效发动机与永磁发电机的集成、封装技术，满足整车需求的体积小、易布置的特点；研究发动机本体高效燃烧、发电机本体高效发电的最优化控制策略与控制技术，提高增程器的高效区与转换效能；分析与研究增程器的噪声，进行降噪设计，以满足新能源汽车环保的理念；研究增程器的振动频率、悬挂方式，进行避震设计，以符合整车的舒适性要求；研究发动机的进排气系统，进行优化设计与防护，符合低排放目标；数码发电机组技术的研究与应用，提高能量转化效率，稳定输出特性。

开发出高效率、低排放、高性价比、体积小的增程器，以增加纯电动汽车的续航行驶里程，形成系列化产品和达到批量生产能力。

9. 充电站关键技术。研究多能量加注模式的充电站建设，开展充电站建设仿真技术研究，进行智能充电站与电能质量问题研究，开展电池快换、租赁等新型运行模式研究。建立能满足示范运营公交车辆需要的充电站。

四、创新公共平台建设

1. 建设国家节能环保汽车工程技术研究中心。依托奇瑞公司的国家节能环保汽车工程技术研究中心、安徽省汽车技术与装备工程研究中心、合工大新能源汽车研究院等，联合国内外相关高校、科研院所共同攻关，建立新能源汽车产业技术创新战略联盟；积极争取国家重大科技计划项目，开展新能源汽车整车、关键零部件和试验验证等方面的研发；积极开展国际科技合作，引进高层次技术人才，实现新能源汽车资源的有效集成。

2. 建设国家（芜湖）汽车零部件产品质量检验中心。结合国家机动车辆强制性认证产品和CQC、CCAP标志性认证产品目录，为省内及周边区域汽车零部件生产企业，提供产品检测、新产品中试试验、制定标准的技术验证，原辅材料检验等服务，逐步建成集产品检测、产品技术研究、政策（标准法规）研究为一体的，拥有先进技术装备和先进管理水平的综合性检测技术服务平台，为新能源汽车整车及零部件产业技术进步和区域科技创新提供支撑。

3. 建设新能源公交车运行数据中心。依托安凯国轩新能源汽车公司、合工大新能源汽车工程研究院等单位，建立新能源汽车试点运行数据中心，以合肥30辆上线运行的纯电动公交车为主要对象，开展示范运营中车辆和充电站等基础设施运行数据采集、统计分析和评价研究，对车辆技术状态进行实时监控，验证新能源汽车的技术可行性，积累包括可靠性、失效模式方面的知识和经验，促进新能源汽车及关键零部件的性能提升，为推动新能源汽车批量生产销售奠定坚实的技术基础，并与国家新能源汽车远程监控系统有效对接，实现数据共享。

4. 建立新能源汽车试验公共服务平台。依托奇瑞的新能源汽车国家重点实验室、解放军定远汽车试验场，建立新能源汽车试验公共服务平台。建立纯电驱动平台系统的性能数据库，完善先进的动力电池、驱动电机、控制系统的开发流程，以及核心零部件的测试和主观评价标准，努力形成我国新能源汽车产品开发的标准流程、公共数据库平台、评价标准。为国内整车和汽车零部件企业、科研机构和大专院校建立一个开放和交流的平台，具备产品功能测试与分析、匹配试验与分析、环境测试与分析和CAE仿真等。完善新能源汽车核心技术开发试验能力，整合系统试验资源，加快推进新能源汽车整车与关键零部件产业化。

安徽省省政府科技厅

二〇一〇年四月一日

6. 河北省新能源产业“十二五”发展规划（2011—2015年）（节选）

发展新能源产业是调整能源结构、改善生态环境、转变发展方式和用能方式的必然要求，也是培育新的经济增长点、提升整体竞争力、带动相关产业发展的战略选择。为推进我省新能源产业又好又快地发展，制定本专项规划。

本规划中的新能源产业是指新的能源资源开发利用和传统能源生产利用方式变革过程中形成的相关产业，主要包括风能、太阳能、生物质能、核能、煤的清洁利用、智能电网和车用新能源基础设施等。

一、发展现状和面临形势

（一）资源状况。

（二）发展现状。

（三）主要问题。

（四）面临形势。

二、指导思想、基本原则和发展目标

（一）指导思想。

（二）基本原则。

（三）发展目标。

三、发展方向和重点

（一）大型风电基地建设工程。

（二）太阳能利用工程。

（三）生物质能开发利用工程。

（四）智能电网建设工程。

（五）煤炭资源清洁综合利用工程。

（六）新能源科技装备工程。

（七）新能源汽车供能设施示范工程。

按照“先示范再推广、先公益再普及”的原则，开展充电式混合动力、纯电动、燃料电池、液化天然气（LNG）等新能源汽车推广应用工作，在石家庄、唐山、廊坊、保定等市公交系统先行示范，配套建设快速充电站、蓄能电池更换站、LNG加注站以及停车设施充电系统等服务网络，及时总结经验，逐步向其他领域和城市推广。

（八）热力集中利用示范工程。

四、政策措施

（一）努力增加财政投入。

（二）加大政策扶持力度。

（三）大力推进战略合作。

（四）建立健全标准体系。

（五）做好环境影响评价。

河北省人民政府

二〇一〇年六月二日

7. 河南省电动汽车产业发展规划（暂行）

节能、环保是当今经济社会发展面临的重要问题。汽车的大量使用，更加剧了能源危机和大气污染问题。电动汽车由于其节能和低污染等优点，成为当代汽车发展的主要方向，其研发与应用已成为世界汽车工业发展的整体趋势，也被认为是汽车产业新的增长点。电动汽车包括混合动力汽车（HEV）、纯电动汽车（BEV）、燃料电池电动汽车（FCEV）等。为促进我省电动汽车产业自主创新和快速发展，推动全省汽车工业跨越式发展、构建现代产业体系、实现中原崛起，特制定本规划，规划期为2010—2015年，并为2020年前产业发展提供指导。

一、产业现状和面临形势

（一）国内外电动汽车研发趋势

美国、日本、德国等发达国家对电动汽车技术高度重视，从汽车技术变革和产业升级的战略出发，颁布制定了优惠的政策措施，积极促进本国电动汽车产业发展。美国计划今后10年在能源技术领域投入巨资，推动先进电池和电动汽车的研发。日本将在今后5年中，每年投入2亿美元进行电动汽车技术研发，目标之一是短期内使电池制造成本下降一半。法国将在未来的4年中，投入4亿欧元进行混合动力汽车和纯电动汽车的研发。德国于2009年9月制定了国家电动汽车发展规划，计划到2020年推广使用100万辆电动汽车。截至2008年年底，全球已申请的新能源汽车技术专利达15077项。国际能源机构称，为将全球气温上升幅度控制在2℃内，2030年前，混合动力汽车和纯电动汽车占汽车总销量的比例要从当前的1%提高到60%，电动汽车的产业化时代正在到来。

我国新能源汽车产业始于21世纪初。2001年我国启动了"863计划"电动汽车重大专项，将纯电动、混合动力和燃料电池汽车三类作为整车的研发重点，建立了"三纵三横"的开发布局。2006—2007年，我国自主研制的纯电动、混合动力和燃料电池三类新能源汽车整车产品相继问世；混合动力和纯电动客车实现了规模示范；纯电动汽车实现批量出口；燃料电池轿车、客车研发进入世界先进行列。据工业和信息化部统计，国内已有37家企业的110多个以电动汽车为主的节能与新能源汽车整车产品（包括客车底盘）被批准列入国家《车辆生产企业及产品公告》，实现了整车小批量生产和局部区域的商业化示范运营。国家已将新能源汽车列为七大战略新兴产业之一。2010年8月16家央企联合组建新能源汽车产业联盟。目前，已有16个省份宣布打造电动汽车产业基地，40多个城市将其列入重点发展产业，发展电动汽车的热情空前高涨。

（二）河南省电动汽车产业发展现状

我省电动汽车产业发展目前处于国内先进。主要基于以下几个方面的判断：

1. 以电池为核心的关键零部件处于领先地位。目前全省有动力电池及其相关材料的企业200多家，已形成年产动力锂离子电池1.58亿安时生产能力，以及年产镍氢电池正极材料10500吨、磷酸铁锂材料5000吨、锂电池隔膜6000万平方米等的生产能力，电池及材料产业整体实力位居国内前列，基本构成了从材料到电池比较完整的产业链。在驱动电机及控制方面，电动汽车专用高效节能永磁无刷同步驱动电机、专用交流异步电机已广泛应用，功率覆盖6～200千瓦；三门峡速达公司"电动汽车再生制动能量回收控制器和控制系统"性能处于国际先进水平。此外，动力总成集成技术、电动转向器技术、整车管理与控制系统技术等都处于国内领先地位。

2. 整车集成技术开发处于优势地位。郑州宇通集团先后开发出十余款混合动力及纯电动城市客车，有11款获得国家公告，产品在北京、天津、广州、郑州等地示范运营。郑州日产汽车有限公司先后推出锐骐、奥丁、帅客三大系列6个车型纯电动汽车，已经具备了中央集成整车控制技术、机电一体化耦合集成技术、高效能电机等技术优势。锐骐、奥丁等4款纯电动汽车率先通过了国家检测中心乘用车安全碰撞和所有纯电动汽车强制性检测，较早取得了国家公告，现有60余辆电动汽车在14个城市示范运营。海马（郑州）汽车有限公司在纯电动轿车集成开发中，已掌握整车动力系统匹配、整车控制系统（VCU）开发、整车安全设计等关键技术。河南少林汽车股份有限公司先后开发出混合动力电动客车，纯电动中、轻型客车，纯电动场地车、观光旅游车等数十种电动汽车产品。洛阳中集凌宇汽车有限公司开发出11米混合动力城市客车。河南奔马股份有限公司开发了低速电动载货车、城乡支线电动客车和环卫、邮政、消防等专用车以及巡逻、观光等电动场地车并批量投放市场。目前，在我省境内正在使用的各类电动汽车有半数以上是本省产品。

3. 电动汽车研发体系初步形成。初步建立了以骨干企业为主体的研发体系。郑州宇通客车股份有限公司组建了新能源产品部，郑州日产汽车有限公司建设了新能源轻型汽车河南省工程实验室并成立电动汽车事业部，河南少林汽车股份有限公司成立了新能源汽车研究所，河南奔马股份有限公司成立了电动汽车研究所等，着力开展新能源汽车整车控制技术研究。绝大多数重点零部件企业都建立了自己的科研机构。此外，一些高校和科研机构积极与整车或重点零部件企业进行技术合作，取得了很好成效。目前，全省获得与电动汽车相关的各类专利授权109项，为我省电动汽车产业的发展奠定了技术基础。

4. 整车门类齐全，空间广阔。我省具有大轿车、小轿车、商务车和各类专用车企业，门类齐全，发展电动汽车领域广阔。

但是，我省电动汽车发展还存在明显的薄弱环节，主要是：产业化规模不大，研发投入严重不足，关键零部件核心技术还有瓶颈；整车企业之间、整车与关键部件企业之间联合不够，自主创新欠缺，商用化的产品不多；电动汽车项目投融资活动不活跃等。对此，我省必须采取强力措施，把后发劣势转化为后发优势，创造汽车工业发展良好环境，快速推进我省电动汽车的普及应用。

（三）我省电动汽车产业发展优势与机遇

1. 区位及市场优势。我省地处中原，是人流、物流、信息流的重要集散地，对周边地区的辐射带动能力强；地势平坦，路平坡少，适合电动汽车的使用，以郑州为中心的中原城市群构建以及城镇化步伐的加快都非常有利于电动汽车的示范运行及推广；是我国第一人口大省，经济发展连续多年高速增长，经济总量和实力快速提升，居民购买力水平不断增强，而2009年我省每千人汽车保有量仅为32辆，与全国平均水平57辆的差距明显，其巨大潜在的汽车消费市场特别是广大的农村消费市场是其他地区不可比拟的。

2. 产业发展优势。我省汽车工业具备客车、乘用车、专用车、零部件为主体的多品种、系列化生产制造和科研开发体系，生产的客车、中高档皮卡、专用车国内领先，零部件制造具有比较优势。电动汽车以电池为核心的关键零部件具有比较优势，整车集成技术开发具有比较优势，电动汽车研发体系建设具有比较优势，整车制造企业具有比较优势。这些表明我省已具备比较完备的电动汽车发展基础。同时，我省拥有得天独厚的劳动力资源，发展电动汽车产业的生产和销售过程的物流成本低，产品市场竞争力强。

3. 产业发展机遇。财政部、科技部于2009年1月23日印发了《节能与新能源汽车示范推广试点工作的通知》（财建〔2009〕6号），为扩大汽车消费、加快汽车产业结构调整、推动节能与新能源汽车产业化奠定了资金支持基础。2010年6月1日财政部等4部委印发了《关于开展私人购买新能源汽车补贴试点的通知》（财建〔2010〕230号），标志着电动汽车产业化时代已经来临。同时，郑州市被国家批准为节能与新能源汽车示范推广试点城市，加大了我省电动汽车产业化的助推力。省委、省政府审时度势，高度重视电动汽车产业发展。2009年11月省政府成立了电动汽车产业发展领导小组，出台了《河南省人民政府关于加快电动汽车产业发展的意见》（豫政〔2009〕88号），召开了全省电动汽车产业发展工作会议，对加快发展电动汽车产业进行了总动员。我省要抓住国家大力推动电动汽车产业发展的机遇，发挥比较优势，整合资源，抢占先机，选准突破口，顺势而为，使我省汽车产业真正成为实现中原崛起的战略支撑产业。

二、基本思路、主要原则和发展目标

（一）基本思路

以科学发展观为统领，突出电动汽车产业在构建现代产业体系中的战略地位，围绕“抢抓机遇、集中优势、边路突破、集聚发展”的总体要求，坚持重点推进与多路突击相结合、自主创新与技术引进相结合、关键零部件生产与整车技术提升相结合、整车研发与示范运营相结合、政府推动与市场拉动相结合的发展途径。坚持纯电动汽车技术路线，以驱动电机、动力电池和电子控制技术为突破口，依托基础、联合高端、强化联盟、系统运作，掌握核心技术，提升自主创新能力，增强核心竞争能力，在新一轮竞争中占据制高点，形成产业优势，使我省成为新能源汽车生产运行先导区和试验区。

（二）主要原则

1. 政策导向，打造良好软环境。强化政策衔接，认真贯彻《新能源汽车生产企业及产品准入管理规则》（工业和信息化部公告工产业〔2009〕第44号）和财建〔2009〕6号文件及《河南省人民政府关于印发河南省汽车产业调整振兴规划的通知》（豫政〔2009〕74号），积极探索和实施具有河南特色的新能源汽车配套政策和激励措施，创造电动汽车产业发展的良好软环境。

2. 突出重点，强化自主创新。以纯电动汽车为主攻方向，以电池及成组技术、动力总成及控制系统等关键技术突破为导向，以现有电动汽车生产骨干企业为基础，强化研发和自主创新，形成系列专利技术和自主知识产权产品，逐步形成技术优势、品牌优势和市场优势，提升产业核心竞争力。

3. 零整并进，提升整体水平。坚持发展整车与突破关键零部件技术相结合，提升整车技术水平；以整带零和以零促整相结合，发挥市场在资源配置中的基础作用，加强整车与零部件企业以及科研单位的合作，快速实现电池及关键零部件的技术突破，带动电动汽车整体技术水平的提升。

4. 抓配套设施，促市场化进程。以配套设施建设为抓手，加大示范运营力度为手段，延伸产业链条，积极发展与电动汽车配套的相关产业和服务业，营造电动汽车普及使用的良好环境与氛围。立足中原城市群，针对潜在而巨大的农村市场需求，率先在城市公交客车、经济型电动轿车、适应农村市场的电动汽车、行业专用电动汽车等推广使用方面取得突破，并快速普及应用。

（三）发展目标

1. 总量目标。到2015年，电动汽车实现规模化生产，生产能力达到25万辆（包括电动客车、电动乘用车、电动专用车、电动场地车）。到2020年，在电动汽车动力系统、控制系统、管理系统、乘用车车身设计等方面形成国内领先的核心技术。

到2015年，关键零部件形成年产动力锂离子电池25亿安时生产能力；年产电动汽车用电机电控30万台套、电动汽车空调50万台套、电动转向器24万台套、车用600～5000法拉超级电容器200万只。到2020年，形成年产动力锂离子电池50亿安时生产能力；年产电动汽车用电机电控40万台套、电动汽车空调160万台套、电动转向器150万台。

到2015年，建成充（换）电站220座，充（换）电设施在中原城市群完善普及，形成网络。到2020年，建成充（换）电站940座，在全省所有中心城市、有条件的县城和高速公路、主要一级公路完善普及，形成网络，满足使用电动汽车需要。

2. 结构调整目标。到2015年，电动汽车产销量占全省汽车总产销量的20%左右，力争10家以上企业销售收入突破20亿元，力争2～3个车型市场份额居全国前列，电动汽车及关键零部件出口实现批量化。到2020年，电动汽车产销量占全省汽车总产销量30%以上。

3. 技术发展目标。到2015年，规模以上汽车工业企业研发投入占销售收入的比重达到3%以上，形成整车及主要零部件的研发、生产和检测检验能力，具备关键技术储备和较为完善的产业链，整车及关键总成的开发能力达到国际先进水平。

到2015年，电动汽车系统成本，乘用及商务用车2.7千瓦/公斤；转矩密度>55纽米/升。

控制器：重量密度>6千伏安/公斤，体积密度>8千伏安/升。

系统最高效率>94%，系统高效区（η>80%）>75%。充电站充电机充电效率≥95%，功率因数≥0.99，电流谐波畸变率≤5%，输出电流、电压稳定精度达到0.5%。

其他指标达到国家汽车产业调整和振兴规划要求。

三、主要任务

（一）打造我国重要的电动汽车研发中心

到2012年，基本建成以企业为主体，高等院校、科研院所共同参与的产学研用结合的电动汽车自主研发创新体系，在动力电池、关键零部件等重点领域形成国内一流的自主创新能力。在郑州市建设整车研发中心，在三门峡市建设纯电动轿车整车试验检测研发中心，在新乡市建设国家电池检测中心，在南阳市建设省级动力驱动系统检测中心。到2015年，全省电动汽车相关产业国家级技术中心达到5家以上，具备整车、动力驱动系统、电池及控制系统等核心零部件的研发和综合性检测检验能力，为电动汽车行业的技术创新和发展提供支持。

（二）打造国内一流的动力电池生产中心

以河南环宇电源股份有限公司、金龙集团、河南科隆集团、河南比得力高新能源科技有限公司等骨干动力电池企业为龙头，发挥国家（新乡）化学与物理电源产业园区的集群优势，打造新乡动力电池生产基地；以中航锂电（洛阳）有限公司、凯迈嘉华（洛阳）新能源有限公司为基础，打造洛阳电动汽车动力电源系统生产基地。努力开拓国内外市场，把我省打造成国内一流、力争国际一流的动力电源系统生产中心。

——河南环宇电源股份有限公司到2012年形成年产动力锂离子电池1.5亿安时（50万安时/日）、动力电池材料3000吨生产能力；到2015年形成年产动力锂离子电池8.1亿安时（270万安时/日）生产能力。

——河南科隆集团到2012年实现年产各类镍氢、锂电电源材料15000吨，电池及电池组产能达到7亿安时；到2015年电源材料规模达到22000吨，电池及电池组产能达到8.7亿安时。

——金龙集团河南锂动电源有限公司和中科科技有限公司到2015年形成年产6亿安时电动车用动力锂离子电池生产能力，约合10万辆轿车所用电池；金龙集团中科科技有限公司形成年产12000万平方米锂电隔膜材料生产能力。

——中航锂电（洛阳）有限公司到2015年形成年产12亿安时锂离子动力电池、5万套锂电池动力模块生产能力。

——河南比得力高新能源科技有限公司、河南海奥通新能源科技有限公司、中国电子科技集团公司第二十七研究所到2012年形成年生产动力电池2.5亿安时动力电池生产能力，到2015年产能达到15.5亿安时。

——凯迈嘉华（洛阳）新能源有限公司到2015年形成年产车用600～5000法拉超级电容器及模块200万只生产能力。

支持三门峡兴邦特种离子膜公司开展特种离子膜的研究与生产；支持焦作市多氟多化工股份公司研发生产动力锂离子电池材料；支持信阳青山纯电动汽车科技公司开发动力锂离子电池及相关产品。

（三）打造国内有重要影响的关键零部件生产中心

以南阳嘉远特种电机有限公司、金润新动力科技发展有限公司、南阳防爆集团、河南瑞发水电、河南通宇新源动力公司为骨干，建设豫西南电动汽车电机及驱动系统生产基地；以中国电子科技集团公司第二十七研究所、中航电动汽车（郑州）有限公司为龙头，建设郑州电动汽车电机及动力总成生产基地；以三门峡速达交通节能科技公司为基础，建设电动汽车驱动再生控制系统、“内置式”永磁同步电机及电源管理系统生产基地；以许继集团为基础，建设智能充电站系统生产基地；以新航集团为龙头，建设豫北电动汽车空调及电动助力转向系统生产基地。尽快形成完善的电动汽车产业配套体系。

——南阳嘉远特种电机有限公司到2015年形成年产20万台（套）驱动系统生产能力，到2020年形成年产50万台（套）驱动系统生产能力。

——金润新动力科技发展有限公司到2015年形成年产10万台套电机—专用变速箱一体化产品生产能力。

——三门峡速达交通节能科技有限公司到2015年形成年产50万套纯电动汽车配套驱动再生制动控制器、“内置式”永磁同步电机、电池管理系统生产能力。

——中航电动汽车（郑州）有限公司到2015年形成年产20万套动力总成生产能力，到2020年形成年产60万台套动力总成生产能力。

——中国电子科技集团公司第二十七研究所到2015年形成年产100万千瓦稀土永磁多级无刷直流电机生产能力。

——信阳青山纯电动汽车科技有限公司到2012年形成年产纯电动动力总成6000套生产能力。

——中航锂电（洛阳）有限公司、凯迈嘉华（洛阳）新能源有限公司、中国电子科技集团公司第二十七研究所到2015年形成年产32万套电源管理系统生产能力。

——豫新汽车空调股份有限公司到2015年形成年产50万套电动汽车空调系统生产能力,到2020年形成年产160万套电动汽车空调系统生产能力。

——豫北(新乡)汽车动力转向器有限公司到2015年形成年产24万台(套)汽车电动助力转向系统生产能力,到2020年形成年产150万台(套)汽车电动助力转向系统生产能力。

——许继集团许继电源有限公司到2012年形成年产200套智能充电站系统、2000台智能充电设备、1万台车载充电器生产能力,到2015年形成年产2000套智能充电站系统、2万台智能充电设备、10万台车载充电器生产能力,到2020年形成年产1万套智能充电站系统、10万台智能充电设备、100万台车载充电器生产能力。

(四)打造中西部电动汽车制造中心

建设以郑州为核心的电动汽车制造基地。重点培育郑州宇通客车股份有限公司、河南少林汽车股份有限公司主产电动客车,郑州日产汽车有限公司主产商务电动汽车,海马(郑州)汽车有限公司、中航电动汽车(郑州)公司等企业主产纯电动微型和中级轿车,河南奔马、鸿马、新马等企业发展适合中小城镇、农村市场的小型电动专用汽车和场地车。建设以三门峡速达公司为骨干的豫西纯电动轿车生产基地,主要培育三门峡速达公司主产纯电动微型和中级轿车。尽快覆盖省内市场并向全国扩展,实现电动整车产业化,把河南建成全国区域性电动汽车制造中心。到2015年,力争有5家以上企业具备国家认可的新能源汽车生产资质。

——郑州宇通客车股份有限公司到2012年形成年产混合动力客车3000辆、纯电动客车500辆生产能力;到2015年形成年产混合动力客车6000辆、纯电动客车5000辆生产能力;到2020年形成年产混合动力客车8000辆、纯电动客车2万辆生产能力。

——河南少林汽车股份有限公司、洛阳中集凌宇汽车有限公司到2015年形成年产电动客车7500辆生产能力,到2020年形成年产电动客车1.2万辆生产能力。信阳青山纯电动汽车科技有限公司到2012年形成改装纯电动小客车1000辆生产能力。

——郑州日产汽车有限公司各型纯电动商用车到2015年形成年产8万辆生产能力。

——海马(郑州)汽车有限公司主导产品为M系列中速纯电动微型轿车、H系列中速纯电动中级轿车、Z系列新能源微型面包车,到2012年形成年产2.2万辆生产能力;到2015年形成年产6万辆生产能力。

——三门峡速达交通节能科技有限公司到2015年形成纯电动微型和中级轿车10万辆生产能力。

(五)建设有特色的示范运营及配套服务体系

以商业化为目标开展各类示范运营。以郑州、开封、新乡、焦作、许昌1小时城市圈为核心,进行城际电动公交车示范运营,带动电动客车发展;以郑州、新乡、三门峡、南阳、信阳、许昌等城市为重点,进行纯电动出租车示范运营,带动乘用电动汽车发展。此外,分别在市政、电力、邮政等领域进行专用电动汽车示范运营,在旅游景区、港区、工业园区进行场地专用电动汽车示范运营,在县(市)、乡镇、村地域进行微型、超微型电动汽车示范运营。争取用5~10年的时间,在示范城市及广大农村实现公交车、出租车、日常出行交通工具电动化。加快电动汽车标准化充(换)电站、充电桩等基础设施配套建设,完善电动汽车产业配套服务系统。

——电动汽车示范运营:郑州、新乡两市从2011年起,城市新增和更换公交车时,原则上采购电动客车;郑州、新乡、三门峡、南阳、信阳、许昌市开展纯电动小轿车、中巴车示范运营,到2015年力争达到上万辆,成为名副其实的新能源汽车试验区。

——农村用电动汽车示范运营:到2015年我省新农村建设示范县(乡、镇)居民出行交通工具以电动车为主;到2020年我省农村居民出行交通工具电动车化。

——场地车示范运营:到2015年我省主要景区、开发区全部使用电动场地车;到2020年我省场地用车基本实现电动化。

——服务体系建设:省电力公司到2012年建成各类电动汽车充(换)电站60座,充电桩3650个;到2015年建成电动汽车充(换)电站220座,充电桩77800个;到2020年全省建成电动汽车充(换)电站940座,充电桩858400个。

四、主要措施

(一)联合高端,强化联盟

推动省内新能源汽车企业与国内外新能源汽车厂商进行战略重组,积极开展技术、股权等深层次合作,突破技术、资本、管理等要素瓶颈的制约,加快新品开发,提升竞争优势。积极引进大企业和大项目落户我省,高起点引进新技术和新工艺,形成多路突破、多方联合的发展态势。鼓励多方联盟,支持优势零部件企业加快与国内外整车企业战略合作,不断拓展合作领域,创新合作方式,建立充满活力的开放型产业体系。

(二)加大研发扶持力度,尽快突破关键技术领域

省科技厅整合有关科技计划等资金,支持省内高校、科研机构和企业通过产学研结合进一步整合优势资源,建设综合性研发实体和重点实验室,研究开发电动汽车关键技术、共性技术和前瞻性技术,重点突破锂离子动力电池、电池成

组技术，突破电池管理系统、电机及驱动系统、整车控制系统等关键技术。尽快建立省级电动汽车整车、电池电机等关键部件检测及评价平台，着力提高动力电池的一致性、比能量和安全可靠性，提升电池生产企业自动化和标准化水平，不断提升电动汽车产品的核心竞争力。

（三）设立产业专项资金，助推电动汽车行业发展

省财政每年安排一定数额的专项资金，用于支持电动汽车产业化和市场推广等。出台河南省电动汽车资金补贴及优惠办法，对电动汽车生产、运营等给予扶持。规划建设一批重大项目，积极争取国家资金支持。省工业结构调整和高新技术产业化等财政专项经费，要向电动汽车产业化和示范运营倾斜。有条件的省辖市要根据各自的实际情况，安排专项资金扶持电动汽车产业化和应用示范推广。支持民间资本、社会资源等参与电动汽车及其关键零部件研发、生产以及社会化服务体系建设，支持创投资金进入电动汽车领域，支持骨干企业通过上市融资、发行债券、合资等方式多渠道筹集资金。充分发挥省、市担保体系的作用，提供融资担保支持。

（四）鼓励个人购买使用，引导电动汽车消费市场

认真落实国家有关消费者购买电动汽车的税收优惠政策。省政府将参照财政部、科技部出台的《节能与新能源汽车示范推广财政补助资金管理暂行办法》，研究制定消费者购买电动汽车的财政补贴标准和办法，力求通过降低生产成本和实施优惠购买政策，使一般群体买得起、用得好电动汽车。

（五）构建社会化配套服务体系，创造电动汽车使用便利条件

制定电动汽车应用服务设施建设规划及管理规范，加大配套公共基础设施建设力度。省交通运输厅、电力公司共同研究在城市路网、居民区、公共停车场、高速公路服务区、重要公路沿线等地建设统一标准的可满足各类电动汽车需要的充电设施，完善充电站网络布局，提供快捷便利的充电条件。

附件：1. 有关工作部门分工安排

2. 河南省电动汽车相关企业一览表

附件1：　　有关工作部门分工安排

序号	工作任务	牵头单位	参加单位
1	电动汽车相关基地建设	省工业和信息化厅	省发展改革委、科技厅、财政厅、国土资源厅、环保厅
2	电动汽车示范运营	郑州、新乡等有关市政府	省工业和信息化厅、公安厅、旅游局、电力公司
3	电动汽车基础设施建设规划并实施	省电力公司	省发展改革委、科技厅、工业和信息化厅、财政厅、住房城乡建设厅
4	争取国家专项资金支持和建立省专项资金	省财政厅	省发展改革委、工业和信息化厅
5	联合高度，强化联盟	省工业和信息化厅	省发展改革委、财政厅、国土资源厅、环保厅、住房城乡建设厅
6	电动汽车产业金融支持	省政府金融办	人行郑州中心支行、河南银监局
7	建立电动汽车电池检测中心	省质监局	省工业和信息化厅、财政厅、科技厅
8	建立电动汽车动力驱动检测中心	省质监局	省工业和信息化厅、财政厅、科技厅

附件2：　河南省电动汽车相关企业一览表

序号	企业名称	产品
1	郑州日产汽车有限公司	工程车、商务车、MPV、CDV纯电动汽车
2	郑州宇通客车股份有限公司	混合动力、纯电动客车
3	海马（郑州）汽车有限公司	纯电动、混合动力乘用车
4	河南少林汽车股份有限公司	电动客车、观光车
5	洛阳中集凌宇汽车有限公司	电动客车和电动专用车
6	河南鸿马实业有限公司	电动观光车、环卫车搬运车等
7	河南新中基交通科技发展有限公司	电动汽车、沙滩车、观光车等
8	中航电动汽车（郑州）有限公司	电动轿车、电机
9	南阳防爆集团	永磁同步电机
10	南阳嘉远特种电机有限公司	各类电动车用电机
11	河南瑞发发电设备有限责任公司	电机
12	开封蓝翔车业有限公司	电动摩托车、观光车、电动汽车
13	开封中阳电动车业有限公司	老年休闲三轮车、车架、车厢
14	河南奔马股份有限公司	电动载货、专用、场地车、环卫、观光车等
15	新乡市新马车辆有限公司	三轮、四轮电动车、电动载货车

续表

序号	企业名称	产品
16	新乡市丰收车业有限公司	电动观光车
17	河南新鸽摩托车有限公司	电动三轮车
18	洛阳星旺车辆制造有限公司	电动观光车等
19	鹤壁富华周率科技有限公司	电动观光车、特种电动车等
20	河南百颖节能车辆厂	电动面包车、轿车
21	林州市顺风电动车业公司	电动车
22	沁阳市飞乐车业有限公司	电动车、观光车
23	河南航天车辆厂	电动观光车
24	信阳青山纯电动汽车科技公司	动力总成、电动车
25	郑州清科正方电子技术公司	锂离子动力电池
26	河南联合新能源有限公司	锂离子电池材料
27	河南金马蓄电池有限公司	蓄电池
28	中航锂电（洛阳）有限公司	锂离子动力电池
29	河南环宇电源股份有限公司	锂离子动力电池
30	新乡市中科科技有限公司	电池材料、隔膜
31	河南锂动电源有限公司	锂离子动力电池
32	新乡亚洲电源股份有限公司	铅酸蓄电池
33	新乡市阳光电源制造有限公司	镍镉镍氢电池、锂离子电池
34	新乡市奇鑫电源材料有限责任公司	磷酸铁锂的关键材料——磷酸二氢锂
35	河南神舟电动汽车有限公司	电动大巴、电动轿车、高能电池
36	天津科贸集团商丘公司	高性能动力电池
37	三门峡仪电有限责任公司	车用开关、电动汽车 LED 节能大灯
38	河南海奥通新能源科技有限公司	锂离子电池、电池管理、电机及电控、电池材料、纯电动客车
39	河南科隆新能源有限公司	各类高性能镍氢、锂离子电池'材料
40	河南科隆集团	新能源汽车电源系统（含电芯、电控、充电机等）
41	河南新太行电源有限公司	各类锂离子、铅酸、锌银等高性能动力电源模块及充电机等
42	豫新汽车空调股份有限公司	电动车用空调
43	豫北（新乡）汽车动力转向器有限公司	电动动力转向器
44	凯迈嘉华（洛阳）新能源有限公司	超级电容器
45	商丘市世纪泰美车业有限公司	自行车、电动三轮车和电动汽车
46	河南布尔通科技有限公司	锂离子动力电池（重备）
47	新乡超能电源有限公司	镍氢电池材料
48	商丘市中山电动车厂	电动三轮车、电动汽车
49	新乡市北孚电池有限公司	电池
50	新乡吉恩镍业有限公司	电池
51	河南比得力高新能源科技公司	动力锂离子电池
52	金润新动力科技发展有限公司	电动汽车关键零部件
53	卫辉市亚洲车业有限公司	电动观光车
54	舞阳奥兴车业有限公司	智能电动车
55	舞阳奥特强科技有限公司	铅酸电池
56	鹤壁淇林新能源汽车有限公司	电动汽车驱动控制系统
57	濮阳市星驰电源制造有限公司	锂离子电池
58	三门峡速达交通节能科技有限公司	动力电池能源管理系统、电机、整车制造
59	河南辉煌科技股份有限公司	电动汽车电池检测设备
60	新乡市博利电动车制造有限公司	电动轿车
61	新乡莱必泰机械有限公司	电动汽车轮毂轴承磨超加工设备
62	中国电子科技集团公司第二十七研究所	锂离子电池、电池管理、电机及电机控制、充电站
63	许继集团有限公司	充电站、充电设备
64	焦作市多氟多化工股份公司	动力锂离子电池材料
65	三门峡兴邦特种膜科技公司	特种离子膜
66	河南超微电动汽车有限公司	微型电动汽车
67	河南天海电器有限公司	充电连接器、控制系统
68	济源市豫光集团	铅酸电池
69	河南冰熊冷藏汽车有限公司	电动冷藏车、保温车、特种汽车
70	安阳市成翔电器有限公司	铅酸蓄电池和输配电设备
71	郑州大方桥梁公司	电机
72	豫光集团	铅酸电池
73	河南通宇公司	电动汽车变速箱
74	河南西峡水泵公司	电子水泵
75	豫西机床厂	电动汽车变速箱

河南省人民政府

二〇一〇年十一月十八日

8. 河南省人民政府关于支持电动汽车产业发展的若干意见

各省辖市人民政府，省人民政府各部门：

为加快我省电动汽车产业发展，提升我省电动汽车产业的自主创新能力和竞争力，优化电动汽车产业创新发展环境，根据《国务院关于印发汽车产业调整和振兴规划的通知》（国发〔2009〕5号）和我省关于加快电动汽车产业发展意见的精神，提出如下意见：

一、技术研发和产业化支持

1. 设立河南省电动汽车产业发展专项资金。省财政每年安排一定数额的资金，主要用于支持电动汽车产业化和市场推广等。有关省辖市也应安排专项基金，支持电动汽车整车及电池、电机、电控等关键零部件的产业化发展和应用推广。凡获得省财政支持的电动汽车项目，所在地政府也应给予适当配套。

2. 支持电动汽车企业产学研联合攻关，加快突破“三电”（电池、电机、电控）领域关键技术瓶颈，包括动力电池正负极材料、电池隔膜、成组技术、电池管理系统等，永磁电机耐高温材料、电力电子模块、电机及其控制系统等，高可靠控制器、传感器、执行器、能力优化管理系统等。

3. 鼓励电动汽车企业申报国家“863”“973”、科技支撑、重点新产品、高技术产业发展、技术改造、新产品等各类计划，申报国家、省级重要科研设施和基地、重点实验室、企业技术（研究）中心。对符合条件的项目，按国家和省有关规定给予支持。

4. 对电动汽车企业经认定的拥有自主知识产权的高新技术成果转化项目，按照我省有关规定，由高新技术成果转化专项资金给予支持。

5. 鼓励符合条件的电动汽车企业申报国家高新技术企业、技术先进型服务企业。电动汽车企业开发新技术、新产品、新工艺的研究开发费用以及电动汽车企业从事电动汽车的技术转让、技术开发业务和与之相关的技术咨询、技术服务取得的收入，按照国家规定享受有关税收优惠政策。

6. 支持省内高校、科研机构和企业通过产学研结合进一步整合优势资源，研究开发产业发展的关键技术、共性技术和前瞻性技术。

7. 中央投资重点产业振兴和技术改造资金及中小企业技改资金优先支持电动汽车整车制造和关键零部件发展。省重大科技专项、高新技术产业化专项、工业结构调整和高新技术产业化贴息等财政专项经费要向电动汽车研发和产业化倾斜。

8. 支持创投资金进入电动汽车领域。鼓励民间资金参与电动汽车产业发展。充分发挥省、省辖市担保体系的作用，提供融资担保支持，鼓励电动汽车企业通过战略收购、兼并重组等方式进一步转换经营机制，提升产业能级。

二、应用推广支持

9. 加大政府电动汽车采购力度。机关、事业单位和团体组织使用财政性资金进行汽车采购时，在技术、服务等指标满足采购需要的前提下，优先采购纳入政府采购范围的电动汽车。在公交、出租、环卫、邮政等公共服务领域逐步推广使用电动汽车。

10. 鼓励企业、团体组织和个人购买使用电动汽车，支持电动汽车的推广应用与示范，对购置省产电动汽车的用户，参照国家推广新能源汽车的有关补贴标准给予补助。

11. 对列入国家《道路机动车辆生产企业及产品公告》的电动汽车，公安机关要根据《中华人民共和国道路交通安全法》相关规定，积极办理注册登记业务，并采取开辟绿色通道等措施，为群众办理业务提供便利条件。

12. 支持有条件的企业从事电动汽车动力电池租赁业务，对其购置电动汽车动力电池所发生的贷款利息给予贴息支持。

三、配套基础建设支持

13. 加快标准化电动汽车充（换）电站等配套设施规划和建设。对配套设施的设备投资按投资总额的15%给予补助，其中省财政补助1/3，项目所在省辖市财政补助2/3。

14. 对电动汽车充（换）电站建设用地给予优先保障，并按城市公益性用地给予相关优惠。

以上意见，请认真贯彻落实。

河南省人民政府

二〇一〇年九月二十七日

9. 郑州市汽车产业发展专项规划（2009—2015）（节选）

为贯彻落实《国务院关于印发汽车产业调整和振兴规划的通知》（国发〔2009〕5号）和《河南省人民政府关于印发河南省汽车产业调整振兴规划的通知》（豫政〔2009〕74号）精神，进一步加快郑州市汽车产业科学、快速、健康、持续发展，打造具备一定规模、产业链较为完整的汽车产业集群，建成全国重要的百万辆级汽车产业基地，特编制《郑州市汽车产业发展专项规划》（以下简称《规划》）。本《规划》作为2009—2015年产业调整发展的实施方案，并为2020年前产业发展提供指导。

一、发展现状及面临的形势

（一）产业现状

二、指导思想、发展思路、目标及布局

（一）指导思想

深入贯彻落实科学发展观，按照建设“三化两型”城市的要求，坚持“统一规划、合理布局、科学发展”的原则，以加快现代汽车产业体系建设为宗旨，整合要素资源，发挥整车带动作用，形成聚集效应；以新能源汽车的研发和批量生产为突破口，加强关键技术研发，加快技术改造，促进汽车产业结构的调整和升级；加强自主创新，培育自主品牌；大力发展现代汽车服务业，促进全市汽车产业的持续、健康、稳定发展。

（二）发展思路

以建设郑州新区为契机，以建设百万辆级汽车生产基地为目标，以宇通客车、郑州日产、海马(郑州)、少林汽车四大整车企业及产品为基础，鼓励国际、国内知名品牌通过战略重组等多种方式整合本地企业，提升郑州市汽车产业整体实力。着力发展大中型客车、轿车、皮卡车、SUV、多功能乘用车(MPV)、微型客车、中重型卡车、专用汽车和新能源汽车九大核心产品。高度重视新能源汽车的研发和生产；重点建设郑州汽车产业聚集区；加快配套体系建设，发展汽车相关产业。努力把郑州市建设成为国内一流的、聚集效应明显的汽车生产基地和国内一流的汽车贸易中心。

（三）发展目标

1. 汽车产量目标

2015 年，形成汽车产能 110 万辆以上，其中新能源汽车产能 5 万辆；实现产量突破 100 万辆。

2. 销售收入目标

2013 年，全市汽车工业实现产品销售收入 860 亿元。其中，汽车整车企业 650 亿元（其中新能源汽车突破 50 亿元），汽车零部件企业 210 亿元。

2015 年，全市汽车工业实现产品销售收入 1280 亿元。其中，汽车整车企业 940 亿元（其中新能源汽车达到 100 亿元以上），汽车零部件企业达到 340 亿元。

3. 新能源汽车发展目标

2010 年，形成新能源汽车产能 1200 辆，实现产量 320 辆，实现销售收入 1.1 亿元。

2013 年，形成新能源汽车产能 2.5 万辆，实现产量 2 万辆，实现销售收入 50 亿元。

2015 年，形成新能源汽车产能 5 万辆，实现产量 4 万辆，实现销售收入 103 亿元。

4. 零部件工业发展目标

5. 技术、科研发展目标

形成与整车产量相配套的整车产品设计开发能力；加强对新能源汽车及相关技术的研发，在现有基础上实现更大突破。

6. 汽车服务贸易及后市场发展目标

（四）布局

三、发展重点

（一）汽车整车产品

郑州市汽车整车产品重点发展大中型客车、轿车、皮卡车、SUV、MPV、微型客车、中重型卡车、专用汽车和新能源汽车九大核心产品。

9. 新能源汽车。结合国家《汽车产业调整和振兴规划》，郑州市要大力发展新能源汽车。将混合动力、纯电动汽车以及燃料电池电动汽车作为发展重点，争取实现较大突破。

（五）积极扶持节能和新能源汽车开发和推广

1. 鼓励节能环保型小排量汽车发展。鼓励低油耗、低排放、小排量、小型化、高动力性汽车的生产和投资，积极支持汽车生产企业开展技术创新，不断研发出具有独立知识产权和高科技含量小排量汽车产品。

2. 鼓励企业加快新能源汽车的开发和推广，推动纯电动汽车、充电式混合动力汽车及其关键零部件的产业化。把新能源汽车开发项目列入市重大科技专项及市产业结构调整项目，予以专项资金支持。

3. 实施节能和新能源汽车示范工程，加快在城市公交、出租、公务用车、环卫、邮政、机场等系统推广使用新能源汽车。重点推广本地产混合动力汽车、纯电动汽车、燃料电池汽车等节能和新能源汽车。建立郑州市新能源城市公交车辆示范运营线路，争取国家“十城千辆”节能和新能源汽车示范工程项目和相关财政补贴支持。建立电动汽车快速充电网络，加快停车场等公共场所公用充电设施建设。

4. 在全市行政机关、事业单位和公共交通中，推广使用新能源汽车。对购买本地产新能源汽车的用户，市政府依据国家对新能源汽车试点城市政策，给予适当财政补贴。

5. 鼓励企业积极开展车辆排放控制技术和排放控制产品的研究，不断研发环保车型。支持汽车生产企业建立环保工况检测线，加强对出厂汽车环保指标的检测。鼓励汽车制造企业生产、销售车辆提前达到国家环保标准，提高汽车产品和汽车企业的竞争力。

（六）加强对汽车产业发展的组织推动

郑州市人民政府

二〇一〇年一月十七日

10. 广东省电动汽车发展行动计划

为积极应对资源和环境的双重挑战，推动电动汽车的应用和产业发展，形成新的经济增长点，保持经济持续快速增长，根据《珠江三角洲地区改革发展规划纲要（2008—2020 年）》、国家《汽车产业调整和振兴规划》（国发〔2009〕5 号）以及《广东省汽车产业调整和振兴规划》（粤府〔2009〕77 号）精神，制定本行动计划。

本计划所称电动汽车，包括混合动力汽车、纯电动汽车和燃料电池电动汽车。

一、发展意义

广东省机动车汽、柴油消耗量大，全省汽车保有量急剧上升，所带来的能源消耗与尾气污染日益增加。面对能源紧缺和环境污染的双重压力，发展节能环保的新能源汽车刻不容缓。电动汽车是新能源汽车的主要发展方向，现正迈入大规模产业化阶段，并成为国内外汽车产业发展的热点，国家政策导向明显，发展速度日益加快。将电动汽车产业列为我省当前重点培育发展的新兴战略产业，抢占世界汽车产业发展制高点，对于促进广东汽车产业优化升级、形成新的经济增长点，对于加强节能减排工作、促进社会和谐进步，都具有十分重要的意义。

二、发展目标

以邓小平理论和“三个代表”重要思想为指导，深入贯彻落实科学发展观，抓住全球汽车产业结构调整的机遇，充分依托现有产业基础，以自主创新为核心，以产业化和示范应用为重点，以应用环境建设为突破口，坚持市场为主和政府推动相结合、政策优惠和宣传引导相结合、产业发展和产品应用相结合，力争用10年左右的时间，将广东建设成为产业规模、品牌影响和技术水平均达到国际前列的世界电动汽车产业基地。其中：

——到2015年，初步建立适应电动汽车发展要求的配套设施网络、产业支撑体系和政策环境，形成电动汽车地方性标准规范；实现电动汽车在城市公交系统的规模应用，电动轿车开始走入家庭；初步建立以骨干企业为核心的电动汽车产业链，形成20万辆以上电动汽车综合生产能力，部分核心技术达到国际先进水平。争取全省电动汽车销售量占新车销售总量的3%~5%，产量占汽车总产量的5%左右。

——用10年左右时间，建成较为完善的电动汽车配套设施网络、产业支撑体系和政策环境，电动汽车实现成熟的市场应用，拥有2~3家具有自主品牌和自主核心技术的国际型电动汽车龙头企业，形成规模和技术水平居国际前列、产业链完整的电动汽车产业集群。

三、主要任务

（一）完善电动汽车发展环境。逐步建立鼓励电动汽车应用和产业发展的政策体系，综合采取财政、价格、政府采购、技术标准等手段，支持电动汽车技术研发、产品制造及应用，为电动汽车发展营造良好的政策环境。大力加强充电、维修维护、电池管理等配套服务设施建设，重点推进城市公共充电设施的标准化建设，鼓励创新公共充电设施的管理机制和商业模式，加快形成覆盖广泛、布局合理、快速方便的公共充电网络。

（二）培育壮大电动汽车产业。围绕电动汽车产业发展要求，依托现有汽车骨干企业、高校和科研机构，大力组织开展新型动力电池及其管理系统、电机及其控制系统、动力系统总成、充电机、整车系统集成等核心技术和关键产品研发，推进关键技术实现产业化。积极培育壮大电动汽车龙头企业和上下游配套制造企业，打造以龙头企业为核心的完整的电动汽车产业链，促进形成以广州、深圳为中心，要素集聚、规模集中、配套齐全的电动汽车产业集群。

（三）健全电动汽车产业支撑体系。加强产学研结合，加快建设电动汽车公共技术研发、检测和试验平台，形成功能完备的产业公共服务体系。加快人才培养基地建设，积极培养和引进电动汽车高端领军人才和专业研发人才，为电动汽车产业发展提供人才支撑。建立电动汽车产业统筹协调机制，加强产业规划和指导，为电动汽车发展提供组织保障。

（四）建立电动汽车地方性标准体系。组织我省电动汽车骨干企业、高校和科研机构制定电动汽车地方标准，形成既体现广东特色，又具有全国普遍推广意义的电动汽车地方性标准体系。在此基础上，积极争取国家相关部门支持，大力推动具有自主知识产权的地方标准上升为行业标准和国家标准，推进专利标准化和标准产业化。

（五）形成良好的电动汽车认知应用氛围。加大宣传力度，加强舆论引导，充分展示电动汽车的发展成果及其优点，提高社会各界对电动汽车的认知和接受程度，形成广大群众易于接受、乐于使用电动汽车的良好氛围。以公共交通、政府机关和事业单位为重点，开展电动汽车的示范运营工作，争取3~5年内示范运营规模达3万辆，通过示范不断积累应用经验，强化社会认识，带动市场普及。以第16届亚运会、第25届世界电动汽车大会和第26届世界大运会为契机，推动电动汽车在广州、深圳等重点城市的规模应用。

四、保障措施

（一）培育市场需求

开展电动汽车示范应用。加强部省合作，做好现有国家节能与新能源汽车示范推广试点工作，支持有条件的城市申报国家节能与新能源汽车示范推广试点城市；实施广东省电动汽车示范工程，选取若干试点城市开展电动公交车和电动出租车的示范运营；支持大型企业集团和物流服务行业开展电动汽车的示范应用。鼓励采取省市区联动方式开展电动汽车示范应用，优先支持省重点扶持企业的电动汽车产品。此项工作由省科技厅、经济和信息化委、交通运输厅会同试点市政府负责。

发挥政府采购的导向作用。自2010年起，将列入国家《车辆生产企业及产品公告》的电动汽车产品纳入政府采购目录，鼓励机关事业单位购买电动汽车，并在车辆定编和资金方面优先安排。各地政府要逐年加大购车中电动汽车所占比例，力争到2012年达到10%左右。此项工作由省财政厅、监察厅负责。

（二）建立应用环境

建设电动汽车公共充电网络。在电动汽车示范城市率先规划建设电动汽车公共充电设施（包括普通充电设备和快速充电站），并按照准公共设施进行管理。自2010年起，珠三角地区大中型城市和其他有条件的中型城市要将电动汽车充电设施纳入城乡规划中，新建加油站、居民小区和公共停车场要配套安装一定数量的充电设施，现有加油站、居民小区和公共停车场要逐步加建。在规划、项目审批等方面向充电设施特别是快速充电站建设倾斜。鼓励油品供应公司、电网公司等社会资本投资建设公用充电设施。此项工作由省住房城乡建设厅、发展改革委、经济和信息化委负责。

实行电动汽车优先策略。城市公共停车场、市政道路停车场应划出一定比例的停车位，优先用于停放电动汽车；在部分繁华商业区开设电动汽车专用停车位。公安交通管理部门优先办理电动汽车的入户、年检等业务，纯电动汽车新入户上牌时不须经排气检测可直接发放机动车污染物排放环保标志。对需要临时上道路行驶的用于科研试验的电动汽车样车，优先发放临时行驶车号牌。此项工作由省住房城乡建设厅、公安厅负责。

降低电动汽车使用成本。积极争取对电动汽车公共充电设施（含停车场私有车位）的用电价格给予优惠，原则上按不高于普通工业销售电价收取电费，并执行峰谷电价，以鼓励利用用电低谷对电动汽车进行充电；支持有条件的企业开展电动汽车电池市场化运营业务，该类企业用于电动汽车电池充电所用电量享受同等电价优惠政策。此项工作由省物价局、经济和信息化委、交通运输厅负责。

（三）推进自主创新

加强关键共性技术研发。将电动汽车关键共性技术列入我省自主创新重点领域中，通过重大科技专项、粤港关键领域重点突破联合招标等形式，支持电动汽车行业自主创新。鼓励高校开展电动汽车的基础研究。此项工作由省科技厅、经济和信息化委负责。

建设公共技术服务平台。加强电动汽车产业创新能力建设，支持在电动汽车领域申报组建国家工程（研究）中心、工程实验室、重点实验室等，鼓励依托骨干企业、高校或科研机构建设电动汽车公共技术创新平台。在我省现有国家电动汽车试验示范区的基础上，积极争取建设国家电动汽车检测试验中心。支持深圳市争取建设国家动力电池检测中心。此项工作由省发展改革委、经济和信息化委、科技厅负责。

建立地方性标准体系。在现有电动汽车国家标准、行业标准的基础上，进一步研究制定电动汽车的能量消耗、污染物排放、充电设施建设、安全性、使用维护等地方标准，率先建立较为完善的电动汽车地方性标准体系。积极推动专利标准化和标准产业化。此项工作由省质监局负责。

（四）推动产业发展

推进电动汽车产业化。在电动汽车产业优势地区规划建设广东省电动汽车产业基地，加大政府支持力度，引导产业要素集聚。实施电动汽车产业化专项，重点支持具有自主知识产权的关键核心技术实现产业化。支持深圳比亚迪公司扩大电动汽车生产规模；支持广汽集团、深圳五洲龙、东风日产等骨干企业加快电动汽车产业化步伐；吸引和支持境内外整车生产企业和零部件厂商来粤投资建厂。电动汽车生产项目可优先列入省级重点项目计划。贯彻落实国家《新能源汽车生产企业及产品准入管理规则》（工产业〔2009〕第44号），积极争取我省电动汽车企业和产品获得行业准入资格。此项工作由省发展改革委、经济和信息化委、科技厅、财政厅负责。

加强国际产业合作。认真办好第25届世界电动汽车大会，搭建国际性的产业和技术交流与合作平台，推动我省与世界电动汽车领域的企业、科研机构建立广泛深入的联系，吸引境内外电动汽车龙头企业来粤开展产业合作。鼓励电动汽车企业开拓海外市场，落实国家支持高新技术产品出口的相关优惠政策，促进电动汽车产品出口。此项工作由省发展改革委、经济和信息化委、科技厅负责。

优化产业投资环境。优先支持电动汽车重大项目申报扩大内需中央新增投资支持。积极争取国家对电动汽车的生产和消费实施优惠政策。此项工作由省发展改革委、经济和信息化委、财政厅、科技厅负责。

（五）加大投入力度

积极通过多种渠道筹集资金，用于支持电动汽车公共平台和配套设施建设、示范应用等。此项工作由省发展改革委、财政厅、经济和信息化委负责。

引导金融与创业投资机构积极支持电动汽车产业的融资需求，支持电动汽车生产企业发行企业债券和在境内外证券市场上市，鼓励大型汽车企业成立汽车金融公司。此项工作由省金融办负责。

（六）落实组织保障

建立统筹协调工作机制。在省政府的统一领导下，成立由省发展改革委、财政厅、经济和信息化委、科技厅、公安厅、住房城乡建设厅、交通运输厅、物价局、质监局、金融办、广东电网公司、示范推广试点城市政府参加的联席会议，协调解决我省电动汽车发展中的重大问题。

组建产业发展战略联盟。加强产学研资合作，充分发挥广东省电动汽车省部产学研创新联盟的作用。组织全省电动汽车生产企业、高校、科研机构、公交运营单位和金融机构联合组建广东省电动汽车产业发展战略联盟，构建产业协调与合作平台，整合资源，加强交流合作，促进优势互补，形成协调有序、合作共赢的产业发展格局。

广东省人民政府

二〇一〇年三月十九日

11. 深圳市人民政府关于住宅区和社会公共停车场加装新能源汽车充电桩的通告

为加快我市新能源汽车充电设施建设，营造良好的新能源汽车使用环境，促进新能源汽车推广试点工作，推动节能减排，建设低碳先锋城市，现通告如下：

一、自2010年10月起，我市将在住宅区和社会公共停车场分批加装新能源汽车车用普通充电桩。具体安装地点由市发展改革委分批发布。

二、各住宅区普通充电桩按住宅区现有停车位的5%进行基本配置，若住宅区新能源汽车保有量超过此数目，充电桩数量将随之增加。

三、鉴于社会公共停车场车辆集中，流动性大，社会公共停车场暂按现有停车位的10%进行基本配置。

四、各住宅区和社会公共停车场内车用普通充电桩的设计安装必须符合深圳市《电动汽车充电系统技术规范》要求。

五、各住宅区和社会公共停车场内车用普通充电桩投资、安装、维护与管理主体为深圳供电局。

六、深圳供电局委托各住宅区和社会公共停车场物业服务企业负责车用普通充电桩的日常管理，并由委托方支付必要的费用。

七、各住宅区购买新能源汽车的车主，可向所在小区的物业服务企业提交充电车位申请，并由小区物业服务企业根据实际，统筹安排相应的充电停车位。

八、为鼓励新能源汽车车主充分利用谷期电时段充电，从即日起至2012年年底，利用当日2300至次日700时间在住宅区和社会公共停车场车用普通充电桩充电可享受我市蓄冷空调谷期电价（0.2495元/千瓦时）。

九、各有关业主委员会、物业服务企业应积极配合深圳供电局安装车用普通充电桩。

特此通告。

深圳市人民政府

二〇一〇年十月十二日

12. 珠海市人民政府关于加快发展战略性新兴产业的意见（节选）

横琴新区管委会，各区政府（管委会），市府直属各单位：

为深入贯彻落实《珠江三角洲地区改革发展规划纲要》及省委、省政府关于加快发展战略性新兴产业的战略部署，切实推进我市战略性新兴产业发展，加快构建现代产业体系，促进经济结构调整、发展方式转变和可持续发展，现提出以下意见：

一、提高认识，明确目标，抢占先机

（一）充分认识发展战略性新兴产业的重要性、必要性和紧迫性。

（二）牢牢把握发展战略性新兴产业的指导思想。

（三）坚持发展战略性新兴产业的基本原则。

（四）明确发展战略性新兴产业的总体目标。

二、确定方向，突出重点，有序推进

（一）打造“3+4”战略性新兴产业发展格局。

根据产业、技术发展趋势和我市产业发展实际，坚持“有所为、有所不为”和“重大项目引领，产业集聚发展”的原则，确定高端新型电子信息、生物医药、新能源及新能源汽车、新材料、航空、海洋工程和节能环保等7个产业领域作为全市重点发展的战略性新兴产业，按现实基础及实现规模化产业的建设时序，分重点突破、布局发展两个层次推进，确定重点领域，明确主要任务。

（四）重点突破新能源及新能源汽车产业。

1. 重点领域。

——新能源汽车，以重点发展LNG汽车、混合动力汽车、纯电动汽车及其他新能源汽车等整车设计与制造，新能源汽车关键技术及零部件为重点，大力发展磷酸铁锂等动力电池制造技术及关键材料、大功率车用永磁电机及其控制系统、电机设计及控制系统、动力系统控制、整车控制系统、智能快速充电技术与设备等关键技术及零部件。

2. 主要任务。

——依托骨干企业，大力发展锂离子动力电池，纯电动车用电机、电控系统等技术和产品；发展和推广纯电动车、LNG混合动力车。（责任单位：市发展改革局、市科技工贸和信息化局、金湾区政府）

——制定新能源汽车产业发展规划和加气（电）站规划，完善产业环境，建立健全配套服务体系，积极引导整车及新能源汽车零部件企业选址珠海。（责任单位：市发展改革局、市科技工贸和信息化局、市交通运输局、各区政府、经济功能区管委会、市投资促进局）

——建立新能源汽车测试基地（平台），实现新能源汽车产品的优化和升级。（责任单位：市发展改革局、市科技工贸和信息化局、市质监局）

——加速新能源汽车的市场推广。（责任单位：市交通运输局、珠海公交集团公司）

广东省珠海市人民政府

二〇一〇年九月三十日

13. 中山市新能源产业鼓励发展指导目录(2010 年版)(节选)

火炬区管委会，各镇政府、区办事处，市属有关单位：

为明确发展方向，引导社会投资，加快新能源产业发展，根据国家、省、市有关法律法规及产业政策，我市制定《中山市新能源产业鼓励发展指导目录（2010 年版）》（以下简称《目录》）。

《目录》是我市新能源产业的投资指南，是相关研究机构和企业开展技术研发的重要指引，也是职能部门制定和实施鼓励新能源产业发展政策的依据。对《目录》所涉产业项目，各部门要按照相关文件精神，落实优惠和扶持政策。

《目录》自发布之日起实施，实施过程中将根据国内外市场需求变化、新能源产业技术发展情况及我市国民经济和社会发展情况实行动态管理，适时进行调整和修订。

附件：　　中山市新能源产业鼓励发展指导目录(2010 年版)

序号	产业名称	鼓励区域
三、新能源汽车产业		全市各镇区，重点是火炬开发区、西区、坦洲、横栏、港口等镇区
（一）新能源汽车设计与制造		
1	混合动力汽车、纯电动汽车、燃料电池汽车、氢发动机汽车、天然气汽车等其他新能源汽车整车设计、改装与制造。	
（二）新能源汽车关键技术及零部件		
1	大功率永磁同步电机驱动系统，直线电机；永磁电机耐高温材料、电力电子模块、电机及其控制系统等；高可靠控制器、传感器、执行器、能量优化管理系统；电机设计及控制系统，动力系统控制，整车控制系统，电子控制模块，纯电动汽车的整车集成及控制、电机及控制、电池集成管理，混合动力轿车的整车系统集成和匹配标定、CAN 通信协议优化、安全控制策略设计、诊断系统等，智能快速充电技术与设备、电驱变速箱、双离合自动变速箱、超级电容等关键技术及零部件。	
2	镍氢电池、磷酸铁锂等锂聚合物电池和燃料电池等动力电池制造、技术与关键材料；动力电池正极和负极材料、电池隔膜、成组技术、新型电催化剂、电池管理系统等；燃料电池堆、燃料电池辅助装置系统集成技术；燃料电池发动机系统集成技术。	
3	汽车配套用各种代用燃料发动机、混合动力车用发动机。	

续表

序号	产业名称	鼓励区域
4	太阳能电池技术与制造。	全市各镇区，重点是火炬开发区、西区、坦洲、横栏、港口等镇区
5	大规模制氢技术；轻质超高压储氢装置、新型高容量金属氢化物、碳纳米管等储氢技术。	
（三）天然气汽车		
1	天然气汽车加气站。	
2	天然气汽车储气瓶、阀门等相关装备制造。	
3	天然气汽车改装。	
4	天然气汽车检测及维修。	
5	天然气汽车产业研发机构；技术人员培训中心。	

中山市人民政府办公室

二〇一〇年八月三日

14. 江苏省新能源汽车产业发展专项规划纲要(2009—2012 年)(节选)

为加快推进新能源汽车研发和产业化进程，提升我省汽车产业综合竞争力，实现汽车产业可持续发展，根据加快构建创新型产业体系、发展创新型经济的战略部署，结合《江苏省新能源产业调整和振兴规划纲要》和《江苏省汽车产业调整和振兴规划纲要》，特制定本规划纲要。规划期为 2009—2012 年。

一、发展背景和现状

（一）产业界定与特点

新能源汽车是以电、氢、二甲醚等非常规车用燃料为动力来源，采用先进的动力控制技术、驱动技术和新型结构的汽车。新能源汽车包括混合动力汽车、纯电动汽车（BEV，也包括太阳能汽车）、燃料电池电动汽车（FCEV）、氢发动机汽车以及其他新能源（如高效储能器、二甲醚）汽车等。

（二）发展背景与趋势

（三）发展现状与挑战

我省新能源汽车整车加速研发试制，动力电池等关键部件相对领先。据最新调查，全省现有新能源汽车企业 31 家，2008 年新能源汽车领域（包括整车和关键部件）销售收入 67.66 亿元。一是整车研发开始启动。现有整车研发制造企业 9 家，正在研制开发新能源（纯电动）汽车 11 款，按研发阶段划分为：概念设计 1 款、功能设计 2 款、样品试制 7 款、小批量生产 1 款。南京依维柯纯电动电力行业专用服务车已取得新能源轻型客车产品公告，并实现小批量生产和商业运用。二是部件研发取得成果。动力电池及管理系统研发制造企业 14 家（包括兼营的两家整车企业），注册资本7.58亿元，2008年主营收入48.56亿元，从业人员7118人，7家企业进入“小规模生产”研发阶段。现有驱动电机及控制系统研发制造企业5家，注册资本0.76亿元，2008年主营收入10.88亿元，从业人员3897人，现已全部进入“小规模生产”研发阶段。电空调、电转向、电制动等电附件研发制造企业6家（包括兼营的1家整车企业），注册资本2.61亿元，2008年主营收入8.22亿元，从业人员2666人，分别有2家企业进入“样品试制”和“小规模生产”研发阶段。全省新能源汽车关键部件领域获得发明专利47件，已申请发明专利69件。三是示范应用酝酿推进。苏州、常州、南通等市依托本地新能源汽车研发基础，结合节能减排实践，正积极酝酿新能源汽车示范应用。

从当前情况看，我省新能源汽车发展仍然面临瓶颈约束。一是企业规模较小。25家关键部件企业注册资本不足11亿元，户均4400万元。二是研发能力不足。25家关键部件企业现有科研人员540人（其中拥有博士学位的42人），仅占企业员工总数的3.9%；2008年研发支出1.29亿元，仅占当年主营收入的1.9%；23家各类研发机构中，国家级5家，省级11家，全部集中在关键部件领域。三是质量不够稳定。由于研发起步较迟，材料供应滞后，工艺装备有待优化，动力电池等部件和整车产品质量尚不稳定。此外，成本高、价格高，即期市场需求小，影响了产业发展。

二、发展思路、主要目标和发展原则

（一）发展思路

以科学发展观为指导，以发展创新型经济、建设节约型社会为目标，以节能和新能源汽车应用示范为契机，以重点整车和关键零部件为重点，加强研发创新，加速更新改造，加大示范应用，努力培育一批整车制造和配套产业自主品牌，推动我省新能源汽车产业持续、快速、健康发展。

（二）主要目标

积极推进整车产品规模化、重要部件本地化、关键技术自主化、产品应用多样化，至2012年，初步建立以骨干企业为主体、品牌产品为支撑的研发、制造、售后服务体系，初步形成部分类别重点整车和重要部件国内领先优势。

产业初具规模。至2012年，新能源汽车产业销售收入力争突破200亿元，整车生产能力达6万辆，新能源汽车占汽车产量的比重达5%左右。

结构比较协调。至2012年，新能源汽车整车协同发展，乘用车达5万辆，客车达1万辆。动力电池、驱动电机、电辅件等关键部件和电解液、储氢材料等专用材料加速发展，销售收入达100亿元，实现三年翻一番。

创新取得突破。以企业为主体，加快建设各类研发平台，力争至2012年，各类新能源汽车研发机构达40个（其中国家级和省级研发机构达20个），科研人员达1000人，授予发明专利累计达100项。

市场加速拓展。充分利用新能源汽车示范推广政策机遇，既拓展国际市场，又开拓国内特别是省内市场，积极引导消费倾向，努力扩大公众消费需求，为产业持续发展创造必备的市场条件。

至2015年，初步形成比较完备的新能源汽车研发、制造、应用、服务体系，形成15万辆整车生产能力和具有国内一流技术与明显竞争力的关键部件产业体系。

（三）发展原则

坚持原始创新与引进消化吸收再创新、集成创新相结合。

坚持整车发展与关键部件技术突破相结合。

坚持新能源汽车示范应用与配套设施完善相结合。

坚持企业自主发展与政府政策扶持相结合。

三、重点任务

（一）发展重点产品

以城市公共交通为重点，加快开发新能源客车。以国家示范推广节能和新能源汽车为契机，充分利用现有客车企业研发制造基础，加快开发具有自主知识产权的纯电动、混合动力、氢燃料电池、天然气大中型客车，完善制造工艺，形成中等规模批量生产供应能力。

以家庭和出租行业为重点，加快开发新能源乘用车。主要依托现有企业，加强自主研发、合作开发，充分利用上汽集团、东风汽车公司等大型企业集团整体优势和研发成果，加快发展纯电动乘用车。积极支持有关企业争取国家认可新能源汽车生产资格，力争用10年左右的时间，在全省主要旅游城市、国家卫生城市实现出租汽车“新能源化”。

以各类园区用车为重点，加快开发新能源专用车。根据风景区、开发区、高校园区和工业园区的特点，积极研发新能源观光客车和区内短途交通客车。围绕市政、邮政、电力等特种公用行业需要，加快发展纯电动、混合动力轻型商务专用车。积极开发具有自主知识产权的纯电动微型车以及其他特定场地新能源专用车。围绕节能减排、降低噪音，以各类景区、园区为重点，率先示范应用新能源专用车。

以增强产业竞争力为目标，加速发展配套产品。充分利用关键部件发展基础，坚持一手抓整车研发，一手抓部件提升，提高本土配套能力和国际竞争能力。围绕近期发展混合动力车、长远发展纯电动车的目标，积极培育壮大骨干企业，突出发展高性能动力电池及管理系统，形成2~3个年销售收入10亿元以上的动力电池及管理系统“小巨人”企业。促进驱动电机骨干企业做大做强，支持传统电机企业转型，逐步确立行业领导地位。以电转向、电空调为重点，加速发展车用附件。积极发展电池阴极、阳极、电解液和第2代储氢合金等专用材料，促进发展电池制造专用装备。

（二）开发关键技术

加大关键技术研发力度，增加技术积累。围绕纯电动新能源汽车需求，重点开发动力电池及管理系统技术、驱动电机及系统控制技术、整车电控技术、整车匹配技术、车载充电技术、电空调技术、电转向技术、电制动技术，积极开发发动机技术、动力耦合技术、自动变速箱技术。动力电池领域，重点开发电池分选和一致性技术、电池包可靠性和耐久性设计技术、电池成组连接技术和电管理、热管理、充放电、安全防护技术。驱动电机领域，重点开发热管理技术、电磁兼容技术、抗震降噪技术、可靠性设计技术和传感、集成控制技术。

完善技术创新组织方式，提高研发效率。坚持开放式创新，支持高等院校、科研机构和企业加强产学研结合，整合优势资源，共同组建关键技术、共性技术和前瞻性技术研发机构。依托骨干企业加速组建和提升一批省级以上新能源汽车工程（技术研究）中心、企业技术中心、重点实验室、博士后工作站，提升和发展南汽研究院，形成新能源汽车产业发展技术创新平台体系。加快“走出去”步伐，通过收购兼并海外研发型企业、研发机构和研发团队，建立海外研发基地，实现研发目标自主确定、研发过程自主控制、研发成果自主支配。加快标准化步伐，引导和支持企业、行业技术平台参与国家标准制订，加快推进动力电池等关键部件标准化。创新人才流动机制，大力引进和培养领军人才，积极引导和形成优秀团队，推进动力电池、驱动电机、变频驱动、电动空调、汽车电子等关键部件研发及产业化应用研究。

（三）打造特色基地

培育整车基地。充分利用大企业、大集团整体优势，依托现有基础，在南京、盐城、徐州等地加快培育主要面向家庭、出租行业和特定场地、具有小批量生产能力的新能源乘用车产业基地。充分发挥现有客车企业优势，在盐城、常州、扬州、苏州等地加快培育主要面向城市公交和公益行业、具有中等批量生产能力的大、中型及轻型新能源客车。

发展部件基地。进一步增强春兰清洁能源研究院有限公司、常州清华新能源汽车工程技术研究院等动力电池研发机构能力，进一步做大做强骨干企业。在泰州、常州、苏州等地建设具有较大产业规模、较高技术水平的动力电池及管理系统特色产业基地。积极引导传统汽车零部件企业加快转型，促进骨干企业加速发展。在南京、常州、镇江、泰州、苏州等地逐步形成具有一定产业规模、较强竞争能力的驱动电机、电控系统、车用附件等关键部件、专用材料特色产业基地。以现有车用发动机企业为基础，积极开发新能源车用发动机。

（四）培育优势企业

培育龙头型企业。选择少数资产规模大、技术积累多、从业经历长的整车企业和动力电池等关键部件企业，引导要素集聚，加快发展步伐，壮大企业规模。至2012年，力争1家整车企业销售收入达20亿元，2家整车企业和5家企业动力电池等关键部件销售收入突破10亿元。

培育成长型企业。积极引导和支持能源、汽车行业科研开发机构特别是高层次领军人才及高水平研发团队，直接参与产品研发、项目投资和企业经营，重点在动力电池、驱动电机、车用附件等重要部件和专用材料领域，培育一批以先进技术为支撑、资本与技术紧密结合，具有高速成长能力和鲜明专业特色的成长型企业。

（五）完善服务体系

加强检测评价，构建新能源汽车服务平台。企业加快完善检验检测手段，质监部门加快建立新能源汽车整车及关键部件的检测评价平台，完善新能源汽车产品标准体系，制定有关产品质量要求，保证新能源汽车质量合格、产品安全。积极推进丰田（常熟）试车场和中汽盐城试车场项目，完善项目设计，适应新能源汽车试验、验证需求。

加快推广应用，构建新能源汽车市场平台。以城市规模大、人口密度高、车辆增长快的南京、苏州、无锡、常州、徐州等大城市，游客流量大、环境要求高的扬州等旅游城市或城镇为重点，积极创造条件，尽早进入国家新能源汽车推广应用与示范城市。以发展城市混合动力、纯电动和代用燃料公交车、出租车为重点，加快布局和建设新能源汽车标准化充电站、加气站等公共基础设施，完善新能源汽车产业配套服务系统，加快新能源汽车推广、应用和普及进程。

四、保障措施

（一）加强组织领导

由省政府领导牵头，省发展改革委、经济和信息化委、科技厅、公安厅、财政厅、住房城乡建设厅、交通运输厅、环保厅、国土资源厅、质监局、旅游局等部门参加，建立省新能源汽车产业发展协调小组，负责研究相关配套政策，协调集成各方面资源，合力推进新能源汽车发展。

（二）注重规划引导

(三) 严格目标考核

(四) 落实配套政策

(五) 加快推广应用

附件:

1. 重点产品(项目)

2. 关键技术

3. 科技平台

4. 任务分工

附件1:重点产品(项目)

一、重点产品

重点支持和发展符合国家《汽车产业发展政策》、国务院《汽车产业调整和振兴规划》、国家发展改革委等部门《汽车产业技术进步和技术改造投资方向(2009—2011年)》以及相关标准规定的下列产品:

1. 纯电动汽车

2. 混合动力汽车

3. 车用动力电池

4. 车用电池管理系统

5. 车用电机及驱动系统

6. 车用电驱动变速系统

7. 电动车车用大功率电子器件

8. 车用DC/DC

9. 车载充电机和充电站

10. 混合动力汽车专用耦合及传动装置

11. 车用空调电动压缩机

12. 数字化仪表控制(盘)系统

13. 专用底盘

14. 车用电池电解液、第2代储氢合金等专用材料及新能源汽车电池制造专用设备

二、重点项目

根据国家《汽车产业发展政策》《汽车产业调整和振兴规划》以及固定资产投资项目管理相关规定,重点支持和推进建设下列项目:

1. 整车及电控系统制造项目(10个)。南汽集团AP11(强混合)插电式混合动力轿车研发及产业化、南汽集团2000辆轻型商用车研发及产业化、南汽集团500辆轻型专用车研发及产业化、徐州淮海集团20万辆小型商用电动车、南通中信国安与中通客车2万辆电动公交车和5万辆电动乘用车、常州益茂公司4万辆纯电动乘用车和5000辆纯电动客车、苏州金龙1500辆混合动力客车研发及产业化、苏州友谊汽车公司超级电容客车、江苏力天(苏州)科技公司1200辆电动客车、南京嘉远公司出口型电动汽车项目。

2. 动力电池及管理系统制造项目(12个)。江苏春兰清洁能源研究院有限公司300万只镍氢电池及1万套管理系统、南通海四达电源公司3700万件高性能动力锂电池、江苏双登集团110万组大容量磷酸铁锂电池、江苏奇能电池公司20万套镍氢电池、江苏力天(苏州)科技公司1亿安时磷酸铁锂电池、苏州星恒公司1亿安时锂电池、江苏伊思达公司1万组锂离子电池线、南通中信国安锂电池、常州华日升凯晟公司磷酸铁锂动力电池、江苏力天(苏州)科技公司5000套电池组管理系统及充电器、江苏华富控股集团有限公司纳米胶体高效储能电池和淮安(金湖)赛尔电池有限公司600万只镍氢电池和450万只磷酸铁锂电池项目。

3. 驱动电机及控制系统制造项目(1个)。江苏微特利电机制造有限公司驱动电机制造项目。

4. 车用附件制造项目(7个)。南京奥特佳冷机公司10万台空调压缩机、南京东华汽车公司(30万套)、江苏超力电器公司(40万套)、南京天擎汽车电子公司电动助力转向系统、南京天擎汽车电子公司车用DC/DC、江苏超力电器公司驱动电机和电动空调控制系统、苏州市优耐铭电子有限公司超大功率直流无刷控制器和新型高效盘式无刷高速电机产品。

5. 相关材料及专用装备制造项目(5个)。江苏力天(苏州)公司5000吨磷酸铁锂动力电池专用电解液、江苏乐能电池股份有限公司2000吨磷酸铁锂锂离子电池正极材料、吴江申建新能源材料有限公司8000吨第2代储氢合金材料及产业化、张家港富瑞特种装备公司液化天然气撬动移动加气站、1万台LGN燃料供应系统项目。

6. 关键技术研发项目(12个)。南汽集团公司江苏省新能源汽车工程中心建设、江苏春兰清洁能源研究院有限公司镍氢电池及管理系统研究、锂电池技术研究、淮海车辆集团(与清华大学等机构合作)国家级小型新能源电动汽车工程中心、常州清华新能源汽车工程技术研究院动力电池成组及热管理技术研发、常州华日升凯晟公司动力电池保护系统(无功耗均衡充电放电)研究、南京嘉远电动车船公司电动汽车研究院(整车技术匹配、动力系统匹配)匹配中心建设、常州华日升凯晟公司1000F 2.7F双电层超级电容研究、交流电机驱动变频控制系统(与北京科技大学合作开发)研发平台、常州清华能源汽车工程技术研究院整车轻量化研究、动力总成研究项目、南京驰力传动公司电动伺服助力转向系统研发项目。

7. 其他项目(1个)。南京市以南京嘉远电动车船公司为主体的企业重组项目。

附件2:关键技术

1. 整车领域关键技术。主要包括整车电控技术、整车匹配技术、整车轻量化技术、整车优化设计技术、整车生

产工艺技术。

2. 动力电池及管理系统领域关键技术。主要包括电池正极、负极、隔模及电解液材料技术，电池分选技术，单体电池一致性设计技术，电池包可靠设计、耐久性设计技术，电池成组连接技术，电管理技术，热管理技术，安全防护技术，充放电技术，电池生产专用设备相关技术。

3. 驱动电机及控制系统领域关键技术。主要包括永磁、导磁、绝缘及导热材料技术，热管理技术，电磁兼容技术，抗振降噪技术，可靠性设计技术，集成控制芯片技术，车用电容器技术，传感器技术，电力电子模块技术，发动机电子控制技术。

4. 车用附件领域关键技术。主要包括电空调技术、电转向技术、电制动技术。

5. 相关领域关键技术。主要包括新能源汽车专用发动机技术、动力耦合技术、自动变速箱技术。

附件3:科技平台

1. 南汽研究院（国家级技术中心）
2. 苏州星恒中科院物理所联合实验室（国家级）
3. 江苏春兰清洁能源研究院有限公司能源存储与转换应用工程技术研究中心（省级）
4. 江苏春兰清洁能源研究院有限公司氢能综合利用工程技术研究中心（省级）
5. 江苏双登集团有限公司企业技术中心（国家级）
6. 江苏双登集团有限公司江苏省新型高能化学电源工程技术研究中心（省级）
7. 江苏双登集团有限公司博士后科研工作站（国家级）
8. 江苏海四达电源股份有限公司江苏省动力电池及其材料工程技术中心（省级）
9. 江苏华富控股集团有限公司江苏省储能材料工程技术研究中心（省级）
10. 常州市裕成富通电机有限公司企业技术中心（省级）
11. 江苏微特利电机制造有限公司工程技术研究中心（省级）
12. 南京奥特佳冷机有限公司江苏省节能环保汽车空调压缩机工程技术中心（省级）
13. 江苏格尔顿传动有限公司企业技术中心（省级）
14. 淮海车辆集团小型新能源电动汽车工程中心（国家级）
15. 常州清华新能源汽车工程技术研究院
16. 南京嘉远电动车船有限公司电动汽车研究院
17. 中通（南通）新能源汽车技术中心（国家级）

附件4:任务分工

序号	工作任务	牵头单位	参与单位
1	优化产业布局，推进重点项目和特色产业基地建设	省发展改革委	省经济和信息化委、科技厅、国土资源厅、环保厅
2	推进关键领域技术研发创新	省科技厅	省发展改革委、经济和信息化委、财政厅、知识产权局
3	推进新能源汽车示范应用	省科技厅、财政厅	省发展改革委、经济和信息化委、质监局、交通运输厅
4	加强行业管理和技术改造，组织生产企业和产品准人公告	省经济和信息化委	省发展改革委、财政厅
5	实行新能源汽车购置补贴等财政支持措施	省财政厅	省发展改革委、经济和信息化委、科技厅、交通运输厅
6	调整企业组织结构，促进企业重组、做大做强	省经济和信息化委	省发展改革委、国资委、商务厅、工商局
7	完善新能源汽车配套基础设施	省住房城乡建设厅	省发展改革委、国土资源厅
8	促进新能源汽车技术与金融资本密切结合	省金融办	省发展改革委、经济和信息化委、财政厅，人行南京分行、江苏银监局、江苏证监局

江苏省人民政府办公厅
二〇一〇年四月八日

15. 江西省十大战略性新兴产业(新能源汽车及动力电池)发展规划(2009—2015)(节选)

根据省委、省政府确定的《江西省科技创新“六个一工程”实施意见》，为引导并促进我省新能源汽车及动力电池产业发展，特编制本规划。规划以2008年为基准年，规划期为2009—2015年，2012年前着重实施一批重大工程和项目。

一、发展基础

（一）产业现状

我省新能源汽车及动力电池行业正处于研发试产阶段，主要汽车制造企业均开发了新能源汽车样车，不少企业已经涉足锂离子动力电池研发和生产。新能源汽车方面，江铃、昌河、安源客车等汽车制造企业正在开发生产混合动力和纯电动汽车产品，涉及商务车、皮卡车、轿车、客车、全地形车等多个类型；动力电池方面，已有10余家企业涉足铅酸蓄电池生产，1家企业涉足镍氢电池负极材料贮氢合金粉生产，5家企业开展锂电池研发和生产，其中4家企业已投产或正在新建锂离子电池生产线、1家企业正在新建锂电池正极材料生产线，此外，还有1家企业正在新建动力模块生产体系。但总体来看，还存在行业发展尚未形成规模、关键技术有待进一步突破，制造成本仍然较高、市场开拓还需较长过程等诸多问题。

专栏1:骨干企业研发生产现状

（一）新能源汽车

1. 江铃股份公司：累计销售近30辆全顺纯电动电力工程车，已试制完成纯电动皮卡车；

2. 江铃控股有限公司：已开发风华纯电动汽车样车，采用复合硅盐蓄电池；

3. 昌河汽车股份有限公司：以爱迪尔Ⅱ为平台，与南昌大学合作开发了硅能蓄电池纯电动车；

4. 安源客车制造有限公司：已试制出超速传动混合动力城市客车，2台样车将提供南昌公交公司示范运行；

5. 江西凯马百路佳客车有限公司：已向澳大利亚出口了10辆自行开发生产的混合动力客车，并与浙江万向集团合作开发了纯电动公交客车；

6. 南昌福瑞德科技有限公司：已开发了纯电动全地形车、E－90（QQ3轿车为基本型）纯电动车等多款纯电动汽车，并向美国出口了50多辆纯电动全地形车。

（二）动力电池

1. 江西美亚能源股份公司：已在南昌高新区建成1条年产1500万安时的磷酸铁锂动力电池生产线，正在安义工业园区新建年产4000万安时的磷酸铁锂动力电池生产线，配套用于电动汽车和电动自行车；

2. 江西东昶新能源有限公司：已在广丰工业园区批量生产锰酸锂动力电池，配套用于电动自行车，还将扩建年产15000万安时的生产线；

3. 江西金钢能源科技有限公司：已在铅山工业园区建成1条日产5000只26650圆柱形磷酸亚铁锂动力电池生产线，主要配套用于电动工具，并成功运用于2008年北京奥运纯电动公交车；

4. 吉安市优特利科技有限公司：在井冈山经济技术开发区已建成年产6000万颗锂离子电池生产线，配套用于手机、数码相机、GPS、MP3/MP4、移动DVD和笔记本电脑等电子产品；

5. 江西特种电机股份有限公司：与江西理工大学合作开发了富锂锰基和三元正极材料，并经过了性能检测，正在新建年产1200吨富锂锰基和三元正极材料的生产线；

6. 江西昌大创新科技发展有限公司：运用其开发的控制系统组合成动力模块，并成功安装在昌河爱迪尔Ⅱ汽车上，还将实施年产3万台动力模块建设项目；

7. 江西江钨浩运科技有限公司：正在南昌高新技术开发区建设年产5000吨高性能镍氢电池负极材料稀土贮氢合金粉项目，现已形成2000吨生产能力；

8. 江西日久电源科技有限公司：在江西东乡经济开发区建设铅酸蓄电池及极板生产线，形成800万只1亿安时伏生产能力；

9. 江西省永方电源有限公司：在抚州金巢经济开发区建设密封铅酸蓄电池及极板生产项目；形成年生产能力300万套；

10. 江西华夏电源有限公司：在抚州金巢经济开发区建设铅酸蓄电池生产项目，形成100万组电动自行车电池的生产能力；

11. 航天电源（龙南）有限公司：采用当前先进的AGM工艺和高分子材料合成的电解液技术，在江西龙南工业园区建设多种系列蓄电池生产线，产品远销国内外；

12. 江西省赣州市华强电池有限公司：生产铅酸蓄电池及电池用极板，产品有100多个型号，可供汽车、摩托车、UPS电源等；

13. 佳华电池（瑞金）有限公司：生产铅酸蓄电池及电池极板产品计300多个品种规格，年销售收入达5亿元，产品畅销全国及东南亚欧美市场；

14. 江西省万年县云龙电源有限公司：已建成免维护全封闭阀控式铅酸蓄电池生产线，产品用于电动车、UPS备用电源、储能电池等。

（二）发展优势。

1. 实力较强的企业群体。

2. 不可替代的资源优势。我省锂矿资源丰富，宜春钽铌矿是世界最大的锂矿山，查明可开采氧化锂储量为58万吨，占全国的24%、全球的12%，可为生产锂离子动力电池提供坚实的原料支撑。2008年，宜春钽铌矿的锂云母年产量超过16万吨，可加工提取锂电池的主要原材料碳酸锂1.2万吨，占全国产能的近50%、全球的13.3%。我省稀土、有色金属资源十分丰富，赣南地区是我国乃至世界重要的中、重稀土和有色金属生产基地。镍氢电池负极材料就需稀土和钴金属。通过在钕铁硼永磁材料中添加重稀土元素镝和铽，将大幅度提高永磁电机的性能，目前赣南地区钕铁硼稀土永磁材料年生产能力已达到2万吨。

3. 较为优越的发展环境。

二、发展思路

（一）发展思路

按照符合低碳与生态经济的总体要求，坚持“敢为人先”，充分发挥资源优势，以骨干企业为龙头，以高端化、产业化、规模化为导向，以突破关键技术为重点，加强政府引导，推进校（科研院所）企合作，突出自主创新，培育自主品牌，积极示范推广，稳步推进配套设施建设，促进新能源汽车和动力电池产业跨越式发展，成为我省龙头主导产业和经济发展新的增长极。

（二）产品方向

以混合动力汽车、纯电动汽车为重点，积极研发生产公交型、商务型、乘用型等多种类型的新能源汽车；以磷酸铁锂、锰酸锂动力电池为重点，着力研发生产高比能量、高比功率、制造成本低、使用寿命长、适用范围广、安全可靠性能高的动力电池；推进产业链延伸，大力研发生产富锂锰基、三元正极材料、贮氢合金粉等动力电池的原材料产品，加快建设动力模块生产体系。

（三）规划目标

根据国家《汽车产业调整和振兴规划》确定的发展目标，结合我省新能源汽车及动力电池产业发展基础和趋势，按照增速高于全国平均水平、跻身全国产业发展前列的总体要求，提出以下具体目标：

1. 产业链目标。以研发生产新能源汽车为龙头，推进研发生产电机、电池、超级电容和控制系统，带动永磁材料、正极材料等原材料生产，提升锂矿、稀土等矿产采选冶水平，形成体系完整、配套齐全、类型多样的产业链。

2. 产能目标。到2012年，混合动力、纯电动汽车产销量达3万辆，动力模块产销量达6万台套，锂离子单体动力电池产能达4亿安时（目前主要为电动自行车配套），高性能永磁驱动电机产销量达5万台套，含锂正极材料和镍氢电池负极材料稀土贮氢合金粉产量各达5000吨。

3. 技术目标。完成相关科研和新产品20项，并达到国内先进水平；加强超级电容科研攻关，争取实现超级电容生产零的突破。

4. 市场目标。到2015年，全省新能源汽车和动力电池销售收入150亿元，其中新能源汽车产销量占全省汽车产销量8%左右，占全国新能源汽车产销量的6%以上；单体动力电池产销量居全国前列，其中，为新能源汽车配套的动力电池达1亿安时，占全国的10%。

5. 江西赣锋锂业公司：年产3000吨碳酸锂。

6. 江西特种电机公司：年产1200吨富锂锰基和三元正极材料。

7. 江西江钨浩运科技有限公司：年产5000吨镍氢电池负极材料稀土贮氢合金粉。

8. 江西联威新能源公司：年产100万只动力锂离子电池和2000万只18650型能量电池。

9. 江西福斯特能源公司：年产9000万只能量型锂离子电池及电池电芯。

三、主要任务

当前和今后一段时期是发展新能源汽车的重要机遇期，我省必须坚定不移地实施国家确立的新能源汽车战略，坚持节能减排的总体导向，努力优化汽车产业的产品结构、优化汽车产品的市场结构。主要任务是：

1. 江铃、昌河要充分利用现有存量资产，在开发纯电动汽车的基础上，继续开发混合动力汽车，尽快实现新能源汽车产能规模化。

2. 安源客车、凯马百路佳、上饶客车等客车制造企业要加大城市公交纯电动和混合动力客车开发力度，努力形成小批量生产能力。

3. 江西昌大创新科技公司要尽快建成年产3万台套电动汽车动力模块生产线，不失时机将产能扩展至6万台套，实现动力模块产品系统化。

4. 江西美亚能源要尽快建成年产4000万安时磷酸铁锂动力电池生产线，江西东昶新能源要尽快建成15000万安时锰酸锂动力电池生产线，带动全省锂离子单体动力电池的发展，并尽快达到4亿安时，成为国内重要的锂离子动力电池生产基地。

5. 南昌大学、江西理工大学等高校、科研院所要加强锂离子电池正极材料研究，并尽快促进研究成果转化成生产力。宜春市要充分利用锂资源优势、充分吸收国内外最新科研技术，把宜春打造成国内重要的锂动力电池正极材料生产和供应基地。

6. 江西特种电机公司要充分利用我省稀土资源优势，大力开发生产永磁无刷电机，尽快形成年产5万台套的生产能力。

2012年前重点实施5个重大工程和项目，这批项目总投资10亿元，建成投产后可实现销售收入26亿元以上，远期规划工程和项目4个，总投资超过12亿元。

四、相关措施

1. 积极实施新能源汽车战略。着手考虑出台鼓励开发生产新能源汽车的一揽子政策，将新能源汽车及动力电池和材料开发列入重大新产品计划，给予资金支持。

2. 努力推广使用新能源汽车。充分利用南昌列入国家节能与新能源汽车示范推广工作试点城市的机遇，在城市公交、出租车等公共领域推广使用新能源汽车，并逐步向城市环卫、公务等使用领域推广，其他设区市积极跟进。

3. 加大政府投入引导力度。稳步推进新能源汽车配套充电站建设。结合国家节能与新能源汽车示范推广，在南昌建设电动汽车快速充电网络；全省其他地区逐步完善新能源汽车的使用环境。

4. 贯彻执行国家新能源汽车消费政策。国家启动节能和新能源示范工程后，适时配套跟进，建立专项补贴机制，推广使用新能源汽车。

江西省委

江西省人民政府

二〇一〇年三月二十二日

16. 广西壮族自治区人民政府关于推进新能源汽车产业发展的意见

各市、县人民政府，自治区农垦局，自治区人民政府各组成部门、各直属机构：

为贯彻落实国务院《汽车产业调整和振兴规划》（国发〔2009〕5号）和《中共广西壮族自治区委员会广西壮族自治区人民政府关于做大做强做优我区工业的决定》（桂发〔2009〕35号）及有关配套文件精神，加快新能源汽车及关键核心部件研发，推进新能源汽车产业化进程，促进我区新能源汽车产业发展，特提出如下意见：

一、面临形势和重要意义

能源短缺与环境污染是汽车产业发展面临的严峻挑战，新能源汽车的研发和应用已成为世界汽车工业发展的趋势。加快新能源汽车产业发展，对适应市场需求、实现汽车产业可持续发展、推进节能减排、发展低碳经济、保持经济平稳较快增长和促进经济发展方式转变都具有重要的战略意义。

我国在混合动力汽车、纯电动汽车和燃料电池汽车及关键核心部件领域都取得了突破，与国外的技术水平和产业化程度差距相对较小，新能源汽车产业正进入新的高速发展阶段，具备了赶超国际先进水平的基础。我区汽车工业已突破年产汽车百万辆大关，配套体系较为完善，具有加快新能源汽车发展的条件和基础。近年来，我区新能源汽车发展取得一定成绩，电池电容纯电动公交车已服务上海世博会，微型电动货车已出口美国，油电混合动力总成已配套国内客车企业，微型电动客车、电动社区车、电动乘用车、可再生空气混合动力总成、双燃料发动机、油电混合电磁直耦电拖装置等一批产品已研制成功，部分产品实现批量生产。我区新能源汽车发展虽已起步，但仍存在制约发展的问题，如产品以电动汽车为主，其他新能源汽车发展较慢；产业产值偏小，产业链不完善；新能源汽车应用环境尚不成熟，区内节能及新能源汽车的示范推广尚未开展等，只有抓住汽车工业转轨的有利时机，紧跟国内外发展趋势，自主创新，积极推进新能源汽车产业发展，才能在市场竞争中处于有利地位。

二、发展思路与目标

（一）发展思路

深入贯彻落实科学发展观，走新型工业化道路，贯彻落实国家和广西汽车产业调整和振兴规划精神，坚持整车与关键零部件并重，坚持自主创新和引进技术相结合，坚持示范推广与产业化相促进，以技术创新突破关键技术，以技术改造带动产业体系建设，以自主品牌提升产业竞争力，实现新能源汽车产业持续、健康、快速发展。

（二）发展目标

到2012年，新能源汽车生产能力达到3万辆，新能源动力总成生产能力达到1.5万套，形成新能源客车、新能源商用车为主的新能源汽车产品体系，电池等部分新能源汽车关键零部件实现区内配套；南宁、柳州、桂林等先期试点城市新能源汽车示范效果明显，全区新能源汽车保有量提高，新能源汽车在城市公交客车、出租车等公共服务领域使用；南宁、柳州、桂林等试点城市初步建立新能源汽车配套设施。

到2015年，新能源汽车生产能力达到8万辆，新能源动力总成生产能力达到3万套，形成多品种、多系列、多领域的新能源汽车产品体系，基本建立新能源汽车关键零部件体系；全区各市在公交、出租、公务、市政、邮政等领域开展推广使用新能源汽车示范运营，全区新能源汽车保有量进一步提高，城市公交客车、出租车等公共服务领域新能源汽车占一定比例；新能源汽车配套设施建设逐步完善。

三、主要任务

（一）加快建设新能源汽车产业基地。重点支持上汽通用五菱汽车股份有限公司、柳州五菱汽车有限责任公司、柳州延龙汽车有限公司等企业加快新能源汽车生产基地建设，并加快发展电机及电控系统等关键核心部件。支持桂林客车工业集团有限公司建设新能源客车生产基地，支持桂林星辰科技有限公司建设电机及电控系统生产基地。支持广西玉柴机器集团有限公司加快建设新能源动力总成生产基地。加快广西天鹅蓄电池有限责任公司铅酸蓄电池生产基地建设。加快中信大锰矿业有限责任公司锂电池基地建设。通过上述生产基地建设，逐步形成完整的新能源汽车产业体系。

（二）加强新能源汽车自主研发体系建设。建立新能源汽车及电池、电机等关键零部件专业标准化分技术委员会，跟踪国内外技术标准，将自主知识产权融入国际标准、国家标准，完善新能源汽车产品标准体系。整合区内现有技术研发和检测资源，建立新能源汽车及关键部件的检测、评价和研发平台，制定产品质量要求，保证新能源汽车质量合格、产品安全。支持企业与区内外高校、科研机构通过产学研结合进一步整合优势资源，加快建设千亿元产业研发中心，研究开发新能源汽车产业发展的关键技术、共性技术和前瞻性技术。

（三）加快新能源汽车系列产品研发。积极推进纯电动、混合动力、燃料电池和其他新能源等各类汽车产品开发，尽快形成多品种、多系列的新能源汽车产品，满足不同领域的需要。客车重点推进城市公交车发展，支持桂林客车工业集团有限公司拓展电池电容、液电纯电动城市客车优势，加快研发油电混合动力城市客车；支持柳州五菱汽车有限责任公司开发纯电动、混合动力城市小公交。乘用车重点推进家庭用车、出租车和公务用车发展，支持上汽通用五菱汽车股份有限公司、东风柳州汽车有限公司、柳州延龙汽车有限公司研发纯电动轿车、纯电动微型客车、纯电动及混合动力多功能乘用车等产品，并加快产业化。商用车重点推进区域物流用车和环卫、机场和邮电等公共服务领域用车的发展，支持柳州五菱汽车有限责任公司、柳州延龙汽车有限公司发展纯电动货车、客货车、货车、城市垃圾车、观光车和邮政转运车等产品。

(四) 加快新能源汽车关键核心总成和零部件开发。新能源动力总成重点发展油电混合动力系统，支持广西玉柴机器集团有限公司拓展客车油电混合动力系统优势，并积极发展可再生空气混合动力总成、乙醇柴油发动机、双燃料发动机等新能源动力系统。支持桂林星辰科技有限公司与柳州五菱汽车有限责任公司等企业合作共同研发城市小公交混合动力总成、商用车混合动力总成。电机及电控系统方面，支持桂林星辰科技有限公司、柳州科尔数字制造有限公司、柳州延龙汽车有限公司等企业开展电机及其控制系统、电池管理系统、再生制动能量回收策略、电子助力转向控制系统、机电耦合技术、强电安全技术、网络通讯和控制技术、热管理技术等核心技术和关键产品研发。电池方面，同时推进锂离子电池、铅酸蓄电池发展，支持广西天鹅蓄电池有限责任公司加快纳米胶体铅酸蓄电池和卷绕式铅酸蓄电池的研发和产业化，并积极开发超级电容器电池等产品。支持中信大锰矿业有限责任公司、广西有色金属集团有限公司等企业发展锂电池材料，研制和生产锰酸锂电池、磷酸铁锂电池等锂离子动力电池。

(五) 开展新能源汽车区内示范推广。参照国家节能和新能源汽车示范工程和山东、重庆等省市先进经验，选择南宁、桂林、柳州等市，以公交、出租、公务、环卫等公共服务领域为重点进行我区节能和新能源汽车的示范推广。南宁、桂林、柳州等市要积极争取纳入国家节能与新能源汽车示范推广试点城市。示范城市要合理规划示范运行线路，建设新能源汽车基础配套设施，不断完善新能源汽车配套服务系统，加快我区新能源汽车的推广、应用和普及进程。

四、政策措施

(一) 加强新能源汽车产业发展的组织领导。成立自治区新能源汽车产业发展领导小组，由自治区人民政府分管领导担任组长，自治区工信委、发展改革委、科技厅、公安厅、财政厅、国土资源厅、住建厅、交通运输厅、商务厅、地税局、质监局，自治区国税局，广西电网公司等有关部门和单位负责同志参加，研究协调新能源汽车发展相关问题，整合各方面资源，推进新能源汽车产业发展。领导小组下设办公室，办公室设在自治区工信委，负责日常工作。

(二) 加大财政对新能源汽车产业发展的支持力度。自治区本级预算每年安排一定数额的资金并整合现有千亿元产业发展资金、科技专项资金、新能源产业发展资金等，用于支持新能源汽车示范推广、新能源汽车及关键核心部件的研发和产业化、新能源汽车配套基础设施建设等。南宁、柳州、桂林等市也要安排资金支持本地新能源汽车示范推广、研发及产业化和配套设施建设。自治区发展改革委、工信委、科技厅、财政厅、交通运输厅等部门要积极争取国家有关部门对我区新能源汽车研发及产业化方面的政策和资金支持。

(三) 加强新能源汽车生产准入和标准的指导协调。自治区工信委要指导新能源汽车生产企业做好生产准入工作，协调新能源汽车产品公告申报相关问题，为企业争取新能源汽车生产资质创造条件。对尚未建立国家标准的新能源汽车产品，自治区质监局引导企业采用国际标准和国外先进标准，研究制定相关企业标准，并在区内备案；同时，指导和组织科研院校、重点企业制定广西地方标准，并争取上升为国家标准。

(四) 推进区内新能源汽车的示范推广。自治区财政厅、工信委、科技厅、交通运输厅等部门负责组织实施我区新能源汽车的示范推广，研究相关办法和政策，对新能源汽车示范推广的车辆购置和配套设施建设给予补助，对新能源汽车消费者在购置、使用、维护等环节中给予政策优惠。南宁、柳州、桂林等市也要根据各自的实际情况安排资金扶持，并协调存在问题，推进新能源汽车应用示范。同时，自治区财政厅、工信委、科技厅等部门要指导南宁、桂林、柳州等市开展国家节能与新能源汽车示范推广试点城市的申报工作，争取国家政策和资金支持，加快新能源汽车推广使用。

(五) 加快新能源汽车配套设施建设。自治区发展改革委、工信委、住建厅、国土资源厅、广西电网公司等部门及各相关市政府要研究规划区内新能源汽车配套设施建设，研究新能源汽车充电站运营用电优惠等相关政策，保障新能源汽车配套基础设施建设用地，结合示范推广规划积极推进纯电动汽车充电站等新能源汽车配套基础设施建设，推进新能源汽车相关生产性服务业发展。

(六) 积极培育新能源汽车消费市场。各级政府在推进示范推广的同时，要积极采取措施，加强新能源汽车的宣传和消费引导，大力培育本地消费市场。各级政府部门和国有企事业单位要带头有计划地使用新能源汽车。各级机关、事业单位和团体组织使用财政性资金进行汽车采购时，在技术、服务等指标满足采购需要的前提下，优先采购节能与新能源汽车产品。

附件：

广西新能源汽车产业重点投资项目表

序号	项目名称	建设规模及内容	总投资（万元）	建设起止年限	项目所在地	业主或单位
1	年产12万辆专用车及新能源汽车建设项目	新建专用车、新能源汽车生产厂区及配套设施。开发新型货车改装车、新能源专用车、客车改装车、休闲车辆、社区用车，形成年产10万辆各类专用车及新能源汽车（其中新能源汽车5万辆）的生产能力	150000	2010—2014	柳州市	柳州五菱汽车有限责任公司
2	新能源汽车技术改造项目	利用CN100平台开发多功能混合动力车和并联式混合动力车，开发乐驰微型轿车的纯电动车型等	40000	2011—2012	柳州市	上汽通用五菱汽车股份有限公司
3	客车生产线搬迁改造项目	新建生产基地，开发混合动力V2客车，形成年产2.5万辆中轻型客车（其中新能源客车5000辆）的生产能力	25000	2009—2014	桂林市苏桥工业园	桂林客车发展有限责任公司
4	电动汽车扩能项目	新建厂房，扩建生产线，形成年产3万辆微型电动车生产能力	25000	2011—2015	柳州市阳和工业新区	柳州延龙汽车有限公司
5	新能源客车升级改造项目	新建厂房，建设生产线，形成年产8000辆各型新能源客车及客车底盘的生产能力	14600	2010—2011	桂林市苏桥工业园	桂林客车工业集团有限公司
6	电动汽车生产基地项目	新建厂房，建设整车装配线、检测线、研发中心、试制车间，形成年产1万辆微型电动车生产能力	11000	2009—2010	柳州市阳和工业新区	柳州延龙汽车有限公司
7	混合动力系统总成技术改造项目	建设生产线，新增年产3万台混合动力总成（其中2012年形成1.5万台）的生产能力	31687	2009—2015	玉林市	广西玉柴机器股份有限公司
8	城市小巴混合动力配型及产业化项目	新增设备，新建研发中心和制造基地，完成城市小巴混合动力配型，形成年产5万台混合动力电拖装置的生产能力	25000	2010—2012	桂林市国家高新区	桂林星辰科技有限公司
9	纯电动汽车及关键零部件开发和产业化项目	纯电动汽车整车、关键零部件研发及产业化，包括：纯电动微型物流用车、纯电动城市低速乘用车和纯电动城市小公交车三大系列；零部件包括电机驱动系统、整车控制系统、电池管理系统和电动空调控制系统等。	50000	2010—2012	柳州市	柳州五菱汽车有限责任公司
10	崇左中信大锰产业园一期工程	建设年产1万吨四氧化三锰项目、年产5200吨软磁铁氧体项目、年产500吨锰酸锂项目和广西锰业工程技术研发中心及总部大楼	26821	2008—2011	崇左市城市工业区	中信大锰矿业有限责任公司
11	锂离子电池项目	建设生产线，形成年产6.5万KVAh锰系锂电池的生产能力	20000	2011—2015	崇左市城市工业区	中信大锰矿业有限责任公司
12	新能源汽车关键零部件生产基地建设项目	新建新能源汽车关键零部件生产基地，开发控制器、充电机等核心零部件，形成新能汽车电器产品15万套配套能力	20000	2010—2014	柳州市	柳州科尔数字制造有限公司
13	崇左中信大锰产业园二期工程	扩建生产线，形成年产2000吨锰酸锂、2000吨钴酸锂的生产能力	15000	2010—2012	崇左市城市工业区	中信大锰矿业有限责任公司

续表

序号	项目名称	建设规模及内容	总投资(万元)	建设起止年限	项目所在地	业主或单位
14	太阳能与风能储能用纳米胶体铅酸蓄电池及卷绕式阀控密封铅酸蓄电池产业化建设项目	新建厂房，新建生产线，形成年产 30 万 KVAh 纳米胶体铅酸蓄电池和 22.5 万 KVAh 卷绕式阀控密封铅酸蓄电池的生产能力	12418	2010—2011	梧州市	广西天鹅蓄电池有限责任公司

广西壮族自治区人民政府

二〇一〇年九月二日

17. 辽宁省人民政府关于加快发展新兴产业的意见(节选)

各市人民政府，省政府各厅委、各直属机构：

加快发展新兴产业，是经济结构调整的一项重要任务，是推动全省经济又好又快发展的重大战略举措。近年来，全省新兴产业发展取得明显成效，但与发达地区相比，还存在经济规模小、结构不合理、创新能力不足、缺乏核心竞争力等差距。为加快全省新兴产业发展，推进辽宁老工业基地全面振兴，现提出如下意见：

一、发展新兴产业的指导思想、基本原则和主要目标

（一）指导思想

（二）基本原则

（三）主要目标

二、发展新兴产业的重点任务

（一）大力发展先进装备制造业

4. 新能源装备和环保产业关键技术装备。重点发展以核电、风电和太阳能装备为代表的新能源装备技术。研发百万千瓦核组泵、核环吊、变压器等核电配套产品；实现兆瓦级风力发电机组自主化，开发具有自主知识产权的海上风力发电机组；以太阳能下游产品为重点，开发利用太阳能绿色环保型产品；开发 LED 照明装备，带动半导体灯具产业发展，形成 LED 照明产业体系。大力研制发展新能源汽车。建设沈阳、大连新能源汽车基地，锦州电动汽车产业园，抚顺先进能源装备、盘锦石油装备、葫芦岛北港工业区新能源装备产业基地。到 2012 年，新能源汽车生产能力达到 20 万辆。到 2015 年，新能源汽车生产能力达到 50 万辆。

（二）大力发展新能源产业

5. 燃料电池。重点突破新型电催化剂、电解质膜材料、电极、双极板技术；燃料电池堆、燃料电池辅助装置系统集成技术；燃料电池发动机系统集成技术；大规模制氢技术；轻质超高压储氢装置、新型高容量金属氢化物、碳纳米管等储氢技术。重点开发应用于电动汽车、交通、电力、信息、航空航天等领域的氢燃料电池。建设辽宁(朝阳)新能源电器等产业基地。

（三）新材料产业

（四）新医药产业

（五）信息产业

（六）节能环保产业

（七）海洋产业

（八）生物育种产业

（九）高技术服务业

三、发展新兴产业的政策措施

（一）完善支持政策，形成强有力的政策支持体系

（二）加强组织领导，建立推进新兴产业发展的工作机制

辽宁省人民政府

二〇一〇年二月一日

18. 山东省新能源汽车关键零部件财政扶持暂行办法

第一条 为加快推进新能源汽车关键零部件产业化，按照省政府办公厅《关于推进新能源汽车产业发展的若干意见》（鲁政办发〔2009〕64 号）和《山东省新能源汽车示范推广财政扶持办法（试行）》（鲁政办发〔2009〕130 号）要求，省财政设立新能源汽车关键零部件扶持资金。为加强资金管理，提高资金使用效益，特制定本办法。

第二条 本办法所称新能源汽车关键零部件是指用于混合动力汽车、纯电动汽车、燃料电池汽车的关键零部件。

第三条 新能源汽车关键零部件主要包括：

（一）机电耦合驱动系统、电驱动系统，包括电机本体、电机控制器、混合动力发动机和变速器集成、电机控制器及其与变速器集成。

（二）电能蓄/供系统，包括车用动力蓄电池单体、车用动力电池单体、电池组、电池组管理系统、超级电容器、超级电容器管理系统。

（三）整车控制器、CAN 总线传输系统、电连接通断

系统、交流/变压系统、车载充电系统。

第四条　扶持资金的使用坚持鼓励创新、突出重点、注重实效的原则。

第五条　财政支持方式：

（一）对企业生产的新能源汽车关键零部件新产品，以及关键零部件技术达到国内领先水平的产业化项目，省财政给予资金扶持。

（二）对新能源汽车关键零部件产品被列入国家新能源汽车目录的整车生产企业采购使用的，省财政给予一次性奖补。

第六条　申请扶持的新能源汽车关键零部件生产企业应符合下列条件：

（一）在省内注册并具有法人资格的企业。

（二）企业具有相应的产品和技术研发能力，产品有自主知识产权，研发投入不低于销售收入的3%，具有产业化和为新能源汽车配套的能力。

（三）建设项目符合国家产业政策及有关管理规定，经过省（市）投资主管部门批准备案，产品符合安全、环保、节能有关标准、规定，项目工艺技术水平高，预期效益好。

（四）产品技术达到国内领先水平，拥有完整的知识产权，具有一定规模和产业化能力，发展前景好。

（五）产品与技术成熟先进，并经过权威机构或部门鉴定、检测合格，本公司产品质量保障不低于同行业三包规定，并有稳定的客户源，需求增长明显。

第七条　申请扶持的新能源汽车关键零部件企业应提交如下材料：

（一）企业基本情况。包括总资产、技术力量及技术开发投入、知识产权情况、上一年度企业生产经营情况、产品生产销售情况、主要客户及销售量等。

（二）项目情况。项目内容、产业化前景、现有研发与生产条件、管理水平、技术路线、产品产业化方案、产品技术与市场分析、经济效益与社会效益评述、风险分析、项目建设起止时间、总投资及构成。

（三）产品购销合同。与列入国家新能源汽车目录的整车生产企业或为低速新能源汽车配套的企业签订的产品销售合同及已开具的销售发票。

（四）有关证明文件：

1. 在省内注册的单位法人营业执照，所用新技术知识产权及省级以上水平认定证书复印件；

2. 投资主管部门批准文件，环境保护部门批复意见及已投资情况证明材料；

3. 上年度经社会中介机构审计的资产负债表、损益表、现金流量及上年度企业完税证明等复印件。

第八条　各市财政局和经济和信息化主管部门对企业资金申请报告审核确认后，于每年4月30日前报省财政厅、省经济和信息化委。

第九条　省财政厅会同省经济和信息化委组织专家对申报材料进行统一评审后，报省工业调整振兴联席会议确定享受扶持的企业名单。

第十条　申请资金补助的企业和单位要对申报材料的真实性负责，对补助的资金要专款专用，切实加强管理，确保资金发挥应有的效益。

第十一条　省将组织力量对补助资金使用情况进行重点检查，跟踪问效，对弄虚作假、骗取财政补助资金的，将扣回补助资金，并取消今后申报资格。对截留、挪用补助资金的，严格按照《财政违法行为处罚处分条例》（国务院第427号）规定，依法追究有关单位和人员的责任。

第十二条　本办法由省财政厅负责解释。

第十三条　本办法自公布之日起实施。

山东省财政厅办公室
二〇一〇年六月二十九日

19. 山西省汽车工业调整振兴实施方案（节选）

汽车工业是国民经济重要支柱产业，其产业链长、关联度高、就业面广、消费拉动大，是我省结构调整重点培育发展的产业。为贯彻落实国家《汽车产业调整和振兴规划》和《山西省装备制造业调整和振兴规划》，确保我省汽车及汽车零部件工业平稳较快发展，推动产业升级，结合实际，特制定该实施方案。

一、行业现状

近年来我省汽车工业发展较快，产业规模有了较大增长，已形成重型汽车、专用车和汽车零部件等较为完善、相互配套的产业体系。太原长安重汽、运城通达南北呼应的重型汽车生产格局已初步形成，晋中市榆次区已成为我省乃至我国北方重要的专用车生产基地，大同、长治、运城、临汾、太原、晋城六大汽车零部件产业集群也已初具规模。我省作为我国甲醇汽车的发源地以及甲醇汽车推广应用的示范省，已经具有较好发展甲醇燃料和甲醇汽车的基础。目前，全省汽车工业有企业100余个，其中重型汽车生产企业2个，专用车生产企业16个，汽车零部件生产企业50多个，从事甲醇燃料和甲醇汽车研发及示范运营的单位约有30余个。2008年两家重型汽车企业一期建设基本完成，进入试运行阶段，专用车产销量近3万辆，整车及零部件行业实现销售收入70多亿元，其中整车实现销售收入近30亿元，汽车零部件实现销售收入40多亿元。

二、指导思想和发展目标

（一）指导思想

立足现有基础，发挥我省资源和市场比较优势，加大对太原长安重汽和运城通达的扶持力度，打造在全国具有较强影响力的重型汽车龙头企业；以新能源汽车为突破口，加强自主创新，培育特色品牌；依托微型发动机研制能力，加大招商引资力度，积极培育微型汽车发展；加强关键技术研发，提高专用车和汽车零部件的技术水平和整体协作配套能力，促进山西省汽车工业快速、持续、健康发展。

（二）发展目标

三、发展重点

（一）南（运城通达）北（太原长安重汽）并举，做大做强重型汽车

（二）突出一个中心（晋中重型专用车基地），建设三大基地（运城、大同、长治三个专用车基地），做强、做专、做精专用车

（三）依托资源能源优势，全力推动我省新能源汽车发展

通过引进一汽集团、吉利集团等大企业，全力争取国家对甲醇发动机、甲醇汽车的市场准入，推进我省甲醇发动机、甲醇燃料汽车、煤层气燃料汽车、二甲醚燃料汽车、电动汽车等新能源汽车的发展。

推进山西靖烨公司与一汽集团合资合作，利用一汽集团的品牌、技术优势，建成年产3万台的CAC102M100、CA4102M100多点电喷高压缩比甲醇发动机项目，2011年销售收入达20亿元以上。

依托我省甲醇资源优势，推进吉利集团（晋中）甲醇汽车项目，建设一期工程，形成年产10万辆甲醇汽车生产能力，2011年销售收入达30亿元以上。

积极推进运城卓里引进国外先进技术建设电动车项目，2011年销售收入达到8亿元以上。

新能源汽车重点项目表　　单位：万元

企业名称	项目内容	改造后总产能	总投资	销售收入
一汽靖烨发动机有限公司	年产3万台汽车发动机项目	3万台汽车甲醇发动机	50000	200000
吉利集团MEER甲醇汽车项目	年产10万辆甲醇轿车（一期）	10万辆甲醇轿车	290000	1000000
山西卓里集团有限公司	年产10000辆电动汽车	年产电动汽车10000辆	15000	40000
山西卓里集团有限公司	年产20000辆纯电动甲壳虫汽车	年产纯电动甲壳虫汽车20000辆	30000	60000

（四）依托微型发动机核心，推动我省微型汽车发展

四、实施措施

（一）推进企业联合重组

（二）加大招商引资力度

（三）强化产业政策支持

（四）促进产业自主创新

（五）拓展汽车及零部件市场

（六）积极推广使用新能源汽车

省政府每年列支专项资金，支持新能源汽车高新技术产业化重大项目，重点支持甲醇燃料汽车、二甲醚燃料汽车、电动汽车等新能源汽车及关键零部件的产业化。建立绿色通道机制，鼓励在停车场、公交终点站、油气站等建设新能源汽车配套基础设施。积极推广省内公交车改用甲醇燃料，省财政对改装M85以上甲醇燃料的公交车给予一次性5000元的资金补助。鼓励出租车使用本省生产的甲醇汽车鼓励单位和个人购买本省生产的煤层气重型汽车。

（七）完善人才引进培养机制

山西省经济和信息化委员会

二〇一〇年一月二十九日

20. 成都市电动汽车产业化行动方案(2010—2012年)

为推动我市新能源汽车产业发展，加快推进电动汽车产业化，培育新的经济增长点，根据国务院《关于印发汽车产业调整和振兴规划的通知》（国发〔2009〕5号）和《成都市新能源产业发展规划（2009—2012）》，特制定本行动方案。

一、发展思路

按照“市场换投资、换技术，投资和技术共促产业发展”的总体思路，结合国家开展节能与新能源汽车示范推广试点，大力实施“千辆电动汽车示范推广工程”，建立电动汽车能源供给体系，积极营造和改善电动汽车上路、使用、管理等外部环境，着力培育和引进电动汽车整车和关键零部件生产龙头企业，形成市场和产业有效互动的良性发展机制，积极推进我市电动汽车产业跨越式发展。

二、发展目标

到2012年，在我市公交、出租车、旅游观光、绿化、市政、环卫、城市管理等行业（领域）推广应用电动汽车千辆以上，建成与电动汽车拥有规模相匹配的电动汽车充换电站网络；培育和引进电动汽车整车生产龙头企业1～2户、动力电池生产龙头企业2～3户、电机及控制系统生产龙头企业1～2户，形成年产电动汽车整车2万辆、动力电池3亿安时、电机及控制系统2万台（套）以上的生产能力，实现销售收入100亿元。

三、重点工作

（一）应用示范

1. 公交车示范。在我市公交系统开展电动公交车应用示范，首期投入50辆，到2012年共投入250辆。

2. 出租车示范。在我市出租车行业投入电动出租车应

用示范，首期投入300辆，到2012年共投入1300辆。

3. 专用车示范。在我市旅游观光、绿化、市政、环卫、城市管理等行业（领域）投入电动专用车应用示范，首期投入50辆，到2012年共投入350辆。

（二）环境建设

1. 2010年，编制出台我市《电动汽车充换电基础配套设施布局规划》，加快引进国内知名电动汽车能源供给运营企业，建立电动汽车“电池租赁”商业模式，支持运营企业在我市公交车始末站和旅游观光、绿化、市政、环卫、城市管理等专用车停车场建设充电站（柱），到2012年在全市建设充电配送中心4~5座、充换电站30~50座、充电柱5000~10000个，形成较完善的与我市电动汽车发展规模相匹配的电动汽车充换电站网络。

2. 尽快制定出台我市《电动汽车使用管理试行办法》《电动汽车电池报废技术标准》《电动汽车报废电池回收管理办法》《电动汽车充换电配套设施建设地方标准》《电动汽车运行收费标准》等规范和标准，解决电动汽车上路、使用和管理等问题。

（三）产业规划

在成都经济技术开发区规划建设我市电动汽车产业基地，重点发展电动公交车、电动专用车、电动轿车等电动汽车整车项目及关键零部件项目，建立完善我市电动汽车技术研发体系，大力培养电动汽车专业人才和熟练工人。

1. 电动汽车整车包括：

（1）电动公交车。依托本地客车生产企业发展电动公交车，支持企业实施自主创新、技术改造及开展合资合作，形成年产1000辆电动公交车的生产能力。

（2）电动轿车。培育和引进国内外知名的电动乘用车生产企业1~2户，同时鼓励本地轿车企业发展电动轿车，形成年产2万辆电动轿车的生产能力。

（3）电动专用车。支持本地电动汽车生产企业和专用车生产企业合作，通过自主研发和技术改造，形成年产1000辆电动专用车的生产能力。

2. 关键零部件包括：

（1）车用动力电池。引进国内外先进的锂离子电池生产企业1~2户，鼓励本地锂离子电池、无钕稀土系镍氢电池企业与整车企业合作开发相匹配的车用动力电池，形成年产3亿安时动力电池的生产能力。

（2）电机及控制系统。引进国内外知名的电机及控制系统生产企业1~2户，加强与省内市（州）合作，建立感应电机、永磁电机、开关磁阻电机、自适应控制系统、变结构控制系统等电机及控制系统的研发制造战略联盟，形成年产2万台（套）电机及控制系统的生产能力。

3. 研发体系包括：

（1）建立核心技术研发平台。充分利用我市科研优势，以生产企业为主，联合高等院校和科研机构，建立电池、电机、控制系统核心技术研发平台，支持高等院校及科研机构推进科技成果产业化。

（2）建立电动汽车检测平台。建立区域性的电动汽车检测服务中心，为生产企业和研发机构提供全面检测（测试）服务，确保“成都造”电动汽车质量可靠、安全稳定。

4. 人才培养。与有条件的高等院校开展合作，依托高等院校定向培养我市电动汽车产业发展急需的专业人才。鼓励我市职业技术院校开设电动汽车相关专业，培养适合我市电动汽车产业发展需求的熟练技术工人。

四、配套政策

（一）市场推广扶持政策

争取将我市列入国家节能与新能源汽车示范推广试点城市和私人购买节能与新能源汽车补贴试点城市。在未列入国家试点之前，可参照财政部、科技部《节能与新能源汽车示范推广财政补助资金管理暂行办法》（财建〔2009〕6号）有关补贴标准，对购买我市生产的电动汽车给予资金补贴。

（二）环境建设扶持政策

1. 对我市电动汽车能源供给网络系统项目建设用地，可按项目规划，采取划拨、出让、租赁等多种方式相结合的方式供应土地，并给予用地价格优惠支持；对电动汽车能源供给运营企业及充电站用电实行工业或非普工业用电标准，国家和省有新规定的，从其规定。

2. 对在我市采取“电池租赁”商业模式从事电动汽车能源供给的运营企业，可根据其新增用户所配置的电池数量，按照实际采购价格给予10%的资金补贴。

3. 对落户我市的电动汽车能源供给运营企业，根据其每年报废电池数量，按照实际采购价格的5%给予资金补贴，支持其对报废电池进行环保处理。

（三）产业发展扶持政策

1. 对在我市注册且其产品符合电动汽车国家标准的电动汽车整车生产企业，将其产品纳入我市地方名优产品推荐目录给予支持。

2. 对我市电动汽车整车、动力电池、电机及控制系统具有重要带动作用的重点企业、重大项目，按照“一企一策”的办法研究政策给予支持。

3. 鼓励和支持电动汽车整车及零部件生产企业将具有自主知识产权的技术创新成果转化为地方和国家标准，科技、质监等部门要对电动汽车标准化项目给予优先立项支持。

4. 将我市电动汽车技术攻关项目纳入市科技投入重点支持内容，加快突破整车集成、电池、电机及控制系统等关键技术瓶颈。

5. 对符合条件的检测机构新增电动汽车检测设备，可给予不超过新增设备投资总额30%的补贴。

五、保障措施

（一）加强组织领导。建立以市委、市政府分管领导为召集人，市经委、市科技局、市交委、市城管局、市林业园林局、市投促委、市环保局、市质监局、市财政局、市安监局、市物价局、市交管局等部门和成都经开区组成的成都市电动汽车产业推进联席会议，统筹协调和推进我市电动汽车应用示范和电动汽车产业发展工作，联席会议办公室设在市经委。

（二）组建产业联盟。由市经委牵头，组建有成都电业局、能源供给（加电站）网络运营商、研发机构、大专院校和电动汽车整车及关键零部件生产企业参加的成都市电动汽车产业联盟，依托电动汽车产业联盟，强化行业自律，开展电动汽车产业发展研究，参与制定电动汽车地方标准，开展联盟内产业协作配套和行业间协调。

（三）明确职责分工。全市电动汽车产业化工作由市经委牵头统筹协调，市政府有关部门（单位）按照《成都市电动汽车产业化行动工作任务分解表》（详见附件），各司其职，协调配合，共同推动我市电动汽车应用示范工作顺利开展，促进电动汽车产业快速发展。本行动方案自2010年5月1日起施行，有效期至2012年12月31日。

附件：

成都市电动汽车产业化行动工作任务分解表

序号	工作任务	完成时限	责任单位	配合单位
1	力争将成都市增列为国家节能与新能源汽车示范推广试点城市和私人购买节能与新能源汽车补贴试点城市，积极争取国家财政支持	2010年	成都市科技局	成都市财政局 成都市经委
2	指导和协助企业将我市电动汽车项目进入工业和信息化部《新能源汽车生产企业及产品准入管理规则》及《车辆生产企业及产品公告》	2010年	成都市经委	成都市发改委
3	制定成都市《电动汽车充换电基础配套设施布局规划》	2010年	成都市能源办	成都市规划局 成都市国土局 项目业主
4	制定成都市《电动汽车使用管理试行办法》	2010年	成都市交管局	成都市交委 成都市安监局 成都市质监局 成都市工商局
5	制定充换电设施建设方案并组织实施，2010年在公交车示范线始末站及旅游观光、市政、绿化、环卫、城市管理等专用车固定停车场所及加气站附近建成充电站配送中心1座、充电站2座、充电柱100个；到2012年，建成充电配送中心4～5座、充换电站30～50座，充电柱5000～10000个	2010—2012年	项目业主	成都市规划局 成都市国土局 成都市城管局 成都市林业园林局 成都电业局
6	确定电动公交车应用示范线路和制定车辆采购计划，首期投入运营电动公交车50辆，逐步扩大示范范围，到2012年共投入运营电动公交车250辆	2010—2012年	成都市交委	成都市公交集团 成都市电动汽车产业联盟
7	制定电动出租车应用示范计划，根据运力增量情况，制定具体车辆采购计划，在成都市开展电动出租车应用示范，首期投入电动出租车300辆，到2012年共投入运营电动出租车1300辆	2011—2012年	成都市交委	成都市电动汽车产业联盟
8	分别制定电动专用车应用示范计划和车辆采购计划，在成都市旅游观光、环卫、市政、绿化、城市管理等行业（领域）开展电动专用车应用示范，首期投入运营电动专用车50辆，到2012年共投入运营电动专用车350辆	2011—2012年	成都市交委 成都市旅游局 成都市城管局 成都市林业园林局	成都市经委
9	指导和推进成都市电动汽车产业加快发展，支持四川汽车工业集团公司、成都客车股份有限公司和一汽客车（成都）有限公司等本地企业发展电动汽车整车	2010—2012年	成都市经委	成都经开区
10	开展电动汽车产业招商引资工作，引进电动汽车能源供给系统、电动汽车整车、电池、电机、电控系统等项目	2010—2012年	成都市投促委	成都市经委 成都经开区市工商局

续表

序号	工作任务	完成时限	责任单位	配合单位
11	加强成都经开区基础设施建设，加快电动汽车产业基地建设，制定相应扶持政策，为电动汽车整车及零部件项目落户创造条件	2010—2012 年	成都经开区	成都市经委 成都市投促委
12	制定成都市电动汽车电池报废技术标准	2010—2012 年	成都市环保局 成都市质监局	成都市电动汽车产业联盟
13	制定成都市电动汽车报废电池回收管理办法	2010—2012 年	成都市经委 成都市环保局	成都市交委 成都市质监局 成都市商务局 成都市电动汽车产业联盟
14	制定成都市电动汽车充换电配套设施建设地方标准	2010—2012 年	项目业主	成都市质监局 成都市能源办 成都市电动汽车产业联盟
15	制定成都市电动汽车运行收费标准	2010—2012 年	成都市物价局	成都市电动汽车产业联盟
16	落实本行动方案中电动汽车产业发展市本级财政扶持资金	2010—2012 年	成都市财政局 成都市经委	成都市工投集团
17	加强电动汽车整车及零部件生产安全、充换电站运营安全、电动汽车行驶安全监管和相关数据收集	2010—2012 年	成都市安监局	成都市交管局 成都市电动汽车产业联盟
18	研究和协调解决成都市电动汽车应用示范及产业发展中的重大问题，提出制定相关扶持政策的建议	2010—2012 年	成都市电动汽车产业推进联席会议	成都市电动汽车产业联盟

成都市经济和信息化委员会

二〇一〇年三月三十日

21. 株洲市公交车电动化三年行动计划纲要（2009—2011）

为切实做好我市节能与新能源汽车示范推广工作，按照科技部、财政部《关于开展节能与新能源汽车示范推广试点工作的通知》（财建〔2009〕6 号）要求，经市政府第 19 次办公会议决定，株洲要在全国率先建成公交电动化城市，特制定公交车电动化三年行动计划纲要。

一、总体思路

（一）政府引导，市场运作。政府各部门统一规划，协调行动，加大政策性资金支持力度。突出市场化运作模式，建立以争取国家补贴和地方政府财政性资金投入为引导，企业、金融机构投入为主体，社会各界广泛参与的新型投融资体制，吸引多种形式资金进入节能与新能源汽车产业领域。

（二）示范带动，提升技术。通过示范运营，推动节能与新能源汽车大规模产业化的技术攻关，突破产业化发展瓶颈，全面推动节能与新能源汽车产业化体系建设，形成批量化生产和技术服务能力。

（三）循序渐进，树立品牌。用三年的时间将城区公交车分步、分批次全部替换成混合动力公交车，建立健全节能与新能源汽车的运营组织管理、政策支持和技术服务体系，提高节能与新能源汽车产品的市场认知度，树立时代电动汽车产品品牌和株洲“绿色公交”运营品牌。

（四）节能减排，推进“两型”。不断改进电动汽车节能技术，通过全面推广公交汽车电动化，实现节能减排，改善生态环境，推进“两型社会”建设。

二、主要目标

2009—2011 年，将城区现有的 627 辆公交车全部换成电动或混合动力车。着力打造“绿色公交”，在全国率先实现城市公交车全部电动化，不断改善城市环境，提升城市品位，努力把株洲建设成为全国节能与新能源汽车示范推广样板城市，推进“两型社会”建设。通过电动公交车的大规模推广应用，促进电动汽车产业发展，将株洲打造为国内最大的电动汽车专业化研发和制造基地。

三、实施计划

（一）宣传发动：加大舆论宣传力度，向社会各界及广大市民阐明发展电动公交车三年规划的目的、意义、三年具体实施计划，取得社会各界及广大市民的理解和支持，为三年计划的具体实施创造和谐的环境。

（二）更换计划：三年内将城区现有的 627 辆公交车全部换成电动或混合动力车。其中，2009 年 160 辆，2010 年

260 辆，2011 年 207 辆。

（三）申请补贴：市科技局牵头，市财政局、公交公司和时代电动公司配合，组织向国家科技部、省政府申报示范车辆政策补贴。

（四）旧车处置：市建设局牵头组织市财政局、市公交公司等单位处置替换下来的公交车，收回残值。

（五）总结经验：市科技局牵头组织市公交公司、时代电动等单位对电动汽车示范运营进行综合评价，提出适宜我市示范运营的电动汽车车型、技术保障措施和运营模式。并全面整理分析电动汽车示范运营相关数据，总结示范运营经验，向全省全国推广运营模式。

四、保障措施

（一）组织保障

市政府已成立“市节能与新能源汽车示范推广领导小组”，领导小组下设办公室，办公室设在市科技局，具体负责计划落实与组织协调等工作，制定我市节能与新能源汽车示范推广的规划、配套政策，筹措并落实专项资金（各部门的具体职责见附件）。

（二）政策保障

1. 除中央、省财政资金外，地方财政也给予补贴。

2. 出台节能与新能源汽车政府采购办法，鼓励政府、企事业单位购买节能与新能源汽车。

3. 给予电动汽车车辆购置税减免、挂牌、规费减免等优惠扶持政策。

4. 给予专项资金、产业化资助资金及产业扶持政策。对涉及电动汽车及相关关键零部件产业化和示范推广的关键技术和基础性的研发给予持续、重点支持。

5. 积极争取国家和省对电动汽车示范推广的资金和政策支持。我市将在经济社会发展规划、重点项目规划及项目立项、项目用地和配套资金上给予扶持。

（三）资金保障

按照“统筹资源、突出重点、多方筹措”的原则，以财政政策鼓励新能源汽车示范推广。制定株洲市节能与新能源汽车示范推广财政补助资金使用办法，由市财政每年安排专项资金，用于节能与新能源汽车的推广、示范、运营等专项补贴以及相关技术的研发、产业化等项目经费。

1. 市财政补助：给予公交公司购车补贴、贷款贴息、提前处置车辆的损失补助等各项补助 6000 万元，分三年拨付。其中：第一年 900 万元，第二年 2000 万元，第三年 3100 万元。在市公交公司按年度计划完成换车任务的情况下，由科技局和财政局依据购车合同完成情况联合下文执行。三年以后因购车未归还的银行贷款按公交公司的实际运行效果再行考虑。如果实际运营的空调车比例过高导致市民反应强烈，空调车票价被迫下调或打折而导致实际平均票价低于 1.73 元/人次，对公司经营造成影响而发生的亏损，由市财政给予适当补助。另外，为支持电动汽车产业化发展，2009 年市财政补助南方宇航 100 万元，时代电动 100 万元。

2. 实际油耗差额补偿：如果混合动力空调公交车实际运营的油耗大于 30 升/百公里，由时代电动给予公交公司足额补偿。

3. 融资措施：购车资金安排中企业自筹部分因公交公司自行筹资非常困难，由公交公司向银行申请贷款，由市城发集团或者时代集团提供担保。

（四）技术保障

由市科技局牵头组织公交公司、时代电动等单位定期对实施效果进行评估总结，以不断提高时代电动的技术水平与产品性能。

（五）运营服务保障

由公交公司与时代电动签订电动车销售合同及技术服务协议，明确售后服务、配件储备、操作及维修人员培训、服务体系建设等具体条款，保障电动公交车安全、环保、经济运营。

由建设局负责协调解决公交电动车配套设施建设有关问题。

五、效果分析

（一）节能减排效果

经国家认定的第三方检测机构测算，在中国典型城市公交工况下，混合动力公交车单台可节油 20% 以上。在株洲实际公交工况下，混合动力公交车单台节油率高于 15%，单台一年运营 6 万公里，可节油 2676 升。同时，将直接降低二氧化碳、一氧化碳、氮氧化物等有害物质排放。

（二）产业带动效果

1. 有利于推动南车时代电动汽车产业化基地建设，到 2012 年，时代电动公司年产销售整车 1000 辆以上、电传动系统 10000 套以上、关键零部件 20000 件以上的规模，可实现年销售收入 10 亿元，成为全国最大的电动汽车产业化基地。

2. 有利于形成汽车产业集群，结合年产 20 万辆的奇瑞新能源汽车项目和北汽株洲基地 20 万辆汽车项目，3 ~ 5 年内，新能源汽车产业有望成为株洲新的支柱产业，株洲可望打造成新能源汽车城。

3. 有利于带动相关产业配套发展，进一步放大电动汽车产业链规模效应，带动原材料、机加工、电子信息、零部件配套等二十几个相关产业的发展，实现 100 亿元的相关产业规模。

（三）社会效果

公交车电动化三年行动计划的实施，有利于改善城市空气质量，改善市民乘车环境，提升城市品位，把株洲打造成生态宜居城市。

附件：　株洲市公交车电动化三年行动计划责任分解表

工作任务	责任部门	配合部门	工作任务	责任部门	配合部门
制定《株洲公交电动化三年行动计划》，组织协调三年行动计划的实施	市科技局	市财政局、时代电动、公交公司	将公交车电动化纳入株洲振兴汽车产业规划	市发改委	市企业发展、促进局
落实国家补贴资金及省、市配套资金	市科技局	市财政局	落实执行电动汽车生产运营的税收优惠政策	市国税局	市地税局
负责处置已更换的传统动力公交车	市建设局	市公交公司	争取有关节能与环保项目的资金	市发改委	市环保局
抓好电动汽车的生产制造，并建立健全电动汽车的售后服务体系	南车时代电动	示范运营公司	负责办理电动公交车辆的上户、上牌	市交警支队	市公交公司

株洲市人民政府办公室

二〇〇九年七月三日

三、国际主要国家鼓励与支持政策

1. 欧盟

欧盟电池容量标签相关规定

2010 年 10 月 25 日，欧盟理事会通过了电池容量标签草案，该草案一旦获欧洲议会通过，可携式电池、汽车电池及蓄电池的准入门槛将大幅提高。该草案要求，标签须根据国际电工标准清楚注明容量水平且须按固定的大小和位置列示，容量计量单位为“安培小时”（Ah）或“毫安小时”（mAh）。其中，可携式电池及蓄电池的容量级别将以指定数字式样显示，使用数字式样的准则将取决于电池或蓄电池内的物质及其用途。汽车电池及蓄电池方面，容量标签的内容包括容量级别及冷启动性能。该草案规定了 18 个月的宽限期，18 个月后投放市场的可携式电池、汽车电池及蓄电池，将正式接受规例内的规定监管。检验检疫部门在工作中发现，电池出口仍存在标签大小和位置不规范、电池未标注容量级别等问题，在出口中，标签问题已成为继电池环保不过关之后的另一卡壳问题。

欧盟道路交通电动化路线图（3.5 版）

（1）基本阶段及其总体目标。①第一里程碑，预定在 2012 年前为引入阶段，对现有汽车进行调整和改装。②第二里程碑，2012—2016 年为过渡阶段，第二代电动车问世。③第三里程碑，预定在 2016—2020 年，为大规模生产阶段。到 2020 年，全欧范围混合动力汽车和电动车将得到全面使用。作为最关键部件，电池使用寿命和电量密度（待机时间）将是现在的 3 倍，而制造成本将是现在的 30%。电动车形成市场竞争力，不需政府补贴就能赢得消费者。电网和充电设施能为消费者提供自动、便捷、高效的充电服务。经 10 年左右的发展，整个欧盟将实现总计有 500 万左右电动和混合动力车上路的发展目标。

（2）六大技术领域的细分目标。据欧盟工作小组辨识，电能储存系统、车辆驱动技术、系统一体化、电网一体化、交通系统、安全为电动车发展六大关键技术领域。表 1 所示的是欧盟六大技术领域分阶段细化目标。

（3）具体技术领域下工作事项细化目标。六大技术领域，又可进一步细分为具体工作事项。欧盟路线图为每一工作事项的启动和完成都厘定时间表。如在“电能储存系统”下第 7 工作事项为“研究后锂电池技术”，路线图规定该项工作 2012 年启动，2018 年完成研发，2020 年实现生产和销售（因以下将详示德国电动车发展路径，欧盟细化工作事项计划时间表从略）。

表 2-3-1　欧盟电动车发展六大技术领域分阶段细化目标

技术领域	里程碑 1：2012	里程碑 2：2016	里程碑 3：2018—2020
电能储存系统	全面理解和正确管理安全、性能和寿命等方面的参数	制造安全、廉价电能储存系统，延长电池寿命和电量密度	电池使用寿命和电量密度是 2009 年 3 倍，制造成本降至 20% ~30%
车辆驱动技术	开发出有效使用和再使用电能的车辆驱动部件	提升电力发动机的材料、性能，制造出燃油增程引擎	实现无限程电动系统工作，温室气体排放迅速降低
系统一体化	形成安全、耐用、节能的电机和电池互动工作方案	基于软件硬件设计，优化电动架构的能源流控制	一体化系统全面改善和创新

续表

技术领域	里程碑1：2012	里程碑2：2016	里程碑3：2018—2020
电网一体化	电网开始适应电动车和电网运行需要调整	充电速度提高	迅速、便捷和智能化双向充电
交通系统	为促进电动车使用，调整公路设施和通信工具	电动车和其他运输方式实现全面一体化	基于积极安全系统和汽车至路边（car－to－x）通信实现自动驾驶
安全	推出（经测试和查验）同程度符合类传统车（新）´安全标准的电动车	实施与电动车大规模使用及与道路交通关联的所有特定安全问题解决方案	面向电动车最大程度开发利用积极安全措施

欧盟层面其他促进措施

(1)在（2008年11月启动的）欧盟经济复苏计划（EERP）框架下，欧委会发起公私伙伴绿色轿车行动（Public Private Partnership Green Cars Initiatives），预计欧委会、各成员国政府、产业界将为这一行动拨付资金总额10亿欧元。2010—2013年，欧委会将继续使用已建成框架工具，面向绿色轿车行动，执行欧盟第7期研发框架项目。2010年，欧委会通过相关指令，开展“欧盟绿色轿车行动——2010年机会”活动，欧委会和欧洲投资银行一道推进相关工作项目。

(2)欧盟成员国通过欧盟研究区域联络网（ERA－NET）框架，可开展电动车的联合研发和信息沟通；法国、意大利、比利时、丹麦、荷兰、瑞典等国，还可在国际能源组织“混动和电动车”协议框架下，开展电动车研发信息交流。

2. 美国

美国公布44亿美元能源法案

2010年8月13日，美国公布一项能源法案，对天然气和电动汽车的资金投入超过了44亿美元。这笔巨资中电动汽车的获得使用4亿美元的资金。在天然气车辆40亿美元的资金中，CNG补助金以及退还款占据了38亿美元。另外的2亿美元将会被制定作为直接贷款的用途用于帮助制造CNG汽车以及生产零部件。

美国5个交通要道城市电动汽车补贴政策

2010年6月7日，美国为鼓励电动车的生产和消费，指定5个交通要道城市提供电动车补贴。每个城市的补贴力度不同，最高补贴额度将达8亿美元。六年内这5个指定城市将至少配备70万电动车。此外，还将指定15个大都市区，补贴电动车消费者1万美元。美国还将对电动车充电设备的安装提供补贴，该政策将会一直持续到2017年。其中厂商的补贴限额为5万美元，前10万消费者可享受的最高限额2000美元的优惠。

美国提出汽车评级建议

2010年8月31日，根据奥巴马政府提出汽车评级建议，将根据汽车的燃油效率和排放量给每辆汽车贴发等级标签。这项策略旨在推动电动汽车等新能源汽车的销售，并逐步实现美国在哥本哈根会议上倡议的低碳经济的承诺。美国环境保护署(EPA)和运输部联合发布的新规则，将根据汽车的燃油效率和二氧化碳排放，给每辆消费者的汽车贴上一个政府拟议的从A级到D级的标签。根据当前的规则，这个标签必须标明被销售车每加仑燃料可以运行多少英里，以及该车每年的燃料成本估计值。根据等级规则，电动汽车和天然气－电力混合动力车会得到建议制度下的最高等级，而较大的、马力较强的车型，如运动型多用途车得到较低的等级，因为它们需要更多的燃料和泵出更多的二氧化碳。这些标签也将显示该车在同一级别的其他车辆，在天然气燃料成本上的差异。

美国各州政府和市政府促进电动汽车发展优惠政策

(1)加州San Joaquin Valley市：原价32500美元的聆风可享受联邦政府、加州政府和市政府的补贴，总计15500美元（7500＋5000＋3000）。若全款购买，补贴后的聆风只需17000美元。

(2)科罗拉多州：6000美元州政府补贴，购买相应充电器还可获得原价20%的补贴。

(3)加乐福尼亚州：5000美元州政府，各城市还提供额度不等的额外补贴，个别市提供免费停车；电动车可享用快速车道（根据加州法规，只有车内乘员超过3人的才可使用快速车道）。

(4)佐治亚州：5000美元州政府补贴，购买相应充电器还可获得原价10%的补贴；电动车可享用快速车道（根据佐治亚州法规，只有车内乘员超过2人的才可以使用快速车道）。

(5)夏威夷州：可获车辆原价20%的州政府补贴，上限为4500美元，若同时购买充电器，补贴上限则为5000美元。

（注：数据由美国能源局提供）

3. 日本

日本能源基本计划修正案

2010年3月24日，日本经济产业省公布了能源基本计划修正案，这一修正案将作为日本2030年前的能源政策方针。修正案一方面要求家庭和汽车等造成的“生活二氧化碳”排放量减半，另一方面要使下一代输电网等与新能源有关的产业成为经济增长的支柱。修正案提出，在2020年前，要使下一代新能源汽车销售量占新车销售量的一半；2030年前，家庭照明要普及高节能发光二极管。与此同时，修正案还明确提出要扩大利用太阳能和风能等可再生能源；在2020年前，新建8座核电站；并在21世纪20年代初期建成新一代输电网。作为确保能源供应稳定的措施，修正案创设了"自主能源比率"概念，这一概念不仅包括传统意义所指的国内资源，而且包括日本在海外投资的可获得资源。修正案提出2030年要使能源自主率由现在的38%提高到70%。经济产业省指出，"日本资源匮乏，有必要制定广义的指标"。

日本氢燃料电池汽车商业化发展规划

2010年2月11日，日本燃料电池商业化协会（Fuel Cell Commercialization Conference，以下简称"电池协会"）表示，政府资助了13座用于燃料电池汽车的加氢站。每座加氢站的成本约为500万～600万美元，政府提供一半，另一半费用由能源公司支付。日本政府希望在2015年之前再建设40～50座类似的加氢站。（1美元约合6.82元人民币）

日本新能源产业技术综合开发机构（NEDO，以下简称"新能源开发机构"）的Sayaka Shishido表示，一辆典型的燃料电池汽车花费大约100万美元。该机构是日本政府为资助燃料电池和其他"新能源"发展而设立的机构。丰田公司将其14辆燃料电池车租借给大学和当地政府，月租金高达9000～11000美元。

目标年份：以建设必要的基础设施为重点，力求在2015年前实现小规模的商业化。除了基础设施，其他技术障碍依然存在，如减少汽车中使用的贵金属——铂。目前许多燃料电池汽车大约使用100克铂，人们的目标是将其削减到10克。

日本经济产业省（部）"下一代（次世代）机动车战略2010"

2010年4月12日，日本经济产业省（部）公开了名为"下一代（次世代）机动车战略2010"的日本国内机动车产业指导规划。规划中指出，到2020年，纯电动汽车（EV）和混合动力轿车（HYBRID）将在整体乘用车的销售比例中应占到50%，2030年将占到70%。规划中还指出，2020年，日本将为纯电动车型建成5000个快速充电站，200万个家用普通充电设备。并且规定中还指出，在制定未来机动车使用的蓄电池国际化标准时，日本企业必须起到主导作用。

4. 德国

德国联邦政府国家电动车发展规划

（1）规划目标

到2020年，德国所拥有已上路电动和插电混合动力车（PHEV）达100万辆。在规划第一实施期（2009—2011年），研发资金总额4亿欧元，作为2009年春季启动的德经济刺激计划组成部分而发起，研发范围包括电能储存系统、机车技术、汽车电网互动及其示范，现场运作测试。在规划第二（2012—2016年）、第三（2017—2020年）实施期，除进行研发外，还将开展市场启动和商务开发等方面的工作。

（2）已公布的支持政策

①面向电动车研发的主要政府资助框架。德联邦政府"第5期能源创新和新能源技术研究项目"是由联邦经济部领导的"能源和气候项目"的组成部分。从侧面支持了电动运输研发行动。联邦政府第3期"汽车和运输技术交通研究项目"（3rd TRPMTT），政府高技术战略（High-Tech Strategy），与民间研究活动（见下文）一道，集聚了研究力量，带来了协同效应；联邦交通部（BMVBS）组织实施的"国家氢燃料电池技术创新项目"，致力于以氢燃料电池为支撑，开发替代性机车驱动方式。

②各技术领域政府研发资助及配套产业界行动。

——电能储存。产业界承诺要在此领域投入多于政府资助的资金。在政府高技术战略下，联邦教研部（BMBF）发起锂电池联盟（Lithium-ion Battery Alliance，LIB 2015）。该联盟开展的研发始于2008年末。联邦政府曾为该联盟行动拨付6000万欧元预算资金；产业界则再投入3.6亿欧元。LIB 2015联盟主要行动目标是持续推进锂电池研发。在该联盟行动下开展的若干联合研究项目值得一提：LISA，投入资金170万欧元；REALIBATT，投入资金210万欧元；LIHEBE，投入资金220万欧元。

在能源储存元器件开发方面，经济部组织的专家工作小组于2007年10月形成工作成果，由此联邦经济部得以在2008年发布汽车和普通蓄电池概念。与能源储存元器件技术关联的多个研究项目，既要在技术上实现集聚能源、提升能量容量和周期稳定性，也要基于新手段（如基于超导材料）探索新储存方式。2009—2012年，由经济部负责实施"蓄电池项目计划"，联邦政府将为此提供3500万美元，促进电池创新开发。

——车辆驱动技术。由联邦经济部领导实施第3期"关于汽车和运输技术的交通研究项目"（3rd Transport Research Program on Mobility and Transport Technologies），所设定目标包括对驱车技术研究开展资助，特别重视形成能降低能耗、减少道路交通污染的新机车概念和技术。随着2005年"关于替代动力/混合动力概念的意见书"发布，联邦经济部对驱动技术的资助集中于开发混动车。当前研究的目标是提升混动车关键部件，新工作模块的应用开发和一体化。开发目标是整个系统的标准化和模式化。为此，德联邦经济部提供3000万欧元资金，资助研究机构和工业企业开展研究，包括35个合作方正联合开展10个研究项目，其中所做工作还包括要寻求解决方案，实现燃油消耗减少30%的目标。

在联邦教研部“ICT 2020 I创新研究项目”框架下，政府还对“汽车电子创新联盟”（EENOVA）开展支持。该联盟关键行动之一也包括汽车能源管理。联邦教研部总计将在未来若干年间为EENOVA提供1亿欧元资金；而产业界则承诺在这一研究领域投入5亿欧元的资金。其他对汽车电子学研究的资助，则通过资助公告的途径开展，如对“能源效率提升电力电子学（PEEEE）”开展资助。

——系统和电网一体化。联邦经济部和环境部2008年末联合发起E-Energy项目，推进采用信息通信（ICT）技术控制和优化供电系统。其目标是在6个试点地区，形成数字化网路和技术系统、供电市场关系的新调度方案，并开展广泛试验。这将提供解决方案，使所有电力生产、电网、储存和消费更加智能化，并推进可再生能源一体化。经济部和环境部已为E-Energy项目提供总计6000万欧元资金，以支持直至2012年的研究；加上企业界资金，E-Energy总计可筹集资金总额为1.4亿欧元。

先进电网一体化，不仅能做到电网向汽车供电，而且也能实现汽车向电网回充电量；这是联邦经济部2008年4月所成立工作组拟解决的问题。在工作组框架下，来自汽车制造和能源供应行业的代表与元器件制造商和科学家，探讨了全面电动化的必要步骤，并强烈建议经济部启动新的研究项目，首选课题方向为“未来电网”，并将其纳入德联邦政府“能源研究计划”。基于《可再生能源优先法》促进可再生能源发展。可再生能源供电比率已提高至15%，到2020年要再提高至30%。通过电传输车中间储存，可再生能源发电量要在用电高峰时注入电网之中，并满足负荷需要。关于如何提升可资利用的可再生能源总量，联邦环境部正开展相关项目。

③市场开发。德联邦政府已开始通过具体多个行动启动市场准备。在联邦环境部气候保护行动框架下，由政府提供1500万欧元资金，开展持续4年的现场测试工作，用于解决各种实际问题。其中，可再生电能的中间储存和使用是重点问题之一。

(3)即将开展和得到提议的促进措施。在第二套经济刺激方案框架下，德联邦政府已主要面向电动车促进增加5亿欧元拨款。该方案提出的汽车扶持重点包括研发、市场准备等，并对试点地区事项给予特别关注。第二套经济刺激方案的措施在2010—2011年间生效。此外，政府和产业界还提出一系列要在未来几年开展的项目和措施，包括：①建立一个电动车系统研究的人才网络，目的在于将弗朗霍夫学会所有电动车专业人士联系起来，充分发挥作用；②在大学和非学术研究机构，着眼解决电动电池技术问题，确定电化学领域研究重点，形成培养年轻科学家的课程体系；③在能源研究方面，启动新资助行动，资助电动汽车配套电力行业关键技术，重点是电力储存单元、未来供电网，电网一体化和燃料电池概念；④开发锂电池和电池系统，形成富有竞争力的自动流水线技术和锂电池生产线；⑤交通领域研究，实施正提出的项目建议（如元件和系统，电力机车优化，发电增程、使用废弃物加热发电，各方面标准化等），场地测试的科学技术准备和监控；⑥扩充E-Energy项目，主要着眼于在电动和电网中渗透ICT技术；⑦电动轿车场地试验，研究领域包括替代充电方式，可再生能源电网一体化的进一步发展，升级版推动系统的测试与接受；⑧电动商用车场地试验，包括面向可再生能源在商用交通领域应用开发电网一体化方式、日常机车测试、保证能源要求和客户接受；⑨公共交通领域电动车工作计划，在所选试点地区开展重点事项；⑩建立电池测试中心；⑪锂电池回收试验厂的研究开发；⑫（通过复兴信贷银行支持）实现开展地方生态客运的混合动力公共汽车；⑬建立25个试点氢燃料电池充电站；⑭开展生物柴油车试点项目；⑮建立生产高质量合成燃油的试点制造厂。

(4)德国成为电动车领导市场的路径。分三个阶段：阶段一从2009—2011年，市场准备；阶段二从2011—2016年，市场快速发展；阶段三从2017—2020年，培育形成大规模市场，使德成为世界电动汽车领导市场。

①研究与开发。研发在各阶段，对各技术环节都非常重要。

②电池和双层电容器。

——2009—2011年。基于研发，启动第一代锂电池生产；研究开发第二代锂电池和双层电容器。

——2011—2016年。锂电池和双层电容器示范和现场测试；第一代锂电池规模化生产；启动第二代锂电池和双层电容器生产；启动第三、第四代锂电池研发。

(3)2017—2020年。第二代锂电池和双层电容器大规模生产；启动第二代锂电池和双层电容器生产；继续研发锂电池和替代电力储存技术。

③车辆技术：

——2009—2011年。以现有车辆样式为模板，生产插电式复合电动车（PHEV）；基于性能、安装、安全、可靠性要求调整驱车技术（发电机/转换器）；研发面向插电式混合电动车（PHEV）和纯电动车（BEV）的电气、电子和机械部件。

——2011—2016年。以贴牌生产（OEM）方式，小规模生产插电式混合电动车和纯电动车；第二代复合电动车和纯电动车批量生产走向成熟；为第二代车研发经济的驱车技术和机车部件。

——2017—2020 年。第二代 PHEV/BEV 规模化生产；生产高性能 BEV/PHEV。

④基础设施：

——2009—2011 年。研发新元器件；为电网一体化试验建立测试和模拟设施；建立首座公共充电站；为匹配可再生能源开展研究和示范。

——2011—2016 年。在多城乡地区建立充电基础设施；就电网一体化(负荷管理)开展研发和启动实验；与可再生能源供电相匹配，开发先进充电和能源传输系统。

2017—2020 年。对全套系统开展现场测试；充电设施实现道路全覆盖；实现电网一体化和电力回充；对快速符合、无接触电力传送开展初步实验。

⑤管理和促进框架：

——2009—2011 年。制定安全标准、技术规范框架，实现界面标准化。

——2011—2016 年。在公共部门推行采购指导，建立激励评估体系。

⑥市场开发：

——2009—2011 年。车队测试成果应用。

——2011—2016 年。出现首个私人电动车客户；形成充电、回充和电池商业模式。

——2017—2020 年。2020 年德国电动车拥有量达 100 万辆，成为世界电动车领导市场。

5. 英国

英国公布《充电汽车消费鼓励方案》

2010 年 6 月 17 日，英国交通部公布了《充电汽车消费鼓励方案》（以下简称《方案》），规定 2011 年 1 月—2014 年 3 月，英政府将对购买符合条件的电动汽车、插入式混合动力汽车和氢燃料电池汽车的私人或团体消费者给予财政补贴，每辆车的补贴金额为售价的 25%，最高为每辆车 5000 英镑。该方案详细规定了有资格享受财政补贴新能源汽车的技术指标要求。该方案需由英国政府提交欧盟委员会，得到批准后方可执行。

在《方案》实施过程中，英国政府预计投入 2.3 亿英镑。方案实施 1 年后，英政府将对实施效果进行评估。如果有必要，将对方案进行适应性调整。从 2012 年 4 月起，有可能执行新一轮鼓励新能源汽车消费方案。

根据《方案》，英国政府此次对新能源汽车提供的财政补贴在购车时兑现，消费者在购买达标车辆时，无须办理其他申请手续，便可直接获得补贴。在旧车报废过程中，英国车主同样可以直接得到政府的补贴。英国消费者在选择新车时，能在相关网站上查询符合补贴条件车辆的技术指标。

为平衡气候、能源及绿色经济三者之间的关系，英国计划到 2022 年，减少温室气体排放 34%；到 2050 年减少 80%。要实现这样的减排目标，发展低碳经济势在必行。交通体系包括汽车，在绿色经济体系中扮演着重要角色，低碳经济为汽车企业提供了难得的发展机遇。

据了解，旨在引导消费者购买新能源汽车的方案由英国政府低排放汽车办公室具体操作。在制定消费鼓励政策的同时，英国政府高度重视充电网络建设以及车辆在使用环节的服务、维修等问题。近日，英国汽车制造商和贸易商协会（SMMT）发起电动汽车技术培训项目（下文简称“培训项目”），最终目标是确立车辆使用环节的相应技术标准。

英国启动电动车补贴政策

2010 年 12 月 14 日，英国政府公布第一批可享受英国政府购车补贴的电动汽车名单，三菱、戴姆勒和标致雪铁龙生产的电动汽车成功入围。根据英国政府的计划，本国消费者购买节能电动汽车（每公里二氧化碳排放量需少于 75 克）最高可获得 5000 英镑（约合 7945 美元）的购车补贴。预计英国政府将于 2011 年年底或 2012 年公布第二批入围电动车名单。此外，英国政府将在大曼彻斯特、苏格兰和北爱尔兰等地区投资 2000 万英镑，建造 4000 座充电站。此前，英国政府已经决定向伦敦、Milton Keynes 和英格兰东北部投资，到 2013 年之前在这三个地区建设逾 1.1 万座充电站。

英国政府建立插电式汽车充电网络

2010 年 12 月 17 日，英国运输局宣布英国将加大资金投入以建立插电式电动车充电系统，在英国建立起完善的电动汽车充电网络。从 2011 年 1 月 1 日开始，英国电动车消费者购买任何低速环保汽车将享受高达 5000 英镑的插件式电动车购车津贴。第一批投放市场的低速插电式电动车为 9 款，其中 3 款为现车，其余 6 款随后上市。英国接下来还要建立五个插电式充电系统，其中包括：中部地区、大曼彻斯特、东英格兰、苏格兰和北爱尔兰，共计投资 2000 万英镑，以进一步发展低碳汽车的基础配套设施，并在未来几年安装 4000 多个收费点。到 2013 年，将在伦敦、米尔顿凯恩斯和英格兰东北部安装超过 11000 个收费站点。

6. 法国

法国政府实施“发展电动汽车全国计划”

2010 年 1 月，法国政府宣布实施“发展电动汽车全国计划”。预计到 2020 年，将推广 200 万辆电动汽车。法国政府将为此投入 15 亿欧元以上，主要用于建充电站。在该计划中，纯电动和油电混合动力汽车成为重点鼓励对象。

法国政府鼓励电动车发展的低息贷款

2010 年 6 月，法国政府推出了一项旨在鼓励电动车发展的低息贷款，贷款总额为2.5亿欧元，专门发放给电动汽车生产企业，资助这类企业投资建厂和开发电池等新技术。

7. 其他

西班牙“促进电动汽车发展整体战略”及实施开发电动汽车的“2010—2012年行动计划”

2010年4月，西班牙工业、旅游和贸易部出台“促进电动汽车发展整体战略”和实施开发电动汽车的“2010—2012行动计划”。根据“2010—2012年行动计划”的相关内容，基于当下财政预算紧缩的背景，西班牙工业、旅游和贸易部计划斥资800万欧元用以鼓励市民购买电动汽车。预期政府补贴金额将达到购车成本的20%，每辆电动汽车的最高补贴金额为6000欧元。除了大力扶持整体战略所提出的需求外，西班牙政府还将推行一系列行动计划，以支持电动汽车的工业化进程、相关通信技术的发展以及汽车配件和充电基础设施领域的研发与创新。工业、旅游和贸易部计划投入1.75亿欧元作为《发展计划》的财政来源，用于战略和再工业化领域。综合上述财政计划的总和，预计2011年西班牙政府共将投入2.55亿欧元用以支持电动汽车的发展。

爱尔兰出台电动车购车补贴政策

2010年4月14日，爱尔兰政府出台了一系列电动车消费补贴政策，电动车消费者可以享受高达5000欧元的价格优惠，以及免除新车注册税优惠，同时，爱尔兰政府还将投资建设电动车充电设施。根据爱尔兰政府出台的补贴政策，消费者在购买售价超过2万欧元的电动车时，可以享受立减5000欧元的优惠；消费者在购买售价低于2万欧元的电动车时，可以享受立减2000欧元到4500欧元的价格优惠；消费者在购买售价高于1.8万欧元的混合动力车时，可以享受立减2500欧元的价格优惠。

韩国公布绿色汽车发展战略

2010年12月6日，韩国知识经济部、环境部、国土海洋部和绿色增长委员会联合公布了绿色汽车发展战略，2015年计划生产绿色汽车（环保型汽车）120万辆，出口90万辆，国内市场占有率达21%。为此，韩国政府决定通过从2012年开始实施平消费者购买电动车时最多补助310万韩元等奖励措施；发动机和电池等8大零配件高端技术的自主开发；截至2015年普及2万个电动车充电机等，为环保汽车普及奠定基础。韩国政府还计划从2012年末开始，在雷诺三星釜山工厂生产电动车，并逐渐扩大规模。此外，引导通用大宇以Rasetti等原车型为基础设立电动车量产设施。韩国政府希望通过这种决定使在2006—2010年5年内仅为1.3万亿韩元的韩国电动车环保领域投资规模，到2011—2015年增至3.1万亿韩元。

第三篇

节能与新能源汽车主要企业发展情况

年鉴

节能与新能源汽车示范工程

中国第一汽车集团公司

一、2010年发展概况

2010年一汽集团在新能源汽车领域取得了一些进展和成绩。

集团公司成立了新能源汽车推进工作小组，总经理徐建一担任组长，副总经理吴绍明担任副组长，每月一次例会，积极推进一汽新能源汽车产业化。2010年年底成立一汽新能源汽车公司，专门进行新能源乘用车的生产。

二、生产经营

一汽集团累计生产442辆混合动力客车，其中提供长春公交200辆天然气混合动力客车，大连公交222辆柴油混合动力客车，昆明公交20辆柴油混合动力客车。实现整车系列化、模块化。完成混合动力客车整车批产装配工艺、整车下线检测技术研究，形成混合动力客车批量生产能力。

一汽集团生产了60辆混合动力轿车，10辆用于示范运行，50辆用于专项开发试验及特定使用试验，一汽开发的新能源乘用车都通过了碰撞试验。至2011年年底可以再生产550辆新能源乘用车，完全能够满足长春示范运行需求。预计实现产值13000万元，新增利润1100余万元。

三、产能建设

2010年年底成立一汽新能源汽车公司，专门进行新能源乘用车的生产。一汽客车公司大连新能源生产基地达到500辆/年的生产能力。

四、技术进展及研发能力进展

在完善混合动力乘用车开发的同时，一汽集团同时进行纯电动乘用车产品的策划、开发，已经完成了B50纯电动开发、A0级纯电动策划工作。

混合动力轿车总布置设计采用基于工程经验、计算机辅助设计和试制试验相结合的研究方法。根据整车设计规范，考虑静态间隙、运动校核、被动安全和传动轴角度等因素，完成了机舱布置，包括：发动机、电机耦合AMT变速器、逆变器、电动空调压缩机、电动助力转向系统、电机冷却系统、进排气系统等；完成了充电机、动力电池及其冷却系统在后备箱内的布置；完成了高、低压电气系统的布置。通过整车被动安全分析，完成了总布置优化设计。

完成新能源整车控制策略、控制算法开发；完成混合动力客车整车制动回收控制策略开发；完成混合动力轿车整车寒区环境适应性标定；完成混合动力客车整车可靠性试验，混合动力客车最高示范运行里程超过10万公里。

同时一汽开始筹建超过1.1万平方米的新能源汽车开发基地，预计2013年完成。届时形成完整的开发、试验、验证能力。

五、主要产品

奔腾B50HEV、奔腾B50PHEV、奔腾B50EV、奔腾B70HEV、客车HEV。

东风汽车公司

一、2010年发展概况

东风汽车公司是中国特大型国有骨干企业，构建有完整的研发体系，拥有雄厚的技术、研发基础和丰富的人才资源，产品和技术覆盖乘用车、商用车、新能源汽车及其核心总成等方面，综合研发能力居国内领先水平。

为实现打造一个“永续发展的百年东风，面向世界的国际化东风，在开放中自主发展的东风”的事业愿景，东风汽车公司将自主创新能力的建设和新能源汽车事业作为支撑公司发展的战略重点。东风公司董事长、党委书记徐平明确要求，大力发展新能源汽车是汽车行业的发展趋势，也是东风公司实施可持续发展战略的必由之路，东风要把发展新能源汽车当做东风发展战略的首要任务之一，抢占技术制高点和市场份额。

二、研发和产业化进展

东风汽车公司是国内最早从事新能源汽车研发的企业之一，早在“九五”期间，东风汽车公司就研发了纯电动轿车、纯电动中巴和燃料电池中巴；2001年，又率先成立了东风电动车辆股份有限公司，专门从事电动汽车及其关键技术的研究开发；“十五”期间，东风汽车公司承担了国家“863计划”电动汽车重大专项“混合动力城市公交客车”和“混合动力轿车”的开发；“十一五”期间，东风汽车公司继续承担国家“863”项目，并致力于电动汽车的产业化。

2003年，东风汽车公司又率先发起成立电动汽车示范运营公司，致力于电动汽车的商业化示范运行。

2009年6月，我国首个国家级电动汽车专利产业化试点基地——东风电动汽车产业园试点基地隆重揭牌，为东风新能源汽车创新成果的知识产权化、商品化和产业化搭建优良平台。

2010年1月，东风混合动力城市客车节能减排关键技术成果荣获“2009年度国家科技进步二等奖”。

三、主要产品

依靠在新能源汽车领域的国内领先优势，东风汽车公司在混合动力、纯电动和燃料电池汽车以及整车控制系统、动力电池系统和电机驱动系统方面进行了深入研究和产业化推进。

目前东风汽车公司已有21个电动汽车车型获得产品公告，其中13个车型进入节能与新能源推荐目录，覆盖了从乘用车到商用车领域，从天然气、混合动力到纯电动车型。主要产品有天翼纯电动大客车、天翼纯电动厢式物流车、帅克纯电动MPV、奥丁纯电动SUV等纯电动车型以及12米混合动力大客车、S30—BSG混合动力轿车等混合动力车型。同时，纯电动A000级平台车型正在开发中，已在2011年上海车展展出产品样车。

伴随着新能源汽车整车的开发，东风汽车公司积累了一系列核心技术，包括整车集成开发与整车控制技术、电池管理系统技术、电机及控制系统技术等，并对其中的重要技术申请了60余项专利。

四、示范运营情况

东风汽车公司积极推进新能源汽车的示范运营工作，截至2011年年初，近700台各类新能源汽车投入示范运营。其中，超过500台混合动力大客车投入武汉市“十城千辆”示范运营工作，50台天翼纯电动大客车在襄阳、唐山等地示范运营，近百台各类纯电动SUV和MPV车型在国家电网和郑州开展示范运营。2010年5月25日，首批50辆东风风神S30—BSG混合动力轿车交付武汉市政府，标志着东风汽车公司在新能源汽车事业上实现乘商并举，在新能源汽车产业化道路上迈出坚实的步伐。

此外，2008年，还有500台纯电动场地车投入北京奥运会的赛事服务。

五、发展规划

2010年8月12日，东风汽车公司在武汉召开“东风汽车公司节能与新能源战略发布会”，对内对外发布了东风汽车公司新能源汽车发展规划。东风汽车公司将自主创新与新能源汽车放在更加重要的战略位置，更加明确地将纯电动乘用车作为中长期的战略重点，将混合动力汽车作为阶段性产业化重点并与传统汽车的节能技术开发相结合，立足整车集成与整车控制，整合电动汽车与核心资源，建立共性技术优势，探索纯电动汽车的商业应用模式。

到2011年底，形成适应市场并与地位相符的柔性的节能与新能源汽车产能。到2015年，混合动力汽车保有量达10万辆，纯电动车具备产业化条件并形成5万辆的产销规模。

为此，公司安排了30亿元的专项经费，专门用于节能与新能源产品技术的开发和产业化，在汽车产业升级中实现跨越式发展。

上海汽车集团股份有限公司

一、2010年发展概况

2010年，依托上海世博会的契机，上海汽车集团股份有限公司在新能源汽车研发和应用方面取得了阶段性成绩。上海汽车集团股份有限公司为世博会共提供了1125辆新能源汽车，技术上包括纯电动、混合动力、燃料电池等多种方案，品种上包括轿车、大客车、观光车、出租车等多种样式，为世博会提供公交服务和VIP接待。世博新能源车总载客超过1.2亿人次，车辆安全、平稳运行超过2900万公里，节约燃油2811吨，减排二氧化碳8854吨，减排有害排放物285吨，圆满完成了世博示范运营任务。

在产业化开发方面，上海汽车集团股份有限公司完成了荣威750混合动力轿车的开发，实现20%的节油目标，完成企业和产品准入公告，进入了推荐目录，并于2010年底实现量产上市。

二、生产经营

至2010年底公布的“节能与新能源汽车示范推广应用工程推荐车型目录”，上海汽车集团股份有限公司累计已有15款车型进入推荐目录，其中乘用车5款、商用车10款。根据统计，2010年上海汽车集团股份有限公司共销售节能与新能源汽车达746辆。

三、产能建设

2010年，上海汽车集团股份有限公司完成了荣威750混合动力轿车生产线改造工程，目前该款轿车年产能可达1万辆。

四、技术进展及研发能力进展

上海汽车集团股份有限公司新能源汽车的总体发展思路是重点加快推进混合动力和电动汽车产业化，同时推动燃料电池汽车研发升级和示范运行。

从“十五”开始，上海汽车集团股份有限公司就已投入巨资研发节能与新能源汽车，逐步开发了采用混合动力、纯电动、超级电容、燃料电池、代用燃料的乘用车、商用车、专用车、场馆车等，通过多年自主开发和合作，掌握了节能与新能源汽车核心技术，为产业化打下了良好基础。

五、主要产品

（一）整车

混合动力轿车、燃料电池轿车、混合动力客车、纯电动客车、超级电容客车、燃料电池客车。

（二）零部件

动力电池系统。

六、合资合作

2010年，上海汽车集团股份有限公司立足自主掌控动力电池系统集成技术，与美国 A123 公司合作成立合资企业——上海捷新动力电池系统有限公司，从事电池系统的开发、制造和销售业务。

七、2010 年产销量统计

单位：辆

车型	生产																		
	乘用车						商用车、专用车						客车						合计
	纯电动汽车	混合动力汽车	插电式混合动力	燃料电池汽车	其他	合计	纯电动汽车	混合动力汽车	插电式混合动力	燃料电池汽车	其他	合计	纯电动汽车	混合动力汽车	插电式混合动力	燃料电池汽车	其他	合计	
2010 年	0	360	0	40	0	400	7	0	0	0	0	7	183	150	0	6	0	339	746

续表

车型	生产																		
	乘用车						商用车、专用车						客车						合计
	纯电动汽车	混合动力汽车	插电式混合动力	燃料电池汽车	其他	合计	纯电动汽车	混合动力汽车	插电式混合动力	燃料电池汽车	其他	合计	纯电动汽车	混合动力汽车	插电式混合动力	燃料电池汽车	其他	合计	
2010 年	0	360	0	40	0	400	7	0	0	0	0	7	183	150	0	6	0	339	746

重庆长安汽车股份有限公司

一、2010 年发展概况

2010 年企业品牌价值达 270 亿元。并发布全新品牌战略，共发布了企业、商用车、主流乘用车、公益等四个全新品牌，初步形成国际化品牌架构，开启“品牌长安”新时代。自主品牌轿车方面实现销售 19.4 万辆，同比增长 83.8%。

二、生产经营

长安汽车 2010 年全年销售汽车 190 万辆，同比增长 35%；实现销售收入 1045 亿元，同比增长 27%。其中重庆长安销售汽车 58 万辆，同比增长 43%；河北长安销售 26 万辆，同比增长 9%；南京长安 21 万辆，同比增长 52%；国际公司出口汽车 1.3 万辆，同比增长 86%；长安福特马自达 41 万辆、长安铃木 20 万辆、江铃控股 19 万辆、保定长客 0.4 万辆、长安跨越 4.6 万辆。

三、技术进展及研发能力进展

2010 年新建北京、江西、哈尔滨、英国诺丁汉、美国底特律等研究所，搭建供应商研发中心，建立 6 个消费者研究基地，全球“五国九地，以重庆、北京为核心，其余各有侧重”的研发布局基本形成。加强动力传动 NVH、底盘匹配、可靠性、经济性等重点能力建设，技术力有所进步。如 G13AB 横置技术优化后，NVHdadao 语言发动机水平；编制零部件设计验证明细表，其中底盘 17 个，车身 13 个，电器 12 个；奔奔 MINI、CX30 等 10 款车型进入节能补贴目录；积极推动央企电动车产业联盟成立；微车实现弱混标配；混合动力轿车示范运行 241 辆，自主品牌第一；燃料电池汽车成功示范运行上海世博会；纯电动汽车完成试生产。

四、主要产品

仅重庆长安旗下：轿车有奔奔 MINI、悦翔、CX20、CX30；微车有长安之星 2、长安之星 460、长安星光 4500、长安金牛星等。

五、合资合作

2010 年全年合资企业销售汽车 85 万辆，同比增长 37%，发展再上台阶。其中，长安福特马自达捅破 40 万辆，同比增长 30%；长安铃木突破 20 万辆，同比增长 33%；江铃控股完成 19 万辆，同比增长 60%。

北京汽车新能源汽车有限公司

一、2010 年发展概况

北京汽车新能源汽车有限公司为北汽控股的全资子公司，于 2009 年成立。2010 年，新能源汽车有限公司在北京市领导、北京市科委、京信委等相关部门的关心、支持下，通过全体员工的艰苦努力，公司各项业务迅速发展。

1. 完成了基于萨博整车的纯电动轿车工程化开发和小批生产。

2. 启动了 C30DB 项目和 M30RB - L 纯电动车项目。为拓宽新能源公司产品的市场覆盖面，满足 2011 年 3500 辆纯电动乘用车示范运营需求。

3. 试制车间于 2010 年 4 月份完成技术改造并投入使用，6 月首批 10 辆基于萨博整车技术平台的纯电动车在试制车间完成装配，12 月 20 日 30 辆纯电动车在试制车间下线。

4. 完成了建筑面积2万平方米，产能4万辆/年的整车车间土建工程。 2011年一季度，具备单班产能5000辆/年的生产线，完成设备安装，二季度完成调试验收正式投产。

5. 建设了可同时容纳500名员工就餐的职工餐厅，于2011年5月投入使用。

6. 电池合资公司——“普莱德电池公司”于2010年上半年完成技术改造并投产，实现电池入园生产。

7. 电机公司通过核名，启动了公司技改工作，二季度将完成了技术改造，实现电机入园生产。

二、生产经营

1. Q60FB纯电动汽车完成调试，即将交付试验运行。完成了萨博纯电动轿车的性能试验， 针对2009年下线的30辆萨博纯电动车进行了性能优化和改进，目前正在对公安系统人员进行相关培训，首批2辆纯电动车将于本周交付公安系统试验运行。

2. M30RB纯电动乘用车完成公告试验、通过产品公告。 已完成公告试验并拿到产品公告，正在进行EP1-plus样车开发准备（用于总装车间设备调试及工艺验证），及优化EP2样车系统方案，近期进行G3设计方案评审，为下半年量产奠定基础。

3. C30DB纯电动轿车完成性能试验，正在进行公告试验。 完成了首批10辆工程样车，正在进行公告试验及优化EP2样车系统方案，为三季度通过产品公告、正式投产奠定基础。

三、产能建设

产能建设项目主要包括两项内容：一是利用现在用154亩地建设整车车间及其配套设施，目前已通过集团公司总经理办公会审批；二是利用新能源汽车公司西侧74亩地及地上建筑改造建设物流区、零部件库、试车跑道及员工宿舍、研发楼等。

为降低成本和风险，本项目“一次规划、分步实施”，厂房一次建设完成，生产线分两期建设，一期产能为5000辆，二期通过改造实现单班2万辆产能。

建设内容主要包括：

厂房：按2万辆产能需求，一次建设完成，以减少重复建设成本。

生产线：一期按5000辆产能建设，2011年二季度形成产能，以确保需求。

配套附属设施：变配电站、消防泵房、空压站、热交换站按2万整车产能配套；物流区、成品车停车场、零部件库、试车跑道及员工宿舍、研发楼等与厂房同步建设。

职工餐厅：按同时满足500人就餐设计实施。

四、技术进展及研发能力进展

在掌握了国内领先的整车集成、电驱、电控等核心技术的基础上，完成了基于萨博整车技术的Q60FB纯电动轿车开发并实现小批量生产（Q60FB配置磷酸铁锂电池、60千瓦永磁同步电机，最高车速160公里，一次充电续航160公里）；完成了基于北汽自主品牌基础车的C30DB（锂电池、20千瓦永磁同步电机，最高车速120，一次充电续航150公里）纯电动轿车和M30RB（锂电池、永磁同步或交流电机，最高车速120公里，一次充电150公里）多功能纯电动乘用车的开发。 2011年下半年将实现Q60FB 、C30DB、M30RB三种纯电动产品的批量生产和销售。

五、主要产品

Q60FB、M30RB、C30DB。

六、合资合作

国内合资：电池合资公司——“普莱德电池公司”，于2010年上半年已完成了技术改造并投产，实现了电池入园生产；电机合资公司。 电机公司已挂牌，厂房改造已完，正在进行设备安装，6月底将实现电机入园生产。

国际合作：已完成ACP公司、Valeo公司、FEV、BP公司合作样车性能试验和分析报告；通过对比分析，学习借鉴国外的整车控制、电辅助系统、电池、制动能量回收、快换等技术和经验，提升技术水平，完善技术路线。 与JCS的合作在积极推进；日产样车已完成性能测试，并已经解体进行主要部件匹配Q60FB纯电动车测试。

七、2010年产销量统计

单位：辆

车型	生产																		
	乘用车						商用车、专用车						客车						合计
	纯电动汽车	混合动力汽车	插电式混合动力	燃料电池汽车	其他	合计	纯电动汽车	混合动力汽车	插电式混合动力	燃料电池汽车	其他	合计	纯电动汽车	混合动力汽车	插电式混合动力	燃料电池汽车	其他	合计	
2010年	38	0	0	0	0	38	0	0	0	0	0	0	0	0	0	0	0	0	38

奇瑞新能源汽车技术有限公司

一、2010年发展概况

奇瑞新能源汽车的技术研发已经发展到一定程度，继2009年初A5 BSG投产后， 2010年奇瑞公司还先后推出纯电动小型轿车 （A0级平台及A级平台）以及A级ISG混合动力轿车，可以满足个人或营运车辆需求。

奇瑞新能源汽车的核心零部件也在2010年进行批量投产以支持整车的批量化示范试点应用。除掌握了电池、电机、电控三大核心技术外，奇瑞公司独立开发的低噪声低震动高效率的小型发电增程器技术和产品，将用于奇瑞公司相关的纯电动汽车，可以解决目前电动汽车续航里程不长和驾驶的方便性问题。

同时奇瑞公司积极与相关基础设施及运营商进行合作，共同探讨和示范有关PLUG-IN和充电技术的发展，如电网公司，国内外众多运营商公司等。

奇瑞公司有关新能源车的销售和服务网点已经开始建设，且已经选定了多家经销商专门进行新能源汽车的销售与服务，主要分布在安徽、山东、河南以及国家规定的示范试点城市如上海、合肥等。

二、技术进展及研发能力进展

奇瑞公司目前已掌握了先进的动力电池及电池管理系统、电机及电机控制系统、整车控制三大核心技术，还攻破了电动空调、电子真空泵、电动助力转向等系列核心附件技术，同时，还掌握了电子管理、DGI（缸内直喷）发动机和CVT自动变速箱等代表国内最高水平的汽车核心零部件技术，这使得奇瑞公司的电动汽车整车技术相对成熟，整车成本控制能力较强，产业化水平也遥遥领先。

在新能源汽车研发过程中，奇瑞公司非常注重基础性研究和核心零部件技术的研发和产业化。其中有针对电驱动系统及零部件的试验，以及对电机控制器、整车控制器的技术开发和产业化。它的试验室已经具备一定的较为全面的试验能力和产业化技术能力，既可以对某个零部件的性能和可靠性进行测试，也可以对整个电驱动系统的可靠性等进行测试。此外，奇瑞汽车下一步会加大对重度混合动力、可外接充电型混合动力、电池更换式纯电动汽车及燃料电池的研发和产业化投入。

目前，奇瑞公司的中度、轻度混合动力和纯电动技术已经具备一定的产业化基础。需要产业化批量的检验，这需要在加大研发力度的同时，进行一定产业化实践来带动技术的成熟和完善。

三、主要产品

(一)整车

混合动力汽车：A5BSG、旗云3ISG，公司正在积极开发PLUG-IN强混合动力汽车；

纯电动汽车：QQ3EV、M1EV，并均已实现对私人用户进行销售。

(二)零部件

动力电池及电池管理系统、电机及电机控制系统、控制器、增程器、电动空调、电子真空泵、电动助力转向和电制动等。

海马轿车有限公司

一、2010年发展概况

海马轿车有限公司位于郑州市经济技术开发区航海东路第十七大街，占地面积3000多亩。建成中牟第一工厂、郑州第二工厂、上海研发中心、技术中心、开封零部件工业园、郑州物流中心、电动汽车研发生产基地，以及生活配套设施。第三工厂和30万台发动机项目正在建设中。

2010年是海马轿车有限公司“十一五”规划收官之年，也是实现“一年准备，三年自立”发展目标的关键一年。在集团公司的领导下，经过全体员工共同努力，海马轿车有限公司顶住了重重挑战和压力，相继实现了第二工厂投入生产，战略发动机一次性点火成功，电动汽车示范运行，海马王子、福仕达腾达顺利上市销售，零部件工业园和第三工厂相继开工建设。

二、产能建设

2010年，电动汽车研发中心、物流仓储中心和技术中心建成并投入使用；年产30万台发动机工厂一期项目进入设备安装调试阶段，并于2011年6月与产品双投产；郑州零部件工业园于年初开工，目前已有四家零部件厂建成投产并向第二工厂配套供货；第三工厂已于12月12日开工建设；郑州零部件工业园二期和物流工业园即将开工。

三、技术进展及研发能力进展

海马王子起停项目和AMT匹配项目启动。海马王子小改型M11完成10台样车试制，进行了EMS标定、ABS标定；进行了动力性、经济性摸底试验；进行了空调、热平衡性能试验；进行了发动机耐久试验及公告和实车碰撞等试验。

宽体微客Z20、大微客Z21项目完成内外造型设计、工程设计、SE分析和第一批ET1样车试制；ET1样车碰撞试验并一次性通过。

单双排微卡Z20T项目完成铸造数模、第一轮ET1样车试制、第一次底盘可靠性试验、车身初步数模、工艺数模及铸造数模CAE分析和底盘动力性、经济性等性能试验。

A—级轿车ZM2项目完成三轮内外油泥模型评审、MULE CAR夹具调试、第一台白车身焊接、工程设计阶段第一轮CAE分析。

B—级轿车ZM3项目完成效果图评审、骡车试制、BENCHMARK、油泥模型初步评审。

HM4701.0L发动机匹配项目完成各专业工程设计、数模设计、MULE CAR样车及ET0工程样车试制、各专业2D图纸；匹配1.0L发动机动力性、经济性、热平衡匹配开发等性能试验均已完成。

C2 (SUV) 项目已正式启动。

2010年2月首台470Q发动机样机点火成功，4月1.2L发动机性能达标，10月1.0L发动机性能达标。

电动汽车研发和生产基地建成投入使用，同步开发就有完全自主知识产权的海马王子中速微型纯电动轿车，其加速性、动力性和安全性等核心技术指标达到国内先进水平。

四、主要产品

(一)整车

福仕达、福仕达腾达、海马王子，研发本部为海口基地设计开发的骑士SUV及福美来三代家用轿车。

(二)零部件

LJ474发动机、HM4701.0L发动机、470Q发动机。

(三)充电站及加气站

建成第一工厂、发动机工厂充电站。

五、2010年产销量统计

单位：辆

生产																			
车型	乘用车						商用车、专用车						客车						合计
	纯电动汽车	混合动力汽车	插电式混合动力	燃料电池汽车	其他	合计	纯电动汽车	混合动力汽车	插电式混合动力	燃料电池汽车	其他	合计	纯电动汽车	混合动力汽车	插电式混合动力	燃料电池汽车	其他	合计	
2010年	32	0	0	0	0	32	0	0	0	0	0	0	0	0	0	0	0	0	32

销售																			
车型	乘用车						商用车、专用车						客车						合计
	纯电动汽车	混合动力汽车	插电式混合动力	燃料电池汽车	其他	合计	纯电动汽车	混合动力汽车	插电式混合动力	燃料电池汽车	其他	合计	纯电动汽车	混合动力汽车	插电式混合动力	燃料电池汽车	其他	合计	
2010年	20	0	0	0	0	20	0	0	0	0	0	0	0	0	0	0	0	0	20

浙江吉利控股集团有限公司

一、2010年发展概况

浙江吉利控股集团是中国汽车行业10强企业。1997年进入轿车领域以来，凭借灵活的经营机制和持续的自主创新，取得了快速的发展，现资产总值超过340亿元，连续8年进入中国企业500强，连续6年进入中国汽车行业10强，被评为首批国家“创新型企业”和“国家汽车整车出口基地企业”。

浙江吉利控股集团在国内建立了完善的营销网络，拥有近千家品牌4S店和近千个服务网点；在海外建有近200个销售服务网点；投资数千万元建立国内一流的呼叫中心，为用户提供24小时全天候快捷服务；率先实施了基于SAP的销售ERP管理系统和售后服务信息系统，实现了用户需求的快速反应和市场信息快速处理；率先实现汽车B2B、B2C电子商务营销，开创汽车网络营销新渠道。截至2010年年底，吉利汽车累计社会保有量超过180万辆，吉利商标被认定为中国驰名商标。

浙江吉利控股集团投资数亿元在浙江杭州、临海建有吉利汽车技术中心和吉利汽车研究院，已经形成较强的整车、发动机、变速器和汽车电子电器开发能力，每年可以推出4～6款全新车型和机型。全球独创的BMBS爆胎安全控制技术列入国家汽车安全标准；自主开发的吉利熊猫轿车2009年以C－NCAP安全碰撞45.3分的成绩，被誉为国内最安全的五星级小型车；自主开发的帝豪EC7轿车2010年以C－NCAP安全碰撞46.8分的成绩位居中国自主品牌同类车型五星级首位；自主研发并产业化的Z系列自动变速器，填补了国内汽车领域的空白，获得中国汽车行业科技进步一等奖。被认定为国家级“企业技术中心”“博士后工作站”和“高新技术企业”。“吉利战略转型的技术体系创新工程建设”荣获2009年度国家科技进步奖二等奖（一等奖空缺）。

浙江吉利控股集团现有员工17000余人，其中工程技术人员2000余人。拥有院士三名、外国专家数十名、博士数十名、硕士数百名，高级工程师及研究员级高级工程师数百名，在吉利各条战线发挥了重大作用，成为吉利汽车后来居上的重要保障。

二、生产经营

面对国内外复杂多变的经济形势和日益激烈的市场竞争，全体吉利员工万众一心，抢抓机遇，在产品研发、品牌塑造、市场开拓、质量提升、海外并购等方面取得显著成效，经营业绩喜人：全年实现整车销售41.5万辆，同比增长25.8%，其中出口22653辆，同比增长16.2%；实现销售收入210亿元，同比增长27.3%，实现出口交货值16000万美元，同比增长6.7%；实现利税近32亿元，同比增长33.3%，资产总值达到340亿元，同比增长47.8%；圆满完成了公司制定的各项经营目标。

三、产能建设

浙江吉利控股集团总部设在杭州，在浙江临海、宁波、路桥和上海、兰州、湘潭、济南等地建有汽车整车和动力总成制造基地，在澳大利亚拥有 DSI 自动变速器研发中心和生产厂，已形成年产 60 万辆整车、60 万台发动机、60 万台变速器的生产能力。

四、技术进展及研发能力进展

吉利坚持“自主研发、广泛合作，掌控核心技术”的研发理念，贯彻“产品平台战略、安全第一战略、能源多样化战略”的研发战略，完成了 5 大技术平台、15 个产品平台和 40 多款车型的整车产品规划和相应的动力总成规划，并以不断深化的强制性通用化指标，确保低成本、高速度、高质量的产品开发，为实现 2015 年 200 万辆的产销目标绘制了清晰而科学的产品蓝图，也使源源不断的产品输出成为可能，形成流水线式的研发模式。 2010 年吉利平台化产品战略实施成果显著：一是分别由不同技术平台衍生的金鹰 CROSS、EC718 系 CVT、EC8、SC5 - RV、GX2 等五款新车型投放市场，混合动力技术实现重大突破，熊猫 1.0MT 等六款车型进入国家惠民汽车推广目录，4G13T 发动机也实现点火成功，进一步丰富了吉利的产品线。 二是杭州技术中心顺利启用，千名研发人员进驻临江并正常运行，为集团可持续发展奠定了百年基业。 三是发动机试验室、液压伺服系统试验室等已建成并投入使用，底盘测试试验室、NVH 试验室、动力总成试制车间等项目设备陆续引进到位，正在加紧调试中；高性能计算中心项目的实施显著提高了 CAE 分析速度；具有吉利特色的研发管理系统 G - PLM，显著提高了开发质量和开发效率。 四是汽车安全技术实验室一期工程竣工并投入使用，使吉利拥有了进行中国及欧盟体系下所有整车 NCAP 法规碰撞试验的能力；BMBS 一代已投产，二代功能样车已开发完成；BMBS 国家标准编制项目已通过国标委专家论证审核；浙江省汽车安全技术重点实验室在吉利正式挂牌成立，并召开了首届学术委员会会议。 五是获得国家级科技成果奖 1 项、行业级成果奖 7 项、省级成果奖 1 项、市级奖 1 项，“经济型轿车的 NVH 优化技术”获浙江省机械工业科学技术奖一等奖，吉利熊猫汽车获得国家知识产权局颁发的“中国专利奖”，熊猫 CROSS 轿车荣获 2010“创意杭州”工业设计大赛唯一金奖。

五、合资合作

在积极开展国际合作、充分利用国内外资源方面，浙江吉利控股集团 2010 年来与中国汽车工程研究院、同济大学、吉林大学、哈尔滨工业大学，以及国外的韩国 V - ENS、浦项制铁、奥地利 AVL 等企业和院校共同合作，开展了汽车轻量化技术等国际热点和难点的核心技术领域的研究，从而实现了产学研有机结合，带动了自主品牌企业技术力量的快速提升。

在海外并购方面，继 2009 年浙江吉利控股集团全资收购全球第二大自动变速器公司 DSI 后，2010 年又完成了对沃尔沃汽车公司 100% 股权包括知识产权的收购，实现了中国车企向全球化进军的重大突破，成为中国汽车产业的里程碑事件。

随着吉利汽车品牌知名度的逐渐增强，越来越多的世界顶级企业相继成为吉利的合作伙伴，他们频频来访吉利研究院进行参观访问与深入交流。 像博世、延锋伟世通、弗吉亚、法雷奥、韩国万都、德尔福等全球 500 强企业都已进入吉利的供应商体系。

长城汽车股份有限公司

一、2010 年发展概况

长城汽车自 2006 年成立专门进行新能源汽车研发的机构，现有员工 53 人，已经完成三款纯电动车、两款混合动力车的研发，其中腾翼 C20 纯电动车已经完成两轮样车的试制、标定和试验工作，完成 12 项专利的申报和 28 项企业标准的编制，其中原创标准 10 项，参加了 EVS25 国际电动车大会，获得领导和业内专家的好评。

二、技术进展及研发能力进展

长城汽车具备的核心能力：

1. 性能仿真技术。 利用 Psat 系统，通过建立发动机、驱动电机、动力电池、传动系统以及行驶系统的模型，对混合动力系统和纯电动车系统进行仿真，能够对整车的动力性和经济性进行仿真，在设计前期能够验证整车及关键零部件技术参数的合理性，提高了设计效率。

2. 动力电池的测评技术。 采用国际一流的迪卡龙公司试验设备，除了可以完成常规的电池充放电测试外，开发完成基于工况模拟的电池测试模型，通过电池的数学模型建立，可以为电机等用电设备提供模拟电源。

三、主要产品

长城腾翼 C20 纯电动轿车、长城腾翼 V80 混合动力汽车。

四、合资合作

在电池、电机及电控系统方面，长城汽车分别与国内多家知名企业建立了合作关系，如比克国际（天津）有限公司、上海电驱动有限公司、中国汽车工程研究院股份有限公司等。

湖南南车时代电动汽车股份有限公司

一、2010 年发展概况

湖南南车时代电动汽车股份有限公司(以下简称“南车时代电动”)是中国南车打造新能源装备产业的重要业务主体，由中国南车旗下的南车株洲电力机车研究所有限公司控股，辽宁曙光汽车集团黄海客车有限公司为第二大股东。公司是我国第一家专门从事电动汽车整车、电气系统及关键零部件研发、试验和制造的汽车产业新军，也是我国目前唯一一家成功将高铁动车组电传动及控制技术应用于新能源汽车领域的高科技企业。

2010 年，南车时代电动紧紧抓住“十城千辆”工程和上海世博会、广州亚运会等大型赛事及活动举办的历史机遇，立足湖南，放眼全国，全力拓展整车和系统零部件市场，全年向长株潭市场交付节能与新能源汽车近 500 台，长株潭项目走在了全国前列。省内市场不断巩固的同时，2010 年下半年，南车时代电动省外市场推广取得了阶段性地突破，节能与新能源车产品先后中标昆明、天津市场。公司自主研发的系统及关键零部件等核心部件成功批量服务于上海世博会、广州亚运会、天津达沃斯论坛、德州太阳能大会等，可靠的产品质量和良好的售后服务获得了社会各界的好评。公司驱动电机系统等关键零部件已经成为众多厂家和用户的首选。

二、产能建设

南车时代电动已建成投产的电动汽车产业化基地第一期工程，拥有年产新能源公交车整车 3000 辆、电传动系统及关键零部件 1 万台（套）的生产能力，二期工程计划在 2012 年投产，建成投产后将形成年产 1 万台以上新能源客车整车与年产 2 万套电机驱动系统等关键零部件的产业化规模。

三、技术进展及研发能力进展

围绕客户现实需求和公司长远技术进步，2010 年，湖南南车时代电动汽车股份有限公司在电动整车、系统、零部件等方面都取得了快速提升。公司 AMT 并联动力系统和混联系统功能样机研制成功，并在深圳 EVS25 世界电动车大会成功推出；新型串联系统及整车基本定型，为向深度混合技术的发展打下了良好的基础；MT 并联混合动力系统和整车逐渐成熟，节油率得到极大提升；完成了 TEG6120EV、TEG6750EV 等车型的开发，并完成了 12 米纯电动城市客车在深圳的试运，百公里耗电居同类产品最好水平。不仅如此，公司在异步直驱电机系统、中功率永磁电机驱动系统研发方面取得了重大突破。2010 年 10 月 17 日，公司承担的“电动汽车关键技术突破及产业化应用”项目顺利通过由湖南省科技厅组织的科技鉴定，专家组认为项目形成的主要技术成果处于国际先进水平。

目前，公司拥有授权的发明专利 20 多项、实用新型专利 30 多项、外观设计专利 18 项、授权软件著作权 7 项，企业标准 40 余项。

四、主要产品

(一)整车

1. 串联式混合动力城市客车：TEG6128SHEV、TEG6119SHEV、TEG6121SHEV、TEG6129SHEV。

2. AMT 并联式混合动力城市客车：TEG6127PHEV、TEG6129PHEV、TEG6125PHEV。

3. MT 并联式混合动力城市客车：TEG6101PHEV、TEG6102PHEV、TEG6106PHEV、TEG6126PHEV TEG6127PHEV、TEG6128PHEV。

4. 混联式混合动力城市客车：TEG6129CHEV。

5. 增程式城市客车：TEG6129PEV、TEG6750PEV。

6. 纯电动城市客车：TEG6120EV、TEG6750EV、流动服务车、工程维护车。

(二)动力系统

串联混合动力系统总成（适用于大型客车、环卫工程车）、客车用并联（MT/AMT）混合动力系统总成、客车用混联式混合动力系统总成、客车用增程式混合动力系统总成。

纯电动系统总成（适用于大客、中客、轻客、微型车）

无轨电车系统总成

(三)关键零部件

永磁同步、交流异步电机系列（5kW ~120kW）；车载、地面充电机系列（25kW ~75kW）；电池、超级电容管理系统；整车控制器系列；专用变速箱系列；DC/DC 变换器系列。

五、合资合作

为整合双方优质资源和技术，2011 年 1 月 6 日，中国南车株洲所与曙光汽车正式签订了合资合作协议，共同打造节能与新能源汽车行业旗舰。

厦门金龙联合汽车工业有限公司

一、2010 年发展状况

厦门金龙联合汽车工业有限公司成立于 1988 年 12 月，是中国最大的客车制造商之一，专门致力于客车整车研发、生产和销售。公司总部三个生产基地，年产客车能力达 5 万辆，产品涵盖从 4.8 米到 18 米各型客车，广泛应用于客运、旅游、团体、公交和专用车等领域。公司自成立以来，坚持以市场为导向不断创新产品，坚持自主设计制造满足客户需求，技术研发实力雄厚，拥有各类技术研发人才 600 多名，公司研发中心已获“国家认定企业技术中心”称号并获批设立博士后科研工作站。

2010 年，厦门金龙联合汽车工业有限公司所属“金龙客车”品牌以 84.16 亿元的品牌价值连续 7 年入选全国 500 强，在中国客车企业中名列前茅。

二、生产经营情况

2010 年，全年销量突破 2.3 万辆，同比增长 53.9%，实现销售额超 65 亿元，同比增长 28.6%。其中，大金龙轻客全年销量达 9441 辆，同比增长超过 130%，轻客产销量已经跻身国内前六，成为主流制造商之一。2010 年，公司轻客实现外销 5123 辆，占中国轻客出口总量的 20%，排名位居行业第二。

三、产能建设

1. 大中型客车生产线：占地面积 45 万平方米，单线全长 1600 米，是中国最长的客车生产线，拥有车身电泳、脱壳生产等领先制造工艺，可生产 7 ~ 18 米各型客车，日产大中型客车 50 辆以上。

2. 轻型客车生产线：占地面积 15 万平方米，拥有国内领先的冲压、焊装、涂装、总装四大工艺生产线，可生产 4.8 ~ 5.9 米轻型客车，日产轻型客车 120 辆以上。

四、技术进展及研发能力进展

大金龙是国内较早涉足新能源领域的客车企业之一。早在 2001 年，大金龙就与湘潭机电股份有限公司技术合作成功研发了 XMQ6120G 混合动力城市客车。2005 年，大金龙 5 辆混合动力公交车投入长沙市载客示范运营；2008 年北京奥运期间，15 辆混合动力城市客车投入奥运服务专线，运营期间实际节油率超过 20%；2009 年初，大金龙与东风电动汽车公司联合研制的 30 辆混合动力客车成功交付武汉公交；2009 年，北京公交向大金龙采购了 20 辆混合动力客车；2010 年 3 月，17 辆 XMQ6127GH5 混合动力公交车在厦门批量上路运营。在国外市场，大金龙的新能源客车也有斩获，2009 年 11 月，大金龙混合客车 XMQ6121GH 正式在新加坡上市发售，实现了国内首辆自主品牌混合动力客车出口海外发达国家市场。

近年来，大金龙在新能源客车的研发方面注重核心技术和关键零部件的开发，公司的博士后科研工作站已自主研发出整车控制系统和电池管理系统；同时，大金龙还积极联合相关企业对整车及相关配套产业诸如电机、电控、电池和科学仪器等核心技术进行攻关，鼎力打造具有自主知识产权的新能源汽车产业链。

五、2010 年企业在新能源汽车方面经济指标统计

指标名称	本期累计	同期累计	增长率(%)	增长额(提高百分点)
营业收入（万元）	2400	2000	20	—

安徽安凯汽车股份有限公司

一、2010 年发展概况

安徽安凯汽车股份有限公司于 1997 年 7 月 25 日成立，公司产品覆盖了 5.5 ~ 18 米各项公路客车、公交客车和旅游客车。2010 年，客车年销售突破 1 万辆。

二、生产经营

2010 年度公司销售各类客车及底盘 10012 辆，同比增长 28.7%；实现销售收入 315265 万元，同比增长 44%，实现净利润 7668 万元，同比增长 192%，市场占有率 5.82%；创历史新高。其中新能源客车销售 187 台，实现销售收入 1.3 亿元。

三、产能建设

根据企业发展的需要，公司不断加大技改投入，扩大生产规模，一批新厂房，如客车二厂、新能源车间等陆续完工投入使用，使各生产线的生产能力得到提升。2010 年安凯客车实现“万台下线”，跻身中国客车业“第一军团”，成为安凯发展史上重要的里程碑。

四、技术进展及研发能力进展

公司目前新能源客车的研发以纯电动客车和增程式电动客车为主，该研发路线完全符合国家发展新能源汽车的产业政策。研发了 11 米、12 米纯电动公交客车、12 米纯电动旅游大巴等三款纯电动客车，在整车上应用了自主研

发的整车控制系统，并通过试验验证，各项性能指标稳定，特别是在爬坡度方面等动力性能有了大大的提升，达到项目合同书的技术指标要求。研发了12米串联式混合动力客车、12米混联式混合动力客车、11米并联式混合动力客车等三款混合动力客车，并通过试验验证，各项性能指标达到项目合同书的技术指标要求。

公司建立了新能源客车的研发体系：建立了成熟的研发流程及设计规范，建立新能源客车研发检测中心，具有DSPACE、CRUISE等研发软硬件及电机和电池试验台等检测设备，建成了新能源客车生产线1条，基本具备了新能源客车产品研发、试验检测和生产能力。

五、主要产品

（一）整车

公司主要产品为“安凯”牌8～18米系列客车及底盘，纯电动和混合动力新能源客车。

（二）零部件

为载货汽车和客车配套的车桥及悬架系统、客车线束、仓门等。

六、合资合作

积极开展国际合作，深化与Evobus在中国及其他亚太区域的合作，定期开展交流，建立国际营销和产品合作通道；与国际先进的研发机构合作，整合全球资源，保持技术领先；与国际优秀供应商建立战略合作伙伴关系，提升价值链竞争能力，如与美国EDI公司合作开发了“插入式混合动力高效高速大客车（PHEV）研发及应用”项目。公司积极开展产学研合作，与中国科学技术大学、安徽大学和合肥工业大学合作，加大整车控制器和电机方面的技术研究，纯电动客车整车匹配和性能行业领先，采用具有自主知识产权控制系统的纯电动客车已经完成样车开发并试制成功。

七、2010年企业在新能源汽车方面经济指标统计

指标名称	本期累计	同期累计	增长率（%）	增长额（提高百分点）
营业收入（万元）	13135	5386	144	144
营业成本（万元）	11647	4304	171	171
营业税金及附加（万元）	372	233	39	39
营业利润（万元）	1481	1067	60	60

郑州宇通客车股份有限公司

一、2010年发展概况

郑州宇通客车股份有限公司（以下简称“宇通客车”）位于郑州宇通工业园，占地面积1700亩，稳定日产整车达180台以上，宇通客车作为首批91家“创新型企业”之一，是客车行业内唯一入选企业。

宇通客车已初步掌握了新能源客车的整车控制技术。到目前为止，已形成以7名博士、17名硕士为核心的50人研发团队，拥有15个混合动力客车和5个纯电动客车公告。2010年，郑州市成功入围国家“十城千辆”新能源汽车示范城市，成为宇通新能源客车发展的助推剂。

宇通插电式混合动力城市客车研发将基于目前已经量产的深度混合动力系统构型，以模块化的动力系统平台技术为依托，全面构建“配置可更改，功能可定制，系统平台化，产品系列化，成本差异化”的插电式混合动力城市客车产品。

二、生产经营

生产经营方面，宇通客车新能源产品主要集中在公交车领域，包括纯电动系列、混合动力系列和燃气系列；纯电动系列有3个车型，包含1款10米、1款11米和1款12米；混合动力系列有多个车型，长度分布在10～12米之间；燃气系列车型较多，长度分布在7～18米之间。宇通新能源客车已分别在杭州、昆明、广州、郑州和新乡等城市示范运行，取得了较好的示范效果，积累了新能源客车示范运行的经验。

2010年累计生产新能源产品699台，国内销售525台，174台库存待售，实现销售收入2.1亿元，海外市场方面仍以传统主打产品为主。其中燃气系列产品销售最多，为433台，占整体销售82%；混合动力系列销售88台，占比17%；纯电动系列销售4台。

三、产能建设

2010年，宇通客车稳定日产能185台，并率先成为国内首家年销量突破4万辆的客车企业。由于新能源客车可与传统客车共线生产，宇通传统客车的生产能力有效地保证了新能源客车的产能。另外，宇通客车新能源客车及客车零部件项目已正式启动，预计项目总投资24.35亿元，项目用地位于郑州市，项目年产1万辆新能源客车，拟建规模为节能型客车6000台/年、新能源客车4000台/年。2015年，预计混合动力客车与纯电动客车销量达到5000台。

四、技术进展及研发能力进展

郑州宇通客车股份有限公司自2005年开始进行新能源客车产品开发，截至2011年年初，已有15个混合动力和5个纯电动客车获得国家公告，新能源客车产品已批量销售

200余台。在混合动力总成系统开发方面，公司掌握了核心技术，具有串联、并联、混联系统成熟的开发经验，同时，宇通公司拥有丰富的新能源客车产品示范运行数据，为新能源客车产品的开发和性能优化提供了数据支撑。宇通“混合动力城市客车研发及产业化”项目被国家发改委和工信部列为汽车技术进步和技术改造项目，“ZK6126MGQA9混合动力城市客车开发”项目已通过省级鉴定，并荣获郑州市科技进步一等奖。

宇通公司高度重视科研投入，每年的研发投入占全年产品销售额的4%以上。宇通新能源客车研发10年来，得到了各级政府的大力支持，公司已形成以7名博士、17名硕士为核心的50人研发团队。宇通公司拥有行业内首家“博士后科研工作站”和行业内首家“国家级企业技术中心”，是被科技部等四部委认定的“国家首批创新型企业”和“国家认定企业技术中心”，2010年被科技部认定为“国家火炬计划重点高新技术企业”。在国家政策的引导下，在社会责任的驱使下，宇通将持续加大在新能源客车关键技术的研发力度，努力进取，开拓创新，不断提高宇通新能源客车的核心竞争力，引领中国客车乃至中国汽车行业走向世界，实现我国民族客车工业由“大”到“强”的转变。

五、主要产品

纯电动公交车车型：ZK6100EGAA、ZK6129EGQA、ZK6125BEVGQAA、ZK6126EGA9；

混合动力公交车车型：ZK6126CHEVGAA、ZK6126PHEVGQDA、ZK6108CHEVG1、ZK6106PHEVG1、ZK6126CHEVGQCA、ZK6126MGQA9；

燃气公交车车型：ZK6100NG、ZK6110HGV、ZK6120HGM、ZK6120HNG、ZK6128HGM、ZK6147HNWQBA、ZK6180HLGAA、ZK6726DGA9、ZK6800HNGAA、ZK6926NGA9。

六、合资合作

2011年4月，宇通客车作为课题申请单位，联合北京理工大学、广西玉柴机器股份有限公司、中信国安盟固利动力科技有限公司、上海电驱动有限公司和赛恩斯能源科技有限公司等协作单位，获得国家科技部“十二五”863项目“宇通客车插电式混合动力城市客车产业化技术攻关”重大科技专项资助。宇通将以此为契机，全面开展新能源核心技术研发，提升宇通客车在新能源客车领域的核心竞争力，成为新能源客车领域的领军企业。

宇通与北京理工华创电动车技术有限公司合作开发12米低地板电池快换纯电动城市客车，北京理工华创电动车技术有限公司是奥运会、亚运会、世博会纯电动用车整车动力系统平台合作单位，宇通客车将努力与北京理工华创电动车技术有限公司实现优势互补和资源共享，在开放中提升自主研发能力，全力推进纯电动客车产业化。

七、2010年企业在新能源汽车方面经济指标统计

指标名称	本期累计	同期累计	增长率(%)	增长额(提高百分点)
营业收入（万元）	20921	3120	571	17801

深圳市五洲龙汽车有限公司

一、2010年发展概况

2010年是五洲龙公司不平凡的一年，公司大步向前发展。在过去的一年里，五洲龙公司全体员工发扬了自强不息、踏实苦干的优良作风，无论是在内部管理还是在外部经营上都力求突破，不断完善企业制度，积极吸取先进的管理理念，注重培养全体职工的质量意识和责任意识，锐意进取，大胆创新，不断提升技术水平，千方百计地抢抓生产任务，积极开拓国内、国际市场，寻找新途径，大力开展开源节流工作，企业发展取得了长足的进步。

二、生产经营

2010年，公司实施了“精品工程”，主要是围绕提高生产效率和提升产品质量来进行的，目标完成率达到95%以上。2010年共计生产客车944台（其中198台已报2009年产量，丹尼斯103台），新产品样车8台，出口车35台（其中10台已报2009年产量）。2010年公司加强了质量工作，以ISO9001为标准，落实“全面质量管理”，加强生产体系管理，提高管理水平，强化了流程控制，在2010年生产系统共制定14项标准和计划类型，初步搭建了管理构架，其重点放在计划管理，现场管理和优化流程提升产能上，全面推行生产计划管理，生产现场“5S”管理和零部件送料管理。

2010年公司销售量达到923台，其中国内销售863台，国外销售60台，销售总额达到8.1878亿元，同比2009年销售量增长了38.75%，销售额增长了44%。综合业绩显著提高。2010年公司新能源/清洁能源的销售量占总销售量94.32%，新能源/清洁能源销售额占总销售额97.49%，实现了公司向新能源市场倾斜的重大目标。

三、产能建设

生产部编制各类生产管理规定，为了保障公司销售订单按时间节点落实完成生产，把影响生产的各要素进行分析、归纳，明确相关职能部门的职责和要求，落实各职能部门的职责，通过《生产计划管理规定》的实施，生产管理

从无序生产向有序生产转变。

经过一年的努力，运用《月生产计划》《周生产计划》和周生产例会制度，使生产进程中出现的问题被及时发现，问题多的部门及车间逐一显现，为快速地解决问题提供了依据，最大限度地保证了生产有序的进行。

大力推行生产现场及办公场所"5S"管理，采取周检查及考核制度，奖罚到人，使生产现场的环境得到有效提升，特别是准备车间、涂装车间及焊装车间的生产环境得到较大改观。

为进一步提升产能、改进仓库管理成为可能，严格实施零部件送料制，目前总装车间的各类物料实现了百分之百的送料制，效果明显，2011 年将逐步在各车间实行送料制。通过制度的管理和培训，使操作员工设备维护意识得到了提高，在操作工人和维修工人的同时努力下，全年设备的完好率达到了98%以上，设备故障率达2%以下。公司深圳总部目前年产能达到5000 台左右。

四、技术进展及研发能力进展

技术创新是公司的核心竞争力，在过去的一年里，电动车中心和技术中心对于新能源汽车的技术改进和升级积极探索，均取得了很大的成绩。

工程中心建设工程基建部分已经全部完成并投入使用，混合动力测控系统、高精度功率分析仪、数字示波器、汽车尾气分析仪、精密噪声分析仪、LCR 电桥等设备完成购置，已投入新能源汽车实验室使用，其余部分的设备均已签订购买合同，待办理好相关入关手续即可到厂并安装调试。2010 年，工程中心共完成车型设计方案16 项，完成行车型设计14 种，做完新型整车11 台，囊括工程中心研究任务的所有方面，在实际应用方面取得良好的效果，深得用户好评。

作为工程中心所依托的深圳市五洲龙汽车有限公司，从2000 年开始研发混合动力客车，2005 年以来先后5 次承担实施国家"863"节能与新能源汽车项目计划。参与制定国家新能源汽车准入国家新能源汽车财政补贴等标准。以深圳市五洲龙汽车有限公司为依托，在工程中心的推动下，五洲龙混合动力大巴目前已经进入大规模示范运营阶段，工程中心也成了新能源汽车研发、生产基地，带动深圳乃至广东的新能源汽车产业发展。

五、主要产品

2010 年公司车辆销售量达到923 台，其中国内销售863 台，国外销售60 台，主要车型有FDG6111HEVG、FDG6111LNG、艾克瑞医疗车、FDG6121LPG、6128 系列等。2010 年度，公司承建新能源汽车充电站共24 个。

六、合资合作

公司与英国著名客车生产企业亚历山大·丹尼斯公司达成了长期合作的意向，签订了长达17 年的分步合作框架协议。五洲龙在合作的过程中不断吸收外方优秀的产品设计、工艺流程、质量控制等方面的经验，缩短自己在客车制造领域和世界先进水平。

七、2010 年企业在新能源汽车方面经济指标统计

指标名称	本期累计	同期累计	增长率（%）	增长额（提高百分点）
营业收入（万元）	57034.61	22205.18	156.85	34829.43
营业成本（万元）	45790.16	18741.57	144.32	27048.59
营业税金及附加（万元）	26.74	29.00	-7.79	-2.26
营业利润（万元）	5718.55	1297.64	340.69	4420.91
销售费用（万元）	1281.23	590.12	117.11	691.11
管理费用（万元）	2374.50	1153.89	105.78	1220.61
财务费用（万元）	1843.43	392.97	369.10	1450.46
其中：利息支出（万元）	1825.00	369.59	393.79	1455.41
利润总额（万元）	5719.33	1297.64	340.75	4421.69
资产总计（万元）	63487.48	30637.85	107.22	32849.63
流动资产平均余额（万元）	29657.99	11410.80	159.91	18247.19
应收账款（万元）	4748.54	1754.79	170.60	2993.75
固定资产平均余额（万元）	5296.32	2979.14	77.78	2317.18
负债总计（万元）	37693.55	18835.86	100.12	18857.69
应交增值税（万元）	191.16	58.88	224.66	132.28
工业增加值（万元）	12649.38	6449.81	96.12	6199.57
工业总产值（全年价）（万元）	58258.01	26755.89	117.74	31502.12
工业销售产值（全年价）（万元）	57034.61	22205.18	156.85	34829.43
2010 年末职工人数（人）	819	757.00	8.19	62.00

续表

指标名称	本期累计	同期累计	增长率（%）	增长额（提高百分点）
2010 年末工程技术人员（人）	180	160.00	12.50	20.00
全员劳动生产率（元/人）	160525.07	88353.53	81.68	72171.54
成本费用利润率（%）	10.02	5.75	74.26	4.27
流动资金周转率（次）	1.92	1.95	-1.54	-0.03
产品销售率（%）	97.90	82.99	17.97	14.91
总资产贡献率（%）	13.97	9.08	53.85	4.89
净资产收益率（%）	22.13	5.69	288.93	16.44
销售利润率（%）	10.03	5.84	71.75	4.19
资产负债率（%）	59.37	61.48	-3.43	-2.11
资产增加值率（%）	18.41	165.67	-88.89	-147.26
工业经济效益综合指数（%）				

四川汽车工业集团有限公司

一、2010 年发展概况

在 2009 年底，四川汽车工业集团有限公司成功开发出了 11 米 SQJ6111B1CH 纯电动城市客车，2010 年 3 月，通过国家检测机构的性能检测和其他强检项目试验，并顺利通过工信部专家组到工厂进行的软硬件审核，成功获取工信部新能源汽车产品公告和财政部新能源汽车补贴目录，为川汽纯电动城市公交客车投放市场创造了必要条件。

2010 年 1 月，在大连合资建立了大连易威川汽电动汽车动力总成有限公司。

2010 年 5 月，公司正式小批量生产了 4 辆 11 米 SQJ6111B1CH 纯电动城市客车，投放成都市区示范运营。

二、生产经营

按照成都市新能源汽车行动计划，2010 年 5 月，经过招投标，在成都第一批示范运行的 10 辆新能源汽车项目中，川汽得到了省电力公司 4 辆 11 米纯电动城市公交客车订单，用于 16 路公交线路示范运行，目前单车已经安全行驶 2 万公里以上。

2010 年 10 月销售 10 辆 11 米 SQJ6111B1CH 纯电动城市客车在大连示范运行。

2010 年 12 月销售 1 辆 11 米 SQJ6111B1CH 纯电动城市客车在银川示范运行。

三、产能建设

四川汽车工业集团有限公司目前具有年产 500 辆 SQJ6111B1CH 纯电动城市客车生产能力，川汽集团已经开始从传统汽车制造转向新能源汽车制造为主的产业结构调整，已把发展新能源汽车作为川汽战略，力争用 5～10 年时间实现新能源汽车产销量占总产销量 50% 以上的新型工业化企业，为四川本土汽车工业创出一条新路。 川汽集团决定对新能源客车生产线进行技术改造，项目规划总投资 5 亿元，占地 220 亩，形成年产电动公交客车 3000 辆的能力，目前，成都经济技术开发区已经批准该项目建设。

四、技术进展及研发能力进展

四川汽车工业集团有限公司 2011 年 1 月成立了以董事长为组长的新能源汽车领导小组，积极推动公司新能源汽车研发、生产和销售工作，现已开始开发 12 米纯电动城市客车，采用一级踏步，自动变速，空气悬架等技术，全面提升纯电动城市客车技术水平和档次。

四川汽车工业集团有限公司 2011 年 1 月也开始了电动出租车开发项目，预计年底投放成都市场。

五、2010 年企业在新能源汽车方面经济指标统计

指标名称	本期累计	同期累计	增长率（%）	增长额（提高百分点）
营业收入（万元）	2250	—	—	—
资产总计（万元）	69571	—	—	—
工业销售产值（全年价）（万元）	45981	—	—	—
2010 年末职工人数（人）	1295	—	—	—

江西博能上饶客车有限公司

一、2010 年发展概况

江西博能上饶客车有限公司从 2005 年开始着手新能源汽车开发的技术准备工作，相继研发出了天然气客车（出口）、油—汽混合客车（出口）等一系列新能源车型。2009 年，公司联合中国科学院电动车辆研发中心暨上海中科深江电动车辆有限公司开发新能源汽车，成立了专门的新能源汽车研发团队，设计开发上饶牌纯电动客车。2010 年 5 月，公司成功研制了后置后驱 SR6700HBEV 纯电动客车，经过国家机动车质量检测中心的强制性检测和可靠性测试，该车性能全部达到国家标准要求。2010 年 12 月，公司正式通过国家工信部组织的新能源汽车企业准入现场审查，获得了新能源客车生产资质。

二、生产经营

2010 年，江西博能上饶客车有限公司从调整产品格局入手，以校车为主力，做大国内市场，校车销量占国内销售的 62.42%，主要经济指标同比增长近 150%，实现产销量 700 台，新增利润 840 万元，获得财政、科技等 4 项财政补贴 344 万元，出口及出口研发等项目获得 80 余万元补贴；同时，公司出口车获得销售收入 7631.4 万元。

2010 年 9 月，江西博能上饶客车有限公司“新能源客车及新型客车技术研究中心”通过科技部门资格审查、专家实地考察，正式获准成立。

2010 年 12 月，江西博能上饶客车有限公司被评为“2010（首届）中国江西最具投资价值科技企业 100 强”，上饶客车的知名度和行业地位得到进一步提升。

同时，公司通过与军队客户合作，研发了多种职能应急指挥车，适用于消防、维稳、公安、救灾等多种用途，经过初期投入市场，获得了良好的市场反响，预期 2011 年将会取得良好的业绩和利润。

三、产能建设

2010 年，江西博能上饶客车有限公司投资 2000 多万元用于新能源汽车生产车间改造和新能源汽车研发，包括电动汽车产品研发、电动汽车开发专用试验及检测设备购置、与科研机构技术合作、关键技术攻关、技术咨询和人才引进等，已经初步形成了新能源汽车研发、生产能力。

四、技术进展及研发能力进展

2010 年，江西博能上饶客车有限公司成功研发出了具有自主知识产权的具备 CAN 总线通信功能的整车控制系统及整车相关电控系统，建立了整车动力系统测试实验室，能够进行整车匹配计算、过程仿真、产品设计、试制、检测和验证，实现了整车电驱系统的工程化应用。 通过与中国科学院在资金、技术、品牌上的全方位合作，已经掌握了新能源汽车三大核心技术及先进的客车制造技术。

五、主要产品

SR6700HBEV 纯电动客车、SR6110CHEV 混合动力城市客车、SR6700SHEV 混合动力电动客车。

六、合资合作

2010 年，江西博能上饶客车有限公司引进战略投资者中国科学院和江西出版集团，与中国科学院在资金、技术、品牌上进行全方位合作，中国科学院下属机构电动汽车研发中心（暨上海中科深江电动车辆有限公司）以技术等无形资产入股上饶客车，通过股权合作的方式成立合资公司，其中江西博能集团占 50.4%、江西出版集团占 33.6%、中国科学院电动汽车研发中心（暨上海中科深江电动车辆有限公司）占 16.0%，开展自主研发和技术创新，建设新能源汽车研发和产业化基地。

七、2010 年企业在新能源汽车方面经济指标统计

指标名称	本期累计	同期累计	增长率（%）	增长额（提高百分点）
资产总计（万元）	38102	38102	—	—
流动资产平均余额（万元）	18665	18665	—	—
应收账款（万元）	1587	1587	—	—
固定资产平均余额（万元）	14743	14743	—	—
负债总计（万元）	19459	19459	—	—
应交增值税（万元）	290	290	—	—
工业增加值（万元）	3118	3118	—	—
工业总产值（全年价）（万元）	25465	25465	—	—
工业销售产值（全年价）（万元）	26361	26361	—	—

续表

指标名称	本期累计	同期累计	增长率（%）	增长额（提高百分点）
2010 年末职工人数（人）	700	700	—	—
2010 年末工程技术人员（人）	210	210	—	—
全员劳动生产率（元/人）	25465	25465	—	—
流动资金周转率（次）	0.76	0.76	—	—
产品销售率（%）	99	99	—	—
资产负债率（%）	51	51	—	—
资产增加值率（%）	8	8	—	—
工业经济效益综合指数（%）	—			

八、2010 年产销量统计

单位：辆

车型	生产																	
	乘用车						商用车、专用车						客车						合计
	纯电动汽车	混合动力汽车	插电式混合动力	燃料电池汽车	其他	合计	纯电动汽车	混合动力汽车	插电式混合动力	燃料电池汽车	其他	合计	纯电动汽车	混合动力汽车	插电式混合动力	燃料电池汽车	其他	合计	
2010 年	0	0	0	0	0	0	0	0	0	0	0	0	2	0	0	0	0	2	2

山东中文沂星电动汽车有限公司

一、2010 年发展概况

山东中文沂星电动汽车有限公司于 2010 年 5 月通过工信部新能源汽车生产准入审核，获取了电动汽车生产资质。2010 年 8 月 1 日，沂星公司生产的 SDL6120EVG 和 SDL6110EVSG 两款纯电动城市客车登录工信部汽车产品公告，并列入第 13 批《节能与新能源汽车示范推广应用工程推荐车型目录》。

中文沂星纯电动城市客车已在山东临沂、青岛、淄博，河南许昌以及香港等地投入示范运行，车辆运行安全、性能优良、节能环保、质量可靠，逐步得到政府部门、运营单位及广大乘客的认可和信赖，取得了良好的社会效益和经济效益。

二、生产经营

2010 年 2 月 12 日，中文沂星纯电动城市客车在临沂市投入示范运行，至今已投入 100 余辆，车辆运行稳定，安全可靠、节能环保，得到市民的一致好评。

2010 年 5 月，山东中文沂星电动汽车有限公司通过工信部新能源汽车生产准入审核，获取了电动汽车生产资质。

2010 年 8 月 1 日，沂星公司生产的 SDL6120EVG 和 SDL6110EVSG 两款纯电动城市客车登录工信部汽车产品公告，并列入第 13 批《节能与新能源汽车示范推广应用工程推荐车型目录》，中文沂星纯电动城市客车开始批量生产。

2010 年，山东中文沂星电动汽车有限公司共生产销售纯电动城市客车 150 辆，销售收入 17491 万元，利润 1178 万元。

三、产能建设

2010 年 8 月，山东中文沂星电动汽车有限公司对原车间生产线进行改造提升，新建铝合金加工车间、铝合金车身铆接生产线和总装生产线，2010 年底实现年产纯电动客车 1000 辆的能力，2011 年底可实现年产纯电动客车 3000 台的能力。

四、技术进展及研发能力进展

山东中文沂星电动汽车有限公司一直致力于研发新能源汽车，特别是在纯电动汽车产品研发方面取得了重要进展，掌握了四大核心技术，包括：电机及其控制、整车控制、车身轻量化及动力电池技术。

山东中文沂星电动汽车有限公司自主研发的全承载铝合金轻量化车身技术，使整车整备质量较同规格钢结构车辆降低 2 ~3 吨，提高了车辆运载能力。SDL6120EVG 纯电动城市客车最大载客92人，比国内其他企业的纯电动客车可多载客40%以上。该项技术已申报16项国家专利，8项已获得授权。

公司与北京科技大学联合研制的整车控制系统和驱动电机控制系统，保证了整车控制的精度及系统效率，同时具备高效制动能量回收及驻坡零速锁定功能，提高了车辆运行安全性和驾驶舒适性。

五、主要产品

SDL6120EVG纯电动城市客车、SDL6110EVSG纯电动双层城市客车。

六、合资合作

通过与北京科技大学机器人研究所、时光科技有限公司在纯电动客车整车控制器硬件开发方面展开合作，掌握了具有自主知识产权的整车控制技术。

2010年6月，与天津大学合作开展纯电动汽车示范运行实时监控系统系统的研制。

2010年10月，与华晨集团合作开展纯电动乘用车研发工作，已研制出中华骏捷纯电动车5辆。

七、2010年企业在新能源汽车方面经济指标统计

指标名称	本期累计	同期累计	增长率（%）	增长额（提高百分点）
营业收入(万元)	17491	—	—	—
营业成本(万元)	13990	—	—	—
营业税金及附加(万元)	0	—	—	—
营业利润(万元)	3521	—	—	—
销售费用(万元)	375	—	—	—
管理费用(万元)	1402	—	—	—
财务费用(万元)	566	—	—	—
其中：利息支出(万元)	566	—	—	—
利润总额(万元)	1178	—	—	—
资产总计(万元)	18638	—	—	—
流动资产平均余额(万元)	8797	—	—	—
应收账款(万元)	1930	—	—	—
固定资产平均余额(万元)	3687	—	—	—
负债总计(万元)	9983	—	—	—
应交增值税(万元)	147	—	—	—
工业增加值(万元)	3521	—	—	—
工业总产值（全年价）(万元)	19890	—	—	—
工业销售产值（全年价）(万元)	17491	—	—	—
2010年末职工人数(人)	520	—	—	—
2010年末工程技术人员(人)	50	—	—	—
全员劳动生产率(元/人)	67711	—	—	—
成本费用利润率(%)	7.48	—	—	—
流动资金周转率(次)	1.99	—	—	—
产品销售率(%)	100	—	—	—
总资产贡献率(%)	11.31	—	—	—
净资产收益率(%)	14.13	—	—	—
销售利润率(%)	20.13	—	—	—
资产负债率(%)	53.56	—	—	—
资产增加值率(%)	20			
工业经济效益综合指数(%)	147.73			

八、2010 年产销量统计

单位：辆

车型	生产																		销售																		合计
	乘用车						商用车、专用车						客车						乘用车						商用车、专用车						客车						
	纯电动汽车	混合动力汽车	插电式混合动力	燃料电池汽车	其他	合计	纯电动汽车	混合动力汽车	插电式混合动力	燃料电池汽车	其他	合计	纯电动汽车	混合动力汽车	插电式混合动力	燃料电池汽车	其他	合计	纯电动汽车	混合动力汽车	插电式混合动力	燃料电池汽车	其他	合计	纯电动汽车	混合动力汽车	插电式混合动力	燃料电池汽车	其他	合计	纯电动汽车	混合动力汽车	插电式混合动力	燃料电池汽车	其他	合计	
2010年	0	0	0	0	0	0	0	0	0	0	0	0	150	0	0	0	0	150	0	0	0	0	0	0	0	0	0	0	0	0	150	0	0	0	0	150	150

扬州亚星客车股份有限公司

一、2010 年发展概况

2010 年公司投产 6 台新能源公交车，包括 3 台混合动力和 3 台纯电动公交，并于 4 月初在扬州建立新能源公交示范运营线路。 此 6 台新能源公交车均采用国内最新的技术，混合动力车辆可以实现 30% 的节油率，纯电动车更是实现了真正的“零排放”。

混合动力客车采用并联式布置方式，用超级电容作为存储能量的设备，配备了国产自主研发的最先进的混合动力控制系统，实现能量存储单元的实时监控，并同时对运行工况进行实时分析，采用最先进的模糊控制策略，动态分配发动机和电动机驱动力矩以及前后轴制动力，并在制动时对制动能量进行回收再利用。

纯电动客车采用国内主流的锂离子电池作为能量存储设备，装备专门针对中国城市工况而研发的整车控制器、电源管理系统及电机控制器。 并加装先进的 GPS 系统，可在公交调度室监控所有营运中的纯电动公交车的实时状态。 采用优化算法的控制策略极大地提高了电动车的续驶里程，续驶里程达到 200km，满足了公交车日常使用要求。整车采用插入式 (plug in) 充电方式，简化了实际运营中的操作步骤，节约了时间和劳动成本。

二、生产经营

JS6106GHEV、JS6116GHEV、JS6126GHV、6106GHBEV、6116GHBEV、6126GHBEV，前三款混合动力车型、后三款纯电动各销售给扬州市一辆。

目前已有两个型号的电动客车形成销售，分别是 JS6880H 和 JS6103H，其中 JS6103H 为出口车，运行情况良好。

亚星客车新能源产品项目覆盖混合动力和纯电动两条技术路线。 其中，混合动力客车主要 JS6106GHV (10 米混合动力城市公交车)、JS6116GHV (11 米混合动力城市公交车)、JS6126GHV (12 米混合动力城市公交车)、YBL6105GHV (10 米混合动力公路车)，4 个成熟车型；纯电动客车拥有 JS6701GHBV (7 米纯电动巴士)、JS6880GHBV (8 米纯电动城市公交车)、JS6106GHBV (10 米纯电动城市公交车)、JS6116GHBV (11 米纯电动城市公交车)、JS6126GHBV (12 米纯电动城市公交车)、YBL6105GHBV (10 米纯电动公路车) 6 个成熟车型。 总共 10 种产品覆盖 7 米到 12 米 6 个产品系列。

三、产能建设

以单台平均价格 40 万元，量产后年销售 800 台计，可为亚星公司新增产值 3. 2 亿元，实现利税 3000 万元。

本项目基本建设需新增投资 1670 万元，新建厂房 9600 平方米，除共用传统客车冲压、检测、调试、仓库以及水、电、气、环保等配套设施外，新建焊、涂、总和底盘装配生产线各一条，采用全新生产和检测设备，确保生产环境的温度、湿度、静电保护和防电磁干扰等符合安全要求；单班日产 4 台整车；在现有纯电动城市客车的控制器、驱动电机等零部件技术、电子控制技术和系统集成技术基础上，增添进口 ARBIN 超级电容检测试验台、受电弓生产和检测设备，基本形成超级电容电动城市客车用零部件研发生产体系，形成年产超级电容电动客车 1000 台的生产能力。

项目实施期内累计实现销售 400 台，销售收入 4 亿元，利税 4000 万元。 预计 2014 年项目产品在同类型客车产品的市场占有率达 50% 以上。

四、技术进展及研发能力进展

JS6106GHEV、JS6116GHEV、JS6126GHV 这三款混合动力车型采用超级电容作为储能装置。 超级电容生产企业是美国 maxwell，辅助电机生产企业是南车时代，整车控制器生产企业是亚星客车。 采用并联式混合动力系统，在保留传统客车的动力系统之外，通过动力耦合装置并联了一套电驱动系统，该电驱动系统包括动力耦合装置、驱动电机、储能系统、整车控制器和CAN总线等电气部件。发动机为主动力，电动机为辅助动力，动力的传输方向为并列。该结构可以回收制动能量，储存在储能装置中。电动机可以和发动机同时驱动提高汽车性能；在特定车速下可以使发动机运转在最高效的范围。

整车控制器是并联混合动力客车的控制核心，通过采集司机踏板、发动机转速、电机转速、挡位、离合器状态，判断司机的驾驶意图，并计算出目标牵引力矩，以发动机油耗最小为原则，同时参考电机外特性、发动机外特性、储能系统的各项边界条件，对电机和发动机进行力矩分配，最终实现电机、发动机力矩耦合，按照司机的意图驱动整车运行。

五、主要产品

1. 整车：JS6106GHEV、JS6116GHEV、JS6126GHV、6106GHBEV、6116GHBEV、6126GHBEV。

2. 充电站：电网的充电站。

六、合资合作

与湖南南车时代成功合作，共同开发了JS6126GHV型混合动力客车，这是亚星客车在新能源客车领域一个划时代的产品。该车为油电混合型12米大型公交车，此车拥有包括再生制动系统，前后轴制动力智能分配系统等一系列最先进的技术在内的完整的整车智能控制系统。在国内处于绝对领先的水平。该车也是亚星客车从单一的纯电动客车的研发向全系列新能源客车转变的重要标志。这也是我们第一部拥有商业化意义的新能源车型。

亚星客车再次联手扬州金飞驰电动车公司、北京理工大学，共同开始研发新一代纯电动公交车。与上代纯电动车相比，这代的技术更加成熟，安全性更高。

天津清源电动车辆有限责任公司

一、2010年发展概况

1. 生产经营

(1) 由于国外市场剧减，2010年公司加大国内市场营销工作，经营业绩较2009年有所好转。截至年底，总收入4027.28万元，其中产品销售收入为1494.18万元，技术服务收入为2004万元，纵向课题项目拨款为529.1万元。与2009年相比，产值增长了43%。

(2) 整车及零部件销售：纯电动汽车销售117辆，场地车销售133辆，零部件销售185万元。

(3) 开发和生产各型号和规格的50余台电机控制器，整车控制器40余台；电池管理系统60套。

(4) 新增3个车型的产品公告。

2. 加强管理，夯实基础，提高效率

(1) 结合市场形势和公司实情，完善和健全了公司相关规章制度，相继出台了一系列办法措施，加强了全员职工的责任感。

(2) 完成了16949认证所需文件的编写和相关培训。

(3) 开展了ERP的培训。

(4) 完成了3C认证的程序文件编写。

二、2010年科研项目及成果

1. 科技开发

(1) 承担科技部、天津市科委及汽研中心等纵向项目19项，其中3项已经通过验收；8项已经完成，等待相关部门组织验收；其余8项按照计划顺利进行。

(2) 公司为长春一汽、北汽、现代索纳塔、长安汽车、奇瑞、沈阳华晨、天津美亚、海南马自达、厦门金龙、牡丹汽车等多家国内整车厂和企业提供改装设计试制电动汽车的技术服务，承接横向项目18项。

(3) 自立课题3项，开发了2座轿车、低速电动轿车以及动力总成，2~4种旅游观光车和厂内搬运车，以满足市场多样化的需求。

2. 科技成果

(1) 申请发表专利9项，论文13篇。

(2) 电动车标委会发布了由清源公司牵头编写的企业标准QC/T-2010《电动汽车传导式充电接口》。

三、2010年科研设施及科研能力建设

1. 电动汽车用电机及控制器测试集成控制系统开发

采用Microsoft Visual Studio可视化编程软件，编制基于CAN总线协议和串行通信协议的上位机软件，实现对测功机、功率分析仪和电池模拟器的数据采集，保证数据的同时记录及准确性。此外通过数据库技术实现对采集数据的长久保存及查询。

2. 基于多种CAN总线通信协议的上位机监控软件开发

开发了适用于多种常用CAN总线通信协议的上位机监控软件，实际使用时只需先进行协议的选取，即可正常与被测电机控制器进行通信，大大降低了试验时间，提高了试验效率。

3. 电涡流测功机控制系统优化

为了实现在测功机侧或电机侧发生故障时，测功机及电机都同时切掉负载，减少危险情况的发生，保护试验人

员、测功机设备及被测电机及控制器的安全，试验室对CW260电涡流测功机的控制系统进行了相应的改进，增加了系统发生故障或急停等工况下的切断电机控制器直流供电回路的功能。

4. 电动汽车用水泵测试试验台的研制

为了验证电动汽车用水泵的流量、功率等主要指标，采用PPR和PVC型材料、流量计、调压阀等各种器件研制了水泵测试试验台。该试验台适用于各种尺寸进出水口管径的水泵对象，流量测试范围从0~3000L/h，压力测量范围从0~1MPa。

5. 电动汽车用电机及控制器测试试验电源安全防护装置的设计

该装置主要实现的功能是试验过程中控制直流电源回路的通断，并且能够实现电机控制器的预上电功能。断电指示功能能够帮助试验人员了解当前的电源状态，以防触电等危险情况的发生。

四、2010年国际交流

2010年1月25日，通标标准技术服务（天津）有限公司领导Matthias Popp先生一行4人访问了清源公司，双方希望扩展交流与合作的领域，共同促进中国电动汽车产业的持续稳定快速发展。

2010年2月4日，日本罗姆株式会社董事高须秀视、罗姆中国有限公司总经理张驹携公司高层领导一行7人访问了清源公司双方就新能源汽车的关键技术、整车系统、及世界SIC技术展开了广泛的交流。

2010年4月27日，日本东京丰和贸易株式会社副社长高良友先生带领的考察团参观访问了清源公司，双方就电动汽车的研发成果、创新技术、电池技术、城市环保等议题展开了广泛的交流。

2010年4月26日，来自澳大利亚维多利亚州墨尔本市的AutoHub Pty Ltd，参观访问了天津清源电动车辆有限责任公司。

2010年10月到12月，清源公司杜智明到美国Kettering university参加电动汽车电池、管理及组织的研修培训。

2010年10月11日，瑞典延雪平市代表团一行30余人在天津市市外办领导陪同下来公司参观访问。

五、主要产品

1. 整车

序号	型号	名称
1	QY5020GKC-08BEVA	纯电动高空作业车
2	QY5020XFWBEVEC	纯电动服务车
3	QY5020XYZBEVEC	纯电动邮政车
4	QY5020XXYBEVYC	纯电动厢式运输车
5	QY5020ZLJBEVYC	纯电动垃圾车
6	QY5020ZXXBEVYC	纯电动车厢可卸式垃圾车
7	QY5021ZLJBEVYC	纯电动垃圾车
8	QY5020XFWBEVEL	纯电动服务车
9	QY5020XYZBEVEL	纯电动邮政车

2. 零部件

序号	型号	名称
1	TQJ-12/25-YC-1	电机控制器
2	TQJ-20/60-YB-1	电机控制器
3	TQJ-30/90-YB-1	电机控制器
4	TQK-45/75-YB-1	电机控制器
5	TQK-75/120-YB-1	电机控制器

六、2010年产销量统计

生产																		
车型	乘用车						商用车、专用车						客车					合计
	纯电动汽车	混合动力汽车	插电式混合动力	燃料电池汽车	其他	合计	纯电动汽车	混合动力汽车	插电式混合动力	燃料电池汽车	其他	合计	纯电动汽车混合动力汽车	插电式混合动力	燃料电池汽车	其他	合计	
2010年	0	0	0	0	0	0	150	0	0	0	0	150	0	0	0	0	0	150

销售																			
车型	乘用车						商用车、专用车						客车						合计
	纯电动汽车	混合动力汽车	插电式混合动力	燃料电池汽车	其他	合计	纯电动汽车	混合动力汽车	插电式混合动力	燃料电池汽车	其他	合计	纯电动汽车	混合动力汽车	插电式混合动力	燃料电池汽车	其他	合计	
2010年	0	0	0	0	0	0	137	0	0	0	0	137	0	0	0	0	0	0	137

北京八恺电气科技有限公司

一、2010年发展概况

北京八恺电气科技有限公司在电池成组、电池管理等方面拥有多项核心技术，如：散热管理、低温管理、SOC估算（目前该指标小于5%，达到国际领先水平）、均衡管理、智能充/放电、预充/放电估算、安全预测管理、电磁干扰屏蔽、高内阻电池维护、高电压充放电管理、动态降噪、驱动系统效率管理等。这些技术的产品化无疑将对我国新能源汽车的动力系统发展起到关键助推作用。

北京八恺电气科技有限公司已经申报国家发明专利3项，实用新型专利5项，软件著作权7项。八恺电气着力于优秀人才的吸引与重点培养，人员整体素质较高，尤其在电池成组及管理技术、汽车传动系统设计和集成、电动汽车智能充/放电技术等方面更是集中了一批领先的国内外技术专家。目前，清华大学汽车工程系主任陈全世教授担任公司首席科学家。

自2010年以来，在新能源汽车市场，尤其是在技术市场验证方面取得显著进展。目前，八恺电气不仅与国内主要新能源汽车厂商建立良好的合作关系，在储能电池系统管理领域也已经开始与国内相关机构合作。同时，八恺电气还参与了我国与新加坡的政府间合作项目——天津生态城绿色交通建设。产业间的广泛合作为实验室发挥更大的社会服务效力打下坚实基础。

目前，八恺电气正在筹建动力电池组工程实验室，提供面向电池组、电池箱级别的电气、机械、安全等全方位的系统级工程试验。预计2012年本工程实验室将完成一期的建设，届时该实验室将不仅有利于促进八恺电气的业务发展，同时将服务于社会企业和研究机构，有力地推进我国动力电池研究发展，对我国动力电池组标准制定、新能源汽车快速发展起到助推作用。

二、生产经营

北京八恺电气科技有限公司采用关键核心部件自主研发设计，辅助部件外包采购，本厂组装测试的生产模式。厂房面积8000平方米，工厂建设有四条生产线：电池管理控制器组装线、电池模组生产线、电池箱组装生产线、电池检测设备生产线，并引进国际先进水平的测试设备进行物料、成品质量检测。

1. 建立和完善电池模组、电池箱的生产工艺各一套

依据TS16949国际标准，建立和规范生产管理，采用多套成熟的电池模组、电池箱体生产工艺与检测标准，完善电池模组、电池箱体从入厂到出厂的标准化生产体系。并组织专业的技术人员对关键生产环节进行操作和监控，提高电池模组、电池箱体生产的质量水平。

2. 建立和完善电池检测设备生产关键技术一套，配套软件系统和服务

成立专项实验室，引进国际先进的测试设备和仪器，参照国际领先企业的技术和经验，按照QC/T743标准的要求，对电池生产的关键性能指标进行检测，提高产品的稳定性和可靠性。并建立试验数据库系统，对实验数据进行跟踪、统计和反馈，不断提高电池模组、电池箱体的开发水平。

3. 设计完善电池管理系统电路板，分模块、分环节委托加工，本厂检测验收

采用国内（或国际）独特（或独有）的电池管理系统（专利）技术，设计、生产和检测均符合（或满足）GB/T18388国家标准的要求，电池管理系统的软、硬件采用不同的工艺流程和质量控制标准，确保出厂产品的合格与可靠。

4. 在既有系统平台上应对客户化需求进行适应性开发，组织生产

采用成熟、领先的电池系统管理平台，对不同的客户化需求能灵活地进行专业定制，在满足功能、技术要求的基础上，确保产品的质量要求。所有产品在交付前均经过检测，并符合3C认证的要求。

(1) 进行电池管理系统客户化设置，对接整车控制系统，实现动力控制。

(2) 根据客户预留电池箱空间，调整电池箱适配。

(3) 与充电设施实现电池充放电，以及检测实现对接管理。

(4) 配合整车厂需要，进行相关零部件研究开发，如：车载充电器、DCDC等产品的研发、生产。

三、技术进展及研发能力进展

北京八恺电气科技有限公司运用自有知识产权，在电池成组和电池管理技术方面取得多项技术突破，成功研制出产品，包括动力电池管理系统（BMS）、电池箱、电池成组配套服务和产品。

北京八恺电气科技有限公司在电池成组及管理技术、汽车传动系统设计和集成、电动汽车智能充/放电技术等方面集中了一批领先的国内外技术专家。八恺电气在新能源汽车的诸多关键技术和世界性难题方面拥有深厚的技术积累并拥有多项专利技术，如：电池组管理系统、电池组散热管理、低温管理、电池组充放电管理、安全预测管理、电磁干扰屏蔽、高内阻电池维护、高电压充放电管理、动态降噪、驱动系统效率管理、动力辅助、整车控制和智能充/放电等。其中电池、电池管理系统和电池的成组技术为北京八恺电气科技有限公司的核心产品和技术。同时公司配套研发有电池检测技术、整车CAN通信模块、智能充放电管理技术，形成完整的电池组系统级产品和服务。

北京八恺电气科技有限公司在锂电池研究方面有多年的实践经验。目前，正在积极与国际著名电池厂商密切合作，计划引进先进的电池技术。北京八恺电气科技有限公司领先的电池成组技术将在电池的寿命周期内持续地平衡每只单体电池的电压和温度，调节补偿每只电池的充电状态。北京八恺电气科技有限公司产品不仅可以很好地解决使用安全问题，同时能使电池性能在使用中保持良好的一致性，大大延长电池的使用寿命。

四、合资合作

由国家电网公司牵头，联合八恺电气、苏州金龙客车、万向电动汽车有限公司、南车时代电动汽车公司、比

克国际（天津）有限公司、天空能源（洛阳）有限公司等多家新能源汽车领域知名企业，组成了一个电动汽车行业的快换联盟，致力于实现电动汽车充电电池箱的标准化。八恺电气是快换电池箱项目研发和提供的主要承担者。在实际工程应用中，将按照我国具体情况，以测试实验数据和实际路上电动车行驶数据为依据，协同业界相关单位，积极参与建立符合我国国情的电动汽车动力电池使用标准。

同时，北京八恺电气科技有限公司与清华大学、北京理工大学建立有良好的合作关系，产学研结合，加速高校科研成果产业化。

上海燃料电池汽车动力系统有限公司

一、2010 年发展概况

上海燃料电池汽车动力系统有限公司致力于新能源汽车动力系统技术领域的技术与产品研发。公司成立于 2001 年，由上海汽车工业（集团）总公司、上海同济企业管理中心、上海科技投资公司、上海工业投资（集团）公司、信息产业部电子第二十一所及自然人共同出资建成，实行董事会领导下的总经理负责制。

公司经过十年的发展，建立起了较完备的燃料电池汽车、电动汽车动力系统及其关键部件的开发和测试环境，造就了一支经受了实践锻炼的高科技研发队伍。公司下设动力平台、动力控制、车载电源等 3 个事业部及生产制造基地；开发与产业化基地占地面积 2 万余平方米，员工近 200 名，其中具有博士学位人员 18 名，硕士学位 32 名。公司于 2011 年 3 月通过 TS16949 资质认证。公司与同济大学、科技部燃料电池汽车及动力系统工程中心、上汽集团、上海大众等均有长期良好的合作关系。

二、研发能力

公司自创立以来，先后承担了国家“十五”和“十一五”863 燃料电池轿车课题研究，先后完成了“超越”系列燃料电池轿车动力平台研发，成功开拓出“电电混合、动力系统平台、副产氢气纯化和高压储氢”的中国发展燃料电池轿车技术之路，掌握了一套完整的包括动力系统平台集成与控制、动力系统关键零部件开发、车载供氢系统集成、燃料电池发动机系统集成与试验测试等在内的自有核心技术，并将燃料电池轿车动力系统平台技术推广应用于纯电动、混合动力客车、轿车与微型车，“十一五”期间成功推出的新一代燃料电池轿车动力系统平台，实现装车 80 辆，车辆取得国家上路许可并先后参加 2008 年北京奥运会、美国“加州燃料电池伙伴计划”和 2010 年上海世博会新能源汽车示范运营，研究成果在国内目前公司取得国家专利授权共计 74 项和软件著作权 12 项，其中发明专利 14 项，研发成果获得国家科学技术进步二等奖。

三、产品及服务

1. 新能源汽车动力系统集成与匹配开发服务。

2. 新能源汽车动力系统车载分布控制单元软硬件（整车控制单元、BMS、燃料电池发动机控制单元）及其匹配应用。

3. 车用燃料电池发动机系统集成技术与产品。

4. 新能源汽车远程监控模块。

5. 车载电流变级驱动控制单元。

北京清能华通科技发展有限公司

一、2010 年发展概况

北京清能华通科技发展有限公司完成了第五代燃料电池城市客车的开发、设计和系统集成，成功保障了 2010 年上海世博会、2010 年新加坡青奥会期间燃料电池客车的示范运行。

同时，围绕新能源汽车核心技术，公司开发了电动汽车多能源整车控制器、“新能源汽车运行数据远程实时监控系统”等新能源汽车关键零部件产品，匹配于多款燃料电池汽车、混合动力汽车、纯电动汽车；开发的“机动车污染物排放远程实时监测系统”，为在用机动车节能减排状态的实时监测提供了有效的技术手段。

二、生产经营

为新加坡青年奥运会提供了一辆燃料电池客车动力系统。为北京市环保局提供了一套远程实时排放监控系统。

三、技术进展及研发能力进展

2010 年，公司加强了电动汽车整车控制器及远程实时监控系统的研发，为在用机动车及新能源汽车的运行和排放的实时监控提供了技术保障。为北京市环保局开发了一套实时监控在用机动车辆排放数据的远程数采分析系统。

同时，公司加强了增程式电动客车的开发。

四、主要产品

1. 动力系统。

2. 增程式电动汽车整车匹配设计。

3. 远程实时监控系统。

中信国安盟固利动力科技有限公司

一、2010 年发展概况

2010 年中信国安盟固利动力科技有限公司顺利完成改制重组，由股东会选举产生了新一届董事和监事成员，分别组成了公司第二届董事会和第二届监事会；并由第二届董事会选举产生了董事长、第二届监事会选举产生了监事会主席、聘任了总经理。在新一届领导集体的带领下，公司在研究开发、生产经营、市场营销、企业管理等方面都取得了显著的成绩。

二、生产经营

2010 年全年实现营业收入 1.54 亿元，较 2009 年增加 1.23 亿元，增长405%；全年实现净利润负 130 万元（2009 年净利润负 1153 万元），同比减少亏损 1023 万元。截至 2010 年 12 月 31 日，公司总资产 38051 万元，净资产负 3061 万元。

为了突出竞争优势，一是确定了新的发展战略：努力保持技术领先优势，不断提升核心竞争能力；专注于锂离子动力电池和储能电池的研发、生产及销售；力争成为国内外领先的锂离子动力电池及储能电池供应商。二是理顺了产品结构：突出四大类电池产品，即能量型——以 90 安时为主；能量功率型——以 35 安时为主；高功率型——以 8 安时为主；储能型——以 35 安时为主，这是公司未来发展的主要产品结构。

三、产能建设

公司按时完成了上海世博会和广州亚运会的生产任务，全年新生产电池 791 万安时，同比增长 117%。在现有产能基础上，为响应国家新能源汽车政策，满足市场需求，公司积极扩大产能，在北京市昌平区投建年产 9000 万安时项目，该项目于 2011 年 5 月底前正式投产，2011 年底全面达产。此外，公司还将在北京市顺义区建设年产 10 亿安时的北方基地，并在广东省中山市火炬开发区建设年产 20 亿安时的南方基地，目前两大基地均已进入具体的规划设计过程。

四、技术进展及研发能力进展

一是关键材料研发工作取得重大突破。锰酸锂材料实验室开发样品测试结果达到国内领先水平，并完成了一套材料中试设备的调研、调试、车间规划及布置工作；完成了钛酸锂材料开发工作，正在转入中试小批量生产阶段；完成了高电压 LNMO 材料公斤级工艺开发，目前材料测试结果比较稳定；完成了电解液实验室环境改造及基础设施建设，一款耐高温电解液正在进行批量验证，有望在 2011 年完成开发及验证工作。

二是单体电池研发工作取得重大突破。90 安时单体电池循环寿命取得突破，常温条件下循环寿命从 800 次提高到了 1800 次，55℃高温下循环寿命从原来的 120 次提高到了 400 次。90 安时新体系、新结构的电池完成了开发并进入小批量生产阶段，目前已完成装车一辆试运行。35 安时能量功率型电池完成了设计开发及工艺验证工作，目前已进入量产。35 安时钛酸锂负极储能型电池完成了 4 次中试，实验室工艺稳定，已转入小批量生产阶段。

三是完成了 9 项专利的申请。

四是在标准制定方面取得重大进展。目前公司正在牵头组织北京市关于电池二次利用及回收的地方标准制定，同时正在参与国家质检总局牵头的动力电池国家标准的制定。

五、主要产品

1. 纯电动客车用锂离子电池系统。
2. 混合动力汽车用高功率锂离子电池系统。
3. 混合动力叉车用高功率锂离子电池系统。
4. 35 安时插电式混合动力车用锂离子动力电池单体。
5. 8 安时混合动力车用高功率锂离子动力电池单体。
6. 90 安时纯电动车用锂离子动力电池单体。

六、合资合作

一是成功获得并顺利完成上海世博会 116 套纯电动公交车电池、广州亚运会 32 套纯电动公交车电池和 15 套混合动力车电池订单。

二是分别同北汽福田、上海申沃、广汽客车、苏州金龙等 12 家国内主要整车厂进行应用合作，使用公司的电池上了 18 个公告。

三是圆满完成了上海世博会、广州亚运会售后保障任务。

四是与北汽福田、大洋电机、EATON、IBM、AECOM 联合成立了“可持续新能源产业国际联盟”；与国家电网公司签订了战略合作意向书；与北汽福田签署了战略合作协议；发起成立了北京动力电池产业联盟，并成为该联盟第一任理事长单位。

七、2010年企业在新能源汽车方面经济指标统计

指标名称（单位）	本期累计	同期累计	增长率（%）	增长额（提高百分点）
营业收入（万元）	15429.49	3030.36	409	—
营业成本（万元）	9064.27	2106.60	330	—
营业税金及附加（万元）	52.51	1.77	2872	—
营业利润（万元）	6312.71	921.99	585	—
销售费用（万元）	844.66	280.32	201	—
管理费用（万元）	3755.63	1162.84	223	—
财务费用（万元）	1203.54	631.14	91	—
其中：利息支出（万元）	1176.97	633.73	86	—
利润总额（万元）	-129.81	-1152.92	—	—
资产总计（万元）	38051.29	42096.78	-10	—
流动资产平均余额（万元）	30696.31	24022.25	28	—
应收账款（万元）	4441.05	3171.28	40	—
固定资产平均余额（万元）	4059.20	3607.69	13	—
负债总计（万元）	41112.61	38238.85	8	—
应交增值税（万元）	656.33	22.09	2872	—
工业增加值（万元）	11432.30	4455.26	157	—
工业总产值（全年价）（万元）	10775.97	5078.90	112	—
工业销售产值（全年价）（万元）	12270.87	2527.01	386	—
2010年末职工人数（人）	754	438	72	—
全员劳动生产率（元/人）	180804.87	119785.39	51	—
成本费用利润率（%）	-0.87	-27.56	—	—
流动资金周转率（次）	0.50	0.13	298	—
产品销售率（%）	113.87	49.76	129	—
总资产贡献率（%）	2.61	-1.60	—	—
净资产收益率（%）	-32.59	-26.61	—	—
销售利润率（%）	-0.84	-38.05	—	—
资产负债率（%）	108.05	90.84	—	—
工业经济效益综合指数（%）	115			

湖南科霸汽车动力电池有限责任公司

一、2010年发展概况

2010年动力电池产品在国内主要新能源混合动力车厂进行了各项车载实验，均已完成夏季、冬季等高、低温测试与油耗测试。商用车能量包产品已获得国家工信部批准，乘用车强混能量包已顺利通过国家863项目认可。

2010年期间，成功并购了松下集团车用镍氢动力电池事业单位——位于日本神奈川县茅崎市的湘南工厂。

二、产能建设

拥有4条全自动化组装生产线，世界领先的镍氢动力电池生产与检测设备，建设独立的洁净生产车间进行产品的生产制造，确保产品质量和性能的一致性。

月产能达100万只，年产近15万台套产品。

三、技术进展及研发能力进展

2010年度公司共申报并成功获取14项产品设计专利。具备较强的电池包设计与系统集成的能力。自主研发的电池管理系统（BMS）已成功应用于各种混合动力车型，并取得良好的效果。

其中专利“一种电池极片与极耳的连接方法”可以有效减轻汇流片的变形，改善电池的电性能；并且，这种工艺非常简单，操作简便，

专利“电芯的制作方法”由正极片、隔膜和负极片交互叠片制作，首先对极片进行精细分重，并按照合理规则进行正极或负极片的配组，从而使得单个电芯的正极活性物质总重量和负极活性物质总重量都控制在一个较小的范

围，从而大大地降低串联电池组中各个单体电池之间的容量散差和极差。从另一方面来讲，由于采用该方法所生产的单电池之间的容量散差小，从而可以提高电池组装时的单电池的利用率。该方法简单、易操作，特别适合在机械自动化条件下大幅提高单电池的一致性，因此在电池的各个高端领域拥有广阔的应用前景。

专利“动力电池组能量包”，箱体内的电池组以多层形式排列，每层电池组有其独立的气流通道。本发明由于采用电池组多层排列且每层的电池组有独立的气流通道的设计，使得能量包内有多层隔离独立通风系统，其风道长度大大减少，减小了风阻和风道中部与进风口及出风口之间的气压偏差值，使各个电池通风更均匀，有效提高能量包性能。

四、主要产品

1. 混合动力乘用车能量包。

2. 混合动力商用车能量包。

五、合资合作

2010年历经艰难的竞标与谈判，本公司最终成功全资收购松下集团位于日本神奈川县茅崎市的湘南工厂。2011年1月31日，湖南科力远新能源股份有限公司与松下公司签署《股份转让合同书》。根据合同，松下公司向科力远转让湘南工厂开展的车载用镍氢电池事业所需的生产设备、销售、研发部门及客户资源在内的资产，并授予科力远标的事业相关的知识产权使用权。

湘南工厂作为全球第一家为汽车提供动力电池的工厂，在技术及市场上具有丰富的积累，目前为丰田第一代pruis和本田的civic等车型提供动力电池。从1997年以来，13年内积累了先进的车载用镍氢电池制品设计和卓越的制造技术，累计生产销售38万台套镍氢动力电池。常年以来深受客户的信赖。

佛山顺德精进能源有限公司

一、2010年发展概况

AEE拥有一支由100名研发人员、30余名工程师和20名高级工程师组成的国际研发队伍，在动力电池的技术研发和品质控制方面拥有国际人才及国际经验，AEE拥有全球领先的自动化生产设备、精密的检测仪器等，每年都确保1500万至2000万元的研发费用。并且AEE成功解决了动力电池的核心技术问题：高一致性和高安全性。广泛应用于数码系列（如MP3/MP4、UPS等）、高倍率系列（航模玩具、电动工具等）、笔记本系列、18650系列、动力电池类（如电动自行车、摩托车、汽车等），远销世界各地达100多个国家和地区。

二、生产经营

精进能源成立于2000年，是全球最早、最大以锂离子聚合物电池为主，集研发、生产、贸易、服务于一体的技术创新型高新技术企业，也是全球最早研发出MP3的锂电池，最先推出GPS用聚合物锂离子电池，数码电池出货量大。AEE是全国率先研发出2800mAh容量的18650圆柱电芯，广泛应用于笔记本电脑，而且AEE研发的聚合物MID电池，厚度可控制在5mm以内，适应市场上的平板电脑的需求。AEE动力电池市场方面推进较为成功，AEE占据欧洲20%～30%的动力电池市场，成为较大的供应商。AEE针对手机电芯立项进行研发，并加入纳米工艺，选用优质的正负极材料，真空全自动混合，涂布均匀，再配合精细的制作工艺，严格的质量检测管理，选用最先进的高适应性自动化设备及独有防爆技术，深受手机生产厂家的追捧。

三、产能建设

AEE以技术为先，适应市场变化对现有厂区增加1.2万平方米的扩建，并新增动力电池全球最先进的全自动生产线，以及18650、铝壳电池的全球最先进的全自动生产线。并与重庆市两江新区签署协议，建设西部最大、年销售值超过70亿元的锂离子电池项目，规划圆柱电池日产能10万只/天，动力电池（10AH）32万只/天，年产量达10亿安时，同时计划在华东、武汉、德国等扩建分厂。以实现三年成为国内电池行业前三甲，五年之内成为全球电池行业前6名的发展目标。

四、技术进展及研发能力进展

1. 资金优势：精进能源有限公司的控股股东“立业集团”是一家大型综合性金融投资企业集团，具备雄厚的资金实力足以保障该项目的后续发展。

2. 技术先进，是较早成功生产聚合物锂离子电池的厂家之一，一直专注于聚合物锂离子电池的研发和生产，积累了10年的技术经验，电池制备技术居行业领先水平。

3. 动力电池市场化推进较为成功，AEE占据欧洲20%～30%的动力电池市场，成为最大供应商。

4. 和汽车厂家配合很密切，已给国内外多家车厂送样测试。

5. 电池的高安全性和高寿命。能过1C/10V过充，寿命达1500～3000次，安全行驶里程在15万公里以上，保证完全满足汽车要求的稳定性和安全性。

6. 电池一致性能好。严格控制工艺流程，保证各电池的一致性，解决了电芯自放电一致性的问题，通过BMS电池管理系统静态动态平衡各电池。

7. 电池模块化设计。通过模块化设计，减小电池受外界的影响，减小电池质量问题发生率，提高电池的使用寿命，先进的BMS电池管理系统，电池方便拆卸，维护和维修成本低。

8. 国际化团队，拥有一支强大而稳定的开发队伍和管理团队。

9. 高适应性自动化设备根据多年研发和生产经验，自主或和设备商联合开发专用于动力电池生产的自动化设备，设备适用性强，为动力电池的一致性和高生产效率提供保证。

五、主要产品

聚合物动力电池、数码电池、方形电池、18650圆柱电池、高倍率电池。

六、合资合作

深圳市立业集团有限公司（简称“立业集团”）于2009年成为精进能源的母公司，为日后的发展提供充实的资金支持。

七、2010年企业在新能源汽车方面经济指标统计

指标名称	本期累计	同期累计	增长率(%)	增长额(提高百分点)
营业收入（万元）	45000	32000	40	13000

比克国际(天津)有限公司

一、2010年发展概况

从2008年到2010年，三年期间销售额迅速增长，每年10倍左右。

2011年预计8327万元，最理想的情况也可以达到10倍增长，3亿元。

二、生产经营

1. 完成动力电池市场开拓

2010年共开拓和维护客户211家，已出过货客户（含收费样品客户）132家，其中汽车10家（含收费电芯样品），自行车15家，OEM 2家。

2010年共导入新项目81个（含电芯项目），其中汽车项目20个，自行车项目46个，储能项目5个，其他20个。

2. 销售额有较大提高

2010年出货波动较大。

目前签单项目回款率为100%。

三、产能建设

以26型号电芯来核算，日产12000只。

四、技术进展及研发能力进展

1. 电芯一致性的提高和筛选

从前端工序开始控制浆料和涂布的一致性，从而保证电池极片的一致性；注液一致性控制、电芯生产工艺的严格控制提高电芯本身的一致性。

电芯组合策略的研发和应用，产生了最终电池包的组合策略和标准，一致性较好的电芯经过筛选，提高电池包的寿命和可靠性。

2. 低内阻性能

采用铝箔处理工艺增强磷酸铁锂电池正极极片的黏结性能，从而降低电芯的内阻。在组合电池包时采用凸点焊技术，提高电芯焊接的可靠性和接触电阻，从而达到控制电池包的低电阻。

3. 低自放电性能

从生产过程和原材料中控制金属污染物的引入，从而控制电芯的低自放电；对磷酸铁锂系统进行了自放电检测的深入研究，已能通过多步控制达到电芯的低自放电。电池模组的电芯间绝缘性能的控制以及电池管理系统等电子控制系统的低的漏电电流达到电池包的低自放电性能。

4. 电池包的轻量化性能

经过支架、模块连接柱等的轻量化达到电池模块的轻量化；从结构设计上尽量提高电芯紧密度从而尽量少用金属连接件，达到整个电池包的轻量性能。

5. 电池系统的热性能

从电化学原理出发结合流体力学理论，对电池包结构进行热优化，通过热仿真达到整个电池系统的热管理性能。

6. 电池系统BMS的开发

与供应商紧密合作，通过交流电池模块的性能等与供应商合作开发适合于本司电池系统的管理系统，目前已在整车上应用，性能在持续改进中。

哈尔滨巨容新能源有限公司

一、2010年发展概况

通过总结几年来电容电动车的应用经验，2010年公司结合超级电容器的性能特点，将电容电动车的应用定位在了城市公交领域，自主研发了增程式电容电动车。增程式电动车是国际上普遍公认最有前景的电动车品种，通过合理电能配置，实现以纯电动为主，混合动力为辅的运行模

式，具有较好的节能和低排放性能，在城市中以纯电动行驶为主，在郊外采用混合动力行驶，极大地减少了城市污染。通常情况下，增程式电动车比普通的燃油车实现节能30%～50%。同时，电力平衡系统的研发也是2010年巨容公司的一项重大发展。电力平衡系统由超级电容器组成，并联在轮胎式集装箱起重机（RTG）的直流总线上，当RTG提升集装箱时，超级电容器输出100kW～300kW的电力补偿发电机组的输出功率，从而减少发动机的输出功率，达到节油的目的。另外，在港口机械方面，自主设计了港口节能方案，用能量回收模块回收再生能量，并利用这些能量补偿柴油发动机的输出功率而节油。

二、生产经营

1. 基于对增程式电容电动车的研发，经过对整车制造的技术对比，公司委托青年客车厂采用德国技术打造了两台增程式电容电动车。

2. 完成了CPLS系列电力平衡系统。在集装箱下降过程中，电力平衡系统回收由集装箱的势能转换成的电能，并储存起来，在下次提升时使用增加RTG的节油效果。它能够高效回收重物（集装箱）下降产生的再生能量，补偿发电机组柴油发动机的输出功率，并延长发动机的使用寿命和改善发动机的尾气排放。

3. 公司设计生产的超级电容应用于电梯，减少了电梯耗能

4. 为港口加装节油装置。此装置在作业工况，用能量回收模块回收再生能量，并利用这些能量补偿柴油发动机的输出功率而节油；在待箱工况，用怠速供电模块实现发动机怠速运转供电，减小发动机的油耗而节油。

三、产能建设

2010年公司投资大量资金，集合人力，全面组织进行了工厂扩建改造，扩建后面积达到原来的二倍，规模生产的能力大大增强。同时引进了先进的生产设备，生产能力又有了一个崭新的飞跃。

上海电驱动有限公司

一、2010年发展概况

公司于2008年7月8日正式成立，2010年，公司研发团队得到了迅速壮大，至2010年年底，形成了一支由80名研发人员组成的、以青年科技人员为主的、朝气蓬勃的研发团队，团队人员研究方向覆盖了电机及其控制器领域的各个方面，包括永磁电机的电磁设计、机械设计、控制算法、控制器硬件、控制软件、系统的可靠性以及电力电子集成、机电耦合装置集成等。

公司通过承担国家“863”等重大项目，在车用永磁电机及其控制器的设计技术、产业化关键工艺技术等方面，取得了一系列的重大突破；成功研发出了一系列拥有自主知识产权的、适用于燃料电池与纯电动轿车/客车、混合动力轿车/客车、微型纯电动轿车、轮毂驱动电动轿车等不同车型的车用电机系统产品，分别在国内各大知名汽车企业的整车中成功地进行了示范应用产品，部分产品配套于整车为2010的世博会成功地提供了场馆服务。

公司自主研发的“车用高密度永磁电机系统”，2010年被评为上海市重点新产品，被授予上海市科技进步一等奖、2010汽车零部件低碳经济和谐社会技术进步创新奖。

2010年，公司通过了TS16949质量体系认证。

2010年，公司被认定为高新技术企业。

2010年，公司在中国汽车报和汽车网组织的2010中国电动车全产业评选活动中，被评为“年度优秀驱动电机供应商”。

2010年，公司被授予第五届上海科技企业创新奖。

公司拥有相关专利12项，其中发明专利3项，实用新型9项，且其中已获授权专利6项。

公司2010年实现年销售收入7000多万元，年销售收入得到了迅速递增。

二、生产经营

公司是专门从事新能源汽车电机及其控制器的研发、生产、销售的企业。目前主要产品是适用于燃料电池与纯电动轿车/客车、混合动力轿车/客车、微型纯电动轿车、轮毂驱动电动轿车等不同车型的永磁电机驱动系统。为配合产品研发，公司组建了1个无刷电机驱动系统重点实验室和1个研发试制平台。为满足汽车电机产业化之需要，公司在硬件设施方面增添了线切割机床，购置了内、外圆磨床、平面磨床和加工中心、CNC数控车床、电火花穿孔机、三坐标测量仪等。公司还组建了两条车用电机驱动系统柔性化生产线，其中一条用于车用电机的批量生产，另一条用于车用电机驱动器批量生产线。

公司在生产经营管理方面，全面执行TS16949质量体系。公司生产经营管理主要抓员工管理、生产作业管理、质量管理、采购与外协管理、现场环境管理和仓储、物流管理等。

三、产能建设

公司建成了一条车用永磁电机的柔性化生产线和一条车用电机控制器柔性生产线，当前，在车用永磁电机及其

控制器方面，形成了年产 12000 台套的生产能力。

为进一步扩大产能，公司在新征用地上进行了更大批量的车用电机系统厂房建设，并于 2011 年 8 月投入使用。

四、技术进展及研发能力进展

公司注重人才团队的建设，形成了一支以青年科技人员为主的朝气蓬勃的研发团队，有研发人员 80 名，其中：教授级高级工程师 4 名、高工 7 人，工程师 35 人，博士 2 人，硕士研究生 22 人，被聘为国家“863 计划”节能与新能源汽车重大项目总体专家组专家 1 名，上海市领军人才后备队 1 名，研发团队通过承担国家“十一五”863 等重大项目，在车用永磁电机及其控制器的设计技术、产业化关键工艺技术等方面，取得了一系列的重大突破，成功研发出了一系列在车用永磁电机及其控制器产品，积累了丰富的经验，奠定了坚实的理论和实践基础；拥有一个集电机电磁设计、热场分析、结构设计、工艺设计、控制器软件设计、硬件设计、电机测试功能于一体的、先进的现代设计平台，为新产品的快速、高效研发创造了充足的条件保障。

五、主要产品

新能源汽车关键零部件——车用永磁电机及其控制器。

六、合资合作

为了高起点、高水平、高标准地大力发展新能源汽车用永磁电机及其控制器产业，上海安乃达驱动技术有限公司、北京中科易能新技术有限公司、宁波韵升股份有限公司和核心团队，集中优势资源，共同成立上海电驱动有限公司，通过资源和产业链整合，把各自有关新能源汽车用永磁电机及其控制器的技术成果和业务集中投入到新组建的上海电驱动有限公司，进行优势资源的综合利用。 在人才培养、技术进步等方面，公司注重与高校的合作。

七、2010 年企业在新能源汽车方面经济指标统计

指标名称（单位）	本期累计	同期累计	增长率（%）	增长额（提高百分点）
营业收入（元）	72237068.49	27671271.26	161.05	44565797.23
营业成本（元）	41733608.41	19165961.64	117.75	22567646.77
营业税金及附加（元）	964129.02	257739.24	274.07	706389.78
营业利润（元）	8575428.80	-5650624.50	-251.76	14226053.30
销售费用（元）	1657652.29	1103527.55	50.21	554124.74
管理费用（元）	18825780.30	12765610.45	47.47	6060169.85
财务费用（元）	-186218.05	-398091.31	-53.22	211873.26
其中：利息支出（元）	349150.68	0.00	—	349150.68
利润总额（元）	18616506.88	118841.13	15565.04	18497665.75
资产总计（元）	244511070.52	71745704.71	240.80	172765365.81
流动资产平均余额（元）	166311130.87	59470548.53	179.65	106840582.34
应收账款（元）	17663153.16	7996529.02	120.89	9666624.14
固定资产平均余额（元）	6209013.35	3252677.35	90.89	2956336.00
负债总计（元）	97142763.57	23053840.36	321.37	74088923.21
应交增值税（元）	1158909.15	-121036.14	-1057.49	1279945.29
工业增加值（元）	30297478.21	18818749.76	61.00	11478728.45
工业总产值（全年价）（元）	49122407.46	18824929.25	160.94	30297478.21
工业销售产值（全年价）（元）	72237068.49	27671271.26	161.05	44565797.23
2010 年末职工人数（人）	226	153	47.71	73
2010 年末工程技术人员（人）	80	46	73.91	34
成本费用利润率（%）	30.01	36.40	-17.55	-0.06
流动资金周转率（次）	0.64	0.25	152.63	0.39
产品销售率（%）	147.06	147.00	0.04	0.00
总资产贡献率（%）	11.77	0.19	6094.74	0.12
净资产收益率（%）	16.20	0.06	26900.00	0.16
销售利润率（%）	25.77	0.43	5893.02	0.25
资产负债率（%）	39.73	32.13	23.65	0.08
资产增加值（元）	244511070.52	71745704.71	240.80	172765365.81
工业经济效益综合指数（%）	—			

精进电动科技(北京)有限公司

一、2010 年发展概况

精进电动公司总部、研发中心位于北京市,生产工厂坐落在上海市。公司成立于 2008 年,承担或参与多项国家“863计划”,并参加了中美清洁能源汽车联合研究项目,被《中国汽车报》评选为“2010 年中国电动汽车年度优秀驱动电机供应商”。

在短短的三年多时间里,精进电动打造了一支国际上有影响力的驱动电机系统开发和产业化团队。目前精进电动在北京的团队以产品研发、管理团队为主,在上海子公司的团队以工艺开发和生产为主。公司已经具有国际影响力的新能源汽车电机研发、产业化力量。

公司已形成了全方位覆盖各种新能源汽车的产品系列,从 2kW 的 BSG 电机到近 200kW 的、世界上功率最大、功率密度最高的永磁同步驱动电机。

目前,公司拥有一个拥有国际领先设备的研发中心,并在扩建,将建成为国际尖端的研发、试制平台。公司在上海嘉定的生产工厂,已完成一期 10 万台产能的建设,并于 2010 年下旬进入试生产。

精进电动拥有目前我国新能源汽车核心零部件最大规模的产业化合同:已签订并开始执行的驱动电机产业化合同总额 5 亿美元,已中标合同总额超过 15 亿美元,大部分产品出口发达国家。

二、生产经营

精进电动的产品包括产品电动汽车、增程电动汽车、混合动力汽车等各类新能源汽车的驱动电机系统。

公司最有代表性的产品包括国际上功率最大的车用永磁同步驱动电机(已经批量生产并出口美国),已签订 5 亿美元的产业化合同。

公司其他代表性的产品还包括国际上第一个直接耦合的商用柴油机 ISG 混合动力电机,国内第一套插电混合动力汽车的油冷双电机系统,国内第一代动力分流式强混合动力电机,以及完全自主开发的 BSG 电机和控制器。精进电动目前正在继续拓展国际、国内市场,成功进入了五家国际上最大整车企业的供应商体系。精进电动也与国内大型乘用车和商用车整车企业建立了多个合作、供货项目。

三、产能建设

精进电动上海工厂坐落在上海市嘉定新能源汽车核心零部件产业园,总投资额 1 亿元人民币,占地 30 亩,厂房面积 15000 平方米,按年产能 20 万台规划建设。2010 年已经完成一期(10 万台/年)的建设。2011 年完成二期工程建设将形成总计 20 万台/年的产能。一期工程安装了精进电动自行设计、建设的单班 5 万台、双班 10 万台产能的电机生产线,达到了 150 秒/台的生产节拍要求。自行开发具有自主知识产权的生产线,自行开发研制的永磁电机生产的关键设备、转子组装设备等。生产线还包括精进电动与国际领先的设备公司共同开发全自动终端测试设备、自动动平衡设备、动力线焊接设备等专用设备,是世界上最先进的高性能汽车驱动电机生产线之一。精进电动也已经在电机关键材料和零部件(永磁体、电磁线、一体化冷却壳体、高精密度冲片、温度传感器、位置速度传感器)方面,与供应商一起攻关,实现了从“分批生产”到“连续生产”的跨越。

四、技术进展及研发能力进展

精进电动由卓有成就的留美归国团队创建。目前,公司已有员工 150 人左右,以高端的研发、管理的团队为主。精进电动从建立第一天起就着手打造有国际经验、国际视野、具有出色外语能力的队伍,并且公司下大力气打造“国际化”的管理流程,在市场产品开发、项目管理、质量体系、生产、采购、物流、管理信息系统方面全面现代化,以更好地服务于国际、国内客户,并且和他们在体系、流程上接轨。

精进电动建立了一套科学的开发流程和管理体系。开发流程严格遵循国际上采用的概念样机—性能样机—样机认证—生产认证的流程,严格耐心地做好每一步工作,确保科研成果具有产业化的质量保障,并且符合 ISO9001 和 TS16949 体系要求。

公司拥有数字化设计平台、高速计算工作站,可进行大量的分析、仿真、校核工作。精进电动将进一步提升、扩大研发和试验认证能力,建设一个能够支持多个产品项目同时开发的平台。

除此之外,公司也建设了世界上最先进的电机开发和试验平台,包括世界上总装机功率最大的汽车电机可靠性试验台组(总装机功率 2.4 兆瓦)、330 千瓦高功率电机动态性能试验台、进口大型三综合(快温变、湿度、振动)试验设备、进口盐雾—温湿试验设备,以及电机稳态试验台等;先进的电机试制生产线、数控加工中心、数控卧室车床、数控立室车床、动平衡机等;先进的检测中心,包括三坐标测量仪、光学影像测量仪、超声波探伤仪、光谱分析仪等先进设备。目前公司已有 8 项专利获得了授权或受理,多数有 PCT 国际专利保护,并且有多项其他的专利技术在开发阶段。

总之,精进电动正在凭着先进的技术,强大的研发创新能力，现代化的生产和质量管理，打造我国新能源汽车电机系统的龙头企业。

五、主要产品

电动汽车、增程电动汽车、混合动力汽车、插电混合动力汽车等新能源汽车的驱动电机系统。

大连普传科技股份有限公司

一、2010 年发展概况

大连普传科技股份有限公司为国家级高新技术企业，注册资本 2000 万元。在研发上，公司具有特种电机和控制器核心技术开发能力，掌握电机节能关键技术，承担多项国家及省市计划项目，如科技部火炬计划项目、以组长单位承担国家“十一五”863 计划“节能与新能源汽车”项目课题、国家发改委“十大重点节能工程”项目等。公司是辽宁省电气传动工程研究中心和大连市“电气工程研究中心”组建单位。公司建立了“电机系统研发平台和检验平台”；在试验测试基础上，公司建立了多功能电气传动试验中心，配置“MAGTROL 客制化马达测试系统”“WT3000 高精度功率分析仪”“电动振动测试台”等国际先进检验测试设备；2006 年承担“863 计划”，研究“混合动力客车驱动电机系统”，通过北京理工大学电动车辆研究中心检验并在第一汽车集团公司技术中心装车合格，正在进行产业化。管理与资金上，公司建立了较为完善的现代企业管理制度，产权明晰。公司引进国外优秀管理经验，鼓励技术创新，在“6S”管理基础上建立并实施了完整的 ISO9001：2000 质量保证体系。引进金碟 K3 ERP 管理系统，建立 OA 办公平台，在客户、物流、成本等方面真正实现了信息化管理，具有项目实施的资金、技术、人才、设备、管理、产业化等条件。

二、生产经营

公司主导产品有：嵌入式软件、特殊电机、高性能矢量控制变频器、电机节能器、电磁搅拌器专用电源、交流伺服驱动系统等。均通过国家权威机构检验和省级科技成果鉴定，实现产业化和规模化。2010 年实现产值 9950 万元，营业收入 9750 万元。产品出口 100 多个国家和地区。

三、产能建设

为了实现产业化，调整生产线和生产组织与工艺，集合协作单位优势，建立了切实可行的生产组织方案。在电机生产上，生产基地规划已完成（基地在大连高新园区，龙头产业基地占地面积 27525 万平方米。现采用 ODM 方式，提供设计工艺文件及工艺流程包括图纸、技术要求、生产工艺流程，委托加工）；在控制器生产上，建立了完整的生产线。具备 1000 套电机及控制器生产能力。

改善试验和检验支撑条件：普传科技投入资金对试验和生产设备改进，购置“数控机床、母排加工机、折弯机”等结构件加工设备、“PCB 板自动喷漆系统”“带 GPIB 总线的整机高效自动测试系统、PCB 板自动检测系统”“105kW 多功能电机测试试验台（Magtrol 测功机系统、“WT3000 高精度功率分析仪”、转矩转速测试仪、30kN 电动振动测试台等）等试验设备；对“功能试验台”“老化实验室”进行了改造。完善质量管理体系（在 ISO9001 基础上推行 TS16949 体系要求、与汽车零部件供应商建立密切合作关系）和销售技术服务体系的建立等。公司建立了低成本与高性能的材料与元器件的采购链（利用原生产变频器及伺服产品的渠道）。

四、技术进展及研发能力进展

公司建立了电机驱动系统平台：电机设计平台、控制器研发平台、电机系统试验平台。电机优化设计方法的研究，进行了电机系统震动、噪声、电磁兼容性设计 EMC、电气安全、环境适应性研究，进一步提高系统性能的研究等。研发产品于 2008 年通过北京理工大学电动车辆检验中心测试，满足国家标准 GB/T 18488. 1—2006《电动汽车用电机及其控制器技术条件》和 GB/T 18488. 2—2006《电动汽车用电机及其控制器试验标准》和整车厂的技术要求。

在电机关键技术方面取得的主要进展有以下几个方面：

1. 电机的优化设计和电机加工工艺研究

充分考虑了混合动力车用感应电动机的高比功率、高效率运行区域宽等特点，解决了电机高效工作区的优化问题，为整车控制策略的优化提供了基础。在加工工艺比照柴油机等汽车零部件加工工艺（CPK）以提高性能。

2. 电机热管理系统的研究

由于电动车用感应电动机的特殊运行工况要求，其内部温升相对于普通电机要高很多，通过采用数值计算的方法得到了电机进行温度场，采用了合理冷却系统的结构设计，确定了合理的冷却系统参数，包括冷却水流量、路径及截面形状等，提高了电机的性能、运行可靠性以及寿命。

3. 电机减振降噪的研究

分析了电机产生振动和噪声的原因，从电磁力波和模态分析两方面进行研究，通过减小电机中低次电磁力波的幅值；通过对电机定子结构、机壳和端盖的合理设计，加强了电机刚度，提高了电机的固有振动频率；使得电机的振动和噪声都得到抑制。

4. 电机控制系统失效模式研究

为了找到使电机控制器失效的所有模式，公司进行了大量试验，其中主要包括：过流试验、浪涌电压试验、震动试验、环境温度试验、温度冲击试验、存储温度试验。通过试验发现，IGBT过热，其电流额定值会减小，压降会迅速提高，消耗功率迅速上升，导致IGBT模块过热损坏，这种失效模式目前在电动汽车的应用中占多数；温度反复剧烈变化，导致IGBT模块疲劳失效，在公司的一项试验中，温度冲击了近230次（100℃～－30℃冲击）IGBT失效了，而对照组在110℃恒定高温下却没有失效。

根据以上研究，发表了相关论文44篇；并在产品实现中应用了研究成果，使产品性能满足标准和合同书要求，接近国外先进电机系统。申请“混合动力车用电机控制器与内燃机共用同一冷却水路的方法”等专利6件。

在完成感应电机驱动系统基础上，公司具备了永磁电机系统的研发和生产能力。

五、主要产品

普传科技车用电机驱动系统（车用电机及控制器）电机为感应电机。

六、合资合作

公司与国外功率器件及芯片供应商美国德州仪器TI公司交流合作等，与大连理工大学合作建立“辽宁省电动汽车工程技术研究中心”，与哈尔滨工业大学进行电机优化合作研究。

广西玉柴机器股份有限公司

一、2010年企业发展概况

2010年，玉柴集团全年累计销售收入368亿元，同比增长35.45%；发动机销量为74.9671万台，同比增长11.13%；工程机械累计销量为7237台，同比增长57.26%，其中核心企业——广西玉柴机器股份有限公司2010年共实现发动机销售超55万台，首次突破50万台大关，增幅达18%，销售额169.6亿元，同比增长25.9%，集团首次进入300亿元企业行列。

二、生产经营

1. 卡车发动机销售34万台，同比增长14%，卡车重机销售86000台，同比增长75%，其中6M重机突破2.5万台，增长幅度高于行业重卡平均涨幅。

2. 客车发动机销售11万台，同比增长25%，市场份额持续提升，6M、6L大客超过1万台，国4排放发动机超4000台，国5发动机国内首家批量销售。

3. 气体发动机（CNG、LPG、LNG）突现专业化优势，特别是在能耗、环保方面，市场表现出色，全年累计销售超过8000台，其中LNG发动机国内占有率第一，并获得了2010年度“新能源应用及节能减排优秀客车零部件奖”，广州亚运会1000多台LPG发动机采购全部被玉柴取得。

4. 新能源发动机，玉柴已经成功开发YC6J、YC4F、YC4E、YC4G系列混合动力专用柴油机，功率覆盖65～180马力，是国内功率覆盖范围最广的产品系列，所生产的混合动力发动机在各大城市已获批量订单，成为汽车厂进行系列混合动力车辆配套的首选动力，玉柴在混合动力专用柴油机市场的占有率超过了50%，而混合动力总成系统累计投放超200台套，在国家节能和新能源汽车示范工程实施中获得了认可。

三、产能建设

1. 在混合动力总成系统形成了1万台的生产能力。

2. 燃气发动机形成了3万台的生产能力。

3. 混合动力专用发动机形成了5万台的生产能力。

四、技术进展及研发能力进展

1. 技术进展

已有一批研发成果并获得多个专利。

已有一批产品获得用户认可，在亚运会服务的113辆混合动力公交车实现了“零抛锚，零投诉”。

所研发的系统在2010年8月广西科技厅主持的技术鉴定会上，被来自国内汽车业的资深专家们评价为“该成果的技术水平达到国内领先”。

2. 研发能力进展

广西区政府决定在玉柴设立“新能源汽车动力系统研发及产业化”的八桂学者岗位，结合玉柴的优势和资源，打造广西新能源汽车产业高地，使之成为全国最大的商用车混合动力研发、生产基地。

在汽车工业向节能减排产品转型时，玉柴研发的混合动力总成系统在城市客车的领头地位和高达70%市场保有率。

玉柴研发新能源汽车三电（电控、电机、电池）之中的两电，可以促进国家汽车电子与控制系统的产业发展，为其产品的研发提供技术基础并成为产业孵化基地。

五、主要产品

1. 玉柴已有YC6J、YC4F、YC4E、YC4G系列混合动力专用柴油机，功率覆盖65～180马力。

2. 玉柴已有YC4DCNG、YC4GCNG、YC6JCNG、YC6GCNG、YC6MCNG、YC6LCNG燃气发动机。

潍柴动力股份有限公司

一、2010 年发展概况

潍柴集团创建于1946年，具有63年的发展历史，是中国规模最大、具有较强国际竞争力的汽车零部件及总成系统产业集团，公司现在全球拥有员工38000人，2010年实现营业收入633亿元。

二、生产经营

公司拥有重型卡车、动力总成和汽车电子及零部件三大业务平台，构筑起了国内最完整的包括发动机、变速器、驱动桥、商用车在内的重型汽车黄金产业链，形成了以潍坊为中心的商用车和工程机械用动力产业基地，以西安为中心的重型汽车和传动系统产业基地，以株洲为中心的汽车电子及零部件产业基地，以扬州为中心的轻微型汽车动力产业基地。

三、产能建设

旗下产品“潍柴动力发动机”“法士特变速器”“汉德车桥”“陕汽重卡”先后荣获“中国名牌产品”“中国驰名商标”称号，在各自领域都具有举足轻重的地位。

四、技术进展及研发能力进展

公司现有专业技术人员5000余人，专门从事整车、动力总成和零部件的研发工作，拥有现代化的“国家级技术中心”及国内一流水平的产品实验室，设有“博士后工作站”，在法国、奥地利、美国，以及中国的潍坊、上海、重庆、杭州、西安等地建立了研发中心，确保企业技术水平始终跟踪世界前沿。2009年，国家商用车动力系统总成工程技术研究中心、商用车与工程机械新能源动力产业技术创新战略联盟先后通过国家科技部审批，科技创新的支撑能力进一步增强。依托全球领先的研发平台，企业先后承担、参与了10个国家863项目和科技攻关项目，获得产品和技术授权专利469项。其中高速大功率“蓝擎”发动机达到国V排放标准，在经济性、可靠性、环保性等方面均达到国际领先水平。

五、主要产品

潍柴动力主要提供WP4、WP5、WP6、WP7、WP10、WP12等系列发动机产品，功率140～480马力，排放满足欧Ⅱ、欧Ⅲ、欧Ⅳ、欧Ⅴ标准。发动机产品具有动力强劲、可靠性高、油耗低、噪声小和排放低等优良特性。

六、合资合作

2008年由潍柴动力、加拿大西港、香港培新合资组建的潍柴动力西港新能源发动机有限公司，建设主要以CNG/LPG为燃料的车用新能源发动机生产基地。

昆明云内动力股份有限公司

一、2010 年发展概况

昆明云内动力股份有限公司是中国内燃机行业上市公司。

2010年，昆明云内动力股份有限公司作为昆明市依托的骨干企业，被科技部确认为国家高新技术产业化基地——昆明国家乘用车柴油机高新技术产业化基地骨干企业，并通过试点成为云南省首批19家创新型企业之一。同年，“节能与新能源汽车混合动力及代用燃料发动机研发基地”在昆明云内动力股份有限公司成立，云内动力成为“昆明市节能与新能源汽车产学研联盟”成员。

2010年12月28日，昆明市国有资产管理委员会与中国长安汽车集团股份有限公司签订了《云南内燃机厂国有资产划转协议》，云南内燃机厂100%产权无偿划转给中国长安汽车集团股份有限公司，中国长安汽车集团股份有限公司间接控制昆明云内动力股份有限公司38.14%的权益，实际控股人将变更为中国兵器装备集团公司。

2010年年末，昆明云内动力股份有限公司总资产达到了45.45亿元，其中昆明公司38.73亿元。

二、生产经营

昆明云内动力股份有限公司主营业务为多缸小缸径柴油机及轻型载货车的开发、生产和销售。

2010年，昆明云内动力股份有限公司生产经营情况总体保持平衡，通过产品结构调整，在轿车柴油机业务、配件业务等方面取得了较大突破。但由于市场需求结构调整，工程车及低速车等主要配套产品细分市场需求减少，以及子公司产品结构战略性调整等因素影响，公司业绩出现了一定程度的下降。

2010年，昆明云内动力股份有限公司实现营业收入232831万元，比上年减少6.52%，其中昆明公司192652万元；实现利润总额15192万元，比上年减少26.49%，其中昆明公司6265万元；归属于母公司所有者的净利润13449万元，比上年减少20.86%。

昆明云内动力股份有限公司以“云内”作为商用车柴油机品牌，以“雷默”作为乘用车柴油机品牌，形成了独立、完整的生产采购、质量、销售、服务、配件体系，在全国设立了25家驻外营销部、33家配件代理商以及800余个售后服务网点并做梯次展开，覆盖区域广阔，形成集产品销售、用户服务、配件供应、信息收集和货款回笼等为一体的营销网络体系。公司与百余家国内汽车厂家建立了长期、稳定的批量配套关系，产品整机出口或随整车出口越南、泰国、马来西亚、巴基斯坦、伊朗、埃及、阿尔及利亚、俄罗斯等国家和地区。

三、产能建设

经过不断的投资建设，目前昆明云内动力股份有限公司已形成了60万台车柴油机的生产能力。

公司拥有昆明和成都两个商用车柴油机生产基地，拥有从德国进口的柔性机加工生产线、瑞士GF铸造生产线等国内先进的铸造、机加工、装配、试车生产线，具备年产40万台商用车柴油机产品的生产能力。

乘用车柴油机产品生产基地也在昆明，通过投资17亿元，在昆明国家级经济技术开发区征地900多亩，引进德国铸造生产线，形成40万件高水平的缸体生产能力；引进德国加工中心，形成20万台轿车柴油机缸体、缸盖、下机体生产能力；引进意大利装配试车生产线，形成20万台轿车柴油机总装能力。截至2010年年底，D系列电控高压共轨乘用车发动机机体、缸盖、下机体加工生产线已投产，总装生产线开始试生产，铸造车间已具备设备安装条件。预计项目将于2011年全部完成。

四、技术进展及研发能力进展

2010年，昆明云内动力股份有限公司适应升级需求的国Ⅳ排放水平YN系列及国Ⅳ、国Ⅴ排放水平D系列电控高压共轨柴油机（D16/19TCI等）正在开发并逐步匹配；正在开发的国Ⅳ排放水平小排量柴油机（D09TCI等）将开拓新的微型车市场。

2010年，在节能与新能源汽车动力研究方面，公司通过系统方案设计及试制，实现整车搭载并进行了路试和初步标定，形成了2种发动机产品的2种混合动力，包括以YN38CR柴油机为基础的外接充电式混联混合动力搭载杭州青年客车，匹配D19TCI发动机的外接充电式串联混合动力搭载上海申沃客车、杭州青年客车等。

昆明云内动力股份有限公司技术中心为省级企业技术中心，目前全面掌握了现代柴油机的开发过程，初步形成了电控柴油机自主开发、试验标定以及整车试验标定的能力，建立了一支国内领先水平的柴油机设计开发、样件制造、发动机性能和排放试验标定的队伍。通过应用UG和Auto CAD等软件，引进国外开发性发动机测试试验台、燃烧分析仪、排放微粒检测仪、气道试验台、燃油喷射试验台、快速成型设备和ATOS逆向建模系统等先进试验分析检测仪器，购买国内先进的柴油机耐久试验台及其他新产品试验设备，增加FEV Virtual Engine等CAE软件，建设高原环境下网络化柴油机自动测试系统，开发并完善CAPP计算机辅助工艺规划子系统实现CAD/CAE/CAPP系统集成，同时引进了相关试验开发技术规范、技术标准和方法，为自主开发具有先进水平的柴油机提供了技术保障，并发展成为中国内燃机工业欧Ⅳ、欧Ⅴ水平先进柴油机的重要研发基地。

五、主要产品

4100/4102系列柴油机、YN系列柴油机、D系列柴油机。

六、合资合作

昆明云内动力股份有限公司与德国、奥地利、英国等欧洲国家及美国、日本等国家的科研机构和生产企业，通过国际科技合作与交流，建立了良好的关系，开发了先进的柴油机新产品，提升了工艺装备技术水平。

2010年，昆明云内动力股份有限公司与德国FEV公司、德国博世公司等正在合作进行1.9升欧Ⅳ、欧Ⅴ电控高压共轨柴油机及0.9升欧Ⅳ电控高压共轨柴油机开发。另外，与德国KW、爱丽许、喜勒惠勒公司、西班牙罗拉门迪公司、英国克莱思曼公司、意大利柯马公司合作，建设形成了乘用车和商用车柴油机生产线尤其是电控高压共轨柴油机的生产能力。

七、2010年企业在新能源汽车方面经济指标统计

指　标	本期累计	同期累计	增长率（%）	增长额（提高百分点）
营业收入（万元）	192652	213027	-9.56	-20375
营业成本（万元）	161457	178694	-9.65	-17237
营业税金及附加（万元）	868	893	-2.80	-25
营业利润（万元）	5735	12384	-53.69	-6649
销售费用（万元）	9320	9126	2.13	194
管理费用（万元）	13974	11765	18.78	2209
财务费用（万元）	593	-790	-175.06	1383
其中：利息支出（万元）	1799	1006	78.83	793

续表

指　标	本期累计	同期累计	增长率（%）	增长额（提高百分点）
利润总额（万元）	6265	15850	-60.47	-9585
资产总计（万元）	387274	342945	12.93	44329
流动资产平均余额（万元）	123308	201137	-38.69	-77829
应收账款（万元）	16379	13900	17.83	2479
固定资产平均余额（万元）	32963	29679	11.07	3284
负债总计（万元）	129365	81170	59.38	48195
应交增值税（万元）	8274	7913	4.56	361
工业增加值（万元）	43421	58390	-25.64	-14969
工业总产值（全年价）（万元）	155874	234176	-33.44	-78302
工业销售产值（全年价）（万元）	166217	202824	-18.05	-36607
2010 年末职工人数（人）	2055	1918	7.14	137
2010 年末工程技术人员（人）	366	424	-13.68	-58
全员劳动生产率（元/人）	228532	320472	-28.69	-91940
成本费用利润率（%）	3.36	7.94%	-57.61	-0.05
流动资金周转率（次）	1.56	1.06	47.52	0.50
产品销售率（%）	106.64	86.61	23.12	0.20
总资产贡献率（%）	4.71	7.95	-40.74	-0.03
净资产收益率（%）	2.17	5.05	-57.03	-0.03
销售利润率（%）	3.25	7.44	-56.29	-0.04
资产负债率（%）	33.40	23.67	41.13	0.10
资产增加值率（%）	—	—	—	—
工业经济效益综合指数（%）	—			

注：以上经济指标为云内动力昆明公司总体情况。

八、2010 年产销量统计

单位：台

	产品类型	1月	2月	3月	4月	5月	6月	7月	8月	9月	10月	11月	12月	2010年	同期增长（%）
生　产	发动机	24500	14500	18555	9751	9697	5096	5888	8713	16200	10400	17000	22027	162327	-32.5
	合计	24500	14500	18555	9751	9697	5096	5888	8713	16200	10400	17000	22027	162327	-32.5
销　售	产品类型	1月	2月	3月	4月	5月	6月	7月	8月	9月	10月	11月	12月	2010年	同期增长（%）
	发动机	22024	15220	21912	18603	13536	12013	10700	10461	14071	11503	15352	17170	182565	-15.64
	合计	22024	15220	21912	18603	13536	12013	10700	10461	14071	11503	15352	17170	182565	-15.64

加拿大西港创新公司

一、2010 年发展概况

加拿大西港创新公司（以下简称“西港”）成立于1995 年，是全球领先的代用燃料技术供应商，拥有独一无二的重型燃气发动机 HPDI（高压直喷）技术，多项专利解决方案，使清洁燃料如天然气、氢气、甲烷及沼气等生物燃料得以应用在发动机上。公司总部位于加拿大温哥华，占地面积达 8360 平方米，有 9 个试验室，在 Delta BC 有一个装配中心，公司分支机构遍布中国、美国、欧洲、澳洲，向 20 多个国家 60 多个汽车原始设备制造商提供公司的发动机及燃料系统，已有超过 2.5 万台发动机在 35 个国家运转。西港公司已成功地在加拿大多伦多证券交易所“WPT”和美国纳斯达克“WPRT”上市。

2010 年，西港完成了对 Juniper 的全资收购。同时，在中国与潍柴动力的合资公司正式成立，推动了重型天然气发动机技术本土化进程。

2010 年，西港在加拿大荣获清洁科技领域最佳投资者关系领导奖和中小企业最佳投资者关系领导奖，并蝉联加拿大十佳清洁科技企业榜首。

二、生产经营

西港及其下属的子公司及合资公司可提供不同马力段的发动机技术及配套产品。

西港重卡业务部门为重型卡车提供 GX 天然气发动机。其独有的技术使得保留柴油机原有动力，扭矩和燃料效率增加的同时降低了氮氧化物、颗粒物质、温室气体的排放。 西港重卡 GX 15 升发动机（基于康明斯 ISX 发动机）目前已应用在北美帕卡、肯沃斯和彼特比尔特及澳大利亚肯沃斯生产的卡车上，马力段达到了 400 ~580Hp。 此外，西港重卡正在和沃尔沃动力系统合作，为沃尔沃研发配有西港重型燃油系统的以生物气和天然气为燃料的发动机产品，不久将实现商业化。

潍柴西港（WWI）是西港与潍柴动力合资组建的公司，西港持有 35% 的股份。 合资公司占地面积 2 万平方米，包括一个研发中心及测试中心。 年产发动机量达 2 万多台。 潍柴西港公司致力于研发、生产及销售领先的，应用在汽车、公交、重卡、船舶，发电上的替代燃料发动机及相关零部件，其中发动机马力段覆盖 120 ~450Hp。

康明斯西港是西港与美国康明斯合资成立的公司，致力于生产以压缩天然气、液化天然气和生物气为燃料的车用发动机，其马力段覆盖 150 ~320Hp，并被 50 多家原始设备制造商使用。 康明斯西港总部位于温哥华，在全国各地均设有销售网点。

在轻卡发动机市场，西港的独资子公司 Juniper 主要为轻型汽车制造商及商业市场提供天然气发动机、液化石油气发动机及燃油系统。 Juniper 目前正和全球汽车生产商如现代、标致、麦格纳嘎斯合作，在欧洲、美洲、澳洲设有销售网点。

三、技术进展及研发能力进展

西港公司的专门技术包含气体燃料系统的存储、配送以及燃烧等各个方面。 目前，西港已拥有世界 400 多项专利申请，200 多项已注册的专利权，西港拥有的专利产权使其比其他的天然气发动机公司具有更强大的竞争优势。

西港公司独特的高压直喷（HPDI）技术已应用到超重型卡车上，克服了替代燃料发动机马力段偏低的弱势。

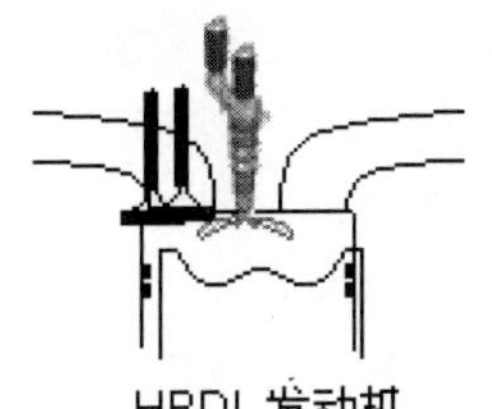

HPDI 发动机

- HPDI 天然气发动机，不但可以保持柴油机的燃料效率、持久性、可靠性，同时大大降低了燃料成本。
- HPDI 天然气发动机通过独特设计的专利喷嘴，首先喷入少量柴油充当液态火花塞引燃，随后喷入大量天然气作为主要燃料，柴油和天然气的比例为 1: 19。
- 与同等柴油发动机相比，西港 HPDI 发动机可以减少 21% ~27% 的温室气体排放。

同时，西港公司在高性能气体燃料车、车上系统工程、加气站选址、司机培训方面均拥有广阔的市场及产业知识。

西港公司致力于向客户交付能达到或超越其期待的高质量、领先的环境技术产品。

四、主要产品

燃气发动机：

1. SI（火花塞点火）技术燃气发动机。

公司名称	排　量	产品系列
Juniper	5 升以下	天然气发动机、LPG 发动机
康明斯西港	5. 9 ~9 升	天然气发动机： B 系列（195 ~230Hp） C 系列（250 ~280Hp） ISL 系列（250 ~320Hp）
潍柴动力西港	4. 76 ~12 升以上	天然气发动机： WP5NG（160 ~180Hp） WP6NG（210 ~240Hp） WP7NG（210 ~260Hp） WP10NG（260 ~300Hp） WP12NG（330 ~380Hp）

（2）HPDI（高压直喷）技术燃气发动机

公司名称	排　量	产品系列
西港创新公司	11 ~16 升以上	液化天然气发动机：GX 系列，如 GX 475/GX 450/GX 400
潍柴动力西港	12 ~16 升以上	液化天然气发动机：WP12NG - HPDI （400 ~480Hp）

2. HPDI（高压直喷）车载 LNG 储罐：265L、379L、454L。

五、合资合作

西港公司与全球两大主要发动机生产商（美国康明斯和中国潍柴动力）分别成立了合资公司，将西港先进的燃气发动机技术实现产业化。 同时，西港积极地与全球卡车生产商（比如 Paccar, Peterbilt, Kenworth, Volvo, 陕重，Daimler, 东风, Tata）开展不同程度的合作。

2010 年，西港全资收购 Juniper 发动机公司，为轻卡商业市场提供轻型的代用燃料发动机，完善了公司的发动机产品系列。

德国大陆集团

德国大陆集团2010年销售额为260亿欧元，是全球领先的汽车零部件供应商之一。集团业务涵盖制动系统、动力总成及底盘的系统和零部件、仪表、信息娱乐系统、汽车电子、轮胎及工业橡胶制品，致力于提升驾乘安全和环境保护。德国大陆集团也是汽车网络通信领域的卓越合作伙伴。德国大陆集团在全球约有160000名员工，遍及45个国家。

德国大陆集团在电动汽车领域积累了大量专业知识，特别是在欧洲。德国大陆集团早在2003年就开始在欧洲供应商中率先批量生产混合动力系统。所生产的主要部件是能量存储单元、功率电子和电机。全球首个用于混合动力驱动的标准锂离子电池系统只是德国大陆集团的产品之一。梅塞德斯-奔驰S400 Blue Hybrid和宝马7系列Active Hybrid安装的这种电池和电机用于在车辆加速阶段提供辅助动力。因此，与传统汽油发动机相比，油耗可降低多达25%。

用于电动和混合动力车的第二代德国大陆集团功率电子产品目前已进入量产阶段。与第一代产品相比，第二代产品的体积和重量减小了约30%，但性能更高，从而在业内设立了新的标准。德国大陆集团的新功率电子例证了模块化和可扩展设计的多功能性。在模块化系统的基础上，用于混合动力和电动驱动的功率电子适合广泛的功率要求。只需要更换少许元件即可得到符合个别客户要求的定制产品。第二代功率电子在混合动力和电动车上的首个应用将在2011年年底前亮相。

德国大陆集团在2011年还将开始批量生产用于电动驱动的第三个重要部件，即用作驱动单元的单独励磁同步电机。与永久性励磁电机相比，该技术可在整个工作范围内提供更高的整体效率，因为励磁电流在任何时刻均适应相关工作状态。再有一点就是其磁铁无须使用稀土金属。电机量产将在下萨克森州的吉夫霍恩进行，初步产量为6万单元。

德国大陆集团2011年还在中国天津开始生产启动发电机；它们的皮带驱动将帮助实现一种启动/停止系统、一项加速功能和运动能量再生。

此外，德国大陆集团还向亚洲提供种类广泛的单独部件，包括用于启动/停止系统和发动机管理的部件。所有系统和部件的设计在很大程度上都是可扩展的，以适应各种燃料和驱动概念的组合，这种情况以后将会出现在从低成本紧凑型车到越野车、豪华轿车和商用车的各种车辆之上。对于其每个部件，德国大陆集团都研发了一种灵活的模块化系统来适应各种功率电平和技术设计。凭借灵活的策略、广泛的技术系列和全面专业及地区知识，德国大陆集团在推动电动驱动技术的发展上起到了决定性的作用，尤其是在向各种驾乘形式的转变以及替代驱动系统的发展正方兴未艾的亚洲地区。

伟世通亚太(上海)有限公司

一、2010年发展概况

伟世通是全球领先的汽车零部件供应商，为汽车生产商设计和生产创新的空调、电子、内饰和照明产品。公司总部位于美国密歇根州范布伦镇，并在中国上海和英国切姆斯福德设有地区总部；公司在26个国家设有分支机构，员工约26500人（不含合资企业员工）。公司的能力全方面地涵盖市场调研、研发与测试、高品质制造和及时交付。

进入亚太市场近30年以来，伟世通建立了无可匹敌的业务布局，已在中国、印度、韩国、日本、泰国、菲律宾和澳大利亚拥有57家生产工厂、研发中心和客服中心。

自1994年以来，伟世通与中国的各大汽车集团携手创办了多家合资企业，从而确立了广泛的业务范围。如今，伟世通在中国拥有28家分支机构，其中包括亚太区总部、24家工厂、2家销售与技术服务处，以及中国技术中心，以提供全方位的生产与研发能力。

伟世通的创新产品、研发能力和广泛的业务布局不断获得客户嘉奖。伟世通坚持投资中国市场以彰显其对华的长期承诺。

二、生产经营

2010年伟世通合并报表下的营业额为74亿美元，其中40%来自亚太区。若包括非合并报表下合资企业则在2010年伟世通营业总额达108亿美元，其中亚太区的主要部分来自中国。

目前，伟世通已在华建立了24家生产企业，业务遍布所有中国主要地区，以满足当地国际及本土客户的多样化需求。这些工厂均具备生产空调、电子、内饰和照明产品的全方位能力，可为高端车型提供先进技术，也能满足经济型车对于低成本技术的需求。

此外，伟世通在华工厂也具备为新能源车提供产品的能力，并且所有的工厂均遵循了节能、节水、减排、减废的最优生产实践规范。

三、产能建设

为满足不断扩大的国内外客户的需求，伟世通持续在快速增长的中国市场新开或扩建生产、研发设施。 产能的扩建和布局的扩张使公司能更好地及时提供产品，进一步加强产品线供应，支持客户的成长。

四、技术进展及研发能力进展

凭借领先的技术、深入的市场理解、雄厚的本地人才资源，伟世通能提供创新且成本经济的解决方案。

中国技术中心作为内饰和电子技术研发基地，为中国和全球各地出售的主要产品和平台提供研发服务。 伟世通中国空调系统实验室，为汽车生产商提供完整的零部件测试。 此外，伟世通在中国的多家工厂也具备现场研发能力，增强了公司的研发能力，确保其产品能满足本地市场的独特需求，并更快响应客户要求。

日前，伟世通向业界推出了三款技术展示车，彰显其能满足从高端车到两轮摩托等各种车型的广泛产品组合和全方位创新能力：

“新兴市场轿车”和“新兴市场摩托车”展示了侧重于模块化和可扩展性的创新解决方案，适用于中国的小型轿车和摩托车。 两款车上载有多项旨在提升驾驶体验的功能，并满足成本和包装方面的需求。

C－Beyond 技术展示车显示了伟世通在空调系统、信息娱乐系统与互联技术、内外饰照明等方面 40 多项创新技术。 C－Beyond 着重展示为 C 级车市场而配备的互联技术和绿色环保技术，并将鼓励各汽车厂商突破传统观念，打造一种全新的驾乘体验。

此外，伟世通一直积极致力于为电动、混合动力和新能源车开发环保产品。 公司目前的大部分产品均可运用于新能源车。 减少对环境的影响是我们一贯努力实现的目标。

公司的环保产品和解决方案主要侧重以下四个方面：

- 低排放以及高燃油效率；
- 轻量化以及小包装；
- 环保型材料；
- 降低能耗及能源再利用。

伟世通的空调产品部拥有多款“绿色环保”产品，如：适用于混合动力车和电动车的轻型电动压缩机和电池热能管理系统，零泄漏金属密封接头，高效率内部热交换器，适用于微型混合动力车熄火状态下的储冷式蒸发器，废气热能回收系统。

公司的电子产品旨在减少电能消耗，通过用户友好型技术和“环保功能”帮助驾驶员和乘客养成“绿色”环保习惯。

在内饰方面，公司注重运用轻量材料和环保材料，如：RFLAXTM 天然材料及以稻谷和稻谷壳为原料的生态注塑成型材料。

最后，公司还开发了创新的 LED 照明产品以减少能耗。

五、主要产品

伟世通为传统和新能源车提供以下产品：

1. 空调。 空调箱、压缩机、空调管路、发动机冷却系统。

2. 电子。 音响和信息娱乐、音响和信息娱乐主机、连接方案、家庭娱乐系统、扬声器系统和功放、信息系统与控制装置、仪表、显示器、中央集成控制面板、空调控制系统、车身电子、混合型监控系统与电池管理模块、高效电动机/负荷控制器、小型发动机管理系统、动力总成控制器以及车身与安全模块。

3. 内饰。 座舱模块系统、仪表板、副仪表板、门板。

4. 照明。 前灯（自适应大灯技术、卤素灯、透镜组合、氙气灯、LED 应用、电子控制模块）；尾灯。 包括尾灯组合（白炽灯、LED 灯、白炽灯和 LED 灯）、高位刹车灯、侧标志灯、回复反射器等。

六、合资合作

伟世通在华成功的关键在于过去十几年中所建立的战略合作伙伴关系。 自从 1994 年与上汽集团合资成立延锋伟世通以来，伟世通已与多家中国本土汽车厂商建立伙伴关系，其中主要包括：华域汽车（即上汽集团旗下的汽车零部件集团）、长安汽车、东风汽车、富奥、北京海纳川（即北汽集团旗下的汽车零部件子公司）、江铃汽车、堤维西、吉利汽车。

如今，伟世通 24 家在华的生产企业中有 20 家是合资企业。

伟世通先进的技术和管理运营方面的最佳实践经验，结合本土合作伙伴深入的市场认知为双方创建了双赢的模式。 通过与主要中国汽车厂商的合作，伟世通对于能为中国本土汽车行业发展略尽薄力而深感骄傲。

意昂神州(北京)科技有限公司

一、2010 年发展概况

意昂神州（北京）科技有限公司（以下简称“意昂科技”）专业从事汽车电子、电控技术已有 8 年历史，在美国底特律市设有技术研发中心。为适应国内市场需求，服务广大中国境内客户，在达成专业生产、专业行销及专业服务的目标下，意昂科技在 2010 年申请知识产权类资质十余项，并受邀参与美国“SAE J2901 Misfire Generator”国际标准的制定，该标准于 2010 年 5 月正式确定。意昂科技以“新能源汽车技术”为主导技术亮相于“2010 汽车测试及质量监控博览会”，博得国内外客户的广泛称赞。除此之外，意昂科技在 2010 年中还获得“2010 年度北京市信用企业”“北京市专利试点企业”“北京市自主创新产品”等荣誉。

二、主要产品

意昂科技为国内的汽车厂商提供世界先进的汽车电子控制系统（发动机系统、混合动力系统、纯电动车系统、车身系统等）开发工具、整体解决方案和技术服务。

1. 新能源汽车测试：D&V 电力动力总成测试系统（台架），新能源汽车 HiL 硬件在环测试系统解决方案、纯电动车产业化方案等。

2. ECU 开发：MotoTron 研发平台、RMS 电机控制器、高压直喷驱动系统等。

3. 台架测试：汽车传动系统测试设备、Mexus - Heavy Duty 喷油分析仪、WTI 高集成台架测试系统等。

4. OBD 标定：失火发生器、氧传感器失效模拟器、ECU 分线箱、DiagRAD 标定软件等。

5. ECU 标定：ECU 标定系统 - VISION、ECM 分析仪、CSM 模块等。

6. 车载网络总线测试：CAN 车载网络仿真测试台架、CAN 实验室软件、EMC/EMI Fiber Optic Bridge 等。

三、合资合作

国际合作伙伴：

1. 加拿大 D&V 电子有限公司。
2. 美国 Woodward 公司。
3. 美国精确技术公司（ATI）。
4. 美国国家仪器公司（NI）。
5. 意大利 LOCCIONI 集团公司。
6. 美国 RMS 公司。
7. 美国 Drivven Inc. 公司。
8. 德国 CSM GmbH 公司。
9. 德国 IAV GmbH 公司。
10. 美国 Dearborn 集团公司。
11. 德国 Samtec 公司。

北京通大华泉科技有限公司

一、2010 年发展概况

北京通大华泉科技有限公司依托北京交通大学，拥有国内领先的新一代开关磁阻调速电机及控制系统的核心技术，解决了影响开关磁阻电机推广应用的重大技术难题——转矩波动。在电机设计工艺、控制器生产工艺方面建立了完善的标准体系，公司产品主导产品开关磁阻电机调速系统已经在大庆油田、定边采油厂、华北油田、新疆克拉玛依油田、胜利油田等批量运行。由于公司过硬的产品技术和良好的市场前景，成都伟瓦节能科技有限公司与公司合作，投资 3000 万元人民币，在成都成立了成都通大动力科技有限公司，致力于开关磁阻电机规模化、集成化生产。

二、2010 年科研项目及成果

1. 电动车载全封闭式开关磁阻电机装置 2007 10119643.8，2009 年 12 月 16 日授权。

2. 电动车载全密闭内液冷、外风冷式开关磁阻电机装置 2007 10 119644.2，2010 年 8 月 11 日授权。

3. 两项发明专利。

三、2010 年科研设施及科研能力建设

22kW 轿车驱动电机及其控制系统在成都装在普通桑塔纳轿车上，采用 100Ah，12V 的铅酸电池 20 个（串联：电压 240V，电池重量 600kg），在实际路况运行试验：爬坡时启动电流小于 10 安培，实际路况一次充电续航里程大于 180 公里。速度大于 100 公里/小时。爬坡能力强，实际爬坡能力已超过 25%。零距离、零速度爬 25 公分高的坎，启动电流小于 10 安培，非常轻松。该电机和控制系统还有可靠性高、结构简单、寿命长的优点。在通辽、成都装车实验，均没有出现任何故障。2010 年公司立足本公司的开关磁阻电机系统技术与兵器集团成都陵川特种工业有限责任公司就长安汽车集团的志翔纯电动车型研制配套 30kW 开关磁阻电机驱动系统，并开展技术合作与转让。

与河北大迪汽车联合研制了越野车和皮卡用 TM－37 kW、TM－45kW 开关磁阻电机驱动系统。目前，公司正在通过融资渠道，计划融资 5000 万～2 亿元人民币，建成年产 2 万～10 万台电动汽车专用驱动电机及其控制系统的专业生产线。其中包括纯轿车专用驱动电机、纯电动中巴车驱动电机、纯电动大客车驱动电机以及其他电动汽车专用驱动电机以及相应的控制系统。

四、2010 年国际合作与交流情况

2010 年 11 月受 INTECH OPEN ACCESS PULISHER 邀请与国际同行参加编写了 Electric Book1 一书（《电动汽车》第一辑）第五章。内容为开关磁阻电机系统在电动汽车上的应用。

五、主要产品

TM—22kW，TM—30kW，TM—37kW 开关磁阻电机驱动系统。

六、2010 年产销量月度统计

单位：万元

	产品类型		1 月	2 月	3 月	4 月	5 月	6 月	7 月	8 月	9 月	10 月	11 月	12 月	2010 年	同期增长（%）
生产	驱动电机	开关磁阻电机	15	0	0	0	0	0	0	0	0	0	0	0	15	50
	合　计		15	0	0	0	0	0	0	0	0	0	0	0	15	50
	产品类型		1 月	2 月	3 月	4 月	5 月	6 月	7 月	8 月	9 月	10 月	11 月	12 月	2010 年	同期增长（%）
销售	驱动电机	开关磁阻电机	15	0	0	0	0	0	0	0	0	0	0	0	15	50
	合　计		15	0	0	0	0	0	0	0	0	0	0	0	15	—

广东银通投资控股集团有限公司

一、2010 年发展概况

2010 年，广东银通投资控股集团有限公司先后全资并购了研发电机、电控、充电机的原珠海蓝海科技有限公司、投资控股 51% 的珠海市广通汽车有限公司、投资控股 51% 的全球唯一研发钛酸锂的美国奥钛公司，并且又与全球第二大化工企业美国陶氏化学工业公司、北京理工大学、香港理工大学、广东工业大学等 6 所高校达成了紧密合作关系，从而形成了一个紧密型产业联盟，进一步实现了纯电动汽车从材料、电池、电机、电控直至整车的完整产业链，银通集团走上了良性循环的发展期。

广东银通投资控股集团旗下设有研发生产电池为主的新能源公司，研发生产电机、电控、充电机为主的新动力公司以及研发生产纯电动车整车的广通公司。到目前，银通集团已交付珠海市公交集团纯电动公交巴士 20 辆，并已投入运营。

2010 年第一季度，银通工业园经由省部产学研领导小组审定为“新能源汽车产学研产业化示范基地”（占地 26 万平方米、建筑面积 15 万平方米）。

银通集团年产 20 万辆新能源汽车项目已被列入广东省“十二五”重点项目和珠海市十大重点工程之一。

二、生产经营

1. 银通集团自主研发的主要产品有：低成本低能耗纯电动大巴、新一代中空环形动力电池、大容量锂离子动力电池、无级变速混合动力车、电机控制器系列、变频驱动电机系列、变速发电控制器系列、车载电动节能空调、智能电动方向机油泵和一体化永磁电动气泵、锂离子动力电池管理系统，以及各种纯电动车所必需的大功率充电机和集中式大型充电站。

2. 银通集团 2010 年经营情况：

(1) 12010 年银通集团总产值为 7600 万元。

(2) 2 银通集团 2010 年完成年产 1 亿安时锂离子生产线。

(3) 32010 年第四季度完成电动驱动系统 20 套。

(4) 42010 年第四季度完成充电桩 20 件、充电柜 20 套。

(5) 52010 年交付珠海市公交集团 20 辆 11.5 米纯电动公交大巴。

三、产能建设

1. 2011 年 8 月，完成国家下达的生产 1 亿安时锂离子电池扩产项目。

2. 2011 年至 2015 年间，完成年产 20 万辆纯电动汽车生产计划。

(1) 电动公交及旅游大巴 3 万辆。

(2) 电动出租车 3 万辆。

(3) 电瓶车 3 万辆。

(4) 专用车 3 万辆。

(5) 电动家用小轿车 8 万辆。

3. 到 2015 年，实现具有完全自主知识产权的“中空环型”锂离子电池年产 10 亿安时的产能目标；加强锂离子电池 PACK 和 BMS 的实施能力；实现整车生产规模化、关键

零部件产业化。

四、技术进展及研发能力进展

1. 车用锂离子电池：采用磷酸铁锂作为正极材料、改良的石墨以及先进的钛酸锂材料作为负极、世界上独一无二的中空环形结构以及环保检测和轻量化研究为基础，研发出新一代大容量、高能量比密度的优质锂离子电池。

2. 无变速箱无级变速混合动力驱动总成（包括驱动电机及其控制器）：此系统产品为世界首创，超越国内外混合动力车的系统，获得多项发明专利，2009 年 12 月已通过国家轿车质量监督检测中心检验。 2010 年 1 月，公司已通过工信部新能源汽车的生产准入审查。

3. 电池管理系统：独立均衡过压单体电池，适用的容量偏差高达 25% 后仍能正常使用。

4. 车用电动节能空调：节能率大于 40%（同时采用水箱风扇节能方案），适用各类车型，能耗低，节油率高，成本低（回收期仅一年），具有很高的经济价值。

5. 新型的 11.5 米的纯电动公交大巴：新型的 11.5 米的纯电动公交大巴使用 200kW · h 的电池（346V/600Ah），每次充电可在行驶 250km（不开空调）及 200km（开空调），每增加 1 小时的快速充电可增加行驶里程 100km（不开空调）或 70km（开空调）。 每辆低能耗电动公交车上配备一台车载式充电机用于夜间低谷期充电，慢充 6 小时可充满。 运行费用最低，多项节能技术综合应用。

五、主要产品

（一）整车

1. 11.5 米纯电动公交大巴。

2. 混合动力大巴。

3. LNG 公交车。

4. CNG 乘用车。

5. 其他。

（二）零部件

1. 电池。

2. 电机。

3. 电控系统。

4. 车用节能空调。

5. 电池管理系统。

（三）充电站及加气站

1. 充电桩。

2. 充电柜。

六、合资合作

1. 银通集团通过控股美国奥钛公司，将全球最先进的电池技术——钛酸锂电池技术导入中国市场，银通购进奥钛专有的钛酸锂材料，在中国用于生产电芯，并将在珠海建设全球最大的钛酸锂材料生产基地。

2. 银通集团与全球第二大化学工业公司美国陶氏化学工业公司形成强强联合，在双方各自的优势上开展合作研究大容量、高效储能钛酸锂电池。

3. 银通集团通过控股珠海市广通汽车有限公司，引进先进的整车生产技术，双方合作研制开发的新一代“新型动力电动汽车”在续航里程、单位耗能等指标均居国内同类产品前列。

4. 银通集团与南方电网共同承担国家“863 计划”项目。

5. 银通集团通过与北京理工大学、广东工业大学、香港理工大学、华南师范大学、中山大学等高校开展紧密的产学研合作，建立产学研合作基地。

七、2010 年企业在新能源汽车方面经济指标统计

单位：万元

指　标	本期累计	同期累计	增长率（%）	增长额（提高百分点）
营业收入	7600	—	—	—

宁波拜特测控技术有限公司

一、2010 年发展概况

2010 年 2 月宁波拜特测控技术有限公司在新能源汽车领域积极开展动力电池和燃料电池测试和集成方面的研究，并取得重大的进展和突破。 在燃料电池测试领域，研发和开展 50 ~ 100kW 燃料电池汽车测试台架的研发，在燃料电池应用领域完成 150kW 燃料电池动力系统集成，为氢能源汽车项目的研发和开展提供了研发手段和动力测试平台。 在科技研发方面，公司取得了一系列的突破，相继研发出大功率的燃料电池系统测试和集成系统，电动汽车充电桩、高性能的电池管理系统、大功率可回馈电池检测系统；同时取得国家发明专利 2 项、实用新型专利 4 项。 公司公司为积极扩展新能源相关业务，在 2010 年下半年开始启动燃料电池汽车测试台架，50 ~ 150kW 燃料电池动力测试项目，及风光互补和大容量储能电站等研发项目。

二、生产经营

自成为中国宝安集团控股企业以来，公司发展迈入快车道，销售额同比大幅增长。 其中化成分容及检测设备超过 400 台，燃料电池检测设备超过 30 台，电池管理系统超

过200台，并完成进行了150kW燃料电池动力系统集成项目。

为促使公司产品品质进一步提升，公司对现有的产品线进行全面升级换代，不论在外形还是使用性能上都得到了大幅的提升；同时，建立了公司的标准化生产流水线，使得产品品质更加稳定。

为解决制约生产工艺水平进一步提升的瓶颈点，公司相继成立一批项目攻关小组，不仅有效解决了工艺问题，同时也为公司新产品研发和规划奠定了良好的基础。

三、产能建设

经过几年的发展，公司在主营业务方面具备了一定的产能基础，具体如下：

1. 公司已形成年产各种化成分容及检测设备500套的生产能力。

2. 公司形成了年产各类燃料电池检测设备50台的生产能力。

3. 公司形成了年产各型号电池管理系统（BMS）500台的生产能力。

4. 公司形成了年产各型号充电桩300台的生产能力。

四、技术进展及研发能力进展

自公司成立以来，公司在新能源动力电池及氢燃料电池行业的各个方面均取得了丰硕的技术成果，现介绍如下：

1. 2007年研发出系列高功率的电池测试系统。

2. 2008年研发出100kW以上的大功率电池测试系统，填补了国内空白。

3. 2008年研发出10kW以上的燃料电池测试仪。

4. 2010年研发出大功率的电动汽车充电站（桩）。

5. 2010年研发出高性能电池管理系统（BMS），并得到客户高度评价。

6. 2010年研发出100kW以上的大功率能量反馈型电池测试系统。

7. 2011年研发国内150kW燃料电池机车动力集成系统。

8. 2011年给宁波港口研发整套“油改电”系统。

截至2010年年底，公司已经形成一支具备较强实力的研发团队，其中博士研究生3名，高级工程师2名，硕士研究生10名，专职研发人员40余人，超过50%的人具有大专以上学历。

五、主要产品

1. 动力电池化成分容设备。

2. 动力电池检测设备。

3. 燃料电池检测设备。

4. 电池管理系统。

5. 电动汽车充电桩（充电站）。

6. 新能源系统及燃料电池动力集成项目。

六、合资合作

1. 公司同美国AV公司建立战略合作规划，使公司的检测技术得到进一步发展。

2. 同美国EnergyCS公司建立合作关系，为BMS业务的发展奠定了良好基础。

3. 2007年同上汽合作，成为上汽的战略合作伙伴，同时上汽在宁波拜特设立了电动汽车电池测试中心。2010年公司共同开发燃料电池汽车动力测试平台。

4. 同加拿大BALLARD公司建立战略合作关系，在150kW燃料电池模块商业应用及集成方面取得实际进展。

5. 2009年公司同湖南工程学院电子技术研究所签订《汽车充电站电源项目》技术转让合同，不仅为公司进行更大范围的产学研项目做了铺垫，同时很好地配合了公司新产品的开发和推广，取得了很好的社会效益和经济效益。

6. 计划与检验检疫部门共同投资，建设国家级电池检测中心。该中心建成后，将成为国内测试项目齐全的电池测试中心。

国家轿车质量监督检验中心

一、2010年发展概况

2010年开始筹建新能源零部件实验室，根据国标及行业标准对电动汽车关键零部件的测试要求，采购定制了一批针对动力电机及控制器、动力电池、充电接口、DC/DC及其他电动化附件的测试仪器和设备，基本建立了覆盖当前测试标准的电机及控制器、动力电池等关键部件的测试评价能力，已经给相关企业提供了几十个产品的公告强检试验。

二、检测能力

覆盖电动汽车整车和关键零部件的检测能力，除传统汽车的测试项目外，整车方面，电动汽车/混合动力汽车整车定型试验、动力性和续驶里程、燃料消耗量电安全、仪表、碰撞、排放和EMC等；零部件方面，具备电动汽车用电机及其控制器、铅酸蓄电池、锂电池、镍氢电池、超级电容器、电动汽车充电接口及其附件的检测资质和试验能力，具备部分氢燃料电池的性能及安全性试验能力，以及CNG/LPG等燃气汽车零部件的检测能力。

三、已开展的检测项目

2010 年主要开展的电动车关键零部件检测项目：

GB/T 18488.1—2006 电动汽车用电机及其控制器 第 1 部分：技术条件

GB/T 18488.2—2006 电动汽车用电机及其控制器 第 2 部分：试验方法

ECE R85 电机净功率试验方法

GB/Z 18333.1—2001 电动道路车辆用锂离子蓄电池

GB/Z 18333.2—2001 电动道路车辆用锌空气蓄电池

GB/T 18332.1—2009 电动道路车辆用铅酸蓄电池

GB/T 18332.2—2001 电动道路车辆用金属氢化物镍蓄电池

QC/T 743—2006 电动汽车用锂离子电池

QC/T 742—2006 电动汽车用铅酸蓄电池

QC/T 744—2006 电动汽车用金属氢化物镍蓄电池

QC/T 741—2006 车用超级电容器

GB/T 20234—2006 电动汽车传导充电用插头、插座、车辆耦合器和车辆插孔通用要求

GB/T 24347—2009 电动汽车 DC/DC 变换器

GB/T 18387—2008《电动车辆的电磁场辐射强度的限值和测量方法，宽带，9kHz ~30MHz》

四、2010 年国际合作与交流情况

与奔驰、宝马等企业开展了相关测试与评价技术的交流和合作；与卢森堡康卓认证开展了电机测试与论证相关合作。

上海机动车检测中心暨国家机动车产品质量监督检验中心(上海)

一、2010 年发展概况

上海机动车检测中心暨国家机动车产品质量监督检验中心（上海）（以下简称“中心”），是在集成整合上海现有的机动车检测资源基础上，采用多元出资方式，于 2003 年 9 月底正式成立的具有第三方公正地位的国家级综合性机动车检测机构。经过多年的技术能力建设，目前已通过实验室认可的项目覆盖了机动车整车性能、机动车和发动机排放性能、汽车被动安全性能、机动车零部件性能、机动车灯具性能、新能源汽车及零部件性能、电磁兼容性能、金属材料性能、几何量测量等领域，是国内技术能力最为齐备的机动车检测机构之一。中心所有的试验设施和设备均达到国际一流、国内领先的水平，其检测技术能力方面不仅能满足我国现行的 99 项汽车强制性检验项目的要求，同时还能根据 ECE 汽车技术法规等国际汽车相关标准开展各类试验和检测工作。2010 年，中心在持续满足现有机动车检测能力的基础上，重点进行新能源机动车的检测能力的规划和建设，截至 2010 年年底，中心的新能源机动车检测能力已全部覆盖新能源汽车公告检测的全部要求。此外，中心于 2010 年 10 月获得国家质检总局批准筹建国家新能源机动车产品质量监督检验中心的申请，正式启动新能源汽车国家中心的建设。

二、检测能力

中心目前已经获得汽车、摩托车产品的全部国家授权，包括国家工信部车辆《公告》检测、国家环保部车辆环保目录检测、国家交通部车辆油耗检测、国家认监委车辆及零部件产品 3C 认证检测等。同时中心也是国家质检总局缺陷车产品召回鉴定检测机构和国家进口小批量汽车检验机构。中心还依托上海国际汽车城汽车零部件产品出口基地，打造汽车及零部件产品出口认证检测服务平台，不仅提供车辆及零部件产品出口欧盟国家、海湾地区、澳大利亚、南非、美国及中国台湾等国家和地区的认证检测服务，同时还依托车辆灯具及摩托车等国家标准归口管理的优势，全面开展各类车辆标准的制修订及研究，向国内外企业提供各类标准法规的咨询和对比分析服务。中心的检测技术服务能力覆盖汽车、摩托车、新能源汽车、各类零部件产品，开展车辆安全、环保、节能和防盗等各项强制性项目的检测，各类研发性的检测试验及技术研究，开展包括车辆碰撞安全性、NVH、发动机系统匹配、车辆道路综合性能及可靠性、电磁兼容性（EMC）、各类零部件及材料的环境及耐候性等研发检测试验。

随着国家汽车新能源战略开展，中心为适应新能源汽车产业发展的要求，成立了国家新能源汽车产品质量监督检验中心（筹），“十二五”初期，中心将不断地加大投入，积极打造新能源汽车检测平台，在传统汽车检测能力的基础上，开展新能源汽车、关键零部件、电池、电控系统和电机系统的专项检测，全面提升中心的综合技术服务能力，适应和满足我国汽车产业发展的要求。

三、已开展的检测项目

中心目前已开展汽车及摩托车公告、3C 认证、小批量认证、整车及零部件出口认证、委托检测等各类业务，涉及机动车整车性能、机动车和发动机排放性能、汽车被动安全性能、机动车零部件性能、机动车灯具性能、新能源汽车及零部件性能、电磁兼容性能、金属材料性能、几何尺寸测量等 85 种产品，327 项检测项目。新能源汽车的检

测能力覆盖新能源整车、电机电控、动力蓄电池、燃料电池发动机等新能源汽车关键零部件的检测项目。2010 年中心除完成常规汽车的公告、3C、小批量的检测任务外，世博前夕，在工信部和科技部的要求下，以安全性和可靠性为前提，顺利完成了世博新能源燃料电池汽车的全部公告检测工作，并通过了相关审核，确保了世博用车的成功运行。

四、2010 年国际合作与交流情况

2010 年，中心加强对外合作，并取得卓越成效。上半年 6 月成功举办由国家环保部等国内外企业参加的“汽车欧五排放国际交流会”，推动了我国汽车产品的环保检测认证技术的发展；下半年 10 月成功举办了商务部的出口认证检测平台的全国性推介研讨会，会上将中心自行建设的涵盖全球汽车技术法规的数据库同时对全社会公开发布，供企业免费使用，极大地推动了我国汽车及零部件产业的产品研发、出口认证和质量水平，受到了汽车业界的好评；同期举办的德国 ADAC 专家参与的 EURO－NCAP 国际性技术研讨交流会，逐步形成中心的核心技术能力，为中心在被动安全检测领域的可持续发展打下良好的基础。

中心积极加强与国际上同行的技术交流与合作，并顺利地通过了中国台湾车辆认证组织、澳大利亚交通部、德国车辆监督协会等国际组织的质量评审，获得了这些组织的实验室的技术认可，加强了相互间的了解，拓展了中心业务发展的方向。

此外，中心还与宝马、丰田、本田汽车公司就新能源汽车的 EMC 进行了具体探讨和交流，并召集国内同行一起召开了新能源汽车 EMC 试验方法的会议，明确了新能源汽车 EMC 试验的具体方法，为今后新能源汽车的 EMC 标准的制修订提供了技术数据支持。

清华大学汽车安全与节能国家重点实验室

一、2010 年发展概况

汽车安全与节能国家重点实验室依托于清华大学，涵盖车辆工程，动力机械及工程两个国家重点学科。1989 年经国家计委批准立项建设，1995 年通过国家验收正式开放运行。“电动汽车与新型动力”是实验室主要研究方向之一。早在 20 世纪 70 年代起实验室开始电动汽车研发，先后承担国家“八五”“九五”电动汽车攻关任务。自 2001 年起，在国家和北京市重点项目支持下，成立了跨学科的节能与新能源汽车研发团队，在城市客车多能源一体化混合动力系统及其系列化车型应用方面作出重要贡献。

2010 年继续在电动汽车关键技术、混合动力系统和燃料电池动力系统等领域开展前沿课题研究。

二、2010 年科研项目及成果

在动力电池系统研究中，开展了单电池和电池组测试与建模的基础研究，开发符合车用标准的电池管理系统，成功应用于普天海油电动车电池的快换；开发系统成组技术，开展机电主动大电流均衡系统、轿车全自动电池更换系统设计。在电控平台及整车控制技术研究方面，建立了控制器关键技术平台，包括高性能 32 位软硬件平台和符合 AUTOSAR、ISO—26262 规范的软件平台，微型电动车四轮驱动控制系统，包括高性能低成本轮毂电机控制器、控制算法以及四轮驱动/制动一体化微车；燃料电池整车控制系统，成功进行了上海世博会和新加坡青奥会示范运营；在辅助功率单元 APU 集成控制技术研发方面，面向纯电驱动对车载发电系统的要求，实现了发动机、发电机和整车控制功能的初步集成；已开发多种构型燃料电池/APU 多能源一体化动力系统，并开始产业化。在混合动力汽车牵引力分层控制系统研究方面，解决了传统内燃机牵引力控制系统不能直接应用于混合动力汽车等问题；在城市客车用先进并联混合动力系统研发方面，研发了智能混合动力电动实验样车，具有混合动力及智能安全辅助功能：整车油耗降低 35%～45%，排放降低 20%～30%；具有定速巡航、自适应巡航和主动避撞功能，开展了车用能源系统分析，建立了汽车保有量模型、汽车能源需求及构型的模型，分析了不同技术途径和政策下的车辆节能潜力，建立车用氢能流动图谱，通过电动汽车生命周期节能减排分析，获得了轿车电气化及发电构成的减排潜力。

2010 年在电动汽车与新型动力方面，发表学术论文 59 篇，其中 SCI 收录 9 篇，EI 收录 25 篇；获授权发明专利 17 项，获 2010 年度国家技术发明二等奖 1 项，获 2010 年度中国汽车工业科学技术进步奖一等奖 1 项（第二完成单位），获国际氢能与燃料电池合作组织（IPHE）2010 年度技术成就奖。

三、2010 年科研设施及科研能力建设

建立了新能源电动汽车研发平台，该平台由若干新能源汽车的关键系统构成，具体包括新能源汽车电动化底盘系统、混合动力系统、整车控制系统、多元燃料供给系统、氢电安全性研究平台、燃料经济性研究平台、新型动力系统可靠性研究平台等。利用该平台可开展电动汽车构型、整车系统协调控制、燃料经济性、动力系统技术平台、安

全性等高新技术研究。

已建成具有国际先进水平的燃料电池城市客车系统平台，包括混合型动力系统与燃料电池发动机耐久性、电动化车辆系统与氢电安全性、智能化控制系统与燃料经济性优化三大技术平台。基于该系统平台，已研制出系列化燃料电池城市客车，燃料电池客车的燃料经济性和单车最大考核里程达到国际先进水平；在此基础上，将燃料电池混合动力系统核心技术扩展至内燃机混合动力系统，形成了包括氢－电、油－电、气－电在内的多能源一体化混合动力系统技术平台；在国内率先研发出了系列化串联式混合动力城市客车核心技术和产品样车。

四、2010 年国际合作与交流情况

欧阳明高教授担任第 25 届世界电动车大会 EVS25 国际程序委员会主席，作大会主旨报告和总结报告。

挂靠本重点实验室的中国汽车工程学会清洁燃料分会组织了新能源汽车 2010 国际论坛，国内外代表共 300 余人参会。

作为电动车联盟牵头单位，参加了 2010 年“中美清洁能源联合研究中心”中方三大产学研联盟成员工作会议，并牵头起草了中美电动汽车合作项目提案。

牵头制订了“中美清洁能源联合研究中心”电动汽车合作项目实施方案，中美双方已于 2011 年 1 月 18 日胡锦涛主席访美期间签署了联盟工作计划，项目正按照预定方案顺利进行。

与 Car Testing China 组织委员会在京联合主办 2010 年汽车研发测试新技术研讨会，重点关注领域为发动机控制、动力传动系统和混合动力电动车等。

同济大学
——国家燃料电池汽车及动力系统工程技术研究中心

一、2010 年发展概况

截至 2010 年 12 底，国家燃料电池汽车及动力系统工程技术研究中心（以下简称“中心”）人员总数达 200 多人，其中固定人员 100 多人（包括“973”首席科学家、千人计划、海外名师、上海市优秀学科带头人、浦江学者、曙光学者、启明星计划学者若干），流动人员 100 多人。

2010 年度中心有 100 多名硕士研究生毕业并获得工学硕士学位，十多名博士研究生毕业并获得工学博士学位。

2010 年中心抓住契机，提升了产业化能力，扩大了新能源汽车的影响，并继续将工程化的科技成果向企业推进。具体表现在：

1. 2010 年上海世博会新能源汽车示范运营

中心的燃料电池轿车动力系统技术平台在中心的产业化依托单位上海燃料电池汽车动力系统有限公司（以下简称“上燃动力”）进行了成果转化。2010 年上海世博会期间，在上海世博园区（包含西营路基地和济阳路基地）、嘉定基地示范运营的 173 辆燃料电池汽车（含 70 辆燃料电池轿车、3 辆燃料电池客车和 100 辆燃料电池观光车），整体运营情况良好。燃料电池轿车动力系统技术平台适配了上汽荣威、一汽奔腾、长安志翔、大众帕萨特领驭和奇瑞东方之子等 5 种车型。而 100 辆燃料电池观光车的动力系统，除了动力蓄电池，所有其他零部件，无论是设计、生产，还是调试、集成，都由中心及上燃动力自主完成，表明中心和上燃动力提升了工程技术研发能力和成果产业化能力。

2. 2010 年广州亚运会燃料电池观光车示范运营

2010 年广州亚运会上，有 60 辆燃料电池观光车在本届亚运会及亚残运会期间搭载运动员和政府官员往返各运动场馆，以实现亚运场馆内的零排放交通以及周边地区的低排放。

3. 第 26 届深圳大运会

2010 年，中心及上燃动力联合深圳五洲龙汽车有限公司为第 26 届深圳大运会开发了 60 辆燃料电池场馆车和 2 辆燃料电池大巴，这些车辆在大运村里为各国运动员和工作人员提供服务。燃料电池场馆车的最高车速可达 40km/h，最大爬坡度大于 10°。该车采用智能感应式的电动助力转向，应用了先进的氢燃料电池技术、无级变速驱动技术和永磁同步电机技术，在安全性、可靠性、舒适性等方面均达到国家标准。燃料电池大巴采用 50kW 的燃料电池，最高车速大于 75km，充氢后最大续驶里程大于 350km。

二、2010 年科研项目及成果

(一)科研项目

2010 年中心承担的科研项目共 200 多项。

1. 新立项科研项目中，国家级项目 40 多项，企事业单位委托 20 多项。

2. 结题项目 100 多项，其中主要有：

(1) 国家“十一五”863 计划项目“中华混合动力轿车的研制”“基于虚拟试验场的整车多学科多目标优化设计技术”通过验收。

(2) 项目“燃料电池轿车镁合金车身部件设计与可行性研究”“液力变矩器的研发平台建立与创新”“DCT 电控系统及其试验台适应性开发”“汽车液力变矩器的试验标准”通过验收。

3. 横向项目 100 多项，其中，

与国外企业或科研机构合作开展了 4 个项目，包括美国通用汽车、O2micro 等知名企业。

与国内企业或科研机构合作开展了 100 多个项目，包括上海汽车集团股份有限公司、宝马（中国）汽车贸易有限公司、标致雪铁龙中国汽车贸易有限公司、汉高（中国）投资有限公司、博世（中国）投资有限公司等知名企业。

（二）科研成果

1. 2010 年度中心申请发明专利 24 项，获得授权发明专利 4 项。

2. 申请实用新型专利 27 项，获得授权实用新型专利 6 项。

3. 出版 7 部著作，发表学术论文 243 篇，其中 SCI 检索 11 篇，EI 检索 55 篇，ISTP 检索 2 篇。

2010 年度，中心的科研成果获奖如下：

（1）“高压氢气供给系统关键技术”项目组获上海市科技进步二等奖。

（2）“世博新能源汽车研发与应用示范”项目组获国务院奖励的“上海世博会先进集体”称号。

（3）“世博新能源汽车研发与应用示范”和“燃料电池轿车动力系统技术平台集成和控制关键技术研究开发”课题组获科技部和上海市“世博科技先进集体”称号。

三、2010 年科研设施及科研能力建设

2010 年中心完成了一些科研设施的建设，具体如下：

1. 燃料电池轿车动力系统匹配平台

此平台的室内台架试验利用计算机仿真快速、灵活的动态模拟优势和道路试验准确可靠的优点来进行新能源汽车的研究，可以在整车开发出来之前对汽车的动力匹配、电机性能及其控制策略、制动能量回收、动力性、经济性等进行模拟试验，找出最佳的设计方案，从而提高所开发车辆的整体性能，节约开发成本，缩短开发周期。

2. 硬件在环仿真开发平台

此平台是一个可以把电机控制器、DC/DC 控制器与车辆控制器一起纳入环中的较为完整的硬件在环实时仿真测试平台，为新能源汽车的分布式动力控制系统的开发提供了图形化、易于使用的开发环境，可用于车辆控制器、DC/DC 控制器、DC/AC 控制器分布式算法的开发和硬件在环单元/集成测试。

3. PCU 测试环境

PCU 测试环境涉及测功机、电子负载等设备，投资规模较大，综合各种因素，采用分阶段的建设方式，2010 年已完成第一阶段建设，利用动力系统匹配平台的测功机通过增加模拟电源，已实现以下功能测试：PCU + 电机测试、DC/AC + 电机测试和 DC/DC 测试。

4. 带环境舱的燃料电池发动机测试平台

此平台测试不同环境下燃料电池发动机的性能，主要能进行两方面的试验：一是非运行时的仓储试验，考察在储存/仓储的极限环境条件下燃料电池发动机的破坏程度；二是测试运行时环境条件（环境温度、湿度和高原环境）对燃料电池发动机性能的影响。

另外，中心依托同济大学、联合国家机动车质量监督检测中心（上海）组建了上海市新能源汽车产业技术创新服务平台，拥有国内新能源汽车研究、检测门类最多、能力最强的实验室，技术能力达到国际领先水平，在燃料电池、混合动力和纯电动等新能源汽车领域拥有了丰富的技术积累，是国内新能源汽车研发的重要基地，可为国内外汽车行业提供新的一流的技术创新服务。

四、2010 年国际合作与交流情况

2010 年度，中心与法国巴黎高科、法国国立军备技术大学、德国布伦瑞克工业大学正式启动交流生项目及双学位合作交流项目。 有几名博士研究生分别到德国马普所和加拿大 CNRC 从事科研合作，几名硕士研究生到德国马普所开展硕士研究课题。

与国外企业或科研机构合作开展了 4 个项目，包括美国通用汽车、O2micro 等知名企业。

2010 年度中心成功主持了中德科教年庆典活动暨中德电动汽车高峰论坛、国际氢能燃料电池技术及汽车发展论坛、第一届中澳新能源汽车联盟高峰论坛。

中心教师参加国内外学术与技术交流共计 60 多个场次，如参加第 18 届世界氢能会议、Emobility conference in Austria 等等。

五、主要产品

1. 整车

燃料电池轿车、纯电动微型车、燃料电池微型车。

2. 零部件

燃料电池轿车动力系统总成、电池包及电池管理系统。

3. 充电站及加气站

上海安亭加氢站、世博济阳路加氢站。

吉林大学

一、2010 年发展概况

在吉林大学一直重视“节能与新能源汽车”的科研工作，是学校“985 工程”和“211 工程”的重点建设方向，吉林大学汽车学院建立了“节能与新能源汽车研发平

台”，投入专项设备2000多万元；建立了一支老、中、青相结合的科研队伍，并从国外引进了国家千人计划人才，具备承担国家及行业重大科研项目的能力。2010年完成国家“863计划”、省部级及企业项目20多项，发表相关文章200多篇，获得相关专利60余项。

二、2010年科研项目及成果

吉林大学2010年在节能与新能源汽车方面主要开展的科研项目：

(1) 解放牌代用燃料（LNG）新型客车技术开发，国家“863计划”项目，编号：2008AA11A151。

(2) 华晨中华单一燃料LNG轿车产品开发，国家“863计划”项目，编号：2008AA11A153。

(3) 燃气汽车动力系统技术平台与整车开发，国家“863计划”项目，编号：2008AA11A135。

(4) 北方寒冷地区新能源汽车运行考核与适配技术研究，国家“863计划”项目，编号：2009AA11A116。

吉林大学2010年在节能与新能源汽车方面主要科研成果：

(5) 与一汽集团技术中心合作，成功开发出解放牌LNG客车，并已经小批量销售。

(6) 与华晨汽车控股有限公司合作，成功开发出华晨中华LNG轿车。

以上(1)(2)两项课题在防LNG泄漏、保障车辆安全和热管理方面取得了重要突破，为我国LNG汽车的开发和应用奠定了良好的基础。

(7) 与中国汽车工程研究院等单位合作，共同建立了燃气汽车动力系统技术平台，突破了燃气汽车电控技术、燃气系统关键零部件设计与制造技术、整车系统集成与标定技术及在线故障诊断（OBD）技术等。

(8) 与长春市政府及长春公交集团合作，开展了节能与新能源汽车的示范应用工作，开发了节能与新能源汽车的示范运行数据采集与远程传输系统，并成功应用于示范运行的200辆混合动力公交车上，通过大量的数据采集和处理，获得了大量的有用信息，为示范产品的技术改进和保证整车安全可靠运行作出了贡献。

三、2010年科研设施及科研能力建设

在吉林大学“985工程”和“211工程”的资助下，吉林大学汽车学院建立了节能与新能源汽车研发平台，投入专项设备2000多万元；建立了一支老、中、青相结合的科研队伍，目前涉及节能与新能源汽车研发的人员达100多人，并从国外引进了国家千人计划人才。具备承担国家及行业重大科研项目的能力。

北京交通大学

一、2010年发展概况

北京交通大学自“九五”期间即开始从事电动汽车技术、新能源汽车动力总成技术、动力电池技术、车用开关磁阻电机及控制系统、汽车产业政策等方面的研究。目前已在相关领域的研究中取得了大量成果，师资力量雄厚，长期从事节能与新能源汽车方面研究的有教授3人、副教授7人、讲师11人。

2010年联合北汽福田成功申报“新能源汽车动力总成技术北京市重点实验室”。

继2008年联合北京通大华泉科技有限公司开发了22kW车用开关磁阻电机及控制系统之后，又共同开发了TM37－336－3000型车用开关磁阻电机及控制系统。

二、2010年科研项目及成果

序号	项目来源	项目名称
1	科技部	风力发电机组动态建模
2	铁道部科技司	新型动力能源系统关键技术仿真研究
3	科技部“科技支撑”	分布式供能系统高压变流器及软开关技术
4	科技部“863”	客车混合动力专用柴油机研发

续表

序号	项目来源	项目名称
5	科技部“863”	潍柴LNG专用发动机开发
6	北京市科委	纯电动乘用车示范充电站建设与示范运行
7	北京市科委	北京市纯电动商用车运营经济性分析
8	横向合同	上海世博会V2G系统技术服务
9	横向合同	电动汽车充电站作为能量存储设施的可行性研究
10	横向合同	世博园区纯电动公交车临时充电站建设项目工艺设计及系统联合调试服务
11	横向合同	城市电动汽车加电站网络专用充电系统设计开发、加电站规划设计、电池维护关键技术研究和城市示范应用系统
12	横向合同	充电站设计及充电装置研制
13	横向合同	充电站设计建设及运行分析
14	横向合同	福田纯电动汽车研发及产业化
15	横向合同	充电站通信协议优化及充电机测试基本原理研究
16	横向合同	电动汽车充电站系统配置及工艺咨询

2009—2010 年度发表学术论文 43 篇，其中 EI 收录 28 篇，ISTP 收录 15 篇。

申请专利 11 项，其中：

(1)已授权发明专利 3 项，即用于交直型电力机车主电路的无源接地检测方法及装置，发明专利号 200410009602.X；串联蓄电池组自动均衡装置，发明专利号 03156376.7；并联式混合动力电动汽车多能动力总控制器，发明专利号 ZL02153979.0；电动车载全封闭式开关磁阻电机装置，发明专利号 200710119643.8；电动车载全密闭内液冷、外风冷式开关磁阻电机装置，发明专利号 200710119644.2。

(2)授权实用新型专利 1 项，即级联型风力发电并网系统，实用新型专利号 200820078947.4。

(3)正在受理的发明专利 2 项，即风力发电机组并网变流器低电压穿越控制方法，发明专利申请号 200810057554X；蓄电池多单元同步充放电装置及方法，发明专利申请号 200710122093.5。

(4)正在受理的实用新型专利 3 项，即蓄电池均衡器，实用新型专利申请号 200920106194.8；太阳能光伏微网发电系统，实用新型专利申请号 200920107382.2；一种集中功率变换风力发电技术，实用新型专利申请号 200920106195.2。

三、2010 年科研设施及科研能力建设

目前，动力电池管理系统，充放电设备及电池测试、化成设备，新能源发电变流器等科技成果已先后在北京市亿能通电子设备有限公司、北京优科利尔能源设备有限公司和北京能高自动化技术有限公司实现产业化。电动汽车电池管理系统和充电设备，已通过严格测试，成功应用于北京奥运会、上海世博会、广州亚运会、天津达沃斯论坛等重大事件的电动车辆；新能源发电变流器产品在国内多个项目中得到了工程应用，其中光伏变流器在国家金太阳工程逆变器招标中中标，在安塞、陇西等地开展了示范运行，风电变流器则取得了湘电公司 100 台的订单，已经开始批量生产；另外，公司研发的储能电池系统也已用于国家金太阳示范工程。

搭建了“定容燃烧弹系统”，并利用它研究燃料的燃烧特性，初始参数（如初始压力、燃空当量比等）对燃料规范化质量燃烧率、层流燃烧速度、燃烧稳定性的影响。

在电机设计及制造工艺方面进行了研究，与北京通大华泉科技有限公司联合开发的 30kW 液冷电机正在成都特种工业有限责任公司的长安汽车集团志翔纯电动车上试验。

四、2010 年国际合作与交流情况

多次参加美国、日本、德国、加拿大等国的国际学术会议，并受邀在会议上做专题学术报告。

2010 年 11 月受 INTECH OPEN ACCESS PULISHER 邀请与国际同行参加编写了 Electric Book1 一书（《电动汽车》第一辑）第五章。内容为开关磁阻电机系统在电动汽车上的应用。12 月与英国 Manchester 大学电气与电子工程学院在电动汽车风力发电两个研究方向上开展合作，两个学院签署了电气工程和电力系统两个专业“2 + 2”本硕连读联合培养计划。2011 年 10 月 30 日—11 月 6 日，访问香港理工大学电气工程学院，参观学习了电力电子研究所研制的外传子式开关磁阻电动轮系统。

五、主要产品

电池管理系统（BMS）、充电机（各种规格、全系列）。

北京理工大学电动车辆国家工程实验室

一、2010 年发展概况

北京理工大学电动车辆国家工程实验室依托国家高技术研究发展计划（863 计划）课题：纯电动客车动力系统技术平台研究开发、车用驱动电机系统检测技术和快速评价方法研究、环境和工况差异与新能源汽车适配技术研究，北京市科技计划：公交、环卫和出租电动汽车充电站布局规划和相关规范研究、电动汽车用驱动电机与电池成组测试公共平台建设、电动汽车充电机综合测试平台开发和建设、电动汽车电能供给与保障标准体系研究等，在 2010 年里集中完善了纯电动商用车技术平台，并成功实现在福田环卫车、上海世博会大客车、广汽亚运会大客车等车型上的推广，奥运应用模式成功服务上海世博会、广州亚运会。积极组织并参与电动汽车标准的起草和完善，先后完成多项国家标准及地方标准编写工作。围绕电动汽车关键技术攻关，承担多项国家科研课题及地方科研课题，形成福田环卫车整车控制器等新产品 6 种，SCI/EI 收录学术论文近 60 篇。

二、2010 年科研项目及成果

依托国家高技术研究发展计划（863 计划）重大课题“奥运电动车辆运行考核”“纯电动客车动力系统技术平台研究开发”项目，纯电动大客车成功服务上海世博会和广州亚运会。

上海世博会期间，北京理工大学电动车辆国家工程实验室承担园区内充电站和全部电动电池系统的研发工作，研发的 60 辆电动客车安全行驶里程已超过 150 万公里，均采用快速更换电池技术。广州亚运会期间，由北京理工大

学技术团队支持的充电站顺利建成，与广汽客车合作开发的20辆纯电动大客车共计运行近6万公里，完成“零抛锚”的承诺。客车采用先进的锂离子动力电池组、分散式充电快速更换方案、无离合器三挡机械自动变速电驱动系统、电动涡旋式一体化冷暖空调等具备自主知识产权的关键部件，综合技术水平和产品化程度高、整车能耗低。在开展动力电池成组应用和快速更换技术研究中，完成了动力电池模块化封装系统和快速更换系统设计，有效解决了电池续航里程短、充电时间长等问题。在所取得的成果基础上，进一步加强车用驱动电机系统的动态性能测试及标定方法研究，建立车用驱动电机系统的动态性能试验检测平台，完善试验台架的电池模拟系统，提高试验测试能力。开展车用驱动电机系统的故障模式和失效模式分析，对驱动电机系统的可靠性、耐久性和寿命快速评价方法从事研究，完成电动汽车用驱动电机与电池成组测试公共平台建设项目。开展电动汽车示范运营与推广应用，进行公交、环卫和出租电动汽车充电站布局规划和相关规范研究，完成电动汽车充电机综合测试平台开发和建设项目。在进行小型纯电动汽车新型整车技术研发过程中，建立了电动汽车动力系统实验平台和综合性能实验平台，开展完成了整车网络化控制技术研究和设计并实现了小批量生产。

北京理工大学电动车辆国家实验室在上述研究与工程实践中取得了骄人成果，为后续的电动汽车发展模式与运行机制提供了很好的数据支持与经验性建议，为新能源汽车的产业化发展与社会基础设施的建设提供了基础依据。

三、2010 年科研设施及科研能力建设

完善了驱动电机性能和功能测试平台，为国内外多家企业单位提供了电机系统测试，为国内新能源汽车公告提供了电机系统的测试。

完善了动力电池组环境测试平台，可满足动力电池组在高低温环境、温度冲击环境、振动环境下的充放电性能全项测试，达到了对动力电池组进行综合环境测试的能力。

开发并完成电动环卫车GPS定位监控系统，实现了电动环卫车的实时监控与网络化管理，为电动环卫车的示范运行提供技术保障和服务支持，同时也为数据的采集与统计分析提供了平台支持，为公共领域电动汽车示范运行相关的科研提供了条件。

四、2010 年国际合作与交流情况

北京理工大学电动车辆国家工程实验室自成立以来，一直很重视与国外高校的科研交流，合作成果斐然。2010年组织并参加了波兰华沙理工大学学术交流活动、TU—9中德国际合作项目以及英国南安普顿大学学术交流活动。

2010年7月，第二届“国际电动车辆技术研讨会”顺利在波兰华沙理工大学召开，“第三届国际电动车辆技术研讨会”将于2011年在北京理工大学召开。

2010年11月，在德国慕尼黑工业大学举行的“中德电动汽车国际论坛”上正式确定中国北京理工大学张承宁教授为中德电动汽车项目电驱动系统技术责任专家。北京理工大学与德国柏林工业大学、布伦瑞克工业大学等已经签署联合技术开发协议。

五、主要产品

1. 整车：两吨电动环卫车。

2. 零部件：福田环卫车整车控制器、纯电动环卫车用仪表、电动环卫车信息中心、两吨电动环卫车电池箱、八吨电动环卫车电池箱、移动方舱式环卫车。

天津大学内燃机燃烧学国家重点实验室

一、2010 年发展概况

天津大学内燃机燃烧学国家重点实验室于1989年建成并通过国家验收，是目前我国内燃动力工程领域唯一的国家重点实验室。现有教授20多人，副教授20余人，硕士研究生200余人，博士研究生70余人。研究方向涉及内燃机燃烧、控制、排放、振动噪声、燃料以及先进动力系统等领域。作为首席科学家单位，先后领导我国内燃机领域连续3个国家“973”项目，即“新一代内燃机燃烧理论”“内燃机高效、低温燃烧”和“内燃机余热能利用”等研究。围绕节能与新能源汽车动力系统控制技术，针对先进柴油机ECU、汽油机ECU、纯电动汽车ECU、混合动力ECU开发，研究涉及硬件和软件开发、控制策略研究、系统仿真、匹配标定方法与工具开发、道路试验技术研究，控制技术研究团队共有教授、副教授及研究生40余人。

二、2010 年科研项目及成果

(一)先进内燃机控制器研发

在国家“973”“863”自然基金、国际合作及企业委托项目的支持下，成功开发了面向国5的高压共轨柴油机ECU、EUP柴油机ECU平台、轿车汽油机控制器GEMS。采用先进的多核单片机，开发了符合AUTOSAR架构的柴油机ECU和汽油机软硬件以及基于扭矩的控制策略，研究开发了分别基于缸压传感器、离子电流传感和爆震信号传感的燃烧反馈技术。柴油机ECU平台已经应用于企业ECU产品开发，汽油机ECU已成为国内外多个企业和研究机构

的参考设计方案。开发了基于燃烧反馈的多层递阶闭环控制系统，应用于多缸 HCCI 汽油机样机试验。

(二)电动汽车主控制器研发

在国家“十五”“十一五”863 项目支持下，先后负责 10 多款电动汽车和混合动力汽车的整车控制系统规划，控制网络设计和通信协议制定，完成了第一代、第二代和第三代电动汽车主控制器的开发，累计装车 300 余辆。采用平台化、模块化和标准化理念，成功开发的适用纯电动和混合动力总成控制的主控制器软硬件平台，应用到 plugin 轿车、纯电动轿车和 HEV 客车等多种车型，部分样车出口美国。“十二五”之初，承担 863 重大项目课题“下一代纯电驱动汽车整车电子控制系统”项目，开发具有先进架构的整车控制平台。承担国家 973 项目课题“热电混合动力系统复合能量管理策略及优化控制的基础研究”，从全里程能量效率优化角度，开展混合动力系统复杂的能量管理的基础研究，为下一代混合动力汽车整车控制器开发提供理论支持。

(三)电动汽车示范运行远程监控及统计分析技术

“十五”期间，针对电动汽车道路试验及批量示范运行试验的要求，开发了具有自主知识产权的车载智能信息单元和监控服务中心软件系统，可对道路运行的多辆汽车实施监控、标定、故障预警管理及定位等功能，在 2004—2006 年天津电动汽车示范运行区中运行发挥重要作用，累计获取运行数据 300G 以上。

“十一五”期间，作为主要承担单位承担 863 课题“节能与新能源汽车准入政策与安全运行监控”中“新能源汽车安全运行监控平台开发”内容，制订了国家监控平台三级网络通信协议，开发了具有测量、记录、远程传送和能量计算功能的车载信息终端，开发了具有能量、里程、故障、工况等统计分析的新能源汽车无线远程监控及实时统计分析平台，并具备指定区域行驶工况实时合成能力。先后应用于天津、济南、郑州、临沂等多个城市的电动汽车运营管理。

三、2010 年科研设施及科研能力建设

现有试验台架 20 多个，以及控制技术、光学、化学分析、瞬态性能、噪声室、燃油系统、计算分析中心等专业试验室共 20 余个。与德国 Infineon 科技公司和德国 ETAS 公司建立了汽车电子联合实验室，围绕控制器硬件可靠性及诊断技术、软件规范和测试评价技术研究展开深层次合作。形成了策略仿真、硬件开发、自动代码生成、硬件在环测试、台架试验、环境试验等完整的工具链和先进的技术平台，包括由 CRUISE、AMESIM、GTPOWER、ASCET、INCA、Targetlink、RTA - OSEK、Tasking 等构成完整的软件工具平台；拥有控制器高低温湿度交变测试系统、震动测试系统、盐雾和 EMC 测试系统，DSPACE 快速原型和硬件在环系统，LABCAR 硬件在环仿真系统等构成的软硬件测试平台。

四、2010 年国际合作与交流情况

实验室先后于 2008 年、2009 年和 2010 年举办连续三届“先进发动机控制技术国际研讨会”，累计邀请发动机及混合动力控制领域 40 余位国际知名专家，来天津大学就控制技术热点问题进行研讨。并邀请国内大学、研究所以及企业的混合动力发动机控制专家学者参与交流。

五、主要产品

1. 电动汽车/混合动力汽车整车主控制器。
2. 电动汽车车载智能信息单元。
3. 电动汽车示范运行监控及实时统计分析系统。

大连交通大学(辽宁省新能源电池重点实验室)

一、2010 年发展概况

2009 年，重点实验室获得批准。2010 年，重点实验室主要在研究方向凝练、燃料电池关键技术开发、磷酸铁锂电池关键材料研究、各类课题申请、实验室建设经费落实和实验室建设规划等方面，开展工作。

二、2010 年科研项目及成果

1. 完成各级各类项目，包括：

(1) 完成国家自然科学基金项目“超级电容器材料对质子交换膜燃料电池动态响应促进机理研究”，2008 年 1 月—2010 年 12 月，29 万元。

(2) 完成国家“863 计划”项目“国产质子交换膜燃料电池电堆及关键材料的研制开发”，2008 年 11 月—2010 年 12 月，155 万元。

(3) 完成国家“863 计划”项目“薄型不锈钢双极板质子交换膜燃料电池堆技术”，2008 年 10 月—2010 年 12 月，350 万元。

(4) 进行国家自然基金资助项目研究，微观磁场促进质子交换膜燃料电池内氧传递和还原反应速度研究，2010 年 1 月—2012 年 12 月，34 万元。

(5) 进行辽宁省优秀人才基金资助项目研究，质子交换膜燃料电池动态寿命研究，2009 年 1 月—2011 年 12 月，10 万元。

2. 发表相关论文 ××篇：

(1) The study on dynamic response performance of PEM-

FC with RuO_2 xH_2O/CNTs and Pt/C composite electrode. International Journal of hydrogen energy,35(2010):2127 -2133.

(2) 镀银鄄石墨涂层 316L 不锈钢双极板的电化学性能测试及表征 [R]. 物理化学学报,2010,26(3):595 -600.

(3) 正极材料 $LiFePO_4$ 充放电原理及改性研究 [J]. 材料导报, 2010,24 (6):53 -57.

三、2010 年科研设施及科研能力建设

在原有实验室设施条件基础上，2010 年获得大连市政府460万元建设资金，用于实验室设备补充、完善。正在进行设备调研和招标文件编写工作。

四、2010 年国际合作与交流情况

邀请了美国能源部西北国家实验室电池与能源利用方面专家杨振国博士来校进行学术交流。

武汉理工大学

一、2010 年发展概况

在科技部、湖北省等相关部门的支持下，武汉理工大学2010年主要进行了燃料电池关键材料的国产化研发、高性能国产材料膜电极组件研发、国产材料电堆研发、高温燃料电池系统研发、通信基站备用电源系统研发，并取得了一系列重要进展。

二、2010 年科研项目及成果

武汉理工大学燃料电池课题组在 2011 年度进行的科研项目及取得的成果主要有:

国家 863 项目燃料电池电堆及关键材料研发;

国家 863 项目高温质子交换膜电极、电池堆技术的研究及其综合评估;

国家 863 项目燃料电池无增湿技术研究;

国家 863 项目燃料电池内阻在线测试仪研发;

国家 863 项目 5kW 级燃料电池系统所需膜电极开发;

国家基金重点项目无机非金属材料提高 PEMFC 核心组件催化效率与耐久性基础研究;

国家自然科学基金项目:燃料电池趋肤效应研究;配位氢化物单室燃料电池;质子导体高分子保护碳纳米管载 Pt 催化剂合成及稳定机理;咪唑枝接无机纳米颗粒掺杂的全氟磺酸膜在燃料电池中的应用;自组装燃料电池用无机质子交换膜的研究，等等。

通过以上项目的研究，在燃料电池关键材料的国产化研发、高性能国产材料膜电极组件研发、国产材料电堆研发以及高温燃料电池系统研发方面也取得了一系列重要进展:

国产复合膜的指标全部到达国家 863 规划要求，电导率、机械强度及耐久性等指标优于进口膜的性能;国产炭纸、国产催化剂等材料综合性能和进口材料接近，部分性能优于进口材料。

基于 ccm 技术的国产材料膜电极性能优秀，以此为基础，制作了一系列功率等级的国产材料电堆。

研发成功了基于短链树脂复合膜的高温热电联供系统。

通信基站备用电源系统进行了近 2 年的实用考核，表现优秀。

三、2010 年科研设施及科研能力建设

在学校“211 工程”建设经费、学校实验室经费以及所承担的部分课题经费支持下，武汉理工大学燃料电池课题组继续进行了科研设施建设，提高了科研能力。主要有:复合膜批量生产线建设;MEA 批量生产线建设;燃料电池电堆小批量生产能力建设;完善燃料电池测试平台。

四、2010 年国际合作与交流情况

武汉理工大学课题组和国内外相关科研机构和企业保持了长期技术交流和合作的态势，在国际合作方面，继续与加拿大、美国、英国、日本、新加坡等国家和地区的相关实验室建立了密切的合作关系。

为了解国际上质子交换膜燃料电池研究动态，课题组参加了多次国际学术讨论会，与国际同行交流研究成果，介绍自己的经验;同时还积极与英国牛津大学、新加坡南洋理工大学的同行展开了交流合作。邀请加拿大国家科技委员会(CNRC)的 Prof. Haijiang Wang、德国太阳能和氢能研究中心(CSEHR)的 Dr. Weibo Zhang，美国 GM 的 Mark F. Mathias 教授等国际著名学者介绍他们的研究方向，对国际上 PEMFC 的主要研究方向进行了深入广泛的交流，对 PEMFC 今后的发展趋势交换看法，对武汉理工的研究课题提出建设性意见。交流取得了积极效果。

五、主要产品

燃料电池膜电极组件 MEA 及电堆。

中南大学

一、2010 年发展概况

中南大学 2010 年度主要研究了将原始炭纸坯体和分散的碳纳米管同时进行浸渍、烘干、压制、炭化、石墨化等加工程序，最后得到炭纸成品，对无水乙醇浓度、纳米碳管浓度、乳化剂、超声时间、石墨化温度、石墨化度等参数进行优化。掌握了炭纸电阻率、炭纸密度的演变规律。

目前国产炭纸的电阻率、透气性等多项指标接近甚至优于与进口炭纸；向武汉理工大学、新源动力股份有限公司等单位提供了近 6000 片（400 × 400mm^2）产品进行材料考核并组装电堆，综合性能良好。

二、2010 年科研项目及成果

1. 申请的专利

(1)谢志勇,黄启忠,苏哲安,张明瑜,陈建勋,黄伯云.基于压差法快速 CVI 涂层技术改善炭纸性能的装置和方法，中国专利申请号：200910044785.1，国际专利申请号：PCT/CN2010/001859。

(2)谢志勇,黄启忠,谭瑞轩,张明瑜,苏哲安,陈建勋,黄伯云.一种快速 CVD 法制备热解炭块体材料的装置和方法，中国专利申请号：200910044786.6。

2. 科研项目

(1)黄启忠教授负责的国家 863 重大项目子课题“燃料电池用炭纸制备与批量生产技术研究”。

(2)谢志勇博士负责的国家 863 重大项目子课题“燃料电池用炭纸小批量生产技术研究”。

3. 发表的文章

(1)谢志勇，张敏，金谷英，苏哲安，张明瑜，陈建勋，黄启忠.质子交换膜燃料电池用碳纤维纸的制备和表征[R].中国有色金属学报,2010,20(7):1390 - 1395.

(2)XIE Zhi - yong,JIN Gu - yin,ZHANG Min,SU Zhe - an,ZHANG Ming - yu,CHEN Jian - xun,HUANG Qi - zhong. Improved properties of carbon fiber paper as electrode for fuel cell by coating pyrocarbon via CVD method,Transactions of Nonferrous Metals Society of China. 20. 2012 - 2017,2010(SCI、EI)。

(3)谢志勇,黄启忠,张明瑜,苏哲安,陈建勋,谭瑞轩,李建清.CVI 热解炭微观结构的参数控制研究[J].材料导报，24(4).25 - 29.

(4)张敏，谢志勇，黄启忠.长纤维网对 PEMFC 用炭纸性能的影响[R].中南大学学报（EI）.

(5)张敏，谢志勇，黄启忠.质子交换膜燃料电池用炭纸的制备[J].材料导报.

三、2010 年科研设施及科研能力建设

利用国拨资金和自筹资金，初步建立燃料电池用炭纸材料的小型生产线，年生产能力可达 3 万片炭纸，设备包括：CVD 炉、炭化炉、热压机、石墨化炉等关键设备，完全具备进一步进行炭纸研发的制造设备；培养了一支包括博士、硕士等不同层次的以中青年研究人员为中坚力量的科研队伍，并与国内外重要的燃料电池单位建立了良好关系，可以及时了解国际上燃料电池的最新研究动态。

四、2010 年国际合作与交流情况

课题组积极与国际知名的燃料电池研究单位进行交流与合作，与美国通用汽车公司、加拿大国家研究院的专家保持较密切的合作关系，积极参加国内外举行的国际会议，了解燃料电池发展前沿领域和最新进展。

五、主要产品

质子交换膜燃料电池用炭纸。

中国汽车技术研究中心

一、2010 年发展概况

2010 年，中国汽车技术研究中心继续在节能与新能源汽车的政策法规、标准制定、测试评价等方面开展研究工作，为国家有关部门制定我国节能与新能源汽车相关政策法规提供技术支撑。在硬件建设方面，国家轿车质量监督检验中心启动了新能源车辆试验技术验证评价验证与产品准入技术规则实验室的建设。

二、2010 年科研项目及成果

1. 组织制定标准：组织相关单位开展新能源汽车标准研究项目 40 余项，其中发布行业标准 6 项，分别为：QC/T 837 - 2010《混混合动力电动汽车类型》、QC/T 838—2010《超级电容电动城市客车》、QC/T 839—2010《超级电容电动城市客车供电系统》、QC/T 840—2010《电动汽车用动力电池产品规格尺寸》、QC/T 841—2010《电动汽车传导式充电几口》、QC/T 842—2010《电动汽车电池管理系统与非车载充电机之间的通信协议》；已完成标准制修订、上报待批的标准 15 项，阶段性草案和研究成果 20 余项，完成《德新能源汽车标准体系对比分析研究报告》。

2. 政策法规研究：在燃料电池公共汽车测试评价体系建设、新能源汽车技术创新评价体系及综合数据库建设、

电动汽车发展战略与关键技术研究、国外（欧美日）最新排放法规测试技术、小型纯电动汽车技术规范和法规体系等方面开展了深入研究，并形成相应研究报告；参与了《节能与新能源汽车产业发展规划（2010—2020）》《汽车产业技术进步和技术改造投资方向（2010年）》《产业结构调整指导目录》《外商投资产业指导目录》等多项重大政策中节能与新能源汽车相关内容的研究起草工作。

3. 测试评价技术研究：中国汽车技术研究中心于2010年申报了“863”现代交通领域中电动汽车关键技术与系统集成的重大项目“电动汽车测试评价技术研究”。项目开展电动汽车整车、关键零部件测试评价技术研究，并进行与之相配套的测试评价软件和硬件条件的建设。整车测试评价技术研究的内容包括：电动汽车及动力传动系统能量消耗、排放、安全、可靠性等综合性能测试技术及快速评价方法，车辆噪声振动、制动能量回收技术、电磁兼容等共性技术测试评价方法；关键零部件测试评价技术研究的内容包括：动力电池包（含超级电容器）及系统、电机及控制系统、电动汽车整车控制系统、电动化附件等的综合性能测试评价方法、可靠性与耐久性快速评价方法研究。

4. 科研攻关：由工程研究院承担的“双转子混合动力总成”开发及应用项目，完成第一轮SUV油耗试验，实车“十五”工况节油大于25%（10.5L降到7.8L）；城市工况节油大于40%。该项目核心技术申报发明专利9项，已获得授权3项，实用新型专利获得授权6项，研究成果的总体技术水平处于国际先进水平，具有良好的产业化前景。

三、2010年科研设施及科研能力建设

1. 新能源车辆试验技术验证评价验证与产品准入技术规则实验室

具备新能源车辆技术的标准和开发验证与试验认证能力，重点进行了以下6个方面的建设：

（1）重型燃料电池汽车排放、能耗实验室。重型转鼓等共用重型设备已实现，其他配套设备设施仍有待配备。

（2）轻型燃料电池汽车排放、能耗实验室。轻型转鼓已到位4台，氢安全等其他配套设施仍有待配备。

（3）蓄电池实验室。新增了电池充放电寿命测试能力和设备5台共62通道，温湿度－振动三综合试验设备1套。并在电池的滥用、模组级等行业先端的测试内容积累了经验。

（4）电部件实验室。配备了对中小功率电动汽车动力总成、电机及控制器、充电接口、DC/DC变换器进行性能测试的试验设施。

（5）大功率电动汽车动力总成实验室。针对重型车用动力系统总成。

（6）依托底盘测功机和自动驾驶仪，建设了轻型电动车耐久性试验室，已配备完成了9套系统。

2. 新能源汽车综合测试平台

建成了功率等级分别为220kW/12000rpm、440kW/8000rpm的，以AVL高动态电力测功机、功率分析仪、电池模拟器等为主要设备的电动机、发电机、动力总成综合测试平台，实现整车道路试验模拟、发动机管理系统的优化与标定、动力传动系统的匹配优化以及混合动力总成设计开发、试验与优化的研究。购置了国际一流的电池测试设备与先进开发工具，保证了能够完成轻型和重型混合动力汽车动力总成、纯电动汽车、电池管理系统、电机控制器以及整车控制器等电动汽车整车关键零部件的研究、试验和开发工作。

四、2010年国际合作与交流情况

1. “中德电动汽车及气候保护”项目：基于德国政府与中国政府在2010年7月签署的《关于两国在气候保护和电动汽车领域合作的谅解备忘录》，受德国环境部和中国科技部委任，德国技术合作公司和中国汽车技术研究中心联合实施，通过在电动汽车标准、能源利用效率、电池回收利用等方面的研究，为两国政府相关部门、研究机构的决策提供帮助和参考。

2. 宝马MINI E实路测试与研究项目：与宝马中国共同策划组织了“宝马MINI E实路测试与研究项目”，该项目纳入了国家发改委与德国经济部“中德经济技术合作论坛”，2010年在北京、深圳两城市组织了50辆宝马MINI E实路测试，并启动相关研究。

3. 参与国际标准化组织活动：2010年，多次协助中国政府参加联合国世界车辆法规协调论坛（WP29）；多次参与国际标准化组织ISO和IEC的工作会议；在科技部与德国交通部建立的新能源汽车合作框架下与德国多家企业、标注化机构和高校进行了合作，签署了多项标准研究的合作项目；同日本经产省、东京电力公司以及丰田、日产、本田等企业进行了多番交流。

4. 技术交流：2010年3月，赴日考察小型纯电动汽车典型产品及相关管理情况；7月，赴美国考察了低速电动汽车典型产品及相关管理情况。

5. 研发合作：与德国Infineon公司深度合作，成为其“英飞凌亚洲首选设计伙伴”，具备Infineon XC2000系列16位和TriCore系列32位汽车级MCU的全部设计资源，拥有各类汽车级控制器的软硬件设计开发能力。

五、主要产品

零部件：双转子混合动力总成。

中国北方车辆研究所

一、2010 年发展概况

2010 年中国北方车辆研究所动力电池试验室在动力电池测试认证上完成测试报告 100 余份，检测创收 600 多万元。在科研设施建设上投入 3100 余万元，进行了新型动力电池试验室的建设以及新的测试设备的采购。在科研能力建设上与高等院校及研究所展开联合攻关以及人才培养工作。在科研项目上，完成了“十一五”863 课题、中关村科技园区产业发展专项课题的研究工作，启动了“十二五”863 课题的申报工作。

二、2010 年科研项目及成果

1. 2010 年中国北方车辆研究所动力电池试验室完成“十一五”863 课题《大容量车用动力电池模块共性测试技术研究》的全部研究工作，在动力电池动态阻抗测试、动力电池比功率测试、动力电池工况循环寿命、动力电池快速寿命测试方法等动力电池共性测试技术领域取得较大进展，发表研究论文 5 篇、研究报告 5 篇。

2. 2010 年完成与北大先行科技产业有限公司共同承担的中关村科技园区产业发展专项课题《新能源汽车用新型动力电池系统梯级利用的评价研究》的全部研究工作。

3. 启动了“十二五”863 课题《动力电池及其关键材料共性技术及评价体系研究》的申报工作，完成了课题申请书、预算书的编写工作。

三、2010 年科研设施及科研能力建设

1. 科研设施建设

(1) 2010 年 3 月启动了新型动力电池试验室的建设工作，投入资金 1500 万元，试验室建筑面积 3000 平方米，2011 年 6 月投入使用。

(2) 2010 年 3 月投入资金 1600 余万元，购买了动力电池系统测试分析仪（AV900），动态载荷仿真试验台（Bitrode FTV 750BS），动力电池模块一致性测试分析仪（Bitrode FTV250/60，Arbin BT2000），动力电池火烧试验台、动态环境模拟试验系统（六自由度摇摆台 + 高低温交变湿热箱）、500 吨四柱液压机、高速摄像机等 11 台套测试设备。

2. 科研能力建设

联合北京大学、北京理工大学、中科院物理所等高校及研究所进行有关动力电池测试评价体系、动力电池模块热、电、结构仿真、安全机理等领域展开联合攻关以及人才培养工作，提升中国北方车辆研究所动力电池试验室的科研能力。

四、2010 年国际合作与交流情况

1. 国际合作

与德国乌尔姆太阳能与氢能研究中心合作进行《电动汽车用锂离子蓄电池滥用、安全及可靠性测试手册》的制定。包括国际上以及国内相关电池测试标准的收集、对比、分析再结合双方各自在动力电池测试领域的经验；依据制定的测试手册双方同步进行测试，根据双方的测试数据修改完善测试手册。

2. 国际交流

与韩国 LG 化学，日本本田、日产，德国宝马进行新能源汽车用动力电池测试方法的交流。

五、主要产品

主要提供新能源车用动力电池系统检测、评价服务。

中国科学院大连化学物理研究所

一、2010 年发展概况

中国科学院大连化学物理研究所在车用燃料电池方面，2010 年主要针对车用燃料电池商业化面临的寿命、成本等瓶颈问题，开展了燃料电池关键材料与零部件、燃料电池耐久性等的研究工作，为车用燃料电池的技术进步奠定了基础。

在关键材料方面，开发出了高活性、抗聚集的电催化剂以及高比表面积、抗氧化的担体。经过模拟车载工况及高电位 2100 次扫描等加速试验，催化剂稳定性与耐久性方面优于国际同类产品水平。研究了带有自由基淬灭功能的新型膜，提高了车辆工况的适应性。进行了金属双极板材料表面处理新方案的探索，增强了其耐腐蚀、导电性能。膜电极组件 CCM 制备技术取得了一定的进展，并在燃料电池发动机中进行了试用，正在进行新型有序化膜电极的研究，以进一步提高 Pt 利用率，降低成本。

在燃料电池耐久性研究方面，开展了动态试验过程解析研究，进行了启动/停车过程、动态加载过程等典型工况解析，掌握了其衰减机理，并提出了解决对策。通过研究零度以下水结冰对材料与部件的影响，提出了 -20℃ 保存和启动策略。对杂质的毒化行为与机理进行了较为细致的研究工作，为应对环境杂质的影响提供了基础试验数据。

上述一些科研成果部分已经在新源动力的燃料电池发

动机中得到实施，并取得了预期的结果，随着技术的成熟，将会有更多的研究成果得到转化。

二、2010 年科研项目及成果

1. 在研的国家及科学院科研项目

(1) 863 课题“国产质子交换膜燃料电池电堆及关键材料的研制开发”子课题“高活性、高稳定性电催化剂及担体技术开发”，起止时间 2008 年 7 月—2010 年 12 月（经费 130 万元）。

(2) 863 课题“5kW 级燃料电池关键材料和系统集成技术开发”子课题“5kW 级燃料电池系统所需膜电极开发”，起止时间 2010 年 7 月—2012 年 6 月（经费 78.4 万元）。

(3) 自然科学基金重点项目“燃料电池单分子催化到电堆成流过程的科学与化工问题研究”，起止时间 2010 年 1 月—2013 年 12 月。

(4) 自然科学重点项目“质子交换膜燃料电池环境适应性的研究”，起止时间 2007 年 1 月—2010 年 12 月。

(5) 自然科学基金项目“大面积质子交换膜燃料电池局部失效特性的研究”，起止时间 2009 年 1 月—2011 年 12 月。

(6) 自然科学基金项目“质子交换膜燃料电池微结构与暂态特性研究”，起止时间 2009 年 1 月—2011 年 12 月。

(7) 中国科学院方向性项目“基于光氢互补的太阳能 - 水电池供电技术研究”，起止时间 2010 年 5 月—2012 年 4 月。

2. 通过验收的项目

(1) 863 课题“变载速度对质子交换膜燃料电池内氧浓度、温度、电压及电流分布的影响”，2010 年 5 月通过科技部验收。

(2) 863 课题“质子交换膜燃料电池零度以下环境适应技术”，2010 年 5 月通过科技部验收。

(3) 863 课题“高温质子交换膜燃料电池试验系统研制”，2010 年 5 月通过科技部验收。

(4) 863 课题“高性能、长寿命车用燃料电池电催化剂、膜电极技术”，2010 年 11 月通过科技部验收。

3. 发表文章与专利情况

申请中国发明专利 12 项，发表科技论文 19 篇。

三、2010 年科研设施及科研能力建设

1. 2010 年购置及研制的主要设备

直流可编程电子负载、电化学分析仪、图形工作站、压片机、10kW 燃料电池动态测试装置及单电池测试装置等，由此进一步完善了高稳定性催化剂及电极材料表征平台、高一致性膜电极制备平台及燃料电池性能评价平台等，提高了综合研究能力，为完成项目创造了条件。

2. 人才队伍

2010 年在原有团队的基础上，进一步补充人才，新进引进研究人员 6 人，包括化学工程、化工机械、自动化控制、材料工程等专业人才，其中具有博士学历 1 人、硕士学历 2 人、本科学历 2 人、新进站博士后 1 人，业已形成一支专业及年龄结构合理、实用的燃料电池专业人才团队。

3. 资质建设

2010 年 6 月，研究所经过新时代质量体系认证中心的军品监督审核和民品换版审核，保持了军民品注册资格，为高质量完成科研工作提供了保证。

四、2010 年国际合作与交流情况

1. 2010 年 1 月德国乌尔姆太阳能与氢能研究中心 Garche 教授等 3 人来所进行访问，就“燃料电池动态研究”进行了学术交流。

2. 同月邀请美国德克萨斯大学研究人员 Fu - Qiang Liu 来所进行学术报告“Nanoscale simulation in Energy Generation: Challenges and Approaches material science and Engeering”。

3. 6 月邀请加拿大国家研究院研究人员 Jin - Feng Wu 来所进行学术报告“Recent development of durability studies and diagnose tools for PEMFC at IFCI”。

4. 应国际电工学会燃料电池标准工作小组（IEC/TC105/Work Group 11）的邀请，于 2010 年 2 月参加在意大利举行的燃料电池单电池测试标准工作会议此会，此次参会加强了我国与国际燃料电池诊断方法的交流。

5. 2010 年 5 月参加在德国举行的世界氢能大会、中德氢能及电动汽车合作项目交流会并参观德国政府开展的电动汽车示范工作。

6. 2010 年参加科学院“高级研究学者”项目，赴美进行为期 3 个人的学术交流活动，在美期间与美国宾州大学等的燃料电池与电化学研究人员就相关领域进行了深入的探讨。

五、主要产品

燃料电池发动机材料与零部件，包括燃料电池电催化剂、膜电极、双极板、电堆等。

燃料电池聚合物水电解装置。

北京公共交通控股(集团)有限公司

一、节能与新能源汽车示范推广工作进展情况

截至 2010 年 12 月底，北京公交集团在用的新能源公交车总计 920 辆，其中纯电动公交车为 2008 年投入使用的 50 辆，混合动力公交车为 2008 年投入使用的 10 辆和 2009

年大批量投入使用的860辆。截至2010年年末，50辆纯电动公交车累计运行396.3万公里，2010年运行180.4万公里，年均百公里耗电量为117kWh；870辆混合动力公交车累计运行5160.1万公里，2010年运行4619.8万公里，年均百公里油耗为31L，比同等级柴油公交车节油20%以上。

二、基础设施建设及运行情况

北土城充电站移交北京电力公司经营管理。目前正在进行扩容改造，待完工投入使用后可达到100辆车的充换电规模。

三、节能与新能源汽车项目投融资及建设情况

北京市财政对2008年50辆纯电动车给予100万元/辆的补助，对2009年860辆混合动力车给予50万元/辆的补助，市环保局承担2008年10辆混合动力车的购置经费，其余资金由企业自筹。充电站由市发改委投资建设。

四、主要扶持政策及措施

北京市委、市政府的大力支持和扶持是发展北京新能源公交车的重要保障。北京市政府为新能源公交车提供了强有力的资金政策支持。

五、节能与新能源汽车推广规划

2009年计划有纯电动公交车50辆（已完成未使用）；2010年计划有200辆（未安排生产），2011年计划有100辆（尚未安排生产），原因是充电站建设滞后。

六、2010年节能与新能源汽车推广情况统计表

单位：辆

燃气汽车示范推广工程				
车　型	出租车	公交车	其　他	合　计
2010年	0	196	0	196

广东省湛江汽车运输集团有限公司

一、节能与新能源汽车示范推广工作进展情况

广东省湛江汽车运输集团有限公司于2006年10月申报了国家高技术研究发展计划（“863计划”）节能与新能源汽车项目“单一燃料LNG公交车运行考核”研究课题并获得国家科技部的审批立项。2007年1月，通过课题依托单位湛江汽车运输集团公司与协作单位的共同努力，成功研发了首辆国产化的大型空调液化天然气（LNG）公交车，并开展了液化天然气（LNG）公交车的运行试验、研究。于2008年批量地投放了共100辆液化天然气（LNG）公交车运行考核，运行情况良好，车辆的动力性、安全性、经济性和环保性非常好，取得显著的经济效益和社会效益。

（一）取得较显著的经济效益，可为企业节约大笔费用

1. 车辆续行里程长。车长10.5米，全程使用28000大卡空调，装用335LLNG气瓶，一次充装可续行520公里，完全满足一天加一次气的运营要求，甚至公路班车大多数运营一天耗能的要求。

2. LNG公交车与同一线路营运同厂牌同吨级的柴油公交车相比，燃料费降低达33%。

3. 经抽样送检，延长发动机润滑油周期，节约开支。通过抽取同厂生产的LNG发动机和同吨级同行驶1000公里、2000公里、3000公里的发动机润滑油送广东省机械工业油品检验评定中心检验表明，LNG发动机更换机油里程可增加一倍。

4. LNG发动机气缸活动时磨损轻微，延长发动机使用寿命。经解体同样行驶12万公里的同厂同吨级同线路行驶的公交车LNG发动机和柴油发动机检测结果表明，LNG发动机燃料室内毫无积炭，呈灰红色，柴油机积炭严重，呈黑色。

（二）减少尾气排放污染，降低噪声，保护环境

通过对LNG公交车排放检验，LNG公交车的废气污染物排放、噪声污染等方面都远远低于同类型柴油汽车，尾气排放中仅一项指标是超过国Ⅲ未达国Ⅳ标准，其他指标均高于国Ⅳ标准，环保效果相当理想。

经用噪声计随车测量，LNG发动机噪声为85分贝，相当于小轿车发动机的噪音

（三）动力性与安全性好

从驾驶员的反映知，原来柴油公交车需要三挡才能爬上的坡度，现在LNG公交车四挡便可平顺地通过。100辆LNG公交车已行驶620多万公里，没有发生任何重大事故，车辆完好率达97%以上。

2010年7月29日，国家科技部“863计划”节能与新能源专家组莅湛对LNG公交车运行考核研究课题进行实地验收，专家们试乘LNG公交车，考察LNG加气站和维保场地，听取课题组负责人的报告，审阅验收报告和相关材料后，对课题的科研成果给予“为在全国推广应用新能源

LNG 汽车提供了宝贵经验，起到了很好的示范作用”的评价，一致评审课题通过验收，并将课题汇报资料编入“十一五”国家科研成果汇编集。

广东省湛江汽车运输集团有限公司承担的国家“863”项目，于 2008 年成功批量地投放 100 辆液化天然气（LNG）公交车运行后，已有 30 多个政府部门和省内外企业来湛江市交流学习，对推广应用 LNG 新能源汽车起到了示范作用。2010 年深圳、珠海、惠州、中山、潮州、江门等市相继推广应用了 LNG 公交车。

广东省湛江汽车运输集团有限公司继 2008 年 100 辆液化天然气（LNG）公交车投入使用后，于 2010 年又订购了 350 辆液化天然气（LNG）公交车，并陆续分批投入使用。2010 年 9 月、12 月投入了 100 辆车长 8.5～11.5 米的 LNG 公交车，2010 年 12 月投入了 50 辆车长 5.1 米的 LNG 小型公交车运行。

除大力发展 LNG 公交车外，广东省湛江汽车运输集团有限公司还积极探索 LNG 公路班车的应用，于 2010 年 11 月投放了 5 辆液化天然气（LNG）公路客车到中短途区间班线运行。经与同线路同类型柴油班车对比，可节约燃料成本达 35%。可见 LNG 区间班车的经济性比 LNG 公交车更显著。

二、基础设施建设及运行情况

2007 年 7 月、2008 年 3 月湛江市先后建成两座日加气规模 1500 立方米的 L－CNG 加气站，LNG 每支枪加注量为 60 公斤/分钟。2010 年又建成了 2 座 L－CNG 加气站。目前湛江市 4 座加气站同时运营，使用情况基本正常。但目前 4 座加气站远远未能满足湛江市天然气汽车发展的需求。由于加气站站点少，现在湛江市 CNG 出租车及 LNG 公交车加气排队等候时间长，有待政府及相关部门、企业增加和加快加气站、充电站站点的建设，以适应节能与新能源汽车发展的要求。

三、节能与新能源汽车项目投融资及建设情况

截至 2010 年年底，广东省湛江汽车运输集团有限公司共投入了 9360.83 万元液化天然气（LNG）公交车及公路班车。其中：2008 年投入了 4211.6 万元购置 100 辆 LNG 公交车。2010 年投入了 4010.59 万元购置 100 辆 8.5～11.5 米 LNG 公交车，投入了 900.94 万元购置 50 辆 5.1 米 LNG 小公交车，投入了 237.7 万元购置 5 辆 9.5 米公路班车。新能源汽车购置资金主要由企业自筹以及政府补贴解决。

四、主要扶持政策及措施

1. 广东省政府鼓励和引导道路运输企业、城市公交企业大力推广应用节能与新能源汽车，制定了有关节能与新能源汽车推广应用指导意见和发展规划，建立节能与新能源汽车推广应用示范城市，对获得应用示范城市给予 1000 万～5000 万元专项资金补贴用于节能与新能源汽车的推广应用。

2. 湛江市政府对节能与新能源汽车的推广应用给予大力扶持，2008 年湛江汽车运输集团有限公司投入 100 辆 LNG 公交车营运时，湛江市政府给予每车 15 万元共 1500 万元购车资金的补贴；2010 年湛江市政府对湛江汽车运输集团有限公司购置的 100 辆大 LNG 公交车、50 辆 LNG 小公交车分别给予每辆 13.5 万元和 5.8 万元的资金补贴。

五、节能与新能源汽车推广规划

2011 年湛江市被评为广东省节能与新能源汽车应用示范城市，湛江市节能与新能源汽车应用示范项目由湛江汽车运输集团有限公司承担，具体规划如下：

1. 2011 年投入液化天然气（LNG）小公交车 200 辆，投入 LNG 公路班车 15 辆，投入纯电动公交车 10 辆。

2. 2012 年投入液化天然气（LNG）公交车 100 辆，投入 LNG 公路班车 25 辆，投入纯电动公交车 40 辆。

3. 至 2015 年湛江市主城区主干线公交车辆实现新能源化。

4. 建设配套的加气站、充电站和充电桩。

六、2010 年节能与新能源汽车推广情况统计表

单位：辆

燃气汽车示范推广工程				
车　型	乘用车	商用车、专用车	客车	合计
2010 年	0	0	155	155

济南市公共交通总公司

一、节能与新能源汽车示范推广工作进展情况

为切实做好济南市节能与新能源汽车示范推广试点工作，贯彻执行国家关于“节能减排”“加强节油节电”的战略决策精神，济南市公共交通总公司在各级政府及领导的大力支持下，积极开展节能与新能源公交车示范推广工作。

（一）新能源车示范推广情况

2009 年 2 月，济南市入选国家首批节能与新能源“十城千辆”示范运行城市。2009 年 9 月，第十一届全运会在济南召开之际，国家节能与新能源汽车推广应用济南市大规模示范运营启动。在济南市政府支持下，济南公交投资 1.2 亿元，购置 100 辆 12 米混合动力新能源空调车（国

Ⅳ），以奥体中心为核心，开辟4条公交运营线路。节能与新能源公交车运营后，为推进济南市区交通运输结构调整，改善市区空气质量，提高市民出行环境作出了积极的贡献。

2010年11月，在省、市政府支持下，济南公交扩大示范推广规模，投资1亿多元，购置100辆12米混合动力新能源空调车（国Ⅳ），采用国产发动机和混合动力控制系统。

开辟K156、K157等济南西站公交线路。

济南公交作为济南市承担的国家"863计划"——节能与新能源汽车示范推广项目主要承担单位，积极实施新能源汽车大规模示范运行。与市电动车公司合作，开展"济南工况下新能源车适配技术与数据平台建设研究"项目，重点研究混合动力系统数据平台开发建设、动力电池监测维护技术、示范运行保障等技术，获市科技局高新技术产业化重大专项立项。示范运行工作正有序展开，效果较为显著。

（二）新能源车示范运行情况

1. 车辆配置情况

济南公交示范运行200辆新能源空调车，均采用国Ⅳ排放发动机，同轴并联"油－电"混合动力控制技术，锂离子动力电池、永磁异步电机。具有制动能量自动回馈、油耗低、污染小、运行环境优的特点。2010年购置的第二批新能源车，采用国产潍柴国Ⅳ标准发动机，上海电驱动的电机，大幅提升国产化率。

2. 新能源客车运行情况

投运初期，开通全运村及园博园专线、奥体中心150路等4条公交线路，展现"科技全运、绿色全运"主题。全运期间运行良好，实现运行零故障，受到国家体育总局、运动员及观众好评，示范推广工作效果良好。

全运会后，根据客流变化，新能源车调整到K52路、K107路、K109路、20路等主干线路运行，充分发挥其大容量和节能环保优势，方便广大市民出行。

在运营过程中，济南公交与客车厂家共同制订维护方案，定期检查车辆通信线、动力电缆线，维护清理驱动电机、动力电池，测试动力电池的充放电特性，检查电池的衰减程度等，确保行车安全。2010年，新能源车行驶626万公里。未发生因动力系统故障造成的车辆中途抛锚，车辆完好率达97.5%，整体运营情况良好，性能稳定，车辆安全可靠，乘坐舒适，操作轻便，节能减排效果显著，受到了各级领导、广大市民及同行的认可和好评。

3. 新能源车节能减排情况

通过对新能源车发动机控制系统（ECM）数据分析，发动机在600～800转/分，扭矩在0～10%的工作时间占总的工作时间为62.25%，表明济南公交新能源车运行时发动机负荷较低，充分发挥混合动力车辆低速时电动为主运行的优势。

2010年，根据实际运行的数据统计测算，平均油耗29.32升/百公里（非空调期28.02升/百公里），较同类车节油27.91%。2010年节油67.9万升，节省燃油费470万元（按柴油6.92元/升计算），节能效果显著。

经测算，2010年济南公交新能源车减少二氧化碳排放1785.8吨。

二、基础设施建设及运行情况

建成两座充电站，位于济南大学西校区公交场站和葛家庄公交场站。

三、节能与新能源汽车推广规划

2011年新增柴电混合动力车辆170辆。

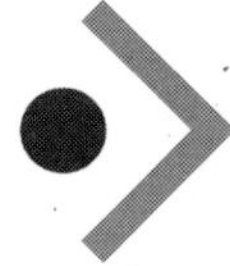

第四篇
重点城市节能与新能源汽车发展情况

节能与新能源汽车示范工程

北京市

一、2010 年节能与新能源汽车发展概况

2010 年，在北京市市委、市政府的正确领导和大力支持下，北京市节能与新能源汽车进入快速稳定发展的阶段。北京市新能源汽车联席会议多次以“十城千辆”工作为专题讨论节能与新能源汽车发展措施。在北京市科委牵头组织协调下，北京市各相关委办局及市公交集团、环卫、北汽集团、北汽福田公司等相关企业单位积极主动地按照北京市总体规划稳步推进节能与新能源汽车健康发展。

二、节能与新能源汽车示范推广工作进展情况

2010 年，北京市在节能与新能源汽车示范推广上的工作取得了一定进展，不仅完成了 2010 年北京市“十城千辆”示范推广的既定目标，而且在首都北京营造了电动汽车产业推进和示范运行的良好氛围，达到了先行先试的示范效果。2010 年，北京市节能与新能源汽车的示范运行在示范规模和推广领域方面都有新的突破。2010 年北京市新增 1172 辆新能源汽车。其中：混合动力公交车 60 辆、纯电动环卫车新增 1062 辆、纯电动乘用车新增 50 辆。

三、基础设施建设及运行情况

在电动公交车、环卫车用基础设施方面，北京市已建成熊猫环岛、航天桥和马家楼三个换电站供电动公交车和环卫车换充电使用；五个供电动环卫车充电桩群，即东城区充电桩群（钟楼北桥）、西城区充电桩群（积水潭桥、西直门桥、月坛南桥）、朝阳区充电桩群（呼家楼、惠新西桥、四元西桥、弘燕桥、大屯、麦子店）、海淀区充电桩群（万泉河、岳家楼、紫竹西桥）、丰台区充电桩群（南沙窝桥、丰北路桥）和一个供电动出租车使用的延庆充电桩群设施布局已初步形成。

北京市规划局已经对北京电动汽车充电基础设施进行选址规划，并根据北京新能源汽车示范推广特点于近期确定规划方案。此外，2009 年年底建成的北四环健翔桥纯电动乘用车示范充电站，结合了太阳能等新能源发电和 V2G（车到电网）等技术，已经先期用于北京自主品牌乘用车调试运行，也为北京规模建设电动乘用车充电站奠定了基础。

四、节能与新能源汽车项目投融资及建设情况

2010 年，北京市实现新增 1172 辆节能与新能源汽车。北京市共安排新能源车补贴资金 48400 万元，其中，使用中央财政补贴资金 26737 万元，安排市级财政资金 21663 万元。

五、节能与新能源汽车产业基地及园区建设情况

目前，北京已经建立了以北汽福田电动商用车为核心的新能源汽车研发及设计制造基地，和以北汽新能源公司电动轿车为核心的新能源汽车科技产业园。北京在新能源汽车领域已经集聚了一批优秀的企业，从盟固利、普莱德、北大先行、大洋电机等产业链上游电池电机核心部件生产企业，到北汽集团、福田汽车等整车生产企业，另外还有中国普天、中石化首科等配套充电运营企业等。同时，北京也在积极促进外地新能源汽车相关企业落地北京，包括吸引亿能电池管理公司、长安汽车等企业入驻北京，进一步完善北京市新能源汽车产业链。北京的新能源汽车产业已经初步形成集群效应。

六、主要扶持政策及措施

1. 组织研究电池租赁模式，积极探索可行推广模式。为确保 2010 年新能源汽车示范工作顺利进行，北京市科委牵头组织进行了北京电池租赁模式研究，完成了电池租赁模式研究报告的编写工作。该电池租赁模式研究报告为北京新能源汽车示范推广的商业模式、服务运营和维护工作提供了技术经济性依据。

2. 加快制定出台北京市地方标准。2010 年北京市加快充电站标准的研究制定工作，由政府部门牵头，相关高校、企业、协会、研究院所等 40 余家单位组成的标准制订工作组积极协作推动地方标准的制订。在充分考虑了与法律法规的符合性和与标准之间的协调性，与现行有效国家标准、行业标准协调一致的前提下，北京市组织开展了公交、环卫和出租车充电站布局规划和相关规范研究工作，制定了有关电动汽车电能供给与保障的标准。

截至 2010 年 10 月底，北京市正式发布《电动汽车电能供给与保障技术规范充电站》《电动汽车电能供给与保障技术规范非车载充电机》《电动汽车电能供给与保障技术规范车载充电机》三项标准化指导性技术文件。这些指导性技术文件均可为北京市已在建设的航天桥、马家楼以及近期将建设的小营、四惠等充电站提供切实可行的技术依据。

3. 积极制定产业扶持政策。在产业政策制定方面，北京市正在编制《北京市关于加强自主创新推进新能源汽车产业发展的若干政策》，从技术研发支持等 4 个方面提出了多项相关鼓励扶持措施，促进产业发展。

七、北京市节能与新能源汽车发展规划

作为我国节能与新能源汽车示范推广和私人购买新能源汽车的示范城市，北京市分别制定了《北京市节能与新能源汽车示范推广试点实施方案》和《北京市私人购买新能源汽车补贴试点实施方案》，指导北京市节能与新能源

汽车的发展。根据方案，在公共领域，到2012年北京市计划推广新能源汽车累计达到5000辆，其中纯电动大客车250辆、混合动力大客车870辆、纯电动环卫车3380辆、纯电动乘用车500辆。在私人购买新能源汽车领域，到2012年北京市将计划推广30000辆新能源汽车，其中纯电动乘用车23000辆，Plug-in乘用车7000辆。

八、2010年北京市节能与新能源汽车推广情况统计

单位：辆

电动汽车示范推广统计表

车型	乘用车						商用车、专用车						客车						合计
	纯电动汽车	混合动力汽车	插电式混合动力	燃料电池汽车	其他	合计	纯电动汽车	混合动力汽车	插电式混合动力	燃料电池汽车	其他	合计	纯电动汽车	混合动力汽车	插电式混合动力	燃料电池汽车	其他	合计	
2010年	50	0	0	0	0	50	1062	0	0	0	0	1062	0	60	0	0	0	60	1172

上海市

一、2010年节能与新能源汽车发展概况

（一）燃料电池汽车研发处于国内领先地位

上海在“十五”“十一五”期间一直承担国家863燃料电池轿车项目，采用油—电混合技术的燃料电池动力系统的部分技术指标达到或接近国际先进水平，在国内处于领先地位，并装载大众领驭、上汽荣威、奇瑞东方之子、一汽奔腾、长安志翔等整车。

（二）混合动力汽车研发技术进步显著

上海在开发混合动力汽车方面起步较晚，在国家863计划支持下已经取得很大进步。上海通用基于BSG技术在别克轿车平台上开出混合动力轿车，已经进入市场销售。上海申沃基于经济型混联技术开发混合动力城市公交车，已经批量生产。

（三）纯电动汽车示范运行效果良好

上海申沃超级电容大巴自2006年8月起，开始在11路公交线上进行商业化运营。上海万象电池-电容纯电动公交车已在825路、604路、20路等公交线路上开展示范运营。上汽集团“上海牌”纯电动轿车，以及2012年投产上市。

（四）关键零部件产业链初步形成

上海自“十五”以来的积累，已经初步建立起新能源汽车关键零部件产业链，涵盖燃料电池动力系统、动力蓄电池、生产燃料电池、车用电机、车用DC/DC变换器等。这些关键零部件企业不仅为上海本地整车企业配套，而且也为外地整车企业配套。

二、节能与新能源汽车示范推广工作进展情况

借助上海世博会契机，到2010年年底上海示范的节能与新能源汽车约1630辆，完成了“十城千辆”第一阶段的目标。其中直接服务世博会的车辆共计1508辆，其中公告车辆纯电动大巴120辆、超级电容大巴61辆、电池电容大巴10辆、纯电动轿车5辆、燃料电池大巴6辆、燃料电池轿车90辆、混合动力大巴150辆、混合动力轿车350辆，非公告车辆燃料电池观光车100辆、纯电动观光车130辆、纯电动场馆车245辆、纯电动环卫车241辆；园区外运行的车辆共计122辆，其中公告车辆超级电容大巴14辆（11路公交）、电池电容大巴102辆（825路等34辆、电力公司43辆、大众旅游25辆），非公告车辆纯电动环卫车6辆（环境实业）。

三、基础设施建设及运行情况

为配套世博纯电动车辆示范运行，在世博园区内新建1座纯电动公交客车快速充换电站，110个充电桩，2条超级电容公交客车充电线路的候车充电站，1座超级电容公交客车的变电整流供电站，1个纯电动场馆车维保基地；为配套燃料电池车辆示范运行，在园区外济阳路新建1座固定加氢站，改造与完善上海国际汽车城安亭已建成的1座固定加氢站，新建2座移动加氢子站（加氢车），在世博园区内西营路、园区附近济阳路和嘉定安亭汽车城各建1个燃料电池汽车维护保养基地。

四、节能与新能源汽车产业基地及园区建设情况

在新形势下，上海市市委、市政府提出了新能源汽车的发展战略。按照市委、市政府的部署，上海新能源汽车零部件产业基地位于上海国际汽车城北部，规划面积9.5平方公里，首期开发2平方公里。目前，基地正紧紧抓住市委、市政府推动高新技术产业化实施的机遇，全力以赴

推进新能源汽车有关项目落户，力争在市委、市政府的推动下，加快形成新能源汽车及关键零部件产业的集群。

发展目标：

第一阶段。力争发展成为新能源乘用车或商用车产品及关键零部件的重要生产基地。

第二阶段。力争发展成为全国重要的新能源汽车研发、检测、营销中心，成为中高级新能源汽车生产基地、关键零部件高新技术产业化基地、新能源汽车及关键零部件出口基地，成为电池、电机、电控等关键零部件配套基地。

第三阶段。力争发展成为具有国际竞争力的新能源汽车及关键零部件高新技术产业集聚区。

五、主要扶持政策及措施

(一)专项资金

上海市新能源汽车发展专项资金、自主创新和高新技术产业化重大项目专项资金、汽车发展专项资金重点支持混合动力汽车、纯电动汽车和燃料电池汽车的整车集成和关键零部件技术突破、产业化及公共平台的建设等。对列入上海市自主创新和高新技术产业化重大项目，按照专项资金支持比例一般不超过项目新增总投资的10%给予支持；对重大产业科技攻关项目，专项资金将按照不超过项目新增总投资的30%给予支持。专项资金支持方式可以采用贷款贴息、资本金、无偿资助等方式予以支持。

(二)配套支持

鼓励和支持本市新能源汽车制造、研发企业申报国家重大专项、863计划、科技支撑计划等项目，对获得上述国家支持的项目，将按照国家及本市的有关规定给予配套资金支持。

(三)技改与科研

鼓励和支持本市新能源汽车改造、研发企业申报市级技术改造、引进消化吸收创新、产学研攻关、小巨人计划、人才计划等项目，对符合条件的，将按照本市的有关规定给予一定比例的资金资助。

六、上海市节能与新能源汽车发展规划

上海市经信委正在制订节能与新能源汽车产业规划。

七、2010年上海市节能与新能源汽车推广情况统计

单位：辆

电动汽车示范推广统计表

车型	乘用车						商用车、专用车						客车						合计
	纯电动汽车	混合动力汽车	插电式混合动力	燃料电池汽车	其他	合计	纯电动汽车	混合动力汽车	插电式混合动力	燃料电池汽车	其他	合计	纯电动汽车	混合动力汽车	插电式混合动力	燃料电池汽车	其他	合计	
2010年	0	350	0	80	0	430	270	0	0	100	0	370	181	150	6	80	0	417	1217

燃气汽车示范推广工程

车型	出租车	公交车	其他	合计
2010年	1800	80	0	1880

重庆市(电动汽车)

一、2010年节能与新能源汽车发展概况

2010年，重庆市在新能源汽车示范运行推广工作中，做了大量的宣传、推广、示范工作。截至2010年12月底，重庆市节能与新能源汽车示范推广361辆，其中公交车50辆、出租车25辆、公务车27辆、私人和企业用车259辆，从计划目标和实际运行情况来看，只有私人购车领域和公交车领域推广情况良好。

目前，以国家电网重庆分公司（重庆市电力公司）为主，开展了一系列的充电站建设工作，于2010年已建设完成50个交流充电桩（分布于渝北区、江北区、渝中区、九龙坡区、南岸区、沙坪坝区、电科研院）和1座投资1000万元位于江北茶园的标准型充电站。除重庆市电力公司以外，国内其他能源巨头和央企也积极与重庆市进行协商，计划进行充电站的投入和建设工作。

二、节能与新能源汽车示范推广工作进展情况

2010年1月，重庆市举行了较大规模的出租车交车仪

式，开启了重庆市出租车示范运行的新篇章；2010 年 3 月，重庆市市政府委派了专门示范运行团队到各示范运行城市与主管部门及实施单位进行了交流宣传和推广，与此同时接待了海南、杭州等 5 个城市的多次来访。 在前期大量基础铺垫工作后，到目前为止，重庆市已组建了气电弱度混合动力出租车、油电中度混合动力公务车、混合动力大巴 3 支车队和近百辆私人用户。

长安志翔中混、杰勋中混，成为政府公务用车仅有指定两款中混车型。 长安公司被国家科技部等部委授予“国家科技进步奖”，并在市场抢占了三大制高点：一是示范领域最广。 重庆长安的新能汽车已走进公务用车、出租车、私人购车领域，属全国首例。 二是示范城市最多。 目前重庆长安的新能源产品已在重庆、昆明、南昌、长沙、杭州等多地进行了较大规范的示范运行。 三是中混数量最多。 已运行的中混轿车已达 215 辆，全国跃居第一。

恒通公司通过在 2007—2009 年间研发出新能源 CKZ6116HENV3 气/电动混合动力城市客车和 CKZ6116HEV3 油/电动混合动力城市客车，从中发现问题不断改进、优化后，在 2010 年 5 月开始向重庆公交投入 50 台气电混合动力客车，在 818 线路正式运营，其性能稳定、操纵轻便，整车噪声低，节能优势明显，得到了广大市民的一致好评。 重庆恒通客车在 2011 年世界客车联盟亚洲博览会上荣获“2011 年度巴士奖”“2011 年度最佳创新巴士奖”“2011 年度最佳环保巴士奖”和“2011 年度最佳巴士制造商”四项大奖。 恒通气电混合动力客车已经在重庆 818 公交线路投入示范运营。

三、基础设施建设及运行情况

2010 年重庆市在主城区建成了 50 个交流充电桩和 2 个大型充电站。 2010 年 12 月，建设在江北区茶园站的充电站已正式投入使用。

四、节能与新能源汽车项目投融资及建设情况

国资委拨款 6 个亿用于节能与新能源汽车研发、能力建设及项目经费。

五、节能与新能源汽车产业基地及园区建设情况

2010 年重庆长安建设了节能与新能源汽车基地——重庆长安新能源汽车公司，并于 2011 年进入园区办公、工作。

六、主要扶持政策及措施

自 2008 年重庆市启动示范运行工作以来，为能又好又快推进、扩大新能源汽车示范运行，重庆市市政府陆续出台了相关法规政策，如《重庆市购买新能源汽车财政补贴实施办法及流程》的通知（渝科委发〔2009〕147 号）、《重庆市财政局关于下达节能与新能源汽车示范推广财政补贴资金的通知》（渝财企〔2010〕781 号）等，另外，重庆市示范运行的新能源汽车服务保障采用长安公司服务网络，全新打造新能源汽车示范运行服务模式。 对运行车辆在延续了基础车型传统服务外，对混合动力关重部件提供了 3 年或 15 万公里的三包期，又对新能源汽车提供了更为快捷、方便的金牌服务——绿色通道、24 小时全时段服务热线、定期电话回访机制、用户交流会等。 2010 年，重庆长安累计对驾驶员培训 10 余次，电话回访客户近 50 余次，举办用交户交流会 15 次，中混出租车节油大赛 1 次。

七、重庆市节能与新能源汽车发展规划

根据重庆市市政府的统一部署，由重庆市科委牵头编制了《重庆市新能源汽车产业发展方案（2010—2015）》。 根据该方案的规划，到 2015 年，基本建立完整的新能源汽车产业体系，新能源汽车产量达到 188 万辆，销售收入达到 1000 亿元。 培育形成 1 家年产能超过 100 万辆的具有国际竞争力的新能源汽车整车企业，2 家产能达到 10 万 ~ 15 万辆的新能源汽车整车企业，5 ~ 8 家具有较强竞争力的新能源汽车整车和关键零部件企业。 初步形成新能源汽车充换电基础设施网络体系。 新能源汽车技术创新能力和产业规模位居全国前列，成为面向全球的国家新能源汽车产业重要基地。

八、2010 年重庆市节能与新能源汽车推广情况统计

单位：辆

电动汽车示范推广统计表

车　型	乘用车						商用车、专用车						客　车						合　计
	纯电动汽车	混合动力汽车	插电式混合动力	燃料电池汽车	其他	合计	纯电动汽车	混合动力汽车	插电式混合动力	燃料电池汽车	其他	合计	纯电动汽车	混合动力汽车	插电式混合动力	燃料电池汽车	其他	合计	
2010 年	0	243	0	0	0	243	0	0	0	0	0	0	2	50	0	0	0	52	295

大连市

一、2010年节能与新能源汽车发展概况

截至2010年年底，全市共有875辆节能与新能源汽车示范运行，配套建设了充电设施，并开发设计了示范运行管理信息化平台。在运营单位、生产企业和相关单位的共同努力下，通过不断探索、总结，示范车辆技术水平不断提升，不仅增强了运营单位继续扩大示范规模的决心，而且坚定了生产企业在节能与新能源汽车领域投资发展的信心。整车技术水平的提高，也带动了电机、电池和电控等核心零部件企业的发展，从而为节能与新能源汽车产业规模化商业化发展奠定了坚实的基础。

二、节能与新能源汽车示范推广工作进展情况

2010年，共投放示范车辆553辆，其中混合动力出租车400辆，混合动力公交车60辆，纯电动客车36辆，纯电动乘用车52辆，混合动力公务车5辆。

成功开发示范运行管理信息化平台，不仅对示范车辆的主要技术参数进行实时采集，而且实现了车辆故障诊断智能化，从而为生产企业科技成果向产业化转化提供了科学依据，也为运营单位的示范运行提供了有力保障。

三、基础设施建设及运行情况

全面启动充电站、维修场站和停车场等公共场所充电设施建设，规划建立纯电动汽车快速充、换电网络，包括建设2座大型、3座中型和4座小型充电站及200个充电桩。

3座中型和4座小型充电站已投入运行，为纯电动客车和纯电动电力专用车提供充电服务；85个充电桩投入使用，为39辆纯电动乘用车提供服务。

四、节能与新能源汽车项目投融资及建设情况

由国家电网、地方财政和相关运营单位共同投资，建设电动汽车智能充、换电服务网络，完成大型充电站的选址工作和设计方案，其中一座大型充电站将建设成光—储联合供电系统快换型充电站。

地方财政、科研单位和相关企业共同投资，成立纯电动乘用车生产企业，目前样车已下线并开始示范应用。

五、节能与新能源汽车产业基地及园区建设情况

节能与新能源汽车产业基地位于保税区汽车城。汽车城规划面积31.6平方公里，设计产能为30万台轿车、10万辆商用车和2万辆专用车，零部件配套企业数量超过300家。其中，节能与新能源汽车产能占总产能的1/3。

2010年，奇瑞汽车整车项目完成厂房建设；大连鹏迪电动车辆有限公司的纯电动轿车、纯电动微型面包和微型卡车正式下线并投入示范应用；大连曙光汽车暨零部件制造基地项目进展顺利。

六、主要扶持政策及措施

对已购置的纯电动公交车按照国家与地方1：1配套、车辆购置税费补贴50%；对混合动力公交车，采取差价补贴方式购置，即部分高于传统车价格的资金由政府承担；为纯电动车配套的充电站等基础设施采取政府补贴方式建设；成立了专门的混合动力出租车公司，新增营运牌照。

在产业推进上，安排了专项资金支持节能与新能源汽车的整车集成开发、关键零部件的技术突破和产业化及重点实验室建设。

七、大连市节能与新能源汽车发展规划

到2015年，推广应用5000辆节能与新能源汽车，建设4座快换型充电站和500个充电桩；形成1.5万辆纯电动轿车的改装、组装及0.5万辆混合动力和纯电动客车的生产能力；突破电动汽车车用电池、电机和电控等关键技术瓶颈，并完全实现自主供应；建成3家重点实验室，培育2家国家级研发机构。

到2020年，电动汽车销量占汽车总销量10%的目标，完成整个电动汽车服务体系建设；电动汽车整体技术达到国际先进水平，形成电动汽车20万辆的生产能力；推进优势零部件参与国际化竞争，拓展海外市场；建设多个电动汽车整车及关键零部件研发实验室和工程中心。

八、2010年大连市节能与新能源汽车推广情况统计

单位：辆

电动汽车示范推广统计表

车型	乘用车						商用车、专用车						客车						合计
	纯电动汽车	混合动力汽车	插电式混合动力	燃料电池汽车	其他	合计	纯电动汽车	混合动力汽车	插电式混合动力	燃料电池汽车	其他	合计	纯电动汽车	混合动力汽车	插电式混合动力	燃料电池汽车	其他	合计	
2010年	0	405	0	0	0	405	52	0	0	0	0	52	36	60	0	0	0	96	553

杭州市

一、2010 年节能与新能源汽车发展概况

杭州市新能源汽车的研发和产业化起步早，基础好。万向纯电动汽车锂离子电池的产业化、众泰纯电动整车、电力局换电模式均有一定的特色。

（一）产业支撑能力较强

传统汽车产业是新能源汽车产业发展的基础。近年来，杭州市的汽车产业发展势头良好，现有汽车整车、改装车及专用车企业 19 家。杭州市汽车零部件制造业在国内具有很强的竞争力，有较高的知名度，已形成以万向集团为龙头，亚太机电和西湖汽车零部件等近 400 家企业组成的产业体系，为新能源汽车发展提供了有力支撑。

（二）研发能力不断提升

杭州市新能源汽车企业立足自主技术、品牌的研发，敢为人先，舍得投入，已取得初步成效。目前，万向、赛恩斯都拥有自己的电池生产技术，万向是全国目前唯一掌握电池、电机、电控三大核心技术的生产企业，赛恩斯开发出新能源汽车动力系统的实验平台，在业界具有领先水平。众泰的纯电动轿车在全国首家列入国家工信部节能与新能源汽车的公告目录。杭州市企业在挖掘自身研发潜力的同时，加强与国内整车企业的合作开发，如万向电动汽车与宇通集团、赛恩斯能源科技与厦门金旅汽车联合开发的混合动力客车均处于国内领先地位，产品已投入杭州市公交系统营运。

二、节能与新能源汽车示范推广工作进展情况

2010 年，全市节能与新能源汽车运行总量达到 687 辆，其中混合动力 501 辆、纯电动 186 辆。

三、基础设施建设及运行情况

2010 年 4 月份，市政府与浙江省电力公司签订了《关于共同推动电动汽车充电设施系统建设合作框架协议》，2010 年 8 月份，市政府批复了《杭州市电动汽车充电站近期建设布点规划》（以下简称《规划》）。按照《规划》，杭州市已新建成 6 座充换电站，改造先期建成了的 5 座充电站，安装了 147 个充电桩、10 台直流快速充电机，形成了以换电为主，以插充为辅的充换电服务网络。

四、节能与新能源汽车项目投融资及建设情况

截至 2010 年 12 月，万向电动汽车、众泰纽贝耳汽车、赛恩斯能源科技等企业已建成投产，东风裕隆汽车、普众科技、越西客车、赛诺索欧等正在建设或即将投入生产。杭州市已投产和正在建设的新能源汽车企业有 23 余家，锂离子电池的年生产能力为 7000 万安时，总投资 50 多亿元，现已投资到位 15 亿元。项目全部建成投产后，每年将生产新能源汽车 7.5 万辆，动力电池 3.9 亿安时。项目全部建成投产后，每年将生产新能源汽车 7.5 万辆，动力电池 3.9 亿安时。

五、节能与新能源汽车产业基地及园区建设情况

扩大汽车制造产业规模，提升汽车零部件配套能力，完善汽车服务环境，增强汽车创新竞争能力，建设国际化、现代化的创新型杭州汽车产业园，使杭州市成为国内外重要的乘商并举汽车产业基地、新能源汽车产业基地、零部件制造与贸易基地、华系品牌及世界知名品牌汽车生产基地。

六、主要扶持政策及措施

（一）公共领域

国家补贴的 6% 给予用于车辆维护保养补贴。

（二）私人领域

1. 直接购买整车的，根据动力电池组能量给予补助。其中，插电式混合动力乘用车的动力电池组能量超过 10 千瓦时的部分，给予每辆 2000 元/千瓦时的补助，最高补助 3 万元/辆；纯电动乘用车动力电池组能量超过 20 千瓦时的部分，给予每辆 3000 元/千瓦时的补助，最高补助 6 万元/辆。同时，对每辆车按 0.09 元/公里的标准给予充电补助，最长补助期限为 3 年或最高补贴里程为 6 万公里（以先到者为准）。

2. 租赁整车的，根据租赁合同，按每辆车 0.09 元/公里的标准给予充电补助，最长补助期限为 3 年或最高补贴里程为 6 万公里（以先到者为准）。同时，截至 2012 年 12 月 31 日，给予整车租赁费 50% 的补助，每辆车最高补助 1000 元/月。

3. 租赁裸车（即租赁不含电池系统的纯电动乘用车，其动力电池单独向租赁企业租赁，享受电池租赁补助）的，根据租赁合同，于 2011 年年底前给予裸车租赁费 50% 的补助，每辆车最高补助 1000 元/月；2012 年内，给予裸车租赁费 30% 的补助，每辆车最高补助 600 元/月。

4. 租赁电池的，根据租赁合同，按每辆车 0.50 元/公里的标准给予电池租赁费补助，最长补助期限为 3 年或最高补贴里程为 6 万公里（以先到者为准）。

5. 单位组织职工一次性购买新能源汽车 10 辆以上的，每辆车给予 3000 元补助；个人以燃油车换购新能源汽车的，每辆车给予 3000 元补助。

6. 在杭州市实施的纳入城市统一规划的充电站等配套基础设施建设项目，按实际投入额（不含土地等投入）给予 20% 的补助。

7. 对新能源汽车和电池生产企业回收废电池的，按照实际回收量，给予15元/千瓦时的电池回收补助。

七、杭州市节能与新能源汽车发展规划

近期（至2012年）：形成1.1万辆的整车产能，其中新能源乘用车形成1万辆的产能，新能源商用车形成1000辆的生产能力。

中期（至2015年）：形成9万辆整车生产能力，新能源乘用车形成8.5万辆生产能力，新能源商用车形成5000辆生产能力。

远期（至2020年）：形成22万辆整车制造产能，其中乘用车形成20万辆生产能力，新能源商用车形成2万辆生产能力。

八、2010年杭州市节能与新能源汽车推广情况统计

单位：辆

电动汽车示范推广统计表

车型	乘用车						商用车、专用车						客车						合计
	纯电动汽车	混合动力汽车	插电式混合动力	燃料电池汽车	其他	合计	纯电动汽车	混合动力汽车	插电式混合动力	燃料电池汽车	其他	合计	纯电动汽车	混合动力汽车	插电式混合动力	燃料电池汽车	其他	合计	
2010年	157	4	2	0	0	163	12	0	0	0	0	12	0	235	0	0	0	235	410

济南市

一、节能与新能源汽车示范推广工作进展情况

2009年，济南市通过招标方式，采购100辆（中通客车80辆、北汽福田20辆）混合动力公交车，申请国家购车补助3600万元。截至2010年，共行驶里程799万公里，载客1500余万人次，节油率平均达28%，大大降低了污染物排放，改善了城市的空气质量，取得了良好的经济与社会效益，受到社会的一致好评。2010年底，济南市又签订了100辆（中通）新能源公交客车购车合同，目前已全部到位。

二、基础设施建设及运行情况

国家电网公司已将济南市作为电动汽车推广应用及充放电设施建设试点城市。2010年4月，济南市市政府与山东电力集团公司共同签订了《电动汽车充电设施建设战略合作协议》，计划年内在英贤、明水、园博园、葛家庄、济微路等市区主要停车场（位）、旅游景点建设5座电动汽车充放电站及50个交流充电桩，全面开工建设，目前已有2座充电站建成。

武汉市

一、2010年节能与新能源汽车发展概况

2010年，武汉市节能与新能源汽车发展工作在国家节能与新能源汽车示范推广试点城市的推动下，积极贯彻和落实《武汉市节能与新能源汽车示范推广工作方案》（武政办〔2009〕57号）有关精神，将其作为“创新武汉”和“两型社会”建设的主要内容，认真策划，精心组织，扎实推进，在新能源汽车公告认定、新能源汽车产业化、关键零部件的研发与产业化、基础设施建设以及基地、园区建设以及资金筹措等方面，取得了一定的成果，按照设定的目标积极推进。

二、节能与新能源汽车示范推广工作进展情况

1. 截至2010年12月底，武汉市共有872辆节能与新能源汽车运行，其中混合动力公交车400辆，混合动力轿车50辆，城市环卫纯电动车80辆，供电系统工程用纯电动MPV车2辆，城市观光纯电动小车340辆。共有示范线路44条，其中混合动力公交车22条线路。累计运行4235.73万公里，其中混合动力公交车1891.61万公里，混合动力轿车44.81万公里。累计载客7519.02万人次，其中混合动力公交车载客4096.02万人次，混合动力轿车载客1.79万人次。累计减少CO_2排量7493.90吨，其中混合动力公交车减排2518.23吨，混合动力轿车减排8.76吨。累计节油277.60万升，其中混合动力公交车节油93.26万升，混合动力轿车节油0.38万升。

2. 2010年，武汉市在立足东风系列节能与新能源汽车示范运行的基础上，积极与国内其他整车企业联系，开展相关产品的示范运行工作。其中有针对性地选择了厦门金龙客车的中度混合动力公交车、上海瑞华纯电动公交车以及重庆长安ISG混合动力轿车作为下阶段示范运行备选车

型。同时，武汉电动汽车示范运营公司充分发挥平台作用，联合东风电动车公司、武汉公交集团共同完成编写了《EQ6110HEV 混合动力公交车培训教材》《混合动力公交车车队建设标准》，组建了专门的培训小组，为公交驾驶员培训 400 人次。还运用先进的计算机信息与数据库管理技术，以电动汽车运行技术分析为核心，成功开发了“武汉市电动汽车示范运行监控及数据采集系统”。该系统通过对车辆地理位置、运行线路工况、用户使用特性、整车技术指标等信息的获取、通信与数据库管理分析，能够全面地反映运行车辆的经济型、可靠性、安全性。已在武汉市运行的混合动力公交车和混合动力轿车上批量安装使用，积累了大量数据和经验。

三、基础设施建设及运行情况

武汉市已完成 3 个中心（即电动汽车检测中心、电动汽车培训中心和电动汽车城市道路工况试验中心），4 个混合动力公交车停保场及 6 个纯电动车充电区域的选点和规划工作，其中电动汽车检测中心已基本完成了建设目标。本着“统一标准、统一规范、优化分布、安全可靠、适度超前”的原则，武汉市已建成 20 座充电站，其中大型充电站 1 座，中型充电站 2 座，集中式充电站 1 座，小型标准充电站 16 座，安装交流充电桩 150 个，累计服务各种节能与新能源汽车 1.98 万车次，累计充电量 450000 千瓦时。

四、节能与新能源汽车项目投融资及建设情况

（一）设立武汉市电动汽车发展专项资金

根据湖北省政府出台的《关于促进电动汽车研究与产业化的意见》精神，武汉市设立了电动汽车发展专项资金，每年安排资金不低于 1000 万元。截至 2010 年年底，累计安排电动汽车发展专项资金 6670 万元，争取湖北省专项资金 5480 万元，主要支持东风汽车公司、东风扬子江汽车（武汉）有限公司、银泰科技燃料电池有限公司、武汉理工新能源有限公司等企业，专项用于节能与新能源汽车的研发、示范营运和产业化。

（二）争取国家补贴资金和安排基础设施配套资金

2009—2010 年，武汉市共争取到国家补助资金 1.58 亿元，并及时拨付到武汉市公交集团有限公司、武汉电动汽车示范运营公司等示范单位，有效缓解了示范企业购车的资金压力。同时按照《武汉市节能与新能源汽车示范推广工作方案》（武政办〔2009〕57 号）有关精神，2009 年以来，武汉市筹措配套资金合计 1.54 亿元，其中：购车贷款贴息 7700 万元，基础设施建设补贴 3000 万元，研发及产业化补贴 3200 万元，营运补贴 920 万元，混合动力公交车国家补贴部分购置税补贴 580 万元，为节能与新能源汽车上路行驶创造了条件。

（三）出台多种财政政策，支持东风汽车公司发展及其节能与新能源汽车研究与开发

为支持东风汽车公司武汉基地建设，不断扩大整车规模，提升综合研发能力，促进武汉市汽车产业作为重要的支柱和优势产业的发展，2009 年 9 月武汉市市政府与东风汽车公司签订了战略合作协议。协议规定，武汉市将采取多种政策措施支持东风汽车公司在武汉项目投资、自主创新能力建设、扩大销售和优化环境。2010 年，为落实协议，武汉市市政府拨付各项扶持资金合计 9840 万元，支持东风汽车公司发展，其中，安排贴息资金 2000 万元，支持东风汽车公司供提升研发能力和发展新能源汽车。与新能源汽车重要的研发企业。为支持东风汽车公司武汉基地建设，不断扩大整车规模，提升综合研发能力，促进武汉市汽车产业作为重要的支柱和优势产业的发展，武汉市政府拨付各项扶持资金合计 9840 万元，支持东风汽车公司发展，其中，安排贴息资金 2000 万元，支持东风汽车公司供提升研发能力和发展新能源汽车。

五、节能与新能源汽车产业基地及园区建设情况

1. 东风扬子江汽车（武汉）有限公司为了进一步增强自主创新能力，推进经济结构战略性调整和发展方式转变，实现企业产品结构调整和升级，大力开发混合动力和纯电动公交车，通过土地置换、企业自筹和银行贷款等多方筹措资金，实施异地迁建技术改造项目，建设武汉新能源汽车产业化基地。该基地占地近 600 亩，生产与研发面积达 14 万平方米，项目总投资 6.8 亿元，拥有生产、科研、运输设备共 1100 余台套。该项目的成功建设，将使武汉成为中西部最大的新能源城市客车生产、研发基地。

2. 截至 2010 年 12 月，武汉电动汽车产业化基地（东风电动汽车产业园）在电动汽车领域（包括混合动力电动汽车、纯电动汽车等）共申报了以“一种微混合动力汽车控制系统的性能测试系统”等专利 7 项，其中发明专利 2 项。获得专利授权 9 项，其中发明专利 1 项。基地为主承担的“重型混合动力电动汽车能量消耗量试验方法”国家标准的修订工作，在进行了 3 月和 8 月两次标准讨论后，现正在进行送审稿、送审稿标准说明的编写。同时，基地承担的《东风混合动力客车与乘用车动力系统技术平台研究开发》和《东风混合动力汽车产品技术开发》2 个课题顺利通过国家“十一五”863 计划节能与新能源汽车重大项目专家组验收，获得了专家的好评。

六、主要扶持政策及措施

（一）加强组织领导，加大协调力度，为示范推广工作提供组织保障

为了推进全市节能与新能源汽车示范推广工作，成立了由市人民政府主要领导任组长，分管领导任副组长，市

发展改革委、经信委、交运委，市科技局、财政局、规划局、国税局、地税局、环保局、旅游局、交管局，武汉东湖新技术开发区、武汉经济技术开发区、市东湖生态旅游风景区，东风汽车公司、武汉市公交集团、武汉供电公司、东风电动车辆股份有限公司、武汉电动汽车示范营运有限公司等相关部门和企业负责人为成员的武汉市节能与新能源汽车示范推广工作领导小组。领导小组负责审议批准项目战略规划及行动计划，指导督促项目实施，统筹协调各方资源等工作。领导小组定期召开专题会议，研究在示范推广工作中出现的新问题、新情况，确定年度工作目标，为示范推广工作的顺利进行奠定了坚实基础。

（二）设立专项资金，加大财政补贴力度，为示范推广工作提供资金保障

为了进一步推进全市节能与新能源汽车产业的发展，根据《湖北省关于促进电动汽车研究与产业化的意见》精神，武汉市财政设立电动汽车专项资金，支持新能源汽车产业研发与产业化，截至2010年年底，累计安排资金6670万元，同时争取省专项资金5480万元，主要支持武汉市东风汽车公司、东风扬子江汽车公司、理工新能源有限公司等企业，用于节能与新能源汽车关键零部件和整车技术的研发与产业化以及示范营运补贴。同时，根据《工作方案》要求，全市共筹集配套资金1.54亿元，其中：购车贷款贴息7700万元，基础设施建设补贴3000万元，研发与产业化补贴3200万元，营运补贴920万元，混合动力公交车国家补贴部分购置税补贴580万元。

同时积极向国家申请补贴资金，共计申请国家财政补贴资金1.58亿元，按照项目进展的进度，按时拨付相关单位或企业，有效地缓解了企业的资金压力。

（三）出台扶持政策，营造宽松环境，为示范推广工作提供政策保障

武汉市在积极推进示范推广工作的同时，将新能源汽车列为全市15个战略性新兴产业之一，编制了中长期发展规划，出台了《指导意见》（武政〔2009〕54号），从土地供应、财政税收、自主创新产品推广应用、技术创新金融支持、企业人才建设和产学研技术联盟组建六个方面予以政策支持，提出设立财政专项资金，用于新能源汽车采购差价、运营、基础设施建设贷款贴息及公告申报成功的奖励；继续限制高污染、高噪声汽车的生产和销售，加大老旧汽车的报废更新力度；划定东湖生态风景区为燃油汽车营运限制区等相关限制性、鼓励性和扶持性政策，为节能与新能源汽车示范推广试点工作提供政策保障和良好的发展环境。

七、武汉市节能与新能源汽车发展规划

依据国务院颁布的《国家中长期科学和技术发展规划纲要（2006—2020）》《汽车产业调整和振兴规划》、武汉市《关于加快新动力汽车产业发展的指导意见》与《武汉市加快新动力汽车产业发展实施方案》，结合武汉市的实际情况，武汉市研究制定了《武汉市“十二五”新动力汽车产业发展建设规划》，该《规划》提出了武汉市“十二五”期间，新能源汽车产业发展的总体思路与发展目标，确立了优先发展方向和重点，并制定了相应的对策与措施，为武汉市新能源汽车产业发展制定了宏伟的蓝图。

八、2010年武汉市节能与新能源汽车推广情况统计

单位：辆

电动汽车示范推广统计表

车型	乘用车						商用车、专用车						客车						合计
	纯电动汽车	混合动力汽车	插电式混合动力	燃料电池汽车	其他	合计	纯电动汽车	混合动力汽车	插电式混合动力	燃料电池汽车	其他	合计	纯电动汽车	混合动力汽车	插电式混合动力	燃料电池汽车	其他	合计	
2010年	0	0	0	0	0	0	0	0	0	0	0	0	0	200	0	0	0	200	200

深圳市

一、2010年节能与新能源汽车发展概况

经过三年多的紧张筹备，于2010年11月5—9日在深圳会展中心，成功举办了当今世界新能源汽车领域规模最大、影响力最强、层次最高的大会和展览会——第25届世界纯电动车、混合动力车和燃料电池车大会暨展览会（以下简称“EVS25”）。本届大会由中国电工技术学会、中国汽车工程学会和亚太电动车协会主办，广东省人民政府、深圳市人民政府协办。为办好本届大会，在深圳市市政府领导、市委领导精心指导下，通过全处共同努力，与大会主办方和协办方细致分工、通力协作，确保了大会的

圆满召开，许勤、唐杰等市领导对大会组织工作及会议的成功举办给予高度肯定。

EVS25 得到了各类媒体的广泛关注和支持。 大会组委会共接受全球 229 家媒体的 655 名现场注册记者。 其中，来自境外媒体 28 家，电视媒体 12 家。 国内各大门户网站均设立 EVS25 专栏，对本届大会进行全程跟踪报道。 国外众多新闻媒体、专业网站均对此次大会的参展情况及中国政府的新能源汽车发展状况进行了跟踪报道，并将本届大会称之为“世界上最大的电动车展”。

鉴于深圳市在新能源汽车产业发展和推广应用方面取得了显著成绩，被本届大会授予“三大洲（亚太地区、欧洲、美洲）最具创新与前瞻性城市”称号。

二、节能与新能源汽车示范推广工作进展情况

2010 年 7 月 5—7 日，全国私人购买新能源汽车补贴试点工作会议在深圳召开，科技部、财政部、国家发改委和工信部负责此项工作的主要领导，杜占元副部长、张少春副部长及苗圩副部长等悉数参加了本次会议，来自全国各试点城市领导和相关人员近 200 人到会。 大会正式启动了全国私人购买新能源汽车补贴试点工作，深圳作为首个试点城市拉开了私人购买新能源汽车补贴的序幕。 截至 2010 年年底，深圳市在私人购车领域共销售新能源汽车 373 辆。

同时积极推进新能源公交大巴投放，截至 2010 年年底已有 23 条新能源公交线路、401 辆混合动力公交大巴投入运营。 以创新方式推出免 5 年期使用费的电动出租车示范牌照，组建成立了全国第一家国有控股的鹏程纯电动出租服务公司，拉开了纯电动出租车示范运营的序幕。 截至 2010 年年底有 50 辆纯电动出租车投入使用。

三、基础设施建设及运行情况

为满足新能源汽车充电需求，编制实施了《深圳市新能源公交场站近期建设计划》《深圳市新能源汽车公共充电设施实施方案（2009—2012）》。 按照“站桩结合、布局合理、标准统一、服务便利”原则，规划建设 22200 个各类公交、公共充电设施，满足新能源汽车示范推广的需要。 截至 2010 年，全市已有 30 座充电站建成并投入使用，其中公交充电站 25 座。 位于住宅小区、社会公共停车场和政府物业的 2329 个充电桩正在抓紧施工，预计 2011 年建成并投入使用。

四、节能与新能源汽车项目投融资及建设情况

新能源汽车配套充电设施数量较大，依靠政府投资建设难以解决当前和今后可持续发展问题，也不利于市场的培育壮大。 按照“政府主导，多元投资，适度竞争”的原则，深圳市提出以土地零使用费代替政府补贴，以特许经营方式引导社会资本参与充电设施建设。 2010 年 11 月 11 日，深圳市分别与广东电网公司、中国普天信息产业股份有限公司两家央企签订协议，率先以特许经营方式参与新能源汽车社会充电设施的投资运营。

五、节能与新能源汽车产业基地及园区建设情况

积极推进比亚迪汽车法人资质落户深圳以及比亚迪坪山研发生产基地二期项目（总投资 12 亿元）、动力电池项目（总投资 50 亿元）建设，比亚迪独立法人资质转入深圳已获得国家发改委批准；两个新能源汽车关键配套零部件项目约 90 万平方米建设用地已经落实，即将开工建设。 两大项目投产后可为比亚迪提供新能源汽车动力电池等成套关键零部件，解决新能源汽车的产能瓶颈。 至此，以比亚迪，五洲龙为主的坪山新能源汽车基地、以长安标致为主的观澜汽车基地两大基地支撑的汽车产业新格局正初露端倪。

六、主要扶持政策及措施

1. 在 2010 年发布的《深圳市私人购买新能源汽车补贴试点实施方案》中，提出以下优惠政策：

（1）在 2010—2012 年期间，对深圳市企业和个人购买、租赁并在本地上牌的新能源乘用车，在国家财政补助的基础上，地方财政再给予一定额度的补助。 补助资金直接拨给新能源汽车生产企业，生产企业以扣除政府补助后的价格销售给用户。

地方财政补助采取递减机制，按销售量逐步减少补助，政府补助不超过新能源汽车与传统汽车的差价。 对插电式混合动力汽车，首批 1 万辆按 2000 元/千瓦时给予补助，第二批 1 万辆按 1500 元/千瓦时给予补助，剩余部分按 1000 元/千瓦时给予补助，插电式混合动力乘用车最高补助 3 万元/辆；对纯电动汽车，动力电池容量超过 30 千瓦时的部分，首批 1000 辆按 2000 元/千瓦时给予补助，第二批 1000 辆按 1500 元/千瓦时给予补助，剩余部分按 1000 元/千瓦时给予补助，纯电动乘用车最高补助 6 万元/辆。

（2）差别电价优惠。 根据广东省物价局关于运用价格杠杆促进自主创新结构调整和消费增长的意见（粤价〔2010〕29 号），对新能源汽车充电，鼓励利用峰谷电价差别，进行夜间充电。

（3）对动力电池实施强制性回收，新能源汽车整车生产企业建立回收资金账户，自销售收入中每辆车提取 600 元，地方财政给予每辆车一次性动力电池回收补助 300 元，共同纳入动力电池回收资金，专项用于动力电池回收体系建设。

2. 2010 年 10 月 12 日，以市政府名义发布《关于住宅区和社会公共停车场加装新能源汽车充电桩的通告》，明确将在全市所有住宅区、社会公共停车场中分批安装新能源汽车充电桩，并在 2012 年年底实现住宅区停车场 5%、社会公共停车场 10% 的停车位配置充电桩的目标。

七、深圳市节能与新能源汽车发展规划

编制《深圳市私人购买新能源汽车补贴试点实施方

案》，确定到2012年年底，实现私人购买2.5万辆新能源汽车的目标。计划争取中央补贴12.8亿元，地方财政安排支持资金11.88亿元。该方案在全国率先通过财政部、科技部、发改委、工信部组织的专家评审，使深圳市继2009年被国家确定为全国首批节能与新能源汽车示范推广城市之后，又于2010年被确定为全国首批私人购买新能源汽车补贴试点城市。

八、2010年深圳市节能与新能源汽车推广情况统计

单位：辆

电动汽车示范推广统计表

车型	乘用车						商用车、专用车						客车						合计
	纯电动汽车	混合动力汽车	插电式混合动力	燃料电池汽车	其他	合计	纯电动汽车	混合动力汽车	插电式混合动力	燃料电池汽车	其他	合计	纯电动汽车	混合动力汽车	插电式混合动力	燃料电池汽车	其他	合计	
2010年	53	310	0	0	0	363	0	0	0	0	0	0	0	357	0	0	0	357	720

合肥市

一、2010年节能与新能源汽车发展概况

合肥市通过开展新能源汽车示范运营聚集多方资源，加快新能源汽车产业的发展。

(一)新能源汽车产业化步伐明显加快

合肥市私人购买新能源汽车补贴试点方案的实施促进了江淮汽车股份有限公司新能源乘用车产业化提速。2010年11月，江淮汽车股份有限公司建成年产1万辆新能源乘用车专用生产线，和悦插电式混合动力轿车开发也进入试制验证阶段。安徽安凯汽车股份有限公司新建两条新能源客车生产线，产能达到1000辆/年，国轩高科日产能达26万安时，新建20万安时的电池生产线，动力电池百亿产业园正极材料线也已开工。截至2010年12月底，合肥市有15款新能源客车上公告目录，3款正在申请，1款新能源改装车上公告目录，1款新能源乘用车上公告目录。此外，安赛锂能（合肥）有限公司18650型锂离子电池产能达3000只/天，电池产品安全性验证实验已通过，正在进行循环寿命实验验证，2011年3月份拿到生产准入资质。

(二)产业链招商工作取得积极进展

积极推进江淮汽车股份有限公司与台湾台达电子工业有限公司的合作发展。目前，合肥市拥有新能源汽车产业相关单位18家。其中新能源整车生产、改装企业5家，分别是江淮汽车股份有限公司、安徽安凯汽车股份有限公司、合肥昌河汽车公司、安徽安凯车辆制造有限公司、安徽江淮福臻车体装备有限公司；电池生产企业2家，分别是合肥国轩高科动力能源有限公司、安赛锂能（合肥）有限公司；管理系统开发企业3家，分别是华霆（合肥）动力技术有限公司、安徽力高新能源技术有限公司、安徽英科智控股份有限公司；汽车自动化生产装备企业1家，安徽巨一自动化装备有限公司；充电站（桩）建设、生产企业3家，分别是合肥市供电公司、合肥华耀电子工业有限公司、安徽易威斯新能源高科技股份有限公司；电机生产企业2家，分别是合肥同智科技发展有限公司、合肥新生代电动马达系统有限公司；新能源汽车推广服务企业1家，安徽安凯国轩新能源汽车科技有限公司；新能源汽车研究院1家，合肥市新能源汽车研究院；金融投资机构1家，中国长城资产管理公司合肥办事处。合肥市新能源汽车产业链初步形成。2010年合肥市新能源汽车产业产值将达到10亿元。

(三)新能源汽车研究院建设成果显现

江淮汽车股份有限公司、合肥工业大学合作研发的整车控制系统已进入试验阶段，电池管理系统及电机系统开发正在有序开展，信息采集及数据处理平台已启动建设，将为合肥市新能源汽车产业发展提供强大的基础数据支持。另外，研究院与台湾台达电子工业有限公司开发合作电机等已进入实质性谈判阶段，与韩国LG公司合作开发电池技术合同已签订。

二、节能与新能源汽车示范推广工作进展情况

合肥市在公共领域推广完成181辆新能源客车，其中180辆为纯电动客车，车型为HFF6121G03EV，1辆为增程型混合动力客车，车型为HFF6121G03SHEV，181辆新能源客车全部上牌，在合肥市区22条公交线路上运营；合肥市在私人领域推广完成585辆纯电动乘用车，车型为HFC7000AEV，全部上牌并上路应用。

三、基础设施建设及运行情况

合肥市在公共领域完成5座充电站建设，分别是合肥

市经济开发区公交车停保场充电站、合肥市柳树塘充电站、合肥市瑶海区公交停保场充电站、合肥市邵大郢充电站、合肥市淝河公交车停保场充电站，5个充电站站内建成充电桩96个，能同时满足172辆纯电动公交车充电；在合肥市供电公司、合肥市公交公司、合肥工业大学、安徽江淮汽车股份有限公司、合肥国轩高科动力能源有限公司、安徽巨一自动化装备有限公司、合肥华耀电子工业有限公司、华霆（合肥）动力技术有限公司、安塞锂能（合肥）公司共9个单位的14个规划区域内建成408个交流充电桩用于纯电动轿车充电。

上述公共领域的充电站、私人领域的充电桩现已全部投入使用，共消耗电量80万千瓦时。

四、节能与新能源汽车项目投融资及建设情况

安徽安凯汽车股份有限公司投资6000万元，完成新能源客车整车装配生产线改造、新能源客车试验、检测中心建设、焊装生产线扩建，以及相关设备购置、安装，已达到年产1000辆新能源客车生产能力。

截至2010年，安徽江淮汽车股份有限公司用于新能源汽车的研发、技术合作等累计投入达13800万元，建成年产1万辆新能源乘用车的生产线。

合肥国轩高科动力能源有限公司投资8000万元，建成年产8000万安时的锂离子电池生产线。

五、节能与新能源汽车产业基地及园区建设情况

合肥市以安徽江淮汽车股份有限公司为整车制造主体，引进电池、电控、电机等相关新能源汽车产业链企业入驻合肥市，打造合肥新能源汽车产业基地。

六、主要扶持政策及措施

(一)公共领域政策

1. 购车补贴。 合肥市财政给予电动公交车购车补贴，补贴标准40万元/辆。

2. 电池租赁费用。 合肥市财政给予每辆电动公交车电池租赁费用20万元/年，连续支持8年。

3. 充电站建设。 合肥市财政补贴合肥市经济开发区公交车停保场充电站建设费用500万元。

4. 购置税补贴。 合肥市财政补贴电动公交车购置税共521万元。

(二)私家车领域政策

1. 购置补贴

(1) 直接购买：对于个人购买并在本市上牌使用的新能源乘用车，在国家财政补助的基础上，市财政对汽车生产企业按电池容量给予补贴1000元/千瓦时，插电式混合动力乘用车最高补助1.5万元/辆，纯电动乘用车最高补助2万元/辆，汽车生产企业按扣除补助后的价格将新能源汽车销售给私人用户。

合肥市市财政给予2010年首批推广的585辆纯电动乘用车1万元/辆的补贴。

(2) 整车租赁：对于租赁公司购买并在本市上牌使用的新能源乘用车（不包括不带电池的整车租赁），在国家财政补助的基础上，市财政对汽车生产企业按电池容量给予补贴1000元/千瓦时，插电式混合动力乘用车最高补助1.5万元/辆，纯电动乘用车最高补助2万元/辆，汽车生产企业按扣除补助后的价格将新能源汽车销售给租赁企业。

同时，对于整车租赁的消费者，给予整车租赁费用50%的补贴，最高每辆车补贴500元/月（补贴2年）。

(3) 电池租赁：对采用电池租赁模式使用纯电动汽车的消费者，根据电池租赁合约，市财政补贴电池租赁费，让消费者免费使用电池2年。

(4) 以旧换新：为鼓励私人用户积极购买，对私人用户以自有燃油汽车换购新能源汽车，市财政给予3000元/车的一次性补贴。

2. 充电设施建设补贴

2010—2012年需建设相应的充电设施。 市财政按充电设施投资额5%比例，且单个设施不超过100万元给予建设补贴（不含土地投入），要求工程采取招投标形式建设，决算审计后兑现补贴资金。

3. 电池回购补助

市财政设立电池回购专项资金，按照整车厂500元/台、市财政200元/台标准提取资金专户存储，专门用于新能源汽车动力电池回收处理，实际开支时以电池回收处理情况拨付。

4. 其他措施

(1) 汽车生产企业升级整车保修条件，由传统汽车的3年/10万公里升级为5年/20万公里。

(2) 鼓励金融机构参与私人购买新能源汽车补贴试点工作，提供新型金融信贷业务。

(3) 鼓励新能源汽车生产企业、电池企业等开展新能源汽车租赁、电池租赁业务，给予新型租赁公司一定优惠政策。

(4) 鼓励消费者使用低谷电，建议供电部门制定相关峰谷电价差别标准。

七、合肥市节能与新能源汽车发展规划

2010—2012年，合肥市计划推广新能源汽车22500辆，其中在公共领域推广新能源汽车1400辆，在私人领域推广新能源21100辆，计划建设充电站20座，私家车交流充电桩30000个。

“十二五”期间，合肥市抢抓国家促进中部崛起和国内外产业转移等重大机遇，将新能源汽车产业作为战略性新兴产业之一大力发展，到“十二五”末，将形成10万辆

新能源乘用车产能和5000辆新能源客车的产能。合肥市将秉承“敢为人先”的精神，积极探索，创新模式，找寻出一条适合新能源汽车产业快速、可持续的发展道路。

八、2010年合肥市节能与新能源汽车推广情况统计

单位：辆

电动汽车示范推广统计表

车型	乘用车						商用车、专用车						客车						合计
	纯电动汽车	混合动力汽车	插电式混合动力	燃料电池汽车	其他	合计	纯电动汽车	混合动力汽车	插电式混合动力	燃料电池汽车	其他	合计	纯电动汽车	混合动力汽车	插电式混合动力	燃料电池汽车	其他	合计	
2010年	585	0	0	0	0	585	0	0	0	0	0	0	188	1	0	0	0	189	774

长株潭地区

一、2010年节能与新能源汽车发展概况

2010年湖南省长株潭地区全年示范推广572台辆电动公交车，其中，长沙辆317辆、株洲245辆、湘潭10辆。

二、节能与新能源汽车示范推广工作进展情况

截至2011年年初，湖南省示范运营混合动力公交车364辆（其中长沙162辆、株洲269辆），并完成2010年度湖南省节能与新能源汽车示范推广清算混合动力公交车616台（长沙426台、株洲190台），获中央财政补助资金18480万元。同时，向科技部拟申请了2011年度长株潭预拨节能与新能源汽车示范推广财政补助资金23560万元，拟完成示范推广700辆新能源汽车（其中：混合动力公交车400辆，纯电动公交车200辆，纯电动出租车60辆，纯电动特种车40辆）。2010年7月财政部向湖南省财政厅拨付了2011年度节能与新能源汽车示范推广中央财政补助资金预拨款21635万元。

三、基础设施建设及运行情况

2010年5月，长沙市启动了节能与新能源汽车的配套充电场（站）建设工作。2个充电场（站）分别位于汽车西站和汽车东站，每个场（站）一次可供15台纯电动汽车充电，目前均已全面竣工，即将投入使用。这两座充电站就是专门为电动公交大巴“量身定制”的，共配置30台充电机，可同时为30台以上车辆提供充电服务。充电站的汽车试点已确定的示范公交线路为17路（汽车西站至汽车南站），以及126路（长沙火车站至汽车东站）。长沙还将在大托镇建设1座社会充电站，为电动社会服务车辆和家用电动轿车提供充电服务，目前已完成项目可行性研究评审及初步设计评审，处于建设中。另外，长沙市在2011年初建好29个充电桩，地点在电业局营业厅（田汉大剧院）附近。株洲市与省电力公司签订了建设首期2个综合充电站的协议，此项工作正在筹备中。

四、节能与新能源汽车项目投融资及建设情况

经过“十五”开发和“十一五”的发展，湖南省混合动力汽车、纯电动汽车整车研发能力由弱变强，其中南车时代电动汽车公司电动汽车产业化基地一期工程2008年5月竣工投产，具备年产混合动力客车3000台、电气系统1万套的制造能力，成为长株潭电动汽车整车及关键零部件的龙头企业，为长株潭发展电动汽车产业打造了很好的平台，完成了混合动力汽车、纯电动汽车功能样车、性能样车和产品样车试制，并已投入1000多辆示范运营。2010年9月长沙比亚迪K9纯电动公交车的下线，是湖南省新能源汽车产业发展的又一标志性成果。长沙市率先在全省推广比亚迪纯电动公交车，对推动湖南省战略性新兴产业培育发展和两型社会建设具有十分重要的意义。湖南吉利汽车工业有限公司是吉利汽车在湖南湘潭的制造基地，其重点发展目标是依托湖南电动汽车技术和产业的雄厚基础，开发制造混合动力轿车。目前，已完成混合动力功能型样车开发、工装系统总成及样车试制、总成性能可靠性试验及整车道路性能及可靠性试验，小批量试生产，并投入示范性使用。

五、节能与新能源汽车产业基地及园区建设情况

按照“区域发展、突出特色”的原则，重点扶持长沙、株洲、湘潭等市打造特色鲜明的电动汽车产业链，包括整车和基于各种类型的混合动力汽车用驱动动力系统平台（包括内燃机、发动机、驱动电机、电机控制器、DC－DC变换器、自动变速箱、动力电池组、电池管理系统等），抢占市场制高点，全面提升核心的系统配套能力。引导电动汽车各企业相对集中发展，推进各市特色产业集群形成，

兴起一批电动汽车整车企业、汽车电子企业、电池研发生产企业、汽车电机企业、充电设备企业，全面形成具有综合竞争的电动汽车产业。

长沙：重点发展电动乘用车整车、材料和电池，如锂镍钴锰氧、锰酸锂、磷酸铁锂、三元复合材料、泡沫镍、氢氧化镍、氧化锰等能源材料，镍氢动力电池、锂离子动力电池、超级电容电池等新能源器件，大力扶持动力电池以及电源管理系统的研究开发与产业化，目标成为我国新能源材料与器件产业化基地。

株洲：重点发展电动公交车、景区观光车、微型车，同时要突出发展电动汽车电气系统总成、电动化底盘、关键零部件等产业，成为我国综合能力最强的电动汽车整车及关键零部件产业化基地。

湘潭：重点发展混合动力轿车和驱动电机系统。

六、主要扶持政策及措施

制定了《湖南省电动汽车中长期发展规划》、出台了《湖南省人民政府关于支持电动汽车产业发展的若干意见》文件，文件明确湖南省建立电动汽车产业发展专项资金1.25亿元。长沙市设立了1亿元的公共汽车更新维护资金，并设立了每年1000万元的节能与新能源汽车专项资金。株洲市提出了《株洲市城区公交车辆电动化三年行动计划》，在2009—2012年将投入6000万元，实现在2012年城区公交车辆全部电动化，建成全球首座“全电动公交城”。湘潭市设立了1000万元/年的节能与新能源汽车示范推广专项资金。出台《关于长株潭节能与新能源汽车示范推广首批500台车辆运营维护的资金补助意见》，成立了以省委副书记、省长周强为领导小组组长的湖南省汽车工业发展领导小组，明确提出将重点培育扶持汽车骨干企业，并在汽车产业用地、销售、技术创新等方面出台一揽子扶持措施，为本土汽车产业大发展“保驾护航”。湖南省电动汽车发展环境正不断得到优化，这必将进一步促进正在崛起的湖南电动汽车产业的快速发展。

七、长株潭地区节能与新能源汽车发展规划

湖南省电动汽车产业发展的总体思路是：攻关促部件，部件推整车，整车带示范，示范育市场，市场拉产业，进而把湖南省建设成为国家级电动汽车研发基地、示范运营基地和产业化基地。

电动汽车产业的发展必须以技术创新为基础，通过对三大关键零部件（多能源总成控制系统、电机及其控制系统、电池及其管理系统）及关键技术瓶颈的重点攻关，促进电动汽车系统及关键零部件技术的提升，推动整车技术的不断成熟，以整车技术的成熟带动电动汽车示范运营推广，通过示范带动效应培育电动汽车整车及关键零部件市场，最终拉动整个电动汽车产业的发展，形成完整的技术创新、市场成熟、产业发展的环链。

以优化产业结构和构建产业集群为重点，重点扶持纯电动和混合动力公交车、电驱动系统、动力电池三大领域的研发和产业化，壮大一批具有较强竞争力的电动汽车整车及关键零部件企业，不断提升湖南省电动汽车的自主创新能力和综合竞争力。

总体目标是：通过5年的努力，到2012年实现“121”目标。即混合动力轿车形成年产10000辆的生产能力，混合动力城市客车形成年产2000辆的生产能力，力争实现产值突破100亿元，并在国家“十城千辆”行动计划示范车辆中占有一定的份额，为湖南省电动汽车大规模产业化奠定基础。

建立起较完整的自主创新体系，组建电动汽车产业技术创新联盟。2012年以前，建成电动汽车国家级工程（技术）研究中心或者国家工程实验室。

八、2010年长株潭地区节能与新能源汽车推广情况统计

单位：辆

电动汽车示范推广统计表

车型	乘用车						商用车、专用车						客车						合计
	纯电动汽车	混合动力汽车	插电式混合动力	燃料电池汽车	其他	合计	纯电动汽车	混合动力汽车	插电式混合动力	燃料电池汽车	其他	合计	纯电动汽车	混合动力汽车	插电式混合动力	燃料电池汽车	其他	合计	
2010年	0	0	0	0	0	0	3	0	0	0	0	3	572	0	0	0	0	572	575

昆明市

一、2010 年节能与新能源汽车发展概况

2010 年，在云南省财政厅、科技厅和昆明市节能与新能源汽车领导小组办公室（昆明市科学技术局）等部门的统筹规划下，按照《昆明市节能与新能源汽车示范推广试点工作实施方案》（以下简称《实施方案》）的要求，昆明市全面完成了2010 年度节能与新能源汽车示范推广计划的采购任务，相关示范运行工作得到稳步推进，同时昆明市节能与新能源汽车产业化进程也获得了一定发展。

二、节能与新能源汽车示范推广工作进展情况

(一)混合动力出租车运行及推广工作

2010 年7 月8 日，昆明中北交通旅游（集团）有限公司成功竞拍获得了50 辆节能与新能源出租车经营权。截至2010 年12 月31 日，首批采购的50 辆重庆长安志翔中度混合动力出租车已经全部到位并投入示范运营。

(二)公交客车招标采购及示范运行情况

2010 年8 月12 日，昆明市公交集团公司全面完成了2010 年度《实施方案》计划的100 辆电动公交客车招标采购工作，分别向厦门金旅、苏州金龙、厦门金龙、郑州宇通、广汽客车、北汽福田、南车时代及杭州青年8 个厂家订购了98 辆油电混合动力公交客车，向北汽福田订购了2 辆纯电动公交车客车，截至2010 年12 月31 日，大部分车辆已经投入示范运营。

(三)公务车采购工作

2010 年11 月30 日，按计划完成了2010 年度节能与新能源公务车的采购工作：中共昆明市市委机关车队采购长安志翔混合动力轿车1 辆、昆明市人大常委会办公厅采购长安志翔混合动力轿车1 辆、昆明市市政府办公厅采购长安志翔混合动力轿车2 辆、昆明市市级机关事务管理局采购长安志翔混合动力轿车1 辆，截至2010 年12 月31 日，全部车辆已投入示范运行。

(四)LNG 液化天然气汽车推广情况

在推广混合动力汽车和纯电动汽车的同时，昆明市也在积极推广代用燃料汽车，2010 年3 月17 日，昆明公交公司50 辆LNG 天然气汽车正式上线投入使用；2010 年11 月26 日，10 辆CNG 天然气汽车正式上线投入使用。

三、基础设施建设及运行情况

为做好昆明市纯电动汽车的配套服务工作，云南电网建设的云南首个纯电动汽车充电站盘龙电动汽车充电站建成启动。充电站总占地面积约1000 平方米，配电容量1250 千伏安，站内设有10 个直流充电桩和8 个分布式交流充电桩，可同时为2 辆大型电动汽车、16 辆小型电动汽车充电。另外，昆明市供电局已经建设完成1 个充电站、150 个充电桩，并为公交集团建设了2 个电动公交车的专用充电桩，以满足上线运行的2 辆电动公交车的充电要求。

2010 年3 月17 日，昆明市第一座液化天然气加气站正式投入使用，作为样板为公交车提供燃气服务，这个加气站平均每天可以为50 辆公交车加天然气燃料，目前加气站和LNG 天然气公交车运行良好。

四、节能与新能源汽车项目投融资及建设情况

(一)企业节能与新能源汽车项目投融资情况

车用锂电池研发投入约2000 万元，金属燃料电池研发投入约2000 万元、整车研发投入约1000 万元，其他研发投入约800 万元。

(二)昆明市节能与新能源汽车产业建设情况

昆明市东风云南汽车有限公司和云南美的客车制造有限公司已研发纯电动客车样车，昆明船舶集团公司已研发增程式混合动力客车，集成了具有高原应用特点的发动机、电动机、电池、发电机等核心部件及其控制系统，初步形成了具有自主知识产权的增程式混合动力客车整车技术。纯电动客车和增程式混合动力客车均开展了试验运行考核，取得了良好的运行效果，本地电动汽车产业已进入申报国家新能源汽车生产企业及产品公告准入程序。

昆明协兴科技有限公司建成了年产磷酸铁锂正极材料125 吨工业化生产线，具备规模化生产能力。云南美的客车制造有限公司与中南大学、昆明理工大学合作，掌握了金属燃料电池和磷酸铁锂电池的生产技术，拥有国家发明专利和实用新型专利15 项，已生产出金属燃料电池样件，具备规模化生产能力。

云内动力股份有限公司的D16TCI/D19TCI/D25TCI 电控高压共轨柴油机已具备年产20 万台的产业化能力并批量投放市场，先进柴油机混合动力系统作为混合动力客车的增程器，已在昆明船舶公司、南车时代、杭州青年、上海申沃、苏州金龙、清华大学等国内多家企业和高校的增程式混合动力客车上进行搭载试验，取得了良好的性能效果。

昆明电机厂有限公司与昆船公司合作，积极组织开发电动机产品，设计和试制了功率为55kW 和90kW、驱动力矩达1146N · m的车用电动机和发电机，通过在增程式混合动力客车上进行搭载试验的效果良好。拟新增或转产形成电动汽车配套电机生产线，实现年产1 万台的生产规模。

以昆明理工大学为主要承担单位的国家高技术研究发展计划（863 计划）重大项目定向课题“高原地区新能源汽车运行考核及适配技术研究”顺利开展，为提升和优化混

合动力汽车在高原的运行效果提供了试验数据和技术支持。

五、节能与新能源汽车产业基地及园区建设情况

2010年3月30日，昆明市组织节能与新能源汽车相关企业和高校成立了“昆明市节能与新能源汽车产学研联盟”。昆明市李茜副市长，戴永年院士，市科技局、交通运输局、市政公用局、城市管理局、环保局、机关事务管理局、邮政局、安监局、公交集团、出租车行业协会等主要领导出席了“昆明市节能与新能源汽车产学研联盟”授牌仪式。由北京理工大学成立“新能源电动汽车合作研究基地”、昆明理工大学成立“节能与新能源汽车动力电池及关键材料研究中心”和“节能与新能源汽车动力系统研究基地”、昆明船舶设备集团有限公司成立“高原型新能源汽车（油电混合动力）整车研发基地”、东风云南汽车有限公司成立“高原型新能源汽车（纯电动车）整车研发基地”、云内动力股份有限公司成立“节能与新能源汽车混合动力及代用燃料发动机研发基地”，进一步夯实高原节能与新能源汽车在昆明的产品研发基础。

六、主要扶持政策及措施

按照“统筹资源、突出重点、多方筹措”的思路，以财政政策鼓励昆明市新能源汽车示范推广，自2009—2012年度，由昆明市本级财政安排补助资金共计13120万元，按《实施方案》年度计划实施节能与新能源汽车的推广、示范、运营和维护保养等专项补贴。由昆明市财政局、昆明市科技局颁发了《昆明市节能与新能源汽车示范推广财政补助资金管理办法》，云南省财政厅和云南省科技厅也对节能与新能源汽车的示范推广和产业化发展给予了大力支持。

七、昆明市节能与新能源汽车发展规划

昆明市将严格按照《实施方案》的要求开展节能与新能源汽车示范推广工作，2011年将采购200辆混合动力公交车、50辆中度混合动力出租车、5辆中度混合动力公务车以及5辆纯电动环卫车或邮政车；2012年将采购350辆混合动力和纯电动公交车、100辆中度混合动力出租车、10辆中度混合动力公务车以及20辆纯电动环卫车或邮政车，到2012年底昆明市将实现公交、出租、公务、环卫和邮政等领域1000辆节能与新能源汽车的应用规模。

八、2010年昆明市节能与新能源汽车推广情况统计

单位：辆

电动汽车示范推广统计表

车型	乘用车						商用车、专用车						客车						合计
	纯电动汽车	混合动力汽车	插电式混合动力	燃料电池汽车	其他	合计	纯电动汽车	混合动力汽车	插电式混合动力	燃料电池汽车	其他	合计	纯电动汽车	混合动力汽车	插电式混合动力	燃料电池汽车	其他	合计	
2010年	50	0	0	0	0	50	5	0	0	0	0	5	0	83	60	0	0	143	198

注：表内数据为2010年12月以前已投入示范运行的车辆(2009年采购的车辆全部在2010年到位)，2010年采购但2011年才到位的车辆未计入表内。

南昌市

一、2010年节能与新能源汽车发展概况

汽车工业是南昌市的支柱产业。南昌市拥有汽车工业企业近80家，其中制造企业4家，专用车生产企业3家，主要汽车零部件生产企业70余家。产业从业人员达3万余人，总资产210亿元，完成工业增加值60亿元，实现主营业收入300亿元，实现利税45亿元。已形成年产22万辆的能力。南昌市拥有新能源汽车生产资质的企业有3家。

在列入试点城市以后，南昌市新能源汽车产业发展迅速。目前，江铃汽车集团、南昌大学、福瑞德科技有限公司、江西凯马百路佳客车有限公司等单位均在积极研发和生产节能与新能源汽车并已取得初步成果，南昌市已有6个新能源汽车产品纳入了国家节能与新能源汽车示范推广应用工程推荐车型目录（其中江铃汽车集团5个、江西凯马百路佳客车有限公司1个），以应用促发展的产业推动政策在南昌市初见成效。

二、节能与新能源汽车示范推广工作进展情况

2009年1月24日，南昌市被列入首批13家节能与新

能源汽车示范推广试点城市。在科技部、财政部等部委的指导、市领导小组统一领导下，南昌市各有关部门、示范应用单位、汽车制造企业、大学和研究单位积极参与，共同推进示范应用工作的开展。目前已建立了完善的节能和新能源汽车应用推广组织管理体系，制定了南昌市节能与新能源汽车产业发展规划和相关扶持政策。2010年，分两批推广应用了300辆节能与新能源汽车。其中，混合动力公交车70辆、混合动力出租车200辆、混合动力公务车30辆。经过将近十个月的示范运行，南昌市新能源汽车运行平稳，社会反映良好，取得了较好的示范效果。

新能源汽车让南昌人真切体会了低碳生活带来的清新感受。同时，南昌市市政府的高度重视和工程的有效推动在南昌市汽车制造和交通领域产生了很大影响，消除了部分应用单位对使用新能源汽车的顾虑，提振了江铃集团等南昌市重点汽车制造企业开展新能源汽车研发和产业化工程的信心。

三、基础设施建设及运行情况

南昌市加大力度推进了配套基础设施的建设。一是位于南昌市高新区首座充电站已于2010年底完成建设。第二个充电站的选址已初步落实，目前正在办理规划及土地报批手续。二是完成了105个充电桩的建设。今后将根据南昌市纯电动汽车的投放进度同步配套安装。三是完成了3个新能源汽车维修服务站的配置。基本保障了南昌市新能源汽车的正常运行。四是南昌市节能与新能源汽车示范运行管理信息平台已经完成了平台系统的软件设计和车载终端的开发。

四、节能与新能源汽车项目投融资及建设情况

南昌市节能与新能源汽车重点规划项目表

序号	项目单位	项目名称	投资额（万元）	效益（万元）		产能或规模
				年销售收入	年创利税	
1	江铃控股有限公司	新能源汽车动力传动系统建设项目	21600	42700	6611	年产4万套
2	江铃控股有限公司	新能源轿车项目	5000	125000	7500	年产陆风纯电动车、混合动力轿车1万辆
3	江西昌大科技创新发展有限公司	电动汽车动力模块产业化项目（一期）	5000	60000	13950	年产3万套
4	江铃新动力汽车制造有限公司	新能源轻卡、中巴建设项目	4000	120000	6400	年产2000辆
5	江铃汽车集团改装车有限公司	新能源全顺商务车建设项目	4000	90000	7000	年产1000辆
6	江铃汽车集团改装车有限公司	新能源匹卡工程车建设项目	3000	65000	4500	年产1000辆
7	江西凯马百路佳客车有限公司	新能源客车	5000	28000	1800	年产400辆
8	江西消防车辆制造厂	新能源公交客车	3000	15000	1000	年产200辆
9	南昌福瑞德科技有限公司	新能源轿车	5200	50000	3500	年产5000辆
10	南昌福瑞德科技有限公司	1万套（10～80千瓦）动力电机和电机控制器项目	3413	20000	2200	年产1万套
11	南昌福瑞德科技有限公司	1万套纯电动汽车专用自动变速箱项目	1797	7000	800	年产1万套
12	南昌福瑞德科技有限公司	1万套整车智能控制系统项目	1475	3500	400	年产1万套
13	江西美亚能源股份有限公司	磷酸铁锂动力电池产业化项目	15000	32000	6800	年产锂离子动力电池4000万安时
		合计	77485	658200	62461	

五、节能与新能源汽车产业基地及园区建设情况

位于南昌市小兰工业园的“江西省汽车零部件产业基地”总规划面积7平方公里，其中整车项目占地2平方公里，汽车零部件产业基地占地3.7平方公里，汽车产业配套商贸商住区规划占地1.3平方公里。目前，总投资40亿元的江铃股份20万辆整车项目和总投资20亿元的江铃控股年产8万辆CV系列乘用车项目都已陆续开工建设，全部建成投产后年产值将超过500亿元。

六、主要扶持政策及措施

为落实国家关于开展节能与新能源汽车示范推广工作的有关精神，南昌市踏实做好示范车辆推广工作，积极营造政策环境。目前，新能源汽车示范推广工作已经作为南昌市低碳经济城市建设和江西省鄱阳湖生态经济区建设的重要内容。

在加强政策引导方面，南昌市积极出台相关优惠政策，加大对新能源汽车研发、产业化和示范应用的支持力度。已经制定并出台了《南昌市节能与新能源汽车产业发展规划》《关于扶持节能与新能源汽车产业发展的若干政策措施》和《南昌市公务用车推广应用节能与新能源汽车暂行办法》《南昌市节能与新能源汽车产业发展与示范推广专项资金管理暂行办法》等政策文件。同时，南昌市设立了“南昌市新能源汽车产业发展与示范推广专项资金”明确从2009年起，南昌市财政每年安排不低于2000万元，四年共筹集不低于8000万元专项资金，支持新能源汽车的产业发展、示范应用和配套服务设施建设。目前，作为示范推广应用单位享受的市级主要特别优惠政策有：

1. 采购90万元以上新能源公交车享受市级15万元补贴，90万元以下享受20%国家补贴配套。

2. 新能源出租车采用新增指标方式推广并配套传统出租车指标。

3. 新能源公务车采用新增指标方式推广并给予30%国家补贴配套。

4. 无偿划拨土地建设电动汽车充电站。

5. 南昌市政府划拨146万元支持新能源汽车信息化管理平台建设等。

七、南昌市节能与新能源汽车发展规划

(一)发展思路

坚持开放与加快自主发展相结合，通过与国内外大集团的战略合作，以及国内各省市节能与新能源汽车产业联盟的合作，实现资源上的优势互补和共享、技术上的借鉴与融合。充分用好用足省内节能与新能源汽车相关优势资源，以示范应用工程为引导，市场拉动、科技支撑、政策扶持为手段，以混合动力、纯电动汽车及其关键零部件为突破口，加速节能与新能源汽车的产业化进程，尽快形成较为完善的节能与新能源汽车产业链，节能与新能源汽车整体技术水平达到国内先进水平。以节能与新能源汽车的发展，优化汽车产业、产品结构，提升南昌市汽车产业的自主创新能力和核心竞争力，积极参与国内外市场的竞争，使南昌市节能与新能源汽车产业走上持续、快速、健康发展的轨道。

(二)发展目标

1. 产能目标

(1) 整车：至2012年，达到节能与新能源汽车年产1万辆的能力，实现销售收入35亿元。到2015年形成节能与新能源汽车年产3万辆的能力，产销量占到全国市场的6%。其中出口纯电动微型轿车5000辆。

(2) 关键零部件：到2015年形成年产动力模块3万台套的能力，锂离子单体动力电池产能达5000万安时，节能与新能源汽车动力传动系统产能达4万台套。

2. 经济目标

到2015年全市节能与新能源汽车及关键零部件销售收入达100亿元（其中出口创汇5亿元）。工业增加值达25亿元，利税总额15亿元。

3. 技术目标

规划期内，坚持技术跟踪与技术创新相结合、自主创新与技术引进相结合，大力发展具有自主知识产权的节能与新能源汽车关键技术和产品，形成一定的节能与新能源汽车关键技术储备，形成较为完善的节能与新能源汽车产业链，节能与新能源汽车整体技术达到国内先进水平。

4. 重点企业发展目标

(1) 江铃汽车集团改装车有限公司将形成年产1000台全顺纯电动商务车的能力、年产1000台纯电动皮卡工程车的能力。

(2) 江铃新动力汽车制造有限公司形成年产1000台纯电动轻卡、1000台纯电动中巴的能力。

(3) 江铃控股形成年产5000辆风华纯电动轿车、年产5000辆风尚混合动力车的能力。

(4) 江西凯马百路佳客车有限公司形成年产400辆纯电动与混合动力城市（公交）客车的能力。

(5) 江西消防车辆制造厂形成年产200辆纯电动与混合动力城市（公交）客车的能力。

(6) 江铃控股有限公司将形成年产4万台节能与新能源汽车动力传动系统的能力。

(7) 南昌福瑞德科技有限公司在2015年前形成年产1万台套电动汽车关键零部件，包括电机、电机控制系统、自动变速箱和整车智能控制系统的能力，5000台各类型纯电动汽车整车制造的能力。

(8) 江西昌大科技公司将形成年产3万台套电动汽车

动力模块的能力。

(9) 江西美亚能源股份有限公司形成年产4000万安时磷酸铁锂动力电池的能力。

八、2010年南昌市节能与新能源汽车推广情况统计

单位:辆

车型	电动汽车示范推广工程																		
	乘用车						商用车、专用车						客车						合计
	纯电动汽车	混合动力汽车	插电式混合动力	燃料电池汽车	其他	合计	纯电动汽车	混合动力汽车	插电式混合动力	燃料电池汽车	其他	合计	纯电动汽车	混合动力汽车	插电式混合动力	燃料电池汽车	其他	合计	
2010年	0	230	0	0	0	230	0	0	0	0	0	0	0	70	0	0	0	70	300

天津市

一、2010年节能与新能源汽车发展概况

天津市汽车产业经过多年发展，现已形成以一汽丰田、一汽夏利两家公司为核心，集整车、各类改装车和汽车零部件研发、生产、贸易为一体的较为齐全的汽车工业体系。天津汽车工业基础为新能源汽车工业提供了发展前提，形成了从原材料、关键零部件、整车到汽车检测等较为完备的新能源汽车产业链。特别是天津市滨海新区经过多年发展，初步形成了节能与新能源汽车及相关零部件的产业集群。在节能与新能源汽车整车方面，已经具备一定的研发与生产基础。天津清源电动车辆有限公司已经形成电动轿车、电动微、轻型商用车的生产能力生产线，天津一汽夏利正在积极申报节能与新能源汽车产品，南车集团也计划在天津投产混合动力大客车。在关键零部件方面，形成了较为完整的产业研发、生产基地，天津市拥有以力神、比克、捷威为代表的多家实力较强的动力电池企业，并形成了金牛、巴莫、斯特兰等多家规模较大的动力电池原材料生产企业。另外，天津清源电动车辆有限公司以及松正电动科技有限公司已经具有电动汽车驱动及控制管理系统的生产能力，其产品已经与奇瑞等多家骨干汽车企业配套。

二、节能与新能源汽车示范推广工作进展情况

在天津市市委、市政府的积极推动及各示范运行成员单位的共同努力下，天津市节能与新能源汽车示范推广工作取得了较大进展，顺利完成了《天津市节能与新能源汽车示范推广实施方案》确定的2010年度计划任务。2011年公交、公务、特定区域三个板块示范运行新能源车总数量已达到214辆，超额完成2010年度150辆示范推广的任务，同时基础设施建设、国家科技支撑计划课题申请及国家补助资金方面也取得了重要进展。

(一)公交车

2010年度，天津市公交车领域共示范运行122辆节能与新能源汽车（市公交集团40辆、泰达公交82辆），运行里程达到148万公里，参加示范运行的单位是天津市公交集团和滨海新区公共交通有限公司。

(二)公务用车

2010年度，天津市公务用车领域共示范运行42辆纯电动车。市电力公司示范运行纯电动车22辆，包括纯电动专用车20辆，纯电动工程车2辆。市邮政局示范运行20辆纯电动汽车，包括普邮投递17辆、特快投递1辆、营销和邮件揽收2辆。从运行情况看，车辆可靠性和技术水平仍有待提高。

(三)特定区域用车

2010年度，在特定区域用车方面，市交通集团为服务达沃斯已投入运行50辆纯电动大客车。同时，为探索纯电动大客车长期运营模式，交通集团在中新生态城投资建立"天津交通巴士公司"，为中新生态城区域内提供绿色环保清洁的公交客运服务。

(四)运行服务数据监测平台建设

按照国家要求，示范城市必须建立运行服务数据监测平台，对车辆运行状态进行实时监测。天津市申报的国家科技支撑计划《天津市电动汽车规模示范信息化管理平台建设及动力总成控制系统开发与应用》已经得到科技部的正式批复。该项目主要是建立由车载信息终端到示范推广办公室中央监控服务器的传输平台，实时采集示范城市投入运行的各类节能与新能源汽车的里程、车速、工况、故障、能耗、位置、零部件状态等基础数据，实时监控各类样车的运行状况，并将数据与国家监测平台有效对接。下一步天津市将进行数据监测平台的具体软硬件开发与采购工

作，2011 年年底将初步对部分运行车辆实施监测。

三、基础设施建设及运行情况

2010 年，天津市共完成了 5 座充电站和 100 个交流充电桩的建设应用。 5 座充电站的选址主要分布于城东、东丽、滨海等供电区域，包括：普济河道大型充电站、华明镇大型充电站、孟港后中型充电站、检修基地中型充电站、中新生态城大型充电站。 100 个交流充电桩覆盖全市范围内分布安装，选址主要包括：供电营业厅门前、繁华地区停车场、居民示范小区、旅游景点等。

四、2010 年天津市节能与新能源汽车推广情况统计

单位：辆

电动汽车示范推广统计表

车　型	乘用车						商用车、专用车						客　车						合　计
	纯电动汽车	混合动力汽车	插电式混合动力	燃料电池汽车	其他	合计	纯电动汽车	混合动力汽车	插电式混合动力	燃料电池汽车	其他	合计	纯电动汽车	混合动力汽车	插电式混合动力	燃料电池汽车	其他	合计	
2010 年	0	0	0	0	0	0	42	0	0	0	0	42	50	122	0	0	0	172	214

郑州市

一、2010 年节能与新能源汽车发展概况

2010 年，郑州市共投入节能与新能源汽车的研发和产业化资金 18063 万元，列入节能与新能源汽车产品公告 16 项，实现节能与新能源汽车产业产值 3 亿元。

二、节能与新能源汽车示范推广工作进展情况

2010 年，郑州市示范推广节能与新能源汽车 152 辆，其中客车 50 辆，公务车 35 辆，行业工程用车 17 辆，其他纯电动汽车 50 辆。 新建纯电动汽车充电柱（柜）40 个，节能与新能源汽车维护服务站 4 座。

三、基础设施建设及运行情况

2010 年，郑州市投资 3178 万元，建设商都路大型充电站 1 座，并投入试运行。

四、节能与新能源汽车项目投融资及建设情况

2010 年，郑州市共投入节能与新能源汽车购车资金 12342 万元，充电站、充电桩等配套建设资金 3254 万元。扶持节能与新能源汽车产业发展资金 5676 万元。

五、节能与新能源汽车产业基地及园区建设情况

2010 年，依托快速制造国家工程研究中心，由河南机电学校、鹏昆科技（上海）有限公司斥资共同筹建了龙瑞新能源汽车生产基地（河南龙瑞新能源汽车有限公司）。

六、主要扶持政策及措施

2010 年 9 月 27 日，河南省人民政府出台《关于支持电动汽车产业发展的若干意见》。

2010 年 1 月 17 日，郑州市人民政府出台《关于加快电动汽车产业发展的意见》。

2010 年 1 月 17 日，郑州市人民政府印发《关于印发郑州市电动汽车示范运营方案的通知》。

七、郑州市节能与新能源汽车发展规划

2010 年 11 月 18 日，河南省人民政府出台《河南省电动汽车产业发展规划(暂行)》。

2010 年 1 月 17 日，郑州市人民政府出台《郑州市汽车产业发展专项规划》。

八、2010 年郑州市节能与新能源汽车推广情况统计

单位：辆

电动汽车示范推广工程

车　型	乘用车						商用车、专用车						客　车						合　计
	纯电动汽车	混合动力汽车	插电式混合动力	燃料电池汽车	其他	合计	纯电动汽车	混合动力汽车	插电式混合动力	燃料电池汽车	其他	合计	纯电动汽车	混合动力汽车	插电式混合动力	燃料电池汽车	其他	合计	
2010 年	77	0	0	0	0	77	25	0	0	0	0	25	25	25	0	0	0	50	152

厦门市

一、2010 年节能与新能源汽车发展概况

2010 年 5 月 31 日，国家科技部等四部委正式批复并授予厦门市为第二批“十城千辆”节能与新能源汽车示范推广应用工程试点城市。2010 年 11 月 15 日，厦门市人民政府批准了《厦门市节能与新能源汽车示范推广试点实施方案》（以下简称《实施方案》）。根据该实施方案，到 2012 年厦门市在公交、公务、邮政等公共服务领域推广各类节能与新能源汽车共 1010 辆，其中公交车 430 辆。中央财政给予购车补贴 2.111 亿元，市财政给予补贴 1770 万元。

二、节能与新能源汽车示范推广工作进展情况

2010 年厦门市共有 40 辆新能源汽车投入使用，包括 37 辆混合动力公交车和 3 辆纯电动汽车。具体包括厦门金龙联合汽车限公司生产的 17 辆混合动力公交车和金龙旅行车有限公司生产的 20 辆混合动力公交车，这 37 辆混合动力公交车由厦门公交集团有限公司公司购置投入公交运营；郑州日产汽车有限公司生产的 3 辆东风牌纯电动汽车，由厦门电业局购置作为业务用车。与此同时，积极探索新型商业推广模式，由专业化公司运作开展纯电动汽车的租赁业务等。

三、基础设施建设及运行情况

为了配合新能源汽车的运营，厦门市在 2010 年推进了相关配套设施建设。2010 年 8 月 25 日，全省首座中型公用充电站在厦门投运；同时，在厦门市思明、湖里、海沧三个区供电营业厅及部分小区停车场、公共停车场建成 76 个交流充电桩。

四、节能与新能源汽车产业基地及园区建设情况

节能与新能源汽车示范试点工程的实施，带动了厦门市一批具有自主品牌的新能源汽车整车和相关配套零部件企业的发展，厦门市组织的电动汽车联合攻关重大科技专项正在实施当中，内容涵盖整车、电池、材料、电控等各领域。新能源汽车推广应用工作也推进到商业化运营阶段，初步形成了集研究开发、示范推广、商业运营于一体的多方位产业化格局，电动汽车产业链略具规模。

五、厦门市节能与新能源汽车发展规划

为尽快实现推广 1000 辆新能源汽车的目标，2011 年厦门市进一步明确思路，加大推广力度，并制订了清晰的计划。全年计划采购新能源汽车 409 辆，其中混合动力客车 152 辆（大型公交车 140 辆；大型客车、通勤车 12 辆）、用于公共服务领域的纯电动乘用车（含插电式）237 辆以及纯电动大型公交车（含插电式）20 辆。2011 年，将在思明、集美区建设 2 座电池更换站，在厦门 6 个行政区新建 200 个交流充电桩（其中思明区 50 个、其他 5 个区各 30 个），计划在 2011 年年底投入使用。同时安排 5000 万元购买动力电池及相关设备。

六、2010 年厦门市节能与新能源汽车推广情况统计

单位：辆

车型	电动汽车示范推广工程																		
	乘用车						商用车、专用车						客车						合计
	纯电动汽车	混合动力汽车	插电式混合动力	燃料电池汽车	其他	合计	纯电动汽车	混合动力汽车	插电式混合动力	燃料电池汽车	其他	合计	纯电动汽车	混合动力汽车	插电式混合动力	燃料电池汽车	其他	合计	
2010 年	0	0	0	0	0	0	3	0	0	0	0	3	0	37	0	0	0	37	40

苏州市

一、2010 年节能与新能源汽车发展概况

2010 年 1 月 20 日，苏州市举行了新能源混合动力公交车试运营启动仪式，两台分别配置了串联和并联技术的新能源公交车正式投入实运营。经过几个月试运行，在不断提高新能源公交车的技术性能和稳定性的基础上，2010 年 5 月、9 月和 10 月又陆续投入新能源公交车进行示范运行。到 11 月底，共投入示范运营车辆 41 辆，其中：油电混合动力 39 辆、纯电动 2 辆、示范运营公交线路 6 条。油电混合动力公交车累计示范运行里程 347164.5 公里，累计载客 135.85 万人次，平均故障间隔里程 1710 公里。纯电动公交车累计示范运行里程 4340 公里，累计载客 0.52 万人次。

二、节能与新能源汽车示范推广工作进展情况

2010 年 5 月 31 日，苏州市正式成为“十城千辆”示范推广工程第二批试点城市。苏州市迅速开展工作，截至 2010 年 12 月底，苏州市共投入 41 辆新能源公交车运行，完成既定目标的 41%。在市领导的正确领导以及各相关部门的通力协作下，确定了 2011 年推广目标。截至 2011 年 12 月底，苏州市将完成 400 辆新能源车辆上路运行的目标。

三、基础设施建设及运行情况

2010 年 7 月 15 日邓蔚路电动汽车充换电站破土动工，于 2010 年 9 月 29 日正式投运，成为苏州第一座电动汽车充换电站。该充电站总用地面积约 1790 平方米，总建筑面积约 627 平方米，预留满足 6 辆大型车、6 辆小型车使用的电池充电架和充电机机位，为大、小型车辆提供快捷的更换电池服务。

四、节能与新能源汽车项目投融资及建设情况

2011 年 3 月，清华大学与苏州吴江市合作，成立了清华大学苏州汽车研究院，开展新能源汽车等相关技术和产品研发、技术成果转化、高端人才培养等。目前该研究院的技术方案已在天津、泰安、聊城等多个城市示范应用。

五、主要扶持政策及措施

2011 年 3 月 2 日，市政府第 66 次常务会议明确新能源汽车购车款筹措，并以市政府办公室抄告单（苏府办抄〔2011〕4 号）的形式发布。对于市区 150 辆新能源公交车的购车款，决定按中央财政补贴（中央财政对油电混合动力车的补贴为 25 万元/辆）后，超过 45 万元/辆的差价部分由市财政提供全额贴息和贷款担保；45 万元/辆以内的购车款仍按现行方式筹措。

六、苏州市节能与新能源汽车发展规划

根据《苏州市节能与新能源汽车示范推广实施方案（2010—2012）》要求，到 2012 年，苏州市共发展节能与新能源公交车辆 1000 辆的目标计划，其中 2010 年完成 100 辆，2011 年完成 300 辆，2012 年完成 600 辆。

七、2010 年苏州市节能与新能源汽车推广情况统计

单位：辆

车型	电动汽车示范推广工程																		
	乘用车						商用车、专用车						客车						合计
	纯电动汽车	混合动力汽车	插电式混合动力	燃料电池汽车	其他	合计	纯电动汽车	混合动力汽车	插电式混合动力	燃料电池汽车	其他	合计	纯电动汽车	混合动力汽车	插电式混合动力	燃料电池汽车	其他	合计	
2010 年	0	0	0	0	0	0	0	0	0	0	0	0	2	39	0	0	0	41	41

唐山市

一、2010 年节能与新能源汽车发展概况

自 2010 年 10 月曹妃甸论坛纯电动公交车在唐山开始示范运营以来，已有 10 辆纯电动汽车投入示范运行，从总体情况看，运行状态良好，能够按预定计划正常运行。

二、节能与新能源汽车示范推广工作进展情况

唐山市推广应用电动公交车 10 辆，车型为 10.5 米纯电动大巴，运行线路为曹妃甸工业区 1 号线路。

三、基础设施建设及运行情况

2010 年唐山市由华北电网唐山供电公司建成了国内第一座标准设计的纯电动汽车充电站和 36 个充电桩。唐海县政府负责建立了海天充电站。曹妃甸工业区在企业中建立了快速充电机。

四、节能与新能源汽车项目投融资及建设情况

根据《唐山市节能与新能源汽车示范推广试点城市实施方案》，2010 年唐山市计划推广新能源汽车 130 辆，国家财政预拨补助资金 2295 万元，同时唐山市财政已安排预算补助资金（其中购车补贴 459 万元，科研开发与技术服务 2000 万元，产业贷款贴息 2000 万元）。截至目前，已落实电动公交车 10 辆，车型为 10.5 米纯电动大巴，具体补贴手续正在办理；现正在购买同种车 10 辆。2000 万元科技经费已落实到位，重点支持了唐山市电动车研发中心建设、离子动力电池产业化共性技术研究、磷酸铁锂正极材料关键制备技术研究、唐山市节能与新能源汽车示范推广商业模式研究与示范等一批重点开发和支撑项目；2000 万元产业贷款贴息也已到位，支出 170 万元。

五、节能与新能源汽车产业基地及园区建设情况

唐山市人民政府与上海汽车集团股份有限公司签订了“唐山曹妃甸绿色能源汽车项目合作框架协议”；唐山锂源锂动力电池科技有限公司大容量锂离子动力电池生产线和东风牌电动汽车总成生产线均已投产，金能（唐海）电

池股份有限公司圆柱形动力电池项目已经投产；河北力通能源科技有限公司磷酸铁锂正极材料项目在迁安建成投产，目前已有年产100吨的生产能力。这些项目的落成，为唐山市电动汽车产业发展奠定了坚实的产业基础。

六、主要扶持政策及措施

根据市领导小组要求，由科技经费安排90万元，责成市发改委组织制定“唐山市电动汽车产业发展规划”；由市电动办统一负责国家有关政策的落实，财税部门指定专人具体负责协调办理；同时责成市发改委牵头，工促局、科技局、财政局、交通局配合，针对唐山实际，专门研究制定具体的产业和消费激励引导政策。市财政根据节能与新能源汽车的示范推广试点方案，每年安排相应的专项资金，重点支持购车及电池补贴、产业贷款贴息、新能源汽车维护保养、关键技术研发和技术服务保障等。2010—2012年，安排相应的维护保养补贴：节能与新能源汽车按车辆购置价格2%的标准给予维护保养补贴，不足部分由车辆生产企业和运营单位自筹。

七、唐山市节能与新能源汽车发展规划

逐步完善唐山市节能与新能源汽车示范试点运行的整体规划、运营模式和管理体制。超前规划和建设供能实施。建立健全各项保障措施、规章制度体系、应急方案和协调机制等，建立监控中心，通过远程智能监控系统和高效的保障团队等措施确保车辆正常、安全的运行。

八、2010年唐山市节能与新能源汽车推广情况统计

单位：辆

电动汽车示范推广工程																			
车型	乘用车						商用车、专用车						客车						合计
	混合动力汽车	插电式混合动力	燃料电池汽车	其他	合计		纯电动汽车	混合动力汽车	插电式混合动力	燃料电池汽车	其他	合计	纯电动汽车	混合动力汽车	插电式混合动力	燃料电池汽车	其他	合计	
2010年	0	0	0	0	0	0	0	0	0	0	0	0	10	0	0	0	0	10	10

广州市

一、2010年节能与新能源汽车发展概况

2010年广州市在混合动力与纯电动公交客车、混合动力乘用车、动力电池、电机及配套充电设施等方面加大研发、生产及示范推广的投入力度，促进了广州市新能源汽车产业的发展。

1. 2010年，广州市有4款混合动力及2款纯电动客车上市，实现新能源客车销售150辆。搭载了丰田新一代油电混合动力系统的凯美瑞轿车在广汽丰田成功量产下线。广汽集团首款自主品牌混合动力车型的研发和试制工作有突破性进展，计划于2011年年底上市。

2. 2010年广州市19家新能源汽车关键零部件及配套设施生产企业的销售收入总额超10亿元。

二、节能与新能源汽车示范推广工作进展情况

2010年，广州市利用举办第16届亚运会的契机，全力推进新能源汽车示范推广工作，共示范推广各类新能源汽车360辆，其中混合动力公交客车174辆，纯电动公交客车26辆，混合动力公务车100辆，燃料电池观光车60辆。2010年，混合动力公交客车示范行驶里程787万公里，载客2834万人次；纯电动公交客车行驶里程约40万公里。

三、基础设施建设及运行情况

2010年，广州市建成了1座可满足50辆纯电动公交客车充电规模的大学城充电站、1座可为社会车辆充电的亚运城智能公共充电站、10个慢速充电桩、1个燃料电池汽车加氢基地。其中，大学城充电站占地面积1500平方米，自2010年11月开始运行，其快换车辆更换动力电池时间约在10~15分钟之间，电池充电时间约为90分钟，整车充电充电时间在60~80分钟之间，运行状态良好。

四、节能与新能源汽车项目投融资及建设情况

1. 市财政安排资金4197.09万元建成广州大学城纯电动公交车充电站。

2. 广汽集团自主品牌混合动力汽车研发投入约8000万元。

3. 市财政安排科技专项资金250万元用于亚运会期间节能与新能源汽车的示范运行。

五、节能与新能源汽车产业基地及园区建设情况

根据广东省建设战略性新兴产业基地的统一规划和部署，2010年广州市开始建设四大新能源汽车产业基地。

1. 以番禺区为主要集聚区，涵盖南沙区和海珠区，依

托广州汽车集团乘用车有限公司和广州汽车集团汽车工程研究院，建设“广东省战略性新兴产业基地（广州市自主品牌新能源乘用车）”。

2. 以白云区为主要集聚区，依托广州汽车集团客车有限公司和广州汽车集团汽车工程研究院，建设“广东省战略性新兴产业基地（广州市新能源客车）”。

3. 以增城市为主要集聚区，涵盖萝岗区和黄埔区，依托广汽本田汽车有限公司（增城工厂、黄埔工厂），建设“广东省战略性新兴产业基地（广州增城经济技术开发区电动汽车产业基地）”。

4. 以花都区为主要集聚区，依托龙头企业为东风日产，建设“广东省战略性新兴产业基地（广州市纯电动乘用车）”。

六、主要扶持政策及措施

1. 2010 年 4 月，广州市政府印发《广州市发展新能源汽车行动方案》，作为指导全市新能源汽车产业发展的纲领性文件。

2. 广州市制定了《广州市节能与新能源汽车示范推广试点实施方案（2010—2012）》，计划示范推广各类节能与新能源汽车 2600 辆。

3. 广州市级财政设立节能与新能源汽车示范推广配套资金，规模 8 亿元，主要用于新能源汽车的研发与产业化、示范推广以及基础设施的建设。《广州市节能与新能源汽车示范推广配套资金管理暂行办法（草案）》正在制定中，预计 2011 年可颁布实施。

4. 广州市制定了《关于实施新能源汽车交通管理措施的通知》《广州市节能与新能源公交车辆技术要求（暂行）》《关于我市交通行业发展新能源公交车相关事宜的通知》《广州市电动汽车电池回收管理的通知》等一系列政策文件，确保新能源汽车的示范推广和产业化工作顺利推进。

七、广州市节能与新能源汽车发展规划

广州市新能源汽车的发展规划是争取到 2015 年，建立技术成熟的新能源汽车产品的规模生产条件，形成年产 15 万辆以上新能源汽车综合生产能力。

1. 完成 2 ~ 3 款电动车型平台的开发，自主开发包括混合动力、纯电动车型在内的多种新能源乘用车型，争取到 2015 年自主品牌新能源乘用车年生产能力达到 5 万辆。

2. 引导技术成熟的国外新能源乘用车产品在广州市产业化，争取到 2012 年混合动力版凯美瑞年生产能力达到 3 万辆。

3. 研发生产纯电动大巴、中巴、混合动力 7 ~ 18 米公交客车、LNG9—12 米公路团体车等新能源客车，争取到 2015 年新能源客车年产销量达到 6000 辆。

4. 开发适用于邮政、环卫、物流等特殊要求的新能源专用车底盘，推进节能与新能源技术在专用车改装、生产方面的应用。

5. 开展整车控制器、电动汽车专用底盘、电机系统、电池系统等开发工作，实现动力电池及其管理系统、充电设施及其管理系统、电机等关键零部件及配套设施的产业化。

八、2010 年广州市节能与新能源汽车推广情况统计

单位：辆

车型	电动汽车示范推广工程																		
	乘用车						商用车、专用车						客车						合计
	纯电动汽车	混合动力汽车	插电式混合动力	燃料电池汽车	其他	合计	纯电动汽车	混合动力汽车	插电式混合动力	燃料电池汽车	其他	合计	纯电动汽车	混合动力汽车	插电式混合动力	燃料电池汽车	其他	合计	
2010 年	0	100	0	0	0	0	0	0	0	60	0	60	26	144	0	0	0	170	330

成都市

一、2010 年节能与新能源汽车发展概况

成都市节能与新能源汽车产业以纯电动汽车为发展方向，以规划为先导，稳步推进示范运行，加快配套设施规划建设，大力招商引资，推动电动汽车产业化，各项工作扎实推进，取得了较好成绩。2010 年，成都市首批 10 辆纯电动公交车开展示范运行；建成 3 座充电站、100 个充电桩；制定了扶持电动汽车产业发展的政策，初步制定了充换电配套基础设施布局规划。

二、节能与新能源汽车示范推广工作进展情况

成都市成立了由市政府主要领导任组长的“市节能与

新能源汽车示范推广试点工作领导小组"，统一领导示范推广和产业发展工作；制定了《成都市节能与新能源汽车示范推广试点工作实施方案（2010—2012）》，明确了产业发展和示范推广的总体思路、工作目标和工作重点；引进了投资20亿元的成都瑞华特电动汽车生产基地和电动汽车检测中心项目；组织申报并成功获批国家节能与新能源汽车示范推广试点城市；引进了充电网络系统项目，分别与国网四川省电力公司、中国普天信息产业集团公司签署了战略合作框架协议。截至2010年12月31日，成都市实际投入示范运行的10辆公交车行驶总里程12.7万公里，累计运送乘客60万人次，最大运行里程时的平均能耗约为1.8度电/公里，共节约柴油10.9万升，减少二氧化碳排放约16吨。

三、基础设施建设及运行情况

启动并初步完成全市充换电配套基础设施布局规划的编制工作。先后在高新区石羊场及成华区龙潭街道、武侯区簇桥街道公交场站内建成了3座充电站；在中心城区大型商场、写字楼、政府办公区等专用车停车场建成了100个充电桩。截至2010年12月31日，充电辆次1700次，充电量21.5万度。

四、节能与新能源汽车项目投融资及建设情况

2010年川汽集团生产的野马牌纯电动公交客车、成客公司生产的蜀都牌纯电动公交客车进入工信部《车辆生产企业及产品公告目录》；宝生能源公司镍氢动力电池项目一期已部分生产；重汽王牌、一汽专汽等企业正在研制纯电动专用车，计划于2011年出样车。瑞华特年产3000辆纯电动车、重汽王牌年产1000辆纯电动专用车等项目已做好开工前准备，已于2011年陆续开工建设。

五、节能与新能源汽车产业基地及园区建设情况

编制完成汽车综合功能区总体规划、产业发展规划、土地利用规划、重大交通基础设施规划。围绕产业高端发展和产业集群发展，制定了汽车产业综合功能区投资促进方案。大力推进新能源汽车招商，引进了一批竞争力强、对产业发展具有辐射带动作用的重大项目。

六、主要扶持政策及措施

2010年，制定印发了《关于扶持电动汽车产业发展的意见》，下一步尽快编制出台成都市《电动汽车充换电基础配套设施布局规划》《电动汽车报废电池回收管理办法》《电动汽车运行收费标准》等规范。采取建立工作机制、科学制订方案、促进项目建设、培育龙头企业等措施，推进新能源汽车产业的发展。

七、成都市节能与新能源汽车发展规划

制定了《成都市电动汽车产业化行动方案（2010—2012）》，下一步尽快编制出台成都市《电动汽车充换电基础配套设施布局规划》《节能与新能源汽车"十二五"发展规划》。到2015年，建立起较为完整的节能与新能源汽车产业链，初步实现产业化；掌握整车和关键零部件核心技术，具备自主发展能力，整体技术达到国内先进水平。初步形成与市场规模相适应的基础设施体系。

八、2010年成都市节能与新能源汽车推广情况统计

单位：辆

车型	电动汽车示范推广工程																		
	乘用车						商用车、专用车						客车						合计
	纯电动汽车	混合动力汽车	插电式混合动力	燃料电池汽车	其他	合计	纯电动汽车	混合动力汽车	插电式混合动力	燃料电池汽车	其他	合计	纯电动汽车	混合动力汽车	插电式混合动力	燃料电池汽车	其他	合计	
2010年	0	0	0	0	0	0	0	0	0	0	0	0	10	0	0	0	0	10	10

襄阳市

一、2010年节能与新能源汽车发展概况

2010年7月，财政部、科技部等四部委联合批准襄阳市为国家公共领域节能与新能源汽车示范推广试点城市。2010年12月，国家工信部批准襄阳市为新兴工业化——新能源汽车产业示范基地。

截至2010年年底，襄阳拥有新能源汽车研发和生产的企业及院所30余家，经过市场主导和政府引导，产业链建设和资源配置趋于科学合理，初步形成了整车（纯电动、插电式混合动力公交客车、市政环卫车等电动商用车）及国通青山电池、高新青山电池、骆驼蓄电池，宇清驱动电机、驱动系统、控制器等产业链。

二、节能与新能源汽车示范推广工作进展情况

2010 年 5 月 10 日，襄阳市首批投入了 10 台纯电动公交客车交付市公交总公司，开辟了首条新能源客车示范运营线路。 此次投入示范运营的东风天翼纯电动城市公交客车整车、驱动系统、控制系统、发动机、车桥等主要部件均是由襄阳市的新能源汽车公司生产，全部拥有自主知识产权。

2010 年 9 月 19 日，国家四部委组织专家对包括襄阳在内的第二批新增试点城市《节能与新能源汽车示范推广试点实施方案》进行了论证，并批准实施。

2010 年 12 月 7 日，该市第二批 20 台纯电动公交客车再次交付襄阳市公交总公司，并投入运营，新增示范运营线路 2 条。

三、基础设施建设及运行情况

2010 年 2 月 3 日，襄阳市政府与国家电网湖北省电力公司签订了《推进电动汽车充电设施建设战略合作框架协议》。 根据协议，2010 年国家电网湖北省电力公司将在襄阳市投资 4000 多万元，在城区内兴建两座大型充电站。 2010 年 2 月 3 日，襄阳市政府与国家电网湖北省电力公司签订了《推进电动汽车充电设施建设战略合作框架协议》。 2010 年 8 月 10 日，由国家电网湖北省电力公司投资 1600 多万元兴建的湖北省首座大型新能源汽车充电站正式竣工，并投入运行。 该充电站配有直流充电机 5 台、交流充电桩 8 台，能够同时为 5 台大巴或中巴、8 辆小型轿车充电。 2010 年 10 月，该市第二座总投资 2000 多万元、占地 5.12 亩的三桥北新能源汽车充电站也已开工建设，该座充电站有 6 台交流充电桩和 2 台直流充电桩，能够同时为 8 辆大型车充电。

四、节能与新能源汽车项目投融资及建设情况

2010 年 1 月，引进华人博士苗华春，新注册成立湖北浩锐科技有限公司，主要从事新能源电动汽车电机控制、整车控制、电驱动机械式自动变速系统控制及其软件的设计开发、生产销售等。 该公司建立国内首家基于电驱自动变速的电动汽车整车及电机控制系统设计、测试中心，其技术水平达到同期国际先进水平，生产能力各达到年产 1000 套。

2010 年 5 月，引进上海金翅鹏实业有限公司到襄阳投资，新注册成立了湖北凯希科技有限公司，专业开展新能源汽车空调的研发、生产和销售。 目前，该公司一期已在襄阳高新技术产业开发区征地 50 亩，并已投资开工建设。

五、节能与新能源汽车产业基地及园区建设情况

2010 年 4 月 27 日，襄阳市人民政府与东风汽车公司签订《促进襄阳汽车产业发展战略合作框架协议》。 协议约定在 2010—2015 年期间，双方共同努力把襄阳建设成为 100 万辆级整车和发动机、变速箱、车桥等重要总成及汽车电子等零部件制造基地，东风公司在新能源汽车产业的发展战略中把襄阳确定为新能源汽车研发、生产和检测基地。 2010 年 10 在襄阳国家级高新区占地近 1000 亩的东风新能源车制造基地就在全面开工建设。

2010 年 12 月，国家质量监督检验检疫总局对襄阳市建立国家级动力电池质量监督检验中心工作进行评审，并批准襄阳市筹建国家级动力电池质量监督检验中心。 正在筹建的国家动力电池产品质量监督检验中心以湖北省蓄电池质量监督检验中心为主体建设单位，武汉理工大学、襄樊学院等四家单位协同建设。 襄阳市政府在航空航天工业园划拨 100 亩土地用于中心建设，项目建成后将成为我国动力电池、电驱动控制系统及充电系统零部件产品的检测中心、标准中心和研发中心。

六、主要扶持政策及措施

一是襄阳市市委、市政府出台了《关于发展新能源汽车产业的意见》（襄发〔2009〕14 号），形成了市委、市政府主要领导挂帅，市委、市政府分管领导亲自抓，市科技局、发改委、经信委、汽车办等市直部门全力以赴支持新能源汽车产业发展的格局，为该市新能源汽车产业的健康、快速发展提供了坚强组织保障。

二是襄阳市市委、市政府出台了《关于全面推进自主创新促进经济社会又好又快发展的意见》（襄发〔2010〕4 号），将节能与新能源汽车产业作为襄阳市主要的战略性新兴产业进行重点培育和发展。

三是为了构建新能源汽车产业相关产品公共检验平台，更好地推动襄阳市新能源汽车产业发展，襄阳市政府办公室下发了《关于成立国家动力畜电池产品质量监督检验中心（襄阳）筹建工作领导小组的通知》（襄阳政办发〔2010〕108 号）。

四是为了进一步聚集资源，更好地建设襄阳新能源汽车产业基地，襄阳市政府专题向湖北省政府呈报了《襄阳市人民政府关于请求支持新能源汽车产业基地发展的请示》，并以附件《襄阳市建设新能源汽车产业基地的有关情况》的形式全面汇报了该市在发展新能源汽车产业和建设新能源汽车产业基地所做的工作和取得的成绩。

七、襄阳市节能与新能源汽车发展规划

根据国家和湖北省新能源汽车产业规划和政策，襄阳市制定了“十二五”新能源汽车产业规划，力争用 3 ~ 5 年时间将襄阳建设成为具有特色的国家新能源示范推广试点城市和全省乃至全国的新能源汽车产业基地。 根据《襄阳新能源汽车产业发展规划》，到 2015 年年末，全市新能源汽车产业整车达到 2 万 ~ 5 万辆的产能，形成 11 个系列的整车型谱，包括城市公交车、城际客运、商务接待用车、城市物流车、城乡公交车、城郊客运车、多用途微型车、中高档乘用车、中低档乘用车、观光车、巡逻车、市政特种车等

各种新能源整车，形成完整的新能源汽车零部件配套体系，形成12个系列的零部件产品生产能力，包括磷酸铁钒锂动力电池、铅酸动力电池、驱动电机、电机控制器、电池管理系统、电动空调、电动打气泵、电动真空泵机控制器、电动转向泵、电动转向机、地面充电机、车载充电机、专用变速器等。动力电池达到30亿~60亿安时产能、驱动电机驱动系统和驱动模块（含控制器）达到5万~10万套产能，形成30家以上的产业集群，新能源汽车产业实现产值1000亿元，争创全国新能源汽车示范先进城市。

八、2010年襄阳市节能与新能源汽车推广情况统计

单位：辆

车型	电动汽车示范推广工程																		
	乘用车						商用车、专用车						客车						合计
	纯电动汽车	混合动力汽车	插电式混合动力	燃料电池汽车	其他	合计	纯电动汽车	混合动力汽车	插电式混合动力	燃料电池汽车	其他	合计	纯电动汽车	混合动力汽车	插电式混合动力	燃料电池汽车	其他	合计	
2010年	0	0	0	0	0	0	0	0	0	0	0	0	30	0	0	0	0	30	30

呼和浩特市

一、2010年节能与新能源汽车发展概况

1. 制订了实施方案，成立了领导小组，明确了任务目标。

2. 编写出台政策文件，加大宣传力度，保障试点工作顺利开展。

3. 完成了采购100辆混合动力公交车的初步选型及运营线路安排工作。

二、节能与新能源汽车示范推广工作进展情况

2010年7月份呼和浩特市被列入节能与新能源汽车示范推广工作试点城市以来，市委、市政府高度重视此项工作，立即成立领导小组，王波市长、吕慧生副市长对试点工作进行了全面部署，要求各有关部门密切配合，确保示范推广工作顺利推进，力争打造我国北方高寒高海拔地区节能与新能源汽车运营的示范城市。

三、基础设施建设及运行情况

按照实施方案，呼和浩特市1座充电站建设安排在2012年完成。目前，呼和浩特市已做好充电站相关设施的规划及选址工作。

四、主要扶持政策及措施

呼和浩特市政府制定出台了《呼和浩特市人民政府关于加快推进节能与新能源汽车示范推广工作的意见》《呼和浩特市人民政府关于印发市本级节能与新能源汽车示范推广财政补助资金管理暂行办法的通知》。

五、呼和浩特市节能与新能源汽车发展规划

到2012年年底，全市计划在公交车、市政服务用车和公务用车领域发展节能与新能源汽车600辆，建设充换电站1个、充电柱（柜）15个，建设节能与新能源汽车维保和技术服务网点5个，培养一批节能与新能源汽车监测、评估、管理、维修服务等专业人才，初步形成较为完善的运行保障体系。

沈阳市

一、2010年节能与新能源汽车发展概况

1. 燃气汽车方面：陕京二线天然气、大连LNG、大唐阜新煤制气等气源即将进入沈阳市，沈阳市天然气用气紧张的状况将得到缓解，企业投资天然气汽车行业的热情高涨，在政府的组织下，按照基础设施建设适度超前的原则，加气站项目开展了前期工作，部分落实了外部建设条件。

2. 电动汽车方面：2010年8月，沈阳市被确定为节能与新能源汽车示范推广试点城市，编制了《沈阳市节能与新能源汽车示范推广试点城市实施方案（2010—2012）》，并于9月通过国家财政部、科技部、工业和信息化部、国家发改委四部委组织专家的专家评审。

二、节能与新能源汽车示范推广工作进展情况

2010年9月，市政府成立了以陈海波市长为组长，相关副市长为副组长、各行政部门负责人为成员的领导小

组，下设办公室在市发改委，负责全市节能与新能源汽车示范试点工作及新能源汽车产业发展。

结合沈阳市冬季气候寒冷的实际情况，初期40辆混合动力公交车按照暖库、冷库和露天停车充电3种方式进行试运行，配套建设充电设施。

暖库停车充电运行线路为沈北新区179路公交车，配备混合动力公交车20辆；冷库停车充电运行线路为209路和222路公交车，露天停车充电运行线路为221路和236路公交车，4条线路原有配车数量不变，各增加5台混合动力公交车，运营主体为沈阳客运集团。基础设施建设，由蒲河新城管委会投资850万元，建成辉山交通枢纽站，提供暖库停车充电服务。冷库和露天停车充电利用客运集团现有两处停车场站设施。

电力设施建设由省电力公司负责，主要包括外部线路、充电机和充电配套系统，以及充电监控系统，初步估算投资2600万元。

会同长春市继续推进国家科技部“863计划”沈阳—长春燃气汽车区域合作应用推广示范课题，使燃气汽车向区域化方向发展。

三、基础设施建设及运行情况

基础设施建设，由蒲河新城管委会投资850万元，建成辉山交通枢纽站，提供暖库停车充电服务。冷库和露天停车充电利用客运集团现有两处停车场站设施。

建设了四座为公交车加气的撬装站，开展了两座加气母站和一批加气子站项目的前期工作。落实了沈阳—长春方向两座加气站选址，并开展了可行性研究报告的编制工作。

四、节能与新能源汽车项目投融资及建设情况

沈阳市目前集中了华晨金杯、华晨宝马、上海通用北盛等整车生产企业和18家规模以上汽车零部件企业，近年来节能与新能源汽车产业获得了快速发展。2008年华晨汽车工程研究院成立了独立的新能源开发事业部。微混动力车型目前已投放市场；中华尊驰弱混动力轿车，用于大连达沃斯论坛会议指定服务用车；延程型插电式混合动力轿车，完成功能样车研制；海狮纯电动车型，完成了功能样车的生产，计划小批量定点投放市场。

五、节能与新能源汽车产业基地及园区建设情况

沈北新区正在引进新能源汽车整车及零部件生产企业，拟建成沈阳新能源汽车生产基地，其中五洲龙新能源汽车，主体联合生产厂房已完成工程量的70%，生产仪器设备已完成招标、定购，预计2011年9月底实现首批油电混合动力客车下线。

六、主要扶持政策及措施

需市财政拨付的补贴资金列入2011/2012年城建资金计划；从2011年开始，全市公交车、出租车企业新增、更新车辆必须按一定比例采用节能与新能源汽车。

七、沈阳市节能与新能源汽车发展规划

《沈阳市节能与新能源汽车示范推广试点城市实施方案（2010—2012）》，确定到2012年年底推广新能源汽车1100辆，其中混合动力公交车600辆，混合动力出租车400辆，纯电动公务车100辆；充电站30座，充电桩100个。

八、2010年沈阳市燃气汽车保有量统计

单位：辆

燃气汽车示范推广工程				
车 型	出租车	公交车	其 他	合 计
2010年	14600	2500	1100	18200

湛江市

一、湛江市节能与新能源的开发情况

1. 湛江汽车运输集团有限公司2006年10月申报了国家高技术研究发展计划（863计划）节能与新能源汽车项目“单一燃料LNG公交车运行考核”研究课题，并获得国家科技部的审批立项。2007年9月湛江市制定了《湛江市区公交客运燃料“油改气”试点工作实施方案》（湛交运〔2007〕705号），推进节能与新能源的发展工作，首辆国产化的大型空调液化天然气（LNG）公交车开展了运行试验、研究。

(1) 2008年批量投放了100辆液化天然气（LNG）公交车运行考核，运行情况良好，车辆的动力性、安全性、经济性和环保性非常好，取得了显著的经济效益和社会效益。

(2) 车辆续行里程长。车长10.5米，全程使用28000大卡空调，装用335LLNG气瓶，一次充装可续行520公里。

(3) LNG公交车与同一线路营运同厂牌同吨级的柴油公交车相比，燃料费降低达33%。

(4) 经抽样送检，可延长发动机润滑油周期，节约开支。

(5) LNG发动机气缸活动时磨损轻微，延长发动机使用寿命。

(6) 减少尾气排放污染，降低噪声，保护环境。

通过对LNG公交车排放检验，LNG公交车的废气污染物排放、噪声污染等方面都远远低于同类型柴油汽车，尾气排放中仅一项指标是超过国Ⅲ未达Ⅳ标准，其他指标均

高于国Ⅳ标准，环保效果相当理想。

(7) 动力性与安全性好。坡动力大，车辆完好率达97%以上。

2. 湛江市于2008年批量投放100辆液化天然气（LNG）公交车运行后，已有30多个政府部门和省内外企业来我市交流学习，对推广应用LNG新能源汽车起到了示范作用。

3. 湛江市使用CNG天然气双燃料环保型出租汽车情况。2007年首批投入215辆，2008年投入300辆，2010年投入452辆，共977辆，环保性、动力性和安全性明显提高，经济性可节约30%以上。

二、2010年节能与新能源发展概况

湛江市2010年共投入LNG公交车98辆，其中小公交车50辆，为适应市区道路的需要，与珠海市广通汽车厂共同研制小型LNG公交车投入营运。截至2010年年底共有LNG公交车198辆，投入CNG压缩天然出租车462辆，共有CNG双用燃料出租汽车977辆。

三、充电站、加气站或加氢站建设情况

2007年7月、2008年3月湛江市先后建成两座日加气规模为1500立方的L-CNG加气站，LNG每支枪加注量为60公斤/分钟。2010年又建成了两座L-CNG加气站。目前湛江市有4座加气站同时运营，使用情况基本正常。但目前4座加气站远远未能满足湛江市天然气车发展的需求。由于加气站站点少，现在湛江市CNG出租车及LNG公交车加气排队等候时间长。

四、节能与新能源汽车项目招融资及建设情况

截至2010年年底，湛江汽车运输集团有限公司共投入9360.83万元用于购置液化天然气（LNG）公交车。新能源汽车购置资金主要由企业自筹以及政府补贴解决。

五、主要扶持政策及措施

1. 广东省政府鼓励和引导道路运输企业、城市公交企业大力推广应用节能与新能源汽车，制定了有关节能与新能源汽车推广应用指导意见和发展规划，建立节能与新能源汽车推广应用示范城市，对获得应用示范城市的给予1000万~5000万元专项资金补贴，用于节能与新能源汽车的推广应用。湛江市政府对节能与新能源汽车的推广应用给予大力扶持，2008年湛江汽车运输集团有限公司投入100辆LNG公交车营运时，湛江市政府给予每车15万元共1500万元购车资金补贴；2010年湛江市政府对湛江汽车运输集团有限公司购置的100辆LNG大公交车、50辆LNG小公交车分别给予每辆13.5万元和5.8万元的资金补贴。

六、湛江市节能与新能源汽车发展规划

2011年湛江市被评为广东省节能与新能源汽车应用示范城市。

1. 2011年计划投入液化天然气（LNG）小公交车200辆、CNG压缩天然出租汽车300辆，作为湛江市政府督办事项。

2. 2012年投入液化天然气（LNG）公交车100辆，出租汽车实现全部使用压缩天然气双用燃料环保型出租汽车运行。

3. 截至2015年，湛江市主城区主干线公交车辆实现新能源化。

4. 建设配套的加气站、充电站和充电桩等。

七、2010年湛江市燃气汽车保有量统计

单位：辆

燃气汽车示范推广工程				
车 型	出租车	公交车	其他	合计
2010年	977	198	6	1181

四川省

一、2010年清洁汽车产业发展概况

2010年四川省清洁汽车产业在全国清洁汽车行动领导小组的指导下，从实施可持续发展的实际出发，坚持以调整能源结构为重点，做强做大产业目标，按照“加强组织，规划指导，政策引导，市场运作，有序推进”的工作思路，围绕政策制定，科技攻关，实施规划，试点示范，舆论导向等方面开展工作，取得显著成效。到“十一五”期末，全省累计建成CNG加气站247座，形成除攀枝花市外，覆盖20个市（州）、100余县（市）CNG加气站网络；累计推广应用NGV 25.2万辆、LPG 170辆。NGV占全省汽车保有量7%，推广应用规模位居全国第一。全省形成加气站建设，整车生产，在用车改装，站用和车用装备（装置）制造及设计、施工、检验测试、维修、技术培训和服务的一体化产业体系。产业从业人员达13.5万人，为社会就业创造了新的岗位。累计实现产值275.2亿元，创税利34亿元，节约和替代成品油691万吨，减少汽车尾气污染排放106.3万吨。清洁汽车产业发展取得良好社会经济效益。

二、主要扶持政策及措施

（一）压缩天然气汽车法规制定

根据《中华人民共和国安全生产法》、国务院《城镇燃气管理条例》《特种设备安全监察条例》等相关法律法规的规定，开展了《四川省压缩天然气汽车安全管理办法》的制定，到2010年年末已形成送审稿报四川省政府法制办审定。

（二）LNG 汽车加气站标准制定

由四川省发展和改革委员会和四川省质量技术监督局批准，四川省清洁汽车办公室组织省清洁汽车产业协会和科研设计单位制定了四川省地方标准《液化天然气加气站设计规范》，经四川省质量技术监督局报国家质量技术监督检验检疫局备案，自 2010 年 7 月 1 日起实施。

三、技术进展及研发能力

（一）国家“863 计划”课题研究

由四川省清洁汽车办公室牵头，依托四川省清洁汽车产业协会完成了国家高技术研究发展计划（863 计划）《四川省天然气汽车运行试验与技术考核》课题任务。本课题示范区域规划以成都市为中心，建立 6 条天然气汽车城际运输示范带，覆盖成都、乐山、自贡、泸州、南充、遂宁、绵阳等 11 个地级城市。发展了城际间主干线、区域间加气站网络建设，实现了区域间、城际间天然气汽车的大规模推广应用。示范区主干线加气站占加气站总量的 26.8%，超过 20% 的考核指标；燃气汽车保有量占汽车保有量的 7%，超过 5% 的考核指标；城际 CNG 客运班车占客运班车总量的 32%，超过 20% 的考核指标；非公交 CNG 汽车占 CNG 车总量的 77.5%，超过 40% 的考核指标；示范区燃油替代率 15%，超过 13% 的考核指标。同时研究制定了四川省天然气汽车区域间的发展规划和合作机制；研究建立了四川省区域间天然气汽车组织协调、服务体系；研究了四川省天然气供应现状，建立完善了天然气汽车燃料供应体系；研究建立了区域内天然气汽车营运、安全运行管理体制；开展了区域间天然气汽车运行技术经济分析研究，排放监控和节能减排效果、分析评价；开展了天然气汽车维修保养管理方法与体系的研究；完成了 CNG 汽车示范加气站建设，该站实现了模块化设计，设备成撬集成，工艺设施规范化、标准化；首创双管储气井；采用全站装置自动化管理；高压在线水露点检测仪等科技成果。该课题通过了国家验收专家组的验收。同时，四川省还完成了中型客车用 CNG 发动机研制与开发、东风低排放天然气专用发动机、LNG 站用成套设备的研究开发、CNG 储气井安全检测技术与检测设备的研发、CNG 储气井安全检测技术与系统研究、参与重汽天然气专用发动机开发等 863 课题研究。

（二）十年发展历程编辑出版

在省清汽办领导下，四川省清洁汽车产业协会编辑出版了《四川省清洁汽车产业十年发展历程》一书。回顾了 1999—2008 年四川清洁汽车产业发展历程，总结了十年发展基本经验。该书主要包括领导关怀、管理沿革、政府文件、统计图表、发展大事记、领导讲话、行业发展等篇章。全书约 38 万字，向全省省级相关部门和全省清洁汽车行业发放。

（三）举办座谈会和展览会

自 1986 年四川省率先在全国推广 CNG 汽车以来，一批老同志、老专家作出了突出贡献，2010 年 4 月 8 日，省清汽办委托四川省清洁汽车产业协会邀请部分老同志、老专家参加了《四川省天然气汽车开发老同志座谈会》，广泛听取了老同志、老专家对全省清洁汽车产业科学发展、加快发展的意见和建议。2010 年 4 月 4 日在四川省成都会展中心举办了第四届四川省清洁汽车加气站设备展览会，展示了近年来天然气汽车产业发展的新抚州要、新产品和新成果。

（四）标准宣贯和技术培训

省清汽办委托四川省清洁汽车产业协会开展了相关技术培训会。2010 年 5 月 17—18 日在成都召开了《压缩天然气汽车标准宣贯会》《四川省清洁汽车产业信息系统管理培训会》，宣讲了国家标准 GB／T 18437.1—2009《燃气汽车改装技术要求第 1 部分：压缩天然气汽车》、四川省地方标准 DB／T 929—2009《在用汽车压缩天然气专用装置检验规范》《四川省天然气汽车改装企业管理办法》《四川省天然气汽车装置维修管理暂行办法》《四川省清洁汽车产业信息管理系统》等国家和省相关标准和规定。2010 年 8 月 31 日在成都龙泉驿召开了《四川 CNG 加气站安全技术研讨会》，宣讲了 CNG 加气站气质达标技术要求及安全生产技术措施。2010 年 10 月 20—22 日在四川省峨眉山举行了“四川省天然气汽车高峰论坛”，来自国家科技部燃气汽车专家，西安、海南、福建及四川省的专家进行了演讲，交流了天然气汽车发展方向和重点。

四、“十二五”发展规划编制

自 2010 年二季度起，省清汽办委托四川省清洁汽车产业协会开展了《四川省“十二五”清洁汽车产业发展规划》的编制，经收集各市、州相关情况和调查研究，年末完成了《四川省“十二五”清洁汽车产业发展规划》（提纲送审稿）。2010 年三季度委托西华大学交通与汽车工程学院、四川省清洁汽车产业协会编制《四川省 LNG 汽车推广应用试点实施方案》，广泛征求了相关各市州意见，通过了专家评审。

五、2010 年四川省燃气汽车保有量统计

单位：辆

燃气汽车示范推广工程				
车　型	出租车	公交车	其　他	合　计
2010 年	33000	29000	190000	252000

海南省

一、2010 年节能与新能源汽车发展概况

2010 年海南省发展了 LNG 汽车 184 辆，主要推广海口市及三亚市两个城市。

二、节能与新能源汽车示范推广工作进展情况

海南省推广 LNG 汽车主要为公交车辆，已推广了 184 辆 LNG 汽车公交车。 由于其环保、节能及高效的特点，客户对 LNG 汽车加以赞赏，并计划更新公交车辆均为 LNG 汽车为主。 2011 年海南省将推广 LNG 汽车达到 500 辆。

三、基础设施建设及运行情况

海南省共建设 LNG 汽车加气站为五座，分别为：

1. 海南中油嘉润天然气有限公司下属白水塘 LNG 汽车加气站，已投入运行使用。

2. 海南中油嘉润天然气有限公司下属三亚金鸡岭 LNG 汽车加气站，已投入运行使用。

3. 海口大众天然气技术开发有限公司下属美兰机场 LNG 加气站，已投入运行使用。

4. 海口鑫元天然气技术开发有限公司下属鑫元加气站，已投入运行使用。

5. 海口大众天然气技术开发有限公司下属三亚东岸 LNG 加气站，已投入运行使用。

重庆市(燃气汽车)

一、2010 年清洁能源汽车发展概况

重庆市作为国家首批清洁能源汽车示范城市之一，在“九五”“十五”和“十一五”期间，重庆市天然气汽车产业发展迅速，推广应用取得了较大成绩，目前重庆市天然气汽车产业化居全国领先水平，相关产业已成规模。 培育出年产 20 亿元的天然气汽车新兴产业，2010 年重庆市现有天然气汽车相关企业 150 家，直接从业人员达 5000 人以上，每年新增就业岗位 1000 个。 在全国率先出台了天然气汽车安全管理办法，探索出推广应用良好模式。 形成了一批天然气汽车推广应用示范基地，重点推广城市天然气汽车行业年产值超过百亿元。 目前年替代燃油 200 万吨，实现二氧化碳减排 150 多万吨。

二、清洁能源汽车示范推广工作进展情况

基于重庆主城区现有天然气汽车推广应用的基础，将天然气汽车的应用拓展到干线长途运输和区域性中心城市，扩大重庆市天然气汽车应用的广度和深度，提高天然气汽车推广应用水平。

截至 2010 年 12 月，重庆市建成投入使用的天然气加气站达到 86 座，CNG 汽车保有量 5.1 万辆，主城区 100%的出租车（约 10000 辆）和公交车（约 7000 辆）已经为 CNG 汽车。 另外，以公交车和出租车为主的天然气汽车市场格局正在被打破，市政车辆、载货车、公务车和私家车等其他车型的天然气汽车市场份额逐步提高。 性能更加优异的单一燃料天然气技术在公交车上得到了广泛应用，保有量达到 1.4 万辆。

三、基础设施建设及运行情况

完成万州区、合川区、永川区和涪陵区四个区域性示范城市共 12 座加气站的建设并投入运营（其中万州区 4 座，涪陵区 3 座，合川区 2 座，永川区 3 座）。 目前重庆市已建设有 CNG 加气站 86 座，其中标准站 85 座，子母站 1 座，主城区 51 座，区县 35 座。 随着加气站的快速建设以及在加气高峰采取优先加气对策，基本可以保证区间班线客车滚动发班的要求。

2010 年，重庆市 CNG 汽车年实际消耗 CNG 总量 6.2 亿立方米，替代燃油约 44 万吨，节约燃料费 22 亿元以上。 CNG 汽车的推广运用为重庆市带来了巨大的能源替代效益。

表 1　重庆市区县加气站建设情况表

区县名称	气站个数	供气能力 (m^3)	区县名称	气站个数	供气能力 (m^3)	区县名称	气站个数	供气能力 (m^3)	区县名称	气站个数	供气能力 (m^3)
渝中	5	152700	南岸	1	10800	南川	1	16000	合川	2	51000
江北	8	153021	北碚	2	27088	黔江	1	6000	江津	1	22000
渝北	10	327426	永川	3	46000	铜梁	2	21300	璧山	3	11000
高新	8	283834	万州	4	112000	忠县	1	20000	潼南	1	13000
巴南	5	142453	丰都	1	22000	奉节	1	8400	云阳	1	23000
沙区	5	153000	涪陵	3	90000	开县	1	19000	荣昌	1	8920
大渡口	2	42142	垫江	2	25000	綦江	1	12000	大足	1	14000
九龙坡	6	81050	长寿	2	42200	梁平	1	13000	万盛	1	5100

四、清洁能源汽车产业基地及园区建设情况

重庆市天然气汽车产业发展迅速，重庆市已形成天然气汽车整车及零部件、加气站成套设备、气瓶、供气装置、售气机等门类齐全的天然气汽车产业体系，且在全国占有相当的市场比例，部分企业生产的产品，如气体压缩机厂、四联加油机器制造公司、鼎辉公司燃气装置等产品甚至出口到东南亚地区。从事天然气汽车整车生产的企业主要有重庆恒通客车有限公司（原重庆宇通）、长安铃木、长安跨越、长安福特、川江车辆、力帆汽车集团公司6家，这些公司生产的天然气汽车车型有70余种上国家汽车公告，其中恒通公司有52种。

五、重庆市清洁能源汽车发展规划

重庆市天然气汽车产业发展将围绕龙头企业的产品计划，依托国家燃气汽车工程技术研究中心进行天然气汽车核心技术的创新，重点扶持天然气汽车零部件企业，培育和完善天然气汽车的产业链。

（一）发展目标

充分发挥重庆市资源优势，将合理规划布局作为天然气汽车产业协调、健康发展的中心环节来抓。努力实现天然气汽车产业的跨越式发展，建立起更为完整的天然气汽车产业体系，形成国内天然气汽车规模最大、门类齐全、水平一流的产业基地。具体目标：到2015年，全市新增天然气汽车10万辆，实现总产值50亿元，减少汽车尾气CO、HC污染物约50万吨，新增就业岗位6万个；各项技术指标居全行业领先地位，实现CNG整车出口，CNG加气站设备成套、车用CNG气瓶和CNG供气装置达到规模效益。

（二）发展重点

1. 完善天然气汽车产业链：根据天然气汽车行业发展趋势以及重庆市天然气汽车现有基础，重点发展LNG客车、LNG轿车、气电混合动力客车、油气电混合动力轿车，进一步完善产业链条，实现产业化。

2. 加强重庆市天然气汽车及零部件品牌优势：充分利用设在重庆市的国家燃气汽车工程技术研究中心在行业中的领头地位及其在天然气发动机等领域的技术开发优势，鼓励益峰高压容器有限公司、鼎辉汽车燃气系统有限公司等在行业中技术领先、市场占有率较高的企业投入人力、物力尽快开发出国内燃气汽车行业的空缺产品。实现到2015年，关键技术、产品市场占有率达40%以上，具有自主知识产权的产品占到销量的50%以上，并占据一定海外市场，企业逐渐向集团化方面发展。

3. 扩大产业规模：目前重庆市某些关键设备，如压缩机、整车控制器等不能满足市场需求，本地配套能力较差，政府应引导企业加大资金投入，扩大产业规模，满足天然气汽车大规模产业化需求。

4. 构建天然气汽车产业信息化平台：推进全市天然气汽车产业信息化建设，建立天然气汽车产业信息数据库，全面提升行业信息化整体水平。

（三）产业布局

依托国家新能源产业基地，力争2012年新能源汽车产量突破10万辆，远期可实现150万辆生产能力。其中CNG整车产业分别重点建设2个天然气轿车、客车产业化基地；推进重庆四联加油机器有限公司、重庆巨创计量设备有限公司建立天然气加气机产业化基地；依托重庆气体压缩机厂有限责任公司建设压缩机产业化基地，构建区域性的CNG压缩机产业园区，建设CNG压缩机装备技术开发中心。

六、2010年重庆市燃气汽车保有量统计

单位：辆

燃气汽车示范推广工程				
车　型	出租车	公交车	其　他	合　计
2010年	17098	13780	20122	51000

乌鲁木齐市

一、2010年清洁汽车发展概况

2010年乌鲁木齐市燃气汽车得到迅猛发展，从2010年5月份开始，由于原来禁止机动车辆进行燃气化改造的禁令解除，加之燃油同燃气销售价格的进一步拉大，燃气汽车的数量从5月份开始，呈逐月上升的趋势，截至2010年年底，在乌鲁木齐市落户的天然气汽车数量，据不完全统计已达4.6万辆。

二、清洁汽车示范推广工作进展情况

乌鲁木齐市燃气汽车，尤其是天然气汽车的经济性已得到社会各界的普遍认可，在价格优势的主导下，乌鲁木齐市燃气汽车发展需求旺盛。

同时乌鲁木齐市作为新疆维吾尔自治区的首府城市，对全区的燃气汽车推广应用工作发挥着积极的示范和引导作用。在乌鲁木齐的带动下，各地州的燃气汽车及加气站建设也逐渐发展起来，据不完全统计，全区已发展燃气汽车20万辆左右，建成加气站点百余座；压缩天然气加气网络已基本覆盖南北疆主要城市，液化天然气加注网络的建设也在进行中。

三、基础设施建设及运行情况

2010 年新建压缩天然气加气站 8 座，液化天然气加气站 6 座。截至 2010 年年底全市建成的天然气加气站已达 71 座，其中液化天然气加气站 7 座，压缩天然气加气站 64 座。

四、清洁汽车项目投融资及建设情况

2010 年乌鲁木齐市燃气汽车行业投入社会资金共计约 2.7 亿元人民币。新建压缩天然气母站 1 座，压缩天然气子站 7 座，液化天然气加气站 6 座；完成 16 座加气站的改造扩能；新发展燃气汽车改装厂 40 余家；2010 年全年车用天然气供应量为 30892 万立方米。

五、主要扶持政策及措施

乌鲁木齐市为燃气汽车发展所提供的扶持政策主要是优惠的压缩天然气销售价格，目前乌鲁木齐市压缩天然气销售价格依然维持在 2.08 元/立方米，同 90 号燃油同比单位差价约 5 元。

六、乌鲁木齐市清洁汽车发展规划

乌鲁木齐市燃气管理办公室已委托中国市政西北设计研究院新疆分院编制完成《乌鲁木齐市代用燃料汽车发展规划》，待报市政府批准实施。

七、2010 年乌鲁木齐市燃气汽车保有量统计

单位：辆

燃气汽车示范推广工程				
车 型	出租车	公交车	其 他	合 计
2010 年	7960	3980	34127	46067

银川市

一、2010 年清洁汽车发展概况

截至 2010 年 12 月，燃气汽车保有量 31462 辆，其中公交车 1492 辆，出租车 5141 辆，燃气个人车辆保有量 24829 辆。“十一五”期间，银川市整车购进 CNG 公交汽车 919 辆，银川市代用燃料汽车占出租车、公交车的比例达到 100%。银川市燃气汽车相关企业（含燃气生产、输配、加注、燃气汽车改装、维修、零部件企业等）44 个，其中 LPG 企业 12 个（450 人），CNG 企业 13 个（1055 人），加气企业 19 个（406 人），从业人员 2000 余人。

二、清洁汽车示范推广工作进展情况

随着代用燃料汽车规模化运行课题的实施，在国家科技部的帮助指导下，在银川市清洁汽车推广应用组织协调领导小组的直接领导下，银川市加大代用燃料汽车基础设施建设，加快城市代用燃料汽车推广应用，促使本市天然气加气站基础设施建设和天然气汽车得到了长足发展。课题实施顺利、效果明显。银川市清洁汽车应用协调领导小组制定规范安全生产，使用、监督检查等政策体系。对汽车改装、维护严格执行资质准入制度。建立清洁汽车协调领导小组联席会议制度，解决清洁汽车工作进程中的问题，推动工作的深入开展。在代用燃气汽车应用推广的同时，银川市开展了代用燃料汽车技术支撑与服务体系的研究，通过政府引导和扶持，在兼顾旧车改装和整车产品的维修管理制度基础上，逐步建立适合本地区的服务体系。银川市空气质量得到明显改善。根据市环保局环境监测站的监测结果，2010 年银川市空气质量二级及好于二级的天数为 332 天，占总天数的 90% 以上。建立了银川市天然气汽车应用综合效益评价指标体系，运用层次分析法确定各指标的贡献权重，建立了 L—CNG 汽车产业综合效益量化评比的模型与体系，利用银川市 L—CNG 已有数据验证了该模型与体系的合理性，对未来 5 年银川市 L—CNG 汽车发展的综合效益做了预测。自主研究设计的 12 米新型清洁燃料低地板豪华空调客车获得国家实用新型专利。银川市公交公司获得“中国低碳公交先进企业”“中国城市公交科技创新企业”“中国城市公交节能减排先进企业”等称号。

三、基础设施建设及运行情况

银川市启动 CNG 加气站建设示范工程，建设符合国家 CNG 汽车加气站技术规范要求的 CNG 汽车加气站。2010 年底，银川市共建成 CNG 汽车加气站 28 座，其中：母站 1 座，子站 7 座，标准站 20 座，加气能力为 50 万标准立方米/天。2011 年计划新建加气站 8 座。2010 年银川市汽车年用气量 10453 万立方米，其中公交车用气总量是 2737 万立方米，出租汽车 6073 万立方米，其余为社会车辆使用。

四、清洁汽车项目投融资及建设情况

《干热条件下银川市代用燃料汽车规模化运行技术考核研究》项目共投入资金 2327 万元，其中：专项经费 94 万元，银川市自筹经费 2233 万元。

五、主要扶持政策及措施

银川市成立了主管市长为组长的“银川市清洁汽车推广应用组织协调领导小组”，下设办公室，为实施代用燃料汽车规模化运行，多次召开专题协调会议。及时解决出现的问题，制定措施保证项目顺利进行。“十一五”期间，银川市陆续出台了《关于贯彻落实环保政策法规改进和加强节能环保领域金融服务工作的意见》《银川市人民代表大会常务委员会关于修订〈银川市燃气管理条例〉的决定》《银川市人民政府关于印发主要污染物总量减排考

核等暂行办法的通知》等文件，做好燃气汽车监测、监管、宣传及维修服务等是代用燃料汽车汽车推广应用的保障。银川市严格执行代用燃料汽车排放监控制度，完善环境评价体系和监测体系建设。制定了《银川市机动车排气污染防治管理办法》《银川市2008年机动车排气污染检测和监督管理实施方案》《银川市人民政府办公厅关于印发银川市机动车污染防治工作方案的通知》等，加强机动车排气污染检测和监督工作。

六、银川市清洁汽车发展规划

银川市建立了天然气汽车应用综合效益评价指标体系，以反映L—CNG汽车产业的9个基础数据作为评价项目，运用层次分析法确定各指标的贡献权重，并引入指标标准化处理以消除产业规模、结构和发展水平差异化带来的影响，建立了L－CNG汽车产业综合效益量化评比的模型与体系，利用银川市L－CNG已有数据验证了该模型与体系的合理性，并对未来5年银川市L－CNG汽车发展的综合效益做了预测。制定了《银川市燃气管理条例》，并于2007年做了进一步修订。《银川市城市燃气专项规划》已经编制完成，明确了银川市到2020年天然气汽车发展的目标和实施措施。

七、2010年银川市燃气汽车保有量统计

单位：辆

燃气汽车示范推广工程				
车型	出租车	公交车	其他	合计
2010年	5141	1492	24829	31462

西宁市

一、2010年清洁汽车发展概况

截至2010年12月底，西宁地区共建成CNG加气站14座、LNG加气站2座。其中：CNG加气站设计加气能力为22.5万立方米/日，完成车辆更新和改造8128辆。公交车更新和改造2248辆，更新改造率为100%；出租车更新改造5516万辆，出租车更新和改造占出租车总量的95%；其他车型数量为364辆。

二、清洁汽车示范推广工作进展情况

西宁市自2001年逐年开展天然气清洁汽车推广应用工程以来，工作卓有成效，取得了显著的社会、经济、环保和能源代替效益，建立了由市发改委牵头的组织机构和CNG项目的管理模式，构建了与CNG车辆规模相匹配的天然气加气网络。通过技术改造和技术攻关，不仅解决了在高海拔寒冷缺氧地区因自然条件造成的天然气加气站压缩系统能耗偏高、车辆转化装置及高压管路产生“冰堵”严重及天然气车辆动力不足等技术问题，也为今后培养了管理、技术团队。为下一步在青海省内有条件推广应用清洁能源的县、市起到了示范作用。

三、基础设施建设及运行情况

截至2010年12月底，西宁地区共建成CNG加气站14座、LNG加气站2座，其中CNG加气站设计加气能力为22.5万立方米/日。在运行期间，运行良好，相关督查单位强化CNG加气站的安全管理，将CNG加气站列入重点单位，实施重点监管。

四、清洁汽车项目投融资及建设情况

CNG加气站的建设分别由西宁中油公司、西宁市公交公司承担，其中：西宁中油公司投资约2730万元，新建了生产能力为5万立方米/日子母站1座。（其中子加气站加气能力为1.5万立方米/日）；由西宁市公交公司投资约1800万元，新建了生产能力为3万立方米/日标准站2座，目前，均已投入运营。截至2011年年初，西宁地区共建成CNG加气站14座，加气站设计加气能力为22.5万立方米/日。

五、清洁汽车产业基地及园区建设情况

西宁市区目前无节能与新能源汽车产业基地及园区建设项目。

六、主要扶持政策及措施

增强做好节能减排的紧迫感和责任感，强化节能减排目标责任，加大淘汰落后产能力度，严控高耗能、高排放行业过快增长，加快实施节能减排重点工程，切实加强用能管理，强调重点耗能单位节能管理，推动重点领域节能减排，大力度推广节能技术及产品。

七、西宁市清洁汽车发展规划

1. 建立完善的天然气燃料汽车政策法规系统和管理制度。

2. 建立城市CNG汽车安全运行监测系统。

3. 建立天然气燃料排放监控制度并严格执行。

八、2010年西宁市燃气汽车保有量统计

单位：辆

燃气汽车示范推广工程				
车　型	出租车	公交车	其　他	合　计
2010年	5516	2248	364	8128

青岛市

一、2010 年节能与新能源汽车发展概况

2010 年青岛市 CNG 出租车新增 1846 辆，CNG 出租车增加率 45%。新购置 522 辆 CNG 公交车，CNG 公交车新增率 246%。

二、节能与新能源汽车示范推广工作进展情况

截至 2010 年 12 月青岛市机动车保有量达到 1617530 辆，其中公交车达到了 5199 辆，出租车保有量为 10662 辆。经过“十一五”的全面发展，青岛市形成了以压缩天然气城市交通为主体的新能源汽车体系，燃气车辆达到了 7206 辆，其中燃气出租车达到了 5948 辆，燃气公交车达到了 734 辆。燃气化率达到了 45.4%。这一发展势头一直在延续。鉴于国家的扶持政策，在稳步发展燃气汽车的基础上，青岛市计划在“十二五”开展电动车辆的推广示范工作，目前已经开始了部分公交线路的试验运营工作。

三、基础设施建设及运行情况

2010 年青岛市建成 CNG 加气站 11 座，LNG 加气站 1 座。截至 2010 年 12 月青岛市共建成 CNG 加气站 35 座，其中油气合建站 20 座，母站 4 座，标准站 8 座，子站 23 座；建成 1 座 LNG 加气站。而且在 2010 年底全部投入了运营。全年共销售车用天然气 7196 万立方米。

四、节能与新能源汽车项目投融资及建设情况

2010 年节能与新能源汽车项目建设共投资 3.01 亿元，其中 CNG 公交车投资 25056 万元，出租车投资 1107.6 万元，加气站建设投资 3305 万元，其他辅助基础设施建设投资 631.4 万元。

五、节能与新能源汽车产业基地及园区建设情况

青岛市 2010 年建成澳柯玛电动车生产基地、东风电动汽车、海霸能源集团 3 个节能与新能源产业基地。

六、主要扶持政策及措施

青岛市节能与新能源汽车发展的主要方针政策为“政府提倡、企业主导、产学研结合，采取技术引进与自主创新相结合道路”。市政府鼓励城市交通采用新能源汽车，在条件允许的情况下，稳步推进新能源汽车的推广使用。对于新能源汽车产业市科技发展基金作为重点支持对象加大了倾斜支持力度。

七、青岛市节能与新能源汽车发展规划

青岛市拟在“十二五”期间大力发展包括电动车在内的新能源汽车，计划在“十二五”末燃气公交车辆达到 50% 以上，燃气出租车辆达到 70% 以上，同时并举地发展 CNG 和 LNG 车辆，从城市交通燃气化向城际交通燃气化发展。城市交通电动车辆达到 1000 辆。

八、2010 年青岛市燃气汽车保有量统计

单位：辆

燃气汽车示范推广工程

车　型	出租车	公交车	其　他	合　计
2010 年	5948	734	524	7206

廊坊市

一、2010 年清洁汽车发展概况

廊坊市清洁汽车发展以 CNG 为主要代用能源，以行驶频率高、排放污染重的公交、出租和环卫用车等城市在用车辆为重点，截至 2010 年 12 月底，全市代用燃料汽车保有量达到 4250 辆，其中公交车 450 辆，占市内公交车比例为 100%；出租车 3600 辆，占全市出租车总量的 97.9%；个人车辆 200 辆。

二、清洁汽车示范推广工作进展情况

通过节能与新能源汽车示范推广项目的实施，有力推动了廊坊市清洁汽车相关产业的发展。目前，廊坊市已经形成了集燃气供应、燃气汽车改装、燃气汽车维护、保养、车用加气站设备生产等较为完整的清洁汽车产业体系。据统计，自清洁汽车重点推广应用城市项目实施以来，为廊坊市新增就业岗位 500 个，新增就业人员 1000 多名，目前，廊坊市清洁汽车相关企业已发展到 25 家，从业人员达到 2300 人，截至 2010 年 12 月底，实现产值 4.2 亿元，利税 1250 万元。清洁汽车产业已经成为廊坊市快速发展的新兴行业和新的经济增长点。

三、基础设施建设及运行情况

截至 2010 年 12 月底，廊坊市车用天然气加气站已发展到 12 座，月总加气量超过 180 万立方米，廊坊车用加气站网点布局分为东、南、西、北格局，已初步形成了遍布城区和附近郊县的车用天然气加气站网络体系，各加气站运行正常。

四、清洁汽车项目投融资及建设情况

截至 2010 年 12 月底，项目已经完成投资 5280 万元，形成了集燃气供应、燃气汽车改装、燃气汽车维护、保养、车用加气站设备生产等较为完整的清洁汽车产业体系。

五、主要扶持政策及措施

建立健全实施清洁汽车行动的政策措施体系，并有效实施、出台包括《廊坊市清洁燃料汽车推广应用管理办法》，《廊坊市鼓励应用清洁燃料汽车优惠政策》《建站、改车资金筹措方案》《天然气加气站网点规划》《扶持清洁燃料汽车发展的财税政策》《车用天然气加气站土地征用政策》等在内的一系列政策性文件。

六、廊坊市清洁汽车发展规划

1. 深入开展代用燃料汽车安全运行体系研究

以推进代用燃料汽车安全运行为重点，形成集代用燃料汽车准入制度、车用燃气钢瓶检测制度、车用加气站安全运行监测制度、车用燃气安全、质量检测制度、车用燃气价格监测制度、代用燃料汽车尾气监控制度等在内的代用燃料汽车安全运行体系。

2. 建立完善清洁汽车安全运营体系

在进一步建立健全燃气汽车改装制度、车用燃气监测制度、燃气汽车定期保养制度、车用燃气价格监控制度的基础上，建立燃气安全预警机制，利用新奥集团燃气安全监控中心遍布全市的监测点对市内加气设施进行全天候监测，并定期发布燃气安全监测报告。

3. 深入开展清洁汽车推广应用工作

一是在城区用车双燃料改造的基础上，继续向全市十个县（市、区1）延伸，按照《全市环保五大工程实施方案》的要求，于2012年年底前，完成全市（包括各县、市、区）全部公交、出租车辆的双燃料改造和更新工作。

二是进一步加快车用天然气加气站网点建设。到2012年年底，形成遍布全市及各县（市、区）的加气网点，加气网点达到14座，月总加气量达到200万立方米以上，全面完成合同的目标。

七、2010年廊坊市燃气汽车保有量统计

单位：辆

燃气汽车示范推广工程				
车 型	出租车	公交车	其 他	合 计
2010年	3600	450	200	4250

西安市

一、2010年清洁汽车发展概况

2010年，西安市推广公交车7107辆，其中CNG汽车两用燃料公交车4549辆，CNG单一燃料公交车2189辆，合计6738辆，占公交车总数的94.8%；出租车总量10762辆，汽油与CNG两用燃料车10711辆，占出租车总数的99.5%。

二、清洁汽车示范推广工作进展情况

除去公交和出租车外还有少量私人汽车用天然气，但阻力很大，主要是省交警部队从2004年起就不支持私家车“油改气”。其他车辆“油改气”很少。

三、基础设施建设及运行情况

在城东、西、南、北方向各建一座充电站，全市还有200户充电桩，加气站约94座，其中母站5座。比亚迪公司已批量生产纯电动和混合动力汽车，销量尚好。

四、清洁汽车项目投融资及建设情况

节能减排效果明显，二级以上优良天气2002年175天、2003年255天、2004年260天、2005年290天、2006年289天、2007年294天、2008年301天、2009年304天、2010年304天、2011年8月28日达到202天，全年争取达到306天。2010年节能减排状况：节约汽油397850升、CO减排9.2%、HC减排81.65吨、NO_x减排106.18吨。

五、清洁汽车产业基地及园区建设情况

陕汽总厂已生产CNG载重卡车和LNG卡车，全国销路很好；欧舒特公司生产长途与市内公交LNG，全省销量尚可。

六、西安市清洁汽车发展规划

在西安环线、关中环线西安段、西咸新区拟大力发展CNG和LNG各类用车。

七、2010年西安市电动汽车推广及燃气汽车保有量统计

单位:辆

电动汽车示范推广工程																		
车型	乘用车						商用车、专用车						客　车						合计
	纯电动汽车	混合动力汽车	插电式混合动力	燃料电池汽车	其他	合计	纯电动汽车	混合动力汽车	插电式混合动力	燃料电池汽车	其他	合计	纯电动汽车	混合动力汽车	插电式混合动力	燃料电池汽车	其他	合计	
2010年	0	0	0	0	0	0	2	0	0	0	0	2	1	0	0	0	0	1	3

燃气汽车示范推广工程				
车　型	出租车	公交车	其　他	合　计
2010年	17098	13780	35000	65878

第五篇 产销量数据统计

节能与新能源汽车示范工程

一、2006—2010 年新能源汽车产销量统计表

2006—2010 年新能源汽车产销量统计表

单位:辆

年份		2006					2007					2008					2009					2010				
车型		生产		销售		本期生产率(%)	生产		销售		本期生产率(%)	生产		销售		本期生产率(%)	生产		销售		本期生产率(%)	生产		销售		本期生产率(%)
		累计完成	比同期累计增长%	累计完成	比同期累计增长%		累计完成	比同期累计增长%	累计完成	比同期累计增长%		累计完成	比同期累计增长%	累计完成	比同期累计增长%		累计完成	比同期累计增长%	累计完成	比同期累计增长%		累计完成	比同期累计增长%	累计完成	比同期累计增长%	
乘用车	基本型	2248	1698	2152	215100	96	312	-86	414	-81	133	856	174	899	117	105	259	-70	319	-65	123	13324	307	12770	301	96
	MPV	0	*	0	*	*	0	*	0	*	*	0	*	0	*	*	0	*	0	*	*	53	0	1	0	2
	SUV	0	*	0	*	*	0	*	0	*	*	0	*	0	*	*	0	*	0	*	*	0	0	0	0	*
	交叉型	0	*	0	*	*	0	*	0	*	*	0	*	0	*	*	0	*	0	*	*	0	0	0	0	*
	小计	2248	1698	2152	215100	96	312	-86	414	-81	133	856	174	899	117	105	259	-70	319	-65	123	13377	308	12771	301	95
商用车	载货车	0	*	0	*	*	0	*	0	*	*	0	*	0	*	*	20	*	20	*	100	113	465	25	25	22
	货非	0	*	0	*	*	0	*	0	*	*	0	*	0	*	*	21	*	15	*	71	68	224	74	393	109
	半挂牵引车	0	*	0	*	*	0	*	0	*	*	0	*	0	*	*	113	*	84	*	74	70	-38	99	18	141
	客车	1714	22	1687	21	98	1417	-17	1360	-19	96	1085	-23	1136	-16	105	3817	252	3682	224	96	5482	44	5506	50	100
	客非	85	0	85	0	100	450	429	486	472	108	452	0	400	-18	89	1064	135	1089	172	102	1619	52	1413	30	87
	小计	1799	28	1772	27	99	1867	4	1846	4	99	1537	-18	1536	-17	100	5035	228	4890	218	97	7352	46	7117	46	97
合计		4047	165	3924	181	97	2179	-46	2260	-42	104	2393	10	2435	8	102	5294	121	5209	114	98	20729	149	19888	146	96

注：表中数据包括纯电动汽车、燃料电池汽车、混合动力汽车、CNG 汽车、LPG 汽车、LNG 汽车等。

从2006—2010年新能源汽车的总体统计数据来看，市场正在迅速增长中，而且在2010增长的速度进一步加快。2010年新能源汽车产销总量达到40617辆，比2009年增加286.7%。其中生产量为20729辆，销售量为19888辆。与2006年相比，2007年新能源汽车的产销量呈双双下滑态势，从2008年开始直到2010年产销量都持续上升，在2009年已经超过2006年的产销量水平。这几年间进入新能源汽车市场主体的企业逐年增多，主要集中在上海、江浙、山东、辽宁、河南、湖北、江西、福建、广东等整个中国的沿海地带几个经济区，分布于新能源汽车的整个产业链中。在资本、技术、人才持续投入的情况下，我国新能源汽车市场的扩张，是可以预期的。

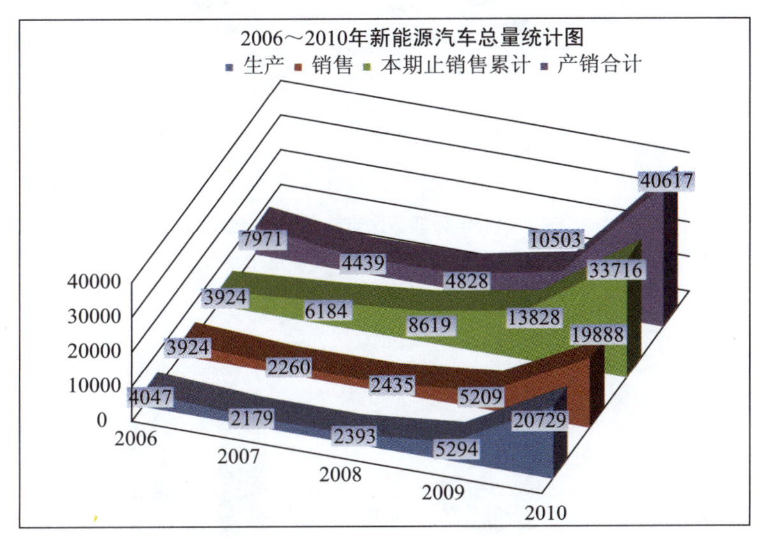

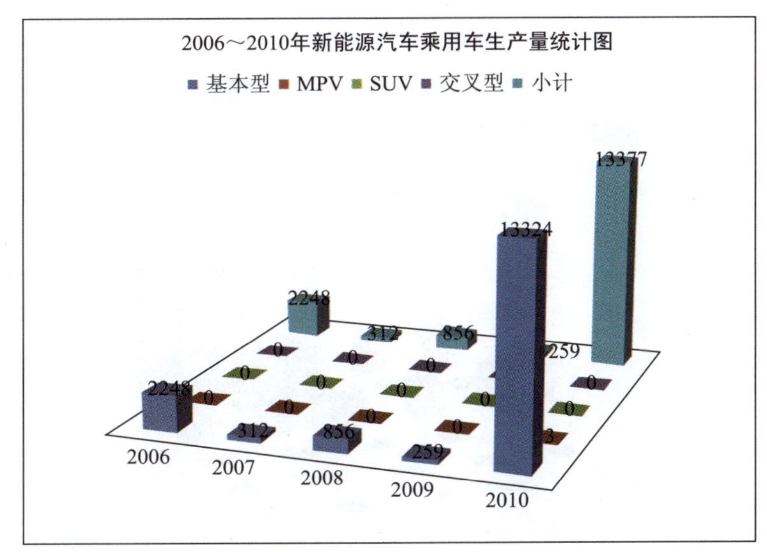

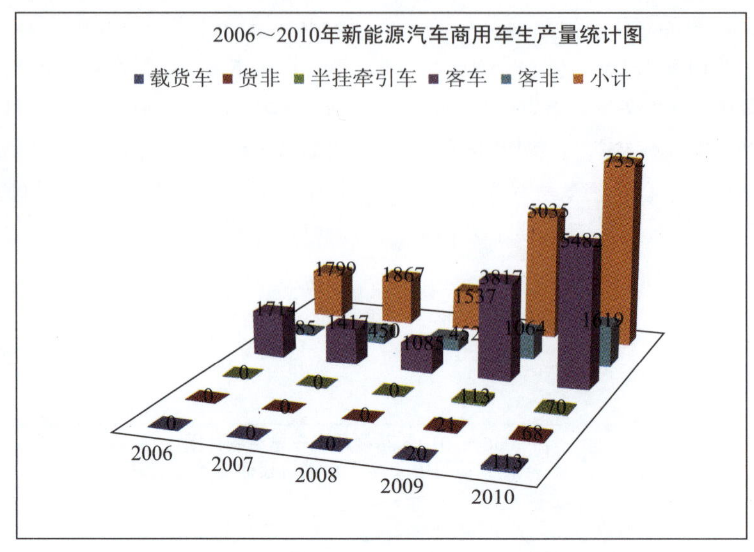
2006～2010年新能源汽车商用车生产量统计图
载货车 货非 半挂牵引车 客车 客非 小计
2006
2007
2008
2009
2010

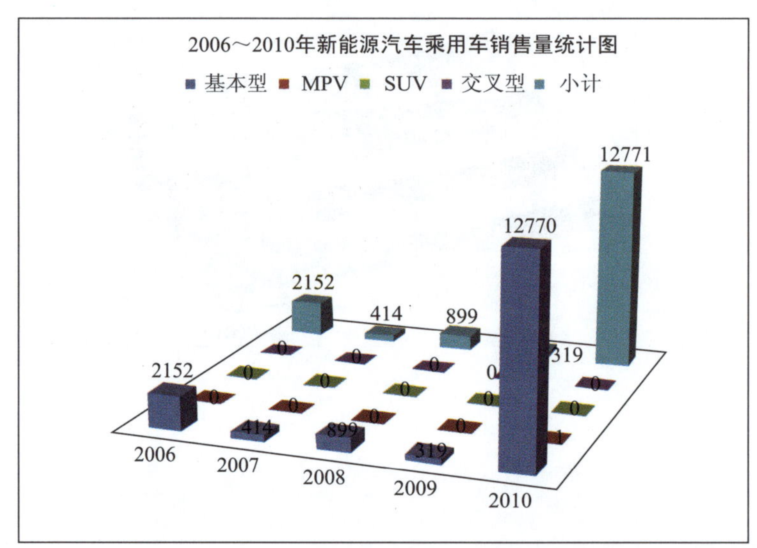
2006～2010年新能源汽车乘用车销售量统计图
基本型 MPV SUV 交叉型 小计
2006
2007
2008
2009
2010

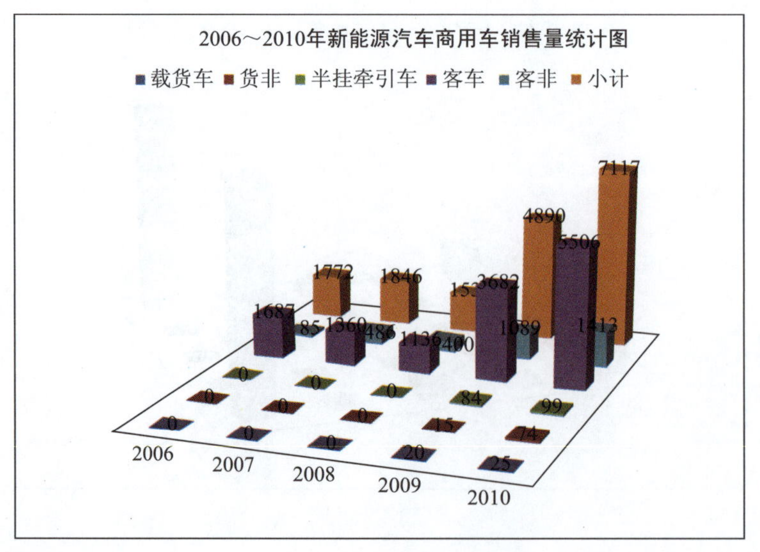
2006～2010年新能源汽车商用车销售量统计图
载货车 货非 半挂牵引车 客车 客非 小计
2006
2007
2008
2009
2010

二、2010年1—12月新能源汽车产销情况表

1. 2010年1月份新能源汽车产销情况表

单位：辆

车型		生产					销售					本月产销率(%)	本期产销率(%)
		本月完成	本期止累计	比上月增长(%)	比同期增长(%)	比同期累计增长(%)	本月完成	本期止累计	比上月增长(%)	比同期增长(%)	比同期累计增长(%)		
乘用车	基本型	9	9	12.50	-80.85	-80.85	8	8	-11.11	-65.22	-65.22	88.89	88.89
	MPV	0	0	*	*	*	0	0	*	*	*	*	*
	SUV	0	0	*	*	*	0	0	*	*	*	*	*
	交叉型	0	0	*	*	*	0	0	*	*	*	*	*
	小计	9	9	12.50	-80.85	-80.85	8	8	-11.11	-65.22	-65.22	88.89	88.89
商用车	载货车	0	0	*	*	*	0	0	*	*	*	*	*
	货非	47	47	*	*	*	3	3	*	*	*	6.38	6.38
	半挂牵引车	18	18	-66.67	*	*	24	24	-14.29	*	*	133.33	133.33
	客车	183	183	-73.52	357.50	357.50	233	233	-68.47	547.22	547.22	127.32	127.32
	客非	78	78	-24.27	680.00	680.00	69	69	-22.47	102.94	102.94	88.46	88.46
	小计	326	326	-61.56	552.00	552.00	329	329	-61.57	370.00	370.00	100.92	100.92
合计		335	335	-60.86	245.36	245.36	337	337	-61.04	262.37	262.37	100.60	100.60

注：表中数据包括纯电动汽车、燃料电池汽车、混合动力汽车、CNG汽车、LPG汽车、LNG汽车等。

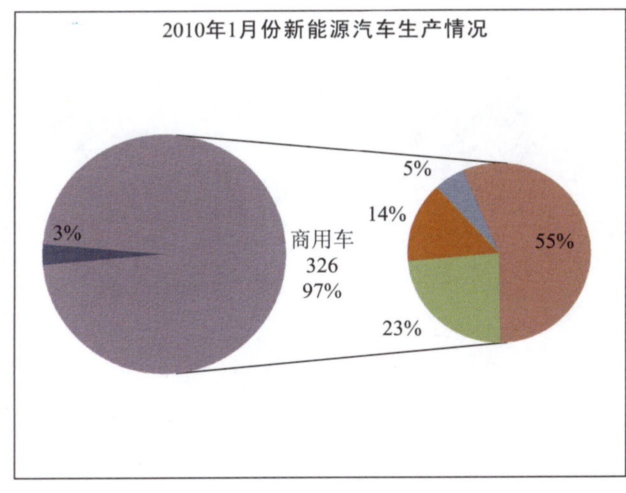

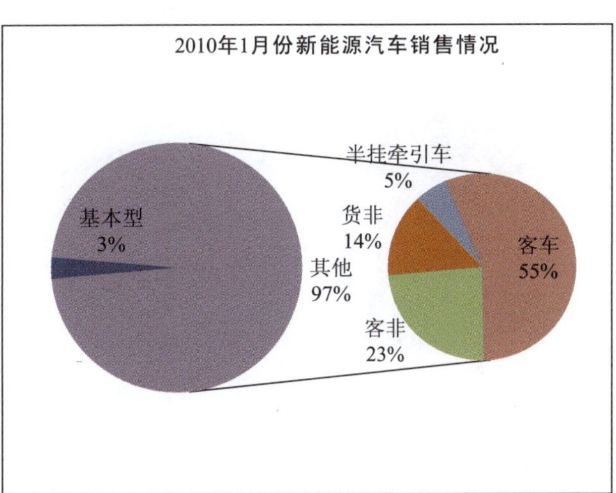

2. 2010 年 2 月份新能源汽车产销情况表

单位:辆

车型		生产					销售					本月产销率(%)	本期产销率(%)
		本月完成	本期止累计	比上月增长(%)	比同期增长(%)	比同期累计增长(%)	本月完成	本期止累计	比上月增长(%)	比同期增长(%)	比同期累计增长(%)		
乘用车	基本型	0	9	-100.00	-100.00	-90.91	0	8	-100.00	-100.00	-94.59	*	88.89
	MPV	0	0	*	*	*	0	0	*	*	*	*	*
	SUV	0	0	*	*	*	0	0	*	*	*	*	*
	交叉型	0	0	*	*	*	0	0	*	*	*	*	*
	小计	0	9	-100.00	-100.00	-90.91	0	8	-100.00	-100.00	-94.59	*	88.89
商用车	载货车	0	0	*	-100.00	-100.00	0	0	*	-100.00	-100.00	*	*
	货非	4	51	-91.49	*	*	0	3	-100.00	*	*	0.00	5.88
	半挂	0	18	-100.00	*	*	0	24	-100.00	*	*	*	133.33
	客车	137	320	-25.14	-25.14	18.08	152	385	-34.76	-15.56	45.83	110.95	120.31
	客非	12	90	-84.62	20.00	328.57	35	104	-49.28	45.83	76.27	291.67	115.56
	小计	153	479	-53.07	-24.63	58.61	187	516	-43.16	-12.62	54.95	122.22	107.72
合计 153		488	-54.33	-40.00	21.70	187	524	-44.51	-44.84	8.94	122.22	107.38	

注:表中数据包括纯电动汽车、燃料电池汽车、混合动力汽车、CNG 汽车、LPG 汽车、LNG 汽车等。

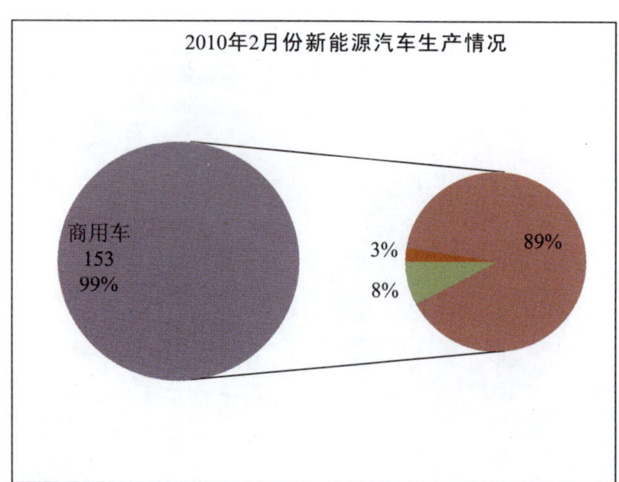

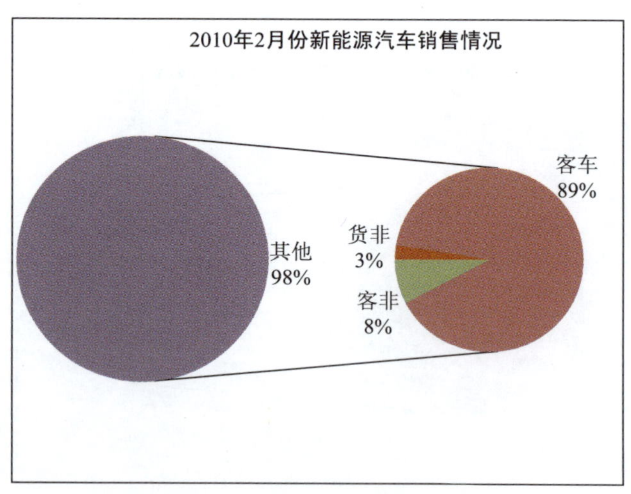

3. 2010 年 3 月份新能源汽车产销情况表

单位:辆

车型		生产					销售					本月产销率(%)	本期产销率(%)
		本月完成	本期止累计	比上月增长(%)	比同期增长(%)	比同期累计增长(%)	本月完成	本期止累计	比上月增长(%)	比同期增长(%)	比同期累计增长(%)		
乘用车	基本型	430	1275	*	760.00	755.70	188	878	*	944.44	428.92	43.72	68.86
	MPV	0	0	*	*	*	0	0	*	*	*	*	*
	SUV	0	0	*	*	*	0	0	*	*	*	*	*
	交叉型	0	0	*	*	*	0	0	*	*	*	*	*
	小计	430	1275	*	760.00	755.70	188	878	*	944.44	428.92	43.72	68.86
商用车	载货车	0	0	*	-100.00	-100.00	0	0	*	-100.00	-100.00	*	*
	货非	0	51	-100.00	*	*	0	3	*	*	*	*	5.88
	半挂	5	23	*	*	*	0	24	*	*	*	0.00	104.35
	客车	287	607	109.49	310.00	78.01	304	689	100.00	340.58	106.91	105.92	113.51
	客非	125	215	941.67	54.32	110.78	32	136	-8.57	-43.86	17.24	25.60	63.26
	小计	417	896	172.55	159.01	93.52	336	852	79.68	147.06	81.66	80.58	95.09
合计		847	2171	453.59	301.42	254.74	524	1730	180.21	240.26	172.44	61.87	79.69

注:表中数据包括纯电动汽车、燃料电池汽车、混合动力汽车、CNG 汽车、LPG 汽车、LNG 汽车等。

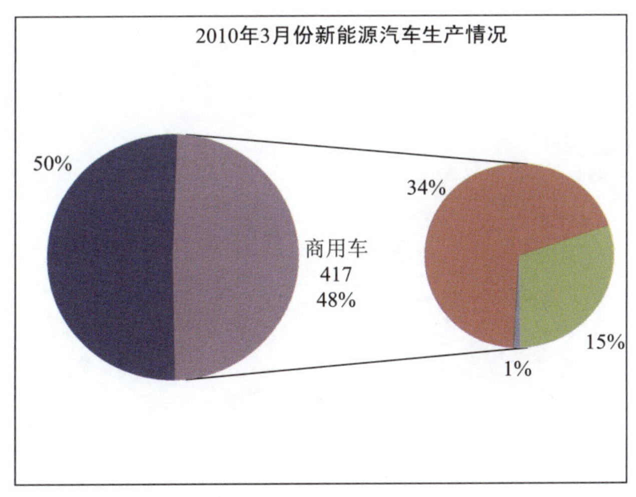

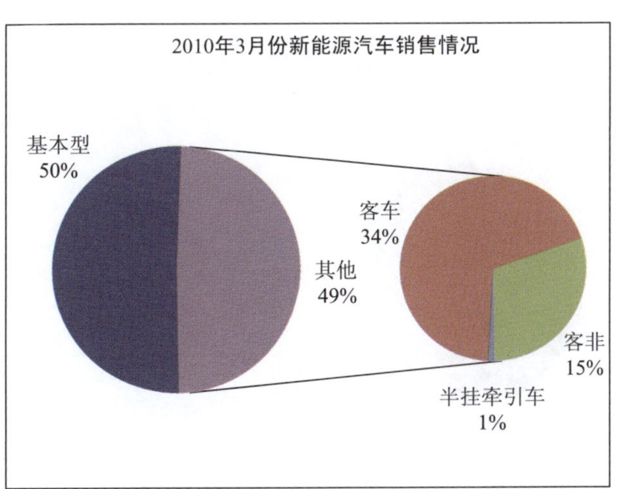

4. 2010 年 4 月份新能源汽车产销情况表

单位:辆

车型		生产					销售					本月产销率(%)	本期产销率(%)
		本月完成	本期止累计	比上月增长(%)	比同期增长(%)	比同期累计增长(%)	本月完成	本期止累计	比上月增长(%)	比同期增长(%)	比同期累计增长(%)		
乘用车	基本型	641	2401	49.07	1235.42	1118.78	681	1559	262.23	594.90	490.53	106.24	64.93
	MPV	0	0	*	*	*	0	0	*	*	*	*	*
	SUV	0	0	*	*	*	0	0	*	*	*	*	*
	交叉型	0	0	*	*	*	0	0	*	*	*	*	*
	小计	641	2401	49.07	1235.42	1118.78	681	1559	262.23	594.90	490.53	106.24	64.93
商用车	载货车	0	0	*	*	-100.00	0	0	*	*	-100.00	*	*
	货非	4	55	*	*	*	0	3	*	*	*	0.00	5.45
	半挂	0	23	-100.00	*	*	0	24	*	*	*	*	104.35
	客车	373	982	29.97	631.37	150.51	425	1114	39.80	844.44	194.71	113.94	113.44
	客非	170	385	36.00	431.25	187.31	220	356	587.50	300.00	108.19	129.41	92.47
	小计	547	1445	31.18	559.04	164.65	645	1497	91.96	545.00	163.09	117.92	103.60
新能源汽车合计		1188	3846	40.26	806.87	417.63	1326	3056	153.05	569.70	266.87	111.62	79.46

注:表中数据包括纯电动汽车、燃料电池汽车、混合动力汽车、CNG 汽车、LPG 汽车、LNG 汽车等。

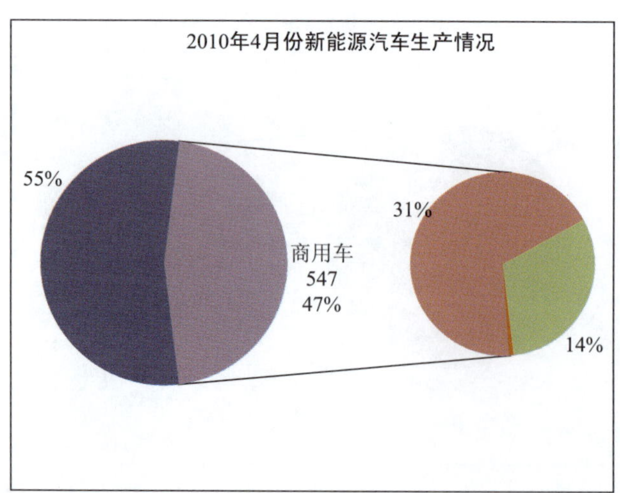

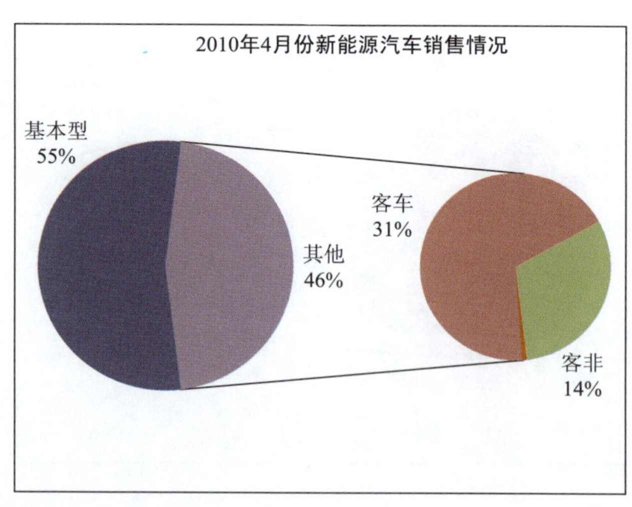

5. 2010年5月份新能源汽车产销情况表

单位：辆

车型		生产					销售					本月产销率(%)	本期产销率(%)
		本月完成	本期止累计	比上月增长(%)	比同期增长(%)	比同期累计增长(%)	本月完成	本期止累计	比上月增长(%)	比同期增长(%)	比同期累计增长(%)		
乘用车	基本型	338	5683	-47.27	*	2784.77	738	5160	8.37	36800.00	1839.85	218.34	90.80
	MPV	0	0	*	*	*	0	0	*	*	*	*	*
	SUV	0	0	*	*	*	0	0	*	*	*	*	*
	交叉型	0	0	*	*	*	0	0	*	*	*	*	*
	小计	338	5683	-47.27	*	2784.77	738	5160	8.37	36800.00	1839.85	218.34	90.80
商用车	载货车	0	0	*	*	-100.00	0	0	*	*	-100.00	*	*
	货非	0	55	-100.00	*	*	0	3	*	*	*	*	5.45
	半挂	0	23	*	*	*	0	24	*	*	*	*	104.35
	客车	480	1579	28.69	174.29	178.48	471	1655	10.82	182.04	203.67	98.13	104.81
	客非	170	510	0.00	246.94	178.69	157	511	-28.64	423.33	152.97	92.35	100.20
	小计	650	2167	18.83	190.18	181.43	628	2193	-2.64	218.78	185.92	96.62	101.20
合计		988	7850	-16.84	341.07	711.79	1366	7353	3.02	586.43	611.81	138.26	93.67

注：表中数据包括纯电动汽车、燃料电池汽车、混合动力汽车、CNG汽车、LPG汽车、LNG汽车等。

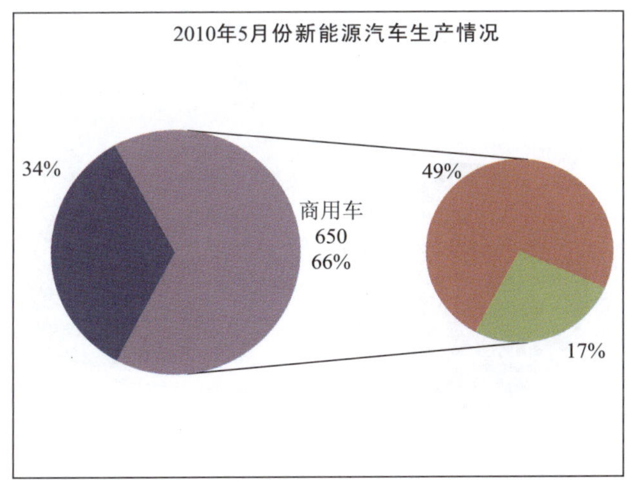

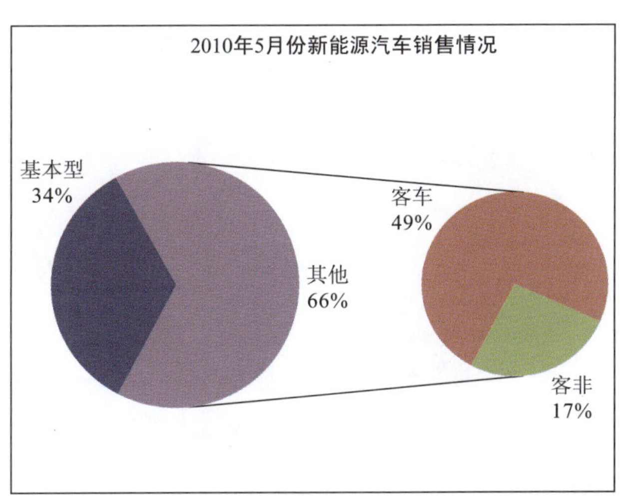

6. 2010年6月份新能源汽车产销情况表

单位:辆

车型		生产					销售					本月产销率(%)	本期产销率(%)
		本月完成	本期止累计	比上月增长(%)	比同期增长(%)	比同期累计增长(%)	本月完成	本期止累计	比上月增长(%)	比同期增长(%)	比同期累计增长(%)		
乘用车	基本型	1197	6880	254.14	6200.00	3085.19	1234	6394	67.21	5041.67	2104.83	103.09	92.94
	MPV	0	0	*	*	*	0	0	*	*	*	*	*
	SUV	0	0	*	*	*	0	0	*	*	*	*	*
	交叉型	0	0	*	*	*	0	0	*	*	*	*	*
	小计	1197	6880	254.14	6200.00	3085.19	1234	6394	67.21	5041.67	2104.83	103.09	92.94
商用车	载货车	0	0	*	*	-100.00	0	0	*	*	-100.00	*	*
	货非	1	56	*	-85.71	700.00	0	3	*	-100.00	50.00	0.00	5.36
	半挂	0	23	*	-100.00	-45.24	0	24	*	-100.00	-41.46	*	104.35
	客车	675	2255	40.63	650.00	243.23	686	2341	45.65	559.62	260.71	101.63	103.81
	客非	162	672	-4.71	92.86	151.69	190	701	21.02	140.51	149.47	117.28	104.32
	小计	838	3006	28.92	275.78	202.72	876	3069	39.49	287.61	209.06	104.53	102.10
合计		2035	9886	105.97	740.91	717.70	2110	9463	54.47	744.00	637.57	103.69	95.72

注:表中数据包括纯电动汽车、燃料电池汽车、混合动力汽车、CNG汽车、LPG汽车、LNG汽车等。

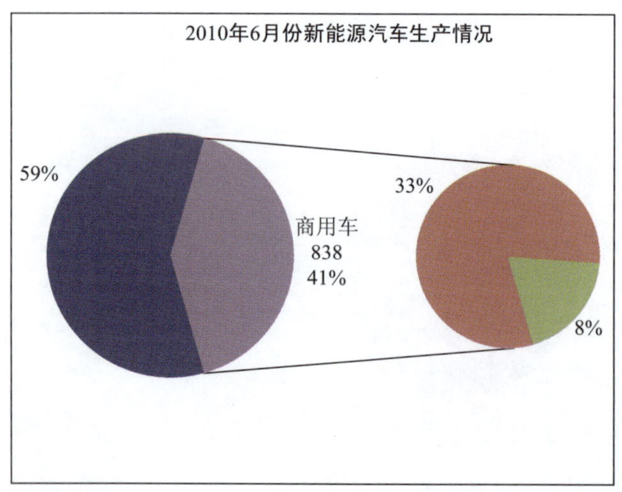

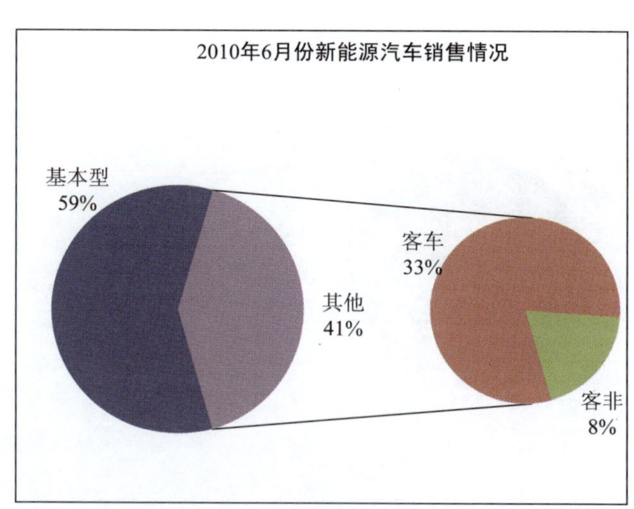

7. 2010 年 7 月份新能源汽车产销情况表

单位：辆

车型		生产					销售					本月产销率(%)	本期产销率(%)
		本月完成	本期止累计	比上月增长(%)	比同期增长(%)	比同期累计增长(%)	本月完成	本期止累计	比上月增长(%)	比同期增长(%)	比同期累计增长(%)		
乘用车	基本型	1148	8028	-4.09	9466.67	3421.05	992	7386	-19.61	8166.67	2345.70	86.41	92.00
	MPV	0	0	*	*	*	0	0	*	*	*	*	*
	SUV	0	0	*	*	*	0	0	*	*	*	*	*
	交叉型	0	0	*	*	*	0	0	*	*	*	*	*
	小计	1148	8028	-4.09	9466.67	3421.05	992	7386	-19.61	8166.67	2345.70	86.41	92.00
商用车	载货车	0	0	*	*	-100.00	0	0	*	*	-100.00	*	*
	货非	4	60	300.00	300.00	650.00	5	8	*	400.00	166.67	125.00	13.33
	半挂	8	31	*	700.00	-27.91	17	41	*	*	0.00	212.50	132.26
	客车	506	2761	-25.04	386.54	262.81	488	2829	-28.86	388.00	277.70	96.44	102.46
	客非	147	819	-9.26	162.50	153.56	119	820	-37.37	138.00	147.73	80.95	100.12
	小计	665	3671	-20.64	310.49	217.84	629	3698	-28.20	316.56	223.25	94.59	100.74
合计		1813	11699	-10.91	941.95	745.91	1621	11084	-23.18	894.48	666.53	89.41	94.74

注：表中数据包括纯电动汽车、燃料电池汽车、混合动力汽车、CNG 汽车、LPG 汽车、LNG 汽车等。

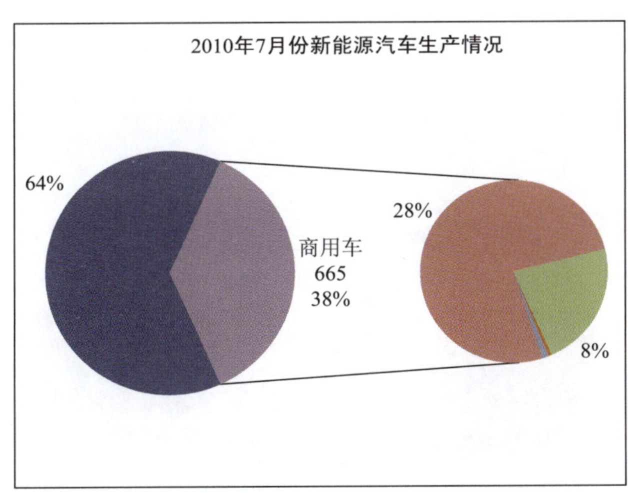

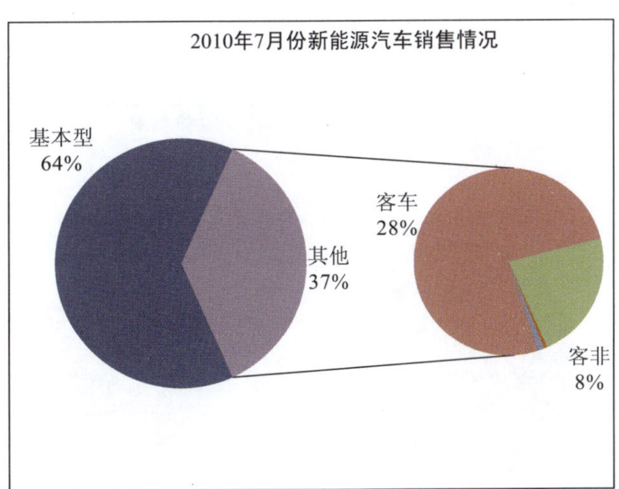

8. 2010年8月份新能源汽车产销情况表

单位:辆

车型		生产					销售					本月产销率(%)	本期产销率(%)
		本月完成	本期止累计	比上月增长(%)	比同期增长(%)	比同期累计增长(%)	本月完成	本期止累计	比上月增长(%)	比同期增长(%)	比同期累计增长(%)		
乘用车	基本型	1169	9197	1.83	7693.33	430.09	1138	8524	14.72	*	369.64	97.35	92.68
	MPV	0	0	*	*	*	0	0	*	*	*	*	*
	SUV	0	0	*	*	*	0	0	*	*	*	*	*
	交叉型	0	0	*	*	*	0	0	*	*	*	*	*
	小计	1169	9197	1.83	7693.33	430.09	1138	8524	14.72	*	369.64	97.35	92.68
商用车	载货车	0	0	*	*	-100.00	0	0	*	*	-100.00	*	*
	货非	1	61	-75.00	*	662.50	2	10	-60.00	*	233.33	200.00	16.39
	半挂	4	35	-50.00	-60.00	-33.96	0	41	-100.00	-100.00	-8.89	0.00	117.14
	客车	538	3300	6.32	-13.92	138.10	501	3330	2.66	-19.84	142.36	93.12	100.91
	客非	66	885	-55.10	-48.84	95.36	107	927	-10.08	-19.55	99.35	162.12	104.75
	小计	609	4281	-8.42	-20.29	122.97	610	4308	-3.02	-19.95	125.90	100.16	100.63
合计		1778	13478	-1.93	128.24	268.76	1748	12832	7.83	129.40	244.76	98.31	95.21

注:表中数据包括纯电动汽车、燃料电池汽车、混合动力汽车、CNG汽车、LPG汽车、LNG汽车等。

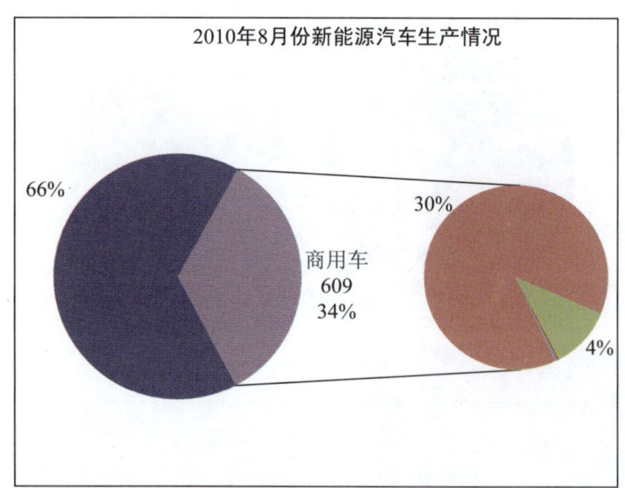

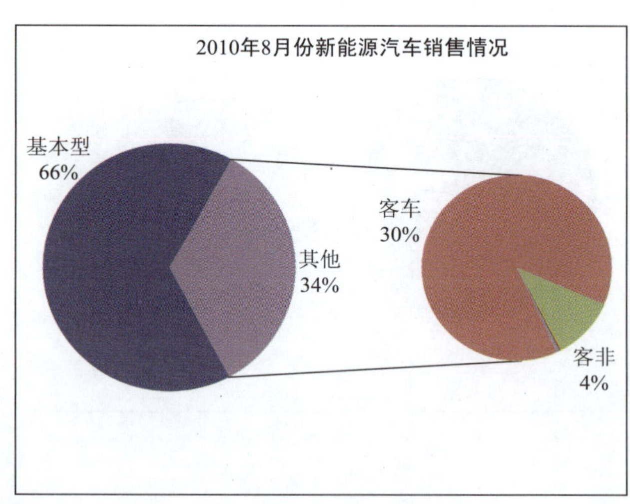

9. 2010年9月份新能源汽车产销情况表

单位：辆

车型		生产					销售					本月产销率(%)	本期产销率(%)
		本月完成	本期止累计	比上月增长(%)	比同期增长(%)	比同期累计增长(%)	本月完成	本期止累计	比上月增长(%)	比同期增长(%)	比同期累计增长(%)		
乘用车	基本型	1234	10431	5.56	*	384.26	1317	9841	15.73	*	360.29	106.73	94.34
	MPV	0	0	*	*	*	0	0	*	*	*	*	*
	SUV	0	0	*	*	*	0	0	*	*	*	*	*
	交叉型	0	0	*	*	*	0	0	*	*	*	*	*
	小计	1234	10431	5.56	*	384.26	1317	9841	15.73	*	360.29	106.73	94.34
商用车	载货车	0	0	*	*	-100.00	0	0	*	*	-100.00	*	*
	货非	5	66	400.00	-54.55	247.37	3	13	50.00	0.00	116.67	60.00	19.70
	半挂	14	49	250.00	250.00	-14.04	0	41	*	-100.00	-24.07	0.00	83.67
	客车	422	3722	-21.56	-33.86	83.89	363	3693	-27.54	-42.20	84.47	86.02	99.22
	客非	80	965	21.21	-62.26	45.11	81	1008	-24.30	-62.84	47.58	101.25	104.46
	小计	521	4802	-14.45	-39.77	72.42	447	4755	-26.72	-47.90	71.97	85.80	99.02
合计		1755	15233	-1.29	102.89	208.42	1764	14596	0.92	105.59	197.70	100.51	95.82

注：表中数据包括纯电动汽车、燃料电池汽车、混合动力汽车、CNG汽车、LPG汽车、LNG汽车等。

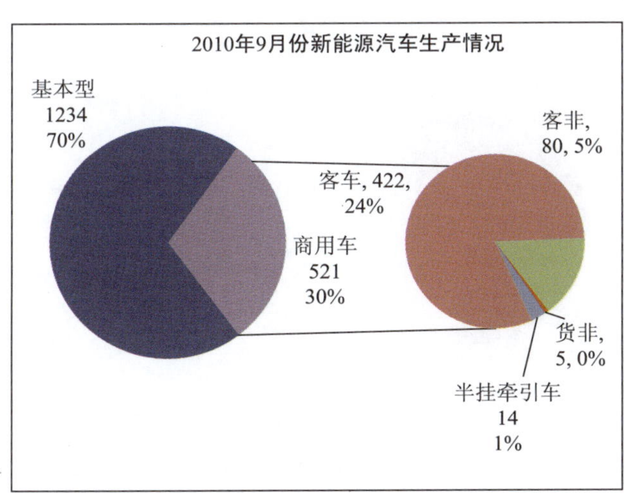

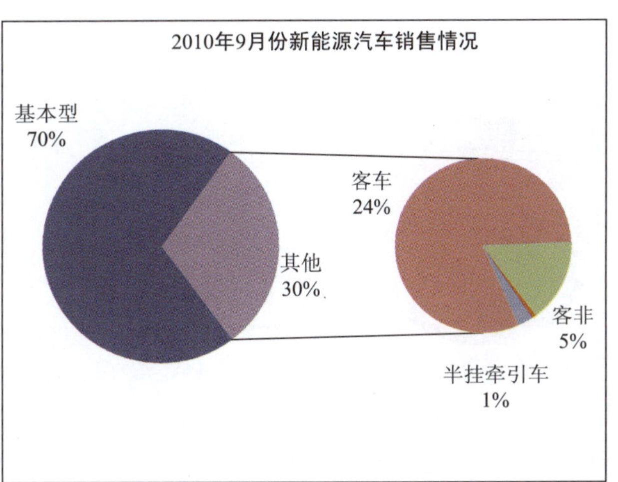

10. 2010年10月份新能源汽车产销情况表

单位:辆

车型		生产					销售					本月产销率(%)	本期产销率(%)
		本月完成	本期止累计	比上月增长(%)	比同期增长(%)	比同期累计增长(%)	本月完成	本期止累计	比上月增长(%)	比同期增长(%)	比同期累计增长(%)		
乘用车	基本型	881	11199	-28.61	*	352.48	752	10481	-42.9	75100	322.62	85.36	93.59
	MPV	0	0	*	*	*	0	0	*	*	*	*	*
	SUV	0	0	*	*	*	0	0	*	*	*	*	*
	交叉型	0	0	*	*	*	0	0	*	*	*	*	*
	小计	881	11199	-28.61	*	352.48	752	10481	-42.9	75100	322.62	85.36	93.59
商用车	载货车	0	0	*	*	-100	0	0	*	*	-100	*	*
	货非	0	66	-100	-100	230	0	13	-100	*	116.67	*	19.7
	半挂牵引车	6	55	-57.14	500	-5.17	14	55	*	600	-1.79	233.33	100
	客车	439	4162	4.03	8.4	71.35	516	4210	42.15	21.7	73.54	117.54	101.15
	客非	266	1231	232.5	54.65	47.07	133	1141	64.2	-10.14	37.14	50	92.69
	小计	711	5514	36.47	22.8	63.91	663	5419	48.32	15.51	62.25	93.25	98.28
合计		1592	16713	-9.29	174.96	186.23	1415	15900	-19.78	146.09	173.2	88.88	95.14

注:表中数据包括纯电动汽车、燃料电池汽车、混合动力汽车、CNG汽车、LPG汽车、LNG汽车等。

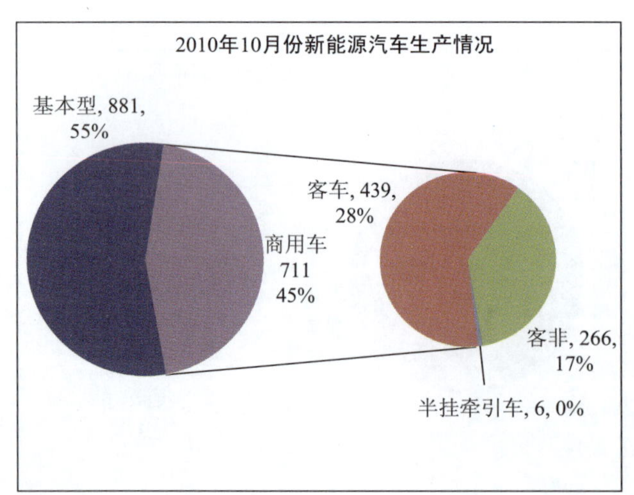

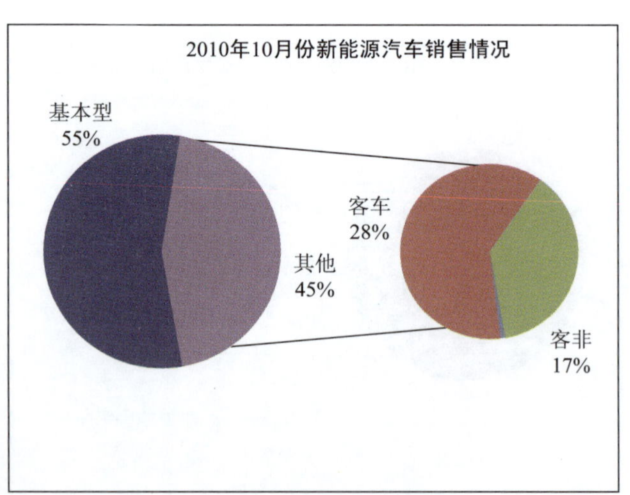

11. 2010 年 11 月份新能源汽车产销情况表

单位：辆

车型		生产					销售					本月产销率(%)	本期产销率(%)
		本月完成	本期止累计	比上月增长(%)	比同期增长(%)	比同期累计增长(%)	本月完成	本期止累计	比上月增长(%)	比同期增长(%)	比同期累计增长(%)		
乘用车	基本型	1171	12449	32.92	14537.5	329.87	1043	11627	38.7	14800	303.58	89.07	93.4
	MPV	0	0	*	*	*	0	0	*	*	*	*	*
	SUV	0	0	*	*	*	0	0	*	*	*	*	*
	交叉型	0	0	*	*	*	0	0	*	*	*	*	*
	小计	1171	12449	32.92	14537.5	329.87	1043	11627	38.7	14800	303.58	89.07	93.4
商用车	载货车	0	0	*	*	-100	0	0	*	*	-100	*	*
	货非	0	66	*	-100	214.29	2	15	*	-77.78	0	*	22.73
	半挂牵引车	13	68	116.67	1200	15.25	1	56	-92.86	*	0	7.69	82.35
	客车	564	4734	28.47	-19.08	51.44	594	4812	15.12	14.89	63.51	105.32	101.65
	客非	194	1425	-27.07	56.45	48.28	111	1252	-16.54	-33.93	25.2	57.22	87.86
	小计	771	6293	8.44	-6.32	50.3	708	6135	6.79	2.02	52.08	91.83	97.49
合计		1942	18742	21.98	133.69	164.61	1751	17762	23.75	149.79	156.86	90.16	94.77

注：表中数据包括纯电动汽车、燃料电池汽车、混合动力汽车、CNG 汽车、LPG 汽车、LNG 汽车等。

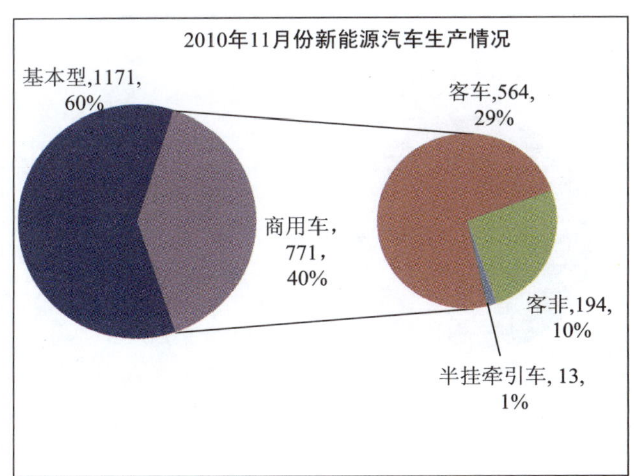

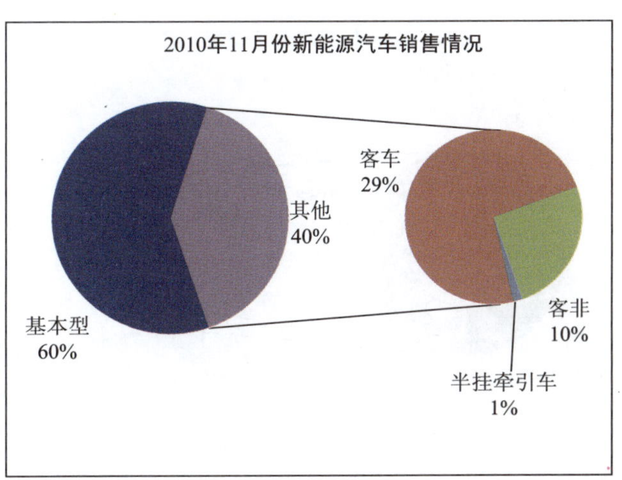

12. 2010年12月份新能源汽车产销情况表

单位:辆

车型		生产					销售					本月产销率(%)	本期产销率(%)
		本月完成	本期止累计	比上月增长(%)	比同期增长(%)	比同期累计增长(%)	本月完成	本期止累计	比上月增长(%)	比同期增长(%)	比同期累计增长(%)		
乘用车	基本型	875	13324	-25.28	10837.50	306.84	1143	12770	9.59	12600.00	300.82	130.63	95.84
	MPV	53	53	*	*	*	1	1	*	*	*	1.89	1.89
	SUV	0	0	*	*	*	0	0	*	*	*	*	*
	交叉型	0	0	*	*	*	0	0	*	*	*	*	*
	小计	928	13377	-20.75	11500.00	308.46	1144	12771	9.68	12611.11	300.85	123.28	95.47
商用车	载货车	88	113	*	*	465.00	25	25	*	*	25.00	28.41	22.12
	货非	2	68	*	*	223.81	59	74	2850.00	*	393.33	2950.00	108.82
	半挂牵引车	2	70	-84.62	-96.30	-38.05	43	99	4200.00	53.57	17.86	2150.00	141.43
	客车	748	5482	32.62	8.25	43.62	694	5506	16.84	-6.09	49.54	92.78	100.44
	客非	194	1619	0.00	88.35	52.16	161	1413	45.05	80.90	29.75	82.99	87.28
	小计	1034	7352	34.11	21.93	46.02	982	7117	38.70	14.72	45.54	94.97	96.80
合计		1962	20729	1.03	129.21	149.45	2126	19888	21.42	145.78	146.26	108.36	95.94

注:表中数据包括纯电动汽车、燃料电池汽车、混合动力汽车、CNG汽车、LPG汽车、LNG汽车等。

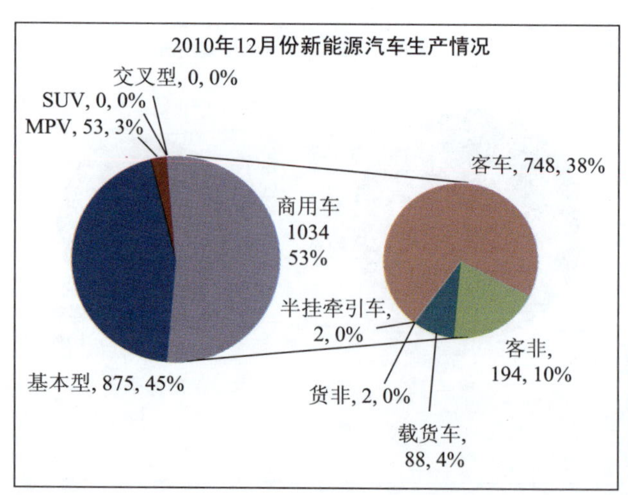

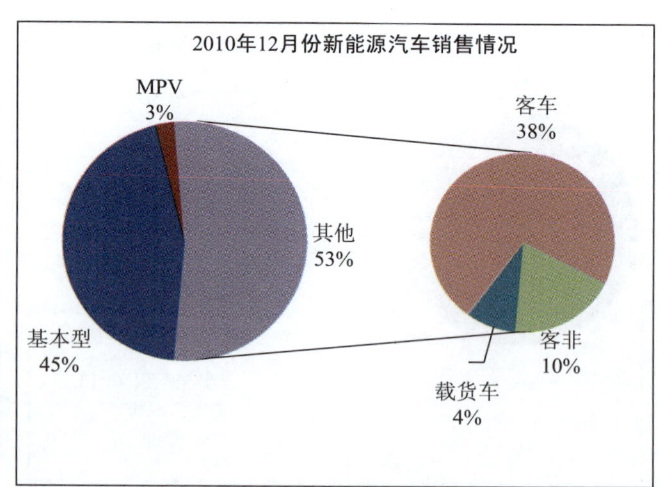

2010 年新能源汽车生产量为 20729 辆，其中乘用车占 64.5%、商用车占 35.5%；销售量为 19888 辆，其中乘用车占64.2%、商用车占 35.8%。与 2006—2009 年产销量相比，2010 年新能源汽车强劲增长。从二季度开始，特别是下半年迎来快速增长，2010 年 6—12 月，月度新能源汽车产销量为 1800 辆，远远高于 2009 年同期月均 600 辆的水平，为历年月度销量最高。

截至 2010 年年底，共有 54 家汽车生产企业的 190 个车型列入《节能与新能源汽车示范推广应用工程推荐车型目录》。与 2010 年之前相比，新能源乘用车占新能源汽车产销量的比例增至 60% 以上，为历年最高。在新能源汽车中，占市场主体地位的已转变为新能源乘用车，说明在"十城千辆"的示范城市进一步推广下，特别是私人购买新能源补贴政策的启动，乘用车已经开始进入新能源汽车市场。

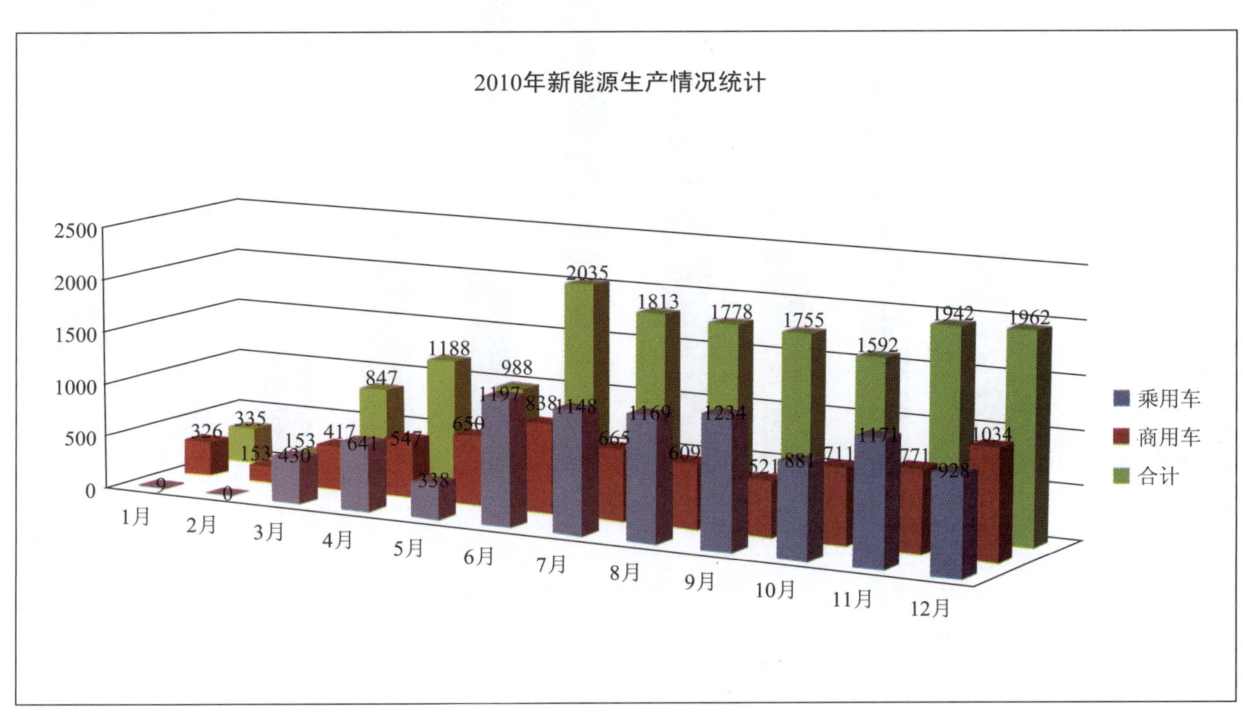

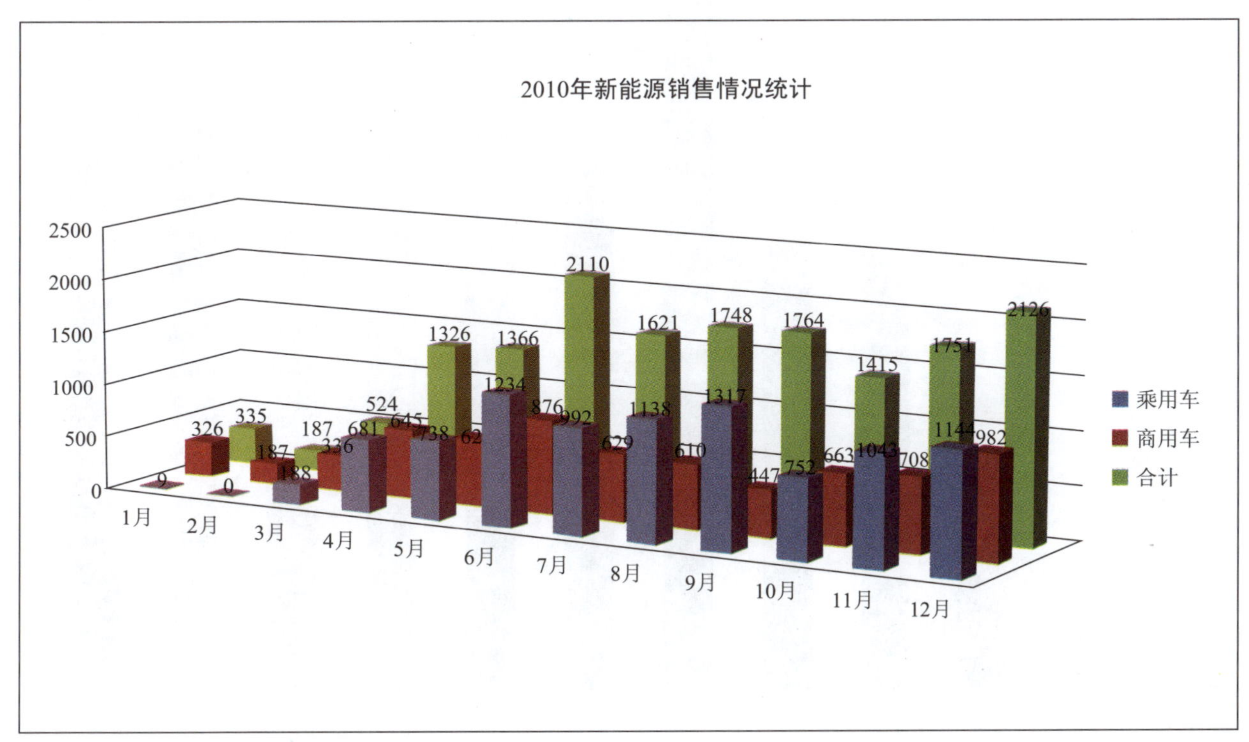

2010年新能源汽车月生产情况图
基本型
MPV
SUV
交叉型
载货车
货非
半挂牵引车
客车
客非
合计
335
78
183
18
9
47
153
12
137
4
847
125
287
5
430
1188
170
4
373
641
988
170
480
338
2035
162
675
1
1197
1813
147
506
8
4
1148
1778
66
538
4
1
1169
1755
80
422
14
5
1234
1592
266
439
6
881
1942
194
564
13
1171
1962
194
748
2
2
53
88
875
1月
2月
3月
4月
5月
6月
7月
8月
9月
10月
11月
12月

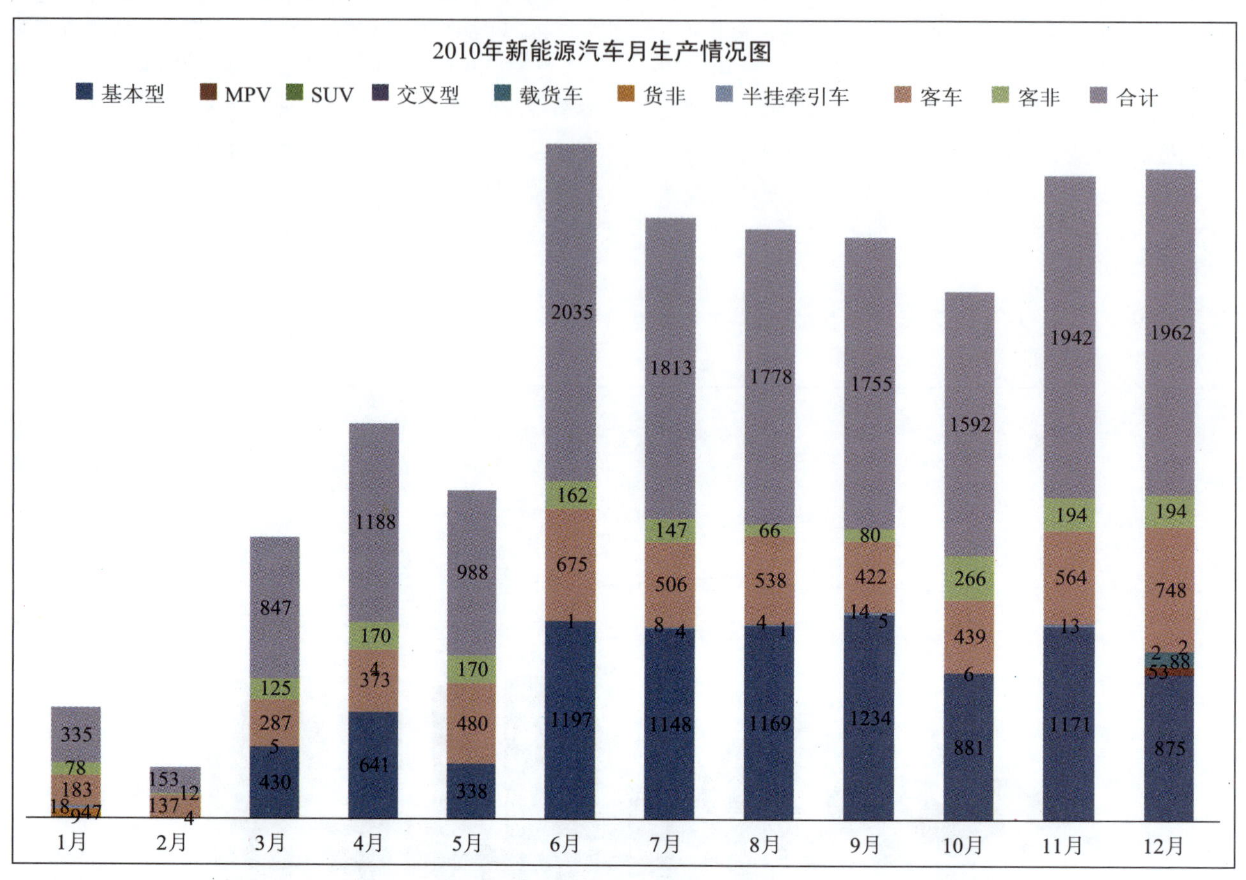

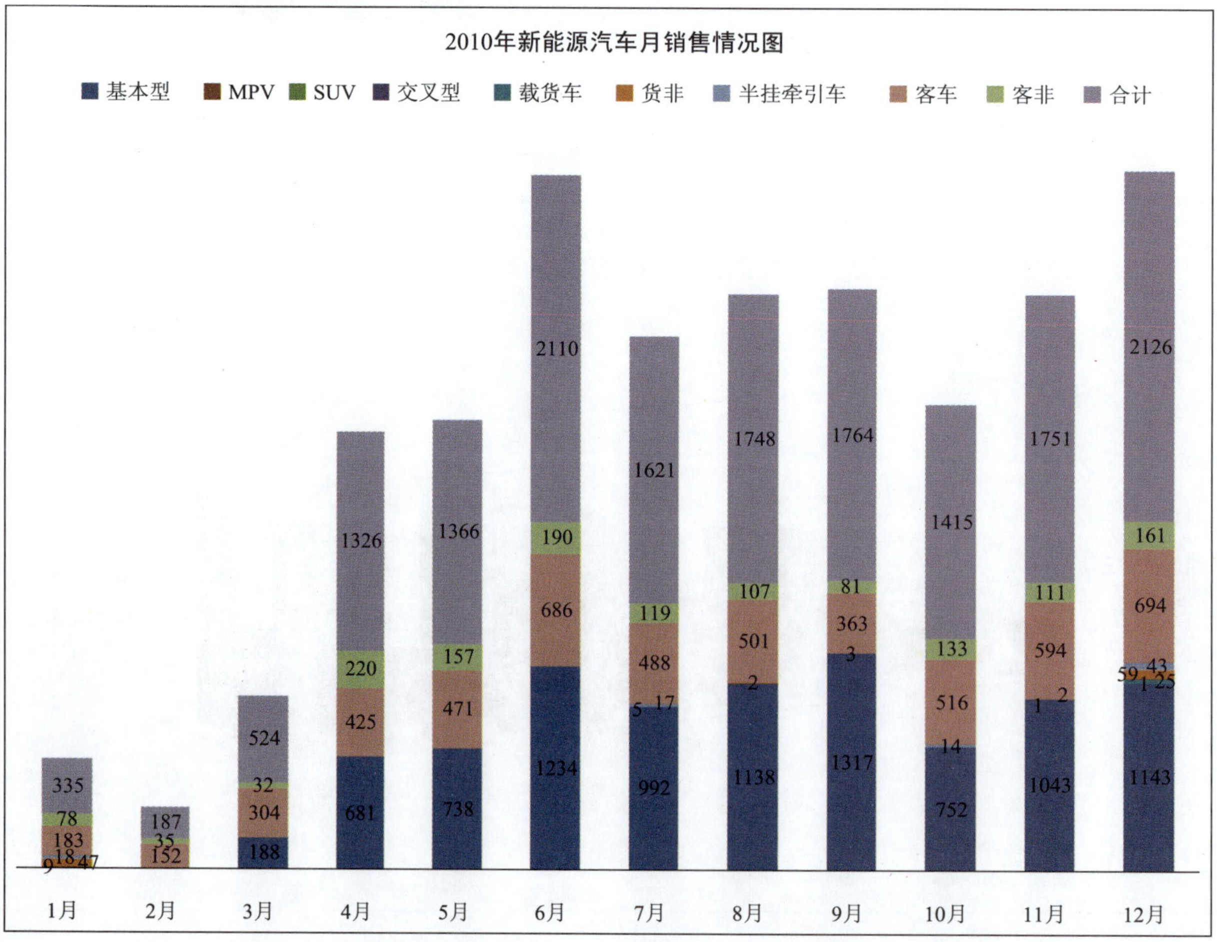

2010年新能源汽车月销售情况图
基本型
MPV
SUV
交叉型
载货车
货非
半挂牵引车
客车
客非
合计
335
78
183
9
18
47
187
35
152
524
32
304
188
1326
220
425
681
1366
157
471
738
2110
190
686
1234
1621
119
488
5
17
992
1748
107
501
2
1138
1764
81
363
3
1317
1415
133
516
14
752
1751
111
594
1
2
1043
2126
161
694
59
43
1
25
1143
1月
2月
3月
4月
5月
6月
7月
8月
9月
10月
11月
12月

三、试点城市电动汽车示范推广数据统计

2010 年电动汽车示范推广统计表

车型		1 北京市	2 上海市	3 天津市	4 重庆市	5 长春市	6 大连市	7 杭州市	8 济南市	9 武汉市	10 深圳市	11 合肥市	12 长株潭地区	13 昆明市	14 南昌市	15 海口市	16 郑州市	17 厦门市	18 苏州市	19 唐山市	20 广州市	21 沈阳市	22 成都市	23 南通市	24 襄阳市	25 呼和浩特市	合计
乘用车	纯电动汽车	50	0	0	0	0	0	157	0	0	53	585*	0	50	0	0	77	0	0	0	0	0	0	0	0	0	972
	混合动力汽车	0	350	0	243	0	405	4	0	0	310	0	0	0	230	0	0	0	0	0	100	0	0	0	0	0	1642
	插电式混合动力	0	0	0	0	0	0	2	0	0	0	0	0	0	0	0	0	0	0	0	0	0	0	0	0	0	2
	燃料电池汽车	0	80	0	0	0	0	0	0	0	0	0	0	0	0	0	0	0	0	0	0	0	0	0	0	0	80
	其他	0	0	0	0	0	0	0	0	0	0	0	0	0	0	0	0	0	0	0	0	0	0	0	0	0	0
商用车、专用车	纯电动汽车	30	270	42	0	0	52	12	0	0	0	0	3	5	0	0	25	3	0	0	0	0	0	0	0	0	442
	混合动力汽车	0	0	0	0	0	0	0	0	0	0	0	0	0	0	0	0	0	0	0	0	0	0	0	0	0	0
	插电式混合动力	0	0	0	0	0	0	0	0	0	0	0	0	0	0	0	0	0	0	0	0	0	0	0	0	0	0
	燃料电池汽车	0	100	0	0	0	0	0	0	0	0	0	0	0	0	0	0	0	0	0	60	0	0	0	0	0	160
	其他	0	0	0	0	0	0	0	0	0	0	0	0	0	0	0	0	0	0	0	0	0	0	0	0	0	0
客车	纯电动汽车	0	181	50	2	0	36	0	0	0	0	188	0	0	0	0	25	0	0	10	26	0	10	0	0	0	528
	混合动力汽车	60	150	122	50	100	60	235	0	200	357	1	572	83	70	0	25	37	41	0	144	0	0	47	30	0	2384
	插电式混合动力	0	6	0	0	0	0	0	0	0	0	0	0	0	0	0	0	0	0	0	0	0	0	0	0	0	6
	燃料电池汽车	0	80	0	0	0	0	0	0	0	0	0	0	0	0	0	0	0	0	0	0	0	0	0	0	0	80
	其他	0	0	0	0	0	0	0	0	0	0	0	0	60	0	0	0	0	0	0	0	0	0	0	0	0	60
合计		140	1217	214	295	100	553	410	0	200	720	774	575	198	300	0	152	40	41	10	330	0	10	47	30	0	6356

注：表中数据包括：公交车、大型客车、公务车、出租车、电力工程车、邮政车、私人用车、场地处、环卫车。*代表私人用车

示范城市 2009—2010 年示范推广电动汽车数量统计

类型		2009 年	2010 年	合计
乘用车	纯电动	480	972	1452
	混合动力	935	1642	2577
	插电式混合动力	*	2	2
	燃料电池	90	80	170
	其他	0	0	0
商用车、专用车	纯电动	365	442	807
	混合动力	5	0	5
	插电式混合动力	*	0	0
	燃料电池观光车	100	160	260
	其他	0	0	0

续表

类　型		2009 年	2010 年	合　计
客　车	纯电动	464	528	992
	混合动力	2935	2384	5319
	插电式混合动力	*	6	6
	燃料电池	84	80	164
	其他（超级电容）	0	60	60
合　计		5458	6356	11814

注：*2009 年插电式混合动力类车型的数据含在相应的纯电动车型统计中,2010 年作为单独列项统计。

2010 年我国新能源汽车市场推广进入实际操作年，随着政策的落实，市场也相应大幅增长。2010 年 6 月，政府在上海等 6 大城市试点对私人购买新能源汽车进行补贴，其中插电式混合动力最高补贴 5 万元，纯电动车补贴 6 万元；2010 年 7 月，我国将“十城千辆”节能与新能源汽车示范推广试点城市增至 25 个，新能源汽车全面进入政策扶持阶段。2009 年全年试点城市节能与新能源汽车总量为 5458 辆，2010 年全年的总量增加为 6356 辆，主要集中在上海、深圳、合肥、长株潭、大连、杭州、广州、南昌、重庆等城市。试点的新能源车型以纯电动和混合动力为主，比例占到新能源汽车总量的 95%。燃料电池的推广示范仅仅在上海、广州为代表的个别城市进行，总量为 80 辆，占新能源汽车总量的 5%。

截至 2010 年年末，25 个试点城市节能与新能源汽车总保有量超过 1 万辆，其中私人购买新能源汽车超过 1000 辆。新能源汽车总体发展销量规划指标按期完成了，但这个数据主要靠城市公交、大客车和出租车的数据在支撑，纯电动汽车的客户主要是政府主导采购的公交集团。

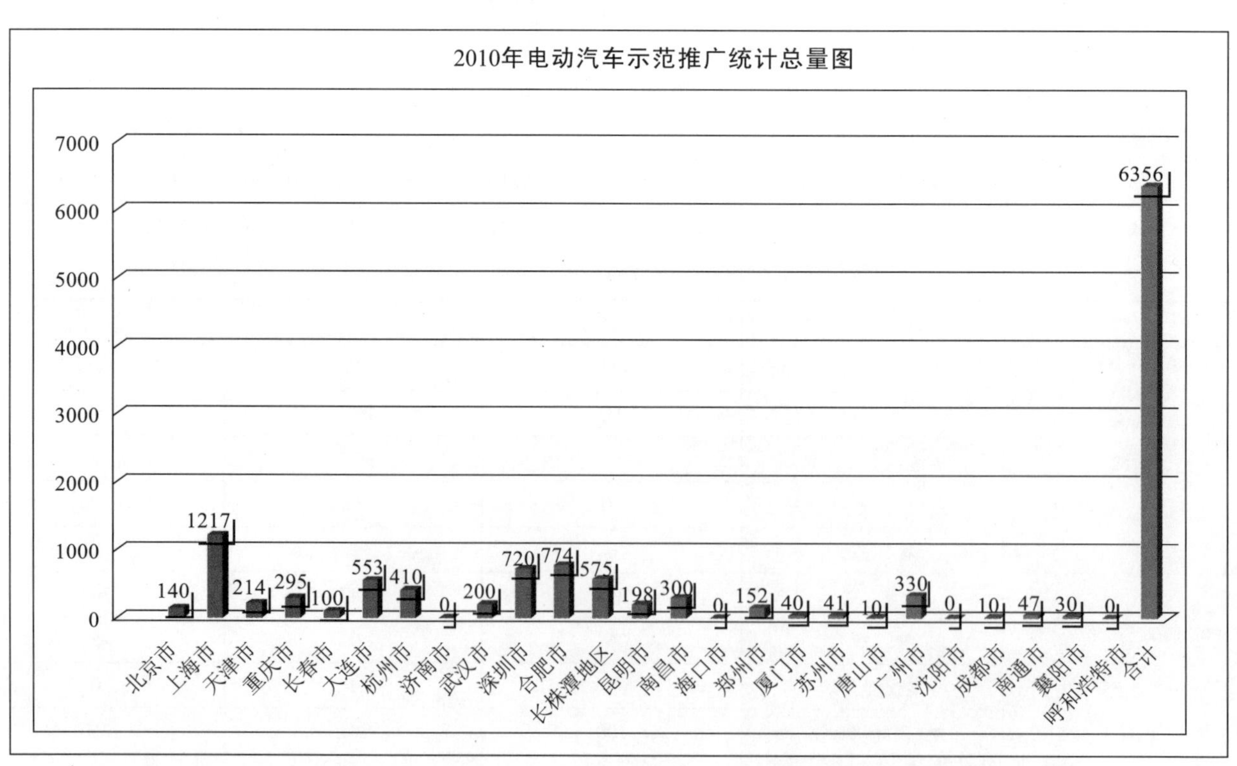

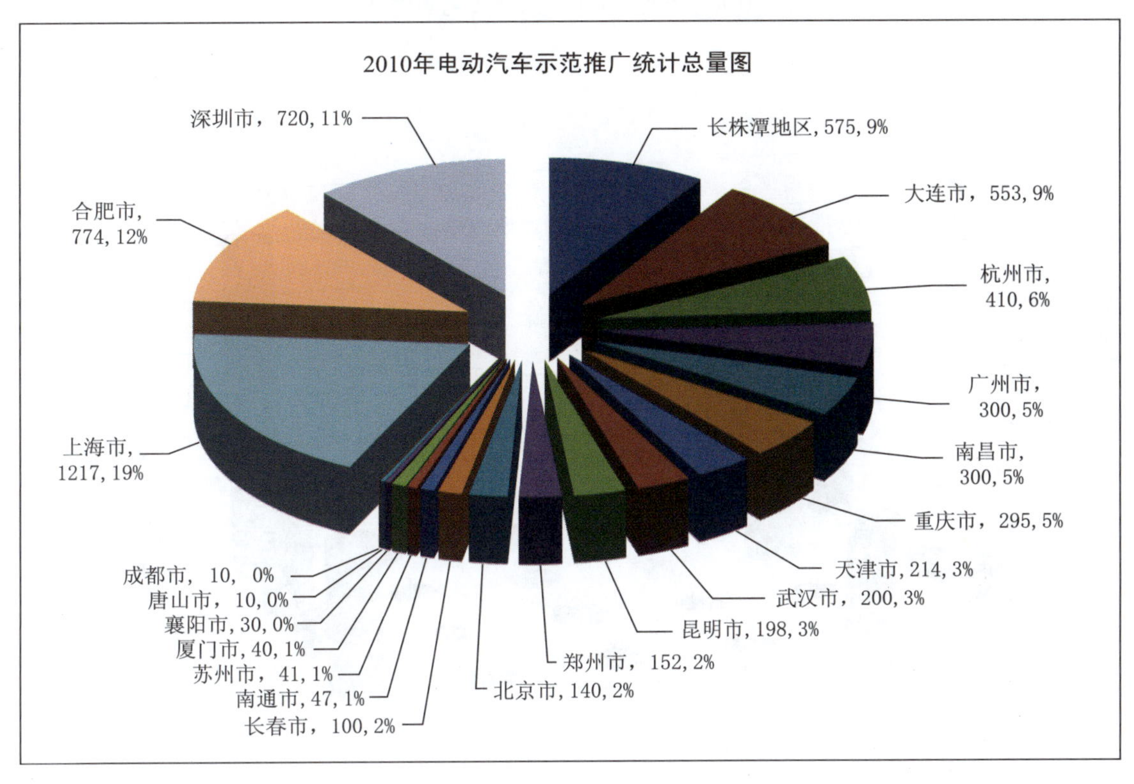

2010年电动汽车示范推广统计总量图
深圳市，720, 11%
长株潭地区, 575, 9%
大连市，553, 9%
杭州市, 410, 6%
合肥市, 774, 12%
广州市, 300, 5%
南昌市, 300, 5%
上海市, 1217, 19%
重庆市，295, 5%
天津市, 214, 3%
武汉市，200, 3%
昆明市, 198, 3%
郑州市，152, 2%
北京市, 140, 2%
成都市，10，0%
唐山市，10, 0%
襄阳市, 30, 0%
厦门市, 40, 1%
苏州市，41, 1%
南通市, 47, 1%
长春市，100, 2%

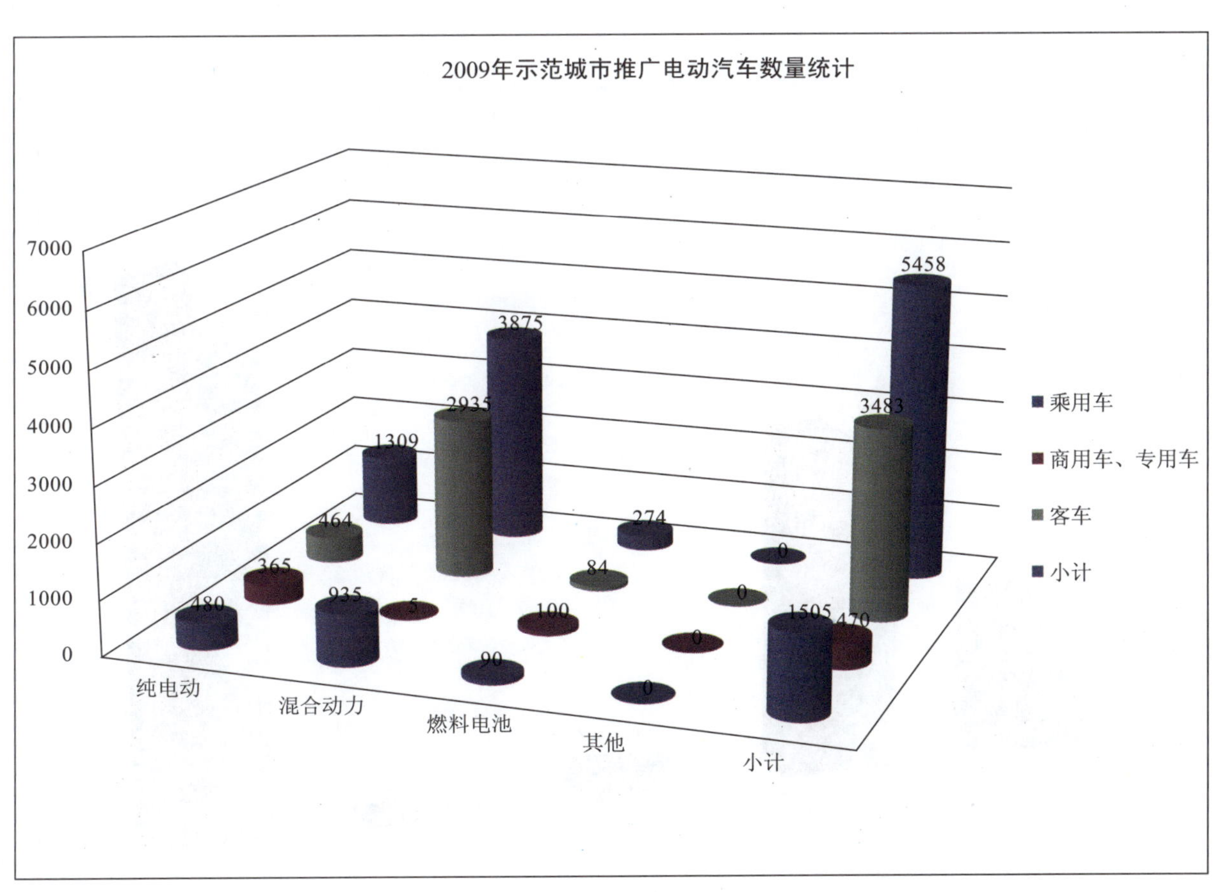

2009年示范城市推广电动汽车数量统计
7000
6000
5000
4000
3000
2000
1000
0
纯电动
混合动力
燃料电池
其他
小计
480
365
464
1309
935
5
2935
3875
90
100
84
274
0
0
0
0
1505
470
3483
5458
乘用车
商用车、专用车
客车
小计

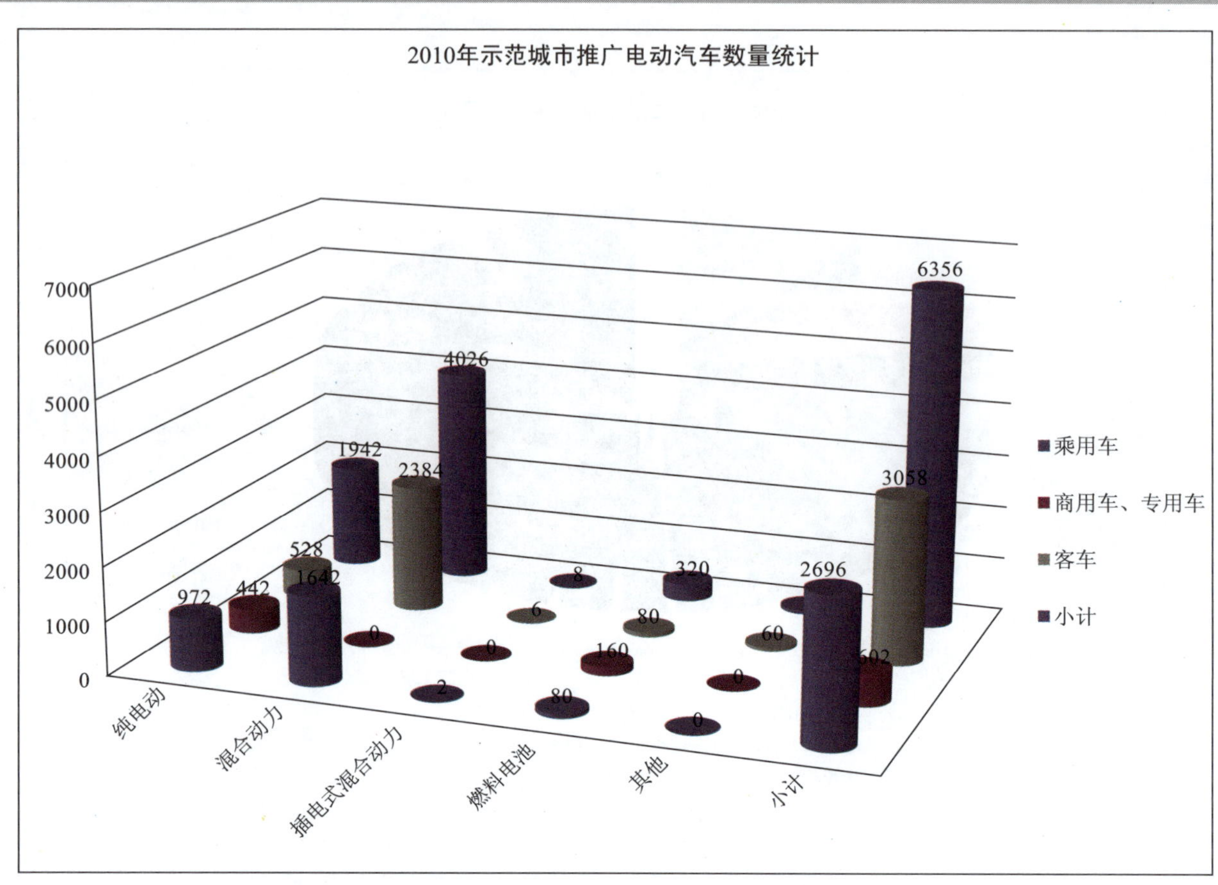
2010年示范城市推广电动汽车数量统计
7000
6000
5000
4000
3000
2000
1000
0
6356
4026
1942
2384
3058
528
972
442
1642
2696
8
320
6
80
60
0
0
160
0
602
2
80
0
乘用车
商用车、专用车
客车
小计
纯电动
混合动力
插电式混合动力
燃料电池
其他
小计

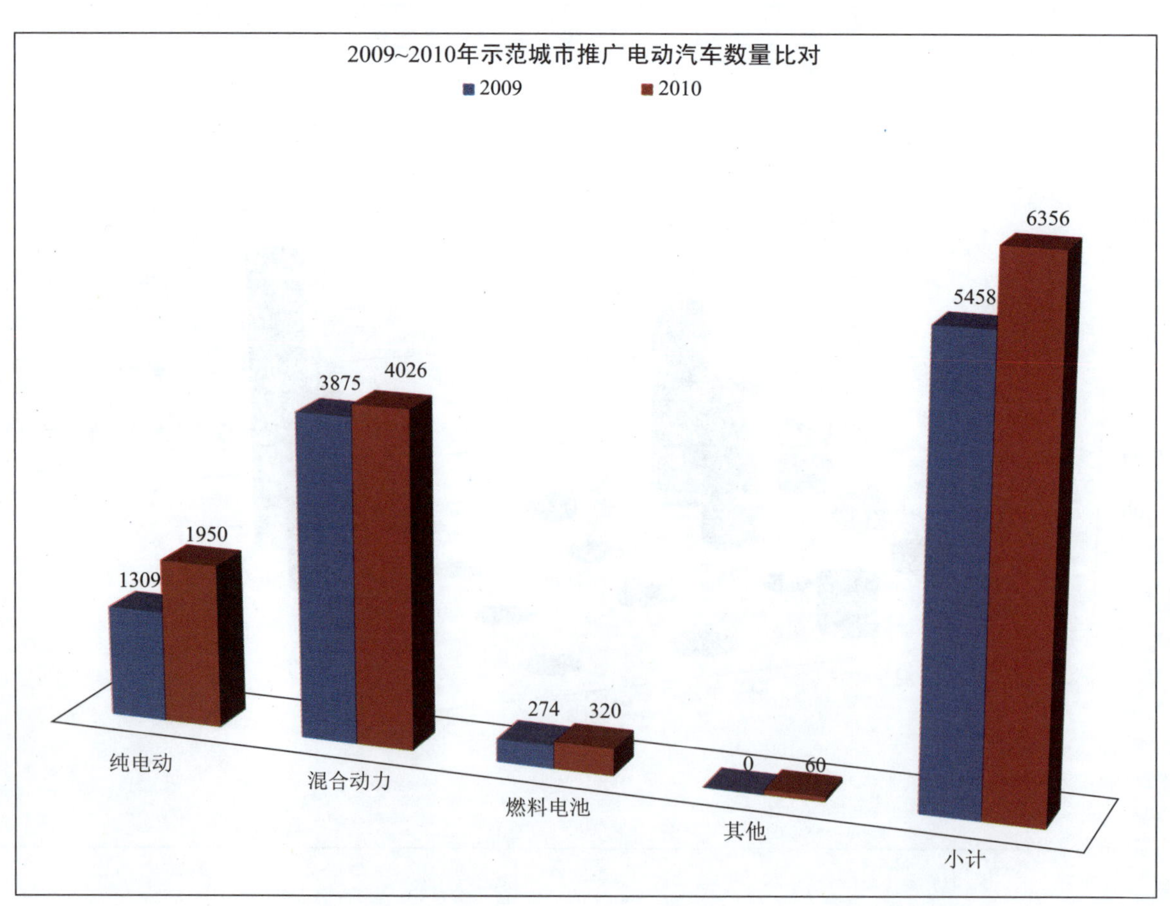
2009~2010年示范城市推广电动汽车数量比对
2009
2010
1309
1950
3875
4026
274
320
0
60
5458
6356
纯电动
混合动力
燃料电池
其他
小计

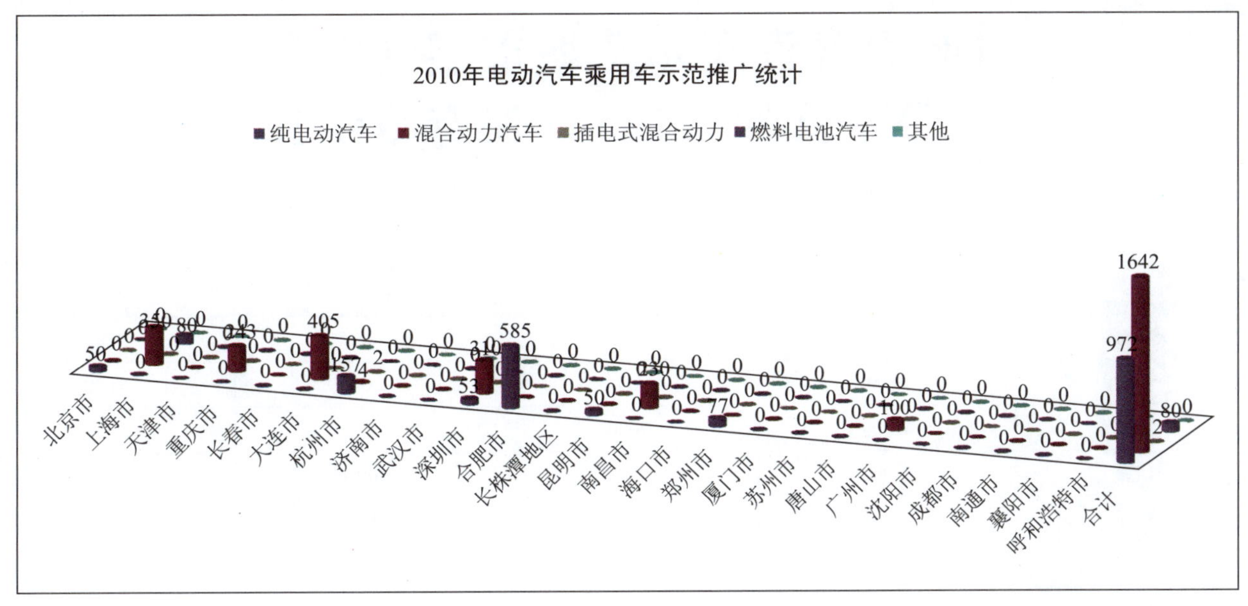
2010年电动汽车乘用车示范推广统计
纯电动汽车
混合动力汽车
插电式混合动力
燃料电池汽车
其他
北京市
上海市
天津市
重庆市
长春市
大连市
杭州市
济南市
武汉市
深圳市
合肥市
长株潭地区
昆明市
南昌市
海口市
郑州市
厦门市
苏州市
唐山市
广州市
沈阳市
成都市
南通市
襄阳市
呼和浩特市
合计

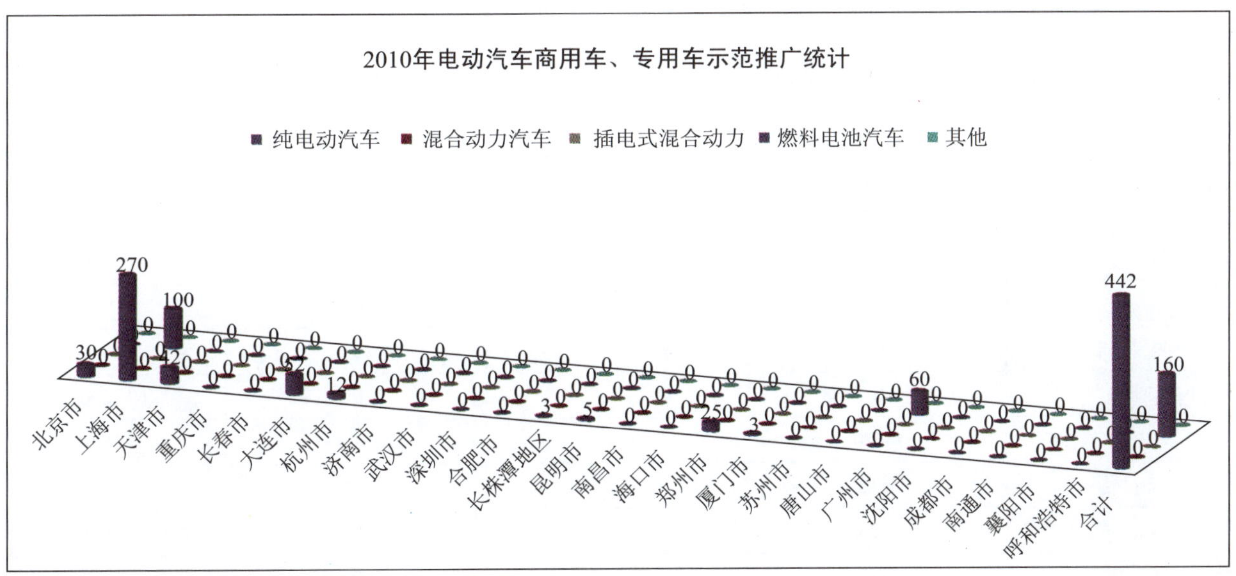
2010年电动汽车商用车、专用车示范推广统计
纯电动汽车
混合动力汽车
插电式混合动力
燃料电池汽车
其他
北京市
上海市
天津市
重庆市
长春市
大连市
杭州市
济南市
武汉市
深圳市
合肥市
长株潭地区
昆明市
南昌市
海口市
郑州市
厦门市
苏州市
唐山市
广州市
沈阳市
成都市
南通市
襄阳市
呼和浩特市
合计

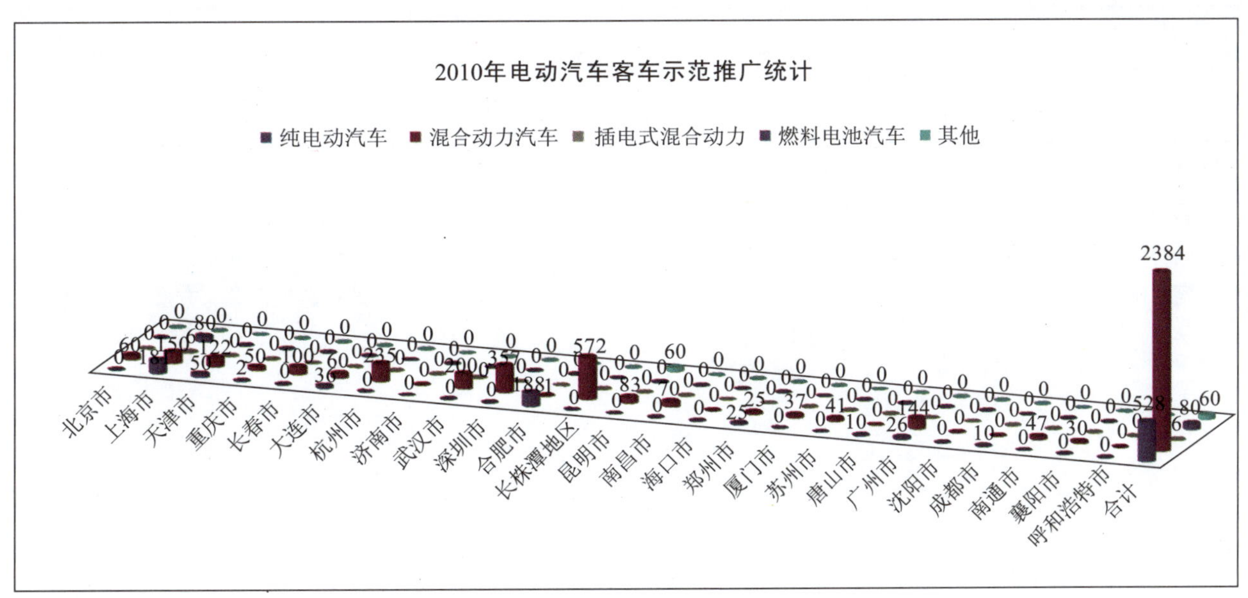
2010年电动汽车客车示范推广统计
纯电动汽车
混合动力汽车
插电式混合动力
燃料电池汽车
其他
北京市
上海市
天津市
重庆市
长春市
大连市
杭州市
济南市
武汉市
深圳市
合肥市
长株潭地区
昆明市
南昌市
海口市
郑州市
厦门市
苏州市
唐山市
广州市
沈阳市
成都市
南通市
襄阳市
呼和浩特市
合计

四、燃气汽车示范城市燃气汽车（CNG、LNG、LPG）保有量统计

城　市	燃气汽车车型			合　计
	出租车	公交车	其他车型*	
北京市	0	3281	0	3281
上海市	1800	80	0	1880
天津市	32000	7000	0	39000
四川省	33000	29000	190000	252000
重庆市	17098	13780	20122	51000
长春市	9800	2300	0	12100
乌鲁木齐市	7960	3980	34127	46067
哈尔滨市	3185	0	0	3185
西安市	17098	13780	35000	65878
廊坊市	3600	450	200	4250
济南市	8043	1130	7250	16423
青岛市	5948	734	524	7206
银川市	5141	1492	24829	31462
湛江市	977	198	6	1181
广州市	18000	7497	0	25497
深圳市	0	300	0	300
沈阳市	14600	2500	1100	18200
西宁市	5516	2248	364	8128
兰州市	6738	2129	825	9692
丹东市	2772	0	0	2772
贵阳市	0	1200	0	1200
海南省	3400	802	3080	7282
合　计	196676	93881	317427	607984

*其他车型包括:载货汽车、城际客车、私人乘用车。

截至2010年年底，燃气汽车示范城市燃气汽车(CNG、LNG、LPG)保有量为607984辆。其中出租车有196676辆，在燃气汽车总保有量中占32.3%，公交车有93881辆，占燃气汽车总保有量的15.4%。各示范城市中，四川省的保有量最大，有252000辆，占到总保有量的41%。燃气汽车示范城市燃气汽车保有量细分详见下图：

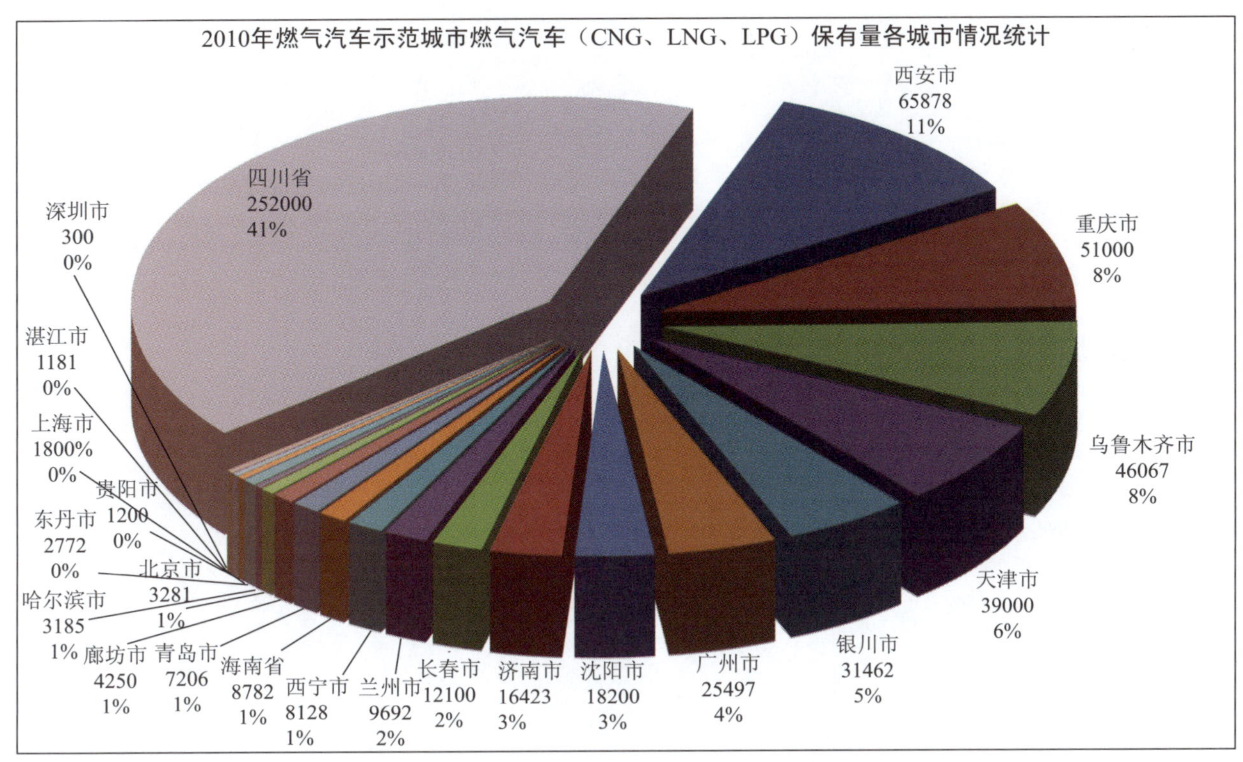
2010年燃气汽车示范城市燃气汽车（CNG、LNG、LPG）保有量各城市情况统计
西安市
65878
11%
重庆市
51000
8%
乌鲁木齐市
46067
8%
天津市
39000
6%
银川市
31462
5%
广州市
25497
4%
沈阳市
18200
3%
济南市
16423
3%
长春市
12100
2%
兰州市
9692
2%
西宁市
8128
1%
海南省
8782
1%
青岛市
7206
1%
廊坊市
4250
1%
哈尔滨市
3185
1%
北京市
3281
1%
东丹市
2772
0%
贵阳市
1200
0%
上海市
1800%
0%
湛江市
1181
0%
深圳市
300
0%
四川省
252000
41%

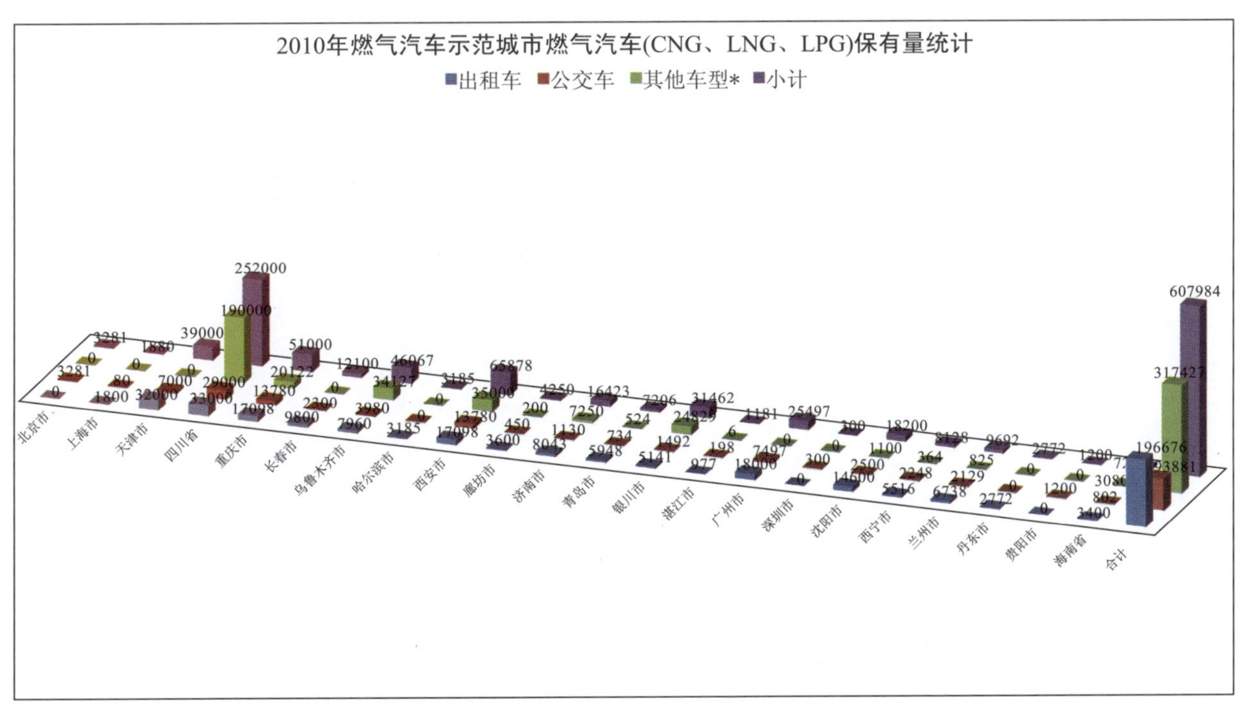
2010年燃气汽车示范城市燃气汽车(CNG、LNG、LPG)保有量统计
■出租车 ■公交车 ■其他车型* ■小计
北京市
上海市
天津市
四川省
重庆市
长春市
乌鲁木齐市
哈尔滨市
西安市
廊坊市
济南市
青岛市
银川市
湛江市
广州市
深圳市
沈阳市
西宁市
兰州市
丹东市
贵阳市
海南省
合计
252000
190000
607984
317427
196676

第六篇
大事记

节能与新能源汽车示范工程

2010 年 1 月 23 日 “安徽合肥纯电动汽车示范运营启动仪式”在合肥市政务新区市民广场举行。本次合肥首批投放的30辆电动公交车，主要用于连接市政务新区和滨湖新区的18路公交线。该纯电动公交车续航里程在250～300公里。

2010 年 1 月 26 日 财政部、科技部、发展改革委、工业和信息化部等四部门共同在北京组织召开了“北京市节能与新能源汽车示范推广试点城市实施方案论证会”。论证会由科技部高新司张志宏副司长主持。专家组听取了北京市节能与新能源汽车示范推广试点实施方案汇报，并进行了现场考察。根据北京市方案，到2012年年底，北京市争取达到新能源汽车5000辆。并完成相关配套设施建设，建设示范运行管理信息化平台，实时监控采集运行数据。

2010 年 2 月 1 日 由中国一汽客车有限公司提供的50辆气电混合动力公交车在长春正式投入运营，这是气电混合动力客车在国内首次批量上线。此次投入运营的是中国一汽自主研发的CA6120URH2型气电混合动力客车，车长12米，采用双轴并联结构，具有结构简单、成本低、使用维修方便等特点。该车与传统客车相比整车碳排放总量降低30%以上。

2010 年 2 月 8 日 国家工业和信息化部公布了2009年工业经济运行报告，报告首次披露，纯电动车部分技术标准已成功通过评审。报告提到，2009年，24家生产企业的47个型号的新能源产品列入节能与新能源示范推广应用工程推荐车型目录，并通过工业和信息化部《车辆生产企业及产品公告》发布。已制定和实施新能源标准39项，基本形成新能源技术标准体系框架和测试评价能力。纯电动乘用车技术条件等23项标准制定工作取得新进展，部分标准已经通过评审。

2010 年 3 月 4 日 大连经济技术开发区、出口加工区、金石滩国家旅游度假区LNG（液化天然气）公交车采购合同签约仪式在开发区管委会举行。首批50辆LNG公交车5月1日即可在大连开发区投入运营，年内包括金石滩国家旅游度假区在内的大连开发区全域，原柴油公交车将全部被LNG公交车替代。

2010 年 3 月 11 日 东风扬子江生产的出口孟加拉国的100辆WG6110NQC型公交车全部下线。

2010 年 3 月 22 日 上午，合肥市人民政府与安徽省电力公司签订了合肥市《电动汽车充电设施建设项目战略合作协议》（以下简称“协议”），双方就落实国家节能减排政策，共同推进节能与新能源汽车示范推广应用启动了新一轮的合作。

2010 年 3 月 28 日 上午，福州市区首座LNG（液化天然气）汽车加气科技示范站和首批50辆LNG公交车正式投入运营。作为发展低碳经济规划项目之一，2010年内福州市将陆续开通20条全部采用LNG公交车的公交线路。

2010 年 4 月 7 日 由山东电力集团公司投资建设的该省首座大型电动汽车充电站——十里堡充电站在临沂市开工建设。十里堡充电站是临沂市2010年计划建设的四座充电站之一，是一座特大型充电站。充电站配电总容量3200千伏安，安装1600千伏安变压器2台，充电机30台，直流充电桩30个，满足30辆电动汽车不间断充电；交流充电桩15个，满足15辆电动汽车进行充电。

2010 年 4 月 15 日 以“绿色出行，让世博更清洁”为主题的上海世博科技——新能源车交车仪式在世博园举行，标志着中国2010年上海世博会新能源汽车示范运营工作正式启动。

2010 年 4 月 19 日 扬州市首个电动汽车充电站在吴洲路建成启用，扬州市首条电动公交线50路也正式开通。作为江苏“示范性充电站”，这座电动汽车充电站可同时满足17辆大中型汽车充电。

2010 年 4 月 26 日下午 温州市人民政府与浙江省电力公司签订了《关于共同推动电动汽车充电设施系统建设合作框架协议》。根据协议，2010年，温州电力局拟在全市范围内建设40个电动汽车交流充电桩。同时，专项投资10千伏及以下配网建设与改造，为充电设施系统的接入创造条件。

2010 年 4 月 28 日 《电动汽车传导式充电接口》《电动汽车充电站通用要求》《电动汽车电池管理系统与非车载充电机之间的通讯协议》《轻型混合动力电动汽车能量消耗量试验方法》四项国家标准，通过全国汽车标准化技术委员会电动车辆分技术委员会审查。上述标准的制定，为建立健全中国新能源汽车标准体系，进一步推进新能源汽车产业发展奠定了基础。截至目前，中国已经制定并发布了新能源汽车相关国家标准和行业标准共计42项，其中22项已列为新能源汽车产品准入的专项检验标准。

2010 年 5 月 1 日—10 月 31 日 500辆混合动力汽车、451辆纯电动汽车、196辆燃料电池汽车累计行驶2922万公里，共节约燃油2811吨，圆满完成世博交通服务。

2010 年 5 月 10 日 江阴首批54辆标有“CNG”菱形字样的燃气公交车正式上路服务市民。这批燃气公交车率先投放于市区内的三条公交线路上。

2010 年 5 月 14 日 江西第一座电动汽车充电站在宜春市开工。工程总投资约1450万元，于6月30日前完工。该充电站占地面积7亩左右，配备8台充电机及50个以上充电桩。充电站顶棚配置安装了太阳能光伏发电系统，装机容量约100千瓦，年均发电量约9.23万千瓦时。

2010 年 5 月 15 日 中通客车向聊城公交一次性交付了 30 辆混合动力公交客车，这是继 2009 年向济南公交集团交付 80 辆混合动力公交之后中通客车交付的又一规模化订单。该车节油率在 LCK6103HG 节能柴油车的基础上再节油 20% 到 30%。

2010 年 5 月 26 日 安徽省首座电动汽车充电站——合肥柳树塘电动汽车充电站竣工投运，柳树塘电动汽车充电站采用国家电网研制的智能型充电系统。该充电站配备了 10 台大型充电机，可同时为 10 辆电动公交车充电，每天可提供 70 辆次充电服务。

2010 年 5 月 28 日 四川省首座电动汽车充电站正式建成并成功投入运营。首批投入的 10 辆纯电动公交车在成都市区内的两条公交线路上示范运营。

2010 年 5 月 26 日 财政部、国家发展改革委、工业和信息化部联合下发了《关于印发“节能产品惠民工程”节能汽车推广实施细则的通知》，将发动机排量在 1.6 升及以下、综合工况油耗比现行标准低 20% 左右的汽油、柴油乘用车（含混合动力和双燃料汽车）纳入“节能产品惠民工程”，在全国范围内进行推广，中央财政对消费者购买节能汽车按每辆 3000 元标准给予一次性定额补贴。

2010 年 5 月 30 日 财政部、科技部、工业和信息化部、国家发展改革委联合出台《关于开展私人购买新能源汽车补贴试点的通知》（以下简称《通知》），确定在上海、长春、深圳、杭州、合肥等 5 个城市启动私人购买新能源汽车补贴试点工作。《通知》明确，中央财政对试点城市私人购买、登记注册和使用的插电式混合动力乘用车和纯电动乘用车给予一次性补贴。补贴标准根据动力电池组能量确定，对满足支持条件的新能源汽车，按 3000 元/千瓦时给予补贴。插电式混合动力乘用车每辆最高补贴 5 万元，纯电动乘用车每辆最高补贴 6 万元。

2010 年 5 月 31 日 财政部、科技部、工业和信息化部及发展改革委联合下发《关于扩大公共服务领域节能与新能源汽车示范推广有关工作的通知》，进一步扩大公共服务领域节能与新能源汽车示范推广工作，在现有 13 个试点城市的基础上，增加天津、海口、郑州、厦门、苏州、唐山、广州 7 个试点城市。

2010 年 5 月 31 日 深圳市《电动汽车充电系统技术规范》发布，并从 6 月 1 日起正式实施。《深圳市电动汽车充电系统技术规范》指出：“将涉及 9 项技术规范，主要是对电动汽车充电系统所涉及的充电站及其监控系统、充电装置（包括充电机、充电桩）及其接口与通信的相关技术进行原则性规定。”《规范》指出，包括通用要求、充电站及充电桩设计规范、非车载充电机、车载充电机、充电桩、充电站监控管理系统、非车载充电机监控单元与电池管理系统通信协议、非车载充电机充电接口和城市电动公共汽车充电站等。

2010 年 6 月 12 日 江苏大红成莱宝驰机车制造公司生产的低速微型电动汽车，将成批出口欧美市场。“大红成莱宝驰机车”生产的低速微型电动汽车，主要采用铅酸电池和锂电池，时速为 40～50 公里；每充电一次，续航里程可达 160 公里以上。

2010 年 6 月 17 日 由苏州金龙与清华大学联合研发的海格牌氢燃料电池城市客车首次出口新加坡发车仪式在苏州举行，此次出口新加坡的海格氢燃料电池城市客车将作为 2010 年 8 月在新加坡举办的首届青年奥运会的官方新能源示范服务车辆。该车采用可充电式“电—电混合”燃料电池动力系统，最高车速为 80 公里，续驶里程 200 公里以上，尾气排放为零。

2010 年 6 月 21 日上午 合肥新亚汽车客运有限公司与安徽安凯汽车股份有限公司和合肥国轩高科动力能源有限公司签署了 100 台纯电动客车的采购合约。此次合肥新亚汽车客运有限公司采购的 100 辆纯电动大巴将采用租赁模式，分批次投入公交线路的营运。

2010 年 6 月 30 日 国家发展改革委、工业和信息化部、财政部公告了“节能产品惠民工程”节能汽车（1.6 升及以下乘用车）推广目录。入选企业包括安徽江淮、比亚迪、北京现代、重庆长安等 16 家企业的 71 个车型入围第一批推广目录。以上车型的所有配置的汽车均已列入《车辆生产企业及产品公告》、通过了汽车燃料消耗量标识备案、获得了国家强制性产品认证（3C 认证）证书，综合工况油耗比现行标准低 20% 左右。中央财政将对消费者购买以上车型的节能汽车给予每辆 3000 元的补助，由生产企业在销售时兑付给消费者。

2010 年 7 月 1 日上午 惠州市区 200 辆新的士正式上路运营，其中 100 辆的士为 CNG 与汽油两用燃料环保出租车。预计 100 辆 CNG 出租车上路后，每年将可为惠州减少废气和污染物排放 500 吨以上。

2010 年 7 月 5 日 《深圳私人购买新能源汽车补贴试点实施方案》通过了财政部、科技部、工业和信息化部、发展改革委共同组织的专家论证。

2010 年 7 月 6 日 财政部、科技部、工业和信息化部、发展改革委等四部委在深圳召开私人购买新能源汽车试点会议，对私人购买新能源汽车试点工作进行动员和部署，并举行了深圳市私人购买新能源汽车试点启动仪式。

2010 年 7 月 10 日 江西省首座电动汽车充电站在宜春城北竣工投运。这家电动汽车充电站为中型平面充电站，可同时为 8 辆电动汽车提供充电服务。

2010 年 7 月 14 日 西北首个电动汽车充电站在西安

落成并投入运行，这个项目总投资650万元，8个充电位，一天可以为400辆电动汽车充电。而今年国家电网公司还将在西安市区的各个方向再投建设三座同类型的电动汽车充电站。

2010年7月16日 中国科技部与德国环境部签署了《关于两国在气候保护和电动汽车领域合作的谅解备忘录》。为达成备忘录里中德双方达成共识的目标，中国科技部和德国环境部分别委托中国汽车技术研究中心和德国技术合作公司联合实施“中国气候保护和电动汽车项目”，“中国气候保护和电动汽车项目”基于中国科技部与德国环境部签署的《关于两国在气候保护和电动汽车领域合作的谅解备忘录》，目标是为相关部委、研究机构和智囊团的决策获得有关的战略、理念和技术方案，从而在中国推动电动汽车利用，减少温室气体排放。

2010年7月16日 青岛市以天然气为单一燃料的公交车在21路和367路线上运行。该新车是今年青岛市政府支持下青岛公交集团更换新车的一部分，也是首批更换的以天然气为单一燃料的车辆，取代了过去以汽油和天然气为主的复合燃料。

2010年7月20日上午 石家庄公交新购进的302辆环保大载体公交车正式投入运营。新车投入运营后将使石家庄公交营运车辆总数达到3136辆，其中天然气环保公交车达到2000辆，占总车数的64%。新车全部为欧Ⅲ排放的天然气大载体车型，其中：12米和13.7米公交车采用了燃气电控系统和CAN总线技术，实现了全车电气设备的数字化控制；发动机舱配有灭火弹，安全性能进一步提高。

2010年7月25日 由玉柴股份公司与重庆恒通客车公司共同研发的气电混合动力公交客车批量投入重庆公交线路运营。这款气电混合新能源车与普通公交车相比可节能25%以上，每月能节省燃油费2000元以上，每年可减少排放物500多公斤，节约燃气近万立方米。玉柴混合动力总成已在7个整车厂完成样车和公告试验，在5个城市进行了试运行。

2010年8月8日 厦门公交集团首批50辆天然气公交车正式上路运营。

2010年8月10日 上午，湖北省首座电动汽车充电站——国家电网襄樊邓城电动汽车充电站正式建成并投入运行。襄樊邓城充电站总投资1000万元。该充电站可满足10辆大巴、20辆中巴、30辆轿车同时充电，并设置50组蓄电池的电动汽车换电区。邓城充电站可选择三种充电模式：普通充电、快速充电、直接更换电池。电动公交车一次充电的时间大约5个小时右。

2010年8月11日 溧阳市客运公司与苏州金龙联合汽车工业有限公司签订购车协议，出资800万元定购15台KLQ6118GC天然气客车，用于投放到9路公交线，10月份这批绿色环保型天然气公交将驶上溧阳街头。该车总长11.46米，宽2.48米，总高3.4米，发动机最大功率191kW，座椅37座，核载90人。

2010年8月12日 黑龙江龙华汽车有限公司新能源汽车项目开工典礼在黑龙江省齐齐哈尔市举行。该项目总投资达15亿元，总占地面积66.8万平方米，5年后项目完全达产，可实现年销售收入486亿元。该项目一期占地25.7万平方米，设计生产能力为1500辆传统公交客车、客车及专用车；规划二期立项生产100万套电动汽车专用电机及控制器；规划三期立项生产100MW太阳能光伏组件，并在传统汽车产品生产公告基础上，申请新能源汽车生产公告。

2010年8月16日 郑州、厦门、海口、唐山等四市节能与新能源汽车示范推广实施方案通过了财政部、科技部、工业和信息化部、发展改革委共同组织的专家论证。

2010年8月18日 《杭州市私人购买新能源汽车补贴试点实施方案》通过了由财政部、科技部、工业和信息化部、发展改革委等四部门共同在杭州组织的专家论证。

2010年8月18日 由国资委牵头，16家中央企业发起成立的中央企业电动车产业联盟在京成立。该联盟由包括一汽、东风、兵装集团、国家电网、南方电网、中国石油、中国石化等16家大型央企发起。

2010年8月18日 东风汽车新能源客车项目在湖北省襄樊市开工建设。该项目规划投资6.5亿元，2011年上半年将先期建成2000辆整车、5000辆底盘的新能源产品生产基地。

2010年8月19日 临沂市人民政府与中国石油昆仑天然气利用有限公司签订“天然气公交车战略合作框架协议”，此次战略合作采取“直接融资租赁”的方式，由中国石油昆仑天然气利用有限公司提供300台天然气公交车辆的购置资金，市政府给予担保，市财政分5年拨付购车本息，市公交总公司负责运营管理。300台天然气公交车已于10月开始陆续投入运营。

2010年8月19日 杭州市私人购买新能源汽车补贴试点方案正式发布，其中，车辆为插电式混合动力的，电池容量超过10kWh的部分，给予2000元/kWh的补贴，最高3万元；车辆为纯电动汽车的，电池容量超过20kWh的部分，给予3000元/kWh的补贴，最高6万元。同时，对整车提供3年或6万公里的免费充电。

2010年8月20日 由新源动力股份有限公司研发生产的“车用燃料电池发动机系统”通过专家评审，获得“国家重点新产品”证书。

2010年8月20日 常州黄海与贵阳公交签订了82辆

LNG公交客车的订单。此次贵阳公交订购LNG公交客车，采用常州黄海源自依维柯公交车的造型，LNG汽车尾气中的碳氢化合物、一氧化碳、二氧化碳、氮氧化物均大大优于传统燃油车。

2010年8月21日　金州新区首批71辆LNG公交客车在大连金州新区正式上线运营，车型分别为CA6112URN31、CA6890URN31，均由大连客车厂自主研发。

2010年8月25日　福建省首座电动汽车充电站厦门市华荣电动汽车充电站宣告建成，30个交流充电桩投入运行。厦门市华荣电动汽车充电站位于厦门市中心，配备2台直流500伏/200安中型充电机、2台5千瓦交流充电桩，可同时满足2台中型车辆和2台小型车辆充电，预留2台中型充电机和2个交流充电桩位置。

2010年8月29日　合肥国轩高科动力能源有限公司日产20万安时汽车车用锂电池新生产线正式奠基开工。该生产线总投资约6000万元，将全部采用国内自动化设备。

2010年8月31日　天津普济河道电动汽车充电站正式启用。普济河道电动汽车充电站占地面积4000平方米，其中包含大型车充电车位12个，中小型充电车位6个，可满足不同类型充电汽车的充电需求。

2010年9月2日　江苏省首座LNG公交加气站在张家港市城北公交站投入使用，30辆LNG公交车也投入运营。

2010年9月3日　深圳市大运中心电动汽车充电站项目开工建设，该电动汽车充电站位于龙岗区大运会场馆西面，共设置了6台快速充电机，总充电容量为1890千瓦，可向出租车、小轿车、公交车提供充电服务，站内可同时容纳6辆电动汽车驶入。充电站占地面积1092平方米，投资金额超过1千万元。

2010年9月5日　新一批105辆LNG公交车将陆续投放880路等5条天津滨海新区公交线。

2010年9月8日　国务院常务会议审议并原则通过《国务院关于加快培育和发展战略性新兴产业的决定》。新能源汽车产业被列入战略新兴产业范畴，与其他六大产业一起将成为国家未来几年内重点发展的方向。

2010年9月9日　快递企业TNT宣布启用中国首批零排放电动快递车队，电动汽车的供应者来自东风汽车公司，投入TNT的车型名为东风天翼EQ5028。

2010年9月13日　总投资1亿元的中海油LNG汽车加气站项目正式落户高港。该项目将以本市境内各长途客运汽车站为据点建设液化气加气站，保证省际城际长途汽车需求。

2010年9月15日　北京新能源汽车制造工程中心正式落户北汽福田沙河基地。北京新能源汽车制造工程中心将与福田原有的新能源研发中心协同工作，共同开发福田纯电动客车、欧马可纯电动环卫车、迷迪电动车等新能源汽车。

2010年9月19日　佛山市禅城区首批50辆液化天然气公交车将投入运营。

2010年9月19日　天津、襄樊、苏州、沈阳、南通、呼和浩特、成都等七市节能与新能源汽车示范推广实施方案通过了财政部、科技部、工业和信息化部、发展改革委共同组织的专家论证。

2010年9月26日　首批节能与新能源公务用车启动仪式在南昌市举行，19辆长安混合动力公务用车正式投入使用。

2010年9月26日　上午，12辆中通阳光系列CNG城际公交车投入聊城至东阿第一条城际公交路线运营。

2010年9月27日　河南省政府出台了《关于支持电动汽车产业发展的若干意见》，从技术研发、应用推广、配套基础建设等多个方面给予河南省电动汽车产业以支持。河南省将设立电动汽车产业发展专项资金，由河南省财政每年安排一定数额的资金用于支持电动汽车产业化和市场推广等。

2010年9月28日　金华八达集团有限公司、浙江康迪车业有限公司和浙江天能电池有限公司签订共同合作协议，3家公司分别出资240万元、180万元和180万元，共同组建金华市电动汽车电池更换运营服务公司。

2010年9月29日　《长春市私人购买新能源汽车补贴试点实施方案》《合肥市私人购买新能源汽车补贴试点实施方案》通过了由四部委组织的专家论证。

2010年9月29日　上午，苏州首批纯电动公交汽车即将上路在邓尉路举行了纯电动公交汽车投运仪式。此次首批投运的苏州金龙纯电动公交汽车共4辆，将全部投入327路公交线。

2010年9月30日　东丽区首批电动汽车充电桩全部完成送电。

2010年10月9日　陕西省铜川市首批节能减排型客运车投入运行，由铜川客运一公司投运的8辆大型天然气客运车辆每天将往返铜川新区到西安火车站之间，单程86公里，运行时间80分钟。

2010年10月14日　黄海客车与哈尔滨电车公司签订了60辆天然气公交客车的采购合同，使得2010年1—10月累计销往哈尔滨市场的公交客车突破了400辆。目前，哈尔滨市共有4600余辆公交车，公交线路141条，线路总长度为2853.9公里。其中，液化气公交车占70%，天然气公交车占20%，柴油公交车占10%。

2010 年 10 月 18 日 重庆公交向恒通客车购买 100 辆气—电混合动力客车和 20 辆纯电动新能源客车。恒通气—电混合新能源客车平均节气率为 25% 以上，能耗同比降低 25% 以上，废气排放量减少 30% 以上，平均行驶噪音降低3 ~5 分贝。

2010 年 10 月 19 日 奇瑞新能源汽车合肥包河专营店开始试营业，这也是奇瑞全国首家新能源汽车直营店。

2010 年 10 月 20 日 长安汽车集团乘用车项目在京正式启动，新项目将作为自主品牌中高级轿车和长安新能源汽车的生产基地。该生产基地位于北京窦店镇产业基地核心区内，总投资 115 亿元。新基地建成后，将形成整车年产 50 万辆、发动机年产 50 万台的规模。长安汽车表示，该项目建成后将生产长安自主品牌新能源车及中高挡车的 10 多款车型。根据规划，2011 年 7 月份，纯电动车生产线将建成并投产。2012 年 3 月份，轿车项目一期工程将建成并投产。

2010 年 10 月 20 日 《中德电动汽车及气候保护合作项目执行协议》签署仪式在北京举行。中国汽车技术研究中心主任赵航和德国技术合作公司驻华首席代表司嘉丽在仪式上签署协议，中国科技部及商务部官员、德国驻华使馆人员出席了仪式。该项目通过在电动汽车标准、能源利用效率、电池回收利用等方面的研究，为两国相关部门、研究机构的决策提供参考。项目执行周期拟定为 3 年。

2010 年 10 月 26 日 华晨 400 辆中华骏捷 FSV 混合动力轿车交付大连市出租车公司并投入使用，这是迄今为止国内市场上最大的一笔混合动力轿车销售订单。此批新能源轿车是华晨在科技部“十五”及“863”课题项目基础上，联合国内先进研发机构开发的车型。

2010 年 10 月 29 日 黑龙江省高纬度地区电动汽车产业技术创新战略联盟成立大会召开。联盟将本着“强强联合、优势互补、互惠共赢、长期合作、共同发展”的原则，将高校及科研院所优势科技资源系统地注入电动汽车产业的发展中，重点打造 3 个平台，攻克 14 个方面关键技术，推进 3 个产业示范线路建设。

2010 年 11 月 2 日 《北京市私人购买新能源汽车补贴试点实施方案》通过财政部、科技部、发展改革委、工业和信息化部四部门共同组织的专家论证。

2010 年 11 月 6 日 深圳五洲龙 300 辆混合动力客车出口菲律宾签约仪式在深圳举行。

2010 年 11 月 12 日 奇瑞新能源车山东东营大山奇瑞新能源汽车 4S 店正式开业。这是奇瑞全国第二家正式开业的新能源汽车直营店。该店营业面积 1800 平方米，集整车销售、售后服务、零部件供应、信息反馈于一体，拥有一支奇瑞新能源汽车技术有限公司培训的专业维修服务队伍，主要经营品牌是奇瑞 QQ3EV，价格在 4.88 万 ~5.28 万元之间。

2010 年 11 月 17 日 《上海市私人购买新能源汽车补贴试点实施方案》通过财政部、科技部、发展改革委、工业和信息化部四部门共同组织的专家论证。

2010 年 12 月 8 日 由国家质量监督检验检疫总局组织的专家组就国家动力电池产品质量监督检验中心的筹建情况在襄樊市调查研究。国家动力电池产品质量监督检验中心是以湖北省蓄电池质量监督检验中心为主体建设单位，武汉理工大学、襄樊学院等四家单位协同建设。项目建成后将成为全国动力电池、电驱动控制系统及充电系统零部件产品的检测中心、标准中心和研发中心。项目预算总投资 1.513 亿元，计划年内立项，2011 年到 2012 年一季度完成安装调试并投入试运行，计划 2012 年 6 月通过国家验收。

2010 年 12 月 8 日 北汽福田汽车股份有限公司、中国石油北京销售分公司和中国石油天然气运输公司在中国石油天然气运输公司北京顺义基地签订了《战略合作框架协议》。在签约现场，中国石油天然气运输公司还与福田汽车签订了 150 台福田欧曼 LNG 牵引车的采购协议。

2010 年 12 月 9 日 由中国普天自主研发的动力电池自动快换系统投入使用。该套系统仅需 3 分钟就可以将某种类型电动汽车的乏电电池更换为满电电池，整个过程耗时与传统汽车加油或加气所用的时间几乎一样。该系统是中国普天旗下的普天海油新能源动力有限公司、普天物流技术有限公司与清华大学、北京交通大学、天津清源电动车辆有限公司、清华科易动力公司等相关院校和企业共同研发的最新成果。

2010 年 12 月 16 日 洛杉矶市住房局（HACLA）和比亚迪汽车有限公司共同启动了一项电动车集团客户示范推广项目。根据项目合约，比亚迪 F3DM 双模电动车已在位于洛杉矶威尔希尔大道 2006 号的洛杉矶住房局投入使用。

2010 年 12 月 18 日 宜昌公交集团新采购的 12 台新天然气空调公交车抵达宜昌，这也是宜昌首批后置发动机且以天然气为燃料的空调公交车。

2010 年 12 月 20 日 30 辆基于萨博整车技术平台的纯电动轿车 Q60FB 以及基于北汽自主品牌开发的 C30DB 和 M30RB 纯电动轿车，在北汽集团旗下的北京汽车新能源汽车有限公司正式下线，并交付给北京市公安局等有关单位试验运行。

2010 年 12 月 22 日 福建省首批 3 辆上牌电动汽车在福州投入使用，全部用于电力抢修。同日，位于福州台江新港路的首座电动汽车充电站投用。

2010 年 12 月 23 日 云南盘龙电动汽车充电站建成投

运。该充电站占地面积约1000平方米，配电容量1250千伏安。全站建有10个直流充电桩和8个分布式交流充电桩，可同时为两辆大型电动汽车、16辆小型电动汽车进行充电，并有监控室对全站充电情况实时监控。与此同时，位于云南电网公司下属各单位停车库、停车场内外，昆明公交集团北市区立体公交车库等处的150个充电桩也将陆续投入运行。

2010年12月24日　由北京电力公司承建的北京延庆城南电动汽车充电站完工，这个充电站可为50辆车同时充电。作为北京市首批试点的延庆县50辆电动出租车可以在这里充电后载客运行。50辆电动出租车每辆汽车的车载电量为25千瓦时，每充一次电可匀速行驶150多公里。

2010年12月25日　上午，泰安首批20辆油电混合新能源公交车正式上路开始正常营运，泰安成为继济南、聊城之后山东省内第三个大规模示范运营新能源公交的城市。

2010年12月26日　奇瑞新能源汽车徐州首家专营店——蓝色鑫盾九里店开业，专营店主要经营的新能源汽车包括奇瑞QQ3VE电动汽车、MLEV电动汽车和A5混合动力汽车。

2010年12月27日　上海世界博览会总结表彰大会在人民大会堂隆重举行。"世博新能源汽车研发与应用示范项目组"被评为上海世博会先进集体。

2010年12月27日　杭州邮政新能源汽车启用仪式近日在杭州邮件处理中心举行，即日起10辆印有邮政标志的新能源汽车将首先在钱江新城、风景区亮相，进行商务投递。

2010年12月27日　重庆首座标准充电站在重庆市江北区茶园正式投入使用。该站设有3台充电机，2台充电桩，可提供直流、交流充电模式，是一座具备为大、中、小型乘用车和商用车，提供充电服务的标准充电站，可满足重庆市不同类型电动车辆的充电要求。

2010年12月27日　经过近一年的建设，埋地式加气站——贵阳市蛮坡加气站近日正式投入使用，日充气量比地面式加气站增加60%。

2010年12月27日　江苏电网电动汽车充换电站运营监控系统正式上线运行。该系统2010年5月开工，历时7个月建设完成，可以实现充电监控、换电监控、配电监控、计量计费监控、安防视频监控和车辆运行监控等六大功能，从而实现对全省电动汽车充换电站的实时监控和有效管理。

2010年12月28日　由河北神州巨电新能源科技有限公司研发的500Ah聚合物固态锂电池在大型公交车上开始试用。河北神州巨电新能源科技有限公司与北京神州远望公司合作成承担了国家科技部"863"火炬计划动力锂电池产业化项目。他们在引进国外先进技术设备的基础上，多采用国产设备，并进行技术改造与创新，研发出了30～500Ah系列大动力固态锂电池产品，产品应用于北京、石家庄、扬州等地的汽车、电动车、公交汽车。500Ah的锂电池为公交车专用电池，经过与大连一家客车公司合作试验，时速达到60公里以上，续航里程达300公里，循环寿命可达到2000次。

第七篇 合资合作项目

年鉴

节能与新能源汽车示范工程

中国南车与曙光汽车签订合资合作框架协议。2010年3月2日，中国南车旗下的南车株洲电力机车研究所有限公司与辽宁曙光汽车集团股份有限公司在湖南株洲签订新能源客车合资合作框架协议，双方将合资组建湖南南车黄海电动汽车股份有限公司，共同建立混合动力和纯电动客车研发生产基地。黄海汽车将尽快启动二期工程，将合资后的株洲基地建设成为年产1万台以上新能源客车整车与年产2万套电机驱动系统等关键零部件的产业化基地。

中德携手共同推进电动汽车示范推广。2010年3月6日，武汉市与德国北威州就“电动汽车市场准备和市场引入的示范项目开展经验交流”合作意向书签约仪式在北京店成功举办。此次武汉市与德国北威州签订的项目合作意向书，内容包括了电动汽车、充电基础设施、供电及储电以及交通与运输方案。双方项目负责方未来将通过建立电动汽车对话平台，就示范区域项目的资助计划、充电基础设施、电动汽车经营服务模式及市场引入措施的效果等方面进行相互交流及探讨。

中国科学院、力帆汽车牵手开发新能源汽车。2010年3月16日，力帆集团与中国科学院联合成立的上海中科力帆电动汽车有限公司正式揭牌，力帆集团正式启动新能源汽车战略。

上海卡耐新能源有限公司合作签约仪式在上海举行。2010年3月18日，上海卡耐新能源有限公司合作签约仪式在上海举行。上海卡耐新能源有限公司是由中国汽车技术研究中心、日本ENAX株式会社、阿尔特（中国）汽车技术有限公司共同出资设立。上海卡耐新能源有限公司投资1.8亿元人民币，占地50亩，建成后主要生产、销售新能源汽车用动力锂离子电池及其系统，设计生产能力为年产500万块动力锂离子电池。

天能动力与奇瑞签订战略合作协议。2010年3月26日，天能动力国际有限公司与奇瑞新能源汽车技术有限公司达成战略合作协议，合作内容包括电动汽车相关的技术合作、市场推广合作以及售后服务业务的合作。根据协议，天能动力将为奇瑞新能源的新能源电动汽车研发和生产动力电池，奇瑞新能源也承诺优先在其新能源汽车产品中使用天能动力的产品。

齐鲁客车与清华大学结成新能源汽车技术战略联盟。2010年4月21日上午，山东齐鲁汽车制造有限公司与清华大学汽车工程系在山东省德州市签署新能源汽车技术战略联盟合作协议。双方就转让纯电动汽车控制系统的关键技术、共同生产7米高挡纯电动中巴商务样车等项目进行了签约。该客车研制项目投资额将达到1.1亿元人民币。

奇瑞牵手Better Place合作可换电池电动车。2010年4月24日，奇瑞公司与Better Place在京签署技术合作协议。根据协议，奇瑞公司将与Better Place联合开发量产型可更换电池电动汽车应用方案，并研究电动汽车充电网络解决方案。

戴姆勒与比亚迪签署合资协议。2010年5月27日，戴姆勒与比亚迪正式在北京签署合资协议，双方将成立50%:50%股比的合资研发公司，命名为“深圳比亚迪·戴姆勒新技术有限公司”，并将开创新的汽车品牌。双方计划于2013年推出新型电动车，合资公司初期投资6亿元人民币。

一汽客车与珠海银通携手打造新能源客车总装基地。2010年6月12日，一汽客车和珠海银通合作建立珠海新能源客车总装基地的合作协议在珠海正式签约。此项目现已建成的首期工程投资9亿元人民币，年产能力为1亿安时电池、2000辆电动客车、2000套动力和电控总成，第二期工程将在后半年动工，建成后将达到10亿安时动力和储能电池、10万辆电动车、500兆瓦储能堆。

东风雪铁龙与新日电动车将在电动汽车等领域开展战略合作。2010年6月18日，东风雪铁龙（Dongfeng Citroen）与江苏新日电动车股份有限公司在无锡举行战略合作签约仪式，共同开发电动汽车。

江西锂能公司、安源客车、江特电机、北京神州巨电达成合作新能源客车。2010年7月12日，江西锂电新能源产业有限责任公司与安源客车制造有限公司、江特电机、北京神州巨电新能源技术开发有限公司经协商一致，签订了《生产制造宜春锂电新能源客车合作协议》。本次协议的签订将为公司促进汽车电机和电动汽车驱动总成的研发、试制及向锂电下游产业拓展提供了基础。

常隆客车与意大利RAMA公司签订电动客车出口协议。2010年7月16日，江苏常隆客车有限公司与意大利RAMA公司、上海雷博新能源汽车技术有限公司在上海签订了《电动车合作框架协议》。根据协议，意大利RAMA公司将于常隆客车建立合作关系，购买常隆纯电动客车。框架协议签署后至2012年，常隆客车将向RAMA公司至少交付100辆纯电动公交车，并能享受意大利政府的财政补贴。

中意合作生产新能源公交车。2010年7月20日，由意大利格罗塞托RAMA SPA公司和M2AP环保咨询公司代表意方，上海雷博新能源汽车技术公司和江苏常隆客车公司代表中方共同签署了一份以欧洲为主要市场推广新能源公交车的合作协议。从技术角度看，在平均速度为90公里/小时、空调开启的情况下，新型环保电动公交车设计续航能力达到200公里。原型车将在中国生产，2011年3月通过各种审批，5月投产。

江西省新余市与北京青山能源开发有限公司签署战略

合作协议。2010年8月5日，江西省新余市委组织部、新余高新区与北京青山能源开发有限公司在高新区签署动力电池及电动客车项目战略合作框架协议。该项目总投资70亿元，分三期投资，预计2013年投产，共兴建120条动力电池生产线，形成6万台电动客车产能。主要进行动力电池及电动客车生产、销售。首期投资17.5亿元，新建30条动力电池生产线，并形成1万台电动客车产能。第二期投资17.5亿元，新增30条动力电池生产线、2万台电动客车产能。第三期投资35亿元，新增60条动力电池生产线、3万台电动客车产能。

江淮汽车牵手正道生产电动汽车动力总成及核心零部件。2010年8月8日，安徽江淮汽车股份有限公司与天津正道股权投资管理有限公司在合肥签署《关于节能环保新能源汽车项目合资合作框架协议》。江淮汽车和天津正道双方将按照50%：50%的股权比例共同成立合资公司。该合资公司将按国家汽车及新能源产业政策和规划，采取整体规划、分步投入、分期实施的原则，首期投资总额不少于20亿元人民币，主要投资于节能环保新能源汽车动力总成及核心零部件。

奇瑞携手明基研发锂电池关键部件隔离膜。2010年8月23日，奇瑞汽车旗下的芜湖奇瑞科技有限公司与台湾明基友达集团旗下的明基材料股份有限公司签署协议，双方将在芜湖高新技术产业开发区内成立股比为50%：50%的合资公司——达尼特材料科技（芜湖）有限公司，合作开发和生产新能源车中的锂电池隔膜，共同开拓电池新能源材料市场。此公司2011年开始正式建厂，项目一期投资约1.6亿元，2012年可进入量产阶段。

福田汽车成立汽车电子实验室。2010年8月28日，福田汽车与飞思卡尔半导体联合成立的汽车电子实验室正式宣布落成。福田汽车—飞思卡尔汽车电子联合实验室的成立旨在联合开发应用于福田下一代汽车的半导体芯片、软件及系统解决方案，主要合作领域包括电动汽车/混合动力汽车(EV/HEV)技术及相关电控技术，并于将来扩展到动力总成、汽车底盘和安全系统方面的技术研发。此次技术合作涉及飞思卡尔广泛的微控制器（MCU）平台，包括32位Power Architecture MCU、16位S12X和8位S08器件，并包括电源管理集成电路在内的智能模拟器件，以及传感器等。

北汽福田与中信国安盟固利公司签署战略合作协议。2010年8月28日，北汽福田与中信国安盟固利公司签署战略合作协议，双方将在新能源汽车领域建立起长期稳定的战略合作伙伴关系。双方合作后，将进一步加大对福田欧V混合动力客车、欧V纯电动客车、欧马可纯电动环卫车和迷迪电动车等产品的开发与生产。

中科院与上饶客车联手打造新能源汽车基地。2010年9月1日，中国科学院与江西博能上饶客车厂新能源汽车项目合作签约仪式在南昌举行。中国科学院深圳先进技术研究院（电动汽车研发中心）、江西博能上饶客车厂、江西省科技厅、南昌公交公司、南昌旅游公司分别在现场签订《合作协议书》《江西省电动汽车产业发展合作框架协议》《纯电动城市客车适用协议书》《纯电动城市客车试运行协议书》4项合作协议，共同致力于打造新能源汽车研发生产基地。

投资20亿元年产3000辆车纯电动汽车成都基地项目正式落户成都。2010年9月20日，上海瑞华集团投资20亿元建设的纯电动汽车成都基地项目正式签约落户成都经济技术开发区。该项目将建成年产3000辆纯电动汽车及10000套核心零部件生产基地和10000平方米电动车研发中心、电动车检测中心。

比亚迪牵手南方电网合作建超大储能电站。2010年9月27日，比亚迪与中国南方电网公司正式签订3MW储能电站合作框架协议，该储能电站位于深圳市龙岗区境内，将主要用于配网侧的削峰填谷。此电站总规模为10MW×4h，一期建设规模为5MW×4h。预计9月开工，12月建设完成。储能电站将接入广东深圳电网110kV变电站10kV侧，主要由蓄电池、蓄电池管理系统、能量转换系统、储能站监控系统等组成。

盐城规划建设动力电池及管理系统项目。2010年9月28日下午，香港协鑫集团、江苏悦达集团和盐城经济开发区商定共同建设新能源汽车动力电池及管理系统项目。新能源汽车动力电池及管理系统项目位于盐城市新能源汽车产业园内，总投资3亿美元，注册资本1亿美元，主要生产经营新能源汽车动力电池和电池管理系统，将逐步合作建设相当于年产20万辆纯电动车型的汽车产能。

奇瑞携手康美特投资10亿元进军新能源客车。2010年9月29日，奇瑞汽车与深圳康美特科技有限公司签下10亿元的合作协议，其中，奇瑞方面出资5.8亿元，深圳康美特出资4.2亿元，双方共同出资研发新能源客车项目。

福田汽车与北理工签订纯电动商用车产业化合作协议。2010年10月26日，福田汽车与北京理工大学签订了纯电动商用车产业化项目战略合作框架协议。根据协议，福田汽车将转化北京理工大学与其他科研单位合作开发的纯电动客车，与此同时，福田汽车和北京理工大学将在电动大客车电动化底盘技术基础上，拓展开发出8吨、16吨两种纯电动底盘和四种电动环卫车，并实现与公交充电站的兼容共用。

奥迪电动车本土落地奥迪同济联合实验室。2010年10月30日，由一汽大众、奥迪与同济大学共同建立的“奥迪同济联合实验室”在同济大学正式启动。项目启动的同时，第一个研究成果也展现在公众面前，这是一辆奥迪A6L纯电动原型概念车。该车仅靠电力驱动，最大续驶里程130公里。

航盛电子与武汉理工共同研发燃料电池电—电混合动力汽车。2010年12月6日，深圳市航盛电子股份有限公司和武汉理工大学双方达成初步合作意向并签署《混合动力电动汽车项目合作协议》，共同致力于发展新能源汽车，研究混合动力电动汽车的燃料电池、燃料电池发动机系统，多能源动力及其控制技术。

大洋电机与北汽共同推进电动汽车电机电控系统。2010年12月20日，北京汽车新能源汽车有限公司与中山大洋电机股份有限公司合资组建的北京汽车大洋电机科技有限公司正式挂牌成立。根据规划，到2015年，合资电机公司电驱动系统预计年产为20万套，到2020年，预计年产为80万套。

第八篇 附　录

节能与新能源汽车示范工程

一、新能源汽车标准

序号	类型	归口标准化组织	标准号	标准名称	标准主要内容	发布日期	实施日期
1	国家标准	全国汽车标准化技术委员会	GB－T/19596—2004	电动汽车术语	本标准规定了与电动汽车相关的技术术语及其定义。本标准适用于电动汽车整车、电机及电控器、蓄电池及电器。	2004－11－02	2005－06－01
2	国家标准	全国汽车标准化技术委员会	GB/T 18388—2005	混合电动汽车定型试验规程	本标准规定了混合动力汽车新产品设计定型试验的实施条件、试验项目、试验方法、判定依据和试验报告的内容。 本标准适用于混合动力汽车。	2005－05－23	2005－10－01
3	国家标准	全国汽车标准化技术委员会	GB/T 19750—2005	混合动力电动汽车定型试验规程	本标准规定了混合动力电动汽车新产品设计定型试验的实施条件、试验项目、试验方法、判定依据和试验报告的内容。 本标准适用于混合动力电动汽车。	2005－05－23	2005－10－01
4	国家标准	全国汽车标准化技术委员会	GB/T 19751—2005	混合动力电动汽车安全要求	本标准规定了M类混合动力电动汽车（混合动力汽车定义见GB/T19596—2005）特殊的安全要求。 本标准适用于车载电路的最大工作电压低于660V（AC）或1000V（DC）（依据GB 156—1993的规定）的M类混合动力电动汽车。其他类混合动力电动汽车可参照执行。	2005－05－23	2005－10－01
5	国家标准	全国汽车标准化技术委员会	GB/T 19752—2005	混合动力电动汽车动力性能试验方法	本标准规定了混合动力电动汽车动力性能试验方法。本标准适用于GB/T 15089—94所定义的M1、M2、M3、N1、N2、N3型的混合动力车辆。	2005－05－23	2005－10－01
6	国家标准	全国汽车标准化技术委员会	GB/T 19753—2005	轻型混合动力电动汽车能量消耗量试验方法	本标准规定了装用点燃式发动机或装用压燃式发动机的轻型混合动力电动汽车能量消耗量的试验方法。 本标准适用于装用点燃式发动机或压燃式发动机的、最大总质量不超过3.5t的M_1类、M_2类和N_1类混合动力电动汽车。	2005－05－23	2005－10－01
7	国家标准	全国汽车标准化技术委员会	GB/T 19754—2005	重型混合动力电动汽车能量消耗量试验方法	本标准规定了重型混合动力电力汽车在底盘测功机或道路上进行能量消耗量试验的试验方法。 本标准适用于最大总质量超过3.5t的重型混合动力电动汽车，本标准不推荐对重型混合动力电动汽车在使用空调的状况下进行能量消耗量的试验。	2005－05－23	2005－10－01
8	国家标准	全国汽车标准化技术委员会	GB/T 19755—2005	轻型混合动力电动汽车污染物排放测量方法	本标准规定了装用点燃式发动机轻型混合动力电动汽车冷起动后排气污染物排放、曲轴箱气体排放、蒸发排放的测量方法，以及装用压燃式发动机的轻型混合动力电动汽车冷起动后排气污染物排放的测量方法。 本标准适用于装用点燃式发动机或压燃式发动机最大设计车速大于或等于50km/h的轻型混合动力电动汽车。	2005－05－23	2005－10－01
9	国家标准	全国汽车标准化技术委员会	GB/T 18385—2005	电动汽车动力性能试验方法	本标准规定了纯电动汽车的加速特性、最高车速及爬坡能力等试验方法。 本标准适用于纯电动汽车。	2005－07－13	2006－02－01
10	国家标准	全国汽车标准化技术委员会	GB/T 18386—2005	电动汽车能量消耗率和续驶里程试验方法	本标准规定了纯电动汽车的能量消耗率和续驶里程的试验方法。 本标准适用于纯电动汽车。电动正三轮摩托车可参照执行。	2005－07－13	2006－02－01

续表

序号	类型	归口标准化组织	标准号	标准名称	标准主要内容	发布日期	实施日期
11	国家标准	全国汽车标准化技术委员会	GB/T 19836—2005	电动汽车用仪表	本标准规定了电动汽车仪表的类别和一般要求。 本标准适用于电动汽车用仪表。	2005－07－13	2006－02－01
12	国家标准	全国汽车标准化技术委员会	GB/T 4094.2—2005	电动汽车操纵件、指示器及信号装置的标志	本标准规定了电动汽车（定义见 GB/T 19596—2004）特有的关于操纵件、指示器及信号装置的识别标志和信号装置显示颜色的基本要求。 本标准适用于电动汽车。	2005－07－13	2006－02－01
13	国家标准	全国汽车标准化技术委员会	GB/T 18488.1—2006	电动汽车用电机及其控制器第 1 部分：技术条件	本标准规定了电动汽车用驱动电机及其控制器的工作制、定额、环境条件、技术要求、检查试验项目及型式试验等要求。 本部分适用于电动汽车的驱动电机及其控制器。 本标准未规定的有关电机事项均应符合 GB 755—2000。 如有特殊要求，用户和制造厂可在专用的技术协议中规定。 本标准未规定的有关驱动控制器事项均应符合 GB/T 3859.1—1993。 如有特殊要求，用户和制造厂可在专用的技术协议中规定。	2006－12－01	2007－07－01
14	国家标准	全国汽车标准化技术委员会	GB/T 18488.2—2006	电动汽车用电机及其控制器第 2 部分：试验方法	本标准规定了电动汽车用驱动电机及其控制器试验用的仪器、仪表、试验准备及各项试验方法。 本标准适用于电动汽车驱动电动机及其控制器。	2006－12－01	2007－07－01
15	国家标准	全国汽车标准化技术委员会	GB/T 20234—2006	电动汽车传导充电用插头、插座、车辆耦合器和车辆插孔通用要求	本标准适用于电动汽车传导充电用插头、插座、车辆耦合器、车辆插孔(以下文内统称“附件”)和电缆束，这些附件和电缆束可用于具有控制性能的传导充电系统，其额定工作电压不超过下述值： ——交流 660V，50～60Hz（额定电流不超过 250A 时）； ——直流 1000V（额定电流不超过 400A 时）。 这些附件和电缆束可用于本标准所描述的不同电压和频率、包括特低电压(ELV)和通信信号的电路工作。 附件和电缆束的使用环境温度通常在－30℃和＋50℃范围内。 这些附件只能与铜或铜合金导体芯的电缆线相连接。 符合本标准规范要求的附件适用于电动汽车的部分充电模式。 本标准不适用于充电系统中那些符合其他标准的标准化附件。 这种类型的标准化附件可应用的充电模式和连接类型的标识为列“类型”内的对应条目内容为“任意”。 本标准可作为轻型车辆用触头数量较少和使用级别较低的附件的指南。	2006－06－20	2006－12－01
16	国家标准	全国汽车标准化技术委员会	GB/T 24554—2009	燃料电池发动机性能试验方法	本标准规定了燃料电池发动机启动特性、稳态特性、动态响应特性、气密性检测、绝缘电阻检测等试验方法。 本标准适用于车用质子交换膜燃料电池发动机。	2009－10－30	2010－07－01

续表

序号	类型	归口标准化组织	标准号	标准名称	标准主要内容	发布日期	实施日期
17	国家标准	全国汽车标准化技术委员会	GB/T 24347—2009	电动汽车 DC/DC 变换器	本标准规定了电动汽车 DC/DC 变换器的要求、试验方法、检验规则、标志、包装、运输、储存等。 本标准适用于电动汽车动力电源系统用 DC/DC 变换器。附件和控制系统低压（12V、24V）电源系统使用的 DC/DC 变换器可参照本标准相关内容。 本标准中涉及的 DC/DC 变换器的功率等级为千瓦级 18（1kW～200kW）；不包括模块式小功率 DC/DC 变换器。	2009－09－30	2010－02－01
18	国家标准	全国汽车标准化技术委员会	GB/T 23335—2009	天然气汽车定型试验规程	本标准规定了可燃用天然气汽车（包括压缩天然气汽车和液化天然气汽车）定型试验的要求、试验项目及方法和试验报告的内容。 本标准适用于在已定型汽车产品上安装车用天然气专用装置或换装天然气发动机的天然气汽车。对于新开发的基本型天然气汽车，应按照相应的汽车定型试验规程进行定型试验。	2009－03－23	2010－01－01
19	国家标准	全国汽车标准化技术委员会	GB/T20912—2007	汽车用液化石油气蒸发调压器	本标准规定了汽车用液化石油气蒸发调压器的型号标记、要求、试验方法、检验规则、标志、包装、运输及储存。 本标准适用于工作环境温度为－40℃～120℃，入口处公称工作压力为 2.2MPa，以符合 GB 19159 要求的汽车用 LPG 为工作介质的汽车用蒸发调压器。	2007－04－13	2007－11－01
20	国家标准	全国汽车标准化技术委员会	GB/T 20735—2006	汽车用压缩天然气减压调节器	本标准规定了汽车用压缩天然气减压调节器的型号标记、要求、试验方法、检验规则、标志、包装、运输及储存。 本标准适用于额定工作压力不大于 20MPa、工作环境温度为－40℃～120℃，工作介质为符合 GB 18047 要求的汽车用压缩天然气减压调节器。	2007－03－26	2007－06－01
21	国家标准	全国汽车标准化技术委员会	GB/T 20734—2006	液化天然气汽车专用装置安装要求	本标准规定了液化天然气汽车专用装置的安装、检验等技术要求。 本标准适用于使用液化天然气专用装置的汽车。	2007－03－26	2007－06－01
22	国家标准	全国汽车标准化技术委员会	GB/T 24548—2009	燃料电池电动汽车术语	本标准规定了与燃料电池电动汽车相关的术语及其定义。 本标准适用于使用气态氢的燃料电池电动汽车整车及部件。	2009－10－30	2010－07－01
23	国家标准	全国汽车标准化技术委员会	GB/T 24549—2009	燃料电池电动汽车安全要求	本标准规定了燃料电池电动汽车特有的燃料系统、燃料电池系统、动力电路系统、功能、故障防护和碰撞等方面的安全要求。 本标准适用于使用气态氢的燃料电池电动汽车。	2009－10－30	2010－07－01
24	国家标准	全国燃料电池标准化技术委员会	GB/T 25319—2010	汽车用燃料电池发电系统 技术条件	本标准规定了汽车用质子交换膜燃料电池发电系统的术语与符号、要求、试验方法、检验规则和标志、说明和技术文件。 本标准适用于汽车用质子交换膜燃料电池发电系统（以下简称“发电系统”）。	2010－11－10	2011－05－01
25	国家标准	中国电器工业协会	GB/T 20042.1—2005	质子交换膜燃料电池第 1 部分：术语	本标准提出了质子交换膜燃料电池技术及其应用领域内使用的术语和定义。 本标准适用于各种类型的质子交换膜燃料电池。	2005－09－19	2006－06－01

续表

序号	类型	归口标准化组织	标准号	标准名称	标准主要内容	发布日期	实施日期
26	国家标准	全国燃料电池标准化技术委员会	GB/T 20042.2—2008	质子交换膜燃料电池第 2 部分：电池堆通用技术条件	本标准规定了质子交换膜燃料电池堆（包括直接醇类燃料电池堆）的安全、性能的基本要求，型式检验、例行检验的项目、试验方法以及标志与说明文件等方面的要求。 本标准适用于质子交换膜燃料电池堆（包括直接醇类燃料电池堆）。 本标准仅涉及会对人体和燃料电池外部环境造成危害的情形，而对燃料电池堆内部损伤的防护，只要不影响燃料电池堆外的安全，本标准不作规定。 本标准不包括燃料和氧化剂的储存装置以及燃料和氧化剂输送过程与输送装置。 如果有更好的材料或新的结构，又能通过本标准规定的检验并满足相关要求，也可以认为是符合本标准的。	2008 - 05 - 20	2009 - 01 - 01
27	国家标准	全国燃料电池标准化技术委员会	GB/T 20042.3—2009	质子交换膜燃料电池第 3 部分：质子交换膜测试方法	本标准规定了质子交换膜燃料电池用质子交换膜测试方法的术语和定义、厚度均匀性测试、质子传导率测试、离子交换当量测试、透气率测试、拉伸性能测试、溶胀率测试和吸水率测试等。 本标准适用于各种类型的质子交换膜。	2009 - 04 - 21	2009 - 11 - 01
28	国家标准	全国燃料电池标准化技术委员会	GB/T 20042.4—2009	质子交换膜燃料电池第 4 部分：电催化剂测试方法	本标准规定了质子交换膜燃料电池电催化剂测试方法的术语和定义、铂含量测试、电化学活性面积测试、比表面积、孔容、孔径分布测试、形貌及粒径分布测试、晶体结构测试、催化剂堆密度测试以及单电池极化曲线测试等。 本标准适用于各种类型的质子交换膜燃料电池铂基（Pt 基）电催化剂。	2009 - 04 - 21	2009 - 11 - 01
29	国家标准	全国燃料电池标准化技术委员会	GB/T 20042.5—2009	质子交换膜燃料电池第 5 部分：膜电极测试方法	本标准规定了质子交换膜燃料电池膜电极（MEA）测试方法的术语和定义、厚度均匀性测试、Pt 担载量测试、单电池极化曲线测试、透氢电流密度测试、活化极化过电位与欧姆极化过电位测试、电化学活性面积测试。 本标准适用于各种类型的质子交换膜燃料电池。	2009 - 04 - 21	2009 - 11 - 01
30	国家标准	全国燃料电池标准化技术委员会	GB/T 21743—2008	固定式质子交换膜燃料电池发电系统（独立型）性能试验方法	本指导性技术文件是根据我国质子交换膜燃料电池发展现状，参考了国外同类燃料电池技术和国际电工委员会的 IECTC105/58/CDV 和 IEC105/79/RVC 草案起草的。 本指导性技术文件规定了固定式质子交换膜燃料电池发电系统的运行性能方面和它对环境所产生的影响方面的试验方法。 本指导性技术文件未涉及电磁兼容（EMC）方面的规定，有关这方面的问题有待将来考虑。 本指导性技术文件适用于各种类型的独立运行的固定式质子交换膜燃料电池发电系统。	2008 - 05 - 20	2009 - 01 - 01
31	国家标准	全国燃料电池标准化技术委员会	GB/T 23645—2009	乘用车用燃料电池发电系统测试方法	本标准规定了乘用车用燃料电池发电系统测试方面的术语和定义、测试用仪表精度的要求、试验前准备工作及试验条件和性能试验方法。	2009 - 04 - 21	2009 - 11 - 01

续表

序号	类型	归口标准化组织	标准号	标准名称	标准主要内容	发布日期	实施日期
32	国家标准	全国汽车标准化技术委员会	GB/T 24552—2009	电动汽车风窗玻璃除霜除雾系统的性能要求及试验方法	本标准规定了电动汽车风窗玻璃除霜、除雾系统的性能要求及试验方法。 本标准适用于除霜、除雾系统使用动力电池作为动力源的M1类纯电动汽车。	2009-10-30	2010-07-01
33	国家标准	全国汽车标准化技术委员会	GB/T 23335—2009	天然气汽车定型试验规程	本标准适用于天然气单燃料、两用燃料、双燃料的M类和N类汽车。	2009-03-23	2010-01-01
34	国家标准	全国汽车标准化技术委员会	GB/T 18437.1—2009	燃气汽车改装技术要求 第1部分：压缩天然气汽车	GB/T 18437的本标准规定了在用汽车改装为汽油/压缩天然气两用燃料汽车和柴油-压缩天然气双燃料汽车改装前技术条件、改装技术要求、检验及测试方法、改装后的整车技术要求、标志以及其他要求。 本标准适用于天然气额定工作压力不大于20MPa的汽油/压缩天然气两用燃料汽车和柴油—压缩天然气双燃料汽车的改装。	2009-03-09	2010-01-01
35	国家标准	全国汽车标准化技术委员会	GB/T 18437.2—2009	燃气汽车改装技术要求 第2部分：液化石油气汽车	GB/T 18437的本标准规定了在用汽车改装为汽油/液化石油气两用燃料汽车和柴油-液化石油气双燃料汽车改装前技术条件、改装技术要求、检验及测试方法、改装后的整车技术要求、标志以及其他要求。 本标准适用于液化石油气额定工作压力不大于2.2MPa的汽油/液化石油气两用燃料汽车和柴油-液化石油气双燃料汽车的改装。	2009-03-09	2010-01-01
36	国家标准	全国汽车标准化技术委员会	GB/T 20734—2006	液化天然气汽车专用装置安装要求	本标准规定了液化天然气汽车专用装置的安装、检验等技术要求。 本标准适用于使用液化天然气专用装置的汽车。	2006-12-29	2007-06-01
37	国家标准	全国汽车标准化技术委员会	GB/T 18387—2008	电动车辆的电磁场发射强度的限值和测量方法，宽带，9kHz～30MHz	本标准规定了电动车辆在频率范围9kHz～30MHz的磁场和电场的辐射发射的限值和测量方法，以及在频率范围450kHz～30MHz的传导发射的限值和测量方法。 本标准中的传导发射测量仅适用于车载电池充电系统，其开关频率应在9kHz以上，能量通过金属导体传输。传导发射的技术要求仅适用于通过交流电源线对电池充电过程期间。 本标准不包含使用电源感应耦合装置的电池充电系统的传导和辐射发射测量。	2008-01-22	2008-09-01
38	行业标准	全国汽车标准化技术委员会	QC/T 741—2006	车用超级电容器	本标准规定了电动道路车辆用超级电容器的要求、试验方法、检验规则、标志、包装、运输和储存。 本标准适用于电动道路车辆启动、点火、牵引以及照明设备用超级电容器。	2006-03-07	2006-08-01
39	行业标准	全国汽车标准化技术委员会	QC/T 742—2006	电动汽车用铅酸蓄电池	本标准规定了电动汽车用铅酸蓄电池的要求、试验方法、检验规则、标志、包装、运输和储存。 本标准适用于电动汽车用铅酸蓄电池。	2006-03-07	2006-08-01
40	行业标准	全国汽车标准化技术委员会	QC/T 743—2006	电动汽车用锂离子蓄电池	本标准规定了电动汽车用锂离子蓄电池的要求、试验方法、检验规则、标志、包装、运输和储存。 本标准适用于电动汽车用标称电压单体3.6V和模块n×3.6V的锂离子蓄电池。	2006-03-07	2006-08-01

续表

序号	类型	归口标准化组织	标准号	标准名称	标准主要内容	发布日期	实施日期
41	行业标准	全国汽车标准化技术委员会	QC/T 744—2006	电动汽车用金属氢化物镍蓄电池	本标准规定了电动汽车用金属氢化物镍蓄电池的要求、试验方法、检验规则、标志、包装、运输和储存。 本标准适用于电动汽车用标称电压单体 1.2V 和模块 n×1.2V 为蓄电池数量，n≥5 的密封金属氢化物镍蓄电池。	2006-03-07	2006-08-01
42	行业标准	全国汽车标准化技术委员会	QC/T 755—2006	液化天然气（LNG）汽车专用装置技术条件	本标准规定了使用液化天然气（LNG）为燃料的汽车专用装置的技术条件。 本标准适用于液化天然气额定工作压力不大于 1.6MPa 的液化天然气单一燃料汽车。	2006-07-26	2007-02-01
43	行业标准	全国汽车标准化技术委员会	QC/T 813—2009	二甲醚汽车专用装置技术要求	本标准规定了二甲醚汽车专用装置（以下简称“专用装置”）的要求。 本标准适用于使用汽车用二甲醚、额定工作压力为 2.0MPa 的专用装置。	2009-11-17	2010-04-01
44	行业标准	全国汽车标准化技术委员会	QC/T 814—2009	二甲醚汽车专用装置的安装要求	本标准规定了二甲醚汽车专用装置的安装要求、试验方法、检验规则、标志。 本标准适用于以汽车用二甲醚为燃料的汽车。	2009-11-17	2010-04-01
45	行业标准	全国汽车标准化技术委员会	QC/T 815—2009	快插式二甲醚汽车加注口	本标准规定了快插式二甲醚汽车加注口的要求、试验方法、检验规则、标志、包装、运输及储存、出厂文件。 本标准适用于二甲醚汽车的燃料加注口，其额定工作压力为 2.0MPa，工作环境温度为 -40℃~85℃。	2009-11-17	2010-04-01
46		建设部城镇建设标准技术归口单位城市建设研究院	CJ/T 267—2007	混合动力电动城市客车	本标准规定了混合动力电动城市客车的术语和定义、型号编制规则、要求、试验方法、检验规则、标志、包装、运输及储存。 本标准适用车长大于9m、小于等于18m 的混合动力电动城市客车（以下简称“混合动力客车”）。	2007-12-21	2008-05-01
47	行业标准	全国汽车标准化技术委员会	QC/T 837—2010	混合动力电动汽车类型	本标准规定了混合动力电动汽车（定义见 GB/T 19596）的类型及定义。 本标准适用于混合动力电动汽车。	2010-11-22	2011-03-01
48	行业标准	全国汽车标准化技术委员会	QC/T 838—2010	超级电容电动城市客车	本标准规定了超级电容电动城市客车的术语和定义、型号、要求、试验方法、检验规则、标志、运输和保管。 本标准适用于采用超级电容器作为动力电源或以超级电容器作为主要动力电源的各种电动城市客车。	2010-11-22	2011-03-01
49	行业标准	全国汽车标准化技术委员会	QC/T 839—2010	超级电容电动城市客车供电系统	本标准规定了超级电容电动城市客车供电系统的术语和定义、系统制式、供电原则、总体布局、整流站的面积、结构和要求，馈线、授电排（网）的结构和要求，以及保护和供电调度等相关要求。 本标准适用于城市客运的超级电容电动城市客车供电系统。	2010-11-22	2011-03-01

续表

序号	类型	归口标准化组织	标准号	标准名称	标准主要内容	发布日期	实施日期
50	行业标准	全国汽车标准化技术委员会	QC/T 840—2010	电动汽车用动力蓄电池产品规格尺寸	本标准规定了电动汽车用金属氢化物镍动力蓄电池和锂离子动力蓄电池单体及模块的规格及外形尺寸。 本标准适用于电动汽车用金属氢化物镍动力蓄电池和锂离子动力蓄电池单体及模块。	2010－11－22	2011－03－01
51	行业标准	全国汽车标准化技术委员会	QC/T 841—2010	电动汽车传导式充电接口	本标准规定了电动汽车传导式充电接口的术语与定义、技术参数、充电模式、分类及功能定义、结构尺寸、性能要求、试验方法和检验规则；该标准规定了两种充电接口，一种是为车载充电机提供交流电能的接口，另一种是为电动汽车提供直流电能的接口。 本标准适用于交流额定电压为220V和直流额定电压不超过750V的电动汽车用传导式充电接口。	2010－11－22	2011－03－01
52	行业标准	全国汽车标准化技术委员会	QC/T 842—2010	电动汽车电池管理系统与非车载充电机之间的通信协议	本标准规定了电动汽车电池管理系统（简称“BMS”）与非车载充电机（简称“充电机”）之间的通信协议； 本标准适用于电动汽车非车载充电。该标准的CAN标识符为29位，通信波特率为250kbps，但该标准不限于29位标识符和250kbps通信波特率，如使用其他格式，可参照该标准制定其CAN标识符。标准数据传输采用低位先发送的格式。	2010－11－22	2011－03－01
53	行业标准	中国电力企业联合会	NB/T 33002—2010	电动汽车非车载传导式充电技术条件	本标准规定了电动汽车用非车载传导式充电机（以下简称“充电机”）基本构成、功能要求、技术要求、试验方法、检验规则及标志。 本规范适用于采用传导式充电方式的电动汽车用非车载充电机。	2010－05－24	2010－10－01
54	行业标准	中国电力企业联合会	NB/T 33002—2010	电动汽车交流充电桩技术条件	本标准规定了电动汽车交流充电桩（以下简称“充电桩”）基本构成、功能要求、技术要求、试验项目、产品资料等方面的要求。 本标准适用于采用传导式充电的充电桩造型、配置和检验。	2010－05－24	2010－10－01
55	行业标准	中国电力企业联合会	NB/T 33003—2010	电动汽车非车载充电机监控单元与电池管理系统通信协议	本标准规定了电动汽车非车载充电机监控单元（以下简称“充电机”）与电池管理系统（Batlery Management System，以下简称“BMS”）之间的通信协议。 本规范适用于采用传导式充电方式的电动汽车用非车载充电机。	2010－05－24	2010－10－01
56	地方标准	深圳市发展与改革委员会	SZDB/Z 29. 1—2010	深圳市标准化指导性技术文件电动汽车充电系统技术规范第1部分：通用要求	SZDB/Z 29. 1—2010的本标准规定了电动汽车配套充电设施、设备有关设计、功能、技术和电气安全防护等方面的通用要求。 本标准适用于深圳市电动汽车配套充电设施建设与改造。	2010－05－18	2010－06－01
57	地方标准	深圳市发展与改革委员会	SZDB/Z 29. 2—2010	深圳市标准化指导性技术文件电动汽车充电系统技术规范第2部分：充电站及充电桩设计规范	SZDB/Z 29. 2—2010的本标准规定了深圳市电动汽车充电站及充电桩设计应遵循的基本原则。 本标准适用于深圳市电动汽车充电站及充电桩新建、扩建和改建工程的设计和建设工作。	2010－05－18	2010－06－01

续表

序号	类型	归口标准化组织	标准号	标准名称	标准主要内容	发布日期	实施日期
58	地方标准	深圳市发展与改革委员会	SZDB/Z 29. 3—2010	深圳市标准化指导性技术文件电动汽车充电系统技术规范第3部分：非车载充电机	SZDB/Z 29. 3—2010 的本标准规定了深圳市充电站电动汽车非车载充电机（以下简称“充电机”）的技术要求、检验规则、试验方法、标志、包装和储运等的要求。 本标准适用于深圳市采用传导式充电方式的电动汽车非车载充电机的配置、订货和检验，亦适用于深圳市电动汽车充电站新建、扩建和改建工程。	2010 - 05 - 18	2010 - 06 - 01
59	地方标准	深圳市发展与改革委员会	SZDB/Z 29. 4—2010	深圳市标准化指导性技术文件电动汽车充电系统技术规范第4部分：车载充电机	SZDB/Z 29. 4—2010 的本标准规定了电动汽车车载充电机的技术要求、测试方法、检验规则、标志、包装、运输和储存。 本标准适用于深圳市使用的电动汽车车载充电机。	2010 - 05 - 18	2010 - 06 - 01
60	地方标准	深圳市发展与改革委员会	SZDB/Z 29. 5—2010	深圳市标准化指导性技术文件电动汽车充电系统技术规范第5部分：交流充电桩	SZDB/Z 29. 5—2010 的本标准规定了电动汽车用交流充电桩的使用条件、技术要求、试验方法、标志、包装和储存等要求。 本标准适用于深圳市各有关单位电动汽车配套充电设施建设与改造工程的交流充电桩的选型、配置与检验，接入深圳市的电动汽车配套充电设施可参照执行。	2010 - 05 - 18	2010 - 06 - 01
61	地方标准	深圳市发展与改革委员会	SZDB/Z 29. 6—2010	深圳市标准化指导性技术文件电动汽车充电系统技术规范第6部分：充电站监控管理系统	SZDB/Z 29. 6—2010 的本标准规定了电动汽车充电站监控管理系统的基本构成及应达到的功能要求和技术要求。 本标准适用于深圳市使用的电动汽车充电站监控管理系统。	2010 - 05 - 18	2010 - 06 - 01
62	地方标准	深圳市发展与改革委员会	SZDB/Z 29. 7—2010	深圳市标准化指导性技术文件电动汽车充电系统技术规范第7部分：非车载充电机充电接口	SZDB/Z 29. 7—2010 的本标准规定了电动汽车非车载充电机充电接口的定义、技术参数、充电模式、功能定义与结构尺寸、技术要求、试验方法和检验规则。 本标准包含两种充电接口，一种是乘用电动汽车用非车载充电机进行充电的接口，直流标称电压最大值600V；另一种是电动巴士或等同电动汽车用非车载充电机进行充电的接口，直流标称电压最大值为750V。	2010 - 05 - 18	2010 - 06 - 01
63	地方标准	深圳市发展与改革委员会	SZDB/Z 29. 8—2010	深圳市标准化指导性技术文件电动汽车充电系统技术规范第8部分：非车载充电机监控单元与电池管理系统通信协议	SZDB/Z 29. 8—2010 的本标准规定了市的电动汽车非车载充电机监控单元（以下简称“充电机监控单元”）与电池管理系统（Battery Management System，以下简称 BMS）之间的通信协议。在充电过程中，充电机监控单元和 BMS 监测电压、电流和温度等参数，同时 BMS 根据充电控制算法管理整个充电过程。 本标准适用于深圳市电动汽车配套充电设施建设与改造工程的非车载充电机。	2010 - 05 - 18	2010 - 06 - 01

续表

序号	类型	归口标准化组织	标准号	标准名称	标准主要内容	发布日期	实施日期
64	地方标准	深圳市发展与改革委员会	SZDB/Z 29.9—2010	深圳市标准化指导性技术文件电动汽车充电系统技术规范第9部分：城市电动公共汽车充电站	SZDB/Z 29.9—2010的本标准规定了混合动力电动巴士、纯电动巴士充电过程所涉及的充电站、充电装置及其电气接口、通信和监控系统等要求。 本标准适用于深圳市有关单位在城市区域内长度大于6m、小于等于18m的混合动力电动巴士、纯电动巴士充电站新建、扩建和改建工程。	2010-05-18	2010-06-01
65	地方标准	北京市发展与改革委员会	DB11/Z 728—2010	北京市标准化指导性技术文件电动汽车电能供给与保障技术规范充电站	本指导性技术文件规定了电动汽车充电站（以下简称“充电站”）的分级、站址选择、功能、构成与技术要求、安全要求、配套设施以及施工与验收。 本指导性技术文件适用于充电设备总功率大于100kW的电动汽车充电站建设、改建和扩建的建设与验收。	2010-07-07	2010-07-07
66	企业标准	国家电网公司科技部	Q/GDW 397—2009	电动汽车非车载充放电装置通用技术要求	本标准规定了电动汽车用非车载充放电装置（以下简称“充放电装置”）的基本构成、功能要求、技术要求、电网接入要求、与电动汽车蓄电池系统的连接以及充放电装置的标志。 本标准适用于国家电网公司系统使用的采用传导式充放电方式的电动汽车用非车载充放电装置。	2010-02-10	2010-02-10
67	企业标准	国家电网公司科技部	Q/GDW 398—2009	电动汽车非车载充放电装置电气接口规范	本标准规定了电动汽车非车载充放电装置与电网的接口规范，以及与电动汽车蓄电池系统连接的传导式充放电接口规范。 本标准适用于国家电网公司系统使用的采用传导式充放电方式的电动汽车非车载充放电装置。	2010-02-10	2010-02-10
68	企业标准	国家电网公司科技部	Q/GDW 399—2009	电动汽车交流供电装置电气接口规范	本标准规定了电动汽车交流供电装置与供电系统的接口规范、电动汽车交流供电装置与电动汽车的接口规范以及其软电缆连接规范。 本标准适用于国家电网公司系统使用的带有车载充放电装置的电动汽车与交流供电装置、交流供电装置与电网之间的电气接口。	2010-02-10	2010-02-10
69	企业标准	国家电网公司科技部	Q/GDW 400—2009	电动汽车充放电计费装置技术规范	本规范规定了电动汽车充放电计费装置的相关技术要求。 本规范适用于国家电网公司系统使用的电动汽车充放电计费装置。	2010-02-10	2010-02-10
70	企业标准	国家电网公司科技部	Q/GDW 233—2009	电动汽车非车载充电机通用要求	本标准规定了国家电网公司系统使用的电动汽车用非车载充放电装置（以下简称“充放电装置”）的基本构成、功能要求、技术要求、电网接入要求、与电动汽车蓄电池系统的连接以及充放电装置的标志。 本标准适用于国家电网公司系统使用的采用传导式充放电方式的电动汽车用非车载充放电装置。	2010-02-10	2010-02-10
71	企业标准	国家电网公司科技部	Q/GDW 234—2009	电动汽车非车载充电机电气接口规范	本标准规定了电动汽车非车载充电机与供电系统的接口规范，以及与电动汽车蓄电池系统连接的传导式充电接口规范。 本标准适用于国家电网公司系统使用的采用传导式充电方式的电动汽车非车载充电机。	2008-12-16	2008-12-16

续表

序号	类型	归口标准化组织	标准号	标准名称	标准主要内容	发布日期	实施日期
72	企业标准	国家电网公司科技部	Q/GDW 235—2009	电动汽车非车载充电机通信协议	本标准规定了国家电网公司系统的电动汽车非车载充电机所使用的通信协议，包括充电机与电动汽车蓄电池管理系统通信和充电机监控系统通信的数据传输的格式、数据编码及传输规则。 本标准适用于国家电网公司系统使用的采用传导式充电方式的电动汽车用非车载充电机。	2008-12-16	2008-12-16
73	企业标准	国家电网公司科技部	Q/GDW 236—2009	电动汽车充电站通用技术要求	本标准规定了电动汽车充电站（以下简称“充电站”）的功能要求、技术要求、安全要求、标志和标志。 本标准适用于国家电网公司系统使用的为电动汽车进行整车充电的充电站。	2008-12-16	2008-12-16.
74	企业标准	国家电网公司科技部	Q/GDW 237—2009	电动汽车充电站布置设计导则	本标准规定了电动汽车充电站（以下简称“充电站”）的选址原则和充电站内部的布置要求。 本标准适用于国家电网公司系统使用的为电动汽车进行整车充电的充电站。	2008-12-16	2008-12-16
75	企业标准	国家电网公司科技部	Q/GDW 238—2009	电动汽车充电站供电系统规范	本标准主要规定了国家电网公司系统使用的电动汽车充电站专用供电系统的技术要求和应达到的安全、环境要求。 本标准适用于国家电网公司系统使用的电动汽车充电站供电系统。	2008-12-16	2008-12-16

二、2010年车辆生产企业及产品车型公告（节能与新能源汽车部分）

1. 纯电动汽车

序号	企业名称	《目录》序号	商标	产品名称	产品型号
1	中国第一汽车集团公司	1	解放牌	纯电动客车底盘	CA6710
2	中国第一汽车集团公司	1	解放牌	纯电动城市客车	CA6730
3	中国第一汽车集团公司	1	解放牌	纯电动客车底盘	CA6120
4	中国第一汽车集团公司	1	解放牌	纯电动客车底盘	CA6120
5	中国第一汽车集团公司	1	红旗牌	纯电动轿车	CA7005
6	中国第一汽车集团公司	1	解放牌	纯电动客车底盘	CA6120
7	东风汽车公司	3	东风牌	纯电动客车底盘	EQ6101
8	东风汽车公司	3	东风牌	纯电动厢式运输车	EQ5039X
9	东风汽车公司	3	东风牌	纯电动城市客车	EQ6102
10	东风汽车公司	3	东风牌	纯电动客车底盘	EQ6102
11	东风汽车公司	3	东风牌	纯电动厢式运输车	EQ5038X
12	重庆长安汽车股份有限公司	96	长安牌	纯电动轿车	SC7001
13	北汽福田汽车股份有限公司	9	福田牌	纯电动轻型载货汽车底盘	BJ1020
14	北汽福田汽车股份有限公司	9	福田牌	纯电动载货汽车底盘	BJ1163
15	北汽福田汽车股份有限公司	9	福田牌	纯电动城市客车	BJ6123
16	北汽福田汽车股份有限公司	9	福田牌	纯电动轻型载货汽车底盘	BJ1020

续表

序号	企业名称	《目录》序号	商标	产品名称	产品型号
17	北汽福田汽车股份有限公司	9	福田牌	纯电动轻型载货汽车底盘	BJ1020
18	北汽福田汽车股份有限公司	9	福田牌	纯电动载货汽车底盘	BJ1163
19	北汽福田汽车股份有限公司	9	福田牌	纯电动多用途乘用车	BJ6438
20	北汽福田汽车股份有限公司	9	福田牌	纯电动客车底盘	BJ6113
21	安徽安凯车辆制造有限公司	(十二)18	星凯龙牌	纯电动城市客车	HFX6120
22	安徽安凯汽车股份有限公司	55	安凯牌	纯电动城市客车	HFF6121
23	安徽安凯汽车股份有限公司	55	安凯牌	纯电动客车底盘	HFF6111
24	安徽安凯汽车股份有限公司	55	安凯牌	纯电动城市客车	HFF6111
25	安徽安凯汽车股份有限公司	55	安凯牌	纯电动客车	HFF6127
26	安徽安凯汽车股份有限公司	55	安凯牌	纯电动客车底盘	HFF6121
27	安徽江淮汽车股份有限公司	56	江淮牌	纯电动轿车	HFC7000
28	安徽江淮汽车股份有限公司	56	江淮牌	纯电动载货汽车底盘	HFC1090
29	金龙联合汽车工业(苏州)有限公司	112	海格牌	纯电动城市客车	KLQ6129
30	金龙联合汽车工业(苏州)有限公司	112	海格牌	纯电动客车底盘	KLQ6118
31	厦门金龙联合汽车工业有限公司	123	金龙牌	纯电动客车	XMQ6126
32	比亚迪汽车有限公司	108	比亚迪牌	纯电动轿车	QCJ7006
33	奇瑞汽车股份有限公司	119	奇瑞牌	纯电动轿车	SQR7001
34	奇瑞汽车股份有限公司	119	瑞麒牌	纯电动轿车	SQR7001
35	重庆恒通客车有限公司	127	恒通客车牌	纯电动城市客车	CKZ6127
36	重庆恒通客车有限公司	127	恒通客车牌	纯电动客车底盘	CKZ6129
37	天津清源电动车辆有限责任公司	(二)22	清源牌	纯电动车厢可卸式垃圾车	QY5020ZXX
38	天津清源电动车辆有限责任公司	(二)22	清源牌	纯电动垃圾车	QY5021ZLJ
39	天津清源电动车辆有限责任公司	(二)22	清源牌	纯电动垃圾车	QY5020ZLJ
40	天津清源电动车辆有限责任公司	(二)22	清源牌	纯电动垃圾车	QY5020ZLJ
41	天津清源电动车辆有限责任公司	(二)22	清源牌	纯电动服务车	QY5020XFW
42	天津清源电动车辆有限责任公司	(二)22	清源牌	纯电动邮政车	QY5020XYZ
43	天津清源电动车辆有限责任公司	(二)22	清源牌	纯电动厢式运输车	QY5020X
44	天津清源电动车辆有限责任公司	(二)22	清源牌	纯电动服务车	QY5020X
45	天津清源电动车辆有限责任公司	(二)22	清源牌	纯电动邮政车	QY5020X
46	中通客车控股股份有限公司	125	中通牌	纯电动城市客车	LCK6120
47	湖南南车时代电动汽车股份有限公司	(十八)23	南车时代牌	纯电动城市客车	TEG6120
48	广州汽车集团客车有限公司	89	广汽牌	纯电动城市客车	GZ6120
49	广州汽车集团客车有限公司	89	广汽牌	纯电动城市客车	GZ6120
50	河南少林汽车股份有限公司	126	少林牌	纯电动客车底盘	SLG6100
51	河南少林汽车股份有限公司	126	少林牌	纯电动城市客车	SLG6105、SLG6120
52	北京华林特装车有限公司	(一)31	华林牌	纯电动洒水车	HLT5166GSS
53	北京华林特装车有限公司	(一)31	华林牌	纯电动压缩式垃圾车	HLT5076ZYS
54	北京华林特装车有限公司	(一)31	华林牌	纯电动自装卸式垃圾车	HLT5071ZZZ

续表

序号	企业名称	《目录》序号	商标	产品名称	产品型号
55	北京华林特装车有限公司	(一)31	华林牌	纯电动自卸式垃圾车	HLT5021ZLJ
56	北京华林特装车有限公司	(一)31	华林牌	纯电动桶装垃圾运输车	HLT5020JHQ
57	四川汽车工业集团有限公司	101	野马牌	纯电动城市客车	SQJ6111
58	江西江铃控股有限公司	121	江铃牌	纯电动轿车	JX7002
59	江西江铃汽车集团改装车有限公司	(十四)15	江铃牌	纯电动仓栅式运输车	JX5020CCY
60	江西江铃汽车集团改装车有限公司	(十四)15	江铃牌	纯电动工程车	JX5033X
61	浙江康迪车业有限公司	(十一)27	康迪牌	纯电动厢式运输车	KD5020X
62	浙江康迪车业有限公司	(十一)27	康迪牌	纯电动厢式运输车	KD5012XXY
63	浙江康迪车业有限公司	(十一)27	康迪牌	纯电动厢式运输车	KD5010XXY
64	浙江康迪车业有限公司	(十一)27	康迪牌	纯电动厢式运输车	KD5010XXY
65	郑州宇通客车股份有限公司	71	宇通牌	纯电动城市客车	ZK6126
66	郑州宇通客车股份有限公司	71	宇通牌	纯电动城市客车	ZK6100、ZK6129
67	郑州宇通客车股份有限公司	71	宇通牌	纯电动客车底盘	ZK6950
68	成都客车股份有限公司	(二十二)10	蜀都牌	纯电动城市客车	CDK6122
69	成都客车股份有限公司	(二十二)10	蜀都牌	纯电动城市客车	CDK6122
70	山东沂星电动汽车有限公司	(十五)25	飞燕牌	纯电动城市客车	SDL6120
71	山东沂星电动汽车有限公司	(十五)25	飞燕牌	纯电动双层城市客车	SDL6110
72	江西凯马百路佳客车有限公司	(十四)03	江西牌	纯电动城市客车	JXK6120
73	江西凯马百路佳客车有限公司	(十四)03	江西牌	纯电动城市客车	JXK6120
74	湖南江南汽车制造有限公司	84	众泰牌	纯电动轻型客车	JNJ6400、JNJ6401
75	湖南江南汽车制造有限公司	84	众泰牌	纯电动轿车	JNJ7000
76	湖南江南汽车制造有限公司	84	江南牌	纯电动轿车	JNJ7000
77	一汽解放青岛汽车厂	64	解放牌	纯电动载货汽车底盘	CA1164
78	一汽客车大连客车厂	28	解放牌	纯电动城市客车	CA6127
79	一汽海马汽车有限公司	88	海马牌	纯电动轿车	HMC7000
80	珠海市广通汽车有限公司	(十九)28	广通牌	纯电动城市客车	GTQ6107
81	郑州日产汽车有限公司	72	东风牌	纯电动工程车	ZN5031XGC、ZN5033XGC
82	盐城中威客车有限公司	(十)62	中大牌	纯电动城市客车	YCK6128
83	盐城中威客车有限公司	(十)62	中大牌	纯电动客车	YCK6126
84	上海万象汽车制造有限公司	(九)26	象牌	纯电动城市客车	SXC6120
85	北京天路通科技有限责任公司	(一)44	天路牌	纯电动吸尘车	BTL5072TSL
86	浙江豪情汽车制造有限公司	52	豪情牌	纯电动轿车	HQ7000、HQ7001
87	南京汽车集团有限公司	44	畅达牌	纯电动高压清洗车	NJ5090GQX
88	陕西汽车集团有限责任公司	110	陕汽牌	纯电动牵引汽车	SX4186
89	重庆瑞驰汽车实业有限公司	(二十一)14	瑞驰牌	纯电动邮政车	CRC5020XYZ
90	重庆力帆乘用车有限公司	93	力帆牌	纯电动轿车	LF7002
91	深圳五洲龙汽车有限公司	(十九)47	五洲龙牌	纯电动城市客车	FDG6751
92	桂林客车工业集团有限公司	90	桂林牌	纯电动城市客车	GL6120
93	中通客车控股股份有限公司	125	中通牌	纯电动城市客车	LCK6120

2. 混合动力汽车

序号	企业名称	《目录》序号	商标	产品名称	产品型号
1	中国第一汽车集团公司	1	红旗牌	混合动力轿车	CA7154、CA7155
2	东风汽车公司	3	风神牌	混合动力轿车	DFM7161
3	东风汽车公司	3	东风牌	混合动力电动城市客车	EQ6110
4	东风汽车公司	3	东风牌	混合动力客车底盘	EQ6110
5	东风汽车公司	3	东风牌	混合动力电动城市客车	EQ6110、EQ6123
6	东风汽车公司	3	东风牌	混合动力客车底盘	EQ6110、EQ6123
7	东风汽车公司	3	风神牌	混合动力轿车	DFM7161
8	重庆长安汽车股份有限公司	96	长安牌	混合动力轿车	SC7155
9	北汽福田汽车股份有限公司	9	福田牌	混合动力城市客车	BJ6123
10	北汽福田汽车股份有限公司	9	福田牌	混合动力客车底盘	BJ6123
11	北汽福田汽车股份有限公司	9	福田牌	混合动力城市客车	BJ6113、BJ6123
12	北汽福田汽车股份有限公司	9	福田牌	混合动力城市客车底盘	BJ6113、BJ6123
13	安徽安凯汽车股份有限公司	55	安凯牌	混合动力客车底盘	HFF6121
14	安徽安凯汽车股份有限公司	55	安凯牌	混合动力城市客车	HFF6121
15	安徽安凯汽车股份有限公司	55	安凯牌	混合动力客车底盘	HFF6121
16	安徽安凯汽车股份有限公司	55	安凯牌	混合动力城市客车	HFF6121
17	安徽安凯汽车股份有限公司	55	安凯牌	混合动力城市客车	HFF6121
18	安徽安凯汽车股份有限公司	55	安凯牌	混合动力客车底盘	HFF6121
19	金龙联合汽车工业(苏州)有限公司	112	海格牌	混合动力电动城市客车	KLQ6129
20	金龙联合汽车工业(苏州)有限公司	112	海格牌	混合动力客车底盘	KLQ6128
21	金龙联合汽车工业(苏州)有限公司	112	海格牌	混合动力城市客车	KLQ6129
22	金龙联合汽车工业(苏州)有限公司	112	海格牌	混合动力客车底盘	KLQ6128
23	金龙联合汽车工业(苏州)有限公司	112	金龙牌	混合动力客车底盘	KLQ6128
24	金龙联合汽车工业(苏州)有限公司	112	金龙牌	混合动力电动城市客车	KLQ6129
25	厦门金龙联合汽车工业有限公司	123	金龙牌	混合动力城市客车	XMQ6127
26	厦门金龙联合汽车工业有限公司	123	金龙牌	混合动力客车底盘	XMQ6121
27	厦门金龙联合汽车工业有限公司	123	金龙牌	混合动力城市客车	XMQ6127
28	厦门金龙联合汽车工业有限公司	123	金龙牌	混合动力客车底盘	XMQ6121
29	厦门金龙联合汽车工业有限公司	123	金龙牌	混合动力客车底盘	XMQ6121
30	厦门金龙联合汽车工业有限公司	123	金龙牌	混合动力城市客车	XMQ6127
31	厦门金龙旅行车有限公司	124	金旅牌	混合动力电动城市客车	XML6105
32	厦门金龙旅行车有限公司	124	金旅牌	混合动力客车底盘	XML6105
33	厦门金龙旅行车有限公司	124	金旅牌	混合动力城市客车	XML6125、XML6115
34	厦门金龙旅行车有限公司	124	金旅牌	混合动力电动城市客车	XML6125、XML6115
35	厦门金龙旅行车有限公司	124	金旅牌	混合动力客车底盘	XML6115
36	重庆恒通客车有限公司	127	恒通客车牌	混合动力城市客车	CKZ6116
37	重庆恒通客车有限公司	127	恒通客车牌	混合动力客车底盘	CKZ6119

续表

序号	企业名称	《目录》序号	商标	产品名称	产品型号
38	重庆恒通客车有限公司	127	恒通客车牌	混合动力城市客车	CKZ6116
39	重庆恒通客车有限公司	127	恒通客车牌	混合动力客车底盘	CKZ6119
40	重庆恒通客车有限公司	127	恒通客车牌	混合动力城市客车	CKZ6116
41	重庆恒通客车有限公司	127	恒通客车牌	混合动力客车底盘	CKZ6119
42	重庆恒通客车有限公司	127	恒通客车牌	混合动力城市客车	CKZ6126
43	重庆恒通客车有限公司	127	恒通客车牌	混合动力客车底盘	CKZ6129
44	上海汽车集团股份有限公司	122	荣威牌	混合动力轿车	CSA7180
45	中通客车控股股份有限公司	125	中通牌	混合动力城市客车	LCK6101
46	中通客车控股股份有限公司	125	中通牌	混合动力城市客车	LCK6105、LCK6112
47	中通客车控股股份有限公司	125	中通牌	混合动力客车	LCK6105
48	中通客车控股股份有限公司	125	中通牌	混合动力客车底盘	LCK6114
49	湖南南车时代电动汽车股份有限公司	(十八)23	南车时代牌	混合动力城市客车	TEG6119
50	广州汽车集团客车有限公司	89	广汽牌	混合动力城市客车	GZ6110、GZ6120、GZ6121
51	广州汽车集团客车有限公司	89	广汽牌	混合动力城市客车底盘	GZ6110、GZ6120、GZ6121
52	河南少林汽车股份有限公司	126	少林牌	混合动力电动城市客车	SLG6120
53	江西江铃控股有限公司	121	江铃牌	混合动力轿车	JX7152
54	郑州宇通客车股份有限公司	71	宇通牌	混合动力电动城市客车	ZK6126
55	成都客车股份有限公司	(二十二)10	蜀都牌	混合动力城市客车	CDK6122
56	成都客车股份有限公司	(二十二)10	蜀都牌	混合动力城市客车	CDK6122
57	一汽客车(无锡)有限公司	(十)10	解放牌	混合动力城市客车	CA6120
58	珠海市广通汽车有限公司	(十九)28	广通牌	混合动力城市客车	GTQ6107、GTQ6117
59	扬州亚星客车股份有限公司	49	亚星牌	混合动力城市客车	JS6106、JS6116
60	扬州亚星客车股份有限公司	49	亚星牌	混合动力客车底盘	JS6106、JS6116
61	浙江吉利汽车有限公司	52	吉利美日牌	混合动力轿车	MR7100
62	金华青年汽车制造有限公司	7	青年牌	混合动力城市客车	JNP6120
63	安源客车制造有限公司	(十四)05	安源牌	混合动力城市客车	PK6113

3. 燃气汽车

序号	企业名称	《目录》序号	商标	产品名称	产品型号
1	重庆长安汽车股份有限公司	96	长安牌	两用燃料载货汽车	SC1021
2	重庆长安汽车股份有限公司	96	长安牌	两用燃料载货汽车底盘	SC1021
3	重庆长安汽车股份有限公司	96	长安牌	两用燃料厢式运输车	SC5021X
4	重庆长安汽车股份有限公司	96	长安牌	两用燃料客车	SC6408
5	重庆长安汽车股份有限公司	96	长安牌	两用燃料仓栅式运输车	SC5021CDD、SC5021CDS
6	重庆长安汽车股份有限公司	96	长安牌	两用燃料客车	SC6408
7	重庆长安汽车股份有限公司	96	长安牌	两用燃料客车	SC6399
8	比亚迪汽车有限公司	108	比亚迪牌	两用燃料轿车	QCJ7154、QCJ7184

续表

序号	企业名称	《目录》序号	商标	产品名称	产品型号
9	一汽解放青岛汽车厂	64	解放牌	液化天然气自卸汽车	CA3256、CA3310
10	一汽解放青岛汽车厂	64	解放牌	液化天然气自卸汽车底盘	CA3256、CA3310
11	一汽－大众汽车有限公司	2	捷达(JETTA)牌	两用燃料轿车	FV7160
12	湖北三环专用汽车有限公司	76	十通牌	天然气载货汽车	STQ1160
13	湖北三环专用汽车有限公司	76	十通牌	天然气载货汽车底盘	STQ1160
14	湖北三环专用汽车有限公司	76	十通牌	天然气载货汽车	STQ1160
15	湖北三环专用汽车有限公司	76	十通牌	天然气载货汽车底盘	STQ1160
16	安徽华菱汽车股份有限公司	81	华菱之星牌	压缩天然气牵引汽车	HN4250
17	北京现代汽车有限公司	11	北京现代牌	两用燃料轿车	BH7162、BH7200

4. 燃料电池汽车

序号	企业名称	《目录》序号	商标	产品名称	产品型号
1	中国第一汽车集团公司	1	红旗牌	燃料电池轿车	CA7904
2	重庆长安汽车股份有限公司	96	长安牌	燃料电池轿车	SC7003
3	奇瑞汽车股份有限公司	119	奇瑞牌	燃料电池轿车	SQR7000
4	上海汽车集团股份有限公司	122	上海牌	燃料电池轿车	CSA7000、CSA7001、CSA7002
5	上海申沃客车有限公司	42	申沃牌	燃料电池城市客车	SWB6129
6	上海申沃客车有限公司	42	申沃牌	燃料电池城市客车底盘	SWB6129

三、节能与新能源汽车示范推广应用工程推荐车型目录

序号	企业名称	《目录》序号	商标	产品名称	产品型号	《目录》批次	《目录》日期
1	东风汽车公司	3	风神牌	混合动力轿车	DFM7161B1A	第6批	2010年1月11日
2	东风汽车公司	3	风神牌	混合动力轿车	DFM7161B1B	第6批	2010年1月11日
3	上海通用汽车有限公司	6	别克(BUICK)牌	混合动力轿车	SGM7240HAT	第6批	2010年1月11日
4	北汽福田汽车股份有限公司	9	福田牌	纯电动城市客车	BJ6123C6B4D	第6批	2010年1月11日
5	北汽福田汽车股份有限公司	9	福田牌	纯电动城市客车	BJ6123C6B4D－1	第6批	2010年1月11日
6	一汽客车大连客车厂	28	解放牌	混合动力城市客车	CA6126SH8	第6批	2010年1月11日
7	上海申沃客车有限公司	42	申沃牌	混合动力城市客车	SWB6127HE2	第6批	2010年1月11日
8	郑州日产汽车有限公司	72	东风牌	纯电动工程车	ZN5031XGCW1C	第6批	2010年1月11日
9	郑州日产汽车有限公司	72	东风牌	纯电动工程车	ZN5033XGCH2C	第6批	2010年1月11日

续表

序号	企业名称	《目录》序号	商标	产品名称	产品型号	《目录》批次	《目录》日期
10	一汽海马汽车有限公司	88	海马牌	纯电动轿车	HMC7000EVM0	第6批	2010年1月11日
11	重庆长安汽车股份有限公司	96	长安牌	混合动力轿车	SC7155A4	第6批	2010年1月11日
12	重庆长安汽车股份有限公司	96	长安牌	轿车	SC7163H1	第6批	2010年1月11日
13	比亚迪汽车有限公司	108	比亚迪牌	纯电动轿车	QCJ7006BEV	第6批	2010年1月11日
14	比亚迪汽车有限公司	108	比亚迪牌	纯电动轿车	QCJ7006BEVF	第6批	2010年1月11日
15	厦门金龙联合汽车工业有限公司	123	金龙牌	纯电动客车	XMQ6126YE	第6批	2010年1月11日
16	厦门金龙联合汽车工业有限公司	123	金龙牌	混合动力城市客车	XMQ6127GH1	第6批	2010年1月11日
17	天津清源电动车辆有限责任公司	（二）22	清源牌	纯电动服务车	QY5020XFWBEVEC	第6批	2010年1月11日
18	天津清源电动车辆有限责任公司	（二）22	清源牌	纯电动邮政车	QY5020XYZBEVEC	第6批	2010年1月11日
19	柳州五菱专用汽车制造有限公司	（二十）09	五菱牌	纯电动仓栅式运输车	LQG5010CSAC06	第6批	2010年1月11日
20	郑州宇通客车股份有限公司	71	宇通牌	混合动力电动城市客车	ZK6126MGQA9	第7批	2010年1月23日
21	湖南江南汽车制造有限公司	84	众泰牌	纯电动轻型客车	JNJ6400EVL1	第7批	2010年1月23日
22	湖南江南汽车制造有限公司	84	众泰牌	纯电动轻型客车	JNJ6400EVL2	第7批	2010年1月23日
23	湖南江南汽车制造有限公司	84	众泰牌	纯电动轻型客车	JNJ6401EVL	第7批	2010年1月23日
24	湖南江南汽车制造有限公司	84	众泰牌	纯电动轻型客车	JNJ6401EVL1	第7批	2010年1月23日
25	厦门金龙旅行车有限公司	124	金旅牌	混合动力电动城市客车	XML6125JHEV13C	第7批	2010年1月23日
26	厦门金龙旅行车有限公司	124	金旅牌	混合动力电动城市客车	XML6125JHEV98C	第7批	2010年1月23日
27	天津清源电动车辆有限责任公司	（二）22	清源牌	纯电动厢式运输车	QY5020XXYBEVYC	第7批	2010年1月23日
28	浙江康迪车业有限公司	（十一）27	康迪牌	纯电动厢式运输车	KD5012XXYBEV	第7批	2010年1月23日
29	安徽安凯汽车股份有限公司	55	安凯牌	混合动力城市客车	HFF6110G03PHEV	第8批	2010年3月16日
30	安徽安凯汽车股份有限公司	55	安凯牌	混合动力电动城市客车	HFF6120G03PHEV	第8批	2010年3月16日
31	四川汽车工业集团有限公司	101	野马牌	纯电动城市客车	SQJ6111B1CH	第8批	2010年3月16日

续表

序号	企业名称	《目录》序号	商标	产品名称	产品型号	《目录》批次	《目录》日期
32	厦门金龙联合汽车工业有限公司	123	金龙牌	混合动力城市客车	XMQ6125GH	第8批	2010年3月16日
33	厦门金龙联合汽车工业有限公司	123	金龙牌	混合动力城市客车	XMQ6125GH1	第8批	2010年3月16日
34	北京天路通科技有限责任公司	(一) 44	天路牌	纯电动吸尘车	BTL5072TSLEV	第8批	2010年3月16日
35	珠海市广通汽车有限公司	(十九) 28	广通牌	混合动力城市客车	GTQ6107HESG	第8批	2010年3月16日
36	珠海市广通汽车有限公司	(十九) 28	广通牌	混合动力城市客车	GTQ6117HEIG	第8批	2010年3月16日
37	珠海市广通汽车有限公司	(十九) 28	广通牌	混合动力城市客车	GTQ6117HEWG	第8批	2010年3月16日
38	金华青年汽车制造有限公司	7	青年牌	混合动力城市客车	JNP6120GHP-1	第9批	2010年4月11日
39	中国第一汽车集团公司	1	红旗牌	燃料电池轿车	CA7904FC	第10批	2010年4月30日
40	东风汽车公司	3	东风牌	纯电动厢式运输车	EQ5039XXYL	第10批	2010年4月30日
41	上海申沃客车有限公司	42	申沃牌	燃料电池城市客车	SWB6129FC	第10批	2010年4月30日
42	上海申沃客车有限公司	42	申沃牌	燃料电池城市客车	SWB6129FC2	第10批	2010年4月30日
43	上海申沃客车有限公司	42	申沃牌	燃料电池城市客车	SWB6129FC1	第10批	2010年4月30日
44	湖南江南汽车制造有限公司	84	众泰牌	纯电动轿车	JNJ7000EVM	第10批	2010年4月30日
45	湖南江南汽车制造有限公司	84	江南牌	纯电动轿车	JNJ7000EVA1	第10批	2010年4月30日
46	湖南江南汽车制造有限公司	84	江南牌	纯电动轿车	JNJ7000EVA	第10批	2010年4月30日
47	重庆长安汽车股份有限公司	96	长安牌	燃料电池轿车	SC7003EV	第10批	2010年4月30日
48	奇瑞汽车股份有限公司	119	奇瑞牌	燃料电池轿车	SQR7000FEB11	第10批	2010年4月30日
49	上海汽车集团股份有限公司	122	上海牌	燃料电池轿车	CSA7000FCEV	第10批	2010年4月30日
50	上海汽车集团股份有限公司	122	上海牌	燃料电池轿车	CSA7002FCEV	第10批	2010年4月30日
51	上海汽车集团股份有限公司	122	上海牌	燃料电池轿车	CSA7001FCEV	第10批	2010年4月30日
52	上海万象汽车制造有限公司	(九) 26	象牌	纯电动城市客车	SXC6120GD-1	第10批	2010年4月30日
53	安徽安凯车辆制造有限公司	(十二) 18	星凯龙牌	纯电动城市客车	HFX6120GEV	第10批	2010年4月30日

续表

序号	企业名称	《目录》序号	商标	产品名称	产品型号	《目录》批次	《目录》日期
54	中国第一汽车集团公司	1	解放牌	混合动力城市客车	CA6120URH1	第11批	2010年5月20日
55	中国第一汽车集团公司	1	解放牌	混合动力城市客车	CA6120URH2	第11批	2010年5月20日
56	华晨汽车集团控股有限公司	33	中华牌	混合动力轿车	SY7181CSPHEVBBB	第11批	2010年5月20日
57	扬州亚星客车股份有限公司	49	亚星牌	混合动力城市客车	JS6126GHV	第11批	2010年5月20日
58	广州汽车集团客车有限公司	89	广汽牌	混合动力城市客车	GZ6122HEV	第11批	2010年5月20日
59	广州汽车集团客车有限公司	89	广汽牌	混合动力城市客车	GZ6110HEV	第11批	2010年5月20日
60	重庆恒通客车有限公司	127	恒通客车牌	混合动力城市客车	CKZ6126HENV3	第11批	2010年5月20日
61	天津清源电动车辆有限责任公司	(二) 22	清源牌	纯电动垃圾车	QY5020ZLJBEVYC	第11批	2010年5月20日
62	江西凯马百路佳客车有限公司	(十四) 03	江西牌	纯电动城市客车	JXK6120AG	第11批	2010年5月20日
63	成都客车股份有限公司	(二十二) 10	蜀都牌	纯电动城市客车	CDK6122CAEV	第11批	2010年5月20日
64	中国第一汽车集团公司	1	解放牌	纯电动城市客车	CA6730URE21	第12批	2010年6月30日
65	东风汽车公司	3	东风牌	纯电动城市客车	EQ6102EVL	第12批	2010年6月30日
66	华晨汽车集团控股有限公司	33	中华牌	混合动力轿车	SY7150X1SHEVBAB	第12批	2010年6月30日
67	浙江豪情汽车制造有限公司	52	豪情牌	纯电动轿车	HQ7000EE	第12批	2010年6月30日
68	浙江豪情汽车制造有限公司	52	豪情牌	纯电动轿车	HQ7001EE	第12批	2010年6月30日
69	安徽安凯汽车股份有限公司	55	安凯牌	混合动力城市客车	HFF6121G03SHEV	第12批	2010年6月30日
70	安徽安凯汽车股份有限公司	55	安凯牌	纯电动城市客车	HFF6121G03EV	第12批	2010年6月30日
71	郑州宇通客车股份有限公司	71	宇通牌	纯电动城市客车	ZK6126EGA9	第12批	2010年6月30日
72	广汽丰田汽车有限公司	89	丰田(TOYOTA)牌	混合动力轿车	GTM7240HQ	第12批	2010年6月30日
73	广汽丰田汽车有限公司	89	丰田(TOYOTA)牌	混合动力轿车	GTM7240HV	第12批	2010年6月30日
74	重庆长安汽车股份有限公司	96	长安牌	纯电动轿车	SC7001EV	第12批	2010年6月30日
75	中通客车控股股份有限公司	125	中通牌	混合动力城市客车	LCK6101GEV	第12批	2010年6月30日

续表

序号	企业名称	《目录》序号	商标	产品名称	产品型号	《目录》批次	《目录》日期
76	中通客车控股股份有限公司	125	中通牌	混合动力城市客车	LCK6101HEV	第12批	2010年6月30日
77	重庆恒通客车有限公司	127	恒通客车牌	混合动力城市客车	CKZ6116HEV3	第12批	2010年6月30日
78	浙江康迪车业有限公司	(十一)27	康迪牌	纯电动厢式运输车	KD5020XXYBEV	第12批	2010年6月30日
79	浙江康迪车业有限公司	(十一)27	康迪牌	纯电动厢式运输车	KD5010XXYEV	第12批	2010年6月30日
80	一汽客车大连客车厂	28	解放牌	纯电动城市客车	CA6127URE31	第13批	2010年8月1日
81	南京汽车集团有限公司	44	畅达牌	纯电动高压清洗车	NJ5090GQXEV	第13批	2010年8月1日
82	郑州宇通客车股份有限公司	71	宇通牌	纯电动城市客车	ZK6100EGAA	第13批	2010年8月1日
83	郑州宇通客车股份有限公司	71	宇通牌	纯电动城市客车	ZK6129EGQA	第13批	2010年8月1日
84	广州汽车集团客车有限公司	89	广汽牌	纯电动城市客车	GZ6120EV	第13批	2010年8月1日
85	金龙联合汽车工业(苏州)有限公司	112	金龙牌	混合动力电动城市客车	KLQ6129GHE1	第13批	2010年8月1日
86	金龙联合汽车工业(苏州)有限公司	112	金龙牌	混合动力城市客车	KLQ6129GHE2	第13批	2010年8月1日
87	天津清源电动车辆有限责任公司	(二)22	清源牌	纯电动车厢可卸式垃圾车	QY5020ZXXBEVYC	第13批	2010年8月1日
88	天津清源电动车辆有限责任公司	(二)22	清源牌	纯电动垃圾车	QY5021ZLJBEVYC	第13批	2010年8月1日
89	江西江铃汽车集团改装车有限公司	(十四)15	江铃牌	纯电动工程车	JX5033XGCEV	第13批	2010年8月1日
90	山东沂星电动汽车有限公司	(十五)25	飞燕牌	纯电动城市客车	SDL6120EVG	第13批	2010年8月1日
91	山东沂星电动汽车有限公司	(十五)25	飞燕牌	纯电动双层城市客车	SDL6110EVSG	第13批	2010年8月1日
92	河南少林汽车股份有限公司	126	少林牌	纯电动城市客车	SLG6120EV	第13批	2010年8月1日
93	河南少林汽车股份有限公司	126	少林牌	纯电动城市客车	SLG6105EV	第13批	2010年8月1日
94	东风汽车公司	3	东风牌	纯电动厢式运输车	EQ5038XXYL	第14批	2010年8月24日
95	扬州亚星客车股份有限公司	49	亚星牌	混合动力城市客车	JS6106GHEV	第14批	2010年8月24日
96	安徽安凯汽车股份有限公司	55	安凯牌	纯电动城市客车	HFF6111G03EV	第14批	2010年8月24日
97	安徽安凯汽车股份有限公司	55	安凯牌	纯电动客车	HFF6127K46EV-1	第14批	2010年8月24日

续表

序号	企业名称	《目录》序号	商标	产品名称	产品型号	《目录》批次	《目录》日期
98	安徽安凯汽车股份有限公司	55	安凯牌	混合动力城市客车	HFF6121G03PHEV	第14批	2010年8月24日
99	金龙联合汽车工业（苏州）有限公司	112	海格牌	纯电动城市客车	KLQ6129GEV	第14批	2010年8月24日
100	中通客车控股股份有限公司	125	中通牌	纯电动城市客车	LCK6120GEV	第14批	2010年8月24日
101	河南少林汽车股份有限公司	126	少林牌	纯电动城市客车	SLG6105EV	第14批	2010年8月24日
102	河南少林汽车股份有限公司	126	少林牌	纯电动城市客车	SLG6120EV	第14批	2010年8月24日
103	重庆恒通客车有限公司	127	恒通客车牌	混合动力城市客车	CKZ6116HENV3	第14批	2010年8月24日
104	重庆恒通客车有限公司	127	恒通客车牌	混合动力城市客车	CKZ6116HEVA3	第14批	2010年8月24日
105	天津清源电动车辆有限责任公司	（二）22	清源牌	纯电动服务车	QY5020XFWBEVEL	第14批	2010年8月24日
106	天津清源电动车辆有限责任公司	（二）22	清源牌	纯电动邮政车	QY5020XYZBEVEL	第14批	2010年8月24日
107	重庆瑞驰汽车实业有限公司	（二十一）14	瑞驰牌	纯电动邮政车	CRC5020XYZ－LBEV	第14批	2010年8月24日
108	重庆瑞驰汽车实业有限公司	（二十一）14	瑞驰牌	纯电动邮政车	CRC5020XYZ－QBEV	第14批	2010年8月24日
109	重庆力帆乘用车有限公司	93	力帆牌	纯电动轿车	LF7002EV	第15批	2010年9月22日
110	奇瑞汽车股份有限公司	119	奇瑞牌	纯电动轿车	SQR7001EAS11	第15批	2010年9月22日
111	奇瑞汽车股份有限公司	119	瑞麒牌	纯电动轿车	SQR7001ELS18	第15批	2010年9月22日
112	厦门金龙联合汽车工业有限公司	123	金龙牌	混合动力城市客车	XMQ6127GH3	第15批	2010年9月22日
113	中通客车控股股份有限公司	125	中通牌	混合动力城市客车	LCK6105GHEV	第15批	2010年9月22日
114	中通客车控股股份有限公司	125	中通牌	混合动力城市客车	LCK6112HEV	第15批	2010年9月22日
115	北京华林特装车有限公司	（一）31	华林牌	纯电动自卸式垃圾车	HLT5021ZLJEV	第15批	2010年9月22日
116	北京华林特装车有限公司	（一）31	华林牌	纯电动桶装垃圾运输车	HLT5020JHQLJEV	第15批	2010年9月22日
117	东风汽车公司	3	东风牌	混合动力电动城市客车	EQ6123HEV	第16批	2010年10月29日
118	东风汽车公司	3	东风牌	混合动力电动城市客车	EQ6123HEV1	第16批	2010年10月29日
119	安徽江淮汽车股份有限公司	56	江淮牌	纯电动轿车	HFC7000AEV	第16批	2010年10月29日

续表

序号	企业名称	《目录》序号	商标	产品名称	产品型号	《目录》批次	《目录》日期
120	郑州宇通客车股份有限公司	71	宇通牌	混合动力电动城市客车	ZK6126MGQB9	第16批	2010年10月29日
121	广州汽车集团客车有限公司	89	广汽牌	纯电动城市客车	GZ6120EV1	第16批	2010年10月29日
122	江西江铃控股有限公司	121	江铃牌	纯电动轿车	JX7002BEV	第16批	2010年10月29日
123	珠海市广通汽车有限公司	(十九)28	广通牌	纯电动城市客车	GTQ6107BEVB1	第16批	2010年10月29日
124	深圳市五洲龙汽车有限公司	(十九)47	五洲龙牌	纯电动城市客车	FDG6751EVG1	第16批	2010年10月29日
125	深圳市五洲龙汽车有限公司	(十九)47	五洲龙牌	纯电动城市客车	FDG6751EVG2	第16批	2010年10月29日
126	中国第一汽车集团公司	1	红旗牌	纯电动轿车	CA7005EV	第17批	2010年11月23日
127	北汽福田汽车股份有限公司	9	福田牌	纯电动多用途乘用车	BJ6438EV1	第17批	2010年11月23日
128	北汽福田汽车股份有限公司	9	福田牌	混合动力城市客车	BJ6123PHEV-1	第17批	2010年11月23日
129	上海汽车集团股份有限公司	122	荣威牌	混合动力轿车	CSA7180ACHEV	第17批	2010年11月23日
130	厦门金龙旅行车有限公司	124	金旅牌	混合动力城市客车	XML6125JHEV18C	第17批	2010年11月23日
131	厦门金龙旅行车有限公司	124	金旅牌	混合动力城市客车	XML6125JHEV28C	第17批	2010年11月23日
132	厦门金龙旅行车有限公司	124	金旅牌	混合动力城市客车	XML6115JHEV23C	第17批	2010年11月23日
133	重庆恒通客车有限公司	127	恒通客车牌	纯电动城市客车	CKZ6127HBEV	第17批	2010年11月23日
134	北京华林特装车有限公司	(一)31	华林牌	纯电动自装卸式垃圾车	HLT5071ZZZEV	第17批	2010年11月23日
135	北京华林特装车有限公司	(一)31	华林牌	纯电动压缩式垃圾车	HLT5076ZYSEV	第17批	2010年11月23日
136	北京华林特装车有限公司	(一)31	华林牌	纯电动洒水车	HLT5166GSSEV	第17批	2010年11月23日
137	江西江铃汽车集团改装车有限公司	(十四)15	江铃牌	纯电动仓栅式运输车	JX5020CCYMEV	第17批	2010年11月23日
138	湖南南车时代电动汽车股份有限公司	(十八)23	南车时代牌	混合动力城市客车	TEG6119SHEV	第17批	2010年11月23日
139	扬州亚星客车股份有限公司	49	亚星牌	混合动力城市客车	JS6116GHEV	第18批	2010年12月23日
140	宁波神马汽车制造有限公司	54	浙江牌	纯电动城市客车	NPS6120BEV	第18批	2010年12月23日
141	桂林客车工业集团有限公司	90	桂林牌	纯电动城市客车	GL6120BEV	第18批	2010年12月23日

续表

序号	企业名称	《目录》序号	商标	产品名称	产品型号	《目录》批次	《目录》日期
142	江西江铃控股有限公司	121	江铃牌	混合动力轿车	JX7152PHEV	第18批	2010年12月23日
143	厦门金龙联合汽车工业有限公司	123	金龙牌	混合动力城市客车	XMQ6127GH5	第18批	2010年12月23日
144	盐城中威客车有限公司	(十)62	中大牌	纯电动城市客车	YCK6128BEVC	第18批	2010年12月23日
145	盐城中威客车有限公司	(十)62	中大牌	纯电动客车	YCK6126BEVL	第18批	2010年12月23日
146	湖南南车时代电动汽车股份有限公司	(十八)23	南车时代牌	纯电动城市客车	TEG6120EV	第18批	2010年12月23日

四、节能与新能源汽车示范推广应用工程推荐车型参数

(一)混合动力汽车

1. 申沃牌 SWB6127HE2 型混合动力城市客车

生产企业名称			上海申沃客车有限公司	
整车	车辆名称	混合动力城市客车		
	车辆型号	SWB6127HE2		
	中文品牌	申沃牌		
	公告批次	第203批		
	目录序号	42		
	识别代号	LSFD132X ×××××××××		
	依据标准	GB 17691—2005 国Ⅲ GB 3847—2005		
	外形尺寸(长/宽/高)(mm)	11840/2500/3460		
	总质量(kg)	17500	整备质量(kg)	12600
	轴距(mm)	6000	轴荷(kg)	6500/11000
	额定载客(人)	75/28-42	燃料种类	汽油、电能
	底盘型号	SWB6127HE2	生产厂家	上海申沃客车有限公司
发动机	发动机型号	F4AE3682F*P	发动机生产商	上菲红
	发动机排量(ml)	5880	发动机功率(kW)	183
电机	电机类型	交流异步	电机型号	YCVF280M-8D
	电机峰值功率(kW)	220	电机峰值扭矩(N·m)	1500
	电机连续扭矩(N·m)	778	电机连续功率(kW)	110
电池	电压(V)	576	容量(Ah)	60
	电池额定电压(V)	3.2	电池额定容量(Ah)	60
	电池类型	磷酸铁锂	电池型号	IFP152/40/256
性能指标	最高车速(km/h)	80	0~100km/h加速时间(s)	—
	最大爬坡度(%)	20	油耗(L/100km)	32

2. 金龙牌 XMQ6125GH1 型混合动力城市客车

生产企业名称			厦门金龙联合汽车工业有限公司	
整车	车辆名称	混合动力城市客车		
整车	车辆型号	XMQ6125GH1		
整车	中文品牌	金龙牌		
整车	公告批次	197		
整车	目录序号	123		
整车	识别代号	LA6R7HS7 × × × × × × × × ×		
整车	依据标准	GB 3847—2005 GB 17691—2005 国Ⅳ		
整车	外形尺寸（长/宽/高）（mm）	11970/2540/3300		
整车	总质量（kg）	18000	整备质量（kg）	12300
整车	轴距（mm）	6100	轴荷（kg）	6500/11500
整车	额定载客（人）	87/10－40	燃料种类	柴油混合动力
整车	底盘型号	XMQ6110GRH1	生产厂家	厦门金龙联合汽车工业有限公司
发动机	发动机型号	ISDe160 41	发动机生产商	东风康明斯发动机有限公司
发动机	发动机排量（ml）	4500	发动机功率（kW）	118
电机	电机类型	开关磁阻	电机型号	—
电机	电机峰值功率（kW）	60	电机峰值扭矩（N·m）	286
电机	电机连续扭矩（N·m）	—	电机连续功率（kW）	35
电池	电压（V）	1.2	容量（Ah）	40
电池	电池额定电压（V）	336	电池额定容量（Ah）	—
电池	电池类型	镍氢电池	电池型号	—
性能指标	最高车速（km/h）	80	0～100km/h 加速时间（s）	23.8
性能指标	最大爬坡度（%）	30	油耗（L/100km）	40.2

3. 五洲龙牌 FDG6111HEVG2 型混合动力城市客车

生产企业名称			厦门金龙联合汽车工业有限公司	
整车	车辆名称	混合动力城市客车		
整车	车辆型号	FDG6111HEVG2		
整车	中文品牌	五洲龙牌		
整车	公告批次	216		
整车	目录序号	（十九）47		
整车	识别代号	LA9ACBBA × × ×MC1 × × ×		
整车	依据标准	GB 17691—2005 国Ⅲ GB 3847—2005		
整车	外形尺寸（长/宽/高）（mm）	11390/2480/3180		
整车	总质量（kg）	16500	整备质量（kg）	11800
整车	轴距（mm）	5500	轴荷（kg）	5500/11000
整车	额定载客（人）	72/20－42	燃料种类	柴油
整车	底盘型号	FDG6110D2	生产厂家	深圳市五洲龙汽车有限公司
发动机	发动机型号	ISDe185 30	发动机生产商	东风康明斯发动机有限公司
发动机	发动机排量（ml）	6700	发动机功率（kW）	136
电机	电机类型	三相异步电机	电机型号	90（额定）
电机	电机峰值功率（kW）	162	电机峰值扭矩（N·m）	1800
电机	电机连续扭矩（N·m）	170（额定）	电机连续功率（kW）	—
电池	电压（V）	358V	容量（Ah）	100
电池	电池额定电压（V）	51.2	电池额定容量（Ah）	—
电池	电池类型	磷酸铁锂	电池型号	—
性能指标	最高车速（km/h）	65	0～100km/h 加速时间（s）	—
性能指标	最大爬坡度（%）	20	油耗（L/100km）	26.4

4. 南车时代牌 TEG6102PHEV 型混合动力城市客车

生产企业名称			湖南南车时代电动汽车股份有限公司	
整车	车辆名称	混合动力城市客车		
	车辆型号	TEG6102PHEV		
	中文品牌	南车时代		
	公告批次	—		
	目录序号	（十八）23		
	识别代号	LHWMJ74B ××××××××× LHWMJ74B ×××××××××		
	依据标准	GB 17691—2005 国Ⅲ GB 3847—2005		
	外形尺寸（长/宽/高）（mm）	10490/2490/3180,3000		
	总质量（kg）	15500	整备质量（kg）	11090
	轴距（mm）	5000	轴荷（kg）	5000/10500
	额定载客（人）	67	燃料种类	柴油混合动力
	底盘型号	TEG6103PHEV	生产厂家	南车时代
发动机	发动机型号	YC6J220-30 YC6J200-30 SC8DK215Q3	发动机生产商	广西玉柴机器股份有限公司； 广西玉柴机器股份有限公司； 上海柴油机股份有限公司
	发动机排量（ml）	6500 6500 8270	发动机功率（kW）	162 147 158
电机	电机类型	永磁电机	电机型号	TQD101
	电机峰值功率（kW）	60	电机峰值扭矩（N·m）	45
	电机连续扭矩（N·m）	106	电机连续功率（kW）	250
电池	电压（V）	48（模块）	容量（Ah）	165（模块）
	电池额定电压（V）	480	电池额定容量（Ah）	16.5
	电池类型	超级电容	电池型号	BMOD0165 P048,48V/165F
性能指标	最高车速（km/h）	85	0~50km/h 加速时间（s）	≤25
	最大爬坡度（%）	20	油耗（L/100km）	27.6

5. 南车时代牌 TEG6119SHEV 型混合动力城市客车

生产企业名称			湖南南车时代电动汽车股份有限公司	
整车	车辆名称	混合动力城市客车		
	车辆型号	TEG6119SHEV		
	中文品牌	南车时代		
	公告批次	216		
	目录序号	（十八）23		
	识别代号	LHWMK94B ×××××××××		
	依据标准	GB 17691—2005 国Ⅲ GB 3847—2005		
	外形尺寸（长/宽/高）（mm）	11490/2525/3300		
	总质量（kg）	17500	整备质量（kg）	12900
	轴距（mm）	5600	轴荷（kg）	6000/11500
	额定载客（人）	70	燃料种类	柴油混合动力
	底盘型号	TEG6112SHEV	生产厂家	南车时代
发动机	发动机型号	SC8DK215Q3	发动机生产商	上海柴油机股份有限公司
	发动机排量（ml）	8270	发动机功率（kW）	158
电机	电机类型	异步交流电机	电机型号	JD156
	电机峰值功率（kW）	150	电机峰值扭矩（N·m）	100
	电机连续扭矩（N·m）	2500	电机连续功率（kW）	810
电池	电压（V）	48（模块）	容量（Ah）	165
	电池额定电压（V）	480	电池额定容量（Ah）	16.5
	电池类型	超级电容	电池型号	BMOD0165 P048,48V/165F
性能指标	最高车速（km/h）	70	0~50km/h 加速时间（s）	≤25
	最大爬坡度（%）	20	油耗（L/100km）	26.8

6. 南车时代牌 TEG6127PHEV 型混合动力城市客车

生产企业名称			湖南南车时代电动汽车股份有限公司	
整车	车辆名称	混合动力城市客车		
	车辆型号	TEG6127PHEV		
	中文品牌	南车时代		
	公告批次	213		
	目录序号	(十八)23		
	识别代号	LHWMK94B ×××××××××		
	依据标准	GB 17691—2005 国Ⅲ GB 3847—2005		
	外形尺寸（长/宽/高）（mm）	11980/2550/3280,3000		
	总质量（kg）	17500	整备质量（kg）	11900
	轴距（mm）	6000	轴荷（kg）	6000/11500
	额定载客（人）	67	燃料种类	柴油混合动力
	底盘型号	TEG6121PHEV	生产厂家	南车时代
发动机	发动机型号	YC6J220－30 SC8DK230Q3 SC8DK250Q3	发动机生产商	广西玉柴机器股份有限公司； 上海柴油机股份有限公司； 上海柴油机股份有限公司
	发动机排量（ml）	6500 8270 8270	发动机功率（kW）	162 170 184
电机	电机类型	永磁电机	电机型号	TQD101
	电机峰值功率（kW）	60	电机峰值扭矩（N·m）	45
	电机连续扭矩（N·m）	106	电机连续功率（kW）	250
电池	电压（V）	48（模块）	容量（Ah）	165
	电池额定电压（V）	480	电池额定容量（Ah）	16.5
	电池类型	超级电容	电池型号	BMOD0165P048,48V/165F
性能指标	最高车速（km/h）	75	0～50km/h 加速时间（s）	≤25
	最大爬坡度（%）	20	油耗（L/100km）	27.6

7. 安凯牌 HFF6120G03SHEV 型混合动力客车

生产企业名称			安徽安凯汽车股份有限公司	
整车	车辆名称	混合动力客车		
	车辆型号	HFF6120G03SHEV		
	中文品牌	安凯牌		
	公告批次	m4（224）		
	目录序号	55		
	识别代号	LA86G0KU ×××××××××		
	依据标准	GB 17691—2005 国Ⅲ GB 3847—2005		
	外形尺寸（长/宽/高）（mm）	12000/2550/2970,3150		
	总质量（kg）	17500	整备质量（kg）	11580，11980
	轴距（mm）	6000	轴荷（kg）	6500/11000
	额定载客（人）	80/25－41	燃料种类	柴油混合动力
	底盘型号	HFF6120D03SHEV	生产厂家	安徽安凯汽车股份有限公司
发动机	发动机型号	YC4G180－40	发动机生产商	广西玉柴机器股份有限公司
	发动机排量（ml）	5200	发动机功率（kW）	132
电机	电机类型	交流异步电机	电机型号	—
	电机峰值功率（kW）	150	电机峰值扭矩（N·m）	389
	电机连续扭矩（N·m）	230	电机连续功率（kW）	85
电池	电压（V）	单体3.6V，178个	容量（Ah）	—
	电池额定电压（V）	—	电池额定容量（Ah）	—
	电池类型	锂离子电池	电池型号	—
性能指标	最高车速（km/h）	70	0～100km/h 加速时间（s）	—
	最大爬坡度（%）	22	油耗（L/100km）	—

8. 安凯牌 HFF6121G03PHEV 型混合动力客车

生产企业名称			安徽安凯汽车股份有限公司	
整车	车辆名称	混合动力城市客车		
	车辆型号	HFF6121G03PHEV		
	中文品牌	安凯牌		
	公告批次	16（216）		
	目录序号	55		
	识别代号	LA86J0LU ××××××××× LA86J0KU ×××××××××		
	依据标准	GB 17691—2005 国Ⅲ GB 3847—2005		
	外形尺寸（长/宽/高）（mm）	12000/2550/3100,3250		
	总质量（kg）	16700	整备质量（kg）	11200，11500
	轴距（mm）	6100	轴荷（kg）	5700，11000
	额定载客（人）	80/25－41	燃料种类	柴油混合动力
	底盘型号	HFF6121D03PHEV	生产厂家	安徽安凯汽车股份有限公司
发动机	发动机型号	SC8DK215Q3 YC6J200－42	发动机生产商	上海柴油机股份有限公司 广西玉柴机器股份有限公司
	发动机排量（ml）	8270，6494	发动机功率（kW）	158，147
电机	电机类型	交流电机	电机型号	D280M－4 型 YH
	电机峰值功率（kW）	—	电机峰值扭矩（N·m）	—
	电机连续扭矩（N·m）	—	电机连续功率（kW）	65
电池	电压（V）	—	容量（Ah）	—
	电池额定电压（V）	—	电池额定容量（Ah）	—
	电池类型	超级电容	电池型号	—
性能指标	最高车速（km/h）	80	0～100km/h 加速时间（s）	—
	最大爬坡度（%）	22	油耗（L/100km）	—

9. 安凯牌 HFF6110G03PHEV 型混合动力客车

生产企业名称			安徽安凯汽车股份有限公司	
整车	车辆名称	混合动力城市客车		
	车辆型号	HFF6110G03PHEV		
	中文品牌	安凯牌		
	公告批次	15（215）		
	目录序号	55		
	识别代号	LA86G0LU ×××××××××		
	依据标准	GB 17691—2005 国Ⅲ GB 3847—2005		
	外形尺寸（长/宽/高）（mm）	11220/2500/2950,3150		
	总质量（kg）	16500	整备质量（kg）	10500，10700
	轴距（mm）	5700	轴荷（kg）	5500，11000
	额定载客（人）	81/25－41	燃料种类	柴油混合动力
	底盘型号	HFF6110D03PHEV	生产厂家	安徽安凯汽车股份有限公司
发动机	发动机型号	YC6J220－30	发动机生产商	广西玉柴机器股份有限公司
	发动机排量（ml）	6500	发动机功率（kW）	162
电机	电机类型	—	电机型号	—
	电机峰值功率（kW）	—	电机峰值扭矩（N·m）	—
	电机连续扭矩（N·m）	—	电机连续功率（kW）	—
电池	电压（V）	—	容量（Ah）	—
	电池额定电压（V）	—	电池额定容量（Ah）	—
	电池类型	—	电池型号	—
性能指标	最高车速（km/h）	80	0～100km/h 加速时间（s）	—
	最大爬坡度（%）	22	油耗（L/100km）	—

10. 安凯牌 HFF6120G03PHEV 型混合动力客车

生产企业名称			安徽安凯汽车股份有限公司	
整车	车辆名称	混合动力电动城市客车		
	车辆型号	HFF6120G03PHEV		
	中文品牌	安凯牌		
	公告批次	15 (215)		
	目录序号	55		
	识别代号	LA86J0LU ×××××××××		
	依据标准	GB 17691—2005 国Ⅲ GB 3847—2005		
	外形尺寸(长/宽/高) (mm)	12000/2550/2950,3170		
	总质量 (kg)	18000	整备质量 (kg)	11200, 11500
	轴距 (mm)	6100	轴荷 (kg)	6500, 11500
	额定载客 (人)	80/25-41	燃料种类	柴油混合动力
	底盘型号	HFF6120D03PHEV	生产厂家	安徽安凯汽车股份有限公司
发动机	发动机型号	YC6J220-30 ISBE4+205B	发动机生产商	广西玉柴机器股份有限公司 康明斯公司
	发动机排量 (ml)	6500, 6700	发动机功率 (kW)	162 151
电机	电机类型	—	电机型号	—
	电机峰值功率 (kW)	—	电机峰值扭矩 (N·m)	—
	电机连续扭矩 (N·m)	—	电机连续功率 (kW)	—
电池	电压 (V)	—	容量 (Ah)	—
	电池额定电压 (V)	—	电池额定容量 (Ah)	—
	电池类型	—	电池型号	—
性能指标	最高车速 (km/h)	80	0~100km/h 加速时间 (s)	—
	最大爬坡度 (%)	22	油耗 (L/100km)	—

11. 安凯牌 HFF6121G03SHEV 型混合动力客车

生产企业名称			安徽安凯汽车股份有限公司	
整车	车辆名称	混合动力城市客车		
	车辆型号	HFF6121G03SHEV		
	中文品牌	安凯牌		
	公告批次	14 (214)		
	目录序号	55		
	识别代号	LA86G0FU ×××××××××		
	依据标准	GB 17691—2005 国Ⅲ GB 3847—2005		
	外形尺寸(长/宽/高) (mm)	12000/2550/3100,3300		
	总质量 (kg)	18000	整备质量 (kg)	13500,13800
	轴距 (mm)	6000	轴荷 (kg)	6500,11500
	额定载客 (人)	67/26-38, 63/26-38	燃料种类	柴油混合动力
	底盘型号	HFF6121D03SHEV	生产厂家	安徽安凯汽车股份有限公司
发动机	发动机型号	HFC4DA1-2B1	发动机生产商	安徽江淮汽车股份有限公司
	发动机排量 (ml)	2771	发动机功率 (kW)	80
电机	电机类型	交流电机	电机型号	YTSP280L1-4Q
	电机峰值功率 (kW)	—	电机峰值扭矩 (N·m)	—
	电机连续扭矩 (N·m)	—	电机连续功率 (kW)	
电池	电压 (V)	—	容量 (Ah)	—
	电池额定电压 (V)	—	电池额定容量 (Ah)	—
	电池类型	磷酸铁锂	电池型号	—
性能指标	最高车速 (km/h)	80	0~100km/h 加速时间 (s)	—
	最大爬坡度 (%)	22	油耗 (L/100km)	—

12. 安凯牌 HFF6100G03PHEV 型混合动力客车

生产企业名称			安徽安凯汽车股份有限公司	
整车	车辆名称	混合动力城市客车		
	车辆型号	HFF6100G03PHEV		
	中文品牌	安凯牌		
	公告批次	m3 (223)		
	目录序号	55		
	识别代号	LA86D0KU ×××××××××		
	依据标准	GB 17691—2005 国Ⅲ GB 3847—2005		
	外形尺寸（长/宽/高）(mm)	10430/2500/3070,3170		
	总质量（kg）	15500	整备质量（kg）	10000，10300
	轴距（mm）	5000	轴荷（kg）	5500，10000
	额定载客（人）	80/24－36	燃料种类	柴油混合动力
	底盘型号	HFF6100D03PHEV	生产厂家	安徽安凯汽车股份有限公司
发动机	发动机型号	YC4G200－30	发动机生产商	广西玉柴机器股份有限公司
	发动机排量（ml）	5200	发动机功率（kW）	147
电机	电机类型	永磁同步电机	电机型号	—
	电机峰值功率（kW）	60	电机峰值扭矩（N·m）	400
	电机连续扭矩（N·m）	260	电机连续功率（kW）	40
电池	电压（V）	345.6	容量（Ah）	40
	电池额定电压（V）	—	电池额定容量（Ah）	—
	电池类型	磷酸铁锂动力电池	电池型号	—
性能指标	最高车速（km/h）	80	0～100km/h 加速时间（s）	—
	最大爬坡度（%）	22	油耗（L/100km）	—

13. 宇通牌 ZK6126CHEVGAA 型混合动力电动城市客车

生产企业名称			郑州宇通客车股份有限公司	
整车	车辆名称	混合动力电动城市客车		
	车辆型号	ZK6126CHEVGAA		
	中文品牌	宇通牌		
	公告批次	224		
	目录序号	71		
	识别代号	LZYTAGCS		
	依据标	GB 17691—2005 国Ⅲ		
	外形尺寸（长/宽/高）(mm)	11650/2500/3265,3075		
	总质量（kg）	16500	整备质量（kg）	11700,11000
	轴距（mm）	5800	轴荷（kg）	5500/11000
	额定载客（人）	72/24－45,84/24－45	燃料种类	柴油混合动力
	底盘型号	ZK6118GCHEVAA	生产厂家	郑州宇通客车股份有限公司
发动机	发动机型号	YC6J200－42	发动机生产商	广西玉柴机器股份有限公司
	发动机排量（ml）	6500	发动机功率（kW）	147
电机	电机类型	三相异步电机	电机型号	95
	电机峰值功率（kW）	180	电机峰值扭矩（N·m）	2100
	电机连续扭矩（N·m）	—	电机连续功率（kW）	—
电池	电压（V）	—	容量（Ah）	N/A
	电池额定电压（V）	384	电池额定容量（Ah）	N/A
	电池类型	超级电容	电池型号	—
性能指标	最高车速（km/h）	85	0～50km/h 加速时间（s）	≤25
	最大爬坡度（%）	≥12%	油耗（L/100km）	≤30

14. 宇通牌 ZK6108CHEVG1 型混合动力电动城市客车

生产企业名称			郑州宇通客车股份有限公司	
整车	车辆名称	混合动力电动城市客车		
	车辆型号	ZK6108CHEVG1		
	中文品牌	宇通牌		
	公告批次	224		
	目录序号	71		
	识别代号	LZYTCGCS		
	依据标准	GB 17691—2005 国Ⅲ		
	外形尺寸（长/宽/高）(mm)	10305/2500/3240,3100		
	总质量（kg）	16500	整备质量（kg）	10700,11100
	轴距（mm）	5000	轴荷（kg）	5500/11000
	额定载客（人）	75/10－36	燃料种类	柴油混合动力
	底盘型号	ZK6100CHEVGC01	生产厂家	郑州宇通客车股份有限公司
发动机	发动机型号	YC6J200－42	发动机生产商	广西玉柴机器股份有限公司
	发动机排量（ml）	6500	发动机功率（kW）	147
电机	电机类型	三相异步电机	电机型号	100
	电机峰值功率（kW）	140	电机峰值扭矩（N·m）	1800
	电机连续扭矩（N·m）	—	电机连续功率（kW）	
电池	电压（V）	—	容量（Ah）	N/A
	电池额定电压（V）	384	电池额定容量（Ah）	N/A
	电池类型	超级电容	电池型号	—
性能指标	最高车速（km/h）	90	0～50km/h 加速时间（s）	≤25
	最大爬坡度（%）	≥12%	油耗（L/100km）	≤26

15. 宇通牌 ZK6126PHEVGQDA 型混合动力电动城市客车

生产企业名称			郑州宇通客车股份有限公司	
整车	车辆名称	混合动力电动城市客车		
	车辆型号	ZK6126PHEVGQDA		
	中文品牌	宇通牌		
	公告批次	224		
	目录序号	71		
	识别代号	LZYTAGCS		
	依据标准	GB 17691—2005 国Ⅲ		
	外形尺寸（长/宽/高）(mm)	11990/2550/3150,2970		
	总质量（kg）	18000	整备质量（kg）	12500,12700
	轴距（mm）	5875	轴荷（kg）	6500/11500
	额定载客（人）	81/10－46	燃料种类	柴油混合动力
	底盘型号	承载式车身	生产厂家	郑州宇通客车股份有限公司
发动机	发动机型号	YC6J200－42	发动机生产商	广西玉柴机器股份有限公司
	发动机排量（ml）	6500	发动机功率（kW）	147
电机	电机类型	三相异步电机	电机型号	95
	电机峰值功率（kW）	180	电机连续功率（kW）	2100
	电机连续扭矩（N·m）	—	电机峰值扭矩（N·m）	
电池	电压（V）	384	容量（Ah）	N/A
	电池额定电压（V）	384	电池额定容量（Ah）	N/A
	电池类型	超级电容	电池型号	—
性能指标	最高车速（km/h）	85	0～50km/h 加速时间（s）	≤25
	最大爬坡度（%）	≥12%	油耗（L/100km）	≤30

16. 江西牌 JXK6122PHEV 型混合动力城市客车

生产企业名称			江西凯马百路佳客车有限公司	
整车	车辆名称	混合动力城市客车		
	车辆型号	JXK6122PHEV		
	中文品牌	江西牌		
	公告批次	222		
	目录序号	（十四）03		
	识别代号	LA9BJKMT × × × JXK × × ×		
	依据标准	GB 3847—2005 GB 17691—2005 国Ⅲ		
	外形尺寸（长/宽/高）（mm）	11980/2495/3350		
	总质量（kg）	18000	整备质量（kg）	12500
	轴距（mm）	6000	轴荷（kg）	6500/11500
	额定载客（人）	73/33 –39	燃料种类	柴油混合动力
	底盘型号	承载式车身	生产厂家	–
发动机	发动机型号	ISDe210 –41	发动机生产商	东风康明斯发动机有限公司
	发动机排量（ml）	6700	发动机功率（kW）	155
电机	电机类型	异步电机	电机型号	—
	电机峰值功率（kW）	170	电机连续功率（kW）	1032
	电机连续扭矩（N · m）	768	电机峰值扭矩（N · m）	80
电池	电压（V）	384	容量（Ah）	100
	电池额定电压（V）	384	电池额定容量（Ah）	100
	电池类型	磷酸铁锂	电池型号	—
性能指标	最高车速（km/h）	80	0 ~100km/h 加速时间（s）	20
	最大爬坡度（%）	20	油耗（L/100km）	27

17. 江西牌 JXK6122CHEV 型混合动力城市客车

生产企业名称			江西凯马百路佳客车有限公司	
整车	车辆名称	混合动力城市客车		
	车辆型号	JXK6122CHEV		
	中文品牌	江西牌		
	公告批次	222		
	目录序号	（十四）03		
	识别代号	LA9CJLMT × × × JXK × × ×		
	依据标准	GB 3847—2005 GB 17691—2005 国Ⅲ		
	外形尺寸（长/宽/高）（mm）	11980/2495/3220		
	总质量（kg）	18000	整备质量（kg）	12500
	轴距（mm）	6000	轴荷（kg）	6500/11500
	额定载客（人）	73/33 ~39	燃料种类	柴油，混合动力
	底盘型号	承载式车身	生产厂家	—
发动机	发动机型号	ISDe210 –41	发动机生产商	东风康明斯发动机有限公司
	发动机排量（ml）	6700	发动机功率（kW）	155
电机	电机类型	交流感应电机	电机型号	—
	电机峰值功率（kW）	170	电机连续功率（kW）	1032
	电机连续扭矩（N · m）	768	电机峰值扭矩（N · m）	80
电池	电压（V）	576	容量（Ah）	60
	电池额定电压（V）	576	电池额定容量（Ah）	60
	电池类型	磷酸铁锂	电池型号	—
性能指标	最高车速（km/h）	6700	0 ~100km/h 加速时间（s）	20
	最大爬坡度（%）	22	油耗（L/100km）	33

18. 江西牌 JXK6116BCHEV 型混合动力城市客车

生产企业名称			江西凯马百路佳客车有限公司	
整车	车辆名称	混合动力城市客车		
	车辆型号	JXK6116BCHEV		
	中文品牌	江西牌		
	公告批次	225		
	目录序号	(十四) 03		
	识别代号	LA9CJKMT × × ×JXK × × ×		
	依据标准	GB 3847—2005 GB 17691—2005 国Ⅲ		
	外形尺寸（长/宽/高）（mm）	11280/2495/3320		
	总质量（kg）	3320	整备质量（kg）	11500
	轴距（mm）	5400	轴荷（kg）	5500/11000
	额定载客（人）	73/27 - 37	燃料种类	柴油混合动力
	底盘型号	承载式车身	生产厂家	—
发动机	发动机型号	YC6J200 - 42	发动机生产商	广西玉柴机器股份有限公司
	发动机排量（ml）	6500	发动机功率（kW）	147
电机	电机类型	异步电机	电机型号	—
	电机峰值功率（kW）	170	电机连续功率（kW）	1032
	电机连续扭矩（N · m）	768	电机峰值扭矩（N · m）	80
电池	电压（V）	576	容量（Ah）	60
	电池额定电压（V）	576	电池额定容量（Ah）	60
	电池类型	磷酸铁锂	电池型号	—
性能指标	最高车速（km/h）	80	0 ~100km/h 加速时间（s）	20
	最大爬坡度（%）	20	油耗（L/100km）	27

19. 浙江牌 NPS6100SHEVG01 型混合动力城市客车

生产企业名称			宁波神马汽车制造有限公司	
整车	车辆名称	混合动力城市客车		
	车辆型号	NPS6120BEV		
	中文品牌	浙江牌		
	公告批次	221		
	目录序号	54		
	识别代号	LZNBUDPB × × × × × × × × ×		
	依据标准	Q/NSM J5. 11 - 2011		
	外形尺寸（长/宽/高）（mm）	10385/2500/3250		
	总质量（kg）	16500	整备质量（kg）	10900
	轴距（mm）	4900	轴荷（kg）	前 5500/后 11000
	额定载客（人）	70/32	燃料种类	柴油混合动力
	底盘型号	—	生产厂家	—
发动机	发动机型号	D16TCID2	发动机生产商	昆明雷默动力有限公司
	发动机排量（ml）	1. 65	发动机功率（kW）	82
电机	电机类型	直流永磁无刷	电机型号	—
	电机峰值功率（kW）	120	电机连续功率（kW）	1900
	电机连续扭矩（N · m）	14900	电机峰值扭矩（N · m）	100
电池	电压（V）	—	容量（Ah）	—
	电池额定电压（V）	—	电池额定容量（Ah）	—
	电池类型	—	电池型号	—
性能指标	最高车速（km/h）	≥70	0 ~50km/h 加速时间（s）	≤30
	最大爬坡度（%）	≥12	油耗（L/100km）	≤22

20. 广汽牌 GZ6122HEV 型混合动力城市客车

生产企业名称			广州汽车集团客车有限公司	
整车	车辆名称	混合动力城市客车		
	车辆型号	GZ6122HEV		
	中文品牌	广汽牌		
	公告批次	195		
	目录序号	89		
	识别代号	LGZ4KR0F ×××××××××		
	依据标准	GB 17691—2005 国Ⅲ GB 3847—2005		
	外形尺寸（长/宽/高）（mm）	12000/2540/3200		
	总质量（kg）	18000	整备质量（kg）	11950
	轴距（mm）	6100	轴荷（kg）	6500/11500
	额定载客（人）	85/24－34	燃料种类	柴油＋电
	底盘型号	GZ6122DHEV	生产厂家	广州汽车集团客车有限公司
发动机	发动机型号	YC4G220－30	发动机生产商	广西玉柴机器股份有限公司
	发动机排量（ml）	5200	发动机功率（kW）	162
电机	电机类型	永磁同步电机	电机型号	536YZ－XI01AW
	电机峰值功率（kW）	60	电机连续功率（kW）	—
	电机连续扭矩（N·m）	266	电机峰值扭矩（N·m）	400
电池	电压（V）	358	容量（Ah）	40
	电池额定电压（V）	3.2	电池额定容量（Ah）	10
	电池类型	磷酸铁锂电池	电池型号	VLP28/82/118
性能指标	最高车速（km/h）	80	0～100km/h 加速时间（s）	—
	最大爬坡度（%）	—	油耗（L/100km）	—

21. 广汽牌 GZ6110HEV 型混合动力城市客车

生产企业名称			广州汽车集团客车有限公司	
整车	车辆名称	混合动力城市客车		
	车辆型号	GZ6110HEV		
	中文品牌	广汽牌		
	公告批次	217		
	目录序号	89		
	识别代号	LGZ4KR0F ×××××××××		
	依据标准	GB 17691—2005 国Ⅲ GB 3847—2005		
	外形尺寸（长/宽/高）（mm）	11400/2500/3120		
	总质量（kg）	16500	整备质量（kg）	11300
	轴距（mm）	5600	轴荷（kg）	5500/11000
	额定载客（人）	77/25－46	燃料种类	柴油混合动力
	底盘型号	GZ6110DHEV	生产厂家	广州汽车集团客车有限公司
发动机	发动机型号	YC6J180－30	发动机生产商	广西玉柴机器股份有限公司
	发动机排量（ml）	6500	发动机功率（kW）	132
电机	电机类型	永磁同步电机	电机型号	536YZ－XI01AW
	电机峰值功率（kW）	60	电机连续功率（kW）	—
	电机连续扭矩（N·m）	266	电机峰值扭矩（N·m）	400
电池	电压（V）	358	容量（Ah）	40
	电池额定电压（V）	3.2	电池额定容量（Ah）	10
	电池类型	磷酸铁锂电池	电池型号	VLP28/82/118
性能指标	最高车速（km/h）	90	0～100km/h 加速时间（s）	—
	最大爬坡度（%）	—	油耗（L/100km）	—

22. 金旅牌 XML6125JHEV13C 型混合动力电动城市客车

生产企业名称			厦门金龙旅行车有限公司	
整车	车辆名称	混合动力电动城市客车		
	车辆型号	XML6125JHEV13C		
	中文品牌	金旅牌		
	公告批次	213		
	目录序号	124		
	识别代号	LL3BHCDG ××××××××× LL3BHCDH ×××××××××		
	依据标准	GB17691—2005 国Ⅲ GB3847—2005		
	外形尺寸（长/宽/高）（mm）	11980/2540/3180		
	总质量（kg）	17800	整备质量（kg）	12300
	轴距（mm）	5980,6100	轴荷（kg）	6300/11500
	额定载客（人）	84/10－40	燃料种类	柴油混合动力
	底盘型号	XML6125DHEV13C	生产厂家	厦门金龙旅行车有限公司
发动机	发动机型号	ISBE185 32 ISBE4 205B YC6J200－40	发动机生产商	美国康明斯公司 美国康明斯公司 广西玉柴机器股份有限公司
	发动机排量（ml）	5883 6700 6500	发动机功率（kW）	136 151 147
电机	电机类型	三相交流异步电动机	电机型号	YHD280M－4
	电机峰值功率（kW）	120	电机连续功率（kW）	—
	电机连续扭矩（N·m）	—	电机峰值扭矩（N·m）	—
电池	电压（V）	384	容量（Ah）	41.25
	电池额定电压（V）	48	电池额定容量（Ah）	165
	电池类型	超级电容	电池型号	BMOD0165P048
性能指标	最高车速（km/h）	75	0～100km/h 加速时间（s）	—
	最大爬坡度（%）	—	油耗（L/100km）	—

23. 金旅牌 XML6125JHEV98C 型混合动力电动城市客车

生产企业名称			厦门金龙旅行车有限公司	
整车	车辆名称	混合动力电动城市客车		
	车辆型号	XML6125JHEV98C		
	中文品牌	金旅牌		
	公告批次	215		
	目录序号	124		
	识别代号	LL3AHCDH ×××××××××, LL3AHCDG ×××××××××		
	依据标准	GB 17691—2005 国Ⅲ GB 3847—2005		
	外形尺寸（长/宽/高）（mm）	11980/2540/3100,3180		
	总质量（kg）	18000	整备质量（kg）	12600
	轴距（mm）	5980,6100	轴荷（kg）	6500/11500
	额定载客（人）	83/10－40	燃料种类	柴油混合动力
	底盘型号	—	生产厂家	—

续表

生产企业名称			厦门金龙旅行车有限公司	
发动机	发动机型号	ISBE4 +205B YC6J200 -42	发动机生产商	美国康明斯公司 广西玉柴机器股份有限公司
	发动机排量（ml）	6700 6500	发动机功率（kW）	151 147
电机	电机类型	三相交流异步电动机	电机型号	YHD280M -4
	电机峰值功率（kW）	120	电机连续功率（kW）	—
	电机连续扭矩（N · m）	—	电机峰值扭矩（N · m）	—
电池	电压（V）	384	容量（Ah）	41. 25F
	电池额定电压（V）	48	电池额定容量（Ah）	165F
	电池类型	超级电容	电池型号	BMOD0165P048
性能指标	最高车速（km/h）	75	0 ~100km/h 加速时间（s）	—
	最大爬坡度（%）	—	油耗（L/100km）	—

24. 金旅牌 XML6125JHEV18C 型混合动力城市客车

生产企业名称			厦门金龙旅行车有限公司	
整车	车辆名称	混合动力城市客车		
	车辆型号	XML6125JHEV18C		
	中文品牌	金旅牌		
	公告批次	219		
	目录序号	124		
	识别代号	LL3AHCDH ×××××××××		
	依据标准	GB 17691—2005 国Ⅲ GB 3847—2005		
	外形尺寸（长/宽/高）（mm）	11980/2540/3100,3180		
	总质量（kg）	18000	整备质量（kg）	12600
	轴距（mm）	5980,6100	轴荷（kg）	6500/11500
	额定载客（人）	83/10 -40	燃料种类	柴油混合动力
	底盘型号	—	生产厂家	—
发动机	发动机型号	ISBE4 +205B	发动机生产商	美国康明斯公司
	发动机排量（ml）	6700	发动机功率（kW）	151
电机	电机类型	三相交流异步电动机	电机型号	YHD280M -4
	电机峰值功率（kW）	155	电机连续功率（kW）	—
	电机连续扭矩（N · m）	—	电机峰值扭矩（N · m）	—
电池	电压（V）	388. 8	容量（Ah）	41. 25F
	电池额定电压（V）	48	电池额定容量（Ah）	165F
	电池类型	超级电容	电池型号	BMOD0165P048
性能指标	最高车速（km/h）	75	0 ~100km/h 加速时间（s）	—
	最大爬坡度（%）	—	油耗（L/100km）	—

25. 金旅牌 XML6125JHEV28C 型混合动力城市客车

生产企业名称			厦门金龙旅行车有限公司	
整车	车辆名称	混合动力城市客车		
	车辆型号	XML6125JHEV28C		
	中文品牌	金旅牌		
	公告批次	219		
	目录序号	124		
	识别代号	LL3AHCDG ×××××××××		
	依据标准	GB 17691—2005 国Ⅲ GB 3847—2005		
	外形尺寸（长/宽/高）（mm）	11980/2540/3100,3180		
	总质量（kg）	18000	整备质量（kg）	12600
	轴距（mm）	5980,6100	轴荷（kg）	6500/11500
	额定载客（人）	83/10-40	燃料种类	柴油混合动力
	底盘型号	—	生产厂家	—
发动机	发动机型号	YC6J200-42	发动机生产商	广西玉柴机器股份有限公司
	发动机排量（ml）	6500	发动机功率（kW）	147
电机	电机类型	三相交流异步电动机	电机型号	YHD280M-4
	电机峰值功率（kW）	155	电机连续功率（kW）	—
	电机连续扭矩（N·m）	—	电机峰值扭矩（N·m）	—
电池	电压（V）	388.8	容量（Ah）	41.25F
	电池额定电压（V）	48	电池额定容量（Ah）	165F
	电池类型	超级电容	电池型号	BMOD0165P048
性能指标	最高车速（km/h）	75	0～100km/h 加速时间（s）	—
	最大爬坡度（%）	—	油耗（L/100km）	—

26. 金旅牌 XML6115JHEV23C 型混合动力城市客车

生产企业名称			厦门金龙旅行车有限公司	
整车	车辆名称	合动力城市客车		
	车辆型号	XML6115JHEV23C		
	中文品牌	金旅牌		
	公告批次	219		
	目录序号	124		
	识别代号	LL3AHCDG ×××××××××, LL3AHCDH ×××××××××		
	依据标准	GB 17691—2005 国Ⅲ GB 3847—2005		
	外形尺寸（长/宽/高）（mm）	11380/2540/3180		
	总质量（kg）	17000	整备质量（kg）	11730
	轴距（mm）	5700	轴荷（kg）	6000/11000
	额定载客（人）	81/20-40	燃料种类	柴油混合动力
	底盘型号	—	生产厂家	—
发动机	发动机型号	YC6J190-30 ISDe185-30	发动机生产商	广西玉柴机器股份有限公司 东风康明斯发动机有限公司
	发动机排量（ml）	6500 6700	发动机功率（kW）	140 136
电机	电机类型	三相交流异步电动机	电机型号	YHD280M-4
	电机峰值功率（kW）	155	电机连续功率（kW）	—
	电机连续扭矩（N·m）	—	电机峰值扭矩（N·m）	
电池	电压（V）	388.8	容量（Ah）	41.25F
	电池额定电压（V）	48	电池额定容量（Ah）	165F
	电池类型	超级电容	电池型号	BMOD0165P048
性能指标	最高车速（km/h）	75	0～100km/h 加速时间（s）	—
	最大爬坡度（%）	—	油耗（L/100km）	—

27. 金龙牌 KLQ6129GHE1 型混合动力电动城市客车

生产企业名称			金龙联合汽车工业（苏州）有限公司	
整车	车辆名称	混合动力电动城市客车		
	车辆型号	KLQ6129GHE1		
	中文品牌	金龙牌		
	公告批次	212		
	目录序号	112		
	识别代号	LKLR1KS9 ×××××××××		
	依据标准	GB 17691—2005 国Ⅲ GB 3847—2005		
	外形尺寸（长/宽/高）（mm）	12000/2550/3000,3150		
	总质量（kg）	18000	整备质量（kg）	12400
	轴距（mm）	6100	轴荷（kg）	6500/11500
	额定载客（人）	86/24－42	燃料种类	柴油混合动力
	底盘型号	KLQ6128GHE1	生产厂家	金龙联合汽车工业（苏州）有限公司
发动机	发动机型号	SC5DK180Q3	发动机生产商	上海柴油机股份有限公司
	发动机排量（ml）	5308	发动机功率（kW）	132
电机	电机类型	—	电机型号	—
	电机峰值功率（kW）	—	电机连续功率（kW）	—
	电机连续扭矩（N·m）	—	电机峰值扭矩（N·m）	—
电池	电压（V）	—	容量（Ah）	—
	电池额定电压（V）	—	电池额定容量（Ah）	—
	电池类型	—	电池型号	—
性能指标	最高车速（km/h）	80	0～100km/h 加速时间（s）	—
	最大爬坡度（%）	—	油耗（L/100km）	—

28. 金龙牌 KLQ6129GHE2 型混合动力城市客车

生产企业名称			金龙联合汽车工业（苏州）有限公司	
整车	车辆名称	混合动力城市客车		
	车辆型号	KLQ6129GHE2		
	中文品牌	金龙牌		
	公告批次	216		
	目录序号	112		
	识别代号	LKLR1KSC ×××××××××		
	依据标准	GB 17691—2005 国Ⅲ GB 3847—2005		
	外形尺寸（长/宽/高）（mm）	12000/2550/3000,3150		
	总质量（kg）	18000	整备质量（kg）	12400
	轴距（mm）	6100	轴荷（kg）	6500/11500
	额定载客（人）	86/24－42	燃料种类	柴油混合动力
	底盘型号	KLQ6128GHE2	生产厂家	金龙联合汽车工业（苏州）有限公司
发动机	发动机型号	YC6J220－42	发动机生产商	广西玉柴机器股份有限公司
	发动机排量（ml）	6500	发动机功率（kW）	162
电机	电机类型	—	电机型号	—
	电机峰值功率（kW）	—	额定功率为（kW）	—
	电机连续扭矩（N·m）	—	电机峰值扭矩（N·m）	—
电池	电压（V）	—	容量（Ah）	—
	电池额定电压（V）	—	电池额定容量（Ah）	—
	电池类型	—	电池型号	—
性能指标	最高车速（km/h）	80	0～100km/h 加速时间（s）	—
	最大爬坡度（%）	—	油耗（L/100km）	—

29. 亚星牌 JS6106GHEV 型混合动力城市客车

生产企业名称			扬州亚星客车股份有限公司	
整车	车辆名称	混合动力城市客车		
	车辆型号	JS6106GHEV		
	中文品牌	亚星牌		
	公告批次	216		
	目录序号	49		
	识别代号	LJSKB8PP ×××××××××		
	依据标准	GB 17691—2005 国Ⅲ GB 3847—2005		
	外形尺寸(长/宽/高)(mm)	10490/2500/3120,3240		
	总质量(kg)	15000	整备质量(kg)	10800,10400
	轴距(mm)	5000	轴荷(kg)	5000/10000
	额定载客(人)	64,70/15-42	燃料种类	柴油混合动力
	底盘型号	JS6106GDHEV	生产厂家	扬州亚星客车股份有限公司
发动机	发动机型号	YC6J220-30	发动机生产商	广西玉柴机器股份有限公司
	发动机排量(ml)	6500	发动机功率(kW)	162
电机	电机类型	永磁同步电机	电机型号	TQD101
	电机峰值功率(kW)	60	电机连续功率(kW)	—
	电机连续扭矩(N·m)	250	电机峰值扭矩(N·m)	—
电池	电压(V)	48	容量(Ah)	16.5F
	电池额定电压(V)	2.7	电池额定容量(Ah)	3000F,
	电池类型	超级电容器	电池型号	—
性能指标	最高车速(km/h)	70	0~100km/h 加速时间(s)	—
	最大爬坡度(%)	—	油耗(L/100km)	—

30. 亚星牌 JS6126GHV 型混合动力城市客车

生产企业名称			扬州亚星客车股份有限公司	
整车	车辆名称	混合动力城市客车		
	车辆型号	JS6126GHV		
	中文品牌	亚星牌		
	公告批次	201		
	目录序号	49		
	识别代号	LJSKB9PP ××××××××××		
	依据标准	GB 17691—2005 国Ⅲ,GB 3847—2005		
	外形尺寸(长/宽/高)(mm)	12000/2550/3090,3210		
	总质量(kg)	17500	整备质量(kg)	11200,11600(空调)
	轴距(mm)	6100	轴荷(kg)	6000/11500
	额定载客(人)	90/20-46	燃料种类	柴油混合动力
	底盘型号	JS6126GHDV	生产厂家	扬州亚星客车股份有限公司
发动机	发动机型号	YC6J220-30	发动机生产商	广西玉柴机器股份有限公司
	发动机排量(ml)	6500	发动机功率(kW)	162/2500
电机	电机类型	永磁同步电机	电机型号	TQD101
	电机峰值功率(kW)	60	电机连续功率(kW)	—
	电机连续扭矩(N·m)	—	电机峰值扭矩(N·m)	250
电池	电压(V)	480	容量(Ah)	—
	电池额定电压(V)	48	电池额定容量(Ah)	165
	电池类型	超级电容器	电池型号	48/165F
性能指标	最高车速(km/h)	70	0~100km/h 加速时间(s)	—
	最大爬坡度(%)	—	油耗(L/100km)	—

31. 恒通客车牌 CKZ6126HENV3 型混合动力城市客车

生产企业名称			重庆恒通客车有限公司	
整车	车辆名称	混合动力城市客车		
	车辆型号	CKZ6126HENV3		
	中文品牌	恒通客车牌		
	公告批次	216		
	目录序号	127		
	识别代号	L1KCKREH ×××××××××		
	依据标准	GB 11340—2005 GB 18285—2005,GB 17691—2005 国Ⅲ		
	外形尺寸（长/宽/高）（mm）	11980/2500/3040,3200,3410		
	总质量（kg）	18000	整备质量（kg）	12050,12350
	轴距（mm）	6200	轴荷（kg）	6500/11500
	额定载客（人）	89/19－47,84/19－47	燃料种类	NG 混合动力
	底盘型号	CKZ6129HEN3	生产厂家	重庆恒通客车有限公司
发动机	发动机型号	YC6J190N－30	发动机生产商	广西玉柴机器股份有限公司
	发动机排量（ml）	6454	发动机功率（kW）	140
电机	电机类型	—	电机型号	536YZ－XI02AW
	电机峰值功率（kW）	100	电机连续功率（kW）	—
	电机连续扭矩（N·m）	—	电机峰值扭矩（N·m）	—
电池	电压（V）	358	容量（Ah）	40
	电池额定电压（V）	3.2	电池额定容量（Ah）	10
	电池类型	磷酸铁锂电池	电池型号	VLP28/82/118
性能指标	最高车速（km/h）	80	0～100km/h 加速时间（s）	—
	最大爬坡度（%）	—	油耗（L/100km）	—

32. 恒通客车牌 CKZ6116HEV3 型混合动力城市客车

生产企业名称			重庆恒通客车有限公司	
整车	车辆名称	混合动力城市客车		
	车辆型号	CKZ6116HEV3		
	中文品牌	恒通客车牌		
	公告批次	212		
	目录序号	127		
	识别代号	L1KDJUEH ×××××××××		
	依据标准	GB 3847—2005,GB 17691—2005 国Ⅲ		
	外形尺寸（长/宽/高）（mm）	11370/2500/3040,3200		
	总质量（kg）	17500	整备质量（kg）	10100,10500
	轴距（mm）	5600	轴荷（kg）	6000/11500
	额定载客（人）	90/19－43	燃料种类	柴油混合动力
	底盘型号	CKZ6119HE3	生产厂家	重庆恒通客车有限公司
发动机	发动机型号	YC6J200－30	发动机生产商	广西玉柴机器股份有限公司
	发动机排量（ml）	6500	发动机功率（kW）	147
电机	电机类型	—	电机型号	—
	电机峰值功率（kW）	—	电机连续功率（kW）	—
	电机连续扭矩（N·m）	—	电机峰值扭矩（N·m）	—
电池	电压（V）	358	容量（Ah）	40
	电池额定电压（V）	3.2	电池额定容量（Ah）	10
	电池类型	磷酸铁锂电池	电池型号	VLP28/82/118
性能指标	最高车速（km/h）	80	0～100km/h 加速时间（s）	—
	最大爬坡度（%）	—	油耗（L/100km）	—

33. 恒通客车牌 CKZ6116HENV3 型混合动力城市客车

生产企业名称			重庆恒通客车有限公司	
整车	车辆名称	混合动力城市客车		
	车辆型号	CKZ6116HENV3		
	中文品牌	恒通客车牌		
	公告批次	215		
	目录序号	127		
	识别代号	L1KDJREH ×××××××××		
	依据标准	GB 11340—2005,GB 18285—2005 GB 17691—2005 国Ⅲ		
	外形尺寸（长/宽/高）（mm）	11370/2500/3040,3200,3350		
	总质量（kg）	17500	整备质量（kg）	10800,11200
	轴距（mm）	5600	轴荷（kg）	6000/11500
	额定载客（人）	90/19－43	燃料种类	CNG，气电混合动力客车
	底盘型号	CKZ6119HEN3	生产厂家	重庆恒通客车有限公司
发动机	发动机型号	YC6J190N－30	发动机生产商	广西玉柴机器股份有限公司
	发动机排量（ml）	6454	发动机功率（kW）	140
电机	电机类型	—	电机型号	—
	电机峰值功率（kW）	—	电机连续功率（kW）	—
	电机连续扭矩（N·m）	—	电机峰值扭矩（N·m）	—
电池	电压（V）	358	容量（Ah）	40
	电池额定电压（V）	3.2	电池额定容量（Ah）	10
	电池类型	磷酸铁锂电池	电池型号	VLP28/82/118
性能指标	最高车速（km/h）	80	0～100km/h 加速时间（s）	—
	最大爬坡度（%）	—	油耗（L/100km）	—

34. 恒通客车牌 CKZ6116HEVA3 型混合动力城市客车

生产企业名称			重庆恒通客车有限公司	
整车	车辆名称	混合动力城市客车		
	车辆型号	CKZ6116HEVA3		
	中文品牌	恒通客车牌		
	公告批次	216		
	目录序号	127		
	识别代号	L1KDJUEH ×××××××××		
	依据标准	GB 3847—2005,GB 17691—2005 国Ⅲ		
	外形尺寸（长/宽/高）（mm）	11370/2500/3040,3200		
	总质量（kg）	17500	整备质量（kg）	10100,10500
	轴距（mm）	5600	轴荷（kg）	6000/11500
	额定载客（人）	90/19－43	燃料种类	柴油混合动力
	底盘型号	CKZ6119HEA3	生产厂家	重庆恒通客车有限公司
发动机	发动机型号	YC6J200－30	发动机生产商	广西玉柴机器股份有限公司
	发动机排量（ml）	6500	发动机功率（kW）	147
电机	电机类型	—	电机型号	—
	电机峰值功率（kW）	—	电机连续功率（kW）	—
	电机连续扭矩（N·m）	—	电机峰值扭矩（N·m）	—
电池	电压（V）	358	容量（Ah）	40
	电池额定电压（V）	3.2	电池额定容量（Ah）	10
	电池类型	磷酸铁锂电池	电池型号	VLP28/82/118
性能指标	最高车速（km/h）	80	0～100km/h 加速时间（s）	—
	最大爬坡度（%）	—	油耗（L/100km）	—

35. 青年牌 JNP6120GHP－1 型混合动力城市客车

生产企业名称			金华青年汽车制造有限公司	
整车	车辆名称	混合动力城市客车		
	车辆型号	JNP6120GHP－1		
	中文品牌	青年牌		
	公告批次	203		
	目录序号	7		
	识别代号	L8AG2HB2 ×××××××××		
	依据标准	GB 17691—2005 国Ⅲ，GB 3847—2005		
	外形尺寸（长/宽/高）（mm）	12000/2550/3165		
	总质量（kg）	17650	整备质量（kg）	11200
	轴距（mm）	5980	轴荷（kg）	6300/11350
	额定载客（人）	99/23－46	燃料种类	柴油混合动力
	底盘型号	—	生产厂家	—
发动机	发动机型号	ISBE4＋225B	发动机生产商	康明斯公司
	发动机排量（ml）	6700	发动机功率（kW）	165
电机	电机类型	永磁同步电机	电机型号	A－7811（EM－X148）
	电机峰值功率（kW）	44	电机连续功率（kW）	—
	电机连续扭矩（N·m）	420	电机峰值扭矩（N·m）	—
电池	电压（V）	360	容量（Ah）	16
	电池额定电压（V）	3.6	电池额定容量（Ah）	8
	电池类型	锰酸锂离子电池	电池型号	SP1M08HP
性能指标	最高车速（km/h）	80	0～100km/h 加速时间（s）	—
	最大爬坡度（%）	—	油耗（L/100km）	—

36. 桂林牌 GL6120PHEV 型混合动力城市客车

生产企业名称			桂林客车工业集团有限公司	
整车	车辆名称	混合动力城市客车		
	车辆型号	GL6120PHEV		
	中文品牌	桂林牌		
	公告批次	227		
	目录序号	90		
	识别代号	LGLCD5F3		
	依据标准	GB/T19752—2005《混合动力电动汽车动力性能试验方法》等		
	外形尺寸（长/宽/高）（mm）	12000/2500/3070，3320		
	总质量（kg）	17500	整备质量（kg）	12200，12500
	轴距（mm）	6100	轴荷（kg）	6200/11300
	额定载客（人）	81/24－33，76/24－33	燃料种类	柴油混合动力
	底盘型号	—	生产厂家	—
发动机	发动机型号	YC4G180－40	发动机生产商	广西玉柴机器股份有限公司
	发动机排量(ml)	5200	发动机额定功率（kW）	132
电机	电机类型	YCVF280M－8C	电机型号	—
	电机峰值功率（kW）	220	电机峰值扭矩（N·m）	1556
	电机连续扭矩（N·m）	778	电机连续功率（kW）	110
电池	电压（V）	576	容量（Ah）	200（单体 100Ah、2 并）
	电池额定电压（V）	3.2（单体）	电池额定容量（Ah）	100
	电池类型	磷酸铁锂蓄电池	电池型号	—
性能指标	最高车速（km/h）	80	0～50km/h 加速时间（s）	25
	最大爬坡度（%）	18	油耗（L/100km）	30

37. 奔腾牌 CA7155PHEV 型混合动力轿车

生产企业名称			中国第一汽车股份有限公司	
整车	车辆名称	混合动力轿车		
	车辆型号	CA7155PHEV		
	中文品牌	红旗		
	公告批次	220		
	目录序号	—		
	识别代号	ZJHG63AG01B		
	依据标准	—		
	外形尺寸（长/宽/高）（mm）	4600/1785/1435		
	总质量（kg）	2009	整备质量（kg）	1634
	轴距（mm）	2675	轴荷（kg）	981/1028
	额定载客（人）	5	燃料种类	汽油
	底盘型号	LFPH3ACC ×××××××××	生产厂家	中国第一汽车股份有限公司
发动机	发动机型号	CA4GA5H	发动机生产商	天津内燃机厂
	发动机排量（ml）	1.497	发动机功率（kW）	75
电机	电机类型	永磁同步电机	电机型号	200TYZ - XS05D
	电机峰值功率（kW）	40	电机连续功率（kW）	—
	电机连续扭矩（N·m）	—	电机峰值扭矩（N·m）	260
电池	电压（V）	320	容量（Ah）	35
	电池额定电压（V）	320	电池额定容量（Ah）	35
	电池类型	锂电池	电池型号	GG - AMV - R5D 5A 7 - 0100（35Ah）
性能指标	最高车速（km/h）	170	0 ~100km/h 加速时间（s）	14
	最大爬坡度（%）	—	油耗（L/100km）	3.2

38. 荣威牌 CSA7180ACHEV 型混合动力轿车

生产企业名称			上海汽车集团股份有限公司	
整车	车辆名称	混合动力轿车		
	车辆型号	CSA7180ACHEV		
	中文品牌	荣威牌		
	公告批次	220		
	目录序号	122		
	识别代号	—		
	依据标准	—		
	外形尺寸（长/宽/高）（mm）	4846/1765/1422		
	总质量（kg）	—	整备质量（kg）	1600
	轴距（mm）	2849	轴荷（kg）	—
	额定载客（人）	5	燃料种类	汽油、电能
	底盘型号	—	生产厂家	上海汽车
发动机	发动机型号	—	发动机生产商	—
	发动机排量（ml）	—	发动机功率（kW）	118
电机	电机类型	—	电机型号	—
	电机峰值功率（kW）	20	电机峰值扭矩（N·m）	65
	电机连续扭矩（N·m）	—	电机连续功率（kW）	—
电池	电压（V）	—	容量（Ah）	—
	电池额定电压（V）	—	电池额定容量（Ah）	—
	电池类型	磷酸铁锂电池	电池型号	—
性能指标	最高车速（km/h）	205	0 ~100km/h 加速时间（s）	<11.5
	最大爬坡度（%）	30	油耗（L/100km）	—

39. 比亚迪牌 F3DM 混合动力轿车

生产企业名称			比亚迪汽车有限公司	
整车	车辆名称	混合动力轿车		
	车辆型号	QCJ7100ADM		
	中文品牌	比亚迪牌		
	公告批次	206		
	目录序号	108		
	识别代号	LGXC76D2 ×××××××××		
	依据标准	GB18352.3—2005 国Ⅳ		
	外形尺寸（长/宽/高）（mm）	4533/1705/1520		
	总质量（kg）	1935	整备质量（kg）	1560
	轴距（mm）	2600	轴荷（kg）	1080/855
	额定载客（人）	5	燃料种类	汽油，动力电池
	底盘型号		生产厂家	比亚迪汽车有限公司
发动机	发动机型号	BYD371QA	发动机生产商	比亚迪汽车有限公司
	发动机排量（ml）	998	发动机功率（kW）	50
电机	电机类型	—	电机型号	—
	电机峰值功率（kW）	50	电机连续功率（kW）	—
	电机连续扭矩（N·m）	250	电机峰值扭矩（N·m）	350
电池	电压（V）	—	容量（Ah）	—
	电池额定电压（V）	—	电池额定容量（Ah）	—
	电池类型	磷酸铁锂电池	电池型号	
性能指标	最高车速（km/h）	150	0～100km/h 加速时间（s）	10.5
	最大爬坡度（%）	≥30%	油耗（L/100km）	2.67

40. 中华牌 SY7181CSPHEVBBB 型混合动力轿车

生产企业名称			华晨汽车集团控股有限公司	
整车	车辆名称	混合动力轿车		
	车辆型号	SY7181CSPHEVBBB		
	中文品牌	中华牌		
	公告批次	217		
	目录序号	33		
	识别代号	LSYXBACF ×××××××××		
	依据标准	GB 18352.3—2005 国Ⅳ		
	外形尺寸（长/宽/高）（mm）	4880/1800/1450		
	总质量（kg）	1980	整备质量（kg）	1590
	轴距（mm）	2790	轴荷（kg）	1055/925
	额定载客（人）	5	燃料种类	汽油混合动力
	底盘型号	—	生产厂家	—
发动机	发动机型号	BL18T	发动机生产商	沈阳华晨金杯汽车有限公司
	发动机排量（ml）	1793	发动机功率（kW）	125
电机	电机类型	永磁同步电机	电机型号	3093195
	电机峰值功率（kW）	15	电机连续功率（kW）	—
	电机连续扭矩（N·m）	—	电机峰值扭矩（N·m）	—
电池	电压（V）	144	容量（Ah）	6
	电池额定电压（V）	1.2	电池额定容量（Ah）	6
	电池类型	镍氢电池	电池型号	QNYD6
性能指标	最高车速（km/h）	200	0～100km/h 加速时间（s）	—
	最大爬坡度（%）	—	油耗（L/100km）	—

41. 中华牌 SY7150X1SHEVBAB 型混合动力轿车

生产企业名称			华晨汽车集团控股有限公司	
整车	车辆名称	混合动力轿车		
	车辆型号	SY7150X1SHEVBAB		
	中文品牌	中华牌		
	公告批次	217		
	目录序号	33		
	识别代号	LSYXBACE ×××××××××, LSYXBADE ×××××××××		
	依据标准	GB 18352.3—2005 国Ⅳ		
	外形尺寸（长/宽/高）（mm）	4510/1758/1460		
	总质量（kg）	1630	整备质量（kg）	1240
	轴距（mm）	2580	轴荷（kg）	845/785
	额定载客（人）	5	燃料种类	汽油混合动力
	底盘型号	—	生产厂家	—
发动机	发动机型号	4A91S	发动机生产商	沈阳航天三菱汽车发动机制造有限公司
	发动机排量（ml）	1499	发动机功率（kW）	77
电机	电机类型	永磁同步电机	电机型号	3093195
	电机峰值功率（kW）	15	电机连续功率（kW）	—
	电机连续扭矩（N·m）	—	电机峰值扭矩（N·m）	—
电池	电压（V）	144	容量（Ah）	6
	电池额定电压（V）	12	电池额定容量（Ah）	60
	电池类型	铅酸蓄电池	电池型号	AGM60Ah－H5
性能指标	最高车速（km/h）	165	0～100km/h 加速时间（s）	—
	最大爬坡度（%）	—	油耗（L/100km）	—

42. 丰田(TOYOTA)牌 GTM7240HQ 型混合动力轿车

生产企业名称			广汽丰田汽车有限公司	
整车	车辆名称	混合动力轿车		
	车辆型号	GTM7240HQ		
	中文品牌	丰田（TOYOTA）牌		
	公告批次	213		
	目录序号	89		
	识别代号	LVGBB40K ×××××××××		
	依据标准	GB 18352.3—2005 国 Ⅳ		
	外形尺寸（长/宽/高）（mm）	4825/1820/1474		
	总质量（kg）	2130	整备质量（kg）	1670
	轴距（mm）	2775	轴荷（kg）	1080/1050
	额定载客（人）	5	燃料种类	汽油混合动力
	底盘型号	—	生产厂家	—
发动机	发动机型号	3AZ	发动机生产商	广汽丰田发动机有限公司
	发动机排量（ml）	2362	发动机功率（kW）	110
电机	电机类型	交流同步电动机	电机型号	2JM
	电机峰值功率（kW）	—	电机连续功率（kW）	—
	电机连续扭矩（N·m）	—	电机峰值扭矩（N·m）	—
电池	电压（V）	244.8	容量（Ah）	—
	电池额定电压（V）	单体电压7.2V	电池额定容量（Ah）	单体容量6.5
	电池类型	镍氢蓄电池	电池型号	G9280－33050
性能指标	最高车速（km/h）	170	0～100km/h 加速时间（s）	—
	最大爬坡度（%）	—	油耗（L/100km）	6.0

43. 丰田(TOYOTA)牌 GTM7240HV 型混合动力轿车

生产企业名称			广汽丰田汽车有限公司	
整车	车辆名称	混合动力轿车		
	车辆型号	GTM7240HV		
	中文品牌	丰田（TOYOTA）牌		
	公告批次	213		
	目录序号	89		
	识别代号	LVGBB40K ×××××××××		
	依据标准	GB 18352.3—2005 国 IV		
	外形尺寸（长/宽/高）（mm）	4825/1820/1474		
	总质量（kg）	2130	整备质量（kg）	1670
	轴距（mm）	2775	轴荷（kg）	1080/1050
	额定载客（人）	5	燃料种类	汽油混合动力
	底盘型号	—	生产厂家	—
发动机	发动机型号	3AZ	发动机生产商	广汽丰田发动机有限公司
	发动机排量（ml）	2362	发动机功率（kW）	110
电机	电机类型	交流同步电动机	电机型号	2JM
	电机峰值功率（kW）		电机连续功率（kW）	—
	电机连续扭矩（N·m）	—	电机峰值扭矩（N·m）	—
电池	电压（V）	244.8	容量（Ah）	—
	电池额定电压（V）	单体电压 7.2V	电池额定容量（Ah）	单体容量 6.5
	电池类型	镍氢蓄电池	电池型号	G9280－33050
性能指标	最高车速（km/h）	170	0～100km/h 加速时间（s）	—
	最大爬坡度（%）	—	油耗（L/100km）	6.0

（二）纯电动汽车

1. 解放牌 CA6127URE31 型纯电动城市客车

生产企业名称			一汽客车大连客车厂	
整车	车辆名称	纯电动城市客车		
	车辆型号	CA6127URE31		
	中文品牌	解放牌		
	公告批次	216		
	目录序号	28		
	识别代号	LFN0SVFS ×××××××××		
	依据标准	—		
	外形尺寸（长/宽/高）（mm）	11995/2550/3140		
	总质量（kg）	18000	整备质量（kg）	12900
	轴距（mm）	6100	轴荷	6500/11500
	额定载客（人）	78/30－40	燃料种类	纯电动
	底盘型号	CA6120CRE21	生产厂家	一汽客车大连客车厂
电机	电机类型	交流永磁同步电机	电机型号	YTD115F01
	电机峰值功率（kW）	170	电机连续扭矩（N·m）	—
	电机连续功率（kW）	—	电机峰值扭矩（N·m）	—
电池	电压（V）	单体电压 3.8	容量（Ah）	单体容量 90
	电池额定电压（V）	395	电池额定容量（Ah）	360
	电池种类	锰酸锂型锂离子动力电池	电池型号	SPIM23300260
性能指标	最高车速（km/h）	80	0～100 km/h 加速时间（s）（或 0～50）	
	最大爬坡度（%）	—	百公里能耗（kWh）	痫
	续驶里程（km）	—	排放	—

2. 申沃牌 SWB6121EV 型纯电动城市客车

生产企业名称			上海申沃客车有限公司	
整车	车辆名称	纯电动城市客车		
	车辆型号	SWB6121EV		
	中文品牌	申沃牌		
	公告批次	199		
	目录序号	42		
	识别代号	—		
	依据标准	—		
	外形尺寸（长/宽/高）（mm）	11980/2550/3160		
	总质量（kg）	18000	整备质量（kg）	13900
	轴距（mm）	5940	轴荷	7000/11000
	额定载客（人）	—	燃料种类	电能
	底盘型号	—	生产厂家	申沃客车
电机	电机类型	交流异步	电机型号	—
	电机峰值功率（kW）	150	电机连续功率（kW）	100
	电机连续扭矩（N·m）	470	电机峰值扭矩（N·m）	850
电池	电压（V）	312 ~437	容量（Ah）	—
	电池额定电压（V）	395	电池额定容量（Ah）	—
	电池种类	锰酸锂	电池型号	—
性能指标	最高车速（km/h）	≥70	0 ~50 km/h 加速时间（s）	≤25
	最大爬坡度（%）	≥20	百公里能耗（kWh）	85
	续驶里程（km）	≥185	排放	0

3. 金龙牌 XMQ6126YE 型纯电动客车

生产企业名称			厦门金龙联合汽车工业有限公司	
整车	车辆名称	纯电动客车		
	车辆型号	XMQ6126YE		
	中文品牌	金龙牌		
	公告批次	203		
	目录序号	123		
	识别代号	LA6N6KA6 ×××××××××		
	依据标准	—		
	外形尺寸（长/宽/高）（mm）	11950/2540/3690,3580		
	总质量（kg）	18000	整备质量（kg）	14000
	轴距（mm）	6000	轴荷	6500/11500
	额定载客（人）	24 -51,24 -49	燃料种类	纯电动
	底盘型号	—	生产厂家	—
电机	电机类型	三相异步电动机	电机型号	—
	电机峰值功率（kW）	291	电机连续功率（kW）	—
	电机连续扭矩（N·m）		电机峰值扭矩（N·m）	—
电池	电压（V）	3.2	容量（Ah）	2
	电池额定电压（V）	580	电池额定容量（Ah）	—
	电池种类	磷酸铁锂蓄电池	电池型号	—
性能指标	最高车速（km/h）	80	0 ~100 km/h 加速时间（s）（或0 ~50）	22.3
	最大爬坡度（%）	20	百公里能耗（kWh）	20
	续驶里程（km）	188	排放	—

4. 五洲龙牌 FDG6751EVG2 型纯电动城市客车

生产企业名称			深圳市五洲龙汽车有限公司	
整车	车辆名称	纯电动城市客车		
	车辆型号	FDG6751EVG2		
	中文品牌	五洲龙牌		
	公告批次	219		
	目录序号	（十九）47		
	识别代号	LA9BBDBG ××× MC1 ×××		
	依据标准	—		
	外形尺寸（长/宽/高）（mm）	7495/2340/3050		
	总质量（kg）	10800	整备质量（kg）	8250
	轴距（mm）	4800	轴荷	3800/7000
	额定载客（人）	39/10 - 30	燃料种类	纯电动
	底盘型号	FDG6731D	生产厂家	深圳市五洲龙汽车有限公司
电机	电机类型	永磁同步电机	电机型号	DJ - 2103 - 1 - T - 100 - 630 - 035 - W - A0
	电机峰值功率（kW）	100	电机连续功率（kW）	48（额定）
	电机连续扭矩（N·m）	300（额定）	电机峰值扭矩（N·m）	630
电池	电压（V）	345.6	容量（Ah）	300
	电池额定电压（V）	—	电池额定容量（Ah）	—
	电池种类	磷酸铁锂	电池型号	V0D5N0
性能指标	最高车速（km/h）	80	0 ~100 km/h 加速时间（s）（或 0 ~50）	—
	最大爬坡度（%）	20	百公里能耗（kWh）	? 60.2
	续驶里程（km）	242.2	排放	—

5. 南车时代牌 TEG6120EV 型纯电动城市客车

生产企业名称			湖南南车时代电动汽车股份有限公司	
整车	车辆名称	纯电动城市客车		
	车辆型号	TEG6120EV		
	中文品牌	南车时代牌		
	公告批次	220		
	目录序号	（十八）23		
	识别代号	LHWCK95D ×××××××××		
	依据标准	—		
	外形尺寸（长/宽/高）（mm）	11980/2540/3200		
	总质量（kg）	18000	整备质量（kg）	13540
	轴距（mm）	5900	轴荷	6500/11500
	额定载客（人）	68	燃料种类	纯电动
	底盘型号	全承载式车身	生产厂家	湖南南车时代电动汽车股份有限公司
电机	电机类型	交流异步电机	电机型号	JD156
	电机峰值功率（kW）	150	电机连续功率（kW）	100
	电机连续扭矩（N·m）	810	电机峰值扭矩（N·m）	2500
电池	电压（V）	3.2（单体）	容量（Ah）	180
	电池额定电压（V）	384	电池额定容量（Ah）	360
	电池种类	磷酸铁锂动力电池	电池型号	SE180AHA
性能指标	最高车速（km/h）	75	0 ~50 km/h 加速时间（s）	20
	最大爬坡度（%）	15	百公里能耗（kWh）	痢
	续驶里程（km）	224.7	排放	—

6. 野马牌 SQJ6111B1CH 型纯电动城市客车

生产企业名称			四川汽车工业集团有限公司	
整车	车辆名称	纯电动城市客车		
	车辆型号	SQJ6111B1CH		
	中文品牌	野马牌		
	公告批次	207		
	目录序号	101		
	识别代号	LGK2GXGP ×××××××××		
	依据标准	—		
	外形尺寸（长/宽/高）（mm）	10600/2500/3150		
	总质量（kg）	15500	整备质量（kg）	10820
	轴距（mm）	5200	轴荷	5500/10000
	额定载客（人）	72	燃料种类	电
	底盘型号	东风 EQ6101KRL	生产厂家	—
电机	电机类型	交流异步	电机型号	—
	电机峰值功率（kW）	—	电机连续功率（kW）	165
	电机连续扭矩（N·m）	900	电机峰值扭矩（N·m）	—
电池	电压（V）	480	容量（Ah）	360
	电池额定电压（V）	3.2	电池额定容量（Ah）	180
	电池种类	磷酸铁锂	电池型号	—
性能指标	最高车速（km/h）	90	0～100 km/h 加速时间（s）（或 0～50）	30
	最大爬坡度（%）	≥20%	百公里能耗（kWh）	10
	续驶里程（km）	240	排放	0

7. 蜀都 CDK6122CAEV 纯电动城市客车

生产企业名称			成都客车股份有限公司	
整车	车辆名称	纯电动城市客车		
	车辆型号	CDK6122CAEV		
	中文品牌	蜀都牌		
	公告批次	214		
	目录序号	（二十二）10		
	识别代号	LFN0SVFS ×××××××××		
	依据标准	—		
	外形尺寸（长/宽/高）（mm）	12000/2550/3280,3100		
	总质量（kg）	18000	整备质量（kg）	13450,12980
	轴距（mm）	6150	轴荷	6500/11500
	额定载客（人）	70/24－38,77/24－38	燃料种类	纯电动
	底盘型号	CA6120CRE22	生产厂家	中国第一汽车集团公司
电机	电机类型	—	电机型号	BS4－120－3000/320
	电机峰值功率（kW）	—	电机连续功率（kW）	—
	电机连续扭矩（N·m）	—	电机峰值扭矩（N·m）	—
电池	电压（V）	—	容量（Ah）	—
	电池额定电压（V）	406	电池额定容量（Ah）	180
	电池种类	锂离子电池	电池型号	—
性能指标	最高车速（km/h）	80	0～100 km/h 加速时间（s）（或 0～50）	—
	最大爬坡度（%）	20	百公里能耗（kWh）	80
	续驶里程（km）	260	排放	0

8. 飞燕牌 SDL6120EVG 型纯电动城市客车

生产企业名称			山东中文沂星电动汽车有限公司	
整车	车辆名称	纯电动城市客车		
	车辆型号	SDL6120EVG		
	中文品牌	飞燕牌		
	公告批次	216		
	目序序号	十五（25）		
	识别代号	ZJD6Z37101K		
	依据标准	—		
	外形尺寸（长/宽/高）（mm）	12000/2530/3250		
	总质量（kg）	18000	整备质量（kg）	12000
	轴距（mm）	6200	轴荷	6500/11500
	额定载客（人）	92/33－42	燃料种类	—
	底盘型号	—	生产厂家	—
电机	电机类型	三相异步电机	电机型号	—
	电机峰值功率（kW）	210	电机连续功率（kW）	120
	电机连续扭矩（N·m）	774.3	电机峰值扭矩（N·m）	1580
电池	电压（V）	576	容量（Ah）	360
	电池额定电压（V）	3.2	电池额定容量（Ah）	180
	电池种类	磷酸铁锂蓄电池	电池型号	—
性能指标	最高车速（km/h）	80	0～100 km/h 加速时间（s）（或 0～50）	11
	最大爬坡度（%）	≥20	百公里能耗（kWh）	68
	续驶里程（km）	300	排放	—

9. 飞燕牌 SDL6110EVSG 型纯电动双层城市客车

生产企业名称			山东中文沂星电动汽车有限公司	
整车	车辆名称	纯电动双层城市客车		
	车辆型号	SDL6110EVSG		
	中文品牌	飞燕牌		
	公告批次	216		
	目序序号	十五（25）		
	识别代号	ZJD6Y37101T		
	依据标准	—		
	外形尺寸（长/宽/高）（mm）	11010/2530/4160		
	总质量（kg）	18000	整备质量（kg）	13000
	轴距（mm）	6200	轴荷	6500/11500
	传动形式	4×2 后轴驱动		
	额定载客（人）	76/42－64	燃料种类	—
	底盘型号	—	生产厂家	—
电机	电机类型	三相异步电机	电机型号	—
	电机峰值功率（kW）	220kw	电机连续功率（kW）	110
	电机连续扭矩（N·m）	761.3	电机峰值扭矩（N·m）	1526
电池	电压（V）	576	容量（Ah）	400
	电池额定电压（V）	3.2	电池额定容量（Ah）	200
	电池种类	磷酸铁锂蓄电池	电池型号	—
性能指标	最高车速（km/h）	80	0～100 km/h 加速时间（s）（或 0～50）	12
	最大爬坡度（%）	≥20	百公里能耗（kWh）	70
	续驶里程（km）	300	排放	—

10. 安凯牌 HFF6127K46EV 型纯电动汽车

生产企业名称			安徽安凯汽车股份有限公司	
整车	车辆名称	电动客车		
	车辆型号	HFF6127K46EV		
	中文品牌	安凯牌		
	公告批次	220		
	目录序号	55		
	识别代号	LA81K1KT×××××××××		
	依据标准	—		
	外形尺寸（长/宽/高）（mm）	12000/2550,2500/3780,3550		
	总质量（kg）	17800	整备质量（kg）	14100
	轴距（mm）	6080	轴荷	6300/11500
	额定载客（人）	24-47	燃料种类	纯电动
	底盘型号	—	生产厂家	—
电机	电机类型	—	电机型号	YTSP280L1-4Q
	电机峰值功率（kW）	291	电机连续功率（kW）	100
	电机连续扭矩（N·m）	978	电机峰值扭矩（N·m）	2040
电池	电压（V）	600	容量（Ah）	500
	电池额定电压（V）	—	电池额定容量（Ah）	—
	电池种类	锂离子电池	电池型号	—
性能指标	最高车速（km/h）	80	0~50 km/h 加速时间（s）	痢? 5
	最大爬坡度（%）	18	百公里能耗（kWh）	
	续驶里程（km）	250	排放	0

11. 安凯牌 HFF6127K46EV-1 型纯电动汽车

生产企业名称			安徽安凯汽车股份有限公司	
整车	车辆名称	纯电动客车		
	车辆型号	HFF6127K46EV-1		
	中文品牌	安凯牌		
	公告批次	217		
	目录序号	55		
	识别代号	LA81K1HT×××××××××		
	依据标准	—		
	外形尺寸（长/宽/高）（mm）	12000/2550,2500/3780,3550		
	总质量（kg）	17800	整备质量（kg）	14100
	轴距（mm）	6080	轴荷	6300/11500
	额定载客（人）	24-47	燃料种类	纯电动
	底盘型号	承载式车身	生产厂家	安徽安凯汽车股份有限公司
电机	电机类型	交流异步电机	电机型号	YTSP280L1-4Q、QYS100-6/400
	电机峰值功率（kW）	291、250	电机连续功率（kW）	100
	电机连续扭矩（N·m）	978、1005	电机峰值扭矩（N·m）	2040、2400
电池	电压（V）	600	容量（Ah）	500
	电池额定电压（V）	—	电池额定容量（Ah）	—
	电池种类	磷酸铁锂蓄电池，超级电容	电池型号	—
性能指标	最高车速（km/h）	80	0~50 km/h 加速时间（s）	痢? 5
	最大爬坡度（%）	18	百公里能耗（kWh）	
	续驶里程（km）	250	排放	0

12. 安凯牌 HFF6120G03EV 型纯电动汽车

生产企业名称			安徽安凯汽车股份有限公司	
整车	车辆名称	电动城市客车		
	车辆型号	HFF6120G03EV		
	中文品牌	安凯牌		
	公告批次	220		
	目录序号	55		
	识别代号	LA86J0LW ×××××××××		
	依据标准	—		
	外形尺寸（长/宽/高）（mm）	12000/2500/3100,3300		
	总质量（kg）	18000	整备质量（kg）	13500，13800
	轴距（mm）	6080	轴荷	6500/11500
	额定载客（人）	67/26－38,63/26－38	燃料种类	纯电动
	底盘型号	HFF6120D03EV	生产厂家	安徽安凯汽车股份有限公司
电机	电机类型	—	电机型号	YTSP280L1－4Q
	电机峰值功率（kW）	291	电机连续功率（kW）	100
	电机连续扭矩（N·m）	978	电机峰值扭矩（N·m）	2040
电池	电压（V）	600	容量（Ah）	500
	电池额定电压（V）	—	电池额定容量（Ah）	—
	电池种类	锂离子电池	电池型号	—
性能指标	最高车速（km/h）	70	0～50 km/h 加速时间（s）	痢? 5
	最大爬坡度（%）	18	百公里能耗（kWh）	
	续驶里程（km）	250	排放	—

13. 安凯牌 HFF6121G03EV 型纯电动汽车

生产企业名称			安徽安凯汽车股份有限公司	
整车	车辆名称	纯电动城市客车		
	车辆型号	HFF6121G03EV		
	中文品牌	安凯牌		
	公告批次	220		
	目录序号	55		
	识别代号	LA86G0HT ×××××××××		
	依据标准	—		
	外形尺寸（长/宽/高）（mm）	12000/2500/3100,3300		
	总质量（kg）	18000	整备质量（kg）	13500，13800
	轴距（mm）	6100	轴荷	6500/11500
	额定载客（人）	67/26－38,63/26－38	燃料种类	纯电动
	底盘型号	HFF6121D03EV	生产厂家	安徽安凯汽车股份有限公司
电机	电机类型	交流电机	电机型号	YTSP280L1－4Q
	电机峰值功率（kW）	291	电机连续功率（kW）	100
	电机连续扭矩（N·m）	978	电机峰值扭矩（N·m）	2040
电池	电压（V）	600	容量（Ah）	500
	电池额定电压（V）	—	电池额定容量（Ah）	—
	电池种类	磷酸铁锂蓄电池,超级电容	电池型号	—
性能指标	最高车速（km/h）	80	0～50 km/h 加速时间（s）	痢? 5
	最大爬坡度（%）	18	百公里能耗（kWh）	
	续驶里程（km）	250	排放	0

14. 安凯牌 HFF6110G03EV 型纯电动汽车

生产企业名称			安徽安凯汽车股份有限公司	
整车	车辆名称	电动城市客车		
	车辆型号	HFF6110G03EV		
	中文品牌	安凯牌		
	公告批次	e7 (147)		
	目录序号	55		
	识别代号	LA86G0LT ×××××××××		
	依据标准	—		
	外形尺寸 (长/宽/高) (mm)	11220/2500/3100,3300		
	总质量 (kg)	17200	整备质量 (kg)	12400, 12600
	轴距 (mm)	6100	轴荷	6000/11200
	额定载客 (人)	66/26 - 34	燃料种类	纯电动
	底盘型号	HFF6113D08	生产厂家	安徽安凯汽车股份有限公司
电机	电机类型	—	电机型号	YTSP280L1 - 4Q
	电机峰值功率 (kW)	291	电机连续功率 (kW)	100
	电机连续扭矩 (N · m)	978	电机峰值扭矩 (N · m)	2040
电池	电压 (V)	600	容量 (Ah)	500Ah
	电池额定电压 (V)	—	电池额定容量 (Ah)	—
	电池种类	锂离子电池	电池型号	—
性能指标	最高车速 (km/h)	80	0 ~50 km/h 加速时间 (s)	痢? 5
	最大爬坡度 (%)	18	百公里能耗 (kWh)	
	续驶里程 (km)	—	排放	—

15. 安凯牌 HFF6111G03EV 型纯电动汽车

生产企业名称			安徽安凯汽车股份有限公司	
整车	车辆名称	纯电动城市客车		
	车辆型号	HFF6111G03EV		
	中文品牌	安凯牌		
	公告批次	l7 (217)		
	目录序号	55		
	识别代号	LA86G0HT ×××××××××		
	依据标准	—		
	外形尺寸 (长/宽/高) (mm)	11220/2500/3100,3300		
	总质量 (kg)	17200	整备质量 (kg)	12400, 12600
	轴距 (mm)	5700	轴荷	6200, 11000
	额定载客 (人)	66/26 - 34	燃料种类	纯电动
	底盘型号	HFF6111D03EV	生产厂家	安徽安凯汽车股份有限公司
电机	电机类型	交流电机	电机型号	YTSP280L1 - 4Q
	电机峰值功率 (kW)	291	电机连续功率 (kW)	100 (电动机)
	电机连续扭矩 (N · m)	978	电机峰值扭矩 (N · m)	2040
电池	电压 (V)	600	容量 (Ah)	500Ah
	电池额定电压 (V)	—	电池额定容量 (Ah)	—
	电池种类	磷酸铁锂蓄电池,超级电容	电池型号	—
性能指标	最高车速 (km/h)	80	0 ~50 km/h 加速时间 (s)	痢? 5
	最大爬坡度 (%)	18	百公里能耗 (kWh)	
	续驶里程 (km)	250	排放	0

16. 安凯牌 HFF6700BEV 型纯电动汽车

生产企业名称			安徽安凯汽车股份有限公司	
整车	车辆名称	纯电动客车		
	车辆型号	HFF6700BEV		
	中文品牌	安凯牌		
	公告批次	m0(220)		
	目录序号	55		
	识别代号	LA81A1CT ×××××××××		
	依据标准	—		
	外形尺寸（长/宽/高）（mm）	7005/2040/2645,2725,2785		
	总质量（kg）	7200	整备质量（kg）	5870
	轴距（mm）	3935	轴荷	2500，4700
	额定载客（人）	10－17	燃料种类	纯电动
	底盘型号	承载式车身	生产厂家	安徽安凯汽车股份有限公司
电机	电机类型	—	电机型号	YTSP200L2－4Q
	电机峰值功率（kW）	100kW	电机连续功率（kW）	56kW
	电机连续扭矩（N·m）		电机峰值扭矩（N·m）	270
电池	电压（V）	384	容量（Ah）	100
	电池额定电压（V）	3.2	电池额定容量（Ah）	—
	电池种类	锂离子电池	电池型号	—
性能指标	最高车速（km/h）	100	0～50km/h 加速时间（s）	≤25
	最大爬坡度（%）	18	百公里能耗（kWh）	—
	续驶里程（km）	—	排放	—

17. 宇通牌 ZK6129EGQA 型纯电动城市客车

生产企业名称			郑州宇通客车股份有限公司	
整车	车辆名称	纯电动城市客车		
	车辆型号	ZK6129EGQA		
	中文品牌	宇通牌		
	公告批次	216		
	目录序号	71		
	识别代号	LZYTAGCW		
	依据标准	GB16735—2004		
	外形尺寸（长/宽/高）（mm）	11990/2550/3180,3265		
	总质量（kg）	18000	整备质量（kg）	11500,12000
	轴距（mm）	6250	轴荷	6500/11500
	额定载客（人）	100/24－49,92/24－49	燃料种类	纯电动
	底盘型号	承载式车身	生产厂家	郑州宇通客车股份有限公司
电机	电机类型	三相异步电机	电机型号	—
	电机峰值功率（kW）	240	电机连续功率（kW）	132
	电机连续扭矩（N·m）	1665	电机峰值扭矩（N·m）	2085
电池	电压（V）	—	容量（Ah）	—
	电池额定电压（V）	563	电池额定容量（Ah）	—
	电池种类	磷酸铁锂动力电池	电池型号	—
性能指标	最高车速（km/h）	80	0～100km/h 加速时间（s）（或0～50）	≤25
	最大爬坡度（%）	≥12	百公里能耗（kWh）	≤110
	续驶里程（km）	—	排放	—

18. 宇通牌 ZK6100EGAA 型纯电动城市客车

生产企业名称			郑州宇通客车股份有限公司	
整车	车辆名称	纯电动城市客车		
	车辆型号	ZK6100EGAA		
	中文品牌	宇通牌		
	公告批次	216		
	目录序号	71		
	识别代号	LZYTCGCW		
	依据标准	GB16735—2004		
	外形尺寸（长/宽/高）（mm）	10010/2500/3510,3410		
	总质量（kg）	16500	整备质量（kg）	12000
	轴距（mm）	6250	轴荷	5500/11000
	额定载客（人）	69/24－44	燃料种类	纯电动
	底盘型号	承载式车身	生产厂家	郑州宇通客车股份有限公司
电机	电机类型	三相异步电机	电机型号	—
	电机峰值功率（kW）	240	电机连续功率（kW）	132
	电机连续扭矩（N·m）	1665	电机峰值扭矩（N·m）	2085
电池	电压（V）	—	容量（Ah）	—
	电池额定电压（V）	563	电池额定容量（Ah）	—
	电池种类	磷酸铁锂动力电池	电池型号	—
性能指标	最高车速（km/h）	90	0～100km/h 加速时间（s）（或0～50）	≤25
	最大爬坡度（%）	≥12%	百公里能耗（kWh）	≤110
	续驶里程（km）	—	排放	—

19. 广汽牌 GZ6120EV 型纯电动城市客车

生产企业名称			广州汽车集团客车有限公司	
整车	车辆名称	纯电动城市客车		
	车辆型号	GZ6120EV		
	中文品牌	广汽牌		
	公告批次	216		
	目录序号	89		
	识别代号	LGZ3SP5C×××××××××		
	依据标准	—		
	外形尺寸（长/宽/高）（mm）	12000/2540/3200		
	总质量（kg）	18000	整备质量（kg）	13800
	轴距（mm）	6100	轴荷	6500/11500
	额定载客（人）	64/24－36	燃料种类	纯电动
	底盘型号	—	生产厂家	—
电机	电机类型	交流感应电机	电机型号	YCVF250L－4
	电机峰值功率（kW）	200	电机连续功率（kW）	—
	电机连续扭矩（N·m）	—	电机峰值扭矩（N·m）	—
电池	电压（V）	576	容量（Ah）	255
	电池额定电压（V）	3.2	电池额定容量（Ah）	15
	电池种类	磷酸铁锂电池	电池型号	WX12I3215
性能指标	最高车速（km/h）	80	0～100km/h 加速时间（s）（或0～50）	—
	最大爬坡度（%）	—	百公里能耗（kWh）	—
	续驶里程（km）	—	排放	—

20. 广汽牌 GZ6120EV1 型纯电动城市客车

生产企业名称			广州汽车集团客车有限公司	
整车	车辆名称	纯电动城市客车		
	车辆型号	GZ6120EV1		
	中文品牌	广汽牌		
	公告批次	219		
	目录序号	89		
	识别代号	LGZ3SP5C ×××××××××		
	依据标准	—		
	外形尺寸（长/宽/高）（mm）	12000/2540/3200		
	总质量（kg）	18000	整备质量（kg）	13800
	轴距（mm）	6100	轴荷	6500/11500
	额定载客（人）	64/24－32	燃料种类	纯电动
	底盘型号	—	生产厂家	—
电机	电机类型	交流感应电机	电机型号	JD132A
	电机峰值功率（kW）	—	电机连续功率（kW）	—
	电机连续扭矩（N·m）	—	电机峰值扭矩（N·m）	—
电池	电压（V）	—	容量（Ah）	—
	电池额定电压（V）	—	电池额定容量（Ah）	—
	电池种类	—	电池型号	—
性能指标	最高车速（km/h）	80	0～100km/h 加速时间（s）（或0～50）	—
	最大爬坡度（%）	—	百公里能耗（kWh）	—
	续驶里程（km）	—	排放	—

21. 少林牌 SLG6120EV 型纯电动城市客车

生产企业名称			河南少林汽车股份有限公司	
整车	车辆名称	纯电动城市客车		
	车辆型号	SLG6120EV		
	中文品牌	少林牌		
	公告批次	216		
	目录序号	126		
	识别代号	LS8GTDBJ ×××××××××		
	依据标准	—		
	外形尺寸（长/宽/高）（mm）	12000/2550/3050		
	总质量（kg）	18000	整备质量（kg）	12470
	轴距（mm）	6000	轴荷	6500/11500
	额定载客（人）	85/24－42	燃料种类	纯电动
	底盘型号	—	生产厂家	—
电机	电机类型	三相异步交流电机	电机型号	JD147A
	电机峰值功率（kW）	180	电机额定功率（kW）	80
	电机连续扭矩（N·m）	—	电机连续功率（kW）	—
	电机峰值扭矩（N·m）	—		
电池	电压（V）	单体电压 3.2	容量（Ah）	单体容量 180
	电池额定电压（V）	374	电池额定容量（Ah）	720
	电池种类	磷酸铁锂蓄电池	电池型号	SE180AHA
性能指标	最高车速（km/h）	75	0～100km/h 加速时间（s）（或0～50）	—
	最大爬坡度（%）	—	百公里能耗（kWh）	—
	续驶里程（km）	—	排放	—

22. 少林牌 SLG6105EV 型纯电动城市客车

生产企业名称			河南少林汽车股份有限公司	
整车	车辆名称	纯电动城市客车		
	车辆型号	SLG6105EV		
	中文品牌	少林牌		
	公告批次	216		
	目录序号	126		
	识别代号	LS8FZDBD ×××××××××		
	依据标准	—		
	外形尺寸（长/宽/高）（mm）	10480/25003110		
	总质量（kg）	16500	整备质量（kg）	11500
	轴距（mm）	5000	轴荷	5500/11000
	额定载客（人）	76/10－40	燃料种类	纯电动
	底盘型号	SLG6100DR	生产厂家	河南少林汽车股份有限公司
电机	电机类型	三相异步交流电机	电机型号	JD147A
	电机峰值功率（kW）	180	电机额定功率（kW）	80
	电机连续扭矩（N·m）	—	电机峰值扭矩（N·m）	—
电池	电压（V）	单体电压 3.2	容量（Ah）	单体容量 180
	电池额定电压（V）	384	电池额定容量（Ah）	540
	电池种类	磷酸铁锂蓄电池	电池型号	SE180AHA
性能指标	最高车速（km/h）	75	0～100km/h 加速时间（s）（或 0～50）	—
	最大爬坡度（%）	—	百公里能耗（kWh）	—
	续驶里程（km）	—	排放	—

23. 江西牌 JXK6120AG 型纯电动城市客车

生产企业名称			江西凯马百路佳客车有限公司	
整车	车辆名称	纯电动城市客车		
	车辆型号	JXK6120AG		
	中文品牌	江西牌		
	公告批次	214		
	目录序号	（十四）03		
	识别代号	LA9DJLMT ×××JXK ×××		
	依据标准	—		
	外形尺寸（长/宽/高）（mm）	11980/2495/3170		
	总质量（kg）	18000	整备质量（kg）	13200
	轴距（mm）	6100	轴荷	6500/11500
	额定载客（人）	73/33－39	燃料种类	电
	底盘型号	—	生产厂家	—
电机	电机类型	交流感应电动机	电机型号	—
	电机峰值功率（kW）	200	电机连续功率（kW）	100
	电机连续扭矩（N·m）	640	电机峰值扭矩（N·m）	1200
电池	电压（V）	576	容量（Ah）	255
	电池额定电压（V）	3.2	电池额定容量（Ah）	15
	电池种类	磷酸铁锂离子电池	电池型号	—
性能指标	最高车速（km/h）	75	0～100km/h 加速时间（s）（或 0～50）	22
	最大爬坡度（%）	20	百公里能耗（kWh）	100
	续驶里程（km）	≥120	排放	0

24. 江西牌 JXK6113BEV 型纯电动城市客车

生产企业名称			江西凯马百路佳客车有限公司	
整车	车辆名称	纯电动城市客车		
	车辆型号	JXK6113BEV		
	中文品牌	江西牌		
	公告批次	225		
	目录序号	(十四) 03		
	识别代号	LA9DJLMS × × ×JXK × × ×		
	依据标准	—		
	外形尺寸 (长/宽/高) (mm)	11280/2495/3170		
	总质量 (kg)	17000	整备质量 (kg)	12400
	轴距 (mm)	5400	轴荷	5500/11500
	额定载客 (人)	67/27 -5	燃料种类	电
	底盘型号	承载式车身	生产厂家	—
电机	电机类型	交流感应电动机	电机型号	—
	电机峰值功率 (kW)	200	电机连续功率 (kW)	100
	电机连续扭矩 (N · m)	640	电机峰值扭矩 (N · m)	1200
电池	电压 (V)	24	容量 (Ah)	300
	电池额定电压 (V)	3.2V/60Ah	电池额定容量 (Ah)	3.2V/60Ah
	电池种类	磷酸铁锂离子电池	电池型号	—
性能指标	最高车速 (km/h)	75	0~100km/h 加速时间 (s) (或0~50)	22
	最大爬坡度 (%)	12	百公里能耗 (kWh)	100
	续驶里程 (km)	200	排放	0

25. 桂林牌 GL6100BEV 型纯电动城市客车

生产企业名称			桂林客车工业集团有限公司	
整车	车辆名称	纯电动城市客车		
	车辆型号	GL6100BEV		
	中文品牌	桂林牌		
	公告批次	225		
	目录序号	90		
	识别代号	LGLCD5E		
	依据标准	GB/T8388—2005《电动汽车定型试验规程》等		
	外形尺寸 (长/宽/高) (mm)	10500/2500/3060. 3260		
	总质量 (kg)	16500	整备质量 (kg)	12200,12500
	轴距 (mm)	5000	轴荷	5500/11000
	额定载客 (人)	66/24 -42, 61/24 -42	燃料种类	—
	底盘型号	—	生产厂家	—
电机	电机类型	YGDLC -120	电机型号	—
	电机峰值功率 (kW)	150	电机连续功率 (kW)	120
	电机连续扭矩 (N · m)	386	电机峰值扭矩 (N · m)	1720
电池	电压 (V)	550	容量 (Ah)	400 (单体 100Ah、4 并)
	电池额定电压 (V)	3.2 (单体)	电池额定容量 (Ah)	100
	电池种类	磷酸铁锂蓄电池	电池型号	—
性能指标	最高车速 (km/h)	80	30~50km/h 加速时间 (s)	12.5
	最大爬坡度 (%)	20	百公里能耗 (kWh)	80
	续驶里程 (km)	≥250 (空调不运转) ≥200 (空调运转)	排放	—

26. 桂林牌 GL6120BEV 型纯电动城市客车

生产企业名称			桂林客车工业集团有限公司	
整车	车辆名称	纯电动城市客车		
	车辆型号	GL6120BEV		
	中文品牌	桂林牌		
	公告批次	221		
	目录序号	90		
	识别代号	LGLCD5E		
	依据标准	GB/T8388—2005《电动汽车定型试验规程》等		
	外形尺寸（长/宽/高）（mm）	12000/2500/3070,3320		
	总质量（kg）	18000	整备质量（kg）	14100,13800
	轴距（mm）	6100	轴荷	6500/11500
	额定载客（人）	66/24－42，61/24－42	燃料种类	—
	底盘型号	—	生产厂家	—
电机	电机类型	XDLC－120	电机型号	—
	电机峰值功率（kW）	150	电机连续功率（kW）	120
	电机连续扭矩（N·m）	642	电机峰值扭矩（N·m）	1720
电池	电压（V）	550	容量（Ah）	500（单体100Ah、5并）
	电池额定电压（V）	3.2（单体）	电池额定容量（Ah）	100
	电池种类	磷酸铁锂蓄电池	电池型号	—
性能指标	最高车速（km/h）	80	30～50km/h 加速时间（s）	13.2
	最大爬坡度（%）	18	百公里能耗（kWh）	100
	续驶里程（km）	≥300（空调不运转） ≥250（空调运转）	排放	—

27. 浙江牌 NPS6120BEV 型纯电动城市客车

生产企业名称			宁波神马汽车制造有限公司	
整车	车辆名称	纯电动城市客车		
	车辆型号	NPS6120BEV		
	中文品牌	浙江牌		
	公告批次	221		
	目录序号	54		
	识别代号	LZNBXDLB××××××××		
	依据标准	Q/NSMJ5.10－2011		
	外形尺寸（长/宽/高）（mm）	12000/2500/3250		
	总质量（kg）	18000	整备质量（kg）	12500
	轴距（mm）	6500	轴荷	前6500/后11500
	额定载客（人）	84/39	燃料种类	—
	底盘型号	—	生产厂家	—
电机	电机类型	直流永磁无刷	电机型号	—
	电机峰值功率（kW）	150kw	电机连续功率（kW）	120
	电机连续扭矩（N·m）	1900	电机峰值扭矩（N·m）	2100
电池	电压（V）	—	容量（Ah）	—
	电池额定电压（V）	—	电池额定容量（Ah）	—
	电池种类	—	电池型号	—
性能指标	最高车速（km/h）	90	0～100km/h 加速时间（s）（或0～50）	≤30
	最大爬坡度（%）	≥12	百公里能耗（kWh）	—
	续驶里程（km）	—	排放	—

28. 象牌 SXC6120GD－1 型纯电动汽车

生产企业名称			上海万象汽车制造有限公司	
整车	车辆名称	纯电动城市客车		
	车辆型号	SXC6120GD－1		
	中文品牌	象牌		
	公告批次	212		
	目录序号	（九）26		
	识别代号	LWXCE5E3×××××××××		
	依据标准	—		
	外形尺寸（长/宽/高）（mm）	11960/2540/3080，3260		
	总质量（kg）	18000	整备质量（kg）	14100
	轴距（mm）	6100	轴荷（Kg）	6500/11500
	额定载客（人）	60/24－50	燃料种类	纯电动
	底盘型号	—	生产厂家	—
电机	电机类型	异步交流电机	电机型号	—
	电机峰值功率（kW）	291	电机连续功率（kW）	100
	电机连续扭矩（N·m）	978	电机峰值扭矩（N·m）	≥2850
电池	电压（V）	544	容量（Ah）	500
	电池额定电压（V）	3.2	电池额定容量（Ah）	100
	电池种类	磷酸铁锂蓄电池	电池型号	—
性能指标	最高车速（km/h）	85	0～50km/h 加速时间（s）	16.6
	最大爬坡度（%）	20	百公里能耗（kWh）	88.14
	续驶里程（km）	≥200	排放	—

29. 海格牌 KLQ6129GEV 型纯电动城市客车

生产企业名称			金龙联合汽车工业（苏州）有限公司	
整车	车辆名称	纯电动城市客车		
	车辆型号	KLQ6129GEV		
	中文品牌	海格牌		
	公告批次	217		
	目录序号	112		
	识别代号	—		
	依据标准	—		
	外形尺寸（长/宽/高）（mm）	12000/2550/3000，3150		
	总质量（kg）	18000	整备质量（kg）	13800
	轴距（mm）	5900	轴荷	6500/11500
	额定载客（人）	64/24－42	燃料种类	纯电动
	底盘型号	KLQ6118GEV	生产厂家	金龙联合汽车工业（苏州）有限公司
电机	电机类型	—	电机型号	YTD115F01
	电机峰值功率（kW）	—	电机连续功率（kW）	—
	电机连续扭矩（N·m）	—	电机峰值扭矩（N·m）	—
电池	电压（V）	—	容量（Ah）	—
	电池额定电压（V）	—	电池额定容量（Ah）	—
	电池种类	—	电池型号	—
性能指标	最高车速（km/h）	80	0～100km/h 加速时间（s）	—
	最大爬坡度（%）	—	百公里能耗（kWh）	—
	续驶里程（km）	—	排放	—

30. 恒通客车牌 CKZ6127HBEV 型纯电动城市客车

生产企业名称			重庆恒通客车有限公司	
整车	车辆名称	纯电动城市客车		
	车辆型号	CKZ6127HBEV		
	中文品牌	恒通客车牌		
	公告批次	220		
	目录序号	127		
	识别代号	L1KDK8DH ××××××××× L1KFK8DH ×××××××××		
	依据标准	—		
	外形尺寸（长/宽/高）（mm）	12000/2550/3260,3385		
	总质量（kg）	18000	整备质量（kg）	12800,13300
	轴距（mm）	6200	轴荷	6500/11500
	额定载客（人）	80/19－45,72/19－45	燃料种类	纯电动
	底盘型号	CKZ6129HBEV	生产厂家	重庆恒通客车有限公司
电机	电机类型	—	电机型号	—
	电机峰值功率（kW）	—	电机连续功率（kW）	—
	电机连续扭矩（N·m）	—	电机峰值扭矩（N·m）	—
电池	电压（V）	—	容量（Ah）	—
	电池额定电压（V）	—	电池额定容量（Ah）	—
	电池种类	—	电池型号	—
性能指标	最高车速（km/h）	80	0～100km/h 加速时间（s）	—
	最大爬坡度（%）	—	百公里能耗（kWh）	—
	续驶里程（km）	—	排放	—

31. 中大牌 YCK6128BEVC 型纯电动城市客车

生产企业名称			盐城中威客车有限公司	
整车	车辆名称	纯电动城市客车		
	车辆型号	YCK6128BEVC		
	中文品牌	中大牌		
	公告批次	221		
	目录序号	(十) 62		
	识别代号	LA9D9CP7 ×××YZW ×××		
	依据标准	—		
	外形尺寸（长/宽/高）（mm）	11980/24903250		
	总质量（kg）	18000	整备质量（kg）	13200
	轴距（mm）	5900	轴荷	6500/11500
	额定载客（人）	73/24－44	燃料种类	纯电动
	底盘型号	—	生产厂家	—
电机	电机类型	—	电机型号	JD156
	电机峰值功率（kW）	150	电机连续功率（kW）	—
	电机连续扭矩（N·m）	—	电机峰值扭矩（N·m）	—
电池	电压（V）	—	容量（Ah）	—
	电池额定电压（V）	—	电池额定容量（Ah）	—
	电池种类	磷酸铁锂动力电池	电池型号	ZWLFP160
性能指标	最高车速（km/h）	75	0～100km/h 加速时间（s）	—
	最大爬坡度（%）	—	百公里能耗（kWh）	—
	续驶里程（km）	—	排放	—

32. 中大牌 YCK6126BEVL 型纯电动客车

生产企业名称			盐城中威客车有限公司	
整车	车辆名称	纯电动城市客车		
	车辆型号	YCK6126BEVL		
	中文品牌	中大牌		
	公告批次	221		
	目录序号	(十) 62		
	识别代号	LA9D9DP7 × × ×YZW × × ×		
	依据标准	—		
	外形尺寸（长/宽/高）（mm）	11980/2500/3500		
	总质量（kg）	18000	整备质量（kg）	14020
	轴距（mm）	6200	轴荷	6600/11400
	额定载客（人）	24 – 51	燃料种类	纯电动
	底盘型号	—	生产厂家	—
电机	电机类型	—	电机型号	JD156
	电机峰值功率（kW）	150	电机连续功率（kW）	—
	电机连续扭矩（N · m）	—	电机峰值扭矩（N · m）	—
电池	电压（V）	—	容量（Ah）	—
	电池额定电压（V）	—	电池额定容量（Ah）	—
	电池种类	磷酸铁锂动力电池	电池型号	ZWLFP160
性能指标	最高车速（km/h）	90	0 ~ 100km/h 加速时间（s）	—
	最大爬坡度（%）	—	百公里能耗（kWh）	—
	续驶里程（km）	—	排放	—

33. 上饶牌 SR6700HBEV 纯电动客车

生产企业名称			江西博能上饶客车有限公司	
整车	车辆名称	纯电动客车		
	车辆型号	SR6700HBEV		
	中文品牌	上饶牌		
	公告批次	m5（225）		
	目录序号	—		
	识别代号	LE3LA2KL × × × × × × × × ×		
	依据标准	—		
	外形尺寸（长/宽/高）（mm）	7005/2040/2645		
	总质量（kg）	6800	整备质量（kg）	4680
	轴距（mm）	3935	轴荷	2480/4320
	额定载客（人）	10 – 19	燃料种类	—
	底盘型号	—	生产厂家	—
电机	电机类型	永磁同步交流电机	电机型号	SJ2103P50 – B
	电机峰值功率（kW）	80	电机连续功率（kW）	50
	电机连续扭矩（N · m）	238	电机峰值扭矩（N · m）	382
电池	电压（V）	380	容量（Ah）	180
	电池额定电压（V）	3.2	电池额定容量（Ah）	180
	电池种类	磷酸铁锂	电池型号	SE180AHA
性能指标	最高车速（km/h）	100	0 ~ 100km/h 加速时间（s）	≤15
	最大爬坡度（%）	≥20	百公里能耗（kWh）	45
	续驶里程（km）	150	排放	—

34. 瑞麒牌 SQR7000ELS18 型纯电动车

生产企业名称			奇瑞汽车股份有限公司	
整车	车辆名称	纯电动轿车		
	车辆型号	SQR7000ELS18		
	中文品牌	瑞麒牌		
	公告批次	217		
	目录序号	119		
	识别代号	LVVDB17B		
	依据标准	—		
	外形尺寸（长/宽/高）（mm）	3601/1587/1527		
	总质量（kg）	1360	整备质量（kg）	1060
	轴距（mm）	2330	轴荷	—
	额定载客（人）	4	燃料种类	纯电动
	底盘型号	—	生产厂家	奇瑞汽车股份有限公司
电机	电机类型	交流永磁同步	电机型号	—
	电机峰值功率（kW）	45	电机连续功率（kW）	30
	电机连续扭矩（N·m）		电机峰值扭矩（N·m）	145
电池	电压（V）	336	容量（Ah）	60
	电池额定电压（V）	—	电池额定容量（Ah）	—
	电池种类	锂离子电池	电池型号	—
性能指标	最高车速（km/h）	120	0～100km/h 加速时间（s）	7
	最大爬坡度（%）	25	百公里能耗（kWh）	14
	续驶里程（km）	110	排放	0

35. 比亚迪牌 e6 纯电动汽车

生产企业名称			比亚迪汽车有限公司	
整车	车辆名称	纯电动轿车		
	车辆型号	QCJ7006BEVF（在产车型）		
	中文品牌	比亚迪牌		
	公告批次	215		
	目录序号	108		
	识别代号	LGXCE4DB ×××××××××		
	依据标准	—		
	外形尺寸（长/宽/高）（mm）	4560/1822/1630		
	总质量（kg）	2670,2735	整备质量（kg）	2295,2360
	轴距（mm）	2830	轴荷	1345/1325,1360/1375
	额定载客（人）	5	燃料种类	纯电动
	底盘型号		生产厂家	—
电机	电机类型	BYD－TYC120A	电机型号	—
	电机峰值功率（kW）	120	电机连续功率（kW）	75
	电机连续扭矩（N·m）	280	电机峰值扭矩（N·m）	450
电池	电压（V）	316.8	容量（Ah）	200
	电池额定电压（V）	—	电池额定容量（Ah）	—
	电池种类	磷酸铁锂电池	电池型号	—
性能指标	最高车速（km/h）	140	0～100km/h 加速时间（s）	≤6.8
	最大爬坡度（%）	30	百公里能耗（kWh）	≤15（60km/h 等速）
	续驶里程（km）	322（工况法）	排放	—

36. 江淮牌 HFC7000AEV 型纯电动轿车

生产企业名称			安徽江淮汽车股份有限公司	
整车	车辆名称	纯电动轿车		
	车辆型号	HFC7000AEV		
	中文品牌	江淮牌		
	公告批次	219		
	目录序号	56		
	识别代号	LJ1EFKRN ×××××××××		
	依据标准	—		
	外形尺寸（长/宽/高）（mm）	4155/1650/1445		
	总质量（kg）	1500	整备质量（kg）	1200
	轴距（mm）	2400	轴荷	685/815
	额定载客（人）	4	燃料种类	纯电动
	底盘型号	—	生产厂家	—
电机	电机类型	永磁同步电机	电机型号	BLT11/27－3000/312
	电机峰值功率（kW）	27	电机连续功率（kW）	—
	电机连续扭矩（N·m）	—	电机峰值扭矩（N·m）	—
电池	电压（V）	单体电压 3.2，3.2	容量（Ah）	单体容量 10，1.4
	电池额定电压（V）	标称电压 320，320	电池额定容量（Ah）	电池组 50AH40AH，50AH45AH
	电池种类	磷酸铁锂电池	电池型号	1865140，18650
性能指标	最高车速（km/h）	95	0～100km/h 加速时间（s）	—
	最大爬坡度（%）	—	百公里能耗（kWh）	—
	续驶里程（km）	—	排放	—

37. 江铃牌 JX7002BEV 型纯电动轿车

生产企业名称			江西江铃控股有限公司	
整车	车辆名称	纯电动轿车		
	车辆型号	JX7002BEV		
	中文品牌	江铃牌		
	公告批次	219		
	目录序号	121		
	识别代号	LVXMAZAA ×××××××××		
	依据标准	GB/T18385		
	外形尺寸（长/宽/高）（mm）	4167/1635/1430		
	总质量（kg）	1500	整备质量（kg）	1200
	轴距（mm）	2492	轴荷	778/722
	额定载客（人）	5	燃料种类	纯电动
	底盘型号	—	生产厂家	—
电机	电机类型	三相交流异步电机	电机型号	FRDY103012A0
	电机峰值功率（kW）	20	电机连续功率（kW）	100
	电机连续扭矩（N·m）	—	电机峰值扭矩（N·m）	—
电池	电压（V）	128	容量（Ah）	23
	电池额定电压（V）	3.2	电池额定容量（Ah）	180
	电池种类	磷酸铁锂离子电池	电池型号	SE180AHA
性能指标	最高车速（km/h）	85	0～100km/h 加速时间（s）	≤10
	最大爬坡度（%）	≥20	百公里能耗（kWh）	≤12
	续驶里程（km）	≥150	排放	0

38. 力帆牌 LF7002EV 型纯电动轿车

生产企业名称			重庆力帆乘用车有限公司	
整车	车辆名称	纯电动轿车	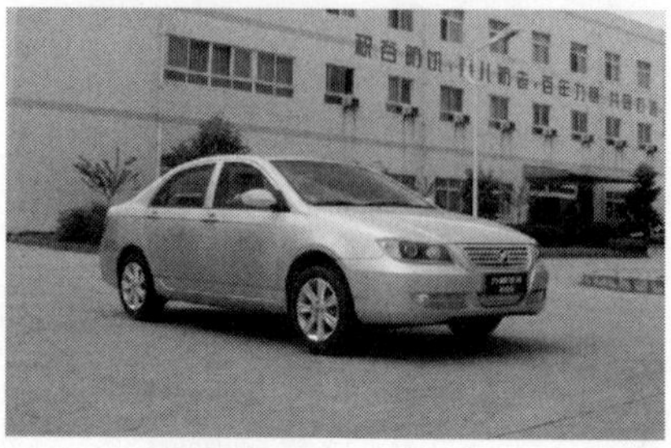	
	车辆型号	LF7002EV		
	中文品牌	力帆牌		
	公告批次	218		
	目录序号	93		
	识别代号	LLV2ARA2 ×××××××××		
	依据标准	—		
	外形尺寸（长/宽/高）（mm）	4550/1705/1495		
	总质量（kg）	1895	整备质量（kg）	1490
	轴距（mm）	2605	轴荷	930/965
	额定载客（人）	5	燃料种类	纯电动
	底盘型号	—	生产厂家	—
电机	电机类型	交流永磁同步电动机	电机型号	SJ2103P20 - C
	电机峰值功率（kW）	47	电机连续功率（kW）	—
	电机连续扭矩（N · m）	—	电机峰值扭矩（N · m）	—
电池	电压（V）	307	容量（Ah）	100
	电池额定电压（V）	3.2	电池额定容量（Ah）	3.6～2.0
	电池种类	磷酸铁锂	电池型号	SE100AHA
性能指标	最高车速（km/h）	100	0～100km/h 加速时间（s）	—
	最大爬坡度（%）	—	百公里能耗（kWh）	—
	续驶里程（km）	—	排放	—

39. 吉利熊猫牌 HQ7000EE 型纯电动轿车

生产企业名称			浙江豪情汽车制造有限公司	
整车	车辆名称	纯电动轿车	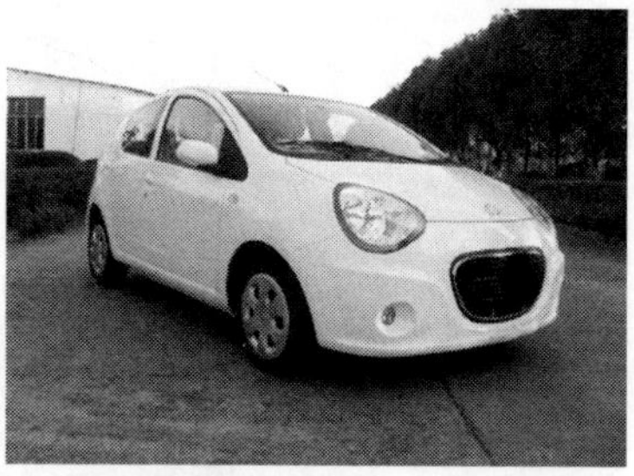	
	车辆型号	HQ7000EE		
	中文品牌	吉利熊猫		
	公告批次	215		
	目录序号	52		
	识别代号	LB371D2S ×××××××××		
	依据标准	Q/HQ0101.202 - 2009		
	外形尺寸（长/宽/高）（mm）	3598/1630/1465		
	总质量（kg）	1330	整备质量（kg）	1030
	轴距（mm）	2340	轴荷	710/620
	额定载客（人）	4	燃料种类	纯电动
	底盘型号	—	生产厂家	—
电机	电机类型	永磁同步电机	电机型号	190ZWS013
	电机峰值功率（kW）	15	电机连续功率（kW）	7.5
	电机连续扭矩（N · m）	24	电机峰值扭矩（N · m）	48
电池	电压（V）	72	容量（Ah）	120
	电池额定电压（V）	12	电池额定容量（Ah）	120
	电池种类	铅酸免维护蓄电池	电池型号	6DM120
性能指标	最高车速（km/h）	80	0～100km/h 加速时间（s）	≤7.0
	最大爬坡度（%）	—	百公里能耗（kWh）	—
	续驶里程（km）	≥20	排放	—

40. 豪情牌 HQ7001EE 型纯电动轿车

生产企业名称			浙江豪情汽车制造有限公司	
整车	车辆名称	纯电动轿车		
	车辆型号	HQ7001EE		
	中文品牌	豪情牌		
	公告批次	215		
	目录序号	52		
	识别代号	LB371D2S ×××××××××		
	依据标准	Q/HQ0101.202－2009		
	外形尺寸（长/宽/高）（mm）	3598/1630/1465		
	总质量（kg）	1460	整备质量（kg）	1188
	轴距（mm）	2340	轴荷	755/705
	额定载客（人）	4	燃料种类	纯电动
	底盘型号	—	生产厂家	—
电机	电机类型	交流异步电机	电机型号	WTGSDJ30A
	电机峰值功率（kW）	60	电机连续功率（kW）	30
	电机连续扭矩（N·m）	120	电机峰值扭矩（N·m）	240
电池	电压（V）	326	容量（Ah）	52.5
	电池额定电压（V）	单体电池 3.2	电池额定容量（Ah）	单体电池 10.5
	电池种类	磷酸铁锂电池	电池型号	LP2770102AB
性能指标	最高车速（km/h）	150	0～100km/h 加速时间（s）	≤7.0
	最大爬坡度（%）	≥30	百公里能耗（kWh）	—
	续驶里程（km）	—	排放	—

41. 众泰牌 JNJ6400EVL1 型纯电动轻型客车

生产企业名称			湖南江南汽车制造有限公司	
整车	车辆名称	纯电动轻型客车		
	车辆型号	JNJ6400EVL1		
	中文品牌	众泰牌		
	公告批次	221		
	目录序号	84		
	识别代号	LJ8E3A5M ×××××××××		
	依据标准	—		
	外形尺寸（长/宽/高）（mm）	3900/1555/1670		
	总质量（kg）	1650	整备质量（kg）	1350
	轴距（mm）	2420	轴荷	790/860
	额定载客（人）	4	燃料种类	纯电动
	底盘型号	—	生产厂家	—
电机	电机类型	永磁无刷直流电机	电机型号	BLT11/27－3000/312
	电机峰值功率（kW）	27	电机连续功率（kW）	—
	电机连续扭矩（N·m）	—	电机峰值扭矩（N·m）	—
电池	电压（V）	336	容量（Ah）	80
	电池额定电压（V）	3.2	电池额定容量（Ah）	10
	电池种类	磷酸铁锂电池	电池型号	SE100AHA
性能指标	最高车速（km/h）	100	0～100km/h 加速时间（s）	—
	最大爬坡度（%）	—	百公里能耗（kWh）	—
	续驶里程（km）	—	排放	—

42. 众泰牌 JNJ6400EVL1 型纯电动轻型客车

生产企业名称			湖南江南汽车制造有限公司	
整车	车辆名称	纯电动轻型客车		
	车辆型号	JNJ6400EVL1		
	中文品牌	众泰牌		
	公告批次	221		
	目录序号	84		
	识别代号	LJ8E3A5M ×××××××××		
	依据标准	—		
	外形尺寸（长/宽/高）（mm）	3900/1555/1670		
	总质量（kg）	1650	整备质量（kg）	1350
	轴距（mm）	2420	轴荷	790/860
	额定载客（人）	4	燃料种类	纯电动
	底盘型号	—	生产厂家	—
电机	电机类型	永磁无刷直流电机	电机型号	BLT11/27－3000/312
	电机峰值功率（kW）	27	电机连续功率（kW）	—
	电机连续扭矩（N·m）	—	电机峰值扭矩（N·m）	—
电池	电压（V）	336	容量（Ah）	100
	电池额定电压（V）	3.2	电池额定容量（Ah）	100
	电池种类	磷酸铁锂电池	电池型号	GTBMS005A－MC11
性能指标	最高车速（km/h）	100	0～100km/h 加速时间（s）	—
	最大爬坡度（%）	—	百公里能耗（kWh）	—
	续驶里程（km）	—	排放	—

43. 众泰牌 JNJ6400EVL2 型纯电动轻型客车

生产企业名称			湖南江南汽车制造有限公司	
整车	车辆名称	纯电动轻型客车		
	车辆型号	JNJ6400EVL2		
	中文品牌	众泰牌		
	公告批次	221		
	目录序号	84		
	识别代号	LJ8E3A5M ×××××××××		
	依据标准	—		
	外形尺寸（长/宽/高）（mm）	3900/1555/1670		
	总质量（kg）	1700	整备质量（kg）	1400
	轴距（mm）	2420	轴荷	810/890
	额定载客（人）	4	燃料种类	纯电动
	底盘型号	—	生产厂家	—
电机	电机类型	永磁无刷直流电机	电机型号	BLT11/27－3000/312
	电机峰值功率（kW）	27	电机连续功率（kW）	—
	电机连续扭矩（N·m）	—	电机峰值扭矩（N·m）	—
电池	电压（V）	330	容量（Ah）	150
	电池额定电压（V）	3.3	电池额定容量（Ah）	150
	电池种类	磷酸铁锂电池	电池型号	QSFL38125450
性能指标	最高车速（km/h）	100	0～100km/h 加速时间（s）	—
	最大爬坡度（%）	—	百公里能耗（kWh）	—
	续驶里程（km）	—	排放	—

44. 众泰牌 JNJ6401EVL1 型纯电动轻型客车

生产企业名称			湖南江南汽车制造有限公司	
整车	车辆名称	纯电动轻型客车		
	车辆型号	JNJ6401EVL1		
	中文品牌	众泰牌		
	公告批次	221		
	目录序号	84		
	识别代号	LJ8E3A5M×××××××××		
	依据标准	—		
	外形尺寸（长/宽/高）（mm）	3970/1570/1730		
	总质量（kg）	1700	整备质量（kg）	1400
	轴距（mm）	2420	轴荷	810/890
	额定载客（人）	4	燃料种类	纯电动
	底盘型号	—	生产厂家	—
电机	电机类型	永磁无刷直流电机	电机型号	BLT11/27－3000/312
	电机峰值功率（kW）	27	电机连续功率（kW）	—
	电机连续扭矩（N·m）	—	电机峰值扭矩（N·m）	—
电池	电压（V）	330	容量（Ah）	150
	电池额定电压（V）	3.3	电池额定容量（Ah）	150
	电池种类	磷酸铁锂电池	电池型号	QSFL38125450
性能指标	最高车速（km/h）	100	0～100km/h 加速时间（s）	—
	最大爬坡度（%）	—	百公里能耗（kWh）	—
	续驶里程（km）	—	排放	—

45. 众泰牌 JNJ7000EVM 型纯电动轿车

生产企业名称			湖南江南汽车制造有限公司	
整车	车辆名称	纯电动轿车		
	车辆型号	JNJ7000EVM		
	中文品牌	众泰牌		
	公告批次	221		
	目录序号	84		
	识别代号	LJ8E2C5M×××××××××		
	依据标准	—		
	外形尺寸（长/宽/高）（mm）	4089/1871/1695		
	总质量（kg）	2150	整备质量（kg）	1750
	轴距（mm）	2666	轴荷	1120/1030
	额定载客（人）	5	燃料种类	纯电动
	底盘型号	—	生产厂家	—
电机	电机类型	水冷变频感应电机	电机型号	WTGSDJ－30A
	电机峰值功率（kW）	90.93	电机连续功率（kW）	—
	电机连续扭矩（N·m）	—	电机峰值扭矩（N·m）	—
电池	电压（V）	320	容量（Ah）	180
	电池额定电压（V）	3.2	电池额定容量（Ah）	180
	电池种类	磷酸铁锂电池	电池型号	SE180AHA
性能指标	最高车速（km/h）	120	0～100 km/h 加速时间（s）	—
	最大爬坡度（%）	—	百公里能耗（kWh）	—
	续驶里程（km）	—	排放	—

46. 江南牌 JNJ7000EVA1 型纯电动轿车

生产企业名称			湖南江南汽车制造有限公司	
整车	车辆名称	纯电动轿车		
	车辆型号	JNJ7000EVA1		
	中文品牌	众泰牌		
	公告批次	221		
	目录序号	84		
	识别代号	LJ853A5M ×××××××××		
	依据标准	—		
	外形尺寸（长/宽/高）（mm）	3300,3340/1405,1500/1410,1480		
	总质量（kg）	1230	整备质量（kg）	940
	轴距（mm）	2175	轴荷	570/660
	额定载客（人）	4	燃料种类	纯电动
	底盘型号	—	生产厂家	—
电机	电机类型	永磁无刷直流电机	电机型号	BLT5/10-3000/7
	电机峰值功率（kW）	10	电机连续功率（kW）	—
	电机连续扭矩（N·m）	—	电机峰值扭矩（N·m）	—
电池	电压（V）	72	容量（Ah）	150
	电池额定电压（V）	12	电池额定容量（Ah）	150
	电池种类	铅酸电池	电池型号	6-DM-150AH
性能指标	最高车速（km/h）	80	0~100 km/h 加速时间（s）	—
	最大爬坡度（%）	—	百公里能耗（kWh）	—
	续驶里程（km）	—	排放	—

47. 江南牌 JNJ7000EVA 型纯电动轿车

生产企业名称			湖南江南汽车制造有限公司	
整车	车辆名称	纯电动轿车		
	车辆型号	JNJ7000EVA		
	中文品牌	众泰牌		
	公告批次	221		
	目录序号	84		
	识别代号	LJ853A5M ×××××××××		
	依据标准	—		
	外形尺寸（长/宽/高）（mm）	3300,3340/1405,1500/1410,1480		
	总质量（kg）	1040	整备质量（kg）	740
	轴距（mm）	2175	轴荷	530/510
	额定载客（人）	4	燃料种类	纯电动
	底盘型号	—	生产厂家	—
电机	电机类型	永磁无刷直流电机	电机型号	BLT5/10-3000/7
	电机峰值功率（kW）	10	电机连续功率（kW）	—
	电机连续扭矩（N·m）	电机峰值扭矩（N·m）	电机峰值扭矩（N·m）	
电池	电压（V）	72	容量（Ah）	150
	电池额定电压（V）	3.2	电池额定容量（Ah）10	
	电池种类	磷酸铁锂电池	电池型号	—
性能指标	最高车速（km/h）	80	0~100 km/h 加速时间（s）	—
	最大爬坡度（%）	—	百公里能耗（kWh）	—
	续驶里程（km）	—	排放	—

48. 清源牌 QY5020GKC－08BEVA 纯电动高空作业车

生产企业名称			天津清源电动车辆有限责任公司	
整车	车辆名称	纯电动高空作业车		
	车辆型号	QY5020GKC－08BEVA		
	中文品牌	清源牌		
	公告批次	193		
	目录序号	（二）22		
	识别代号	LECYC22H98T000001		
	依据标准	清源牌 QY5020GKC－08BEVA 纯电动高空作业车产品标准		
	外形尺寸（长/宽/高）（mm）	4320/1528/2480		
	货厢尺寸（长/宽/高）（mm）	2265/1415/319		
	总质量（kg）	1770	整备质量（kg）	1630
	轴距（mm）	2600	轴荷	620/1150
	额定载客（人）	—	燃料种类	纯电动
	底盘型号	QY5020HBEVA	生产厂家	天津清源电动车辆有限责任公司
电机	电机类型	三相交流感应电机	电机型号	—
	电机峰值功率（kW）	26	电机连续功率（kW）	7.5
	电机连续扭矩（N·m）	48	电机峰值扭矩（N·m）	160
电池	电压（V）	72	容量（Ah）	150
	电池额定电压（V）	—	电池额定容量（Ah）—	
	电池种类	铅酸密封	电池型号	—
性能指标	最高车速（km/h）	80	0～50 km/h 加速时间（s）	27.9
	最大爬坡度（%）	≥20	百公里能耗（kWh）	10.7
	续驶里程（km）	100	排放	—

49. 清源牌 QY5020XXYBEVYC 纯电动厢式运输车

生产企业名称			天津清源电动车辆有限责任公司	
整车	车辆名称	纯电动厢式运输车		
	车辆型号	QY5020XXYBEVYC		
	中文品牌	清源牌		
	公告批次	205		
	目录序号	（二）22		
	识别代号	LECYC22H99T000002		
	依据标准	清源牌 QY5020XXYBEVYC 纯电动厢式运输车产品标准		
	外形尺寸（长/宽/高）（mm）	4320/1528/1975		
	货厢尺寸（长/宽/高）（mm）	2185/1494/1240		
	总质量（kg）	1770	整备质量（kg）	1218
	轴距（mm）	2600	轴荷	620/1150
	额定载客（人）	—	燃料种类	纯电动
	底盘型号	QY5020HBEVA	生产厂家	天津清源电动车辆有限责任公司
电机	电机类型	三相交流感应电机	电机型号	
	电机峰值功率（kW）	26	电机连续功率（kW）	7.5
	电机连续扭矩（N·m）	48	电机峰值扭矩（N·m）	160
电池	电压（V）	72	容量（Ah）	150
	电池额定电压（V）	—	电池额定容量（Ah）—	
	电池种类	铅酸密封	电池型号	
性能指标	最高车速（km/h）	80	0～50 km/h 加速时间（s）	27.8
	最大爬坡度（%）	≥20	百公里能耗（kWh）	10.7
	续驶里程（km）	100	排放	—

50. 清源牌 QY5020ZLJBEVYC 纯电动垃圾车

生产企业名称			天津清源电动车辆有限责任公司	
整车	车辆名称	纯电动垃圾车		
	车辆型号	QY5020ZLJBEVYC		
	中文品牌	清源牌		
	公告批次	214		
	目录序号	（二）22		
	识别代号	LECYC22H1AT000001		
	依据标准	清源牌 QY5020ZLJBEVYC、QY5021ZLJBEVYC、QY5020ZXXBEVYC 产品标准		
	外形尺寸（长/宽/高）（mm）	4430/1528/2030		
	货厢尺寸（长/宽/高）（mm）	2310/1500/1200		
	总质量（kg）	1770	整备质量（kg）	1329
	轴距（mm）	2600	轴荷	670/1100
	额定载客（人）	—	燃料种类	纯电动
	底盘型号	QY5020HBEVA	生产厂家	天津清源电动车辆有限责任公司
电机	电机类型	三相交流感应电机	电机型号	
	电机峰值功率（kW）	26	电机连续功率（kW）	7.5
	电机连续扭矩（N·m）	48	电机峰值扭矩（N·m）	160
电池	电压（V）	72	容量（Ah）	150
	电池额定电压（V）	—	电池额定容量（Ah）—	
	电池种类	铅酸密封	电池型号	—
性能指标	最高车速（km/h）	40	0~40km/h 加速时间（s）	11.4
	最大爬坡度（%）	≥20	百公里能耗（kWh）	10.7
	续驶里程（km）	100	排放	—

51. 清源牌 QY5020ZXXBEVYC 纯电动车厢可卸式垃圾车

生产企业名称			天津清源电动车辆有限责任公司	
整车	车辆名称	纯电动车厢可卸式垃圾车		
	车辆型号	QY5020ZXXBEVYC		
	中文品牌	清源牌		
	公告批次	216		
	目录序号	（二）22		
	识别代号	LECYC22H5AT000003		
	依据标准	清源牌 QY5020ZLJBEVYC QY5021ZLJBEVYC、QY5020ZXXBEVYC 产品标准		
	外形尺寸（长/宽/高）（mm）	4434240/1528/19300/1528/2030		
	总质量（kg）	1770	整备质量（kg）	1440
	轴距（mm）	2600	轴荷	620/1150
	额定载客（人）		燃料种类	纯电动
	底盘型号	QY5020HBEVA	生产厂家	天津清源电动车辆有限责任公司
电机	电机类型	三相交流感应电机	电机型号	
	电机峰值功率（kW）	26	电机连续功率（kW）	7.5
	电机连续扭矩（N·m）	48	电机峰值扭矩（N·m）	160
电池	电压（V）	72	容量（Ah）	150
	电池额定电压（V）		电池额定容量（Ah）—	
	电池种类	铅酸密封	电池型号	
性能指标	最高车速（km/h）	55	0~40km/h 加速时间（s）	12.6
	最大爬坡度（%）	≥20	百公里能耗（kWh）	10.8
	续驶里程（km）	100	排放	—

52. 清源牌 QY5021ZLJBEVYC 纯电动垃圾车

生产企业名称			天津清源电动车辆有限责任公司	
整车	车辆名称	纯电动垃圾车		
	车辆型号	QY5021ZLJBEVYC		
	中文品牌	清源牌		
	公告批次	216		
	目录序号	（二）22		
	识别代号	LECYC22H3AT000002		
	依据标准	清源牌 QY5020ZLJBEVYC QY5021ZLJBEVYC、QY5020ZXXBEVYC 产品标准		
	外形尺寸（长/宽/高）（mm）	4115/1540/2000		
	货厢尺寸（长/宽/高）（mm）	1934/1525/1178		
	总质量（kg）	1770	整备质量（kg）	1400
	轴距（mm）	2600	轴荷	670/1100
	额定载客（人）	—	燃料种类	纯电动
	底盘型号	QY5020HBEVA	生产厂家	天津清源电动车辆有限责任公司
电机	电机类型	三相交流感应电机	电机型号	—
	电机峰值功率（kW）	26	电机连续功率（kW）	7.5
	电机连续扭矩（N·m）	48	电机峰值扭矩（N·m）	160
电池	电压（V）	72	容量（Ah）	150
	电池额定电压（V）	—	电池额定容量（Ah）—	
	电池种类	铅酸密封	电池型号	—
性能指标	最高车速（km/h）	55	0～40km/h 加速时间（s）	11.4
	最大爬坡度（%）	≥20	百公里能耗（kWh）	10.8
	续驶里程（km）	100	排放	—

53. 清源牌 QY5020XYZBEVEC 纯电动邮政车

生产企业名称			天津清源电动车辆有限责任公司	
整车	车辆名称	纯电动邮政车		
	车辆型号	QY5020XYZBEVEC		
	中文品牌	清源牌		
	公告批次	208		
	目录序号	（二）22		
	识别代号	LECEC25H99T000001		
	依据标准	清源牌 QY5020BEVEC 系列车型产品标准		
	外形尺寸（长/宽/高）（mm）	3930/1505/1875		
	总质量（kg）	1610	整备质量（kg）	1180
	轴距（mm）	2470	轴荷	662/948
	额定载客（人）	—	燃料种类	纯电动
	底盘型号	—	生产厂家	—
电机	电机类型	三相交流感应电机	电机型号	—
	电机峰值功率（kW）	26	电机连续功率（kW）	7.5
	电机连续扭矩（N·m）	48	电机峰值扭矩（N·m）	160
电池	电压（V）	72	容量（Ah）	150
	电池额定电压（V）	—	电池额定容量（Ah）—	
	电池种类	铅酸密封	电池型号	—
性能指标	最高车速（km/h）	80	0～50 km/h 加速时间（s）	17.4
	最大爬坡度（%）	≥20	百公里能耗（kWh）	22.58
	续驶里程（km）	100	排放	—

54. 清源牌 QY5020XFWBEVEC 纯电动服务车

生产企业名称			天津清源电动车辆有限责任公司	
整车	车辆名称	纯电动服务车		
	车辆型号	QY5020XFWBEVEC		
	中文品牌	清源牌		
	公告批次	208		
	目录序号	(二) 22		
	识别代号	LECEC25H09T000002		
	依据标准	清源牌 QY5020BEVEC 系列车型产品标准		
	外形尺寸(长/宽/高)(mm)	3930/1505/1875		
	总质量(kg)	1610	整备质量(kg)	1180
	轴距(mm)	2470	轴荷	662/948
	额定载客(人)	—	燃料种类	纯电动
	底盘型号	—	生产厂家	—
电机	电机类型	三相交流感应电机	电机型号	—
	电机峰值功率(kW)	26	电机连续功率(kW)	7.5
	电机连续扭矩(N·m)	48	电机峰值扭矩(N·m)	160
电池	电压(V)	72	容量(Ah)	150
	电池额定电压(V)	—	电池额定容量(Ah)	—
	电池种类	铅酸密封	电池型号	—
性能指标	最高车速(km/h)	80	0~50 km/h 加速时间(s)	17.4
	最大爬坡度(%)	≥20	百公里能耗(kWh)	22.58
	续驶里程(km)	100	排放	—

55. 清源牌 QY5020XYZBEVEL 纯电动邮政车

生产企业名称			天津清源电动车辆有限责任公司	
整车	车辆名称	纯电动邮政车		
	车辆型号	QY5020XYZBEVEL		
	中文品牌	清源牌		
	公告批次	217		
	目录序号	(二) 22		
	识别代号	LECEC25G4AT000001		
	依据标准	清源牌 QY5020XFWBEVEL QY5020XYZBEVEL 产品标准		
	外形尺寸(长/宽/高)(mm)	3930/1505/1875		
	总质量(kg)	1610	整备质量(kg)	1059
	轴距(mm)	2470	轴荷	618/992
	额定载客(人)	—	燃料种类	纯电动
	底盘型号	—	生产厂家	—
电机	电机类型	三相交流感应电机	电机型号	
	电机峰值功率(kW)	26	电机连续功率(kW)	7.5
	电机连续扭矩(N·m)	48	电机峰值扭矩(N·m)	160
电池	电压(V)	77	容量(Ah)	136.5
	电池额定电压(V)	—	电池额定容量(Ah)	—
	电池种类	磷酸铁锂	电池型号	
性能指标	最高车速(km/h)	80	0~50 km/h 加速时间(s)	17.4
	最大爬坡度(%)	≥20	百公里能耗(kWh)	19.2
	续驶里程(km)	100	排放	—

56. 清源牌 QY5020XFWBEVEL 纯电动服务车

生产企业名称			天津清源电动车辆有限责任公司	
整车	车辆名称	纯电动服务车		
	车辆型号	QY5020XFWBEVEL		
	中文品牌	清源牌		
	公告批次	217		
	目录序号	(二) 22		
	识别代号	LECEC25G6AT000002		
	依据标准	清源牌 QY5020XFWBEVEL QY5020XYZBEVEL 产品标准		
	外形尺寸 (长/宽/高) (mm)	3930/1505/1875		
	总质量 (kg)	1610	整备质量 (kg)	1059
	轴距 (mm)	2470	轴荷	618/992
	额定载客 (人)	—	燃料种类	纯电动
	底盘型号	—	生产厂家	—
电机	电机类型	三相交流感应电机	电机型号	—
	电机峰值功率 (kW)	26	电机连续功率 (kW)	7.5
	电机连续扭矩 (N·m)	48	电机峰值扭矩 (N·m)	160
电池	电压 (V)	77	容量 (Ah)	136.5
	电池额定电压 (V)	—	电池额定容量 (Ah) —	
	电池种类	磷酸铁锂	电池型号	—
性能指标	最高车速 (km/h)	80	0~50 km/h 加速时间 (s)	17.4 s
	最大爬坡度 (%)	≥20	百公里能耗 (kWh)	19.2
	续驶里程 (km)	100	排放	—

57. 畅达牌 NJ5090GQXEV 型纯电动高压清洗车

生产企业名称			南京汽车集团有限公司	
整车	车辆名称	纯电动高压清洗车		
	车辆型号	NJ5090GQXEV		
	中文品牌	畅达牌		
	公告批次	216		
	目录序号	44		
	识别代号	LJ1EKRBR ×××××××××		
	依据标准	—		
	外形尺寸 (长/宽/高) (mm)	7060/2030/2260,2440		
	总质量 (kg)	9000	整备质量 (kg)	5500
	轴距 (mm)	3815	轴荷	2700/6300
	额定载客 (人)	—	燃料种类	纯电动
	底盘型号	HFC1090EV	生产厂家	安徽江淮汽车股份有限公司
电机	电机类型	—	电机型号	SJ2103P50 – B
	电机峰值功率 (kW)	50	电机连续功率 (kW)	—
	电机连续扭矩 (N·m)	—	电机峰值扭矩 (N·m)	—
电池	电压 (V)	—	容量 (Ah)	—
	电池额定电压 (V)	—	电池额定容量 (Ah) —	
	电池种类	—	电池型号	—
性能指标	最高车速 (km/h)	70	0~50 km/h 加速时间 (s)	—
	最大爬坡度 (%)	—	百公里能耗 (kWh)	—
	续驶里程 (km)	—	排放	—

58. 华林牌 HLT5074ZYSEV 型纯电动压缩式垃圾车

生产企业名称			北京华林特装车有限公司	
整车	车辆名称	纯电动压缩式垃圾车		
	车辆型号	H LT5074ZYSEV		
	中文品牌	华林牌		
	公告批次	193		
	目录序号	(一) 31		
	识别代号	LVBV4J0B＊＊＊＊＊＊＊＊＊		
	依据标准	—		
	外形尺寸 (长/宽/高) (mm)	6500/2070/2400		
	总质量 (kg)	7495	整备质量 (kg)	5530
	轴距 (mm)	3360	轴荷	3000/4495
	额定载客 (人)	2	燃料种类	电
	底盘型号	BJ1071VDE0A	生产厂家	北汽福田
电机	电机类型	永磁交流同步电机	电机型号	—
	电机峰值功率 (kW)	110	电机连续功率 (kW)	60
	电机连续扭矩 (N·m)	300/0-3500	电机峰值扭矩 (N·m)	—
电池	电压 (V)	384	容量 (Ah)	200
	电池额定电压 (V)	384	电池额定容量 (Ah) 200	
	电池种类	磷酸铁锂电池	电池型号	—
性能指标	最高车速 (km/h)	80	0~50 km/h 加速时间 (s)	15
	最大爬坡度 (%)	30	百公里能耗 (kWh)	600
	续驶里程 (km)	150	排放	0

59. 华林牌 HLT5076ZYSEV 型纯电动压缩式垃圾车

生产企业名称			北京华林特装车有限公司	
整车	车辆名称	纯电动压缩式垃圾车		
	车辆型号	H LT5076ZYSEV		
	中文品牌	华林牌		
	公告批次	220		
	目录序号	(一) 31		
	识别代号	LVBV4J0B＊＊＊＊＊＊＊＊＊		
	依据标准	—		
	外形尺寸 (长/宽/高) (mm)	6500/2070/2400		
	总质量 (kg)	7495	整备质量 (kg)	5530
	轴距 (mm)	3360	轴荷	3000/4495
	额定载客 (人)	2	燃料种类	电
	底盘型号	BJ1071VDE0A—1	生产厂家	北汽福田
电机	电机类型	永磁交流同步电机	电机型号	—
	电机峰值功率 (kW)	110	电机连续功率 (kW)	60
	电机连续扭矩 (N·m)	300/0-3500	电机峰值扭矩 (N·m)	—
电池	电压 (V)	384	容量 (Ah)	200
	电池额定电压 (V)	384	电池额定容量 (Ah) 200	
	电池种类	锰酸锂电池	电池型号	—
性能指标	最高车速 (km/h)	80	0~50 km/h 加速时间 (s)	15
	最大爬坡度 (%)	30	百公里能耗 (kWh)	600
	续驶里程 (km)	150	排放	0

60. 华林牌 HLT5072ZZZEV 型纯电动自装卸式垃圾车

生产企业名称			北京华林特装车有限公司	
整车	车辆名称	纯电动自装卸式垃圾车		
	车辆型号	H LT5072ZZZEV		
	中文品牌	华林牌		
	公告批次	222		
	目录序号	(一) 31		
	识别代号	LVBV4J0B＊＊＊＊＊＊＊＊＊		
	依据标准	—		
	外形尺寸（长/宽/高）(mm)	5720/2020/2390		
	总质量（kg）	7495	整备质量（kg）	5400
	轴距（mm）	3360	轴荷	3000/4495
	额定载客（人）	2	燃料种类	电
	底盘型号	BJ1071VDE0A	生产厂家	北汽福田
电机	电机类型	永磁交流同步电机	电机型号	—
	电机峰值功率（kW）	110	电机连续功率（kW）	60
	电机连续扭矩（N·m）	300/0－3500	电机峰值扭矩（N·m）	—
电池	电压（V）	384	容量（Ah）	200
	电池额定电压（V）	384	电池额定容量（Ah）200	
	电池种类	磷酸铁锂电池	电池型号	—
性能指标	最高车速（km/h）	80	0～50 km/h 加速时间（s）	15
	最大爬坡度（%）	30	百公里能耗（kWh）	600
	续驶里程（km）	150	排放	0

61. 华林牌 HLT5071ZZZEV 型纯电动自装卸式垃圾车

生产企业名称			北京华林特装车有限公司	
整车	车辆名称	纯电动自装卸式垃圾车		
	车辆型号	H LT5071ZZZEV		
	中文品牌	华林牌		
	公告批次	220		
	目录序号	(一) 31		
	识别代号	LVBV4J0B＊＊＊＊＊＊＊＊＊		
	依据标准	—		
	外形尺寸（长/宽/高）(mm)	5720/2020/2390		
	总质量（kg）	7495	整备质量（kg）	5400
	轴距（mm）	3360	轴荷	3000/4495
	额定载客（人）	2	燃料种类	电
	底盘型号	BJ1071VDE0A－1	生产厂家	北汽福田
电机	电机类型	永磁交流同步电机	电机型号	—
	电机峰值功率（kW）	110	电机连续功率（kW）	60
	电机连续扭矩（N·m）	300/0－3500	电机峰值扭矩（N·m）	—
电池	电压（V）	384	容量（Ah）	200
	电池额定电压（V）	384	电池额定容量（Ah）200	
	电池种类	锰酸锂电池	电池型号	—
性能指标	最高车速（km/h）	80	0～50 km/h 加速时间（s）	15
	最大爬坡度（%）	30	百公里能耗（kWh）	600
	续驶里程（km）	150	排放	0

62. 华林牌 HLT5165GSSEV 型纯电动洒水车

生产企业名称			北京华林特装车有限公司	
整车	车辆名称	纯电动洒水车		
	车辆型号	H LT5165GSSEV		
	中文品牌	华林牌		
	公告批次	222		
	目录序号	(一) 31		
	识别代号	LVBV5P4B * * * * * * * * *		
	依据标准	—		
	外形尺寸 (长/宽/高) (mm)	8650/2490/2720		
	总质量 (kg)	16000	整备质量 (kg)	9800
	轴距 (mm)	4500	轴荷	6000/10000
	额定载客 (人)	3	燃料种类	电
	底盘型号	BJ1163EV1	生产厂家	北汽福田
电机	电机类型	永磁交流同步电机	电机型号	—
	电机峰值功率 (kW)	170	电机连续功率 (kW)	130
	电机连续扭矩 (N · m)	850 / 4500	电机峰值扭矩 (N · m)	—
电池	电压 (V)	384	容量 (Ah)	400
	电池额定电压 (V)	384	电池额定容量 (Ah) 400	
	电池种类	磷酸铁锂电池	电池型号	—
性能指标	最高车速 (km/h)	80	0 ~50 km/h 加速时间 (s)	25
	最大爬坡度 (%)	30	百公里能耗 (kWh)	1000
	续驶里程 (km)	150	排放	0

63. 华林牌 HLT5166GSSEV 型纯电动洒水车

生产企业名称			北京华林特装车有限公司	
整车	车辆名称	纯电动洒水车		
	车辆型号	H LT5166GSSEV		
	中文品牌	华林牌		
	公告批次	222		
	目录序号	(一) 31		
	识别代号	LVBV5P4B * * * * * * * * *		
	依据标准	—		
	外形尺寸 (长/宽/高) (mm)	8650/2490/2720		
	总质量 (kg)	16000	整备质量 (kg)	9800
	轴距 (mm)	4500	轴荷	6000/10000
	额定载客 (人)	3	燃料种类	电
	底盘型号	BJ1163EV2	生产厂家	北汽福田
电机	电机类型	永磁交流同步电机	电机型号	—
	电机峰值功率 (kW)	170	电机连续功率 (kW)	130
	电机连续扭矩 (N · m)	850 / 4500	电机峰值扭矩 (N · m)	—
电池	电压 (V)	384	容量 (Ah)	400
	电池额定电压 (V)	384	电池额定容量 (Ah) 400	
	电池种类	锰酸锂电池	电池型号	—
性能指标	最高车速 (km/h)	80	0 ~50 km/h 加速时间 (s)	25
	最大爬坡度 (%)	30	百公里能耗 (kWh)	1000
	续驶里程 (km)	150	排放	0

64. 华林牌 HLT5021JHQLJEV 型纯电动桶装垃圾运输车

生产企业名称			北京华林特装车有限公司	
整车	车辆名称	纯电动桶装垃圾运输车		
	车辆型号	H LT5021JHQLJ EV		
	中文品牌	华林牌		
	公告批次	222		
	目录序号	(一) 31		
	识别代号	LVAV2J0B＊＊＊＊＊＊＊＊＊		
	依据标准	—		
	外形尺寸（长/宽/高）（mm）	4920/1530/1810		
	总质量（kg）	2250	整备质量（kg）	1690
	轴距（mm）	2500	轴荷	910/1340
	额定载客（人）	2	燃料种类	电
	底盘型号	BJ1020EV5	生产厂家	北汽福田
电机	电机类型	永磁交流同步电机	电机型号	—
	电机峰值功率（kW）	60	电机连续功率（kW）	30
	电机连续扭矩（N·m）	95/ 2500	电机峰值扭矩（N·m）	210/2700
电池	电压（V）	384	容量（Ah）	60
	电池额定电压（V）	384	电池额定容量（Ah）60	
	电池种类	磷酸铁锂电池	电池型号	—
性能指标	最高车速（km/h）	90	0 ~50 km/h 加速时间（s）	15
	最大爬坡度（%）	30	百公里能耗（kWh）	200
	续驶里程（km）	100	排放	0

65. 华林牌 HLT5022CTYEV 型纯电动桶装垃圾运输车

生产企业名称			北京华林特装车有限公司	
整车	车辆名称	纯电动桶装垃圾运输车		
	车辆型号	H LT5022CTY EV		
	中文品牌	华林牌		
	公告批次	222		
	目录序号	(一) 31		
	识别代号	LVAV2J0B＊＊＊＊＊＊＊＊＊		
	依据标准	—		
	外形尺寸（长/宽/高）（mm）	4920/1530/1810		
	总质量（kg）	2250	整备质量（kg）	1690
	轴距（mm）	2500	轴荷	910/1340
	额定载客（人）	2	燃料种类	电
	底盘型号	BJ1020EV8	生产厂家	北汽福田
电机	电机类型	永磁交流同步电机	电机型号	—
	电机峰值功率（kW）	60	电机连续功率（kW）	30
	电机连续扭矩（N·m）	95/ 2500	电机峰值扭矩（N·m）	210/2700
电池	电压（V）	384	容量（Ah）	60
	电池额定电压（V）	384	电池额定容量（Ah）60	
	电池种类	锰酸锂电池	电池型号	—
性能指标	最高车速（km/h）	90	0 ~50 km/h 加速时间（s）	15
	最大爬坡度（%）	30	百公里能耗（kWh）	200
	续驶里程（km）	100	排放	0

66. 华林牌 HLT5026CTYEV 型纯电动桶装垃圾运输车

生产企业名称			北京华林特装车有限公司	
整车	车辆名称	纯电动桶装垃圾运输车		
	车辆型号	H LT5026CTYEV		
	中文品牌	华林牌		
	公告批次	223		
	目录序号	(一) 31		
	识别代号	LVAV2J0B * * * * * * * * *		
	依据标准	—		
	外形尺寸 (长/宽/高) (mm)	4920/1610/1810		
	总质量 (kg)	2250	整备质量 (kg)	1690
	轴距 (mm)	2500	轴荷	910/1340
	额定载客 (人)		燃料种类	电 2
	底盘型号	BJ1020EV9	生产厂家	北汽福田
电机	电机类型	永磁交流同步电机	电机型号	—
	电机峰值功率 (kW)	60	电机连续功率 (kW)	30
	电机连续扭矩 (N · m)	95/ 2500	电机峰值扭矩 (N · m)	210/2700
电池	电压 (V)	384	容量 (Ah)	60
	电池额定电压 (V)	384	电池额定容量 (Ah) 60	
	电池种类	磷酸铁锂电池	电池型号	—
性能指标	最高车速 (km/h)	90	0 ~50 km/h 加速时间 (s)	15
	最大爬坡度 (%)	30	百公里能耗 (kWh)	200
	续驶里程 (km)	100	排放	0

67. 华林牌 HLT5023JHQLJEV 型纯电动桶装垃圾运输车

生产企业名称			北京华林特装车有限公司	
整车	车辆名称	纯电动桶装垃圾运输车		
	车辆型号	H LT5023JHQLJ EV		
	中文品牌	华林牌		
	公告批次	222		
	目录序号	(一) 31		
	识别代号	LVAV2J0B * * * * * * * * *		
	依据标准	—		
	外形尺寸 (长/宽/高) (mm)	4920/1530/2100		
	总质量 (kg)	2250	整备质量 (kg)	1710
	轴距 (mm)	2500	轴荷	910/1340
	额定载客 (人)	2	燃料种类	电
	底盘型号	BJ1020EV5	生产厂家	北汽福田
电机	电机类型	永磁交流同步电机	电机型号	—
	电机峰值功率 (kW)	60	电机连续功率 (kW)	30
	电机连续扭矩 (N · m)	95/ 2500	电机峰值扭矩 (N · m)	210/2700
电池	电压 (V)	384	容量 (Ah)	60
	电池额定电压 (V)	384	电池额定容量 (Ah) 60	
	电池种类	磷酸铁锂电池	电池型号	—
性能指标	最高车速 (km/h)	90	0 ~50 km/h 加速时间 (s)	15
	最大爬坡度 (%)	30	百公里能耗 (kWh)	200
	续驶里程 (km)	100	排放	0

68. 华林牌 HLT5024CTYEV 型纯电动桶装垃圾运输车

生产企业名称			北京华林特装车有限公司	
整车	车辆名称	纯电动桶装垃圾运输车		
	车辆型号	H LT5024CTY EV		
	中文品牌	华林牌		
	公告批次	222		
	目录序号	(—) 31		
	识别代号	LVAV2J0B＊＊＊＊＊＊＊＊＊		
	依据标准	—		
	外形尺寸（长/宽/高）(mm)	4920/1530/2100		
	总质量（kg）	2250	整备质量（kg）	1710
	轴距（mm）	2500	轴荷	910/1340
	额定载客（人）	2	燃料种类	电
	底盘型号	BJ1020EV9	生产厂家	北汽福田
电机	电机类型	永磁交流同步电机	电机型号	—
	电机峰值功率（kW）	60	电机连续功率（kW）	30
	电机连续扭矩（N·m）	95/ 2500	电机峰值扭矩（N·m）	210/2700
电池	电压（V）	384	容量（Ah）	60
	电池额定电压（V）	384	电池额定容量（Ah）60	
	电池种类	磷酸铁锂电池	电池型号	—
性能指标	最高车速（km/h）	90	0 ~50 km/h 加速时间（s）	15
	最大爬坡度（%）	30	百公里能耗（kWh）	200
	续驶里程（km）	100	排放	0

69. 华林牌 HLT5025CTYEV 型纯电动桶装垃圾运输车

生产企业名称			北京华林特装车有限公司	
整车	车辆名称	纯电动桶装垃圾运输车		
	车辆型号	H LT5025CTY EV		
	中文品牌	华林牌		
	公告批次	223		
	目录序号	(—) 31		
	识别代号	LVAV2J0B＊＊＊＊＊＊＊＊＊		
	依据标准	—		
	外形尺寸（长/宽/高）(mm)	4920/1530/2100		
	总质量（kg）	2250	整备质量（kg）	1710
	轴距（mm）	2500	轴荷	910/1340
	额定载客（人）	2	燃料种类	电
	底盘型号	BJ1020EV8	生产厂家	北汽福田
电机	电机类型	永磁交流同步电机	电机型号	—
	电机峰值功率（kW）	60	电机连续功率（kW）	30
	电机连续扭矩（N·m）	95/ 2500	电机峰值扭矩（N·m）	210/2700
电池	电压（V）	384	容量（Ah）	60
	电池额定电压（V）	384	电池额定容量（Ah）60	
	电池种类	锰酸锂电池	电池型号	—
性能指标	最高车速（km/h）	90	0 ~50 km/h 加速时间（s）	15
	最大爬坡度（%）	30	百公里能耗（kWh）	200
	续驶里程（km）	100	排放	0

70. 华林牌 HLT5022ZLJEV 型纯电动自卸式垃圾车

生产企业名称			北京华林特装车有限公司	
整车	车辆名称	纯电动自卸式垃圾车		
	车辆型号	H LT5022ZLJEV		
	中文品牌	华林牌		
	公告批次	222		
	目录序号	(—) 31		
	识别代号	LVAV2J0B * * * * * * * * *		
	依据标准	—		
	外形尺寸（长/宽/高）（mm）	4280/1550/1860		
	总质量（kg）	2250	整备质量（kg）	1650
	轴距（mm）	2370	轴荷	910/1340
	额定载客（人）	2	燃料种类	电
	底盘型号	BJ1020EV7	生产厂家	北汽福田
电机	电机类型	永磁交流同步电机	电机型号	—
	电机峰值功率（kW）	60	电机连续功率（kW）	30
	电机连续扭矩（N · m）	95/ 2500	电机峰值扭矩（N · m）	210/2700
电池	电压（V）	384	容量（Ah）	60
	电池额定电压（V）	384	电池额定容量（Ah）60	
	电池种类	磷酸铁锂电池	电池型号	—
性能指标	最高车速（km/h）	90	0 ~50 km/h 加速时间（s）	15
	最大爬坡度（%）	30	百公里能耗（kWh）	200
	续驶里程（km）	100	排放	0

71. 天路牌 BTL5072(71)TSLEV 型纯电动吸尘车

生产企业名称			北京天路通科技有限责任公司	
整车	车辆名称	型纯电动吸尘车		
	车辆型号	BTL5072（71）TSLEV		
	中文品牌	天路牌		
	公告批次	193		
	目录序号	(—) 44		
	识别代号	LVBV4J0B		
	依据标准	GB16735—2004		
	外形尺寸（长/宽/高）（mm）	6150/2099/2450		
	货厢尺寸（长/宽/高）（mm）	4425/2060/1720		
	总质量（kg）	7495	整备质量（kg）	5640
	轴距（mm）	3360	轴荷	3000/4495
	额定载客（人）	2	燃料种类	纯电动
	底盘型号	BJ1071VDE0A－1	生产厂家	北汽福田

续表

生产企业名称				北京天路通科技有限责任公司	
电机	电机类型		永磁交流同步电机	电机型号	—
	电机峰值功率（kW）		110	电机连续功率（kW）	60/3500
	电机连续扭矩（N·m）		165	电机峰值扭矩（N·m）	300/0－3500
	外电机	额定转矩（Nm）	165	额定转速（r/min）	3500
		功率（kW）	60	额定效率（%）	90
		峰值转矩（Nm）	300	可控最高转速（r/min）	5500
	内电机	额定转矩（Nm）	76	额定转速（r/min）	2990
		额定功率（kW）	24	额定效率（%）	90
电池	电压（V）		384	容量（Ah）	200
	电池额定电压（V）		磷酸铁锂：3.2 （锰酸锂：3.6）	电池额定容量（Ah）200	
	电池种类		磷酸铁锂（或锰酸锂）	电池型号	—
性能指标	最高车速（km/h）		80	0～50 km/h 加速时间（s）	20
	最大爬坡度（%）		30	百公里能耗（kWh）	—
	续驶里程（km）		150	排放	0

72. 康迪牌 KD5012XXYBEV 型纯电动厢式运输车

生产企业名称			金华市康迪新能源车辆有限公司	
整车	车辆名称	纯电动厢式运输车		
	车辆型号	KD5012XXYBEV		
	中文品牌	康迪牌		
	公告批次	217		
	目录序号	（十一）27		
	识别代号	LA9BAC12 × × ×ZKD × × ×		
	依据标准	—		
	外形尺寸（长/宽/高）（mm）	4165/1630/1720		
	货厢尺寸（长/宽/高）（mm）	1600/1370/1000		
	总质量（kg）	1480	整备质量（kg）	1090
	轴距（mm）	2500	轴荷	613/867
	额定载客（人）	1	燃料种类	纯电动
	底盘型号	—	1	生产厂家
电机	电机类型	交流异步电机	电机型号	GLMI05A0H
	电机峰值功率（kW）	14	电机连续功率（kW）	—
	电机连续扭矩（N·m）	17	电机峰值扭矩（N·m）	—
电池	电压（V）	72	容量（Ah）	180
	电池额定电压（V）	4	电池额定容量（Ah）180	
	电池种类	阀控密封式铅酸蓄电池	电池型号	3DM180，
性能指标	最高车速（km/h）	72	0～50 km/h 加速时间（s）	—
	最大爬坡度（%）	—	百公里能耗（kWh）	—
	续驶里程（km）	—	排放	0

73. 康迪牌 KD5020XXYBEV 型纯电动厢式运输车

生产企业名称				金华市康迪新能源车辆有限公司	
整车	车辆名称		纯电动厢式运输车		
	车辆型号		KD5012XXYBEV		
	中文品牌		康迪牌		
	公告批次		217		
	目录序号		(十一) 27		
	识别代号		LA9BAH2C ××× ZKD ×××		
	依据标准		—		
	外形尺寸	长 (mm)	4165		
		宽 (mm)	1630		
		高 (mm)	1650		
	货厢尺寸	长 (mm)	1010		
		宽 (mm)	1370		
		高 (mm)	1000		
	总质量 (kg)		1770	整备质量 (kg)	1175
	轴距 (mm)		2500	轴荷	654/1116
	额定载客 (人)		—	燃料种类	纯电动
	底盘型号		KD5020 三类	生产厂家	浙江康迪车业有限公司
电机	电机类型		交流异步电机	电机型号	GLMI10A1
	电机峰值功率 (kW)		15	电机连续功率 (kW)	—
	电机连续扭矩 (N·m)		32	电机峰值扭矩 (N·m)	—
电池	电压 (V)		72	容量 (Ah)	150
	电池额定电压 (V)		12	电池额定容量 (Ah)	150
	电池种类		阀控密封式铅酸蓄电池	电池型号	6DM150
性能指标	最高车速 (km/h)		75	0~50 km/h 加速时间 (s)	—
	最大爬坡度 (%)		—	百公里能耗(kWh)	—
	续驶里程 (km)		—	排放	0

74. 康迪牌 KD5010XXYEV 型纯电动厢式运输车

生产企业名称				金华市康迪新能源车辆有限公司	
整车	车辆名称		纯电动厢式运输车		
	车辆型号		KD5KD5010XXYEV		
	中文品牌		康迪牌		
	公告批次		219		
	目录序号		(十一) 27		
	识别代号		LA9BAH10 ××× ZKD ×××		
	依据标准		—		
	外形尺寸	长 (mm)	2860, 2900		
		宽 (mm)	1545		
		高 (mm)	1650, 1590		
	货厢尺寸	长 (mm)	680		
		宽 (mm)	1320		
		高 (mm)	900, 840		
	总质量 (kg)		1260	整备质量 (kg)	980
	轴距 (mm)		2080	轴荷	530/730,568/692
	额定载客 (人)		—	燃料种类	纯电动
	底盘型号		KD5010 三类	生产厂家	浙江康迪车业有限公司
电机	电机类型		交流异步电机	电机型号	GLMI10A1
	电机峰值功率 (kW)		15	电机连续功率 (kW)	—
	电机连续扭矩 (N·m)		32	电机峰值扭矩 (N·m)	—
电池	电压 (V)		72	容量 (Ah)	120
	电池额定电压 (V)		12	电池额定容量 (Ah)	120
	电池种类		阀控密封式铅酸蓄电池	电池型号	6DM120
性能指标	最高车速 (km/h)		72	0~50 km/h 加速时间 (s)	—
	最大爬坡度 (%)		—	百公里能耗(kWh)	—
	续驶里程 (km)		—	排放	—

75. 瑞驰牌 CRC5020XYZ－LBEV 型纯电动邮政车

生产企业名称				重庆瑞驰汽车实业有限公司	
整车	车辆名称		纯电动邮政车		
	车辆型号		CRC5020XYZ－LBEV		
	中文品牌		瑞驰牌		
	公告批次		217		
	目录序号		（二十一）14		
	识别代号		LR83VPG6×××××××××		
	依据标准		—		
	外形尺寸	长（mm）	4070		
		宽（mm）	1560		
		高（mm）	2380		
	货厢尺寸	长（mm）	2170		
		宽（mm）	1455		
		高（mm）	1350		
	总质量（kg）		2050	整备质量（kg）	1320
	轴距（mm）		2510	轴荷	920/1130
	额定载客（人）		—	燃料种类	纯电动
	底盘型号		CRC6390LBEV 三类	生产厂家	重庆瑞驰汽车实业有限公司
电机	电机类型		交流永磁同步电机	电机型号	190ZWS011
	电机峰值功率（kW）		20	电机连续功率（kW）	—
	电机连续扭矩（N·m）		—	电机峰值扭矩（N·m）	—
电池	电压（V）		单体电压 3.2	容量（Ah）	单体容量 180
	电池额定电压（V）		144	电池额定容量（Ah）	180
	电池种类		磷酸铁锂动力电池	电池型号	SE180AHA
性能指标	最高车速（km/h）		85	0～50 km/h 加速时间（s）	—
	最大爬坡度（%）		—	百公里能耗（kWh）	—
	续驶里程（km）		—	排放	—

76. 瑞驰牌 CRC5020XYZ－QBEV 型纯电动邮政车

生产企业名称				重庆瑞驰汽车实业有限公司	
整车	车辆名称		纯电动邮政车		
	车辆型号		CRC5020XYZ－QBEV		
	中文品牌		瑞驰牌		
	公告批次		217		
	目录序号		（二十一）14		
	识别代号		LR83UPF6×××××××××		
	依据标准		—		
	外形尺寸	长（mm）	4210		
		宽（mm）	1560		
		高（mm）	2100		
	货厢尺寸	长（mm）	2380		
		宽（mm）	1435		
		高（mm）	1340		
	总质量（kg）		1860	整备质量（kg）	1230
	轴距（mm）		2515	轴荷	760/1100
	额定载客（人）		—	燃料种类	纯电动
	底盘型号		CRC5020QBEV 二类	生产厂家	重庆瑞驰汽车实业有限公司
电机	电机类型		直流串励电机	电机型号	ZC6.3－72
	电机峰值功率（kW）		25	电机连续功率（kW）	—
	电机连续扭矩（N·m）		—	电机峰值扭矩（N·m）	—
电池	电压（V）		单体电压 8	容量（Ah）	单体容量 135
	电池额定电压（V）		72	电池额定容量（Ah）	135
	电池种类		铅酸动力电池	电池型号	4DM1358V135Ah
性能指标	最高车速（km/h）		75	0～50 km/h 加速时间（s）	
	最大爬坡度（%）		—	百公里能耗（kWh）	—
	续驶里程（km）		—	排放	—

(三)燃料电池汽车

1. 奇瑞牌 SQR7000FEB11 型燃料电池汽车

生产企业名称				奇瑞汽车股份有限公司	
整车	车辆名称		东方之子燃料电池车		
	车辆型号		SQR7000FEB11		
	中文品牌		奇瑞牌		
	公告批次		210		
	目录序号		119		
	识别代号		LVVDC17B ×××××××××		
	依据标准		—		
	外形尺寸	长 (mm)	4770		
		宽 (mm)	1815		
		高 (mm)	1445		
	总质量 (kg)		2250	整备质量 (kg)	1875
	轴距 (mm)		2700	轴荷	995/880
	额定载客 (人)		5	燃料种类	氢气
	底盘型号		—	生产厂家	—
电机	电机类型		永磁同步电机	电机型号	—
	电机峰值功率 (kW)		90	电机连续功率 (kW)	42
	电机连续扭矩 (N·m)		—	电机峰值扭矩 (N·m)	210
电池	动力电池容量 (Ah)		7.5	动力电池类型	锂离子电池
	燃料电池发动机功率 (kW)		55	燃料电池额定电压 (V)	360
性能指标	最高车速 (km/h)		120	0~100 km/h 加速时间 (s) (或0~50)	20
	最大爬坡度 (%)		20	百公里能耗(kWh)	1.2
	续驶里程 (km)		300		

2. 申沃牌 SWB6129FC 型燃料电池城市客车

生产企业名称				上海申沃客车有限公司	
整车	车辆名称		燃料电池城市客车		
	车辆型号		SWB6129FC		
	中文品牌		申沃牌		
	公告批次		121		
	目录序号		42		
	识别代号		—		
	依据标准		—		
	外形尺寸	长 (mm)	11990		
		宽 (mm)	2535		
		高 (mm)	3450		
	总质量 (kg)		18000	整备质量 (kg)	14500
	轴距 (mm)		5940	轴荷	7000/11000
	额定载客 (人)		—	燃料种类	氢气
	底盘型号		—	生产厂家	申沃客车
电机	电机类型		交流异步	电机型号	—
	电机峰值功率 (kW)		180	电机连续功率 (kW)	100
	电机连续扭矩 (N·m)		531	电机峰值扭矩 (N·m)	1100
电池	动力电池容量 (Ah)		—	动力电池类型	燃料电池
	燃料电池发动机功率 (kW)		40 ×2	燃料电池额定电压 (V)	360 ~520
性能指标	最高车速 (km/h)		≥70	0~100 km/h 加速时间 (s) (或0~50)	≤25
	最大爬坡度 (%)		≥18	百公里能耗(kWh)	≤12
	续驶里程 (km)		≥220		

3. 上海牌 CSA7000FCEV 型燃料电池轿车

生产企业名称				上海汽车集团股份有限公司	
整车	车辆名称		燃料电池轿车		
	车辆型号		CSA7000FCEV		
	中文品牌		上海牌		
	公告批次		212		
	目录序号		122		
	识别代号		—		
	依据标准		—		
	外形尺寸	长（mm）	4865		
		宽（mm）	1765		
		高（mm）	1422		
	总质量（kg）		—	整备质量（kg）	1975
	轴距（mm）		2849	轴荷	—
	额定载客（人）		5	燃料种类	氢气
	底盘型号		—	生产厂家	上海汽车
电机	电机类型		永磁电机	电机型号	—
	电机峰值功率（kW）		88	电机连续功率（kW）	42
	电机连续扭矩（N·m）		—	电机峰值扭矩（N·m）	—
电池	动力电池容量（Ah）		—	动力电池类型	燃料电池
	燃料电池发动机功率（kW）		45	燃料电池额定电压（V）	360
性能指标	最高车速（km/h）		≥150	0~100 km/h 加速时间（s）（或 0~50）	≤15
	最大爬坡度（%）		≥20	百公里能耗(kWh)	≤1.2
	续驶里程（km）		≥250		

4. 楚天 2 号型燃料电池汽车

生产企业名称				武汉理工大学	
整车	车辆名称		燃料电池汽车		
	车辆型号		EQ6700		
	中文品牌		楚天 2 号		
	外形尺寸	长（mm）	6990		
		宽（mm）	2200		
		高（mm）	3180		
	总质量（kg）		8910	载质量利用系数	26.4%
	整备质量（kg）		7050	额定载质量（kg）	1860
	轴距（mm）		3800	轴荷	71.5%
	额定载客（人）		21	燃料种类	高压氢气
	底盘型号		自改装	生产厂家	东风
电机	电机类型		开关磁阻电机	电机型号	—
	电机峰值功率（kW）		90	电机连续功率（kW）	45
	电机连续扭矩（N·m）		100	电机峰值扭矩（N·m）	300
电池	动力电池容量（Ah）		40	动力电池类型	磷酸铁锂
	燃料电池发动机功率（kW）		50	燃料电池额定电压（V）	500
性能指标	最高车速（km/h）		≥80	0~100 km/h 加速时间（s）	25
	最大爬坡度（%）		20	百公里能耗(kWh)	5
	续驶里程（km）		200		

(四)燃气汽车及醇醚类汽车车型参数(LPG、LNG、CNG、LCNG、二甲醚及其他)

1. 桂林牌 GL6120NGGH 型燃气城市客车

生产企业名称				桂林客车工业集团有限公司	
整车	车辆名称		城市客车		
	车辆型号		GL6120NGGH		
	中文品牌		桂林牌		
	燃料类型		NG		
	外形尺寸	长(mm)	11990		
		宽(mm)	2500		
		高(mm)	3070,3320		
	总质量(kg)		18000	额定载质量(kg)	—
	整备质量(kg)		11100,11450	额定载客(人)	84/24-46
	轴距(mm)		6000	轴荷(kg)	6500/11500
	底盘型号		—	生产厂家	—
发动机	发动机型号		SC8DT250Q3	发动机生产商	上海柴油机股份有限公司
	发动机排量(ml)		8270	发动机功率(kW)	184
变速箱	型号		QJ805	形式	机械式
性能指标	最高车速(km/h)		85	0~100 km/h 加速时间(s)	24.6
	最大爬坡度(%)		20	综合燃料消耗量(m^3/100km)	52.5

2. 桂林牌 GL6128NGGH 型燃气城市客车

生产企业名称				桂林客车工业集团有限公司	
整车	车辆名称		城市客车		
	车辆型号		GL6128NGGH		
	中文品牌		桂林牌		
	燃料类型		NG		
	外形尺寸	长(mm)	11990		
		宽(mm)	2500		
		高(mm)	3070,3320		
	总质量(kg)		18000	额定载质量(kg)	—
	整备质量(kg)		11100,11450	额定载客(人)	84/24-46
	轴距(mm)		6000	轴荷(kg)	6500/11500
	底盘型号		—	生产厂家	—
发动机	发动机型号		SC8DT250Q4	发动机生产商	上海柴油机股份有限公司
	发动机排量(ml)		8270	发动机功率(kW)	184
变速箱	型号		QJ805	形式	机械式
性能指标	最高车速(km/h)		85	0~100 km/h 加速时间(s)	34.8
	最大爬坡度(%)		20	综合燃料消耗量(m^3/100km)	32.3

3. 五洲龙牌 FDG6113N 型燃气城市客车

生产企业名称			深圳市五洲龙汽车有限公司	
整车	车辆名称		城市客车	
	车辆型号		FDG6113N	
	中文品牌		五洲龙牌	
	燃料类型		NG	
	外形尺寸	长（mm）	11090	
		宽（mm）	2500	
		高（mm）	3180	
	总质量（kg）		16500	额定载质量（kg）	—
	整备质量（kg）		10500	额定载客（人）	92/20－39
	轴距（mm）		5300	轴荷（kg）	5500/11000
	底盘型号		SX6114GL81T	生产厂家	陕西汽车集团有限责任公司
发动机	发动机型号		YC6G260N－40 WP10NG260E40 SC8DT250Q4	发动机生产商	广西玉柴机器股份有限公司 潍坊潍柴培新气体发动机有限公司 上海柴油机股份有限公司
	发动机排量（ml）		7800 9726 8270	发动机功率（kW）	191 191 184
变速箱	类别		QJ1205	形式	机械式、带同步器、MT
性能指标	最高车速（km/h）		80	0～100 km/h 加速时间（s）	—
	最大爬坡度（%）		20	综合燃料消耗量（m^3/100km）	—

4. 江西牌 JXK6113BCNG 型燃气客车

生产企业名称			江西凯马百路佳客车有限公司	
整车	车辆名称		燃气客车	
	车辆型号		JXK6113BCNG	
	中文品牌		江西牌	
	燃料类型		NG	
	外形尺寸	长（mm）	11280	
		宽（mm）	2495	
		高（mm）	3350	
	总质量（kg）		16200	额定载质量（kg）	—
	整备质量（kg）		11200	额定载客（人）	73/27－37
	轴距（mm）		5400/5600	轴荷（kg）	5400/10800
	底盘型号		DHZ6110LND	生产厂家	东风杭州汽车有限公司
发动机	发动机型号		YC6G260N－40	发动机生产商	广西玉柴机器股份有限公司
	发动机排量（ml）		7800	发动机功率（kW）	191
变速箱	型号		手动	形式	机械
性能指标	最高车速（km/h）		80	0～100 km/h 加速时间（s）	20
	最大爬坡度（%）		20	综合燃料消耗量（m^3/100km）	25

5. 宇通牌 ZK6110HN 型燃气客车

生产企业名称				郑州宇通客车股份有限公司	
整车	车辆名称		客车		
	车辆型号		ZK6110HN		
	中文品牌		宇通牌		
	燃料类型		CNG、LNG		
	外形尺寸	长（mm）	10800		
		宽（mm）	2500		
		高（mm）	3550		
	总质量（kg）		15900	额定载质量（kg）	4000
	整备质量（kg）		11900	额定载客（人）	24－51
	轴距（mm）		5550	轴荷（kg）	5200/10700
	底盘型号		ZK6107CRN	生产厂家	郑州宇通客车股份有限公司
发动机	发动机型号		YC6G260N－30	发动机生产商	广西玉柴机器股份有限公司
	发动机排量（ml）		7800	发动机功率（kW）	191
变速箱	型号		机械式	形式	6 前进挡 1 倒挡，带同步器
性能指标	最高车速（km/h）		120	0～100 km/h 加速时间（s）	60
	最大爬坡度（%）		30	综合燃料消耗量（m^3/100km）	CNG：120，LNG：42.9

6. 宇通牌 ZK6110HN01Y 型燃气客车

生产企业名称				郑州宇通客车股份有限公司	
整车	车辆名称		客车		
	车辆型号		ZK6110HN01Y		
	中文品牌		宇通牌		
	燃料类型		CNG、LNG		
	外形尺寸	长（mm）	10800		
		宽（mm）	2500		
		高（mm）	3550		
	总质量（kg）		15900	额定载质量（kg）	4000
	整备质量（kg）		11900	额定载客（人）	24－51
	轴距（mm）		5550	轴荷（kg）	5200/10700
	底盘型号		ZK6107CRNA	生产厂家	郑州宇通客车股份有限公司
发动机	发动机型号		YC6G260N－40 WP7NG260E40 WP7NG270E40	发动机生产商	广西玉柴机器股份有限公司 潍坊潍柴培新气体发动机有限公司 潍坊潍柴培新气体发动机有限公司
	发动机排量（ml）		7800 7140 7140	发动机功率（kW）	191 191 198
变速箱	型号		机械式	形式	6 前进挡 1 倒挡，带同步器
性能指标	最高车速（km/h）		120	0～100 km/h 加速时间（s）	60
	最大爬坡度（%）		30	综合燃料消耗量（m^3/100km）	CNG：120，LNG：42.9

7. 宇通牌 ZK6127HN 型燃气客车

生产企业名称				郑州宇通客车股份有限公司	
整车	车辆名称		客车		
	车辆型号		ZK6127HN		
	中文品牌		宇通牌		
	燃料类型		CNG、LNG		
	外形尺寸	长（mm）	12000		
		宽（mm）	2550		
		高（mm）	3820		
	总质量（kg）		18000	额定载质量（kg）	4300
	整备质量（kg）		13700	额定载客（人）	24 - 55
	轴距（mm）		6050	轴荷（kg）	6500/11500
	底盘型号		ZK6127CRN9	生产厂家	郑州宇通客车股份有限公司
发动机	发动机型号		YC6M340N - 30 WP12NG350E30	发动机生产商	广西玉柴机器股份有限公司 潍坊潍柴培新气体发动机有限公司
	发动机排量（ml）		9839 11596	发动机功率（kW）	250 257
变速箱	型号		机械式	形式	6 前进挡 1 倒挡，带同步器
性能	最高车速（km/h）		125	0~100 km/h 加速时间（s）	60
指标	最大爬坡度（%）		30	综合燃料消耗量（m^3/100km）	CNG：120，LNG：42.9

8. 宇通牌 ZK6122HN19 型燃气客车

生产企业名称				郑州宇通客车股份有限公司	
整车	车辆名称		客车		
	车辆型号		ZK6122HN19		
	中文品牌		宇通牌		
	燃料类型		CNG、LNG		
	外形尺寸	长（mm）	12000		
		宽（mm）	2550		
		高（mm）	3830		
	总质量（kg）		18000	额定载质量（kg）	4290
	整备质量（kg）		13710	额定载客（人）	24 - 59
	轴距（mm）		6050	轴荷（kg）	6500/11500
	底盘型号		ZK6127CRN9	生产厂家	郑州宇通客车股份有限公司
发动机	发动机型号		YC6M340N - 30 WP12NG350E30	发动机生产商	广西玉柴机器股份有限公司 潍坊潍柴培新气体发动机有限公司
	发动机排量（ml）		9839 11596	发动机功率（kW）	250 257
变速箱	型号		机械式	形式	6 前进挡 1 倒挡，带同步器
性能	最高车速（km/h）		125	0~100 km/h 加速时间（s）	60
指标	最大爬坡度（%）		30	综合燃料消耗量（m^3/100km）	CNG：120，LNG：42.9

9. 宇通牌 ZK6122HN01Y 型燃气客车

生产企业名称				郑州宇通客车股份有限公司	
整车	车辆名称		客车		
	车辆型号		ZK6122HN01Y		
	中文品牌		宇通牌		
	燃料类型		CNG、LNG		
	外形尺寸	长（mm）	12000		
		宽（mm）	2550		
		高（mm）	3830		
	总质量（kg）		18000	额定载质量（kg）	4290
	整备质量（kg）		13710	额定载客（人）	24－59
	轴距（mm）		6050	轴荷（kg）	6500/11500
	底盘型号		ZK6127CRNB	生产厂家	郑州宇通客车股份有限公司
发动机	发动机型号		WP10NG336E40 WP10NG300E40	发动机生产商	潍坊潍柴培新气体发动机有限公司 潍坊潍柴培新气体发动机有限公司
	发动机排量（ml）		9726	发动机功率（kW）	247/220
变速箱	型号		机械式	形式	6前进挡1倒挡，带同步器
性能指标	最高车速（km/h）		125	0～100 km/h 加速时间（s）	60
	最大爬坡度（%）		30	综合燃料消耗量（m^3/100km）	CNG：120，LNG：42.9

10. 宇通牌 ZK6122HNWQ01Y 型燃气客车

生产企业名称				郑州宇通客车股份有限公司	
整车	车辆名称		客车		
	车辆型号		ZK6122HNWQ01Y		
	中文品牌		宇通牌		
	燃料类型		CNG、LNG		
	外形尺寸	长（mm）	12000		
		宽（mm）	2550		
		高（mm）	3950		
	总质量（kg）		18000	额定载质量（kg）	3820
	整备质量（kg）		14180	额定载客（人）	24－49
	轴距（mm）		6050	轴荷（kg）	6500/11500
	底盘型号		全承载	生产厂家	郑州宇通客车股份有限公司
发动机	发动机型号		WP10NG336E40 WP12NG350E40 WP12NG380E40 YC6MK375N－40	发动机生产商	潍坊潍柴培新气体发动机有限公司 潍坊潍柴培新气体发动机有限公司 潍坊潍柴培新气体发动机有限公司 广西玉柴机器股份有限公司
	发动机排量（ml）		9726 11596 11596 10338	发动机功率（kW）	247 257 280 276
变速箱	型号		机械式	形式	6前进挡1倒挡，带同步器
性能指标	最高车速（km/h）		125	0～100 km/h 加速时间（s）	60
	最大爬坡度（%）		30	综合燃料消耗量（m^3/100km）	CNG：120，LNG：42.9

11. 宇通牌 ZK6127HNWQ01Y 型燃气客车

生产企业名称			郑州宇通客车股份有限公司	
整车	车辆名称		客车	
	车辆型号		ZK6127HNWQ01Y	
	中文品牌		宇通牌	
	燃料类型		CNG、LNG	
	外型尺寸	长（mm）	12000	
		宽（mm）	2550	
		高（mm）	3820	
	总质量（kg）		18000	额定载质量（kg）	3590
	整备质量（kg）		14410	额定载客（人）	24－46
	轴距（mm）		6050	轴荷（kg）	6500/11500
	底盘型号		全承载	生产厂家	郑州宇通客车股份有限公司
发动机	发动机型号		WP10NG336E40 WP12NG380E40 YC6MK375N－40	发动机生产商	潍坊潍柴培新气体发动机有限公司 潍坊潍柴培新气体发动机有限公司 广西玉柴机器股份有限公司
	发动机排量（ml）		9726 11596 10338	发动机功率（kW）	247 280 276
变速箱	型号		机械式	形式	6 前进挡 1 倒挡，带同步器
性能指标	最高车速（km/h）		125	0～100 km/h 加速时间（s）	60
	最大爬坡度（%）		30	综合燃料消耗量（m^3/100km）	CNG：120，LNG：42.9

12. 宇通牌 ZK6117HN2Y 型燃气客车

生产企业名称			郑州宇通客车股份有限公司	
整车	车辆名称		客车	
	车辆型号		ZK6117HN2Y	
	中文品牌		宇通牌	
	燃料类型		CNG、LNG	
	外形尺寸	长（mm）	10690	
		宽（mm）	2500	
		高（mm）	3550	
	总质量（kg）		15900	额定载质量（kg）	4000
	整备质量（kg）		11900	额定载客（人）	24－51
	轴距（mm）		5250	轴荷（kg）	5200/10700
	底盘型号		ZK6107CRNB	生产厂家	郑州宇通客车股份有限公司
发动机	发动机型号		3YC6G260N－40 WP7NG260E40 WP7NG270E40	发动机生产商	广西玉柴机器股份有限公司 潍坊潍柴培新气体发动机有限公司 潍坊潍柴培新气体发动机有限公司
	发动机排量（ml）		7800 7140 7140	发动机功率（kW）	191 191 198
变速箱	型号		机械式	形式	6 前进挡 1 倒挡，带同步器
性能指标	最高车速（km/h）		120	0～100 km/h 加速时间（s）	60
	最大爬坡度（%）		30	综合燃料消耗量（m^3/100km）	CNG：120，LNG：42.9

13. 宇通牌 ZK6119HN2Y 型燃气客车

生产企业名称				郑州宇通客车股份有限公司	
整车	车辆名称		客车		
	车辆型号		ZK6119HN2Y		
	中文品牌		宇通牌		
	燃料类型		CNG、LNG		
	外形尺寸	长（mm）	10990		
		宽（mm）	2500		
		高（mm）	3550		
	总质量（kg）		16500	额定载质量（kg）	4200
	整备质量（kg）		12300	额定载客（人）	24－53
	轴距（mm）		5550	轴荷（kg）	5500/11000
	底盘型号		ZK6109CRNB	生产厂家	郑州宇通客车股份有限公司
发动机	发动机型号		YC6G260N－40 WP7NG260E40 WP7NG270E40	发动机生产商	广西玉柴机器股份有限公司 潍坊潍柴培新气体发动机有限公司 潍坊潍柴培新气体发动机有限公司
	发动机排量（ml）		7800 7140 7140	发动机功率（kW）	191 191 198
变速箱	型号		机械式	形式	6前进挡1倒挡，带同步器
性能指标	最高车速（km/h）		120	0～100 km/h 加速时间（s）	60
	最大爬坡度（%）		30	综合燃料消耗量（m^3/100km）	CNG：120，LNG：42.9

14. 宇通牌 ZK6119HNQ2Y 型燃气客车

生产企业名称				郑州宇通客车股份有限公司	
整车	车辆名称		客车		
	车辆型号		ZK6119HNQ2Y		
	中文品牌		宇通牌		
	燃料类型		CNG、LNG		
	外形尺寸	长（mm）	10990		
		宽（mm）	2500		
		高（mm）	3550		
	总质量（kg）		16500	额定载质量（kg）	4200
	整备质量（kg）		12300	额定载客（人）	24－53
	轴距（mm）		5550	轴荷（kg）	5500/11000
	底盘型号		全承载	生产厂家	郑州宇通客车股份有限公司
发动机	发动机型号		YC6G260N－40 WP7NG260E40 WP7NG270E40	发动机生产商	广西玉柴机器股份有限公司 潍坊潍柴培新气体发动机有限公司 潍坊潍柴培新气体发动机有限公司
	发动机排量（ml）		7800 7140 7140	发动机功率（kW）	191 191 198
变速箱	型号		机械式	形式	6前进挡1倒挡，带同步器
性能指标	最高车速（km/h）		120	0～100 km/h 加速时间（s）	60
	最大爬坡度（%）		30	综合燃料消耗量（m^3/100km）	CNG：120，LNG：42.9

15. 宇通牌 ZK6809HN 型燃气客车

生产企业名称			郑州宇通客车股份有限公司	
整车	车辆名称		客车	
	车辆型号		ZK6809HN	
	中文品牌		宇通牌	
	燃料类型		NG	
	外形形寸	长（mm）	8040	
		宽（mm）	2450	
		高（mm）	3440	
	总质量（kg）		10900	额定载质量（kg）	—
	整备质量（kg）		8170	额定载客（人）	24 – 35
	轴距（mm）		3900	轴荷（kg）	3780/7120
	底盘型号		ZK6770CRN	生产厂家	郑州宇通客车股份有限公司
发动机	发动机型号		YC4G180N – 30	发动机生产商	广西玉柴机器股份有限公司
	发动机排量（ml）		—	发动机功率（kW）	132
变速箱	型号		机械式	形式	6 前进挡 1 倒挡，带同步器
性能	最高车速（km/h）		110	0～100 km/h 加速时间（s）	60
指标	最大爬坡度（%）		30	综合燃料消耗量（m^3/100km）	19

16. 宇通牌 ZK6808HNAA 型燃气客车

生产企业名称			郑州宇通客车股份有限公司	
整车	车辆名称		客车	
	车辆型号		ZK6808HNAA	
	中文品牌		宇通牌	
	燃料类型		NG	
	外形尺寸	长（mm）	8000	
		宽（mm）	2470	
		高（mm）	3580	
	总质量（kg）		10300	额定载质量（kg）	—
	整备质量（kg）		7570	额定载客（人）	24 – 35
	轴距（mm）		3900	轴荷（kg）	3570/6730
	底盘型号		ZK6770CRNAA	生产厂家	郑州宇通客车股份有限公司
发动机	发动机型号		YC4G180N – 40	发动机生产商	广西玉柴机器股份有限公司
	发动机排量（ml）		—	发动机功率（kW）	132
变速箱	型号		机械式	形式	6 前进挡 1 倒挡，带同步器
性能	最高车速（km/h）		110	0～100 km/h 加速时间（s）	60
指标	最大爬坡度（%）		30	综合燃料消耗量（m^3/100km）	19

17. 宇通牌 ZK6858HNA9/B9 型燃气客车

生产企业名称				郑州宇通客车股份有限公司	
整车	车辆名称		客车		
	车辆型号		ZK6858HNA9/B9		
	中文品牌		宇通牌		
	燃料类型		NG		
	外形尺寸	长 (mm)	8543		
		宽 (mm)	2470		
		高 (mm)	3580		
	总质量 (kg)		11920	额定载质量 (kg)	—
	整备质量 (kg)		9020	额定载客 (人)	24 - 37
	轴距 (mm)		4100	轴荷 (kg)	3920/8000
	底盘型号		ZK6810CRNA9	生产厂家	郑州宇通客车股份有限公司
发动机	发动机型号		YC6J210N - 30	发动机生产商	广西玉柴机器股份有限公司
	发动机排量 (ml)		6454	发动机功率 (kW)	155
变速箱	型号		机械式	形式	6 前进挡 1 倒挡，带同步器
性能指标	最高车速 (km/h)		110	0~100 km/h 加速时间 (s)	60
	最大爬坡度 (%)		30	综合燃料消耗量 (m^3/100km)	20

18. 宇通牌 ZK6888HNA9/B9 型燃气客车

生产企业名称				郑州宇通客车股份有限公司	
整车	车辆名称		客车		
	车辆型号		ZK6888HNA9/B9		
	中文品牌		宇通牌		
	燃料类型		NG		
	外形尺寸	长 (mm)	8774		
		宽 (mm)	2470		
		高 (mm)	3580		
	总质量 (kg)		11980	额定载质量 (kg)	—
	整备质量 (kg)		8938	额定载客 (人)	24 - 37
	轴距 (mm)		4250	轴荷 (kg)	4125/7855
	底盘型号		ZK6840CRN	生产厂家	郑州宇通客车股份有限公司
发动机	发动机型号		YC6J210N - 30 WP6NG240E40	发动机生产商	广西玉柴机器股份有限公司 潍坊潍柴培新气体发动机有限公司
	发动机排量 (ml)		6454 6750	发动机功率 (kW)	155 177
变速箱	型号		机械式	形式	6 前进挡 1 倒挡，带同步器
性能指标	最高车速 (km/h)		110	0~100 km/h 加速时间 (s)	60
	最大爬坡度 (%)		30	综合燃料消耗量 (m^3/100km)	19

19. 宇通牌 ZK6888HNAA 型燃气客车

生产企业名称			郑州宇通客车股份有限公司	
整车	车辆名称	客车		
	车辆型号	ZK6888HNAA		
	中文品牌	宇通牌		
	燃料类型	NG		
	外形尺寸 长（mm）	8774		
	外形尺寸 宽（mm）	2470		
	外形尺寸 高（mm）	3580		
	总质量（kg）	12700	额定载质量（kg）	—
	整备质量（kg）	9650	额定载客（人）	24－37
	轴距（mm）	4250	轴荷（kg）	4200/8500
	底盘型号	ZK6840CRNAA	生产厂家	郑州宇通客车股份有限公司
发动机	发动机型号	YC6J210N－40 WP6NG240E40	发动机生产商	广西玉柴机器股份有限公司 潍坊潍柴培新气体发动机有限公司
	发动机排量（ml）	6454 6750	发动机功率（kW）	155 176
变速箱	型号	机械式	形式	6 前进挡 1 倒挡，带同步器
性能指标	最高车速（km/h）	110	0～100 km/h 加速时间（s）	60
	最大爬坡度（%）	30	综合燃料消耗量（m^3/100km）	19

20. 宇通牌 ZK6908HNA9/B9 型燃气客车

生产企业名称			郑州宇通客车股份有限公司	
整车	车辆名称	客车		
	车辆型号	ZK6908HNA9/B9		
	中文品牌	宇通牌		
	燃料类型	NG		
	外形尺寸 长（mm）	8995		
	外形尺寸 宽（mm）	2500		
	外形尺寸 高（mm）	3630		
	总质量（kg）	13600	额定载质量（kg）	—
	整备质量（kg）	10400	额定载客（人）	24－41
	轴距（mm）	4300	轴荷（kg）	4190/9410
	底盘型号	ZK6889CRND9	生产厂家	郑州宇通客车股份有限公司
发动机	发动机型号	YC6G260N－30 WP6NG240E30	发动机生产商	广西玉柴机器股份有限公司 潍坊潍柴培新气体发动机有限公司
	发动机排量（ml）	7800 6750	发动机功率（kW）	191 177
变速箱	型号	机械式	形式	6 前进挡 1 倒挡，带同步器
性能指标	最高车速（km/h）	115	0～100 km/h 加速时间（s）	60
	最大爬坡度（%）	30	综合燃料消耗量（m^3/100km）	20

21. 宇通牌 ZK6938HNA9/B9 型燃气客车

生产企业名称				郑州宇通客车股份有限公司	
整车	车辆名称		客车		
	车辆型号		ZK6938HNA9/B9		
	中文品牌		宇通牌		
	燃料类型		NG		
	外形尺寸	长（mm）	9320		
		宽（mm）	2500		
		高（mm）	3630		
	总质量（kg）		13700	额定载质量（kg）	—
	整备质量（kg）		10350	额定载客（人）	24－43
	轴距（mm）		4600	轴荷（kg）	4200/9500
	底盘型号		ZK6910CRNB9	生产厂家	郑州宇通客车股份有限公司
发动机	发动机型号		YC6G260N－30 WP6NG240E30	发动机生产商	广西玉柴机器股份有限公司 潍坊潍柴培新气体发动机有限公司
	发动机排量（ml）		7800 6750	发动机功率（kW）	191 177
变速箱	型号		机械式	形式	6 前进挡 1 倒挡，带同步器
性能	最高车速（km/h）		115	0～100 km/h 加速时间（s）	60
指标	最大爬坡度（%）		30	综合燃料消耗量（m^3/100km）	21

22. 宇通牌 ZK6998HNA9/B9 型燃气客车

生产企业名称				郑州宇通客车股份有限公司	
整车	车辆名称		客车		
	车辆型号		ZK6998HNA9/B9		
	中文品牌		宇通牌		
	燃料类型		NG		
	外形尺寸	长（mm）	9945		
		宽（mm）	2500		
		高（mm）	3630		
	总质量（kg）		14000	额定载质量（kg）	—
	整备质量（kg）		10490	额定载客（人）	24－45
	轴距（mm）		5100	轴荷（kg）	4500/9500
	底盘型号		全承载	生产厂家	郑州宇通客车股份有限公司
发动机	发动机型号		YC6G260N－30 WP6NG240E30	发动机生产商	广西玉柴机器股份有限公司 潍坊潍柴培新气体发动机有限公司
	发动机排量（ml）		7800 6750	发动机功率（kW）	191 177
变速箱	型号		机械式	形式	6 前进挡 1 倒挡，带同步器
性能	最高车速（km/h）		120	0～100 km/h 加速时间（s）	60
指标	最大爬坡度（%）		30	综合燃料消耗量（m^3/100km）	21

23. 宇通牌 ZK6127HNQCA 型燃气客车

生产企业名称			郑州宇通客车股份有限公司	
整车	车辆名称	客车		
整车	车辆型号	ZK6127HNQCA		
整车	中文品牌	宇通牌		
整车	燃料类型	LNG/CNG		
整车	外形尺寸 长（mm）	12000		
整车	外形尺寸 宽（mm）	2550		
整车	外形尺寸 高（mm）	3955		
整车	总质量（kg）	18000	额定载质量（kg）	—
整车	整备质量（kg）	13240/13550	额定载客（人）	25－61
整车	轴距（mm）	6050	轴荷（kg）	6500/11500
整车	底盘型号	全承载，无专门底盘	生产厂家	—
发动机	发动机型号	WP12NG380E40	发动机生产商	潍坊潍柴培新气体发动机有限公司
发动机	发动机排量（ml）	11.596	发动机功率（kW）	280
变速箱	型号	机械式	形式	6 前进挡 1 倒挡，带同步器
性能指标	最高车速（km/h）	120	0～100 km/h 加速时间（s）	60
性能指标	最大爬坡度（%）	>30	综合燃料消耗量（m^3/100km）	CNG：120，LNG：42.9

24. 宇通牌 ZK6147HNCA 型燃气客车

生产企业名称			郑州宇通客车股份有限公司	
整车	车辆名称	客车		
整车	车辆型号	ZK6147HNCA		
整车	中文品牌	宇通牌		
整车	燃料类型	LNG/CNG		
整车	外形尺寸 长（mm）	13670		
整车	外形尺寸 宽（mm）	2550		
整车	外形尺寸 高（mm）	3830		
整车	总质量（kg）	23000	额定载质量（kg）	—
整车	整备质量（kg）	17500	额定载客（人）	25－65
整车	轴距（mm）	6250＋1470	轴荷（kg）	5700/11300/6000
整车	底盘型号	ZK6137CRNDA	生产厂家	郑州宇通客车股份有限公司
发动机	发动机型号	WP12NG380E40	发动机生产商	潍坊潍柴培新气体发动机有限公司
发动机	发动机排量（ml）	11.596	发动机功率（kW）	280
变速箱	型号	机械式	形式	6 前进挡 1 倒挡，带同步器
性能指标	最高车速（km/h）	125	0～100 km/h 加速时间（s）	60
性能指标	最大爬坡度（%）	>30	综合燃料消耗量（m^3/100km）	CNG：120，LNG：42.9

25. 宇通牌 ZK6147HNWQBA 型燃气客车

生产企业名称				郑州宇通客车股份有限公司	
整车	车辆名称		客车		
	车辆型号		ZK6147HNWQBA		
	中文品牌		宇通牌		
	燃料类型		LNG/CNG		
	外形尺寸	长（mm）	13670		
		宽（mm）	2550		
		高（mm）	3950		
	总质量（kg）		23000	额定载质量（kg）	—
	整备质量（kg）		18500	额定载客（人）	25－54
	轴距（mm）		6250＋1470	轴荷（kg）	5700/11300/6000
	底盘型号		全承载，无专门灯泡	生产厂家	—
发动机	发动机型号		WP12NG380E40	发动机生产商	潍坊潍柴培新气体发动机有限公司
	发动机排量（ml）		11596	发动机功率（kW）	280
变速箱	型号		机械式	形式	6前进挡1倒挡，带同步器
性能指标	最高车速（km/h）		125	0～100 km/h 加速时间（s）	60
	最大爬坡度（%）		>30	综合燃料消耗量（m^3/100km）	CNG：120，LNG：42.9

26. 宇通牌 ZK6852HNGA9 型燃气客车

生产企业名称				郑州宇通客车股份有限公司	
整车	车辆名称		客车		
	车辆型号		ZK6852HNGA9		
	中文品牌		宇通牌		
	燃料类型		NG		
	外形尺寸	长（mm）	8545		
		宽（mm）	2420		
		高（mm）	3400		
	总质量（kg）		12200	额定载质量（kg）	—
	整备质量（kg）		7900,8200	额定载客（人）	66/24－31,61/24－31
	轴距（mm）		4000	轴荷（kg）	—
	底盘型号		全承载，无专门底盘	生产厂家	郑州宇通客车股份有限公司
发动机	发动机型号		WP12NG380E40	发动机生产商	广西玉柴机器股份有限公司
	发动机排量（ml）		5200	发动机功率（kW）	132
变速箱	型号		手动 MT	形式	CA5－85
性能指标	最高车速（km/h）		—	0～100 km/h 加速时间（s）	—
	最大爬坡度（%）		—0	综合燃料消耗量（m^3/100km）	—

27. 宇通牌 ZK6770HNG1 型燃气客车

生产企业名称			郑州宇通客车股份有限公司	
整车	车辆名称		城市客车	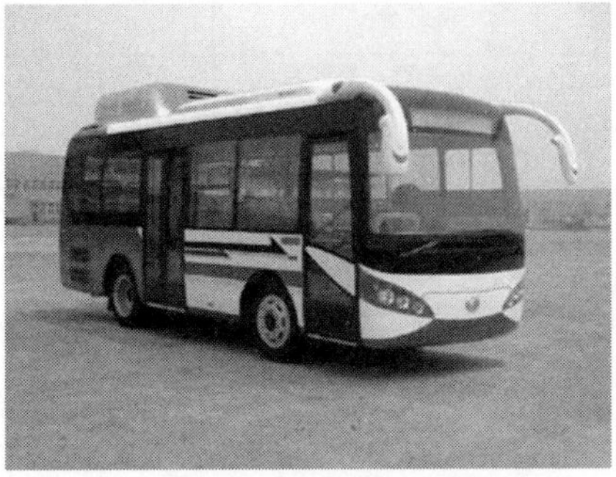
	车辆型号		ZK6770HNG1	
	中文品牌		宇通牌	
	燃料类型		NG	
	外形尺寸	长（mm）	7700	
		宽（mm）	2350	
		高（mm）	3400	
	总质量（kg）		9400	额定载质量（kg）	—
	整备质量（kg）		6600,7000	额定载客（人）	36/16－31,36/16－27,42/16－31,42/16－27
	轴距（mm）		3500	轴荷（kg）	—
	底盘型号		ZK6740GCRN1	生产厂家	郑州宇通客车股份有限公司
发动机	发动机型号		YC4G180N－40	发动机生产商	广西玉柴机器股份有限公司
	发动机排量（ml）		5200	发动机功率（kW）	132
变速箱	型号		手动 MT	形式	DF5S550
性能指标	最高车速（km/h）		—	0～100 km/h 加速时间（s）	—
	最大爬坡度（%）		—	综合燃料消耗量（m^3/100km）	—

28. 宇通牌 ZK6862HLGA 型燃气客车

生产企业名称			郑州宇通客车股份有限公司	
整车	车辆名称		城市客车	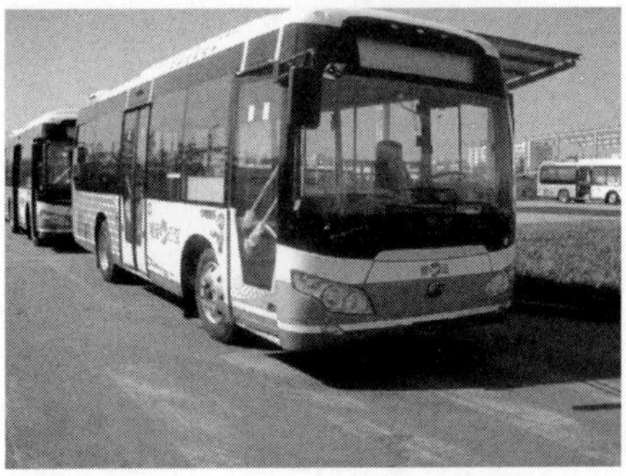
	车辆型号		ZK6862HLGA	
	中文品牌		宇通牌	
	燃料类型		LPG	
	外形尺寸	长（mm）	8645	
		宽（mm）	2420	
		高（mm）	3205	
	总质量（kg）		12200,13000	额定载质量（kg）	—
	整备质量（kg）		8750	额定载客（人）	53/24－31,65/24－31
	轴距（mm）		4100	轴荷（kg）	—
	底盘型号		ZK6830GCRLA	生产厂家	郑州宇通客车股份有限公司
发动机	发动机型号		YC4G160－4PB	发动机生产商	广西玉柴机器股份有限公司
	发动机排量（ml）		5200	发动机功率（kW）	118
变速箱	型号		手动 MT	形式	CA5－85
性能指标	最高车速（km/h）		—	0～100 km/h 加速时间（s）	—
	最大爬坡度（%）		—	综合燃料消耗量（m^3/100km）	—

29. 宇通牌 ZK6902HGM 型燃气客车

生产企业名称				郑州宇通客车股份有限公司	
整车	车辆名称		城市客车		
	车辆型号		ZK6902HGM		
	中文品牌		宇通牌		
	燃料类型		NG		
	外形尺寸	长 (mm)	8995		
		宽 (mm)	2420		
		高 (mm)	3400		
	总质量 (kg)		13200	额定载质量 (kg)	—
	整备质量 (kg)		8970,9800	额定载客 (人)	65/24-38,52/24-38
	轴距 (mm)		4300	轴荷 (kg)	—
	底盘型号		ZK6870GCRM	生产厂家	郑州宇通客车股份有限公司
发动机	发动机型号		YC6J190N-30	发动机生产商	广西玉柴机器股份有限公司
	发动机排量 (ml)		6454	发动机功率 (kW)	140
变速箱	型号		手动 MT	形式	CA5-85
性能指标	最高车速 (km/h)		—	0~100 km/h 加速时间 (s)	—
	最大爬坡度 (%)		—	综合燃料消耗量 (m^3/100km)	—

30. 宇通牌 ZK6100HGM 型燃气客车

整车	生产企业名称	郑州宇通客车股份有限公司		
	车辆名称	城市客车		
	车辆型号	ZK6100HGM		
	中文品牌	宇通牌		
	燃料类型	NG		
	外形尺寸(长/宽/高) (mm)	10305/2500/3240,3100,3400		
	总质量 (kg)	16000	额定载质量 (kg)	—
	整备质量 (kg)	11100,10500	额定载客 (人)	75/24-40
	轴距 (mm)	5000	轴荷 (kg)	5000/11000,
	底盘型号	ZK6990GCRM	生产厂家	郑州宇通客车股份有限公司
发动机	发动机型号	YC6G230N-30	发动机生产商	广西玉柴机器股份有限公司
	发动机排量 (ml)	7800	发动机功率 (kW)	170
变速箱	型号	手动变速箱	形式	软轴远距离操纵
性能指标	最高车速 (km/h)	85	0~50km/h 加速时间 (s)	—
	最大爬坡度 (%)	28	综合燃料消耗量 (m3/100km)	—

31. 宇通牌 ZK6105HLGQAA 型燃气客车

整车	生产企业名称	郑州宇通客车股份有限公司		
	车辆名称	城市客车		
	车辆型号	ZK6105HLGQAA		
	中文品牌	宇通牌		
	燃料类型	LPG		
	外形尺寸（长/宽/高）（mm）	10500/2500/3150		
	总质量（kg）	16500	额定载质量（kg）	—
	整备质量（kg）	11100,11450	额定载客（人）	77/24－38,84/24－38
	轴距（mm）	5200	轴荷（kg）	5500/11000
	底盘型号	承载式车身	生产厂家	—
发动机	发动机型号	YC6G220－4PB	发动机生产商	广西玉柴机器股份有限公司
	发动机排量（ml）	7800	发动机功率（kW）	162
变速箱	型号	手动变速箱	形式	软轴远距离操纵
性能指标	最高车速（km/h）	85	0～50km/h 加速时间（s）	—
	最大爬坡度（%）	28	综合燃料消耗量（m3/100km）	—

32. 宇通牌 ZK6120HGM 型燃气客车

整车	生产企业名称	郑州宇通客车股份有限公司		
	车辆名称	城市客车		
	车辆型号	ZK6120HGM		
	中文品牌	宇通牌		
	燃料类型	NG		
	外形尺寸（长/宽/高）（mm）	11600/2500/3265,3075,3400		
	总质量（kg）	16500	额定载质量（kg）	—
	整备质量（kg）	11600,12270,12470	额定载客（人）	75/24－45,65/24－45,62/24－45
	轴距（mm）	5800	轴荷（kg）	5500/11000
	底盘型号	ZK6110GCRM	生产厂家	郑州宇通客车股份有限公司
发动机	发动机型号	YC6G260N－30	发动机生产商	广西玉柴机器股份有限公司
	发动机排量（ml）	7800	发动机功率（kW）	191
变速箱	型号	手动变速箱	形式	软轴远距离操纵
性能指标	最高车速（km/h）	85	0～50km/h 加速时间（s）	—
	最大爬坡度（%）	28	综合燃料消耗量（m3/100km）	—

33. 宇通牌 ZK6125HNG1 型燃气客车

整车	生产企业名称	郑州宇通客车股份有限公司		
	车辆名称	城市客车		
	车辆型号	ZK6125HNG1		
	中文品牌	宇通牌		
	燃料类型	NG		
	外形尺寸（长/宽/高）（mm）	12000/2550/3300,3150,2950		
	总质量（kg）	18000	额定载质量（kg）	—
	整备质量（kg）	11200,11700	额定载客（人）	104/24-49,96/24-49
	轴距（mm）	6000	轴荷（kg）	6500/11500
	底盘型号	承载式车身	生产厂家	—
发动机	发动机型号	YC6G260N-30	发动机生产商	广西玉柴机器股份有限公司
	发动机排量（ml）	7800	发动机功率（kW）	191
变速箱	型号	手动变速箱	形式	软轴远距离操纵
性能指标	最高车速（km/h）	85	0~50km/h 加速时间（s）	—
	最大爬坡度（%）	28	综合燃料消耗量（m3/100km）	—

34. 宇通牌 ZK6140HGM 型燃气客车

整车	生产企业名称	郑州宇通客车股份有限公司		
	车辆名称	城市客车		
	车辆型号	ZK6140HGM		
	中文品牌	宇通牌		
	燃料类型	NG		
	外形尺寸（长/宽/高）（mm）	13620/2550/3400,3265,3100		
	总质量（kg）	23600	额定载质量（kg）	—
	整备质量（kg）	14850,15630	额定载客（人）	134/24-71,122/24-71
	轴距（mm）	6450+1300	轴荷（kg）	6300/11000/6300
	底盘型号	承载式车身	生产厂家	—
发动机	发动机型号	YC6M320N-30	发动机生产商	广西玉柴机器股份有限公司
	发动机排量（ml）	9839	发动机功率（kW）	236
变速箱	型号	手动变速箱	形式	软轴远距离操纵
性能指标	最高车速（km/h）	85	0~50km/h 加速时间（s）	—
	最大爬坡度（%）	28	综合燃料消耗量（m3/100km）	—

35. 宇通牌 ZK6100NGA9 型燃气客车

整车	生产企业名称	郑州宇通客车股份有限公司		
整车	车辆名称	客车		
整车	车辆型号	ZK6100NGA9		
整车	中文品牌	宇通牌		
整车	燃料类型	NG		
整车	外形尺寸（长/宽/高）（mm）	10440/2500/3200,3300		
整车	总质量（kg）	13400	额定载质量（kg）	4900
整车	整备质量（kg）	8500	额定载客（人）	75/15－41
整车	轴距（mm）	5000	轴荷（kg）	5500/8500
整车	底盘型号	ZK6100GCNA9	生产厂家	郑州宇通客车股份有限公司
发动机	发动机型号	NQ150N NQ170N NQ160N3	发动机生产商	东风南充汽车有限公司
发动机	发动机排量（ml）	5638 5638 5975	发动机功率（kW）	110 125 118
变速箱	型号	手动变速箱	形式	5 前进挡 1 倒挡
性能指标	最高车速（km/h）	80	0～50km/h 加速时间（s）	60
性能指标	最大爬坡度（%）	30	综合燃料消耗量（m3/100km）	32

36. 宇通牌 ZK6926NGA9 型燃气客车

整车	生产企业名称	郑州宇通客车股份有限公司		
整车	车辆名称	客车		
整车	车辆型号	ZK6926NGA9		
整车	中文品牌	宇通牌		
整车	燃料类型	NG		
整车	外形尺寸（长/宽/高）（mm）	9200/2500/3160,3280		
整车	总质量（kg）	13000	额定载质量（kg）	4900
整车	整备质量（kg）	8300,8700	额定载客（人）	75/15－41
整车	轴距（mm）	4500	轴荷（kg）	5500/8500
整车	底盘型号	ZK6880GCNA9	生产厂家	郑州宇通客车股份有限公司
发动机	发动机型号	NQ150N NQ170N CA6SH－NE3	发动机生产商	东风南充汽车有限公司 东风南充汽车有限公司 中国第一汽车集团公司
发动机	发动机排量（ml）	5638 5638 5560	发动机功率（kW）	110 125 118
变速箱	型号	手动变速箱	形式	5 前进挡 1 倒挡
性能指标	最高车速（km/h）	80	0～50km/h 加速时间（s）	60
性能指标	最大爬坡度（%）	30	综合燃料消耗量（m3/100km）	30

37. 宇通牌 ZK6842NGA9 型燃气客车

整车	生产企业名称	郑州宇通客车股份有限公司		
	车辆名称	客车		
	车辆型号	ZK6842NGA9		
	中文品牌	宇通牌		
	燃料类型	NG		
	外形尺寸（长/宽/高）（mm）	8350/2430/3130,3265		
	总质量（kg）	10800	额定载质量（kg）	4000
	整备质量（kg）	4800,7000	额定载客（人）	58/19－32,58/19－36
	轴距（mm）	4000	轴荷（kg）	4200/6800
	底盘型号	ZK6790GCNA9	生产厂家	郑州宇通客车股份有限公司
发动机	发动机型号	NQ150N EQ6100N－30 CA6SH－NE3	发动机生产商	东风南充汽车有限公司 东风汽车有限公司 商用车发动机厂 中国第一汽车集团公司
	发动机排量（ml）	5638 5420 5560	发动机功率（kW）	110 95 105
变速箱	型号	手动变速箱	形式	5 前进挡 1 倒挡
性能指标	最高车速（km/h）	90	0～50km/h 加速时间（s）	60
	最大爬坡度（%）	25	综合燃料消耗量（m3/100km）	30

38. 宇通牌 ZK6732NGA9 型燃气客车

整车	生产企业名称	郑州宇通客车股份有限公司		
	车辆名称	客车		
	车辆型号	ZK6732NGA9		
	中文品牌	宇通牌		
	燃料类型	NG		
	外形尺寸（长/宽/高）（mm）	7330/23402930,3150		
	总质量（kg）	9200	额定载质量（kg）	2900
	整备质量（kg）	6300,6500	额定载客（人）	44/10－28,41/10－28
	轴距（mm）	3300	轴荷（kg）	4200/5500
	底盘型号	ZK6690GCNA9	生产厂家	郑州宇通客车股份有限公司
发动机	发动机型号	NQ150N EQ6100N－30	发动机生产商	东风南充汽车有限公司 东风汽车有限公司 商用车发动机厂
	发动机排量（ml）	5638 5420	发动机功率（kW）	110 95
变速箱	型号	手动变速箱	形式	5 前进挡 1 倒挡
性能指标	最高车速（km/h）	90	0～50km/h 加速时间（s）	60
	最大爬坡度（%）	30	综合燃料消耗量（m3/100km）	25（m^{3}）

39. 宇通牌 ZK6842NA9 型燃气客车

整车	生产企业名称	郑州宇通客车股份有限公司		
	车辆名称	客车		
	车辆型号	ZK6842NA9		
	中文品牌	宇通牌		
	燃料类型	NG		
	外形尺寸（长/宽/高）（mm）	8400/2450/3230		
	总质量（kg）	10700	额定载质量（kg）	3200
	整备质量（kg）	7500,7800	额定载客（人）	24 -37
	轴距（mm）	4000	轴荷（kg）	4200/6500
	底盘型号	ZK6660CNA	生产厂家	郑州宇通客车股份有限公司
发动机	发动机型号	NQ170N NQ190N	发动机生产商	东风南充汽车有限公司 东风南充汽车有限公司
	发动机排量（ml）	5638 5638	发动机功率（kW）	125 144
变速箱	型号	手动变速箱	形式	6 前进挡 1 倒挡
性能指标	最高车速（km/h）	100	0 ~50km/h 加速时间（s）	60
	最大爬坡度（%）	30	综合燃料消耗量（m3/100km）	21

40. 宇通牌 ZK6792N 型燃气客车

整车	生产企业名称	郑州宇通客车股份有限公司		
	车辆名称	客车		
	车辆型号	ZK6792N		
	中文品牌	宇通牌		
	燃料类型	NG		
	外形尺寸（长/宽/高）（mm）	7945/2450/3370,3230		
	总质量（kg）	10400	额定载质量（kg）	3000
	整备质量（kg）	7400	额定载客（人）	24 -36,24 -35
	轴距（mm）	3800	轴荷（kg）	4200/6200
	底盘型号	ZK6640CN	生产厂家	郑州宇通客车股份有限公司
发动机	发动机型号	NQ170N	发动机生产商	东风南充汽车有限公司
	发动机排量（ml）	5638	发动机功率（kW）	125
变速箱	型号	手动变速箱	形式	6 前进挡 1 倒挡
性能指标	最高车速（km/h）	100	0 ~50km/h 加速时间（s）	60
	最大爬坡度（%）	30	综合燃料消耗量（m3/100km）	20

41. 宇通牌 ZK6752NA9 型燃气客车

整车	生产企业名称	郑州宇通客车股份有限公司		
	车辆名称	客车		
	车辆型号	ZK6752NA9		
	中文品牌	宇通牌		
	燃料类型	NG		
	外形尺寸（长/宽/高）（mm）	7470/2340/3100,2970		
	总质量（kg）	9000	额定载质量（kg）	2600
	整备质量（kg）	6400,6600	额定载客（人）	24－30
	轴距（mm）	3800	轴荷（kg）	3000/6000
	底盘型号	ZK6710CNA9	生产厂家	郑州宇通客车股份有限公司
发动机	发动机型号	NQ150N	发动机生产商	东风南充汽车有限公司
	发动机排量（ml）	5638	发动机功率（kW）	110
变速箱	型号	手动变速箱	形式	5 前进挡 1 倒挡
性能指标	最高车速（km/h）	100	0～50km/h 加速时间（s）	60
	最大爬坡度（%）	30	综合燃料消耗量（m3/100km）	17

42. 吉利牌 JL7151K01N 型两用燃料轿车

整车	生产企业名称	浙江豪情汽车制造有限公司		
	车辆名称	两用燃料轿车		
	车辆型号	JL7151K01N		
	中文品牌	吉利金刚		
	燃料类型	汽油/天然气		
	外形尺寸（长/宽/高）（mm）	4342/4324/1692/1435		
	总质量（kg）	1518	额定载质量（kg）	—
	整备质量（kg）	1143	额定载客（人）	5
	轴距（mm）	2502	轴荷（kg）	771/747
	底盘型号	LG－1	生产厂家	浙江豪情汽车制造有限公司
发动机	发动机型号	MR479QA	发动机生产商	浙江吉利汽车有限公司
	发动机排量（ml）	1498	发动机功率（kW）	67.7/62
变速箱	型号	—	形式	MT
性能指标	最高车速（km/h）	160/145	0～50km/h 加速时间（s）	≤15/≤17
	最大爬坡度（%）	≥30	综合燃料消耗量（m3/100km）	7.4,7.5

43. 吉利牌 JL7181K03N 型两用燃料轿车

整车	生产企业名称	浙江豪情汽车制造有限公司		
	车辆名称	两用燃料轿车		
	车辆型号	JL7181K03N		
	中文品牌	吉利远景		
	燃料类型	汽油/天然气		
	外形尺寸（长/宽/高）（mm）	4602/1725/1485		
	总质量（kg）	1660	额定载质量（kg）	—
	整备质量（kg）	1250	额定载客（人）	5
	轴距（mm）	2602	轴荷（kg）	840/820
	底盘型号	FC-1	生产厂家	浙江豪情汽车制造有限公司
发动机	发动机型号	JL4G18	发动机生产商	浙江吉利汽车有限公司
	发动机排量（ml）	1792	发动机功率（kW）	102/92
变速箱	型号	—	形式	MT
性能指标	最高车速（km/h）	180/160	0~50km/h 加速时间（s）	≤14/≤18
	最大爬坡度（%）	≥30	综合燃料消耗量（m3/100km）	7.4,7.5

44. 吉利牌 MR7182K03N 型两用燃料轿车

整车	生产企业名称	浙江吉利汽车有限公司		
	车辆名称	两用燃料轿车		
	车辆型号	MR7182K03N		
	中文品牌	吉利美日		
	燃料类型	汽油/天然气		
	外形尺寸（长/宽/高）（mm）	4635/1789/1470		
	总质量（kg）	1755	额定载质量（kg）	—
	整备质量（kg）	1380	额定载客（人）	5
	轴距（mm）	2650	轴荷（kg）	846/909
	底盘型号	FE-1	生产厂家	浙江吉利汽车有限公司
发动机	发动机型号	JL4G18	发动机生产商	浙江吉利汽车有限公司
	发动机排量（ml）	1792	发动机功率（kW）	92/80
变速箱	型号	—	形式	MT
性能指标	最高车速（km/h）	180/140	0~50km/h 加速时间（s）	≤15/≤20
	最大爬坡度（%）	≥30	综合燃料消耗量（m3/100km）	7.5,7.6

45. 吉利牌 SMA7181K01N 型两用燃料轿车

整车	生产企业名称	上海华普汽车有限公司		
	车辆名称	两用燃料轿车		
	车辆型号	SMA7181K01N		
	中文品牌	英伦		
	燃料类型	汽油/天然气		
	外形尺寸（长/宽/高）（mm）	4682/1725/1485		
	总质量（kg）	1680	额定载质量（kg）	—
	整备质量（kg）	1270	额定载客（人）	5
	轴距（mm）	2602	轴荷（kg）	850/830
	底盘型号	SL－1	生产厂家	上海华普汽车有限公司
发动机	发动机型号	JL4G18	发动机生产商	浙江吉利汽车有限公司
	发动机排量（ml）	1792	发动机功率（kW）	92/80
变速箱	型号	—	形式	MT
性能指标	最高车速（km/h）	180/170	0～50km/h 加速时间（s）	≤14/≤16
	最大爬坡度（%）	≥30	综合燃料消耗量（m3/100km）	7.5

46. 吉利牌 SMA7242K01N 型两用燃料轿车

整车	生产企业名称	上海华普汽车有限公司		
	车辆名称	两用燃料轿车		
	车辆型号	SMA7242K01N		
	中文品牌	英伦		
	燃料类型	汽油/天然气		
	外形尺寸（长/宽/高）（mm）	4566/1783/1823		
	总质量（kg）	2410	额定载质量（kg）	—
	整备质量（kg）	1810	额定载客（人）	5
	轴距（mm）	2883	轴荷（kg）	981/1429
	底盘型号	TX4	生产厂家	上海华普汽车有限公司
发动机	发动机型号	4G69S4N	发动机生产商	沈阳航天三菱汽车发动机制造有限公司
	发动机排量（ml）	2378	发动机功率（kW）	110/83
变速箱	型号	—	形式	MT
性能指标	最高车速（km/h）	160/120	0～50km/h 加速时间（s）	≤18/≤25
	最大爬坡度（%）	≥30	综合燃料消耗量（m3/100km）	10.8

47. 吉利牌 SMA7245K00L 型两用燃料轿车

整车	生产企业名称	上海华普汽车有限公司		
	车辆名称	两用燃料轿车		
	车辆型号	SMA7245K00L		
	中文品牌	英伦		
	燃料类型	汽油/LPG		
	外形尺寸（长/宽/高）（mm）	4566/1783/1823		
	总质量（kg）	2545	额定载质量（kg）	—
	整备质量（kg）	1920	额定载客（人）	5
	轴距（mm）	2883	轴荷（kg）	1080/1465
	底盘型号	TX4	生产厂家	上海华普汽车有限公司
发动机	发动机型号	4G69S4N	发动机生产商	沈阳航天三菱汽车发动机制造有限公司
	发动机排量（ml）	2378	发动机功率（kW）	112/100
变速箱	型号	—	形式	MT
性能指标	最高车速（km/h）	147/130	0 ~50km/h 加速时间（s）	≤21/≤26
	最大爬坡度（%）	30	综合燃料消耗量（m3/100km）	10.77

五、2010年“节能产品惠民工程”节能汽车推广车型目录

序号	生产企业	通用名称	车辆型号	排量(mL)	额定载客人数	变速器形式	变速器挡位数	整车整备质量(kg)	综合燃料消耗量(L/100km)	批次	公告日期
1	安徽江淮汽车股份有限公司	同悦 RS	HFC7130L1F	1332	5	MT	5	1060	6	第一批	2010-06-18
2	安徽江淮汽车股份有限公司公司	同悦 RS	HFC7130LTF	1299	5	AMT	5	1060	6	第一批	2010-06-18
3	安徽江淮汽车股份有限公司	同悦 RS	HFC7130LF	1299	5	MT	5	1100	6	第一批	2010-06-18
4	安徽江淮汽车股份有限公司	同悦	HFC7130AF	1299	5	MT	5	1100	6	第一批	2010-06-18
5	安徽江淮汽车股份有限公司	悦悦	HFC7110WT	1075	5	AMT	5	915	5	第一批	2010-06-18
6	安徽江淮汽车股份有限公司	悦悦	HFC7100W	999	5	MT	5	915	5	第一批	2010-06-18
7	安徽江淮汽车股份有限公司	同悦	HFC7130ATF	1299	5	AMT	5	1100	6	第一批	2010-06-18
8	安徽江淮汽车股份有限公司	同悦	HFC7130A1F	1332	5	MT	5	1100	6	第一批	2010-06-18
9	比亚迪汽车有限公司	比亚迪 F0	QCJ7100L	998	5	MT	5	870	5	第一批	2010-06-18
10	北京现代汽车有限公司	i30	BH7165MX	1591	5	MT	5	1215	6	第一批	2010-06-18
11	北京现代汽车有限公司	瑞纳	BH7141MY	1396	5	MT	5	1030	6	第一批	2010-06-18
12	北京现代汽车有限公司	瑞纳	BH7142MY	1396	5	MT	5	1030	5	第一批	2010-06-18
13	北京现代汽车有限公司	瑞纳	BH7142AY	1396	5	AT	4	1065	6	第一批	2010-06-18
14	北京现代汽车有限公司	瑞纳	BH7141AY	1396	5	AT	4	1065	6	第一批	2010-06-18
15	北京现代汽车有限公司	i30	BH7165MY	1591	5	MT	5	1215	6	第一批	2010-06-18
16	比亚迪汽车有限公司	比亚迪 F0	QCJ7100L2	998	5	MT	5	870	5	第一批	2010-06-18
17	重庆长安铃木汽车有限公司	奥拓	SC7103	996	5	MT	5	890	5	第一批	2010-06-18
18	长城汽车股份有限公司	炫丽	CC7132SM06	1298	5	AMT	5	1080	6	第一批	2010-06-18
19	长城汽车股份有限公司	炫丽	CC7130SM06	1298	5	AMT	5	1080	6	第一批	2010-06-18
20	重庆长安汽车股份有限公司	杰勋	SC7152	1497	5	MT	5	1501	6	第一批	2010-06-18
21	重庆长安汽车股份有限公司	志翔	SC7155A4	1497	5	MT	5	1390	6	第一批	2010-06-18
22	重庆长安汽车股份有限公司	志翔	SC7163H2	1590	5	MT	5	1290	6	第一批	2010-06-18
23	重庆长安汽车股份有限公司	奔奔 mini	SC7106A4	999	5	MT	5	870	5	第一批	2010-06-18
24	重庆长安汽车股份有限公司	志翔	SC7166C	1590	5	MT	5	1325	7	第一批	2010-06-18
25	重庆长安汽车股份有限公司	杰勋	SC6442H	1497	5	MT	5	1501	6	第一批	2010-06-18
26	重庆长安铃木汽车有限公司	奥拓	SC7103A	996	5	AT	4	915	6	第一批	2010-06-18
27	东风悦达起亚汽车有限公司	福瑞迪	YQZ7165AE	1591	5	AMT	4	1210	7	第一批	2010-06-18
28	东风悦达起亚汽车有限公司	锐欧	YQZ7140A	1399	5	AT	4	1158	6	第一批	2010-06-18

续表

序号	生产企业	通用名称	车辆型号	排量(mL)	额定载客人数	变速器形式	变速器挡位数	整车整备质量(kg)	综合燃料消耗量(L/100km)	批次	公告日期
29	东风悦达起亚汽车有限公司	锐欧	YQZ7163A	1599	5	AT	4	1160	6	第一批	2010－06－18
30	东风悦达起亚汽车有限公司	锐欧	YQZ7163	1599	5	MT	5	1138	6	第一批	2010－06－18
31	东风悦达起亚汽车有限公司	福瑞迪	YQZ7165A	1591	5	AMT	4	1210	7	第一批	2010－06－18
32	东风悦达起亚汽车有限公司	锐欧	YQZ7140	1399	5	MT	5	1136	6	第一批	2010－06－18
33	广汽本田汽车有限公司	锋范 1.5L 手动档(无天窗)	HG7154CAM	1497	5	MT	5	1091	6	第一批	2010－06－18
34	广汽本田汽车有限公司	锋范 1.5L 自动档(带天窗)	HG7154CAA	1497	5	AT	5	1148	6	第一批	2010－06－18
35	广汽本田汽车有限公司	飞度 1.3L 手动挡 (无天窗)	HG7134DAM	1339	5	MT	5	1050	6	第一批	2010－06－18
36	广汽本田汽车有限公司	飞度 1.3L 手动挡 (带天窗)	HG7134DAM	1339	5	MT	5	1070	6	第一批	2010－06－18
37	广汽本田汽车有限公司	锋范 1.5L 自动档(无天窗)	HG7154CAA	1497	5	AT	5	1134	6	第一批	2010－06－18
38	广汽本田汽车有限公司	锋范 1.5L 手动 (有天窗)	HG7154CAM	1497	5	MT	5	1118	6	第一批	2010－06－18
39	华晨汽车集团控股有限公司	骏捷 FRV	SY7130W1SBAA	1298	5	MT	5	1210	6	第一批	2010－06－18
40	华晨汽车集团控股有限公司	骏捷 FRV	SY7150X1SBAA	1499	5	MT	5	1210	6	第一批	2010－06－18
41	华晨汽车集团控股有限公司	骏捷 FRV	SY7150X1ZBAA	1499	5	AT	4	1215	6	第一批	2010－06－18
42	华晨汽车集团控股有限公司	骏捷 FRV	SY7130X2SBAA	1299	5	MT	5	1210	6	第一批	2010－06－18
43	奇瑞汽车股份有限公司	开瑞优优	SQR6400Q22D6	999	5～8	MT	5	1230,1240,1247,1252	5.5,5.6,5.6,5.6	第一批	2010－06－18
44	奇瑞汽车股份有限公司	奇瑞 A5	SQR7130A217/A	1297	5	MT	5	1350	7	第一批	2010－06－18
45	奇瑞汽车股份有限公司	奇瑞 A3	SQR7161M117	1598	5	MT	5	1360	6.5	第一批	2010－06－18
46	上海通用东岳汽车有限公司	赛欧	SGM7142AMT	1399	5	AMT	5	1070	6	第一批	2010－06－18
47	上海通用东岳汽车有限公司	赛欧	SGM7121MT	1206	5	MT	5	1020	5	第一批	2010－06－18
48	上海通用东岳汽车有限公司	赛欧	SGM7121AMT	1206	5	AMT	5	1030	5	第一批	2010－06－18
49	上海通用东岳汽车有限公司	赛欧	SGM7143MT	1399	5	MT	5	1060	5	第一批	2010－06－18
50	上海大众汽车有限公司	明锐	SVW7146ARD	1390	5	MT	5	1360	6	第一批	2010－06－18
51	上海大众汽车有限公司	明锐	SVW7146CRD	1390	5	DCT	7	1326	6	第一批	2010－06－18
52	上海大众汽车有限公司	昊锐	SVW7149ERD	1390	5	DCT	7	1480	6	第一批	2010－06－18
53	上汽通用五菱	五菱鸿途	LZW6381A3	1149	7～8	MT	5	1095	6	第一批	2010－06－18
54	上汽通用五菱	五菱鸿途	LZW6381B3	1206	7～8	MT	5	1095	6	第一批	2010－06－18
55	上海通用东岳汽车有限公司	赛欧	SGM7142MT	1399	5	MT	5	1060	5	第一批	2010－06－18
56	上海通用东岳汽车有限公司	赛欧	SGM7120AMT	1206	5	AMT	5	1030	5	第一批	2010－06－18
57	上海通用东岳汽车有限公司	赛欧	SGM7120MT	1206	5	MT	5	1020	5	第一批	2010－06－18
58	上海通用东岳汽车有限公司	乐风	SGM7124MTA	1206	5	MT	5	1105	6	第一批	2010－06－18

续表

序号	生产企业	通用名称	车辆型号	排量(mL)	额定载客人数	变速器形式	变速器挡位数	整车整备质量(kg)	综合燃料消耗量(L/100km)	批次	公告日期
59	上海通用东岳汽车有限公司	乐骋	SGM7122MT	1206	5	MT	5	1095	6	第一批	2010－06－18
60	上海通用汽车有限公司	君威	SGM7162TMTB	1598	5	MT	6	1545	7	第一批	2010－06－18
61	上汽通用五菱	雪佛兰乐驰	LZW7100XF	995	5	MT	5	880	5	第一批	2010－06－18
62	上汽通用五菱	雪佛兰乐驰	LZW7120K3Q	1206	5	MT	5	880	5	第一批	2010－06－18
63	上汽通用五菱	五菱鸿途	LZW6381BF	1206	7－8	MT	5	1095	6	第一批	2010－06－18
64	上汽通用五菱	五菱鸿途	LZW6381AF	1149	7－8	MT	5	1095	6	第一批	2010－06－18
65	上海通用（沈阳）北盛汽车有限公司	科鲁兹	SGM7169MTA	1598	5	MT	5	1360	7	第一批	2010－06－18
66	上海大众汽车有限公司	昊锐	SVW7149DRD	1390	5	MT	5	1450	7	第一批	2010－06－18
67	上海大众汽车有限公司	明锐	SVW7146BRD	1390	5	DCT	7	1380	6	第一批	2010－06－18
68	上海大众汽车有限公司	朗逸	SVW7147FRD	1390	5	DCT	7	1325	6	第一批	2010－06－18
69	上海大众汽车有限公司	朗逸	SVW7147ERD	1390	5	MT	5	1305	6	第一批	2010－06－18
70	上海通用东岳汽车有限公司	赛欧	SGM7143AMT	1399	5	AMT	5	1070	6	第一批	2010－06－18
71	浙江豪情汽车制造有限公司	吉利熊猫 1.0MT	HQ7102E4	997	5	MT	5	937	5	第一批	2010－06－18
72	北京奔驰汽车有限公司	梅赛德斯－奔驰国产 C180	BJ7161	1597	5	AT	5	1615	7.7	第二批	2010－08－11
73	北汽福田汽车股份有限公司	迷迪	BJ6438M16VA－B	1499	6～7	MT	5	1260	6.7	第二批	2010－08－11
74	北汽福田汽车股份有限公司	迷迪	BJ6438M16VA－PB	1499	6～7	MT	5	1290	6.7	第二批	2010－08－11
75	北京现代汽车有限公司	伊兰特	BH7162MX	1599	5	MT	5	1250,1290	6.9	第二批	2010－08－11
76	北京现代汽车有限公司	伊兰特悦动	BH7167AY	1591	5	AT	4	1215	6.8	第二批	2010－08－11
77	北京现代汽车有限公司	伊兰特	BH7162MY	1599	5	MT	5	1240,1280	6.9	第二批	2010－08－11
78	北京现代汽车有限公司	伊兰特悦动	BH7167AX	1591	5	AT	4	1215	6.8	第二批	2010－08－11
79	长安福特马自达汽车有限公司	马自达 3	CAF7161A1	1598	5	AT	4	1244,1256	7.2	第二批	2010－08－11
80	长安福特马自达汽车有限公司	福特新嘉年华	CAF7152A1	1498	5	AT	4	1130	6.7	第二批	2010－08－11
81	长安福特马自达汽车有限公司	福特新嘉年华	CAF7152M1	1498	5	MT	5	1115	6.4	第二批	2010－08－11
82	重庆长安汽车股份有限公司	奔奔 mini	SC7083A4	759	5	MT	5	870	5.7	第二批	2010－08－11
83	重庆长安汽车股份有限公司	奔奔 mini	SC7106B4	999	5	AMT	5	870	5.7	第二批	2010－08－11
84	长安福特马自达汽车有限公司	福特新嘉年华	CAF7152N1	1498	5	MT	5	1102	6.4	第二批	2010－08－11
85	长安福特马自达汽车有限公司	福特新嘉年华	CAF7152B1	1498	5	AT	4	1120	6.7	第二批	2010－08－11
86	长安福特马自达汽车有限公司	福特新嘉年华	CAF7132N1	1349	5	MT	5	1085	6.0	第二批	2010－08－11
87	长安福特马自达汽车有限公司	马自达 3	CAF7161M1	1598	5	MT	5	1214	6.8	第二批	2010－08－11
88	长安福特马自达汽车有限公司	福特新嘉年华	CAF7132M1	1349	5	MT	5	1089	6.0	第二批	2010－08－11
89	东风汽车有限公司	颐达	DFL7160MAK	1598	5	MT	5	1150	6.5	第二批	2010－08－11

续表

序号	生产企业	通用名称	车辆型号	排量(mL)	额定载客人数	变速器形式	变速器挡位数	整车整备质量(kg)	综合燃料消耗量(L/100km)	批次	公告日期
90	东风汽车有限公司	轩逸	DFL7162MCB	1598	5	MT	5	1180	6.5	第二批	2010-08-11
91	东风汽车有限公司	骐达	DFL7161MAK	1598	5	MT	5	1160	6.5	第二批	2010-08-11
92	东风汽车有限公司	骐达	DFL7161MBJ	1598	5	MT	5	1160	6.5	第二批	2010-08-11
93	东风汽车有限公司	轩逸	DFL7162MCC	1598	5	MT	5	1180	6.5	第二批	2010-08-11
94	东风汽车有限公司	颐达	DFL7160MBJ	1598	5	MT	5	1150	6.5	第二批	2010-08-11
95	江西昌河铃木汽车有限责任公司	北斗星	CH7140D	1372	5	AMT	5	900	6.0	第二批	2010-08-11
96	江西昌河铃木汽车有限责任公司	北斗星	CH7140C1	1372	5	AMT	5	900	6.1	第二批	2010-08-11
97	江西昌河铃木汽车有限责任公司	北斗星	CH7140D1	1372	5	AMT	5	900	6.1	第二批	2010-08-11
98	江西昌河铃木汽车有限责任公司	北斗星	CH7140C	1372	5	AMT	5	900	6.0	第二批	2010-08-11
99	奇瑞汽车股份有限公司	东方之子	SQR7160B117	1597	5	MT	5	1440	7.5	第二批	2010-08-11
100	奇瑞汽车股份有限公司	旗云 2	SQR7130A150	1346	5	MT	5	1100	6.4	第二批	2010-08-11
101	奇瑞汽车股份有限公司	奇瑞 QQ3	SQR7080S11T6	812	5	AMT	5	900	6.2	第二批	2010-08-11
102	奇瑞汽车股份有限公司	奇瑞 QQ3	SQR7080S110	848	5	MT	5	890	4.9	第二批	2010-08-11
103	奇瑞汽车股份有限公司	奇瑞 QQ3	SQR7102S110	998	5	MT	5	890	5.0	第二批	2010-08-11
104	奇瑞汽车股份有限公司	风云 2	SQR7150J150	1497	5	MT	5	1200	6.5	第二批	2010-08-11
105	奇瑞汽车股份有限公司	风云 2	SQR7150A130	1497	5	MT	5	1200	6.5	第二批	2010-08-11
106	奇瑞汽车股份有限公司	瑞麒 G3	SQR7130J180	1297	5	MT	5	1325	7.0	第二批	2010-08-11
107	奇瑞汽车股份有限公司	奇瑞 A5/旗云 3	SQR7151A210	1497	5	MT	5	1285	6.9	第二批	2010-08-11
108	奇瑞汽车股份有限公司	旗云 2	SQR7150A150	1497	5	MT	5	1100	6.5	第二批	2010-08-11
109	奇瑞汽车股份有限公司	旗云 1	SQR7103S210	998	5	MT	5	990	5.6	第二批	2010-08-11
110	奇瑞汽车股份有限公司	奇瑞 A3	SQR7130M110	1297	5	MT	5	1368	7.0	第二批	2010-08-11
111	奇瑞汽车股份有限公司	瑞麒 M1	SQR7101S180	998	5	MT	5	990	5.6	第二批	2010-08-11
112	奇瑞汽车股份有限公司	瑞麒 M5	SQR7100J030	998	5	MT	5	1025	5.7	第二批	2010-08-11
113	奇瑞汽车股份有限公司	瑞麒 M5	SQR7101J030	998	5	MT	5	1025	5.7	第二批	2010-08-11
114	奇瑞汽车股份有限公司	奇瑞 A3	SQR7130M127	1297	5	MT	5	1368	7.0	第二批	2010-08-11
115	奇瑞汽车股份有限公司	奇瑞 A1	SQR7100S120	998	5	MT	5	1020	5.7	第二批	2010-08-11
116	上海通用汽车有限公司	EXCELLE	SGM7160MTB	1598	5	MT	5	1375	6.7	第二批	2010-08-11
117	上海通用汽车有限公司	EXCELLE	SGM7161MTB	1598	5	MT	5	1380	6.9	第二批	2010-08-11
118	上海通用汽车有限公司	EXCELLE	SGM7161ATB	1598	5	AT	6	1410	7.6	第二批	2010-08-11
119	上海通用汽车有限公司	EXCELLE	SGM7160TATB	1598	5	AT	6	1475	7.8	第二批	2010-08-11
120	上海通用汽车有限公司	EXCELLE	SGM7160ATB	1598	5	AT	6	1405	7.4	第二批	2010-08-11

续表

序号	生产企业	通用名称	车辆型号	排量(mL)	额定载客人数	变速器形式	变速器挡位数	整车整备质量(kg)	综合燃料消耗量(L/100km)	批次	公告日期
121	天津一汽丰田汽车有限公司	卡罗拉	TV7161GLD	1598	5	AT	4	1280,1290	7.2	第二批	2010-08-11
122	一汽-大众汽车有限公司	速腾 1.4T 手动	FV7146TG	1390	5	MT	5	1405	6.5	第二批	2010-08-11
123	一汽-大众汽车有限公司	高尔夫 1.6 自动	FV7164FATG	1598	5	DCT	7	1295	6.6	第二批	2010-08-11
124	一汽海马汽车有限公司	Haima2	HMC7133A4H0	1299	5	MT	5	1095	6.5	第二批	2010-08-11
125	一汽海马汽车有限公司	福美来	HMC7165D4S1	1598	5	MT	5	1270	6.9	第二批	2010-08-11
126	一汽-大众汽车有限公司	高尔夫 1.6 手动	FV7164FG	1598	5	MT	5	1275	6.9	第二批	2010-08-11
127	一汽-大众汽车有限公司	高尔夫 1.4T 手动	FV7144TFG	1390	5	MT	5	1330	6.3	第二批	2010-08-11
128	一汽-大众汽车有限公司	迈腾 1.4T 自动	FV7147TATG	1390	5	DCT	7	1460	6.5	第二批	2010-08-11
129	一汽-大众汽车有限公司	宝来 1.4T 自动	FV7142TXATG	1390	5	DCT	7	1335	6.4	第二批	2010-08-11
130	一汽-大众汽车有限公司	高尔夫 1.4T 自动	FV7144TFATG	1390	5	DCT	7	1370	6.0	第二批	2010-08-11
131	一汽-大众汽车有限公司	宝来 1.4T 手动	FV7142TXG	1390	5	MT	5	1315	6.6	第二批	2010-08-11
132	一汽-大众汽车有限公司	速腾 1.4T 自动	FV7146TATG	1390	5	DCT	7	1425	6.4	第二批	2010-08-11
133	北京现代汽车有限公司	瑞纳	BH7145MY	1396	5	MT	5	1038	5.8	第三批	2010-09-25
134	比亚迪汽车有限公司	比亚迪 F3	QCJ7150A5	1488	5	MT	5	1200	6.5	第三批	2010-09-25
135	比亚迪汽车有限公司	比亚迪 F3	QCJ7150A6	1488	5	MT	5	1200	6.5	第三批	2010-09-25
136	比亚迪汽车有限公司	比亚迪 F3R	QCJ7151A6	1488	5	MT	5	1170	6.5	第三批	2010-09-25
137	比亚迪汽车有限公司	比亚迪 G3	QCJ7152A3	1488	5	MT	5	1180	6.5	第三批	2010-09-25
138	比亚迪汽车有限公司	比亚迪 L3	QCJ7153A3	1488	5	MT	5	1205,1180	6.5	第三批	2010-09-25
139	比亚迪汽车有限公司	比亚迪 L3	QCJ7153A	1488	5	MT	5	1205,1180	6.5	第三批	2010-09-25
140	比亚迪汽车有限公司	比亚迪 G3	QCJ7152A	1488	5	MT	5	1180	6.5	第三批	2010-09-25
141	比亚迪汽车有限公司	比亚迪 F3R	QCJ7151A5	1488	5	MT	5	1170	6.5	第三批	2010-09-25
142	北京现代汽车有限公司	瑞纳	BH7143AY	1396	5	AT	4	1073	6.5	第三批	2010-09-25
143	北京现代汽车有限公司	瑞纳	BH7145AY	1396	5	AT	4	1073	6.2	第三批	2010-09-25
144	长安福特马自达汽车有限公司	马自达 2	CAF7151N1	1498	5	MT	5	1039	6.1	第三批	2010-09-25
145	重庆长安汽车股份有限公司	CX30	SC7166D4	1590	5	MT	5	1325	7	第三批	2010-09-25
146	重庆长安汽车股份有限公司	CX30	SC7166D	1590	5	MT	5	1325	6.9	第三批	2010-09-25
147	长城汽车股份有限公司	腾翼 C30	CC7150CE06	1497	5	CVT	-	1145	6.8	第三批	2010-09-25
148	长城汽车股份有限公司	腾翼 C30	CC7150CE05	1497	5	MT	5	1125	6.5	第三批	2010-09-25
149	长城汽车股份有限公司	哈弗 M2	CC7151AMA07	1497	5	CVT	-	1183	6.7	第三批	2010-09-25
150	长城汽车股份有限公司	哈弗 M2	CC7151AMA26	1497	5	MT	5	1255	6.9	第三批	2010-09-25
151	重庆长安汽车股份有限公司	CX30	SC7166D4	1590	5	MT	5	1325	7	第三批	2010-09-25

续表

序号	生产企业	通用名称	车辆型号	排量(mL)	额定载客人数	变速器形式	变速器挡位数	整车整备质量(kg)	综合燃料消耗量(L/100km)	批次	公告日期
152	重庆长安汽车股份有限公司	CX30	SC7166D	1590	5	MT	5	1325	6.9	第三批	2010-09-25
153	长城汽车股份有限公司	腾翼 C30	CC7150CE06	1497	5	CVT	-	1145	6.8	第三批	2010-09-25
154	长安福特马自达汽车有限公司	马自达 2	CAF7151M1	1498	5	MT	5	1042,1059	6.1	第三批	2010-09-25
155	长城汽车股份有限公司	腾翼 C30	CC7150CE05	1497	5	MT	5	1125	6.5	第三批	2010-09-25
156	长城汽车股份有限公司	哈弗 M2	CC7151AMA07	1497	5	CVT	-	1183	6.7	第三批	2010-09-25
157	长城汽车股份有限公司	哈弗 M2	CC7151AMA26	1497	5	MT	5	1255	6.9	第三批	2010-09-25
158	长城汽车股份有限公司	哈弗 M2	CC7151AMA06	1497	5	MT	5	1205,1170	6.5	第三批	2010-09-25
159	长城汽车股份有限公司	炫丽	CC7152SM07	1497	5	AMT	5	1091	6.5	第三批	2010-09-25
160	长城汽车股份有限公司	炫丽	CC7152SM06	1497	5	CVT	-	1120	6.8	第三批	2010-09-25
161	长城汽车股份有限公司	炫丽	CC7132SM07	1298	5	MT	5	1091	6.5	第三批	2010-09-25
162	长城汽车股份有限公司	炫丽	CC7152SM05	1497	5	MT	5	1091	6.5	第三批	2010-09-25
163	长城汽车股份有限公司	炫丽	CC7150SM05	1497	5	MT	5	1091	6.5	第三批	2010-09-25
164	长城汽车股份有限公司	炫丽	CC7130SM07	1298	5	MT	5	1091	6.5	第三批	2010-09-25
165	长城汽车股份有限公司	炫丽	CC7150SM06	1497	5	CVT	-	1120	6.8	第三批	2010-09-25
166	长城汽车股份有限公司	炫丽	CC7150SM07	1497	5	AMT	5	1091	6.5	第三批	2010-09-25
167	东风汽车公司	东风小康 V27L	EQ6420PFN1	1206	7-8	MT	5	1140	6.8	第三批	2010-09-25
168	东风汽车公司	东风小康 V27	EQ6392PFN1	1220	7-8	MT	5	1130	5.2	第三批	2010-09-25
169	东风汽车公司	东风小康 V27	EQ6392PF1	1220	5-8	MT	5	1130	5.2	第三批	2010-09-25
170	合肥昌河汽车有限责任公司	福瑞达	CH6390T2	1243	8	MT	5	1015	6.5	第三批	2010-09-25
171	华晨汽车集团控股有限公司	骏捷	SY7162G2SBBB	1587	5	MT	5	1445	7.7	第三批	2010-09-25
172	华晨汽车集团控股有限公司	骏捷 FSV	SY7150X1SHEVBAB	1499	5	MT	5	1240	6.5	第三批	2010-09-25
173	合肥昌河汽车有限责任公司	福瑞达	CH6430T2	1243	8	MT	5	1085	6.5	第三批	2010-09-25
174	江西昌河铃木汽车有限责任公司	北斗星	CH7140F	1372	5	AMT	5	900	6	第三批	2010-09-25
175	江西昌河铃木汽车有限责任公司	利亚纳	CH7145B	1372	5	MT	5	1140	6.5	第三批	2010-09-25
176	江西昌河铃木汽车有限责任公司	利亚纳	CH7146B	1372	5	MT	5	1150	6.5	第三批	2010-09-25
177	江西昌河铃木汽车有限责任公司	浪迪	CH6392C1	1243	8	MT	5	1060	6.5	第三批	2010-09-25
178	江西昌河铃木汽车有限责任公司	北斗星	CH7140B2	1372	5	MT	5	900	5.8	第三批	2010-09-25
179	江西昌河铃木汽车有限责任公司	北斗星	CH7140A2	1372	5	MT	5	900	5.8	第三批	2010-09-25
180	江西昌河铃木汽车有限责任公司	北斗星	CH7140F1	1372	5	AMT	5	900	6.1	第三批	2010-09-25
181	奇瑞汽车股份有限公司	奇瑞 A3	SQR7161M127	1598	5	MT	5	1355	6.6	第三批	2010-09-25
182	奇瑞汽车股份有限公司	奇瑞 QQ3	SQR7081S110	812	5	MT	5	880	5.7	第三批	2010-09-25

续表

序号	生产企业	通用名称	车辆型号	排量(mL)	额定载客人数	变速器形式	变速器挡位数	整车整备质量(kg)	综合燃料消耗量(L/100km)	批次	公告日期
183	奇瑞汽车股份有限公司	奇瑞 QQ3	SQR7082S110	812	5	MT	5	880	5.7	第三批	2010-09-25
184	奇瑞汽车股份有限公司	旗云 3	SQR7163A210	1552	5	MT	5	1285	6.9	第三批	2010-09-25
185	奇瑞汽车股份有限公司	风云 2	SQR7130J150	1346	5	MT	5	1200	6.4	第三批	2010-09-25
186	奇瑞汽车股份有限公司	瑞麒 X1	SQR7150J040	1497	5	MT	5	1092	6.5	第三批	2010-09-25
187	奇瑞汽车股份有限公司	瑞虎	SQR7162T110	1598	5	MT	5	1343	7	第三批	2010-09-25
188	奇瑞汽车股份有限公司	风云 2	SQR7130A130	1346	5	MT	5	1200	6.4	第三批	2010-09-25
189	奇瑞汽车股份有限公司	旗云 2	SQR7164A150	1552	5	MT	5	1100	6.5	第三批	2010-09-25
190	上海华普汽车有限公司	海景 1.5MT	SMA7151K01	1498	5	MT	5	1245	6.8	第三批	2010-09-25
191	上海汽车集团股份有限公司	MG3	CSA7153AC	1498	5	AMT	5	1150	6.7	第三批	2010-09-25
192	上海通用（沈阳）北盛汽车有限公司	科鲁兹	SGM7166MTB	1598	5	MT	5	1360	6.9	第三批	2010-09-25
193	上海通用（沈阳）北盛汽车有限公司	科鲁兹	SGM7164TMTB	1598	5	MT	6	1450	7.7	第三批	2010-09-25
194	上海通用（沈阳）北盛汽车有限公司	科鲁兹	SGM7166ATB	1598	5	AT	6	1390	7.6	第三批	2010-09-25
195	上海汽车集团股份有限公司	MG3	CSA7153MCF	1498	5	MT	5	1140	6.5	第三批	2010-09-25
196	上海大众汽车有限公司	POLO	SVW71611DS	1598	5	AT	6	1135	6	第三批	2010-09-25
197	上海大众汽车有限公司	POLO	SVW71611CS	1598	5	MT	5	1095	6	第三批	2010-09-25
198	上海大众汽车有限公司	POLO	SVW71411BR	1390	5	AT	6	1122	6	第三批	2010-09-25
199	上海大众汽车有限公司	POLO	SVW71411AR	1390	5	MT	5	1092	6	第三批	2010-09-25
200	天津一汽丰田汽车有限公司	卡罗拉	TV7163GLM	1598	5	MT	5	1270,1280	6.9	第三批	2010-09-25
201	天津一汽丰田汽车有限公司	卡罗拉	TV7163GL	1598	5	AT	4	1290,1300	6.9	第三批	2010-09-25
202	一汽吉林汽车有限公司	佳宝 V70	CA6390B4	1339,1299	7,8	MT	5	1123	6.8	第三批	2010-09-25
203	一汽吉林汽车有限公司	佳宝 V70	CA6390B5	1339,1299	7,8	MT	5	1123	6.8	第三批	2010-09-25
204	浙江吉利汽车有限公司	EC715-RVMT	MR7152B4	1498	5	MT	5	1244	6.8	第三批	2010-09-25
205	浙江吉利汽车有限公司	EC715MT	MR7153B4	1498	5	MT	5	1258	6.8	第三批	2010-09-25
206	浙江吉利汽车有限公司	自由舰 1.0MT	MR7102E4	997	5	MT	5	1029	6	第三批	2010-09-25
207	北京现代汽车有限公司	雅绅特	BH7140MY	1399	5	MT	5	1115	6	第四批	2010-11-23
208	北京现代汽车有限公司	瑞纳	BH7160GAY	1591	5	AT	4	1080	6	第四批	2010-11-23
209	北京现代汽车有限公司	瑞纳	BH7161GAY	1591	5	AT	4	1088	6	第四批	2010-11-23
210	北京现代汽车有限公司	伊兰特	BH7160AMY	1599	5	MT	5	1240	6	第四批	2010-11-23
211	北京现代汽车有限公司	i30	BH7160CAY	1591	5	AT	4	1241	7	第四批	2010-11-23
212	北京现代汽车有限公司	伊兰特悦动	BH7160BMY	1591	5	MT	5	1198	6	第四批	2010-11-23
213	长城汽车股份有限公司	酷熊	CC7130AM03	1298	5	MT	5	1135	6	第四批	2010-11-23

续表

序号	生产企业	通用名称	车辆型号	排量(mL)	额定载客人数	变速器形式	变速器挡位数	整车整备质量(kg)	综合燃料消耗量(L/100km)	批次	公告日期
214	长城汽车股份有限公司	腾翼 C30	CC7150CE07	1497	5	MT	5	1210	6	第四批	2010－11－23
215	重庆长安汽车股份有限公司	CX30	SC7163H3	1590	5	MT	5	1290	6	第四批	2010－11－23
216	重庆长安汽车股份有限公司	CX20	SC7139A4Y	1298	5	MT	5	1095	6	第四批	2010－11－23
217	重庆长安汽车股份有限公司	长安之星 S460	SC6408BH	999	7～8	MT	5	1100	6	第四批	2010－11－23
218	重庆力帆乘用车有限公司	520i	LF7131C	1342	5	MT	5	1110	6	第四批	2010－11－23
219	重庆力帆乘用车有限公司	520	LF7130K	1342	5	MT	5	1095	6	第四批	2010－11－23
220	重庆力帆乘用车有限公司	320	LF7132C	1342	5	MT	5	900	5	第四批	2010－11－23
221	重庆长安汽车股份有限公司	长安金牛星	SC6418B4Y	1298	7～8	MT	5	1140	6	第四批	2010－11－23
222	重庆长安汽车股份有限公司	长安之星 2	SC6399G4H	999	7～8	MT	5	1015	6	第四批	2010－11－23
223	重庆长安汽车股份有限公司	长安之星 S460	SC6408B4H	999	7～8	MT	5	1100	6	第四批	2010－11－23
224	重庆长安汽车股份有限公司	奔奔 mini	SC7106A4Y	999	5	MT	5	870	5	第四批	2010－11－23
225	重庆长安汽车股份有限公司	悦翔	SC7151A4Y	1497	5	MT	5	1120	6	第四批	2010－11－23
226	长城汽车股份有限公司	腾翼 C30	CC7150CE08	1497	5	AMT	5	1210	6	第四批	2010－11－23
227	长城汽车股份有限公司	凌傲	CC7130BM06	1298	5	AMT	5	1095,1135	6	第四批	2010－11－23
228	东风汽车公司	S30	DFM7160B1E	1587	5	MT	5	1210	6	第四批	2010－11－23
229	东风汽车公司	H30	DFM7160B2E	1587	5	MT	5	1206	6	第四批	2010－11－23
230	东风悦达起亚汽车有限公司	福瑞迪	YQZ7165EJ	1591	5	MT	5	1190	6	第四批	2010－11－23
231	东风悦达起亚汽车有限公司	SOUL	YQZ7166AEJ	1591	5	AMT	4	1225	7	第四批	2010－11－23
232	东风悦达起亚汽车有限公司	赛拉图	YQZ7162EFJ	1599	5	MT	5	1235	6	第四批	2010－11－23
233	东风悦达起亚汽车有限公司	SOUL	YQZ7166EJ	1591	5	MT	5	1198	6	第四批	2010－11－23
234	上海大众汽车有限公司	TOURAN	SVW6440HGD	1390	7	DCT	7	1585	7	第四批	2010－11－23
235	上海大众汽车有限公司	TOURAN	SVW6440GGD	1390	7	MT	5	1560	7	第四批	2010－11－23
236	上海大众汽车有限公司	TOURAN	SVW6440FGD	1390	5	DCT	7	1555	7	第四批	2010－11－23
237	上海大众汽车有限公司	TOURAN	SVW6440EGD	1390	5	MT	5	1520	7	第四批	2010－11－23
238	东风汽车公司	S30HYBRID	DFM7161B1DHEV	1587	5	MT	5	1215	6	第四批	2010－11－23
239	海马商务汽车有限公司	福仕达	ZQ6384A62F	1051	7～8	MT	5	1095,1100	6	第四批	2010－11－23
240	海马商务汽车有限公司	福仕达	ZQ6385A62F	998	7～8	MT	5	1095,1100	6	第四批	2010－11－23
241	海马商务汽车有限公司	福仕达·腾达	ZQ6412A72F	998	7～8	MT	5	1135,1140	6	第四批	2010－11－23
242	华晨汽车集团控股有限公司	骏捷 FSV	SY7150X1SBAB	1499	5	MT	5	1240	6	第四批	2010－11－23
243	华晨汽车集团控股有限公司	骏捷 FSV	SY7150WSBAB	1495	5	MT	5	1240	6	第四批	2010－11－23
244	华晨汽车集团控股有限公司	骏捷 FSV	SY7150X1ZBAB	1499	5	AT	4	1250	7	第四批	2010－11－23

续表

序号	生产企业	通用名称	车辆型号	排量(mL)	额定载客人数	变速器形式	变速器挡位数	整车整备质量(kg)	综合燃料消耗量(L/100km)	批次	公告日期
245	华晨汽车集团控股有限公司	骏捷 FSV	SY7150WSBAA	1495	5	MT	5	1210	6	第四批	2010－11－23
246	海马（郑州）汽车有限公司	海马王子	HMA7110AB2F	1051	5	MT	5	895	5	第四批	2010－11－23
247	神龙汽车有限公司	207	DC7146DTAM	1360	5	MT	5	1091	6	第四批	2010－11－23
248	神龙汽车有限公司	世嘉	DC7165DTAM	1587	5	MT	5	1321	7	第四批	2010－11－23
249	神龙汽车有限公司	408	DC7164DTBM	1587	5	MT	5	1431	7	第四批	2010－11－23
250	沈阳华晨金杯汽车有限公司	金杯海星	SY6390A1SBW	970	6,7,8	MT	5	1000	6	第四批	2010－11－23
251	神龙汽车有限公司	408	DC7164DTBA	1587	5	AT	4	1440	8	第四批	2010－11－23
252	神龙汽车有限公司	世嘉	DC7165DTAA	1587	5	AT	4	1340	7	第四批	2010－11－23
253	神龙汽车有限公司	307	DC7164DTAA	1587	5	AT	4	1340	7	第四批	2010－11－23
254	神龙汽车有限公司	307	DC7164DTAM	1587	5	MT	5	1321	7	第四批	2010－11－23
255	天津一汽夏利汽车股份有限公司	威志	CA7150UE4Z1S	1498	5	AMT	5	1005	6	第四批	2010－11－23
256	天津一汽夏利汽车股份有限公司	威志 V2	CA7107E4	993	5	MT	5	955	5	第四批	2010－11－23
257	天津一汽夏利汽车股份有限公司	夏利 N3＋	TJ7102BE4S	993	5	MT	5	815	5	第四批	2010－11－23
258	天津一汽夏利汽车股份有限公司	夏利 N5	TJ7103UE4S	993	5	MT	5	905	5	第四批	2010－11－23
259	天津一汽夏利汽车股份有限公司	夏利 N3＋	TJ7102BUE4S	993	5	MT	5	866	5	第四批	2010－11－23
260	天津一汽夏利汽车股份有限公司	夏利 A＋	TJ7101AUE4S	993	5	MT	5	866	5	第四批	2010－11－23
261	天津一汽夏利汽车股份有限公司	威志 V2	CA7137E4Z1S	1339	5	AMT	5	985	6	第四批	2010－11－23
262	天津一汽夏利汽车股份有限公司	威志 V2	CA7137E4S	1339	5	MT	5	981	6	第四批	2010－11－23
263	一汽海马汽车有限公司	Haima2	HMC7152C4H0	1497	5	MT	5	1095	6	第四批	2010－11－23
264	一汽海马汽车有限公司	福美来	HMC7165L4S1	1598	5	CVT	－	1325	7	第四批	2010－11－23
265	一汽海马汽车有限公司	普力马	HMC6446E4M0	1598	7	CVT	－	1370	7	第四批	2010－11－23
266	一汽－大众汽车有限公司	宝来 1.6 手动	FV7162XG	1598	5	MT	5	1265	6	第四批	2010－11－23
267	一汽海马汽车有限公司	普力马	HMC7166D4M0	1598	5	MT	5	1330	7	第四批	2010－11－23
268	一汽海马汽车有限公司	福美来	HMC7155A4S1	1497	5	MT	5	1225	6	第四批	2010－11－23
269	一汽海马汽车有限公司	Haima2	HMC7151C4H0	1499	5	AMT	6	1055	6	第四批	2010－11－23
270	浙江豪情汽车制造有限公司	远景 1.5MT	JL7151K02	1498	5	MT	5	1210	6	第四批	2010－11－23
271	郑州日产汽车有限公司	NV200	ZN6441V1A4	1598	7	MT	5	1355	7	第四批	2010－11－23
272	郑州日产汽车有限公司	NV200	ZN6440V1A3	1598	7	MT	5	1355	7	第四批	2010－11－23

六、2010年"节能产品惠民工程"节能汽车推广车型部分车型参数

1. 比亚迪牌QCJ7150A6轿车(比亚迪F3轿车)

生产企业			比亚迪汽车有限公司	
整车	车辆名称	轿车		
	车辆型号	QCJ7150A6		
	中文品牌	比亚迪牌		
	外形尺寸(长/宽/高)(mm)	4533/1705/1490		
	总质量(kg)	1575		
	整备质量(kg)	1200		
	轴距(mm)	2600	轴荷(kg)	820/755
	轮胎数	4	轮胎规格	195/60R15
	额定载客(人)	5	燃料种类	汽油
发动机	发动机型号	4G15S;BYD473QB/BYD473QD	发动机生产商	哈尔滨东安汽车发动机制造有限公司;比亚迪汽车有限公司
	发动机排量(ml)	1488	发动机功率(kW)	78/79
变速箱	类别	—	形式	手动MT
性能指标	最高车速(km/h)	170	0~100km/h加速时间(s)	≤17
	最大爬坡度(%)	≥30	综合燃料消耗量(L/100km)	6.5
其他	公告批次	215	目录序号	108
	识别代号	LGXC16DF××××××××	依据标准	GB 18352.3—2005 国Ⅳ

2. 比亚迪牌QCJ7151A8轿车(比亚迪F3R轿车)

生产企业			比亚迪汽车有限公司	
整车	车辆名称	轿车		
	车辆型号	QCJ7151A8		
	中文品牌	比亚迪牌		
	外形尺寸(长/宽/高)(mm)	4325/1705/1490		
	总质量(kg)	1545		
	整备质量(kg)	1170		
	轴距(mm)	2600	轴荷(kg)	820/725
	轮胎数	4	轮胎规格	195/60R15
	额定载客(人)	5	燃料种类	汽油
发动机	发动机型号	4G15S;BYD473QB/BYD473QD	发动机生产商	比亚迪汽车有限公司
	发动机排量(ml)	1497	发动机功率(kW)	80
变速箱	类别	—	形式	手动MT
性能指标	最高车速(km/h)	170	0~100km/h加速时间(s)	≤17
	最大爬坡度(%)	≥30	综合燃料消耗量(L/100km)	6.5
其他	公告批次	215	目录序号	108
	识别代号	LGXC14DF××××××××	依据标准	GB 18352.3—2005 国Ⅳ

3. 比亚迪牌 QCJ7152A 轿车(比亚迪 G3 轿车)

生产企业			比亚迪汽车有限公司	
整车	车辆名称	轿车		
	车辆型号	QCJ7152A		
	中文品牌	比亚迪牌		
	外形尺寸(长/宽/高)(mm)	4600/1705/1490		
	总质量(kg)	1555		
	整备质量(kg)	1180		
	轴距(mm)	2610	轴荷(kg)	810/745
	轮胎数	4	轮胎规格	195/60R15
	额定载客(人)	5	燃料种类	汽油
发动机	发动机型号	4G15S;BYD473QB/BYD473QD	发动机生产商	哈尔滨东安汽车发动机制造有限公司;比亚迪汽车有限公司
	发动机排量(ml)	1488	发动机功率(kW)	78/79
变速箱	类别		形式	手动 MT
性能指标	最高车速(km/h)	170	0~100km/h 加速时间(s)	≤17
	最大爬坡度(%)	≥30	综合燃料消耗量(L/100km)	6.5
其他	公告批次	219	目录序号	108
	识别代号	LGXC16DF×××××××××	依据标准	GB 18352.3—2005 国Ⅳ

4. 比亚迪牌 QCJ7153A 轿车(比亚迪 L3 轿车)

生产企业			比亚迪汽车有限公司	
整车	车辆名称	轿车		
	车辆型号	QCJ7153A		
	中文品牌	比亚迪牌		
	外形尺寸(长/宽/高)(mm)	4568/1716/1480		
	总质量(kg)	1580,1555		
	整备质量(kg)	1205,1180		
	轴距(mm)	2615	轴荷(kg)	860/720,830/725
	轮胎数	4	轮胎规格	195/60R15
	额定载客(人)	5	燃料种类	汽油
发动机	发动机型号	4G15S;BYD473QB/BYD473QD	发动机生产商	哈尔滨东安汽车发动机制造有限公司;比亚迪汽车有限公司
	发动机排量(ml)	1488	发动机功率(kW)	78/79
变速箱	类别	—	形式	手动 MT
性能指标	最高车速(km/h)	170	0~100km/h 加速时间(s)	≤17
	最大爬坡度(%)	≥30	综合燃料消耗量(L/100km)	6.5
其他	公告批次	215	目录序号	108
	识别代号	LGXC16DF×××××××××	依据标准	GB 18352.3—2005 国Ⅳ

5. 比亚迪牌 QCJ7154A4 轿车(比亚迪 G3R 轿车)

生产企业			比亚迪汽车有限公司	
整车	车辆名称	轿车		
	车辆型号	QCJ7154A4		
	中文品牌	比亚迪牌		
	外形尺寸(长/宽/高)(mm)	4380/1705/1490		
	总质量(kg)	1545		
	整备质量(kg)	1170		
	轴距(mm)	2600	轴荷(kg)	820/725
	轮胎数	4	轮胎规格	195/60R15
	额定载客(人)	5	燃料种类	汽油
发动机	发动机型号	BYD473QD	发动机生产商	比亚迪汽车有限公司
	发动机排量(ml)	1497	发动机功率(kW)	80
变速箱	类别	—	形式	手动 MT
性能指标	最高车速(km/h)	170	0~100km/h 加速时间(s)	6.5
	最大爬坡度(%)	≥30	综合燃料消耗量(L/100km)	≤17
其他	公告批次	220	目录序号	108
	识别代号	LGXC14DF×××.××××××	依据标准	GB 18352.3—2005 国Ⅳ

6. 长城牌 CC7130AM03 轿车(酷熊牌轿车)

生产企业			长城汽车股份有限公司	
整车	车辆名称	轿车		
	车辆型号	CC7130AM03		
	中文品牌	长城牌		
	外形尺寸(长/宽/高)(mm)	3968/1695/1655		
	总质量(kg)	1557		
	整备质量(kg)	1135		
	轴距(mm)	2499	轴荷(kg)	793/764
	轮胎数	4	轮胎规格	185/65R15
	额定载客(人)	5	燃料种类	汽油
发动机	发动机型号	GW4G13	发动机生产商	长城汽车股份有限公司
	发动机排量(ml)	1298	发动机功率(kW)	68
变速箱	类别	—	形式	手动 MT
性能指标	最高车速(km/h)	158	0~100km/h 加速时间(s)	—
	最大爬坡度(%)	—	综合燃料消耗量(L/100km)	6.50
其他	公告批次	218	目录序号	15
	识别代号	LGWED2A4×××××××××	排放依据标准	GB 18352.3—2005 国Ⅳ

7. 长城牌 CC7130BM06 轿车(凌傲牌轿车)

生产企业			长城汽车股份有限公司	
整车	车辆名称	轿车		
	车辆型号	CC7130BM06		
	中文品牌	长城牌		
	外形尺寸(长/宽/高)(mm)	3810/1705/1540		
	总质量(kg)	1615		
	整备质量(kg)	1095,1135		
	轴距(mm)	2460	轴荷(kg)	848/767
	轮胎数	4	轮胎规格	185/65R15,185/70R14
	额定载客(人)	5	燃料种类	汽油
发动机	发动机型号	GW4G13	发动机生产商	长城汽车股份有限公司
	发动机排量(ml)	1298	发动机功率(kW)	68
变速箱	类别	—	形式	AMT
性能指标	最高车速(km/h)	150	0~100km/h 加速时间(s)	—
	最大爬坡度(%)	—	综合燃料消耗量(L/100km)	6.60
其他	公告批次	218	目录序号	15
	识别代号	LGWED2A4××××××××	排放依据标准	GB 18352.3—2005 国Ⅳ

8. 长城牌 CC7130SM06 轿车(炫丽牌轿车)

生产企业			长城汽车股份有限公司	
整车	车辆名称	轿车		
	车辆型号	CC7130SM06		
	中文品牌	长城牌		
	外形尺寸(长/宽/高)(mm)	3907/1694/1521		
	总质量(kg)	1455		
	整备质量(kg)	1080		
	轴距(mm)	2368	轴荷(kg)	765/690
	轮胎数	4	轮胎规格	185/65R15
	额定载客(人)	5	燃料种类	汽油
发动机	发动机型号	GW4G13	发动机生产商	长城汽车股份有限公司
	发动机排量(ml)	1298	发动机功率(kW)	68
变速箱	类别	—	形式	AMT
性能指标	最高车速(km/h)	162	0~100km/h 加速时间(s)	—
	最大爬坡度(%)	—	综合燃料消耗量(L/100km)	6.50
其他	公告批次	214	目录序号	15
	识别代号	LGWED2A3××××××××	排放依据标准	GB 18352.3—2005 国Ⅳ

9. 长城牌 CC7130SM07 轿车(炫丽牌轿车)

生产企业			长城汽车股份有限公司	
整车	车辆名称	轿车		
	车辆型号	CC7130SM07		
	中文品牌	长城牌		
	外形尺寸(长/宽/高)(mm)	3907/1694/1521		
	总质量(kg)	1494		
	整备质量(kg)	1091		
	轴距(mm)	2368	轴荷(kg)	768/726
	轮胎数	4	轮胎规格	185/65R15
	额定载客(人)	5	燃料种类	汽油
发动机	发动机型号	GW4G13	发动机生产商	长城汽车股份有限公司
	发动机排量(ml)	1298	发动机功率(kW)	68
变速箱	类别	—	形式	MT
性能指标	最高车速(km/h)	162	0～100km/h 加速时间(s)	—
	最大爬坡度(%)	—	综合燃料消耗量(L/100km)	6.50
其他	公告批次	217	目录序号	15
	识别代号	LGWED2A3×××××××××	排放依据标准	GB 18352.3—2005 国Ⅳ

10. 长城牌 CC7132SM06 轿车(炫丽牌轿车)

生产企业			长城汽车股份有限公司	
整车	车辆名称	轿车		
	车辆型号	CC7132SM06		
	中文品牌	长城牌		
	外形尺寸(长/宽/高)(mm)	3950/1694,1717/1521,1542		
	总质量(kg)	1455		
	整备质量(kg)	1080		
	轴距(mm)	2368	轴荷(kg)	765/690
	轮胎数	4	轮胎规格	185/65R15
	额定载客(人)	5	燃料种类	汽油
发动机	发动机型号	GW4G13	发动机生产商	长城汽车股份有限公司
	发动机排量(ml)	1298	发动机功率(kW)	68
变速箱	类别	—	形式	AMT
性能指标	最高车速(km/h)	162	0～100km/h 加速时间(s)	—
	最大爬坡度(%)	—	综合燃料消耗量(L/100km)	6.50
其他	公告批次	214	目录序号	15
	识别代号	LGWED2A3×××××××××	排放依据标准	GB 18352.3—2005 国Ⅳ

11. 长城牌 CC7132SM07 轿车(炫丽牌轿车)

生产企业			长城汽车股份有限公司	
整车	车辆名称	轿车		
	车辆型号	CC7132SM07		
	中文品牌	长城牌		
	外形尺寸(长/宽/高)(mm)	3950/1694,1717/1521,1542		
	总质量(kg)	1494		
	整备质量(kg)	1091		
	轴距(mm)	2368	轴荷(kg)	768/726
	轮胎数	4	轮胎规格	185/65R15
	额定载客(人)	5	燃料种类	汽油
发动机	发动机型号	GW4G13	发动机生产商	长城汽车股份有限公司
	发动机排量(ml)	1298	发动机功率(kW)	68
变速箱	类别	—	形式	手动 MT
性能指标	最高车速(km/h)	160	0~100km/h 加速时间(s)	—
	最大爬坡度(%)	—	综合燃料消耗量(L/100km)	6.50
其他	公告批次	217	目录序号	15
	识别代号	LGWED2A3×××××××××	排放依据标准	GB 18352.3—2005 国Ⅳ

12. 长城牌 CC7132CE05 轿车(腾翼 C30 牌轿车)

生产企业			长城汽车股份有限公司	
整车	车辆名称	轿车		
	车辆型号	CC7132CE05		
	中文品牌	长城牌		
	外形尺寸(长/宽/高)(mm)	4452/1705/1480		
	总质量(kg)	1500		
	整备质量(kg)	1125		
	轴距(mm)	2610	轴荷(kg)	772/728
	轮胎数	4	轮胎规格	185/65R15,195/55R16
	额定载客(人)	5	燃料种类	汽油
发动机	发动机型号	GW4G15	发动机生产商	长城汽车股份有限公司
	发动机排量(ml)	1497	发动机功率(kW)	78
变速箱	类别	—	形式	手动 MT
性能指标	最高车速(km/h)	170	0~100km/h 加速时间(s)	—
	最大爬坡度(%)	—	综合燃料消耗量(L/100km)	6.50
其他	公告批次	217	目录序号	15
	识别代号	LGWEE2K5×××××××××	排放依据标准	GB 18352.3—2005 国Ⅳ

13. 长城牌 CC7150CE06 轿车(炫丽牌轿车)

生产企业			长城汽车股份有限公司	
整车	车辆名称	轿车		
	车辆型号	CC7150CE06		
	中文品牌	长城牌		
	外形尺寸(长/宽/高)(mm)	4452/1705/1480		
	总质量(kg)	1520		
	整备质量(kg)	1145		
	轴距(mm)	2610	轴荷(kg)	793/727
	轮胎数	4	轮胎规格	185/65R15,195/55R16
	额定载客(人)	5	燃料种类	汽油
发动机	发动机型号	GW4G15	发动机生产商	长城汽车股份有限公司
	发动机排量(ml)	1497	发动机功率(kW)	78
变速箱	类别	—	形式	CVT
性能指标	最高车速(km/h)	170	0~100km/h 加速时间(s)	—
	最大爬坡度(%)	—	综合燃料消耗量(L/100km)	6.80
其他	公告批次	217	目录序号	15
	识别代号	LGWEE2K5××××××××	排放依据标准	GB 18352.3—2005 国Ⅳ

14. 长城牌 CC7150CE07 轿车(腾翼 C30 牌轿车)

生产企业			长城汽车股份有限公司	
整车	车辆名称	轿车		
	车辆型号	CC7150CE07		
	中文品牌	长城牌		
	外形尺寸(长/宽/高)(mm)	4452/1705/1480		
	总质量(kg)	1585		
	整备质量(kg)	1210		
	轴距(mm)	2610	轴荷(kg)	770/815
	轮胎数	4	轮胎规格	185/65R15,195/55R16
	额定载客(人)	5	燃料种类	汽油
发动机	发动机型号	GW4G15	发动机生产商	长城汽车股份有限公司
	发动机排量(ml)	1497	发动机功率(kW)	78
变速箱	类别	—	形式	手动 MT
性能指标	最高车速(km/h)	170	0~100km/h 加速时间(s)	—
	最大爬坡度(%)	—	综合燃料消耗量(L/100km)	6.50
其他	公告批次	218	目录序号	15
	识别代号	LGWEE2K5××××××××	排放依据标准	GB 18352.3—2005 国Ⅳ

15. 长城牌 CC7150CE08 轿车(腾翼 C30 牌轿车)

生产企业			长城汽车股份有限公司	
整车	车辆名称	轿车		
	车辆型号	CC7150CE08		
	中文品牌	长城牌		
	外形尺寸(长/宽/高)(mm)	4452/1705/1480		
	总质量(kg)	1585		
	整备质量(kg)	1210		
	轴距(mm)	2610	轴荷(kg)	770/815
	轮胎数	4	轮胎规格	185/65R15,195/55R16
	额定载客(人)	5	燃料种类	汽油
发动机	发动机型号	GW4G15	发动机生产商	长城汽车股份有限公司
	发动机排量(ml)	1497	发动机功率(kW)	78
变速箱	类别	—	形式	AMT
性能指标	最高车速(km/h)	170	0~100km/h 加速时间(s)	—
	最大爬坡度(%)	—	综合燃料消耗量(L/100km)	6.80
其他	公告批次	218	目录序号	15
	识别代号	LGWEE2K5×××××××××	排放依据标准	GB 18352.3—2005 国Ⅳ

16. 长城牌 CC7150SM05 轿车(炫丽牌轿车)

生产企业			长城汽车股份有限公司	
整车	车辆名称	轿车		
	车辆型号	CC7150SM05		
	中文品牌	长城牌		
	外形尺寸(长/宽/高)(mm)	3907/1694/1521		
	总质量(kg)	1495		
	整备质量(kg)	1091		
	轴距(mm)	2368	轴荷(kg)	769/726
	轮胎数	4	轮胎规格	185/65R15
	额定载客(人)	5	燃料种类	汽油
发动机	发动机型号	GW4G15	发动机生产商	长城汽车股份有限公司
	发动机排量(ml)	1497	发动机功率(kW)	78
变速箱	类别		形式	手动 MT
性能指标	最高车速(km/h)	162	0~100km/h 加速时间(s)	—
	最大爬坡度(%)	—	综合燃料消耗量(L/100km)	6.50
其他	公告批次	217	目录序号	15
	识别代号	LGWED2A3×××××××××	排放依据标准	GB 18352.3—2005 国Ⅳ

17. 长城牌 CC7150SM06 轿车（炫丽牌轿车）

生产企业			长城汽车股份有限公司	
整车	车辆名称	轿车		
	车辆型号	CC7150SM06		
	中文品牌	长城牌		
	外形尺寸（长/宽/高）(mm)	3907/1694/1521		
	总质量(kg)	1495		
	整备质量(kg)	1120		
	轴距(mm)	2368	轴荷(kg)	769/726
	轮胎数	4	轮胎规格	185/65R15
	额定载客(人)	5	燃料种类	汽油
发动机	发动机型号	GW4G15	发动机生产商	长城汽车股份有限公司
	发动机排量(ml)	1497	发动机功率(kW)	78
变速箱	类别	—	形式	CVT
性能指标	最高车速(km/h)	170	0～100km/h 加速时间(s)	—
	最大爬坡度(%)	—	综合燃料消耗量(L/100km)	6.80
其他	公告批次	217	目录序号	15
	识别代号	LGWED2A3×××××××××	排放依据标准	GB 18352.3—2005 国Ⅳ

18. 长城牌 CC7150SM07 轿车（炫丽牌轿车）

生产企业			长城汽车股份有限公司	
整车	车辆名称	轿车		
	车辆型号	CC7150SM07		
	中文品牌	长城牌		
	外形尺寸（长/宽/高）(mm)	3907/1694/1521		
	总质量(kg)	1455		
	整备质量(kg)	1091		
	轴距(mm)	2368	轴荷(kg)	765/690
	轮胎数	4	轮胎规格	185/65R15
	额定载客(人)	5	燃料种类	汽油
发动机	发动机型号	GW4G15	发动机生产商	长城汽车股份有限公司
	发动机排量(ml)	1497	发动机功率(kW)	78
变速箱	类别	—	形式	AMT
性能指标	最高车速(km/h)	162	0～100km/h 加速时间(s)	—
	最大爬坡度(%)	—	综合燃料消耗量(L/100km)	6.50
其他	公告批次	217	目录序号	15
	识别代号	LGWED2A3×××××××××	排放依据标准	GB 18352.3—2005 国Ⅳ

19. 长城牌 CC7151AMA06 轿车(哈佛 M2 牌轿车)

生产企业			长城汽车股份有限公司	
整车	车辆名称	轿车		
	车辆型号	CC7151AMA06		
	中文品牌	长城牌		
	外形尺寸(长/宽/高)(mm)	4011/1744/1663,1720		
	总质量(kg)	1580		
	整备质量(kg)	1205,1170		
	轴距(mm)	2499	轴荷(kg)	804/776
	轮胎数	4	轮胎规格	195/55R16,195/55ZR16
	额定载客(人)	5	燃料种类	汽油
发动机	发动机型号	GW4G15	发动机生产商	长城汽车股份有限公司
	发动机排量(ml)	1497	发动机功率(kW)	78
变速箱	类别	—	形式	手动 MT
性能指标	最高车速(km/h)	158	0~100km/h 加速时间(s)	—
	最大爬坡度(%)	—	综合燃料消耗量(L/100km)	6.50
其他	公告批次	217	目录序号	15
	识别代号	LGWEE2A4×××××××××	排放依据标准	GB 18352.3—2005 国Ⅳ

20. 长城牌 CC7151AMA07 轿车(哈佛 M2 牌轿车)

生产企业			长城汽车股份有限公司	
整车	车辆名称	轿车		
	车辆型号	CC7151AMA07		
	中文品牌	长城牌		
	外形尺寸(长/宽/高)(mm)	4011/1744/1663,1708		
	总质量(kg)	1558		
	整备质量(kg)	1183		
	轴距(mm)	2499	轴荷(kg)	800/758
	轮胎数	4	轮胎规格	195/55R16,195/55ZR16
	额定载客(人)	5	燃料种类	汽油
发动机	发动机型号	GW4G15	发动机生产商	长城汽车股份有限公司
	发动机排量(ml)	1497	发动机功率(kW)	78
变速箱	类别	—	形式	CVT
性能指标	最高车速(km/h)	158	0~100km/h 加速时间(s)	—
	最大爬坡度(%)	—	综合燃料消耗量(L/100km)	6.70
其他	公告批次	217	目录序号	15
	识别代号	LGWEE2A4×××××××××	排放依据标准	GB 18352.3—2005 国Ⅳ

21. 长城牌 CC7151AMA26 轿车(哈佛 M2 牌轿车)

	生产企业		长城汽车股份有限公司	
整车	车辆名称	轿车		
	车辆型号	CC7151AMA26		
	中文品牌	长城牌		
	外形尺寸(长/宽/高)(mm)	4011/1744/1695,1740		
	总质量(kg)	1630		
	整备质量(kg)	1255		
	轴距(mm)	2499	轴荷(kg)	804/826
	轮胎数	4	轮胎规格	195/55R16,195/55ZR16
	额定载客(人)	5	燃料种类	汽油
发动机	发动机型号	GW4G15	发动机生产商	长城汽车股份有限公司
	发动机排量(ml)	1497	发动机功率(kW)	78
变速箱	类别	—	形式	手动 MT
性能指标	最高车速(km/h)	158	0~100km/h 加速时间(s)	—
	最大爬坡度(%)	—	综合燃料消耗量(L/100km)	6.90
其他	公告批次	217	目录序号	15
	识别代号	LGWFE2A4×××××××××	排放依据标准	GB 18352.3—2005 国Ⅳ

22. 长城牌 CC7152SM05 轿车(炫丽牌轿车)

	生产企业		长城汽车股份有限公司	
整车	车辆名称	轿车		
	车辆型号	CC7152SM05		
	中文品牌	长城牌		
	外形尺寸(长/宽/高)(mm)	3950/1694,1717/1521,1542		
	总质量(kg)	1495		
	整备质量(kg)	1091		
	轴距(mm)	2368	轴荷(kg)	769/726
	轮胎数	4	轮胎规格	185/65R15
	额定载客(人)	5	燃料种类	汽油
发动机	发动机型号	GW4G15	发动机生产商	长城汽车股份有限公司
	发动机排量(ml)	1497	发动机功率(kW)	78
变速箱	类别		形式	手动 MT
性能指标	最高车速(km/h)	162	0~100km/h 加速时间(s)	—
	最大爬坡度(%)	—	综合燃料消耗量(L/100km)	6.50
其他	公告批次	217	目录序号	15
	识别代号	LGWED2A3×××××××××	排放依据标准	GB 18352.3—2005 国Ⅳ

23. 长城牌 CC7152SM06 轿车(炫丽牌轿车)

生产企业			长城汽车股份有限公司	
整车	车辆名称	轿车		
	车辆型号	CC7152SM06		
	中文品牌	长城牌		
	外形尺寸(长/宽/高)(mm)	3950/1717/1545		
	总质量(kg)	1495		
	整备质量(kg)	1120		
	轴距(mm)	2368	轴荷(kg)	769/726
	轮胎数	4	轮胎规格	185/65R15
	额定载客(人)	5	燃料种类	汽油
发动机	发动机型号	GW4G15	发动机生产商	长城汽车股份有限公司
	发动机排量(ml)	1497	发动机功率(kW)	78
变速箱	类别		形式	手动 MT
性能指标	最高车速(km/h)	162	0～100km/h 加速时间(s)	
	最大爬坡度(%)		综合燃料消耗量(L/100km)	6.80
其他	公告批次	217	目录序号	15
	识别代号	LGWED2A3××××××××××	排放依据标准	GB 18352.3—2005 国Ⅳ

24. 长城牌 CC7152SM07 轿车(炫丽牌轿车)

生产企业		长城汽车股份有限公司		
整车	车辆名称	轿车		
	车辆型号	CC7152SM07		
	中文品牌	长城牌		
	外形尺寸(长/宽/高)(mm)	3950/1694,1717/1521,1542		
	总质量(kg)	1455		
	整备质量(kg)	1091		
	轴距(mm)	2368	轴荷(kg)	765/690
	轮胎数	4	轮胎规格	185/65R15
	额定载客(人)	5	燃料种类	汽油
发动机	发动机型号	GW4G15	发动机生产商	长城汽车股份有限公司
	发动机排量(ml)	1497	发动机功率(kW)	78
变速箱	类别	—	形式	AMT
性能指标	最高车速(km/h)	162	0～100km/h 加速时间(s)	—
	最大爬坡度(%)		综合燃料消耗量(L/100km)	6.50
其他	公告批次	217	目录序号	15
	识别代号	LGWED2A3×××××××××	排放依据标准	GB 18352.3—2005 国Ⅳ

25. 起亚牌 YQZ7166AEJ 轿车(SOUL 牌轿车)

生产企业		东风悦达起亚汽车有限公司		
整车	车辆名称	轿车		
	车辆型号	YQZ7166AEJ		
	中文品牌	起亚牌		
	外形尺寸(长/宽/高)(mm)	4096/1785/1663		
	总质量(kg)	1675		
	整备质量(kg)	1225		
	轴距(mm)	2550	轴荷(kg)	853/822
	轮胎数	4	轮胎规格	205/55R16
	额定载客(人)	5	燃料种类	汽油
发动机	发动机型号	G4FC	发动机生产商	东风悦达起亚汽车有限公司,现代威亚汽车发动机(山东)有限公司
	发动机排量(ml)	1591	发动机功率(kW)	90.4
变速箱	类别		形式	AMT
性能指标	最高车速(km/h)	158	0~100km/h 加速时间(s)	14.5
	最大爬坡度(%)	30	综合燃料消耗量(L/100km)	7.2
其他	公告批次	217	目录序号	47
	识别代号	LJDHAA12	依据标准	—

26. 起亚牌 YQZ7166EJ 轿车(SOUL 牌轿车)

生产企业		东风悦达起亚汽车有限公司		
整车	车辆名称	轿车		
	车辆型号	YQZ7166EJ		
	中文品牌	起亚牌		
	外形尺寸(长/宽/高)(mm)	4096/1785/1663		
	总质量(kg)	1645		
	整备质量(kg)	1198		
	轴距(mm)	2550	轴荷(kg)	830/815
	轮胎数	4	轮胎规格	205/55R16
	额定载客(人)	5	燃料种类	汽油
发动机	发动机型号	G4FC	发动机生产商	东风悦达起亚汽车有限公司,现代威亚汽车发动机(山东)有限公司
	发动机排量(ml)	1591	发动机功率(kW)	90.4
变速箱	类别		形式	手动 MT
性能指标	最高车速(km/h)	170	0~100km/h 加速时间(s)	13.4
	最大爬坡度(%)	30	综合燃料消耗量(L/100km)	6.4
其他	公告批次	217	目录序号	47
	识别代号	LJDHAA12	依据标准	—

27. 起亚牌 YQZ7165A 轿车(福瑞迪牌轿车)

生产企业		东风悦达起亚汽车有限公司		
整车	车辆名称	轿车		
	车辆型号	YQZ7165A		
	中文品牌	起亚牌		
	外形尺寸(长/宽/高)(mm)	4530/1775/1460		
	总质量(kg)	1640		
	整备质量(kg)	1210		
	轴距(mm)	2650	轴荷(kg)	860/780
	轮胎数	4	轮胎规格	195/65R15,205/55R16
	额定载客(人)	5	燃料种类	汽油
发动机	发动机型号	G4FC	发动机生产商	威亚汽车发动机(山东)有限公司
	发动机排量(ml)	1591	发动机功率(kW)	90.4
变速箱	类别		形式	AMT
性能指标	最高车速(km/h)	181	0~100km/h 加速时间(s)	11.7
	最大爬坡度(%)	30	综合燃料消耗量(L/100km)	7.1
其他	公告批次	189	目录序号	47
	识别代号	LJDGAA22	依据标准	—

28. 起亚牌 YQZ7165AE 轿车(福瑞迪牌轿车)

生产企业		东风悦达起亚汽车有限公司		
整车	车辆名称	轿车		
	车辆型号	YQZ7165AE		
	中文品牌	起亚牌		
	外形尺寸(长/宽/高)(mm)	4530/1775/1460		
	总质量(kg)	1640		
	整备质量(kg)	1210		
	轴距(mm)	2650	轴荷(kg)	860/780
	轮胎数	4	轮胎规格	195/65R15,205/55R16
	额定载客(人)	5	燃料种类	汽油
发动机	发动机型号	G4FC	发动机生产商	威亚汽车发动机(山东)有限公司,东风悦达起亚汽车有限公司
	发动机排量(ml)	1591	发动机功率(kW)	90.4
变速箱	类别		形式	AMT
性能指标	最高车速(km/h)	181	0~100km/h 加速时间(s)	11.7
	最大爬坡度(%)	30	综合燃料消耗量(L/100km)	7.1
其他	公告批次	220	目录序号	47
	识别代号	LJDGAA22	依据标准	—

29. 起亚牌 YQZ7165EJ 轿车(福瑞迪牌轿车)

生产企业		东风悦达起亚汽车有限公司		
整车	车辆名称	轿车		
	车辆型号	YQZ7165EJ		
	中文品牌	起亚牌		
	外形尺寸(长/宽/高)(mm)	4530/1775/1460		
	总质量(kg)	1620		
	整备质量(kg)	1190		
	轴距(mm)	2650	轴荷(kg)	850/770
	轮胎数	4	轮胎规格	195/65R15,205/55R16
	额定载客(人)	5	燃料种类	汽油
发动机	发动机型号	G4FC	发动机生产商	东风悦达起亚汽车有限公司,现代威亚汽车发动机(山东)有限公司
	发动机排量(ml)	1591	发动机功率(kW)	90.4
变速箱	类别		形式	手动 MT
性能指标	最高车速(km/h)	189	0~100km/h 加速时间(s)	10.2
	最大爬坡度(%)	30	综合燃料消耗量(L/100km)	6.4
其他	公告批次	217	目录序号	47
	识别代号	LJDGAA22	依据标准	—

30. 起亚牌 YQZ7140 轿车(锐欧牌轿车)

生产企业		东风悦达起亚汽车有限公司		
整车	车辆名称	锐欧		
	车辆型号	YQZ7140		
	中文品牌	起亚牌		
	外形尺寸(长/宽/高)(mm)	4290/1695/1480		
	总质量(kg)	1476		
	整备质量(kg)	1136		
	轴距(mm)	2500	轴荷(kg)	802/674
	轮胎数	4	轮胎规格	185/65R14,195/55R15,175/70R14
	额定载客(人)	5	燃料种类	汽油
发动机	发动机型号	G4EE	发动机生产商	东风悦达起亚汽车有限公司
	发动机排量(ml)	1399	发动机功率(kW)	69.9
变速箱	类别		形式	手动 MT
性能指标	最高车速(km/h)	167	0~100km/h 加速时间(s)	14.9
	最大爬坡度(%)	40	综合燃料消耗量(L/100km)	6.3
其他	47	公告批次	188	目录序号
	识别代号	LJDEAA29	依据标准	—

31. 起亚牌 YQZ7140A 轿车(锐欧牌轿车)

生产企业		东风悦达起亚汽车有限公司		
整车	车辆名称	轿车		
	车辆型号	YQZ7140A		
	中文品牌	起亚牌		
	外形尺寸(长/宽/高)(mm)	4290/1695/1480		
	总质量(kg)	1498		
	整备质量(kg)	1158		
	轴距(mm)	2500	轴荷(kg)	824/674
	轮胎数	4	轮胎规格	185/65R14,195/55R15,175/70R14
	额定载客(人)	5	燃料种类	汽油
	底盘型号	—	生产厂家	—
发动机	发动机型号	G4EE	发动机生产商	东风悦达起亚汽车有限公司
	发动机排量(ml)	1399	发动机功率(kW)	69.9
变速箱	类别		形式	AMT
性能指标	最高车速(km/h)	156	0~100km/h 加速时间(s)	17.5
	最大爬坡度(%)	40	综合燃料消耗量(L/100km)	6.6
其他	公告批次	188	目录序号	47
	识别代号	LJDEAA29	依据标准	—

32. 起亚牌 YQZ7140EJ 轿车(锐欧牌轿车)

生产企业		东风悦达起亚汽车有限公司		
整车	车辆名称	轿车		
	车辆型号	YQZ7140EJ		
	中文品牌	起亚牌		
	外形尺寸(长/宽/高)(mm)	4290/1695/1480		
	总质量(kg)	1476		
	整备质量(kg)	1136		
	轴距(mm)	2500	轴荷(kg)	802/674
	轮胎数	4	轮胎规格	175/70R14,185/65R14
	额定载客(人)	5	燃料种类	汽油
发动机	发动机型号	G4EE	发动机生产商	东风悦达起亚汽车有限公司
	发动机排量(ml)	1399	发动机功率(kW)	69.9
变速箱	类别		形式	手动 MT
性能指标	最高车速(km/h)	167	0~100km/h 加速时间(s)	14.9
	最大爬坡度(%)	40	综合燃料消耗量(L/100km)	6.4
其他	公告批次	217	目录序号	47
	识别代号	LJDEAA29	依据标准	—

33. 起亚牌 YQZ7163 轿车(锐欧牌轿车)

生产企业		东风悦达起亚汽车有限公司		
整车	车辆名称	轿车		
	车辆型号	YQZ7163		
	中文品牌	起亚牌		
	外形尺寸(长/宽/高)(mm)	4290/1695/1480		
	总质量(kg)	1478		
	整备质量(kg)	1138		
	轴距(mm)	2500	轴荷(kg)	804/674
	轮胎数	4	轮胎规格	185/65R14,195/55R15,175/70R14
	额定载客(人)	5	燃料种类	汽油
发动机	发动机型号	G4ED	发动机生产商	东风悦达起亚汽车有限公司
	发动机排量(ml)	1599	发动机功率(kW)	82.4
变速箱	类别		形式	手动 MT
性能指标	最高车速(km/h)	180	0～100km/h 加速时间(s)	12.7
	最大爬坡度(%)	40	综合燃料消耗量(L/100km)	6.4
其他	公告批次	216	目录序号	47
	识别代号	LJDEAA22	依据标准	—

34. 起亚牌 YQZ7163A 轿车(锐欧牌轿车)

生产企业		东风悦达起亚汽车有限公司		
整车	车辆名称	轿车		
	车辆型号	YQZ7163A		
	中文品牌	起亚牌		
	外形尺寸(长/宽/高)(mm)	4290/1695/1480		
	总质量(kg)	1500		
	整备质量(kg)	1160		
	轴距(mm)	2500	轴荷(kg)	826/674
	轮胎数	4	轮胎规格	185/65R14,195/55R15,175/70R14
	额定载客(人)	5	燃料种类	汽油
发动机	发动机型号	G4ED	发动机生产商	东风悦达起亚汽车有限公司
	发动机排量(ml)	1599	发动机功率(kW)	82.4
变速箱	类别		形式	AT
性能指标	最高车速(km/h)	164	0～100km/h 加速时间(s)	14.7
	最大爬坡度(%)	40	综合燃料消耗量(L/100km)	6.8
其他	公告批次	188	目录序号	47
	识别代号	LJDEAA22	依据标准	—

35. 起亚牌 YQZ7162EFJ 轿车(赛拉图牌轿车)

生产企业		东风悦达起亚汽车有限公司		
整车	车辆名称	轿车		
	车辆型号	YQZ7162EFJ		
	中文品牌	起亚牌		
	外形尺寸(长/宽/高)(mm)	4500,4600/1735/1470		
	总质量(kg)	1720		
	整备质量(kg)	1235		
	轴距(mm)	2610	轴荷(kg)	755/480
	轮胎数	4	轮胎规格	195/60R15,205/50R16
	额定载客(人)	5	燃料种类	汽油
发动机	发动机型号	G4ED	发动机生产商	现代威亚汽车发动机(山东)有限公司
	发动机排量(ml)	1599	发动机功率(kW)	82.4
变速箱	类别		形式	手动 MT
性能指标	最高车速(km/h)	186	0~100km/h 加速时间(s)	12.9
	最大爬坡度(%)	30	综合燃料消耗量(L/100km)	6.7
其他	公告批次	217	目录序号	47
	识别代号	LJDDAA22	依据标准	—

36. 起亚牌 YQZ7164EJ 轿车(赛拉图牌轿车)

生产企业		东风悦达起亚汽车有限公司		
整车	车辆名称	轿车		
	车辆型号	YQZ7164EJ		
	中文品牌	起亚牌		
	外形尺寸(长/宽/高)(mm)	4350/1735/1470		
	总质量(kg)	1740		
	整备质量(kg)	1255		
	轴距(mm)	2610	轴荷(kg)	770/485
	轮胎数	4	轮胎规格	195/60R15,205/50R16
	额定载客(人)	5	燃料种类	汽油
发动机	发动机型号	G4ED	发动机生产商	东风悦达起亚汽车有限公司
	发动机排量(ml)	1599	发动机功率(kW)	82.4
变速箱	类别		形式	手动 MT
性能指标	最高车速(km/h)	181	0~100km/h 加速时间(s)	13.0
	最大爬坡度(%)	30	综合燃料消耗量(L/100km)	6.7
其他	公告批次	217	目录序号	47
	识别代号	LJDDAA12	依据标准	—

37. 丰田牌(TOYOTA)TV7163GL 轿车(卡罗拉牌轿车)

生产企业		天津一汽丰田汽车有限公司		
整车	车辆名称	轿车		
	车辆型号	TV7163GL		
	中文品牌	丰田牌		
	外形尺寸(长/宽/高)(mm)	4545/1760/1490		
	总质量(kg)	1770		
	整备质量(kg)	1290,1300		
	轴距(mm)	2600	轴荷(kg)	910/860
	轮胎数	4	轮胎规格	195/65R15
	额定载客(人)	5	燃料种类	汽油
发动机	发动机型号	1ZR	发动机生产商	天津一汽丰田发动机有限公司
	发动机排量(ml)	1598	发动机功率(kW)	90
变速箱	类别	机械式	形式	4 挡自动
性能指标	最高车速(km/h)	180	0~100km/h 加速时间(s)	≤14.7
	最大爬坡度(%)	40	综合燃料消耗量(L/100km)	6.90
其他	公告批次	215	目录序号	18
	识别代号	LFMAPE2C×××××××××	依据标准	GB 18352.3—2005 国Ⅳ

38. 丰田牌(TOYOTA)TV7163GLM 轿车(卡罗拉牌轿车)

生产企业		天津一汽丰田汽车有限公司		
整车	车辆名称	轿车		
	车辆型号	TV7163GLM		
	中文品牌	丰田牌		
	外形尺寸(长/宽/高)(mm)	4545/1760/1490		
	总质量(kg)	1770		
	整备质量(kg)	1270,1280		
	轴距(mm)	2600	轴荷(kg)	885/885
	轮胎数	4	轮胎规格	195/65R15
	额定载客(人)	5	燃料种类	汽油
发动机	发动机型号	1ZR	发动机生产商	天津一汽丰田发动机有限公司
	发动机排量(ml)	1598	发动机功率(kW)	90
变速箱	类别	机械式	形式	5 挡手动
性能指标	最高车速(km/h)	195	0~100km/h 加速时间(s)	≤12.7
	最大爬坡度(%)	40	综合燃料消耗量(L/100km)	6.90
其他	公告批次	215	目录序号	18
	识别代号	LFMAPE2C×××××××××	依据标准	GB 18352.3—2005 国Ⅳ

39. 丰田牌(TOYOTA)TV7164GD 轿车(花冠牌轿车)

生产企业		天津一汽丰田汽车有限公司		
整车	车辆名称	轿车		
	车辆型号	TV7164GD		
	中文品牌	丰田牌		
	外形尺寸(长/宽/高)(mm)	4530/1705/1490		
	总质量(kg)	1600		
	整备质量(kg)	1165,1180		
	轴距(mm)	2600	轴荷(kg)	830/770
	轮胎数	4	轮胎规格	195/60R15
	额定载客(人)	5	燃料种类	汽油
发动机	发动机型号	1ZR	发动机生产商	天津一汽丰田发动机有限公司
	发动机排量(ml)	1598	发动机功率(kW)	88
变速箱	类别	机械式	形式	4 挡自动
性能指标	最高车速(km/h)	180	0~100km/h 加速时间(s)	≤13.9
	最大爬坡度(%)	40	综合燃料消耗量(L/100km)	6.50
其他	公告批次	218	目录序号	18
	识别代号	LFMAP22C×××××××××	依据标准	GB 18352.3—2005 国Ⅳ

40. 丰田牌(TOYOTA)TV7164GMD 轿车(花冠牌轿车)

生产企业		天津一汽丰田汽车有限公司		
整车	车辆名称	轿车		
	车辆型号	TV7164GMD		
	中文品牌	丰田牌		
	外形尺寸(长/宽/高)(mm)	4530/1705/1490		
	总质量(kg)	1600		
	整备质量(kg)	1150,1165		
	轴距(mm)	2600	轴荷(kg)	815/785
	轮胎数	4	轮胎规格	195/60R15
	额定载客(人)	5	燃料种类	汽油
发动机	发动机型号	1ZR	发动机生产商	天津一汽丰田发动机有限公司
	发动机排量(ml)	1598	发动机功率(kW)	88
变速箱	类别	机械式	形式	5 挡手动
性能指标	最高车速(km/h)	200	0~100km/h 加速时间(s)	≤12.3
	最大爬坡度(%)	40	综合燃料消耗量(L/100km)	6.50
其他	公告批次	218	目录序号	18
	识别代号	LFMAP22C×××××××××	依据标准	GB 18352.3—2005 国Ⅳ

41. 丰田(TOYOTA)TV7164DLXD 轿车(花冠牌轿车)

生产企业		天津一汽丰田汽车有限公司		
整车	车辆名称	轿车		
	车辆型号	TV7164DLXD		
	中文品牌	丰田牌		
	外形尺寸(长/宽/高)(mm)	4530/1705/1490		
	总质量(kg)	1600		
	整备质量(kg)	1150		
	轴距(mm)	2600	轴荷(kg)	815/785
	轮胎数	4	轮胎规格	195/60R15
	额定载客(人)	5	燃料种类	汽油
发动机	发动机型号	1ZR	发动机生产商	天津一汽丰田发动机有限公司
	发动机排量(ml)	1598	发动机功率(kW)	88
变速箱	类别	机械式	形式	5 挡手动
性能指标	最高车速(km/h)	200	0～100km/h 加速时间(s)	≤12.3
	最大爬坡度(%)	40	综合燃料消耗量(L/100km)	6.50
其他	公告批次	218	目录序号	18
	识别代号	LFMAP22C×××××××××	依据标准	GB 18352.3—2005 国Ⅳ

42. 丰田牌(TOYOTA)TV7165GL－iD 轿车(威驰牌轿车)

生产企业		天津一汽丰田汽车有限公司		
整车	车辆名称	轿车		
	车辆型号	TV7165GL－iD		
	中文品牌	丰田牌		
	外形尺寸(长/宽/高)(mm)	4300/1690,1700/1490		
	总质量(kg)	1535		
	整备质量(kg)	1115,1125		
	轴距(mm)	2550	轴荷(kg)	825/710
	轮胎数	4	轮胎规格	185/60R15
	额定载客(人)	5	燃料种类	汽油
发动机	发动机型号	1ZR	发动机生产商	天津一汽丰田发动机有限公司
	发动机排量(ml)	1598	发动机功率(kW)	87
变速箱	类别	机械式	形式	4 挡自动
性能指标	最高车速(km/h)	185	0～100km/h 加速时间(s)	≤13.5
	最大爬坡度(%)	40	综合燃料消耗量(L/100km)	6.50
其他	公告批次	218	目录序号	18
	识别代号	LFMAP92A××××××××× LFMAP90A×××××××××	依据标准	GB 18352.3—2005 国Ⅳ

43. 丰田牌(TOYOTA)TV7165GL－SD 轿车(威驰牌轿车)

生产企业		天津一汽丰田汽车有限公司		
整车	车辆名称	轿车		
	车辆型号	TV7165GL－SD		
	中文品牌	丰田牌		
	外形尺寸(长/宽/高)(mm)	4320/1690,1700/1490		
	总质量(kg)	1540		
	整备质量(kg)	1115		
	轴距(mm)	2550	轴荷(kg)	830/710
	轮胎数	4	轮胎规格	185/60R15
	额定载客(人)	5	燃料种类	汽油
发动机	发动机型号	1ZR	发动机生产商	天津一汽丰田发动机有限公司
	发动机排量(ml)	1598	发动机功率(kW)	87
变速箱	类别	机械式	形式	4 挡自动
性能指标	最高车速(km/h)	185	0～100km/h 加速时间(s)	≤13.5
	最大爬坡度(%)	40	综合燃料消耗量(L/100km)	6.50
其他	公告批次	218	目录序号	18
	识别代号	LFMAP92A×××××××××	依据标准	GB 18352.3—2005 国Ⅳ

44. 丰田牌(TOYOTA)TV7165GLX－iD 轿车(威驰牌轿车)

生产企业		天津一汽丰田汽车有限公司		
整车	车辆名称	轿车		
	车辆型号	TV7165GLX－iD		
	中文品牌	丰田牌		
	外形尺寸(长/宽/高)(mm)	4300/1700/1490		
	总质量(kg)	1540		
	整备质量(kg)	1125		
	轴距(mm)	2550	轴荷(kg)	830/710
	轮胎数	4	轮胎规格	185/60R15
	额定载客(人)	5	燃料种类	汽油
发动机	发动机型号	1ZR	发动机生产商	天津一汽丰田发动机有限公司
	发动机排量(ml)	1598	发动机功率(kW)	87
变速箱	类别	机械式	形式	4 挡自动
性能指标	最高车速(km/h)	185	0～100km/h 加速时间(s)	≤13.5
	最大爬坡度(%)	40	综合燃料消耗量(L/100km)	6.50
其他	公告批次	218	目录序号	18
	识别代号	LFMAP92A×××××××××	依据标准	GB 18352.3—2005 国Ⅳ

45. 丰田牌(TOYOTA)TV7165GL－iMD 轿车(威驰牌轿车)

生产企业		天津一汽丰田汽车有限公司		
整车	车辆名称	轿车		
	车辆型号	TV7165GL－iMD		
	中文品牌	丰田牌		
	外形尺寸（长/宽/高）（mm）	4300/1690,1700/1490		
	总质量（kg）	1515		
	整备质量（kg）	1095,1100,1105		
	轴距（mm）	2550	轴荷（kg）	805/710
	轮胎数	4	轮胎规格	185/60R15
	额定载客（人）	5	燃料种类	汽油
发动机	发动机型号	1ZR	发动机生产商	天津一汽丰田发动机有限公司
	发动机排量（ml）	1598	发动机功率（kW）	87
变速箱	类别	机械式	形式	5 挡手动
性能指标	最高车速（km/h）	200	0～100km/h 加速时间（s）	≤11.5
	最大爬坡度（%）	40	综合燃料消耗量（L/100km）	6.50
其他	公告批次	218	目录序号	18
	识别代号	LFMAP92A ××××××××× LFMAP90A ×××××××××	依据标准	GB 18352.3—2005 国Ⅳ

46. 丰田牌(TOYOTA)TV7161GLD 轿车(卡罗拉牌轿车)

生产企业		天津一汽丰田汽车有限公司		
整车	车辆名称	轿车		
	车辆型号	TV7161GLD		
	中文品牌	丰田牌		
	外形尺寸（长/宽/高）（mm）	4540/1760/1490		
	总质量（kg）	1760		
	整备质量（kg）	1280，1290		
	轴距（mm）	2600	轴荷（kg）	900/860
	轮胎数	4	轮胎规格	195/65R15
	额定载客（人）	5	燃料种类	汽油
发动机	发动机型号	1ZR	发动机生产商	天津一汽丰田发动机有限公司
	发动机排量（ml）	1598	发动机功率（kW）	90
变速箱	类别	机械式	形式	4 挡自动
性能指标	最高车速（km/h）	180	0～100km/h 加速时间（s）	≤14.7
	最大爬坡度（%）	40	综合燃料消耗量（L/100km）	7.20
其他	公告批次	198	目录序号	18
	识别代号	LFMAPE2C ×××××××××	依据标准	GB 18352.3—2005 国Ⅳ

47. 解放牌 CA6390B4 客车

生产企业		一汽吉林汽车有限公司		
整车	车辆名称	客车		
	车辆型号	CA6390B4		
	中文品牌	解放牌		
	外形尺寸（长/宽/高）（mm）	3930/1585/1857		
	总质量（kg）	1699		
	整备质量（kg）	1123		
	轴距（mm）	2500	轴荷（kg）	630/1069
	轮胎数	4	轮胎规格	165/70R14
	额定载客（人）	7,8	燃料种类	汽油
发动机	发动机型号	CA4GA3/CA4GA6	发动机生产商	天津一汽夏利汽车股份有限公司内燃机制造分公司
	发动机排量（ml）	1339/1299	发动机功率（kW）	67/65
变速箱	类别	机械式变速器	形式	五前进挡，一倒挡
性能指标	最高车速（km/h）	135	0～100km/h 加速时间（s）	21
	最大爬坡度（%）	30	综合燃料消耗量（L/100km）	6.8
其他	公告批次	216	目录序号	1
	识别代号	LFB0C135×××××××××	依据标准	GB 18352.3—2005（国Ⅲ）

48. 解放牌 CA6390B5 客车

生产企业		一汽吉林汽车有限公司		
整车	车辆名称	客车		
	车辆型号	CA6390B5		
	中文品牌	解放牌		
	外形尺寸（长/宽/高）（mm）	3930/1585/1857		
	总质量（kg）	1699		
	整备质量（kg）	1123		
	轴距（mm）	2500	轴荷（kg）	630/1069
	轮胎数	4	轮胎规格	165/70R14
	额定载客（人）	5	燃料种类	汽油
发动机	发动机型号	CA4GA3/CA4GA6	发动机生产商	天津一汽夏利汽车股份有限公司内燃机制造分公司
	发动机排量（ml）	1339/1299	发动机功率（kW）	67/65
变速箱	类别	机械式变速器	形式	五前进挡，一倒挡
性能指标	最高车速（km/h）	135	0～100km/h 加速时间（s）	21
	最大爬坡度（%）	30	综合燃料消耗量（L/100km）	6.8
其他	公告批次	216	目录序号	1
	识别代号	LFB0C135×××××××××	依据标准	GB 18352.3—2005（国Ⅳ）

49. 雪佛兰牌 LZW7100XF 轿车

生产企业		上汽通用五菱汽车股份有限公司		
整车	车辆名称	轿车		
	车辆型号	LZW7100XF		
	中文品牌	雪佛兰牌		
	外形尺寸（长/宽/高）（mm）	3545/1495/1523		
	总质量（kg）	1255		
	整备质量（kg）	880		
	轴距（mm）	2340	轴荷（kg）	680/575
	轮胎数	4	轮胎规格	175/60R13
	额定载客（人）	5	燃料种类	汽油
发动机	发动机型号	LMT	发动机生产商	上汽通用五菱汽车股份有限公司
	发动机排量（ml）	995	发动机功率（kW）	51
变速箱	类别	手动	形式	五前一倒
性能指标	最高车速（km/h）	140	0 ~100km/h 加速时间（s）	20
	最大爬坡度（%）	30	综合燃料消耗量（L/100km）	5.6
其他	公告批次	216	目录序号	92
	识别代号	LZWADAGA	依据标准	GB 7258—2004

50. 雪佛兰牌 LZW7120K3Q 轿车

生产企业		上汽通用五菱汽车股份有限公司		
整车	车辆名称	轿车		
	车辆型号	LZW7120K3Q		
	中文品牌	雪佛兰牌		
	外形尺寸（长/宽/高）（mm）	3545/1495/1523		
	总质量（kg）	1255		
	整备质量（kg）	880		
	轴距（mm）	2340	轴荷（kg）	680/575
	轮胎数	4	轮胎规格	175/60R13
	额定载客（人）	5	燃料种类	汽油
发动机	发动机型号	LMU	发动机生产商	上汽通用五菱汽车股份有限公司
	发动机排量（ml）	1206	发动机功率（kW）	63
变速箱	类别	手动	形式	五前一倒
性能指标	最高车速（km/h）	160	0 ~100km/h 加速时间（s）	16
	最大爬坡度（%）	30	综合燃料消耗量（L/100km）	5.8
其他	公告批次	215	目录序号	92
	识别代号	LZWADAGA	依据标准	GB 7258—2004

51. 雪佛兰牌 LZW7120KF 轿车

生产企业		上汽通用五菱汽车股份有限公司		
整车	车辆名称	轿车		
	车辆型号	LZW7120KF		
	中文品牌	雪佛兰牌		
	外形尺寸（长/宽/高）（mm）	3545/1495/1523		
	总质量（kg）	1255		
	整备质量（kg）	880		
	轴距（mm）	2340	轴荷（kg）	680/575
	轮胎数	4	轮胎规格	175/60R13
	额定载客（人）	5	燃料种类	汽油
发动机	发动机型号	LMU	发动机生产商	上汽通用五菱汽车股份有限公司
	发动机排量（ml）	1206	发动机功率（kW）	63
变速箱	类别	手动	形式	五前一倒
性能指标	最高车速（km/h）	160	0～100km/h 加速时间（s）	16
	最大爬坡度（%）	30	综合燃料消耗量（L/100km）	5.7
其他	公告批次	第 215 批	目录序号	92
	识别代号	LZWADAGA	依据标准	GB 7258—2004

52. 景逸牌 LZ6431BQBE 多用途乘用车

生产企业		东风柳州汽车有限公司		
整车	车辆名称	多用途乘用车		
	车辆型号	LZ6431BQBE		
	中文品牌	景逸牌		
	外形尺寸（长/宽/高）（mm）	4320,4347/1804,1835/1620,1677		
	总质量（kg）	1625,1655		
	整备质量（kg）	1250,1280		
	轴距（mm）	2685	轴荷（kg）	850/775,868/787
	轮胎数	4	轮胎规格	195/65 R15,205/55 R16
	额定载客（人）	5	燃料种类	汽油
发动机	发动机型号	4A91S	发动机生产商	沈阳航天三菱汽车发动机制造有限公司
	发动机排量（ml）	1499	发动机功率（kW）	88
变速箱	类别	手动 MT	形式	手动 MT
性能指标	最高车速（km/h）	170	0～100km/h 加速时间（s）	17
	最大爬坡度（%）	>30	综合燃料消耗量（L/100km）	6.86
其他	公告批次	223	目录序号	91
	识别代号	LGB322E3 ××××××××× LGB322C3 ×××××××××	依据标准	GB 19578—2004

53. 景逸牌 LZ6430BQCE 多用途乘用车

生产企业		东风柳州汽车有限公司		
整车	车辆名称	多用途乘用车		
	车辆型号	LZ6430BQCE		
	中文品牌	景逸牌		
	外形尺寸（长/宽/高）（mm）	4320,4347/1804,1835/1620,1677		
	总质量（kg）	1645，1675		
	整备质量（kg）	1270，1300		
	轴距（mm）	2685	轴荷（kg）	862/783
	轮胎数	4	轮胎规格	195/65 R15,205/55 R16
	额定载客（人）	5	燃料种类	汽油
发动机	发动机型号	4A91S	发动机生产商	沈阳航天三菱汽车发动机制造有限公司
	发动机排量（ml）	1499	发动机功率（kW）	88
变速箱	类别	自动挡 AMT	形式	机械式自动变速箱
性能指标	最高车速（km/h）	165	0 ~100km/h 加速时间（s）	17
	最大爬坡度（%）	>30	综合燃料消耗量（L/100km）	6. 8
其他	公告批次	222	目录序号	91
	识别代号	LGB322E1 ×××××××××	依据标准	GB 19578—2004

54. 昌河铃木牌 CH6392C1 客车

生产企业		江西昌河铃木汽车有限责任公司		
整车	车辆名称	客车		
	车辆型号	CH6392C1		
	中文品牌	昌河铃木牌		
	外形尺寸（长/宽/高）（mm）	3855/1510/1910		
	总质量（kg）	1670		
	整备质量（kg）	1060		
	轴距（mm）	2400	轴荷（kg）	700/970
	轮胎数	4	轮胎规格	165/70 R14、155R13LT
	额定载客（人）	7、8	燃料种类	汽油
发动机	发动机型号	K12B－A	发动机生产商	江西昌河铃木汽车有限责任公司
	发动机排量（ml）	1243	发动机功率（kW）	70
变速箱	类别	五挡手动	形式	机械式
性能指标	最高车速（km/h）	140	0 ~100km/h 加速时间（s）	20. 5
	最大爬坡度（%）	30	综合燃料消耗量（L/100km）	6. 5
其他	公告批次	217	目录序号	59
	识别代号	LVFAD1AC ×××××××××	依据标准	GB 18352. 3—2005 国Ⅳ等

55. 昌河铃木牌 CH7142A 轿车

生产企业		江西昌河铃木汽车有限责任公司		
整车	车辆名称	轿车		
	车辆型号	CH7142A		
	中文品牌	昌河铃木牌		
	外形尺寸（长/宽/高）（mm）	3715/1680/1600		
	总质量（kg）	1485		
	整备质量（kg）	1070		
	轴距（mm）	2360	轴荷（kg）	前轴:750/后轴:735
	轮胎数	4	轮胎规格	185/60 R15
	额定载客（人）	5	燃料种类	汽油
发动机	发动机型号	K14B－B	发动机生产商	江西昌河铃木汽车有限责任公司
	发动机排量（ml）	1372	发动机功率（kW）	73
变速箱	类别	五挡手动	形式	机械式
性能指标	最高车速（km/h）	165	0～100km/h 加速时间（s）	13
	最大爬坡度（%）	30	综合燃料消耗量（L/100km）	6.1
其他	公告批次	216	目录序号	59
	识别代号	LVFAD2AD×××××××××	依据标准	GB 18352.3—2005 国Ⅳ等

56. 昌河铃木牌 CH7142B 轿车

生产企业		江西昌河铃木汽车有限责任公司		
整车	车辆名称	轿车		
	车辆型号	CH7142B		
	中文品牌	昌河铃木牌		
	外形尺寸（长/宽/高）（mm）	3715/1680/1600		
	总质量（kg）	1485		
	整备质量（kg）	1090		
	轴距（mm）	2360	轴荷（kg）	前轴:750/后轴:735
	轮胎数	4	轮胎规格	185/60 R15
	额定载客（人）	5	燃料种类	汽油
发动机	发动机型号	K14B－B	发动机生产商	江西昌河铃木汽车有限责任公司
	发动机排量（ml）	1372	发动机功率（kW）	73
变速箱	类别	四挡自动	形式	机械式
性能指标	最高车速（km/h）	160	0～100km/h 加速时间（s）	14
	最大爬坡度（%）	30	综合燃料消耗量（L/100km）	6.4
其他	公告批次	216	目录序号	59
	识别代号	LVFAD2AD×××××××××	依据标准	GB 18352.3—2005 国Ⅳ等

57. 昌河铃木牌 CH7142C 轿车

生产企业		江西昌河铃木汽车有限责任公司		
整车	车辆名称	轿车		
	车辆型号	CH7142C		
	中文品牌	昌河铃木牌		
	外形尺寸（长/宽/高）（mm）	3715/1680/1600		
	总质量（kg）	1485		
	整备质量（kg）	1070		
	轴距（mm）	2360	轴荷（kg）	前轴:750/后轴:735
	轮胎数	4	轮胎规格	185/60 R15
	额定载客（人）	5	燃料种类	汽油
发动机	发动机型号	K14B－C	发动机生产商	江西昌河铃木汽车有限责任公司
	发动机排量（ml）	1372	发动机功率（kW）	73
变速箱	类别	五挡手动	形式	机械式
性能指标	最高车速（km/h）	165	0～100km/h 加速时间（s）	13
	最大爬坡度（%）	30	综合燃料消耗量（L/100km）	6.1
其他	公告批次	217	目录序号	59
	识别代号	LVFAD2AD×××××××××	依据标准	GB 18352.3—2005 国Ⅳ等

58. 利亚纳牌 CH7145B 轿车

生产企业		江西昌河铃木汽车有限责任公司		
整车	车辆名称	轿车		
	车辆型号	CH7145B		
	中文品牌	利亚纳牌		
	外形尺寸（长/宽/高）（mm）	4350/1720,1690/1545		
	总质量（kg）	1600		
	整备质量（kg）	1140		
	轴距（mm）	2480	轴荷（kg）	790（前）/810（后）
	轮胎数	4	轮胎规格	195/55 R15
	额定载客（人）	5	燃料种类	汽油
发动机	发动机型号	K14B－C	发动机生产商	江西昌河铃木汽车有限责任公司
	发动机排量（ml）	1372	发动机功率（kW）	73
变速箱	类别	五挡手动	形式	机械式
性能指标	最高车速（km/h）	165	0～100km/h 加速时间（s）	17
	最大爬坡度（%）	30	综合燃料消耗量（L/100km）	6.5
其他	公告批次	217	目录序号	59
	识别代号	LVFAC5AD×××××××××	依据标准	GB 18352.3—2005 国Ⅳ等

59. 利亚纳牌 CH7146B 轿车

生产企业		江西昌河铃木汽车有限责任公司		
整车	车辆名称	轿车		
	车辆型号	CH7146B		
	中文品牌	利亚纳牌		
	外形尺寸（长/宽/高）（mm）	4230/1720,16901550		
	总质量（kg）	1600		
	整备质量（kg）	1150		
	轴距（mm）	2480	轴荷（kg）	790（前）/810（后）
	轮胎数	4	轮胎规格	195/55 R15
	额定载客（人）	5	燃料种类	汽油
发动机	发动机型号	K14B－C	发动机生产商	江西昌河铃木汽车有限责任公司
	发动机排量（ml）	1372	发动机功率（kW）	73
变速箱	类别	五挡手动	形式	机械式
性能指标	最高车速（km/h）	165	0～100km/h 加速时间（s）	17
	最大爬坡度（%）	30	综合燃料消耗量（L/100km）	6.5
其他	公告批次	217	目录序号	59
	识别代号	LVFAC2AD×××××××××	依据标准	GB 18352.3—2005 国Ⅳ等

60. 北斗星牌 CH7140A2 轿车

生产企业		江西昌河铃木汽车有限责任公司		
整车	车辆名称	轿车		
	车辆型号	CH7140A2		
	中文品牌	北斗星牌		
	外形尺寸（长/宽/高）（mm）	3400/1575/1670,1705		
	总质量（kg）	1330		
	整备质量（kg）	900		
	轴距（mm）	2335	轴荷（kg）	640（前）/690（后）
	轮胎数	4	轮胎规格	165/65 R13
	额定载客（人）	5	燃料种类	汽油
发动机	发动机型号	K14B	发动机生产商	江西昌河铃木汽车有限责任公司
	发动机排量（ml）	1372	发动机功率（kW）	70
变速箱	类别	手动	形式	机械式
性能指标	最高车速（km/h）	156	0～100km/h 加速时间（s）	18
	最大爬坡度（%）	30	综合燃料消耗量（L/100km）	5.8
其他	公告批次	217	目录序号	59
	识别代号	LVFAB2AD×××××××××	依据标准	GB 18352.3—2005 国Ⅳ等

61. 北斗星牌 CH7140B2 轿车

生产企业		江西昌河铃木汽车有限责任公司		
整车	车辆名称	轿车		
	车辆型号	CH7140B2		
	中文品牌	北斗星牌		
	外形尺寸（长/宽/高）（mm）	3450/1575/1675,1705		
	总质量（kg）	1330		
	整备质量（kg）	900		
	轴距（mm）	2335	轴荷（kg）	640（前）/690（后）
	轮胎数	4	轮胎规格	165/65 R13
	额定载客（人）	5	燃料种类	汽油
发动机	发动机型号	K14B	发动机生产商	江西昌河铃木汽车有限责任公司
	发动机排量（ml）	1372	发动机功率（kW）	70
变速箱	类别	手动	形式	机械式
性能指标	最高车速（km/h）	156	0～100km/h 加速时间（s）	18
	最大爬坡度（%）	30	综合燃料消耗量（L/100km）	5.8
其他	公告批次	217	目录序号	59
	识别代号	LVFAB2AD×××××××××	依据标准	GB 18352.3—2005 国Ⅳ等

62. 北斗星牌 CH7140D1 轿车

生产企业		江西昌河铃木汽车有限责任公司		
整车	车辆名称	轿车		
	车辆型号	CH7140D1		
	中文品牌	北斗星牌		
	外形尺寸（长/宽/高）（mm）	3400/1575/1670,1705		
	总质量（kg）	1330		
	整备质量（kg）	900		
	轴距（mm）	2335	轴荷（kg）	640（前）/690（后）
	轮胎数	4	轮胎规格	165/65 R13
	额定载客（人）	5	燃料种类	汽油
发动机	发动机型号	K14B	发动机生产商	江西昌河铃木汽车有限责任公司
	发动机排量（ml）	1372	发动机功率（kW）	70
变速箱	类别	手自一体	形式	机械式
性能指标	最高车速（km/h）	156	0～100km/h 加速时间（s）	14.5
	最大爬坡度（%）	30	综合燃料消耗量（L/100km）	6.1
其他	公告批次	187	目录序号	59
	识别代号	LVFAB2AD×××××××××	依据标准	GB 18352.3—2005 国Ⅳ等

63. 北斗星牌 CH7140D 轿车

生产企业		江西昌河铃木汽车有限责任公司		
整车	车辆名称	轿车		
	车辆型号	CH7140D		
	中文品牌	北斗星牌		
	外形尺寸（长/宽/高）（mm）	3400/1575/1670,1705		
	总质量（kg）	1330		
	整备质量（kg）	900		
	轴距（mm）	2335	轴荷（kg）	640（前）/690（后）
	轮胎数	4	轮胎规格	165/65 R13
	额定载客（人）	5	燃料种类	汽油
发动机	发动机型号	K14B	发动机生产商	江西昌河铃木汽车有限责任公司
	发动机排量（ml）	1372	发动机功率（kW）	70
变速箱	类别	手自一体	形式	机械式
性能指标	最高车速（km/h）	156	0～100km/h 加速时间（s）	17.8
	最大爬坡度（%）	30	综合燃料消耗量（L/100km）	6.0
其他	公告批次	187	目录序号	59
	识别代号	LVFAB2AD×××××××××	依据标准	GB 18352.3—2005 国Ⅲ等

64. 北斗星牌 CH7140F1 轿车

生产企业		江西昌河铃木汽车有限责任公司		
整车	车辆名称	轿车		
	车辆型号	CH7140F1		
	中文品牌	北斗星牌		
	外形尺寸（长/宽/高）（mm）	3400/1575/1670,1705		
	总质量（kg）	1330		
	整备质量（kg）	900		
	轴距（mm）	2335	轴荷（kg）	640（前）/690（后）
	轮胎数	4	轮胎规格	165/65 R13
	额定载客（人）	5	燃料种类	汽油
发动机	发动机型号	K14B	发动机生产商	江西昌河铃木汽车有限责任公司
	发动机排量（ml）	1372	发动机功率（kW）	70
变速箱	类别	手自一体	形式	机械式
性能指标	最高车速（km/h）	156	0～100km/h 加速时间（s）	14.5
	最大爬坡度（%）	30	综合燃料消耗量（L/100km）	6.1
其他	公告批次	216	目录序号	59
	识别代号	LVFAB2AD×××××××××	依据标准	GB 18352.3—2005 国Ⅳ等

65. 北斗星牌 CH7140F 轿车

生产企业		江西昌河铃木汽车有限责任公司		
整车	车辆名称	轿车		
	车辆型号	CH7140F		
	中文品牌	北斗星牌		
	外形尺寸（长/宽/高）(mm)	3400/1575/1670,1705		
	总质量（kg）	1330		
	整备质量（kg）	900		
	轴距（mm）	2335	轴荷（kg）	640（前）/690（后）
	轮胎数	4	轮胎规格	165/65 R13
	额定载客（人）	5	燃料种类	汽油
发动机	发动机型号	K14B	发动机生产商	江西昌河铃木汽车有限责任公司
	发动机排量（ml）	1372	发动机功率（kW）	70
变速箱	类别	手自一体	形式	机械式
性能指标	最高车速（km/h）	156	0 ~100km/h 加速时间（s）	17.8
	最大爬坡度（%）	30	综合燃料消耗量（L/100km）	6.0
其他	公告批次	216	目录序号	59
	识别代号	LVFAB2AD ×××××××××	依据标准	GB 18352.3—2005 国Ⅲ等

66. 北斗星牌 CH7140C1 轿车

生产企业		江西昌河铃木汽车有限责任公司		
整车	车辆名称	轿车		
	车辆型号	CH7140C1		
	中文品牌	北斗星牌		
	外形尺寸（长/宽/高）(mm)	3450/1575/1675,1705		
	总质量（kg）	1330		
	整备质量（kg）	900		
	轴距（mm）	2335	轴荷（kg）	640（前）/690（后）
	轮胎数	4	轮胎规格	165/65 R13
	额定载客（人）	5	燃料种类	汽油
发动机	发动机型号	K14B	发动机生产商	江西昌河铃木汽车有限责任公司
	发动机排量（ml）	1372	发动机功率（kW）	70
变速箱	类别	手自一体	形式	机械式
性能指标	最高车速（km/h）	156	0 ~100km/h 加速时间（s）	14.5
	最大爬坡度（%）	30	综合燃料消耗量（L/100km）	6.1
其他	公告批次	207	目录序号	59
	识别代号	LVFAB2AD ×××××××××	依据标准	GB 18352.3—2005 国Ⅳ等

67. 北斗星牌 CH7140C 轿车

生产企业		江西昌河铃木汽车有限责任公司		
整车	车辆名称	轿车		
	车辆型号	CH7140C		
	中文品牌	北斗星牌		
	外形尺寸（长/宽/高）（mm）	3450/1575/1675,1705		
	总质量（kg）	1330		
	整备质量（kg）	900		
	轴距（mm）	2335	轴荷（kg）	640（前）/690（后）
	轮胎数	4	轮胎规格	165/65 R13
	额定载客（人）	5	燃料种类	汽油
发动机	发动机型号	K14B	发动机生产商	江西昌河铃木汽车有限责任公司
	发动机排量（ml）	1372	发动机功率（kW）	70
变速箱	类别	手自一体	形式	机械式
性能指标	最高车速（km/h）	156	0～100km/h 加速时间（s）	17.8
	最大爬坡度（%）	30	综合燃料消耗量（L/100km）	6.0
其他	公告批次	207	目录序号	59
	识别代号	LVFAB2AD×××××××××	依据标准	GB 18352.3—2005 国Ⅲ等

68. 陆风风华 JX7151L 轿车

生产企业		江铃控股有限公司		
整车	车辆名称	轿车		
	车辆型号	JX7151L		
	中文品牌	陆风风华		
	外形尺寸（长/宽/高）（mm）	4167/1635/1430		
	总质量（kg）	1415		
	整备质量（kg）	1040		
	载质量利用系数	0.36		
	额定载质量（kg）	375		
	轴距（mm）	2492	轴荷（kg）	750 前/665 后
	轮胎数	4	轮胎规格	175/65R14
	额定载客（人）	5	燃料种类	汽油
	底盘型号	无	生产厂家	江铃控股有限公司
发动机	发动机型号	JL475QE	发动机生产商	长安汽车股份有限公司
	发动机排量（ml）	1.497	发动机功率（kW）	70
变速箱	类别	机械手动	形式	5MT
性能指标	最高车速（km/h）	≥175	0～100km/h 加速时间（s）	≤17
	最大爬坡度（%）	≥32	综合燃料消耗量（L/100km）	≤7.5
其他	公告批次	196	目录序号	121
	识别代号	LVXDAGAA	依据标准	《江铃牌陆风风华系列车型》Q/KG 02009－2007

69. 陆风风华 JX7130L 轿车

生产企业		江铃控股有限公司		
整车	车辆名称	轿车		
	车辆型号	JX7130L		
	中文品牌	陆风风华		
	外形尺寸（长/宽/高）（mm）	4167/1635/1430		
	总质量（kg）	1400		
	整备质量（kg）	1025		
	载质量利用系数	0. 36		
	额定载质量（kg）	375		
	轴距（mm）	2492	轴荷（kg）	740 前/660 后
	轮胎数	4	轮胎规格	175/65R14
	额定载客（人）	5	燃料种类	汽油
	底盘型号	无	生产厂家	江铃控股有限公司
发动机	发动机型号	JL474QB	发动机生产商	长安汽车股份有限公司
	发动机排量（ml）	1. 301	发动机功率（kW）	63
变速箱	类别	机械手动	形式	5MT
性能指标	最高车速（km/h）	≥155	0 ~100km/h 加速时间（s）	≤19
	最大爬坡度（%）	≥30	综合燃料消耗量（L/100km）	≤7. 1
其他	公告批次	188	目录序号	121
	识别代号	LVXDAGAA	依据标准	《江铃牌陆风风华系列车型》Q/KG 02009 - 2007

70. 奥路卡牌 ZQ6384A62F 轻型客车

生产企业		海马商务汽车有限公司		
整车	车辆名称	轻型客车		
	车辆型号	ZQ6384A62F		
	中文品牌	奥路卡牌		
	外形尺寸（长/宽/高）（mm）	3836/1566/1865		
	总质量（kg）	1660		
	整备质量（kg）	1095,1100		
	轴荷（kg）	720/940		
	轴距（mm）	2515		
	轮胎数	4	轮胎规格	165/70R13
	额定载客（人）	7,8	燃料种类	A（[汽油]）
	底盘型号	—	生产厂家	—
发动机	发动机型号	LJ465Q - 2AE6	发动机生产商	柳州五菱柳机动力有限公司
	发动机排量（ml）	1051	发动机功率（kW）	45
变速箱	类别	—	形式	—
性能指标	最高车速（km/h）	120	0 ~100km/h 加速时间（s）	—
	最大爬坡度（%）	—	综合燃料消耗量（L/100km）	6. 7
其他	公告批次	217	目录序号	72
	识别代号	LJPSBA11 ×××××××××	依据标准	GB 18352. 3—2005 国Ⅳ

71. 奥路卡牌 Q6412A72F 轻型客车

生产企业		海马商务汽车有限公司		
整车	车辆名称	轻型客车		
	车辆型号	ZQ6412A72F		
	中文品牌	奥路卡牌		
	外形尺寸（长/宽/高）（mm）	4100/1566/1865		
	总质量（kg）	1750		
	整备质量（kg）	1135,1140		
	轴距（mm）	2715	轴荷（kg）	720/1030
	轮胎数	4	轮胎规格	165/70R13 LT
	额定载客（人）	7,8	燃料种类	A（[汽油]）
	底盘型号	—	生产厂家	—
发动机	发动机型号	LJ465QR1E2	发动机生产商	柳州五菱柳机动力有限公司
	发动机排量（ml）	998	发动机功率（kW）	45
变速箱	类别	—	形式	—
性能指标	最高车速（km/h）	120	0～100km/h 加速时间（s）	—
	最大爬坡度（%）	—	综合燃料消耗量（L/100km）	6.7
其他	公告批次	217	目录序号	72
	识别代号	LJPSCA21××××××××××	依据标准	GB 18352.3—2005 国Ⅳ

72. 吉利牌 HQ7102E4 型轿车

生产企业		浙江豪情汽车制造有限公司		
整车	车辆名称	轿车		
	车辆型号	HQ7102E4		
	中文品牌	吉利熊猫		
	外形尺寸（长/宽/高）（mm）	3598/1630/1465		
	总质量（kg）	1312		
	整备质量（kg）	937		
	轴距（mm）	2340	轴荷（kg）	669/643
	轮胎数	4	轮胎规格	165/60R14,165/65R14, 165/70R14
	额定载客（人）	5	燃料种类	汽油
	底盘型号	—	生产厂家	—
发动机	发动机型号	JL3G10A	发动机生产商	浙江豪情汽车制造有限公司
	发动机排量（ml）	997	发动机功率（kW）	50
变速箱	类别	—	形式	MT
性能指标	最高车速（km/h）	145	0～100km/h 加速时间（s）	≤18
	最大爬坡度（%）	19	综合燃料消耗量（L/100km）	5.74
其他	公告批次	224	目录序号	52
	识别代号	LB37102S×××××××××	依据标准	Q/HQ 0101.202－2009

73. 吉利牌 JL7151K02 型轿车

生产企业		浙江豪情汽车制造有限公司		
整车	车辆名称	轿车		
	车辆型号	JL7151K02		
	中文品牌	吉利远景		
	外形尺寸（长/宽/高）（mm）	4602/1725/1485		
	总质量（kg）	1620		
	整备质量（kg）	1210		
	轴距（mm）	2602	轴荷（kg）	855/765
	轮胎数	4	轮胎规格	195/60R15,205/55R16
	额定载客（人）	5	燃料种类	汽油
	底盘型号	—	生产厂家	—
发动机	发动机型号	JLr-4G15	发动机生产商	浙江吉利汽车有限公司
	发动机排量（ml）	1498	发动机功率（kW）	80
变速箱	类别	—	形式	手动挡
性能指标	最高车速（km/h）	165	0~100km/h 加速时间（s）	≤18
	最大爬坡度（%）	—	综合燃料消耗量（L/100km）	—
其他	公告批次	224	目录序号	52
	识别代号	LB37824S×××××××××	依据标准	Q/HQ 0101.202-2009

74. 吉利牌 JL7101K01 型轿车

生产企业		浙江豪情汽车制造有限公司		
整车	车辆名称	轿车		
	车辆型号	JL7101K01		
	中文品牌	吉利金刚		
	外形尺寸（长/宽/高）（mm）	4342,4324/1692/1435		
	总质量（kg）	1460		
	整备质量（kg）	1085		
	轴距（mm）	2502	轴荷（kg）	780/680
	轮胎数	4	轮胎规格	175/65R14,180/60R15
	额定载客（人）	5	燃料种类	汽油
	底盘型号	—	生产厂家	—
发动机	发动机型号	JL3G10A	发动机生产商	浙江豪情汽车制造有限公司
	发动机排量（ml）	997	发动机功率（kW）	50
变速箱	类别	—	形式	手动挡
性能指标	最高车速（km/h）	140	0~100km/h 加速时间（s）	≤23
	最大爬坡度（%）	—	综合燃料消耗量（L/100km）	—
其他	公告批次	227	目录序号	52
	识别代号	LB37604×××××××××	依据标准	Q/HQ 0101.202-2009

75. 豪情牌 JL7100E4 型轿车

生产企业		浙江豪情汽车制造有限公司		
整车	车辆名称	轿车		
	车辆型号	JL7100E4		
	中文品牌	豪情		
	外形尺寸（长/宽/高）（mm）	3919/1745/1505		
	总质量（kg）	1475		
	整备质量（kg）	1100		
	轴距（mm）	2461	轴荷（kg）	762/713
	轮胎数	4	轮胎规格	185/60R15
	额定载客（人）	5	燃料种类	汽油
	底盘型号	—	生产厂家	—
发动机	发动机型号	JL3G10A	发动机生产商	浙江豪情汽车制造有限公司
	发动机排量（ml）	997ml	发动机功率（kW）	50
变速箱	类别	—	形式	手动挡
性能指标	最高车速（km/h）	145	0 ~100km/h 加速时间（s）	≤23
	最大爬坡度（%）	—	综合燃料消耗量（L/100km）	—
其他	公告批次	220	目录序号	52
	识别代号	LB37402S ×××××××××	依据标准	Q/HQ 0101. 202 －2009

76. 吉利牌 MR7152B4 型轿车

生产企业		浙江吉利汽车有限公司		
整车	车辆名称	轿车		
	车辆型号	MR7152B4		
	中文品牌	吉利美日		
	外形尺寸（长/宽/高）（mm）	4397/1789/1470		
	总质量（kg）	1634		
	整备质量（kg）	1244		
	轴距（mm）	2650	轴荷（kg）	869/765
	轮胎数	4	轮胎规格	205/65R15,215/55R16,205/55R16
	额定载客（人）	5	燃料种类	汽油
	底盘型号	—	生产厂家	—
发动机	发动机型号	JLγ －4G15	发动机生产商	浙江吉利汽车有限公司
	发动机排量（ml）	1498	发动机功率（kW）	80
变速箱	类别	—	形式	MT
性能指标	最高车速（km/h）	≥165	0 ~100km/h 加速时间（s）	≤18
	最大爬坡度（%）	≥30	综合燃料消耗量（L/100km）	6. 80,6. 84,6. 80
其他	公告批次	225	目录序号	52
	识别代号	L6T7622S ×××××××××	依据标准	Q/MRJ 854 －2010

77. 吉利牌 MR7153B4 型轿车

生产企业		浙江吉利汽车有限公司		
整车	车辆名称	轿车		
	车辆型号	MR7153B4		
	中文品牌	吉利美日		
	外形尺寸（长/宽/高）（mm）	4635/1789/1470		
	总质量（kg）	1648		
	整备质量（kg）	1258		
	轴距（mm）	2650	轴荷（kg）	876/772
	轮胎数	4	轮胎规格	205/65R15,215/55R16,205/55R16
	额定载客（人）	5	燃料种类	汽油
	底盘型号	—	生产厂家	—
发动机	发动机型号	JLγ -4G15	发动机生产商	浙江吉利汽车有限公司
	发动机排量（ml）	1498	发动机功率（kW）	80
变速箱	类别	—	形式	MT
性能指标	最高车速（km/h）	≥165	0 ~100km/h 加速时间（s）	≤18
	最大爬坡度（%）	≥30	综合燃料消耗量（L/100km）	6.80,6.84,6.80
其他	公告批次	225	目录序号	52
	识别代号	L6T7824S×××××××××	依据标准	Q/MRJ 854 -2010

78. 吉利牌 MR7102E4 型轿车

生产企业		浙江吉利汽车有限公司		
整车	车辆名称	轿车		
	车辆型号	MR7102E4		
	中文品牌	吉利美日		
	外形尺寸（长/宽/高）（mm）	4152,4194/1680/1440		
	总质量（kg）	1404		
	整备质量（kg）	1029		
	轴距（mm）	2434	轴荷（kg）	748/656
	轮胎数	4	轮胎规格	175/65R14
	额定载客（人）	5	燃料种类	汽油
	底盘型号	—	生产厂家	—
发动机	发动机型号	JL3G10A	发动机生产商	浙江豪情汽车制造有限公司
	发动机排量（ml）	997	发动机功率（kW）	50
变速箱	类别	—	形式	MT
性能指标	最高车速（km/h）	≥145	0 ~100km/h 加速时间（s）	≤18
	最大爬坡度（%）	≥30	综合燃料消耗量（L/100km）	6.0
其他	公告批次	225	目录序号	52
	识别代号	L6T7504S×××××××××	依据标准	Q/MRJ 854 -2010

79. 吉利牌 SMA7101K01 型轿车

生产企业		上海华普汽车有限公司		
整车	车辆名称	轿车		
	车辆型号	SMA7101K01		
	中文品牌	吉利牌		
	外形尺寸（长/宽/高）（mm）	4152,4194/1680/1440		
	总质量（kg）	1404		
	整备质量（kg）	1029		
	轴距（mm）	2434	轴荷（kg）	739/665
	轮胎数	4	轮胎规格	175/65R14
	额定载客（人）	5	燃料种类	汽油
	底盘型号	—	生产厂家	—
发动机	发动机型号	JL3G10A	发动机生产商	浙江豪情汽车制造有限公司
	发动机排量（ml）	997	发动机功率（kW）	50
变速箱	类别	—	形式	MT
性能指标	最高车速（km/h）	145	0 ~100km/h 加速时间（s）	≤21
	最大爬坡度（%）	≥28	综合燃料消耗量（L/100km）	6.0
其他	公告批次	223	目录序号	52
	识别代号	LJU7504S ×××××××××	依据标准	Q/JLS J100001 -2010

80. 英伦牌 SMA7151K01 型轿车

生产企业		上海华普汽车有限公司		
整车	车辆名称	轿车		
	车辆型号	SMA7151K01		
	中文品牌	英伦牌		
	外形尺寸（长/宽/高）（mm）	4682/1725/1485		
	总质量（kg）	1655		
	整备质量（kg）	1245		
	轴距（mm）	2602	轴荷（kg）	868/787
	轮胎数	4	轮胎规格	205/55R16,195/60R15
	额定载客（人）	5	燃料种类	汽油
	底盘型号	—	生产厂家	—
发动机	发动机型号	JLγ -4G15	发动机生产商	浙江吉利汽车有限公司
	发动机排量（ml）	1498	发动机功率（kW）	80
变速箱	类别	—	形式	MT
性能指标	最高车速（km/h）	165	0 ~100km/h 加速时间（s）	≤18
	最大爬坡度（%）	≥30	综合燃料消耗量（L/100km）	6.8,6.8
其他	公告批次	224	目录序号	52
	识别代号	JLU8824S ×××××××××	依据标准	Q/JLS J100001 -2010

81. 英伦牌SMA7151K03型轿车

生产企业		上海华普汽车有限公司		
整车	车辆名称	轿车		
	车辆型号	SMA7151K03		
	中文品牌	英伦牌		
	外形尺寸（长/宽/高）（mm）	4682/1725/1485		
	总质量（kg）	1655		
	整备质量（kg）	1245		
	轴距（mm）	2602	轴荷（kg）	868/787
	轮胎数	4	轮胎规格	205/55 R16,195/60 R15
	额定载客（人）	5	燃料种类	汽油
	底盘型号	—	生产厂家	—
发动机	发动机型号	JLγ -4G15	发动机生产商	浙江吉利汽车有限公司
	发动机排量（ml）	1498	发动机功率（kW）	80
变速箱	类别	—	形式	MT
性能指标	最高车速（km/h）	165	0 ~100km/h 加速时间（s）	≤18
	最大爬坡度（%）	≥30	综合燃料消耗量（L/100km）	6.8,6.8
其他	公告批次	225	目录序号	52
	识别代号	LJU8824S×××××××××	依据标准	Q/JLS J100001 -2010

七、新能源汽车关键零部件

1. 动力电池系统技术参数表

生产企业		湖南科霸汽车动力电池有限责任公司
产品名称		乘用车能量包
产品规格		6.5Ah/288V
尺寸（mm）		1100 ×25 ×230
额定电压（V）		288
额定容量（Ah）		5 ~10
内阻（Ω）		0.4 ~0.6
低温启动	功率（kW）	12
	时间（s）	2S
	状态	50% SOC
	最低电压（V）	216
工作温度范围（℃）		-20 ~55
储存温度范围（℃）		-40 ~65
绝缘电阻（MΩ）		2
工作电压范围（V）		240 ~384
充放电效率（%）		90
SOC 估算误差（%）		10
防护等级		IP53
循环寿命（年/万公里）		3 年/15 万公里

生产企业	湖南科霸汽车动力电池有限责任公司
产品名称	商用车能量包
产品规格	30～40Ah/288～336V
尺寸（mm）	1655 ×456.5 ×486.5
额定电压（V）	＞280
额定容量（Ah）	30～100
内阻（Ω）	0.1～0.2
低温启动 功率（kW）	20
低温启动 时间（s）	2
低温启动 状态	50% SOC
低温启动 最低电压（V）	252
工作温度范围（℃）	-30～60
贮存温度范围（℃）	-40～65
绝缘电阻（MΩ）	2
工作电压范围（V）	＞260
充放电效率（%）	90
SOC 估算误差（%）	10
防护等级	IP53
循环寿命（年/万公里）	8 年/50 万公里

生产企业	佛山顺德精进能源有限公司	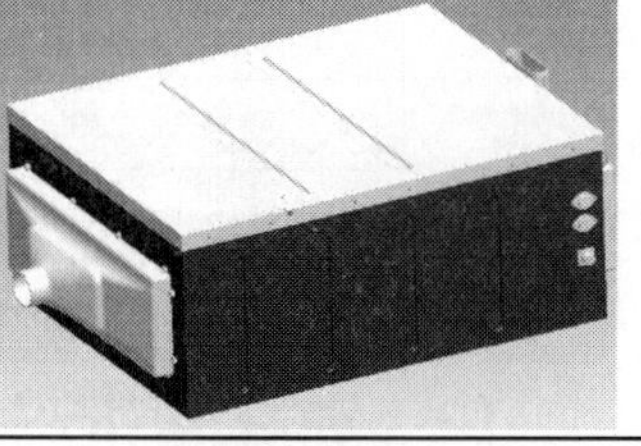 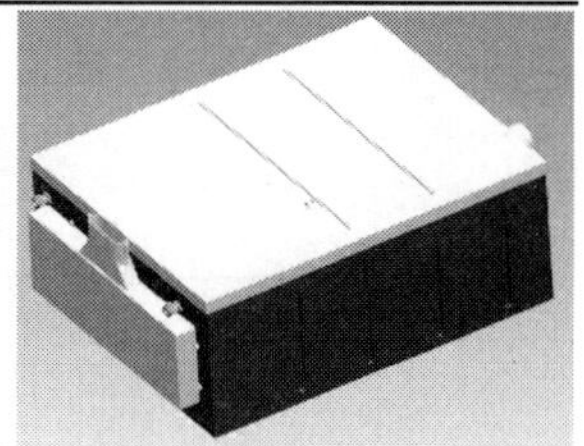
产品名称	PHEV 动力电池	
产品规格	AE8567220PM1HHRSE	
尺寸(mm)	696 ×540 ×333（不含空调接口）	
额定电压（V）	324	
额定容量（Ah）	40	

生产企业	佛山顺德精进能源有限公司	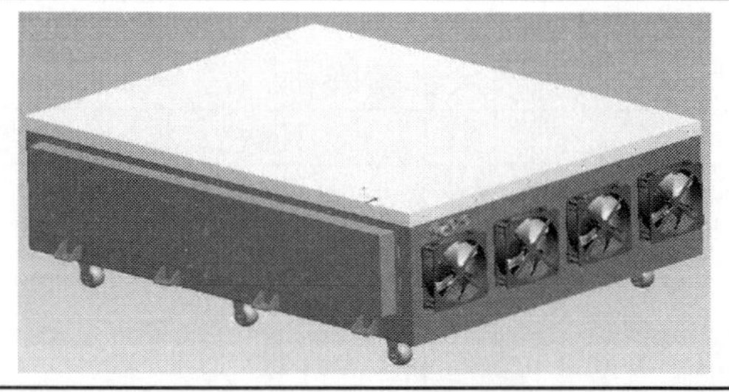
产品名称	EV 大巴动力电池	
产品规格	AE8567220PM1HHRSE	
尺寸（mm）	835 ×691 ×245（不含脚轮）	
额定电压（V）	43.2	
额定容量（Ah）	500	
内阻（Ω）	—	

生产企业	中信国安盟固利动力科技有限公司	
产品名称	90 安时纯电动客车用锂离子动力电池	
额定容量	90Ah	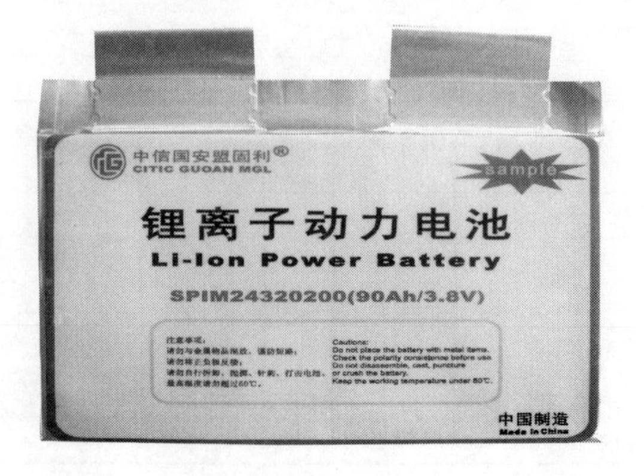
标称电压	3.8 V	
电池内阻（mΩ）	≤1.0	
能量密度（Wh/kg）	≥120，≥22	
最大充电电流（A）	持续 45，瞬间 90（≤30s）	
最大放电电流（A）	持续 90，瞬间 180（≤30s）	
使用温度范围（℃）	-20～50	
自放电率	≤5（100%SOC，28 天）	
循环性能	≥1800（保持 70%额定容量）	
尺寸（mm）	346 ×255 ×18	
重量（g）	2800 ±30	
应用领域	纯电动汽车	

	中信国安盟固利动力科技有限公司
产品名称	8 安时混合动力车用高功率锂离子动力电池
额定容量（Ah）	8
标称电压（V）	3.6
电池内阻（mΩ）	≤1.5
能量密度（Wh/kg）	≥100，≥150
脉冲输出功率（W/kg）	2700 （50%SOC，10s）
脉冲输入功率（W/kg）	2500 （50%SOC，10s）
最大放电电流（A）	200（25C）
使用温度范围（℃）	-20 ～55
自放电率（%）	≤5（100%SOC，28 天）
循环性能	≥2000 （剩余 70%额定容量 ）
尺寸（mm）	190 ×142 ×9
重量（g）	300 ±5

生产企业	中信国安盟固利动力科技有限公司
产品名称	35 安时插电式混合动力车用锂离子动力电池
额定容量（Ah）	35
标称电压（V）	3.7
电池内阻（mΩ）	≤1.0
能量密度（Wh/kg）	≥135，≥225
充电截止电压（V）	4.2
放电截止电压（V）	3.0
标准充电方式	0.3C（CC-CV）
快速充电方式	4C（140A）恒流充电至 4.2V
最大放电电流（A）	280（8C）
使用温度范围（℃）	-20 ～55
循环性能	≥2000（剩余 70%额定容量）
尺寸（mm）	245 ×192 ×14.5
重量（g）	1080 ±5
应用领域	纯电动乘用车、插电式混合动力汽车

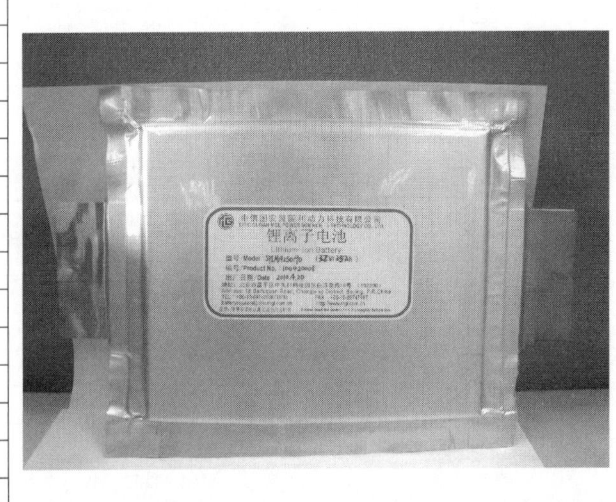

生产企业	中信国安盟固利动力科技有限公司
产品名称	35 安时储能型锂离子电池
标称电压（V）	2.4
额定容量（Ah）	35
能量密度（Wh/kg）	≥85，≥135
尺寸（mm）	245 ×192 ×14.5
内阻（mΩ）	≤1.5
充电截止电压（V）	2.8
放电截止电压（V）	1.5
最大充电电流（A）	175（5C）
最大放电电流（A）	175（5C）
循环性能	≥5000（剩余 70%额定容量）
工作温度（℃）	-30 ～50
重量（g）	1030 ±20
容量保持（%）	≥90（25℃储存 6 个月后）
容量恢复（%）	≥99（25℃储存 6 个月后）

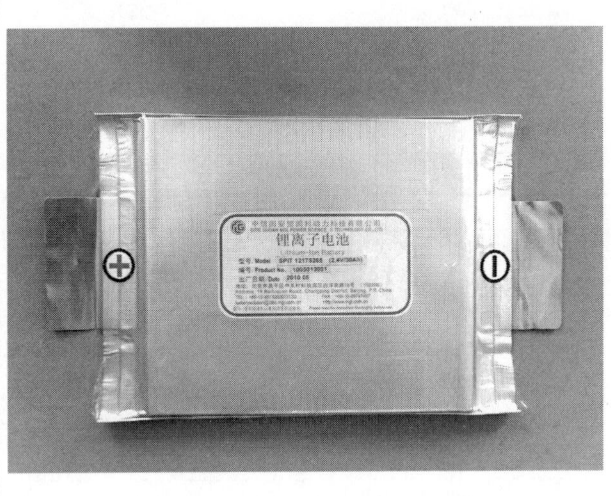

生产企业	中信国安盟固利动力科技有限公司
产品名称	纯电动大巴车用动力电池组技术指标
型号	MDEE3953604
额定容量 (Ah)	360
标称电压 (V)	60
额定能量 (kW · h)	21.9
最大放电电流 (A)	420
标准充电电流 (A)	120
最大放电电流 (A)	420
电压范围 (V)	48 ~ 67.2
尺寸 (mm)	810 × 766 × 310
重量 (kg)	270
应用领域	纯电动客车、纯电动环卫车等

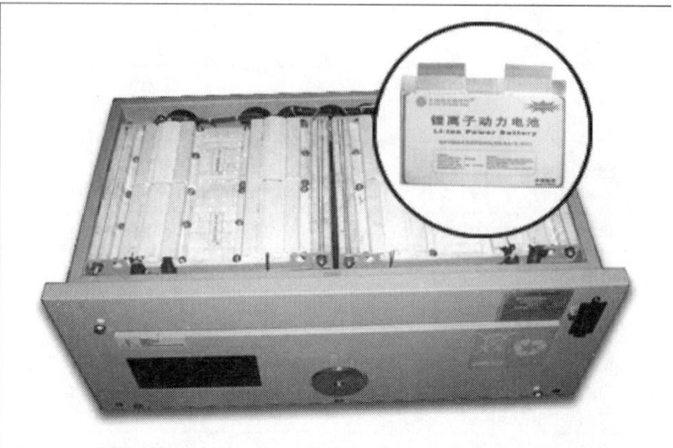

生产企业	中信国安盟固利动力科技有限公司
产品名称	混合动力大巴车用动力电池组技术指标
型号	MDPP3460162
额定容量 (Ah)	16
标称电压 (V)	346
单体电池能量密度 (Wh/kg)	100
电池组工作温度 (℃)	-20 ~ 50
峰值输出功率/电流	68/196
峰值输入功率/电流	65/160
SOC 范围 (%)	30 ~ 70
外形尺寸 (mm)	840 × 720 × 480
重量 (kg)	200

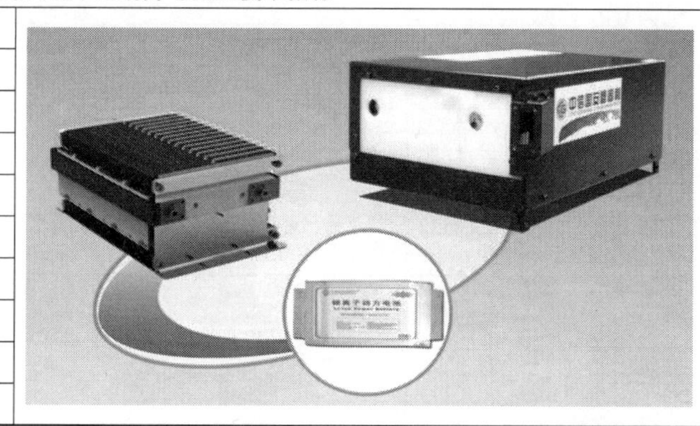

生产企业	中信国安盟固利动力科技有限公司
产品名称	混合动力叉车用动力电池组技术指标
型号	MDPP0250324
额定容量 (Ah)	32
标称电压 (V)	25
额定能量 (kW · h)	0.8
峰值输出功率/电流	8/320
峰值输入功率/电流	7/256
SOC 范围 (%)	30 ~ 70
重量 (kg)	200
尺寸 (mm)	383 × 280 × 174

生产企业名称	哈尔滨巨容新能源有限公司
产品名称	超级电容器
产品规格	VCT 系列超级电容器
尺寸 (mm)	190 × 98 × 199
额定电压 (V)	1.4，1.6
额定容量 (F)	140000
内阻 (Ω)	0.0003

续表

低温启动	功率（kW）	28
	时间（s）	—
	状态	—
	最低电压（V）	20
工作温度范围（℃）		-40～70
贮存温度范围（℃）		0～35
绝缘电阻（MΩ）		—
工作电压范围（V）		1.6～0.8
充放电效率（%）		≥90
SOC 估算误差（%）		—
抗干扰能力		—
防护等级		IP54
安全性		—
循环寿命（年/万公里）		8

生产企业		天津清源电动车辆有限责任公司	
产品名称		6DMJ150 型铅酸密封电池	
产品规格		6-DMJ-150	
外形尺寸（mm）		481×170×240 （L×W×H）	
额定电压（V）		12	
额定容量（Ah）		150	
内阻（mΩ）		4	
低温启动	功率（kW）	-40℃，5	
	时间（s）	5	
	状态	大电流瞬间放电	
	最低电压（V）	6.0	
工作温度范围（℃）		-40～60	
贮存温度范围（℃）		15～35	
绝缘电阻（MΩ）		>10	
工作电压范围（V）		10.8～13.0	
充放电效率（%）		90	
SOC 估算误差（%）		—	
抗干扰能力		—	
防护等级		—	
安全性		—	
循环寿命（年/万公里）		—	

生产企业		天津清源电动车辆有限责任公司	
产品名称		LP2770106AB 型磷酸铁锂电池	
产品规格		LP2770106AB	
尺寸（mm）		27×70×106	
额定电压（V）		3.2	
额定容量（Ah）		10.5	
内阻（mΩ）		≤8	
低温启动	功率（kW）	—	
	时间（s）	—	
	状态	—	
	最低电压（V）	2.0	

续表

工作温度范围（℃）	充电 0～45　放电 -20～55
贮存温度范围（℃）	1 个月 -20～45，6 个月 -20～35
绝缘电阻（MΩ）	—
工作电压范围（V）	2.0～3.65
充放电效率（%）	—
SOC 估算误差（%）	—
抗干扰能力	—
防护等级	—
安全性	经过强检测试认证，做到不起火不爆炸
循环寿命（年/万公里）	—

生产企业		广东五洲龙电源科技有限公司
产品名称		五洲龙 HEV 100Ah/336V 混合动力钛锰合金电池
产品规格		39200279
尺寸（mm）		39 ×200 ×279
额定电压（V）		336
额定容量（Ah）		100
内阻（Ω）		≤0.06
低温启动	功率（kW）	—
	时间（s）	—
	状态	—
	最低电压（V）	265
工作温度范围（℃）		-20
贮存温度范围（℃）		20～60
绝缘电阻（MΩ）		10
工作电压范围（V）		265～383
充放电效率（%）		—
SOC 估算误差（%）		10
抗干扰能力		—
防护等级		IP67
安全性		通过《QC-T 743-2006 电动汽车用锂离子蓄电池标准》
循环寿命（年/万公里）		—

生产企业		江苏伊思达电池有限公司
产品名称		锰克锰酸锂动力电池系统
产品规格		292V70Ah-20P77S
尺寸（mm）		方箱：735 ×565 ×295 十字箱：1360 ×850 ×150
额定电压（V）		292.6
额定容量（Ah）		70
内阻（mΩ）		≤300
低温启动	功率（kW）	—
	时间（s）	—
	状态	—
	最低电压（V）	—
工作温度范围（℃）		充电：0～45 放电：-25～65

续表

贮存温度范围（℃）	-25~40
绝缘电阻（MΩ）	≥3
工作电压范围（V）	192.5~323.4
充放电效率（%）	99
SOC 估算误差（%）	≤8
抗干扰能力	—
防护等级	IP67
安全性	—
循环寿命（年/万公里）	500 次衰减≤30%

2. 车用电机及其控制系统技术参数表

生产企业	湖南南车电动汽车股份有限公司	
产品型号	EDS110	
产品名称	EDS110 异步电机及其控制系统	
峰值功率（kW）	150	
额定功率（kW）	100	
峰值转矩（N·m）	2500	
额定转矩（N·m）	810	
峰值转速（rpm）	3000	
额定转速（rpm）	1178	
电机及其控制系统峰值效率（%）		≥90
电机及其控制线系统高效区（效率≥80%的高效区占整个运行区域）（%）		≥50
直流母线电压等级（V）		384
工作电压范围（V）		DC250~720
控制方式（转矩控制/转速控制）		转矩控制
转矩/转速控制精度（%）		5
通信方式		CAN
电机绝缘等级		H
电机冷却方式（液冷时注明冷却液流量、入口水温）		水冷，30L/min，≤65℃
控制器冷却方式（液冷时注明冷却液流量、入口水温）		水冷，30L/min，≤65℃
电机工作环境温度（℃）		-25~65
控制工作环境温度（℃）		-25~65
电机外形（ΦD×L）（mm）		495×779
控制器外形（L×W×H）（mm）		797×570×290

生产企业	湖南南车电动汽车股份有限公司	
产品型号	EDS104	
产品名称	EDS104 永磁电机及其控制系统技术参数	
峰值功率/kW	90	
额定功率/kW	45	
峰值转矩/Nm	450	
额定转矩/Nm	200	
峰值转速/rpm	6000	
额定转速/rpm	2150	
电机及其控制系统峰值效率/%		≥93%
电机及其控制线系统高效区（效率≥80%的高效区占整个运行区域）		≥65%
直流母线电压等级(V)		384

续表

工作电压范围(V)	DC200~450
控制方式(转矩控制/转速控制)	转矩控制
转矩/转速控制精度(%)	5
通信方式	CAN
电机绝缘等级	F
电机冷却方式(液冷时注明冷却液流量、入口水温)	水冷,10L/min,≤65℃
控制器冷却方式(液冷时注明冷却液流量、入口水温)	水冷,10L/min,≤65℃
电机工作环境温度(℃)	-25~65
控制工作环境温度(℃)	-25~65
电机外形(ΦD×L)(mm)	294×427
控制器外形(L×W×H)(mm)	492×310×220

生产企业	常州市华盛电机厂	
产品型号	XYQ-7.5-1AH	
峰值功率(kW)	26	
额定功率(kW)	7.5	
峰值转矩(N·m)	160	
额定转矩(N·m)	48	
峰值转速(rpm)	4800	
额定转速(rpm)	1550	
电机及其控制系统峰值效率/%		—
电机及其控制线系统高效区(效率≥80%的高效区占整个运行区域)		—
直流母线电压等级		—
工作电压范围		—
控制方式(转矩控制/转速控制)		转速控制
转矩/转速控制精度		—
通信方式		—
电机绝缘等级		F
电机冷却方式(液冷时注明冷却液流量、入口水温)		风冷
控制器冷却方式(液冷时注明冷却液流量、入口水温)		风冷
电机工作环境温度(℃)		-15-40
控制工作环境温度(℃)		-40-50
电机外形(ΦD×L)(mm)		216×381
控制器外形(L×W×H)(mm)		275×232×98

生产企业	大连普传科技股份有限公司	
产品型号	电机:PMHEV160-4	
	控制器:PI7000HEV030I2	
峰值功率(kW)	90	
额定功率(kW)	30	
峰值转矩(N·m)	240	
额定转矩(N·m)	80	
峰值转速(rpm)	6000	
额定转速(rpm)	3600	
电机及其控制系统峰值效率(%)		≥93
电机及其控制线系统高效区(效率≥80%的高效区占整个运行区域)(%)		65

续表

直流母线电压等级(V)	336
工作电压范围(V)	270～450
控制方式（转矩控制/转速控制）	转矩控制/转速控制
转矩/转速控制精度(%)	额定转速控制精度0.0033； 额定转矩控制精度0.0011
通信方式	CAN
电机绝缘等级	H
电机冷却方式（液冷时注明冷却液流量、入口水温）	水－乙二醇50%防冻液 电机冷却入口最高温度（摄氏°C）90°C
控制器冷却方式（液冷时注明冷却液流量、入口水温）	最高70℃
电机工作环境温度(℃)	－30～105
控制工作环境温度(℃)	－30～85
电机外形（ΦD×L）(mm)	270×440
控制器外形（L×W×H）(mm)	460×330×170

生产单位	北京交通大学
产品型号	SRD－22－240－3000车用电机驱动系统
峰值功率(kW)	45
额定功率(kW)	22
峰值转矩(Nm)	175
额定转矩(Nm)	70
峰值转速(rpm)	5000
额定转速(rpm)	3000
电机及其控制系统峰值效率(%)	300
电机及其控制线系统高效区（效率≥80%的高效区占整个运行区域）	—
直流母线电压等级(V)	240
工作电压范围(V)	200～300
控制方式（转矩控制/转速控制）	转矩控制
转矩/转速控制精度(%)	0.2
通信方式	CAN总线
电机绝缘等级	H
电机冷却方式（液冷时注明冷却液流量、入口水温）	自然风冷
控制器冷却方式（液冷时注明冷却液流量、入口水温）	自然风冷
电机工作环境温度(℃)	85
控制工作环境温度(℃)	85
电机外形（ΦD×L）(mm)	260×200
控制器外形（L×W×H）(mm)	406×280×154

生产单位	北京通大华泉科技有限公司	
产品型号	TM22－240－3000车用电机驱动系统	
峰值功率(kW)	45	
额定功率(kW)	22	
峰值转矩(N·m)	175	
额定转矩(N·m)	70	
峰值转速(rpm)	5000	
额定转速(rpm)	3000	
电机及其控制系统峰值效率(%)		300
电机及其控制线系统高效区（效率≥80%的高效区占整个运行区域）		1000r/min～3000r/min

续表

直流母线电压等级(V)	240
工作电压范围(V)	200 ~ 300
控制方式（转矩控制/转速控制）	转矩控制
转矩/转速控制精度(%)	0.2
通信方式	CAN 总线
电机绝缘等级	H
电机冷却方式（液冷时注明冷却液流量、入口水温）	自然风冷
控制器冷却方式（液冷时注明冷却液流量、入口水温）	自然风冷
电机工作环境温度(℃)	85
控制工作环境温度(℃)	85
电机外形（ΦD×L）(mm)	260 ×200
控制器外形（L×W×H）(mm)	404 ×280 ×156

生产单位	北京通大华泉科技有限公司	
产品型号	TM30 - 325 - 3000 车用电机驱动系统	
峰值功率(kW)	60	
额定功率(kW)	30	
峰值转矩(N·m)	239	
额定转矩(N·m)	95.5	
峰值转速(rpm)	6000	
额定转速(rpm)	3000	
电机及其控制系统峰值效率(%)		300
电机及其控制线系统高效区（效率≥80%的高效区占整个运行区域）		1000r/min ~ 3000r/min
直流母线电压等级(V)		325
工作电压范围(V)		260 ~ 357.5
控制方式（转矩控制/转速控制）		转矩控制
转矩/转速控制精度(%)		0.2
通信方式		CAN 总线
电机绝缘等级		H
电机冷却方式（液冷时注明冷却液流量、入口水温）		自然风冷
控制器冷却方式（液冷时注明冷却液流量、入口水温）		
电机工作环境温度(℃)		85
控制工作环境温度(℃)		85
电机外形（ΦD×L）(mm)		328 ×505
控制器外形（L×W×H）(mm)		404 ×280 ×156

生产单位	北京通大华泉科技有限公司	
产品型号	TM37 - 336 - 3000kW 车用电机驱动系统	
峰值功率(kW)	74	
额定功率(kW)	37	
峰值转矩(N·m)	290	
额定转矩(N·m)	118	
峰值转速(rpm)	6000	
额定转速(rpm)	3000	
电机及其控制系统峰值效率(%)		300
电机及其控制线系统高效区（效率≥80%的高效区占整个运行区域）		1000r/min ~ 3000r/min
直流母线电压等级(V)		336

续表

工作电压范围(V)	268.8－403.2
控制方式（转矩控制/转速控制）	转矩控制
转矩/转速控制精度(%)	0.2
通信方式	CAN 总线
电机绝缘等级	H
电机冷却方式（液冷时注明冷却液流量、入口水温）	水冷
控制器冷却方式（液冷时注明冷却液流量、入口水温）	2L,35℃
电机工作环境温度(℃)	85
控制工作环境温度(℃)	85
电机外形（ΦD×L）(mm)	338×515
控制器外形（L×W×H）(mm)	404×280×156

生产单位	北京通大华泉科技有限公司	
产品型号	TM45－325－3000kW 车用电机驱动系统	
峰值功率(kW)	90	
额定功率(kW)	45	
峰值转矩(N·m)	359	
额定转矩(N·m)	156	
峰值转速(rpm)	6000	
额定转速(rpm)	3000	
电机及其控制系统峰值效率(%)		300
电机及其控制线系统高效区（效率≥80%的高效区占整个运行区域）		1000r/min～3000r/min
直流母线电压等级(V)		325
工作电压范围(V)		260～455
控制方式（转矩控制/转速控制）		转矩控制
转矩/转速控制精度(%)		0.2
通信方式		CAN 总线
电机绝缘等级		H
电机冷却方式（液冷时注明冷却液流量、入口水温）		风冷
控制器冷却方式（液冷时注明冷却液流量、入口水温）		—
电机工作环境温度（℃）		85
控制工作环境温度（℃）		85
电机外形（ΦD×L）（mm）		350×525
控制器外形（L×W×H）（mm）		404×280×156

生产单位	江苏微特利电机制造有限公司	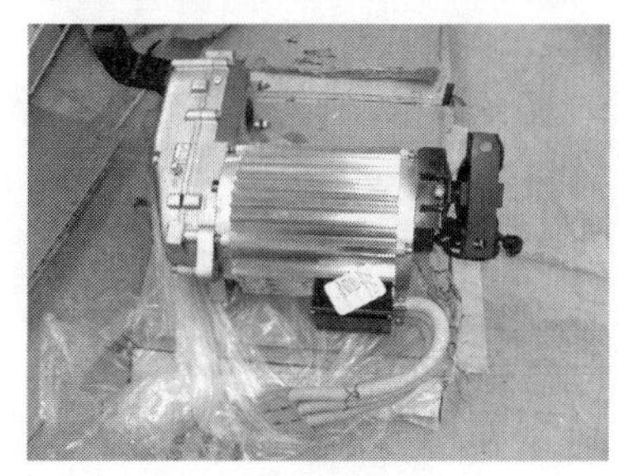
产品型号	WTGSDJ－11A－WS（ZH）	
峰值功率（kW）	28	
额定功率（kW）	11	
峰值转矩（N·m）	180	
额定转矩（N·m）	35	
峰值转速（rpm）	5900	
额定转速（rpm）	3000	
电机及其控制系统峰值效率（%）		95
电机及其控制线系统高效区（效率≥80%的高效区占整个运行区域）		—
直流母线电压等级		—
工作电压范围		—

续表

控制方式（转矩控制/转速控制）	闭环转矩控制
转矩/转速控制精度	5%/ ±20
通信方式	Can 通信
电机绝缘等级	H
电机冷却方式（液冷时注明冷却液流量、入口水温）	自然风冷
控制器冷却方式（液冷时注明冷却液流量、入口水温）	强制风冷
电机工作环境温度（℃）	-20~40
控制工作环境温度（℃）	-20~40
电机外形（ΦD×L）（mm）	260×390
控制器外形（L×W×H）（mm）	305×220×195

3. 燃料电池技术参数表

产品名称	燃料电池发动机	
生产企业	武汉理工新能源有限公司	
型号	WUT-50	
净输出功率（kW）	50	
最大稳定输出功率（kW）	60	
电压（V）	420	
电流（A）	150	
氢燃料能量转化效率（%）	96	
温度（℃）	—	
工作温度（℃）	70	
工作压力		空气 0.5bar，氢气 0.8bar
电堆尺寸（C×W×H）（mm）		700×130×440
重量（kg）		55
噪声（dB）		≤80
燃料类型		氢气
储存方式		氢气瓶

4. 燃气发动机（LNG、LPG、CNG、LCNG 等）

生产企业	广西玉柴机器股份有限公司	
型号	YC6MK375N-40	
型式	立式直列、水冷、四冲程、CNG 单燃料发动机	
燃料类型	CNG、LNG	
缸数-缸径×行程（mm）	6×123×145	
总排量（L）	10.338	
额定功率（kW）		276
额定转速（r/min）		2100
最大扭矩（N·m）		1500
最大扭矩时转速（r/min）		1200~1500
怠速转速（r/min）		600±25
最低燃料消耗		≤205
机油燃油消耗比（%）		≤0.2
排放指标		国Ⅳ
噪声（dB）		≤120
允许工作介质最高温度（℃）		105
机油压力（kPa）		100~600
机油容量（L）		28
外形尺寸（mm）		1346×658×1051
净质量（kg）		≤900

生产企业	广西玉柴机器股份有限公司
型号	YC6M340N－30
型式	立式直列、水冷、四冲程、CNG 单燃料发动机
燃料类型	CNG、LNG
缸数 - 缸径 ×行程（mm）	6－120 ×145
总排量（L）	9. 839
额定功率（kW）	250
额定转速（r/min）	2100
最大扭矩（N · m）	1350
最大扭矩时转速 (r/min)	1200～1500
怠速转速（r/min）	600 ±20
最低燃料消耗	≤215
机油燃油消耗比（%）	≤0. 2
排放指标	国Ⅲ
噪声 (dB)	≤118
允许工作介质最高温度（℃）	105
机油压力（kPa）	100～600
机油容量（L）	28
外形尺寸（mm）	1346 ×658 ×1051
净质量（kg）	≤900

生产企业	广西玉柴机器股份有限公司
型号	YC6L280N－40
型式	立式直列、水冷、四冲程、CNG 单燃料发动机
燃料类型	CNG、LNG
缸数 - 缸径 ×行程（mm）	6－113 ×140
总排量（L）	8. 424
额定功率（kW）	206
额定转速（r/min）	2200
最大扭矩（N. m）	1100
最大扭矩时转速 (r/min)	1 200～1800
怠速转速（r/min）	600 ±25
最低燃料消耗	≤190
机油燃油消耗比（%）	≤0. 15
排放指标	国Ⅳ
噪声 (dB)	声压级≤95，声功率级≤118
允许工作介质最高温度（℃）	105
机油压力（kPa）	300～600
机油容量（L）	30
外形尺寸（mm）	1330 ×800 ×1100
净质量（kg）	≤825

生产企业	· 广西玉柴机器股份有限公司
型号	YC4D140N－40
型式	立式直列、水冷、四冲程、CNG 单燃料发动机
燃料类型	CNG、LNG0
缸数 - 缸径 ×行程（mm）	4－108 ×115
总排量（L）	4. 214

续表

额定功率（kW）	103
额定转速（r/min）	2800
最大扭矩（N·m）	420
最大扭矩时转速 (r/min)	1400～1800
怠速转速（r/min）	700（±20）
最低燃料消耗	≤215
机油燃油消耗比（%）	≤0.2
排放指标	国Ⅳ
噪声 (dB)	≤93
允许工作介质最高温度（℃）	105
机油压力（kPa）	300～600
机油容量（L）	11～13
外形尺寸（mm）	870×670×780
净质量（kg）	≤380

生产企业	广西玉柴机器股份有限公司	
型号	YC6G260N－40	
型式	立式直列、水冷、四冲程、CNG 单燃料发动机	
燃料类型	CNG、LNG	
缸数－缸径×行程 (mm)	6×112×132	
总排量 (L)	7.8	
额定功率 (kW)		191
额定转速 (r/min)		2300
最大扭矩 (N·m)		980
最大扭矩时转速 (r/min)		≤1400
怠速转速 (r/min)		600±25
最低燃料消耗		≤210
机油燃油消耗比 (%)		≤0.2
排放指标		国Ⅳ
噪声 (dB)		≤117
允许工作介质最高温度（℃）		105
机油压力 (kPa)		250～600
机油容量（L）		21.3
外形尺寸（mm）		1224×815×986
净质量（kg）		700

生产企业	广西玉柴机器股份有限公司	
型号	YC4G180N－40	
型式	立式直列、水冷、四冲程、CNG 单燃料发动机	
燃料类型	CNG、LNG	
缸数－缸径×行程（mm）	4－112×132	
总排量（L）	5.2	
额定功率（kW）		132
额定转速（r/min）		2300
最大扭矩（N·m）		650
最大扭矩时转速 (r/min)		1400
怠速转速（r/min）		650±25

续表

最低燃料消耗	≤200
机油燃油消耗比（%）	≤0.2
排放指标	国Ⅳ
噪声（dB）	≤117
允许工作介质最高温度（℃）	105
机油压力（kPa）	100～600
机油容量（L）	17.5
外形尺寸（mm）	950×710×985
净质量（kg）	570

生产企业	广西玉柴机器股份有限公司	
型号	YC6J210N－40	
型式	立式直列、水冷、四冲程、CNG单燃料发动机	
燃料类型	CNG、LNG	
缸数－缸径×行程（mm）	6－105×125	
总排量（L）	6.5	
额定功率（kW）		155
额定转速（r/min）		2500
最大扭矩（N·m）		710
最大扭矩时转速（r/min）		1500
怠速转速（r/min）		650±25
最低燃料消耗		≤215
机油燃油消耗比（%）		≤0.2
排放指标		国Ⅳ
噪声（dB）		≤117
允许工作介质最高温度（℃）		105
机油压力（kPa）		100～600
机油容量（L）		17～20
外形尺寸（mm）		1126×803×1012
净质量（kg）		≤760

生产企业	广西玉柴机器股份有限公司	
型号	YC4E180－40	
型式	直列，四冲程	
燃料类型	柴油、混合动力汽车专用发动机	
缸数－缸径×行程（mm）	4－110×112	
总排量（L）	4.255	
额定功率（kW）		132
额定转速（r/min）		2500
最大扭矩（N·m）		630
最大扭矩时转速（r/min）		1600
怠速转速（r/min）		650
最低燃料消耗		195
机油燃油消耗比（%）		≤0.1
排放指标		国Ⅳ
噪声（dB）		≤96
允许工作介质最高温度（℃）		50

续表

机油压力（kPa）	600
机油容量（L）	11
外形尺寸（mm）	950 × 600 × 700
净质量（kg）	≤380

生产企业	昆明云内动力股份有限公司	
型号	YN36QND	
型式	立式、直列、自然吸气、液冷	
燃料类型	CNG	
缸数 - 缸径 ×行程（mm）	4 - 100 × 115	
总排量（L）	3.612	
额定功率（kW）		80
额定转速（r/min）		3000
最大扭矩（N·m）		275
最大扭矩时转速 (r/min)		1600 ~ 2000
怠速转速（r/min）		700
最低燃料消耗 g/kW. h		≤230
机油燃油消耗比（%）		0.1%
排放指标		国Ⅳ
噪声 (dB)		<95
允许工作介质最高温度（℃）		120
机油压力（kPa）		200 ~ 600
机油容量（L）		8.5
外形尺寸（mm）		827 × 713 × 771
净质量（kg）		320

生产企业	昆明云内动力股份有限公司	
型号	YN38QND	
型式	立式、直列、增压中冷、液冷	
燃料类型	CNG	
缸数 - 缸径 ×行程（mm）	4 - 102 × 115	
总排量（L）	3.76	
额定功率（kW）		90
额定转速（r/min）		3000
最大扭矩（N·m）		315
最大扭矩时转速 (r/min)		1600 - 2000
怠速转速（r/min）		700
最低燃料消耗		≤230
机油燃油消耗比（%）		0.1
排放指标		国Ⅳ
噪声 (dB)		<95
允许工作介质最高温度（℃）		120
机油压力（kPa）		200 ~ 600
机油容量（L）		8.5
外形尺寸（mm）		827 × 713 × 771
净质量（kg）		320

生产企业	昆明云内动力股份有限公司
型号	YN38CR
型式	立式、直列、增压中冷、电控共轨、液冷
燃料类型	柴油、混合动力汽车专用发动机
缸数 - 缸径 ×行程（mm）	4 - 102 ×105
总排量（L）	3.76
额定功率（kW）	88
额定转速（r/min）	3000
最大扭矩（N·m）	350
最大扭矩时转速（r/min）	1800~2200
怠速转速（r/min）	800
最低燃料消耗	≤205
机油燃油消耗比（%）	0.2
排放指标	国Ⅲ
噪声（dB）	≤108
允许工作介质最高温度（℃）	—
机油压力（kPa）	200~600
机油容量（L）	8.5
外形尺寸（mm）	895 ×622 ×745
净质量（kg）	340

生产企业	昆明云内动力股份有限公司
型号	D19TCI
型式	立式、直列、增压中冷、电控共轨、四气门、顶置凸轮轴、液冷
燃料类型	柴油、混合动力汽车专用发动机
缸数 - 缸径 ×行程（mm）	4 - 80 ×92
总排量（L）	1.85
额定功率（kW）	100
额定转速（r/min）	4000
最大扭矩（N·m）	300
最大扭矩时转速（r/min）	1800 - 2400
怠速转速（r/min）	900
最低燃料消耗	≤210
机油燃油消耗比（%）	≤0.2
排放指标	国Ⅵ
噪声（dB）	≤95
允许工作介质最高温度（℃）	120
机油压力（kPa）	50~500
机油容量（L）	6
外形尺寸（mm）	574 ×606 ×672
净质量（kg）	170

5. 汽车轻量化

生产企业	山东中文沂星电动汽车有限公司
型式	全承载铝合金车身

基本情况介绍	全承载铝合金轻量化车身技术：电动城市客车的核心技术不仅在于电机、电控和电池驱动技术，还有一个重要指标就是能否真正实现整车轻量化，降低整车自重意味着更大的承载能力和更远的续驶里程。 山东中文沂星电动汽车有限公司充分借鉴国外最先进的铝合金车身设计理念，根据自身产品特点，采用全承载设计概念，根据整车载荷及受力特性分析，合理分布受力卸荷点，并对设计模型进行力学分析找车薄弱环、危险截面，重点进行优化和加强直到车身整体强度达到设计要求。 铝合金全承载车身结构的成功应用为电动汽车降低行驶中能耗提供了保证条件，也使车辆在复杂工况下的车身耐腐蚀能力大大提高，同时材料的可回收利用效率也明显优于钢材车身结构。 采用铝合金车身骨架及蒙皮使整车整备质量较同规格钢结构车辆降低2~3吨，提高了车辆运载能力。 SDL6120EVG纯电动城市客车最大载客92人，比国内其他企业的纯电动客车可多载客40%以上。 该项技术已申报16项国家专利，已获得8项授权。

八、2010年中国主要城市电动汽车充电站建设汇总

2010年，在中国新能源汽车产业政策密集出台的背景下，国内电动汽车充电站市场快速起步，包括上海、北京、深圳等重点城市在内的40多个城市已经开始电动汽车充电站、充电桩的项目建设。 2010年，国内41个重点城市已建成电动汽车充电站76座，其中，上海、山东、江苏等华东地区城市建设力度较大。

表1　2010年中国主要城市电动汽车充电站建设情况(单位:座)

城　市	充电站	城　市	充电站
上　海	6	长　春	1
北　京	5	杭　州	1
天　津	5	苏　州	1
济　南	5	无　锡	1
南　京	5	厦　门	1
大　连	4	长　沙	1
合　肥	4	郑　州	1
西　安	4	广　州	1
哈尔滨	3	重　庆	1
成　都	3	昆　明	1
南　昌	2	兰　州	1
武　汉	2	太　原	1
深　圳	2	银　川	1

2010年成立的央企电动车产业联盟，电动汽车充电站领域相关企业主要包括国家电网、南方电网、中国石油、中国石化、中国普天及中国保利等6家企业，其中，国家电网、南方电网在电动汽车充电站建设方面进度较快。根据国家电网电动汽车充电站建设规划来看，到2020年，国家电网在电动汽车充电站方面的投资总额将达到323亿元，在电动汽车充电桩方面的投资规模也将超过125亿元。

表2 2020年国家电网电动汽车充电站建设规模

	建设数量（座、个）	投资规模（百万元）
充电站	10075	32300
充电桩	506209	12660

表3 全国主要城市电动汽车充电站(桩)建设情况一览

城 市	内 容
上海	2009年10月27日，国内第一座电动汽车充电站——上海漕溪电动汽车充电站通过验收。漕溪电动汽车充电站建设历时3年，总投资508万元，作为项目关键设备的充电装置研究耗资200万元。漕溪电动汽车示范充电站位于上海市徐汇区，占地面积400平方米，设有包括4个临街路边充电车位在内的9个充电车位。充电站能够满足可插电混合动力电动汽车和纯电动汽车等各类电动车辆充电需求。充电站首先为上海市政府班车、社会电动公交车汽车、上海公司移动式电力营业厅、电力工程车等电动汽车提供充电服务，暂不对社会车辆开放。未来，上海还计划建设7～10座以上的充（放）电站、约400个充电桩。到今年底，上海将再建360个充电机，希望3年内能达到5000个。 《上海市2009－2012节能与新能源汽车示范推广试点实施方案》中实施方案分为两个阶段。第一阶段：2009年至2010年，在上海市应用1000辆电动汽车，以世博园区内部应用为主。第二阶段：2010年至2012年，计划应用电动汽车2000辆，其中包括电力工程车、邮政、环卫、公交、出租等。 目前，上海市已完成5座电动汽车充电站、1个智能小区电动汽车充电点和1个电动汽车充放电监控中心和360个充电桩。 已经建设完成的5个充电站包括：漕溪电动汽车充放电站、国家电网世博馆充放电站、沪西充电站、古羊路充电站、825路公交充电站。
长春	2010年8月25日，我国北方高寒地区首座户内多功能电动汽车充电站在吉利省长春市高新区落成并投入使用，共有1台大型直流充电机、9台中型直流充电桩和5台中型交流充电桩，可同时满足15台不同型号车辆充电，配套设有节能的变电系统。 到2012年，长春将建设4座电动汽车充电站及300～500个充电桩。2012年至2015年，将加大充电设施建设资金投入。
深圳	2009年12月28日，深圳首批2座充电站——大运中心站与和谐站、134个充电桩建成投运，充电容量达2480千伏安。大运中心站设置6台充电柜，可向出租车、小轿车、公交车提供充电服务，站内可同时容纳12台电动汽车驶入。该站占地1092平方米，投资1051.5万元。和谐站设3台充电柜，可同时容纳6台电动小汽车。充电柜可选择快充、中充、慢充模式。134个充电桩分布在全市各区的公共停车场和小区停车场，以慢充模式为主，方便市民利用夜间停车时间充电。 福田汽车充电站于2010年初设计规划，5月28日正式破土动工，6月28日提前建成，具备投产条件。站区面积达1016.4平方米，该站为10kV环网供电，规划设置6台快速充电机和2台充电桩，充电容量规模总计1447千伏安，可同时容纳14台车辆进入站内。 到目前为止深圳已投运了4个电动汽车充电站和180个充电桩，按照深圳市政府的规划，到2012年，建设各类新能源汽车充电站（桩）12750个，其中，公交快、慢速充电站各25个，公务车充电桩2500个，社会公共慢速充电桩10000个，社会公共快速充电站200个。
杭州	2010年6月30日，国家电网公司电动汽车换电站（充电站）杭州古翠站落成，站内有25个交流充电桩，4台直流充电机，200台2.4千瓦电池模块充电机。每天最多可为500辆电动车提供充电服务。到2012年，杭州计划建成集中充电站4座、充（换）电站38座，充电桩3500套。杭州未来计划做到在方圆1公里范围内，新能源汽车均能找到快速能源补充点，甚至电动汽车车主在家里也可以配送电池。 杭州市计划今年要建设1座大型换电站，5座中小型充电站，50～100个电池更换服务网点，130个 充电桩， 分别位于古翠路、西溪、滨江、钱江新城、西湖南、西湖北。预计明年还将建设25～30座充 （换）电站，满足2万辆电动汽车规模的供电需求。
合肥	2010年5月合肥柳树塘电动汽车充电站投运，今年年底建成投运的有：瑶海公交停保场电动汽车充电站、邵大郢电动汽车充电站和义兴（淝河路）电动汽车充电站。按计划年内还有80个以上的充电桩建成。
北京	占地5000平方米，位于北京奥体中心的拥有240台智能地面充电机的国际最大电动汽车充电站，已于2008年奥运前投入运行。 2009年建成2个电动汽车充电站（一个位于清河小营的中国电力科学研究院院内，另一个试点充电站位于健翔桥往北几百米的路侧），但都尚未投入使用，还将建成3个电动汽车充电站（航天桥、马家楼、四惠），2010年，还计划建成并投入运营120个电动汽车充电桩。
重庆	2010年7月12日，重庆首座电动汽车充电站在江北茶园破土动工，具有5台充放电设备，能为大、中、小型乘用车、商用车充电。 今年重庆市还将在渝中、江北、南岸、九龙坡、渝北五区的大型小区建成50台交流充电桩、一座交流充电站，按照规划，在“十二五”期间，还将建1000台充电桩、30座充电站来满足电动汽车发展的需求。

续表

城市	内容
大连	2010 年，计划在城西、甘井子和市内建设 4 座充电站和 300 个充电桩。 预计 2011 年 3 月，全国首家储能和新能源结合的电动汽车充电站将在大连投运。
济南	2010 年 10 月 13 日，济南市首座电动汽车充电站——英贤电动汽车充电站正式投入运营。 建成 15 个交流充电桩、6 个直流充电桩，配套建设供电营业服务厅、24 小时自助电费缴纳终端等，可同时为 21 辆电动汽车充电。 年内还将有济微路、葛家庄、园博园、章丘等四座电动汽车充电站即将投入运营。
武汉	2010 年 8 月 31 日，首座电动汽车充电站在武汉经济技术开发区三角湖投运，站内配置大型直流充电机 2 台、中型直流充电机 4 台，交流充电桩 8 根，可同时接纳 2 台大客车、12 台中小型电动汽车充电。 今年还将在武汉经济技术开发区和东湖新技术开发区分别建设 1 座大型充电站，年内全市将有 130 个充电桩陆续开建，主要分布在党政机关、大型商场、大型社区。 其中，百步亭花园、常青花园及武广停车场将成为第一批充电桩布点对象。 届时，居民可到充电桩上为电动车快速充电。 5 年内，建成 30 座充电站和 500 个充电桩。
长沙	2010 年 8 月由电力部门投资 1200 万元建设的汽车东站、汽车西站示范公交线路充电站，已完成供电、配电设施建设，并成功验收送电。 这两座充电站就是专门为电动公交大巴“量身定制”的，共配置 30 台充电机，可同时为 30 台以上车辆提供充电服务。 长沙还将在大托镇建设一座社会充电站，为电动社会服务车辆和家用电动轿车提供充电服务，目前已完成项目可行性研究评审及初步设计评审。 另外，长沙还计划在城区安装 116 个充电桩。 充电桩外观有点类似停车咪表的装置，人们驾驶电动汽车充电，如同在咪表泊车一样方便。 电力部门准备在长沙城区各供电局营业厅前坪，橘子洲等风景区，以及一些办公大楼的停车场安装这些充电桩，目前已完成部分充电桩布点的查勘。 按照长沙市新能源汽车充电站（桩）规划公示文件，规划至 2012 年市区范围内布置公交充电站 25 座、布置公务车充电桩 4000 个、规划布置社会慢速充电桩 8500 个、社会快速充电桩 160 个和社会电池交换站 20 个。
昆明	昆明供电局投资建设的电动汽车充电站（地址：二环东路 202 号昆明供电局盘龙分局）和 150 个充电桩将于 2010 年 11 月 20 日进入调试阶段，年底正常投入使用，电动汽车充电站将像加油站一样出现在昆明的街头、小区、停车场。 两年内，将在昆明市区西南北 3 个方向各建 1 个电动汽车充电站和 50 个充电桩。
南昌	南昌市第一个纯电动汽车充电站设在高新区紫阳大道与创新二路东北交界处， 已完成设计， “中博会”9 月 20 日前即可投入运营。 第二个充电站确定放在红谷滩新区。 交通、规划、供电部门正在积极协商确定地址，力争在年底完成建设并投入运营。 在各城区、开发区建 150 个充电桩。
天津	2010 年 8 月 31 日，由国家电网天津电力部门与天津交通部门合作建设的天津首座电动汽车充电站——普济河道电动汽车充电站正式启用。 该站占地面积 4000 平方米，大型车充电车位 12 个，中小型充电车位 6 个，可满足不同类型充电汽车的充电需求。
苏州	2010 年 9 月 29 日，位于苏州高新区邓尉路的电动汽车充换电站投运，这标志着国内首座可同时服务多种车型的多功能充换电站，在苏州正式投入运营。 电站配备了 6 台 100 千瓦大型直流充电机，64 台小型直流充电机和 5 台交流充电桩。 该站可同时为 4 辆大型车（电动公交车、电动卡车等）、5 辆小型车（电动轿车）提供充电服务，并具备为公交及小型车辆提供电池自动更换功能。 今年苏州还将在园区建设一座大型充换电站，并在全市公共场所建设完成 100 个交流充电桩，为小型电动汽车提供充电示范服务。 预计“十二五”期间，苏州将完成 30 座充换电站的建设，为新能源汽车发展提供优质可靠的服务。
厦门	2010 年 8 月 25 日，福建省首座电动汽车充电站——位于湖里华荣路东侧的厦门市华荣电动汽车充电站建成，该站配备 2 台直流 500 伏/200 安中型充电机、2 台 5 千瓦交流充电桩，可同时满足 2 台中型车辆和 2 台小型车辆充电，并预留 2 台中型充电机和 2 个交流充电桩位置。 同时，全省首批 30 个电动汽车充电桩也在湖里区、思明区建成，主要分布在湖里供电分局嘉园营业厅（室外停车场）、江头营业厅（室外停车场）、思明供电分局湖滨南营业厅（室外停车场）、音乐岛酒店附近 4 大片区。 厦门供电局还计划于年内在厦门地区建设 46 个交流充电桩，分布在供电营业厅停车场、公共大型停车场、居民小区停车场内。 到 2012 年，将建成 589 个充电桩。 明年将再建一座电动汽车充换电站（选址初定在集美新城，主要提供电池租赁、电池充换及检测维护等配套服务），以及 80 个左右的交流充电桩，实现 6 个行政区的充电设施全覆盖。
郑州	2010 年 4 月 12 日，在郑东新区奠基目前国内服务规模和投资规模最大的充电站——河南 · 郑州电动汽车示范工程大型充电站。 充电模式选用“整车集中充电模式”，站内配备了 14 台直流充电机。 其中 4 台备用，10 台可满足郑州市 85 路 20 辆电动公交车的充电使用。 安装了 10 个交流充电桩，可供其他社会车辆充电（只兼容河南省生产的电动汽车）。 而根据河南省电动汽车充电设施建设规划，2010—2012 年河南省将新建充电站 58 座，充电桩 2030 个；2013—2015 年河南省新建充电站 157 座，充电桩 73670 个；2016—2020 年河南省新建充电站 945 座，充电桩 782700 个。 2010—2020 年河南省共新建电动汽车充电站 1160 座，充电桩 858400 个。

续表

城市	内容
成都	2010 年 5 月 28 日，四川首座大型电动汽车充电站——石羊电动汽车充电站在成都建成并正式投入运营，占地面积约 4030 平方米，其中充电站充电工作区钢主架大棚约 910 平方米，全站总造价（不含土地费用）约 1900 万元。充电站可同时为 12 辆大中型电动汽车充电，设置有大型直流充电机 2 套，中型直流充电机 4 套，小型直流充电机 2 套，交流充电桩 4 套。 成都市今年建成 3 座电动汽车充电站和 300 个充电桩。规划到 2012 年，建设充电配送中心 4～5 座、充换电站 30～50 座、充电桩 5000～10000 个，形成较完善的与成都市电动汽车发展规模相匹配的电动汽车充换电站网络。
唐山	2010 年 3 月 31 日，由华北电网有限公司建设完成的首座符合国家标准的大型电动汽车充电站——唐山南湖电动汽车充电站落成。总建筑面积 2166 平方米，是中国首座国家电网标准大型电动汽车充电站。站内建有两台大型直流充电机、8 台中型直流充电机及 10 个交流充电桩，可同时按快充或慢充方式提供 10 台电动公共汽车的充电服务。 华北电网唐山供电公司将在年内建成 3 个电动汽车充电站和 36 个充电桩，满足发展所需。
哈尔滨	2010 年 9 月 26 日，由黑龙江省电力公司投资建设的黑龙江省首座电动汽车充电站在哈尔滨正式投运，该站也是中国首座高纬度、高寒地区全封闭通透式电动汽车充电站。该站占地面积 1500 平方米，站内设有充电区、换电区、售电营业区等六大功能区域，充电区共配置有 4 台户外交流充电桩，2 台户内交流充电桩和 4 台中型户内直流充电机，可同时接纳 10 台中小型电动汽车充电。 此外 2010 年，计划在哈尔滨市 8 个区建设 3 座充电站及 160 个充电桩。今后几年，电力部门将在市区和城乡结合部公路旁边持续布点，密度相当于现在的加油站。
新乡	2010 年 4 月，新乡市第一个电动汽车大型充（换）电站——和平路充电站项目工程开建，设有整车充电区、综合服务区、电池更换区和立体车库四大功能区块，共 20 个充电桩。投入运营后可满足 20 辆电动汽车充电和 200 辆电动出租汽车的电池快速更换，远期可实现 400 辆汽车的停放及整车充电。
兰州	2010 年 12 月 9 日，兰州供电公司在段家滩新建的汽车充电站开始接受省电力公司验收，该充电站采用 10 千伏供电，配置充电设备 6 台，投运后，可同时为 6 辆不同类型电动汽车提供整车充电。
株洲	2010 年，计划建设 1 座充电站。
金华	2010 年 4 月启动建设的金华东关电动汽车充电站，是金华电网首座电动汽车电池充换电站，规划建设面积 3900 平方米，计划总投资 3000 多万元。该站具备整车充电方式和更换电池方式两种模式，站内配置 7 台充电机、3 台交流充电桩及 10 台蓄电池专用充电机。建成后，可同时满足 10 辆电动汽车整车充电以及近百组电动汽车电池的更换。 此外 2010 年，还将建成 90 个充电桩。至 2012 年前，新建 14 座大、中型充电站，在市区及各县（市）城区按 5×5 公里网格建设 25 座电池快速更换站，在居民小区、停车场、商场、电影院等公共场所设立 200 套充电桩。
南京	2010 年 1 月 30 日，由江苏南京供电公司设计、建设的南京首座电动汽车充电站——迈皋桥充电站投运。 2010 年 11 月 12 日，全省首家景区电动汽车充电站，在夫子庙景区开建，投资近 300 万元的基础设施，面积有 158.3 平方米，预计将于今年 12 月下旬建成。该充电站建成后除了为景区的观光电动汽车充电外，还可为未来景区的社会电动汽车提供充电服务。 此外，2010 年，南京供电公司将在河西、城东、奥体、江宁规划建设另外四座示范充电站，初步形成连接城市东西南北的充电服务网络。"十二五"期间，南京供电公司将建成 30 座电动汽车充电站和 100 个以上充电桩。
无锡	已初步完成了运河东路、太湖新城、梅园、盛岸里四个大型充电站点的规划选址，其中运河东路、盛岸里已完成可行性研究。经过充分论证并取得市政府支持，确定了年内完成 1 个大型充电站，50 个交流充电桩的建设目标。 计划到 2015 年，建设 30 个充电站，其中市区 12 个，江阴 10 个，宜兴 8 个。
柳州	2010 年 11 月 22 日，广西首座电动汽车充电站——柳州市潭中电动汽车充电站正式投运，占地面积 600 多平方米，设置 4 个充电机，2 个充电桩，可同时满足 8 辆电动汽车进行充电。计划在有条件的小区或停车场建设 100 个示范充电桩。
聊城	到 2015 年，山东电力集团公司将在聊城市区建设 4 座大型充电站，各县（市）规划建设 1～2 座大中型充电站。
湘潭	2010 年 3 月 18 日，湖南省电力公司与湘潭市政府签订电动汽车充电站建设意向协议。
扬州	2010 年 4 月 19 日，江苏扬州首个电动汽车充电站在吴洲路建成启用，可同时满足 17 辆大中型汽车充电。 2010 年还计划完成 20 台交流充电桩建设任务。其中在扬州供电公司营业场所建设 9 个充电桩（城市 8 个，农村 1 个），在城市住宅小区建设 3 个充电桩，在公共建筑（停车场、超市等）建设 8 个充电桩。
桂林	2010 年 12 月 1 日，广西桂林市首座电动汽车充电站投入使用，该站占地面积 1300 平方米，总投资 790 多万元，配备有 2 台 200kW 直流快速充电机、5 台 75 千瓦直流慢速充电机和 2 个 5 千瓦充电桩。
芜湖	2010 年 6 月建成飞阳电动汽车充电站。
宜春	2010 年 7 月建成国内首座太阳能光伏屋顶电动汽车充电站。
姑苏	2010 年，投资 2000 万元建 2 个充电站和 100 个充电桩，其中市区 80 个，主要集中在病院、超市泊车场等人流聚集地。

九、六城市私人购买新能源汽车补贴试点方案

城　市	内　容
深圳市	2010年7月6日，深圳市提出《私人购买新能源汽车补贴方案》，并通过了由财政部、科技部、工业和信息化部、发展改革委等四部委组织的专家组进行的论证。 截至2010年年底，深圳市已有339辆混合动力城市公交客车、300辆压缩天然气城市客车、50辆纯电动出租车在示范运行，2010年底将有850辆混合动力城市公交车和100辆纯电动出租车投入使用。深圳市规划至2012年私人购买新能源汽车将达到2.5万辆，占全市机动车保有量大于1%。同时，深圳市宣布，在国家补贴的基础上对双模式混合动力乘用车（比亚迪F3DM）再补贴3万元，对纯电动乘用车再补贴6万元，将这笔补贴补给企业。这意味着深圳市民购买双模式混合动力乘用车（亦即串联插电式混合动力乘用车）最高可补贴8万元，购买纯电动乘用车最高可补贴12万元。此外，深圳市还宣布，消费者在使用新能源汽车时，还将获得5000元电力补助。 深圳市未提出是否整车租赁、电池租赁方式，即深圳市采用整车购买方式。 深圳市现有3座大型快速充电站、134个充电桩。到2012年深圳市将建设充电桩12570个、社会公交快、慢速充电站各25个、公务车充电桩2500个、社会公共、慢充电桩10000个、社会公共快速充电站200个，深圳市在充电领域投资20亿元左右。
杭州市	2010年8月22日，杭州市在获得财政部、科技部、工业和信息化部、发展改革委等四部委组织专家组论证通过后，对外公布《杭州市私人购买新能源汽车补贴试点实施方案》。杭州市拿出8.6亿元资金，加上中央财政补贴，创下了新能源汽车补贴新高。 杭州市计划到2012年底，实现私人购买新能源汽车2万辆的销售目标。 杭州市对于以电池租赁模式购买电动车的消费者，可免费使用电池3年或6万公里；对采用整车租赁模式的消费者，将给予整车租赁费用50%的补贴。对购买新能源汽车整车的消费者，购买插电式混合动力乘用车将获得最高不超过3万元补贴，购买纯电动乘用车将获得不超过6万元的补贴，同时还享受3年或6万公里的免费充电。对单位组织团购10辆以上新能源汽车，每辆车额外给予3000元补贴，个人燃油车换购新能源汽车的每辆也给予额外3000元补贴，加上中央财政的补贴为插电式混合动力乘用车每辆最高补贴5万元，纯电动乘用车每辆最高补贴6万元。因此，杭州市消费者（单位团购或旧车置换）将最高补贴12.3万元。 杭州市将大力推进充换电站等基础设施建设。在1公里范围内可找到换电站，在1分钟或几分钟之内可得到能源补充。到2012年底，杭州市计划建成集中充电站4座、充换电站38座、配送中心145座、充电桩3500个。
北京市	2010年11月2日，财政部、科技部、工信部、发改委等四部委组织的专家组对北京市《私人购买新能源汽车补贴试点方案》进行了论证，并获得通过。 北京市计划自筹资金20.586亿元，并申请中央财政补贴17.3亿元，到2012年底，实现私人购买新能源汽车3万辆的目标。其中纯电动乘用车2.3万辆，插电式混合动力乘用车0.7万辆。北京市面向全国优秀的具有自主知识产权的新能源汽车进行推荐，并引导个人用户购买，并未指定购买车型。也未提出整车购买、整车租赁、电池租赁模式，也就是说推荐整车购买模式。北京市还提出分年度实施计划，即2010年推广1000辆，2011年推广5000辆，2012年推广24000辆。 北京市将在中央财政补贴的基础上对新能源汽车以3000元/千瓦时标准给予地方补助，插电式混合动力乘用车每辆最高补贴5万元，纯电动乘用车每辆最高补贴6万元。因此，北京市个人用户购买插电式混合动力乘用车（中央财政补贴+地方财政补贴）最高可获得10万元补贴，购买纯电动乘用车最高可获得12万元补贴。 北京市为了鼓励社会资本进入充电站（桩）配套设施建设，计划对充电桩等建设提供补贴，补贴额最高为建设投资的30%。充电设施以慢速充电桩为主，快速充电站、电池更换站为辅，三年内建设慢速充电桩36000个，达到车桩比1：1.2，快速充电站100座，电池更换站1座，电池回收处理站2座，专业维修服务站10座，信息采集处理站2座。
上海市	2010年11月17日，财政部、科技部、工信部、发改委等四部委组织的专家组对上海市《私人购买新能源汽车补贴试点方案》进行了论证，并获得通过。 上海市以示范运行基础较好的嘉定区作为试点，不在全上海市进行试点，并采用整车租赁方式进行推广，不采用整车购买和电池租赁的方式，是为了便于统一的充电管理、维护保养和应急处理。且提出以嘉定区国际汽车城为主进行私人购买新能源汽车试点。上海市计划到2012年底实现私人购买新能源汽车2万辆的目标，拟示范推广纯电动汽车19000辆，插电式混合动力车1000辆，其中有3000辆是通过整车租赁模式推广，内含2600辆纯电动汽车和400辆插电式混合动力车。2010年采用整车租赁模式推广100辆新能源汽车，建设充电桩1000个，充换电站2座。上海市初步选定3款车型为奇瑞瑞麟M1-EV、力帆620电动车和众泰5008电动车向个人用户推荐。 对私人购买新能源汽车在中央财政补贴基础上，上海市以电池能量2000元/千瓦时进行补贴，插电式混合动力乘用车最高补贴2万元，纯电动车最高补贴4万元，亦即私人购买插电式混合动力乘用车（中央财政补贴+地方财政补贴）最高补贴7万元，纯电动乘用车最高补贴10万元。 在充电基础设施方面，到2012年底建设集中充电站50座、充电桩2.5万个。2010年建立充电桩1000个。

续表

城市	内容
长春市	2010 年 9 月 29 日，财政部、科技部、工业和信息化部、发展改革委等四部门共同在合肥市组织召开了“长春市私人购买新能源汽车补贴试点实施方案”论证会。 长春市提出了《长春市私人购买新能源汽车国家试点城市实施方案（2010—2012 年）》，计划在 3 年试点期间，通过国家和地方财政双重补贴，推广插电式混合动力乘用车和纯电动乘用车 1.6 万辆。吉林省长春市将建立地方财政补贴专项资金，在国家补贴基础上，对购买新能源汽车的用户予以额外补贴，保证补贴后的车辆价格与同类或相近燃油汽车价格接近。地方补贴将采用货币补贴和实物补贴两种方式。 长春市将配套建设充电站 15 座，充电桩 5000 个。到试点期末，年节约燃油可达 1000 万升，年减少二氧化碳排放 2.3 万吨。 《长春市私人购买新能源汽车国家试点城市实施方案（2010—2012 年）》至今尚未经国家四部委组织的专家组进行论证。
合肥市	2010 年 9 月 29 日，财政部、科技部、工业和信息化部、国家发展改革委组织的专家组对《合肥市私人购买新能源汽车补贴试点实施方案》进行了论证。并获得通过。 合肥市计划到 2012 年，推广 21100 台新能源汽车，可以实现每年节约燃油约 2.7 万吨，减少二氧化碳排放约 7.9 万吨，碳氢化合物排放约 271.5 吨，氮氧化合物排放约 54.3 吨。 合肥市对 2010 年私人购买新能源汽车，除国家补贴外，地方再补贴 1 万元，综合各种补贴，消费者购买一辆新能源汽车，最高可获得近 6 万元补贴，补贴拨给新能源汽车生产企业。 合肥市在 2010—2012 年内将建设 20 座充电站及 2.25 万个充电桩。2010 年计划再新建 500 个充电桩，选择在小区、办公区等，今年还将建立 2 个充电站。

十、新能源汽车产业联盟

序号	联盟名称	成立时间	组成单位
1	北京市新能源汽车产业联盟	2009 年 3 月 13 日	主要成员：北汽控股、北京公交集团、美国伊顿公司、中信国安盟固利公司、ZF 传动技术有限公司、北京理工大学等。
2	重庆市节能与新能源汽车产业联盟	2009 年 6 月 2 日	主要成员：长安汽车、中国汽车工程研究院、重庆恒通客车、重庆市能源投资有限公司等。
3	江苏省新能源汽车产业联盟	2009 年 6 月 27 日	主要成员：江苏省汽车行业协会、南京依维柯汽车有限公司、江苏常隆客车有限公司、金龙联合汽车工业（苏州）有限公司、江苏春兰清洁能源研究院有限公司、中大汽车集团股份有限公司、牡丹汽车股份有限公司、江苏益茂纯电动汽车有限公司、南京嘉远电动船制造有限公司、常州常捷电动车有限公司、扬州凯尔斯迈电动车业有限公司、苏州益高电动车辆制造有限公司、江苏新日电动车股份有限公司、常州华日升凯晟能源科技有限公司、江苏海四达电源股份有限公司、南京航空航天大学、江苏大学、香港保利协鑫集团等 87 家单位。
4	广东省电动汽车省部产学研创新联盟	2009 年 7 月 17 日	主要成员：广州汽车集团股份有限公司、广东省内的电动汽车生产企业及零部件制造企业，以及相关高校和科研机构。
5	山东省新能源汽车产业技术创新联盟	2009 年 9 月 25 日	主要成员：一汽解放青岛汽车厂、中通客车控股股份有限公司、时风集团、山东宝雅新能源汽车股份有限公司等。
6	吉林省新能源汽车产业联盟	2009 年 12 月 18 日	主要成员：一汽集团、吉林大学、长春锂源新能源科技有限公司、启明信息技术股份有限公司等。
7	河南省电动汽车产业联盟	2010 年 1 月 24 日	主要成员：郑州宇通客车股份有限公司、海马轿车有限公司、郑州日产汽车有限公司、河南少林汽车股份有限公司、河南环宇集团、郑州大学、郑州市公交公司等 48 家单位。
8	天津市新能源汽车产业技术创新战略联盟	2010 年 3 月 5 日	主要成员：中国汽车技术研究中心、中国电子科技集团公司十八所、天津大学、天津一汽夏利汽车股份有限公司、天津清源电动车辆有限责任公司、天津力神电池股份有限公司、天津理工大学、天津捷威动力有限公司、天津锐意泰克汽车电子有限公司、天汽集团美亚汽车制造有限公司、天津市松正电动科技有限公司等 10 家单位。

续表

序号	联盟名称	成立时间	组成单位
9	成都市新能源汽车产业技术创新联盟	2010年6月8日	主要成员：四川汽车工业集团有限公司、成都客车股份有限公司、东方电机股份有限公司、成都华川电装有限责任公司、成都电子科技大学、四川大学、西华大学等10家单位。
10	安徽省新能源汽车产业技术创新战略联盟	2010年7月8日	主要成员：安徽安凯汽车股份有限公司、安徽江淮汽车股份有限公司、奇瑞新能源汽车技术有限公司、安徽华菱汽车股份有限公司、芜湖奇瑞科技有限公司、合肥国轩高科动力能源有限公司、安徽皖南电机股份有限公司、中国科学技术大学、合肥工业大学、安徽大学、中国建设银行安徽省分行、安徽省创投资本基金有限公司、安徽省科技成果转化服务中心等23个单位。
11	中央企业电动车产业联盟	2010年8月18日	主要成员：中国第一汽车集团公司、东风汽车公司、中国兵器装备集团长安汽车公司、中国东方电气集团有限公司和中国南车集团、中国海洋石油总公司、北京有色金属研究总院、中国航空工业集团公司、中国航天科技集团公司和中国航天科工集团公司、国家电网公司、中国普天信息产业集团公司、中国南方电网有限责任公司、中国石油天然气集团公司、中国石油化工集团公司和中国保利集团公司等16家单位。
12	中新天津生态城新能源汽车联盟	2010年9月27日	主要成员：中新天津生态城投资开发有限公司、天津市电力公司、新加坡科技动力公司、奇瑞新能源汽车技术有限公司、日立（中国）有限公司、厦门金龙联合汽车工业有限公司、良好汽车租赁公司，许继电动汽车充电事业部、北京八恺电气科技有限公司、asola、ALP能源公司、天津比克电池有限公司等。
13	黑龙江省高纬度地区电动汽车产业技术创新战略联盟	2010年10月29日	主要成员：阿城继电器有限公司、哈尔滨冠拓电源有限公司、哈尔滨工业大学、黑龙江省电力科学研究院等7家单位。

安凯客车

安凯新能源客车产品

安凯客车致力于在发展与环境之间创造和谐，不断努力在产品制造、动力形式、安全设施等诸多方面寻求突破。公司自2003年开始研发新能源客车，是国内首家采用全承载技术生产新能源客车和首家上电动客车国家公告的企业。今天，安凯客车已有14款新能源客车被列入国家节能与新能源汽车示范推广应用工程的推荐车型目录，16款新能源客车进入工信部产品公告，成为“公告”新能源车型最多、产品线最丰富的客车企业。公司生产的新能源客车分别在北京、上海、大连、合肥等城市示范运营和批量使用；精心设计的豪华纯电动客车，分别为北京两会、奥运会、达沃斯论坛、上海世博会服务，取得各界人士的一致好评，并在比利时车展上得到世界客车业的关注。

① 世界客车联盟（比利时）国际车展上安凯纯电动客车赢得世界瞩目
② 安凯纯电动旅游客车成功服务“2009 夏季达沃斯年会”得到大连市政府高度评价
③ 交付合肥公交 18 路线批量运营的安凯纯电动公交车率先实现国内公交线路纯电动客车整线运营
④ 在举世瞩目的上海世博会上，85 台安凯新能源客车投入运营，其中 20 台安凯纯电动旅游客车成为上海世博局接待省部级领导及外宾的专用车

JAC 安徽安凯汽车股份有限公司 地址：安徽省合肥市葛淝路1号 销售热线：0551-2298516 / 7 客户服务（24h）免费热线：400-8874-868 传真：0551-2297710 www.ankai.com

常隆客车
ALFA BUS

江苏常隆客车有限公司是国内豪华大中型客车定点生产企业，也是国内最早研发纯电动客车并进入国家公告的重点企业，其纯电动客车项目已列入工业和信息化部《节能与新能源示范推广应用工程推荐车型》目录，是江苏省首家获得国家新能源汽车生产准入资格的大型纯电动客车制造企业，2009年被江苏省人民政府确定为豪华快速公交客车和大型纯电动客车制造基地。

公司注册资本2亿元人民币，占地10万平方米，主要生产中高档客运、旅游、团体、公交系列客车，产品覆盖6～18米，年产整车能力3000辆。

常隆客车生产的高等级快速公交客车和纯电动客车蜚声国内外，在国内客车的各种大赛中频频获奖。曾先后获得“2008中国精品客车奖”、“世界客车联盟2008年度最佳城市巴士奖”、“CIBC客车金奖”、“第九届中国土木工程詹天佑奖”、“世界客车联盟2010年度最佳环保客车奖”等30多项大奖。

30万公里示范运行

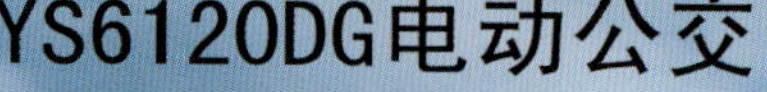

YS6120DG电动公交

YS6128EV电动大巴

江苏常隆客车有限公司

公司地址：江苏省江阴市新澄路2号

总　机：0510-86272999　　传　真：0510-86271999

销售热线：0510-86299925　　服务热线：0510-86262305

安全节能尽在其中

科技&未来之美

建设世界城市 创造世界品牌
福田汽车 15周年

福田汽车创新科技15载，领跑绿色行业技术变革，用新型能源让城市生生不息，
持永不动摇的绿色信念建设世界城市。

实现科技&未来之美，我们与你共同努力。

北汽福田汽车股份有限公司 欢迎访问：www.foton.com.cn 24小时服务热线：4008 199 199

北京汽车新能源汽车有限公司

中共中央政治局委员、中共北京市委书记刘淇，全国政协副主任、科技部部长万钢，中共北京市委副书记、北京市市长郭金龙为北京汽车新能源汽车有限公司、北京新能源汽车科技产业园及北京普莱德新能源电池科技有限公司揭牌，并出席了北京新能源汽车研发工作座谈会。

北京市委常委赵凤桐和北京市科委副主任张继红为北汽大洋电机科技有限公司成立揭牌

地址：北京市采育经济技术开发区采和路1号
邮编：102606
电话：+86-010-80278085
传真：+86-010-80271603
网址：www.bjev.com.cn

北京汽车新能源汽车有限公司（简称“新能源汽车公司”）是北京汽车集团有限公司（简称“北汽集团”）的全资子公司，成立于2009年11月14日，地处北京市大兴区采育镇经济开发区。北汽集团是中国五大汽车集团之一。2010年，北汽集团全年累计销售汽车150.1万辆，实现营业收入1589.3亿元，利润110.1亿元，成为国内“百万千亿”级的汽车集团，是首都经济高端产业和现代制造业的重要支柱产业。

2010年9月28日，北京汽车股份有限公司（简称“北汽股份”）正式挂牌成立，新能源汽车公司注入北汽股份。北汽股份的成立，标志着北汽集团自主品牌乘用车进入全面提速阶段。新能源汽车公司是北汽集团新能源汽车技术研发、资源集约、产业整合的平台，是北汽新能源乘用车整车及零部件的研发、生产、销售和服务平台。

目前，新能源汽车公司已掌握了国内领先的整车系统集成匹配、整车控制系统、电驱动系统等关键技术，开发出了E20EV、M30RB、C60FB等多系列纯电动乘用车及重混、中混、弱混等多款混合动力产品。同时，通过合资合作，组建了电池公司、电机公司，成为目前国内唯一拥有电池、电机、电控三大核心技术的新能源汽车制造企业。

新能源汽车公司拥有一支由多名国内外知名专家、学者、教授、海外人才、博士、硕士等高端人才组成的技术和管理团队。人才队伍的建设，为新能源汽车公司的长远发展奠定了坚实基础。

根据新能源汽车公司“十二五”发展规划，一期（2011-2013年），将在228亩园区内建设成拥有4万辆整车产能，具备新能源汽车整车及核心零部件研发、试制、实验能力，以及电池、电机、电控批量生产能力的新能源汽车研发生产基地；二期（截至2015年），在预留的4500亩发展用地上，建设成拥有总装、涂装、焊接三大工艺，15万辆整车产能、20万套电控系统产能、15万套电驱动系统产能，以及行业领先实验能力的国内一流、国际知名的新能源汽车研发生产基地。

海马汽车

上班族的伴侣
家轿级的品质

海马王子纯电动汽车整车性能参数

长/宽/高	3590/1540/1486（mm）	整备质量	1098kg
电机额定/峰值功率	11/27（KW）	电机最大扭矩	180N.m
电池总电压/容量	292.6V/70Ah	0-50公里加速时间	＜5s
续驶里程	160km（60km/h等速法）	能量消耗率	12.8kwh/100km
最高车速	85km/h	充电时间	8小时

巨容新能源
JURONG NEW POWER
巨容能源 中国动力

哈尔滨巨容新能源有限公司
HARBIN JURONG NEWPOWER CO.,LTD.

公司成立于2001年6月20日，注册资金11,100万元。其自主研发的专利产品“超级电容器及配套系列产品”，具有充电快、使用寿命长、比功率高、耐低温等特点，性能达到国内领先、国际先进水平。公司承担了国家十五和十一五“863”电动汽车重大专项研究，并与清华大学、一汽集团、北京理工大学等单位合作，完成了燃料电池城市客车、混合动力大客车、纯电动汽车的项目研发。

公司2002年研制出了国内首台超级电容电动车，2005年公司研发的车用超级电容器在国内首次应用在了烟台公交线路和北京铛铛车上。公司正在建设的哈尔滨电容公交车示范线路将于2011年开通。

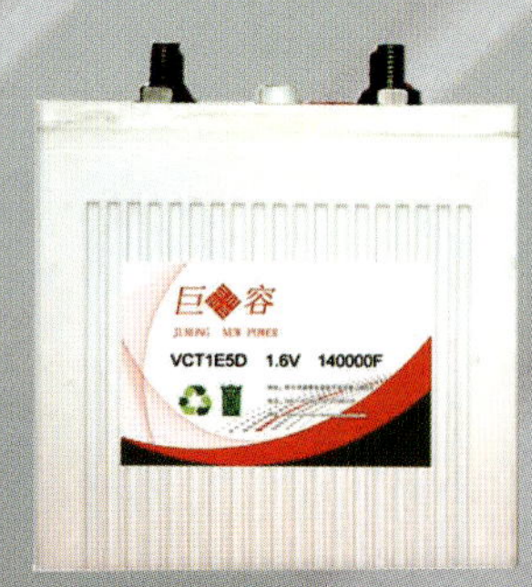

企业本着“守信、团队、创新”的精神，愿为广大客户服务。

联系我们：
电　话：+86-0451-87090108　　传　真：+86-0451-55578099　　http://www.jurong-newpower.com.cn
地　址：哈尔滨市迎宾集中区青山路8号　　邮　编：150078　　E-mail：shichang@jurong-newpower.com.cn

上海万宏动力能源有限公司

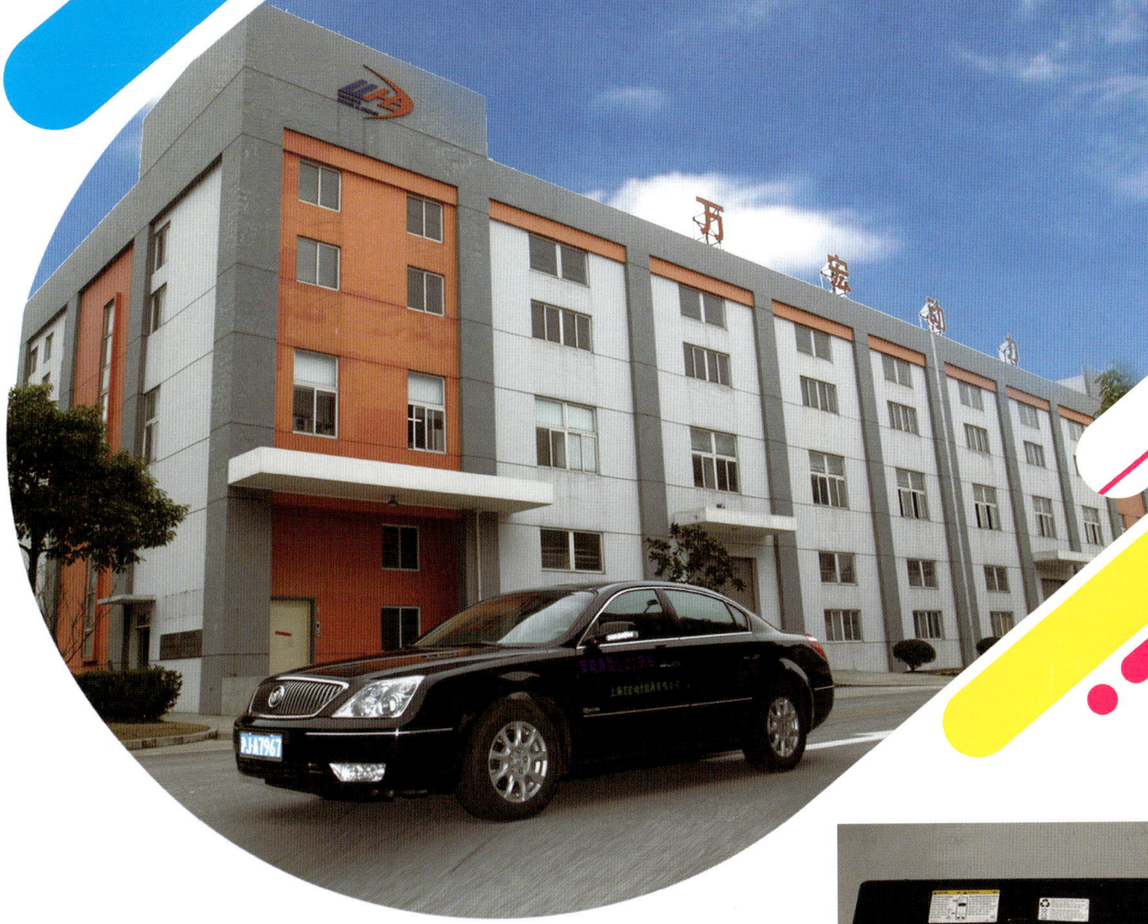

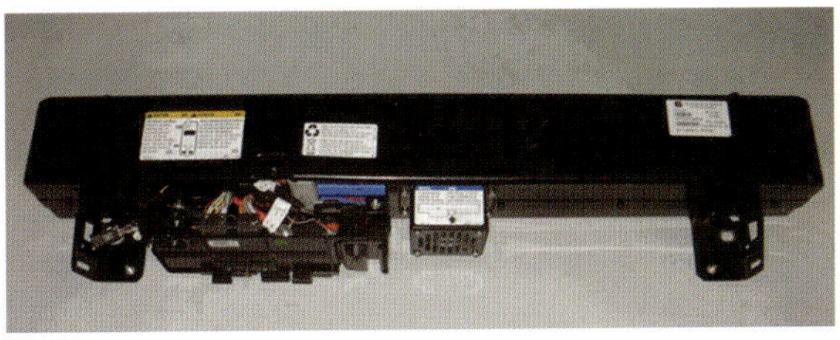

由万宏集团和中科院上海微系统与信息技术研究所等5家单位联合成立的高科技企业，通过了TS16949质量体系认证。公司与上海微系统所建有联合实验室，是上海国际汽车城博士后实践基地、上海市高新技术企业、创新型企业和国家电动汽车用动力电池标准委员单位。产品瞄准混合动力轿车和客车用的动力镍氢电池系统。

地址：上海嘉定区北和公路255号6号楼
邮编：201807
电话：86-21-33517961-208
传真：86-21-33517598
网址：www.shwhpower.com
Email：yuwanlou@163.com

实现电动化交通运输的电池系统终于面世

电动汽车的商业可行性发展一直受制于传统电池在性能和成本方面的局限性，导致汽车无法满足行业和客户对行驶距离、可靠性、经济性和环保责任的目标要求。

随着 Boston-Power 公司 Swing® 电池系统面世，高瞻远瞩的汽车制造厂商终于可以期待更大的发展。Boston-Power 通过与伙伴的紧密合作，证明了构建与内燃机驱动汽车一样安全、而且实践可持续环境承诺的电动汽车并非不可能。

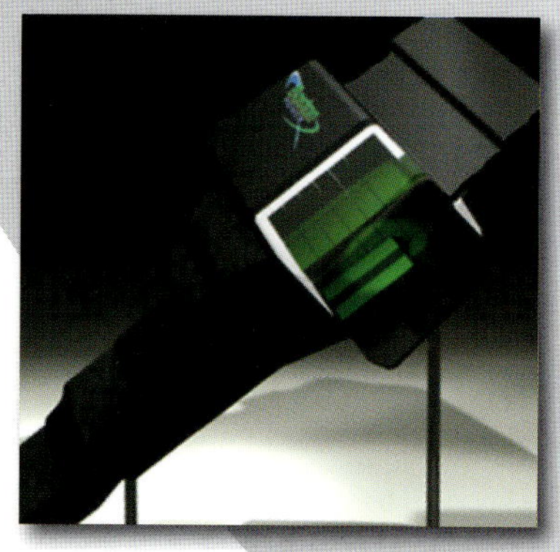

效用和性能绝不打折扣的电池系统

Boston-Power 的 Swing® 电池具有以下优势，能够帮助领先的汽车 OEM 厂商制造出具备商业可行性、面向大众市场的电动汽车：

10 年电池使用寿命
电池寿命不因宽泛的工作温度范围而受影响

业界领先的系统安全性
无论是电池单元、模组还是电池组，安全性都极高

更多可用能源
每次充电可供行驶超过 200 公里，行驶里程增加达 50%

提供同等能量，但占位体积却减小 50%
紧凑型高能电池，在现有的空间内实现高成本效益

为现在和未来的全球交通运输实现电动化

广泛适用性和
可扩展性的
电池技术平台

每款采用 Boston-Power 技术的解决方案都是以扁平的椭圆柱型电池设计的电池技术平台为核心，配合其化学材料，可直接提高电池的能量密度和循环使用寿命。这种电池设计便于组装到包含了多个模组、电池管理系统 (BMS)、外壳和热管理的大尺寸高性能电池系统中。我们在设计中整合多项独立安全功能，加上严格的生产控制体系，成就了当今的高质量大规模制造。

这就是 Boston-Power 电池系统不仅功能强大，而且安全；不仅可靠，而且使用寿命长的原因所在。了解更多信息，请访问 **www.boston-power.com/battery-systems**。

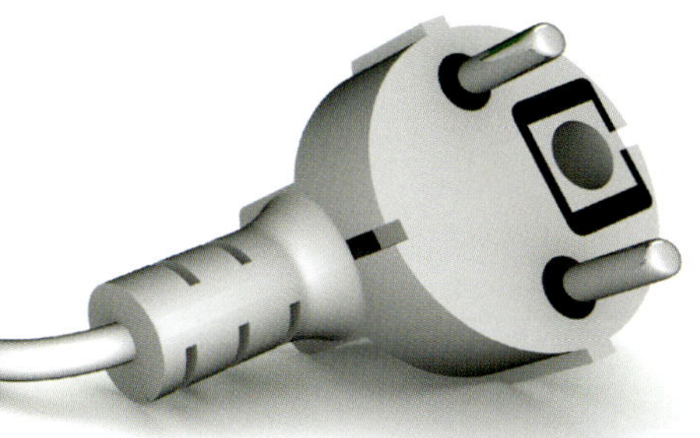

能够帮助客户实现目标的企业

Boston-Power 是一家专注于电池技术的企业。公司创立于 2005 年，其专家团队累计拥有超过 100 年的行业技术经验和商业管理经验。

在创业精神和追求卓越之承诺的激励之下，Boston-Power 业已成为业界技术领导厂商和引人注目的全球化企业。我们正在不断快速扩建生产能力和资源，以满足全球范围不断增长的对可靠能源的需求。

Boston-Power 公司总部坐落于美国马萨诸塞州，在亚洲拥有六西格马 (Six Sigma) 管理级别的制造基地，每月产能可达到数百万颗电芯，并计划扩大在中国的生产。另外，Boston-Power 在全球各地设有电池单元、模块和电池组制造设施，因而无论何地，无论何时，都能够为其全球合作伙伴提供品质卓越的电池产品。

为现在和未来的全球交通运输实现电动化

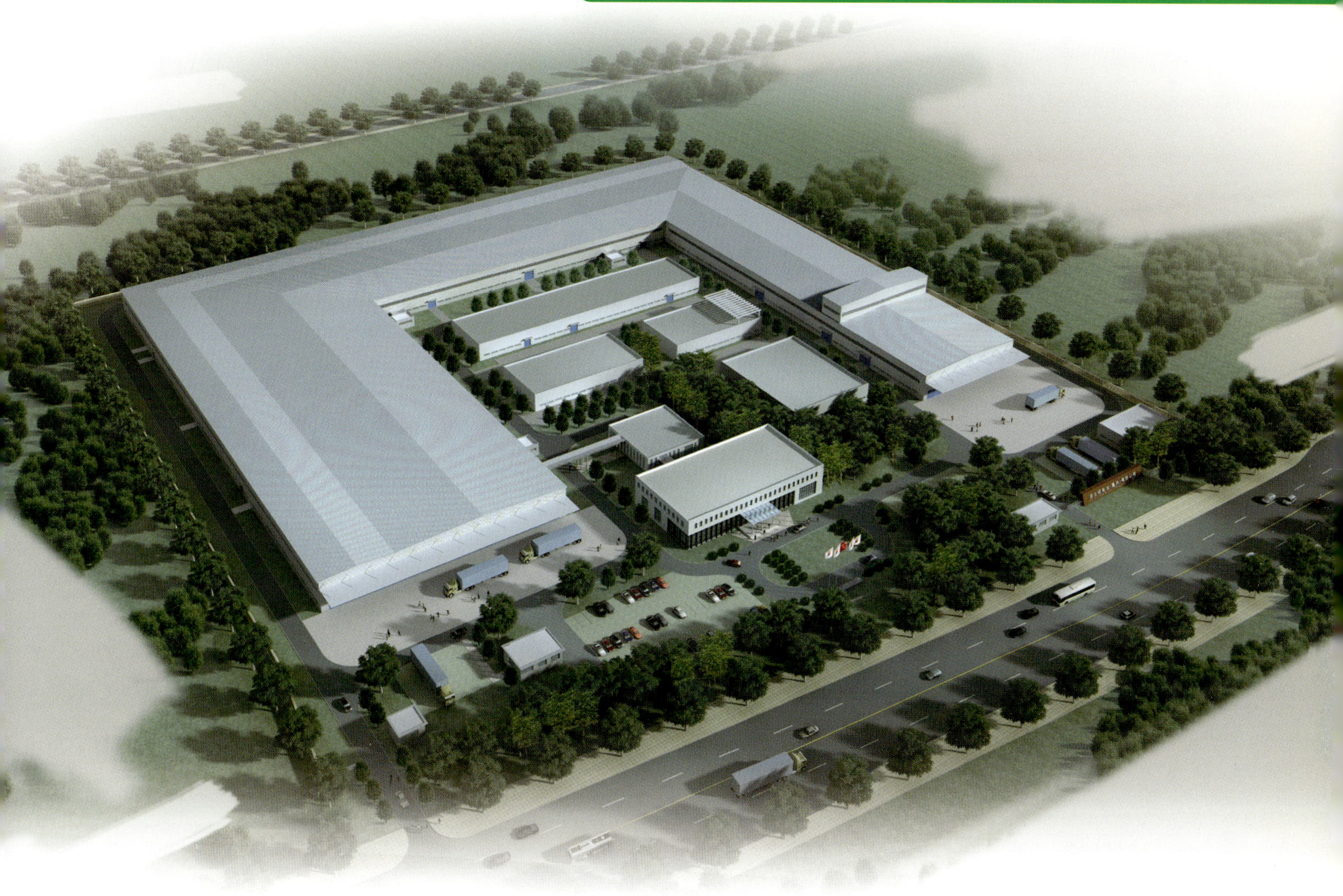

Boston-Power 办事处：

美国 - 企业总部

Boston-Power, Inc.

2200 West Park Drive

Westborough,

MA 01581-3961, USA

电话：+1.508.366.0885

传真：+1.508.366.0998

电邮：info@boston-power.com

瑞典 - 欧洲销售办事处

Boston-Power, Inc.

Grev Turegatan 14

Box 5073

102 42 Stockholm Sweden

电话：+46 72 324 2020

电邮：emea@boston-power.com

中国深圳 - 亚洲销售办事处

波士顿电池(深圳)有限公司

深圳市福田区车公庙泰然九路

金润大厦

电话：+86-755-82720229

传真：+86-755-82720020

电邮：apac@boston-power.com

超威电源有限公司

超威电源有限公司创立于1998年，是一家专业从事动力型和储能型蓄电池研发、制造的国家重点高新技术企业。公司总部位于浙江省长兴县，并在河南、山东、江苏、安徽等地设有子公司。2010年7月7日，超威动力控股有限公司在香港主板成功上市。

公司主导产品为：电动助力车用、电动道路车（电动汽车）用动力型铅酸蓄电池和磷酸铁锂电池，以及太阳能、风能发电系统用储能型蓄电池。产品销售覆盖全国二十九个省、市、自治区，并出口欧美、东南亚及中东地区。其中电动助力车用铅酸蓄电池年产销量位居全国同行业前茅，并连年保持17%的市场占有率，2009年主营业务销售位居行业榜首。

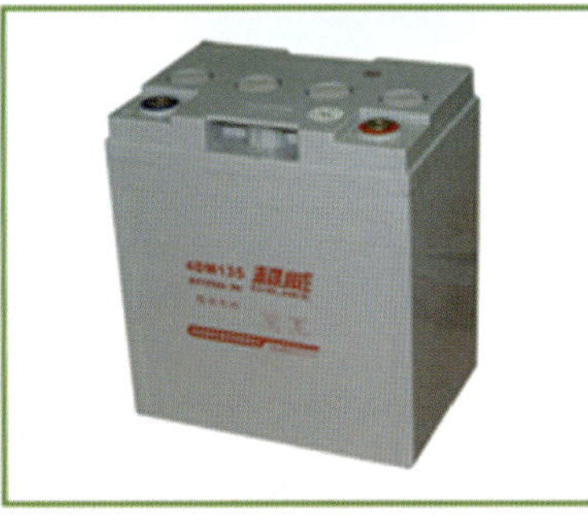

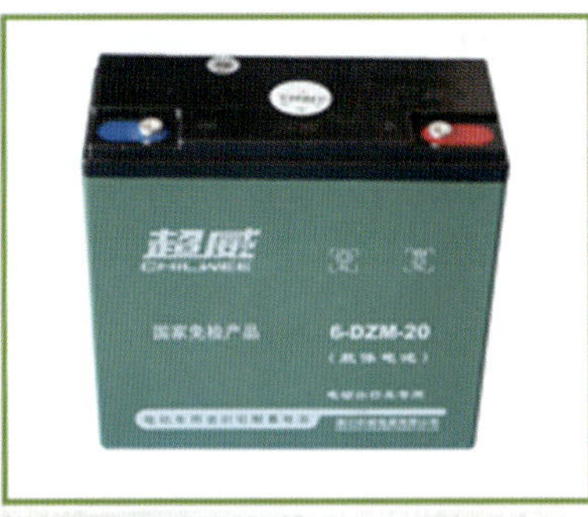

- 总部地址：浙江省长兴县雉城新兴工业园
- 全国免费咨询电话：800-8573778
- 网址：http://www.cnchaowei.com

秦皇岛市芯驰光电科技有限公司

Tel：0335-6309631 Fax：0335-6309632

欲详细了解芯驰锂电系列产品，请访问：http://www.xcgd.cn

新能源解决之道 芯动力，新世界

电池重量轻 体积小 容量大 能量密度高 模块化设计任意组合

3.8V30Ah

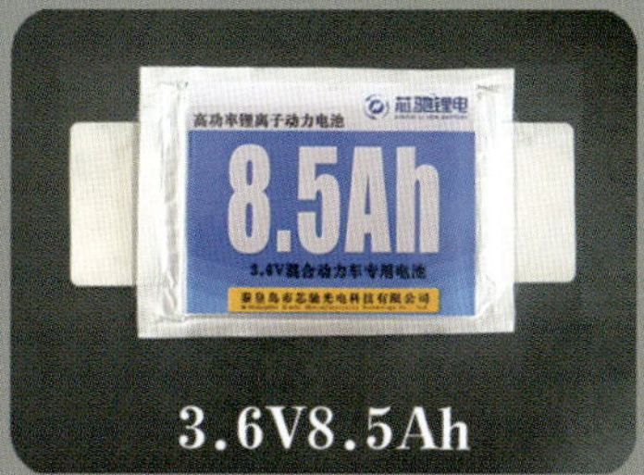
3.6V8.5Ah

严格的单体筛选配组技术：以单体的容量、内阻、充放电曲线、温度变化曲线等诸多因素为依据制定的筛选、配组规范，可以根本上保证整组电池在服役期间保持非常好的一致性。

可靠的组合连接技术：可靠的连接技术可以大大降低电芯组合后的阻抗，减少系统工作时的发热量，减少能量损失，提高系统的能量使用效率。

功能完善的BMS：BMS不仅可以精确地检测电池单体的电压、温度等参数，更能准确地计算出电池系统的SOC、SOH等状态参数；且在系统运行过程中可对出现电压异常的单体电池进行均衡调整，保证系统中各个单体电池的一致性。

高效的热管理系统：可以有效地调整PACK中不同位置的温度，保证系统中各个电池单体处于最佳的温度环境中。

纯电动大巴车电池系统
单体参数：3.8V\30Ah
组合参数：
104串\396V\360Ah
电池管理器—标配
储能量：143kW.h

混动大巴车电池系统
单体参数：3.6V\8.5Ah
组合参数：
96串\346V\17Ah
电池管理器—标配
储能量：5.9kW.h

纯电动轿车电池系统
单体参数：3.8V\30Ah
组合参数：
88串\334V\90Ah
电池管理器—标配
储能量：30kW.h

混动轿车电池系统
单体参数：3.6V\8.5Ah
组合参数：
96串\346V\8.5Ah
电池管理器—标配
储能量：3.9kW.h

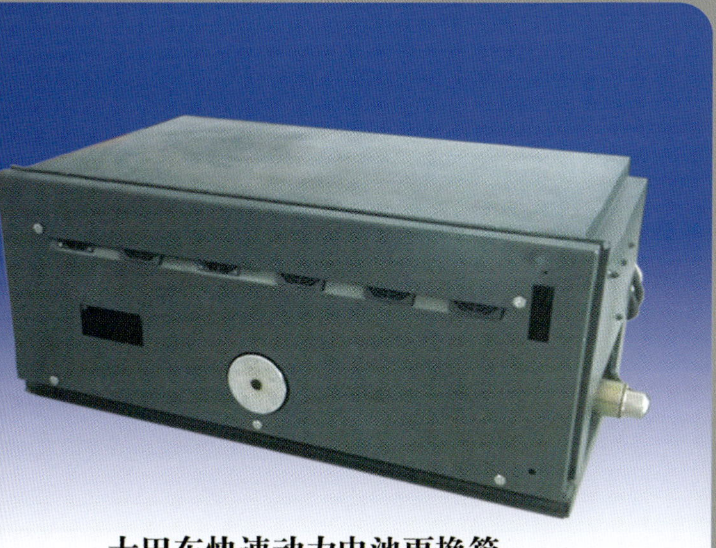
大巴车快速动力电池更换箱

3.7V90Ah模块

8.5Ah组合模块

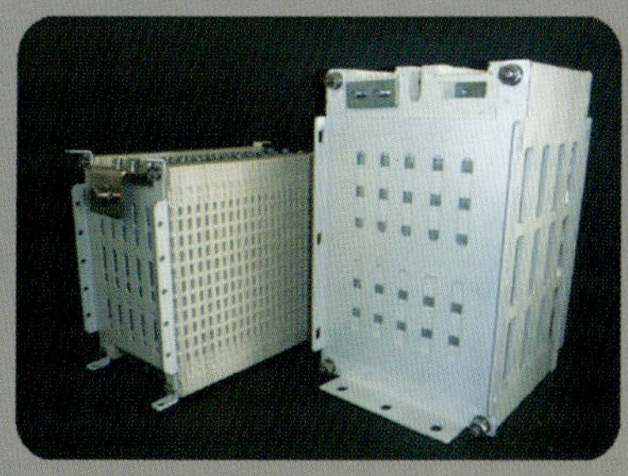

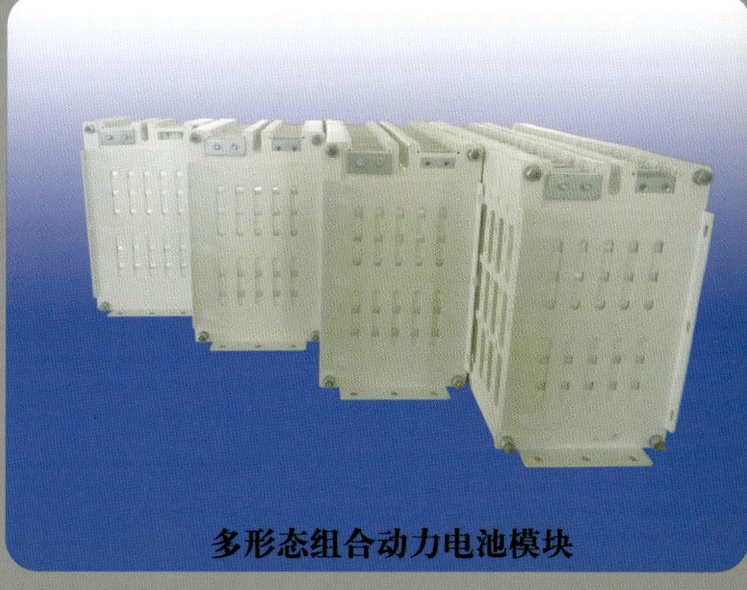
多形态组合动力电池模块

CATARC
AIDI

市场研究部
政策法规研究部

清洁汽车生产力促进中
道路交通安全研究部
排放技术研究部

联系电话：
市场研究部： 010-6370 2950
政策法规研究部： 010-6370 2987
排放技术研究部：010-6783 2318
清洁汽车生产力促进中心：010-6370 1286
道路交通安全研究部：010-6370 2966-8023

汽车产业发展研究所简介

经过二十五年的发展，中国汽车技术研究中心（简称"中汽中心"）已成为国际知名、国内权威的综合性研究机构。为适应政府管理、行业需求和自身发展的需要，中汽中心在北京成立了汽车产业软科学综合研究部门——汽车产业发展研究所（北京卡达克科技中心）。

汽车产业发展研究所整合了中汽中心在制定行业规划、技术和政策法规研究、咨询与信息服务以及协助政府组织行业管理等方面的资源。本所由市场研究部、政策法规研究部、清洁汽车生产力促进中心、道路交通安全研究部和排放技术研究部组成，主要业务涵盖促进中国汽车产业发展的产业研究、政府和行业服务、新技术推广应用、市场研究和项目咨询评估管理等。

汽车产业发展研究所坚持持续创新、追求卓越的理念，为政府和企业决策提供全方位的技术服务。

Brief introduction

Over the past twenty-five years, China Automotive Technology and Research Centre (CATARC) has evolved a comprehensive institute, which i authoritative in China and known in the world. To better serve the government departments, the auto industry and for the sake of its further accomplishment, Automotive Industry Development Institute (AIDI) has come into being in Beijing.

AIDI integrates the soft-science resources of CATARC concerning industrial planning, research into the technical approaches and policy rules, consultation and information service, as well as the management of the auto industry in assisting the government departments. It consists of subdivisions of market research, policy and regulation research, clean vehicle productivity center, road traffic safety research and emission research AIDI covers industrial research, government and industrial service, popularization and application of new technology, market research, and project-base consultation, assessment and management.

AIDI innovates continuously and strives for excellence, to technically serve the government and businesses in regard to decision-making in all aspects.

地址：
北京市丰台区南四环西路188号总部基地二区7号楼
邮编：100070

汽车产业发展研究所
北京卡达克科技中心
Automotive Industry Development Institute

节能与新能源汽车网

www.chinaev.org

办单位：

洁汽车生产力促进中心

技部863计划节能与新能源汽车重大项目办公室

国汽车技术研究中心

新源动力股份有限公司

新源动力股份有限公司是中国第一家致力于燃料电池产业化的股份制企业，公司集燃料电池科研开发、成果转化、系统集成、标准制定、人才培养、产业化实践等于一体，成立于2001年，主要股东有上海汽车工业(集团)总公司、中科院大连化学物理研究所等大型企业及科研院校，注册资本为1.17亿元人民币，员工总数200余人，占地面积40亩，建筑面积19007M²。新源动力是国家燃料电池技术标准制定的主任委员单位，“燃料电池及氢源技术国家工程研究中心”承建单位，现已初步完成产业化布局和5500KW/年的产能建设。

新源动力自成立以来，先后五轮承担国家高技术研究发展计划（“863”计划）重大专项——车用燃料电池发动机研制课题，基于几年来所取得的成果，新源动力于2009年成为该课题指定承担单位。“十一五”期间，公司还同时承担了“863”计划专项课题3项，包括燃料电池关键材料质子交换膜应用技术研究、以重整气为燃料的质子交换膜燃料电池发电技术及国产质子交换膜燃料电池电堆及关键材料的研制开发等课题，各项课题成果显著，得到国家科技部的好评和同行业的认可。依托“863”重大专项成果，新源动力在燃料电池发动机技术领域取得了多项创新成果，拥有自主知识产权专利技术232项，其中发明专利达到180件，并有美国专利1件，发明专利已获授权88件。基于新源动力在863项目中积累的研发经验和创新成果，2008年新源动力圆满完成了科技奥运燃料电池车示范运行，成功服务于北京奥运，燃料电池发动机在奥运和残奥期间零故障，得到各界好评。新源动力还同时承担了863计划国产关键材料燃料电池电堆、增强型复合质子交换膜、重整气电站等课题，在燃料电池基础研究方面成绩显著，推进了燃料电池关键材料国产化进程。凭借雄厚的技术实力，2009年新源动力赢得了联合国开发计划署（UNDP）在上海示范项目的合同，并取得2010年上海世博会燃料电池示范汽车新增发动机超过75%的订单。

2008年年底以来，科技部推动了“十城千辆”新能源汽车示范工程，给予新能源汽车很大的补助力度，燃料电池发动机技术属于新能源汽车最前沿的技术，也得到了各级部门的大力支持。新源动力依托利好政策的支持，制定了燃料电池发动机产业化的规划，努力在2015年初步实现小批量规模化生产，构建燃料电池汽车发动机完全自主知识产权，并最终实现中国未来汽车工业的完全自主知识产权和高附加值产业链。

新源动力股份有限公司

地址：大连市高新园区黄浦路907号

电话：0411-84753000

传真：0411-84617041

URL:www.fuelcell.com.cn

超凡能量 绿色动力

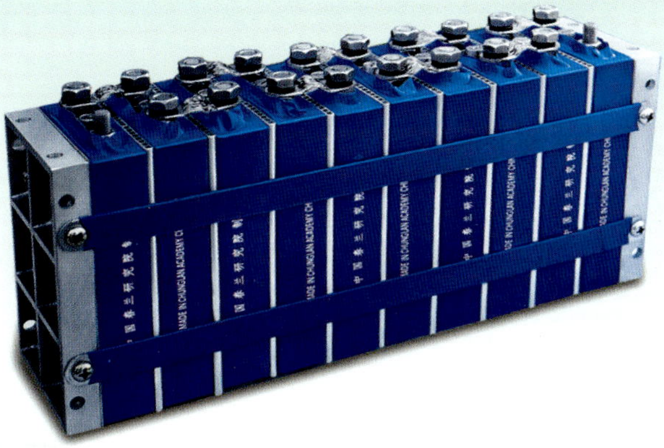

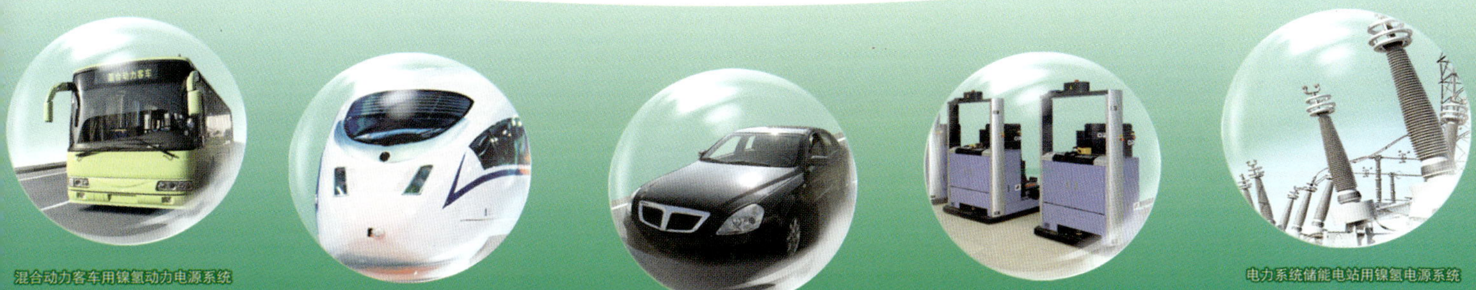

混合动力客车用镍氢动力电源系统

现代城市轨道交通车辆用镍氢动力电源系统

混合动力轿车用镍氢动力电源系统

现代物流自动导引车（AGV）用镍氢动力电源系统

电力系统储能电站用镍氢电源系统

春兰新能源产业

新能源产业作为春兰（集团）公司三个重大的产业发展方向之一，将充分依托已有的技术优势、产业优势、市场优势及雄厚的资金实力，着力建设高水平、开放式的新能源创新与产业化基地，打造国家级、省级新能源工程技术研究中心和863重大科技成果产业化基地，不断启动符合国家高技术产业发展政策的工业、民用、军用重点技术研究开发项目，全力推进产业化进程，力争5～10年左右成为世界著名的新能源技术和产品供应商，全面提升国际竞争能力。

主要研制生产电动汽车用动力镍氢蓄电池及其能量管理系统、高速机车车用动力镍氢蓄电池及其实时在线能源管理系统、新一代汽车用42V电源及其能量管理系统、军用新型动力电源系统、电力自动化直流电源、新型不间断电源、10KW级质子交换膜燃料电池电源等高新技术产品。

春兰创造新生活

春兰高能动力镍氢电池，清洁环保的动力源泉，为节能减排提供优质解决方案。
致力于建设洁净、和谐的生活环境。春兰绿世界！

欢迎登陆春兰网 www.chunlan.com
E-mail:cla@chunlan.com

江苏春兰清洁能源研究院有限公司 地址:江苏省泰州市春兰路
邮编:225300 电话:0523-86655620 86655621 传真:0523-86668135

天津大学内燃机燃烧学国家重点实验室

天津大学内燃机燃烧学国家重点实验室，1989年建成并通过国家验收，是目前我国内燃动力工程领域唯一的国家重点实验室。现有教授20多人，副教授20余人，硕士生和博士生300余人。研究方向涉及内燃机燃烧、控制、排放、振动噪声、燃料以及先进动力系统等领域。现有常规试验台架20多个以及控制技术及计算分析中心等专业试验室20余个。与德国Infineon科技公司和德国ETAS公司建立了汽车电子联合实验室，围绕控制器硬件可靠性及诊断技术、软件规范和测试评价技术研究展开深层次合作。拥有发动机及整车策略仿真、硬件开发、自动代码生成、硬件在环测试、台架试验、环境试验等完整的工具链和先进的技术平台，包括由CRUISE、AMESIM、GTPOWER、ASCET、INCA、Targetlink、RTA-OSEK、Tasking等构成完整的软件工具平台。拥有ECU的高低温湿度交变、震动、盐雾和EMC测试，DSPACE快速原型和硬件在环测试系统，LABCAR硬件在环仿真测试系统。

电动汽车/混合动力汽车主控制器

面向国5的高压共轨柴油机ECU

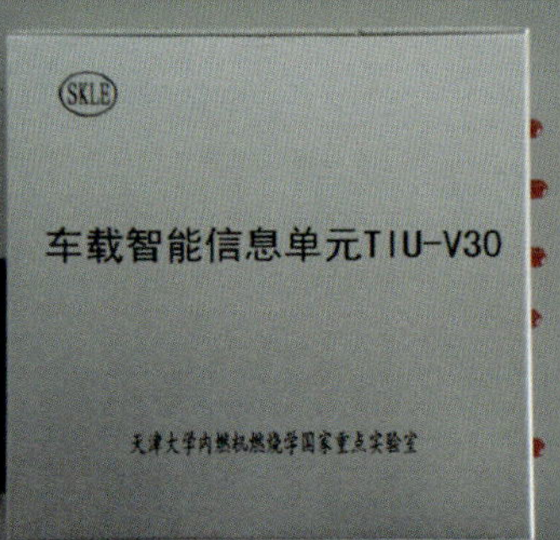

车载智能信息单元

轿车汽油机ECU

开发了面向国5的高压共轨柴油机ECU以及EUP柴油机ECU和轿车汽油机控制器GEMS，应用于多家企业的ECU产品开发。在国家“十五”、“十一五”863项目支持下，先后负责10多款电动汽车和混合动力汽车的整车控制系统规划，控制网络设计和通信协议制定，完成了第一代、第二代和第三代电动汽车主控制器的开发，应用到plugin 轿车、纯电动轿车和HEV客车等多种车型。承担“十二五”863课题“下一代纯电驱动汽车整车电子控制系统”和国家973项目课题“热电混合动力系统复合能量管理策略及优化控制的基础研究”。

开发了具有测量、记录、远程传送和能量计算功能的车载信息终端，以及具有能量、里程、故障、工况等统计分析的新能源汽车无线远程监控及实时统计分析平台，并具备指定区域行驶工况实时合成能力，先后应用于天津、济南等多个城市的电动汽车运营管理。

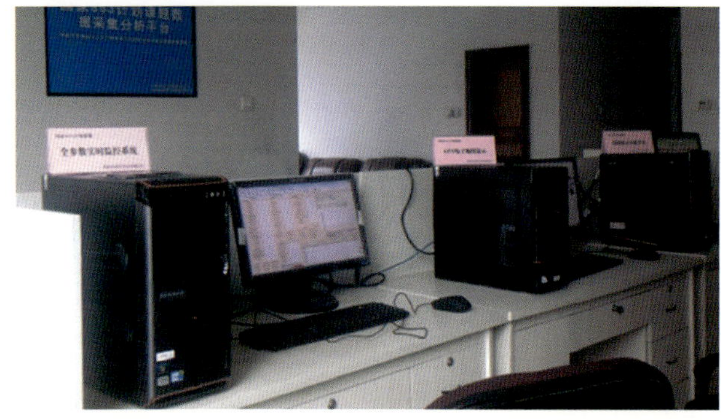

电动汽车示范城市运营监控及实时统计分析系统

润峰集团
RealForce Enterprises

山东润峰集团创建于1991年,创业初期是一个经营煤炭加工的小型民营企业，近年来不断提升公司的整体水平和核心竞争力，经营领域不断拓宽，完成了从传统能源向新能源的转变，已经发展成为集煤炭经营、高科技新能源产品研发、生产为一体的，职工4200余人，资产总额20多亿元的综合性民营企业集团公司，是山东省重点工业企业，连续多年被评为“省级守合同重信用企业”、“省级优秀民营企业”、“省银行业最佳信贷诚信客户”、“中国新能源产业最具影响力企业”。

近年来，我国经济快速发展，能源消费也在逐年增长。能源问题以及由此而引起的环境问题，已成为中国和世界都必须严肃面对并必须解决的重要问题之一，其根本出路是顺应能源市场的发展要求，大力发展没有环境污染的新能源。美国把新能源、新的汽车动力、清洁能源等作为其新的增长点。对中国来说，需要能源革命，需要新能源的发展。

公司作为从事能源行业二十多年的企业，面对新能源领域的快速发展，转型已成为不可阻挡的历史潮流。从2008年以来，公司积极把握能源行业的发展趋势，坚持以市场为导向，全方位推进企业战略转型。在新的发展战略指引下，润峰积极拓宽领域，开发新的业务增长点，不断向太阳能、锂离子电池、电源等新能源领域发展，建成了润峰电力、润峰新能源、润峰电子三家新能源企业。产品涉及太阳能电池—光伏发电—储能技术等光伏产业链和电动汽车电池及系统产业链，形成了新能源产业集群。

2010年公司被国家科技部认定为国家高新技术企业。被山东省科技厅等相关部门授予“山东省锂离子动力电池工程技术研究中心”、 省级企业技术中心、省级院士工作站。

公司开发的产品获国家环境保护部及联合国规划署认定的“自主创新奖”、机械工业科学技术奖二等奖、中国电源产品设计大赛最佳功能设计奖，山东省工业设计优秀产品，2010年山东省产学研（工业设计）展洽会银奖产品、山东省中小企业科学技术进步奖一等奖以及济宁市人民政府重大节能成果奖。

公司与清华大学、机械科学研究总院、北京交通大学、中科院电工所、山东大学等高校、科研院所建立了紧密的联系与合作。公司作为发起单位参与成立“中国锂离子蓄电池电源系统产业技术创新战略联盟”，并成为联盟副理事长单位。

目前公司取得了三项达到国际先进水平的科技成果，参与了三个标准的起草，申请了30多项专利，其中发明专利15项，获得授权专利14项，还申请了3项PCT国际专利，并获得山东省专利奖、中国专利山东明星企业、山东省发明创业奖。

润峰新能源生产的磷酸铁锂电池主要应用于电动汽车、电动自行车、太阳能发电及风力发电系统，通信备用电源、便携移动电源及矿山安全设备等多种领域。2010年年底在国内率先建成了MWh级的智能电网用电池储能电站。

润峰电力引进了世界上最先进的太阳能电池生产线，主打产品为太阳能电池以及太阳能电站系统。公司投资建设的山东省第一家MW级太阳能示范电站已经于2010年1月并网发电，中央电视台新闻联播为此进行了专题报道。2010年年底又投资7.9亿元在微山建设30兆瓦电站，打造微山湖光电新城，这也是目前国内民营企业投资最大的一个光伏电站。公司自主研发的高效多晶硅太阳能电池的转化效率达到了16.6%以上，位居世界前列。

目前公司已通过国际ISO9001:2008国际质量管理体系认证、ISO14001环境管理体系认证，产品已通过中国北方车辆研究所国家863电动汽车重大专项动力电池测试中心的《电动汽车用锂离子蓄电池》(QC/T 743-2006)标准认证，以及欧盟CE、美国UL，UN38.3、煤安认证等认证。其动力锂电池得到了国家及国外权威机构全面的安全和性能检测，并与知名汽车企业签署了长期战略合作协议。其生产的太阳能电池90%以上出口欧美等发达国家。

通过积极稳健的企业转型和业务拓展，润峰的产品格局焕然一新，在太阳能、锂离子动力电池、电源领域有良好的发展态势，布局了面向未来的业务增长点，三大板块的配合使公司具有很大的成本优势。全方位、多层次、可持续发展的多元化产品新格局，适应了转型的需求。

经历市场风雨洗礼的润峰，在前进的征途上变得更加坚强和睿智，发展的步伐也更加稳健而务实，公司将不断加强对核心技术的研究和新产品的开发，确保在锂电池、太阳能等方面的技术领先地位。

山东润峰集团新能源科技有限公司

通讯地址：山东省济宁市微山县润峰工业园　邮编：277600

电话：0537-8699998　传真：0537-5038027

网址：www.realforce.com.cn/cn/

基業達® 北京基业达电气有限公司

北京基业达电气有限公司成立于1995年，是以开发、生产高、低压成套电气设备、电动汽车充电设备为主导产品的专业性国家级高新技术企业。

1998年通过ISO9001质量管理体系认证；2009年通过环境管理体系认证及职业健康安全管理体系认证；连续多年被评为用户满意企业和重合同守信誉单位；中国电器工业最具影响力品牌等荣誉称号。

公司占地面积1.36万平方米，员工300多人，其中具有大、中专以上学历人员占全体员工总数的35%。公司拥有先进的数控机床设备，完善的加工手段，齐全的工艺装备，可靠的检测设备以及完善的客户服务体系。

在国家大力推进新能源汽车的大环境下，公司成立了北京基业达新能源事业部。整合资源优势，依托清华大学、中科院电工所等高校院所专家学者，从事电动汽车交直流充电设备、大功率充电机、车载充电机、便携式充电机、电池管理系统、动力电池修复仪等的研究、开发、生产与销售。专业为国内外电动汽车充放电技术及管理行业提供全方位的系统解决方案，以先进的技术、可靠的产品、优质的服务回报社会。

公司致力于为客户提供先进、环保、经济、可靠的技术及产品，与客户建立信任、合作、共赢的伙伴关系，追求技术领先、品牌制胜、诚实守信、优质服务，为我国电动汽车行业快速发展、国家实施新能源战略，促进节能减排及国家坚强智能电网建设做出自己的贡献.

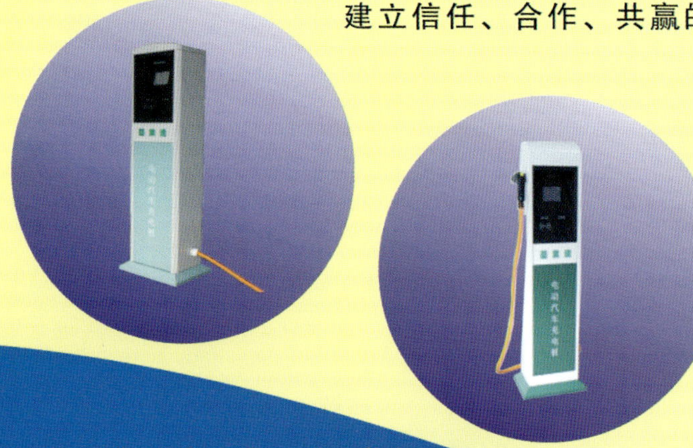

交直流充电桩

节能和新能源汽车确定为我国七大战略性新兴产业之一，为我国电动汽车产业的发展开辟了广阔的前景。JCA/JCD系列交直流充电桩具有设计先进、外形美观、功能完善、运行可靠、优化的人机交互界面、方便操作、环境适应性强等特点。

功能特点：

- 人机界面：显示提示信息、用户IC卡信息、充电相关信息等内容，是充电装置提供给用户和管理员的唯一可视内容
- 身份识别：具有IC卡信息加密功能，能够读取并识别IC卡用户身份及相关信息
- 充电功能：简单的人机交互界面操作，语音导航功能，多种充电模式选择
- 计量计费：实施计费管理，管理员可以设定不同时段费率，进行卡内余额信息的读写操作
- 票据打印：用户充电费用信息自动打印
- 数据管理：提供本地和远程多种数据管理模式，可以有效的保护数据的完整性、安全性，提供给管理员查询、拷贝、删除等功能
- 实时通信：与中央监控系统实时通信，接收指令、传递相关数据、执行控制命令，提供LAN、WIFI、GPRS等多种通信方式。
- 保护功能：具有漏电、雷击、过流、过压、充电自锁等多种保护功能，确保充电安全可靠。

技术指标：

- 输入额定电压：AC220V/380V
- 输出额定电压：交流桩AC220V;直流桩DC300~600V
- 输出额定电流：交流桩（3KW/7KW）；直流桩：DC0~600A（15KW~320KW）
- 充电接口：交流桩：标准七芯插座或插头；直流充电桩：标准九芯插座或插头
- 工作环境温度：-40℃~50℃
- 防护等级：IP55

地　址：北京市西城区鼓楼西大街215号　邮编：100009
电　话：010-62933803 010-82416994　传真：010-62933803转201
联系人：阴军　手 机：13910098317　邮箱：188180615@qq.com
Http://www.jydgs.com

广州亚运801路公交充电站

纯电动车基础设施——换电站模式
专利持有者、践行者、领先者

上海电巴核心产品自动快换系统更换动力电池

北京奥运会充电站

上海世博会充电站

电巴科技是长期致力于纯电动汽车领域充电基础设施研发制造以及充电站建设运营的高新技术企业，通过完全具备自主知识产权的动力电池快速更换系统，为电动车连续运行提供有效的解决方案。这是目前技术条件下，世界上唯一比较成熟且已经实现大规模商业化运营的电动汽车技术。

环境问题严峻，化石能源日益稀缺，决定了电动车将逐步成为日常交通工具的主流。电巴的解决方案是：通过分箱式充电站，辅之以传统整车充电方式，从根本上解决电动车的能源不间断补给难题，同时可以利用太阳能、风能等可再生能源，为电动车的大规模商用、民用奠定基础。电动汽车普及、分箱式充电站的规模化普及以及智能电网的深入应用，分箱式充电站将扮演储能、电池租赁技术平台、城市应急电力平台、集约化处理电池的多重角色。可以预想，充电站成为未来城市公交系统进入城市智能电网循环经济产业链不可或缺的一个环节。

2008年北京奥运会期间所采用的分箱式纯电动车充电站，就是采用动力电池快速更换模式，是世界上第一个大规模商业运作的充电站，它确保50辆纯电动大客车24小时不间断运行。至今这50辆纯电动大客车依然正常运行在北京公交线路上，高科技真正服务于民生领域。2010年上海世博会有120辆纯电动大客车以同样的模式在世博园中运行，2010年亚运会、2011年北京200辆公交、环卫系统千余车辆确定采用快换模式。不同行业采用快换模式昭示着快换模式将日趋普及。具有完全自主知识产权的中国创造再一次向世界展示风采，为世界环境保护带来了新技术和有效的解决方案。

2010年9月8日，国务院审议并原则通过的《国务院关于加快培育和发展战略性新兴产业的决定》，确定了七大战略性新兴产业发展的重点方向，其中与汽车产业有关的占了两项。一是节能环保，二是新能源汽车。国家产业导向昭示着以纯电动汽车为代表的新能源汽车进入市场爆发的前夜，与之配套的基础设施行业是必不可少的获益者，提前进入临战状态，做好产业化、标准化无疑会占领市场前沿，将跟进、仿冒者甩在身后。提前布局，电巴科技正是选择了竞争的“蓝海”。

电巴科技作为国内较早进入纯电动汽车基础设施研发的单位和分箱式纯电动车快换充电站专利持有者，在快换充电站建设、运营，以及工况状态下车载电池箱体稳定、安全、锁止、预警等各项技术研发上积累了成熟的技术并申请专利技术保护，并和北汽福田、广汽客车、苏州金龙、万向客车等整车生产厂家形成配套关系，在局部市场为电池箱体标准化进程默默耕耘了很多年，国务院文件的颁布使电巴科技终于迎来了产业的春天。迅速扩大产能，迎接爆发式的市场变革，把握稍纵即逝的市场机遇，用“时不我待”形容亦不为过。方兴未艾的充电站建设“跑马圈地”，为电巴科技提供了广阔的市场，几何式增长不是天方夜谭。

这是一个全新的领域，面对不断完善的技术创新、传统观念的挑战，电巴科技与业内同人将继续保持持续研发合作，共同致力于中国电动车事业崛起于世界产业高地。

公司地址：上海市闵行区虹梅南路833号国民商务花园1号楼 6A　邮政编码：200237
法人代表：张建平　公司电话：0086-21-64766666-1790
电子信箱：arthur@e-bus.com.cn　Chen_weigang@sina.com

英飞凌 EPCOS 爱普科斯 CONCEPT

北京晶川电子公司在中国新能源汽车行业服务 12 年有余，是国内唯一同时专业推广：英飞凌和爱普科斯新能源汽车电子应用的各种有源和无源器件的一级代理商。包括：英飞凌混合动力（HEV）、电动汽车（EV）等新能源汽车电机驱动专用 IGBT 模块，汽车级 IGBT 分立器件，英飞凌高压 CoolMOS™ 和低压 OptiMOS™；德国 EPCOS 新能源汽车电机驱动专用薄膜电力电容和 IGBT 吸收电容；以及瑞士 CONCEPT 公司专业的 IGBT 驱动板等。新能源汽车电子半导体产品应用覆盖从电机驱动功率控制单元，充电站、充电桩功率变换单元，电池管理控制单元以及整车控制单元等，产品从满足各功率等级的 IGBT 模块到 MCU 等汽车级产品。

晶川电子——新能源汽车电子零件新动力

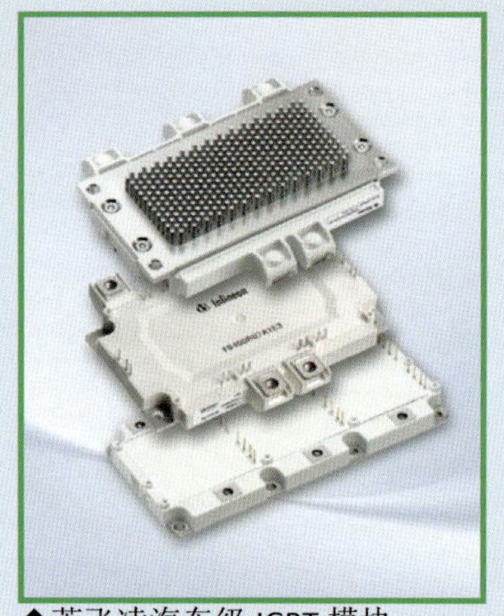
◆英飞凌汽车级 IGBT 模块
HybridPACK™ 200A~800A/650V

晶川特别价值：
*合理的新能源汽车专用电力电子产品组合：
-代理著名品牌 Infineon, EPCOS, CONCEPT；
*IGBT 驱动技术和驱动板开发支持；
*系统解决方案；
*IGBT 模块 FAR；
*IGBT 测试平台和电机驱动功率单元测试平台；
满足客户不同需求：
*器件选型：型号、封装；
*器件应用：IGBT 驱动技术、保护、通讯、安装；
*参考方案：电机驱动套件和电池管理主动均衡套件；
*系统工程化：系统功率仿真和计算、热仿真和计算。

◆英飞凌汽车级 32 位单片机

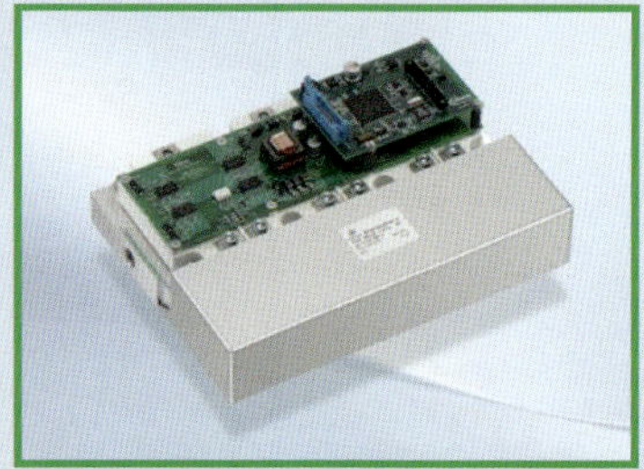
◆英飞凌汽车功率套件 80KW
Hybrid KIT2

英飞凌汽车功率套件 40KW
Hybrid KIT1+

◆英飞凌牵引级套件 120KW
PrimePACK™

◆英飞凌电池管理系统套件
Active Balance BMS 主动均衡

北京晶川电子技术发展有限责任公司

地　址：北京市方庄南三环东路 23 号院 1 号楼 A 座 601,602 室
联系人：潘先生　　热　线：400 600 1132
电　话：010-67695050-828　　传　真：010-67695151

www.IGBT.cn

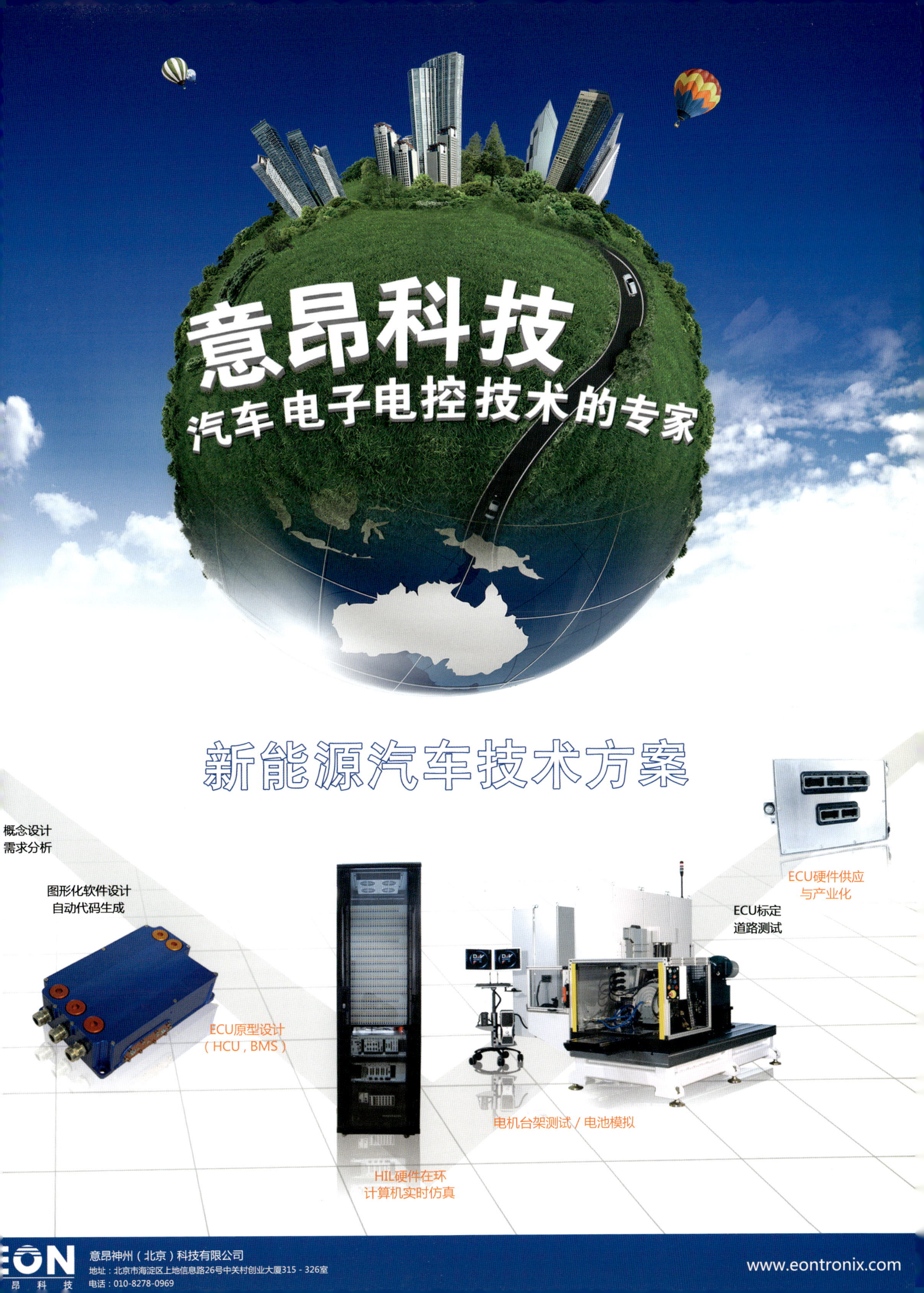

意昂科技

汽车电子电控技术的专家

新能源汽车技术方案

概念设计
需求分析

图形化软件设计
自动代码生成

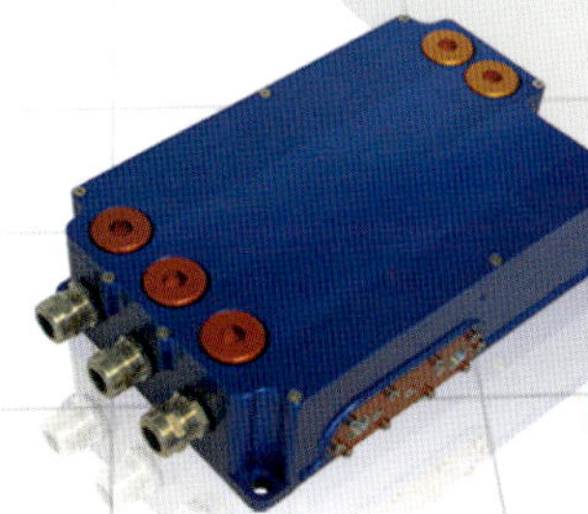

ECU原型设计
（HCU，BMS）

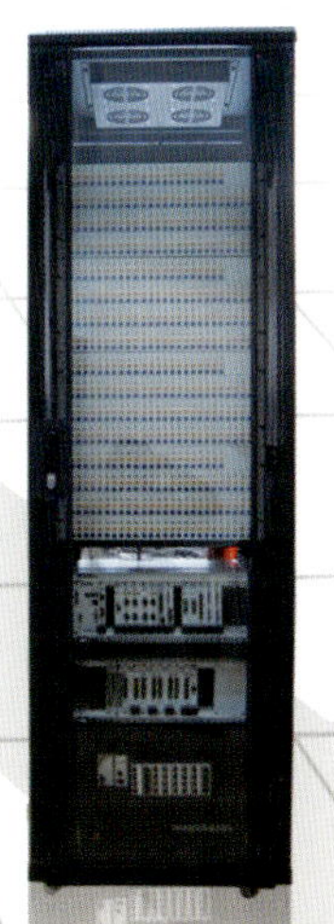

HIL硬件在环
计算机实时仿真

电机台架测试／电池模拟

ECU硬件供应
与产业化

ECU标定
道路测试

意昂神州（北京）科技有限公司
地址：北京市海淀区上地信息路26号中关村创业大厦315－326室
电话：010-8278-0969

www.eontronix.com

天津清源电动车辆有限责任公司

TIANJIN QINGYUAN ELECTRIC VEHICLE CO.,LTD.

QYEV

天津清源电动车辆有限责任公司是专门从事电动车辆整车及关键零部件的研究、开发、生产与经营的高新技术企业，拥有国家工信部授权的“新能源汽车整车生产企业”资质。

经过近十年的建设和技术积累，公司已经具备了电动汽车整车、电驱动系统、总线和控制系统、充电机和电动辅助系统等关键零部件的开发、试验和检测能力。

公司拥有年产2万辆纯电动汽车装配线和年产3万套动力总成生产线，是目前国内最大的电动汽车和关键零部件产业化基地。

公司已取得纯电动货车底盘，纯电动邮政车、纯电动垃圾车等多个纯电动车型公告，并全部入选《节能与新能源汽车示范推广应用工程推荐车型目录》，在示范运营城市可享受国家、地方两级财政补贴。自2005年起，自主研发的B系列、S系列纯电动轿车及T系列纯电动微型卡车已批量销往欧美市场，得到用户一致好评。

PLUG-IN 混合动力轿车电机控制器

纯电动客车电机控制器

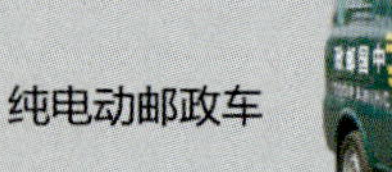

纯电动邮政车

纯电动服务车

集成功率单元

纯电动垃圾车

纯电动厢式运输车

微型纯电动轿车电机控制器

纯电动轿车电机控制器

天津清源电动车辆有限责任公司
Tianjin Qingyuan Electric Vehicle Co., Ltd.
天津经济技术开发区西区新业五街19号 邮编：300457 电话：022-66320012
传真：022-66320021-6615 http://www.qyev.com

Westport™ 西港

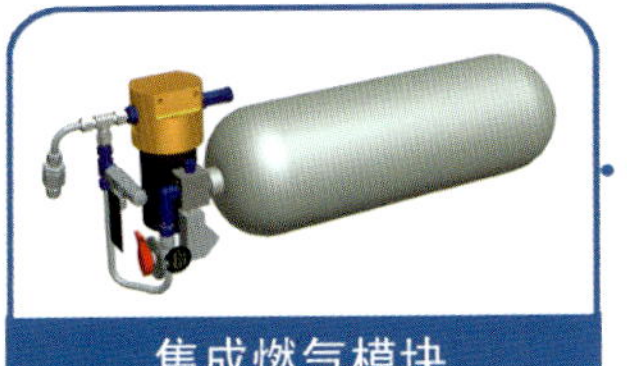
集成燃气模块

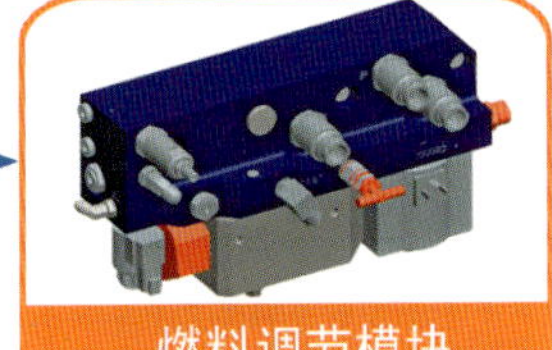
燃料调节模块

HPDI燃料喷嘴

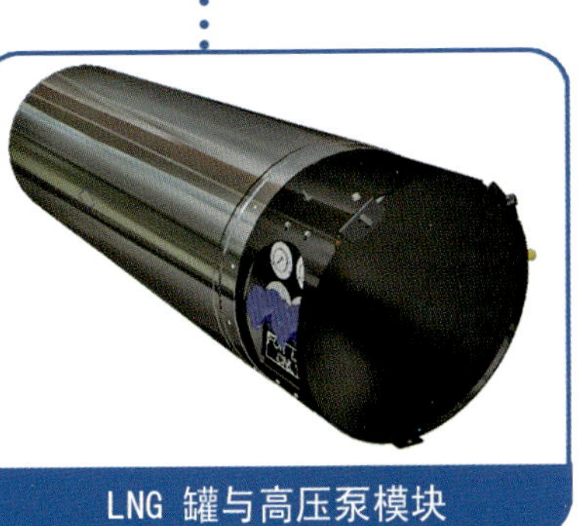
LNG 罐与高压泵模块

控制单元

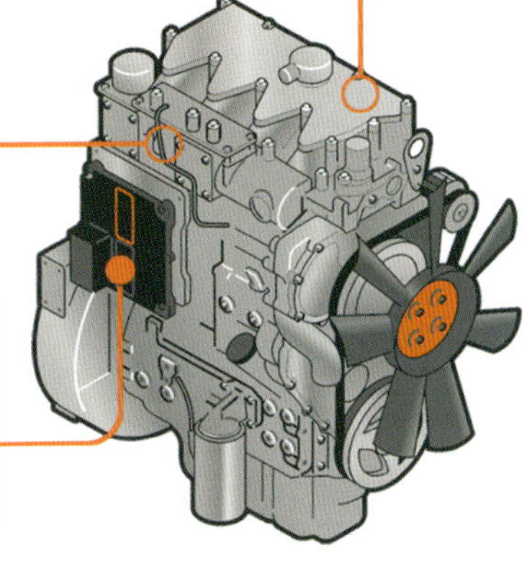

燃料供应系统

发动机燃料系统

高压直喷（HPDI）燃料系统

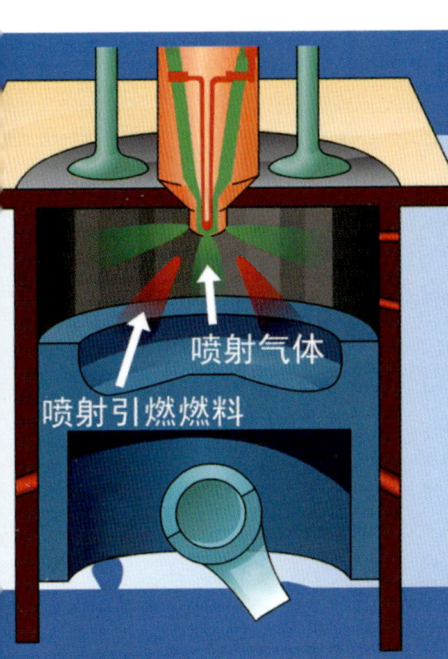

西港高压直喷天然气发动机可与柴油发动机相媲美：

——高效率

——大扭矩

——强动力

www.westport.com

蓝天因我们更清澈……

西港天然气发动机，节能环保，动力强劲！

西港中国地址：北京朝阳区广渠路11号金泰国际大厦A806　邮编:100124　电话：86-10-59293668　传真：86-10-59293555

云内动力
YUNNEI POWER

昆明云内动力股份有限公司

品质驱动世界
绿色造就未来

轿车用柴油发动机

昆明云内动力股份有限公司是中国内燃机行业上市公司，中国汽车零部件发动机行业龙头企业、全国机械工业先进集体，国家第二批创新型试点企业、云南省第一批创新型企业，高新技术企业。

云内动力通过不断发展使主导产品在国内同行业中处于领先地位，是中国车用柴油发动机十大品牌之一。多年来，云内动力柴油机产品产销量一直稳居国内车用柴油机行业前列、多缸小缸径行业第一的位置，云内动力已成为国内多缸小缸径柴油机研发、制造、销售最大的企业，欧Ⅲ、欧Ⅳ水平先进柴油机的重要研发基地，小排量节能环保乘用车柴油机国际合作基地。2010年年末，云内动力总资产45亿元，“云内动力”作为中国知名品牌知名企业，步伐更加成熟和稳健。

2010年，云内动力D19TCI电控高压共轨柴油机被评为“国家重点新产品”，D16TCI、D19TCI、D25TCI电控高压共轨柴油机被评为国家第二批“节能机电产品”。

2010年，昆明云内动力股份有限公司被认定为国家高新技术产业化基地——昆明国家乘用车柴油机高新技术产业化基地骨干企业，并成为云南省首批创新型企业。2010年底，云内动力整体加入长安集团，为企业长期稳定和可持续发展奠定了坚实的基础，提供了更广阔的空间。

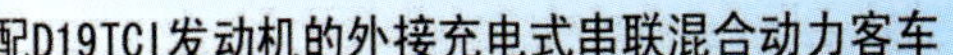

配D19TCI发动机的外接充电式串联混合动力客车

乘用车柴油机机加工生产线

乘用车柴油机装配生产线

云内动力有五十余年柴油机研发、生产的历史，拥有一支高素质的研发队伍和先进的产品研发手段，研发能力达到国内先进水平。公司引进了具有国际先进水平的内燃机开发试验设备和软件，实施并完成了国家863计划-云内CIMS工程，构建了同行业领先的柴油机试验研究开发中心。通过与国外发动机开发公司、国内高校、科研院所进行广泛的合作、交流，在不断开发新产品的同时，培养和造就了一批掌握先进柴油机开发技术的科技人才，构建了满足欧Ⅲ、欧Ⅳ柴油机产品的开发平台，形成了具有自主进行整车标定的能力。

云内动力以四缸100系列商用车柴油机产品技术为基础，与有关院校及研究单位合作，积极进行代用燃料及混合燃料发动机的开发工作，2006年，天然气和液化石油气发动机已推向市场，2008年二甲醚发动机也开发成功。

2008年，云内动力采用电控高压共轨、双顶置凸轮、链传动、四气门、冷却EGR等国际最新柴油机先进技术开发的D16TCI、D19TCI电控高压共轨先进柴油机批量生产，为企业开辟了新的乘用车市场。D19TCI乘用车柴油机在中国内燃机百年成就展上，成为四台展机中唯一代表国内先进水平的柴油机，当之无愧地摘取了民族品牌柴油发动机的桂冠，获得了中国内燃机工业百年成就奖。电控高压共轨柴油机功率、扭矩、油耗、噪声、排放指标达到国际先进水平，比同排量汽油机节油30-40%，二氧化碳排放量低30-35%，是节能、环保的高新技术产品。

根据《昆明市节能与新能源汽车示范推广试点工作实施方案》，昆明市将在四年内实现公交、出租、公务、环卫和邮政等领域1000辆新能源汽车的应用规模；建立新能源汽车示范运行管理信息化平台，与国家新能源汽车远程监控系统对接，实现数据共享；以油电混合动力汽车为主，同时鼓励纯电动汽车、燃料电池汽车、醇类燃料汽车、燃气汽车、生物柴油汽车等多种新能源汽车的应用，逐步形成相对完善的新能源汽车产业链。

2009年，云内动力与昆明理工大学、北京理工大学合作实施了昆明市科技计划重大项目“混合动力客车动力发电系统研制及产业化技术研究”项目。2010年，公司成为“昆明市节能与新能源汽车产学研联盟”成员，“节能与新能源汽车混合动力及代用燃料发动机研发基地”在云内动力成立。

2010年，云内动力以YN38CR柴油机为基础的外接充电式混联混合动力已搭载杭州青年客车，搭载YN38CR-1发动机的混合动力公交车初期平均节油率达29%。匹配D19TCI发动机的外接充电式串联混合动力搭载上海申沃客车，在昆明本地搭载了杭州青年客车。

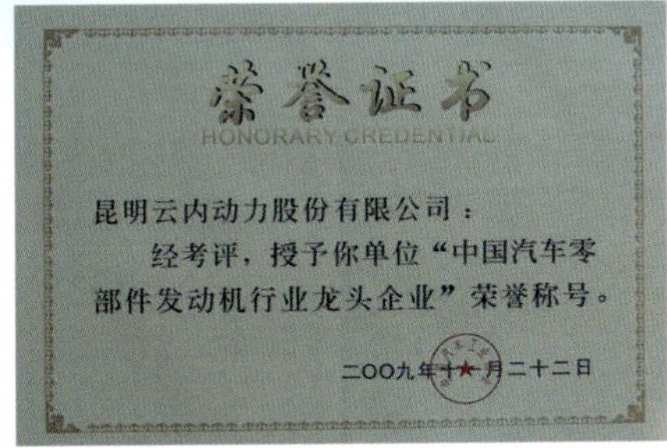

荣誉证书

HONORARY CREDENTIAL

昆明云内动力股份有限公司：

经考评，授予你单位“中国汽车零部件发动机行业龙头企业”荣誉称号。

二〇〇九年十一月二十二日

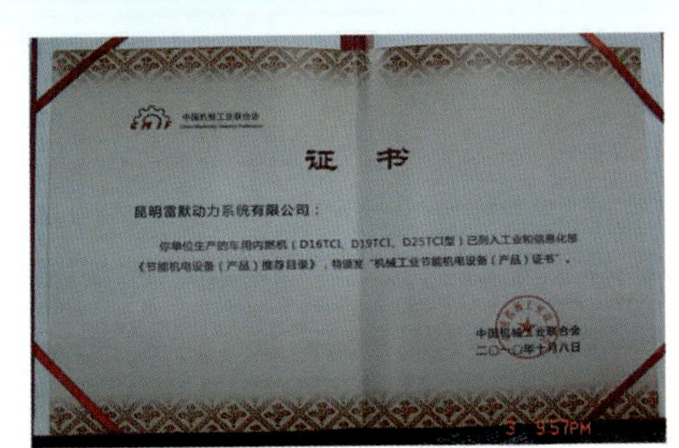

证书

昆明雷默动力系统有限公司：

你单位生产的车用内燃机（D16TCI、D19TCI、D25TCI型）已列入工业和信息化部《节能机电设备（产品）推荐目录》，特颁发“机械工业节能机电设备（产品）证书”。

中国机械工业联合会

二〇一〇年十月八日

中国内燃机工业诞辰一百周年

成就奖

1908--2008

中国内燃机工业协会

CICEIA

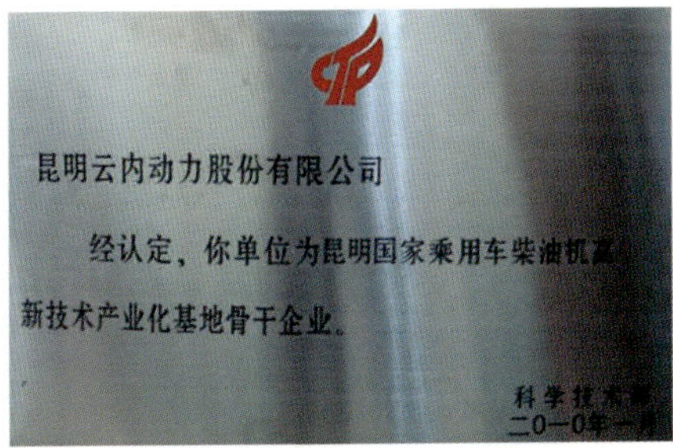

昆明云内动力股份有限公司

经认定，你单位为昆明国家乘用车柴油机高新技术产业化基地骨干企业。

科学技术部

二〇一〇年一月

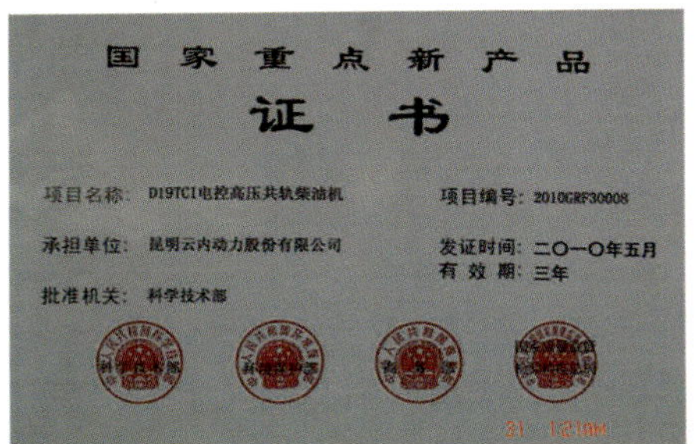

国家重点新产品

证书

项目名称：D19TCI电控高压共轨柴油机　　项目编号：2010GRF30008

承担单位：昆明云内动力股份有限公司　　发证时间：二〇一〇年五月

有效期：三年

批准机关：科学技术部

www.fptindustrial.com

创新 擎动 绿色未来

道路应用

发动机		
柴油	from 71 kW (97 HP) @ 3900 rpm	to 412 kW (560 HP) @ 1900 rpm
天然气	from 100 kW (136 HP) @ 3500 rpm	to 200 kW (272 HP) @ 2000 rpm
变速箱	from 300 Nm	to 400 Nm

工业应用

发动机		
柴油	from 55 kW (75 HP) @ 2500 rpm	to 640 kW (870 HP) @ 2100 rpm

船机应用

发动机		
柴油	from 14,7 kW (20 HP) @ 3600 rpm	to 607 kW (825 HP) @ 2400 rpm

发电机组应用

发动机		
柴油	from 32 kW @ 1500 rpm	to 770 kW @ 1800 rpm

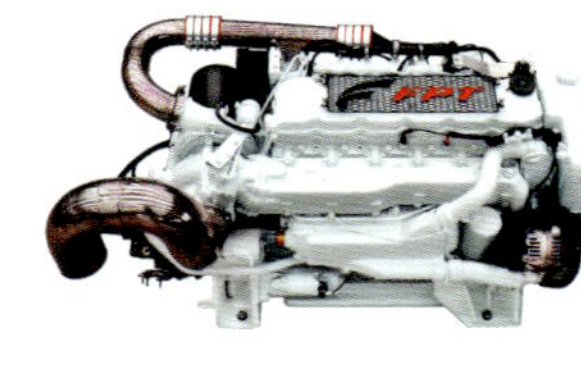

道路，非道路应用，船机应用，工业应用，发电机组应用： 在每一辆商用车，船舶，工程机械和发电机组中都有着一颗拥有一流技术与性能的心脏。这是菲亚特动力科技工业公司得以引领发动机和变速箱行业研发，生产和销售的核心竞争力。

菲亚特动力科技工业： 发动机排量由2.3L~20L，变速箱扭矩从300~400Nm；10个生产基地和6个研发中心，遍及世界超过1500个售后服务网点。

菲亚特动力科技工业中国区总部
中国上海嘉定区汇荣路288号
邮编：201807

FIAT INDUSTRIAL

FPT POWERTRAIN TECHNOLOGIES

创新 擎动 绿色未来

创新 擎动 绿色未来

菲亚特动力专注于研究、开发、生产和销售发动机和变速箱。在全球拥有11个工厂和5个研发中心，是该行业的领先者。

乘用车，轻型商用车应用：发动机功率从60 hp 到 235 hp，变速箱扭矩从143N•m到400N•m。在工程和生产上的行业专业研发知识和能力保证在发动机领域开发和创新方案的最优性。

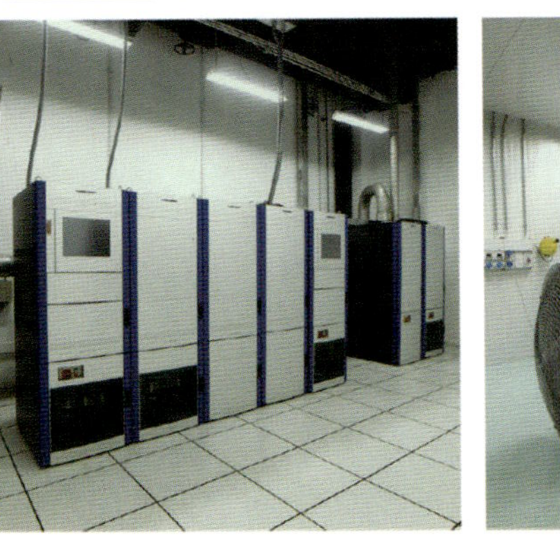

菲亚特动力科技研发（上海）有限公司

地址：上海嘉定汇荣路288号　　邮政编码：201807

电话：+86-021-3996 1388　　传　真：+86-021-3996 1182

FIAT

FIAT POWERTRAIN

创新 擎动 绿色未来

动力总成系统部

混合动力及电动车

作为全球领先的汽车零部件供应商，德国大陆集团动力总成系统部专注于整合汽车动力传动系统创新、高效的系统解决方案，并开发出包括混合动力系统所有基础电子组件的模块化系统，即逆变器、DC/DC转换器、电机和电池。这些模块满足特定车辆的技术要求，可安装在从紧凑型车到运动型多功能车（SUV）的各类车型中，以及所有驱动系统中，如电动、混合动力和燃料电池驱动。此种设计的灵活性有助于加快客户的产品上市速度，降低开发成本。2008年，大陆集团是率先实现混合动力车锂离子电池能量存储系统量产的供应商。

能量存储系统

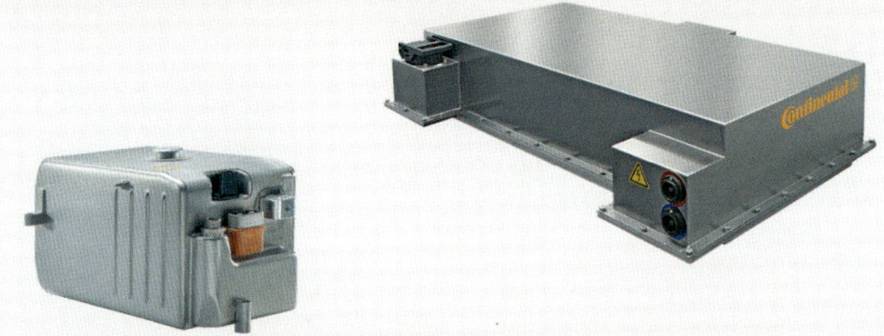

特点
- 锂离子电池单体
- 电池管理控制
- 电池单体监测电路
- 车载充电器

功能
- 适用于混合动力及纯电动汽车的锂离子能量管理
- 电池管理
- 电池单体监测
- 热管理

功率电子

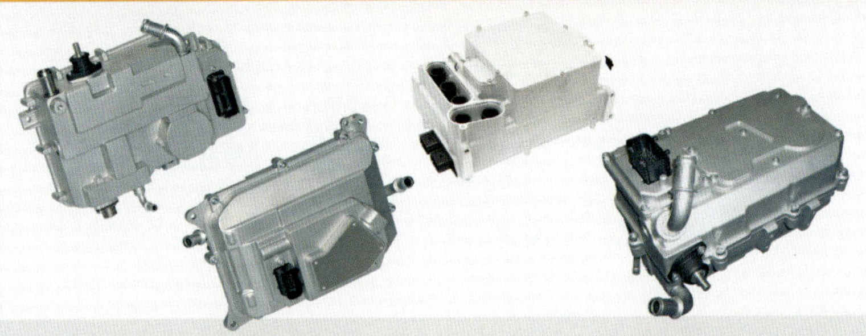

特点
- 适用于同步以及异步电机的独立逆变器
- 大功率DC/DC转换器
- 混合动力以及电动汽车整车控制器

功能
- 电机控制
- 混合动力能量存储系统与标准车载电源网络之间的电压转换

电机

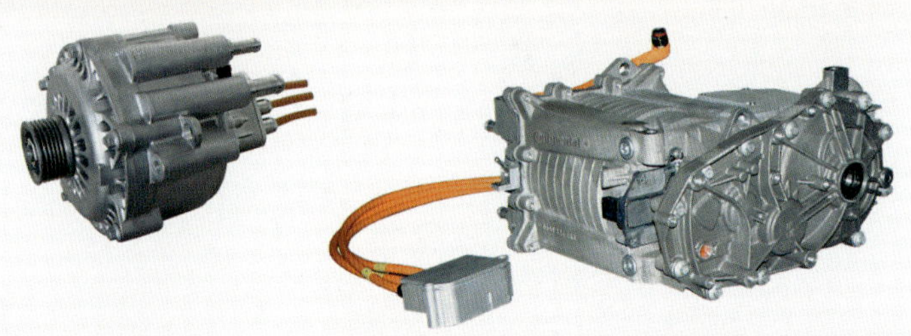

特点
- 感应电机（ASM/IM）
- 永磁同步电机
- 电励磁同步电机

功能
- 正转矩或负转矩输出

整车控制器

特点
- 混合动力及电动车动力总成中央控制单元
- 灵活的模块化系统
- 针对客户的需求可扩展

功能
- 获取驾驶员驾驶需求
- 扭矩需求计算
- 通信网功能

大陆汽车亚太管理（上海）有限公司

中国上海市大连路538号　邮编：200082　电话：+86 21 6080 3000　传真：+86 21 6080 4000

www.continental-corporation.com　www.continental-automotive.com

Continental

http://www.udemotor.com

UDE MOTOR, DRIVE GREEN FUTURE
尤迪电机，驱动绿色未来

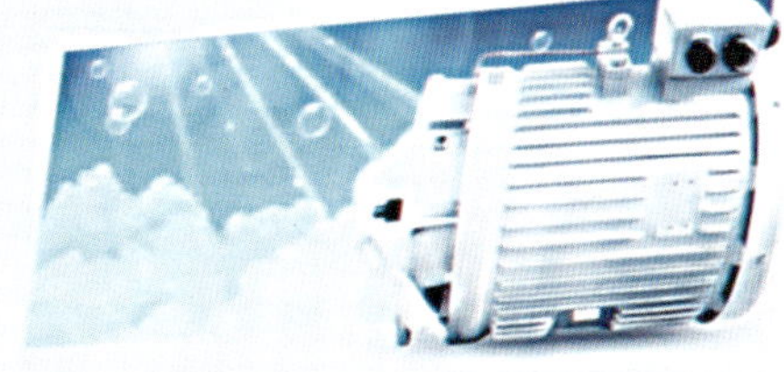

打造中国特种电机专业制造商
PROFESSIONAL SPECIAL MOTOR MANUFACTURER

NEW NERGY HYBRID BUS MOTOR
新能源混合动力驱动电机
TEL:0593-6576618
国家高新技术企业

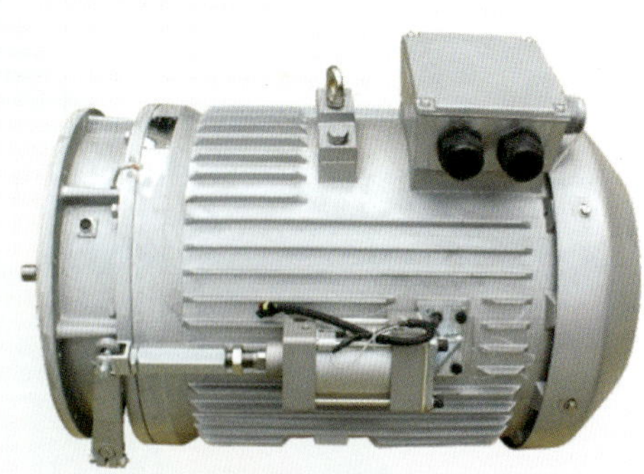

新能源混合动力驱动电机
NEW NERGY HYBRID BUS MOTOR
WWW.中国新能源汽车电机.COM

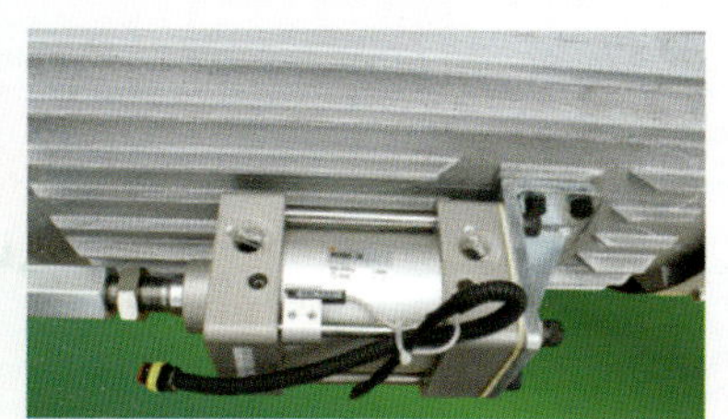

CCC CE TÜV ISO9001:2000

INTRODUCE

The power system of new energy electric hybrid vehicles is composed of control system,drive system,auxiliary power unit system,battery and relative parts.

Only with small output eninge,electric motor and relative assistant parts as power system,the new energy hybrid bus will have enough power for speeding up or climbing without lower down the complete sytem's efficiency and performance.

Electricity-driven instead of engine driven will come into full realization in the near future,realize zero emissions and use reproducible electrical energy instead of oil dependence eventually.This industry's development for achieving sustainable development of society has a very important value.

简 介

新能源混合动力电动汽车的动力系统主要由控制系统、驱动系统、辅助动力系统和电池组等部分构成。

新能源混合动力电动汽车采用能够满足汽车所需要的较小发动机，依靠电动机或其它辅助装置提供加速与爬坡所需的附加动力，在未降低汽车其他性能的情况下提高了整体效率。在不久的将来，将基本上实现以电机驱动作为车用动力，实现零排放，并利用可再生电能，最终逐步摆脱对石油资源的过度依赖。该产业的发展对实现社会的可持续发展具有非常重要的意义。

Add:QinXiYang Industry Zone,Fuan,Fujian,China
Tel:0086 -593-6576618/6189666 Fax:0086 -593-6576398
E-mail:ude@udemotor.com http://www.udemotor.com
福 建 尤 迪 电 机 制 造 有 限 公 司
FUJIAN UDE ELECTRICAL MACHINE CO.,LTD

中航工业陕西航空电气有限责任公司

Shaanxi Aero Electric Co.,Ltd

中航工业陕西航空电气有限责任公司（以下简称中航工业电源）始建于1955年，是中国航空工业集团下属国有企业，是中国航空电力系统市场和技术的领导者，有四个子公司和一个中外合资公司，目前员工有4800人，其中科技人员1300余人。公司总部位于陕西省兴平市，占地145万平方米，在西安建有国内唯一的航空电力系统研发中心。以航空技术为依托，在工业、民用电气产品和汽车零部件产品领域具有非凡的竞争优势，其中在节能与新能源汽车和传统的汽车配套零部件方面占有一定的市场份额。

空气滤清调节器系列

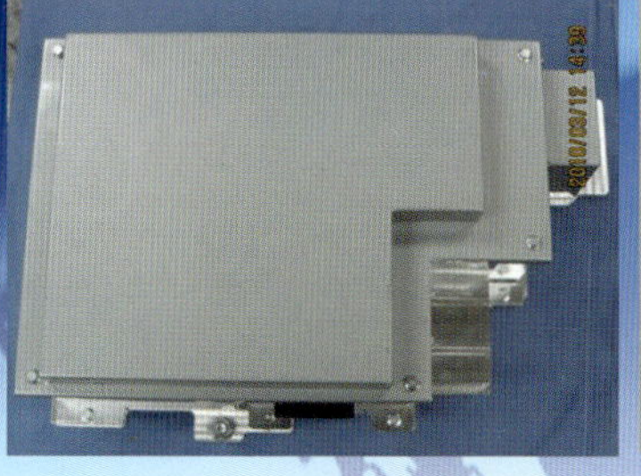
某型号电机控制器

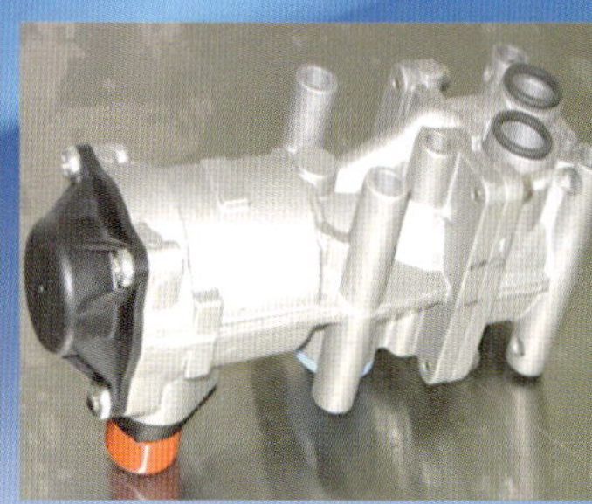
比例控制阀

公司在电驱动系统领域具有丰富的产品开发经验，无刷直流电机、永磁同步电机和开关磁阻等系统，采用全数字控制技术，具有转矩密度高、调速范围宽、控制方式灵活、容错性好的特点，在飞行器、船舶和车辆等各类移动载体是具有良好的适应性。

公司为某品牌汽车研发了深度混合动力、基于双机械端口的电力无级变速系统(简称EVT系统)，包括110kW、25kW两种功率等级的汽车用电机及控制器。基于双机械端口的大功率永磁同步电机驱动系统，通过对内外电机的解耦控制使汽车发动机工作在高效率区。内外电机均采用矢量控制的方法，已装车验证，具有良好的应用前景。

电机控制器

25kW电机与齿轮箱组合体

液力缓速器

公司名称：陕西航空电气有限责任公司（Shaanxi Aero Electric Co.,Ltd）

地址：陕西省兴平市西城区45号信箱

邮编：713107

电话：029- 38242068（技术支持），38242114（总机）

传真：029- 38242111